Weidenmann, Krapp et al.

Pädagogische Psychologie

W0192352

Pädagogische Psychologie

Ein Lehrbuch

Herausgegeben von

Bernd Weidenmann
Andreas Krapp
Manfred Hofer
Günter L. Huber
Heinz Mandl

3. Auflage

BELTZ
PsychologieVerlagsUnion

Anschriften der Herausgeber:

Prof. Dr. Bernd Weidenmann,
Universität der Bundeswehr München,
Fakultät für Sozialwissenschaften,
Werner-Heisenberg-Weg 39, 85579 Neubiberg

Prof. Dr. Günter Huber,
Universität Tübingen, Institut für
Erziehungswissenschaften I,
Münzgasse 22–30, 72070 Tübingen

Prof. Dr. Andreas Krapp,
Universität der Bundeswehr München, ·
Fakultät für Sozialwissenschaften,
Werner-Heisenberg-Weg 39, 85579 Neubiberg

Prof. Dr. Heinz Mandl,
Deutsches Institut für Fernstudien,
Hauptbereich Forschung,
Bei der Fruchtschranne 6, 72070 Tübingen

Prof. Dr. Manfred Hofer,
Universität Mannheim, Lehrstuhl für
Erziehungswissenschaft II,
Schloß, 68161 Mannheim

© Psychologie Verlags Union 1993

Umschlagentwurf: Dieter Vollendorf, München
Karikaturen: Ludwig Schneider, Finsing
Druck + Bindung: Druckhaus Beltz, Hemsbach
Printed in Germany

ISBN 3-621-27196-1

Vorwort

Die Pädagogische Psychologie stand lange Zeit im Schatten anderer Teildisziplinen der Psychologie. In den letzten Jahren allerdings hat sich vieles verändert: Zahlreiche neue Forschungsansätze mit z. T. neuen methodischen und theoretischen Orientierungen haben nicht nur den Erkenntnisstand erheblich erweitert; sie haben auch das Selbstverständnis des Faches stabilisiert. Im Studium erhält die Pädagogische Psychologie als zusätzliches Anwendungsfach demnächst neues Gewicht. Anlaß genug, den aktuellen Stand des Wissens in einem neuen, modernen Lehrbuch festzuhalten.

Von Anfang an war uns klar, daß ein solches Buch nur im Team vorbereitet und von mehreren Autoren geschrieben werden konnte. Zu sehr haben sich inzwischen die Spezialgebiete auseinanderentwickelt, als daß ein oder zwei Autoren in angemessener Zeit einen fundierten Überblick über die gesamte Breite des Faches hätten geben können.

Es war für uns eine wesentliche Erleichterung, daß wir die Arbeiten frühzeitig mit den drei Herausgebern Manfred Hofer, Heinz Mandl und Günter L. Huber teilen konnten. Die Konzeption wurde in langen Diskussionen gemeinsam entwickelt. Auch die Planung und Besprechung einzelner Kapitel geschah im Team. Die Notwendigkeit zur Autorenvielfalt mußten wir mit einem unerwarteten Aufwand an Herausgebertätigkeit bezahlen, weil wir die Beiträge aufeinander abstimmen und das Profil einer modernen Pädagogischen Psychologie in Umrissen erkennbar machen wollten. Trotzdem mögen es uns die Leser verständnisvoll nachsehen, wenn dies trotz der Anstrengung nicht immer gelungen ist.

Wir danken allen Mitarbeiter(innen)n und -autor(inn)en für ihre Mühe und ihre bisweilen strapazierte Bereitschaft zur wiederholten Überarbeitung ihrer Texte. Wir danken dem Verlag, der einen dem überbordenden Umfang des Buches reziproken Preis kalkuliert hat. Wir danken manchen Reviewern, die uns bei Einzelfragen kompetent beraten haben, und Frau Bachmair für ihre unerschütterliche Geduld bei der Herstellung des Manuskriptes.

Den Lesern steht nun die Arbeit mit dem Lehrbuch bevor, die wir mit dem Erscheinungsdatum erleichtert beenden. Wünschen wir, daß sich ihre und unsere Anstrengungen als lohnend erweisen.

Bernd Weidenmann
Andreas Krapp

Inhalt

Teil II: Psychologie des Erziehens und Lernens

Teil III: Das pädagogisch-psychologische Handeln

Teil IV Ausblick:
Pädagogische Psychologie in den neunziger Jahren

Anhang

Teil I

Kapitel 1

Bernd Weidenmann
Andreas Krapp

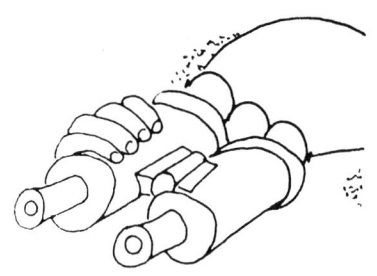

Pädagogische Psychologie: Einführung in die Disziplin und das Lehrbuch

1.1 Einleitung

1.2 Das Feld:
Die Pädagogische Psychologie
und ihr Gegenstand

1.3 Die Wahrnehmung des Feldes:
Vorannahmen der
Pädagogischen Psychologie

1.4 Die Arbeit auf dem Feld:
Aufgaben der Pädagogischen Psychologie

1.5 Die Landkarte:
Hinweise zum Aufbau des Lehrbuchs

1.1 Einleitung

Ein Lehrbuch der Medizin mit einer Erläuterung dessen zu beginnen, was Medizin sei, würde Erstaunen hervorrufen. Bei einem Lehrbuch der Pädagogischen Psychologie erwartet man hingegen den Versuch, vorweg diese wissenschaftliche Disziplin zu beschreiben und ihr Feld abzustecken. Zu unscharf erscheinen die Konturen, zu vielfältig die Fragestellungen, zu verschieden die Forschungsmethoden und Ergebnisse der Pädagogischen Psychologie. Selbst „Pädagogische Psychologie" als Bezeichnung muß konkurrieren mit Erziehungspsychologie, Instruktionspsychologie, Lehr-Lernforschung, Psychologie des Unterrichts, Lernpsychologie. So beginnt dieses Lehrbuch mit einer ersten Bestimmung des Faches, dessen Forschungsaktivitäten und Ergebnisse in den folgenden Kapiteln dann im Detail ausgebreitet werden. Zudem ist es den Herausgebern des Buches ein Anliegen, den Lesern ihren Standort, ihr Verständnis von Pädagogischer Psychologie offenzulegen.

Kasten 1.1: Satire oder Realität:
Pädagogische Psychologie als Provinz?

„In bezug auf die Nation ‚Psychologie' ist die Pädagogische Psychologie eine Grenzprovinz. Sie liegt am Rand des großen Staates und ihr Wesen spiegelt alle Vor- und Nachteile von Grenzprovinzen anderswo.

Die Pädagogische Psychologie hat eine lange Grenze gemein mit der angrenzenden Nation ‚Pädagogik', einer lockeren Konföderation von sich oft bekriegenden, selten kooperativen Staaten, ähnlich wie Deutschland vor Bismarck.

Wie die Bewohner anderer Grenzländer müssen Pädagogische Psychologen zwei Sprachen beherrschen. Ohne einen solchen Bilingualismus würde der Handel beeinträchtigt, das ökonomische Lebenselixier aller Grenzländer. Zwangsläufig entwickelt die Sprachgemeinschaft von Grenzländern ihren eigenen Dialekt, der Elemente aus den beiden Hauptsprachen enthält. Für die pädagogischen Muttersprachler ist der Jargon der Pädagogischen Psychologie fremdartig und theoretisch, fürs praktische Geschäft der Erziehung nicht zu gebrauchen. Den Psychologen andererseits scheint das Dialektgemisch der Pädagogischen Psychologen unsauber und ohne Eleganz.

Die Bewohner der Pädagogischen Psychologie sind typische Grenzlandprovinzler. Weil der Handel ihr Hauptgeschäft ist, finden sich in ihrem Gebiet nicht nur Bürger der Psychologie und Pädagogik, sondern ein Gemisch von Staatenlosen aus den Nachbarländern Soziologie, Anthropologie, Linguistik, Computerwissenschaft, Statistik, ja sogar Einwanderer aus dem fernen und geheimnisvollen Land der Lehrerbildung. Viele dieser Bewohner kamen erst kürzlich ins Land, angelockt durch die hellen Lichter des gelobten Landes ‚Psychologie‘, aber noch nicht in seine Struktur eingebürgert. So werden die Provinzler als randständig und mit wenig Prestige angesehen. Sie fragen sich beständig, wo sie hingehören. Andererseits sind sie am meisten aufgeschlossen für neue Ideen aus anderen Ländern. Sie tragen zur Innovation, zum Wandel der großen Nation ‚Psychologie‘ bei.“

(Aus Shulman, 1981)

Wir werden zuerst den Gegenstand der Pädagogischen Psychologie zu bestimmen versuchen (Abs. 1.2), dann Vorannahmen zur pädagogischen Situation offenlegen (Abs. 1.3) und schließlich die Aufgaben der Pädagogischen Psychologie darstellen (Abs. 1.4). Dieses Kapitel schließt mit einer Übersichtstafel, die als Landkarte des Buches dem Leser im ersten Überblick helfen soll.

1.2 Das Feld:
Die Pädagogische Psychologie und ihr Gegenstand

Auf den ersten Blick scheint es kein Kopfzerbrechen zu bereiten, was Gegenstand und Aufgabe der Pädagogischen Psychologie sei. Gilt nicht unverändert, was Fischer bereits 1917 der Pädagogischen Psychologie als Aufgabe zugeschrieben hat, nämlich die „psychische Seite von Erziehung“ zu untersuchen? Das definiert die Pädagogische Psychologie zum einen als Teildisziplin der *Psychologie* und legt zum anderen „Erziehung“ als ihren Gegenstandsbereich fest. Die Zugehörigkeit zur Psychologie prägt vor allem Fragestellungen, Konzepte, Theorien, Forschungsmethoden; sie haben „psychologische“ zu sein. Im Unterschied etwa zur Erziehungswissenschaft beschäftigt sich Pädagogische Psychologie also auf psychologische Weise mit dem Phänomen Erziehung.

Was aber heißt *Erziehung*? Kann man mit dieser Kategorie den Gegenstandsbereich der Pädagogischen Psychologie zufriedenstellend abstecken? Befaßt sich die Pädagogische Psychologie etwa mit weniger (evtl. nur mit Erziehung unter besonderen Bedingungen) oder mit mehr? Ist der Gegenstandsbereich der Pädagogischen Psychologie also vielleicht enger oder weiter als Erziehung?

Besonders die Allgemeine Pädagogik hat „Erziehung" immer wieder definitorisch zu bestimmen versucht; wir wollen hier keinen weiteren Versuch hinzufügen. Unschwer läßt sich nämlich ein gemeinsamer Kern der meisten Erziehungs-Bestimmungen erkennen:

– Bei Erziehung wird ein Lerner von einer anderen *Person* beeinflußt. Zumindest versucht diese Person – der Erzieher – eine Beeinflussung.
– Die Versuche des Erziehers sind *zielgerichtet.* Sie zielen auf bestimmte Bereiche der Person des Lerners, z. B. Wissensstrukturen, Einstellungen, Verhaltensweisen. Der Erzieher will damit pädagogisch erwünschte Wirkungen erreichen, d. h. einen Ist-Zustand des Lerners einem Soll-Zustand annähern.

Vor allem der Situationstyp „Unterricht", sei es mit Kindern oder Erwachsenen, entspricht dieser Bestimmung von „Erziehung". Im Unterricht wird die persönliche Einflußnahme eines Erziehers auf Lerner und die Orientierung an einem Zielkatalog besonders deutlich.

Um den Gegenstand der Pädagogischen Psychologie zu bestimmen, ist dieser Erziehungsbegriff aber entschieden zu eng. Folgende Fragestellungen lägen dann beispielsweise außerhalb des pädagogisch-psychologischen Gegenstandsbereiches:

– Sind Kinder, die viel aggressive Fernsehsendungen sehen, aggressiver als Gleichaltrige?
– Wie verändert sich das Selbstbild von Schülern, wenn sie die Klasse wiederholen müssen?
– Welche Motive haben Teilnehmer von Fernstudiengängen, wenn sie den Kurs abbrechen?
– Wie wirkt sich frühkindliches Kontaktverhalten auf das Fürsorgeverhalten der Mutter aus?

Diese Beispiele schildern Situationen, in denen erstens Einfluß nicht direkt von Erziehern ausgeht (Fernsehsendungen, Fernstudiengang) und in denen zweitens Einflüsse nicht intendiert, nicht zielgerichtet zustandekommen (Schülerselbstbild, Kursabbruch). Das letzte Beispiel (Fürsorgeverhalten) untersucht sogar Einflüsse von Kindern auf Erzieher.

Die Pädagogische Psychologie verfolgt alle diese Fragestellungen. Sucht man demnach eine weitere Gegenstandsbestimmung als „Erziehung" wie eingangs skizziert, so bietet sich das Konzept *„Veränderung"* an. In all den eben genannten Beispielen geht es um Veränderungen. Auch im Erziehungsbegriff geht es um Veränderungen im Lerner, allerdings nur um solche, die intendiert und aufgrund personaler Einflußversuche eines Erziehers zustandekommen.

War zuvor die Bestimmung des pädagogisch-psychologischen Gegenstandes mit Hilfe der Kategorie „Erziehung" zu eng, so erweist sich nun die Kategorie „Veränderung" zu diesem Zweck allerdings als zu weit. Veränderung in Bereichen einer Person ist nämlich Gegenstand der gesamten Psychologie, besonders der Allgemeinen Psychologie, der Entwicklungspsychologie, der Klinischen Psychologie. Die Allgemeine Psychologie untersucht z. B. Lernen und Denken als grundlegende psychologische Prozesse; die Entwicklungspsychologie untersucht Veränderungen im Zusammenhang mit Ereignissen des Lebenslaufes; die Sozialpsychologie untersucht Veränderungsprozesse im Zusammenhang mit zwischenmenschlichen Beziehungen; die Klinische Psychologie untersucht psychische Veränderungen aus dem Blickwinkel der Genese von psychischen Störungen und Veränderungen als Resultat therapeutischer Maßnahmen. Will man den Gegenstand der Pädagogischen Psychologie bestimmen, gilt es also, sich auf solche Veränderungen zu konzentrieren, die spezifisch „pädagogisch" sind. Damit kehren wir aber wieder zum Erziehungsbegriff zurück und stehen erneut vor der eingangs diskutierten Problematik.

Eine weitere Schwierigkeit kommt hinzu. Pädagogische Psychologie beschränkt sich nicht allein auf Veränderungen; ebenso wie die Erziehungswissenschaft untersucht sie z. B. auch erzieherische Einflußversuche, unabhängig davon, ob diese erfolgreich sind. Ja manche erzieherischen Einflußversuche zielen gar nicht auf Veränderung, sondern auf Stabilisierung, etwa wenn ein gewünschtes Lernerverhalten vor einer Änderung zum Unerwünschten geschützt werden soll. Man denke z. B. an Versuche, die Leistungsmotivation eines Schülers nach einem Mißerfolg aufrechtzuerhalten.

Wie kommt man angesichts dieser Probleme mit einer Gegenstandsbestimmung der Pädagogischen Psychologie weiter? Wir möchten es mit dem Konzept der „pädagogischen Situation" versuchen.

Die Pädagogische Psychologie befaßt sich mit *pädagogischen Situationen.* Dazu zählt der Unterricht mit einem gezielt handelnden Lehrer ebenso wie die Selbstlernsituation eines Fernstudenten oder die unbewußte Übernahme von Rollenmustern durch Kinder aus einer Fernseh-Unterhaltungsserie. Pädagogische Situationen können also einen Erzieher enthalten, können intentional arrangiert sein, müssen es aber nicht.

Pädagogisch sind Situationen dann, wenn sie *potentiell oder faktisch pädagogisch relevante Effekte* (mit)bewirken. Diese Effekte betreffen die Person des Lerners. Pädagogisch relevant kann eine Veränderung, aber auch eine Stabilisierung sein. Sie kann den kognitiven, emotionalen oder behavioralen Bereich betreffen.

Was jeweils pädagogisch ist, kann näher nur normativ bestimmt werden. Die Bewertung von Effekten als wünschenswert oder unerwünscht – vom „Wohl" des Lerners, des Erziehers oder der Gesellschaft her begründet – ist gerade konstitutiv für ihre pädagogische Relevanz.

Gegenstand der Pädagogischen Psychologie sind also pädagogische Situationen einschließlich der potentiellen oder tatsächlich eingetretenen pädagogisch relevanten Effekte.

Vom Selbstverständnis der Pädagogischen Psychologie, von ihrer Geschichte und von der derzeitigen Forschungswirklichkeit her kann man innerhalb des Gegenstandsbereiches einen *Kernbereich* ausmachen (vgl. Abb. 1.1): Er umfaßt pädagogische Situationen, in denen ein Erzieher eine zentrale Rolle spielt – vor allem als Arrangeur der Situation – und in denen pädagogisch relevante Effekte zustandekommen, die gesellschaftlich als wünschenswert normiert sind (z.B. gängige Erziehungs- und Unterrichtsziele).

Randbereiche sind dagegen z.B. pädagogische Situationen ohne Erzieher; pädagogisch relevante Effekte, die nur der Lerner als wünschenswert erachtet; Einflüsse des Lerners auf die pädagogische Situation (vor allem auf den Erzieher), die wiederum pädagogisch relevante Effekte auf den Lerner nach sich ziehen.

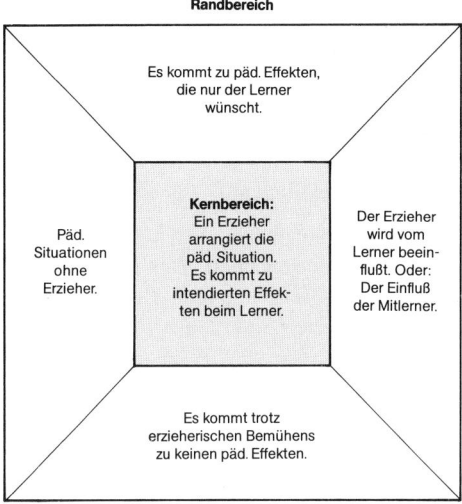

Abb. 1.1: Der Gegenstandsbereich der Pädagogischen Psychologie: Der Kernbereich und einige Beispiele für den Randbereich.

Es gibt Anzeichen dafür, daß Lernen außerhalb solcher pädagogischer Situationen in Zukunft aus gesellschaftlichen Gründen zunehmend an Bedeutung gewinnt. Der Erziehungswissenschaftler Giesecke (1985) stellt sogar die These auf, man müsse mit einem „Ende der Erziehung" rechnen. Zumindest verliere die intentionale Erziehung an Bedeutung gegenüber Einflüssen von Gleichaltrigen, Massenmedien, Subkulturen. Persönlich verantwortete Erziehung weiche immer mehr anonymer Sozialisation. Wenn diese These von einem historischen Wandel der Erziehungstatsache stimmt, wird die Entwicklung auch für die Pädagogische Psychologie nicht folgenlos bleiben.

1.3 Die Wahrnehmung des Feldes: Vorannahmen der Pädagogischen Psychologie

Der Gegenstand der Pädagogischen Psychologie ist in 1.2 versuchsweise bestimmt worden; demnach beschäftigt sich diese Disziplin psychologisch mit pädagogischen Situationen und pädagogisch relevanten Effekten. Nach dem Abstecken des Feldes bleibt jedoch offen, wie der einzelne Forscher oder der praktisch tätige Pädagogische Psychologe in diesem Feld arbeitet. Diese Arbeit hängt entscheidend davon ab, wie sie das Feld jeweils wahrnehmen, welche Auffassungen dazu existieren, welche Vorannahmen eingehen. In diesem Abschnitt wollen wir nicht die Vielfalt solcher Vorannahmen in der pädagogisch-psychologischen Forschung und Praxis ausbreiten, sondern einige wenige herausstellen, die wir einer modernen Pädagogischen Psychologie für angemessen erachten. Dabei geht es um Vorannahmen zu verschiedenen Komponenten einer pädagogischen Situation:

Komponente 1: Ein Lerner

Am Lerner zeigen sich die pädagogisch relevanten Effekte, die eine pädagogische Situation kennzeichnen. Der Lerner kann ein Kind, ein Jugendlicher oder ein Erwachsener sein. Er kann sich allein oder mit anderen in der pädagogischen Situation befinden.

Komponente 2: Eine Transaktion Lerner-Umwelt

Effekte werden dann möglich, wenn der Lerner mit der Umwelt in der pädagogischen Situation in Wechselwirkung tritt. D. h. er nimmt einen Ausschnitt dieser Umwelt wahr, deutet ihn, bewertet ihn, verarbeitet ihn, greift aktiv in einen Sektor der wahrgenommenen Umwelt ein, verändert ihn, reagiert wiederum auf diese Veränderung usf.

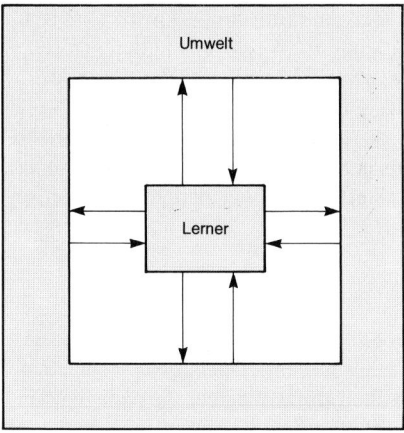

Abb. 1.2: Die pädagogische Situation: Ein Lerner steht in Transaktion mit seiner Umwelt.

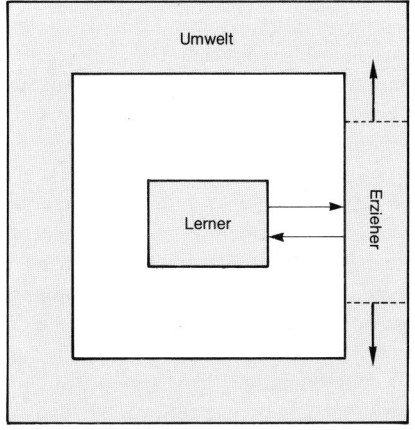

Abb. 1.3: Eine spezielle pädagogische Situation: Der Lerner steht in sozialer Interaktion mit einem Erzieher.
Der Erzieher wirkt auf die anderen Elemente der Umwelt ein.

Das gilt für das Lesen eines Textes ebenso wie für das Anschauen einer Fernsehsendung oder das Verhalten in einem Unterrichtsgespräch. Ein Leser bestimmt z.B., welche Seiten er aufschlägt, wo er weiterliest; der Zuseher wählt das Programm aus, schaltet um oder ab; der Schüler meldet dem Lehrer im Unterrichtsgespräch verbal oder nonverbal zurück, ob er mitkommt, ob er etwas anderes hören will. In all diesen Fällen kommt es also zu einer Wechselwirkung, d.h. Transaktion zwischen Lerner und Umwelt.

Ein Spezialfall dieser Transaktion liegt vor, wenn die Wechselwirkung zwischen dem Lerner und anderen Personen, also z.B. dem Erzieher oder Mitlernern, stattfindet. Hier spricht man von sozialer *Interaktion* (vgl. Abb. 1.3).

Komponente 3: Ein Erzieher

In vielen pädagogischen Situationen, aber nicht in allen, spielt ein Erzieher in der Umwelt des Lerners eine mehr oder weniger wichtige Rolle. Erzieher wollen Kontrolle über die pädagogische Situation gewinnen, z.B. über Einfluß auf andere Umweltelemente, etwa das Informationsangebot, Medien, Zeitgestaltung, Sitzordnung usw. Sie handeln dabei in der Erwartung, daß dieses Arrangement pädagogisch erwünschte Effekte beim Lerner wahrscheinlicher machen möge.

Das Element „Erzieher" ist zwar typisch für die meisten der pädagogischen Situationen, die wir vor allem beim institutionalisierten Lernen gewohnt sind; prinzipiell aber ist diese Komponente ein Spezialfall der Lerner-Umwelt und wird deshalb hier auch in der Reihenfolge nach der Transaktion Lerner-Umwelt behandelt.

Die Lerner-Umwelt als Teil der pädagogischen Situation, den der Lerner subjektiv wahrnimmt, ist natürlich als *System* aufzufassen: Verändert sich ein Element, dann betrifft diese Veränderung meist auch die anderen. Wirkt etwa ein Schüler im Unterricht auf seinen Lehrer ein, in dem er ihn durch sein Verhalten zu einer Strafpredigt provoziert, läßt diese die Komponente „Informationsangebot" oder die Komponente „Mitschüler" nicht unbeeinflußt. Der Erzieher muß in der Wahrnehmung des Lerners jederzeit mit einer Fülle anderer Situationskomponenten konkurrieren bzw. kooperieren.

Bereits diese erste Skizze der pädagogischen Situation ist eine Ansammlung von Vorannahmen. Ein Behaviorist, ein phänomenologisch ausgerichteter Pädagoge oder ein „harter" Instruktionspsychologe hätten die pädagogische Situation vermutlich anders strukturiert oder die Komponenten anders beschrieben. Unsere Vorannahmen werden in den folgenden, etwas ausführlicheren Beschreibungen noch deutlicher.

Der Lerner

Die moderne Pädagogische Psychologie konzipiert den Lerner (wie den Erzieher) nicht als reaktiv, sondern als *proaktiv:* sie sieht ihn als initiativ, handelnd, als Gestalter seines Verhaltens, seiner Umwelt, seiner eigenen

Entwicklung (vgl. Montada 1983, S. 163). Damit soll nicht geleugnet werden, daß sowohl in vielen wissenschaftlichen Studien als auch in vielen Situationen des realen Lebens Lerner in einem hohen Maße so in ihren Handlungsmöglichkeiten beschnitten werden, daß sie weitgehend nur reagieren. Ein mechanistisches Modell scheint unter solchen realen Lernbedingungen angemessener als das Modell eines proaktiven Lerners, ein deterministisches angemessener als ein transaktionales, das Wechselwirkung unterstellt. Anthropologische Vorannahmen dienen jedoch weniger dazu, Realität zu beschreiben (dazu ist empirische Forschung aufgerufen), sondern dazu, die Angemessenheit von konkreten Gegebenheiten und teilweise auch Angemessenheit theoretischer Modelle zu beurteilen. Von einer mechanistischen Konzeption des Lerners aus gesehen kann z.B. extrem fremdgesteuerter Unterricht angemessen erscheinen; ein proaktives Lernerkonzept dagegen drängt nach Veränderung der pädagogischen Situation in Richtung Wahlmöglichkeiten für den Lerner, Raum für eigene Gestaltung und Selbstorganisation des Lernprozesses.

Dasselbe gilt für die Beurteilung von psychologischer Forschung. Eine Forschung, die sich an einem reaktiven Lernerkonzept ausrichtet, wird den Lerner vornehmlich als abhängige Variable untersuchen. Eine Forschung entlang eines proaktiven Konzeptes wird dagegen nicht nur an der Aufklärung der komplexen internen Prozesse von Lernern interessiert sein, sondern auch sein Handeln in Wechselwirkung mit der Umwelt (also nicht „Verhalten") untersuchen und Experimente entsprechend planen. Die jüngere pädagogisch-psychologische Forschung zeigt sehr deutlich diese Tendenz, aber auch die damit verbundenen methodischen Probleme.

Das Menschenbild der Pädagogischen Psychologie bleibt schließlich auch für das professionelle Handeln des Pädagogischen Psychologen nicht folgenlos. Allerdings ist hier nicht die soziale Interaktion zwischen Erzieher und Lerner betroffen, sondern die Interaktion zwischen Pädagogischem Psychologen und seinen Klienten (Lehrern, Eltern, Kindern). Die typische Beratungs- und Hilfesituation wird von den anthropologischen Vorannahmen beeinflußt. Ein Pädagogischer Psychologe mit einem „proaktiven" Lernermodell wird wohl auch in der Beratung oder beim Training die Eigenverantwortlichkeit der Klienten unterstellen und z.B. deren Alltagswissen nicht von vorneherein als „naiv" seinem Expertenwissen unterordnen.

Die Transaktion mit der Umwelt

Die Konzeption vom proaktiven Lerner als anthropologische Vorannahme der Pädagogischen Psychologie prägt auch die Konzeption von *Lernen* als Prozeß. Wenn man Lernen umfassend als „psychische Veränderung aufgrund von Erfahrungen" bestimmt, unterscheiden sich Theorien zu diesem Phänomen vor allem danach, wie sie „Veränderung" und „Erfahrung" konzipieren. Veränderung versuchen alle Lerntheorien zu erklären. Aber in einem Reiz-Reaktions-Paradigma wird Veränderung prinzipiell als Wirkung eines Umwelteinflusses gedeutet und auf einen eng umschriebenen Merkmalsbereich des Subjektes begrenzt (beobachtbares Verhalten); eine proaktive Auffassung vom Lerner versteht dagegen Veränderung als Resultat einer aktiven Auseinandersetzung mit der Umwelt und achtet auf Veränderungen in allen Bereichen des psychischen Systems.

Dasselbe gilt für das Schlüsselkonzept „Erfahrungen". Es drückt die Tatsache aus, daß nominale (d. h. objektive) Reize erst zu funktionalen (d. h. für das Subjekt bedeutsamen) Ereignissen werden, wenn der Lerner sie kognitiv und emotional verarbeitet. Das Konzept vom proaktiven Lerner betont, daß dieser nicht nur Reize selegiert und verarbeitet (das ist eine empirische Selbstverständlichkeit), sondern daß der Lerner – abhängig von Interessen, Bedürfnissen, Situationsdeutungen, Handlungszielen und Handlungsplänen – in hohem Maße das Material für seine Erfahrungen selbst aufsucht und aktiv beeinflußt. „Verhalten wird durch die Umwelt beeinflußt, aber die Umwelt ist zum Teil Resultat des Handelns einer Person" (Bandura 1978, S. 344).

Ein angemessenes Modell für die Erfassung der pädagogischen Situation ist dann nicht die programmierte, vom Lerner nicht beeinflußbare Darbietung von Lernreizen, sondern die Wechselwirkung zwischen Lerner und Umwelt in dem Sinne, daß der Lerner auch Einfluß auf die Lernumwelt nimmt und über diese Einflußnahme Erfahrungen mit verändernder Wirkung sammelt.

Ein Beispiel aus der Pädagogischen Psychologie der Medien kann dies illustrieren. Typisch für ein reaktives Modell vom Lerner und vom Lernen sind z. B. Ansätze, die Aggressivität von vielfernsehenden Kindern als Wirkung der Fernsehprogramme interpretieren. Ein entsprechendes Untersuchungs-Design würde versuchen, eine ausgewählte unabhängige Variable (Zahl der gesehenen Fernsehaggressionen) zu variieren und die Wirkung auf die abhängige Variable (Aggressivität) nachzuweisen. Ein großer Teil der pädagogisch-psychologischen Medienforschung folgte diesem Modell (vgl. Kap. 12). Ein proaktives Modell vom Lerner bzw. vom Lernen als Interaktion zwischen Lerner und Umwelt ist komplexer. Es postuliert *zirkuläre Prozesse* und versucht, sie aufzuklären. Etwa: Kinder, die aggressiver sind, haben schlechtere Beziehungen zu den Gleichaltrigen und verbringen relativ mehr Zeit mit Fernsehen; sie wählen besonders aggressive Sendungen aus, die ihre Disposition zu aggressivem Verhalten begünstigen; dies verschlechtert ihr Sozialverhalten weiter, was wiederum Fernsehen wahrscheinlicher macht usw. (Salomon, 1981).

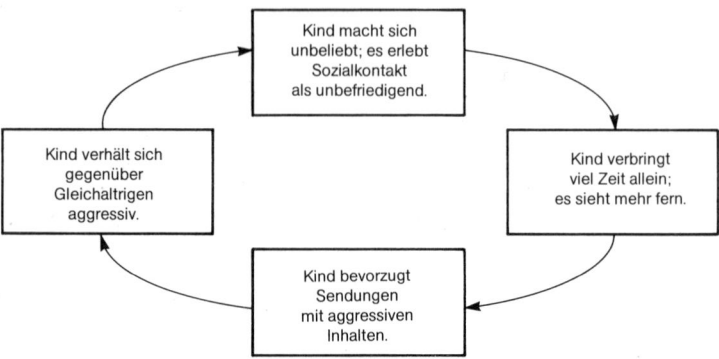

Abb. 1.4: Transaktion über die Zeit als Schleife. In jedem Abschnitt greift das Kind in die Umwelt ein und wird wiederum von ihr beeinflußt.

Zur Beschreibung solcher Transaktionen ist es sekundär, an welcher Stelle man die Kette von Einzelzusammenhängen aufschneidet und die Analyse beginnt. Es steht auch außer Frage, daß empirische Forschung aus methodischen Gründen nur Teilabhängigkeiten solcher Interaktionen untersuchen kann. Entscheidend ist aber auch hier, wie bei der Forschung zum Lerner, ob man durch Einzelstudien nach und nach Transaktionen höherer Komplexität modellieren will oder sich mit isolierten unidirektionalen Wirkungsmodellen auf die Dauer zufriedengibt.

Der Erzieher

Viele pädagogische Situationen zeichnen sich dadurch aus, daß ein Erzieher in der Umwelt des Lerners eine Rolle spielt. Erzieher können *direkt* in eine soziale Interaktion mit Lernern treten (vgl. Kap. 10): Verbal in Form von Erläuterungen, Instruktionen, Lob und Tadel; nonverbal durch Gesten, Mimik, Vormachen von Bewegungsfolgen. Erzieher können darüber hinaus auch *indirekt* die Lernumwelt beeinflussen, zum einen durch Medien (vgl. Kap. 12), zum anderen durch Arrangements der Lernsituation (Sequenzierung des Lernstoffs, Zeitgestaltung, Sitzordnung, Lehrmethoden usw.). Oft ist der Erzieher das dominierende Element in der Umwelt des Lerners. Wie mit der Umwelt allgemein interagiert der Lerner auch mit diesem Element „Erzieher" aktiv und subjektiv; von seinen Bedürfnissen, Zielen, Handlungsplänen, Deutungen und Wahrnehmungen hängt es ab, wie erzieherische Maßnahmen verarbeitet werden und welche Wirkungen sie auszuüben vermögen.

Am Beispiel des Lobens kann man gut verdeutlichen, wie eine Handlung des Erziehers keineswegs eine einfach vorhersagbare Wirkung bei einem Lerner auslöst. Ein vom Erzieher gezielt geäußertes Lob kann vielmehr je nach Situation vom Lerner ganz verschieden verarbeitet werden. Die erzieherische Wirkung hängt etwa davon ab, wie der Lerner selbst seine Leistung bewertet, welche Beobachtungen er zum Umgang dieses Lehrers mit Lob anderen Schülern gegenüber gemacht hat, wie er die Reaktion seiner Mitlerner auf das ihm zugefallene Lob einschätzt usw. (vgl. Hofer u. a., 1982).

Auch für Lernen in Situationen mit einem Erzieher gilt also das Konzept der *Transaktion,* demzufolge der Lerner zum Teil seine Umwelt mitgestaltet und verändert (s. o.). Hier ist die Transaktion eine soziale Interaktion; und auch hier steht der Lerner nicht nur unter dem Einfluß des Erzieherhandelns, sondern beeinflußt seinerseits eben dieses Handeln. Das klingt trivial, ist aber in der pädagogisch-psychologischen Forschung bislang zu wenig berücksichtigt worden. Neben forschungsmethodischen Schwierigkeiten mag dies seinen Grund vor allem darin haben, daß die Erziehung in Familie, Schule und Erwachsenenbildung sich durch eine deutliche *Asymmetrie* zugunsten der Handlungsmöglichkeiten auf der Erzieherseite auszeichnet und die Forschung weitgehend Lernerverhalten unter solchen Bedingungen untersuchte. Analog läßt das Design vieler Lernexperimente dem „Lerner" ähnlich reduzierte Einflußmöglichkeiten.

Forschung bedeutet zwangsläufig immer Beschränkung auf einen Ausschnitt der Realität. Die leitende Absicht, der Vielfältigkeit pädagogischer Interaktionen gerecht zu werden, schließt Einzelanalysen keineswegs aus. Eine Betonung der transaktionalen Prozesse verlangt weniger eine Veränderung der Forschungsmethodologie (vgl. Kap. 4), sondern wirkt sich primär auf Forschungsziele aus. Bislang wenig beachtete Zusammenhänge könnten nun stärker in den Vordergrund psychologisch-pädagogischer Forschung rücken. Beispiele dafür sind:
– Wie wirken Lerner auf ihre Erzieher ein?
– Wie werden erzieherische Maßnahmen von Lernern wahrgenommen?
– Wo entstehen in pädagogischen Situationen erwünschte bzw. unerwünschte Schleifen und Teufelskreise?
Zusammenfassend lassen sich unsere Vorannahmen zu zentralen Elementen der pädagogischen Situationen wie folgt formulieren:
– Der *Lerner* ist proaktiv (im Gegensatz zu re-aktiv): er setzt sich auswählend, deutend, planend, handelnd mit seiner Umwelt auseinander. Er gestaltet die ihn beeinflussende Umwelt teilweise selbst.
– *Transaktion* zwischen Lerner und Umwelt kennzeichnet die pädagogische Situation. Der Lerner wird nicht einseitig beeinflußt, sondern agiert im Wechselspiel mit der Umwelt bzw. mit dem Erzieher, wenn dieser als Element einer pädagogischen Situation eine Rolle spielt (= soziale Interaktion).
– Der *Erzieher* kann in der Umwelt des Lerners direkt, d. h. personal,

oder vermittelt durch Medien auftreten. Er kann in hohem Maße die pädagogische Situation absichtsvoll arrangieren, um erwünschte Veränderungen im Lerner wahrscheinlich zu machen.

1.4 Die Arbeit auf dem Feld: Aufgaben der Pädagogischen Psychologie

Welche Aufgaben stellen sich einer Pädagogischen Psychologie, die ihren Forschungs- und Anwendungsschwerpunkt in pädagogischen Handlungsfeldern lokalisiert? Die Antwort auf diese Frage hängt davon ab, ob man die Pädagogische Psychologie primär als wissenschaftliche Disziplin begreift, oder als ein praktisches Tätigkeitsfeld für wissenschaftlich ausgebildete Psychologen. Wir können also wissenschaftliche und praktische Aufgaben der Pädagogischen Psychologie unterscheiden.

Wissenschaftliche Aufgaben der Pädagogischen Psychologie

Als wissenschaftliche Disziplin muß die Pädagogische Psychologie wie jede andere handlungsbezogene Wissenschaft zwei Aufgabenstellungen gleichzeitig erfüllen und – soweit wie möglich – miteinander verbinden. Sie muß

1. das allgemeine oder grundlagenorientierte Wissen zu ihrem Gegenstandsbereich erweitern und systematisieren;
2. praxisrelevantes Wissen bereitstellen, also solches Wissen, das zur Verbesserung bzw. Optimierung praktischen Handelns verwendet werden kann.

Die *erste* Aufgabenstellung besagt, daß die Pädagogische Psychologie für die Erforschung der Probleme in ihrem Gegenstandsbereich zuständig ist und zwar unabhängig von der Frage, ob die Forschungsergebnisse in der Praxis direkt oder indirekt angewendet werden können. Zu den diversen Regionen ihres Gegenstandsgebietes liefert sie auf diese Weise Befunde und Theorien, die pädagogisch relevante Sachverhalte und Ereignisse beschreiben, erklären und gegebenenfalls vorhersagen können. So betrachtet betreibt die Pädagogische Psychologie Grundlagenforschung.

Die *zweite* Aufgabenstellung ist für die Pädagogische Psychologie als anwendungs- oder handlungsbezogene Wissenschaft spezifisch. Sie enthält zwei Komponenten: Einerseits die Gewinnung handlungsrelevanten Wissens, auf das sich der Praktiker stützen kann und andererseits die Zusammenstellung, Aufbereitung und Überprüfung psychologischen Wissens für bestimmte Aufgabengebiete und konkrete Teilprobleme pädagogischer bzw. pädagogisch-psychologischer Praxis. Dazu gehört vor allem die im engeren Sinn anwendungsbezogene Forschung, die sich

auf die Lösung eng umschriebener praktischer Probleme richtet und auf diese Weise sogenanntes „technologisches Wissen" bereitstellt (vgl. Kap. 3).

Die doppelte Funktion der Pädagogischen Psychologie als Grundlagen- und Optimierungswissenschaft zugleich macht ihre Aufgabe schwerer, aber auch interessant und verantwortungsvoll. Ein besonderes Problem ist dabei das Verhältnis zwischen theoretischer Erkenntnis und praktischer Anwendung (vgl. dazu besonders Kap. 3)

Beide wissenschaftlichen Aufgaben der Pädagogischen Psychologie erfordern übrigens eigenständige Forschung. Eigenständig heißt, daß sie sich nicht – wie lange Zeit in ihrer Geschichte (vgl. Kap. 2) – damit begnügen kann, Erkenntnisse aus anderen Disziplinen (etwa der Allgemeinen Psychologie) lediglich aufzugreifen und auf ihren Gegenstand zu übertragen. Zur Eigenständigkeit der Forschung gehört unter anderem die Formulierung und Ausdifferenzierung spezieller wissenschaftlicher Fragestellungen sowie die Etablierung eigener, dem Gegenstandsbereich entsprechender Forschungsansätze und Theorien. Wie bereits festgestellt, erfordert die sachgerechte Bewältigung der Aufgaben eine intensive Auseinandersetzung mit der Forschung in anderen Teilgebieten der Psychologie. Nur so ist der notwendige Austausch von empirischen Befunden, theoretischen Konzepten und Problemklärungen möglich.

Unabhängig von der Spezifizierung ihrer wissenschaftlichen Aufgaben versteht sich die moderne Pädagogische Psychologie als *empirische Wissenschaft*. Damit wird zum Ausdruck gebracht, daß sich die Pädagogische Psychologie darum bemüht, ihre wissenschaftlichen Aussagen soweit wie möglich an der empirisch feststellbaren Realität zu überprüfen. Die Plausibilität der Beschreibung oder Erklärung eines erziehungsrelevanten Sachverhaltes, die ein Wissenschaftler aufgrund seiner allgemeinen Lebenserfahrung bzw. durch „gründliches Nachdenken" über das betreffende Problem erzielt, reichen nicht aus, um Aussagen als wissenschaftliche Sätze zu bezeichnen. Erst wenn die Aussagen durch prinzipiell nachprüfbare Informationen aus systematisch geplanten und ausgewerteten Untersuchungen belegt werden, ist man bereit, von einer wissenschaftlich gesicherten Aussage zu sprechen.

Das Etikett „empirische Wissenschaft" beschreibt in erster Linie die Art und Weise, wie der Wahrheitsgehalt einer wissenschaftlichen Aussage festgestellt werden soll. Er sagt – genau genommen – nichts darüber aus, wie ein Forscher theoretische Aussagen „erfindet". Dieser „Entdeckungszusammenhang" der wissenschaftlichen Arbeit ist auch für den Empiriker ein kreativer Akt, der nicht reglementiert werden soll und auch nicht reglementiert werden kann.

Praktische Aufgaben der Pädagogischen Psychologie

In weiten Bereichen ist die Pädagogische Psychologie ein Dienstleistungs-
betrieb für andere. Sie erarbeitet allgemeines und spezielles psychologisches Wissen für diverse pädagogische Handlungsfelder und vermittelt
dieses Wissen an pädagogisch Handelnde, z. B. an Lehrer und Eltern.
Exemplarisch kann hier auf die Lehrerbildung verwiesen werden, die
spätestens seit Beginn dieses Jahrhunderts neben allgemeinem pädagogischen Wissen auch psychologische Theorien und Methoden vermittelt.
Damit ist ein erster praktisch bedeutsamer Aufgabenbereich der Pädagogischen Psychologie bzw. des „praktizierenden" Pädagogischen Psychologen beschrieben, nämlich Erzieher aus ganz verschiedenen Handlungs-
bereichen im Hinblick auf ihr Handeln zu professionalisieren, indem
einschlägiges Wissen vermittelt wird.

Die praktischen Aufgaben der Pädagogischen Psychologie sind damit
keineswegs erschöpft, denn es gibt auch Psychologen, die pädagogisch-
psychologisches Wissen selbst anwenden. Als Experten beschäftigen sie
sich mit speziellen pädagogisch bedeutsamen Problemen und erarbeiten
Lösungsvorschläge. Das professionelle Handeln des Pädagogischen Psychologen hat zwar Ähnlichkeiten mit dem erzieherischen Handeln, aber
es ist damit nicht identisch. Es ähnelt dem erzieherischen Handeln
insofern, als es auch auf intendierte Wirkungen zielt. Im Vergleich zum
Erzieherhandeln in Familie, Schule usw. wird von diesem professionellen
Handeln aber ein deutlich höheres Maß von Rationalität und wissenschaftlicher Fundierung verlangt. Darüber hinaus richtet sich das pädagogisch-psychologische Handeln häufig auf Teilprobleme und Teilaspekte
eines umfassenderen pädagogischen Problems und liefert damit dem
eigentlichen pädagogischen Entscheidungsträger speziell gewonnene und
aufbereitete Informationen. Daraus resultieren typische Handlungsformen oder Aufgabenfelder des professionellen Pädagogischen Psychologen:

Diagnose und Prognose: Für verschiedene pädagogisch bedeutsame
Handlungs- und Entscheidungssituationen (z. B. bei der Auswahl einer
geeigneten Schullaufbahn oder bei der Suche nach den Ursachen von
Lernstörungen) wird der Pädagogische Psychologe gelegentlich als diagnostischer Experte zu Rate gezogen. In diesem Zusammenhang hat er
die Aufgabe, handlungsrelevante Einflußfaktoren zu analysieren (z. B.
psychologische und ökologische Ausgangsbedingungen für eine pädagogische intendierte Maßnahme). Oder er soll Wirkungen und Effekte
pädagogischer Maßnahmen bzw. die Ursachen möglicher Störungen und
Fehlentwicklungen feststellen. In vielen Fällen soll er aus der Diagnose
aktueller Ausgangsbedingungen Prognosen erstellen, um die Informationsbasis für individuelle und/oder institutionelle Entscheidungen zu
verbessern.

Beratung: Der Pädagogische Psychologe unterstützt Personen und Instanzen bei der Entscheidungsfindung, indem er sie berät. Die Einbeziehung diagnostisch gewonnener Daten ist dabei nur ein Gesichtspunkt. Zur Beratung gehören auch Hilfestellungen bei der Zielklärung und Zielfindung, bei der Analyse der Ausgangssituation, bei der Sammlung und Suche von Handlungsalternativen und bei der Entscheidungsfindung selbst. Trotz der zum Teil intensiven Hilfestellung ist er jedoch niemals der verantwortliche Entscheidungsträger; Beratung hat immer nur eine Hilfsfunktion.

Prävention und Intervention: In manchen Fällen greift der Pädagogische Psychologe selbst durch konkrete Operationen in pädagogische Situationen ein. (Bei einer Schulangsttherapie z.B. versucht er die Komponente „Lerner" zu beeinflussen, beim Lehrertraining oder Elterntraining die Komponente „Erzieher"). In diesem Aufgabenbereich gibt es natürlich starke Überschneidungen mit dem Handlungsfeld der Klinischen Psychologie.

Evaluation: Nach Abschluß pädagogischer Maßnahmen, vor allem bei neuartigen Projekten oder bei umfangreichen Reformvorhaben (z.B. Änderung eines Ausbildungs- oder Schulsystems), muß häufig geklärt werden, ob die neue Maßnahme insgesamt erfolgreich war, ob die erwünschten Effekte eingetreten sind und unerwünschte Nebenwirkungen vermieden werden konnten. Dies zu klären, ist die Aufgabe von Evaluationen. Ihre Resultate dienen – wie die Beratung – der Entscheidungsfindung, wobei der Pädagogische Psychologe nur eine für die Entscheidung relevante Informationsbasis liefert. In der Regel ist der Evaluator mit dem Entscheidungsträger nicht identisch.

1.5 Die Landkarte:
Hinweise zum Aufbau des Lehrbuchs

Das Lehrbuch hat drei Teile. Im *Teil I* werden allgemeine Themen und Probleme angesprochen. Sie dienen der *allgemeinen Orientierung* (z.B. Ausführungen zur Gegenstandsorientierung und Aufgabenstellung der Pädagogischen Psychologie in diesem Kapitel; historische Aspekte, wissenschaftstheoretische Grundlagen und allgemeine methodische Fragen in den Kapiteln 2 bis 4).

Die beiden folgenden Teile entsprechen der Zweiteilung pädagogisch-psychologischer Aufgabenstellung: *Teil II* beschreibt und erläutert pädagogisch-psychologisches *Grundlagenwissen.* Hier sind Theorien und Befunde zur pädagogischen Situation zusammengestellt. Ein wichtiger Gesichtspunkt bei der Untergliederung dieses Grundlagen-Teils sind die oben beschriebenen Komponenten solcher Situationen.

Teil III befaßt sich mit professionellem pädagogischem *Handeln*. Während in Teil II der Lerner und Erzieher die Hauptakteure sind, so ist es in Teil III der Pädagogische Psychologe, der über Maßnahmen wie Diagnose, Beratung, Prävention, Intervention oder Evaluation an Entscheidungsprozessen in pädagogischen Situationen beteiligt ist und somit eingreift, um pädagogische Zielvorstellungen zu optimieren.

Das folgende Schema soll als Wegweiser zu den Kapiteln des Buches dienen:

Pädagogische Psychologie als Wissenschaft:

– Wo steht sie?
– Wie hat sie sich entwickelt?   Teil I
– Wie forscht sie?   (Kapitel 1–4)

Ergebnisse der Pädagogischen Psychologie:

– Zu Lernen und Erziehung
– Zum Lerner und Erzieher
  und ihrer Interaktion   Teil II
– Zu Lernumwelten   (Kapitel 5–12)
– Zu Lernmedien

Handeln der Pädagogischen Psychologen

– Diagnostizieren und Beraten
– Intervenieren und Trainieren   Teil III
– Evaluieren   (Kapitel 13–18)
– Die Berufsfelder

Den Abschluß bildet ein *Ausblick* auf die Zukunft der Pädagogischen Psychologie in Form von Stellungnahmen prominenter Vertreter des Faches.

Kapitel 2

Bernhard Brugger
Matthias Rath
Ernst G. Wehner

Geschichte der Pädagogischen Psychologie

2.1 Einleitung

2.2 Die Vorgeschichte der Pädagogischen
Psychologie

2.3 Gründungsphase an der Wende vom
19. zum 20. Jahrhundert

2.4 Zeit der Schulen zwischen den
beiden Weltkriegen

2.5 Neubeginn und Entwicklungstendenzen
nach 1945

2.1 Einleitung

Auch wenn sich die Pädagogische Psychologie heute als Teildisziplin der Psychologie versteht, ist sie von ihrer Herkunft und ihrer Aufgabenstellung eine Grenzdisziplin zwischen Psychologie und Pädagogik. Dies wird in ihrer bisherigen Wissenschaftsgeschichte deutlich. Für sie trifft zu, was Ebbinghaus am Ende des letzten Jahrhunderts von der gesamten Psychologie behauptet hat: Sie hat eine lange Vergangenheit und eine kurze Geschichte. An der Gültigkeit dieser Behauptung hat sich bis heute nichts Wesentliches verändert. Genaugenommen reicht die lange Vergangenheit pädagogisch-psychologischen Denkens bis zu den Anfängen abendländischen Philosophierens zurück. Wollte man also diese Vergangenheit gründlich aufarbeiten, müßte man zugleich eine Geschichte der Philosophie, der Pädagogik und der Psychologie entwerfen. Dies kann natürlich nicht Gegenstand dieses Kapitels sein. Im folgenden soll auch keine möglichst vollständige chronologische Entwicklung der Pädagogischen Psychologie als wissenschaftlicher Teildisziplin der Psychologie nachgezeichnet werden. Statt dessen erhält der Leser eine knappe Beschreibung wichtiger Etappen auf diesem Entwicklungsweg. Dabei beschränken wir uns im wesentlichen auf die Entwicklung im deutschsprachigen Raum. Folgende Etappen lassen sich unterscheiden:

1. Die *Vorgeschichte*: Wo liegen die Anfänge pädagogisch-psychologischen Denkens vor allem in der neuzeitlichen Aufklärung? Eine herausgehobene, für die weitere Zeit prägende Stellung nimmt Johann Friedrich Herbart ein.

2. Die *Gründungsphase* an der Wende vom 19. zum 20. Jahrhundert: Angeregt durch den enormen Aufschwung im gesamten Wissenschaftsbereich, insbesondere aber durch die Entwicklungen in der neu entstandenen wissenschaftlichen Psychologie, ergeben sich Strömungen, die zur Etablierung der Pädagogischen Psychologie als Teildisziplin der Psychologie führen.

3. Die *Zeit der Schulen*: Zwischen dem 1. und 2. Weltkrieg gerät die Pädagogische Psychologie in den Sog verschiedener, sich teilweise „bekämpfender" wissenschaftlicher Strömungen der Allgemeinen Psychologie und verliert dabei ihr Profil als eigenständige Disziplin.

4. Die *Phase des Neubeginns* nach dem 2. Weltkrieg: Die vom Behaviorismus geprägte amerikanische (empirische) Psychologie wird zum Vorbild der Pädagogischen Psychologie. Das zunächst inhaltlich und methodisch anerkannte Programm wird jedoch zunehmend kritisiert und in jüngster Zeit abgelöst.

5. *Aktuelle Entwicklungstendenzen*: Die Pädagogische Psychologie der Gegenwart befindet sich im Umbruch. Einige Trends der vergangenen Jahre haben sich fortgesetzt, andere sind hinzugekommen. Insgesamt lassen sie Umrisse einer sich neu etablierenden Disziplin erkennen.

**Kasten 2.1: Geschichte der Pädagogischen Psychologie –
ein „Bild"**

Die Geschichte der Pädagogischen Psychologie gleicht den Trok-
kentälern, den Wadis in Nordafrika. Ihre Anfänge verlieren sich
im Weglosen, genaue Konturen sind nicht auszumachen, und von
einem kontinuierlichen Strom, der sich aus klar unterscheidbaren
Quellen speist, kann nicht die Rede sein. Manchmal, scheint es
beim Studium historischer Quellen, füllen sich die Trockentäler
mit einer reißenden Flut, aber ebenso schnell wie das Wasser
gekommen ist, so schnell verschwindet es auch wieder. Da, wo für
kurze Zeit eine üppige Vegetation bestand, findet sich nach kurzer
Zeit nur Staub und Geröll.

(Aus Ewert, 1979, S. 15)

2.2 Die Vorgeschichte der Pädagogischen Psychologie

Geschichtsschreibung, zumal einer wissenschaftlichen Disziplin, und
„tatsächlicher" Geschichtsverlauf sind zwei nicht unmittelbar zusammenhängende Bereiche. Die „gewußte Geschichte" in ihrem Überlieferungs-
zusammenhang stellt immer eine wertende Interpretation der „geschehe-
nen Geschichte" dar. Es ist ein Diktum der jüngsten Geschichte, die
Psychologie als Wissenschaft an ihrer empirischen Orientierung festzu-
machen.

Geht man von diesem Kriterium der empirischen Orientierung aus,
dann kann man unter anderen die folgenden Philosophen und Pädagogen
zu den „geistigen Vätern" der Pädagogischen Psychologie rechnen: Comenius (1592–1670), Rousseau (1712–1778), Pestalozzi (1746–1827), Herbart (1776–1841) und Fröbel (1782–1852). Sie alle lebten in einer Zeit des
geistigen Umbruchs. Statt theoretischer Spekulation forderten sie Beobachtung und Empirie als Basis wissenschaftlicher Erkenntnis. Die Beachtung der „Natur", einschließlich der menschlichen Natur und des menschlichen Verstandes, ersetzte ihnen überkommene Normen und Dogmen.
Damit werden diese Männer zu „Kronzeugen" der modernen Pädagogischen Psychologie.

Von einem anderen Standpunkt aus gesehen, der die eingeengte
Perspektive empirisch-wissenschaftlicher Forschung nicht akzeptiert,
ließen sich die Ursprünge bis in die griechische Antike zurückverfolgen.

Maßgebend und einflußreich für pädagogisch-psychologisches Denken waren neben den griechischen Philosophen die scholastische Tradition, Philosophen und Pädagogen der Renaissance, des Humanismus und der Reformation, beispielsweise Philipp Melanchthon (1497–1560), Ignatius von Loyola (1491–1556) und der von Blättner (1973, S. 27) als „erster großer Pädagoge" bezeichnete Johann Ludwig Vives (1492–1540).

Die Art des pädagogisch-psychologischen Denkens in früheren philosophischen Schriften kann die „Sage von Theuth" (siehe Kasten) verdeutlichen.

Platons Phaidros-Dialog, aus dem diese Textstelle stammt, handelt nicht nur vom zweifelhaften erzieherischen Wert „geschriebener Reden", worunter Gesetzestexte ebenso wie Lehrbücher fallen. Hier wird auch die Grundfrage nach den Voraussetzungen jeder Wissensvermittlung gestellt. So ist die wesentlichste Aussage des Dialogs, daß guter Unterricht emotionale Beteiligung, mit Platons Worten: „Liebe" (eros), voraussetzt.

Als Vertreter der neuzeitlichen Aufklärung haben Comenius, Rousseau, Pestalozzi und Fröbel die „naturgemäße" Ausbildung der menschlichen Kräfte zum Ziel ihrer pädagogisch-psychologischen Überlegungen gemacht.

Kasten 2.2: „Die Sage von Theuth"

„O kunstreichster Theuth, einer versteht, was zu den Künsten gehört, ans Licht zu gebären; ein anderer zu beurteilen, wieviel Schaden und Vorteil sie denen bringen, die sie gebrauchen werden. So hast auch du jetzt als Vater der Buchstaben aus Liebe das Gegenteil dessen gesagt, was sie bewirken. Denn diese Erfindung wird der Lernenden Seelen vielmehr Vergessenheit einflößen aus Vernachlässigung des Gedächtnisses, weil sie im Vertrauen auf die Schrift sich nur von außen vermittels fremder Zeichen, nicht aber innerlich sich selbst und unmittelbar erinnern werden. Nicht also für das Gedächtnis, sondern nur für die Erinnerung hast du ein Mittel erfunden. Und von der Weisheit bringst du deinen Lehrlingen nur den Schein bei, nicht die Sache selbst. Denn indem sie nun vieles gehört haben ohne Unterricht, werden sie sich auch vielwissend zu sein dünken, obwohl sie doch unwissend größtenteils sind und schwer zu behandeln, nachdem sie dünkelweise geworden sind statt weise."

(Aus Platon, Phaidros 274e–275b, dt. v. Schleiermacher und Kurz)

Anthropologischer Ausgangspunkt der „Großen Didaktik" des Johann Amos *Comenius* ist die prinzipielle Fähigkeit des Menschen, „das Wissen von den Dingen zu erwerben" (1954, S. 37). In einem Analogie-Schluß überträgt er die in der Natur beobachteten Entwicklungsprozesse auf seine „entwicklungspsychologisch" orientierte Didaktik. Die Beachtung der Möglichkeiten und Grenzen des Schülers sind ihm Maß für einen systematisch aufgebauten Unterricht. In seinem sehr breit konzipierten Schulsystem betont er die Anschauung vor der rein rationalen Durchdringung und die Lebensnähe vor der Wissensfülle.

Die Orientierung an einer als natürlich angesehenen Entwicklung finden wir 100 Jahre später in entfalteter Form bei Jean-Jacques *Rousseau*. „Natur" und „natürliche Entwicklung" sind Grundbegriffe seiner pädagogisch-psychologischen Vorstellungen. Das hat häufig zu dem Mißverständnis geführt, er vertrete eine nostalgische Rückwendung auf einen imaginären Urzustand des Menschen. Tatsächlich vertritt Rousseau eine Position, die heute wieder modern ist und die sich an seiner programmatischen Forderung „laßt die Kindheit im Kind reifen" deutlich machen läßt. Die Pädagogik soll von den Lernbedürfnissen und Lernfähigkeiten des Schülers ausgehen. Dazu sind entwicklungspsychologische Untersuchungen erforderlich, die Regelhaftigkeiten der kindlichen Entwicklung aufdecken und sich um die Beobachtung und Registrierung des individuellen Entwicklungsstandes bemühen.

Auch für den von Rousseau beeinflußten Schweizer Johann Heinrich *Pestalozzi* ist der Natur-Begriff grundlegend. Die Entfaltung der menschlichen Kräfte in der Erziehung macht er an den drei Lebenskreisen fest: Familie, Beruf und Staat. Noch stärker als Rousseau betont er den Zusammenhang von sozialen und psychischen Momenten in der Erziehung.

In Weiterführung einiger zentraler Ideen Pestalozzis hat sich Friedrich *Fröbel* vor allem um die frühkindliche Erziehung bemüht. In seinen Überlegungen spielt die frühe emotionale Beziehung zwischen Mutter und Kind eine wichtige Rolle. Damit greift er einen Gedanken auf, der auch heute noch heftig diskutiert wird, z.B. im Zusammenhang mit der Frage nach den Möglichkeiten einer kompensatorischen Erziehung und der Existenz sog. sensibler Phasen (vgl. Kap. 6). In der Pädagogik ist Fröbel vor allem als Vater des Kindergarten-Gedankens bekannt.

Einer der wichtigsten „Ahnherren" der modernen Pädagogischen Psychologie ist Johann Friedrich *Herbart*. Er wurde 1776 in Oldenburg geboren, hatte von 1809–1833 Kants Lehrstuhl für Philosophie in Königsberg inne und wirkte bis zu seinem Tode im Jahre 1841 in Göttingen. 1824/25 legte er sein berühmtes Werk „Psychologie als Wissenschaft, neu gegründet auf Erfahrung, Metaphysik und Mathematik" vor. Psychologie wird darin als eine empirische Wissenschaft konzipiert (vgl. Kasten 2.3).

Kasten 2.3: *„Psychologie als Wissenschaft,*
neu gegründet auf Erfahrung, Metaphysik und Mathematik"

„Es soll nun die Untersuchung über das Ich, als über denjenigen
Erkenntnißgrund, welcher am nächsten und bestimmtesten zu
psychologischen Realprincipien hinleitet, den Anfang machen.
Daraus werden sich sogleich mathematisch bestimmbare Gesetze
des Bewußtseyns ergeben, und so weit entwickelt werden, daß die
Möglichkeit, hier eine neue Bahn zu brechen, und namentlich
ohne die angenommenen Seelenvermögen in der Psychologie
fortzukommen, im Allgemeinen erhelle… Indessen wird man bald
wahrnehmen, daß nicht die Lehre vom Ich, sondern von den
Gegensätzen und Hemmungen unserer Vorstellungen untereinander, den Hauptstamm der Forschung ausmacht. Diese Gegensätze
finden sich unmittelbar in der Beobachtung…"

(Aus Herbart, 1824/25, S. 81 f.)

Abb. 2.1: Johann Friedrich Herbart (1776–1841)
(Aus Scheuerl, 1979, S. 241)

Die angezielte Neubegründung der Psychologie blieb Herbart – aufgrund seiner Ablehnung des Experiments und physiologischer Untersuchungen im Bereich der psychologischen Forschung – versagt (dies wird später von Wilhelm Wundt realisiert). Dennoch haben seine Ideen großen Einfluß auf die weitere Entwicklung der Pädagogik und der Psychologie. Nach Boring (1957, S. 250) ist Herbart der „Vater der wissenschaftlichen Pädagogik". Bekannt ist vor allem seine „Unterrichtstheorie", die jedoch unter dem Einfluß der Herbartianer, wie z. B. Ziller, Rein, Frick und Stoy, zu starren „Formalstufen" gerann. Sie hat nicht nur das Denken und Handeln der Schulpädagogik jahrzehntelang geprägt, sondern war auch wiederholt Ausgangspunkt späterer empirisch orientierter pädagogisch-psychologischer Untersuchungen. 1841 bestimmt Herbart das Verhältnis von Pädagogik und Psychologie in seinem „Umriß pädagogischer Vorlesungen" folgendermaßen: „Pädagogik als Wissenschaft hängt ab von der praktischen Philosophie und Psychologie. Jene zeigt das Ziel der Bildung, diese den Weg, die Mittel und die Hindernisse" (Herbart, 1896, Bd. I, S. 284).

2.3 Gründungsphase an der Wende vom 19. zum 20. Jahrhundert

Trotz der bisher genannten Vorläufer, einschließlich Herbarts, setzt sich die Betonung der empirischen Forschung zur Begründung pädagogischen Handelns erst um die Wende vom 19. zum 20. Jahrhundert durch. Insofern trifft die Feststellung Weinerts (1981, S. 149) zu, daß im 19. Jahrhundert pädagogisches Handeln „in der Regel durch psychologisches Überzeugungswissen und durch spekulative psychologische Theorien begründet und gerechtfertigt" wurde. Das wird auch von Zeitgenossen und führenden Vertretern einer pädagogisch orientierten Psychologie am Ende des letzten Jahrhunderts erkannt. So beklagt z. B. Wilhelm *Preyer* (1882) die mangelnde Erforschung der geistigen Entwicklung von Kindern, und Ferdinand *Kemsies* formuliert die wachsende Forderung nach psychologischen Kenntnissen innerhalb des pädagogischen Handlungsfeldes in der ersten Nummer der neugegründeten „Zeitschrift für Pädagogische Psychologie" programmatisch: „Solange der gesetzmäßige Zusammenhang zwischen der erzieherischen Einwirkung und den einfachen sowohl als komplizierten Phänomenen der Kinderseele nicht klargelegt ist, kann von wissenschaftlicher Lösung des Problems nicht die Rede sein" (1899, S. 2). Ziel aller pädagogischen Bemühungen sei es, „für jeden Fall die eintretenden Erscheinungen aus den gegebenen Bedingungen im voraus bestimmen zu können" (S. 18).
Dieser Trend wird von einer ganz anderen Richtung zusätzlich unter-

stützt, von der sog. „Psychotechnik". Damit ist die frühe Konzeption einer anwendungsbezogenen Psychologie umschrieben. Sie wird erstmals von *Münsterberg* (1913) ausführlich dargestellt und begründet. Er definiert: „Psychotechnik ist die Wissenschaft von der praktischen Anwendung der Psychologie im Dienste der Kulturaufgaben" (S. 1). Zu diesen Aufgaben gehört auch das weite Aufgabengebiet der Erziehung.

Aufgrund dieser Strömungen beginnt sich die Pädagogische Psychologie zu Beginn des Jahrhunderts als eigenständige Disziplin zu etablieren. Markante Zeichen dieser Entwicklung sind Neugründungen von speziellen pädagogisch-psychologischen Zeitschriften (wie der bereits erwähnten „Zeitschrift für Pädagogische Psychologie") und die Einrichtung neuer Lehrstühle und pädagogisch-psychologischer Institute. Auf Betreiben der Lehrervereine wird z. B. in Leipzig 1906 einer der ersten Lehrstühle für Pädagogische Psychologie in Deutschland eingerichtet. Im Jahr 1908 zählte Lay im In- und Ausland bereits 12 Institute und Laboratorien für Pädagogische Psychologie und weit über 50 Lehrstühle. Nach Bühler und Hetzer (1929, S. 219 f.) wurden zwischen 1890 und 1917 weltweit 26 Institute und 20 Zeitschriften zum Themenbereich Pädagogische Psychologie neu gegründet.

Eine der wichtigsten Aufgaben der Pädagogischen Psychologie dieser Zeit ist die Bereitstellung allgemein-psychologischen Wissens für zukünftige Lehrer. Psychologie wird zum Pflichtprogramm der Lehrerausbildung. Welche psychologischen Theorien und Methoden allerdings für brauchbar und „nützlich" gehalten werden, bleibt im Ermessen des jeweiligen „Aufbereiters" dieser Wissensgrundlagen.

In Deutschland sind es vor allem zwei Autoren, die dem Lehrer die Psychologie hilfreich an die Hand geben wollen. 1912 veröffentlicht Walter *Seidemann* ein Lehrbuch mit dem richtungsweisenden Titel „Moderne psychologische Systeme und ihre Bedeutung für die Pädagogik". In der zweiten Auflage dieses Buchs wird die allgemeine Zielsetzung der Pädagogischen Psychologie folgendermaßen umschrieben: „Die pädagogischen Betrachtungen sollen zur Auswertung der seelenkundlichen Lehren für Erziehung und Unterricht anregen (...) für den Pädagogen kommt es darauf an, daß er die Ergebnisse für sein persönliches Arbeitsgebiet fruchtbar macht" (1920, S. IV).

Während Seidemann noch versucht, die Psychologie für den Lehrer in eine überschaubare Darstellung zu bringen, unterwirft sich Artur *Stössner* (1921) völlig der psychologischen Systematik. Die Beschäftigung mit den „gesicherten Ergebnissen experimentellen Forschens" soll der Umsetzung in „pädagogische Imperative" dienen (S. V f.). Dieser pragmatische und zugleich sehr naive Ansatz, Pädagogische Psychologie zu betreiben, stellt die vorliegenden Ergebnisse der psychologischen Forschung lediglich dar und überläßt es dann den Lehrern, diese Informationen für die Belange der Erziehungspraxis nutzbar zu machen.

Eine solche naive Übertragung allgemein-psychologischen Wissens auf die pädagogische Praxis wurde schon in der Gründungsphase heftig kritisiert. Auch die prinzipielle Frage, ob und inwieweit die wissenschaftlichen Erkenntnisse der Psychologie geeignet sind, die pädagogische Praxis nachhaltig zu verbessern, wurde diskutiert. So warnt beispielsweise der amerikanische Psychologe und Philosoph William *James* bereits 1899 vor überspannten Hoffnungen. In einer Rede vor Lehrern stellt er fest: „Darüber hinaus möchte ich sagen, daß Sie sich in einem sehr großen Irrtum befinden, wenn Sie glauben, daß man von der Psychologie als Wissenschaft von den Gesetzen der Seele ganz bestimmte Programme, Schemata oder Unterrichtsmethoden für den unmittelbaren Gebrauch im Klassenzimmer ableiten kann" (S. 7f.).

Um die Pädagogische Psychologie stärker auf die Anforderungen der pädagogischen Praxis festlegen zu können, wird von Anfang an eine enge Verbindung von pädagogisch-psychologischer Forschung und pädagogischer Praxis gefordert. Schon um die Jahrhundertwende stellte Münsterberg fest, daß eine praktisch verwertbare Psychologie im Bereich pädagogischen Handelns von den pädagogischen Aufgabenstellungen ausgehen und eigenständige Forschung betreiben müsse (vgl. Kap. 3, Kasten 3.2). Teilweise wird diese Forderung auch umgesetzt, z. B. im Rahmen der sog.

Abb. 2.2: William James (1842–1910)

„Experimentellen Didaktik". Heute würde man sie als „Unterrichtspsychologie" bezeichnen. Bereits 1905 wird für dieses Teilgebiet der Pädagogischen Psychologie eine eigene Zeitschrift gegründet. In Deutschland wird die Experimentelle Didaktik von zwei Männern angeregt, die auch die gesamte Entwicklung der Pädagogischen Psychologie nachhaltig beeinflußt haben: Wilhelm August Lay und Ernst Meumann.

Lay war ein Forscher, der aus dem Ungenügen der Schulpädagogik seiner Zeit die theoretische Grundlage und Anwendung einer praktikablen Didaktik auf psychologischer Basis leisten wollte. In seiner Arbeit „Experimentelle Didaktik" versucht er, „eine innige Verknüpfung der modernen Psychologie mit der Didaktik herbeizuführen und einen *fruchtbaren Boden* für didaktische Experimente zu gewinnen" (1905, S. VII). Lay wendet sich bewußt von den Ergebnissen der rein theoretischen Psychologie ab. Da sie auf die Fragen des Schulunterrichts keine Antworten zu geben vermag, „muß die Didaktik die psychologischen Fragen didaktischer Natur *selbst* zu lösen suchen" (S. 570).

Die Überlegungen von Lay sind ganz von den Anforderungen des Schulunterrichts bestimmt. Auch die Ideen von Ernst *Meumann,* die er in seinen 1907 auf zwei, 1911 aber bereits auf drei Bände angelegten „Vorlesungen zur Einführung in die experimentelle Pädagogik und ihrer psychologischen Grundlagen" entwickelt, sind noch stark auf die Belange der Schulpraxis zugeschnitten. Seine „experimentelle Pädagogik" will vor allem darstellen, was zu seiner Zeit an empirisch-pädagogischer Forschung zur Verfügung steht. Die methodische Basis der experimentellen Pädagogik ist eindeutig der Psychologie zugeordnet: „In *methodischer* Hinsicht ist die experimentelle *Psychologie* die Mutter der empirisch forschenden Pädagogik" (1913, Bd. 1, S. VI).

Akzeptierte er auch die philosophische Pädagogik für die Erstellung der allgemeinen Erziehungsziele und Normen (Bd. 1, S. 56), so war ihm doch nur das ans Labor gebundene pädagogische Experiment Garant für eine systematische Tatsachenforschung: beliebige Wiederholbarkeit, intersubjektive Überprüfbarkeit und interdisziplinäre Zusammenarbeit (vgl. Bd. 1, S. 44 f.). Experimentelle Pädagogik ist somit kein Teilbereich der Pädagogik, sondern greift nach Meumann in jeden Bereich der Wissenschaft von der Erziehung ein. Sie ist *„die empirische Grundlage der Pädagogik"* (Bd. I, S. 62).

Neben der methodischen Neuerung will Meumann auch eine Änderung der empirisch-pädagogischen Denkweise. Die pädagogisch-psychologische Forschung soll ihre Fragestellungen nicht mehr von den jeweils aktuellen Zielsetzungen der Allgemeinen Psychologie ableiten, sondern von den eigentlichen pädagogischen Problemen. Ihre Forschungsstrategien und Aufgaben soll sie „von dem erzogenen Menschen und vom Zögling aus zu entscheiden suchen" (Bd. I, S. 46 f.). Meumann sieht sich in einem „Reformzeitalter" der Erziehung (1913, Bd. III, S. 820), in dem

Abb. 2.3: Versuchsperson der experimentellen Pädagogik (Aus Meumann, 1913, Bd. I, S. 577)

sich die experimentelle Pädagogik von verfestigten Formen löst und den Bedürfnissen des Menschen zuwendet.

Trotz des gemeinsamen Ansatzes kommt es zum Bruch zwischen Lay und Meumann. Die z. T. unerfreulichen Auseinandersetzungen wurden von den Kommentatoren häufig nur als Prioritätsstreitigkeiten angesehen. Das eigentliche Problem lag aber in den unterschiedlichen Auffassungen, wie die empirische Forschung betrieben werden sollte. Lay bevorzugte die lebensnahe Beobachtung in der konkreten Unterrichtssituation. Meumann, ganz an der experimentellen Psychologie orientiert, betonte dagegen die streng experimentelle Laboratoriumsarbeit. Allerdings wurde die Position Meumanns nicht unwidersprochen hingenommen. Sogar der Begründer der modernen Psychologie, Wilhelm *Wundt,* kritisierte die Meumannsche Übertragung der noch jungen experimentalpsychologischen Methodik auf den Bereich der Pädagogik als verfrüht und warf ihm die Verkürzung komplexer Phänomene auf wenige beobachtbare Momente vor (vgl. Gutberlet, 1910).

Rückblickend kann festgestellt werden, daß mit Lay und Meumann eine empirische Neubesinnung der Pädagogik einsetzte. Damit war gleichzeitig eine Intensivierung pädagogisch-psychologischer Forschungsbemühungen verbunden. Bei all diesen Bemühungen blieb aber eine klare Definition der Pädagogischen Psychologie aus, und zu oft standen praktische statt wissenschaftliche Probleme im Vordergrund.

> ### Kasten 2.4: Die Pädagogische Psychologie zwischen 1890 und 1920
>
> Die Zeit zwischen 1890 und 1920 war für die Pädagogische Psychologie eine Zeit des Aufbruchs. Die Faszination der neuen empirischen Methoden „systematische Beobachtung, Statistik und Experiment" (Lay), die Überzeugung vom praktischen Nutzen wissenschaftlicher Arbeit, die zum großen Teil beachtliche theoretische Orientierung der Forschung, ebenso weit entfernt von „laxer Erfahrung" wie von „rohem Empirismus" (Lay), und die vielfach enge Verbindung zwischen psychologisch-pädagogischer Arbeit und erziehungs- oder schulreformerischen Impulsen begünstigten weltweit die Gründung vieler entwicklungspsychologischer, psychologisch-pädagogischer und experimentell-pädagogischer Institute und Zeitschriften sowie die Publikation einer ungewöhnlich großen Zahl einschlägiger wissenschaftlicher Studien (...). Der für die Gründerjahre der Pädagogischen Psychologie charakteristische Forschungsenthusiasmus darf allerdings nicht darüber hinwegtäuschen, daß schon damals sehr unterschiedliche Erwartungen hinsichtlich der pädagogischen Anwendungsmöglichkeiten psychologischer Forschungsergebnisse bestanden, Differenzen, die auch für die heutige Diskussion noch typisch sind.
>
> (Aus Weinert, 1981, S. 150)

Erst Aloys Fischer brachte die Pädagogische Psychologie als eigenständige Disziplin auf den Begriff.

Aloys *Fischer* (1880–1937), seinerzeit Professor an der Universität München und sowohl in der Pädagogik als auch in der Psychologie beheimatet, veröffentlichte 1917 in der „Zeitschrift für pädagogische Psychologie und experimentelle Pädagogik" einen programmatischen Artikel „Über Begriff und Aufgabe der pädagogischen Psychologie". Er betont darin die Eigenständigkeit der Pädagogischen Psychologie. Sie sei weder Allgemeine Psychologie noch Entwicklungspsychologie, noch Berufspsychologie des Lehrers oder Erziehers. Pädagogische Psychologie ist vielmehr eine „nach Idee, Aufgabengebiet und Bedeutung von reiner allgemeiner Psychologie, ebenso von differentieller und angewandter Psychologie unterschiedene Disziplin" (S. 5). Das erfordert nach seiner Meinung einen Standpunktwechsel, eine Neuorientierung: Bisher habe man die Psychologie als das Gegebene betrachtet, jetzt solle man die Erziehung als das Gegebene setzen. Dann kann der Pädagogik die Aufgabe zugewiesen werden, die Erziehung theoretisch zu verstehen. Diese Aufgabe muß sie historisch und prinzipiell lösen. Die Pädagogische

Psychologie befaßt sich dagegen mit den psychologischen Bedingungen und Effekten des Erziehungsgeschehens. Auf diese Weise kann sie das pädagogische Handeln verbessern und z. B. „unpsychologisches Erziehungs- und Unterrichtsgebaren" oder „unpsychologische Organisationsformen" verhindern.

Resümierend stellt er fest: „Pädagogische Psychologie ist die wissenschaftliche Erforschung der psychischen Seite der Erziehung, sie setzt Erziehungen und Erziehung als gegebene Tatsache voraus, und bemüht sich, diese eigenartige Realität, Erziehung genannt, auf ihre psychologischen Einschläge hin zu analysieren" (S. 116).

2.4 Zeit der Schulen zwischen den beiden Weltkriegen

Die programmatischen Aussagen von Fischer bringen nicht den erhofften Durchbruch. Im Gegenteil: „In den folgenden Jahrzehnten geriet die so hoffnungsvoll begründete Pädagogische Psychologie in eine fundamentale wissenschaftliche Krise" (Weinert, 1981, S. 150). Das hat mehrere Gründe. Entscheidend ist wohl die Tatsache, daß sich die gesamte Psychologie zunehmend differenziert. Es gibt immer mehr sich teilweise gegenseitig abgrenzende Teildisziplinen und Forschungsansätze mit unterschiedlichen theoretisch-methodischen Grundorientierungen. Auf die Schwierigkeiten innerhalb der Psychologie der 20er Jahre und den hemmenden Einfluß dieser Kontroversen auf die Entwicklung der Pädagogischen Psychologie weist u. a. Ewert (1974, S. 184) hin. Die Pädagogische Psychologie als junge, in ihrem Selbstverständnis nicht gesicherte Disziplin kann sich diesen Einflüssen nicht entziehen.

Will man den Zustand der Pädagogischen Psychologie in der Zeit zwischen den beiden Weltkriegen beschreiben, dann muß man von den damals vorherrschenden Richtungen und Schulen ausgehen. Theodor *Erismann* hat in einem Beitrag aus dem Jahre 1929 die „gegenwärtigen Richtungen in der Psychologie und ihre Bedeutung für die Pädagogik" analysiert.

Im einzelnen führt er folgende Richtungen an:
– naturwissenschaftlich-atomistische Psychologie,
– Behaviorismus,
– Gestaltpsychologie,
– sinnerfassende und verstehende Psychologie,
– Strukturpsychologie,
– Psychoanalyse.

Die *naturwissenschaftlich-atomistische* Psychologie ist die vorherrschende Richtung um die Jahrhundertwende, sie ist „die Psychologie" schlechthin. Sie will die Grundelemente des „psychischen Apparates"

nach dem Vorbild naturwissenschaftlicher Forschung untersuchen, die
Funktionen im einzelnen exakt analysieren und allgemeine Gesetzmäßigkeiten aufstellen. Eine Seitenlinie dieses Forschungsansatzes führt später
in Verbindung mit praktischen Anwendungsfragen der Psychologie zur
Etablierung der Differentiellen Psychologie: Ihr Ziel ist die möglichst
exakte (quantitative) Erfassung einzelner Merkmale oder Merkmals-
strukturen. Mit Hilfe entsprechender Meßverfahren sollen individuelle
Eigenarten der Persönlichkeit differentiell beschrieben werden. Die
Forschungsergebnisse und -methoden dieser Richtung, insbesondere die
diagnostischen Tests und die damit verbundenen Persönlichkeitstheorien, haben einen nachhaltigen Einfluß auf die Pädagogische Psychologie. Hier sei nur an die Intelligenzdiagnostik erinnert, die ja bereits in den
ersten Anfängen bei Binet und Simon in unmittelbarer Verbindung zur
pädagogischen Praxis steht (vgl. Kap. 14).

Diese Denkrichtung wirkt heute noch nach. So bekennt sich Horn in
der zweiten Auflage des Leistungsprüfsystems offen zu einer atomisti-
schen Einstellung: „In der Chemie hat erst die Ermittlung der Atome zu
wesentlichen Fortschritten geführt. Warum soll es in der Psychologie
nicht auch ähnlich sein?" (1983, S. 8). Nun dachte man um die Jahrhundertwende bei den „Atomen der Psyche" nicht so sehr an Eigenschaften,
als an Bewußtseinsinhalte. Gegen diese „Bewußtseinspsychologie" aber
wendet sich der *Behaviorismus:* Er lehnt die Erforschung von Bewußt-
seinsinhalten (gleichsam im luftleeren Raum) ab und interessiert sich
pragmatisch für das konkrete Verhalten und seine situativen Bedingungen. An die Stelle isolierter Bewußtseinselemente treten isolierte Reiz-
Reaktions-Elemente, deren Verknüpfung ebenso mechanistisch gesehen
wird. „Lernen" wird zum zentralen Begriff. Burrhus F. *Skinner* und
Sidney L. *Pressey* (der „Vater der Lernmaschinen", der sich später
jedoch von diesen distanziert) sind nur zwei Vertreter einer großen Zahl
von Lernpsychologen, die Befunde und Konzepte der inzwischen „klassischen" Lerntheorien auf das Handlungsfeld der Pädagogik zu übertragen
versuchen. Die Entwicklungen, die damals begannen (z. B. im Bereich
der pädagogischen Verhaltensmodifikation, vgl. Kap. 16, oder der sog.
Programmierten Unterweisung), sind heute noch aktuell, wenngleich
sich die Fragestellungen und theoretischen Erklärungskonzepte teilweise
von den Lerntheorien entfernt haben.

Die *Gestaltpsychologie* und verschiedene Ansätze der *geisteswissenschaftlichen Psychologie* sind zum Teil als Gegenbewegung sowohl gegen
eine naturwissenschaftlich-atomistische wie gegen eine einseitige beha-
vioristisch orientierte Psychologie zu verstehen. Die Gestaltpsychologie
der Berliner Schule (Wertheimer, Köhler, Koffka) wie die Ganzheitspsychologie der Leipziger Schule (Krueger) halten zwar einerseits an natur-
wissenschaftlich-empirischen Methoden fest; andererseits gibt es aber
auch Berührungspunkte zur geisteswissenschaftlichen Psychologie, inso-

fern ihre zentralen Begriffe wie „Gestalt" oder „Ganzheit" auf grundlegende Sinnzusammenhänge verweisen, die mit empirisch-analytischen Methoden nicht vollständig erfaßt werden können.

Unmittelbar für die Pädagogische Psychologie relevante Aspekte ergeben sich aus den gestaltpsychologischen Erkenntnissen zum Problemlösen und produktiven Denken (Max *Wertheimer*), zum Lernen durch Einsicht (Wolfgang *Köhler*), zur psychischen Entwicklung (Kurt *Koffka*) und zur Gruppendynamik (Kurt *Lewin*). Auch die Ganzheitsmethode des Lesenlernens wäre hier zu erwähnen.

Ihrem damaligen Stellenwert entsprechend nimmt die *geisteswissenschaftliche Psychologie* bei Erismann im Vergleich zu späteren Darstellungen (z. B. Correll, 1978; Weinert, 1967) einen relativ breiten Raum ein. Erismann differenziert sie in die *„sinnerfassende und verstehende Psychologie"*, wie sie von Wilhelm *Dilthey* in der Auseinandersetzung mit Ebbinghaus vertreten wird, und in die *„Strukturpsychologie"* Eduard *Sprangers*, die individuelle Sinnzusammenhänge in objektive Sinn-Strukturen des Geisteslebens einzubetten versucht. Andere für die Pädagogische Psychologie wichtige Autoren dieser Richtung sind Adolf Busemann und Otto Tumlirz.

Die *Tiefenpsychologie* schließlich gibt der Pädagogischen Psychologie weitere wichtige Anstöße. Die Konzepte und Theorien der verschiedenen tiefenpsychologischen Schulen (Freud, Adler, Jung) werden nicht nur zur Erklärung auffälligen bzw. pädagogisch unerwünschten Verhaltens herangezogen; sie sind gleichzeitig Anlaß für institutionelle Reformen. So haben Vertreter der Tiefenpsychologie in der Zeit nach dem 1. Weltkrieg wesentlichen Anteil an der Einrichtung von Erziehungsberatungsstellen (z. B. in Wien und München) und an der Reform der Heimerziehung. Speziell sei hier auf Alfred *Adler* und dessen Individualpsychologie verwiesen, die häufig als „Psychologie der Lehrer und Pfarrer" diffamiert wurde. Auch Analytiker wie Anna *Freud*, August *Aichhorn*, Hans *Zulliger* und Fritz *Redl* haben Zielvorstellungen und Maßnahmen der damals neuen Erziehungsberatung wesentlich beeinflußt.

Nun ist der Versuch, die Geschichte der Pädagogischen Psychologie (wenn auch nur für einen bestimmten Zeitraum) nach Schulen zu schreiben, eher kritisch zu sehen. Lassen sich Vertreter der Pädagogischen Psychologie so eindeutig einzelnen Schulen zuordnen, wie dies für Vertreter der (damals und in der Geschichtsschreibung der Psychologie immer noch vorherrschenden) Allgemeinen Psychologie gilt? Neigen Psychologen – als Praktiker bzw. Vertreter einer angewandten Disziplin – nicht viel eher zu einem theoretischen Eklektizismus? Erismann führt neben den sechs Richtungen eine ganze Reihe von Psychologen und Pädagogischen Psychologen an, die sich nicht so einfach einer der Richtungen zuordnen lassen. Dies gilt beispielsweise für die Klassische

Wiener Kinder- und Jugendpsychologie, als deren prominenteste Vertreter Karl und Charlotte *Bühler* sowie Hildegard *Hetzer* zu sehen sind.
    Eine einheitliche Begründung der eigenen Disziplin – sowohl inhaltlich
als auch methodisch – ging allerdings unter dem Einfluß der verschiedenen Schulen verloren. Noch 1975 sieht Wolfgang *Metzger* „Psychologie
und Pädagogik zwischen Lerntheorie, Tiefenpsychologie, Gestalttheorie
und Verhaltensforschung" (so der Titel einer seiner pädagogischen
Schriften).
    Letztlich mündet die Gegenüberstellung der verschiedenen Schulen
und Richtungen für Metzger wie schon 1929 für Erismann in eine
Kontroverse zwischen – überspitzt formuliert – zwei grundverschiedenen
Auffassungen der Erziehung, der Erziehungswissenschaft und der Pädagogischen Psychologie: Auf der einen Seite steht die Auffassung von
Erziehung als „Verhaltensformung" (Skinner, 1971), als „Technologie",
die von „objektiven" Reiz-Reaktions-Elementen ausgeht; sie wird vom
Behaviorismus und einer naturwissenschaftlich orientierten Psychologie
vertreten. Auf der anderen Seite steht die Auffassung von Erziehung als
„personaler Begegnung", die von subjektiven Sinnerfahrungen und
„Ganzheiten" ausgeht und diese zu „verstehen" sucht; sie wird von der
Tiefenpsychologie, der Gestalt- und Ganzheitspsychologie und der geisteswissenschaftlichen Psychologie vertreten.

2.5 Neubeginn und Entwicklungstendenzen nach 1945

In den Jahren nach dem Zweiten Weltkrieg überwog zunächst noch
eine ganzheitspsychologische und anthropologische Richtung, was ein
Blick auf die damals veröffentlichten Monographien zur Pädagogischen
Psychologie belegt. *Winnefeld* (1957, S. 23) sprach vom „Durchbruch des
Ganzheitsgedankens" (vgl. auch Hillebrand, 1959, S. 56; Weinert, 1967,
S. 19).
    Ende der 50er, Anfang der 60er Jahre kam es dann auch in Deutschland
zu einer Umorientierung und – im Gefolge des Behaviorismus – zum
„Siegeszug" der empirisch-experimentellen Psychologie. Die Vertreter
der geisteswissenschaftlichen Psychologie gerieten immer mehr ins
Abseits. Ausgehend von der behavioristischen Lernpsychologie wurden
die Lerntheorien und die Anwendung ihrer Prinzipien in der Schule zu
bevorzugten Themen der Pädagogischen Psychologie. Programmierte
Unterweisung, Computerunterstützter Unterricht und ähnliche „Erfin-
dungen" versprachen einen bislang nicht gekannten technologischen
Fortschritt.
    Diese Zeit war darüber hinaus vom Beginn eines zunehmenden
Reformeifers im gesamten Bildungswesen geprägt. Man war grundlegen-

den Neuerungen des Schulsystems wieder mehr aufgeschlossen als früher und suchte nun für die Reformvorhaben einerseits wissenschaftlich abgesicherte Begründungen und andererseits Hinweise, wie die Reformmaßnahmen realisiert und in ihrer Wirkungsweise kontrolliert bzw. evaluiert werden könnten (vgl. Kap. 17). Das mag mit ein Grund dafür gewesen sein, daß es zu einer Annäherung von Erziehungswissenschaft und Psychologie kam. Als Versuch, beide Disziplinen und deren auseinanderstrebende Richtungen zu integrieren, kann z. B. das Werk von Heinrich *Roth* gewertet werden. Er bemühte sich um eine „pädagogische Wende" innerhalb der modernen Psychologie.

In der Folgezeit hat sich jedoch mehr die Sichtweise einer „sozialwissenschaftlichen" und „kognitivistischen" Wende durchgesetzt, welche auch die Pädagogische Psychologie erfaßte. In vielen Teilbereichen wurden alte Positionen in Frage gestellt und neue Forschungsansätze angeregt. Insgesamt ist die Entwicklung durch eine starke Expansion der Pädagogischen Psychologie gekennzeichnet. *Weinert* (1981) weist in diesem Zusammenhang auf vier Tendenzen hin, die für die neueren Auseinandersetzungen kennzeichnend sind. Damit sind gleichzeitig Themen und Entwicklungen angesprochen, die in den folgenden Kapiteln des Lehrbuchs ausführlich behandelt werden. An dieser Stelle sollen daher diese Trends nur erwähnt werden:

1. Von der Anwendung lernpsychologischer Ergebnisse zur Entwicklung einer speziellen Lehr-Lern-Forschung (Treiber & Weinert, 1982; vgl. Kap. 7).
2. Von der Erziehungsstilforschung zur Analyse von Lernumwelten und pädagogisch bedeutsamen sozialen Interaktionen (vgl. Kap. 10 und 11).
3. Von der deskriptiven Kinderpsychologie zur Analyse und Förderung lebenslanger Entwicklungsprozesse (Oerter, Montada, 1982; vgl. Kap. 6).
4. Von der rein programmatischen und diagnostischen Anwendung der Pädagogischen Psychologie zur Entwicklung von Beratungs-, Präventions- und Interventionsmethoden (vgl. Kap. 15 und 16).

Diese Trends bestimmen neben anderen Strömungen auch die gegenwärtigen Auseinandersetzungen und aktuellen Forschungslinien, die für die Zukunft der Pädagogischen Psychologie entscheidend sein werden (vgl. Kap. 19).

Kapitel 3

Andreas Krapp
Alfred Heiland

Wissenschaftstheoretische Grundfragen der Pädagogischen Psychologie

3.1 Wissenschaftstheorie und
Pädagogische Psychologie –
eine Einführung

3.2 Das Theorie-Praxis-Problem
im Selbstverständnis
der Pädagogischen Psychologie

3.3 Metatheoretische Lösungsversuche
des Theorie-Praxis-Problems

3.4 Wissenschaftliches Wissen
und praktisches Handeln –
ein praxisnaher Lösungsansatz

3.1 Wissenschaftstheorie und Pädagogische Psychologie – eine Einführung

Ein Beispiel: Auf einer Arbeitstagung pädagogischer Psychologen hält ein Forscher A ein Referat über seine neuesten Untersuchungen zum Thema „Bedingungen des Schulerfolgs bei Realschülern". Im Anschluß an seinen Vortrag kommt es zwischen ihm und seinen Kollegen zu einer längeren Diskussion. Kollege B äußert Zweifel an der *meßtheoretischen Qualität* der von A verwendeten Testverfahren. C vertritt die Ansicht, daß A mit seinen Forschungen die Beziehungen zwischen dem Schulerfolg einerseits und bestimmten Merkmalen der Schülerpersönlichkeit, des Elternhauses und des Schulunterrichts andererseits zwar beschrieben habe, diese Informationen aber keinen *Erklärungswert* für Schulerfolg bzw. Schulversagen besäßen. D widerspricht C in diesem Punkt und bekräftigt den Nutzen von As Arbeiten für die Erklärung des Schulleistungsverhaltens. E gibt daraufhin zu bedenken, daß C und D und vermutlich auch A unterschiedliche Vorstellungen von „Erklärung" hätten, die einer genaueren Analyse und Explikation bedürften. F kritisiert den seiner Ansicht nach mangelnden *empirischen Gehalt der Theorie,* von der As Untersuchung ausgehe. G wirft A, C und F vor, daß ihren Ausführungen offenbar ein der Sache unangemessenes „mechanistisches" *Menschenbild* zugrundeliege (G wörtlich: „Ich meine die Arbeit von A ist wirklich indiskutabel!"). H. schließlich fragt A, was denn das eigentliche *Ziel seiner Forschungen* sei: das Schulsystem zu verbessern und zu verändern, oder die bestehenden Verhältnisse mit den bekannten nachteiligen Folgen für die Schüler zu stabilisieren? Kurz vor Ende der Diskussionszeit meldet I dann noch grundsätzliche Zweifel an der *praktischen Relevanz* von As Studien an: Diese besäßen zwar einen gewissen Wert für die Beschreibung und – vielleicht auch – Erklärung von Schulerfolg bei Realschülern, für das praktische Handeln des Lehrers im Unterricht seien sie jedoch völlig bedeutungslos, denn dieser wisse auch nach der Lektüre von As Studie nicht, wie er seinen Unterricht so optimal gestalten könne, daß möglichst viele seiner Schüler Erfolg hätten. Dies löst eine heftige Debatte unter den Kollegen aus, die sich über die Pause hinweg erstreckt und noch andauert, als der Referent des nächsten Vortrags den Tagungsraum betritt. Der Vorschlag, die Diskussion dieses für die Pädagogische Psychologie offenbar zentralen Punktes bei einem Bier fortzusetzen und zu versachlichen, findet einhellige Zustimmung. (Es gibt eben Dinge, über die sich auch Wissenschaftler recht schnell einig werden!).

Worüber sich die Kollegen in diesem Beispiel streiten, sind offensichtlich Bewertungskriterien für den Forschungsprozeß und seine Ergebnisse; es sind „metatheoretische" Probleme, die die Gemüter erhitzen. Häufig werden solche Probleme erst dann sichtbar, wenn am Beispiel einer konkreten Untersuchung spezielle Fragen aufgeworfen und einzelne Wissenschaftler gezwungen werden, ihre eigene *wissenschaftstheoretische* Position offenzulegen und ggf. zu verteidigen.

Wissenschaftstheoretische Probleme der Pädagogischen Psychologie

Ebenso wie andere Teildisziplinen der Psychologie orientiert sich die Pädagogische Psychologie an übergeordneten (metatheoretischen bzw. wissenschaftstheoretischen) Leitvorstellungen, die die Art des wissenschaftlichen Vorgehens bestimmen. Auch wenn sich der einzelne Forscher im Alltagsgeschäft des wissenschaftlichen Betriebes dessen gar nicht bewußt ist, weil er auf dieser Ebene nicht ständig über sein eigenes Tun reflektieren kann, wird seine Arbeit doch in allen Phasen des Forschungsprozesses von wissenschaftstheoretischen Modellvorstellungen und daraus gewonnenen Kriterien bestimmt. Sie spielen bereits eine wichtige Rolle bei der Auswahl von *Fragestellungen*. Vor allem aber bestimmen sie die „Rahmenbedingungen" für die Auswahl der *konzeptuellen Grundlagen* (z. B. Art der verwendeten Begriffe und Theorien) und der *instrumentellen* Hilfsmittel (z. B. Art der Forschungsmethoden). Darüber hinaus legen sie *Qualitätskriterien* für die Beurteilung wissenschaftlicher Ergebnisse fest.

Angesichts der zentralen Bedeutung solcher Wissenschaftsprinzipien und Forschungskriterien würde man als Laie vermuten, daß sich Wissenschaftler große Mühe geben, darin Einigkeit zu erzielen, indem sie sich z. B. auf allgemein anerkannte und verbindliche Aussagen der Wissenschaftstheorie stützen. Doch dies ist eine kaum realisierbare Idealvorstellung, wenn man sich die Aufgaben der Wissenschaftstheorie vor Augen führt (s. Kasten 3.1).

Kasten 3.1: Wissenschaftstheorie

Die Wissenschaftstheorie ist eine metatheoretische Disziplin, die sich vorzugsweise mit den (logischen und methodischen) Grundlagen von wissenschaftlichen Theorien und Vorgehensweisen beschäftigt. Gegenstand der Wissenschaftstheorie sind sowohl empirische als auch Formalwissenschaften.

Über Aufgaben und Ziele der Wissenschaftstheorie bestehen unterschiedliche Auffassungen. Die sog. *Analytische Wissenschaftstheorie* sieht die Aufgabe der Wissenschaftstheorie in der logischen Rekonstruktion bzw. in der logischen Analyse von wissenschaftlichen Begriffen, Theorien sowie Forschungs- und Prüfmethoden. Während die logische Rekonstruktion nur den Zweck verfolgt, Begriffe, Theorien und Methoden möglichst präzise so nachzuzeichnen wie sie in den Wissenschaften verwendet werden, gehen bei der logischen Analyse eigene Urteilsmaßstäbe des Wissenschaftstheoretikers in die Rekonstruktion mit ein. Im Bereich der logischen Rekonstruktion verfährt die Analytische Wissenschaftstheorie also deskriptiv (beschreibend); bei der logischen Analyse sind dagegen auch wissenschaftslogische Normen verbindlich; insofern kann gesagt werden, daß auch die Analytische Wissenschaftstheorie eine normative (vorschreibende) Disziplin sei.

Die Analytische Wissenschaftstheorie versteht sich als nichtempirische Disziplin und grenzt sich damit von Disziplinen ab, die den Wissenschaftsbetrieb empirisch erforschen. Hier sind etwa die Historiographie der Wissenschaften *(Wissenschaftsgeschichte)*, die Wissenschaftspsychologie und die Wissenschaftssoziologie zu nennen, die sich mit psychologischen, sozialen und gesellschaftlichen Voraussetzungen und Bedingungen des Wissenschaftsprozesses befassen.

Der *konstruktiven Wissenschaftstheorie* geht es im Unterschied zur Analytischen Wissenschaftstheorie gerade darum, durch die logische Konstruktion der Grundkonzepte einzelner Wissenschaften diese auf ein festes Fundament zu stellen.

Eine weitere wissenschaftstheoretische Position, die im Bereich der Sozialwissenschaften vor allem auf dem Hintergrund der *Kritischen Theorie* vertreten wird, kritisiert die Beschränkungen auf logische Rekonstruktionen und Analysen und fordert eine stärkere Betonung der normativen Gesichtspunkte. Die Wissenschaftstheorie solle rationale und emanzipatorische Kriterien für Wissenschaft formulieren und begründen.

Die *philosophische Erkenntnistheorie* grenzt sich von der Analytischen Wissenschaftstheorie dadurch ab, daß sie die Grundfrage nach den Bedingungen der Möglichkeit von Erkenntnis stellt.

(Aus Krapp, Hofer & Prell, 1982, S. 175 f.)

Solange man auf einer allgemeinen Betrachtungsebene bleibt und lediglich die Orientierung des wissenschaftlichen Vorgehens anspricht, erzielt man relativ leicht Konsens. So wird z. B. niemand bezweifeln, daß auch die Pädagogische Psychologie – wie jede andere empirisch-wissenschaftliche Disziplin – die Aufgabe hat, Sachverhalte und Ereignisse aus ihrem Phänomenbereich zu *beschreiben*, zu *erklären* und *vorherzusagen*. Das bedeutet konkret, daß sie über psychologisch bedeutsame Phänomene des Erziehens und Unterrichtens methodisch gewonnenes Wissen sammelt, sichtet und in Form von Theorien systematisiert. Darüber hinaus wird man sich leicht darauf einigen können, daß pädagogisch-psychologische Aussagen und Theorien empirisch überprüft werden sollten.

Schwieriger wird die Einigung, wenn es um die Definition oder Gewichtung bestimmter Forschungs- bzw. Wissenschaftskriterien oder die wissenschaftstheoretische Begründung konkreter Forschungsstrategien geht. In jeder Wissenschaftlergemeinschaft gibt es zu diesen Fragen unterschiedliche metatheoretische „Überzeugungen". Häufig sind die eigenen wissenschaftstheoretischen Kriterien nur vage und ungenügend expliziert. Daraus resultieren sowohl unterschiedliche Präferenzen für die Gestaltung des Forschungsprozesses als auch abweichende Bewertungen von Forschungsansätzen und -ergebnissen. Im Eingangsbeispiel ist die Kontroverse zwischen C (die Untersuchung habe keinen Erklärungswert) und D (eine Erklärung sei sehr wohl erreicht) ein solcher Fall. Offensichtlich haben die beiden Wissenschaftler unterschiedliche Auffassungen von „Erklärung" und kommen deshalb zu unterschiedlichen Bewertungen des Forschungsergebnisses.

Anders als in den Naturwissenschaften (z. B. Physik) besteht in der Psychologie, wie überhaupt in den Sozialwissenschaften, keine Einigkeit über zentrale wissenschaftstheoretische Grundkonzepte. Mehr noch, es konkurrieren unterschiedlichste Wissenschaftsauffassungen miteinander. Was die Vertreter der einen Konzeption für richtig und einzig sinnvoll ansehen, wird zuweilen von anderen für völlig falsch und nutzlos eingeschätzt. Angesichts dieser Sachlage ist es nicht verwunderlich, daß sich in der Geschichte der Psychologie immer wieder Fachwissenschaftler dieser Disziplin aufgefordert sahen, sich mit wissenschaftstheoretischen Fragen zu befassen. In den vergangenen Jahren standen in der wissenschaftstheoretischen Diskussion der Psychologie die folgenden Fragen im Vordergrund (vgl. Herrmann, 1978); sie werden auch von den Diskussionsteilnehmern unseres Eingangsbeispiels als Problempunkte angesprochen:

– Eigenschaften psychologischer Messung und Modellbildung (z. B. Gigerenzer, 1981, 1984; Herzog, 1984; Wottawa, 1984);
– Funktionen psychologischer Erklärung, Prognose und Diagnose (z. B. Pawlik, 1976; Westmeyer, 1972, 1973, 1975; Krapp, 1979);

- Verhältnis von Theorie, Empirie und psychologischen Forschungsproblemen (z.B. Herrmann, 1976);
- leitende Modelle vom Menschen in der psychologischen Forschung (z.B. Groeben & Scheele, 1977);
- normative Probleme psychologischer Forschung, z.B. wissenschaftsexterne Ziele psychologischer Forschung (z.B. Emanzipation, Lösung sozialer Konflikte; vgl. z.B. Holzkamp, 1970, 1972, 1983; Brandtstädter, 1976; Toebe u.a., 1977; Groeben, 1979);
- Praxisrelevanz psychologischer Forschungsergebnisse und das Theorie-Praxis-Verhältnis (Westmeyer, 1979; Herrmann, 1979).

Diese Punkte lassen sich in vier Hauptproblembereiche zusammenfassen:

Das Theorie-Empirie-Problem: Wie ist der Vorgang des Messens in der Psychologie aufzufassen? In welchem Verhältnis stehen psychologische Modelle und Realitäten zueinander? Was ist die Struktur psychologischer Theorien? Wie werden sie an der Wirklichkeit überprüft? Durch welche strukturellen Merkmale, Funktionen und Kriterien ist die psychologische Erklärung, Prognose und Diagnose ausgezeichnet?

Das anthropologische Grundlagenproblem: Von welchem Menschenbild soll sich psychologische Forschung leiten lassen?

Das Orientierungs- oder Normativitätsproblem: Welche gesellschaftlichen und praktischen Ziele soll die psychologische Forschung verfolgen, welche ethischen Standards sollen für ihre Forschungsansätze und -ergebnisse gelten?

Das Theorie-Praxis-Problem: Wie können die Ergebnisse psychologischer Forschung das praktische Handeln anleiten, verändern und verbessern?

Von all diesen Problemen ist auch die Pädagogische Psychologie unmittelbar betroffen. Da sie immer auch praktisches Handeln unterstützen und wissenschaftlich begründen will, hat für sie das vierte Problem besonderes Gewicht. Betrachten wir zur Verdeutlichung dieses zentralen Theorie-Praxis-Problems, das in diesem Kapitel ausführlicher behandelt werden soll, ein zweites *Beispiel:*

Ein Lehrer L, der an einer Realschule die Fächer Mathematik und Physik unterrichtet, stellt fest, daß ein Schüler, der sich bisher durch gute Leistungen und aktive Mitarbeit im Unterricht hervorgetan hat, in seinen Leistungen plötzlich abfällt, den Unterricht durch Albernheiten stört und sich beim Stundenwechsel bzw. in der Pause mit Mitschülern prügelt. Er überlegt, was in diesem Fall zu tun ist und wendet sich an den Pädagogischen Psychologen A (wir kennen ihn bereits aus dem ersten Beispiel), von dem er weiß, daß sein Forschungsgebiet die Bedingungen des Schulerfolgs sind.

Die Art der Ratschläge, die L von A erhält, und das Ausmaß, in dem er sie auch umzusetzen imstande ist, wird dabei von drei Punkten abhängen. Erstens davon, was A für handlungsrelevantes Wissen hält. Zweitens davon, ob und zu welchem Grade A über ein Wissen verfügt, das diesen Merkmalen entspricht. Drittens davon, wie gut es A gelingt, dieses Wissen an L so zu vermitteln, daß er es in konkrete Unterrichtshandlungen umsetzen kann. Diese Überlegungen machen deutlich, daß sich das Verhältnis von Theorie und Praxis für die Pädagogische Psychologie auf drei Ebenen abbildet:

– auf einer *wissenschaftstheoretischen* (oder metatheoretischen) Ebene als Frage nach den Merkmalen handlungsrelevanten Wissens, dessen Voraussetzungen und Implikationen;
– auf einer *objekttheoretischen* Ebene als die forschungspraktische Aufgabe der Erarbeitung eines solchen Wissens;
– auf einer *Vermittlungsebene* als das Problem, die erarbeiteten Ergebnisse an den Praktiker weiterzugeben.

Wir befassen uns in diesem Beitrag vor allem mit der *wissenschaftstheoretischen* Ebene des Verhältnisses von Theorie und Praxis. Mit diesem Problem haben sich Pädagogische Psychologen in den letzten Jahren auch verstärkt auseinandergesetzt (vgl. Brandtstädter, Reinert & Schneewind, 1979; Huber, Krapp & Mandl, 1984). Wir zeigen zunächst anhand typischer Positionen, wie das Theorie-Praxis-Problem im Selbstverständnis der Pädagogischen Psychologie interpretiert wird (Abschnitt 3.2), grenzen dann verschiedene Problembereiche voneinander ab und stellen einige Lösungsversuche zu diesem Problembereich vor (Abschnitt 3.3). Abschließend betrachten wir das Theorie-Praxis-Problem aus der Perspektive des Praktikers (Abschnitt 3.4). Konkret geht es um die Frage, welche Bedeutung die Pädagogische Psychologie als Wissenschaft für die Lösung praktischer Probleme hat.

3.2 Das Theorie-Praxis-Problem im Selbstverständnis der Pädagogischen Psychologie

In der Geschichte der Pädagogischen Psychologie gab und gibt es unterschiedliche Beschreibungen und Einschätzungen der Beziehung zwischen psychologischer Wissenschaft und pädagogischer Praxis. Im folgenden werden drei typische Modellvorstellungen oder „Lösungsmuster" vorgestellt, die sich mit unterschiedlicher Akzentuierung bei vielen Pädagogischen Psychologen nachweisen lassen, auch wenn diese Modelle nur in den wenigsten Fällen explizit mit Konzepten der Wissenschaftstheorie begründet werden.

Erste Position: Pädagogische Psychologie als verkürzte „Allgemeinpsychologie" für den Praktiker

Für die Pädagogische Psychologie war lange Zeit eine Position kennzeichnend, die es als Hauptaufgabe dieser Disziplin ansah, allgemeines Wissen in Form von Theorien und Befunden aus den Grundlagendisziplinen der Psychologie zu sammeln und in „gefilterter", d. h. vereinfachter und reduzierter Form an Praktiker weiterzugeben. Dieser Auffassung folgend, würde der Pädagogische Psychologe A in unserem zweiten Beispiel alle ihm verfügbaren Theorien und Befunde aus den Bereichen der Lernpsychologie, Sozialpsychologie oder Persönlichkeitspsychologie, die irgend etwas mit Ls praktischem Problem zu tun haben, zusammenstellen und in möglichst verständlicher Form mitteilen. Dem Lehrer L bliebe es dann überlassen, diese Sammlung von Fakten, Theorien und postulierten Gesetzmäßigkeiten, bezogen auf die Erfordernisse seiner Handlungssituation, auszuwerten und zu übertragen.

In der Erzieher- und Lehrerausbildung war und ist diese Auffassung weit verbreitet. So wurden z. B. in den ehemaligen Pädagogischen Hochschulen angehende Lehrer in „Psychologie" und nicht etwa Pädagogischer Psychologie ausgebildet – wohl in der Hoffnung, daß die notwendigerweise nur oberflächlich erworbenen Kenntnisse allgemeiner psychologischer Fakten und Theorien später zu einer Verbesserung der Unterrichtstätigkeit beitragen können. Diese Vorgehensweise hat eine lange Tradition. Im Jahr 1920 veröffentlichte z. B. Seidemann die zweite Auflage seines bereits 1912 erschienenen Lehrbuchs „Moderne psychologische Systeme" mit dem bezeichnenden Untertitel „Die allgemeine Psychologie der Gegenwart und ihre pädagogische Bedeutung" (vgl. Kap. 2).

Diese Position wird nicht nur von Praktikern, sondern auch von Pädagogischen Psychologen selbst kritisiert. Ewert (1979) stellt z. B. im Hinblick auf entsprechende Lehrbuchtexte fest: „Der unbefangene Leser solcher Texte fühlt sich unversehens in eine psychologische Hitparade versetzt, bei der Evergreens aus allen Sparten der Psychologie vorgestellt werden. Die Interpretation der verschiedenartigen Versatzstücke bleibt dabei ebenso dem Leser überlassen wie die Übertragung auf die nüchterne Erziehungswirklichkeit, die der Lehrer von acht bis eins mitzugestalten hat" (S. 17).

Zweite Position: Pädagogische Psychologie als Anwendung ausgewählter psychologischer Theorien und Befunde auf Probleme der pädagogischen Praxis

Eine zweite nachweisbare Modellvorstellung zum Theorie-Praxis-Problem in der Pädagogischen Psychologie geht ebenfalls deduktiv von verfügbaren psychologischen Theorien und Befunden aus. Sie läßt sich aber stärker auf die Probleme der Praxis ein. Die Pädagogische Psychologie kann sich nach dieser Auffassung nicht damit begnügen, allgemeines psychologisches Wissen einfach bekanntzugeben. Sie muß einen Schritt weitergehen und die verfügbaren Wissensbestände der Psychologie zunächst nach dem Gesichtspunkt ihrer praktischen Verwertbarkeit aussortieren und dann auf konkrete Probleme pädagogischer Praxis übertragen. Dabei geht die Pädagogische Psychologie in jedem Fall von jeweils vorhandenen genuin psychologischen Theorien und Methoden aus. Sie sieht ihre Hauptaufgabe darin, passende Anwendungsmöglichkeiten zu finden, d. h. nach Situationen zu suchen, wo das verfügbare wissenschaftliche „Werkzeug" im pädagogischen Handlungsfeld adäquat eingesetzt werden kann.

Ein Beispiel ist der Bereich der Denk- und Intelligenzforschung. In der Pädagogischen Psychologie wurden aus der Vielfalt der verfügbaren Theorien und Modelle zum Denken, Problemlösen und intelligenten Verhalten v. a. die Strukturtheorien und die mit ihnen verbundenen Intelligenztests beachtet. Untersuchungen zur sog. „Begabungsreserve" (Heller, 1970), Theorien und Tests zur theoretischen und diagnostischen Erfassung der sog. Schulreife, Schulübertrittstests oder die praktisch hoch bedeutsame Diagnose der Sonderschulbedürftigkeit orientierten sich primär oder ausschließlich an Theorien und Testmethoden der differentiellen Intelligenzdiagnostik (vgl. Kap. 14). Andere einschlägige Theorien, z. B. neuere Gedächtnistheorien oder die Entwicklungstheorie der Intelligenz von Piaget, wurden entweder gar nicht oder erst viel später und in weitaus geringerem Umfang berücksichtigt.

Die Anwendung psychologischer Theorien auf praktische Probleme pädagogischen Handelns geschieht meist in der Weise, daß aus allgemeineren Theorien fallspezifische Hypothesen abgeleitet und zur Erklärung herangezogen werden. Bezogen auf unser zweites Beispiel würde der Pädagogische Psychologe A zur Lösung des anstehenden Problems aus dem Material der allgemeinen psychologischen Wissensbestände (z. B. psychologische Motivationstheorien) Hypothesen über die Ursachen des problematischen Schülerverhaltens ableiten und mit Hilfe entsprechender psychologischer Diagnosemethoden die motivationale Struktur des Schülers aufzuklären versuchen (ist er z. B. eher erfolgs- oder mißerfolgsmotiviert?). Fälle dieser Art könnten für A auch Anlaß für eigene pädagogisch-psychologische Forschungen sein. In diesem Fall würde er z. B. die psychologischen Motivationstheorien auf ihre Anwendbarkeit im pädagogischen Handlungsfeld systematisch untersuchen und möglicherweise der Frage nachgehen, ob und auf welche Weise bestimmte motivationale Ausprägungen zu Erklärungen des Schulversagens verwendet werden können.

Die zweite Position ist bis vor kurzem die am häufigsten vertretene Auffassung von Pädagogischer Psychologie als handlungsorientierter

Wissenschaft gewesen. Das kommt auch in den meisten Lehrbüchern zum Ausdruck, die üblicherweise ausgewählte Theorien und Befunde der Grundlagenwissenschaften darstellen und auf Anwendungsmöglichkeiten in der pädagogischen Praxis lediglich exemplarisch verweisen. Auf den ersten Blick ist diese Art der Verknüpfung von psychologischem Wissen und pädagogischer Praxis einleuchtend. Bei genauerem Hinsehen ergeben sich jedoch gravierende Probleme und Unzulänglichkeiten. Ein häufig übersehenes Problem besteht z. B. darin, daß man bei der Übertragung grundlagenwissenschaftlicher Theorien und Methoden auf pädagogische Praxisfelder unbemerkt zusätzlich deren Intentionen und Basisannahmen über menschliches Erleben und Verhalten übernimmt, obwohl sie mit pädagogischen Wert- und Zielkriterien nicht verträglich sind. So orientieren sich z. B. pädagogisch-psychologische Forschungsansätze über Bedingungen des Schulversagens an Forschungsmodellen der Differentiellen Psychologie. Sie bestimmen korrelative Zusammenhänge zwischen allen möglichen Lerner- und Erziehervariablen einerseits und Schulerfolgskriterien andererseits (z. B. zwischen Intelligenz, Unterrichtsverhalten, Erziehungsstilen der Eltern und Schulnoten). Daraus können zwar aufschlußreiche Befunde resultieren, die sich u. U. zur Selektion und Klassifikation von Schülern verwerten lassen. Für die eigentliche pädagogische Aufgabenstellung, nämlich die zielorientierte Hilfe zur Beseitigung von Lernstörungen, liefern diese Forschungsansätze jedoch kaum verwertbare Ergebnisse (vgl. auch Kap. 14).

Das zentrale Problem dieser Theorie-Praxis-Interpretation besteht jedoch darin, daß sich die Forschung in der Pädagogischen Psychologie primär am verfügbaren Wissensbestand der Psychologie und erst sekundär an den Bedürfnissen der pädagogischen Praxis orientiert. Die Pädagogische Psychologie ist somit darauf angewiesen, daß die anderen Teildisziplinen, vor allem die Grundlagenfächer der Psychologie pädagogisch relevante Themen bearbeiten und dabei auch noch solche Theorien produzieren, die auf Phänomene der pädagogischen Praxis zutreffen. Wo diese Passung von Angebot und Nachfrage fehlt, kann die Pädagogische Psychologie entweder keine Theorien anbieten oder muß auf Interpretationsmuster zurückgreifen, die der pädagogischen Realität nur teilweise gerecht werden. Ein typisches Beispiel für diese Situation ist die Unterrichts- oder Instruktionspsychologie. Da für diesen Anwendungsbereich bislang kaum genuin psychologische Theorien zur Verfügung standen, versuchte man, die Aussagen der klassischen Lerntheorien auf die Phänomene des Unterrichts zu übertragen. Der geringe Erfolg dieser Bemühungen war übrigens neben anderen negativen Erfahrungen einer jener Ansatzpunkte, die zu einer Neuorientierung der Pädagogischen Psychologie im Bereich der Lehr-Lern-Forschung geführt haben (vgl. Kap. 7).

Dritte Position: Pädagogische Psychologie
als Theorie pädagogischer Praxis

In den Diskussionen der letzten Jahre um die Handlungsrelevanz der Pädagogischen Psychologie ist eine dritte Position erkennbar. Das Verhältnis von Theorie und Praxis ist kein deduktives mehr. Die Pädagogische Psychologie wird nicht dadurch zu einer angewandten Disziplin, daß sie die Resultate psychologischer Grundlagenforschung nachträglich auf Praxisfelder bezieht. Sie geht statt dessen *induktiv* vor und beginnt mit der Formulierung praktischer Probleme, definiert auf dieser Grundlage Forschungsfragen und versucht, diese zu beantworten. Ihre primäre oder ausschließliche Absicht ist dabei nicht, allgemeine Gesetze über menschliches Verhalten, Denken und Fühlen zu gewinnen; vielmehr soll Wissen vor allem zur Veränderung von Lerner-Merkmalen zusammengetragen werden.

Im Rahmen einer solchen Position würde der Forscher A im zweiten Beispiel nicht von vorhandenen psychologischen Wissensbeständen ausgehen, sondern von der Formulierung eines praktischen Problems, das sich aus einer Analyse der Handlungssituation des Lehrers L, dessen Zielen, Kompetenzen und den Rahmenbedingungen des Handelns herausschält. Ausgehend von dieser Problemformulierung kann der Psychologe dann zunächst die vorhandenen Wissensbestände nach Erklärungsansätzen und Handlungsalternativen durchforsten. Da diese in der Regel nicht ausreichen, muß er zusätzliche Untersuchungen anstellen, um neue, auf das Problem passende, Befunde und Theorien zu gewinnen. Eine solche Auffassung von Pädagogischer Psychologie, die ihren Ausgang von den Problemen der Praxis nimmt, ist keine neue Erfindung. Schon *Münsterberg,* einer der Begründer der Pädagogischen Psychologie, hat ähnliche Ideen und Forderungen formuliert (vgl. auch Kap. 2).

Diese Position hat übrigens erhebliche Konsequenzen für die Ziele und Kriterien pädagogisch-psychologischer Forschung. Damit unterscheidet sie sich auch in wesentlichen Punkten von den beiden ersten Positionen: Dort tritt die Pädagogische Psychologie entweder als eigenständig forschende Disziplin gar nicht in Erscheinung (Position 1) oder läßt sich hinsichtlich der Kriterien, Zielstellungen und Vorgehensweisen von den grundlagenorientierten psychologischen Disziplinen leiten (Position 2). Nimmt man dagegen die dritte Position ernst, dann verändert sich schon die generelle Zielstellung pädagogisch-psychologischer Forschung: Forschungsergebnisse und Theorien haben nicht mehr, zumindest nicht ausschließlich, das Ziel einer möglichst exakten und vollständigen Erklärung des in Frage stehenden Phänomens, sondern orientieren sich in besonderer Weise am Kriterium ihrer praktischen Nützlichkeit. Darauf hat z. B. für den Bereich der Unterrichtsforschung Strittmatter (1979) hingewiesen. Die Forschungsergebnisse sollten auf die speziellen Rah-

Kasten 3.2: Zum Verhältnis von Psychologie und Pädagogik

Aber auch bei der Ausarbeitung der pädagogischen Methoden kann die Psychologie sicherlich gewisse Dienste leisten. Die Pädagogik will dem Lehrer Anregungen und Winke, selbst Vorschriften geben, wie der wünschenswerte Einfluß auf den Schüler ausgeübt werden soll; die Schulbücher und sonstigen Hilfsmittel des Unterrichts werden den fortschreitenden Erkenntnissen solcher Pädagogik angepaßt und die praktische Unterweisung des Lehrers geht darauf aus, ihm pädagogisch legitimierte Methoden des Unterrichtes anzugewöhnen. Daß da die Ergebnisse der Psychologie nicht unberücksichtigt gelassen werden dürfen, liegt auf der Hand... Freilich scheint auch hier die Überschätzung nahezuliegen und zwar ganz besonders bezüglich der modernen Richtungen in der Psychologie. Die Pädagogen, die enttäuscht von Herbart zurückkommen, erwarten geradezu mit Ungeduld, daß nun die neuesten Entdeckungen der experimentellen Laboratoriumspsychologie und der psychophysiologischen Forschung nutzbar gemacht werden. Wer sich nicht durch leere Worte verführen läßt, wird da von vornherein skeptisch zuschauen.

Wir haben Hunderte psychologischer Experimentaluntersuchungen über die Aufmerksamkeit und Gedächtnis, über Association und Apperzeption und alle die anderen Funktionen, die im Unterricht mitspielen, und doch würden wir in Verlegenheit sein, auch nur einige wenige auszusondern, die sich unmittelbar in pädagogische Vorschriften umsetzen ließen und dabei über das hinausgehen, was der gesunde Menschenverstand und pädagogische Erfahrung auch ohne Laboratorien vorher gewußt haben... Kommen aber die feineren Thatsachen in Frage, so muß die Pädagogik ihre eigenen Experimente anstellen; sie muß ihr eigenes Brot backen und nicht von den paar Krumen leben, die ihr von der Tafel des Psychologen zufallen. Experimentelle Pädagogik ist durchaus nicht identisch mit pädagogischer Anwendung der experimentellen Psychologie.

(Aus Münsterberg, 1900, S. 194f.)

men- und Situationsbedingungen eines Praxisfeldes übertragbar sein; wichtig ist der Gesichtspunkt der *„ökologischen Validität"* (Oerter, 1979; Bronfenbrenner, 1977). Deshalb sollte die empirische Forschung bevorzugt als Feldforschung im Rahmen der Gegebenheiten eines solchen Praxisfeldes stattfinden (König, 1979). Eine weitere Forderung wird mit dem Begriff Evaluation umschrieben: Die aus Theorien und Befunden abgeleiteten Handlungsempfehlungen sollten durch spezielle Untersuchungen eigens auf ihre Effizienz überprüft werden (Tulodziecki, 1982; vgl. Kap. 17).

3.3 Metatheoretische Lösungsversuche des Theorie-Praxis-Problems

Neben den bisher geschilderten, eher unreflektierten Auffassungen über die Beziehung von Theorie und Praxis liegen in der Pädagogischen Psychologie einzelne Konzeptionen vor, die von metatheoretischen bzw. wissenschaftstheoretischen Überlegungen ausgehen bzw. wissenschaftstheoretische Modellvorstellungen aus der Philosophie übernehmen. Im folgenden stellen wir einige metatheoretische Überlegungen und Lösungsversuche des Theorie-Praxis-Problems vor. Wir beschränken uns dabei auf solche Konzepte, die explizit auf die Situation der Pädagogischen Psychologie angewandt wurden.

3.3.1 Differenzierung des wissenschaftstheoretischen Theorie-Praxis-Problems

Wenn man das Theorie-Praxis-Problem auf der metatheoretischen Ebene genauer betrachtet, ergeben sich drei Teilbereiche mit eigenen Problemstellungen. Sie stehen zwar miteinander in Verbindung, können aber getrennt diskutiert werden. Es handelt sich um das Basisproblem, das Zentralproblem und das Folgeproblem (vgl. Abb. 3.1).

Abb. 3.1: Teilbereiche des wissenschaftstheoretischen Theorie-Praxis-Problems

Das Basisproblem: Welche Merkmale hat ein wissenschaftlich fundierbares Handeln?

Bevor die Kennzeichen handlungsrelevanter Theorien und die Art ihrer Gewinnung metatheoretisch diskutiert werden können, ist zunächst zu klären, welche Merkmale und Eigenschaften das praktische Handeln besitzen muß, wenn es durch wissenschaftliche Theorien und Befunde verbesserbar bzw. fundierbar sein soll.

Ohne Zweifel kann systematisch gewonnenes und über formale Lehr-Lern-Prozesse vermitteltes Wissen nur dann handlungswirksam werden, wenn es in die abrufbaren Wissenselemente der Person integriert wird. Dort, wo z.B. ein Erzieher *ausschließlich* automatisiert und spontan handelt, kann wissenschaftliches Wissen zur Handlungsverbesserung auch dann nichts beitragen, wenn es ihm bekannt ist. Wissenschaftlich fundierbares Handeln muß zumindest das Merkmal *formaler Rationalität* besitzen, d.h. die handelnde Person muß auf der Grundlage ihrer Kompetenz alles, was für den Handlungserfolg bedeutsam ist, *vor* der Handlungsdurchführung auf das Sorgfältigste einschätzen und sich *nach* der Handlungsrealisierung davon überzeugen, ob der angestrebte Erfolg auch eingetreten ist.

Metatheoretische Überlegungen zum Typ des rationalen pädagogisch-psychologischen Handelns (z.B. Brandtstädter, 1979, S. 82ff.; Alisch & Rössner, 1981, S. 31f.; Heiland, 1984; vgl. auch Kap. 13) machen deutlich, daß es u.a. durch folgende Elemente gekennzeichnet ist:

– Vorauslaufende Differenzierung und Fixierung der *Handlungsziele:* Was soll erreicht werden?
– Abschätzung von erwünschten bzw. unerwünschten *Folgewirkungen* dieser Ziele: Was kann eintreten, wenn die Ziele erreicht bzw. verfehlt werden?
– Feststellung des *Ausgangszustandes:* Wie ist die Ausgangslage beim Lerner? Welche Rahmenbedingungen liegen vor? Welche können verändert werden?
– Abschätzung der erwünschten und unerwünschten *Nebenwirkungen* der möglichen Handlungsalternativen: Was kann neben dem angestrebten Zielzustand noch alles eintreten, wenn eine Handlungsalternative realisiert wird?
– *Effektivitätsbeurteilung* der möglichen Handlungsalternativen: Wie effektiv sind die Handlungsmöglichkeiten zur Erreichung der erwünschten Ziele und zur Vermeidung der unerwünschten Nebenwirkungen?
– Bewußte *Entscheidung* für eine Handlungsalternative.
– *Rationale Steuerung* des Handlungsablaufs.
– Kontrolle und *Evaluation* des erreichten Endzustandes.

Begreift man pädagogisch-psychologisches Handeln als formal-rationales Handeln, dann können sich Wissensbestände, die einen Beitrag zur Verbesserung und Fundierung der Praxis leisten wollen, nicht auf einzelne Elemente des Handelns (wie etwa auf die Bereitstellung effektiver Handlungsstrategien) beschränken, sondern müssen auch die anderen wissenschaftlich fundierbaren Elemente erfassen.

Vor einem Mißverständnis muß gewarnt werden: Wenn hier wissenschaftlich fundierbares pädagogisch-psychologisches Handeln als ein formal-rationales Handeln gekennzeichnet wird, heißt das nicht, daß in pädagogisch-psychologischen Praxisfeldern nur ein solches Handeln sinnvoll und akzeptabel ist. Formal-rationales Handeln beinhaltet einen langwierigen Prozeß der Handlungsvorbereitung. Wirksames Agieren in einem Praxisfeld ist aber oft nur dann möglich, wenn für wiederkehrende Standardsituationen Handlungsroutinen zur Verfügung stehen. Die Rahmenbedingungen des Praxisfeldes sollten jedoch von der Art sein, daß sie rationales „Aufbrechen", Reflektieren und Verändern solcher Routinen zulassen. Wo dies nicht möglich ist, wäre auch der Versuch einer wissenschaftlichen Fundierung des Handelns sinnlos.

Das Zentralproblem: Wie sollte handlungsrelevantes Wissen beschaffen sein?

Im Zentrum des Problemfeldes steht die Frage nach den Kennzeichen wissenschaftlicher Modelle, Theorien und Befunde, die praktisches Handeln wirksam begründen und unterstützen können. Welche Wissenschaftskriterien sind für eine Disziplin verbindlich, deren Erkenntnisse in der Praxis Verwendung finden sollen? Wie müssen pädagogisch-psychologische Forschungsergebnisse idealerweise aussehen, um praxisbezogen zu sein? Welche Art von Modellen und theoretischen Systematisierungen sind erforderlich?

Solche Fragen nach der Konzeption handlungsrelevanten Wissens bilden das Zentralproblem des wissenschaftstheoretischen Theorie-Praxis-Problems. Seine Lösung legt die Kriterien fest, an denen sich die wissenschaftlichen Ergebnisse auf der objekttheoretischen Ebene messen lassen müssen.

Das Folgeproblem: Welche Konsequenzen ergeben sich daraus für die pädagogisch-psychologische Forschung?

Das dritte Problem ist mit der Frage nach den Merkmalen und Kriterien handlungsrelevanten Wissens unmittelbar verknüpft. Es betrifft vor allem die Methodologie pädagogisch-psychologischer Forschung. Welche Kriterien und Merkmale muß der pädagogisch-psychologische Forschungsprozeß erfüllen, damit handlungsrelevantes Wissen erarbeitet werden kann? Welche Eigenschaften müssen Verfahren der Versuchsplanung, Datengewinnung und Datenanalyse besitzen? Welche methodischen Standards müssen für sie geltend gemacht werden? Fragen dieser Art sind u. a. in der oben beschriebenen dritten Selbstverständnisposition thematisiert worden, z. B. als Frage nach geeigneten Untersuchungsformen (Feldforschung, Evaluationsforschung) oder nach angemessenen

Gütekriterien (z. B. ökologische Validität). Spezielle Probleme werden in Heiland (1984) sowie im folgenden Kap. 4 „Forschungsmethoden" angesprochen.

Die drei Teilbereiche des Theorie-Praxis-Problems wurden bislang in der Pädagogischen Psychologie mit unterschiedlicher Intensität behandelt. Eine vergleichsweise ausführliche und differenzierte Diskussion liegt zum Zentralproblem vor. Auf verschiedene Denkvorstellungen und Lösungsvorschläge, die dieses Problem betreffen, wird in den nächsten Abschnitten näher eingegangen.

3.3.2 Zur Struktur handlungsrelevanten Wissens – Vorschläge zur Lösung des Zentralproblems

Die metatheoretischen Überlegungen zum Zentralproblem befassen sich mit der Frage, wie Wissen beschaffen sein muß, das praktisches Handeln leiten kann. Im folgenden behandeln wir drei exemplarische Lösungsansätze, die das Denken und Handeln in der Pädagogischen Psychologie beeinflußt haben oder beeinflussen können: das Modell der *technischen Anwendung* allgemeiner Theorien, das Konzept der *technologischen Regel* und die Überlegungen zur Struktur einer „Technologischen Theorie". Die beiden ersten Lösungsansätze haben gemeinsam, daß ihre Konzeptionen der allgemeinen Wissenschaftstheorie entstammen; sie sind das Resultat wissenschaftstheoretischer Bemühungen um Rekonstruktion, Analyse und Kritik von Wissenschaft *allgemein*.

Erster Lösungsvorschlag: Technische Anwendung allgemeiner Theorien

Diese Konzeption läßt sich in dem Satz zusammenfassen: Es gibt nichts Praktischeres als eine gute Theorie. Damit wird zum Ausdruck gebracht, daß eine „gute" wissenschaftliche Theorie gleichzeitig ein gut verwertbares Instrument zur Lösung praktischer Probleme darstellt. Die technische, d. h. praktische Anwendung einer allgemeinen Theorie wird nach dieser Konzeption als einfache logische Deduktion interpretiert.

Die wissenschaftstheoretischen Explikationen dieser Modellvorstellung gelten strenggenommen nur für sog. nomologische Theorien. Solche Theorien bestehen aus nicht falsifizierten, d. h. empirisch nicht widerlegten *nomologischen* Gesetzen, die, wie die klassischen Naturgesetze, unter eindeutigen und vollständig definierten Bedingungen stets ohne Ausnahme gültig sind. Im Gegensatz dazu beschreiben die sog. *statistischen* Gesetze nur Wahrscheinlichkeitsbeziehungen, d. h. sie sind nur mit einer gewissen Wahrscheinlichkeit gültig. Nomologische Gesetzesaussagen haben folgende formale Struktur:
„Für alle X gilt: Wenn X ein A ist, dann ist X ein B."

Wenn wir uns an das Beispiel des Schülers erinnern, der den Unterricht stört und seine Mitschüler angreift, könnte folgende, aus der klassischen Lerntheorie abgeleitete Beziehung als nomologische Gesetzesaussage formuliert werden (tatsächlich handelt es sich eher um eine statistische als um eine nomologische, gesetzmäßige Beziehung):

„Für alle Personen P gilt: Wenn man das abweichende Verhalten von P systematisch ignoriert, dann verschwindet das abweichende Verhalten von P."

Aus einem solchen nomologischen Gesetz kann nach Albert (1970a, 1963) durch die Anwendung des folgenden logisch-deduktiven Schluß-schemas jederzeit ein „technologisches System" gewonnen werden:

Prämisse 1: „a ist ein A."
Prämisse 2: „Für alle X gilt: Wenn X ein A ist, dann ist X ein B."
Konklusion: „a ist ein B."

Unter Verwendung der obigen nomologischen Gesetzesaussage ergibt sich, bezogen auf den Schüler unseres Beispiels, die folgende Ableitung:

Prämisse 1: „Das abweichende Verhalten a wird systematisch ignoriert."
Prämisse 2: „Für alle Personen P gilt: Wenn das abweichende Verhalten von P systematisch ignoriert wird, dann verschwindet das abweichende Verhalten von P."

Konklusion: „Das abweichende Verhalten a verschwindet."

In logisch-formaler Hinsicht deckt sich dieses Schlußschema mit dem Konzept der Erklärung im sog. Hempel-Oppenheim-Schema (vgl. Kasten 3.3).

Ebenso wie im Fall der Erklärung ist bei der praktischen Anwendung ein bestimmtes Ereignis gegeben (im Beispiel die erwünschte Verhaltens-änderung). Gesucht wird nach einer zutreffenden nomologischen Gesetzesaussage (Prämisse 2), sowie einer dazu passenden realen Bedingung (Prämisse 1), so daß das erwünschte Ereignis sich als Konklusion dieser beiden Prämissen ergibt.

Die Gewinnung praktisch relevanter Aussagen aus allgemeinen Theorien ist nach dieser Konzeption nichts anderes als eine „tautologische Transformation" von Gesetzen in technologisch verwertbare Aussagen: Der Informationsgehalt der technologischen Aussage geht über den Informationsgehalt der Gesetzesaussage nicht hinaus.

Die Vorstellung, daß man aus vorliegenden Theorien und Gesetzen durch einfache logische Deduktion handlungsrelevantes Wissen gewinnen kann, erscheint auf den ersten Blick sehr plausibel. Bei genauerer Betrachtung stößt man jedoch auf Schwierigkeiten und Grenzen dieser

Kasten 3.3: Hempel-Oppenheim-Schema

Das sog. Hempel-Oppenheim-Schema (H-O-Schema) ist ein wissenschaftstheoretisches Modell zur Beschreibung der logischen Struktur wissenschaftlicher Erklärungen und Vorhersagen; es wird auch nomologisch-deduktives Erklärungsmodell genannt:

$$\left. \begin{array}{ll} G_1 \ldots G_n & \text{(Gesetzesaussagen)} \\ A_1 \ldots A_n & \text{(Antezedensbedingungen)} \end{array} \right\} \text{Explanans} \quad \left.\begin{array}{l} \\ \end{array}\right\} \text{Erklärungs-}$$
$$\overline{E} \qquad \text{(Ereignis)} \qquad\qquad\quad \text{Explanandum} \quad \Big\} \ \text{schema}$$

In diesem Schema sind das *Explanans* und das *Explanandum* die beiden Hauptbegriffe. Das Explanans besteht aus den Gesetzesaussagen und den jeweiligen *Antezedensbedingungen,* auch Randbedingungen oder Ursachen genannt. Das Explanans ist das, was erklärt. Das Explanandum ist das zu erklärende Ereignis.

Die Erklärung erfolgt in der Weise, daß wir zunächst die Ausgangsbedingungen (Antezedensbedingungen: $A_1 \ldots A_n$) des zu erklärenden Ereignisses E erfassen. Diese Antezedensbedingungen sind in singulären Tatsachenaussagen formuliert. Außerdem benötigen wir allgemeine, bislang nicht falsifizierte Gesetzesaussagen, z. B. der Art: „Immer wenn, dann." Bei *Popper* sind dies raumzeitlich ungebundene Allsätze. Die Erklärung besteht dann in der Auswahl passender Randbedingungen und Gesetzmäßigkeiten, aus denen das zu erklärende Ereignis E abgeleitet werden kann. E folgt also logisch per Deduktion aus G und A.

Bei der Vorhersage sind die Gesetze $G_1 \ldots G_n$ und die Randbedingungen $A_1 \ldots A_n$ gegeben. Das noch nicht eingetretene Ereignis E – oder genauer: der das noch nicht eingetretene Ereignis E beschreibende Satz – kann dann ebenfalls mit logischer Notwendigkeit abgeleitet werden. Erklärungen und Prognosen sind also nach diesem Schema logisch-strukturell identisch.

(Aus Krapp, Hofer & Prell, 1982, S. 62 f.)

Konzeption. Der wichtigste Einwand betrifft die Art der zur Verfügung stehenden Gesetze: Es gibt zumindest in der Psychologie kaum nomologische Gesetze, und es erscheint durchaus fraglich, ob es jemals möglich sein wird, eine größere Zahl empirisch gehaltvoller nomologischer Gesetze zu finden. Aber selbst wenn es genügend nomologische Gesetze gäbe, würde das nicht bedeuten, daß *jede* solche Gesetzesaussage in handlungsrelevantes Wissen übergeführt werden kann. Nomologische Gesetzesaussagen gelten nämlich nur unter *idealisierten Bedingungen,*

d. h. diese Gesetzesaussagen sind nur dann zutreffend, wenn „störende" Einflüsse ausgeschaltet sind. Ein solcher „störender Einfluß" könnte in bezug auf unser Beispiel darin bestehen, daß der Schüler die Absicht des Lehrers durchschaut und sein störendes Verhalten eben deshalb beibehält.

Bei der experimentellen Überprüfung von Gesetzesaussagen kann durch entsprechende Maßnahmen der Versuchsplanung dafür gesorgt werden, daß störende Einflüsse beseitigt bzw. kontrolliert werden. In Praxisfeldern lassen sich solche störenden Bedingungen nicht in jedem Fall ausschalten. Damit sind aber die Gültigkeitsvoraussetzungen der nomologischen Gesetzesaussagen verletzt und der praktisch Handelnde kann sich nicht mehr sicher sein, daß bei der Herbeiführung des Bedingungsmerkmals A auch tatsächlich das Effektmerkmal B entsteht.

Eine nomologische Gesetzesaussage beinhaltet somit nur dann *tatsächliches*, handlungsrelevantes Wissen, wenn ihre Geltungsbedingungen in dem Handlungsfeld erfüllt sind, in dem sie angewandt werden soll. Anders formuliert: Unter den gegebenen Bedingungen eines Handlungsfeldes sind nur solche nomologischen Gesetzesaussagen handlungsmäßig anwendbar, deren Gültigkeitsbedingungen sich mit den Handlungsbedingungen decken. Daß nomologische Gesetzesaussagen nur unter bestimmten idealisierten Bedingungen gelten, ist kein grundsätzlicher Mangel dieser Aussagen, der auf jeden Fall beseitigt werden müßte, denn für die Zwecke und Anforderungen grundlagenwissenschaftlicher Erklärungen sind diese Bedingungen völlig unproblematisch – für die praktische Anwendung jedoch nicht! Diese Schwierigkeiten deuten darauf hin, daß *erklärungsrelevantes* Wissen nicht mit *handlungsrelevantem* Wissen identisch zu sein braucht, sondern daß es durch andere und zusätzliche Merkmale charakterisiert ist. Diesen Gesichtspunkt greift Bunge (1967) mit seinem Konzept der technologischen Regel auf.

Zweiter Lösungsvorschlag: Das Konzept der technologischen Regel

Nach Bunge (1967) gibt es zwei verschiedene Funktionen bzw. Realisierungsformen von Wissenschaft. Die „reine" theoretische Wissenschaft will unser Wissen über die äußere oder innere Realität erweitern – im Prinzip unabhängig von der Anwendungsmöglichkeit dieses Wissens. Die „technologische" Wissenschaft (kurz: Technologie) will dazu beitragen, unsere Lebensmöglichkeiten und Lebensbedingungen zu verbessern; ihr Ziel ist in erster Linie praktischer Art. Grundlagenorientierte, d. h. deskriptiv-explanative wissenschaftliche Aussagen, sind mit technologischen Aussagen nicht identisch und können auch nicht unmittelbar in solche übergeführt werden. Da die beiden Wissenschafts- oder Theoriekonzeptionen unterschiedliche Ziele verfolgen, orientieren sie sich notwendigerweise auch an unterschiedlichen Wissenschafts- oder Qualitätskriterien. Das Ziel der grundlagenorientierten, rein theoretischen Wissenschaften besteht vor allem darin, „wahre" Aussagen aufzustellen. Ihre Theorien sollen und dürfen kühn, originell, neuartig und riskant sein (Herrmann, 1979, S. 138); Exaktheit, Genauigkeit und Präzision gelten als wichtige Kriterien der „Wahrheitsannäherung". Demgegenüber wollen technologische Wissenschaften das praktische Handeln verbessern. Ihre Ergebnisse sollen zuverlässig, bewährt und – bezogen auf die Praxis – wirksam sein. Deshalb orientieren sich technologische Wissenschaften auch an anderen Kriterien, z. B. praktische Verwendbarkeit, Nützlichkeit, Verläßlichkeit oder Routinisierbarkeit.

Was der Praktiker nach diesem Ansatz braucht, sind *technologische*

Kasten 3.4: Transformationsschema nach Bunge

Bunge betrachtet die Dinge hauptsächlich so, daß die technologische Forschung für das technisch-praktische Handeln explizite *Handlungsregeln* bereitstellt. Dem Autor zufolge kann man solche *technologischen Regeln u. a.* durch Gesetzesaussagen begründen, die in wissenschaftlichen (Vorgänger-)Theorien effizienzorientiert ausgewählt wurden. Das Schema für solche Transformationen sieht wie folgt aus (Bunge, 1967, S. 133 f.):

1. Gegeben ist eine *Gesetzesaussage* („law") von der Form „Wenn A, dann B" (abgekürzt: „A→B"), die innerhalb einer Theorie begrifflich hinreichend bestimmt und empirisch erhärtet ist. (Man unterstelle zum Beispiel, die Aussage „Wenn Kinder strenge Eltern haben, dann sind die Kinder ängstlich" sei eine in einer Erziehungsstiltheorie ausreichend begrifflich bestimmte, gesetzesartige Aussage, die zudem empirisch zufriedenstellend bestätigt sei.)
2. Aus der Gesetzesaussage gewinnt man zunächst eine (bereits auf Tätigkeiten bezogene) *nomopragmatische Aussage.* (Zum Beispiel möge diese lauten: „Wenn Eltern ihre Kinder streng erziehen, dann werden diese Kinder ängstlich.")
3. Aus der nomopragmatischen Aussage gewinnt man mehrere *Regeln.* (Zum Beispiel: *Regel 1:* „Um ängstliche Kinder zu erhalten, erziehe die Kinder streng!" – *Regel 2:* „Um Kinder vor Ängstlichkeit zu bewahren, erziehe sie nicht streng!")

In dieser Weise generiert man aus allgemeinen Wenn-dann-Aussagen (A→B) Handlungsregeln von der Art „B per A" und „Nicht-B per Nicht-A".

(Aus Herrmann, 1979, S. 141 f.)

Regeln. Das sind wissenschaftlich begründete und auf eine konkrete Problemsituation bezogene Handlungsanweisungen der Art: „Um B zu erreichen, tue A!" Wie kommt man zu solchen technologischen Regeln? Unter bestimmten Voraussetzungen können sie aus nomologischen Gesetzesaussagen gewonnen werden. Dies geschieht jedoch – im Gegensatz zum oben beschriebenen Lösungsvorschlag – nicht durch eine einfache Umformulierung bzw. logisch-deduktive Ableitung, sondern auf dem Weg einer sog. „pragmatischen" Transformation. Dabei werden allgemeine nomologische Aussagen zunächst in sog. „nomopragmatische Aussagen" und diese schließlich in technologische Regeln übergeführt. (Vgl. hierzu das im Kasten 3.4 angegebene Beispiel.)

Die Tatsache, daß eine technologische Regel aus einer allgemeinen (nomologischen) Gesetzesaussage gewonnen wird, garantiert noch nicht ihre Wirksamkeit oder Effektivität. Dies ist schon deshalb nicht zu erwarten, weil Gesetzesaussagen – wie oben festgestellt wurde – nur unter idealisierten Bedingungen gelten. Die Effektivität von technologischen Regeln muß deshalb, wenn sie wissenschaftlich begründet sein soll, in eigenen empirischen Untersuchungen nachgewiesen werden.

Faßt man handlungsrelevantes Wissen als technologische Regel im Sinne Bunges auf, dann lassen sich damit zwar einige Schwierigkeiten vermeiden, die sich beim Ansatz der technischen Anwendung allgemeiner Theorien ergeben. Es entstehen jedoch andere Probleme. Eines dieser Probleme hat Herrmann (1979, S. 232) als *Allgemeinheits-Konkretions-Dilemma* bezeichnet. Werden technologische Regeln sehr allgemein im Sinne prinzipienartiger Feststellungen formuliert, dann sind sie zwar in einem großen Bereich anwendbar, in ihrem Gehalt jedoch oftmals trivial und stellen die handelnde Person vor die Aufgabe, die Regeln für die spezifischen Bedingungen ihrer Handlungssituation zu konkretisieren. Die Regel „Um die Schüler zu aktiver Mitarbeit zu bewegen, verstärke sie" besitzt z. B. eine gewisse Plausibilität und Anwendbarkeit, läßt den Anwender jedoch im unklaren darüber, was in einer konkreten Situation eine Verstärkung ist. Bei stark spezialisierten technologischen Regeln ergibt sich kein Konkretisierungsproblem; dafür sind sie jedoch nur in einem sehr kleinen Bereich anwendbar und lassen in allen übrigen Fällen den Praktiker ratlos zurück.

Dritter Lösungsvorschlag: Das Konzept der „Technologischen Theorie"

Ein neuerer Lösungsvorschlag zur Überwindung des Theorie-Praxis-Problems wurde von Alisch und Rössner (1978, 1983) unter der Bezeichnung „Technologische Theorie" entwickelt. Im Gegensatz zu den beiden eben erwähnten Konzeptionen entstammt dieser Vorschlag nicht der allgemeinen Wissenschaftstheorie, sondern ist das Resultat wissenschaftstheoretischer Überlegungen aus der Sicht der Verhaltenswissenschaften (Pädagogik bzw. Psychologie). Technologische Theorien sind nach dieser Konzeption komplexe Gebilde, die aus mehreren Teilbereichen oder Elementen zusammengesetzt sind. Leitender Gesichtspunkt für die Struktur solcher Theorien sind die handlungsvorbereitenden Elemente rationalen Handelns (s. o. „Basisproblem"). Dabei gehen die Autoren davon aus, daß die einzelnen Komponenten oder Ablaufschritte des (rationalen) Handelns unterschiedliche Wissensgrundlagen erfordern.

Würde sich z. B. ein Schulpsychologe mit dem oben erwähnten Problemschüler befassen, dessen Leistungen plötzlich in auffälliger Weise abgesunken sind, dann benötigte er ganz verschiedene Informationen, um die für den Schüler günstigsten Maßnahmen auswählen, anwenden und ihre Wirksamkeit kontrollieren zu können. Diese Informationen bilden die Teilbereiche einer Technologischen Theorie. Sie enthält folgende Teilbereiche bzw. Theorieelemente:

1. Eine oder mehrere sog. *Kerntheorien,* die dazu dienen, das Problemfeld zu strukturieren. Sie geben erste Hinweise über Ziele, Ausgangszustände und deren Ursachen sowie die Effektivität von Maßnahmen. Solche Kerntheorien können durchaus allgemeine, grundlagenwissenschaftliche psychologische Theorien sein. Bezogen auf unser Beispiel wären etwa Theorien der Verhaltensmodifikation, der sozialen Interaktion oder psychoanalytische Erklärungsmuster als Kerntheorien denkbar.

2. *Zusätzliche Theorieelemente* bzw. Befunde, die auf die besonderen Bedingungen einer Handlungssituation bezogen sind und zu den Kerntheorien hinzugefügt werden können, um deren Informationsgehalt zu verbessern. Sie machen z. B. Aussagen darüber, wie störende Einflüsse reduziert bzw. eliminiert und unerwünschte Folge- und Nebenwirkungen vermieden werden könnten. Sie verbessern die Einschätzung der Erfolgsaussichten einzelner Maßnahmen. Läge in unserem Beispiel etwa eine verhaltensmodifikatorische Kerntheorie zugrunde, aus der sich für das sog. „Löschen", d. h. für die systematische Nichtbeachtung des Schülerverhaltens, eine gewisse Erfolgsaussicht zur Beseitigung der Störungen im Unterricht ergäbe, dann müßten zusätzliche Theorieelemente Angaben darüber machen, wie das Programm der systematischen Nichtbeachtung realisiert werden kann, ohne daß der ganze Unterricht „baden geht" und auch andere Schüler, die an den vom Lehrer anscheinend nicht wahrgenommenen Störungen Gefallen finden, sich zur Nachahmung aufgefordert sehen.

3. *Bewertungen* für die Ziele, Maßnahmen und Erfolgsaussichten. Damit sind Aussagen über die Erwünschtheit bzw. Unerwünschtheit von Zielfeststellungen sowie Folge- und Nebenwirkungen gemeint. Die Bewertungen richten sich auf die Vertretbarkeit von Maßnahmen und das erforderliche Ausmaß von Erfolgsaussichten. Diese Bestandteile

der technologischen Theorie können mit rein empirisch-wissenschaftlichen Untersuchungsformen allein nicht gewonnen werden. In sie gehen notwendigerweise zusätzlich ethische und gesellschaftsphilosophische Überlegungen ein.

4. Eine von den Bewertungen und Erfolgsaussichten abhängige *Entscheidungsfunktion,* die ein rationales Entscheidungskalkül liefert. Ein solches rationales Modell ist erforderlich, um verschiedene Teilinformationen unter Beachtung der Handlungsziele zu ordnen sowie nach Maßgabe einer generellen Entscheidungsregel eine Auswahl zwischen den verfügbaren Handlungsalternativen zu treffen. Dazu gehört z. B. die Frage, ob jene Handlungsmöglichkeit gewählt werden soll, die mit größter Wahrscheinlichkeit einen – wenn auch relativ geringen – Nutzen verspricht, oder jene, die mit relativ geringer Wahrscheinlichkeit und hohem Risiko den größtmöglichen Effekt erwarten läßt.

Das Konzept der Technologischen Theorie besitzt den Vorzug, daß es – im Unterschied zu den traditionellen Auffassungen – handlungsrelevantes Wissen nicht auf nomologisches Gesetzeswissen oder auf Zweck-Mittel-Relationen reduziert. Es bemüht sich vielmehr in idealtypischer Darstellung um die wissenschaftliche Begründung *aller* wichtigen Bestandteile, die zur Vorbereitung eines rationalen pädagogisch-psychologischen Handelns gehören. Außerdem ist in diesem Modell das Allgemeinheits-Konkretions-Dilemma konzeptuell dadurch gelöst bzw. abgeschwächt, daß durch die Forderung nach zusätzlichen theoretischen Elementen Informationen vorgesehen werden, die der handelnden Person mitteilen, wie sie unter den Bedingungen der konkreten Handlungssituation die Maßnahmen verbessern kann, die sich aufgrund der allgemeinen Kerntheorie anbieten. Unverkennbar ist jedoch der Nachteil, daß die Konzeption zunächst nur eine auf metatheoretischer Ebene formulierte Idealvorstellung ist, die in der Realität – wenn überhaupt – nur in Annäherung erreicht werden kann. Denn das spezielle Wissen steht für die meisten Praxisfelder derzeit gar nicht zur Verfügung. Daraus darf man freilich nicht den Schluß ziehen, daß metatheoretische Modelle dieser Art wertlos seien. Sie erfüllen auch dann eine wichtige Funktion, wenn sie praktisches und theoretisches Handeln als Leitidee so lenken, daß die zu erwartenden Ergebnisse im Hinblick auf die Idealvorstellung verbessert werden können.

Ergebnis

Die hier exemplarisch dargestellten (naiven) Modellvorstellungen der traditionellen Pädagogischen Psychologie und die metatheoretischen Lösungsvorschläge des Theorie-Praxis-Problems haben gezeigt, daß einfache Lösungen, die u. U. das vorherrschende (z. T. naive) Selbstverständnis innerhalb der Pädagogischen Psychologie durchaus richtig abbilden, der Komplexität des Problems nicht gerecht werden. Schlimmer noch: Sie liefern unzulängliche Orientierungsmuster und zeigen somit den Wissenschaftlern und den Praktikern den „falschen Weg". Fehlentwicklungen und Umwege in der bisherigen Geschichte der Pädagogischen Psychologie sind zu einem erheblichen Anteil auf diese Unzulänglichkeiten der metatheoretischen Leitvorstellungen zurückzuführen.

Anspruchsvollere Modelle, die z. B. wissenschaftstheoretische Überlegungen auf dem Niveau der philosophischen Fachdisziplinen einbeziehen, werden u. U. der Problemlage eher gerecht. Aber sie laufen Gefahr, daß sie sich soweit vom metatheoretischen Alltagsverständnis der Pädagogischen Psychologie entfernen, daß sie weder in der Forschung noch in der wissenschaftsnahen Praxis registriert werden.

Angesichts dieser Sachlage erscheint es sinnvoll, das Theorie-Praxis-Problem aus einer dritten Perspektive zu betrachten: nicht aus der Perspektive der Selbstverständnisvorstellungen der Pädagogischen Psychologie, auch nicht aus der Sicht expliziter wissenschaftstheoretischer Modelle, sondern aus der Perspektive des Praktikers, so wie er das Problem unmittelbar erlebt. Daraus läßt sich ein praxisnaher Lösungsansatz entwickeln.

3.4 Wissenschaftliches Wissen und praktisches Handeln – ein praxisnaher Lösungsansatz

Betrachtet man das Verhältnis von Wissenschaft und praktischem Handeln aus der Perspektive des Praktikers, dann wird deutlich, daß wissenschaftliche Theorien und Methoden in aller Regel zwar eine wichtige, aber nur selten die einzige Informationsbasis zur Aufbereitung und Lösung praktischer Probleme bilden. Mindestens ebenso wichtig sind systematisch und/oder sporadisch gesammelte Alltagserfahrungen, ad hoc entwickelte Hypothesen oder mit Erfahrungswissen angereicherte Spekulationen. Praktisches Handeln ist immer verbunden mit Entscheidungen; da viele dieser Entscheidungen von Fall zu Fall variieren oder gänzlich neuartig sind, erfordern sie einen Problemlösungsprozeß, dessen Ergebnis u. a. von der Fähigkeit zur kreativen Auswahl und Kombination verfügbarer Wissensbestände abhängt. Eine praxisnahe Konzeptualisierung des Theorie-Praxis-Bezugs muß deshalb von den Bedingungen und Erfordernissen der Problemsituation des Praktikers ausgehen. Daran läßt sich zeigen, welche Art von Wissensgrundlagen man einbeziehen muß. Außerdem ergeben sich Konsequenzen für die Strukturierung der pädagogisch-psychologischen Forschungsaufgaben.

3.4.1 Die Wissenschaft der Psychologie und die Kunst des Praktikers

Am Beispiel des Praxisfeldes „Unterricht" hat Gage (1978, dt. 1979) eine praxisnahe Modellvorstellung des alltäglichen Theorie-Praxis-Bezugs skizziert. Gage wendet sich entschieden gegen die Vorstellung, daß die Suche nach allgemeinen Gesetzmäßigkeiten ausreiche, um praktische Probleme optimal zu lösen. Praktisches Handeln unter den Bedingungen der Alltagsrealität enthalte nicht nur rationale und wissenschaftliche Komponenten, sondern ebenso künstlerische, intuitive, in der konkreten Situation neu zu erfindende Bestandteile. Die Pädagogische Psychologie liefert demnach lediglich die „wissenschaftliche Basis für die Kunst des Unterrichtens". Hier greift Gage einen Gedanken auf, den William James um die Jahrhundertwende im Rahmen einer Vortragsreihe vor Lehrern formuliert hat (vgl. Kasten 3.5).

Kasten 3.5: *Wissenschaft der Psychologie und Kunst des Lehrens*

„Darüber hinaus möchte ich sagen, daß Sie einen großen, einen sehr großen Fehler machen, wenn Sie glauben, daß man von der Psychologie als Wissenschaft von den Gesetzen der Seele ganz bestimmte Programme, Schemata oder Methoden des Unterrichts für den unmittelbaren Gebrauch im Klassenzimmer ableiten kann. Psychologie ist eine Wissenschaft und Unterrichten ist eine Kunst. Wissenschaften entwickeln praktische Kunstfertigkeiten niemals unmittelbar aus sich selbst. Ein erfinderischer Geist muß dazwischengeschaltet werden, um die Anwendung zu bewerkstelligen.

Eine Wissenschaft legt nur Leitlinien fest, innerhalb derer sich die Regeln der Kunstfertigkeit bewegen müssen; es sind Gesetze, die der Anwender der Kunstregeln nicht verletzen darf. Was er innerhalb dieses Rahmens im einzelnen konkret tun soll, bleibt seiner eigenen schöpferischen Kraft überlassen. Psychologisches Wissen ist deshalb absolut keine Garantie für guten Unterricht. Um dieses Ziel zu erreichen, brauchen wir zusätzliche Fähigkeiten: Einfallsreichtum und eine glückliche Hand zeigen uns, was wir konkret sagen und tun sollen, wenn der Schüler vor uns steht. Obwohl dieser Einfallsreichtum in unserem Bemühen, auf den Schüler einzugehen und ihn zu fördern sowie dieses Einfühlungsvermögen in der konkreten Situation das A und O der Kunst des Unterrichtens sind, kann uns die Psychologie dabei nicht im geringsten helfen."

(Aus James, 1899, S. 7ff.)

Ebensowenig wie sich Ärzte oder Ingenieure ausschließlich und vollständig auf die unmittelbare Anwendung wissenschaftlicher Aussagen zurückziehen können, kann sich der pädagogisch-psychologische Praktiker vollständig auf wissenschaftliche Theorien und Methoden verlassen. Dies könnte und würde er auch dann nicht, wenn bessere Theorien und stärker empirisch abgesicherte Befunde zur Verfügung stünden.

Shulman (1983) hat einen Vergleich gebraucht, der die Idee von Gage auf eine etwas andere Weise und stärker aus der Sicht der Wissenschaft verdeutlicht. Er vergleicht die Rolle des Wissenschaftlers mit dem Auftrag eines Kundschafters, der für eine Fahrt durch unwegsames Gelände das vorausliegende Terrain erkunden soll. Wenn er seine Aufgabe gut erfüllt, wird er nicht mit einem einzigen, in allen Details ausgearbeiteten Routenvorschlag zurückkommen, sondern mit einem sehr komplexen Abbild des Terrains, mit sehr vielen Detailkenntnissen über Geländeformationen, Unwegsamkeiten und mögliche Streckenführungen. Derjenige, der in dieser Situation die Entscheidung für die nächsten Schritte des praktischen Handelns zu treffen hat, muß die vorliegenden Informationen sichten, ordnen und nach Maßgabe seiner Handlungsziele auswählen. Dabei wird er sich z. T. auch auf seine eigenen (früheren) Erfahrungen stützen.

Nach dieser Modellvorstellung liefert die Wissenschaft exemplarische Interpretationsmuster und Detailinformationen von z. T. hohem Differenziertheitsgrad. Handlungsrelevant wird dieses Wissen nur in dem Ausmaß, wie es den jeweils handelnden Personen gelingt, in der richtigen Weise davon Gebrauch zu machen. Ob ein angemessener Theorie-Praxis-Bezug hergestellt werden kann, hängt nicht oder zumindest nicht ausschließlich von der Art wissenschaftlicher Methoden und Theorien ab, sondern auch von der „schöpferischen Leistung des Anwenders". Dazu gehört u. a. die Fähigkeit, verschiedene Wissensbestände aufeinander zu beziehen und miteinander so zu verbinden, daß das aktuelle Problem optimal bearbeitet werden kann. Diese kreativ-schöpferische Leistung des Praktikers berücksichtigt rationale Kriterien, aber sie kann damit allein nicht ausreichend beschrieben werden.

Auf welche Arten von Wissensbeständen kann der Praktiker zurückgreifen? Drei Arten von Wissensgrundlagen sollte man unterscheiden: (1) pragmatisches Alltagswissen, (2) wissenschaftliches Grundlagenwissen und (3) Technologien. Das *pragmatische Alltagswissen* ist die Summe der mehr oder weniger systematisch gewonnenen Erfahrungen, einschließlich der in einem Handlungsfeld durch Tradition übermittelten, wissenschaftlich nicht überprüften Handlungsmuster. Die beiden anderen Wissensbestände beziehen sich auf das Ergebnis wissenschaftlicher Forschung. Beide sind für den Praktiker wichtig und nützlich.

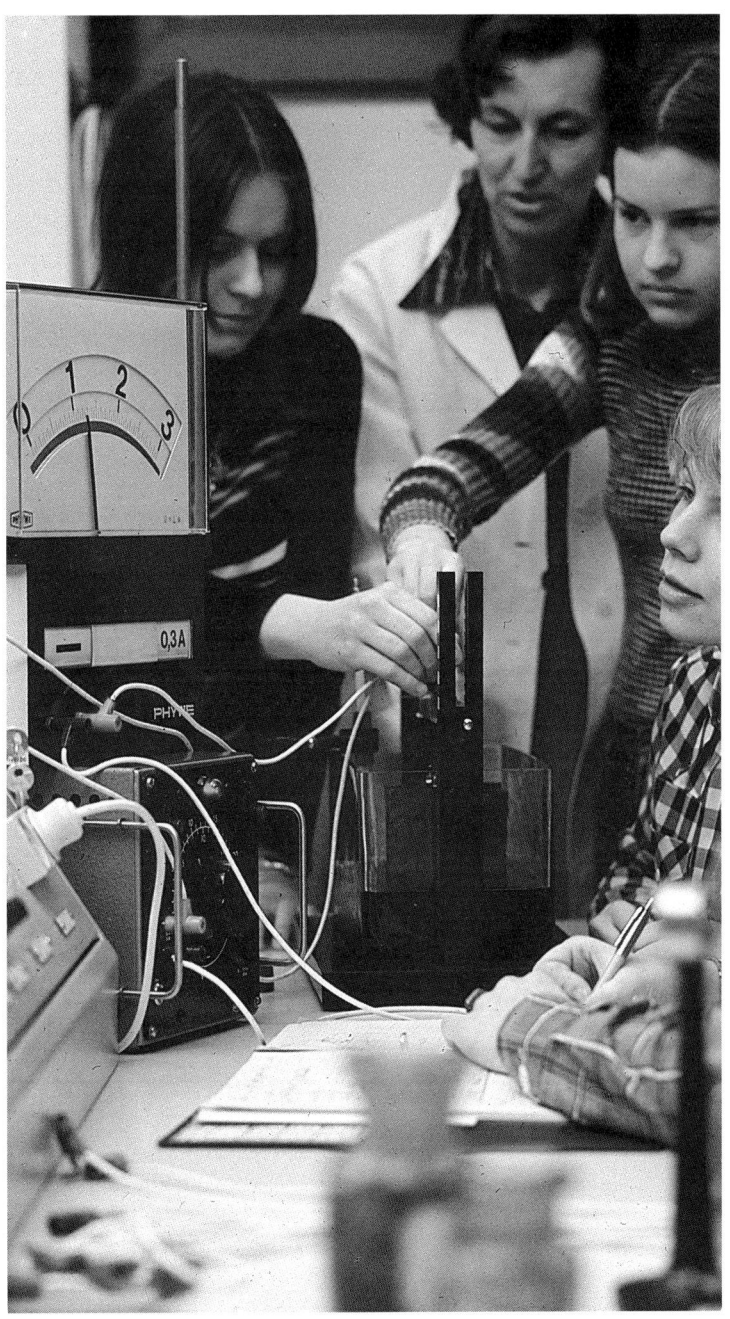

3.4.2 Die wissenschaftliche Basis praktischen Handelns – Grundlagenwissen und Technologien

Grundlagenwissen

Mit Grundlagenwissen bezeichnen wir die allgemeinen Theorien, Befunde und Methoden der Pädagogischen Psychologie, die sie u. U. ohne Rücksicht auf die Anforderungen der Praxis entwickelt hat, um die Phänomene ihres Gegenstandsbereichs zu beschreiben und zu erklären. Nicht alle Details des Grundlagenwissens sind für den Praktiker relevant. Deshalb wird er – je nach Problemstellung, Arbeitsgebiet und Interessenlage – unterschiedliche Bereiche des Grundlagenwissens aufgreifen. Im Hinblick auf seine praktischen Problemstellungen sind die allgemeinen Theorien und Methoden nur „Hintergrundwissen" (Herrmann, 1979): Er kann es nicht unmittelbar zur Lösung seiner praktischen Probleme anwenden, sondern nur in veränderter, auf die besonderen Belange des konkreten Falls zugeschnittener Form. Das Grundlagenwissen ist eine unter mehreren Informationsquellen, die der Praktiker „anzapfen" kann, um Problemlösungen in seinem Tätigkeitsbereich zu optimieren. Das allgemeine Grundlagenwissen kann z. B. dazu beitragen, die vom Praktiker erlebte Komplexität des Handlungsfeldes zu verringern und ihn auf neue, bisher noch unbekannte Bereiche und Möglichkeiten hinzuweisen. Handlungsrelevantes Hintergrundwissen kann auch das pragmatische Alltagswissen strukturieren bzw. ergänzen und die Anwendung bzw. Entwicklung von Technologien vorbereiten.

Technologien

Das technologische Wissen umfaßt Theorien, Methoden und Handlungsmuster, die speziell für die Lösung konkreter praktischer Probleme entwickelt und wissenschaftlich überprüft wurden. Im Anschluß an Bunge (1967) kann man zwei Arten von technologischem Wissen unterscheiden. *Inhaltlich-technologisches Wissen* bezieht sich auf die Objekte des praktischen Handelns. Entsprechende Theorien liefern z. B. situations- und gruppenspezifische Beschreibungs- und Erklärungsmuster für bestimmte Verhaltensauffälligkeiten (z. B. Schule „schwänzen" bei Realschülern in Großstädten). *Operativ-technologisches Wissen* bezieht sich direkt auf das Handeln selbst und liefert dem Praktiker Handlungsroutinen. Typische Beispiele sind standardisierte Diagnosesysteme oder einzelne Tests, die dem Praktiker genau vorschreiben, wie er handlungsrelevante Daten gewinnt, auswertet und in eine Entscheidungsregel transformiert (z. B. Feststellung der Schuleignung aufgrund eines Schulfähigkeitstests). Diese Form des Wissens entspricht den Kriterien der technologischen Regeln, wie sie Bunge (s. o.) formuliert und Herrmann (1979) unter dem Begriff „standardisierte Techniken" bzw. „Handlungsregeln" auf die Pädagogische Psychologie übertragen hat. Systeme solcher technologischer Regeln entsprechen einer *präskriptiven Theorie* im Sinne Klauers (1973a, s. Kap. 4), die „vorschreibt", was getan werden soll, um erwünschte Ziele zu erreichen bzw. unerwünschte Effekte zu verhindern. Technologisches Wissen kann das praktische Erfahrungswissen nicht ersetzen und überflüssig machen. Es ist dem pragmatischen Alltagswissen auch nicht in jedem Fall überlegen. Häufig haben Technologien nur Hilfsfunktion: Sie können die Planung und Realisierung eines praktischen Problemlösungsprozesses unterstützen und verbessern. Sie sind jedoch kein Ersatz für das dafür erforderliche Handlungskonzept.

3.4.3 Konsequenzen für das Wissenschaftsverständnis der Pädagogischen Psychologie

Wie bereits im Einleitungskapitel festgestellt wurde, versteht sich die Pädagogische Psychologie als Teildisziplin der Psychologie und somit als empirische Wissenschaft. Damit wird zum Ausdruck gebracht, daß sie sich im Gegensatz zu anderen wissenschaftlichen Positionen (z. B. in den Geisteswissenschaften) darum bemüht, ihre wissenschaftlichen Aussagen nach bestimmten Kriterien an der empirisch-feststellbaren Realität zu überprüfen.

Wie jede andere empirische Wissenschaft hat sie die übergeordnete Aufgabe, die Phänomene ihres Gegenstandsbereichs zunehmend genauer und differenzierter zu beschreiben, zu erklären und vorhersagbar zu machen. Da die Pädagogische Psychologie einen engen Bezug zur pädagogischen bzw. pädagogisch-psychologischen Praxis hat, wird von ihr zusätzlich erwartet, daß sie handlungsrelevantes Wissen bereitstellt. Diese Aufgabe können wir auf dem Hintergrund der bisherigen Überlegungen spezifizieren. Denn der Versuch einer praxisgerechten Konzeptualisierung des Theorie-Praxis-Problems hat ergeben, daß die Wissenschaft auf zweifache Weise zur Unterstützung des praktischen Handelns beitragen kann: Durch die Bereitstellung allgemeinen Grundlagenwissens und durch die Entwicklung von Technologien. Pädagogisch-psychologische Forschung muß deshalb auch zwei Aufgaben erfüllen; sie muß sowohl Grundlagenwissen als auch technologisches Wissen entwickeln und bereitstellen.

Bereitstellung von Grundlagenwissen

Das für pädagogisches bzw. pädagogisch-psychologisches Handeln verwertbare psychologische Wissen kann in allen Teilgebieten der Psychologie gefunden werden. Die Pädagogische Psychologie hat in diesem

Zusammenhang einerseits die Aufgabe, solches Wissen zu sammeln, zu ordnen und so an den Praktiker weiterzugeben, daß er in die Lage versetzt wird, „die Welt im Lichte von Theorien zu sehen bzw. sein Problem so zu formulieren, daß es dem Problemstand subsumiert werden kann" (Beck, 1981, S. 106). Andererseits hat sie aber auch die Aufgabe, an der Produktion dieses Wissens selbständig mitzuwirken und u. U. ohne Rücksicht auf die unmittelbare Anwendbarkeit der erhofften Forschungsergebnisse Phänomene von pädagogisch-psychologischer Bedeutung wissenschaftlich aufzuklären. Das bedeutet, daß auch die Pädagogische Psychologie Grundlagenforschung innerhalb ihres Gegenstandsbereichs betreiben muß.

Entwicklung und Aufbereitung technologischen Wissens

Für die Erarbeitung technologischen Wissens hat die Pädagogische Psychologie zunächst die Aufgabe, die in anderen Teilgebieten der Psychologie verfügbaren Technologien nach ihrer Anwendbarkeit in pädagogisch-psychologischen Handlungsfeldern zu untersuchen und ggf. so zu revidieren, daß sie den besonderen Bedürfnissen der jeweiligen Praxis entsprechen. Hier muß sich die Pädagogische Psychologie allerdings davor hüten, scheinbar nützliche oder effektive Technologien aus anderen Anwendungsbereichen der Psychologie allzu schnell und kritiklos auf pädagogische Handlungsfelder zu übertragen bzw. ihre Anwendung zu überprüfen (vgl. hierzu die Ausführungen in Kap. 14 zur Abhängigkeit der Diagnosemethoden vom jeweiligen Handlungs- und Entscheidungszusammenhang). Insofern gehört die Warnung vor unangemessenen und die Kritik von bereits benutzten Technologien zum Aufgabengebiet der Pädagogischen Psychologie. Darüber hinaus hat sie die Aufgabe, eigene Technologien zu entwickeln, Anwendungsmöglichkeiten nachzuweisen und die Effektivität dieser Technologien mit empirisch-wissenschaftlichen Methoden zu überprüfen.

Sowohl für die Bereitstellung allgemeinen Grundlagenwissens als auch für die Entwicklung und Überprüfung spezieller Technologien muß die Pädagogische Psychologie eigenständige Forschung betreiben. Insofern unterscheidet sie sich als „angewandte Disziplin" nicht prinzipiell von den sog. grundlagenorientierten Teilbereichen der Psychologie.

Kapitel 4

Karl Josef Klauer

Forschungsmethoden
der
Pädagogischen Psychologie

4.1 Grundkategorien
pädagogisch-psychologischer Forschung

4.2 Typische Forschungsstrategien

4.3 Typische Erhebungsmethoden

4.4 Spezielle Auswertungsprobleme

4.5 Ethische Probleme
pädagogisch-psychologischer Forschung

Im großen und ganzen verfügt die Pädagogische Psychologie nicht über andere Forschungsmethoden als die Psychologie insgesamt. Aus ihren besonderen Fragestellungen und Aufgaben erwachsen ihr jedoch spezifische Probleme, die in anderen Fächern der Psychologie eine geringere Rolle spielen und die spezifische Lösungen erfordern. Deswegen werden in diesem Kapitel einige für die Pädagogische Psychologie typische Forschungsstrategien und -methoden vorgestellt.

4.1 Grundkategorien pädagogisch-psychologischer Forschung

Pädagogisch-psychologische Untersuchungen lassen sich in drei fundamentale Kategorien einteilen, nämlich in deskriptive, präskriptive und normative Arbeiten (Klauer, 1973a; 1985a). Die Einteilung erfolgt nach dem Zweck, auf den die Untersuchung vorwiegend gerichtet ist. Da die Wahl einer Untersuchungsmethode im Hinblick auf den jeweiligen Forschungszweck zu erfolgen hat, offenbart bereits die Einteilung Unterschiede der Forschungsstrategien. Sich diese unterschiedlichen Ansätze klar zu machen, trägt zum Verständnis der Eigenart pädagogisch-psychologischer Forschung bei.

Deskriptive Forschung

Dem Wortsinne nach bedeutet deskriptiv soviel wie beschreibend. Nun ist die deskriptive Forschung mehr als nur beschreibende Forschung. Sie ist darauf gerichtet, zu klären, was ist. Das schließt die *Beschreibung* mit ein, aber auch die *Erklärung,* und, wie noch zu zeigen sein wird, die *Prognose.*

Die Bezeichnung „deskriptive Forschung" geschieht also nach dem Pars-pro-toto-Prinzip: Der Name eines Teiles steht für die Bezeichnung des Ganzen.

Beschreibung, Erklärung und Prognose hat man oft als eine zeitliche Ordnung der Forschungsschritte betrachtet: Danach beschriebe man zuerst die Realität, wie sie ist, bilde sich sodann eine Theorie, um zu erklären, warum die Dinge so sind, wie sie sind. Abschließend werde die Theorie geprüft, indem man aus ihr Vorhersagen, also Prognosen ableite. Tatsächlich aber ist bereits eine Beschreibung nicht theorielos möglich. Es trifft den Forschungsprozeß besser, wenn man sagt, die deskriptive Forschung will klären, wie die Realität ist. Zu diesem Zweck stellt sie Theorien auf und überprüft sie. Eine Theorie gibt Auskünfte darüber, was ist, warum es so ist, und was wird, wenn dieses oder jenes Ereignis

eintritt. *Deskriptive Forschung* ist demnach *erkenntnisbezogen* oder *theoriebezogen*.
In der Pädagogischen Psychologie gibt es eine Fülle von so verstandener deskriptiver Forschung. Typische Beispiele sind etwa die Arbeiten über die Determinanten der Schulleistung (Krapp, 1973) oder der Lehrernote (Tent, Fingerhut & Langfeldt, 1976), über das Verstehen von Texten (Mandl, 1981) oder über die impliziten Theorien von Lehrern über die Persönlichkeitsstruktur von Schülern (Hofer, 1969).

Präskriptive Forschung

Wörtlich übersetzt bedeutet präskriptiv soviel wie vorschreibend. Präskriptive Forschung ist darauf gerichtet, Vorschriften – oder besser: Handlungsanweisungen, Handlungsempfehlungen – zu erzeugen. Deskriptive Forschung beantwortet die Frage, was ist, wie es ist und warum es so ist, wie es ist. Sie sagt aber nicht, was man *tun* soll. Genau darauf ist die präskriptive Forschung ausgerichtet. Sie beantwortet die Frage, was man tun soll, wenn man ein gegebenes Ziel erreichen will. Früher sprach man von der angewandten Forschung im Gegensatz zur „reinen", zur deskriptiven Forschung. Heute spricht man statt dessen auch von technologischer Forschung oder – im englischen Sprachraum – von der „science of design" (Glaser, 1976).
In der präskriptiven Forschung geht es stets darum, herauszufinden, wie ein als wertvoll erachtetes Ziel erreicht werden kann. Besonders kennzeichnend für sie ist die Entwicklung und die Optimierung. In der *Entwicklung* wird ein Hilfsmittel erzeugt, das geeignet ist, zur Erreichung des vorgegebenen Zieles beizutragen. So werden Curricula, Lehrpakete oder Trainingsprogramme entwickelt. Unter *Optimierung* wird auch ein mathematisch-statistisches Verfahren verstanden, das dazu dient, die bestgeeignete Methode zur Zielerreichung zu finden, wenn bestimmte einschränkende Bedingungen gegeben sind.
Die Lerntheorie wird nach allgemeinem Verständnis deskriptiv aufgefaßt, die Lehrtheorie (Klauer, 1985a) dagegen meist präskriptiv. Die Lerntheorie beantwortet die Frage, wie Menschen lernen, die präskriptive Lehrtheorie beantwortet dagegen die Frage, was man tun kann, um das Lernen der Menschen zu fördern.

Normative Forschung

Für die präskriptive Forschung sind die zu erreichenden Ziele vorgegeben. Aber man kann auch die Frage stellen, ob es das anzustrebende Ziel wirklich wert ist, angestrebt zu werden oder ob es nicht besser wäre, ein anderes Ziel anzustreben. Das ist eine normative Fragestellung. Es geht hier darum, eine *Norm*, ein Ziel zu begründen oder wenigstens zu rechtfertigen. Letztlich handelt es sich dabei um ein philosophisch-ethisches Problem. Die empirische Forschung kann lediglich einige Details untersuchen, um die normative Frage zu beantworten (vgl. Klauer, 1982a; Trommsdorff, 1984). Zunächst kann sie dabei behilflich sein, Ziele als Persönlichkeitseigenschaften zu definieren, zu präzisieren, zu differenzieren und zu messen. Weiter sind die Fragen zur Erreichbarkeit eines Zieles in der zur Verfügung stehenden Zeit nur empirisch lösbar. Ihre Beantwortung kann entscheidend zur Klärung der Frage beitragen, welches Ziel letztlich anzustreben ist. Auch kann sich ein Ziel als ein wichtiger Zwischenschritt auf dem Wege zu einem bedeutsameren Ziel herausstellen; möglich ist auch, daß die Erreichung des einen Zieles die Erreichung eines anderen, noch wichtigeren Zieles behindert. Solche Fragen sind durch empirische Forschung zu klären. Sie helfen entscheiden, welche Ziele eigentlich angestrebt werden sollen.

4.2 Typische Forschungsstrategien

Experimentelle Forschung

Ein Experiment ist ein planmäßig ausgelöster und wiederholbarer Vorgang, bei dem beobachtet wird, in welcher Weise sich unter Konstanthaltung anderer Bedingungen mindestens eine abhängige Variable ändert, nachdem mindestens eine unabhängige Variable geändert worden ist. Planmäßigkeit und Wiederholbarkeit, systematische Variation und Konstanthaltung von Bedingungen, unabhängige und abhängige Variablen gibt es bei vielen anderen Forschungsstrategien auch. Was aber das Experiment von allen anderen Arten des Forschens unterscheidet, ist der Vorgang, das heißt, das in der Zeit ablaufende Geschehen.

Im Experiment lassen sich immer ein *Zustand vorher, eine Änderungsphase* und ein *Zustand nachher* unterscheiden. Da dieser Prozeß mit der systematischen Bedingungsvariation verknüpft und planmäßig ausgelöst wird, ist das Experiment die einzige Methode, um Bedingungszusammenhänge oder gar Kausaleinflüsse zweifelsfrei nachzuweisen. Es spielt für die *Erklärung* eine unentbehrliche Rolle. Bei Korrelationen etwa zwischen Lehrerverhalten und Schülerleistung weiß man nie genau, wer wen beeinflußt hat, ob der Lehrer die Schüler, ob die Schüler den Lehrer, der sich dem Leistungsstand anpaßt, ob ein Fall von wechselseitiger Steuerung vorliegt oder ob schließlich Lehrer *und* Schüler von Drittvariablen (wie z.B. Lärm und Wetter) abhängig sind. Pfadanalytische Untersuchungen ermöglichen zwar, den Einfluß quantitativ abzuschätzen. Allerdings setzt die Pfadanalyse voraus, daß der Einfluß in der vorher spezifizierten Richtung stattfindet. Ist die Einflußrichtung nicht klar, so kann auch die Pfadanalyse nicht weiterhelfen, sondern nur das Experiment.

In der Unterrichtsforschung ist das Experiment besonders wichtig (Klauer, 1980), aber auch in anderen Zusammenhängen, wo es darum geht, gewünschte Wirkungen oder Veränderungen zu erzielen. Setzt man die modifizierende Handlung als unabhängige und die zu modifizierende Größe als abhängige Variable, so lassen sich aus dem Experiment *präskriptiv* zu verwertende Erkenntnisse gewinnen.

Als klassisches Experiment ist in diesem Zusammenhang das von Lewin u. a. (1939) zur Auswirkung von Führungsstilen zu nennen. Sie veranlaßten Leiter von Freizeitgruppen dazu, systematisch je einen der drei Stile „demokratisch", „autokratisch" und „laissez-faire", die genau definiert waren, zu realisieren. Mit Hilfe eines detaillierten Beobachtungssystems wurde festgestellt, welche Auswirkungen diese verschiedenen Führungsstile auf das aggressive Verhalten der betroffenen Jugendlichen hatten.

Die Durchführung von Experimenten stellt den Forscher vor spezielle Probleme, etwa bezüglich der Randomisierung oder der Kontrolle von Fehlerquellen (ausführlicher dazu: Hofer, 1974; Klauer, 1973b). Die Frage der Randomisierung wird von Campbell und Stanley (1965, 1966) zum Anlaß genommen, Experimente von *Quasi-Experimenten* zu unterscheiden. Letztere haben zwar viele Merkmale mit „echten" Experimenten gemeinsam, aber eine wichtige Forderung, nämlich die zufällige Zuordnung der Versuchspersonen zu den einzelnen Gruppen, ist nicht erfüllt. Deshalb sind sie nicht wirklich intern valide, können aber für spezielle Fragen oft mit Nutzen verwendet werden.

Ein auf der Wissenschaftstheorie Poppers beruhendes deduktivistisches Konzept des psychologischen Experiments stammt von Bredenkamp (1980). Es klärt insbesondere wichtige Fragen der Validität des Experiments und möglicher Validitätsverletzungen.

Nicht-experimentelle Forschung

Zahlenmäßig ist die nicht-experimentelle pädagogisch-psychologische Forschung der experimentellen sicher überlegen. Der „klassische" Fall der nicht-experimentellen Untersuchung ist die *Korrelationsstudie*. Tatsächlich gibt es eine Reihe von Gründen, die dazu führen, daß die unabhängige Variable nicht planmäßig erzeugt, sondern gleichzeitig mit der abhängigen erhoben wird.

In manchen Bereichen ist experimentelles Vorgehen schlechterdings unmöglich. Das ist überall dort der Fall, wo die unabhängige Variable nicht planmäßig variiert werden kann. Das gilt z. B. für das Geschlecht oder für den Sozialstatus von Schülern. Was Ursache und was Wirkung ist, läßt sich deshalb in diesen Bereichen nie mit letzter Klarheit auseinander halten. Es gibt auch Fälle, bei denen zwar prinzipiell ein Experimentieren möglich wäre, faktisch aber doch ausgeschlossen bleibt. Dazu gehört z. B. die Erforschung der Wirkung von Schulorganisationen. Die Schulversuchs-Begleitforschung versucht deshalb, wenigstens die beobachtbaren Veränderungen zu dokumentieren, die sich bei organisatorischen Veränderungen einstellen. Schließlich kommt es vor, daß Experimente zwar möglich, aber ethisch nicht zulässig sind (vgl. Abschnitt 4.5).

Die typische Korrelationsstudie sieht so aus: Man erhebt mit entsprechenden Erfassungsmethoden zwei (oder mehr) Variablen (z. B. Erziehungsstil der Eltern und Angstreaktionen der Kinder). Mit Hilfe von Korrelationstechniken werden die Variablen miteinander in Beziehung gesetzt. Ursache-Wirkungs-Relationen lassen sich damit aber nicht aufdecken.

Alle eben genannten Einschränkungen können jedoch nicht erklären, warum die nicht-experimentelle Forschung so stark überwiegt. Vielleicht spielt der zwangsläufig größere Aufwand des Experiments doch eine entscheidende Rolle. Manche Autoren vertreten die Meinung, daß Korrelationsstudien im gesamten Forschungsablauf einen bestimmten Platz einnehmen: Am Anfang der Forschung stünde die Beschreibung, dann folge eine große Zahl von Korrelationsstudien, und zum Schluß erst werde das Experiment herangezogen, wo dies erfolgversprechend sei (z. B. Gage, 1979; Dunkin & Biddle, 1974; Rosenshine & Furst, 1973). Verfolgt man die Arbeit mancher Forscher oder Forschergruppen, so hat man allerdings den Eindruck, dieser Idealtypus des Forschungsprozesses habe etwas mit Wunschdenken zu tun, weil der dritte Schritt offenbar selten vollzogen wird.

Längsschnittstudien

Obwohl besonders in der Entwicklungspsychologie angewendet, spielen Längsschnitterhebungen auch in der Pädagogischen Psychologie eine Rolle. Um eine Längsschnittuntersuchung handelt es sich dann, wenn die gleichen Versuchspersonen in (meist größeren) Zeitabständen mehrmals untersucht werden. Im Unterschied zu entwicklungspsychologischen Fragestellungen werden dabei meist zu verschiedenen Zeitpunkten nicht dieselben, sondern unterschiedliche Meßinstrumente verwendet. Ein solches Vorgehen ist immer dort unerläßlich, wo es um die Feststellung *langfristiger* Einflüsse geht, sowie dort, wo die Tauglichkeit von Prognosen überprüft werden soll. Will man beispielsweise den Einfluß der Heimerziehung auf die Lebensbewältigung ehemaliger Heiminsassen feststellen, so muß man von den gleichen Personen über Daten aus der

Zeit verfügen, in der sie im Heim waren und über Daten aus ihrem späteren Leben. Auch die Güte eines Auswahltests zur Feststellung der Eignung von Studienanfängern für das Medizinstudium kann nur geprüft werden, wenn von denselben Personen Daten über Merkmale von verschiedenen Zeitpunkten vorliegen, z. B. Eignungsfeststellungen zu Beginn des Studiums und Examensnoten am Ende des Studiums.

Manche Befunde von Längsschnittuntersuchungen sind mit Vorsicht zu betrachten. Die methodischen Probleme dieser Forschungen wurden vielfach unterschätzt. Baltes, Reese und Nesselroade (1977) geben eine lesenswerte Einführung in die Problematik und zeigen mögliche Lösungen auf.

Exkurs: Die Strategie der Handlungsforschung

Die *Handlungsforschung* (Klafki, 1973; Moser 1977) bezieht sich ausdrücklich auf Kurt Lewins „action research", hebt sich in der Bundesrepublik von dieser aber deutlich ab. Die Vertreter der Handlungsforschung haben sich nicht auf ein einheitliches Konzept verständigen können. Trotzdem stimmen sie in einigen wesentlichen Punkten überein:

1. Handlungsforschung will nicht nur erkennen, sondern *verändern*. Man will Veränderungen herbeiführen oder behindern. Deswegen wird die Grenze zwischen Forschung und Praxis aufgehoben.
2. Die Schranke zwischen Versuchsleiter und Versuchsperson wird aufgehoben zugunsten einer *aktiven Beteiligung* (Partizipation, Mitbestimmung) *der Versuchspersonen* am Forschungsprozeß. Der Versuch wird nicht mehr vorher geplant und dann entsprechend durchgeführt, sondern kann jederzeit auf gemeinsamen Beschluß abgeändert werden.
3. Es sollen nicht nur quantitative, sondern auch *qualitative Daten* erhoben werden, wobei vielfach unklar bleibt, welchen Mindestanforderungen diese zu genügen haben.
4. Der Forscher soll sich nicht um Objektivität bemühen, sondern *parteilich sein:* Er soll „parteiliche Einflußnahme auf das Forschungsfeld" (Haeberlin, 1975) ausüben.

Alle vier Merkmale machen deutlich, daß die Handlungsforschung nicht als Forschung im herkömmlichen Sinn angelegt ist. Mit ihr ist replizierbare, generalisierbare Erkenntnis ausgeschlossen. Das könnte sich ändern, wenn auf die Merkmale (2) und (4) verzichtet wird.

4.3 Typische Erhebungsmethoden

Die Pädagogische Psychologie verwendet alle in der Psychologie bzw. in den Sozialwissenschaften üblichen Erhebungsmethoden. Im wesentlichen handelt es sich dabei um systematische Beobachung, Befragungen (Fragebogen, Ratingskala, Interview) sowie um Tests. Die pädagogische Situation ist unter anderem durch
– den interaktiven Charakter des erzieherischen Geschehens,
– die Denkprozesse der dabei beteiligten Personen und durch
– die Zielgerichtetheit erzieherischen Handelns
gekennzeichnet. Das führt zu speziell auf die Pädagogische Psychologie zugeschnittenen Varianten von Erhebungsmethoden.

Die Beobachtung von Lehrer-Schüler-Interaktionen

Erst relativ spät (nach dem Zweiten Weltkrieg) haben ernstzunehmende Versuche eingesetzt, das Wechselspiel zwischen Lehrern und Schülern im Ablauf einer Unterrichtsstunde zu erfassen. Deutschsprachige Einführungen bieten Hanke, Mandl und Prell (1976), sowie Merkens und Seiler (1978).

Das bekannteste, sicher aber verbesserungsbedürftige Verfahren ist das von Flanders (1967). Es trägt die Bezeichnung FIAC (Flanders Interaction Analysis Categories) und besteht aus zehn Kategorien (vgl. Tab. 4.1). Alle 5 Sekunden oder auch alle 10 Sekunden wird eine Eintragung vorgenommen. Früher mußten sich dazu die Beobachter in das Klassenzimmer setzen. Später hielt man den Unterricht in einem Spezialraum, wobei die Beobachter hinter Einwegscheiben verborgen saßen. Heute kann man den Unterricht mit Videoanlagen aufnehmen und speichern, so daß die Auswertung wiederholbar ist und ohne Zeitdruck geschehen kann. In allen Fällen muß man mit gewissen Beeinträchtigungen des Unterrichtsgeschehens durch die Aufnahmetechnik rechnen, die aber nach einer Eingewöhnungsphase an Gewicht verlieren.

Das Kategoriensystem von Flanders kann seine Herkunft aus der Erziehungsstilforschung und den ideologischen Einfluß von Carl Rogers nicht verleugnen. Ähnlich wie Tausch und Tausch (1963) legt Flanders größten Wert darauf, daß der Lehrer emotional positiv auf den Schüler reagiert, Zuwendung und emotionale Wärme zeigt. So wird vielleicht auch erklärlich, warum der Lehrer ungleich differenzierter und stärker beachtet wird als die Schüler. Ein Maß für diese Merkmale ist der „Nichtdirektivitätsquotient". Er errechnet sich aus der Summe der Kategorien 1, 2, 3 und 4, dividiert durch die Summe der Kategorien 5, 6 und 7. Er soll den vorherrschenden Erziehungsstil des Lehrers erfassen.

Tabelle 4.1: Beobachtungskategorien des FIAC

Lehrer spricht	reaktiv	①	akzeptiert Gefühle von Schülern
		②	lobt, ermutigt
		③	akzeptiert bzw. verwendet Schülerideen
		④	stellt Fragen
	initiativ	⑤	trägt vor, erklärt
		⑥	gibt Anweisungen
		⑦	kritisiert, rechtfertigt seine Autorität
Schüler spricht	reaktiv	⑧	antwortet
	initiativ	⑨	äußert sich spontan, stellt Frage
Sonstiges		⑩	Stille bzw. Konfusion

(Nach Hanke, Mandl & Prell, 1976)

Neben der Berechnung von Indizes können mit dem Verfahren auch Verlaufsstrukturen des Unterrichts identifiziert werden. Das geschieht mit Hilfe einer Matrixdarstellung (siehe Abb. 4.1).

Die Werte in den Zellen der Matrix werden nach folgendem Verfahren bestimmt: In die Zeilen geht man mit der Vorgängerkategorie ein, in die Spalten mit der Nachfolgerkategorie. Wenn auf eine Lehrerfrage (Kategorie 4) eine weitere Lehrerfrage folgt, so macht man eine Eintragung in Zelle (4/4). Folgt auf eine Lehrerfrage (Kategorie 4) eine Schülerantwort, so geschieht die Eintragung in Zelle (4/8). Entsprechend liest man eine solche Darstellung wie Abbildung 4.1 folgendermaßen: Zelle (5/5) zeigt, daß in 6,42% aller Äußerungen nach einer Lehrererklärung eine weitere folgt. An zweiter Stelle (1,81%) folgt darauf eine Lehrerfrage (5/4). Geht man nun in Zeile 4 ein, so wird deutlich, daß der Lehrerfrage am häufigsten eine Schülerantwort folgt (4/8), fast ebenso häufig aber auch eine weitere Lehrerfrage (4/4). Auf eine Schülerantwort (Kategorie 8) folgt am häufigsten eine weitere Schülerantwort (Zelle 8/8) und noch relativ oft eine Ermutigung durch den Lehrer. Betrachtet man nur solche Zellen, die mit mindestens 3% besetzt sind, so kann man den diese Unterrichtsstunde charakterisierenden typischen Zyklus der Lehrer-Schüler-Interaktion rekonstruieren.

Methodisch bereitet das Verfahren einige Schwierigkeiten. Das Reliabilitätsproblem stellt sich zunächst als Frage der Beobachterübereinstimmung. Zu ihrer Überprüfung wurden eine Reihe von Übereinstimmungskoeffizienten entwickelt, so zum Beispiel π von Scott, $\varkappa$ von Cohen und Ü von Fricke, teils mit, teils ohne Berücksichtigung der Zufallsübereinstimmung (vgl. Frick & Semmel, 1978; Fricke, 1974). Trotz ausgiebiger Beobachterschulung sind die Übereinstimmungen keineswegs perfekt. Ein anderer Aspekt der Reliabilität ist die *Stabilität* und die *Generalisier-*

	Lehreräußerungen nicht direktiv				direktiv			Schüler- äuße- rungen			
	1	2	3	4	5	6	7	8	9	10	
1	.23									.08	
2		.68	1.43	3.40	.53	1.21		.98	.98	.75	
3		.30	1.66	1.74	.75	.23		.23	.38	.38	
4			.30	6.42	.38	.75	.08	6.57	1.89	4.45	
5	.08	.15	.53	1.81	6.42	.60	.08		.08	1.13	
6		.08	.08	1.21	1.06	2.11	.08	1.36	.08	.83	
7		.08	.23	.23	.15	.15	.45			.30	
8		5.28	.75	1.81	.45	.60	.30	9.06	.15	.68	
9		2.72	.38	.38	.15	.23	.08		4.08	.38	
10		.68	.30	3.85	.98	.98	.53	.91	.75	7.47	ΣΣ
Σ	.30	9.96	5.66	20.83	10.87	6.87	1.58	19.09	8.38	16.45	100%

Abb. 4.1: FIAC-Matrix (Nach Hanke, Mandl & Prell, 1976)
(Zur Bedeutung der Kategorien 1 bis 10 vgl. Tabelle 4.1)

barkeit der Befunde: Offenbar sind die Interaktionen wenig stabil. Sie ändern sich unter dem Einfluß z.T. unbekannter Größen (Mitchell, S. K., 1979; Shavelson & Dempsey-Atwood, 1976). Nicht weniger enttäuschend stellt sich der Validitätsaspekt dar: die Zusammenhänge zwischen Daten der Unterrichtsbeobachtung, z.B. den oben genannten „Nichtdirektivitätsquotienten", und Unterrichtsergebnissen sind eher mäßig (Rosenshine, 1971; Dunkin & Biddle, 1974; Evertson u.a., 1980).

Verfeinerungen des Beobachtungssystems führen notwendigerweise zu mehr Kategorien. Das System von Stallings (1977) erlaubt mehr als 15000 Unterscheidungen, mit dem Ergebnis, daß auf eine Kategorie durchschnittlich weniger als 0,0001% der Eintragungen entfallen. Die geringen Häufigkeiten bei großen Zufallsschwankungen machen schon bei Flanders Probleme; sie wachsen hier beim System von Stallings um ein Vielfaches an. Die vielen methodischen Probleme fordern aber auch viele Forscher heraus, immer wieder nach neuen Lösungen zu suchen (Medley, 1982), gerade weil man sich von einer Prozeßbeobachtung des Unterrichts wichtige Aufschlüsse verspricht.

Methoden zur Erfassung kognitiver Strukturen und Prozesse

Man kann versuchen, näher an die psychischen Vorgänge heranzukommen als dies durch systematische Beobachtung möglich ist. Die Vorgänge, die sich in den Köpfen der Beteiligten – Erziehern wie Lernern – abspielen, dürften ausschlaggebend sein für das, was in der Situation geschieht. Man nimmt an, daß diese Vorgänge unter anderem von dem Gegenstand abhängig sind, der in der Situation eine Rolle spielt, sowie von den Kenntnissen und Fertigkeiten, die die Beteiligten mitbringen. Deshalb ist es notwendig, nicht nur die kognitiven Prozesse zu erfassen, sondern auch die *kognitiven Strukturen* und die angestrebten *Sachstrukturen*. Für die Darstellung kognitiver Strukturen wurde in den letzten Jahren eine Reihe verschiedener Modelle und Theorien entwickelt, über die Niegemann und Treiber (1982) sowie Tergan (1984) umfassend Auskunft geben. An dieser Stelle kann nur über einige Möglichkeiten der empirischen Erfassung kognitiver Strukturen berichtet werden. Dabei werden vier verschiedene Zugänge unterschieden: Psychometrische Verfahren, Techniken der Ähnlichkeitsbeurteilungen, Textanalyse, Verbalisierungsmethoden.

Das Inventar der *psychometrischen Verfahren* wird in einfallsreicher Weise benützt, um kognitive Strukturen zu erfassen: Fragebogen, Ratingskalen, semantische Differentiale werden eingesetzt, um implizite Theorien (Hofer, 1969), Erziehungseinstellungen (Stapf u. a., 1972), das Unterrichtsklima (Chemnitz, 1980; Dreesmann, 1982) oder Lern- und Leistungshierarchien (Gagné, 1976; White, 1974) abzubilden. Nicht selten werden dabei multivariate Auswertungsmethoden verwendet wie die Faktorenanalyse (Hofer, 1969), die Multidimensionale Skalierung (Klauer, 1984b), die Cluster-Analyse (Kleiter & Petermann, 1977), Strukturgleichungsmodelle mit einbezogener Pfadanalyse (Bergan, 1980) oder die Ordnungsanalyse (Bart & Krus, 1973). Die Verfahren können zur Aufdeckung komplexer Strukturen oder auch konfirmatorisch – also zur Prüfung von Theorien – herangezogen werden. Eine interessante Anwendung psychometrischer Verfahren besteht auch darin, Annahmen über kognitive Prozesse bei den überprüften Leistungen zu entwickeln oder zu testen oder Prozeßparameter zu schätzen (Spada, 1976; Leutner, 1985; Klauer, 1984a).

In neuerer Zeit werden höchst unterschiedliche *Techniken der Ähnlichkeitsbeurteilung* entwickelt, um komplexe kognitive Strukturen zu erfassen. Im systematischen Paarvergleich kann man die Ähnlichkeit von Begriffen, die beispielsweise zur klassischen Mechanik gehören, auf einer Ratingskala einstufen lassen. Die Assoziationsmethode ist eine weitere, öfter benutzte Erhebungstechnik: Man läßt zu jedem Begriff Wörter assoziieren und berechnet einen Ähnlichkeitskoeffizienten nach Maßgabe der übereinstimmend assoziierten Wörter. Solche Daten werden dann meist multidimensional skaliert (z. B. Diekhoff, 1983; Gliner, 1981). Das Verfahren läßt sich sogar auf die Lehrer vor dem Unterricht und die Schüler nach dem Unterricht anwenden, um zu sehen, wie deren kognitive Strukturen einander ähnlich geworden sind (Fenker, 1975). Geeslin und Shavelson (1975) versuchten sogar schon, einerseits die Sachstruktur und andererseits die kognitive Struktur von Studenten vor und nach dem Unterricht miteinander zu vergleichen. In technischer Hinsicht gibt es dabei noch einige Probleme: Die Skalenqualität und die Reliabilität der erhobenen Daten lassen meist zu wünschen übrig, während die Auswertungsmethoden oft fehlerfreie Messungen voraussetzen. Die Entwicklung wird dahin gehen müssen, die Datenerhebung qualitativ zu verbessern und zugleich den Auswertungsmodellen eine Fehlertheorie zu unterlegen.

Eine dritte Gruppe von Methoden zur Erfassung kognitiver Strukturen ist der *Textanalyse* gewidmet. Diese Verfahren sind zum Teil schon weit entwickelt. Beispielhaft sollen hier die Verfahren von Kintsch (1974) und Meyer (1975) genannt werden. Dabei werden Techniken der modernen Logik mit solchen der Linguistik und der Graphentheorie verknüpft, um komplexe Zusammenhänge abzubilden. Sie eignen sich sowohl dazu, angestrebte Sachstrukturen darzustellen, als auch dazu, kognitive Strukturen zu analysieren. Im letzteren Fall müssen zuvor verbale Äußerungen von Probanden schriftlich fixiert worden sein. Meßtheoretisch betrachtet, stecken diese Methoden noch in den Anfängen. Es kann aber kein Zweifel daran bestehen, daß ihre Weiterentwicklung der Pädagogischen Psychologie zu großen Fortschritten verhelfen kann.

Schließlich sei noch die *Methode des lauten Denkens* als typische sogenannte *Verbalisationsmethode* erwähnt. Sie wird insbesondere in der erneuerten Denkpsychologie verwendet und soll Einblick in die Abläufe beim Denken und Problemlösen gewähren (Lüer, 1973; Putz-Osterloh, 1981). Die meßtechnischen Schwierigkeiten sind ebenfalls nicht zu unterschätzen, aber weithin bekannt.

Über die vier Ansätze hinaus sind noch viele andere entwickelt worden. Darüber berichtet Tergan (1984) zusammenfassend.

Kriteriumsorientierte Tests

Kriteriumsorientierte Tests sind eine genuine Entwicklung der Pädagogischen Psychologie. Der Anstoß dazu stammt von Glaser (1963), aber es dauerte neun Jahre, bis die ersten tragfähigen Konzepte bekannt wurden. Damals veröffentlichten Millman (1972) und Klauer (1972) unabhängig voneinander eine Variante des binomialen Testmodells. Die Entwicklung ist inzwischen weit über diese Anfänge fortgeschritten und dauert immer noch an. (Umfassende Übersichten bieten Fricke, 1974 und Klauer, 1983; vgl. Kap. 14).

Die Motivationstheorie unterscheidet drei Bezugsnormen zur Leistungsbewertung: die *soziale Norm,* die *individuelle Norm* und die *Sachnorm* (Heckhausen, 1980; Rheinberg, 1982a). Die soziale Norm ordnet die Leistung des einzelnen in die Leistungen einer Bezugsgruppe ein. Die klassische Testtheorie – aber auch jede Art sogenannter normorientierter Leistungsmessung – kann als eine Realisierung der sozialen Bezugsnorm angesehen werden. Die individuelle Bezugsnorm bewertet die Leistung nach dem Maßstab der Leistungsfähigkeit des einzelnen. Ihr entspricht eine ipsative Veränderungsmessung, deren Probleme allerdings noch nicht ernsthaft in Angriff genommen worden sind (Klauer, 1982c). Die sachliche Bezugsnorm heißt im schulischen Bereich auch curriculare Norm oder Lehrzielnorm. Tests, die diese Norm zugrundelegen, heißen lehrzielorientierte oder auch kriteriumsorientierte Tests.

Solche Tests sind zunächst einmal kontentvalide oder lehrzielvalide. Man spricht von *kriteriumsorientierter Messung,* wenn der Test die Frage beantwortet, wie gut der Proband ein Lehrziel oder Kriterium erreicht hat. In diesem Falle wird der Personenparameter des Probanden auf einem Kontinuum gemessen, das die fragliche Fähigkeitsdimension abbildet. Beispielsweise kann es sich um den Prozentsatz von Aufgaben handeln, die der Proband lösen kann. Man spricht von *kriteriumsorientierter Klassifikation,* wenn der Test die Frage beantwortet, ob der Schüler das Lehrziel erreicht hat oder nicht. Die Schüler werden dann in zwei Klassen eingeteilt: in solche, die das Ziel erreicht haben (Könner), und in solche, die es nicht erreicht haben (Nichtkönner). Inzwischen gibt es auch kriteriumsorientierte Zensierungsmodelle (Lindner, 1980; Klauer, 1982b; Sacher, 1984), die formal als mehrkategoriale Klassifikationsverfahren aufgefaßt werden können.

Exkurs: Die Erhebung qualitativer Daten

Neuerdings macht die sogenannte *qualitative Forschung* verstärkt von sich reden (Smith, J. K., 1983; Smith, L. M., 1982). Sie beruft sich u.a. auf die ethnomethodologische Forschung und versucht, diese auf Schulklassen anzuwenden. Anthropologen und Ethnologen (Völkerkundler) bemühen sich, intakte Bevölkerungsstrukturen durch teilnehmende Beobachtung ganzheitlich zu beschreiben und zu deuten. Dabei versuchen sie, jene Überzeugungen und Werte, Handlungen und Praktiken herauszuarbeiten, die allen Angehörigen der untersuchten Gruppe gemeinsam sind. So wird dann das Besondere zu finden versucht, das diese Gruppe von anderen Gruppen unterscheidet. Es ist klar, daß hierbei eine Fülle von Problemen der Reliabilität und Validität zusammenkommt (LeCompte & Preissle Goetz, 1982), die allerdings nicht alle unlösbar sein müssen. Es dürfte weiterhin einleuchten, daß außerordentlich vielfältige Ergebnisse zu erwarten sind, wenn ein Forscher mehrere Wochen z. B. am Leben einer Schulklasse oder einer Rockerbande teilnimmt, um die besonderen Verhältnisse zu studieren, die dort herrschen.

Es ist unfruchtbar, die qualitative Forschung als Alternative zur herkömmlichen Forschung aufzufassen. Der herkömmlichen Forschung geht es um das Auffinden *allgemeingültiger* Zusammenhänge. Qualitativ arbeitende Forscher können mit ihrem Vorgehen interessante Hypothesen anregen. Deren Überprüfung sollte dann jedoch – soweit möglich – mit dem üblichen wissenschaftlichen Inventar vorgenommen werden. In der Erzeugung von Hypothesen und Theorien, die in engstem Kontakt mit der zu erforschenden Wirklichkeit erarbeitet worden sind, kann die qualitative Forschung ohne Zweifel einen wertvollen Beitrag leisten (Achtenhagen, 1984; Nußbaum, 1984). Man würde die Möglichkeiten der qualitativen Forschung jedoch überfordern, wollte man sie ausschließlich zur Überprüfung von Hypothesen oder Theorien einsetzen. Hinweise zur Verwertung und Weiterverarbeitung qualitativ erhobener Daten finden sich bei Rudinger u. a. (1985).

4.4. Spezielle Auswertungsprobleme

Die Messung von Veränderungen

Die Pädagogische Psychologie hat es besonders häufig mit Fragen der Veränderungsmessung (Petermann, 1978) zu tun, die so hochkomplex sind, daß sie sich nur schwer in allen Einzelheiten durchschauen lassen. Deshalb kann hier nur versucht werden, einen orientierenden Überblick zu geben. Intuitiv würde man die Differenz zwischen Post- und Prätest als das naheliegende Lernmaß verwenden. Das ist unter gewissen Umständen auch möglich, insbesondere bei nichtparametrischer Auswertung. Normalerweise stehen dem Verfahren aber erhebliche Schwierigkeiten entgegen. Die drei wichtigsten Fehlerquellen sind: Präexperimentelle Unterschiede, Einflüsse anderer als der unabhängigen Variablen (differentielle Einflüsse), Meßfehler der Tests.

Präexperimentelle Unterschiede zwischen den Gruppen: Besteht zwischen den Gruppen schon vorher ein Unterschied in der abhängigen Variablen, wird man wahrscheinlich zu falschen Schlußfolgerungen kommen, wenn man nachher nur die abhängige Variable betrachtet. Betrachtet man dagegen die Rohgewinne oder die (kovarianzanalytisch) adjustierten Gewinne, so braucht der präexperimentelle Unterschied nichts auszumachen. Das ändert sich jedoch, wenn etwa noch ein *Ceilingeffekt*

des Tests hinzukommt. In diesem Falle wäre der Gewinn der präexperimentell besseren Gruppe reduziert und man käme zu falschen Schlußfolgerungen. Sind die Vergleichsgruppen präexperimentell in anderen
Variablen verschieden, die nicht unabhängig von der abhängigen Variablen sind, so sind ähnliche Ergebnisse zu erwarten. Man vermeidet alle
Probleme dieser Art, indem man echte Zufallsgruppen bildet. Gerade
aber im Feld der Pädagogischen Psychologie ist das nicht immer möglich,
etwa wenn man auf natürliche Gruppen (z.B. ganze Schulklassen)
angewiesen ist.

In diesem Falle ist man auch der zweiten Fehlerquelle ausgesetzt,
nämlich etwaigen *differentiellen Einflüssen* von anderen als den unabhängigen Variablen, die aber gleichzeitig mit ihnen wirken. Ein solcher
differentieller Einfluß kann beispielsweise von den Klassenlehrern ausgehen, insbesondere wenn der Versuch sich über einen längeren Zeitraum
erstreckt. Solche Einflüsse sind besonders schwer zu separieren; man
sollte sich deshalb bemühen, sie experimentell zu minimieren.

Einen auf den ersten Blick nicht so leicht erkennbaren Effekt üben
meßfehlerbelastete Prä- und Posttests aus. In der Pädagogischen Psychologie hat man es unvermeidlich mit solchen zu tun. Die Meßfehlerbelastung
wirkt sich in der Veränderungsmessung dreifach aus:
(a) Die Differenzwerte sind in der Regel wenig reliabel, denn in sie
gehen, wie man sich leicht klarmachen kann, die Meßfehler *beider* Tests
ein. Da die Validität aber nicht größer als die Reliabilität sein kann, sind
die Differenzwerte in der Regel auch wenig valide.
(b) Die Regression zur Mitte macht sich beim Posttest deutlich bemerkbar: Schwache verbessern sich vergleichsweise sehr; Gute verbessern sich
nur noch relativ mäßig und rutschen tendenziell sogar ab. Der Effekt
entsteht unvermeidbar. Er läßt sich verständlich machen: Wer das erste
Mal zufällig einen sehr großen positiven Meßfehler hatte, wird mit hoher
Wahrscheinlichkeit beim zweiten Mal einen geringeren Meßfehler erhalten; sein Meßwert wird deshalb beim zweiten Mal niedriger liegen.
(c) Damit hängt auch der dritte Effekt zusammen: die negative Korrelation zwischen Prätest und Rohgewinn.

Es gibt verschiedene Möglichkeiten, die einzelnen Nachteile zu vermeiden. Da es aber kein Standardverfahren gibt, muß man je nach Zweck
und Fragestellung entsprechende Verfahren auswählen (Cronbach &
Furby, 1970). Eine Übersicht über die Zusammenhänge zwischen möglichen Zwecken und geeigneten Verfahren bieten Fortune & Hutson
(1984). Sie liefern auch einen Entscheidungsbaum, anhand dessen man
entscheiden kann, welches Modell in Frage kommt (vgl. Tabelle 4.2). Sie
beziehen allerdings verteilungsfreie Verfahren nicht in die Betrachtung
mit ein. Weiterhin berücksichtigen sie nicht die Möglichkeiten der Lern-
und Veränderungsmessung im Rahmen der probabilistischen Testtheorie
(Rost & Spada, 1978; Fischer & Formann, 1982).

Tabelle 4.2: Modelle parametrischer Veränderungsmessung
(Nach Fortune & Hutson, 1984)

Modell	Hauptzwecke	Literatur
Adjustierter Gewinn	Erkennen, wer viel oder wenig zugelegt hat. Korrelationen mit dem Gewinn.	Manning & DuBois (1962)
Wahrer Gewinn	wie oben	Kenny (1975) Lord (1969)
Gruppenanpassung	Gruppenvergleiche. Schätzung der Größe des Gewinns.	Myers (1972) Rubin (1973) Campbell & Erlebacher (1970)
Wachstumsanalyse und Zeitserien	wie oben	Bryk & Weisberg (1977) Potthoff & Roy (1964) Box & Jenkins (1976)
Strukturgleichungen	Gruppenvergleiche. Korrelationen mit dem Gewinn.	Joreskog (1977)

Die Mehrebenenanalyse

Häufig werden natürliche Gruppen von Personen (z. B. Schulklassen) in Forschungsprojekte einbezogen. Damit ergeben sich vielfach unterschätzte Probleme. Ausleseprozesse und eine gemeinsame Lerngeschichte haben dazu geführt, daß Schüler in einer Klasse weniger stark voneinander abweichen als dies Schüler im allgemeinen tun. Man kann dann die Schüler nicht als unabhängig gezogene Einheiten einer Stichprobe aus der Grundgesamtheit von Schülern betrachten. Dies setzen aber die verwendeten statistischen Verfahren zumeist voraus. Man hat als Ausweg erwogen, in diesem Fall nur die aggregierten Daten, also die Klassenmittelwerte zu verwenden. Als Einheit der Analyse dient dann nicht der Schüler, sondern die Klasse. Es ist klar, daß damit nicht nur viel Information erst erhoben und dann verschenkt wird, sondern daß auf diese Weise auch andere Fragen beantwortet werden. Aussagen, die für den einzelnen Schüler gelten, lassen sich so nicht überprüfen.

Der Ausweg ist die *Mehrebenenanalyse* (Burstein, 1980; Treiber, 1980). Man zerlegt dabei die Gesamtvarianz in additive Komponenten, deren Effekte einzeln abschätzbar sind. So kann man die Schulleistungsvarianz in Komponenten zerlegen, die den Einfluß z. B. der Schulart, der Schule, der Klasse und des Schülers getrennt ausweisen (vgl. Kasten 4.1).

Kasten 4.1: Mehrebenenanalyse

Veldman & Sanford (1984) gingen der Frage nach, ob Fähigkeit und Schulleistung, aber auch Fähigkeit und Verhalten im Klassenzimmer bei Schülern zusammenhängen. Sie hatten in über 50 Klassen Leistungs- und Fähigkeitstestes erhoben und außerdem 10–12 zufällig ausgewählte Schüler pro Klasse über 20 Schulstunden lang nach festgelegten Kategorien beobachtet. Bezogen auf die Klassenmittelwerte gab es sehr hohe Korrelationen zwischen Fähigkeit und Leistung. Bezogen auf die Schüler in der Klasse war der Zusammenhang ebenfalls nachweisbar, wenngleich deutlich niedriger. Es gab aber eine interessante Interaktion: Schwache Schüler leisteten in leistungsstarken Klassen tendenziell mehr. Bei den Verhaltensdaten gab es ebenfalls auf allen Ebenen weitgehend übereinstimmende Befunde. Die Interaktionen liefen darauf hinaus, daß schwächere Schüler in Leistung *und* Verhalten mehr vom Niveau der Klasse abhängen als bessere Schüler. Interpretatorisch mußte offenbleiben, ob dies auf größere Beeinflußbarkeit der schwächeren Schüler zurückzuführen ist oder ob die Lehrer in schwächeren Klassen andere Normen gegenüber schwächeren Schülern hegen als sie dies in besseren Klassen tun.

(Nach Veldman & Sanford, 1984)

Das kann technisch auf verschiedene Weise geschehen, z. B. faktorenanalytisch (Härnqvist, 1978) oder regressions- bzw. varianzanalytisch (Gaensslen & Schubö, 1973). Etwas komplizierter wird das Vorgehen bei hierarchisch geordneten (englisch „nested") Versuchsplänen. In solchen Fällen kommt ein Faktor nur innerhalb eines anderen vor, so wie Lehrer und Schulkassen nur an einer Schule vorkommen. Prinzipiell sind aber auch diese Pläne einer Mehrebenenanalyse zugänglich (vgl. Klauer, 1973 b; Lewis, 1974).

Die Metaanalyse

Hat man eine Untersuchung durchgeführt, müssen die Daten statistisch analysiert werden. Das heißt dann *Primäranalyse*. Werden dieselben Daten später erneut statistisch verarbeitet – sei es vom gleichen Autor oder sei es von einem anderen Autor, der sich die Daten geben läßt –, so spricht man von einer *Reanalyse* oder von einer *Sekundäranalyse*. Liegen schon viele Untersuchungen zum gleichen Problem vor und macht jemand nicht die Originaldaten, sondern die Ergebnisse dieser Untersuchungen zum Gegenstand einer zusammenfassenden Analyse, so spricht man seit Glass (1976) von einer *Metaanalyse*. Die Metaanalyse ist eine zusammenfassende statistische Analyse verschiedener statistischer Analysen zum gleichen Problemkreis. Anders ausgedrückt: Die Metaanalyse ist eine Form der zusammenfassenden Übersicht über die empirische Forschungsliteratur zu einem bestimmten Thema, wobei sich diese Literaturübersicht selbst wiederum statistischer Mittel bedient. Man kann zwischen inferenzstatistischer und deskriptiver Metaanalyse unterscheiden. Erstere beurteilt zusammenfassend die Signifikanz mehrerer Untersuchungen, letztere ermittelt Effektstärken und deren Bedingtheit. Die Effektstärke ist für einen Experimental- und Kontrollgruppenversuch mit $d = (\bar{x}_E - \bar{x}_K)/s_x$ definiert. (Eine Einführung in die Methodik der Metaanalyse geben Fricke und Treinies, 1985).

Natürlich hat man auch bisher schon Literaturübersichten erstellt. Sie geschahen vornehmlich nach zwei Methoden: der „feuilletonistischen" und der „Abstimmungsmethode". Die *feuilletonistische Methode* besteht darin, daß sich der Verfasser zunächst einen Überblick über die Literatur verschafft und diesen Überblick dann in einem fortlaufenden Text darzustellen versucht. Diese Methode ist in besonderem Maße subjektiven Einflüssen unterworfen; die Spannweite ihrer Produkte reicht von außerordentlich flachen Übersichten, die kaum über die Information hinausgehen, die das Literaturverzeichnis bietet, bis hin zu außerordentlich erhellenden und weiterführenden Arbeiten.

Die *Abstimmungsmethode* war in jüngster Zeit eindeutig vorherrschend, weil sie den subjektiven Faktor etwas zurückdämmte. Sie besteht darin, die Arbeiten tabellarisch in drei Kategorien zu ordnen: in die Arbeiten mit (a) signifikant positiven, (b) signifikant negativen und (c) nicht signifikanten Ergebnissen. Dieses Vorgehen erinnert an die Auszählung bei einer Abstimmung: Jede Untersuchung erhält quasi eine Stimme und votiert dafür oder dagegen oder enthält sich; am Ende siegt die einfache Mehrheit. Die Abstimmungsmethode gewichtet den *Fehler erster Art* (man behält die Nullhypothese zu lange bei) sehr stark bei gleichzeitiger Vernachlässigung des *Fehlers zweiter Art*. So kommt sie oft zum Ergebnis, daß alles gleich gut oder gleich schlecht sei: Große Klassen oder kleine Klassen, stark lenkender oder wenig lenkender Unterricht, Vorlesung oder Diskussion, ob der Lehrer viel fragt oder wenig usw.

Kasten 4.2: Metaanalyse

Die Frage, ob die Angabe von Lehrzielen vor dem Durcharbeiten eines Lehrtextes das Lernen beeinflußt, wurde oft untersucht, weil sie theoretisch umstritten ist. Mehrere herkömmliche Sammelreferate führten zu keinen klaren Ergebnissen.

Eine Metaanalyse zeigte jedoch, daß man bei der abhängigen Variablen differenzieren muß: Das Lernen von *zielrelevantem Material* wird durch die Vorgabe von Lehrzielen stark gefördert ($d = 0{,}40$), während gleichzeitig das Lernen von *nicht-zielrelevantem Material* durch die Vorgabe von Lehrzielen beeinträchtigt wird ($d = -0{,}20$). Der Unterschied zwischen beiden Bedingungen ist statistisch bedeutsam.

Ferner konnte ein Zusammenhang zwischen Textlänge und Effekt der Zielangabe nachgewiesen werden. Je länger der Text, desto geringer ist der Vorteil von Zielangaben (vgl. hierzu Klauer, 1984 b).

4.5 Ethische Probleme pädagogisch-psychologischer Forschung

Nachdem Fachgesellschaften von Psychologen und Pädagogen verschiedener Länder berufsethische Standards für die Forschung ihrer Mitglieder verbindlich gemacht haben, liegt mittlerweile eine umfangreiche Literatur zu diesem Thema vor. Auf die ethischen Probleme der pädagogisch-psychologischen Forschung wurde an anderer Stelle ausführlich eingegangen (Klauer, 1985 b). Hier sollen zwei Gesichtspunkte Berücksichtigung finden: Erzieherische Probleme und persönliche Probleme des Forschers.

Der Forscher als Erzieher

Pädagogisch-psychologische Forschung hat es in der Regel mit Kindern und Jugendlichen als Versuchspersonen zu tun. Aus diesem Umstand ergeben sich in zweifacher Hinsicht besondere Verpflichtungen. Sie betreffen einerseits die Zustimmungsproblematik, andererseits den möglichen Eingriff der Forschung in die Erziehung.

Forschung mit Minderjährigen als Versuchspersonen macht es grundsätzlich schon aus rechtlichen Gründen notwendig, die Zustimmung des oder der Erziehungsberechtigten einzuholen. Wenn die Kinder oder Jugendlichen einer pädagogischen Institution etwa der Schule oder eines Heimes zum Versuch herangezogen werden sollen, so kommt man außerdem nicht umhin, die Betroffenen und die Verantwortlichen dieser Institution um Zustimmung zu bitten. Die Kultusminister haben für die Forschung in Schulen ein überaus aufwendiges, hochbürokratisiertes Antrags- und Genehmigungsverfahren vorgeschrieben, das sich als ein Forschungshemmnis ersten Ranges erweist.

Manche Forschungsvorhaben sind von der Thematik her oder im Hinblick auf die spezielle Art und Weise ihrer Gestaltung erzieherisch von Belang; sei es, daß durch die Forschung unerwünschte Erziehungsziele gefördert oder die Erreichung erwünschter Ziele erschwert werden können.

In soziometrischen Untersuchungen, Einstellungsfragebögen oder Inventaren zur Erziehungsstilforschung werden Kinder oder Jugendliche mitunter angehalten, über andere Kinder, Eltern oder Lehrer Aussagen zu machen oder zu Einstellungsfragen Stellung zu nehmen (z. B.: „Neben wem möchtest du unter keinen Umständen sitzen? Nenne drei Namen von Mitschülern." Oder: „Juden haben die Welt ins Unglück gestürzt (ja – nein"). Man weiß, daß solche Befragungen nicht nur Realität erheben, sondern auch *verändern* können. Sie können unerwünschte Vorurteile und Einstellungen verstärken oder erst schaffen und sind deshalb unter pädagogisch-ethischem Aspekt fragwürdig. Besondere Vorsicht ist aus denselben Gründen auch geboten, wenn der Versuchsleiter ein ethisch nicht vertretbares Verhalten zeigen muß, das im Wege des Nachahmungslernens übernommen werden könnte. Dazu gehört z. B. grausames Verhalten, aber auch die Täuschung der Versuchspersonen, wenn die Täuschung durchschaut werden kann und sie nicht wenigstens nachträglich aufgedeckt und besprochen wird.

Ein ethisches Problem gänzlich anderer Art entsteht, wenn die Teilnahme am Versuch für die Teilnehmenden einen besonderen Vorteil darstellen kann. Ist man berechtigt, den Kindern einer Kontrollgruppe beispielsweise den besonderen Vorteil eines Intelligenztrainings vorzuenthalten? Diese Frage wird oft von Lehrern aufgeworfen und kann (forschungstechnisch) die Heranziehung von Kontrollgruppen erschweren. Meist ist der Einwand nicht berechtigt, weil der Vorteil nicht so klar gesichert und bedeutsam ist. Sollte er berechtigt sein, so kann man die Kontrollgruppe u. U. nachträglich trainieren.

Auch ist unbestritten, daß Erzieher Kinder nicht zum Lügen oder Betrügen verleiten dürfen. Das gilt natürlich auch für Forscher. Es ist vorgekommen, daß Forscher Kinder in Situationen versetzt haben, in denen sie geradezu verleitet wurden, verbotenerweise abzuschreiben oder kleinere Geldbeträge zu unterschlagen (vgl. Kasten 4.3).

Kasten 4.3: Ein Beispiel für eine ethisch fragwürdige Untersuchung

Gibt es einen Zusammenhang zwischen kognitiver Moralität und moralischem Verhalten, und welche Rolle spielt dabei die Unterweisung in religiös gebundenen Schulen? Diese Frage untersuchte Guttmann (1984).

125 Schüler aus sechs Klassen einer konfessionellen und einer weltlichen Schule erhielten (a) einen Moralitätstest für Kinder und (b) einen Labyrinthtest. Vom Labyrinthtest ist bekannt, daß Schüler durchschnittlich 25 Fehler machen, wenn sie mit verbundenen Augen versuchen, das Labyrinth mit einem Bleistift zu durchfahren. Die Schüler erhielten hier aber nur die Aufforderung, das Labyrinth mit geschlossenen Augen zu durchfahren. „Dabei wendete der VL den Rücken zur Klasse und vertiefte sich in ein Gespräch mit dem Lehrer und vermittelte so den Eindruck, daß es ungefährlich wäre, zu schummeln" (S. 251). Das moralische Verhalten wurde durch eine Art von Schummel-Score operationalisiert: Von der individuellen Fehlzahl wurden 25 abgezogen.

Ergebnis: Religiös erzogene Kinder haben tendenziell ein höheres moralisches Urteil und ein weniger moralisches Verhalten. In *methodischer* Hinsicht zeigt die Arbeit allerdings erhebliche Schwächen (z.B. 37 Signifikanztests ohne α-Adjustierung). In *ethischer* Hinsicht ist zu kritisieren, daß die Schüler zur Täuschung bewußt verleitet wurden, denn das Versuchs-Arrangement ermutigte Schüler zur Täuschung. Hätte keiner „geschummelt", so wäre der Versuch zusammengebrochen.

(Nach Guttmann, 1984)

Der Forscher als Wissenschaftler

Forschung erzeugt nicht nur Erkenntnisse; sie bringt auch Gratifikationen vielfältiger Art für den Forscher. Um besonders „signifikante" Ergebnisse zutage zu fördern, sind Forscher manchmal versucht, Daten zu fälschen oder unvertretbar zu manipulieren. Dazu sind einige Beispiele bekannt geworden. Großes Aufsehen hat es z.B. gegeben, als offenbar wurde, daß ein hochangesehener britischer Forscher, Sir Cyril Burt, einige der Daten zur psychologischen Zwillingsforschung frei erfunden statt erhoben hatte (Eysenck, 1980; vgl. Kap. 6). Das hat zwar an der Einschätzung der Erblichkeit der Intelligenz nichts Wesentliches geändert, der Wissenschaft aber doch sehr geschadet.

Weniger offenkundig ist es, wenn aus irgendeinem Grunde mißliebige Daten im Wege der Selbstzensur vom Forscher unterdrückt und nicht veröffentlicht werden oder wenn der Forscher es vermeidet, bestimmte Daten zu erheben, weil er (für seine Theorie oder für seine religiöse oder politische Überzeugung) ungünstige Ergebnisse befürchtet. Mitunter wird sogar ein Druck in dieser Richtung ausgeübt, der ethisch nicht zu rechtfertigen ist. Beispielsweise brachten Leistungsvergleiche von Gymnasiasten und Abiturienten eine stabile Rangordnung zwischen den Bundesländern, wobei eine Gruppe von Ländern deutlich schlechter abschnitt als die andere Gruppe. Daraufhin wurde einem Institut, das der Kultusministerkonferenz untersteht, die länderweise Aufschlüsselung seiner umfangreichen Daten verboten. Wenn Wissenschaftler sich aber selber solche Verbote auferlegen, so handeln sie in ethisch nicht vertretbarer Weise gegen ihren eigentlichen Auftrag, nämlich: die Erkenntnis zu fördern statt sie zu behindern. (Kapitel 17 enthält nähere Ausführungen über die Probleme, die bei der Zusammenarbeit des Forschers mit Auftraggebern, Instituten etc. entstehen können.)

Teil II

Kapitel 5

Manfred Hofer

Die pädagogische Situation: Eine Einführung in Teil II des Lehrbuches

5.1 Wie ist das Wissen geordnet?
Zur Struktur der Kapiteluntergliederung

5.2 Welches Wissen
wurde aufgenommen?
Zur Auswahl der Inhalte und Themen

5.3 Wegweiser zu den Kapiteln
von Teil II

In den vorausgegangenen Kapiteln des Teiles I haben wir uns mit grundlegenden Fragen der Pädagogischen Psychologie als Wissenschaft befaßt. Es ging um Probleme ihrer Gegenstandsbestimmung und der Vielfalt der Aufgabenstellungen, um die historischen Wurzeln und typische neuere Entwicklungstrends, um wissenschaftstheoretische Grundprobleme und Aspekte der Forschungsmethodologie.

Der folgende *Teil II* des Lehrbuchs befaßt sich nun konkret mit Ergebnissen pädagogisch-psychologischer Forschung. Hier werden Theorien, wissenschaftliche Konstrukte und Befunde vorgestellt, die in der Lage sind, Sachverhalte und Ereignisse aus dem Gegenstandsbereich der Pädagogischen Psychologie zu beschreiben, zu erklären und vorherzusagen. Dieses Wissen ist das Ergebnis empirischer Forschung. Es bezieht sich nach der Terminologie Klauers (vgl. Kap. 4) vor allem auf den „deskriptiven" Aspekt der Pädagogischen Psychologie.

5.1 Wie ist das Wissen geordnet?
Zur Struktur der Kapiteluntergliederung

Die folgende Darstellung des Wissens der Pädagogischen Psychologie orientiert sich in erster Linie an den Komponenten der pädagogischen Situation, die im Einleitungskapitel (vgl. Kap. 1) abgegrenzt und näher beschrieben wurden.

Jede pädagogische Situation ist demnach durch die Auseinandersetzung eines *Lerners* mit einer erzieherisch wirksamen Lernumwelt gekennzeichnet. Prototyp ist die direkte (soziale) *Interaktion* zwischen einem *Erzieher* und einem Lerner. Aber wie in Kapitel 1 bereits festgestellt wurde, ist Erziehung nicht auf das Phänomen der mit Erziehungsabsicht hergestellten sozialen Interaktion beschränkt. Sie kann auch indirekt erfolgen, z. B. über *Medien* oder einfach über die Gestaltung der *Lernumwelt.* Will man also pädagogisch-psychologische Sachverhalte auf der Basis unterscheidbarer Komponenten des Erziehungsgeschehens aufteilen, dann sind im Rahmen eines Lehrbuchs zumindest die folgenden Komponenten oder „Bereiche" zu berücksichtigen:
1. der Lehrer, 2. der Erzieher, 3. die soziale Interaktion zwischen Lerner und Erzieher, 4. die Lernumwelt, 5. die pädagogischen Medien.

Die drei erstgenannten Komponenten wurden von der Pädagogischen Psychologie bisher als bevorzugte Forschungsgegenstände behandelt. Die Theorien und Aussagen dazu machen auch den größten Teil des folgenden Abschnitts des Lehrbuchs aus. Nach der im Kapitel 1 entwickelten Erweiterung der Pädagogischen Psychologie über im engen Sinne „erzieherische Situationen" hinaus wäre es aber inkonsequent gewesen, wenn wir uns lediglich auf diese Komponenten beschränkt hätten. Auch wenn die Wissensbasis vergleichsweise schmal ist und die Auswahl verwertbarer Informationen nicht immer leicht fällt, haben wir auch für die übrigen Komponenten (Lernumwelt und Medien) jeweils ein eigenes Kapitel vorgesehen.

Vorangestellt haben wir zwei Kapitel, die gewissermaßen quer zu den anderen liegen, d. h. sie setzen sich mit Fragen auseinander, die in den folgenden Kapiteln jeweils unter anderem Aspekt immer wieder auftauchen. Zum einen gilt das für verschiedene Konzepte der Veränderung im Zusammenhang mit pädagogischen Situationen (Kap. 6) und die Grenzen, die dem erzieherischen Einfluß im Hinblick auf Veränderungen im Lerner gesetzt sind. Zum zweiten geht es in fast allen folgenden Kapiteln um Prozesse des Wissenserwerbs (Kap. 7); daher erschien es sinnvoll, neuere Forschung zu diesem Gebiet vorweg darzustellen.

5.2 Welches Wissen wurde aufgenommen?
Zur Auswahl der Inhalte und Themen

Selbst in einem umfangreichen Lehrbuch ist es nicht möglich, auch nur annähernd den gesamten Wissensbestand der Disziplin darzustellen; man kann immer nur auswählen. Die Auswahl der Inhalte für diesen Teil II orientiert sich an mehreren Gesichtspunkten: Ergiebigkeit der Forschung zum jeweiligen Gebiet, Bedeutsamkeit der Theorien und Befunde für die grundsätzliche wissenschaftliche Auseinandersetzung, Relevanz für praktisches Handeln und nicht zuletzt die übergeordneten (metatheoretischen) Vorannahmen, die im Kapitel 1 näher erläutert wurden. Dazu gehört insbesondere die Auffassung vom proaktiven Lerner, die Betonung der Handlungsorientierung und Handlungsfähigkeit aller am erzieherischen Geschehen beteiligten Personen und das Konzept einer auf Wechselwirkung beruhenden Erziehungswirklichkeit.

Die Betonung dieser Auswahlgesichtspunkte hat dazu geführt, daß manche Wissensgebiete, die in traditionellen Lehrbüchern der Pädagogischen Psychologie breiten Raum einnehmen (z. B. psychologische Lerntheorien) hier nur knapp behandelt werden. Andere Abschnitte sind neu und eher ungewöhnlich (z. B. Untersuchungsbefunde über die Wahrnehmung der Erziehungssituation durch den Lerner).

In Erweiterung dieser Sichtweise haben wir zu berücksichtigen versucht, 1. daß auch Erwachsene lernen, 2. daß auch ohne Anwesenheit eines Erziehers gelernt wird und 3. daß sich viele pädagogisch relevante Lernprozesse außerhalb von im engeren Sinn erzieherischen Situation über die gesamte Lebensspanne hinweg beobachten lassen, z. B. unter dem Einfluß von Gleichaltrigen, von kulturellen Gegebenheiten, von Freizeitaktivitäten, von Erfahrungen im Beruf. (Damit hat sich die vorwiegend soziologisch ausgerichtete Sozialisationsforschung befaßt).

Zu diesen Lernformen wird leider auch in diesem Lehrbuch wenig zu finden sein, weil es schlichtweg an Forschungsbeiträgen der Pädagogischen Psychologie mangelt.

Herausgeber und Autoren haben versucht, neuere Ansätze besonders zu berücksichtigen sowie zusätzliche Elemente pädagogisch-psychologischer Situationen aufzunehmen, soweit dazu pädagogisch-psychologische Forschung vorlag. Wie diese Absicht in den einzelnen Kapiteln realisiert wurde, soll im folgenden kurz dargestellt werden.

Kapitel 6: „Konzepte der Veränderung und Erziehung"

Nachdem sich die Pädagogische Psychologie auf Phänomene und Sachverhalte konzentriert, die für *pädagogisches* Handeln bzw. für die Erklärung *erzieherisch* bedeutsamer Effekte wichtig sind, muß sie sich auch mit einigen Grundfragen des Erziehens und der Erziehung befassen. Dabei geht es z. B. um die Frage, welchen Stellenwert der Erziehungsbegriff der Pädagogik in der Pädagogischen Psychologie hat, und welche Konsequenzen sich aus verschiedenen Auffassungen von Erziehung für eine sachgerechte Beschreibung und Erklärung von psychologisch erfaßbaren Veränderungsprozessen ergeben. Der eigentliche Gegenstand dieses Kapitels sind aber Veränderungskonzepte, die die Psychologie zur Verfügung stellt, z. B. Lernen, Entwicklung und Sozialisation.

Ein zentrales Problem aller pädagogischen und pädagogisch-psychologischen Maßnahmen ist die Bestimmung der Grenzen pädagogisch wünschenswerter Einflußnahmen. Gibt es solche Grenzen und wo sind sie lokalisiert? Welche Rolle spielen Erbe und Umwelt? Wie wird die Anlage-Umwelt-Kontroverse in der Pädagogischen Psychologie diskutiert?

Kapitel 7: „Psychologie des Wissenserwerbs"

Veränderungsprozesse auf der Ebene des individuellen Erlebens und Verhaltens wurden in der traditionellen Pädagogischen Psychologie vor allem mit dem begrifflichen Inventar der psychologischen Lerntheorien beschrieben und erklärt. Relativ spät hat man erkannt, daß diese Theorien, vor allem die sog. Reiz-Reaktions-Theorien (SR-Theorien) weder der Komplexität menschlicher Lernvorgänge gerecht werden, noch in der Lage sind, die Prozesse so zu analysieren, daß sie der Konzeption eines sinnvoll agierenden und verantwortlich-handlungsfähigen Subjekts entsprechen. Diese und andere Kritikpunkte haben zu anderen Forschungsansätzen geführt und Entwicklungslinien verstärkt, die für eine moderne Pädagogische Psychologie äußerst bedeutsam sind. Im Rahmen der sog. kognitiven Psychologie wurden Theorien und Befunde erarbeitet, die die Phänomene menschlichen Lernens als Entstehung und Veränderung individueller Wissensstrukturen interpretieren.

Auf diese Weise werden Konzepte bereitgestellt, die sehr viel besser als die klassischen Lerntheorien in der Lage sind, erzieherisch bedeutsame Veränderungsprozesse zu erklären und zu optimieren. Zwar kann aus den vorliegenden Theorien und Befunden noch kein vollständiges System des menschlichen Wissenserwerbs abgeleitet werden, aber es gibt bereits genügend Material, um die Perspektiven einer solchen Theorie aufzuzeigen.

Kapitel 8: „Psychologie des Lerners"

Nach der Konzeption vom proaktiven Lerner erwartet man von der Pädagogischen Psychologie Einsichten dazu, wie der Lerner seine Umwelt wahrnimmt, wie er handelnd auf sie einwirkt, wie er dabei pädagogisch relevante Erfahrungen sammelt und auswertet. Die Beiträge hierzu beschäftigen sich zum einen mit der *psychischen Ausstattung* von Lernern; zum anderen versuchen sie, die *Dynamik* von Lernprozessen im Zusammenwirken von Kognition, Emotion und Handeln im dynamischen Zusammenhang zu beschreiben. Charakteristisch für diese Forschung sind Ansätze zur Erfassung des Lernerverhaltens aus handlungstheoretischer Sicht, z. B. Modelle, die das Zusammenspiel von Erwartungen, Erfolgsbewertungen, Ursachenerklärungen und Motivationsstrukturen von Lernern als Prozeß analysieren. Obwohl die Pädagogische Psychologie noch weit davon entfernt ist, Lernprozesse umfassend im Hinblick auf die beteiligten Bedürfnisse, Kognitionen, Emotionen und Handlungsentwürfe der Lerner rekonstruieren zu können, stellt dieses Kapitel Mosaiksteine dazu vor.

Kapitel 9: „Psychologie des Erziehers"

Was für den Lerner gesagt wurde, gilt analog für die Erforschung des Erzieherhandelns. Auch bei Erziehern spielen pädagogisch relevante Bedürfnisse und Ziele, Kognitionen, Emotionen und Handlungsentwürfe eine Rolle. Auch zum Erzieher gibt es in neuerer Zeit – im Zuge der kognitiven Wende der Psychologie – Forschungsarbeiten, die nicht nur Strukturen, sondern auch Prozesse untersuchen. Anders als die traditionelle Erzieherforschung, die sich vor allem mit Erziehungsstilen und stabilen Erzieher-Einstellungen auseinandersetzte, versuchen neuere Ansätze herauszufinden, wie ein Erzieher in einem bestimmten Augenblick die pädagogische Situation wahrnimmt, sie kognitiv und emotional bewertet, dabei Handlungsentwürfe generiert und diese schließlich in die Tat umsetzt. Das Kapitel 9 stellt bevorzugt solche prozeßorientierten Beiträge zur Psychologie von Erziehern vor.

Im Blickpunkt des Kapitels stehen Eltern und Lehrer. Die Forschungslage zu anderen Erziehergruppen wie z. B. Kindergärtnerinnen, Sozialarbeitern, Industrietrainern usw. ist leider so lückenhaft, daß hier keine Ergebnisse mitgeteilt werden.

Kapitel 10: „Psychologie der pädagogischen Interaktion"

Entsprechend der Bestimmung von pädagogischer Interaktion als Wechselwirkung und Austausch von Ideen und Einflüssen eigenständig handelnder Personen (vgl. Kap. 1) folgt auch die Auswahl von Beiträgen zur Interaktion zwischen Erziehern und Lernern in diesem Kapitel neuen Schwerpunktsetzungen. Die Interaktionsforschung im Erziehungsbereich untersuchte vorwiegend Einflüsse von Eltern und Lehrern auf Lernermerkmale. Die Interaktionsanalysen beschränkten sich darauf, bestimmte Muster in der Aufeinanderfolge von einzelnen Erzieherverhaltensweisen und Lernerverhaltensweisen zu identifizieren. Geht man aber vom Modell einer wechselseitigen Beeinflussung aus, dann werden die Desiderata einer pädagogisch-psychologischen Interaktionsforschung augenfällig.

Warum auch in diesem Lehrbuch nur ansatzweise über Interaktionsforschung entsprechend der in Kapitel 1 formulierten Vorannahmen referiert werden kann, hat methodische Probleme (Datenfülle, Quantifizierungsproblem, Ablaufdynamik, Probleme der Situationserfassung usw.). Bei diesem Kapitel (wie auch bei Kap. 11) sind die besonderen Schwierigkeiten einer empirischen Pädagogischen Psychologie, die unseren Vorannahmen gerecht wird, am deutlichsten geworden.

Kapitel 11: „Psychologie der Lernumwelt"

Trotz erheblicher Forschungslücken stellt dieses Kapitel erste Beiträge einer Umweltpsychologie pädagogischer Situationen vor. Beispiele dafür sind die Gegenstandsbereiche „häusliche Umwelt", „Klassenklima" und „Schulklima". In diesen Konzepten verschränken sich die Interaktion von Lerner und Erzieher sowie die Interaktion mit den Strukturen Familie, Schulklasse bzw. Schule. Die Beschäftigung mit solch komplexen Forschungsgegenständen ist für die Pädagogische Psychologie relativ neu.

Kapitel 12: „Psychologie der pädagogischen Medien"

Die ebenso umfangreich wie unergiebig erforschte Frage „Welches Medium ist am lernwirksamsten?" wird derzeit nicht mehr so pauschal gestellt. Stattdessen geht dieses Kapitel auf die Ergebnisse neuerer Forschungsansätze ein, die z. B. folgende Fragen stellen: Welche Anforderungen stellen die verschiedenen Medien an den Lerner? Welche Leistungen erbringt der Lerner im Umgang mit medial vermittelter Information?

5.3 Wegweiser zu den Kapiteln von Teil II

Das folgende Schema soll eine Orientierungshilfe für die Kapitel des Teils II „Psychologie des Erziehens und Lernens" bieten. Es soll manchen Lesern die Entscheidung erleichtern, mit welchem Kapitel er die Lektüre beginnen möchte. Die Reihenfolge ist zwar nach systematischen Gesichtspunkten so festgelegt worden; die Kapitel sind aber auch selektiv zu bearbeiten (ggf. stellen Querverweise die Verbindung zu anderen Kapiteln her).

Veränderung und Erziehung:
Was bedeutet Veränderung in pädagogischer Sicht?
Welche Konzepte der Psychologie können Veränderung erklären?
Wo liegen die Grenzen der Veränderbarkeit?   Kap. 6

Wissenserwerb:
Wie erwirbt der Lerner Wissen über Sachverhalte und Fertigkeiten?
Wie kann Wissenserwerb gefördert werden?   Kap. 7

Lerner:
Wie erleben sie pädagogische Situationen?
Wie handeln sie darin?
Welche Beeinträchtigungen können dabei auftreten?   Kap. 8

Erzieher:
Wie erleben sie pädagogische Situationen?
Wie versuchen Erzieher, sie gezielt zu beeinflussen?
Welche Beeinträchtigungen können sie erfahren?   Kap. 9

Interaktion:
Wie wirken die Personen in pädagogischen Situationen aufeinander ein?
Zu welchen Beeinträchtigungen kann es dabei kommen?   Kap. 10

Lernumwelt:
Wie unterscheiden sich verschiedene Lernumwelten?
Wie wirken sie sich auf pädagogische Prozesse aus?   Kap. 11

Medien:
Welche Anforderungen an Lerner stellen verschiedene Medien?
Wie interagieren Lerner mit Medien?
Wie verändern Medien die pädagogische Situation?   Kap. 12

Kapitel 6

Manfred Prenzel
Hans Schiefele

Konzepte der Veränderung und Erziehung

6.1 Psychische Veränderungen unter
    dem Einfluß von Erziehung

6.2 Konzepte von Veränderung:
Lernen, Entwicklung und Sozialisation

6.3 Spielräume für Veränderung
    durch Erziehung

Der allgemeinste Bezugsrahmen, in dem sich die Pädagogische Psychologie als Teildisziplin der Psychologie bewegt, ergibt sich aus der Tatsache der leib-seelischen Veränderung im individuellen Lebenslauf. Die Beschreibung, Erklärung und Vorhersage von psychischen Veränderungen ist ein zentrales Anliegen der Pädagogischen Psychologie, denn sie soll Wissen bereitstellen, das dazu hilft, pädagogisch wünschenswerte Veränderungen gezielt herbeizuführen oder das unbeabsichtigte Zustandekommen von Veränderungen zu erklären. Auf der anderen Seite sind die Grenzen der Veränderungsmöglichkeiten und die damit gegebenen Spielräume effektiver pädagogischer Situationsgestaltung zu bestimmen.

Mit solchen Fragen beschäftigt sich nicht nur die Pädagogische Psychologie. Sie sind ebenso Gegenstand anderer Teildisziplinen der Psychologie, vor allem der Allgemeinen und der Entwicklungspsychologie. Auch dort wurden Konzepte entwickelt und im Lauf der Wissenschaftsgeschichte zunehmend differenziert, die das Phänomen leib-seelischer Veränderung aus verschiedenen Perspektiven erfassen. Dazu gehören insbesondere die Begriffe *Lernen, Entwicklung* und *Sozialisation.* Andere Begriffe markieren Sonderfälle und Grenzen psychischer Veränderung, zum Beispiel *Reifung, Sensible Phase* und *Erbanlage.* In diesem Kapitel sollen einige elementare Veränderungsbegriffe erläutert werden, die für ein Verständnis der pädagogisch-psychologischen Theorien und Befunde in Teil II hilfreich sind. Das Kapitel stellt also keine exklusiv pädagogisch-psychologische Terminologie vor; vielmehr betrachtet und akzentuiert es gebräuchliche psychologische Konzepte aus der Perspektive der Pädagogischen Psychologie. Den Dreh- und Angelpunkt dieses Kapitels bildet der Begriff der *Veränderung.* Von seiner allgemeinen Bedeutung ausgehend lassen sich spezifische Konzepte der Veränderung ausgrenzen. Zunächst setzen wir jedoch die Begriffe „Veränderung" und „Erziehung" zueinander in Beziehung, denn gemeinsames Merkmal auch sehr verschiedener Situationen, in denen Erziehung stattfindet, ist das Bewirken psychischer Veränderungen.

Neben den absichtlichen und subjektiv absichtslosen erzieherischen Einflüssen gibt es andere Faktoren, die ebenfalls Verhaltensveränderungen bewirken. Das sind zum einen die rein körperlichen Prozesse des Wachstums und der Organentwicklung, auf die das heranwachsende Individuum reagiert, zum anderen die allgemeinen (auch im weiteren Sinn nicht erzieherischen) Lebenswelterfahrungen, die den Menschen zu Modifikationen seines Erlebens und Verhaltens veranlassen. Obwohl nicht unmittelbar Gegenstand der Pädagogischen Psychologie (sondern der Entwicklungspsychologie), sind diese Faktoren als Bedingungen psychischer Veränderungen bzw. Stabilisierungen im Erziehungsfeld in Betracht zu ziehen. Das gilt auch für die institutionellen, organisatorischen, rechtlichen und bildungspolitischen Gegebenheiten, von denen das Erziehungsgeschehen immer mit abhängt. Aber diese Bedingungen sind, wie gesagt, keine zentralen Problembereiche der pädagogisch-psychologischen Forschung.

6.1 Psychische Veränderungen unter dem Einfluß von Erziehung

Mit der Veränderung des Erlebens und Verhaltens befaßt sich die Pädagogische Psychologie nicht allgemein und in der ganzen Breite der Phänomene und Bedingungen, sondern vor allem im Kontext von Erziehung.

Nach allgemeinem Verständnis zielt pädagogische Einflußnahme auf Veränderungen des Wissens, Könnens und Wollens im Sinne einer Verbesserung, die bestimmten Normansprüchen genügt. Jedoch sind solche Veränderungen pädagogisch nur dann bedeutsam, wenn sie zu relativ stabilen Kompetenzen und zur Bereitschaft der Person führen, „sich unter mehr oder weniger spezifischen (...) Bedingungen in einer bestimmten Weise zu verhalten" (Perrez & Patry, 1981, S. 231). Das kann heißen, bestimmte Probleme zu lösen, soziale Umgangsweisen zu beherrschen oder nach moralischen Prinzipien zu handeln. Solche Bereitschaften werden als *Dispositionen* bezeichnet. Ziel der Erziehung ist freilich nicht nur die Herbeiführung, sondern auch die Aufrechterhaltung bereits entwickelter (normgerechter) Dispositionen. Mit dem Hinweis auf die Zielbestimmtheit pädagogischen Handelns ist allerdings noch nicht gesagt, daß die Ergebnisse der Einflußnahme immer nur die gewünschten Verbesserungen sind. Im Erziehungsprozeß interagieren stets mehrere, mindestens zwei Personen (im Prinzip auch bei medialer Vermittlung), und die Bedürfnisse und Intentionen der Lerner stimmen nicht von vorneherein mit den Absichten der Erzieher überein. Außerdem modifizieren unbeabsichtigte Nebenwirkungen die Ergebnisse pädagogischen Handelns.

Veränderungen (bzw. die jeweils erfolgende Stabilisierung) der psychischen Grundlagen des Erlebens und Verhaltens, die auf Erfahrung zurückgeführt werden können, werden als Lernen bezeichnet (s. unten). Unter zielbewußter pädagogischer Einflußnahme sind diese Erfahrungen nicht dem Zufall überlassen, sondern arrangiert. So gesehen, kann man sagen: *Erziehung gestaltet Situationen, in denen bestimmte Erfahrungen ermöglicht werden.* Von „Gestaltung" kann auch dann noch gesprochen werden, wenn den beteiligten Erziehern keine Erziehungsabsicht bewußt ist, weil der Erziehungszweck in allgemeinen Umgangsformen und Lebensgewohnheiten, Sitte und Brauchtum, Werteinstellungen, in Institutionen etc. aufgehoben ist.

6.1.1 Dimensionen und Konzepte von Erziehung

Die Arrangements, die zum Zweck pädagogisch erwünschter Verhaltensänderungen getroffen werden, und diejenigen, die in allgemeinen Bedin-
gungsstrukturen der Gesellschaft immer schon bestehen, unterscheiden
sich voneinander in mehrfacher Hinsicht:
– nach dem Grad der Bewußtheit der Einflußnahme;
– nach der Stringenz der Regelungen, denen die Erfahrung unterworfen
  wird;
– nach der Anzahl der am Arrangement beteiligten Personen;
– nach den Verhaltensbereichen, auf welche die Erfahrung zielt.
In der pädagogischen Literatur finden sich differenzierende Begriffe zur
Kennzeichnung solcher Dimensionen des Erziehungsgeschehens. Nach
dem *Grad der Bewußtheit* differenzieren vor allem die Begriffe der
intentionalen und funktionalen Erziehung, zwischen denen alle möglichen Übergänge und Mischformen der Bewußtheit bzw. der Absichtslo-
sigkeit erzieherischen Handelns zu denken sind.

Die *Stringenz der Regelungen* ist sehr hoch in durchgreifend organisierten pädagogischen Institutionen, wie z. B. in der Schule oder im geschlossenen Erziehungsheim, geringer in der Familie oder im Betrieb und
verschwindend klein z. B. in einer Jugendgruppe im Freizeitheim. Zu
bedenken ist dabei, daß das Ausmaß der Regelung keineswegs den
Wirkungsgrad des Arrangements bestimmt.

Hinsichtlich der *beteiligten Personen* sind alle Kombinationen denkbar
von der Interaktion eines Erziehers mit einem einzigen Lerner bis hin zu
Situationen, in denen mehrere Erzieher mit einer Vielzahl von Lernern
zu tun haben.

Was die verschiedenen *Verhaltensbereiche* anbelangt, in denen Veränderungen angestrebt werden, kann sich Erziehung auf jeden psychischen
Funktionsbereich beziehen, von der Psychomotorik bis zur hochkomple-
xen Kognition, vom einfachen Gefühl bis zur reflektierten Werthaltung.

Es fällt auf, daß Erziehungsbegriffe sich hauptsächlich hinsichtlich der
ersten Dimension, nämlich der Bewußtheit der Einflußnahme, unterscheiden. Das kommt auch in zwei bekannten Definitionen von Erziehung zum Ausdruck, die zugleich etwa das Begriffsspektrum innerhalb
der Erziehungswissenschaft kennzeichnen: den Erziehungsbegriffen von
Brezinka und Klauer (s. Kasten 6.1).

Nach Brezinkas Definition zählen nur solche Handlungen zur Erziehung,
durch die Menschen versuchen, das Gefüge der psychischen Dispositionen anderer Menschen dauerhaft zu verbessern oder die Entstehung von
Dispositionen, die als schlecht bewertet werden, zu verhüten. Das bloße
Zusammensein in einer Familie oder in einer Gruppe Gleichaltriger, ein
Gespräch nur des Austausches wegen, ein Spiel, ein Streit, Zusammenarbeit im Beruf oder bei einem Freizeithobby ist nicht Erziehung, weil und

solange die *Förderungsabsicht* eines der Beteiligten im Hinblick auf andere fehlt. Erziehung muß man wollen und tun; sie ist „als Handlung ohne Rücksicht auf den Erfolg definiert" (Brezinka, 1977, S. 61).

Während also nach Brezinkas Auffassung das Erziehungshandeln Förderungsabsicht haben muß, aber wirkungslos bleiben kann, bestimmt nach Klauers interaktionaler Auffassung das Verhalten des einen Partners, was das Handeln des anderen Partners bedeutet: Erziehung findet dann statt, wenn auf lehrendes Verhalten der einen Person die andere Person mit Lernen antwortet. Ob das aber der Fall ist, bleibt zunächst ungewiß. Andererseits braucht man Erziehung nicht zu beabsichtigen und kann dennoch erziehen, wenn nämlich der eine Partner aus der Interaktion lernt.

Der Grad der Bewußtheit der Einflußnahme ist für die Pädagogische Psychologie ein wichtiger Gesichtspunkt; aus ihrem erfahrungswissenschaftlichen Selbstverständnis heraus sind aber die *Wirkungen* die maßgebenden Kriterien für die Brauchbarkeit ihrer Beiträge zum Erziehungsgeschehen. Das gilt für die Folgen des intentionalen und reflexiven pädagogischen Handelns ebenso wie für absichtslos (funktional) zustandekommende soziale Einflüsse und für unbeabsichtigt neben den angestrebten sich einstellende Effekte.

Kasten 6.1: Zwei Definitionen von Erziehung

Brezinka: „Unter Erziehung werden Handlungen verstanden, durch die Menschen versuchen, das Gefüge der psychischen Dispositionen anderer Menschen in irgendeiner Hinsicht dauerhaft zu verbessern oder seine als wertvoll beurteilten Komponenten zu erhalten oder die Entstehung von Dispositionen, die als schlecht bewertet werden, zu verhüten" (S. 95). Der von Brezinka verwendete Handlungsbegriff ist definiert als „jene bestimmte Art menschlichen Verhaltens, die sich durch Sinnhaftigkeit (Intentionalität) und Selbstbewußtheit vom übrigen Verhalten des Menschen unterscheidet" (1977, S. 71).

Klauer: „Erziehung ist der Prozeß der Wechselwirkung (Interaktion) von Lehren und Lernen" (1973, S. 47). Der Ausdruck Lehren bezeichnet eine Klasse von Tätigkeiten, wobei „weder die Absichten, die damit verfolgt werden, noch die etwaigen Wirkungen, die man erzielt, für die Verwendung des Wortes von Bedeutung sein sollen. Unter Lernen werden dagegen bestimmte Änderungen von Persönlichkeitseigenschaften verstanden, die sich in Verhaltensänderungen bemerkbar machen" (1973, S. 46 f.).

Auch die übrigen Dimensionen (s. o.: Stringenz der Regelungen, Anzahl der Personen, angezielte Verhaltensbereiche) enthalten wichtige Bestimmungselemente für pädagogisches Handeln und müssen dementsprechend berücksichtigt werden. Die Erziehungswissenschaft erfaßt die Akzentuierung einzelner Dimensionen in Unterbegriffen von Erziehung. So ist zum Beispiel von freier und autoritärer Erziehung die Rede, von Einzel- und Kollektiverziehung, von naturwissenschaftlichem Unterricht, Werterziehung oder Willensbildung. Eine solche Gestaltung der Begrifflichkeit riskiert allerdings, daß der Zusammenhang der Dimensionen und ihre Wechselwirkung je nach Ausprägungsgrad der Dimensionen nicht mehr in Erscheinung tritt.

Die Pädagogische Psychologie tut jedenfalls gut daran, Erziehung nicht im Sinne einer dieser einengenden Spezifizierungen aufzufassen, sondern als Arrangement von Situationen, wobei die Situationen jeweils mehrere Dimensionen umfassen, die von Fall zu Fall unterschiedlich ausgeprägt sind. Denn die Beiträge der Pädagogischen Psychologie zur Beschreibung und Erklärung sowie Orientierung und Optimierung pädagogischen Handelns sind je nach Situationstypus unterschiedlich. Auch die Forschungsfragen und Untersuchungsansätze richten sich danach.

6.1.2 Familie und Schule als spezielle Arrangements

Besonders einflußreiche und umfassende Arrangements sind die pädagogischen *Institutionen,* allen voran Familie und Schule. In den Institutionen hat sich in relativ dauerhafter Form niedergeschlagen, was die Gesellschaft von der Erziehung erwartet, wie sie sie bewertet und sich ihren Einfluß sichert. Die Institution regelt die Vorgänge in ihrem Verantwortungsbereich. Sie verkörpert „die Art und Weise, wie bestimmte Dinge getan werden müssen" (König, 1968, S. 143), bestimmt also über Ziele, Inhalte und Methoden der Erziehung. Pädagogische Institutionen stellen einen organisierten Rahmen für die Herstellung von Erziehungssituationen zur Ermöglichung bestimmter Erfahrungen dar. Bedenkt man, daß diese Regelungen bis in die Alltagsroutine hineinreichen und Selbstverständlichkeiten betreffen, nach denen niemand mehr fragt und für die Alternativen oft nicht einmal in Betracht gezogen werden, dann läßt sich ermessen, wie schwer institutionelle Änderungen zu erreichen sind, die aus der Sicht pädagogisch-psychologischer Erkenntnis angezeigt erscheinen.

Die *Familie* ist die vom ersten Lebenstag an gegenwärtige erste Erziehungsinstanz. Als Kleingruppe und durch enge Verwandtschaftsbeziehungen besitzt sie hohe Stabilität. Sie bedarf zur Aufrechterhaltung keiner besonderen organisatorischen Regelungen, wie etwa andere, weniger naturwüchsige Institutionen. Die Standardform der Kernfamilie

(Eltern und Kinder) in den Industriegesellschaften zeigt einerseits hohe innerstrukturelle Vielfalt (keine Familie ist wie die andere), andererseits ist eine starke Traditionsbindung nicht zu übersehen: junge Eltern erziehen, wie sie erzogen worden sind, so daß auch moderne Kernfamilien kaum zu Trägern pädagogischer Innovation werden.

Die Familie hat zunächst die Funktion der biologischen Sicherung des Kleinkinds, in der späteren Kindheit und Jugend die Aufgabe der ökonomischen Versorgung der Heranwachsenden. Von Anfang an wirken die Interaktionen zwischen Kindern und Bezugspersonen erzieherisch: allgemeine Verhaltensnormen, geschlechtsspezifische und andere Rollen, Wertorientierungen und grundlegende Fähigkeiten werden erworben, als wichtigste die Sprache. Auch wenn später andere Institutionen mit stringenteren Absichten (Schule, Beruf) ihre Einflüsse geltend machen, bleibt die Familie doch die umfassendste Erziehungsinstitution, die allgemeinste „Sozialisationsagentur der Gesellschaft".

Die *Schule* ist die wichtigste gesellschaftlich konstituierte und kontrollierte Erziehungsinstitution, geprägt durch das spezifisch pädagogische Arrangement des *Unterrichts*. Bezogen auf die eben beschriebenen Dimensionen des Erziehungsgeschehens erfolgt im Unterricht die Einflußnahme mit einem hohen Grad an Bewußtheit, der in Organisationsstruktur, Curriculumplanung, Methodenlehre, Prüfungswesen und Lehrerbildung zum Ausdruck kommt. Das schließt nicht aus, daß in den Situationen des Schulunterrichts auch allen Beteiligten unbewußte Einflüsse wirksam werden und zu unbeabsichtigten Konsequenzen führen, oft genug nicht im Sinne der Institution und/oder im Interesse der Betroffenen. In diesem Zusammenhang wird vom „heimlichen Lehrplan" gesprochen, der sich neben dem offiziellen und veröffentlichten auswirkt.

6.2 Konzepte von Veränderung: Lernen, Entwicklung und Sozialisation

Auch wenn auf den ersten Blick klar zu sein scheint, was Veränderungen sind, wollen wir uns doch kurz mit der psychologischen Bedeutung befassen.

6.2.1 Die psychologische Interpretation von Veränderung

Zu einem bestimmten Zeitpunkt weist eine Person eine Menge von Merkmalen mit jeweils bestimmten Ausprägungen auf. Ist zu einem zweiten Zeitpunkt die Menge der Merkmale in ihren Ausprägungen nicht identisch mit dem Zustand zum ersten Zeitpunkt, stellen wir „Veränderung" fest. Veränderung bedeutet also, daß Merkmale eines bestimmten Subjekts über eine gewisse Zeit hinweg nicht gleichgeblieben sind (vgl. Seiler, 1980). Diese Definition klingt relativ einfach, was aber nicht über die zum Teil ganz erheblichen Schwierigkeiten hinwegtäuschen darf, manche Veränderungen erfaßbar zu machen. Da viele psychologische Merkmale nicht direkt beobachtbar sind, sondern über Verhaltensindikatoren erschlossen werden müssen, manifestieren sich psychologische Zustandsänderungen zunächst in veränderten Verhaltensweisen.

Angenommen, eine Person A führe zum Zeitpunkt t1 die Verhaltensweise x, zum Zeitpunkt t2 die Verhaltensweise y aus. Wir können nun eine Veränderung *im Verhalten* der Person feststellen, nicht aber unbedingt eine Veränderung der Person. Gleich von ‚Veränderung der Person' zu reden, brächte massive Probleme: Die Personen würden sich dauernd ändern; wenn sie aber zu irgendeinem späteren Zeitpunkt wieder ein bereits früher gezeigtes Verhalten ausführen würden, hätten sie sich kurzfristig verändert, langfristig jedoch nicht. Insofern benötigen wir zwar die Verhaltensebene, um Anhaltspunkte für Veränderungen zu bekommen; die Veränderungen selber müssen aber auf der Konstruktebene verankert werden: als Kompetenzen und Fertigkeiten, Absichten und Zielsetzungen, Gefühle und Wertkriterien.

Aufgrund bestimmter Verhaltenshinweise läßt sich etwa im Unterricht eine Veränderung der Kompetenz der Lerner feststellen, und zwar zunächst im Sinn einer Nicht-Identität der Kompetenz zum Zeitpunkt t1 und Zeitpunkt t2. Über die Qualität der Veränderung (z. B. besser oder schlechter) wird damit noch nichts ausgesagt. Die Qualität einer Veränderung wird sichtbar, wenn man einen bestimmten Ausgangszustand (bzw. dessen Struktur) auf der psychologischen Konstruktebene erfaßt und mit dem veränderten Zustand nach Maßgabe bestimmter Bewertungskriterien vergleicht.

Entwicklungspsychologen (vgl. Montada, 1982, S. 55–63) haben Modelle der Veränderung und Kategorien zur Klassifikation verschiedener Arten der Veränderung vorgeschlagen. Diese Konzepte machen deutlich, daß Veränderungen nicht immer den gesamten Merkmals- oder Konstruktbereich betreffen, sondern häufig nur bestimmte Ausschnitte. Die Erfahrung eines Kindes z. B., daß man bei Hunden verschiedene Rassen unterscheiden kann, differenziert einen bestimmten Teil seines Begriffssystems. Das übrige Konzeptsystem braucht sich damit aber nicht zu ändern.

Bezugnehmend auf Flavell (1972) können folgende *Formen der Veränderung* unterschieden werden:
– Addition neuer Elemente und Strukturen;
– Substitution als Ersetzen von Elementen bzw. Strukturen;

- Modifikation im Sinne von „Verbessern" von Elementen und Strukturen;
- Differenzierung im Sinne einer Verfeinerung von Elementen und
  Strukturen;
- hierarchische Integration als systematische Verknüpfung von Elementen und Strukturen.

Die genannten Veränderungskonzepte mögen den Eindruck erwecken,
als verliefen Veränderungen immer in positiver, fortschreitender Richtung. Das ist wohl häufig der Fall, muß aber nicht so sein. Veränderungen
können auch regressiv oder rückschreitend verlaufen (z. B. Kompetenz-
verlust).

Um pädagogisch wünschenswerte Veränderungen geplant, systematisch und effektiv herbeiführen zu können, benötigt man ein Wissen über
die Gesetzmäßigkeiten, denen Veränderungen unterliegen, z. B. theoretische Aussagen über die Hintergründe oder Ursachen von Veränderungsprozessen. Einige grundlegende psychologische Konzepte von Veränderung implizieren bereits Annahmen über die Verursachung von
Veränderung. Sie verlassen die Beschreibungsebene und weisen auf
bestimmte Gruppen von Bedingungsfaktoren hin, die für diese
bestimmte Art von Veränderung verantwortlich sind.

Wir wollen im folgenden zwei psychologische Veränderungskonzepte
vorstellen, die sich hinsichtlich der zeitlichen Erstreckung der betrachteten Veränderungsprozesse unterscheiden, nämlich Lernen und Entwicklung bzw. Sozialisation. Während mit dem Begriff des *Lernens* eher
aktuelle und konkrete Veränderungen bezeichnet werden, beziehen sich
die Begriffe *Entwicklung und Sozialisation* auf langfristige Veränderungen. Von besonderem Interesse bei der Behandlung dieser Konzepte sind
die pädagogischen Anwendungsmöglichkeiten des entsprechenden psychologischen Veränderungswissens.

6.2.2 Lernen

Hilgard & Bower (1981, S. 11) definieren Lernen als *Veränderung im
Verhalten oder Verhaltenspotential* eines Subjekts in einer bestimmten
Situation, die durch wiederholte Erfahrungen des Subjekts in dieser
Situation hervorgerufen wurde und die nicht durch angeborene Reak-
tionstendenzen, Reifung oder momentane Zustände (Müdigkeit, Trun-
kenheit, Triebzustände usw.) erklärt werden kann.

Als Ursachen dieser Veränderungen postulieren Lerntheorien
bestimmte Mechanismen der Verknüpfung von Reizen und Reaktionen.
Andere, bereits als „klassisch" zu bezeichnende Theorieansätze (klassisches und operantes Konditionieren, Modellernen) lassen sich als Grund-
typen der Reiz-Reaktion-Verbindung bezeichnen (s. Kasten 6.2).

Kasten 6.2: Drei „klassische" Lerntheorien

Klassisches Konditionieren
Die Theorie des klassischen Konditionierens versucht zu erklären, warum bestimmte Reize, die nicht angeborenerweise verhaltensauslösende Qualität besitzen, die Eigenschaft erhalten, bestimmte Reaktionen auszulösen. Pawlow (1849–1936) stellte fest, daß solche Reize durch räumliche und zeitliche Assoziation mit dem unkonditionierten Reiz (dem angeborenen Auslöser) reaktionsauslösende Qualität erlangen. Wird der konditionierte Reiz über längere Zeit (ohne Koppelung an den unkonditionierten Reiz) dargeboten, so erfolgt eine Abschwächung (Löschung) der konditionierten Reaktion in bezug auf ihre Intensität und Häufigkeit. Die Reizgeneralisation besagt, daß nicht nur die konditionierten Reize, die bei der Konditionierung systematisch mit bestimmten unkonditionierten gepaart wurden (z.B. ein akustisches Signal von 1000 Hz), sondern auch ähnliche (z.B. ein Ton von 950 Hz etc.) die konditionierte Reaktion auslösen. Je geringer die Ähnlichkeit des Reizes auf der Dimension des sensorischen Kontinuums des konditionierten Reizes (z.B. Differenz in Hz bei akustischen Signalen), desto schwächer ist die reaktionsauslösende Qualität. Demgegenüber bezeichnet man mit dem Begriff der Diskrimination (bzw. des Diskriminationslernens) den Konditionierungsprozeß, durch den der Organismus lernt, ähnliche Reize voneinander zu unterscheiden. Wenn konditionierte Reize wiederum mit neutralen Reizen gekoppelt werden, entstehen konditionierte Reize und konditionierte Reaktionen höherer Ordnung, die allerdings leichter löschbar sind (Angermeier/Peters 1973).

Operantes Konditionieren
Hier stehen die Folgen von Verhaltensweisen im Vordergrund. Als Explananda gelten jene Dispositionsänderungen, deren Erklärung den Einbezug spezifischer (positiver oder negativer) Verhaltenskonsequenzen erfordert. Nach Thorndike folgt das Versuchs- und Irrtum-Lernen („trial and error learning") dem Gesetz des Erfolges („law of effect"; Thorndike 1932). Reiz-Reaktions-Verbindungen („connection") werden dann gestärkt, wenn die Reaktion eine Spannung reduziert, also erfolgreich ist und einen positiven Nacheffekt aufweist. Dieses „Effekt-Gesetz" betrachtet Thorndike als das primäre Lerngesetz (→Bekräftigung, Verstärkung). Hatte bereits Thorndike interessante Hypothesen über die Bedeu-

tung der Verhaltenskonsequenzen für die Reiz-Reaktions-Verbindungen entwickelt, so war es besonders Skinner, der die Prozesse
des operanten Konditionierens eingehend untersuchte und ein
umfangreiches begriffliches und theoretisches System darüber
vorlegte (vgl. z.B. Holland/Skinner 1961). Skinner unterscheidet
zwei Arten von Reaktionen: Die Antwortreaktionen (responden-
tes Verhalten), die durch Reize ausgelöst werden, und die Wirkre-
aktionen (operantes Verhalten), deren Auftreten nicht durch
Reize allein vorhersagbar ist. Auf die Antwortreaktionen bezieht
sich das klassische Konditionieren, das er als Konditionierung vom
Typ S bezeichnet, da hier Stimuli (Reize) verstärkt werden. Die
Veränderung der Auftretenswahrscheinlichkeit von Wirkreaktio-
nen erklärt er durch die Gesetze der Konditionierung von Typ R.
Hier bezieht sich die Verstärkung (reinforcement) als Verhaltens-
konsequenz auf die Reaktion. Die für die Erforschung des operanten Konditionierens typische Versuchsanordnung besteht in einer
Box („Skinner-Box"), die eine runde Scheibe und ein Futtermaga-
zin enthält. Das Picken des Versuchstieres (Taube) gegen die
Scheibe bewirkt je nach Verstärkungsplan die Freisetzung einer
kleinen Futtermenge. Die experimentelle Anordnung erlaubt zu
prüfen, wieweit die Reaktionsfrequenz (Picken) in einem funktionalen Zusammenhang zu den verstärkenden Ereignissen steht.

„Verstärkung" bezeichnet bei Skinner die Erhöhung der Auftretenswahrscheinlichkeit einer Reaktion aus einer Reaktionsklasse
R aufgrund ihrer Konsequenzen. Konsequenzen, die die Eigenschaft besitzen, die Auftretenswahrscheinlichkeit einer Reaktion
aus einer Reaktionsklasse R zu erhöhen (bzw. zu erniedrigen),
nennt er positive (bzw. negative) Verstärker.

Modellernen
Beziehen sich das klassische und das operante Konditionieren auf
die Veränderung elementarer, einfacher Verhaltensdispositionen
– wie z.B. auf bestimmte Reize mit einer hohen Wahrscheinlichkeit mit Angst zu reagieren oder mit höherer Wahrscheinlichkeit
eine bestimmte Wirkreaktion zu zeigen –, so haben die Modellern-
theorien auch den Erwerb komplexerer Verhaltensdispositionen
zum Gegenstand. Dabei ist es bis heute umstritten, ob dafür ein
eigenes Erklärungsprinzip notwendig sei. Verwandte und von
vielen Autoren als synonym verwendete Begriffe sind „Beobachtungslernen", „Nachahmungslernen", „Imitationslernen", „soziales Lernen", „stellvertretende Konditionierung". Rein beschrei-

bend charakterisieren sich so benannte Lernprozesse dadurch, daß der Erhöhung der Auftretenswahrscheinlichkeit einer Reaktion oder eines Reaktionsmusters einer Person die Beobachtung dieser Reaktion oder dieses Reaktionsmusters bei einer anderen Person, bei einem Modell, vorausgegangen ist. Das Modellverhalten kann dabei direkt, über Film oder sprachlich vermittelt sein. Die verstärkungstheoretische Interpretation dieses Vorgangs sieht darin nur eine Anregung, das beobachtete Verhalten durch den Beobachter zu äußern, und postuliert, daß eine Dispositionsänderung davon abhängig sei, ob der Beobachter für das von ihm nachgeahmte Verhalten verstärkt werde oder nicht (Miller & Dollard 1941). Dabei wird angenommen, daß der Beobachter die Reaktionskompetenz bereits im Repertoire habe und nicht erst neu lerne. Lediglich die Äußerungswahrscheinlichkeit wird verändert (Gewirtz & Stingle 1968). Demgegenüber sieht Bandura (1963; 1976) im Beobachtungslernen eine eigene Lernart, die andere Erklärungsprinzipien erfordert. Nach ihm können über Modellernen neue Reaktionen und auch komplexere Reaktionsmuster erworben werden. Für die Erklärung dieses Vorgangs unterscheidet er die „Aneignungsphase" (acquisition) und die „Äußerungsphase" (performance). Für die Aneignung werden beim Beobachter Aufmerksamkeitsprozesse und Gedächtnisprozesse (sprachliche oder bildhafte Repräsentation des Beobachteten) als bedeutsam betrachtet. Auf der Seite des Modells sind es Eigenschaften wie die Prägnanz seiner gezeigten Handlung, die beobachteten Folgen der Handlung (stellvertretende Konditionierung) des Modells und seine Ausstrahlungskraft und Macht, die einen Einfluß ausüben. Bei der Äußerungsphase, die durch einen längeren Zeitraum von der Aneignungsphase getrennt sein kann, können symbolisch repräsentierte Hinweisreize die motorische Reproduktion des früher beobachteten und nun kognitiv modellierten Verhaltens auslösen. Ebenso werden hier Verstärkungs- und Motivationsprozesse als bedeutsam dafür angenommen, ob eine Person das modellierte Verhalten äußert oder nicht.

(Aus Perrez & Patry, 1981, S. 231–239)

Die pädagogisch-psychologische Implikation des lerntheoretischen Ansatzes drückt sich in der Überzeugung aus, daß die Kenntnis entsprechender Gesetzmäßigkeiten die Möglichkeit eröffne, Lernprozesse durch Manipulation und Kontrolle von Reizbedingungen auszulösen und systematisch zu steuern. Versucht man aber, dies praktisch zu verwirklichen, so zeigen sich die Grenzen der Anwendbarkeit von Lerntheorien auf

Lernen unter Erziehungsbedingungen. Das liegt vor allem daran, daß die lerntheoretischen Experimente mit Lehren und Lernen in der pädagogischen Praxis wenig zu tun haben. Dafür gibt es verschiedene Gründe:

1. Die lerntheoretische Untersuchungsmethodologie fordert die Beschränkung auf beobachtbare Variablen und eine strenge Kontrolle der Reizbedingungen. Deshalb sind die Laborsituationen zwangsläufig erheblich weniger komplex als pädagogische Arrangements im Alltag. Dadurch ist die Übertragbarkeit der aus den Untersuchungsergebnissen abgeleiteten „Lerngesetze" stark eingeschränkt.

2. Die Kontrolle von Reizkonstellationen erweist sich dann als uneffektiv, wenn intrapsychische Bedingungen des Lerners (im lerntheoretischen Sinn intervenierende Variable) zu sehr unterschiedlichen Abbildungen der Stimuli führen (vgl. die Konzeption des „proaktiven Lerners" in Kap. 1 und Kap. 7).

3. Lernen muß nicht unbedingt und sofort in einer Verhaltensänderung zum Ausdruck kommen.

Kasten 6.3: Die Lerntypen von Gagné

Eine systematische Anordnung verschiedener Lernprinzipien hat Gagné (1973) vorgeschlagen. Er unterscheidet acht Lerntypen und ordnet sie hierarchisch so an, daß die höheren Lerntypen jeweils die darunterstehenden voraussetzen. So setzt etwa das Begriffslernen das Diskriminationslernen und dieses wiederum sprachliche Assoziation voraus usw. Ausgehend von dieser Systematisierung entwickelt Gagné ein Konzept der Strukturierung von Lehrstoff wie auch der Unterrichtsgestaltung. Die Lernhierarchie Gagnés stellt ein schönes Beispiel für eine pädagogisch-psychologische Interpretation psychologischer (in diesem Fall lerntheoretischer) Befunde dar:

Typ 1: Signallernen – Das Individuum lernt eine allgemeine, diffuse Reaktion auf ein Signal. Es handelt sich um die klassische bedingte Reaktion nach Pawlow (1927).

Typ 2: Reiz-Reaktionslernen – Der Lernende erwirbt eine präzise Reaktion auf einen genau unterschiedenen Reiz. Gelernt wird eine Verknüpfung (connection, Thorndike, 1898) oder ein „discriminated operant" (Skinner, 1938), gelegentlich auch instrumentale Reaktion genannt (Kimble, 1961).

Typ 3: Kettenbildung – Gelernt wird eine Kette von zwei oder mehr Reiz-Reaktions-Verbindungen. Die Bedingungen dieses

Lernens sind von Skinner (1938) und anderen Autoren, in ausgezeichneter Weise von Gilbert (1962), beschrieben worden.

Typ 4: Sprachliche Assoziation – Sprachliche Assoziation ist identisch mit dem Lernen von sprachlichen Ketten. Im Grunde gleichen die Bedingungen denen für das Lernen anderer (motorischer) Ketten. Die Verfügung des Menschen über Sprache macht daraus jedoch eine spezielle Lernart, weil aus dem früher erworbenen sprachlichen Repertoire des Individuums bestehende innerliche Verknüpfungen verwendet werden können (vgl. Underwood, 1964).

Typ 5: Diskriminationslernen – Das Individuum lernt n unterschiedliche Bestimmungsreaktionen auf ebenso viele unterschiedliche Reize, die sich in mehr oder weniger großem Maße in ihrer physischen Erscheinung ähneln. Obwohl das Lernen der einzelnen Reiz-Reaktions-Verbindungen dem einfachen Typ 2 zugehört, tendieren diese Verbindungen zu gegenseitiger Interferenz im Behalten (vgl. Postman, 1961).

Typ 6: Begriffslernen – Der Lernende erwirbt die Fähigkeit, auf eine Klasse von Reizen, die sich in ihrer äußeren Erscheinung stark voneinander unterscheiden können, mit einer Reaktion zu antworten. Er ist zu einer Reaktion fähig, die eine ganze Klasse von Objekten oder Ereignissen bestimmt (vgl. Kendler, 1964). Andere Begriffe werden durch Definition erworben und haben entsprechend die formalen Kennzeichen von Regeln.

Typ 7: Regellernen – In der einfachsten Ausdrucksweise ist eine Regel eine Kette von zwei oder mehr Begriffen. Sie hat die Aufgabe, Verhalten nach der in sprachlichen Vorschriften von der Form „Wenn A, dann B" festgelegten Art zu kontrollieren, wobei A und B als Begriffe gelten. Sie muß jedoch sorgfältig von der rein verbalen Sequenz „Wenn A, dann B" unterschieden werden, die als Typus 4 gelernt werden kann.

Typ 8: Problemlösen – Problemlösen ist eine Art des Lernens, die innere Vorgänge, normalerweise Denken genannt, erforderlich macht. Zwei oder mehr zuvor erworbene Regeln werden auf irgendeine Weise miteinander kombiniert und ergeben eine neue Leistungsmöglichkeit, deren Abhängigkeit von einer Regel „höherer Ordnung" gezeigt werden kann.

(Aus Gagné, 1973, S. 57 ff.)

Der Fokus der mit Lernphänomenen befaßten Forschung hat sich in den letzten Jahren zunehmend von der Veränderung des Verhaltens auf Veränderungen im kognitiven Apparat (Wissensstrukturen, Speicherung und Abrufung von „Information") verschoben. Kognitionstheoretiker vermeiden in der Regel den Begriff „Lernen", weil er mit seinem lerntheoretischen Bedeutungshintergrund leicht zu Mißverständnissen führt und sprechen stattdessen von „Wissenserwerb" (vgl. Kapitel 7). Den Prozeß des Lernens gliedern kognitive Ansätze in zwei Teilprozesse auf: in den Prozeß der Speicherung von Information und in den Prozeß des Abrufens oder Aktivierens von Information. Der erste Teilprozeß ist der eigentliche Veränderungsprozeß, der Gedächtnisinhalte und -strukturen betrifft, aber nicht (unmittelbar) im Verhalten sichtbar werden muß. Die Äußerung dieser Veränderung (der zweite Teilprozeß) erfolgt in einer jeweils aktuellen Situation, die von der Person in einer bestimmten Weise interpretiert wird, die wiederum das Verhalten oder Handeln beeinflußt.

Die im Zusammenhang mit Lernen im Sinne von Wissenserwerb besonders interessierende Veränderung der Gedächtnisinhalte beruht auf einem Vorgang, der oben (in der Lerndefinition von Hilgard & Bower) als *Erfahrung* bezeichnet wurde. Dieser Begriff ist theoretisch weniger vorbelastet und allgemeiner als Konzepte wie „Informationsaufnahme und Speicherung" oder „Repräsentation". Er bringt zum Ausdruck, daß nicht nur rein kognitive Inhalte, sondern auch damit verknüpfte Bewertungen und emotionale Einschätzungen erworben werden und im Gedächtnis ihren Niederschlag finden.

Unter pädagogisch-psychologischen Gesichtspunkten rückt so die Frage in den Vordergrund, wie Umwelten oder Arrangements „erfahren" werden und zu bestimmten Veränderungen von Gedächtnisstrukturen führen. Gegenüber einem eingeengten lerntheoretischen Untersuchungsansatz müssen auch die kognitiven Voraussetzungen des Lerners einbezogen werden, da diese darüber bestimmen, welche Ausschnitte der Umwelt bzw. der in den Arrangements angebotenen Inhalte auf welche Weise in der Person abgebildet werden.

Angesichts dieser Vielfalt an Wechselbeziehungen zwischen Person und Umwelt und der damit verbundenen Erfahrungs- und Veränderungsprozesse liegen die Grenzen für umfassende Erklärungsansätze auf der Hand. Ein anwendungsorientierter Zugang bietet hier Vorteile, weil er sich auf bestimmte, relevante Aspekte des Gegenstandsbereichs beschränken kann. Von daher ist es nicht erstaunlich, daß sich ein Großteil der kognitiven Forschung mit anwendungsbezogenen Problemen der Pädagogischen Psychologie (z. B. mit Instruktion) befaßt. Hier bietet sich die Möglichkeit, bestimmte Inhaltsbereiche und Ausschnitte pädagogischer Arrangements (z. B. Lehrtexte für Erwachsene) herauszugreifen und Gesetzmäßigkeiten der Abbildung der Information bei unterschiedlichen Wissensvoraussetzungen zu ermitteln (vgl. Mandl, 1981). Es sieht so aus, als hätte die Pädagogische Psychologie nur dann eine Chance, handlungsrelevantes Veränderungswissen zu gewinnen, wenn sie sich mit spezifischen, pädagogisch bedeutsamen Arrangements befaßt und jeweils die Wechselbeziehungen zwischen pädagogisch gestaltbaren Größen (z.B. Art der Präsentation des Lehrstoffs) und gegebenen Voraussetzungen (z.B. Vorwissen) untersucht (s. Kap. 7).

6.2.3 Entwicklung und Sozialisation

Was unter Entwicklung zu verstehen ist, wird in den meisten Definitionen durch einen Rückgriff auf den Veränderungsbegriff auszudrücken versucht. Montada (1982, S. 5) schlägt eine Arbeitsdefinition von Entwicklung als *an das Lebensalter gebundene Veränderung* vor. Diese Definition ist problematisch, weil sie das Mißverständnis nahelegt, Entwicklungsveränderungen hingen ursächlich mit dem Lebensalter zusammen, auch wenn Montada sich explizit gegen diese Interpretation äußert. Oerter (1981, S. 100) versteht Entwicklung als nicht zufällige, erklärbare *Veränderungsreihe,* die sich auf die Gesamtpersönlichkeit wie auf Teilbereiche der Persönlichkeit bezieht und mit dem individuellen Lebenslauf verknüpft ist.

Mit dem Entwicklungsbegriff werden längerfristige Veränderungsreihen beschrieben, aber noch nicht erklärt. Für die Erklärung dieser Veränderungen greift die Entwicklungspsychologie, je nach theoretischer Orientierung, auf verschiedene Konzepte zurück. Die traditionelle Entwicklungspsychologie verwendet hier vor allem die Begriffe *Reifung* und *Lernen.* Piagets Entwicklungstheorie führt Entwicklung zudem auf Eigenaktivität und *Selbstregulationsprozesse* (Assimilation und Akkomodation; s. Kasten 6.4) zurück. Reifung, Lernen und Selbstregulation sind Prozesse, die an der sich entwickelnden Person festgemacht werden können.

Die neuere Entwicklungspsychologie (z.B. Oerter & Montada, 1982) beschränkt sich nicht auf den Nachweis von Veränderungsreihen in der Person, sondern analysiert die zugrundeliegenden Prozesse. Dabei wird die Umweltseite bzw. die Person-Umwelt-Interaktion in die Erklärung der Entwicklung einbezogen, z.B. die Anforderungen von Umwelt bzw. Gesellschaft (Entwicklungsaufgaben) oder „kritische Lebensereignisse" (z.B. Arbeitslosigkeit, Pubertät, Scheidung; vgl. Filipp, 1981a). Durch die Einbeziehung solcher weitreichender Bedingungsfelder gewinnt der moderne Entwicklungsbegriff eine vergleichsweise hohe Komplexität. Typisch ist auch die Untersuchung längerer (z.T. lebenslanger) Veränderungszeiträume. Entwicklung vollzieht sich von der Geburt bis zum Tod.

Kasten 6.4: Assimilation und Akkomodation

„Kein Verhalten (...), selbst wenn es für das Individuum neu ist, bedeutet einen absoluten Neuanfang. Es wird stets auf schon vorhandene Pläne übertragen und bedeutet deshalb im Grunde nur die Assimilierung neuer Elemente an bereits aufgebaute Strukturen (angeborene wie etwa die Reflexe oder zuvor erworbene Strukturen). (...) Wenn nur Assimilation an der Entwicklung beteiligt wäre, gäbe es keine Variationen in den Strukturen des Kindes. Infolgedessen würde es keine neuen Inhalte erwerben und sich nicht weiterentwickeln. Assimilation ist insofern notwendig, als sie die Kontinuität der Strukturen und die Integration neuer Elemente in diese Strukturen garantiert. (...) Biologische Assimilation gibt es jedoch nie ohne ihr Gegenstück, die Akkomodation. (...) Entsprechend nennen wir im Verhaltensbereich jede Modifikation eines Assimilationsplans (oder einer Assimilationsstruktur), die durch die von ihr assimilierten Elemente hervorgerufen wird, Akkomodation. Der Säugling zum Beispiel, der seinen Daumen dem Saugschema assimiliert, wird beim Daumenlutschen andere Bewegungen ausführen als beim Saugen an der mütterlichen Brust. Entsprechend muß ein Achtjähriger, der die Auflösung des Zuckers im Wasser der Vorstellung assimiliert, daß Substanz grundsätzlich erhalten bleibt, bezüglich unsichtbarer Teilchen andere Akkomodationen vornehmen, als wenn die Teilchen noch sichtbar wären. Deshalb besteht kognitive Adaptation wie ihr biologisches Gegenstück aus einem Gleichgewicht zwischen Assimilation und Akkomodation. Wie wir gesehen haben, gibt es keine Assimilation ohne Akkomodation. Wir müssen jedoch nachdrücklich betonen, daß auch Akkomodation nicht ohne gleichzeitige Assimilation vorkommt."

(Aus Piaget, 1981, S. 42 ff.)

Mit der Ausweitung des Entwicklungskonzepts auf lebenslange Entwicklung und mit der Einbeziehung ökologischer Bedingungen ist nur mehr schwer zwischen den Begriffen Entwicklung und *Sozialisation* zu trennen, zumal auch die Sozialisationsforschung in den letzten Jahren (vgl. z.B. Vaskovics, 1982) verstärkt auf ökologische Entwicklungstheorien (z.B. Bronfenbrenner, 1978) zurückgreift. In einer relativ allgemeinen Festlegung wird Sozialisation übereinstimmend verstanden als „der Prozeß der Entstehung und Entwicklung der Persönlichkeit in wechsel-

seitiger Abhängigkeit von der gesellschaftlich vermittelten sozialen und materiellen Umwelt. Vorrangig thematisch ist dabei die Frage, wie der Mensch sich zu einem gesellschaftlich handlungsfähigen Subjekt bildet" (Geulen & Hurrelmann, 1980, S. 51). Speziellere Sozialisationsdefinitionen sind jeweils von zugrundeliegenden theoretischen Ansätzen geprägt, etwa von Theorien gesellschaftlicher Strukturen, Rollen- oder Interaktionskonzepten.

Um zwischen den Begriffen „Entwicklung" und „Sozialisation" zu differenzieren, empfielt sich nach wie vor, auf bestimmte Schwerpunkte des Forschungsinteresses Bezug zu nehmen. Die vornehmlich soziologisch ausgerichtete Sozialisationsforschung hat sich vorwiegend mit der institutionellen Seite befaßt und nach Auswirkungen auf die Gesellschaft (z. B. Reproduktion von Normen und Werten, Entstehung von Ungleichheiten) gefragt, wogegen die Entwicklungspsychologie stärker die personale Seite (Entstehung von Kompetenzen, Wertorientierungen) in den Vordergrund gestellt hat. Auf dem Hintergrund solcher Forschungsinteressen ist auch die pädagogisch-psychologische Relevanz von Entwicklungs- und Sozialisationstheorien zu sehen.

Psychologisch orientierte Entwicklungstheorien mit ihrem aktuell proklamierten umfassenden Zugang zu Veränderungsprozessen erwecken den Eindruck, als würde ein umfassendes Wissen über Gesetzmäßigkeiten von Veränderungen angeboten oder zumindest angestrebt. Aus der Sicht einer handlungsbezogenen Pädagogischen Psychologie ist aber der Erkenntnisstand kritisch zu beurteilen. Denn die Befassung mit sehr komplexen Bedingungsgrößen und Wechselbeziehungen führt zwangsläufig zu relativ globalen Befunden. Zum Beispiel ist eine Interpretation der Kohlbergschen Stufen der Moralentwicklung unter dem Gesichtspunkt gesellschaftlich geforderter Entwicklungsaufgaben aus entwicklungspsychologischer Sicht sehr sinnvoll (vgl. Oerter, 1981) und trägt zu einem besseren Verständnis dieser Entwicklungsabläufe bei. Dem Pädagogen wird damit aber noch nicht das Wissen angeboten, das er benötigt, um effektiv auf die Moralentwicklung Einfluß zu nehmen. Ein allgemeines Verständnis von Zusammenhängen zwischen verschiedenen Bedingungsfaktoren und Entwicklungen ist zwar für Pädagogen und Pädagogische Psychologen als Grundlagenwissen durchaus hilfreich um bestimmte Verhaltensabläufe interpretieren zu können, reicht aber keinesfalls aus, wenn effektiv und wissenschaftlich begründet Entwicklungen pädagogisch beeinflußt werden sollen. Hier ist zusätzlich handlungsrelevantes pädagogisch-psychologisches Wissen erforderlich (vgl. Kap. 3). Insofern geht der Forschungszugang der Pädagogischen Psychologie über den der Entwicklungspsychologie hinaus. Zu betonen ist freilich, daß die Pädagogische Psychologie immer auch auf entwicklungspsychologisches Wissen zurückgreifen muß, denn die im Verlauf der Entwicklung entstandenen persönlichen Voraussetzungen stellen eine ausschlaggebende Größe für das Gelingen oder Mißlingen von Veränderung aufgrund gezielter Intervention dar.

Die *soziologisch orientierte Sozialisationsforschung* steht in enger Beziehung zur Pädagogischen Psychologie bereits aufgrund der engen Verwandtschaft des Sozialisations- und Erziehungsbegriffs. Das Konzept der Sozialisation bezieht sich vor allem auf solche Situationen oder Wirklichkeitsbereiche, in denen funktionale (vs. intentionale) Erziehung stattfindet. In diesem Punkt überschneidet sich der Gegenstandsbereich der Sozialisationsforschung mit dem der Pädagogischen Psychologie. Gesetzmäßigkeiten funktionaler Erziehungs- bzw. Sozialisationsprozesse enthalten wichtige Informationen über die Wirkung von sozialen und personalen Einflußgrößen, die zur Beschreibung und Erklärung pädagogisch bedeutsamer Phänomene herangezogen werden können. Gezielte pädagogische Eingriffe setzen Wissen über Veränderungsprozesse voraus, die in bestimmten Bereichen ohne explizite pädagogische Zielsetzung ablaufen und von bestimmten Sozialisationsbedingungen abhängen. Einerseits bestimmen die Ergebnisse von Sozialisationsprozessen häufig Rahmenbedingungen und Grenzen aktueller Erziehungsbemühungen (z.B. Unterricht mit Kindern sozialer Randgruppen). Andererseits können pädagogische Einflußnahmen u.U. sehr viel einfacher und wirkungsvoller durch die Veränderung bestimmter Sozialisationsfaktoren als durch intensive pädagogische Interaktion zum Ziel führen (z.B. statt kompensatorischer Maßnahmen mit den Kindern Elterntraining und Veränderung der ökonomisch-ökologischen Lebensbedingungen von Randgruppen). Die Sozialisationsforschung hat auch insofern pädagogisch-psychologische Bedeutung, als sie auf gesellschaftliche Normen aufmerksam macht, die funktionalen Erziehungsprozessen zugrundeliegen.

6.3 Spielräume für Veränderungen durch Erziehung

Bei aller Unterschiedlichkeit pädagogischer Arrangements bleibt als deren gemeinsames Merkmal der Veränderungsbezug: In jedem Fall werden Veränderungen herbeigeführt oder herbeizuführen versucht. Ein wesentliches Ziel der Pädagogischen Psychologie – neben der Beschreibung und Erklärung von Veränderungsprozessen – ist das Bereitstellen von Wissen zur Gestaltung von Veränderungen. Dieser Zielstellung vorausgesetzt ist die Frage nach den prinzipiellen Möglichkeiten des Herbeiführens und Gestaltens von Veränderungen.

In der Geschichte der Erziehungswissenschaft und der Psychologie wurde dieses Thema immer wieder aufgegriffen und stets kontrovers behandelt. Die Positionen reichen von der Annahme einer fast beliebigen Beeinflußbarkeit (im englischen Sensualismus z.B. Locke und Berkeley oder im Behaviorismus Watson und Skinner) bis zur Behauptung einer kaum beeinflußbaren Determination der Persönlichkeit durch genetische Anlagen und entsprechend festgelegte Reifungsprogramme. Diese *Anlage-Umwelt-Kontroverse* besitzt eine Schlüsselstellung für die Pädagogische Psychologie. Wir wollen uns deshalb im folgenden ausführlicher mit ihr befassen. Neben dem fundamentalen Problem der Beeinflußbarkeit sollen dann speziellere Einschränkungen für Einflußnahmen behandelt werden, z. B. Grenzen der Einflußnahme bei Reifungsprozessen oder die Abhängigkeit der Veränderbarkeit von bestimmten „sensiblen" Entwicklungsphasen.

Spielräume für Veränderungen werden nicht nur durch biologische Voraussetzungen bestimmt. Häufig außer acht bleiben Grenzen der Veränderbarkeit und damit auch pädagogischen Handelns, die sich durch institutionelle Festlegungen ergeben. Deshalb sollte man sich auch mit diesen Grenzen auseinandersetzen.

6.3.1 Genetische Grenzen der Veränderbarkeit: Das Anlage-Umwelt-Problem

Für die Frage der Beeinflußbarkeit individueller Merkmale ist es wichtig zu wissen, inwieweit die Ursachen für inter-individuelle Unterschiede oder Gemeinsamkeiten in der Person selbst, d. h. in ihren Anlagen, in der Umwelt bzw. in der Auseinandersetzung beider liegen. Um dies zu klären, muß man zuerst psychische Prozesse oder Zustände erfassen und exakt beschreiben, d. h. man muß sie messen.

Probleme des Erfassens und Messens von Persönlichkeitsmerkmalen

Eine gebräuchliche psychologische Vorgehensweise besteht darin, individuelle Besonderheiten und übergreifende Gemeinsamkeiten bezogen auf jeweils ein Merkmal zu untersuchen. In einer Art „Gedankenspiel" kann der Leser diese Vorgehensweise nachvollziehen. Dazu wähle man in der Vorstellung vier oder fünf Personen aus seinem Bekanntenkreis (am besten einige „außergewöhnliche" und einige „ganz normale Exemplare") aus und überlege, welche Merkmale diese Personen haben. Zunächst liste man alle *Gemeinsamkeiten,* die sich finden lassen, auf. Dann befasse man sich mit den *Unterschieden* zwischen diesen Personen. Beides sollte man getrennt notieren. Dieses Spiel kann durch Heranziehen immer neuer Vergleichsmerkmale fast beliebig lange betrieben werden. Was dabei deutlich wird, sind drei Punkte:

1. Je nach gewählter *Betrachtungsperspektive* werden Gemeinsamkeiten oder Unterschiede hervorgehoben. Personen, die auf den ersten Blick als sehr verschieden erscheinen, weisen bei einer Fokussierung auf

Gemeinsamkeiten doch eine ganze Reihe von Ähnlichkeiten auf; umgekehrt zeigen intuitiv ähnliche Personen unter differenzierender Perspektive erhebliche Unterschiede.

2. Je nach *Feinheit* der Vergleichsmerkmale werden Unterschiede oder Gemeinsamkeiten produziert. Gemeinsames Merkmal aller Personen ist etwa „Verfügen über eine Sprache"; sie unterscheiden sich aber in feineren Aspekten von Sprache wie Wortschatz, Dialekt, bevorzugten Satzstrukturen usw.

3. Je nach Wahl von Vergleichsmerkmalen fällt die Feststellung von Unterschieden oder Gemeinsamkeiten einfach oder problematisch aus. Einige Merkmale lassen sich über die *Zeit und verschiedene Situationen* hinweg immer an Personen festmachen (z.B. die Körpergröße), andere treten nur in ganz bestimmten Situationen auf (z.B. Angst).

Bereits die Beschreibung von psychologischen Merkmalen und Prozessen wirft also erhebliche Schwierigkeiten auf. Und diese Beschreibungsprobleme bleiben nicht ohne Auswirkung auf die Frage der Veränderbarkeit oder Beeinflußbarkeit. Bezogen etwa auf das Merkmal „über eine Sprache Verfügen" stellt sich das Problem der Veränderung ganz anders dar als z.B. auf das Merkmal „Wortschatz". Ähnliche Schwierigkeiten ergeben sich bei Veränderungsversuchen an Merkmalen, die nur in bestimmten Situationen auftreten oder nur über bestimmte Indikatoren zum Vorschein kommen, von denen auf das Merkmal (in diesem Fall ein „hypothetisches Konstrukt") geschlossen wird. Es ist also nicht einfach, Stabilität oder Veränderbarkeit von Merkmalen festzustellen und dabei zu generellen Aussagen über ganz verschiedene Merkmale zu gelangen.

Sehen wir einmal von diesen methodischen Erfassungsproblemen ab und betrachten wir die an Personen festzumachenden Merkmale unter dem Aspekt der Veränderbarkeit. Pädagogische Beeinflussungsmöglichkeiten (und nur um diese geht es hier) hängen davon ab, inwieweit individuelle Merkmale (bzw. Unterschiede und Gemeinsamkeiten) durch Faktoren bedingt sind, die *außerhalb der Person*, in ihrer Umwelt also, lokalisiert sind. Denn pädagogische Beeinflussungen oder Maßnahmen können immer nur über eine Gestaltung oder Veränderung außerhalb der Person befindlicher Größen erfolgen. Selbst Gespräche oder Reflexionsanstöße, die darauf abzielen, eigenständiges und selbstverantwortliches Handeln oder auch die selbstgesteuerte Weiterentwicklung einer Person zu fördern, sind Teil ihrer Lernumwelt. Der Begriff der *Umwelt* wird hier dem ökopsychologischen Ansatz entsprechend (vgl. Bronfenbrenner, 1978) in einem weiten Sinn verstanden. Umwelt umfaßt nicht nur die physikalischen, sozialen und kulturellen Lebensverhältnisse, sondern auch die in diesen Verhältnissen stattfindenden Ereignisse bis hin zu den Handlungen anderer Personen.

Auf der anderen Seite werden pädagogischen Einflußmöglichkeiten

enge Grenzen gesetzt, wenn *in der Person* liegende Faktoren allein oder
weitgehend die Ausprägung der Merkmale determinieren. Das sind
letztlich die Erbanlagen oder Gene (bzw.: die in ihnen enthaltene
Information), die den Aufbau bestimmter Merkmale steuern.

Die Frage nach der prinzipiellen Möglichkeit pädagogischer Einflußnahme auf die Entwicklung von Merkmalen konkretisiert sich damit in
der Frage nach der Bedeutung von Anlage und Umwelt für die Entstehung von Merkmalen bzw. für die Entstehung individueller Unterschiede
in diesen Merkmalen.

Der Einfluß der Anlage

Da genetische Anlagen die Ausprägung biologischer Merkmale steuern,
liegt die Vermutung nahe, daß sie auch die Entwicklung psychologischer
Merkmale beeinflussen. Eine Reihe von Befunden (z. B. bei Chromoso-
menanomalien oder genetisch bedingten Stoffwechselstörungen) belegen, daß die Erbanlagen mit psychologischen Merkmalen in Zusammenhang stehen; der genaue Zusammenhang zwischen Genen und psychologischen Merkmalen (d. h. die Art und Weise, wie Gene die Entwicklung
psychischer Merkmale beeinflussen) wird dabei jedoch nicht aufgeschlüsselt.

Ein grundlegendes Problem bei Untersuchungen der genetischen
Bedingtheit von Merkmalen liegt in der Notwendigkeit einer *Parallelisie-
rung von Genen und Merkmalen* (vgl. Ritter & Engel, 1968, S. 100). Hier
stellen sich erhebliche Schwierigkeiten. Die humangenetische Forschung
ist noch nicht so weit vorgedrungen, daß sie die psychologischen Merkmalen zugrundeliegende genetische Information identifizieren könnte. Dies
ist auch nicht weiter verwunderlich, weil im Bereich der Psychologie
Merkmale üblicherweise als hypothetische Konstrukte definiert werden.
Hypothetische Konstrukte (z. B. Intelligenz) sind nicht direkt beobachtbar, sondern werden über eine Reihe von Indikatoren (z. B. Leistungen
in Testverfahren) erschlossen. Damit sind hypothetische Konstrukte nur
schlecht greifbare, vor allem nicht biologisch (anatomisch/physiologisch)
verankerte Einheiten. Die genetische Bedingtheit von Verhaltensmerkmalen läßt sich also nicht im Sinne einer Kausalkette von Genen zu
Merkmalen nachzeichnen.

Zur Beantwortung der Frage nach der genetischen Bedingtheit psychologischer Merkmale wird deshalb häufig auf *populationsgenetische Verfahren* zurückgegriffen. Diese untersuchen nicht individuelle Gen-Aus-
stattungen und ihre Wirkungen, sondern interpretieren vorfindbare
Merkmalunterschiede bei *Personengruppen* unterschiedlicher Verwandt-
heitsgrade auf der Grundlage genetischer Modelle. Die wesentlichen
Gedanken dieses Ansatzes und einige wichtige Ergebnisse sollen im
folgenden dargestellt werden. Wir beziehen uns dabei exemplarisch auf
den Versuch, mit Hilfe quantitativer Verfahren die „Erblichkeit" der

Intelligenz zu bestimmen. Der populationsgenetische Ansatz befaßt sich mit interindividuellen Unterschieden auf der Merkmalsebene und Unterschieden auf der Ebene des Genotyps, indem er diese aufeinander bezieht. Die Grundidee dieser populationsgenetischen Vorgehensweise wird deutlich, wenn man deren einfachste Modellvorstellung betrachtet: Demnach läßt sich die Unterschiedlichkeit auf der beobachtbaren Merkmalsebene (die phänotypische Varianz) zurückführen auf die Unterschiedlichkeit in den Erbanlagen (genetisch bedingte Varianzanteile) und die Unterschiede in den Umwelteinflüssen (umweltbedingte Varianzanteile). Dieses einfache additive Varianzmodell läßt sich durch weitere Anteile ausdifferenzieren (z. B. Varianz aufgrund von Dominanzeffekten, Kovarianzanteile), die durch bestimmte genetische Annahmen begründet sind, auf die wir hier aber nicht näher eingehen (vgl. Fischer & Formann, 1981; Hassenstein, 1982; Merz & Stelzl, 1977; Seidler, 1981).

Von zentraler Bedeutung ist der Begriff der *Heritabilität*. Heritabilität, z. T. wird auch von „Erblichkeit" gesprochen, ist definiert als Anteil der genetischen Varianz an der phänotypischen Varianz.

$$\text{Heritabilität (H)} \quad = \quad \frac{\text{genetische Varianz}}{\text{phänotypische Varianz}}$$

Heritabilitätskoeffizienten, die den genetischen Varianzanteil an der feststellbaren Merkmalsvarianz ausdrücken, können zwischen 0 und 1 liegen.

Bezogen auf das Merkmal Intelligenz ist es z. B. einfach, Unterschiede (phänotypische Varianz) in einer Population festzustellen, wenn man Intelligenztestergebnisse als Kennwerte für Intelligenz nimmt. Äußerst schwierig dagegen gestaltet sich die Feststellung genetischer Unterschiede (der genotypischen Varianz) in einer Population. Wie bereits erwähnt, können die Genotypen nicht erfaßt werden. Eine Möglichkeit, dennoch zu Aussagen über genetische Unterschiede zu kommen, besteht darin, besondere Populationen zur Untersuchung heranzuziehen, nämlich Personen bestimmter Verwandtschaftsgrade, für die aufgrund humangenetischer Theorien bestimmte genotypische Ähnlichkeiten bzw. Unterschiedlichkeiten erwartet und quantifiziert werden können. Bei Heritabilitätsschätzungen wird bevorzugt auf Zwillingsstudien zurückgegriffen. Eineiige Zwillinge sind genotypisch identisch. Feststellbare phänotypische Unterschiede, etwa in den IQ-Werten dieser Gruppe, müssen also auf Unterschiede in den Umwelten zurückgeführt werden. Diesen Sachverhalt macht man sich bei der Heritabilitätsschätzung der Intelligenz zunutze, indem man die IQ-Ähnlichkeit eineiiger Zwillinge vergleicht. Da jedoch eineiige Zwillinge üblicherweise in identischen oder sehr ähnlichen Umwelten aufwachsen, wird so der Anteil der umweltbedingten Varianz unterschätzt. Deshalb wird bevorzugt auf Untersuchun-

gen *getrennt aufgewachsener eineiiger Zwillinge* zurückgegriffen. Die
Korrelation (genauer: Intra-Klassen-Korrelation) der Intelligenttest-
werte getrennt aufgewachsener eineiiger Zwillinge läßt sich dabei als
direkter Schätzwert der Heritabilität interpretieren (vgl. Merz &
Stelzl, 1977). Neben dieser Methode der Heritabilitätsschätzung gibt es
eine Reihe anderer Ansätze, die z.B. von Korrelationen verschiedener
Verwandtschaftsgrade ausgehen (vgl. Kasten 6.5).

Da Zwillingsstudien meist eine höhere Aussagekraft für Heritabilitätsschätzungen zugesprochen wird, betrachten wir der Einfachheit halber

---

Kasten 6.5: IQ-Korrelationen bei unterschiedlichen Verwandtschaftsgraden

Aussagekräftiger als ein einfacher Vergleich der IQ-Ähnlichkeiten
bei verschiedenen Verwandtschaftsgraden ist der Vergleich von
Verwandten, die in unterschiedlichen Umwelten (also nicht in der
gleichen Familie) aufgewachsen sind. Erlenmeyer-Kimling & Jarvik (1963) haben eine Anzahl solcher Untersuchungsbefunde
dargestellt.

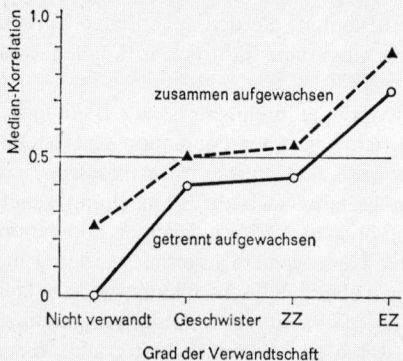

Medianwerte von IQ-Korrelationen bei unterschiedlichen Verwandtschaftsgraden (Aus: Erlenmeyer-Kimling & Jarvik, 1963, zit. n. Jensen,
1973, S. 87)

Die Abbildung macht einen für alle Verwandtschaftsgrade in etwa
gleich großen Unterschied zwischen zusammen und getrennt auf-
gewachsenen Personen deutlich. Bei der Interpretation dieser
Befunde ist jedoch u.a. zu bedenken, daß das Ausmaß der
Umweltunterschiedlichkeiten nicht berücksichtigt ist (vgl. Vogel
& Motulski, 1982).

nur Ergebnisse solcher Untersuchungen. In Tabelle 6.1 sind einige Befunde aufgeführt.

Tabelle 6.1: Korrelationen von IQ-Werten getrennt aufgewachsener eineiiger Zwillinge in vier Zwillingsstudien.

Zwillingsstudie		Intelligenztest	Korrelation
Newman et al.	1937	Binet	.67
Shields	1962	Dominoes/Mill-Hill	.77
Juel-Nielsen	1965	Wechsler-Bellevue	.62
Burt	1966	Stanford-Binet	.86

Jensen (1973) behauptet unter Bezugnahme auf entsprechende Untersuchungsergebnisse einen Heritabilitätskoeffizienten von ca. .80. Dem Ergebnis der Zwillingsstudie von Burt (1966) spricht Jensen dabei besonderes Beweisgewicht zu. Allerdings beruht gerade diese Studie von Burt, wie sich inzwischen herausgestellt hat (Ernst, 1977; Broad & Wade, 1984), auf gefälschten Daten. Die getrennt aufgewachsenen Zwillinge Burts ließen sich trotz aller Nachforschungsbemühungen nicht mehr auffinden. Trotzdem wollen wir diesen sicher überschätzten Heritabilitätskoeffizienten von .80 (vgl. Jencks, 1973) zum Anlaß nehmen, um den Aussagegehalt von Heritabilitätsschätzungen für die Frage der Veränderbarkeit psychologischer Merkmale zu diskutieren.

Heritabilitätskoeffizienten beziehen sich, das läßt sich aus der Definition (s. o.) entnehmen, auf Varianzanteile, somit auf Unterschiedlichkeiten. Eine relativ hohe Heritabilität von .80 bedeutet, daß die feststellbare Unterschiedlichkeit in einer Population zu einem größeren Teil auf genetische Unterschiedlichkeit zurückgeht als auf Umweltunterschiedlichkeit. Das heißt aber keineswegs, daß der IQ einer einzelnen Person zu 80% auf Anlagen und zu 20% auf Umwelteinflüsse zurückzuführen ist.

Die Bedeutung des Heritabilitätskoeffizienten läßt sich veranschaulichen, wenn man einmal annimmt, eine bestimmte Population wachse in sehr homogenen Umwelten auf. Der Heritabilitätskoeffizient müßte dann ansteigen (gegen den Wert 1), weil die phänotypische Verschiedenheit nur mehr auf genotypische Unterschiede zurückginge. Umgekehrt würde der Heritabilitätskoeffizient in einer sehr heterogenen Umwelt absinken.

Dieser Effekt ist auch bei der Interpretation der Befunde von Zwillingsstudien zu berücksichtigen. In den meisten Untersuchungen getrennt aufgewachsener eineiiger Zwillinge wird darauf hingewiesen, daß nur selten größere Umweltunterschiede vorlagen (vgl. Newman et al., 1966; Juel-Nielsen, 1965, S. 97). Von den 44 eineiigen Zwillingen etwa, die Shields (1962) untersucht hat, wuchsen 30 in verschiedenen Zweigen derselben Familie auf. Nur Burt (1966) behauptet für seine ‚fiktive'

Zwillingsstichprobe unterschiedliche Umwelten, ausgedrückt im unterschiedlichen sozialökonomischen Status der Eltern. Wenn aber auch getrennt aufwachsende eineiige Zwillinge in sehr ähnlichen Umwelten aufwachsen, sind relativ hohe Korrelations- bzw. Heritabilitätskoeffizienten für diese Population nicht weiter erstaunlich. Die Schlußfolgerung, in der homogenen Umwelt seien für die Ausprägung eines Merkmals die Gene wichtiger und in der heterogenen Umwelt sei die Umwelt wichtiger, ist freilich unsinnig. In beiden Fällen haben Gene und Umwelt die gleiche Bedeutung. Nur die Unterschiedlichkeit der Intelligenztestwerte innerhalb dieser Population geht in beiden Fällen in verschiedenem Ausmaß auf die Unterschiedlichkeit der Genotypen oder Umwelten zurück. Heritabilitätskoeffizienten sagen also nur etwas über das Ausmaß an *Unterschiedlichkeit* in Genotypen und Umwelten aus, nichts aber über die *Bedeutung* von Anlage- und Umweltfaktoren für die Entstehung bzw. Entwicklung eines Merkmals wie Intelligenz beim einzelnen Individuum.

Für die Frage der Veränderbarkeit psychologischer Merkmale haben populationsgenetische Heritabilitätsuntersuchungen keine neuen Erkenntnisse gebracht. Wir wissen damit letztlich nicht mehr, als daß Gene *und* Umweltfaktoren an der Entwicklung und Ausprägung von Merkmalen wie Intelligenz beteiligt sind. Eine genetische Determiniertheit von psychologischen Merkmalen, die pädagogischen Veränderungsbemühungen grundsätzlich entgegenstünde, läßt sich aus diesen Untersuchungen auch bei sehr freizügiger Interpretation nicht ableiten. Sie sagen damit auch nichts über die Beeinflußbarkeit eines Merkmals durch pädagogische, umweltgestaltende Maßnahmen aus. Die aufsehenerregende Infragestellung pädagogischer Kompensations- und Förderprogramme durch einflußreiche Autoren wie Jensen (1973) oder Herrnstein (1974) unter Bezugnahme auf Heritabilitätsschätzungen der Intelligenz entbehrt damit – genaugenommen– der wissenschaftlichen Grundlage.

Einflüsse der Umwelt

Um das Gewicht der Umweltfaktoren bei der Entstehung individueller Merkmale einzuschätzen, kann man verschiedene Forschungsstrategien verfolgen. Einen relativ einfachen Weg beschreitet die Populationsgenetik. Wie wir gesehen haben, ist die populationsgenetische Vorgehensweise dadurch gekennzeichnet, daß sie beobachtbare Merkmalsunterschiede zunächst auf genetische Unterschiede zurückführt und mit Hilfe entsprechender Modelle Erbanteile an der phänotypischen Varianz zu schätzen versucht. Da die Gesamtvarianz eines Merkmals als additiv zusammengesetzt gedacht wird (aus genetisch- und umweltbedingten Varianzanteilen), ergibt sich der Umweltvarianzanteil unmittelbar aus der Heritabilitätsschätzung nach der Formel $U = 1-H$. Der Aussagegehalt solcher Anteilschätzungen der Umweltfaktoren ist allerdings genauso problematisch wie der der Anteilschätzungen der Erbanteile. Für die Frage des Ausmaßes pädagogischer Beeinflussungsmöglichkeiten geben sie keine brauchbaren Hinweise.

Denkbar wäre freilich auch eine direkte Erfassung der Umweltunterschiede. Ansatzweise hat man bereits bei den Untersuchungen mit getrennt aufgewachsenen eineiigen Zwillingen versucht, Umweltunterschiede wenigstens an einigen Größen (z. B. sozioökonomischer Status, Stadt vs. Land) zu erfassen. Über die Erfassung einzelner Variablen hinausgehend wird seit längerer Zeit versucht, komplexe Umwelttaxonomien zu konstruieren (z. B. Marjoribanks, 1979a; Moos, 1979b; vgl. Kap. 11).

Bei der taxonomischen Beschreibung von Umwelten stellt sich jedoch ein gravierendes Problem: die „objektive", von Beobachtern übereinstimmend beschriebene Umwelt braucht nicht der *„psychologischen"* *Umwelt,* d.h. der von einer Person subjektiv wahrgenommenen und erlebten Umwelt, zu entsprechen. Darauf hat insbesondere auch Piaget (z. B. 1974, 1983) hingewiesen. Ein Hauptthema seiner Entwicklungspsychologie ist die Konstruktion der subjektiven Welt aus objektiven Gegebenheiten einerseits und subjektiven Interpretationsschemata (z. B. Vorstellungen, Begriffe) andererseits. Die Person handelt in einer von ihr subjektiv erlebten Umwelt, und nur diese ist ausschlaggebend für Lernen und Entwicklung (vgl. Kap. 1). Für die Absicht, Umweltunterschiede und deren Einfluß auf die Entwicklung individueller Merkmale festzustellen, ergibt sich damit ein Dilemma. Wir können zwar versuchen, die objektive Umwelt zu erfassen, aber diese ist nicht unbedingt und zumindest nicht direkt verhaltensrelevant. Wenn wir versuchen, die subjektive Umwelt zu erfassen, laufen wir jedoch Gefahr, Umweltfaktoren und psychologische (möglicherweise anlagebedingte) Faktoren miteinander zu vermischen. Will man also versuchen, von der Umweltseite her die Anlage-Umwelt-Kontroverse zu lösen, ist eine objektiv-taxonomische Beschreibung der Umwelt ein sehr fragwürdiger Ansatz.

Einen vergleichsweise differenzierteren Zugang für die Klärung der Frage, wie Umweltbedingungen auf psychologische Merkmale wirken, hat Bronfenbrenner (1978) vorgeschlagen. Er versteht die ökologische Umwelt als eine verschachtelte Anordnung von Systemen. Sie erstrecken sich von Mikrosystemen (die Person direkt umgebende Settings wie Familie, Schule, Arbeitsplatz) bis zu Makrosystemen (übergeordnete institutionelle Muster der Kultur, also ökonomische, soziale, pädagogische oder politische Systeme). Interessant in Bronfenbrenners Entwurf einer Umweltsystematik ist seine Idee des *ökologischen Experiments:* „Ein ökologisches Experiment besteht in dem Bemühen, die fortlaufende Anpassung zwischen dem sich entwickelnden menschlichen Organismus und seiner Umwelt mit Hilfe der systematischen Gegenüberstellung zweier oder mehrerer Umweltsysteme oder ihrer strukturellen Komponenten zu erforschen, verbunden mit dem sorgfältigen Versuch, andere Einflußquellen (...) zu kontrollieren" (Bronfenbrenner, 1978, S. 40). Wenn wir also das Agieren einer Person in zwei Umweltsystemen betrachten, die hinsichtlich einer Vielzahl von Merkmalen gleich sind, dann können wir die Unterschiede im Agieren dieser Person mit den Unterschieden in den Umwelten in Zusammenhang bringen.

Ein sehr simples Beispiel für ein solches ökologisches Experiment, das gewissermaßen „natürlich" vorkommt, stellt die unterschiedliche Mutter-Kind- bzw. Vater-Kind-Interaktion in ansonsten vergleichbaren Situationen dar. Als eine andere Art ökologisches Experiment lassen sich alle Übergänge, z.B. Eintritt in den Kindergarten, Übertritt in Schule, Studium und Beruf interpretieren. Hier ändern sich Umwelten ganz massiv (wobei wesentliche Änderungen durchaus beschreibbar sind), parallel dazu menschliche Verhaltensweisen. Ein besonders gravierendes ökologisches Experiment ist die Adoption (vgl. Kasten 6.6). Entsprechende Beispiele ökologischer Experimente eignen sich zur Demonstra-

---

Kasten 6.6: Adoptionsstudien

Eine Methode zur Bestimmung der Umwelteffekte auf die Intelligenzentwicklung besteht darin, die Einflüsse von Adoption auf die Entwicklung festzuhalten. Besonders wenn sich die Umweltbedingungen in der biologischen Familie stark von den Umweltverhältnissen in der Adoptionsfamilie unterscheiden, müßten die Umweltwirkungen deutlich zum Vorschein kommen. Die vielleicht bekannteste Adoptionsstudie wurde von Skodak & Skeels (1949) durchgeführt. Sie untersuchten drei Gruppen von Kindern, die in den ersten Lebensjahren den Jugendbehörden zur Adoption übergeben wurden.

Die erste Gruppe von Kindern (mit einem IQ-Mittelwert von 65) wurde zunächst auf einer Frauenstation in einer Anstalt für geistig Retardierte untergebracht, wo die Kinder von den Frauen sehr verwöhnt wurden. Später wurden sie an Adoptionsfamilien übergeben. Der IQ dieser Gruppe stieg bis zum sechsten Lebensjahr auf einen Mittelwert von 86.

Eine zweite Gruppe mit einem anfänglichen IQ-Mittelwert von 90 wurde in ein Waisenhaus mit sehr schlechten Raum- und Personalverhältnissen überwiesen. Der Durchschnitts-IQ war im Alter von vier Jahren auf 60 abgesunken.

Eine dritte Gruppe von Kindern aus sehr ungünstigen ökologischen Verhältnissen (der IQ der Mütter lag zwischen 53 und 75) wurde bereits in einem Alter von ca. drei Monaten an Adoptions-

tion von Umwelteffekten, wobei deren Evidenz zunimmt, wenn sehr spezifische Unterschiede in den Umwelten mit spezifischen Unterschieden im Handeln verknüpft werden.

Wechselwirkung von Anlage und Umwelt

Bei den bisher beschriebenen Versuchen, den Einfluß von Erb- und Umwelt-Bedingungen getrennt zu erfassen, wurde wiederholt darauf hingewiesen, daß eine Aufteilung dieser beiden Einflußgrößen nur für bestimmte Fragestellungen sinnvoll ist, z.B. für die Beschreibung und Erklärung von Merkmalsunterschieden in einer Population. Bei der Entwicklung sind beide Faktorengruppen eng miteinander verbunden, sie stehen in dauernder Wechselwirkung. Bezugnehmend auf solche Interaktionsprozesse sieht Anastasi (1973) die Frage nach den Anteilen von Umwelt oder Anlage für die Entwicklung von Merkmalen falsch gestellt. Viel wichtiger sei die Frage nach dem *Wie,* d.h. wie Anlage und

familien übergeben. Mit zwei Jahren lag der Durchschnitts-IQ bei 117, mit 13 Jahren bei 101.

Neuere Adoptionsstudien (z.B. Scarr & Weinberg, 1983) zeigen ebenfalls Umwelteinflüsse, allerdings nicht in einem derartigen Ausmaß wie bei Skodak & Skeels. Die Umweltunterschiede zwischen biologischer Familie und Adoptionsfamilie sind hier auch nicht so extrem. Es wird zwar festgestellt, daß adoptierte Kinder höhere IQ-Werte erreichen als ihre biologischen Eltern. Jedoch korrelieren die IQ-Werte der adoptierten Kinder mit den IQ-Werten der biologischen Eltern höher als mit denen der Adoptionseltern. Vor allem nehmen die IQ-Korrelationen mit den Adoptionseltern mit steigendem Lebensalter ab, wohingegen die Korrelationen mit den biologischen Eltern etwa auf gleicher Höhe bleiben. Scarr (1984) erklärt diese Befunde durch ein Genotyp-Umwelt-Interaktions-Modell, demzufolge Genotypen bestimmte Umwelten aufsuchen, und dies um so mehr, als sie mit höherem Lebensalter unabhängiger von den Umweltverhältnissen werden, die von den Adoptionseltern geprägt werden. Inwieweit diese auf einer Reihe von Annahmen beruhende Interpretation stichhaltig ist, sei hier dahingestellt. Die höhere Korrelation mit den biologischen Eltern kann etwa auch durch die geringere Varianz der (gleichmäßig höheren) IQ-Werte bei Adoptionseltern erklärt werden. Die Adoption bewirkt so eine IQ-Förderung, aber die Rangordnung der Kinder wird durch die relativ homogen besseren Umweltbedingungen nicht beeinflußt.

Umwelt in der Merkmalsentstehung zusammenwirken. In der Ontogenese eines Merkmals interagieren genetische Faktoren und Umwelteinflüsse von Anfang an. Die Wechselwirkung beginnt mit der Zeugung:
Zunächst auf der Ebene der primären Genwirkung (das sind im Prinzip
biologische Prozesse des Stoffwechsels in der Zelle), später bei der
Entstehung der für das Verhalten wichtigen physiologischen Strukturen
(z. B. Gehirnentwicklung) und bei der Ausformung von Verhaltenseigen-
tümlichkeiten.

Im Laufe der Entwicklung verändert sich der Organismus in der
Auseinandersetzung mit der Umwelt; er wirkt aber auch auf die Umwelt
ein und verändert sie. Die Umwelt ihrerseits ist nicht passiv; besonders
die soziale Umwelt nimmt den Organismus in seiner Beschaffenheit wahr
und reagiert oder handelt in einer bestimmten Weise. Damit findet ein
stetiges Wechselspiel statt zwischen Veränderungen auf der Organismus-
seite und Veränderungen auf der Umweltseite. Es hat also keinen Sinn,
nur nach Anteilen jeweils einer Seite zu fragen, die für Veränderungen
ausschlaggebend sind. Wir erhalten auf solche Fragen keine brauchbaren
Antworten. Was die Pädagogische Psychologie stattdessen an Informationen braucht, sind Aussagen und Befunde zur Art und Weise der
Wechselwirkungen zwischen den jeweiligen Ausprägungen des Organismus und spezifischen Umweltbedingungen. Dabei interessieren vor allem
diejenigen Wechselwirkungsverhältnisse, die pädagogisch beeinflußt
werden können, z. B. der Einfluß unterschiedlicher Zeitpunkte und
Arten der Einflußnahme auf spezielle Formen der geistigen Behinderung
oder die differentielle Wirkung familiär-ökologischer Anregungsbedingungen auf die Entwicklung bestimmter Fähigkeiten und Interessen. Ob
und in welchem Ausmaß genetische Faktoren bei der vorausgegangenen
Merkmalsentstehung eine Rolle gespielt haben, ist für die Untersuchung
solcher Fragestellungen irrelevant.

6.3.2 Temporäre Grenzen der Veränderbarkeit:
Reifung und sensible Phasen

Nach der prinzipiellen Auseinandersetzung mit der Anlage-Umwelt-
Kontroverse unter dem Aspekt der pädagogischen Beeinflußbarkeit
fragen wir nun nach evtl. vorliegenden spezifischen Einschränkungen für
pädagogische Eingriffe. Zunächst ist zu bedenken, daß die Möglichkeit
des Herbeiführens von Veränderung immer auch vom Ausmaß der
angestrebten Veränderung abhängt. Der Weg vom Beherrschen der
Grundrechenarten bis zur Differentialrechnung vollzieht sich z. B. über
eine Vielzahl von Veränderungsschritten. Alle komplexeren Verhaltensweisen oder Leistungen setzen eine Reihe von Teilkompetenzen voraus.
Je nachdem, inwieweit eine Person bereits über erforderliche Teilkompe-

tenzen verfügt, gestaltet sich der Veränderungsprozeß mehr oder weniger aufwendig. Diese Einschränkung der Veränderbarkeit mag trivial erscheinen; bei konkreten pädagogischen Veränderungsversuchen liegt die besondere Schwierigkeit allerdings darin, die notwendigen Voraussetzungen für die angestrebten Veränderungen zu kennen und sicherzustellen. Über diese sachimmanenten Voraussetzungen der Veränderbarkeit hinaus ergeben sich jedoch möglicherweise weitere Einschränkungen für pädagogische Maßnahmen. Das ist etwa dann der Fall, wenn die angestrebten Lernvorgänge von biologischen Konstituenten (z. B. Ausbildung des Nervensystems) abhängen, die in einer bestimmten Ausprägung entwickelt sein müssen. Pädagogische Beeinflussung bleibt dann solange unwirksam, bis die erforderlichen biologischen Voraussetzungen erfüllt sind. Solche Voraussetzungskonstellationen werden in der Entwicklungspsychologie thematisiert: Für bestimmte Merkmale etwa wurden und werden z. B. genetisch festgelegte Reifungsprogramme behauptet oder „sensible Phasen" angenommen, in denen bestimmte Erfahrungen eine prägende Wirkung zeigen, die pädagogisch später kaum mehr modifiziert werden kann. Reifungstheorien oder Theorien sensibler Phasen stellen pädagogische Einflußnahmen nicht grundlegend in Frage, wohl aber für bestimmte Zeiträume und für bestimmte Merkmalsbereiche.

Reifung

Veränderungen durch Reifung werden durch ein internes (genetisches) Programm gesteuert. Sie erfolgen zwar nicht unabhängig von Umweltbedingungen (auch Äpfel brauchen z. B. Licht und Wärme zum Reifen). Umweltfaktoren beeinflussen jedoch nicht die Sequenz des Veränderungsprozesses. Da die für Reifungsprogramme behauptete genetische Information nicht identifiziert ist, bereitet es einige Schwierigkeiten, bei vorliegenden Veränderungen zu entscheiden, ob diese auf Reifungsprogramme oder aber auf äußere Einflüsse zurückzuführen sind. Verschiedentlich wird vorgeschlagen, Reifung negativ als Prozeß zu definieren, der anzunehmen ist, wenn Erfahrungseinflüsse ausgeschlossen werden können (Montada, 1982, S. 46). Ein solcher Ausschluß von Erfahrungen und damit ein stichhaltiger Nachweis von Reifungsprogrammen läßt sich beim Menschen allerdings nicht leicht erbringen. Immerhin können bestimmte Regelmäßigkeiten der menschlichen Entwicklung (z. B. Zeitgrenzen, vor denen Laufen oder Sprechen bei Kindern – über verschiedene Kulturen hinweg – nicht auftreten) als Hinweis auf Reifungsprozesse interpretiert werden, besonders dann, wenn anatomische Voraussetzungen für diese Kompetenzen erkennbar sind.

Reifungsprozesse werden inzwischen weniger in entwicklungspsychologischen als vielmehr in verhaltensbiologischen Theorien behandelt. Die Diskussion der pädagogisch-psychologischen Bedeutung von Reifung muß deshalb auch verhaltensbiologische Konzepte einbeziehen. Reifung bezeichnet hier das allmähliche Auftreten bestimmter Verhaltensweisen während der Ontogenese, die das *artspezifische* Verhaltensrepertoire eines Artvertreters ausmachen (Grossmann, 1981, S. 200). Diese Definition engt den Anwendungsbereich des Reifungsbegriffs auf artspezifische Verhaltensweisen ein. Kulturspezifische und vor allem interindividuelle Unterschiede in Verhaltensweisen lassen sich durch Reifung nicht erklären. Weil Reifungsprozesse artspezifisch sind, werden sie (im Normalfall) immer ausgebildet. Es ist weder erforderlich noch sinnvoll, durch pädagogische Maßnahmen Veränderungen herbeiführen zu wollen, für die die notwendige biologisch-konstitutionelle Voraussetzungen noch nicht gegeben sind und die sich auf Grund artspezifischer Reifungsprogramme von alleine vollziehen. Auf der anderen Seite gewinnen pädagogische Maßnahmen an Effektivität, wenn sie im richtigen Augenblick ansetzen. Endpunkte von Reifungsprozessen können solche Zeitpunkte sein. Wissen über Reifung gewinnt dann pädagogisch-psychologische Bedeutung, wenn geeignete Veränderungszeitpunkte gefunden werden sollen.

Eine Variante des Reifungskonzepts ist die Annahme von Abbauprozessen im höheren Lebensalter. Zweifellos gibt es einen biologischen Prozeß des Alterns, doch brauchen nicht unbedingt alle Veränderungen im psychischen Bereich (z. B. Beeinträchtigung bestimmter Intelligenz- oder Gedächtnisleistungen) auf diesen biologischen Vorgang zurückgeführt werden. Neuere Befunde zeigen, daß solche Veränderungen genausogut auf altersspezifische Umweltgegebenheiten und häufig eingeschränkte Erfahrungsmöglichkeiten zurückgeführt werden können (vgl. Olbrich, 1982, s. auch Kasten 6.7). Interpretiert man psychische Veränderungen im höheren Lebensalter als biologisch bedingten degenerativen Prozeß, dann haben pädagogische Eingriffe wenig Sinn; versteht man die Veränderungen jedoch als Ergebnis einer Interaktion von biologischen Veränderungen und bestimmten Umweltfaktoren, können Maßnahmen getroffen werden, die solche Entwicklungstendenzen verhindern.

Sensible Phasen

Um den richtigen Zeitpunkt von Veränderungsmaßnahmen geht es auch bei Konzepten, die sensible Phasen behaupten. Es handelt sich dabei um zeitlich begrenzte Entwicklungsabschnitte, in denen spezifische Umwelteinflüsse zu einer besonderen Wirkung gelangen. Paradebeispiel für die Wirkung sensibler Phasen sind die Prägungsversuche des Ethologen Konrad Lorenz (1965). Er konnte zeigen, daß Graugansküken in der „sensiblen Phase" nach dem Ausschlüpfen auf das erste sich bewegende Objekt geprägt werden. Normalerweise ist das die Muttergans; in den Experimenten war es auch der Forscher selbst.

Der Annahme sensibler Phasen liegt die theoretische Auffassung zugrunde, daß ein genetisch fixiertes Steuerungsprogramm bestimmte Phasen besonders empfindlich für Umwelteinflüsse macht. Ein Nachweis sensibler Phasen in der menschlichen Entwicklung ist bisher allerdings noch nicht erbracht.

Während sich das verhaltensbiologische Konzept der sensiblen Phase meist auf ganz bestimmte Verhaltensbereiche (z. B. Nachfolgeprägung) und z. T. sehr kurzfristige Zeitabschnitte in der Entwicklung bezieht, wird häufig einem bestimmten Lebensabschnitt, nämlich der frühen Kindheit, eine besondere Bedeutung für die *gesamte* weitere Persönlichkeitsentwicklung zugesprochen. Diese Auffassung wird auf dem Hintergrund sehr verschiedener theoretischer Denkansätze vertreten (z. B. Verhaltensbiologie, Psychoanalyse, Lerntheorie). Sie impliziert die pädagogisch-psychologische Konsequenz, daß man sich in diesem entscheidenden Lebensabschnitt besonders intensiv mit der Erziehung und Entwicklung der Kinder befassen muß, um nicht Lernprozesse zu versäumen, die später nicht mehr nachgeholt werden können.

Mit dem Begriff *kumulatives Defizit* wird ein Prozeß beschrieben, durch den frühzeitige Entwicklungsrückstände nicht nur erhalten bleiben, sondern sich durch die so bedingte relativ ungünstige Auseinandersetzung mit Umweltgegebenheiten sogar vergrößern.

Hier sollte allerdings zwischen der Sensitivität von Lebensphasen für äußere Einflüsse und deren Bedeutsamkeit für pädagogische Eingriffe unterschieden werden. Man benötigt nicht unbedingt biologische oder anthropologische Annahmen, um die Wichtigkeit früher Lebensphasen zu begründen. Wenn wir etwa Kindheit und Jugend als Phasen stetiger Veränderungen betrachten, ist nicht zu bestreiten, daß Art und Ausmaß auftretender oder möglicher Veränderungen vom jeweiligen Entwicklungszustand abhängen, der wiederum das Resultat vorausgegangener Veränderungen ist. Das bedeutet, daß den ersten Veränderungen in einer Veränderungsgeschichte prinzipiell immer größere Bedeutung zukommt, da sie Möglichkeiten für nachfolgende Veränderungen eröffnen, aber auch einschränken.

Um die besondere Relevanz früher Lebensphasen zu begründen, bedarf es keiner spekulativen Annahme einer besonderen, biologisch begründeten Sensibilität für Umwelteinflüsse. Die Behauptung sensibler Phasen hat nämlich eine fatale Konsequenz: sie impliziert, andere Phasen seien „nicht-sensibel". Pädagogische Veränderungsbemühungen bräuchten sich dann nur auf die sensiblen Phasen beziehen. Die psychischen Merkmale, die sich am Ende der „sensiblen Phasen" herauskristallisierten, müßten hingenommen werden. Wenn früheren Lebensphasen aber nur deshalb besondere Bedeutung zukommen, weil hier ablaufende Prozesse spätere Veränderungen beeinflussen, steht einer Einflußnahme zu späteren Zeitpunkten nichts im Wege, auch wenn diese eventuell einen höheren Aufwand erfordern.

Kasten 6.7: Sensible Phasen in der Intelligenzentwicklung?

Bloom (1964) stellte Korrelationen zwischen Intelligenztestwerten zu verschiedenen Lebensaltern zusammen, die er so interpretierte, als wären im Alter von vier Jahren 50% und im Alter von acht Jahren 80% der Intelligenz entwickelt. Obschon Blooms These der „negativ beschleunigten Entwicklung der Intelligenz" auch mit dem von ihm vorgelegten Material in keiner Weise aufrechterhalten werden kann (vgl. Krapp & Schiefele, 1976), wurde auf seine These immer wieder verwiesen, um die besondere Bedeutung frühzeitiger Förderungsmaßnahmen (z. B. kompensatorische Vorschulerziehung), häufig aber auch die Berechtigung frühzeitiger Selektionen im Schulsystem zu begründen. Wenn bis zum vierten Lebensjahr bereits 50% der späteren Intelligenz entwickelt wären, müßten in diesen ersten Lebensjahren massive Förderungsanstrengungen unternommen werden, wohingegen nach dem achten Lebensjahr, wo nur mehr weitere 20% entwickelt würden, pädagogische Einflußnahmen schon fast eingestellt werden könnten.

Eine eindrucksvolle Gegenposition zur These Blooms stellen neuere Untersuchungen zur Entwicklung der Intelligenz über die gesamte Lebensspanne dar. Schaie (1979) oder Horn (1979) zeigen etwa, daß bestimmte Intelligenzleistungen (vor allem im Bereich kristallisierter, d. h. lebenserfahrungsbezogener Intelligenz) im Verlauf des Lebens weiter gesteigert werden können.

6.3.3 Institutionelle Grenzen der Veränderung

Wird die Wirksamkeit pädagogischer Veränderungsbemühungen in Frage gestellt, dienen Theorien, die genetische Festlegungen für psychologische Merkmale behaupten, meist als Argumentationsgrundlage. Daß Versuchen, pädagogisch erwünschte Zustände herbeizuführen, auf einer ganz anderen Ebene u. U. sehr viel engere Grenzen gesetzt sind, wird in diesem Zusammenhang selten berücksichtigt.

Oben wurde festgestellt, daß die Wirksamkeit pädagogischer Beeinflussungsversuche davon bestimmt wird, inwieweit die zu verändernden Merkmale durch Faktoren bedingt sind, die außerhalb der Person liegen. Die pädagogischen Veränderungschancen hängen aber darüber hinaus von der Möglichkeit ab, mit *pädagogischen* Mitteln auf die maßgeblichen Umweltfaktoren einzuwirken. Wir haben auch auf die sehr unterschiedlichen Strukturen von Erziehungssituationen bzw. pädagogischer Arrangements hingewiesen, die sich an Merkmalen wie Bewußtheit der Einflußnahme, Stringenz der Regelungen oder Anzahl der beteiligten Perso-

Unter dem Gesichtspunkt der Beeinflußbarkeit von Intelligenz-
leistungen auch im höheren Lebensalter sind die Ergebnisse der
Trainingsstudien von Baltes (1984) instruktiv. Probanden im
Altersbereich zwischen 60 und 80 Jahren absolvierten in zehn
Sitzungen ein Übungsprogramm, das figurales und induktives
Denken trainierte. Die Ergebnisse des Förderprogramms auf die
Intelligenzleistungen gegenüber einer Kontrollgruppe können der
Abbildung entnommen werden.

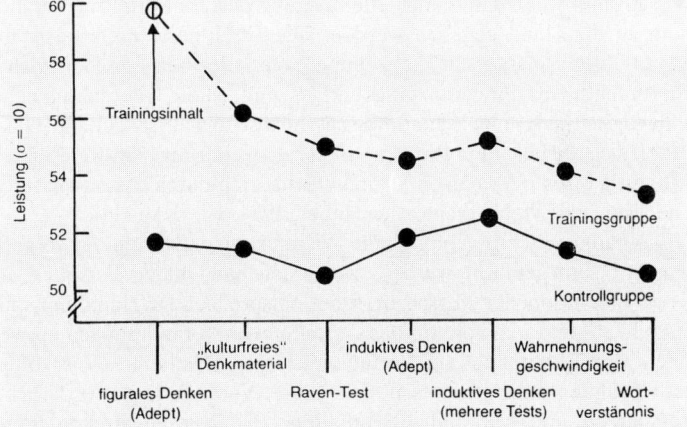

Abb.: Ergebnisse eines kognitiven Trainings bei älteren Lernern
(Baltes, 1984)

nen testmachen lassen. Als ein besonders wichtiger und weit verbreiteter
Typ von Arrangement wurden pädagogische Institutionen genannt. Sie
zeichnen sich durch festgelegte, z. T. tradierte und gesellschaftlich verankerte Zielstellungen sowie durch ein definiertes Umweltsetting aus.

Institutionen wie Familie und Schule lassen den dort agierenden
Erziehern nur einen bestimmten Handlungsspielraum. In der Familie
wird der Handlungsspielraum u. a. definiert durch ökologische Faktoren
(z. B. finanzielle Mittel, Wohngegebenheiten, Zeit) und durch Merkmale
der erziehenden Personen (z. B. ihre Wert- und Zielvorstellungen, ihre
Belastungen und Belastbarkeiten, oder ihr Wissen über Handlungsmög-
lichkeiten und deren Konsequenzen). Entsprechend ist das Arrangement
„Schule" auf der ökologischen Ebene festgelegt durch Klassenzimmer,
Lehrmaterialien, Klassengröße; auf der Ebene der Lehrperson durch
Kompetenzen, Ziel- und Wertvorstellungen, zudem durch Aufgaben, die
Curricula, Schulaufsicht oder Beamtenrecht definieren.

Wenn wir die Pädagogische Psychologie als Disziplin verstehen, die
Wissen zur Gestaltung von Veränderungen bereitstellt, verknüpft sich

damit die Annahme, daß dieses Wissen auch wirksam gemacht werden kann. In den pädagogischen Institutionen Familie und Schule, also in relativ komplexen Arrangements mit z. T. fixierten Strukturen, bieten sich verschiedene Ansatzpunkte, um pädagogisch-psychologische Wirkungen zu erreichen.

Naheliegend ist zunächst der indirekte Weg, nämlich pädagogisch-psychologisches Veränderungswissen den in den Arrangements handelnden Personen zu vermitteln. Das setzt die Bereitschaft dieser Personen voraus, das Wissen auch anzunehmen. Sinnvoll ist die Annahme des Wissens nur, wenn damit auch effektive und bessere Mittel zur Veränderung an die Hand gegeben werden. Die Effektivität ergibt sich aber immer nur in Relation zur Zielstellung. Wenn die pädagogischen Ziele in überbrachte Gewohnheiten eingebunden sind, ist die Übernahme neuen pädagogisch-psychologischen Wissens höchst unwahrscheinlich. Hierin äußert sich die bekannte Problematik der Erweiterung bzw. Revision von Alltagstheorien oder naiven Verhaltenstheorien durch wissenschaftliche Theorien (vgl. Wahl, Weinert & Huber, 1984; vgl. Kap. 16).

Das pädagogisch-psychologische Wissen kann außerdem nur veränderungswirksam gemacht werden, wenn den handelnden Personen aufgrund institutioneller Vorschriften ein entsprechender Handlungsspielraum bleibt und wenn die für das Gestalten von Veränderungen notwendigen Mittel überhaupt zur Verfügung stehen. Das heißt, die Ökologie des Erziehungsarrangements muß die für die Veränderung erforderlichen Ressourcen und Materialien enthalten. Pädagogisch-psychologisches Veränderungswissen müßte sich also auch auf die Veränderung der Strukturen pädagogischer Arragements beziehen. Diese Strukturen werden allerdings nicht durch Pädagogische Psychologen oder andere Wissenschaftler festgelegt, sondern sind Produkt historischer Entwicklungen und politischer wie administrativer Entscheidungen. Die Chance, daß pädagogisch-psychologisches Wissen auf institutionelle Bedingungen Einfluß nimmt, beruht letztlich nur auf der Einsichtigkeit bestimmter Entscheidungsträger bzw. der Legitimationsbedürftigkeit institutioneller Regelungen. Die Bildungs- bzw. Schulreform der vergangenen Jahre vermittelt einen Eindruck von Möglichkeiten und Schwierigkeiten der pädagogisch-psychologischen Einflußnahme auf institutionell geregelte Erziehungsprozesse. Die Schule etwa läßt wegen ihrer ausgebauten Organisationsform zwar gelegentlich innovative Eingriffe zu; im schulischen Alltag werden sie aber vielfach gebrochen, und es bedarf erheblicher Anstrengungen, pädagogisch-psychologische Erkenntnisse von der obersten Schulverwaltung bis zur Lehrperson vor Ort bekanntzumachen und in ihren Konsequenzen auch durchzusetzen.

Kapitel 7

Heinz Mandl
Helmut Felix Friedrich
Aemilian Hron

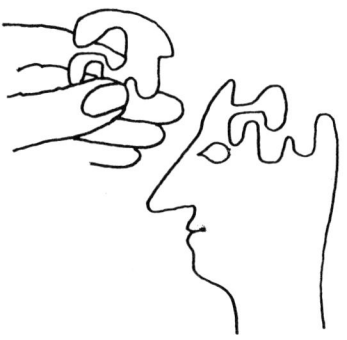

Psychologie des Wissenserwerbs

7.1 Einleitung

Gegenstand dieses Kapitels ist der Erwerb von Wissen. Es werden verschiedene Wissensformen unterschieden: Wissen über Sachverhalte, Wissen, das psychomotorischen und kognitiven Fertigkeiten zugrundeliegt, Wissen über Strategien zur Bewältigung von Problemsituationen sowie metakognitives Wissen, das die Reflexion über das eigene Wissen und über die eigenen Handlungen steuert.

Wissen ermöglicht dem Individuum nicht nur, die Welt zu interpretieren; Wissen bildet auch die Grundlage, von der aus das Individuum gezielt auf seine Umwelt einwirken kann. Wissen ist nicht nur Folge von Lernen, es ist auch Voraussetzung für Lern-, Denk- und Problemlöseprozesse. Auf diesen Sachverhalt macht die Kognitionspsychologie in jüngster Zeit verstärkt aufmerksam (Glaser, 1984).

Die Perspektive, unter der im folgenden das Thema „Wissenserwerb" behandelt wird, richtet sich ausschließlich auf die kognitiven Komponenten des Lernprozesses. Es werden nicht nur theoretische Konzepte des Wissenserwerbs dargestellt, sondern jeweils auch Möglichkeiten der Förderung des Wissenserwerbs – zumindest exemplarisch – aufgezeigt. Andere Bedingungen des Wissenserwerbs, z. B. die mit Lernen verbundenen motivationalen und sozialen Prozesse, bleiben ausgeklammert (vgl. Kap. 8, Kap. 10).

Zunächst geht es um den *Erwerb von Wissen über Sachverhalte*. Wissen dieser Art kann sich auf einfache Fakten (z. B. Rom liegt in Italien), aber auch auf sehr komplexe und vernetzte Gegebenheiten (z. B. den Welthandel) beziehen. Der Erwerb von Wissen über Sachverhalte spielt bei nahezu allen Lernaufgaben eine wichtige Rolle. Es wird dargestellt, wie Wissen über Sachverhalte im Gedächtnis repräsentiert ist, welche Prozesse bei seinem Erwerb eine wichtige Rolle spielen und wie man diese Prozesse fördern kann.

Der *Erwerb von Fertigkeiten* ist Gegenstand des darauffolgenden Abschnitts. Es mag zunächst überraschen, im Zusammenhang mit dem Erlernen psychomotorischer Fertigkeiten (z. B. Fahrradfahren) und dem Erlernen kognitiver Fertigkeiten (z. B. Multiplizieren) von Wissenserwerb zu sprechen. Das Wissen, auf dem Fertigkeiten beruhen, wird als prozedurales Wissen bezeichnet. Ein Merkmal dieses Wissens besteht darin, daß es mit zunehmender Beherrschung der jeweiligen Fertigkeiten immer weniger bewußtseinspflichtig ist. Im einzelnen werden Stufen des Fertigkeitserwerbs erläutert und Möglichkeiten seiner Förderung aufgezeigt.

Als besonders wichtige Prozeduren des Wissenserwerbs kommen dann *Strategien und Techniken des Problemlösens* zur Sprache. In Situationen, in denen das vorhandene Wissen zunächst nicht ausreicht, um ein gewünschtes Ziel zu erreichen, ist das Individuum auf besondere Operationen angewiesen. Neben einer Darstellung allgemeiner und bereichsspezifischer Problemlösestrategien werden wieder Möglichkeiten ihrer Förderung behandelt.

Abschließend wird auf einen in der Psychologie lange Zeit vernachlässigten Aspekt des Wissenserwerbs, nämlich den der *metakognitiven Kontrolle und Steuerung des Lernens* eingegangen. Es genügt nicht, über ein Repertoire effizienter Lernstrategien oder Problemlösetechniken zu verfügen, man benötigt auch Wissen und Kontrollprozesse, die den Einsatz dieser Strategien steuern. Als „metakognitiv" werden dieses Wissen und diese Prozesse deshalb bezeichnet, weil es sich um eine Form des „Denkens über das eigene Denken" handelt. Auch hier werden Ansätze zur Förderung dieser selbstreflexiven Prozesse vorgestellt.

7.2 Wissen über Sachverhalte

Wissen über Sachverhalte umfaßt sowohl Faktenwissen als auch Wissen über komplexe Zusammenhänge. Faktenwissen bezieht sich z. B. auf Namen bestimmter Personen, Gegenstände, Länder, auf Ereignisse, auf Formeln und Bezeichnungen von Maßen. Als Wissen über komplexe Sachverhalte betrachtet man z. B. die Kenntnis der Geschichtsepoche der Aufklärung, der Ursachen und des Verlaufs des II. Weltkriegs oder physikalischer Gesetze der Mechanik und Optik. Wissen dieser Art ist für das private Leben wie für die berufliche Tätigkeit von Bedeutung.

Wissen über Sachverhalte wird in der Kognitionspsychologie dem *deklarativen Wissen* zugerechnet. Zur Beschreibung der Struktur dieses Wissens werden Netzwerkmodelle und Schemaansätze herangezogen. Man nimmt an, daß Informationen in einer organisierten Form gespeichert werden, wobei aufeinander bezogene Wisseneinheiten miteinander verbunden sind. Wissen dieser Art ist zumeist gut zugänglich, d. h. der Lerner kann es sich bewußt machen und verbalisieren.

Deklaratives Wissen wird in Abgrenzung zum *prozeduralen Wissen* gesehen, das der Ausführung von Fertigkeiten zugrundeliegt. Auf prozedurales Wissen kann im Gegensatz zu deklarativem Wissen nicht beliebig zugegriffen werden, da es sich häufig der Verbalisierung entzieht. Eine ausführliche Darstellung über prozedurales Wissen findet sich in Abschnitt 7.3. Hier wird nun der Erwerb von Wissen über Sachverhalte näher beschrieben.

7.2.1 Erwerb von Wissen über Sachverhalte

Wissensstrukturen

Der Erwerb von Wissen über Sachverhalte wird in kognitionstheoretischen Ansätzen als aktiver konstruktiver Prozeß aufgefaßt. Auf der Basis einer sprachlichen Vorgabe (z. B. eines Vortrags oder eines Textes) versucht der Lerner meist unter einer bestimmten Zielsetzung, neues Wissen mit seinem Vorwissen zu verknüpfen. Das Vorwissen des Lerners stellt also eine entscheidende Voraussetzung für den Wissenserwerb dar. Man überlege nur, wieviel Wissen aktualisiert werden muß, um z. B. den Satz „*Vitamin C verhindert Skorbut*" zu verstehen. Der Lerner muß immer auf sein Vorwissen zurückgreifen, um Sachverhalte für sich einsichtig zu machen, Unvertrautes in Vertrautes zu überführen und eine sinnvolle Interpretation für Mehrdeutiges und Unklares zu geben. Verstehen verbaler Information bedeutet also eine fortlaufende aktive Integration neuen Wissens mit dem Vorwissen unter der Steuerung spezieller Interessen und Zielsetzungen. Darüber hinaus spielt für den Wissenserwerb auch der jeweilige kommunikative Kontext, z. B. die pädagogische Interaktion im Rahmen einer Unterrichtsstunde, eine wichtige Rolle. (Dieser Aspekt wird ausführlich in Kap. 10 behandelt.)

Im folgenden liegt der Schwerpunkt der Darstellung auf den Prozessen des Wissenserwerbs, wobei wir zuerst auf die Bedeutung des im Gedächtnis des Lerners gespeicherten Wissens, die sog. Wissensstrukturen, eingehen. Ansätze zur Beschreibung von Wissensstrukturen wurden im Rahmen semantischer Gedächtnismodelle entwickelt. Sie gehen davon aus, daß die grundlegenden Bedeutungseinheiten, aus denen sich Wissensstrukturen zusammensetzen, *Propositionen* sind. Der Satz „*Vitamin C verhindert Skorbut*" enthält z. B. eine Proposition. Eine Proposition umfaßt mindestens zwei Elemente: eine Relation und ein oder mehrere Argumente. Um die unterschiedlichen Argumente zu kennzeichnen, erhalten sie Bezeichnungen wie Subjekt, Objekt, Rezipient, Instrument u. a. In unserem Beispiel ist VERHINDERN die Relation, Argumente sind VITAMIN C (Subjekt) und SKORBUT (Objekt).

Semantische Gedächtnismodelle gehen davon aus, daß Lerner Informationen in Form von Propositionen speichern. Dabei unterscheidet man zwischen Propositionen auf der einen Seite und Worten und Sätzen auf der anderen Seite. Worte und Sätze vermitteln Konzepte, während Propositionen diese Konzepte repräsentieren. Propositionen lassen sich als *Netzwerk* darstellen, wobei ein Knoten (hier in Form einer Ellipse gezeichnet) eine solche Proposition repräsentiert. Die einzelnen Pfeile verweisen auf die einzelnen Elemente der Proposition (Abb. 7.1).

Der Vorteil einer solchen Darstellung liegt darin, daß eine Vielzahl von Propositionen in Form größerer *Netzwerke* verknüpft werden können

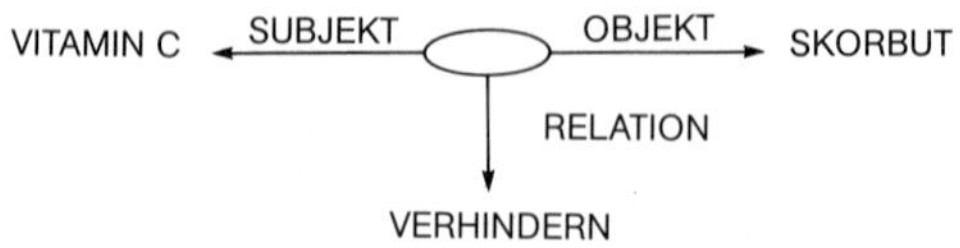

VITAMIN C ◄—SUBJEKT——⟨   ⟩——OBJEKT—► SKORBUT

                                    RELATION

                                    ↓

                              VERHINDERN

Abb. 7.1: Netzwerkdarstellung einer Proposition

(s. nachfolgendes Beispiel). Netzwerkansätze gehen davon aus, daß unser gesamtes Wissen so gespeichert ist.

In kognitionspsychologischen Untersuchungen wurde gezeigt, daß sich die Knoten in einer Netzwerkstruktur hinsichtlich ihrer Assoziationsstärke und ihres Aktivationsniveaus unterscheiden. Die Assoziationsstärke ist im wesentlichen um so höher, je häufiger eine Wissenseinheit bzw. ein Wissenselement erfolgreich verwendet wird. Die Annahme einer relativen Assoziationsstärke eines Knotens spielt eine zentrale Rolle für die Erregungsausbreitung innerhalb des Netzwerkes, da die Aktivierung (Erinnerung) entsprechend der Assoziationsstärke der Knoten erfolgt. Nach Andersons Theorie der Erregungsausbreitung (1983) in semantischen Netzwerken geht die Erregung von bestimmten Knoten aus, die z. B. durch die Wahrnehmung äußerer Reize (z. B. einer Lernaufgabe) aktiviert werden. Die Erregung setzt sich im Netzwerk entsprechend der Assoziationsstärke der Knoten fort, die aktiviert wurden. Es wird davon ausgegangen, daß die Aktivation der Knoten wieder erlischt, es sei denn, sie wird durch Fortbestehen der Reizsituation oder durch bestimmte fortbestehende Zielsetzungen aufrechterhalten.

Neues Wissen wird nach diesem Ansatz erworben, wenn eine neue Proposition mit vorhandenen Propositionen im Netzwerk des Lerners verknüpft wird. In Anlehnung an E. Gagné (1985) soll der typische Ablauf eines solchen Erwerbsprozesses an einem Beispiel verdeutlicht werden:

1. Der Lehrer macht folgende verbale Aussage: *„In-vitro-Experimente zeigen, daß Vitamin C die Bildung weißer Blutkörperchen fördert."*
2. Ein Schüler hat die Aussage des Lehrers in eine Proposition übergeführt (vgl. Abb. 7.2). Die gestrichelten Linien sollen andeuten, daß diese Elemente der Proposition für den Schüler neu sind.

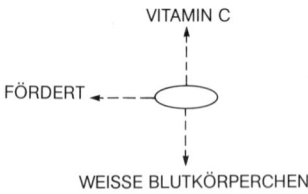

Abb. 7.2: Netzwerkdarstellung einer Proposition

In diesem Beispiel werden bei der Verarbeitung die Konzepte
IN-VITRO-EXPERIMENTE und BILDUNG vom Schüler nicht als
Argumente in die Proposition übernommen.

3. Die Konzepte in der Proposition aktivieren nun verwandte Information. Das heißt, eine Aktivation breitet sich von VITAMIN C aus zu
   der Proposition VITAMIN C BEKÄMPFT ERKÄLTUNGEN und
   von WEISSE BLUTKÖRPERCHEN zu der Proposition WEISSE
   BLUTKÖRPERCHEN ZERSTÖREN VIREN. Der Schüler hat nun
   eine neue Proposition mit zwei bereits vorhandenen Propositionen
   verknüpft (vgl. Abb. 7.3).

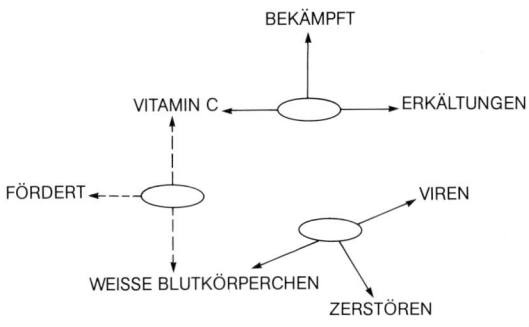

Abb. 7.3: Netzwerkdarstellung von Propositionen

4. In einem nächsten Schritt breitet sich die Aktivation aus von ERKÄL-
   TUNGEN und VIREN zur Aktivation der Proposition VIREN
   VERURSACHEN ERKÄLTUNGEN (vgl. Abb. 7.4).
5. Mit diesen im Arbeitsgedächtnis aktivierten Propositionen zieht der
   Schüler die Schlußfolgerung, daß Vitamin C Erkältungen bekämpft,
   weil es die Bildung weißer Blutkörperchen fördert. Dies ist eine neue

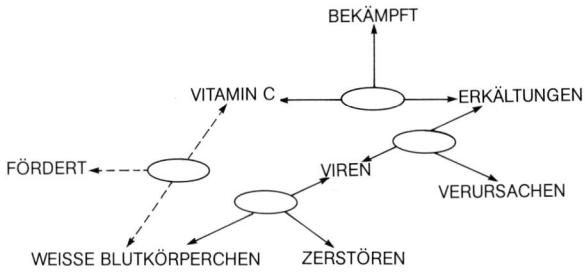

Abb. 7.4: Netzwerkdarstellung von Propositionen

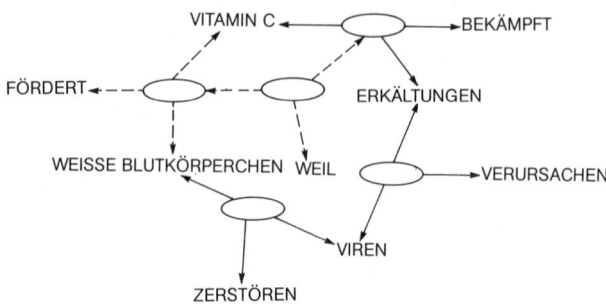

Abb. 7.5: Netzwerkdarstellung von Propositionen

weitere Proposition. Sie ist das Ergebnis von Denkprozessen (vgl. Abb. 7.5).

In dem dargestellten Beispiel hat der Schüler aktiv neues Wissen mit bereits gespeichertem Wissen verknüpft und dadurch seine Wissensstruktur angereichert. Diesen Prozeß bezeichnet man als *Elaboration* (vgl. Abschnitt über elaborative Prozesse).

In Erweiterung der Netzwerkansätze hat man versucht, thematisch zusammengehörige Wissenseinheiten als *Schema* zu beschreiben (Rumelhart & Norman, 1978a). Ein Schema wird als ein ausgrenzbares konzeptuelles Teilsystem in einem Netzwerk aufgefaßt, in dem aufgrund von Erfahrungen typische Zusammenhänge eines Realitätsbereichs verallgemeinert repräsentiert sind (vgl. Kasten 7.1).

Schemata sind die Repräsentationsform für Objekte, Sachverhalte, Vorgänge usw. Sie können Sachverhalte von unterschiedlicher Komplexität und unterschiedlicher Abstraktheit repräsentieren. Ein Schema besitzt Leerstellen, die mit spezifischen Konzepten ausgefüllt werden können. Beim Ausfüllen der Leerstellen gibt es bestimmte Zuweisungsbeschränkungen. So kann ein kognitives Schema gegenüber vorliegenden Daten angemessen oder nicht angemessen sein. Schema-Leerstellen können aufgrund aktueller Erfahrungen des Lerners auch vorläufig ausgefüllt werden, solange keine definitive Information über die fraglichen Sachverhalte zur Verfügung steht. Eine Extremposition nehmen Rumelhart & Ortony (1977) ein, die bereits jeden Knoten eines semantischen Netzwerkes mit den zugehörigen Elementen als Schema bezeichnen.

Ein zentrales Problem im Zusammenhang mit der Verwendung des Schemakonzepts betrifft seine mangelhafte begriffliche Explikation: Das Schema als Baustein des Wissens ist Konzept, Datenstruktur, Plan oder

> ### Kasten 7.1: Ein LAND-Schema
>
> Die Bedeutung von Schemata für den Wissenserwerb läßt sich an einem Beispiel von Anderson, Spiro & Anderson (1978) verdeutlichen: Wird einem Erwachsenen ein geographischer Text über ein ihm unbekanntes Land vorgelegt, so wird er auf dem Hintergrund seiner allgemeinen Schulbildung ein Schema über LAND zur Verfügung haben, das differenzierte Subschemata zur Assimilation von Information über Topographie, Klima, Ökonomie, Kultur und politisches System umfaßt. Jedes Subschema hat eine eigene Infrastruktur und steht mit anderen Subschemata in verschiedenen Verbindungen. Die Aufgabe für den Lerner besteht darin, die Lücken (Leerstellen) in der vorhandenen Wissensstruktur mit den Informationen über das ihm unbekannte Land zu füllen. Ein Lerner, der nur über ein sehr undifferenziertes LAND-Schema verfügt, wird einen Text, in dem ein Land beschrieben wird, nur teilweise verstehen, ein Aufbau einer differenzierten Wissensstruktur findet vermutlich nicht statt. Für einen Lerner, der kein LAND-Schema besitzt, bleibt die Beschreibung eines unbekannten Landes unverständlich.

Programm, Erwartungs- oder Hypothesenstruktur usw.; es steuert, sucht, füllt eine Leerstelle aus usw. (vgl. Herrmann, 1982).

Die neueren kognitionspsychologischen Ansätze beschreiben den Erwerb von Wissensstrukturen – seien sie als Schemata oder als Netzwerke gedacht – als aktiven Konstruktionsprozeß. Er besteht aus einem schwer entwirrbaren Komplex von interaktiven Prozessen. Im folgenden sollen zwei zentrale Prozesse des Wissenserwerbs näher dargestellt werden: elaborative Prozesse und organisierende Prozesse.

Erwerbsprozesse

Elaborative Prozesse

Lerntexte oder Lehrermitteilungen sind oft unvollständig: sie enthalten Lücken, die der Lerner selbst ausfüllen muß, um die Information zu verstehen. Um den Satz „Vitamin C fördert die Bildung weißer Blutkörperchen" erfassen zu können, benötigt der Lerner Wissen, das in diesem Satz nicht ausdrücklich enthalten ist. Er muß wissen, was die Fachausdrücke „Vitamin C" und „weiße Blutkörperchen" bedeuten sowie Informationen über den Einfluß von Vitamin C auf die Bildung von weißen Blutkörperchen besitzen. Der Lerner muß für das Verstehen des Satzes diese nicht explizit formulierte Information also aktivieren. Es handelt sich hier um *notwendige Elaborationen*.

Dieser Aspekt des Verstehens wird in der Alltagssprache nur selten bewußt, weil wir in den meisten Fällen über das zum Verständnis von Alltagssätzen notwendige Vorwissen verfügen. Dagegen können bei der Lektüre von Lehrtexten und von Fachliteratur gerade solche implizit gebliebenen, nicht eigens ausformulierten Informationen Ursachen für Verständnisschwierigkeiten sein, wenn der Leser nicht über das notwendige Vorwissen verfügt.

Am obigen Beispiel läßt sich außer den notwendigen, zum Verständnis unabdingbaren Elaborationen ein weiterer Typ, die sog. *fakultativen Elaborationen*, verdeutlichen: Der Lerner kann durch den Satz auch zu Gedanken und Assoziationen angeregt werden, die für das unmittelbare Verstehen des Satzes vielleicht nicht unbedingt erforderlich sind, die aber dennoch dazu dienen, das Gelesene in die eigene Wissensstruktur einzubringen. In unserem Beispiel generierte der Lerner zwei ihm bereits bekannte Elaborationen („Vitamin C bekämpft Erkältungen" und „Weiße Blutkörperchen zerstören Viren") sowie als weitere Elaboration die Schlußfolgerung, daß „Vitamin C Erkältungen bekämpft, weil es die Bildung weißer Blutkörperchen fördert". Auch zunächst mehr assoziativ erscheinende fakultative Elaborationen können also eine für das Verstehen von Wissen über Sachverhalte wichtige Funktion haben. Die Information wird auf diese Weise mit der eigenen Wissensstruktur vielfältiger verknüpft.

Eine Vorstellung von der Vielfalt fakultativer Elaborationen vermittelt der folgende kurze Beispieltext aus der Völkerkunde (vgl. Kasten 7.2).

Elaborationen fördern nicht nur das Verstehen, sie fördern auch das *Behalten* von Wissen über Sachverhalte. Anderson & Reder (1979) nehmen an, daß die Information in einem propositionalen Netzwerk (s. o.) enkodiert wird, in dem verschiedene Konzepte miteinander in Verbindung stehen. Der Lerner enkodiert einen Sachverhalt, der später wieder erinnert werden soll, indem er diesem Netz weitere Propositionen hinzufügt. Erhält die Person dann z. B. in einem Gedächtnistest ein Stichwort oder eine Frage, die ihr direkten Zugang zu einigen im Gedächtnis gespeicherten Konzepten erlaubt, müßte sie ausreichend viele Propositionen wiederfinden, damit der Sachverhalt erinnert werden kann. Im Mittelpunkt der Analyse steht also jener Vorgang, bei dem eine Person von einem Konzeptknoten aus die richtigen Propositionen wiederzufinden versucht. Mit einem solchen Knoten werden einerseits teilweise irrelevante Propositionen verbunden sein, in denen Informationen gespeichert sind, die mit der Gedächtnisepisode nichts zu tun haben; andererseits sind aber auch relevante Propositionen verbunden, in denen die Gedächtnisepisode enkodiert ist. Nach Anderson & Reder (1979) sind die relevanten Propositionen in hohem Maß redundant: Es genügt,

Kasten 7.2: Verschiedene Arten von Elaborationen

Bezugstext:
Da die Welt nach einem gängigen Schlagwort durch Flugzeuge, Satelliten und Fernseher kleiner geworden ist, werden Ereignisse in anderen Erdteilen bei uns stärker spürbar als je zuvor. Es geht uns heute alle an, wenn „weit hinten in der Türkei die Völker aufeinanderschlagen".
Denn diese Völker sind gleichberechtigte Mitglieder in den großen politischen Gremien, in denen auch über unser Schicksal bestimmt wird.

Mögliche Elaborationen:
1. Elaborationen, die *bildhafte Vorstellungen* mit Farb- und Formbeschreibungen sowie räumlichen Angaben enthalten. „Ich stelle mir vor, wie ein Satellit die Erde umkreist."
2. Elaborationen zur Verbindung von neuen Informationen mit *persönlichen Erfahrungen.* „Ich kann mich noch erinnern, wie ich mich damals über das Sonntagsfahrverbot und die erhöhten Benzin- und Heizölpreise, die durch die Nahostkrise ausgelöst worden waren, geärgert habe."
3. Elaborationen im Sinne *metakognitiver Aussagen,* d. h. Aussagen über das eigene Wissen oder den Stand des eigenen Wissens. „Ich verstehe die Beziehung zwischen Nachrichtentechnik und dem Zitat nicht. Mal sehen, ob sich das beim Weiterlesen noch klärt."
4. Elaborationen zur *kritischen Auseinandersetzung* mit dem Text. „Ob diese Völker wirklich gleichberechtigte Mitglieder sind, scheint mir fraglich."
5. Elaborationen zur *Aktivierung von Sachwissen,* um sich z. B. abstrakte Begriffe durch konkrete Spezifikationen/Beispiele zu veranschaulichen. „Ein großes politisches Gremium wäre z. B. die UNO."
6. Elaborationen im Sinne einer *Paraphrasierung* gegebener Textinhalte. „Also wir sind von weit entfernten Ereignissen heute stärker betroffen, weil die Entfernungen durch moderne Verkehrs- und Nachrichtentechnik überwindbarer geworden sind und unser Schicksal auch von Entscheidungen internationaler Gremien abhängt."

(Nach Friedrich, Fischer, Mandl & Weis, 1985)

daß der Lerner lediglich ein paar dieser Propositionen wiederfindet, um das gespeicherte Konzept zu rekonstruieren. Zwei wichtige Variablen beeinflussen demnach das Erinnern. Zum einen führen irrelevante Propositionen zu Interferenzen; mit zunehmender Anzahl wird die Reproduktionsleistung abnehmen. Andererseits gewährleisten die relevanten Propositionen eine redundante Enkodierung der Information; mit zunehmender Anzahl wird die Reproduktionsleistung ansteigen. Grundsätzlich läßt sich also sagen, daß in einer elaborierten Netzwerkstruktur eine Information besser behalten wird, da eine Rekonstruktion auf mehr Anhaltspunkte zurückgreifen kann.

Von Anderson & Reder (1979) und Reder (1979) wird eine Reihe von Untersuchungen angeführt, sowohl aus dem Bereich des Paar-Assoziationslernens als auch aus dem Gebiet der Verarbeitung komplexer Information, die die Elaborationshypothese stützen. Zur Veranschaulichung soll eine Untersuchung zur Verarbeitung eines Lehrtextes referiert werden. Hayes und Mitarbeiter (zit. n. Reder, 1980) untersuchten die Frage, auf Grund welcher Bedingungen es manchen Personen möglich ist, Textinhalte besser zu behalten als anderen Personen. In einer Voruntersuchung wurden die Versuchspersonen nach geschichtlichen Daten befragt und dann in zwei Gruppen mit großem und geringem Geschichtswissen eingeteilt. Anschließend erhielten die Versuchspersonen einen fiktiven Geschichtstext zu lesen. Die Versuchspersonen mit dem größeren Geschichtswissen schnitten bei einem Behaltenstest über den fiktiven Geschichtstext besser ab. Sie reproduzierten bei freier Nacherzählung nicht nur insgesamt mehr Begriffe, sondern auch viel mehr Elaborationen. Die Untersucher folgerten, daß Elaborationen ein besseres Behalten bewirken.

Bransford und Mitarbeiter haben in einer Reihe von Untersuchungen die Bedeutung der Qualität der Elaborationen nachgewiesen. Bransford, Stein, Shelton & Owings (1980) haben z.B. Schülern eine Liste von Sätzen vorgegeben, etwa: *„Der große Mann gebraucht den Malpinsel."* *„Der hungrige Mann stieg ins Auto."* Die Schüler sollten zu den Sätzen solche Elaborationen generieren, die ihnen das Einprägen erleichterten. Sie wurden darauf aufmerksam gemacht, daß jede Aussage einen anderen „Typ" (großer Mann, hungriger Mann) enthält. Gute Schüler (Lehrerurteil und Testergebnisse) generierten Elaborationen wie *„Der große Mann gebraucht den Malpinsel, um die Decke zu streichen."* Demgegenüber bildeten Schüler der schwächeren Leistungsgruppe eher Elaborationen wie *„Der große Mann gebraucht den Malpinsel, um den Stuhl zu streichen."*

Nach Meinung der Autoren zeigen die Befunde, daß die guten Schüler die Aufgaben in einer anderen Weise angingen als die Schüler der schwachen Leistungsgruppe: Die guten Schüler schenkten den Details jeder Aussage mehr Beachtung und brachten Elaborationen hervor, die mit dem spezifischen Typ „*großer Mann*" oder „*hungriger Mann*" zu tun hatten, während die schwachen Schüler Elaborationen generierten, die auf jeden Typ „*Mann*" zutrafen.

Organisationsprozesse

Lerner reichern nicht nur durch Elaborationen ihr Wissen an. Insbesondere bei großen Informationsmengen sind sie darauf angewiesen, diese so zu reduzieren und zu organisieren, daß sie verstanden und behalten werden können. Ein typisches Beispiel ist das Aneignen von Wortlisten oder isoliertem Faktenwissen. In vielen Untersuchungen zum Behalten von Wortlisten zeigte sich immer wieder, daß Versuchspersonen die zu lernenden Wörter nach thematischen Kategorien ordneten. Als Beispiel wird hier die Untersuchung von Bousfield (1953) angeführt (vgl. Kasten 7.3).

Kasten 7.3: Organisieren nach thematischen Kategorien: Das sogenannte Clustering

Den Probanden wurden 60 Wörter akustisch zum Lernen dargeboten. Jeweils 15 Wörter gehörten zu einer von vier taxonomischen Kategorien: Tiernamen, männliche Vornamen, Berufsbezeichnungen, Gemüsesorten. Die Wörter folgten in Zufallsfolge aufeinander: Giraffe, Otto, Kamel, Drogist, Rettich, Oswald, Melone usw. Nach der Darbietung sollten die Wörter in beliebiger Folge reproduziert werden. Die Lerner gaben die Wörter jedoch nicht in beliebiger Folge wieder. Vielmehr erinnerten sie die Wörter eher in thematisch geordneten Gruppen. Die zusammenhängende Wiedergabe von Wörtern einer Kategorie war weitaus größer, als nach Zufall erwartet werden konnte (z.B. Giraffe, Kamel, Otto, Oswald, Rettich, Melone).

(Bousfield, 1953; nach Bredenkamp & Wippich, 1977)

Organisierende Prozesse spielen nicht nur bei der Verarbeitung von Wortlisten eine wichtige Rolle, sondern auch beim Erwerb von komplexen Texten oder Vorträgen. Eine wichtige Organisationsaufgabe besteht dabei darin, die umfangreiche verbale Information zu reduzieren. Bei langen Texten umfaßt die Gedächtnisrepräsentation eines Lerners nur einen Teil der Propositionen eines Textes und der bei der Verarbeitung elaborierten Propositionen. Deswegen werden bei großen Informationsmengen Wissensstrukturen höherer Ordnung, sog. semantische *Makrostrukturen* aufgebaut. Ihre Konstruktion vollzieht der Lerner mittels sog.

Kasten 7.4: Makrooperatoren

Weglassen   Der Lerner kann eine Proposition weglassen,
             wenn sie weder direkt noch indirekt eine Interpre-
             tationsbedingung einer anderen Proposition oder
             einer Folge von Propositionen ist.
             Mikrostruktur: „Er betrat einen kleinen Laden."
             Makrostruktur: „Er betrat einen Laden."

Selektion   Der Lerner kann eine Proposition als Makropro-
             position auswählen, wenn sie eine vorhandene
             Sequenz von Propositionen vertreten kann, die
             dafür wegfällt.
             Mikrostruktur: „Er nahm die Streichhölzer, zün-
             dete die Pfeife an und rauchte."
             Makrostruktur: „Er rauchte."

Generalisation Eine Proposition oder eine Folge von Propositio-
             nen wird durch eine begrifflich übergeordnete,
             abstraktere Proposition substituiert.
             Mikrostruktur: „Der Vater spülte Geschirr. Die
             Mutter schrieb an ihrem neuen Buch. Die Tochter
             strich die Fensterrahmen."
             Makrostruktur: „Die ganze Familie war bei der
             Arbeit."

Konstruktion Eine Folge von Propositionen wird durch eine
             neugebildete Makroproposition ersetzt, die nicht
             bereits im Text vorhanden ist.
             Mikrostruktur: „Er nahm die Streichhölzer, zün-
             dete die Pfeife an und blies dicke Wolken aus."
             Makrostruktur: „Er rauchte."

(van Dijk, 1977, 1980; nach Schnotz, Ballstaedt & Mandl, 1981)

Makrooperatoren. Van Dijk (1977) hat verschiedene solcher Makrooperatoren angegeben, die sprachliche Mikrostrukturen in Makrostrukturen
überführen (vgl. Kasten 7.4).

  Durch wiederholte Anwendung dieser Operationen entstehen hierarchisch organisierte Makrostrukturen, die in bezug auf den ursprünglichen
Text zunehmend abstrakter werden. Eine semantische Makrostruktur
stellt ein Kondensat des Textes dar. Tatsächlich stellt der Prozeß der
Makrostrukturbildung keine mechanische Anwendung dieser Operatio-

nen auf die Information eines Textes dar. Er hängt u. a. vom Wissen, den Interessen und Zielsetzungen des Lerners sowie dem jeweiligen Kontext ab.

Für das Verarbeiten verbaler Information spielt auch die Kenntnis von konventionalisierten *Darstellungsstrukturen,* wie z. B. von Geschichten oder bestimmten Vortragsformen, eine wichtige Rolle. Das Wissen über den Aufbau einer bestimmten Geschichte trägt im Sinne organisierender Prozesse dazu bei, deren Inhaltsbereiche zu strukturieren und an adäquaten Stellen in die eigene Wissensstruktur einzubauen (vgl. Kasten 7.5).

Schemabildung

Elaborative und organisierende Prozesse sind wichtige Grundlagen für den Aufbau neuer Schemata bzw. Konzepte. Rumelhart & Norman (1978) haben zwei Möglichkeiten zur Schemabildung beschrieben: die Modifikation bereits vorhandener Schemata und die Induktion von Schemata auf der Grundlage wiederholter Erfahrungen mit verschiedenen Beispielsfällen.

Die Bildung eines neuen Schemas durch *Modifikation* eines alten Schemas geschieht oft durch Analogie. So kann z. B. ein Lehrer einem Schüler, der noch keine Kenntnisse über einen Rhombus besitzt, mitteilen, daß ein Quadrat in einer analogen Beziehung zu einem Rhombus steht wie ein Rechteck zu einem Parallelogramm. Der Schüler kann ein Rhombus-Schema bilden, indem er ein Quadrat-Schema in der Weise abändert, wie sich ein Rechteck-Schema von einem Parallelogramm-Schema unterscheidet. Die Bildung des neuen Schemas auf der Basis des alten Schemas beinhaltet, daß eine Konstante des Quadrat-Schemas (der rechte Winkel) durch eine Variable ersetzt wird. In diesem Fall wird durch Generalisierung ein neues, abstrakteres Schema gebildet. Ein vorhandenes Schema kann aber auch modifiziert werden, indem seine variablen Komponenten durch Konstanten ersetzt werden. So kann z. B. ein Lerner sehr gut ein Schema für den Begriff Dogge bilden, indem er sein Hund-Schema modifiziert. In diesem Fall kann der Lerner das Dogge-Schema analog dem Hund-Schema bilden und dabei bestimmte Variablen genauer spezifizieren. Man spricht daher in diesem Zusammenhang von Schema-Spezifizierung.

Gegenüber der Bildung von Schemata durch Modifikation erfolgt bei der *Induktion* die Bildung eines neuen Konzepts durch wiederholte Erfahrung mit verschiedenen Beispielsfällen, z. B. in bezug auf das allgemeine Konzept Dreieck durch die Vorgabe unterschiedlicher Dreiecksformen. Wenn bestimmte Schemakonfigurationen häufig zeitlich und räumlich gemeinsam auftreten, kann dadurch ein neues Schema gebildet werden. Dieser Vorgang, bei dem Personen Konzepte durch

Kasten 7.5: Darstellungsstrukturen

Die Wirkung von kulturspezifischen Darstellungsstrukturen
wurde in einem Experiment von Kintsch & Greene (1978) analysiert. Sie untersuchten bei Studenten einer nordamerikanischen
Universität das Verstehen und Behalten von Geschichten aus dem
Dekameron und solchen aus einer traditionellen indianischen
Kultur. In den Erzählungen aus dem Dekameron, die von Kintsch
& van Dijk (1975) als typisch für die europäische Kultur angesehen
werden, geht es stets um einen Helden, der im Mittelpunkt
mehrerer Episoden steht. Jede Episode ist dabei in der gleichen
Weise aufgebaut: Auf eine Ausgangssituation folgen einige Komplikationen und deren Lösung, wobei die Ereignisse kausal und
zeitlich aufeinander bezogen sind. Geschichten aus indianischen
Kulturen weisen zumeist ein erheblich anderes Schema auf. So sind
abrupte Verhaltensänderungen des Helden allgemein üblich; kausale und zeitliche Verbindungen zwischen den Episoden können
fehlen. Der Aufbau der indianischen Geschichten folgte also nicht
den Darstellungsstrukturen, mit denen die Studenten vertraut
waren.

Im erwähnten Experiment sollte eine Gruppe von Vpn vier
gleich lange, ihnen unbekannte Geschichten aus beiden Kultur-
kreisen sofort nach dem Lesen zusammenfassen. Eine Voruntersuchung hatte ergeben, daß zwischen den Geschichten keine Unterschiede bezüglich der Verständlichkeit und Bildhaftigkeit der
einzelnen Sätze bestanden. Die Zusammenfassungen jeder Vp
wurden hinsichtlich des Ausmaßes, in dem sie über die Haupter-
eignisse der Geschichte informierten, in eine Rangreihe gebracht.
Im Mittel wurden die Zusammenfassungen der Geschichten aus
dem Dekameron für deutlich aufschlußreicher gehalten als die
indianischer Geschichten.

Kintsch & Greene führen dieses Ergebnis auf zwei Gründe
zurück: Zum einen können die indianischen Geschichten nicht so
gut zusammengefaßt werden, weil sie nicht der vertrauten Darstel-
lungsstruktur entsprechen. Zum anderen werden Zusammenfassungen weniger informativ sein, wenn sich ihr Inhalt nicht auf eine
bekannte Struktur übertragen läßt. Die Ergebnisse sprechen für
den Einfluß konventionalisierter Darstellungsstrukturen auf das
Verständnis von Texten.

Erfahrung mit Beispielen lernen, wird auch als „Schema-Abstraktion"
(Elio & Anderson, 1981) bezeichnet. Nach Rumelhart & Norman (1978)
findet man diese Art der Konzeptbildung sehr selten beim Erwerb
komplexer Themengebiete. Die Schwierigkeiten der Schemainduktion
liegen im Entdecken der Regelmäßigkeiten. Aebli (1981) weist in diesem
Zusammenhang darauf hin, daß Kinder und Erwachsene die meisten
Begriffe nicht durch Vergleich mehrerer Exemplare in Verbindung mit
der Abstraktion ihrer gemeinsamen Merkmale erworben haben, sondern
auf der Basis der Verknüpfung von bereits bekannten Ausgangsbegriffen
und Relationen. Er versucht dies am Beispiel des Konzepts ZOLL
BEZAHLEN zu verdeutlichen (vgl. Kasten 7.6).

Würde man zu dem Konzept ZOLL BEZAHLEN eine Reihe von Fällen
zu Anfang des Lernvorgangs präsentieren, so nützte dies dem Lerner
wenig, da er kaum in der Lage wäre, diese als Fälle eines gemeinsamen

---

Kasten 7.6: Aufbau des Konzepts
ZOLL BEZAHLEN

„Ein zwölfjähriges Kind fragt seinen Vater: Was bedeutet: ‚Zoll
bezahlen'? Er antwortet: Stell Dir vor, in einem Land wird eine
Ware hergestellt und in ein anderes Land eingeführt und dort
gebraucht. In Deutschland werden zum Beispiel Volkswagenautos
gebaut, in die Schweiz eingeführt und in diesem Land gebraucht.
Der Importeur muß nun an der Grenze einen Geldbetrag bezahlen, der proportional zum Wert und Gewicht der Ware ist. Diesen
Geldbetrag nennt man den Zoll für die eingeführte Ware."

Der Vater spricht so, daß er annehmen kann, jedes dieser
Elemente sei im Wissen des Begriffsbildners enthalten. Im ersten
Satz sind es die Gegenstandskonzepte LAND, WARE, ANDE-
RES LAND und die Relationen HERSTELLEN, EINFÜHREN,
BRAUCHEN.

„Er achtet auf den Gesichtsausdruck des Hörers. Sollten Zeichen des Nicht-Verstehens sichtbar werden oder sollte der Hörer
gar fragen, zum Beispiel: Was heißt das, eine Ware einführen?
oder: Was ist das, ein Importeur? so würde er diesen Ausdruck
durch eine Gruppe anderer Ausdrücke ersetzen, die in seinen
Augen einfacher, d.h. im begrifflichen Repertoire des Hörers
enthalten sind, zum Beispiel: ‚Einführen heißt, die Ware aus
einem fremden Land in das eigene Land bringen', oder ‚Der
Importeur ist der Einführer der Ware'."

(Aus Aebli, 1981, S. 97f.)

Tatbestandes zu erkennen; er müßte das Konzept schon haben. In Aeblis Beispiel wird dagegen der Begriffsinhalt durch Erklärung Schritt für Schritt aufgebaut und nicht aus Fällen abstrahiert. Die in dem Beispiel vom Vater vorgenommene Illustration des abstrakten Ausdrucks durch konkrete Beispiele wie „In Deutschland werden zum Beispiel Volkswagenautos gebaut, in die Schweiz eingeführt und in diesem Land gebraucht" ist nach Aebli (1981) noch kein impliziter Abstraktionsprozeß, da der abstrakte Ausdruck vor dem Beispiel genannt ist. Die Beispiele dienen dazu, den Lerner an konkrete Erfahrungen zu erinnern, auf die das aufzubauende Konzept anwendbar ist.

Der Aufbau von Konzepten ist nach Aebli ein Konstruktionsprozeß unter Anleitung. Der Lerner muß die Schritte der Konstruktion nachvollziehen, die Konzepte aus seinem Wissen abrufen und sie elaborativ verknüpfen, da er sonst das neue Schema nicht bilden kann. Zum Aufbau von Konzepten im Sinne von Aebli liegen noch wenig fundierte Forschungsergebnisse vor.

7.2.2 Förderung des Wissenserwerbs

Ein wohlorganisierter Bestand an Wissen über Sachverhalte ist Voraussetzung für viele komplexe Denk- und Problemlöseprozesse (Glaser, 1984). Im vorigen Abschnitt wurden die elaborierenden und organisierenden Prozesse als wesentlich für Verstehen und Behalten von Wissen über Sachverhalte dargestellt. Im folgenden werden Maßnahmen aufgezeigt, wie diese Prozesse *gefördert* werden können. Hierfür bieten sich zwei einander ergänzende Vorgehensweisen an: (1) Die direkte Förderung der Wissenserwerbsprozesse des Lerners und (2) die Strukturierung der vom Lerner zu verarbeitenden Information. Im ersten Fall geht es sozusagen um die Veränderung des Lerners: Man versucht, jene informationsverarbeitenden Prozesse, die zum Aufbau von Wissensstrukturen führen, so zu fördern, daß auch unter weniger günstigen Bedingungen effizient gelernt wird. Im zweiten Fall geht es um die Gestaltung der Lernsituation und der Lehrmaterialien, d. h. um die Optimierung der Darbietung jener Informationen, aus denen der Lerner seine Wissensstruktur aufbaut. Dabei kann es um die Gestaltung ganzer Lernumwelten im Sinne des ‚Instructional Design' (Reigeluth, 1983), aber auch um die Sequentierung des Lehrstoffs innerhalb einer Unterrichtseinheit, oder, auf einer noch elementareren Ebene, um die Gestaltung einzelner instruktionaler Elemente wie Beispiele oder Fragen gehen.

Förderung elaborativer Prozesse

Elaborationen haben für den Aufbau von Wissensstrukturen mehrere wichtige Funktionen: Sie sind notwendig, um verbale Informationen überhaupt zu verstehen; sie führen dazu, daß neue Informationen in die bestehende Wissensstruktur integriert werden; sie können auch das Behalten verbessern. Im folgenden wird dargestellt, wie individuelle Elaborationsstrategien gefördert werden können und wie verbale Information so gestaltet werden kann, daß sie elaborative Prozesse anregt.

Förderung von Elaborationsstrategien

Zur Anregung elaborativer Prozesse werden das Fragenstellen sowie das Generieren bildhafter Vorstellungen behandelt. Eine bewährte Technik zur Anregung elaborativer Prozesse besteht darin, sich selbst (oder auch sich gegenseitig) *Fragen* zu dem anstehenden Thema zu stellen und diese zu beantworten. Die Beantwortung von Fragen fördert die Unterscheidung von Haupt- und Nebengedanken. Sie dient gleichzeitig der Identifikation schwieriger oder nicht verstandener Textstellen und hat neben der elaborativen auch eine selbstüberprüfende Funktion. Diekhoff, Brown & Dansereau (1982) haben eine Lernstrategie entwickelt, bei der es darauf ankommt, wichtige Begriffe eines Gegenstandsbereichs systematisch durch die Beantwortung von Fragen aufzubauen und dadurch in die eigene kognitive Struktur zu überführen (vgl. Kasten 7.7).

Kasten 7.7: Frageschema zur Anregung elaborativer Prozesse

Schlüsselbegriff: X
Welche *definitorischen* und *charakteristischen Merkmale* hat der Schlüsselbegriff X?
Welche *Voraussetzungen/Ursachen/Bedingungen* hat der Schlüsselbegriff X
Welche *Auswirkungen/Konsequenzen/Einflüsse* gehen von dem Schlüsselbegriff X aus?
Welche *Beispiele/Anzeichen/Belege* gibt es für das Vorkommen der mit dem Schlüsselbegriff X korrespondierenden Sachverhalte?
Welche *Unterbegriffe/Teilaspekte* gehören zu dem Schlüsselbegriff X?
In welche *übergeordneten Zusammenhänge* ist der Schlüsselbegriff X einzuordnen?
Wie fügt sich der Schlüsselbegriff X in mein *bisheriges Wissen* über den Sachverhalt ein?

(Nach Diekhoff u.a., 1982)

Frageschemata dieser Art sind selbstverständlich niemals erschöpfend, sie haben vorwiegend eine heuristische Funktion.

Während Frageschemata besonders für abstrakte verbale Information geeignet sein dürften, können bei konkreten Lehrstoffen auch Techniken zur Anregung *bildlicher* Elaborationen (sog. Vorstellungsbilder) eingesetzt werden, wie dies beispielsweise in der Untersuchung von Kulhavy & Swenson (1975) geschehen ist (vgl. Kasten 7.8).

Kasten 7.8:
Bildhafte Vorstellungen als Verstehens- und Behaltenshilfen

Kulhavy & Swenson (1975) legten Schülern der fünften und sechsten Klasse den Text „Die Insel Ako und ihre Bewohner" vor. Nach jedem Abschnitt hatten die Kinder eine Lückentest-Aufgabe zum Inhalt des jeweiligen Abschnitts zu beantworten. Bei der Hälfte der Lückentest-Aufgaben war ein wörtlich wiedergegebener Satz zu ergänzen, bei der anderen Hälfte ein paraphrasierter Satz. Eine Gruppe der Kinder erhielt die Instruktion, sich vor der Beantwortung der entsprechenden Lückentest-Aufgaben, die im jeweiligen Textabschnitt enthaltene Information *bildlich* zu vergegenwärtigen (z. B. den Sachverhalt, daß die Einwohner von Ako ihre Kleidung aus Palmenblättern herstellen). Die Kontrollgruppe erhielt keine derartige Instruktion. Alle Kinder erhielten nach einer Woche nochmals zur Überprüfung des längerfristigen Behaltens Lückentest-Aufgaben, bei denen sowohl wörtliche als auch paraphrasierte Sätze zu ergänzen waren.

Ein wesentliches Ergebnis der Untersuchung bestand darin, daß die Kinder, die während der Textbearbeitung bildhafte Elaborationen zu generieren hatten, in dem aus paraphrasierten Sätzen bestehenden Lückentest besser abschnitten als die Kontrollgruppe. Da es bei der Ergänzung paraphrasierter Sätze nicht nur um schlichtes Memorieren, sondern um Verstehen geht, kann man annehmen, daß sich das Erzeugen bildhafter Vorstellungen günstig auf das Textverstehen auswirkte.

Nach Kulhavy & Swenson (1975) ist der verständnis- und behaltensfördernde Effekt der Anweisung, bildliche Vorstellungen zu erzeugen, vorwiegend auf jüngere Lerner beschränkt. Bei Studenten (Anderson & Kulhavy, 1972) erbrachte diese Anweisung keine besseren Behaltensleistungen. Kulhavy & Swenson (1975) erklären dies damit, daß die Studenten bereits über andere eingeschliffene und wirksame Lernstrategien verfügen, die nicht so ohne weiteres per Instruktion „außer Kraft" gesetzt werden können.

Förderung elaborativer Prozesse durch Gestaltung verbaler Information

Im vorigen Abschnitt wurden Ansätze dargestellt, um die Elaborationsstrategien des Lerners zu fördern. Im folgenden geht es um Ansätze, wie die vom Lerner zu verarbeitende verbale Information so organisiert und strukturiert werden kann, daß sie beim Lernenden elaborative Prozesse auslöst. Es werden folgende Vorgehensweisen erläutert: Die Erzeugung kognitiver Konflikte beim Lerner, die Verwendung von Beispielen sowie das Fragenstellen durch den Erzieher.

Nach Berlynes (1960) Theorie des *kognitiven Konflikts* bewirken neue, komplexe, widersprüchliche und inkongruente Informationen Neugier und diese wiederum Informationssuche, um mit dem Neuen vertraut zu werden, die Komplexität zu reduzieren und Widersprüche aufzulösen. Berlyne & Frommer (1966, vgl. Kasten 7.9) zeigten in einer Untersuchung mit Kindergarten- und Grundschulkindern, wie der Einsatz von Neuheit und Ungewißheit das Frageverhalten der Kinder – als Ergebnis von und Voraussetzung für weitere Elaborationen – beeinflußt.

In Folgeuntersuchungen mit erwachsenen Personen und komplexeren Texten (vgl. Ballstaedt u. a., 1981; Groeben, 1982) konnte die lernfördernde Wirkung dieser Art von Textmerkmalen jedoch nicht eindeutig bestätigt werden.

Neuheit und Überraschung spielen häufig auch bei der Gestaltung von *Fragen, Analogien* und *Metaphern* eine Rolle. Diese eignen sich ebenfalls für die Anregung elaborativer Prozesse. Fragen wie „Welche Gemüse bauen manche Ameisen in Untergrundfarmen an?" (Berlyne, 1954) und Behauptungen wie „Beethoven war der Howard Hughes im Wien des frühen 19. Jahrhunderts" (Bell, 1980) haben zweifellos im Sinne Berlynes einen hohen Überraschungswert. Damit Vergleiche lernwirksam werden, muß der Lernende mit beiden Inhaltsbereichen, die in einem Vergleich angesprochen werden, vertraut sein. Im Falle der Frage über die Ameisen dürfte dies nahezu für alle Personen unseres Kulturkreises gegeben sein: Die Konzepte AMEISEN, GEMÜSEANBAU, FARM und UNTERIRDISCH sind allgemein bekannt; das Überraschende an der Frage ist die Verknüpfung: Sie verlangt sozusagen vom Lernenden, weit auseinanderliegende Teilnetzwerke in seiner Wissensstruktur zusammenzufügen. Sie regt Fragen an, wie z. B. „Was hat das unterirdische Treiben von Ameisen mit Gemüseanbau auf einer Farm zu tun?" Solche Fragen lösen elaborative Prozesse aus, mit deren Hilfe das Wissen über Ameisen mit dem Wissen über Gemüseanbau verknüpft wird. Der „Beethoven-Hughes"-Vergleich – entnommen aus einem Text über Beethovens persönliche Verschrobenheit – dürfte dagegen nur bei jenen Personen Neugier auslösen, die wissen, wer Howard Hughes war, in deren Wissensstruktur also das Konzept HOWARD HUGHES mit dem Konzept EXZENTRIKER verknüpft ist. So zeigte denn auch die Unter-

Kasten 7.9:
Neuheit und Ungewißheit stimulieren elaborative Prozesse

Kinder bekamen drei Geschichten in je zwei Versionen, also insgesamt sechs Geschichten vorgelesen. Anschließend sollten sie zu diesen Geschichten Fragen stellen. Jeweils zwei Geschichten unterschieden sich voneinander im Ausmaß der Neuheit, zwei in der Ungewißheit ihres Ausgangs und zwei in ihrem Überraschungsgehalt. Um die *Neuheit* zu variieren, wurden in Aesops Fabel vom Fuchs und dem Raben die Rollen der beiden Hauptakteure mit unbekannten Tieren (Alk, Tayra) besetzt. In der Geschichte mit geringer *Ungewißheit* gab es zwei mögliche Ausgänge, von denen der eine als der wahrscheinlichere erschien; in der Geschichte mit hoher Ungewißheit erschienen drei Ausgänge als gleichwahrscheinlich. In der Geschichte mit hohem *Überraschungswert* behauptet ein Junge, aus eigener Kraft eine Wand zu halten, die dann tatsächlich einstürzt, als er weggeht. In der Version dieser Geschichte mit dem geringen Überraschungswert bleibt die Wand stehen, wenn sich der Junge entfernt.

Das Ausmaß der durch diese Textmerkmale bewirkten Neugier der Kinder wurde durch die Anzahl der Fragen gemessen, die die Kinder zu den einzelnen Geschichten stellten.

Die Ergebnisse zeigen, daß die Kinder insbesondere zu den neuen und überraschenden Geschichten signifikant mehr Fragen stellten als zu den vertrauten und nicht-überraschenden Versionen. Diese Fragen können als eine Folge von bzw. als eine Voraussetzung für weitere elaborative Prozesse angesehen werden.

(Nach Berlyne & Frommer, 1966)

suchung von Bell (1980, zit. nach Gagné, 1985, S. 98), daß Studenten, die diese Metapher als Überschrift nicht verstanden, einen Text über Beethoven weniger gut erinnerten als jene Studenten, die die Metapher verstanden hatten.

Auch die wissensanreichernde Funktion von *Beispielen* besteht häufig darin, einen Bezug zwischen zwei zunächst getrennten Wissensbeständen – dem neuen, zu lernenden Wissen und dem bereits vertrauten Wissen – herzustellen, um so das Neue in das Bekannte einzufügen. Nach der Elaborationshypothese ist zu erwarten, daß Sachverhalte, die durch Beispiele gut belegt und verdeutlicht sind, in eine differenzierte, vernetzte Wissensstruktur eingebettet werden, die ihrerseits den Abruf aus dem Gedächtnis erleichtert.

Allerdings sind auch Beispiele nicht in jedem Fall lernfördernd. Mandl, Schnotz & Tergan (1983) ließen zwei Varianten eines Lehrtextes über Ökologie lernen. Die eine Variante enthielt viele Beispiele, die die Funktion hatten, allgemeine Behauptungen zu belegen und zu illustrieren. In der anderen Textvariante fehlten diese Beispiele. Es zeigte sich, daß vorwiegend Lerner mit guten textspezifischen Vorkenntnissen von den Beispielen profitierten. Die Autoren erklären dies damit, daß die Lerner mit weniger ausgeprägten Vorkenntnissen Mühe hatten, in dem mit Beispielen angereicherten Text die wesentlichen Aussagen zu identifizieren und die Beziehung der Beispiele zu den übergeordneten Sachverhalten herzustellen.

Beabsichtigt man, Beispiele nicht nur als Belege und Anreicherungen, sondern in einer systematischen Weise zum Aufbau von Begriffen (Art-, Klassen-, Gattungs-, Typ-Begriffen) einzusetzen, sind Empfehlungen von Tennyson & Park (1980) und Jüngst (1983) hilfreich.

Vom Lerner selbst gestellte Fragen wurden oben als eine wirkungsvolle Strategie zur Anregung elaborativer Prozesse dargestellt; diese Funktion kann selbstverständlich auch der *Lehrerfrage* zukommen. Collins (1977) hat dazu eine Reihe von heuristischen Regeln zur Generierung von Fragen aufgestellt. Dies geschah für das Lehren von Ursache-Wirkungs-Zusammenhängen in den verschiedensten Fächern (Geschichte, Geographie, Medizin, Biologie u. a.). Verursachende Faktoren werden dabei als „unabhängige", ihre Auswirkungen als „abhängige Variablen" konzipiert. So wird in diesem Schema beispielsweise der Anbau von Reis als abhängig von folgenden Bedingungen dargestellt: Ausreichend Wasser, genügend hohe Temperaturen, ebenes Terrain und fruchtbarer Boden. Diese Gegebenheiten sind im Hinblick auf den Reisanbau „unabhängige Variablen" oder „Kausalfaktoren". Die von Collins (1977) entwickelte Fragestrategie zielt darauf ab, die Lernenden zu veranlassen, Ursache-Wirkungszusammenhänge dieser Art zu durchdringen (vgl. Kasten 7.10).

Die Vorteile dieser Lehrstrategie sehen Collins & Stevens (1982) in folgenden Punkten:
– In einem gewissen Sinne wird wissenschaftliches Denken modelliert.
– Der Lehrer muß sehr individuell auf die Antworten der einzelnen Schüler eingehen.
– Es werden tiefere Verständnisprozesse angeregt.
– Durch Hypothesenbildung und Vorhersage wird der Transfer des Gelernten auf neue Situationen begünstigt.
Dem stehen, so Collins & Stevens (1982), folgende Nachteile gegenüber:
– Pro Zeiteinheit wird nur wenig Information vermittelt.
– Es besteht die Gefahr der emotionalen Beeinträchtigung jener Schüler, deren Nichtwissen durch die Fragestrategie aufgedeckt wird.
– Ferner besteht die Gefahr, daß der Lehrer nur mit jenen Schülern

Kasten 7.10: Frage-Strategie

Collins (1977) hat 24 Regeln zur Generierung von Lehrerfragen aufgestellt, von denen hier einige wiedergegeben werden.

Regel 1: Erfragen eines bekannten Falls, um bekannte Tatsachen aufzuzeigen.
Bsp.: „Wird in China Reis angebaut?"

Regel 2: Frage nach Faktoren, um kausale Faktoren und Faktorketten zu erhellen.
Bsp.: „Warum wird in China Reis angebaut?"

Regel 3: Frage nach dazwischenliegenden Faktoren, um sich zu vergewissern, daß Einzelschritte in einer kausalen Kette verstanden werden.
Bsp.: Wenn nicht bereits erwähnt: „Warum spielt der Monsun beim Reisanbau eine Rolle?"

Regel 4: Frage nach vorgeschalteten Faktoren (Begründung wie Regel 3).
Bsp.: Wenn Wasser als Faktor zum Reisanbau erwähnt wurde: „Was ist notwendig, um genügend Wasser zu erhalten?"

Regel 5: Bilde eine allgemeine Regel für einen unzureichenden Faktor, um die Aufmerksamkeit auf andere kausale Faktoren zu lenken.
Bsp.: „Glaubst du, überall, wo es genug Wasser gibt, kann Reis wachsen?"

Regel 6: Zeige ein Gegenbeispiel für einen unzureichenden Faktor (Begründung wie Regel 5).
Bsp.: „Baut man in Irland, wo es ja genügend Wasser gibt, auch Reis an?"

Regel 7: Bilde eine allgemeine Regel für einen nicht-notwendigen Faktor, um Gelegenheit zum Überdenken der Notwendigkeit eines bestimmten Faktors zu geben.
Bsp.: „Glaubst du, daß zum Reisanbau starker Regen notwendig ist?"

Regel 8: Zeige ein Gegenbeispiel für einen nicht-notwendigen Faktor (Begründung wie Regel 7).
Bsp.: „Kann man in Ägypten trotz wenig Regen Reis anbauen?"

Regel 16: Frage nach einer Vorhersage für einen unbekannten Fall, um die bisher erörterten Faktoren zur Vorhersage anzuwenden.
Bsp.: „Glaubst du, daß man in Florida Reis anbauen kann?"

Regel 17: Frage nach den zu beachtenden relevanten Faktoren, um zu verdeutlichen, was für Faktoren berücksichtigt werden müssen.
Bsp.: „Wenn du Frage 16 nicht beantworten kannst, was für Faktoren müssen berücksichtigt werden?"

Regel 18: Frage nach einer Vorhersage, die ohne genügend Information gemacht wurde, um vorschnelle Schlußfolgerungen zu vermeiden.
Bsp.: Wenn der Schüler sagt, daß in Nigeria Weizen angebaut wird, weil es dort warm und fruchtbar ist, dann frage ihn: „Warum nicht Reis?"

interagiert, die ihm gute Antworten geben; weniger gute Schüler ziehen sich unter Umständen aus dem Gespräch zurück.
– Diese Lehrstrategie erfordert vom Lehrenden ein hohes Maß an Flexibilität, da er sich nicht an einen von vornherein festgelegten Stundenverlauf halten kann.
Es liegen bislang keine empirischen Untersuchungen vor, in denen die Effektivität dieser Strategie überprüft wurde. Diese ist aber auch schwer nachzuweisen, da es bislang kaum Möglichkeiten dafür gibt, so Collins & Stevens (1982), tiefergehendes Verstehen systematisch zu erfassen.

Förderung organisierender Prozesse

Im vorigen Abschnitt wurden Ansätze zur Förderung elaborativer, also wissensanreichernder Prozesse dargestellt. Lerner stehen jedoch häufig vor dem Problem, große Informationsmengen (z. B. bei der Vorbereitung auf eine Prüfung, beim Schreiben eines Referats) reduzieren und strukturieren zu müssen. In den folgenden Abschnitten befassen wir uns mit zwei Möglichkeiten, den Wissenserwerb durch die Förderung organisierender Prozesse zu verbessern: Mapping-Techniken für den Lerner und die aspektweise und gegenstandsweise Organisation von Texten.

Förderung organisierender Prozesse durch Mapping-Techniken
Bei der Bewältigung großer Stoffmengen (z. B. vor Prüfungen) steht der
Lernende vor der Frage, wie er lernen muß, damit er möglichst viel
Information aufnimmt, ohne dabei seine Verarbeitungskapazität zu
überfordern. In diesem Fall kann die Anwendung von Reduktionsstrate-
gien von Vorteil sein. Diese Strategien zielen darauf ab, Information so
zu verarbeiten, daß nur das Wesentliche in die Wissensstruktur überführt

---

Kasten 7.11: Mapping-Symbole

A → B Die durch den *Pfeil* symbolisierte Beziehung bedeutet:
       B ist eine Folge von A; B ist eine Schlußfolgerung von A;
       B ist eine Konsequenz von A.

Beispiel: Map 1
„Um das Problem der Analyse   Analyse des Maschinen-
des Maschinenschreibens zu lö-   schreibens
sen, verwendet man heutzutage   ↓
Computer. Damit gelingt es,   heute: Computer als
die Zeit zwischen den jeweili-   Experimentiergerät und
gen Anschlägen automatisch zu   Meßinstrument
erfassen und zu speichern."   ↓
                                     automatische Erfassung und
                                     Speicherung der Reaktionszeit

A ↔ B Die durch den *Doppelpfeil* symbolisierte Beziehung
       bedeutet: A steht im Gegensatz zu B; A und B widerspre-
       chen sich; A und B unterscheiden sich.

Beispiel: Map 2
„Book favorisierte die ‚Seg-   Book: Segmentierungs-
mentierungs-Hypothese'.   Hypothese
Dvorak wies diese Hypothese   ↕
als unzutreffend zurück und   Dvorak: sich überschneidende
vertrat die These, daß eine   ‚Verarbeitungsstufen'
hohe Schreibschnelligkeit da-
durch erreicht wird, daß sich
einzelne ‚Verarbeitungsstufen'
überschneiden."

A ⊐− B Dieses Symbolzeichen bedeutet: B ist ein Teil von A; B ist
         A untergeordnet; B ist ein Beispiel für A.

Beispiel:

„Mit dem Aufkommen der Schreibmaschinen in den USA gegen Ende des vorigen Jahrhunderts nahm sich auch die experimentelle Psychologie dem Problem des Maschinenschreibens an. Heute können wir auf einige klassische Untersuchungen zu verschiedenen Aspekten des Maschinenschreibens zurückgreifen. Eine der ersten stammt von William Book aus dem Jahre 1908."

Map 3

Analyse des Maschinen-
schreibens
↓
experimentelle Unter-
suchungen
ㅂ
Book (1908)

A ⇆ B Die durch zwei *entgegengesetzte Pfeile* symbolisierte
         Beziehung bedeutet: A und B stehen in Wechselwirkung
         zueinander; A und B bedingen sich gegenseitig.

Beispiel:

„Die neueren Theorien im Bereich der Wahl-Reaktions-Aufgaben gehen von verschiedenen Verarbeitungsstufen aus. Im Gegensatz zu Dvorak, der von einer seriellen Abfolge der Verarbeitungsstufen ausging, nimmt man heute an, daß die Verarbeitungsstufen parallel zueinander verlaufen können und miteinander in Beziehung treten."

Map 4

Neue Theorien	↔	Dvorak (serielle Abfolge)
Verarbeitungsstufe 1		Verarbeitungsstufe 1
⇅		↓
Verarbeitungsstufe 2		Verarbeitungsstufe 2
⇅		↓
Verarbeitungsstufe 3 usw.		Verarbeitungsstufe 3 usw.

(Aus Friedrich, Fischer, Mandl & Weis, 1985)

wird, d.h. daß eine Makrostruktur aufgebaut wird. Besonders zwei Techniken werden in diesem Zusammenhang immer wieder empfohlen: Das systematische Zusammenfassen verbaler Information und die graphische Darstellung der Information in einer Art Landkarte (Map), in der die jeweiligen Begriffe als Orte und die Relationen zwischen ihnen als Verbindungen dargestellt werden. Diese Mapping-Techniken, auf die im folgenden näher eingegangen wird, orientieren sich an den oben dargestellten Annahmen über die Organisation von Wissen in semantischen Netzwerken. Aus Praktikabilitätsgründen sind die Mapping-Techniken jedoch zumeist nicht so komplex ausgearbeitet.

Durch Mapping-Techniken wird die zu erlernende Information räumlich dargestellt (vgl. Kasten 7.11). Sie erfordern das Erlernen eines Symbol-Repertoires, um die Beziehungen zwischen Konzepten angemessen darstellen zu können. Differenzierte Techniken, die viele semantische Relationen abbilden können, erfordern bis zu ihrer perfekten Beherrschung einen erheblichen Lernaufwand. Solche Systeme wurden u.a. von Scheele & Groeben (1984) und Pflugradt (1984) entwickelt.

Förderung organisierender Prozesse durch Textgestaltung

Mit Lehrtexten wird im allgemeinen das Ziel verfolgt, durch zeitlich aufeinanderfolgende Informationen beim Lernenden eine kohärente Wissensstruktur aufzubauen. Eine zentrale Frage für denjenigen, der Lehrtexte gestaltet, lautet dabei: Wie muß der Lehrstoff im Lehrtext angeordnet sein, damit organisierende Prozesse beim Lernenden erleichtert werden. So stehen Lehrer und Lehrbuchautoren häufig vor dem Problem, Gegenstände, z.B. verschiedene Regierungsformen, vergleichend darzustellen. Eine Darstellungsform, die gegenstandsorientierte, besteht darin, zunächst den einen Gegenstand, z.B. Regierungsform A, unter verschiedenen Aspekten (wie Geschichte, Gesetzgebungsverfahren u.a.) für sich allein zu behandeln und dann anschließend den nächsten Gegenstand, Regierungsform B, unter denselben Gesichtspunkten. Man kann aber auch aspektorientiert vorgehen, indem zuerst beide Gegenstände vergleichend unter dem Aspekt 1, dann unter dem Aspekt 2 usw. behandelt werden. Schnotz (1982) führte eine Untersuchung durch, in der diese beiden Formen der Organisation von Informationen in einem Lehrtext miteinander verglichen wurden (s. Kasten 7.12).

**Kasten 7.12: Gegenstandsweise und aspektweise
Organisation von Texten**

In einem Experiment von Schnotz (1982) wurde untersucht, wie
sich die folgenden Varianten eines Lehrtextes über verschiedene
Formen der Psychotherapie auf die Textverarbeitungsprozesse
und die Lernergebnisse der Leser auswirkten. Ferner wurde
untersucht, wie Vorwissen mit den verschiedenen Formen der
Textorganisation interagiert. Die beiden Varianten der Textorganisation (gegenstandsweise/aspektweise) zeigt die folgende Skizze:

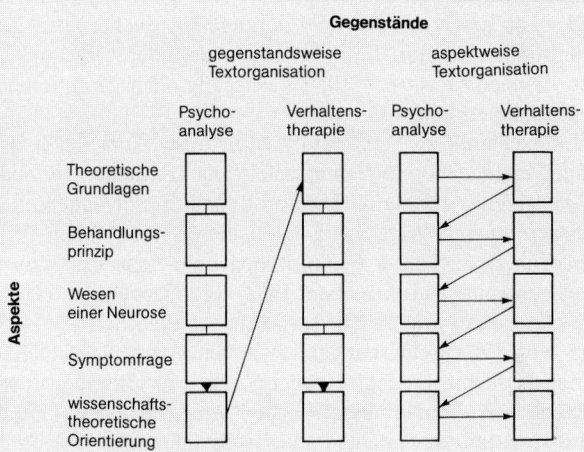

Hinsichtlich der benötigten Lesezeit, der Erinnerungsleistung
für den Gesamttext und der Lernrate (Lernerfolg bezogen auf die
Lernzeit) ergaben sich zwischen den beiden Varianten der Textorganisation keine wesentlichen Unterschiede. Die aspektweise
Textorganisation wirkte sich aber insofern auf die Verarbeitungsprozesse aus, als sie den Lerner zu einer „vergleichenden Leseper-
spektive" drängte, während bei der gegenstandsbezogenen Organisation die Übernahme einer solchen Perspektive dem Leser
selbst überlassen blieb. Schließlich zeigte sich, daß die Lernrate bei
Lesern mit geringen Vorkenntnissen bei der gegenstandsbezogenen Organisation höher war als bei der aspektbezogenen Textorganisation und umgekehrt.

Die Ergebnisse dieser Untersuchung machen zwei Punkte deutlich: (1) Die Art und Weise, wie Texte organisiert und strukturiert sind, beeinflußt zweifellos die Art und Weise, wie die in den Texten enthaltene Information vom Lerner organisiert und verarbeitet wird. (2) Eine bestimmte Art und Weise der Textorganisation wirkt sich auf verschiedene Individuen unterschiedlich aus, was in der von Schnotz (1982) berichteten Wechselwirkung zwischen Vorwissen des Lerners und Textorganisation zum Ausdruck kommt. Aus dieser Erkenntnis ergibt sich für denjenigen, der Texte optimal gestalten will, ein gewisses Dilemma, auf das wir im folgenden Abschnitt eingehen wollen.

Probleme der Förderung des Wissenserwerbs

Erfolgreiches Lernen hängt von einer Vielzahl von Faktoren ab, von denen die oben beschriebenen – Förderung individueller Strategien und Gestaltung der Lehrmaterialien – sicher von besonderer Wichtigkeit sind. Trotzdem können sie im Einzelfall Lernerfolg nicht garantieren. Auch Fördermaßnahmen haben Grenzen.

Die Untersuchung von Schnotz (1982) zur Auswirkung der Textorganisation auf Verstehens- und Behaltensleistung erbrachte z. B., daß das, was für den einen Lerner lernerleichternd wirkt, für den anderen Lerner lernerschwerend ist. Wechselwirkungen dieser Art wurden bereits in verschiedenen Bereichen der empirischen Lehr-/Lernforschung festgestellt (zusammenfassend: Groeben, 1982). Sie machen deutlich, daß es den für *alle* Lerner optimalen Text bzw. Unterricht nicht gibt. Die Existenz von Wechselwirkungen zwischen Lernermerkmalen und Instruktionsbedingungen legt vielmehr nahe, für Lernergruppen mit unterschiedlichen Lernvoraussetzungen unterschiedliche Unterrichts- bzw. Textvarianten zu erstellen. Dies stößt allerdings auf erhebliche praktische und auch prinzipielle Probleme. Für den einzelnen Lehrer oder den einzelnen Autor sind systematisch variierte Unterrichts- bzw. Textversionen wohl kaum zu verwirklichen. Sie setzen einmal voraus, daß die relevanten Wechselwirkungen theoretisch gut begründet und empirisch auch gut abgesichert sind; zum anderen erfordern sie einen erheblichen diagnostischen Aufwand, um festzustellen, bei welchen Individuen der Zielgruppe welche relevanten Lernvoraussetzungen vorliegen. Es zeichnet sich für die Förderpraxis das Dilemma ab, daß der Zeitaufwand für Lernvoraussetzungsdiagnostik (vgl. Kap. 14) auf Kosten der eigentlichen Lernzeit geht. Unter prinzipieller Perspektive wäre zu fragen, ob eine zu weitgehende Spezifizierung von Unterrichtsbedingungen überhaupt wünschenswert ist, ob sie nicht etwa zu einer Minderung der Fähigkeit führt, Probleme zu lösen, die sich außerhalb didaktisch aufbereiteter Instruktionssituationen stellen (Weltner, 1978).

Für den Fall heterogener Lernvoraussetzungen empfiehlt Schnotz

(1982), Texte so zu gestalten, daß sie eher für weniger günstige Voraussetzungen geeignet sind und gleichzeitig den Lernern mit günstigeren Lernvoraussetzungen die Freiheit lassen, zusätzliche Schritte der Textverarbeitung zu vollziehen. Groeben (1982) plädiert für eine gemischte Strategie: Man sollte einerseits an einer nicht individualisierten Textgestaltung festhalten und andererseits den Lerner durch die Verbesserung seiner individuellen Lern- und Lesestrategien in die Lage versetzen, die negativen Effekte einer nicht individualisierten Informationsgestaltung selbst auszugleichen. Eine Möglichkeit, Instruktionen adaptiv zu gestalten, d. h. unterschiedliche Lernermerkmale zu berücksichtigen, eröffnet derzeit die Verwendung von Computern zu Lernzwecken (Gagné & Dick, 1983; vgl. Kap. 12).

7.3 Fertigkeiten

Mit dem Begriff „Fertigkeit" wird gewöhnlich ein Verhalten bezeichnet, das aus einer komplexen Folge von Handlungen besteht und in festgelegter Weise wiederholt ausgeführt wird. Fertigkeiten sind zum Beispiel Fahrradfahren oder Maschinenschreiben, die dem psychomotorischen Bereich zuzuordnen sind. Neben psychomotorischen Fertigkeiten werden zunehmend auch kognitive Fertigkeiten untersucht, die Ausführung einer Rechenaufgabe. Kognitive und psychomotorische Fertigkeiten unterscheiden sich insofern, als letztere die Muskulatur und deren Ausbildung sowie periphere und zentralnervöse Aspekte umfassen. Dagegen beziehen sich kognitive Fertigkeiten auf rein mentale Prozesse, die im Gedächtnis gespeichertes Wissen über Sachverhalte nutzen. Für beide Arten von Fertigkeiten ergeben sich gleiche Lernverläufe. Das ihnen unterliegende Wissen wird als *prozedurales Wissen* bezeichnet. Statt von Fertigkeiten wird auch von Prozeduren gesprochen.

Prozedurales Wissen steuert die Fertigkeitsausführung automatisch und ist in der Regel nicht bewußt. Man denke etwa an das Wissen, das einen befähigt, Fahrrad zu fahren, oder das Wissen, das dem Sprachverhalten zugrundeliegt. Es entzieht sich um so stärker dem bewußten Zugang, je mehr die Fertigkeit eingeübt und automatisiert worden ist. Die Sprachfertigkeit mag dafür ein anschauliches Beispiel liefern. Wenn man aus dem Aktivsatz „Hans schlägt Peter" die Passivform bilden soll, so ist das ohne weiteres möglich. Man sagt: „Hans wird von Peter geschlagen." Die Sprachfertigkeit wird also problemlos beherrscht; soll man allerdings angeben, nach welcher Regel die Passivbildung erfolgte, d. h. auf welches Wissen die grammatikalische Transformation zurückgeht, so wird man meistens in Schwierigkeiten geraten. In diesem Fall ist das der Sprachfertigkeit unterliegende Wissen unbewußt. Im folgenden werden einige spezifische Merkmale des Erwerb von Fertigkeiten dargestellt.

7.3.1 Erwerb von Fertigkeiten

7.2.1.1 Spezifische Merkmale des Erwerbs von Fertigkeiten

Ein spezifisches Merkmal des Erlernens von Fertigkeiten besteht darin, daß diese durch fortlaufende Übung ständig verbessert werden können. Einschränkungen ergeben sich allerdings aufgrund von Alter, Motivation, der Fähigkeit der involvierten Muskulatur usw. (Anderson, 1980). Ein erstaunliches Ausmaß einer Gedächtnisfertigkeit berichten Ericsson, Chase & Faloon (1980). Ihre Versuchsperson konnte durch den Einsatz einer Memoriertechnik nach 190 Übungsstunden, verteilt über einen Zeitraum von 20 Monaten, 79 hintereinander gelesene Ziffern behalten; anfangs hatte sie eine Gedächtnisspanne von nur 7 Ziffern. Diese Versuchsperson erreichte damit in relativ kurzer Zeit die Gedächtnisfertigkeit professioneller Gedächtnisexperten mit lebenslanger Übung (vgl. Kasten 7.13).

Kasten 7.13: Gedächtnistraining

Ericsson, Chase & Faloon (1980) gaben einer Versuchsperson Sequenzen von zufälligen Ziffern mit einer Rate von einer Ziffer pro Sekunde vor. Jede Sequenz sollte anschließend wiedergegeben werden. Wenn die Versuchsperson bei einer Wiedergabe keinen Fehler machte, wurde die nächste Sequenz um eine Ziffer erhöht, im anderen Fall um eine Ziffer vermindert. Die Übungen dauerten jeweils eine Stunde. Sie erstreckten sich insgesamt über 20 Monate, wobei 3–5 Stunden wöchentlich geübt wurde. Nach 190 Stunden hatte die Versuchsperson ihre Gedächtnisspanne von anfänglich 7 Ziffern auf 79 Ziffern erweitert.

Diese Gedächtnisfertigkeit ist auf ein spezifisches Memoriersystem zurückzuführen, bei dem die Versuchsperson die Ziffernfolge mit ihr vertrauten Wissenselementen assoziierte. Die Versuchsperson kannte sich bestens in den Wettkampfergebnissen der verschiedenen Laufdisziplinen aus und nahm selbst als aktiver Langstreckenläufer an vielen Laufwettbewerben teil. Die zu behaltenden Ziffernfolgen wurden von ihr in drei- und vierstellige

Zifferngruppen aufgeteilt und als Wettkampfzeiten aufgefaßt. Zum Beispiel wurde die Ziffernfolge 3492 als „3 Minuten und 49,2 Sekunden, nahe Weltrekord über die Meile" kategorisiert. In manchen Fällen verwendete die Versuchsperson auch Altersangaben oder Geschichtsdaten. Je 3 oder 4 Zifferngruppen wurden in eine Obergruppe zusammengefaßt (die wiederum mit einem bestimmten Merkmal assoziiert wurde) und diese wiederum in Supergruppen mit jeweils 3–4 Obergruppen usw. Insgesamt ergab sich für den Gedächtnisabruf eine hierarchische Struktur. Die Zunahme der Gedächtnisspanne ist nach Auffassung der Untersucher ausschließlich auf die Anwendung mnemonischer Assoziationen im Langzeitgedächtnis zurückzuführen, während die Kapazität des Arbeitsgedächtnisses mit 3–4 Einheiten unberührt blieb.

Psychologische Untersuchungen haben ergeben, daß Fertigkeiten vergessen werden, jedoch auch nach einem Intervall von mehreren Jahren schnell wieder erworben werden können, so daß das ursprüngliche Leistungsniveau bald wieder erreicht wird (vgl. Kasten 7.14).

Durch fortlaufende Übung werden Fertigkeiten immer stärker automatisiert. Sie erfordern immer weniger Aufmerksamkeit, werden schnell und verläßlich ausgeführt, und es kommt kaum zu störenden Überlagerungen mit anderen, gleichzeitig ausgeführten Fertigkeiten. Eine Studie von Spelke, Hirst & Neisser (1976) demonstriert den mit zunehmender Übung zurückgehenden störenden Einfluß einer Fertigkeit auf anderes, gleichzeitig ablaufendes Verhalten. Die Versuchspersonen sollten einen Text leise lesen und verstehen und gleichzeitig Wörter aufschreiben, die der Versuchsleiter diktierte. Die gleichzeitige Bewältigung der beiden Aufgaben war zu Anfang sehr schwierig. Die Versuchspersonen lasen sehr viel langsamer als es ihrer normalen Lesegeschwindigkeit entsprach, erreichten aber nach 6wöchiger Übung ihr normales Tempo. Außerdem glichen ihre in Verständnistests erhobenen Werte denen bei ungestörtem Lesen. Die Versuchspersonen konnten übrigens den Inhalt der diktierten Wörter nicht wiedergeben; diese Fertigkeit wurde also völlig automatisiert. Im folgenden soll der Verlauf des Erwerbs einer Fertigkeit, vom ersten Erlernen bis zu ihrer vollständigen Automatisierung, anhand eines Stufenmodells dargestellt werden.

Kasten 7.14:
Lernverlauf und Vergessensprozeß bei Fertigkeiten

Kolers (1976) ließ Versuchspersonen das Lesen von Texten mit verdrehten Buchstaben üben und erfaßte die erreichten Lesezeiten. Die Texte enthielten gelegentlich normale Textseiten zur Kontrolle der normalen Lesegeschwindigkeit. In der Abb. zeigt Gerade A die kontinuierliche Verbesserung der Lesefertigkeit (gemessen in Lesezeit pro Seite) mit zunehmender Übung (gemessen durch die Anzahl gelesener Seiten).

Nach dem Lesen von 160 Textseiten mit verdrehten Buchstaben lasen die Probanden mit einem Tempo von 1,7 Minuten pro Seite, was etwa der normalen Lesegeschwindigkeit (Gerade A') entsprach.

Nach mehr als einem Jahr übten dieselben Versuchspersonen noch einmal das Lesen von Texten mit verdrehten Buchstaben. Gerade B veranschaulicht den Lernverlauf. Es zeigt sich, daß die Versuchspersonen zwar noch Lernvorteile besaßen, zu Beginn aber etwa doppelt so lange für das Lesen brauchten als ein Jahr früher bei Beendigung der Übung. Es gibt also auch Vergessensprozesse bei Fertigkeiten.

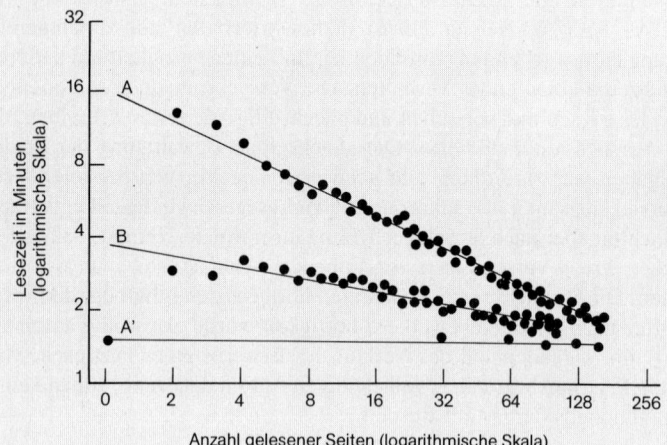

Die Stufen des Fertigkeitserwerbs

Das Erlernen einer Fertigkeit kann durch ein Modell mit drei Stufen beschrieben werden (Fitts, 1964; Anderson, 1982): (1) Eine kognitive Stufe, auf der eine Regel für die Fertigkeitsausführung als eine genaue Beschreibung der Prozedur gelernt wird; (2) eine darauffolgende Stufe der sogenannten Wissenskompilation, auf der eine Prozedur für die Fertigkeitsausführung ausgebildet wird; (3) eine daraus hervorgehende Stufe der Wissensoptimierung und -verfeinerung („tuning"), auf der die Fertigkeit immer flüssiger ausgeführt und schließlich automatisiert wird.

Stufe 1: Das Erlernen einer Fertigkeit beginnt auf der kognitiven Stufe damit, daß der Lerner ein *Wissen über den genauen Ablauf* der Fertigkeit und ihre Ausführung erwirbt. Die genaue Beschreibung der Prozedur ist dann im Sinne eines Wissens über Sachverhalte in deklarativer Form im Gedächtnis repräsentiert. Dieses Wissen wird im Rahmen bereits verfügbarer Prozeduren angewendet. Um beispielsweise Autofahren zu lernen, muß man wissen, in welchen Positionen die einzelnen Gänge liegen und wie der Schaltvorgang auszuführen ist.

Stufe 2: Bei weiterer Übung wird auf einer darauffolgenden Stufe eine spezielle *Prozedur für die Fertigkeitsausführung* ausgebildet, indem das deklarative Wissen – d. h. die Regel für die Fertigkeit – in eine prozedurale Form überführt wird. Anderson (1982) bezeichnet diesen Vorgang als *Wissenskompilation.* Er ist dadurch gekennzeichnet, daß die Fertigkeitsausführung flüssiger wird und die Regel nicht mehr ständig vergegenwärtigt zu werden braucht. Z. B. lernt man beim Autofahren langsam, das Kommenlassen der Kupplung im ersten Gang mit dem Gasgeben zu koordinieren, um ruckfrei anfahren zu können. Auch braucht man nicht mehr ständig die Regel zu erinnern, nach der beispielsweise der erste Gang einzulegen ist. Man kann dieses Wissen sogar vergessen. Das deklarative Wissen kann jedoch verfügbar bleiben und neben dem prozeduralen Wissen existieren, welches dann aber die Fertigkeitsausführung bestimmt.

Stufe 3: Schließlich geht das Lernen in eine Stufe der *Automatisierung* der Fertigkeit über, auf der die Ausbildung der Prozedur für die Fertigkeitsausführung weiter verfeinert wird. Die Fertigkeit wird immer sicherer beherrscht, ihre Ausführung erfolgt immer schneller und exakter. Gleichzeitig verschwindet das vorher oftmals zu beobachtende Hersagen der Regel für die Fertigkeit. Das deklarative Wissen, das die Fertigkeitsausführung in den Anfängen gesteuert hatte, tritt vollständig zurück. Gewöhnlich ist der Lerner sogar nicht mehr in der Lage, dieses Wissen zu verbalisieren. Z. B. kann er nicht mehr angeben, in welcher Position sich der Rückwärtsgang in seinem Auto befindet – es sei denn, er führt den entsprechenden Schaltvorgang direkt aus.

Das Stufenmodell beruht auf der Annahme, daß der Fertigkeitserwerb von einem deklarativen Wissen ausgeht, das durch anschließende Übung in eine prozedurale Form überführt wird. Offensichtlich gibt es aber Fertigkeiten, die ohne eine anfänglich deklarativ enkodierte Information erworben werden. Zu denken wäre etwa an das Erlernen der menschlichen Lautbildung als Vorstufe des Spracherwerbs, der Kontrolle des muskulären Apparats oder der kinästhetischen Orientierung. Solche Fertigkeiten werden insbesondere im frühkindlichen Stadium erworben und haben eine große Bedeutung für die weitere Entwicklung und späteres Lernen. Es existieren keine Befunde, die einen solchen Fertigkeitserwerb in späteren Lebensabschnitte ausschließen. Das Stufenmodell zum Fertigkeitserwerb würde diesen Fällen nicht gerecht.

Produktionssysteme als Ansatz
zur Beschreibung von Fertigkeiten

Fertigkeiten bzw. das ihnen unterliegende prozedurale Wissen lassen sich mit Hilfe sogenannter Produktionssysteme beschreiben. Grundlegend für diesen Ansatz waren Entwicklungen in der Mathematik und Informationstheorie, die von der Kognitionspsychologie aufgegriffen wurden. Eine Produktion soll im folgenden anhand eines einfachen Beispiels zu einem Schaltvorgang beim Autofahren erläutert werden (vgl. Anderson, 1980):

WENN ein Auto im ersten Gang fährt,
      und es fährt schneller als 20 km/h,
      und es hat eine Kupplung,
      und es hat einen Schalthebel,
DANN drücke die Kupplung,
      und ziehe den Schalthebel in den zweiten Gang,
      und nimm den Fuß von der Kupplung.

Die Produktion besteht aus einem Bedingungsteil (WENN), der eine oder mehrere Bedingungen umfaßt, sowie einem Aktionsteil (DANN), der eine oder mehrere Aktionen enthält. Wenn bei der obigen Produktion die angegebenen Bedingungen vorliegen, dann werden die damit verknüpften Aktionen ausgeführt, die den Schaltvorgang ausmachen.

Kognitive Fertigkeiten werden in der Regel durch eine Reihe aufeinander bezogener Produktionsregeln dargestellt, die man als *Produktionssystem* bezeichnet. Ein umfassender Ansatz zur Modellierung kognitiver Fertigkeiten auf der Grundlage von Produktionssystemen ist die *ACT-Theorie* (Anderson, 1983). Die Bezeichnung „ACT" steht als Abkürzung für „Adaptive Control of Thought" und hat nur historische Bedeutung im Rahmen der Entwicklung dieser Theorie. In der ACT-Theorie beziehen sich die Bedingungen von Produktionen auf im Gedächtnis aktivierte Propositionen eines semantischen Netzwerkes.

Eine Produktion wird nur dann angewendet, wenn eine Übereinstimmung der aktivierten Propositionen mit ihrem Bedingungsteil (WENN) vorliegt. In bezug auf die oben dargestellte Produktion zum Schaltvorgang müßten also die Propositionen „Auto fährt im ersten Gang", „Auto fährt schneller als 20 km/h", „Auto hat eine Kupplung" und „Auto hat einen Schalthebel" im Gedächtnis aktiviert sein, damit die Produktion angewendet und ihre Aktion, d. h. der Schaltvorgang wirksam werden kann. Die Aktion führt zur Aktivierung weiterer Propositionen, die die Zustandsänderung widerspiegeln, wonach der Schaltvorgang ausgeführt und der erste Gang eingelegt ist. Auf diese Propositionen trifft jetzt der Bedingungsteil einer anderen Produktion zu, deren Aktion wiederum zu kognitiven Zustandsänderungen und in der Folge zur Anwendung einer neuen Produktion führt. Die Ausführung einer Produktion verändert also wiederum das Gefüge der aktivierten Propositionen. Propositionen werden aber nicht nur durch Ausführungen von Produktionen aktiviert, sondern auch durch die Wahrnehmung von Information aus der Umwelt.

Wie komplex ein Produktionssystem für die Ausführung einer einfachen Addition ist, verdeutlicht die Darstellung in Kasten 7.15 (nach Anderson, 1983). Das Produktionssystem „Addieren" umfaßt elf Produktionen, deren Abfolge aus dem Kontrollflußmodell zu ersehen ist. Es sei davon ausgegangen, daß die Zahlen 614, 438 und 683 untereinanderstehen und spaltenweise addiert werden sollen. Das Kontrollflußmodell verdeutlicht die angenommene hierarchische Zielstruktur bei der Fertigkeitsausführung. Sie durchläuft vier Zielebenen: vom obersten Ziel der Bearbeitung der Additionsaufgabe über das Ziel, die Spalten zu bearbeiten zum Ziel, die Reihen innerhalb der Spalten zu bearbeiten, bis hin zum eigentlichen Additionsvorgang. Produktion P1, die das oberste Ziel verkörpert, wird zuerst angewendet (vgl. Kasten). Sie setzt das Subziel, die Spalten der Additionsaufgabe zu bearbeiten. Durch diese neue Bedingung und die Tatsache, daß die rechte Spalte noch nicht bearbeitet ist, kommt P2 zur Anwendung. P2 setzt das Subziel, die Ziffern der rechten Spalte nacheinander zu bearbeiten und die laufende Additionssumme auf Null zu setzen. Aus dem Kontrollflußmodell ist ersichtlich, daß nun P6 angewendet wird. Dies erfolgt aufgrund der Ausführung von P2 und der Tatsache, daß noch kein Addiervorgang ausgeführt worden ist. P6 setzt als neues Subziel, die oberste Zahl der Reihe, d. h. die 4, zur laufenden Additionssumme, die bisher Null beträgt, hinzuzuaddieren. Damit ist das System über die vier Zielebenen gelangt. Die Abfolge der weiteren Produktionen ist aus dem Kontrollflußmodell ersichtlich und kann vom Leser selbständig verfolgt werden. Zur Erläuterung sei noch angemerkt, daß das Fallenlassen eines Ziels, wie z. B. in P10, gleichbedeutend mit dem Wechsel der Aufmerksamkeit zur nächsthöheren Zielebene ist.

Kasten 7.15: Das Produktionssystem „Addition"

(P = Produktion)

P1   WENN Ziel ist, eine Additionsaufgabe zu bearbeiten,
      DANN setze als Subziel, die Spalten der Aufgabe zu bear-
            beiten.

P2   WENN Ziel ist, die Spalten der Additionsaufgabe zu bear-
            beiten,
            und die am weitesten rechts stehende Spalte wurde
            noch nicht bearbeitet,
      DANN setze als Subziel, die Ziffern in dieser rechten Spalte
            nacheinander zu bearbeiten,
            und setze die laufende Additionssumme auf 0.

P3   WENN Ziel ist, die Spalten einer Additionsaufgabe zu bear-
            beiten,
            und eine Spalte wurde bereits bearbeitet,
            und eine andere Spalte steht links von dieser Spalte,
      DANN setze als Subziel, die Ziffern in dieser linken Spalte
            nacheinander zu bearbeiten,
            und setze die laufende Additionssumme auf den
            Wert des Übertrags.

P4   WENN Ziel ist, die Spalten einer Additionsaufgabe zu bear-
            beiten,
            und die letzte Spalte ist bearbeitet worden,
            und ein Übertrag tritt auf,
      DANN schreibe diesen Übertrag aus
            und lasse das Ziel fallen.

P5   WENN Ziel ist, die Spalten einer Additionsaufgabe zu bear-
            beiten,
            und die letzte Spalte ist bearbeitet worden,
            und ein Übertrag tritt nicht auf,
      DANN lasse das Ziel fallen.

P6   WENN Ziel ist, die Ziffern einer Spalte nacheinander zu
            bearbeiten,
            und die oberste Ziffer wurde noch nicht bearbeitet,
      DANN setze als Subziel, die oberste Ziffer zur laufenden
            Additionssumme hinzu zu addieren.

P7   WENN Ziel ist, die Ziffern einer Spalte nacheinander zu
            bearbeiten,
            und eine Ziffer ist bereits bearbeitet worden,
            und eine andere Ziffer steht darunter,

DANN setze als Subziel, diese untere Ziffer zur laufenden
Additionssumme hinzu zu addieren.

P8 WENN Ziel ist, die Ziffern einer Spalte nacheinander zu
bearbeiten,
und die letzte Ziffer ist bearbeitet worden,
und die laufende Additionssumme ist eine Ziffer,

DANN schreibe die Ziffer aus,
und anulliere den Übertrag,
und kennzeichne die Spalte als bearbeitet,
und lasse das Ziel fallen.

P9 WENN Ziel ist, die Ziffern einer Spalte nacheinander zu
bearbeiten,
und die letzte Ziffer ist bearbeitet worden,
und die laufende Additionssumme ist zweistellig,

DANN schreibe die Ziffer der Einerstelle dieser Summe aus,
und benutze die Ziffer der Zehnerstelle als Übertrag,
und kennzeichne die Spalte als bearbeitet,
und lasse das Ziel fallen.

P10 WENN Ziel ist, eine Ziffer zu einer anderen Ziffer hinzu zu
addieren,
und eine Summe ist die Summe dieser beiden Ziffern,

DANN ist das Resultat die laufende Additionssumme,
und kennzeichne die Ziffer als bearbeitet,
und lasse das Ziel fallen.

P11 WENN Ziel ist, eine Ziffer zu einer Zahl hinzu zu addieren,
und die Zahl besteht aus Einer- und Zehnerstelle,
und eine Summe ist die Summe der hinzu zu addie-
renden Ziffer und der Ziffer auf der Einerstelle der
zweistelligen Zahl,
und diese Summe ist kleiner als 10,

DANN ist das Resultat eine zweistellige laufende Additionssumme, deren Zehnerstelle gegeben und deren Einerstelle aus der Summe besteht,
und kennzeichne die Ziffer als bearbeitet,
und lasse das Ziel fallen.

(Modifiziert nach Anderson, 1983, S. 8f.)

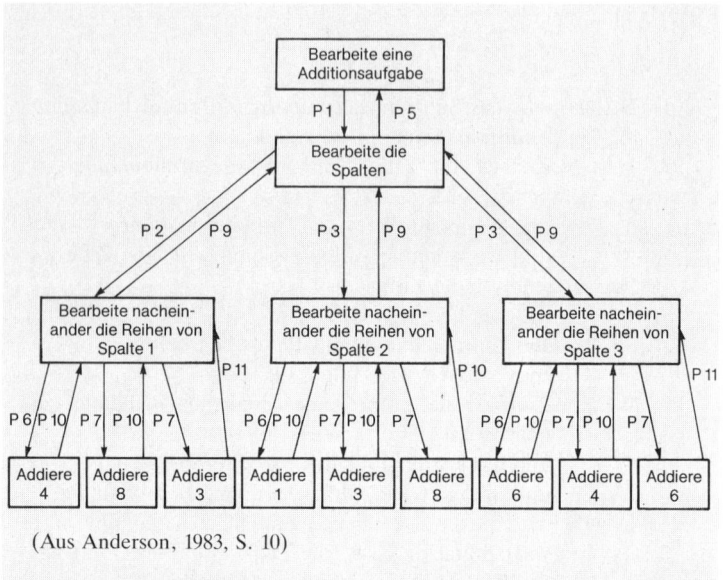

(Aus Anderson, 1983, S. 10)

Im Anschluß an die Darstellung eines Produktionssystems können nun
einige weitere Aspekte des Erlernens von Fertigkeiten im Rahmen der
ACT-Theorie dargestellt werden, die das bereits erläuterte Stufenmodell
des Fertigkeitserwerbs weiter ausdifferenzieren.

Prozeduralisierung und Komposition
Auf der zweiten Stufe des Fertigkeitserwerbs, d. h. der Stufe der Wissens-
kompilation (s. o.), werden die Prozesse der Prozeduralisierung und
Komposition unterschieden. Prozeduralisierung überführt das deklarative Wissen über die Fertigkeit in eine prozedurale Form. Der Vorgang
wird als Bildung spezifischer Produktionen aufgefaßt, in die dieses
Wissen eingeht. Es sei daran erinnert, daß eine Produktion nur dann zur
Anwendung kommt, wenn die in ihrem WENN-Teil enthaltenen Propositionen im Gedächtnis aktiviert sind. Nun macht aber eine spezifische
Produktion, in der dieses deklarative Wissen bereits eingebaut ist, einen
geringeren Umfang gedächtnismäßiger Aktivation erforderlich, so daß
die Kapazität des Arbeitsgedächtnisses entlastet und für weitere Aufgaben frei ist. Damit ist auch die Anwendung größerer zusammengesetzter
Produktionen möglich, die im Kompositionsprozeß gebildet werden
(s. u.). Prozeduralisierung, die im Verlauf von Übung auftritt und
wissensspezifische Prozeduren erzeugt, macht also das ständige Bewußt-
halten des deklarativen Wissens über die Fertigkeit überflüssig und führt
zu einer zügigeren Fertigkeitsausführung (Anderson, 1982).

Ein Prozeduralisierungsprozeß tritt zum Beispiel beim Erlernen einer bestimmten Telefonnummer auf. Durch wiederholtes Wählen der Nummer wird das deklarative Wissen über die einzelnen Ziffern in eine spezifische Produktion eingebaut. Jetzt kann die Telefonnummer quasi automatisch gewählt werden, ohne daß es notwendig ist, die einzelnen Ziffern bewußt zu erinnern. Das deklarative Wissen der Ziffern spielt für das Wählen keine Rolle mehr. Dies ist in den Fällen sehr deutlich, in denen man beobachtet, daß eine Person eine von ihr ständig benutzte Telefonnummer mündlich überhaupt nicht hersagen kann, sondern diese nur dann anzugeben in der Lage ist, wenn sie die Nummer tatsächlich wählt.

Eine weitere Glättung in der Fertigkeitsausführung wird durch den Kompositionsprozeß bewirkt. Er läuft parallel und im Zusammenwirken mit der Prozeduralisierung ab und wird als Zusammenführung aufeinanderfolgender Produktionen in eine einfache Produktion angesehen, welche den Effekt der Produktionenfolge hat. Dadurch kommt es zur Anwendung des Wissens in einem Stück und damit zu einer Beschleunigung der Fertigkeitsausführung (Anderson, 1982). In bezug auf das Beispiel des Wählens einer Telefonnummer drückt sich der Kompositionsprozeß darin aus, daß ein Erwachsener beim Wählen nicht jedesmal innehalten muß, um sich die Ziffernfolge und die einzelnen Schritte des Wählvorgangs zu vergegenwärtigen, sondern die Telefonnummer in einem Zug wählt. Dieses Verhalten ist aber nicht selbstverständlich. Es mußte durch Zusammenführen der einzelnen Produktionen für den Wählvorgang erst erworben werden. Dies wird deutlich, wenn man noch ungeübte Kinder beim Wählen beobachtet und das zögernde und noch stückweise Vorgehen wahrnimmt. Im Kasten 7.16 werden diese Kompositions- und Prozeduralisierungsprozesse anhand eines kleinen Produktionssystems zum Wählen einer Telefonnummer ausführlicher erläutert.

Generalisation und Diskrimination

Auf der Stufe der Wissensoptimierung („tuning"), die sich an die Wissenskompilation anschließt, sind ein Generalisations- und ein Diskriminationsprozeß sowie ein Prozeß der Stärkung, bewirkt durch wiederholte Anwendung von Produktionen zu unterscheiden. Generalisation bezeichnet den Prozeß der Erweiterung einer Produktion auf weitere Fälle. Die grundlegende Funktion dieses Prozesses besteht darin, daß neue Produktionsregeln gebildet werden, die das erfassen, was einzelne Produktionen gemeinsam haben. Ein Generalisationsprozeß liegt zum Beispiel vor, wenn ein Kind beim Erlernen der Sprache die Regel für die Bildung des Plural dadurch erwirbt, daß es von Einzelfällen auf weitere Fälle generalisiert.

Zur Veranschaulichung sei auf Kasten 7.17 verwiesen, in dem die Generalisation einer Produktionsregel beim Spracherwerb dargestellt ist.

Kasten 7.16: Wissenskompilation am Beispiel des Wählens einer Telefonnummer

Ausgangspunkt seien die beiden folgenden Produktionen

P1 WENN Ziel ist, eine Telefonnummer zu wählen,
          und ZAHL1 ist die erste Zahl der Nummer,
    DANN wähle ZAHL1.

P2 WENN Ziel ist, eine Telefonnummer zu wählen,
          und ZAHL1 ist gerade gewählt worden,
          und ZAHL2 kommt nach ZAHL1,
    DANN wähle ZAHL2.

Komposition:

Die obige Produktionensequenz dürfte nur für Kinder realistisch sein, die noch ungeübt im Telefonieren sind. Erwachsene sollten vermittels Komposition die folgende Makroproduktion ausgebildet haben, welche die Wähloperation in einem Schritt ausführt:

P1 & P2 WENN Ziel ist, eine Telefonnummer zu wählen,
               und ZAHL1 ist die erste Zahl in der Telefonnummer,
               und ZAHL2 kommt nach ZAHL1
         DANN wähle ZAHL1 und dann ZAHL2.

Prozeduralisierung:

Die zusammengesetzte Produktion P1 & P2 macht es erforderlich, daß eine spezifische, zu wählende Telefonnummer im Arbeitsgedächtnis gehalten und den Variablen ZAHL1 und ZAHL2 zugewiesen wird, wenn die Produktion zur Anwendung kommen soll. Prozeduralisierung macht diesen Vorgang dadurch überflüssig, daß eine neue Produktion gebildet wird, in der der zweite und dritte Bedingungssatz in P1 & P2 eliminiert sind und die Ziffern der spezifischen Telefonnummer entsprechend an ZAHL1 und ZAHL2 gebunden sind (z. B. ZAHL1 = 6, ZAHL2 = 9):

P1 & P2* WENN Ziel ist, Dieters Telefonnummer zu wählen,
          DANN wähle 6 und dann 9.

Durch fortlaufende Komposition und Prozeduralisierung kann eine Produktion aufgebaut werden, die die vollständige Nummer wählt:

P* WENN Ziel ist, Dieters Telefonnummer zu wählen,
    DANN wähle 6962.

Es kommt durchaus vor, daß gleichzeitig mit diesem Prozeduralisierungsprozeß das deklarative Wissen vollständig vergessen wird. Dann kann die Telefonnummer nur erinnert werden, wenn sie tatsächlich gewählt wird.

(Nach Anderson, 1982)

Kasten 7.17:
Generalisation und Diskrimination beim Sprachlernen

Generalisation:
Ausgangspunkt einer Generalisation seien die beiden durch Kompilation von Produktionen für verbale Ausdrücke entstandenen Produktionen:
P1 WENN Ziel ist anzugeben, daß der Mantel mir gehört,
   DANN sage „mein Mantel".
P2 WENN Ziel ist anzugeben, daß der Ball mir gehört,
   DANN sage „mein Ball".
   Aus diesen Produktionsregeln kann die folgende Generalisation gebildet werden:
P3 WENN Ziel ist anzugeben, daß OBJEKT mir gehört,
   DANN sage „mein OBJEKT".
   In P3 ist OBJEKT eine Variable, die verschiedene Werte annehmen kann. Es ist zu beachten, daß die allgemeine Produktion P3 nicht die ursprünglichen zwei Produktionen ersetzt und daß diese in ihren speziellen Situationen angewendet werden.

Diskrimination:
Die Produktionsregel P3 für die Bezeichnung der Besitzanzeige ist übermäßig allgemein, da das Geschlecht nicht berücksichtigt ist. Z. B. erweist sich die Regel bei weiblichen Objekten als falsch. Durch den Vergleich von Umständen, in denen die Regel korrekt sowie nicht korrekt angewendet wurde, kann festgestellt werden, daß die Variable OBJEKT an unterschiedliche Werte gebunden ist und der Wert bei der korrekten Anwendung sich auf ein männliches Objekt bezog, bei der nicht korrekten Anwendung dagegen auf ein weibliches Objekt. Es kann dann für ein weibliches Objekt eine gesonderte Regel gebildet werden, die zur korrekten Aktion führt:
P4 WENN Ziel ist anzugeben, daß OBJEKT mir gehört,
       und OBJEKT ist weiblich,
   DANN sage „meine OBJEKT"

(Nach Anderson, 1982)

Generalisation ist ein wichtiger Lernmechanismus. So dürfte es für das Lernen günstiger sein, eine gewisse Variation in den Lernbedingungen vorzugeben, um Generalisation anzuregen (Anderson, 1982).

Der Diskriminationsprozeß schränkt den Bereich der Anwendung übermäßig allgemeiner Prozeduren ein. Dadurch wird die Anwendung von Produktionen auf die geeigneten Umstände beschränkt. Voraussetzung dazu ist, daß Beispiele für korrekte wie auch für nicht korrekte Anwendungen der Prozedur vorliegen und diese miteinander verglichen werden. Dadurch kann der Lerner Merkmale unterscheiden, die sich für die fehlerhafte Anwendung der Produktion als kritisch erwiesen haben. Diese können in eine neue Produktionsregel eingehen, welche nun für eine spezifische Situation gilt (Anderson, 1982). Dieser komplex anmutende Sachverhalt ist aus dem einfachen Beispiel in Kasten 7.17 schnell zu ersehen. Es handelt sich dort um einen Diskriminationsprozeß, bei dem eine übermäßig allgemeine Produktionsregel für die Besitzanzeige von Objekten, die das Geschlecht nicht berücksichtigt, durch entsprechende Lernerfahrungen diskriminiert wird, so daß nun die besitzanzeigenden Fürwörter richtig gebildet werden.

Diskrimination ist ebenso wie Generalisation ein wichtiger Lernmechanismus. Die Lernsituation sollte so arrangiert sein, daß Diskriminationsprozesse begünstigt werden, etwa im Physikunterricht durch Herbeiführung geeigneter und ungeeigneter experimenteller Bedingungen, unter denen physikalische Phänomene beobachtet werden können.

7.3.2 Förderung des Erwerbs von Fertigkeiten

Im folgenden werden allgemeine Gesichtspunkte der Förderung des Fertigkeitserwerbs angesprochen, wie zum Beispiel die Rolle der Aufmerksamkeit des Lerners. Detaillierter gehen wir auf die Bedeutung der Ganz-Lernmethode versus Teil-Lernmethode, des verteilten versus massierten Lernens sowie auf die Rolle des Feedbacks beim Fertigkeitserwerb ein.

Allgemeine Überlegungen

Beim Fertigkeitserwerb stellt die Instruktion einen wichtigen Ausgangspunkt dar. In dem erläuterten Stufenmodell zum Fertigkeitserwerb (s. o.), das in der ACT-Theorie ausdifferenziert wurde, steht das deklarative Wissen am Anfang des Lernprozesses und wird dem Lerner im Rahmen einer Instruktion vermittelt. Der anschließende Übungsprozeß kann ebenfalls durch Instruktion unterstützt werden.

Eine Instruktion ist am wirkungsvollsten, wenn der Lerner seine gesamte Aufmerksamkeit auf sie richtet. Eine entsprechende Untersuchung aus dem Schulbereich berichten May & Lumsdaine (1958, zit.

nach Cronbach, 1971). Sie veranschaulicht, daß Schüler eine Aufgabe um so erfolgreicher bearbeiteten, je aufmerksamer sie eine vorausgehende Instruktion verfolgen konnten. Schüler der fünften Klasse sollten das Zusammensetzen eines komplizierten Puzzles erlernen. Jedes Kind wurde vorher einzeln in der Aufgabenbearbeitung unterwiesen. Dabei verfolgte eine Gruppe der Kinder die Instruktion schweigend; eine zweite gab die verschiedenen Teile der Instruktion verbal wieder; eine dritte war angehalten, während der Instruktion in Zweierschritten laut bis 100 zu zählen. Nach der Instruktion arbeitete jedes Kind so lange, bis es die Aufgabe ohne Fehler durchführen konnte. Es zeigte sich, daß die Kinder, die die Instruktion verbal wiederholt hatten, bei der Aufgabenlösung am besten abschnitten.

Insbesondere bei komplexen kognitiven Fertigkeiten ist man keineswegs sicher, in welchem Umfang der Lerner instruiert werden sollte: Soll man ihm auch kleine Schritte seines Vorgehens vorher erläutern? Oder soll er manche Vorgehensweisen selbst herausfinden?

Eine Analyse von Geometrie-Lehrbüchern hat gezeigt, daß dem Lerner zwar eine Vielzahl von geometrischen Prinzipien und Regeln dargeboten werden, jedoch keine genauen Anleitungen dazu, wie diese im Zusammenhang mit geometrischen Beweisen zu verwenden sind. Obwohl die Vermittlung geometrischer Beweisfertigkeiten eine zentrale Intention des Mathematikunterrichts ist, wird das Erlernen solcher Fertigkeiten nicht ausdrücklich angeleitet, sondern bleibt dem Lerner überlassen. Trotzdem werden durch die Lehrbuchinstruktion entsprechende Fertigkeiten erlernt (Anderson, Greeno, Kline & Neves, 1981). Bisher ist die Frage offen, inwieweit eine detaillierte Unterweisung in komplexen kognitiven Fertigkeiten, wie z. B. dem Lösen geometrischer Beweisprobleme, überhaupt möglich ist, ob dadurch längere, aber möglicherweise sinnvolle Umwege des Lerners abgeschnitten werden oder ihm überflüssige und unfruchtbare Lernbemühungen erspart bleiben. Greeno (1980) verweist angesichts dieses Problems darauf, daß der Erzieher auf jeden Fall die genaue Fertigkeitsausführung und deren kognitive Anforderungen kennen sollte, um dem Lerner ggf. hilfreich zur Seite zu stehen.

Die Instruktion kann auf verschiedene Weise gestaltet sein, um den Fertigkeitserwerb zu fördern. Insbesondere bei sehr komplexen Fertigkeiten kann sie auf eine *Vereinfachung des Fertigkeitsablaufs* gerichtet sein, so daß zuerst ein Handlungsgerüst erlernt wird, das dann später ausdifferenziert wird. Eine solche Vereinfachung kann zu Beginn des Lernvorgangs besonders angebracht sein, um den Lernenden in die Lage zu versetzen, die wichtigsten Komponenten einer Fertigkeit zu erkennen und das grundlegende Muster der Fertigkeitsausführung zu erfassen. Z. B. kann die Vereinfachung beim Lernen einer Fremdsprache in einem langsameren Vorsprechen von Vokabeln bestehen, deren Aussprache erlernt werden soll. Oder die Prinzipien der Satzbildung werden anhand einfacher Sätze mit einer begrenzten Anzahl von Hauptwörtern eingeübt (Cronbach, 1971). Bei der Vereinfachung ist allerdings zu beachten, daß der Fertigkeitsablauf nicht grundlegend verändert wird. Die Vereinfachung sollte eher einem ersten Verständnis als einem detaillierten Training dienen.

Die Instruktion kann auch auf eine *Vereinfachung der Lernaufgabe* abzielen, indem man eine Teilfertigkeit isoliert, der im Zuge des Lernprozesses besondere Aufmerksamkeit gelten soll. Man kann auch eine Aufgliederung von Fertigkeiten in Teilfertigkeiten vornehmen und diese sukzessiv erlernen. Diese Aspekte werden im folgenden ausführlich im Zusammenhang mit der Ganz- und Teil-Lernmethode angesprochen.

Ganz-Lernmethode oder Teil-Lernmethode?

Beim Erlernen einer Fertigkeit stellt sich die Frage, ob es günstiger ist, von Beginn an die gesamte Fertigkeit zu erlernen und einzuüben oder sich jeweils auf Teile der Fertigkeit zu beschränken, die anschließend integriert werden. Für den Bereich der motorischen Fertigkeiten hat sich allgemein gezeigt, daß es günstiger ist, Teilfertigkeiten getrennt einzuüben, wenn diese voneinander unabhängig sind. In einer Untersuchung von Koch (1923; zit. nach Anderson, 1980) sollten z.B. Probanden auf zwei Schreibmaschinen gleichzeitig schreiben lernen, auf einer Schreibmaschine mit der linken Hand, auf der anderen mit der rechten Hand. In der einen Gruppe übten die Probanden von Anfang an mit beiden Händen gleichzeitig; in der anderen Gruppe wurde nacheinander jeweils mit der einen und danach mit der anderen Hand geübt. Die Probanden der letzteren Gruppe zeigten gegenüber der anderen Gruppe bessere Leistungen, als sie gleichzeitig mit beiden Händen schreiben sollten. Diese Überlegenheit blieb auch bei weiteren Übungen der Gruppen erhalten.

Trotzdem kann man nicht ohne weiteres die Teil-Lernmethode empfehlen. Jede Methode besitzt ihre eigenen Vor- und Nachteile; sie hängen ab von Schwierigkeit und Umfang der Lernaufgabe, von den Voraussetzungen des Lerners (z.B. Motivation, Intelligenz und Vorkenntnisse), von Länge und Verteilung der Lernphasen.

Der Vorteil der Ganz-Lernmethode besteht darin, daß die Beziehungen eines jeden Teils der Lernaufgabe in ihrer Gesamtheit besser erfaßt werden und keine Verbindungen zwischen getrennt gelernten Teilen geschaffen zu werden brauchen. Dagegen besteht der Vorteil der Teil-Lernmethode darin, daß der Lerner durch Beherrschung einer Teilfertigkeit früher einen greifbaren Lernerfolg hat und dadurch unter Umständen stärker motiviert wird. Die Unterteilung einer umfangreichen Lernaufgabe erleichtert auch das Lernen, da man die Teilstücke insgesamt in weniger Versuchen erlernt als die gesamte Aufgabe. Es sind z.B. beträchtlich weniger Versuche nötig, um zwei kurze Aufgaben mit je zehn Einheiten zu lernen als eine lange Aufgabe mit zwanzig Einheiten (Ausubel, 1974).

Die Teil-Lernmethode ist günstiger, wenn die Lernaufgabe die Größe der Einheit überschreitet, die der Lernende gut in einem Übungsversuch bewältigen kann. Die optimale Größe dieser Einheit hängt von den Voraussetzungen des Lerners, insbesondere Intelligenz, Motivation und Vorwissen ab. Dagegen erscheint die Ganz-Lernmethode angebracht, wenn die Lernaufgabe ein integriertes Ganzes darstellt und eine Kontinuität zwischen einzelnen Teilabschnitten gegeben ist. Beispielsweise dürfte es geeigneter sein, ein Klavierstück von Anfang an als Ganzes einzuüben, statt es in voneinander getrennten Teilen zu erlernen. Wenn die Lernaufgabe sehr integriert ist, bleibt auch bei zunehmender Komplexität der Aufgabe die Ganz-Lernmethode vorteilhafter. Bei einer relativ unorganisierten Aufgabe wird mit zunehmender Komplexität dagegen die Teil-Lernmethode vorteilhafter.

Ausubel (1974) empfiehlt verschiedene Kombinationen der beiden Methoden in Abhängigkeit von den vorherrschenden Lernbedingungen, z. B. indem man mit verschiedenen „Ganz"-Versuchen beginnt, sich dann auf schwierige Teile konzentriert und mit einem auf das Ganze bezogenen Lernen abschließt.

Verteiltes oder massiertes Lernen?

Fertigkeiten können sowohl durch verteiltes als auch durch massiertes Lernen erworben werden. Beim verteilten Lernen ist der Lernprozeß in aufeinanderfolgende Lernphasen aufgeteilt, die durch Pausen voneinander getrennt sind. Beim massierten Lernen soll dagegen die Fertigkeit in einem Zug, d. h. ohne eine Unterbrechung, erworben werden. Psychologische Untersuchungen haben ergeben, daß das verteilte Lernen Vorteile für den Fertigkeitserwerb wie auch für den Erwerb von Wissen über Sachverhalte besitzt. Es führt zu einem schnelleren Erlernen und einer besseren Beherrschung des Gelernten und hat insbesondere bei Fertigkeiten einen starken fördernden Effekt. Neben motivationalen Überlegungen und Annahmen zu Ermüdung und Gedächtniskapazität wird dieser Effekt mit vergessenstheoretischen Annahmen erklärt; danach treten in den Pausen zwischen den Lernphasen Vergessensprozesse auf, wobei das darauf folgende Wiederlernen einen „immunisierenden" Effekt auf zukünftige Interferenz oder auslöschende Reduktion hat (Ausubel, 1974).

Die Effizienz des verteilten Lernens hängt von verschiedenen Faktoren ab: von Umfang bzw. Schwierigkeit der Lernaufgabe, von Vorkenntnissen und Befähigung des Lerners. Daher kann verteiltes Lernen nur unter Berücksichtigung der jeweiligen Lernumstände und Bedingungen empfohlen werden. Es erscheint günstig bei jüngeren und auch bei weniger befähigten Lernern sowie bei umfangreichen und schwierigen Lernaufgaben. Ein eher massiertes Lernen erscheint dagegen bei kurzen und leichten Aufgaben angebracht und ist auch bei fähigeren Lernern zu empfehlen. Verteiltes Lernen ist nachweisbar weniger effektiv bei Aufgaben, die eine verlängerte Aufwärm(warm up)-Periode oder beträchtliche konzentrierte Anstrengung erfordern.

Anderson (1980) verweist darauf, daß beim Erwerb einer komplexen kognitiven Fertigkeit, wie z. B. dem Programmieren von Computern, die Verteilung der Lernphasen sorgfältig zu überlegen ist und die Nachteile zu kurzer Lernphasen zu bedenken sind. Beim Programmierenlernen muß in einem Übungsabschnitt beträchtliche Zeit darauf verwendet werden, alle relevanten Faktoren im Gedächtnis zu aktivieren, die beim Schreiben eines Computerprogramms zum Tragen kommen. Eine zu starke Stückelung mit zu kurzen Lernphasen kann ungünstig sein, weil die Wiederherstellung der Lernkonstellation bei erneutem Lernbeginn bis zu einer halben Stunde dauern kann. Der Erwerb komplexer Fertigkeiten wie das Programmieren sollte sich nach Möglichkeit jeweils auf wenige Stunden beschränken; in dieser Zeit sollte aber versucht werden, eine vorher festgelegte Problemstellung vollständig zu bewältigen.

Insgesamt erscheinen kürzere und verteilte Lernphasen für Lernen und Behalten am effektivsten. Dabei sollte man jedoch darauf achten, daß die Lernphasen nicht zu weit auseinander liegen, die jeweilige Lernzeit nicht zu kurz ist, ggf. Aufwärmperioden erforderlich sind und die Lernaufgabe insgesamt nicht zerstückelt wird (Ausubel, 1974).

Feedback

Fertigkeiten werden schneller erlernt, wenn der Lerner über das Ergebnis seiner Fertigkeitsausführung sowie über die Art der auftretenden Fehler eine Rückmeldung erhält. Eine solche Rückmeldung wird als „Feedback" bezeichnet.

Die Rückmeldung sollte immer so erfolgen, daß der Lernende sofortige und genaue Information über seinen Erfolg und seine Fehler erhält. Feedback sollte also unmittelbar nach der Fertigkeitsausführung gegeben werden. Dies ist deshalb wichtig, weil dann die kognitiven Komponenten der Fertigkeitsausführung im Gedächtnis noch aktiv sind und leichter korrigiert werden können. Nach einer Verzögerung kann es für den Lerner schwierig sein, sich zu vergegenwärtigen, was zu der unrichtigen Fertigkeitsausführung geführt hat. Eine verzögerte Rückmeldung kann zu einem falschen Erlernen einer Fertigkeit führen, die dann schwer zu korrigieren ist (Anderson, 1980).

Auch die Zeitspanne zwischen dem Feedback und der nächsten Fertigkeitsausführung ist wichtig. Das Feedback ist als deklarative Information zu verstehen, die in die weitere Ausbildung der Prozedur eingeht.

Da es nur in einer konkreten Ausführung wirksam werden kann, sollte diese erfolgen, solange das Feedback noch im Gedächtnis aktiv ist. Aus motivationalen Erwägungen sollten Korrekturen der Fertigkeitsausführung nicht auf jede zufällige Abweichung gerichtet sein, sondern eher auf sich ständig wiederholende Fehler.

Die Ausbildung einer Fertigkeit ist nicht unbedingt an ein externes Feedback gebunden. Der Lerner kann, wenn er über ein internalisiertes Modell der Fertigkeit verfügt, die Fertigkeitsausführung selbst bewerten und entsprechend korrigieren. So kann der Lerner durch Beobachtung von Expertenverhalten in bestimmten Wissensbereichen (zum Beispiel in der medizinischen Ausbildung) Kriterien internalisieren, mit denen er seine eigene Fertigkeitsausführung überwachen und steuern kann. Für das Erlernen bestimmter Fertigkeiten (z. B. im Bereich der Sportausbildung) hat es sich als sinnvoll erwiesen, den Lerner mit Hilfe von Filmaufnahmen zu unterweisen, die ihm den verlangsamten Bewegungsablauf beispielsweise beim Erlernen einer Hochsprungtechnik demonstrieren, so daß er ein inneres Modell aufbauen kann, an dem er die Fertigkeitsausführung dann evaluieren kann.

7.4 Strategien des Problemlösens

Von einem Problem wird gesprochen, wenn ein Individuum ein Ziel hat, allerdings nicht weiß, wie es dieses erreichen soll. In einer solchen Situation erweist sich seine Wissensstruktur als unzulänglich. Im Rahmen des dann einsetzenden Problemlöseprozesses wird auf mentale Operationen zurückgegriffen, die das vorhandene unvollständige Wissen verwenden, um Lösungswege zu finden. Dieser Prozeß beruht sowohl auf verfügbarem Sachwissen über die zu bewältigende Situation als auch auf der Umorganisation, dem situationsspezifischen Einsatz und der neuartigen Verknüpfung dieses Wissens im Sinne entsprechender Problemlöseprozeduren. Dieses sind spezielle Fertigkeiten hochkomplexer Art, für deren Ausbildung die in Abschnitt 7.3 dargestellten Merkmale des Fertigkeitserwerbs gelten. Diese Problemlösefertigkeiten werden als Strategien bezeichnet.

Der Strategiebegriff bezieht sich auf den effektiven Umgang mit einem Problem. Er kennzeichnet das absichtsvolle, geplante Vorgehen bei der Lösungssuche, das gerade eine Problemlösung auszeichnet. Es werden allgemeine und inhaltsbereichsspezifische Problemlösestrategien unterschieden. Allgemeine Problemlösestrategien sind Fertigkeiten, die auf die unterschiedlichsten Probleme angewendet werden können. Zum Beispiel stellt das Vorgehen, ein Problem in Unterprobleme zu zerlegen und diese nacheinander zu lösen, eine solche allgemeine Strategie dar;

oder das Vorgehen, immer wieder zum Ausgangspunkt zurückzukehren, wenn sich bestimmte Lösungsschritte als erfolglos erweisen. Allgemeine Strategien sind also in vielfältigen Problemsituationen anwendbar. Dagegen gelten inhaltsbereichsspezifische Strategien nur für Probleme eines jeweiligen Wissensbereichs. Eine solche Strategie liegt zum Beispiel vor, wenn ein Elektroingenieur bei der Reparatur elektronischer Schaltungen im Laufe der Zeit eine spezifische Methode zur Fehlereingrenzung ausbildet, die dann nur für bestimmte Schaltungen im Rahmen seiner Fehlersuche gilt.

Problemlösestrategien werden auch als *Heuristiken* bezeichnet. Sie machen ein erfolgreiches Vorgehen wahrscheinlich, garantieren allerdings nicht den Lösungserfolg. Deshalb sind sie als „Faustregeln" anzusehen, die die Lösungstätigkeit effektivieren sollen. Das Gegenteil einer Heuristik ist ein *Algorithmus*. Er stellt eine feste Abfolge von Lösungsschritten dar, die den Lösungserfolg garantieren. Mit Algorithmen hat man es vor allem bei mathematischen Problemstellungen zu tun, bei denen die Lösung durch Anwendung fester Rechenprozeduren erzielt wird (Mayer, 1983). Im folgenden wird dargestellt, wie Problemlösestrategien erworben werden.

7.4.1 Erwerb von Problemlösestrategien

Die Problemlöseforschung geht in der Regel davon aus, daß ein Problem vorliegt, wenn die folgenden drei Komponenten gegeben sind (Newell & Simon, 1972; Dörner, 1976): (1) ein unbefriedigender Ausgangszustand, (2) ein erwünschter Zielzustand, (3) eine Barriere, die die Umwandlung des Ausgangszustands in den Zielzustand verhindert und deren Überwindung eine besondere Anstrengung im Sinne der neuartigen Verwendung von Wissen erforderlich macht. Ausgangs- und Zielzustand sind die zwei Enden des sog. Problemraums, der auch alle Zwischenzustände umfaßt, die der Problemlöser durchläuft, um sich Schritt für Schritt dem Zielzustand anzunähern. Problemlösen wird als Suche in einem Problemraum angesehen, und Problemlösestrategien sollen diese Suche effektivieren. Jeder Pfad durch den Problemraum repräsentiert eine mögliche Abfolge von Operationen, die der Problemlöser tätigen kann. Markierungspunkte auf diesem Pfad sind die einzelnen Zwischenzustände, die durch die Operationen erreicht werden. Eine Problemlösestrategie bewirkt eine Konzentration auf erfolgversprechende Lösungspfade.

Der *Problemraum* besitzt die Struktur eines Baumes mit einem Stamm und davon abgehenden Verzweigungen (vgl. Kasten 7.18). Von jedem Problemzustand, der durch eine entsprechende Operation erzeugt wird, werden Zustände initiiert, die wiederum zu weiteren Problemzuständen führen usw. Wegen dieser Struktur wird auch von Problembaum gespro-

Kasten 7.18: Erwerb einer Problemlösestrategie

Erwerb einer Problemlösestrategie
(Erläuterung im Text)

Beweisproblem zur Dreieckskongruenz

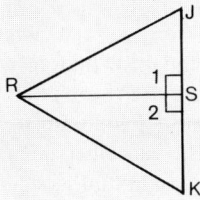

Gegeben: <1 und <2
sind rechte Winkel
und $\overline{JS} = \overline{KS}$

Zu beweisen: △ RSJ = △ RSK

Problemraum eines ungeübten
Problemlösers (Novize)

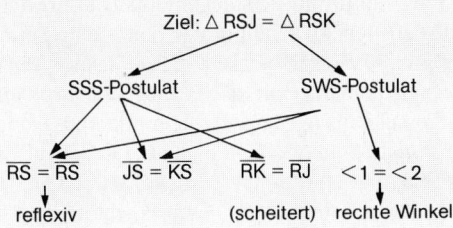

Problemraum eines geübten
Problemlösers (Experte)

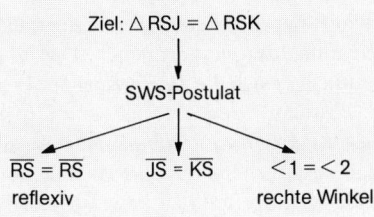

(Nach Anderson, Greeno, Kline & Neves, 1981)

chen, oder – im Hinblick auf die damit abgebildeten Handlungsmöglichkeiten des Problemlösers – von Aktionsbaum. Ein Problembaum wird in
der Regel in einer Mischung von vorwärts und rückwärts gerichteter
Suche durchlaufen, d. h. der Problemlöser geht sowohl von den vorgegebenen Daten aus in Richtung auf das Ziel (Vorwärtsinferieren) als auch
vom Ziel aus in Richtung auf die Datenbasis (Rückwärtsinferieren). Eine
Problemlösestrategie beschneidet diesen Problemraum um solche Verzweigungen, die allem Anschein nach nicht zur Problemlösung führen
(Hayes, 1981).

Problemlösestrategien sind Fertigkeiten, deren Erwerb durch die in
Abschnitt 7.3 dargestellten Prozesse der Wissenskompilation und
Wissensoptimierung gekennzeichnet ist. Im folgenden soll anhand eines
geometrischen Beweisproblems der Erwerb einer Problemlösestrategie
erläutert werden. Die Darstellung beschränkt sich exemplarisch auf einen
Diskriminationsprozeß und sieht von einer detaillierten Beschreibung
des Lernprozesses anhand eines Produktionssystems ab. Das Geometrie-
Problem (nach Anderson, Greeno, Kline & Neves, 1981) besteht darin,
die Kongruenz zweier aneinander liegender Dreiecke RSJ und RSK zu
beweisen (vgl. Kasten 7.18). Vorgegeben sind die Winkel 1 und 2 als
rechte Winkel und die Seiten JS und KS mit gleicher Länge.

Die Wissensstruktur im Beispiel enthält zwei Lösungspfade. Der eine
Pfad beruht auf der Anwendung des Seite-Seite-Seite-(SSS-)Postulats.
Dieses besagt, daß zwei Dreiecke kongruent sind, wenn sie in ihren drei
Seiten übereinstimmen. (Für die vorliegende Problemstellung erweist
sich dieses Postulat als ungeeignet.) Der andere Lösungspfad beruht auf
dem Seite-Winkel-Seite-(SWS-)Postulat. Gemäß diesem Postulat sind
zwei Dreiecke kongruent, wenn sie in zwei Seiten und dem eingeschlossenen Winkel übereinstimmen. (Dieses Postulat ist auf das vorliegende
Problem anwendbar und führt zum Beweis der Dreieckskongruenz.) Bei
dem Lerner handelt es sich um einen „Novizen" in bezug auf das Lösen
geometrischer Beweisprobleme, da er nicht sogleich erkennt, daß die
Anwendung des SWS-Postulats das Beweisproblem löst, sondern zuerst
das SSS-Postulat anzuwenden versucht (linker Ast des Problembaums).
Dieser Lerner verhält sich in einer für Novizen typischen Weise. Er
durchläuft den Problemraum vorzugsweise vom Zielzustand ausgehend
in Richtung der vorgegebenen Daten (Rückwärtsinferieren). Dabei
verdeutlicht er sich die Zielsetzung der Problemstellung, erwägt verschiedene Postulate zum Beweis von Dreieckskongruenz und überprüft
jeweils, ob sie den vorgegebenen Daten entsprechen. In unserem Beispiel
hat der Novize zuerst das SSS-Postulat angewendet. Der Versuch, dieses
Postulat als zutreffend zu beweisen, bleibt jedoch ohne Erfolg, da die
Kongruenz der Seiten RK = RJ – als eine Voraussetzung für die Anwendung des SSS-Postulats – nicht nachzuweisen und damit das Beweisproblem in dieser Weise nicht zu lösen ist. Darauf versucht der Novize das

SWS-Postulat. Er kann die dafür erforderliche Gleichheit der Seiten (RS = RS, JS = KS) und eingeschlossenen Winkel (< 1, < 2) nachweisen und hat damit die Kongruenz der beiden Dreiecke bewiesen.

Im vorliegenden Beispiel ist aufgrund dieser Erfahrung des Novizen ein Diskriminationsprozeß anzunehmen, der zu einem entsprechenden Strategieerwerb führt. Der Novize lernt, daß das Vorliegen der beiden eingeschlossenen rechten Winkel 1 und 2 unverzüglich die Anwendung des SWS-Postulats veranlassen sollte, während von dem SSS-Postulat abzusehen ist. Die gegebenen rechten Winkel, die per Definition kongruent sind, werden als ein spezifisches Merkmal der Problemstellung erkannt, das im Rahmen eines Diskriminationsprozesses als zusätzliche Bedingung in eine Produktionsregel aufgenommen wird. Diese wird bei künftigen Problemen mit entsprechenden Merkmalen unverzüglich angewendet. Damit hat der Novize eine Prozedur erworben, die er zur Optimierung seiner Lösungssuche künftig bei Problemen mit ähnlichen Merkmalen einsetzen wird. In der Untersuchung von Anderson et al. (1981), der dieses Beispiel entnommen wurde, konnte dieser Vorgang empirisch nachgewiesen werden.

Das erworbene Problemlöseverhalten ist als Problemraum des Experten wiedergegeben. Dieser Problemraum ist auf den Lösungspfad begrenzt, der auf das SWS-Postulat zurückgeht. Darüber hinaus wird der in diesem Bereich erfahrene Problemlöser bei der Lösungssuche eher vorwärtsinferieren, indem er aufgrund gegebener Problemmerkmale, z. B. eingeschlossener rechter Winkel, unverzüglich das SWS-Postulat als geeignet erkennt. Ein solches Vorwärtsinferieren, also eine von der gegebenen Datenbasis ausgehende Lösungssuche hin zum Zielzustand, ist typisch für geübte Problemlöser bzw. Experten, denen die Problemlösung „ins Auge springt".

Strategien müssen nicht, wie im Beispiel von Kasten 7.18, durch Diskrimination erworben werden. Vielmehr können alle Prozesse beim Erwerb von Fertigkeiten eine Rolle spielen (vgl. Abschnitt 7.3.1). Bei der Generalisation werden Gemeinsamkeiten von Lösungsprozeduren spezifischer Probleme in einer neuen Produktionsregel bzw. Lösungsprozedur festgehalten, die auf künftige Probleme angewendet werden kann. Bei der Proceduralisierung und Komposition werden die Lösungsoperationen zusammengeführt, so daß die schrittweise Problemlösung nun in einem Zug erfolgt (ausführlich s. Anderson, 1984).

7.4.2 Problemrepräsentation und Vorwissen

Der Problemlöser verfügt in bezug auf eine Problemstellung über ein bestimmtes Vorwissen, auf dessen Grundlage er das Problem zu verstehen versucht. Ein solches Vorwissen stellt bei dem dargestellten geometrischen Beweisproblem die Kenntnis geometrischer Postulate dar, ohne die dieses Problem nicht gelöst werden kann. Der Problemlöser entwikkelt nun auf der Grundlage seines Vorwissens eine kognitive Problemrepräsentation, die sämtliche Elemente des Problems – so, wie er sie sieht – umfaßt: das zu erreichende Ziel, den Ausgangszustand und mögliche Operationen sowie deren Anwendungsbedingungen. Der Problemraum ist als eine solche Problemrepräsentation aufzufassen. Sie dient dem Problemlöser dazu, die einzelnen Elemente der Problemstellung zueinander in Beziehung zu setzen, das Problem zu verstehen und einzelne Lösungsschritte ins Auge zu fassen (Hayes, 1981).

Bei der Erforschung des Problemlösens ist dem Aspekt der Problemrepräsentation und des Vorwissens in letzter Zeit besondere Aufmerksamkeit zugekommen. Man analysierte das Problemlösen von Experten und Novizen in bestimmten Wissensbereichen, insbesondere in Bereichen des physikalischen Wissens, algebraischer Textaufgaben und geometrischer Beweise, der Computerprogrammierung, Elektronik und Sozialwissenschaften. Dabei zeigte sich, daß Experten beim Aufbau einer Problemrepräsentation wesentlich stärker von den Merkmalen einer Problemstellung abstrahieren als Novizen und sich an grundlegenden allgemeinen Konzepten, deren Relationen und Anwendungsbedingungen orientieren. Experten besitzen eine breite Wissensbasis und verfügen aufgrund ihrer Erfahrungen über spezifische Problemschemata, mit denen sie auch komplizierte Probleme schnell verstehen und Lösungsmöglichkeiten ins Auge fassen können. Dagegen ist die Problemrepräsentation von Novizen viel stärker auf die buchstäbliche Problemvorgabe bezogen und beruht eher auf der „Oberflächenstruktur" der Problemstellung.

Diese unterschiedliche Art der Problemrepräsentation ist u. a. in einer Untersuchung von Chi, Glaser & Rees (1982) verdeutlicht worden. Experten und Novizen sollten physikalische Probleme in einem Lehrbuch kategorisieren und dafür Merkmale zugrunde legen, die sie im Hinblick auf die Problemstellung jeweils als relevant ansahen. Es zeigte sich, daß Experten die Probleme auf der Grundlage physikalischer Gesetzmäßigkeiten und Prinzipien klassifizierten, Novizen dagegen im Hinblick auf die in der Problemstellung genannten Begriffe, wie zum Beispiel die angegebenen Variablen. Beispielsweise klassifizierten Experten ein Problem im Hinblick auf das Gesetz der Energieerhaltung, während Novizen dasselbe Problem in bezug auf die Variable „Beschleunigung" einordneten.

Die Forschungsbefunde weisen darauf hin, daß Problemrepräsentation und Problemlösung von Experten auf abstrakten Konzepten und Prinzipien beruhen, die gleichzeitig mit einem Wissen über ihre Anwendungsbedingungen verbunden sind. In diesem Sinne haben Experten deklarative und prozedurale Aspekte in ihrer Wissensstruktur verknüpft. Dies zeigt sich in dem dargestellten geometrischen Beweisproblem (vgl. Kasten 7.18) daran, daß der erfahrene Problemlöser nicht nur die geometrischen Postulate kennt, sondern darüber hinaus zu jedem einzelnen Postulat weiß, in welcher Situation die Anwendung Erfolg verspricht (Anderson, Greeno, Kline & Neves, 1981). Gerade im Hinblick auf solche Problemlösestrategien unterscheidet sich der Experte vom weniger geübten Problemlöser. Dieser kann durchaus über ein umfangreiches deklaratives Wissen verfügen, zum Beispiel sämtliche geometrischen Postulate kennen, ohne allerdings die Problemlösefertigkeiten eines Experten zu erreichen, der entsprechende Problemlösestrategien im Zuge langwieriger Problemlöseerfahrungen ausgebildet hat.

7.4.3 Förderung des Problemlösens

Die derzeit vorliegenden Ansätze zur Förderung individueller Problemlösekompetenz lassen sich grob in zwei Gruppen einteilen: Jene Ansätze, bei denen es in erster Linie um die Förderung *allgemeiner,* inhaltsbereichsübergreifender Problemlösestrategien und -techniken geht und jene Ansätze, die sich auf das Training des Problemlösens in *spezifischen Inhaltsbereichen* konzentrieren.

Der wesentliche Unterschied zwischen beiden Gruppen liegt in der Bedeutung, die dem Wissen beim Problemlösen zugeschrieben wird (Glaser, 1984; Polson & Jeffries, 1985). Die Programme zur Förderung allgemeiner Problemlösefähigkeiten betonen sehr stark die Rolle von formalen, inhaltsunspezifischen Problemlösestrategien: Der effiziente Problemlöser zeichnet sich demnach durch die Verfahren aus, die er beim Problemlösen einsetzt. Das spezifische Wissen, mit dem diese Verfahren operieren, bleibt weitgehend unberücksichtigt. Demgegenüber betont die zweite Gruppe sehr stark die Bedeutung einer wohlorganisierten bereichsspezifischen Wissensbasis für das Problemlösen. Da diese Sichtweise jedoch noch sehr jung ist, liegen noch keine ausgearbeiteten Trainingsprogramme vor.

Förderung allgemeiner Problemlösefertigkeiten

Förderprogramme dieser Art versuchen generalisierbare intellektuelle Fertigkeiten zu vermitteln, die es dem Lerner ermöglichen, sich effektiv mit seiner Umwelt auseinanderzusetzen. Diese Ansätze legen dem Problemlöser nahe, ein gegebenes Problem von vielen verschiedenen Seiten zu betrachten und viele alternative Lösungswege zu generieren.

Im folgenden wird das „Productive Thinking Program" (Covington, Crutchfield, Davies & Olton, 1974) näher dargestellt. Es handelt sich um eines jener Programme, in denen die Problemlösefertigkeit an Alltagsproblemen geschult wird, die kein Spezialwissen voraussetzen. Zu diesem Programm liegen bereits mehrere empirische Evaluationsstudien vor (vgl. Crutchfield, 1970; Covington, 1985). Das „Productive Thinking Program" wendet sich an Kinder des fünften und sechsten Schuljahres. Kernpunkt des Programms sind sechzehn *heuristische Denkregeln,* die sich in etwa zu folgenden Gruppen zusammenfassen lassen: (1) Regeln zum planvollen und systematischen Vorgehen beim Problemlösen, z.B.: „Vermeide vorschnelle Antworten"; (2) Regeln zur Erzeugung möglichst vieler alternativer Lösungsideen, z.B.: „Wenn du nach Ideen suchst, laß deinen Geist die Dinge um dich herum möglichst frei erforschen. Fast aus allem können sich Ideen für die Lösung des Problems ergeben"; (3) Regeln zur Kontrolle und Bewertung der generierten Ideen, z.B.: „Überprüfe jede Idee an den Fakten, um abschätzen zu können, wie wahrscheinlich sie ist"; (4) Regeln zur Unterstützung der Denk-Motivation und der positiven Einstellung zum Denken, z.B.: „Wenn du bei einem Problem stecken bleibst, denke weiter. Gib nicht auf".

Die insgesamt fünfzehn Lektionen des Programms sind in folgende Rahmenhandlung eingebettet: Zwei Kinder, Lila und Jim, haben unter der Anleitung ihres Onkels John eine Serie von Geheimnissen aufzuklären und Projekte durchzuführen. Der Onkel dient den Kindern dabei als Strategiemoderator und als Kontrollinstanz; an kritischen Punkten des Problemlöseprozesses stellt er Fragen und macht Vorschläge bezüglich des weiteren Vorgehens (vgl. Abb. 7.6). Die einzelnen Lektionen sind als Bildgeschichten dargestellt, in die der Lerner dadurch einbezogen wird, daß er selbst Aufgaben zu bearbeiten hat. Im Anschluß an jede Lektion werden dem Lerner zusätzlich Aufgaben aus den verschiedensten Bereichen gestellt, z.B. Puzzles, naturwissenschaftliche und sozialwissenschaftliche Probleme u.a., um ihn zum Transfer der neu gelernten Fertigkeiten auf andere Inhaltsbereiche zu veranlassen. Dabei sind die einzelnen Problemepisoden so aufgebaut, daß der Lerner die jeweilige Lösung mit großer Wahrscheinlichkeit vor Jim und Lila entdeckt. Diese Erfahrung des Entdeckens soll nach Crutchfield (1970) die Entwicklung einer positiven Einstellung zum Denken und Problemlösen fördern.

Crutchfield (1970) berichtet über eine Studie, in der Kinder, die das Programm durchlaufen hatten, mit einer hinsichtlich Intelligenz, Geschlecht, Rassenzugehörigkeit und kreativer Denkfähigkeit parallelisierten Kontrollgruppe verglichen wurden. Es zeigte sich, daß die Kinder, die das Programm bearbeitet hatten, in einem Kreativitätstest ungefähr doppelt soviele akzeptable Ideen produzierten wie die Kinder der Kontrollgruppe. In einem Nachtest, in dem man den Kindern ähnliche Probleme wie im Programm vorlegte, übertraf die Experimentalgruppe

Kasten 7.19: Das Vermeiden vorschneller Folgerungen

Onkel John bemerkt Jims Schweigen.

Abb. 7.6: Vermeiden vorschneller Folgerungen. Ausschnitt aus dem Productive Thinking Program (Covington, Crutchfield & Davies, 1974)

die Kontrollgruppe bei weitem. Darüber hinaus wurden auch Transfereffekte festgestellt: In Kreativitätstests, deren Items keine Ähnlichkeit mit den Problemen des Übungsprogramms aufwiesen, zeigte sich die Experimentalgruppe der Kontrollgruppe ebenfalls überlegen. Schließlich übertraf der durch das Programm bedingte Übungseffekt den Einfluß der Intelligenz soweit, daß Kinder mit niedrigem IQ nach dem Programm in einer ganzen Reihe von Kriterienmaßen den nicht-trainierten Kindern mit hohem IQ überlegen waren. Bei Nachuntersuchungen nach 5–6 Monaten zeigte sich zwar eine Abnahme des Trainingseffekts, insbesondere bei den Transferaufgaben, aber bei den Problemlöseaufgaben ergaben sich auch noch nach dieser Zeit deutliche Vorteile für die Experimentalgruppe.

Außer dem „Productive Thinking Program" gibt es noch eine Reihe weiterer Programme, in denen allgemeine Problemlösestrategien vermittelt werden. Glaser (1984) unterscheidet vier Gruppen von Programmen: (1) Programme, die vorwiegend *prozeßorientiert* sind und mit weitgehend *formalen Problemen* arbeiten, wie sie beispielsweise in Intelligenz- und Fähigkeitstests häufig vorkommen. Typisch dafür ist das Programm von Whimbey & Lochhead (1980) „Problem Solving and Comprehension: A Short Course in Analytical Reasoning". Es beruht auf der Annahme, daß Fehler beim Problemlösen weniger auf fehlendem Faktenwissen als auf Fehlern im Denkprozeß beruhen. In diesem Programm wird insbesondere versucht, die Kontrolle des eigenen Denk- und Problemlöseprozesses durch „lautes Denken" zu verbessern.

(2) Programme, die die Problemlösefähigkeit an *Alltagsproblemen* schulen (Planung eines Urlaubs, Planung eines Berufswechsels, Auflösung von Kriminalrätseln u. a.). In diese Gruppe gehört das oben dargestellte Productive Thinking Program von Covington et al. (1974) oder auch die von de Bono (1985) entwickelten „CoRT Thinking Materials".

(3) Programme, die versuchen, durch den Einsatz von *allgemeinen Problemlösestrategien* das Problemlösen in *definierten Inhaltsgebieten* (z. B. Mathematik, Ingenieurwissenschaften u. a.) zu verbessern. Hierher gehören beispielsweise Rubensteins (1975) „Patterns of Problem Solving" und Wickelgrens (1974) „How to Solve Problems: Elements of a Theory of Problems and Problem Solving".

(4) Schließlich jene Programme, die versuchen, im Kontext *schulischer Curricula* Denk- und Problemlösefertigkeiten zu optimieren, wie z. B. das „Philosophy for Children"-Programm von Lipman, Sharp & Oscanyan (1980).

Ausführliche Darstellungen und Beschreibungen der meisten der hier genannten und anderer Programme findet man in Segal, Chipman & Glaser (1985).

In Förderprogrammen wird in der Regel eine Vielzahl von Einzelstrategien trainiert, so daß oft nicht zu entscheiden ist, worauf der Erfolg im einzelnen zurückzuführen ist. In der Literatur zum Problemlösetraining findet man aber auch Untersuchungen, in denen einzelne Strategien oder Strategiegruppen trainiert wurden. In Anlehnung an Kretschmer & Wieberg (1983) wird im folgenden ein Überblick über solche Einzelstrategien und Techniken gegeben, die bereits Gegenstand von Trainingsuntersuchungen waren. Im einzelnen handelt es sich um Mittel-Ziel-Analyse, Modellbildung, Bildung von Analogien, Stellen analytischer Fragen, Verbalisieren und Brainstorming.

Mittel-Ziel-Analyse. Diese Technik besteht darin, bestimmte Ziele festzulegen und dann jene Methoden (Mittel) auszuwählen, mit deren Hilfe diese Ziele am besten zu erreichen sind. Im einzelnen ist diese Technik etwa folgendermaßen zu beschreiben (Jeffries & Polson, 1985): (1) Der Problemlöser vergleicht seine Ausgangslage mit dem Zielzustand. (2) Er listet jene Hindernisse auf, die ihn vom Zielzustand trennen. (3) Diese Hindernisse werden nach ihrer Wichtigkeit geordnet. (4) Das wichtigste Hindernis wird ausgewählt und ein Operator bestimmt, der dieses Hindernis überwindet und zugleich möglichst wenig unerwünschte Nebenwirkungen hat. (5) Wenn möglich, wird der Operator angewendet. (6) Kann man den Operator in einer bestimmten Situation nicht anwenden, so wird das Ziel gesetzt, jene Rahmenbedingungen herzustellen, die es erlauben, den Operator anzuwenden. (7) Auf dieses neue Ziel werden die Schritte (1) bis (6) angewendet usw.

Die Mittel-Ziel-Analyse integriert Erkennungs-, Such- und Prüfprozeduren: Die Schritte (1) und (2) sind ausgesprochene Erkennungsprozeduren; Schritt (4) ist eine Mischung aus Such- und Prüfprozedur. Es ist möglich, die Technik des Brainstorming (s. u.) im Rahmen einer Mittel-Ziel-Analyse als Suchprozedur oder die Technik des Verbalisierens (s. u.) als eine spezifische Prüfprozedur einzusetzen.

Die Mittel-Ziel-Analyse wurde ausführlich von Ernst & Newell (1969) beschrieben und seither in einer Vielzahl von Untersuchungen zur Artificial Intelligence und auch bei Programmierproblemen eingesetzt. Über Trainingsstudien, in denen diese allgemeine Problemlösestrategie erfolgreich eingesetzt wurde, berichten u. a. Cope & Murphy (1981), Hesse (1982), Jüngst (1977) und Putz-Osterloh (1974).

Modellbildung. Die problemlösenden Eigenschaften dieser Technik beschreibt Salzmann (1974) folgendermaßen: Modelle dienen der Repräsentation, sie reduzieren Komplexität, und sie erlauben es, bestimmte Sachverhalte unter einer bestimmten Perspektive zu sehen. Die problemlösefördernden Eigenschaften der Modellbildung werden zwar häufig betont (z. B. Buddensiek, Kaiser & Kaminski, 1980; Dörner, 1976), doch liegen insgesamt nur wenig empirische Befunde zu dieser Technik vor. Über das Training von Modellbildungen bei zwölfjährigen Schülern berichtet Kretschmer (1982).

Eine der Modellbildung ähnliche Strategie ist das „planning by abstraction"-Verfahren (Jeffries & Polson, 1985). Der wesentliche Gedanke dieser Technik besteht darin, das ursprüngliche Problem durch eine sinnvoll vereinfachte Fassung zu ersetzen und auf diese die Mittel-Ziel-Analyse anzuwenden.

Analogien bilden. Diese Technik ist eng mit der von Gordon (1961) beschriebenen synektischen Methode verbunden: Es geht darum, das „Fremdartige vertraut und das Vertraute fremd zu machen" (Davis, 1970, S. 110). Bezogen auf Problemlösen bedeutet dies, zu einem Problem eine Entsprechung in einem völlig anderen Bereich zu suchen. Geht es beispielsweise um die Lösung von Transportproblemen, so könnte man danach fragen, wie diese in der Natur, z. B. von bestimmten Tierarten (Ameisen) gelöst werden. Zum Einsatz dieser Technik gibt es bislang kaum systematische Untersuchungen, eher Erfahrungsberichte (Norman & Rumelhart, 1980).

Analytische Fragen stellen. Suchman (1961) hat im Rahmen seines Inquiry-Training-Programms mit der Technik gearbeitet, zu bestimmten Problemen nur Fragen zu stellen bzw. zuzulassen, die mit Ja oder Nein beantwortet werden können. Positive Bewährungsdaten liegen für Mittelstufenschüler vor. Es ist anzunehmen, daß durch Fragen dieser Art elaborative Prozesse (vgl. Abschnitt über Förderung elaborativer Prozesse) angeregt werden.

Verbalisieren. Diese Methode des Lauten Denkens wird angeregt durch die Anweisung, alles was einem beim Lösen eines Problems durch den Kopf geht, laut auszusprechen. Man nimmt an, daß Lautes Denken den Problemlöseprozeß in verschiedener Hinsicht fördert. Zum einen ist es eine Erkennungsprozedur, die dazu dient, ein besseres Verständnis des jeweiligen Problems aufzubauen. Zum anderen ist es aber auch eine Prüf- und Kontrollprozedur, die der metakognitiven Steuerung des Problemlöseprozesses (vgl. Abschnitt 7.5) dient. In dem Programm von Whimbey & Lochhead (1980) wird die Methode des Lauten Denkens systematisch eingesetzt, um die Selbstkontrolle beim Denken zu fördern. Franzen & Merz (1976) konnten zeigen, daß Lautes Denken die Leistung bei Intelligenztestaufgaben verbessert.

Brainstorming. Hierbei handelt es sich um eine typische Suchprozedur (Osborn, 1963). Durch forciertes Assoziieren sollen zunächst entlegen erscheinende Lösungs- und Handlungsmöglichkeiten generiert werden. Eine Anweisung zur Realisierung dieser Strategie kann etwa folgendermaßen aussehen: (1) Bestimme ein Problem. (2) Erzeuge, ohne zunächst auf kritische Einwände zu achten, eine möglichst große Anzahl von Lösungen, so entlegen diese auch erscheinen mögen. (3) Lege Kriterien für die Bewertung der Problemlösung fest. (4) Verwende diese Kriterien, um aus den zuvor generierten Lösungen die beste auszusuchen.

Torrance (1972) berichtet über einen erfolgreichen Versuch, Kindern im Vorschulalter diese Technik zu vermitteln. Parnes & Meadow (1959) fanden, daß systematisches Brainstorming den sonstigen spontan eingesetzten und weniger systematischen individuellen Problemlösestrategien überlegen war. Ferner konnte Parnes (1961) zeigen, daß eine Korrelation besteht zwischen der Anzahl der Ideen, die jemand mit dieser Technik produziert und der Originalität dieser Ideen.

Eine Abwandlung der Methode des Brainstorming ist die Technik, Eigenschaften aufzuzählen (attribute listing). Dabei geht es darum, z. B. wichtige Eigenschaften eines Produkts genau zu bestimmen, um sie als Ausgangspunkte für mögliche Verbesserungen des Produkts zu verwenden. So kann man beispielsweise durch die systematische Veränderung zentraler Eigenschaften wie Milieu, Charakter u. a. neue Ideen für Kurzgeschichten erzeugen (Davis, 1970).

Förderung des Problemlösens in spezifischen Inhaltsbereichen

So einsichtig die oben beschriebenen allgemeinen Problemlösestrategien auch sind, ihre Anwendung auf ein konkretes Problem setzt in aller Regel doch einen erheblichen bereichsspezifischen Wissensstand voraus. Für die Bearbeitung von wissensarmen Problemen, die kein Spezialwissen erfordern (z. B. die meisten klassischen Denksportaufgaben, Turm von Hanoi usw.) mögen allgemeine Problemlösestrategien gut geeignet sein; das Problemlösen in wissensreichen Domänen (z. B. Physik, Medizin, Rechtswissenschaft u. a.) erfordert aber nicht nur effiziente Strategien, sondern darüber hinaus eine wohlorganisierte Wissensbasis. Um es in einer Metapher auszudrücken: Ohne Wolle kann man nicht stricken. Die Rolle des bereichsspezifischen Vorwissens tritt denn auch bei dem im folgenden beschriebenen Trainingsansatz, der sich an der Experten-Novizen-Forschung orientiert, deutlich in den Vordergrund.

Bereichsspezifisches Problemlösen wurde bereits in verschiedenen Inhaltsgebieten untersucht (z. B. Schach, Physik, Medizin, Sozialwissenschaften u. a.). Übersichtsartikel hierzu liegen u. a. vor von Voss (1985), Resnick (1981, 1983), Chi, Glaser & Rees (1982) und Putz-Osterloh (1986).

Um den Rahmen dieses Kapitels nicht zu sprengen, beschränken wir uns im folgenden auf die Darstellung einer Untersuchung von Mayer (1975, vgl. Kasten 7.20). Sie zeigt, daß die Art und Weise der Informationsdarbietung in einem bestimmten Inhaltsbereich auch die Anwendung dieser Information zur Lösung bereichsspezifischer Probleme beeinflußt.

Die Tatsache, daß in der Untersuchung von Mayer jene Textvarianten, die ein Modell des Computers enthielten, sich sowohl auf das Schreiben komplexer Programme als auch auf die Interpretation von Programmen

**Kasten 7.20: Der Einfluß der Wissensdarbietung
auf das Lösen von Programmieraufgaben**

Zwei Gruppen von Studenten wurden mittels vier Textvarianten in die Programmiersprache FORTRAN eingeführt.

Die eine Variante (RULE-TEXT) enthielt lediglich Definitionen, Beschreibungen und Beispiele für die sieben zu lernenden FORTRAN-Programmbefehle.

Die zweite Variante (MODEL-TEXT) enthielt darüber hinaus noch ein zeichnerisches *Modell* eines Computers, das seine wesentlichen Bestandteile in Analogie zu bekannten Objekten darstellte: Die Eingabe-Einheit als *Fahrkartenschalter,* die Ausgabe-Einheit als *Notizblock,* die Liste der Programmbefehle als *Einkaufsliste,* die internen Speicherzustände als achtstellige, löschbare *Anzeigentafel.* Jeder der sieben FORTRAN-Befehle wurde anhand dieses Modells erläutert.

Eine dritte Variante (RULE-FLOW-TEXT) enthielt außer dem RULE-TEXT noch ein Flußdiagramm, das die Abfolge der Befehle darstellte.

In der vierten Variante (MODEL-FLOW-TEXT) schließlich waren (außer dem RULE-TEXT) Modell und Flußdiagramm miteinander kombiniert.

In einem Nachtest hatten die Vpn folgende Arten von Problemen zu bearbeiten: Zum einen waren verschieden komplexe Programme hinsichtlich ihrer Leistungsfähigkeit zu beschreiben, zum anderen mußten verschieden komplexe Programme selbst verfaßt werden. Die Komplexität der Programme variierte in folgender Hinsicht: Es waren einzeilige Programm-Statements, mehrzeilige Programme ohne und mehrzeilige Programme mit Schleifen zu interpretieren bzw. zu schreiben.

Die Ergebnisse zeigten, daß bei den *Interpretations-Aufgaben* jene Vpn besser abschnitten, die die Textvarianten MODEL und MODEL-FLOW erhalten hatten, als jene Vpn, die die Text-Varianten RULE und RULE-FLOW erhalten hatten. Bei jenen Aufgaben, bei denen *Programme* zu *schreiben* waren, zeigte sich zwar keine durchgehende Überlegenheit der MODEL-TEXT-Varianten. Jedoch schnitten die Vpn, die diese Varianten des Instruktionsmaterials erhalten hatten, bei den komplexeren Problemen, d. h. beim Schreiben mehrzeiliger Programme mit Schleifen, am besten ab. Die Überlegenheit jener Textvarianten, in denen das Modell enthalten war, wird damit begründet, daß das Modell den Vpn die Möglichkeit bot, die neue Information mit einer bereits vertrauten kognitiven Struktur zu verbinden.
(Nach Mayer, 1975)

günstig auswirkten, gibt einen Hinweis, worauf die überlegene Wirkung dieser Textvarianten zurückzuführen ist: Die Darstellung des Computers in Analogie zu Objekten und Vorgängen, die dem Lerner vertraut sind, führte zu einer anschaulichen mentalen Repräsentation, zu einem besseren Verständnis des jeweiligen Programmier-Problems.

Durch die ausführliche Darstellung dieser Untersuchung soll nicht die Schlußfolgerung nahegelegt werden, die effiziente Organisation von Informationstexten sei *der* Königsweg zur Verbesserung der individuellen Problemlösefertigkeiten. Die Ergebnisse machen aber deutlich, wie wichtig eine wohlorganisierte Wissensbasis für das Lösen von Problemen ist.

Mayer (1985) identifiziert aufgrund der Analyse einer Vielzahl empirischer Untersuchungen zum Problemlösen im Fach Mathematik die folgenden vier Ansatzpunkte für *Fördermaßnahmen:* (1) Interne Repräsentation von Problemen, (2) Aufbau von Problem-Schemata, (3) Anwendung allgemeiner Heuristiken und spezifischer Strategien, (4) Automatisierung von Algorithmen.

Bei der *internen Repräsentation* von Problemen geht es um die Übertragung sprachlich formulierter Probleme in formale Operationen. So kommen in vielen algebraischen Textaufgaben relationale Propositionen vor, wie z. B. „Peter hat doppelt soviele Murmeln wie Hans". In einer Reihe von empirischen Untersuchungen konnte gezeigt werden, daß nicht nur Kinder im Elementarschulbereich, sondern auch Studenten mit dem Verstehen und Behalten solcher Propositionen Schwierigkeiten haben. Selbst Studenten behalten relationale Propositionen wesentlich schlechter als einfache Propositionen. Bei der Wiedergabe von algebraischen Textaufgaben wurden relationale Propositionen, z. B. „die Geschwindigkeit des Bootes in ruhendem Gewässer liegt 12 km/h über der Geschwindigkeit des Stromes", von Schülern und Studenten häufig in einfache Propositionen, z. B. „die Geschwindigkeit des Bootes in ruhendem Wasser beträgt 12 km/h", umgewandelt. Als Fördermaßnahme schlägt Mayer vor, die Darstellung von relationalen Propositionen mit Hilfe verschiedener Medien (z. B. Gleichungen, Bilder, Programmiersprachen, konkrete Objekte) systematisch und gezielt zu üben.

Für das erfolgreiche Lösen algebraischer Probleme reicht in der Regel eine Satz-für-Satz-Übersetzung der entsprechenden sprachlichen Aufgabenstellungen in ein repräsentierendes Medium nicht aus. Es kommt darauf an, das Problem als ein bedeutungsvolles Ganzes zu verstehen und für Klassen ähnlicher Probleme *Schemata* auszubilden. So lassen sich beispielsweise die verschiedenen „Entfernung/Geschwindigkeit/Zeit"-Probleme, die in algebraischen Textaufgaben immer wiederkehren, unter ein Schema subsumieren, das selbst wieder aus verschiedenen Subschemata besteht. Schemata sind sozusagen eine Art von Vorwissen, mit denen der Problemlöser an ein bestimmtes Problem herangeht (vgl. Abs.

Kasten 7.21:
Auswirkung von Schema-Wissen auf die Lösung von
Algebra-Problemen

Greeno (1980) legte Kindern der ersten drei Schuljahre Textaufgaben vor, die zwar alle dieselbe Rechenoperation $(3 + 5 = 8)$ erforderten, aber unterschiedliche Problemtypen enthielten:
1. *Ursache-Wirkungsproblem:* „Joe hat drei Murmeln. Tom gibt ihm fünf Murmeln dazu. Wieviele Murmeln hat Joe nun?"
2. *Kombinationsproblem:* „Joe hat drei Murmeln. Tom hat fünf Murmeln. Wieviel haben beide zusammen?"
3. *Vergleichsproblem:* „Joe hat drei Murmeln. Tom hat fünf Murmeln mehr als Joe. Wieviel Murmeln besitzt Tom?"

Obwohl auch die Kinder der ersten Klasse die notwendige Rechenoperation beherrschten, waren sie nicht in der Lage, alle drei Problemtypen zu bewältigen. Während die Schüler des zweiten und dritten Schuljahres alle drei Problemtypen gut lösten, bewältigten die Kinder des ersten Schuljahres nur die Ursache-Wirkungsprobleme. Sie verfügten noch nicht über Schemata, die ihnen ein Verstehen der anderen Problemtypen ermöglicht hätten.

über Erwerbsprozesse). Welche Bedeutung Schemata für das Lösen algebraischer Probleme haben, wird an einer Untersuchung von Greeno (1980) deutlich (vgl. Kasten 7.21).

Als Fördermaßnahmen schlägt Mayer zum Aufbau von Problem-Schemata u.a. ein gezieltes Training im Benennen und Kategorisieren von Problemen vor und ein Training in der Diskrimination wesentlicher und unwesentlicher Informationen in Textaufgaben.

Eine wichtige Erkenntnis der Problemlöseforschung besagt, daß ein Ergebnis auf unterschiedlichen Wegen, durch den Einsaz unterschiedlicher *Strategien* erreicht werden kann. Aus diesem Grund sollten Kinder sowohl allgemeine Heuristiken zur Lösung mathematischer Probleme als auch spezifische Rechenstrategien erwerben. Über das Training spezifischer Strategien beim Addieren und Subtrahieren berichtet Thornton (1978). Er unterwies Kinder des zweiten und vierten Schuljahres u.a. in der Anwendung der *Dekompositionsstrategie* (z.B. $6 + 7 = 6 + 4 + 3 = 10 + 3 = 13$) und der *Kompensationsstrategie* (z.B. $5 + 7 = (5 + 1) + (7-1) = 6 + 6 = 12$). Die Kinder, denen Strategien dieser Art vermittelt wurden, erwiesen sich im Lösen entsprechender Rechenprobleme einer Kontrollgruppe ohne Training überlegen. An der Kompensationsstrategie läßt sich die Rolle des Wissens für das Problemlösen nochmals deutlich machen: Die Strategie, zwei zu addierende ungleiche Zahlen so zu zerlegen, daß das Problem auf die Addition zweier gleicher Zahlen reduziert wird, ist nur dann effizient, wenn das Kind bereits über bestimmte Rechenergebnisse, hier die Summen gleicher Zahlen (6 + 6 = 12, 7 + 7 = 14 usw.), gedächtnismäßig verfügt und dieses Wissen auch abrufen kann.

Darüber hinaus zeigen die Forschungsergebnisse zu elementaren Rechenfertigkeiten zweierlei im Hinblick auf die Förderung dieser Fertigkeiten. Zum einen wird deutlich, welche konstruktiven und effizienten Strategien geübte Rechner (Experten) einsetzen (z. B. Groen & Parkman, 1972); damit erhält man Hinweise, welche Strategien bei weniger geübten Rechnern aufgebaut werden sollten. Zum anderen zeigen die Untersuchungen, daß Fehler häufig keine Zufallsprodukte sind, sondern Ergebnis systematischer, aber fehlerhafter Lösungsverfahren, sog. „buggy algorithms" (Brown & Burton, 1978); aus der Kenntnis solcher fehlerhafter Strategien ergeben sich Hinweise für die gezielte Förderung.

Probleme des Problemlösetrainings

Die in den vorigen Abschnitten referierten Untersuchungen geben eine Vielzahl von Hinweisen für das Training allgemeiner wie inhaltsbereichsspezifischer Problemlösestrategien. Dies sollte jedoch nicht den Blick dafür verstellen, daß unser derzeitiges Wissen über Problemlöseprozesse, insbesondere über jene, die beim Lösen komplexer Probleme ablaufen, noch sehr lückenhaft ist (Gagné, 1985). Selbst die Tatsache, daß man bestimmte Problemlösestrategien präzise beschreiben kann, bietet keine Garantie dafür, daß man diese dann auch erfolgreich an Lernende vermitteln kann. So berichten Groen & Resnick (1977), daß Kinder die Strategie, beim Addieren die kleinere Zahl zur größeren hinzuzuzählen anstatt umgekehrt, im Verlauf des Rechenunterrichts selbst entdecken. Es sei aber äußerst schwierig, diesen Entdeckungsvorgang abzukürzen und die Strategie den Kindern direkt zu vermitteln. So scheint die Vermittlung von Strategiewissen gerade bei Kindern auch an entwicklungsbedingte Voraussetzungen gebunden zu sein.

Die bislang vorliegenden Untersuchungen zur Förderung der Problemlösefertigkeiten klammern einen wesentlichen Aspekt noch weitgehend aus: Die Interaktion allgemeiner Problemlösestrategien mit bereichsspezifischen Strategien. Damit hängt das Problem der Steuerung und Kontrolle des Strategieeinsatzes zusammen. Es genügt ja nicht, über verschiedene Problemlösestrategien zu verfügen. Man benötigt auch Metawissen und Steuerungs- und Kontrollprozesse, die den situationsangemessenen und flexiblen Einsatz der verfügbaren Strategien regulieren.

7.5 Metakognition und Wissenserwerb

Zu wenig berücksichtigt wurde in den bisherigen kognitionspsychologi-schen Ansätzen zum Wissenserwerb die Bedeutung selbstreflexiver Pro-zesse des Lerners beim Bearbeiten von Aufgaben. Beim Wissenserwerb ist der Lerner oft gefordert, seinen Lernprozeß von einer „Metaebene" aus (also sich selbst quasi über die Schulter schauend) zu planen, zu verfolgen, zu kommentieren, zu bewerten, kurz, zu steuern. Um diese Prozesse näher zu kennzeichnen, wird hier ein intuitiver Selbstbericht eines Lerners beim Verstehen einer Textpassage angeführt: „Ich verstehe dieses jetzt nicht und kann es auch nicht verstehen. Ich weiß auch nicht, ob ich es mit mehr Überlegungen, Aufwand und Einsatz je schaffen könnte. Ich könnte es verstehen / werde es verstehen / verstehe es jetzt und kann das auch unter Beweis stellen. Ich habe es gerade nicht verstanden, weil meine Gedanken abschweiften / weil dieser eine Satz verwirrend war / weil dieses Teilstück mit dem Vorherigen nicht überein-stimmt / weil es mit dem Gedanken inkonsistent ist / weil ich nicht weiß, was der Zweck oder die Relevanz dieser Information überhaupt ist und ich keine Ahnung habe, weshalb" (Flavell, 1978, S. 19). Ansätze, die sich mit Selbstreflexion des Lerners befassen, wurden im Rahmen der *Meta-kognitionsforschung* entwickelt (Flavell, 1979; Brown, 1978; Weinert & Kluwe, 1983). Als Metakognition werden zum einen bestimmte naiv-psychologische Annahmen einer Person hinsichtlich ihres kognitiven Funktionierens bezeichnet, zum anderen aber auch bestimmte psy-chische Prozesse oder Maßnahmen, mit denen eine Person auf die Kon-trolle oder den Verlauf ihres Denkens Einfluß nimmt (vgl. Fischer & Mandl, 1983).

7.5.1 Metakognitives Wissen und metakognitive Kontrollprozesse

Flavell (1978) und Mitarbeiter gehen davon aus, daß Leistungsunter-schiede beim Wissenserwerb jüngerer und älterer Kinder, schwacher und guter Schüler bzw. „Novizen" und „Experten" insbesondere auf Unter-schiede in der Komplexität und Differenziertheit ihres Wissens über ihr kognitives Funktionieren zurückgehen. Die zwei zentralen Schlüsselbe-griffe des Ansatzes von Flavell (1984) sind „metakognitives Wissen" und „metakognitive Empfindungen".

Metakognitives Wissen

Gewöhnlich bezeichnet man mit metakognitivem Wissen das Wissen über die eigenen kognitiven Prozesse und deren Bedingungen. Insgesamt werden aber drei Bereiche metakognitiven Wissens unterschieden: Wissen über die Person, über Aufgaben und über kognitive Strategien.

Als *Wissen über die Person* bezeichnet Flavell erworbenes Wissen über kognitive Prozesse und Zustände. Ein Beispiel dafür ist das Wissen einer Person, daß sie Aufgaben, die mathematisches Geschick verlangen, gut, Aufgaben, die zeichnerische Fähigkeiten verlangen, jedoch nur schlecht bewältigt. Empirische Befunde zeigen, daß ältere Kinder im Hinblick auf ihre Merkleistungen eine genauere und realistischere Kenntnis ihrer Stärken und Schwächen haben als jüngere Kinder.

In der schon klassischen Studie zur Vorhersage der Gedächtnisspanne baten Flavell, Friedrichs und Hoyt (1970) Kindergarten-Kinder, Vorschul-Kinder sowie Zweit- und Viertkläßler, ihre unmittelbare Gedächtnisspanne einzuschätzen und vorherzusagen. Sukzessiv länger werdende Bildersequenzen, die vertraute Objekte zeigten, wurden kurz dargeboten. Das Kind sollte angeben, ob es die Bilder in korrekter Reihenfolge vollständig wiedergeben könne. Der Vorhersageprozeß ging solange weiter, bis das Kind die Bildserie als zu lang für die Wiedergabe beurteilte oder bis eine Serie von zehn Bildern dargeboten worden war. Als nächstes wurde die tatsächliche Gedächtnisspanne des Kindes durch Darbietung von Bildersequenzen erhoben. Insgesamt zeigte die Untersuchung, daß die beiden jüngsten Gruppen ihre Gedächtnisfähigkeit beträchtlich überschätzten: 60% der Kinder dieser Gruppen sagten eine Spanne von 10 Bildern voraus, während nur 24% der älteren Kinder eine solche Vorhersage machten. Obgleich die mittlere vorhergesagte Gedächtnisspanne für jede Altersstufe größer war als die mittlere tatsächliche Gedächtnisspanne, war der Unterschied doch beträchtlich geringer bei den beiden älteren Gruppen. Dieser geringere Unterschied resultiert sowohl aus einer Zunahme der tatsächlichen Spanne als auch einer Abnahme der vorhergesagten Spanne. Nach diesen Ergebnissen scheinen nur Kinder von sieben Jahren und älter in der Lage zu sein, die Grenzen ihrer Gedächtnisspanne genau einzuschätzen. Es muß aber auch angeführt werden, daß etwa ein Drittel der jüngeren Kinder die eigene Spanne mit überraschender Genauigkeit vorhersagen konnte.

Im Laufe der Entwicklung lernt der Lerner auch etwas darüber, in welcher Weise das *Wissen über Aufgaben* sein Lernen beeinflußt. So hat man z. B. Erfahrungen erworben, wie man einen sehr schwierigen Text bearbeitet. Um die Information des Textes zu verstehen, ist es notwendig, sorgfältig vorzugehen und kontrolliert zu arbeiten. Auch das Wissen über Aufgabenmerkmale und die Konsequenzen für Verstehens- und Behaltensleistungen nehmen mit dem Alter zu. Untersuchungen zeigten, daß das Wissen über die Menge und Schwierigkeit eines zu lernenden Stoffes oder die semantische Organisation eines Textes das Erinnern von Lerninhalten beeinflußt (z. B. Kreutzer, Leonard & Flavell, 1975).

Man erwirbt auch *Wissen über kognitive Strategien* und deren Ange-

messenheit für bestimmte Problemlagen sowie Wissen über den mutmaß-
lichen Erfolg einer bestimmten Maßnahme. Ältere Kinder wissen und
beherrschen den gezielten Einsatz von Strategien zum Einprägen und
Verfestigen von Lernmaterial, wissen um die Verwendung externer
Speicher (Notizen), kennen Techniken wie Kategorisieren und Gruppieren. Sie konstruieren und verwenden bildliche Vorstellungen (Skizzen)
zur Förderung des Behaltens (z. B. Kreutzer, Leonard & Flavell, 1975;
Wellman, Ritter & Flavell, 1975; Paris & Lindauer, 1977).

Diese Variablen des metakognitiven Wissens, also Person-, Aufgaben-
und Strategievariablen, wurden in der Forschung bisher nur isoliert
untersucht. Über ihre Interaktion lassen sich nur Vermutungen anstellen.
Zukünftige Forschung in diesem Bereich muß sich mit der Frage auseinandersetzen, welche Strategien unter Einbezug der jeweiligen kognitiven
Besonderheiten des Lerners sowie der jeweiligen Aufgabe geeignet oder
weniger geeignet sind.

Metakognitive Empfindung

Neben dem metakognitiven Wissen sind für den Lernprozeß auch
metakognitive Empfindungen von Bedeutung. Flavell (1983) spricht von
metakognitiven Empfindungen, wenn man den Eindruck hat, etwas sei
schwer wahrzunehmen, zu verstehen oder zu erinnern. Angenommen
wird, daß Lerner im Laufe der Entwicklung lernen, adäquat auf solche
Empfindungen zu reagieren (s. Kasten 7.22).

Flavells Ansatz basiert ganz wesentlich auf der Voraussetzung der
Bewußtseinsfähigkeit metakognitiver Vorgänge, die nicht umsonst
„Denken über das eigene Denken" bzw. „Wissen über das eigene
Wissen" genannt werden. Je reicher und differenzierter das Wissen einer
Person über ihr Denken und ihr kognitives Funktionieren ist, um so
wahrscheinlicher ist zu erwarten, daß diesem Grad an metakognitiver
Selbstreflexion auch ein elaboriertes Leistungsbild entspricht. Aufgrund
einer Literaturanalyse (Metaanalyse) wurde für verschiedene Aufgaben-
gruppen und Altersstufen eine mittlere Korrelation von .41 zwischen
metakognitiven Selbstaussagen und Gedächtnisleistungen festgestellt
(Schneider, 1985). Die Befunde verweisen auf die Bedeutung des Wissens über das eigene Gedächtnis für Gedächtnisleistungen (vgl. Fischer &
Mandl, 1983).

Metakognitive Kontrollprozesse

Im Unterschied zum Ansatz von Flavell (1979) konzentriert sich das
metakognitive Modell von Brown (1978) mehr auf exekutive Prozesse,
d. h. auf Prozesse, die auf die Ausführung eigener kognitiver Aktivität
gerichtet sind. Die Exekutive ist eine Art kognitives Über- und Haupt-
programm des Lerners, das eine gegebene Problemlage analysiert,

Kasten 7.22: Metakognitive Empfindungen

In einer der Untersuchungen von Flavell, Speer, Green & August (1981) wurden Kinder durch Tonband instruiert, ein einfaches Gebilde aus Bausteinen herzustellen. Es hieß zum Beispiel: „Nimm den roten Baustein und lege ihn auf den blauen Baustein". Die Aufgabe der Kinder war es, ein Gebilde herzustellen, das der von einem anderen Kind auf Tonband gesprochenen Instruktion entsprach. Einige der Instruktionen waren vollkommen eindeutig, und die Kinder konnten ihnen ohne Schwierigkeiten folgen. Andere Instruktionen waren unklar, unmöglich auszuführen oder sonst unbrauchbar. Zum Beispiel hieß es: „Lege den großen Baustein auf die Unterlage. Lege den kleinen Baustein oben drauf, so daß Du den großen Baustein nicht mehr sehen kannst." Oder: „Lege den roten Baustein auf die Unterlage", wobei jedoch zwischen zwei verschiedenen roten Bausteinen zu wählen war.

Flavell et al. stellten fest, daß Kindergartenkinder im Alter von 5 bis 6 Jahren bei solch unklaren Instruktionen oft verwirrt oder unsicher agierten; manchmal fielen Äußerungen wie „Hu?" oder „Welchen roten Baustein?". Wenn sie die Kinder jedoch fragten, ob sie überzeugt waren, daß ihr Gebilde der gehörten Instruktion entsprach, dann stimmten sie mit großer Wahrscheinlichkeit zu. Anschließend wurden die Kinder befragt, ob die Tonbandinstruktion eine gute oder schlechte Anweisung zum Bauen gewesen sei. Die Kinder äußerten mit größerer Wahrscheinlichkeit, daß die Anweisung gut gewesen sei. Offenbar waren diese bemerkenswerten Antworten keine Artefakte, die etwa auf die Methode der Befragung zurückzuführen wären. Vielmehr gewann man den Eindruck, daß die jüngeren Kinder oftmals die Bedeutung metakognitiver Empfindungen des Verwirrtseins und des Sich-unsicher-Fühlens nicht verstehen. Sie fühlten sich zwar verwirrt und unsicher in der gerade gegebenen Situation, aber sie wußten nicht, was das bedeutete. Es war die Unsicherheit darüber, ob das eigene Gebilde den Anweisungen wirklich entsprach, weil diese unklar waren.

(Nach Flavell, 1983, S. 26f.)

geeignete Lösungsschritte auswählt, diese in eine Handlungssequenz organisiert und in Gang setzt. Während des Ablaufs von kognitiven Operationen ruft die Exekutive kontinuierlich Daten über den Lösungsstand ab, indem sie durch diagnostische Prüfungs- und Bewertungsprozesse den Erfolg bestimmter Programmschritte am Lösungsziel bemißt.

Die Funktionen einzelner exekutiver Prozesse werden im Kasten 7.23 näher erläutert. In dem Maß, in dem sich der konkrete Lösungsweg eines Lerners dem Verhalten eines als ideal oder als prototypisch gesetzten „Experten" annähert, wird auf das Vorhandensein wirksamer Kontrollprozesse geschlossen.

Kasten 7.23: Exekutive Prozesse

Metaverständnis. Die Frage, was jemand weiß, wissen kann oder wissen sollte, wird durch Wissen über das eigene Wissen beantwortbar. Metaverständnis wird definiert als die Fähigkeit, „sich seines eigenen Wissens oder Nichtwissens zu vergewissern" (Brown, 1978, S. 82). Metaverständnis erstreckt sich auf eine gelenkte und ökonomische Suche nach Information. Um eine Frage beantworten zu können, müssen auch die „richtigen" Fragen gestellt werden, um ein blindes oder unsystematisches Vorgehen zu vermeiden. Um ein Problem überhaupt erfassen zu können, muß schon etwas gewußt werden und ein Wissen darüber, was man weiß, vorhanden sein. Ohne dieses Wissen ist eine gezielte Planung des eigenen Vorgehens und eine Abschätzung der Lösungswahrscheinlichkeit wie der Lösungssicherheit nicht möglich.

Vorhersage. Das „Wissen über das eigene Wissen" und das jeweilige Aufgabenverständnis ermöglichen die Vorhersage des Leistungserfolgs und der Aufgabenschwierigkeit. Die Vorhersage bezieht sich auf Fragestellungen wie:

– Was kann ich bei einer definierten Aufgabe bekannter Schwierigkeiten mit welchem Erfolg, bei welcher Strategie, bei gegebenen mir bekannten Lernvoraussetzungen, bei welcher Lernzeit, wie lange, wie (wörtlich oder dem Sinn nach) behalten?

– Wie lange muß ich bei gegebener Aufgabenschwierigkeit und gegebenen Lernvoraussetzungen mit welcher Strategie an der Aufgabe arbeiten, um einen bestimmten Erfolg zu haben?

– Wie effizient wird eine bestimmte Strategie bei dieser Aufgabe sein?

Planung. Nach der Kalkulation des Lernaufwands, der Abschätzung des eigenen Wissens und der Analyse von Anforderungen

Struktur der Aufgabe kann der Lösungsweg geplant werden. Die Planung umfaßt die Festlegung des Lösungswegs in einer Sequenz von Lösungsschritten sowie Fragen der Verteilung von Lernzeit und Lernintensität auf bestimmte Aufgabensegmente. Die Kenntnis der Lernanforderungen und der eigenen Lernvoraussetzungen ermöglicht auch eine Entscheidung darüber, wie differenziert bzw. detailliert oder wie global geplant werden kann.

Überwachung, Prüfung, Bewertung. Die Überwachung und Prüfung laufender kognitiver Prozesse sowie eine abschließende Bewertung ihres Erfolgs sind das Kernstück der exekutiven Fähigkeiten. Ohne sie ist eine Steuerung der eigenen Aktivitäten so wenig denkbar wie eine angemessene Beurteilung der entsprechenden Resultate. Die Bewertung liefert einerseits Informationen oder Daten über das Produkt einer kognitiven Aktivität, andererseits kann sie wieder in Form von „Wissen" über die eigene Problemlösefähigkeit in das System eingebracht werden. Hier müssen auch affektive und emotionale sowie attributive Bewertungen des eigenen Tuns mit berücksichtigt werden – ein Aspekt, der lange Zeit vernachlässigt wurde.

(Nach Brown, 1978)

Brown und Mitarbeiter gehen davon aus, daß bei der Entwicklung von Strategieprogrammen exekutive Programme mitberücksichtigt werden müssen. Setzen Trainingsmaßnahmen nur auf der operativen Ebene an, sei nicht zu erwarten, daß sich metakognitive Fähigkeiten der Bewertung der Aufgabe, des eigenen Lösungspotentials und der Planung geeigneter Bewältigungsmaßnahmen entwickeln. Trainierte, spezifische Einzelfähigkeiten lassen sich kaum auf neuartige Problemsituationen übertragen, und Operationen, die nicht reflexiv vermittelt sind, werden schwerlich beibehalten. Ein Lerntraining müßte daher nach Brown (1978) dem Lernenden nicht nur alle jene Routinen und Lösungsstrategien vermitteln, die er zur Bewältigung einer konkreten Aufgabe benötigt, sondern darüber hinaus Kontroll- und Steuermechanismen zur Koordination, Planung, Sequenzierung und Verlaufskontrolle dieser Routinen und Strategien.

7.5.2 Förderung metakognitiven Wissens und metakognitiver Kontrolle

In Flavells Konzeption der Lernförderung durch Beeinflussung und Erweiterung des Wissens und Browns Konzeption der Förderung strategischen Lernens durch Handlungskontrolle und -steuerung werden bedeutsame Elemente selbstgesteuerten schulischen Lernens untersucht und erprobt, deren Ertrag für die Schule nicht gering einzuschätzen ist. In den letzten Jahren wurde in vielen Studien der Erfolg kognitiver und metakognitiver Trainingsmaßnahmen bei Lernbehinderten, Schülern verschiedener Klassen- bzw. Reifestufen und Studenten verschiedener Semesterstufen belegt (vgl. Brown, 1983; Campione, 1983). Day (1980) entwickelte ein Trainingsprogramm zur Förderung des Zusammenfassens von Textinhalten, das beispielhaft Wissen und Strategien im kognitiven und metakognitiven Bereich umfaßt (vgl. Kasten 7.24).

Kasten 7.24: Training kognitiver und metakognitiver Strategien

Day (1980) trainierte die Fähigkeiten von Studenten eines Junior-Colleges, den Inhalt von Prosapassagen zusammenzufassen. Zwei Gruppen von Studenten wurden gebildet: Studenten ohne Lese- und Schreibprobleme (wobei nach den Ergebnissen einer Voruntersuchung durchschnittliche Studenten dieses Junior-Colleges nur so gut wie Siebtkläßler lasen) und Studenten mit Lese- und Schreibproblemen. Innerhalb dieser beiden Gruppen wurden vier Instruktionsbedingungen unterschieden:

1. *Selbststeuerung* (self-management): Die Studenten wurden allgemein ermutigt, eine gute Zusammenfassung zu schreiben, die zentralen Gedanken herauszuarbeiten, alle unbedeutenden und unnötigen Worte wegzulassen usw. Sie erhielten keine expliziten Regeln, um dieses Ziel zu erreichen.

2. *Regellernen:* Die Studenten dieser Gruppe erhielten explizite Instruktionen in der Handhabung eines Satzes von Regeln. So wurde ihnen z.B. gezeigt, wie man unbedeutende und redundante Informationen wegläßt, wie man Überschriften zu Stichworten bildet, wie man wichtige Sätze unterstreicht, um sie in der Zusammenfassung zu berücksichtigen, wie man zusammenfassende Sätze für einzelne Abschnitte bildet (für eine detaillierte Diskussion dieser Regeln, vgl. Day, 1980).

3. *Regeln lernen und Anleitung zur Selbststeuerung:* Die Studenten dieser Gruppe erhielten sowohl die Instruktionen der Gruppe 1 für eine verbesserte Selbststeuerung, als auch die Unterweisun-

gen der Gruppe 2 im Hinblick auf bestimmte Regeln. Es blieb ihnen allerdings selbst überlassen, die zwei Arten von Informationen zu integrieren.

4. *Kontrollierter Einsatz der Regeln plus Selbststeuerung:* Auch dieser Gruppe von Versuchsteilnehmern wurden die entsprechenden Regeln vermittelt; zugleich erhielten sie zusätzliches Training in der Kontrolle und Überwachung der Regelanwendung. Das heißt den Studenten wurde gezeigt, wie man überprüfen kann, ob für jeden Abschnitt ein wesentlicher Satz zur Verfügung steht, ob alle Redundanzen ausgeräumt sind usw. Die Integration der Regeln und der dazugehörigen Selbststeuerungsprozesse wurde den Studenten dieser Gruppe ausdrücklich vorgeführt.

Als Ergebnis der Untersuchung zeigte sich im Zusammenhang mit dem Auswählen und Formulieren von wichtigen Sätzen, daß unter allen Trainingsbedingungen gewisse Effekte erzielt wurden. Allerdings erwies sich für die weniger intelligenten Studenten das expliziteste Training, d. h. (4) Kontrolle der Regelnutzung, als die effektivste Strategie. Ein Training ausschließlich in der Verwendung von Regeln (2) verbesserte die Leistungen; die einfache Hinzufügung von Anleitungen zur Selbststeuerung (3) erbrachte keine weitere Verbesserung. Die schwächeren Studenten waren nicht in der Lage, die vermittelten Regeln und die Selbststeuerungsanleitungen zu integrieren. Sie benötigen dafür explizite Instruktionen, um ihre Leistungen maximal zu verbessern.

Die leistungsstärkeren Studenten erzielten unter allen Trainingsbedingungen durchgängig bessere Leistungen und waren auch in der Lage, die vermittelten Regeln und die angebotenen Selbststeuerungstechniken für sich selbst zu integrieren. Dementsprechend ergaben sich bei ihnen keine Unterschiede zwischen den Bedingungen (3) und (4). Ein vergleichbares Bild ergab sich bei der Vermittlung der sehr schwierigen Regel, selbständig wichtige Sätze zu formulieren.

(Nach Campione, 1983, S. 124f.)

Ein weiteres Beispiel für eine Trainingsstudie ist die Untersuchung von Palincsar & Brown (1984). Sie hatte zum Ziel, den Erwerb von Fertigkeiten der Selbststeuerung durch Beobachtung des Steuerungsverhaltens anderer Personen in sozialen Situationen zu fördern. Siebtkläßler ohne Dekodierungsprobleme, aber mit starken Verständnisproblemen beim

Lesen, wurden in zehn Trainingssitzungen in einem reziproken Lehrpro-
gramm unterwiesen. Teil dieses Programmes war ein interaktives Lern-
spiel: Schüler und Tutor lenkten wechselseitig einen Dialog über einen
Textabschnitt, wobei der jeweils Gefragte vor dem Lesen Vorhersagen
über den Text machen, einen Bezug zum Vorwissen herstellen, oder nach
dem Lesen den Text wiedergeben sollte. Anschließend spielte der
Schüler einen Lehrer, der den nachfolgenden Abschnitt unterrichten
sollte; d. h. er mußte zusammenfassen, diskutieren, klären, Fragen
stellen und Vorhersagen über den weiteren Verlauf machen. Gleichzeitig
wurde dem Schüler mitgeteilt, daß dies allgemeine Strategien seien, die
ihm dabei helfen könnten, den Text zu bearbeiten. Die meisten Kinder
hatten zu Beginn Schwierigkeiten beim Zusammenfassen des Textes und
beim Formulieren von Fragen. Der Tutor half dann mit Fragen („Was
glaubst du, würde jetzt dein Lehrer fragen?") oder gab positives Feedback („Das war schon ganz klar, welche Informationen du haben wolltest,
prima!"). Die Resultate zeigten, daß man die metakognitive Selbststeuerung beim Lesen mit Prozessen wie der Aktivierung des Vorwissens, der
Planung von Lernaktivitäten, dem Erkennen und Beheben von Verste-
hensproblemen, dem Memorieren von Textinformationen usw. tatsächlich trainieren kann. In der Voruntersuchungs-Phase waren noch 46% der
Fragen nicht korrekt gestellt oder mußten näher erläutert werden, im
Vergleich zu nur 2% bei der Nachuntersuchung. Nur 11% der Zusammenfassungen in der Voruntersuchung enthielten die Hauptgedanken
des Textes, während in der Nachuntersuchung 60% der Zusammenfassungen die Hauptgedanken enthielten. In unabhängigen Verständnistests
mit anderen Texten waren zu Beginn nur 15% der Antworten korrekt.
Mit einer Verbesserung auf 85% richtige Antworten konnte ein Transfer
des Erlernten auf unbekannte Texte nachgewiesen werden.

Die berichteten Erfolge bei der systematischen Förderung metakognitiver Strategien sind beachtlich (vgl. a. Brown, Palincsar & Armbruster,
1984). Besonders deutliche Verbesserungen zeigten sich bei jüngeren
Kindern sowie bei Schülern mit Lernbehinderungen oder Lernschwierigkeiten. Aber auch bei Jugendlichen und Erwachsenen ergaben sich –
allerdings weniger deutliche – Steigerungen der individuellen Lerneffek-
tivität (vgl. Weinert, 1983; Friedrich u. a., 1985).

Insgesamt zeigen die Studien aber auch, daß sich Trainingsmaßnahmen
nicht allein auf Selbststeuerungsstrategien beschränken, sondern auch
allgemeine und spezifische Strategietechniken einbeziehen sollten.

Kapitel 8

Manfred Hofer
Reinhard Pekrun
Werner Zielinski

Die Psychologie des Lerners

8.1 Der Lerner in der
Pädagogischen Psychologie

8.2 Motive des Lerners

8.3 Kognitionen des Lerners

8.4 Gefühle des Lerners

8.5 Manifestes Verhalten
des Lerners

8.1 Der Lerner in der Pädagogischen Psychologie

Die Pädagogische Psychologie ist am Lerner besonders interessiert. Die Person des Lerners ist Adressat erzieherischen Einwirkens; nur an ihm kann festgestellt werden, ob pädagogische Wirkungen eingetreten sind. Als Lerner begreifen wir eine in einer pädagogischen Situation sich befindende Person, die sich mit der dort vorfindbaren Umwelt auseinandersetzt. Der Lerner ist also nicht nur Objekt/Gegenstand erzieherischen Tuns, sondern greift aktiv und gestaltend in den Erziehungsprozeß ein. Lerner unterscheiden sich dabei in ihrem Erleben und Verhalten: Während z. B. Schüler A dazu neigt, anstehende Aufgaben rasch anzupacken, sich bis zu ihrer Beendigung kaum ablenken zu lassen und eventuell resultierende Mißerfolge als Ansporn für weitere Bemühungen zu nehmen, ist es für Schüler B eher typisch, Gelegenheiten zur Ablenkung gern zu nutzen und sich von Mißerfolgen rasch entmutigen zu lassen. Lerner entwickeln Vorstellungen von dem, was sie erreichen möchten, selegieren Informationen, interpretieren sie, entwickeln Gefühle und handeln im Rahmen ihrer Möglichkeiten verstehbar und zielgerichtet. Dieses Menschenbild hebt sich ab von anderen Modellen des zu Erziehenden, z. B. von dem Bild des Lerners als formloses Material, das der Bildhauer in jede von ihm gewünschte Form bringt; von dem Vergleich mit einem Gefäß, dem Erziehung mit Hilfe eines Trichters eingeflößt wird; oder von der Metapher einer Pflanze, die zwar ständiges Gießen zum Wachstum benötigt, aber selbst im Hinblick auf ihre Pflegeperson untätig bleibt. Mit dem Begriff des Lerners als aktivem, informationsaufnehmendem und -verarbeitendem System soll allerdings nicht zum Ausdruck gebracht werden, daß in pädagogischen Situationen immer gelernt wird und auch nicht, daß Lernen ausschließlich innerhalb erzieherischer Kontexte stattfindet (vgl. Kap. 1).

Bei der Untersuchung der Lernerpersönlichkeit muß sich die Pädagogische Psychologie mit Ansätzen der Persönlichkeitspsychologie auseinandersetzen. Eine Grundfrage ist dabei, inwieweit *aktuelles* Erleben und Verhalten von *habituellen* Dispositionen der Person bestimmt ist. So kann man z. B. ein ängstliches Verhalten in einer Lernsituation mit „Neurotizismus" in Verbindung bringen, ein kontaktfreudiges Verhalten mit „Extraversion", ein unflexibles mit „Dogmatismus". Alle drei Konzepte sind Konstrukte, die stabile – d. h. über verschiedene Zeitpunkte hinweg – und generalisierte – d. h. über verschiedene Situationen hinweg – Dispositionen der Persönlichkeit bezeichnen.

Es wäre aber unangemessen, das aktuelle Erleben und Verhalten eines Lerners vorwiegend oder sogar ausschließlich mit solchen habituellen Persönlichkeitsmerkmalen erklären zu wollen; vielmehr wirken in jeder Lernsituation habituelle Bereitschaften und aktuelle Zustände und Prozesse zusammen. Wenn z. B. Peter gerade intensiv für die morgige

Klassenarbeit lernt, wäre es überzogen, dies auf die habituelle hohe Disposition „Leistungsmotiv" zurückzuführen. Adäquater wäre dagegen folgende Interpretation: „Peter ist es generell wichtig, in Leistungssituationen erfolgreich zu sein. Das Fach interessiert ihn. Er weiß um den Zusammenhang von Vorbereitungsarbeit und Leistungsergebnis. Sein Zeugnis muß verbessert werden. Seine Eltern erwarten mehr Einsatz von ihm. Er fürchtet Lehrertadel. Peter könnte zwar auch zu mogeln versuchen und vom Nachbarn abschreiben, aber das erscheint ihm zu riskant. Außerdem regnet es gerade und Fußballspielen fällt ins Wasser." Diese Deutung bildet das Ineinandergreifen von habituellen und aktuellen Dispositionen, Zuständen und Prozessen in Peter wohl besser ab.

Aktuelle und habituelle Merkmale lassen sich aus handlungstheoretischer Sicht nach folgenden Kategorien klassifizieren, die das übergeordnete Gliederungsschema für unser Kapitel darstellen: (1) Motive / Ziele / Bedürfnisse, (2) Wissensstrukturen, (3) Gefühle, (4) Verhaltenstendenzen.

1. *Motive:* Lerner sind motiviert und bedürfnisorientiert. Sie verfügen über Vorstellungen davon, was ihnen wichtig ist, was ihnen Spaß macht und was sie meiden möchten. Für Peter (10) ist es heute nachmittag wichtig, zum Fußballplatz zu fahren. Egon (17) möchte in der Schule lernen, was er später als Kfz-Mechaniker braucht. Claudia (13) sucht generell Situationen auf, in denen sie Leistungen vollbringen kann. Die Absichten der Erzieher und solche Strebungen der Lerner können miteinander kompatibel, unverträglich oder zueinander neutral sein.

2. *Kognitionen:* Lerner verfügen über kognitive Strukturen. Dazu gehört Wissen über die (erzieherische und sonstige) Welt, auch über die eigene Person. Die Wissensausstattung ist zum größten Teil das Ergebnis bisheriger Lernprozesse. Egon weiß über sich, daß er über handwerkliche Fähigkeiten verfügt, gesellig und spontan ist. Claudia kennt die Begriffe „Unbekannte", „Gleichung auflösen" und „negative Zahlen". Sie kennt die Städte in Europa und ihre Entfernungen zueinander.

Zur Beschreibung von kognitiven Strukturen wird auch der Begriff „Schema" verwendet (vgl. Kap. 7). Schemata sind Repräsentationen von Objekten, Sachverhalten, Prozessen. Es wird angenommen, daß Schemata miteinander verbunden und zum Teil hierarchisch organisiert sind.

3. *Gefühle:* Ein wichtiger Lernerbereich sind die Gefühle. Es gibt überdauernde Stimmungen und Gefühlsbereitschaften wie Zuversicht, Selbstbewußtsein, Fähigkeit zu Mitleid usw., die unter Umständen vom Erzieher explizit angestrebt werden. Andere Gefühle wie Minderwertigkeitsgefühl und Angst treten als unerwünschte Effekte von Erziehung auf.

Erlebnisse werden meist dann als Gefühlserlebnisse bezeichnet, wenn sie auf einem Lust-Unlust-Kontinuum eingeordnet werden können, wenn es zu bestimmten Ausdrucksformen und Gedanken kommt und wenn vegetative Reaktionen feststellbar sind. In der Literatur ist umstritten, wie viele und welche Grundemotionen anzunehmen sind. Izard (1977) z.B. ermittelte auf der Basis der Kovariation von Emotionen zehn Grundgefühle: Interesse, Freude, Überraschung, Unbehagen, Ärger, Ekel, Verachtung, Furcht, Scheu/Schüchternheit und Schuld. Versuche, die Gesamtheit an Emotionen auf faktoren-analytisch gewonnenen Dimensionen zu ordnen, führten zu zwei bis drei Dimensionen: Angenehmheit, Submission/Dominanz und Aktivationsgrad (Traxel, 1983).

4. *Verhalten:* Lerner nehmen zu ihrer Umwelt aktiv Stellung, sie wirken auf sie ein. Sie versuchen damit, ihre Ziele zu erreichen, ihre Interessen durchzusetzen. Claudia strengt sich für Mathe an. Egon unterhält sich im Unterricht mit anderen, weil der Lehrstoff ihn nicht interessiert. Objektiv registrierbares Verhalten wird hier aufgefaßt als Konsequenz von Informationsverarbeitungsprozessen und von Wissen um Verhaltensmöglichkeiten.

Die vier Lernerdimensionen sind nicht unabhängig voneinander. Wahrnehmungen von Konkurrenz und Leistungsdruck innerhalb der Klasse (Kognitionen) können z.B. dazu führen, daß sowohl eine hohe Anstrengungsbereitschaft (Motive) als auch schulbezogene Ängste (Gefühle) erlebt werden, die ihrerseits ein Pendeln zwischen Anstrengung und Vermeidung (Verhalten) zur Folge haben können.

Die besonderen Aufgaben der Pädagogischen Psychologie als beschreibend-erklärender sowie optimierender Wissenschaft veranlassen uns, den Lerner im folgenden unter drei Gesichtspunkten zu betrachten:
1. Der Lerner in der erzieherischen Situation;
2. Lernermerkmale als Ziele und Bedingungen für Erziehen;
3. Beeinträchtigungen in der Lernerentwicklung.
Dies ist das zweite Gliederungsschema für unser Kapitel.

Der Lerner in der pädagogischen Situation

Erstens ist der Lerner *Akteur* im Erziehungsprozeß. Will die Pädagogische Psychologie erzieherische Realität beschreiben und erklären, so muß sie die Sicht des Lerners systematisch untersuchen und Ähnlichkeiten bzw. Unterschiede im Verhalten und Erleben von Lernern in erzieherischen Situationen untersuchen: Was bezwecken Kinder in der Schule? Was denken sie während des Unterrichts? Wie nehmen sie die Eltern wahr? Als Lernermerkmale werden hier vorwiegend (aktuelle) Zustandsmerkmale betrachtet.

Lernermerkmale als Ziele und Bedingungen für Erziehen

Zweitens stellen aus der Sicht des Erziehers Lernermerkmale *Handlungs-ziele* dar. Erzieherisches Handeln ist darauf gerichtet, Persönlichkeits-merkmale von Lernern langfristig zu fördern, d. h. aufzubauen, zu verändern oder zu erhalten. So kann es z. B. Ziel von Erziehen sein, Motive und Interessen aufzubauen (z. B. habituelle Leistungsmotiva-tion), Wissensstrukturen zu schaffen (z. B. Grundkenntnisse in der Mathematik), Verhaltensmöglichkeiten einzuüben (z. B. Handlungsfor-men für die Auseinandersetzung mit der sozialen Umwelt), motorische Fähigkeiten zu vermitteln (z. B. Hobeln). Die Begründung dieser Ziele ist nicht primär Aufgabe der Pädagogischen Psychologie, sondern der Pädagogik. Man orientiert sich am vermuteten „Wohl" des Lerners, andererseits an gesellschaftlichen Interessen. So ist es in leistungsorien-tierten Gesellschaften ein wesentliches Ziel institutionalisierter Erzie-hung, die Mitglieder der heranwachsenden Generation zu leistungsorien-tierten Einstellungen und Verhaltensweisen zu führen, um die Kontinui-tät des Wirtschafts- und gesellschaftlichen Verteilungssystems über die Generationen hinweg zu erhalten (vgl. Fend, 1980).

Die Pädagogische Psychologie trägt dazu bei, Ziele zu konkretisieren, zu beschreiben, die Bedingungen ihrer Möglichkeit anzugeben und ihre Verträglichkeit untereinander zu prüfen. Allgemeine Ziele von Erzie-hung können im Hinblick auf Teilziele *konkretisiert* werden. Wenn z. B. der Aufbau allgemeinen prosozialen Verhaltens Ziel von Erziehung ist, so kann präzisiert werden, daß helfende Verhaltensweisen gegenüber Gleichaltrigen, Erwachsenen, Mitgliedern von Minderheiten etc. zuge-ordnete Teilziele darstellen.

Die Pädagogische Psychologie ist auch aufgerufen, die in der Differen-tiellen Psychologie erprobten Ansätze anzuwenden, um erzieherisch bedeutsame Merkmale des Lerners zu erfassen und zu *beschreiben*. So ist es möglich, prosoziales Verhalten, moralisches Denken und Schullei-stung – sofern diese Merkmale als Ziele erzieherischen Handelns norma-tiv festgelegt wurden – als psychologische Konstrukte zu fassen, Beschrei-bungs-, Erklärungs- und Entwicklungstheorien zu formulieren und zu überprüfen.

Auch erforscht die Pädagogische Psychologie, welche Lernermerk-male *Bedingungen* für die Möglichkeiten der Zielerreichung darstellen. Ziele können in hierarchischen Voraussetzungsbeziehungen miteinander stehen. Meist ist ein Ziel nicht in einem Schritt erreichbar. Das Ziel des prosozialen Verhaltens etwa setzt die Fähigkeit zur Einfühlung voraus. Das Ziel des Formulierens von fremdsprachlichen Sätzen setzt die Verfügbarkeit über Vokabeln voraus. Eine spezielle Form der hierarchi-schen Beziehung zwischen verschiedenen Zielen ist jene der organisatori-schen Voraussetzungsbeziehung. So ist Ruhe im Klassenzimmer Voraussetzung für die Möglichkeit akustischer Verständigung, Pünktlichkeit ist Voraussetzung für die reibungslose Organisation von Unterricht.

Lernervariablen sind aus der Sicht des Erziehers also nicht nur als Zielvariablen interessant, sondern auch als Bedingungen für das Erreichen von Zielen, entweder weil sie den Charakter von Zwischenzielen haben oder weil das Wissen um bestimmte Persönlichkeitsausprägungen dem Erzieher Hinweise für Handlungsalternativen gibt, um bestimmte Ziele anzustreben. Ist die Wirkung von Erziehungsmaßnahmen von bestimmten Persönlichkeitsmerkmalen auf der Lernerseite abhängig, so spricht man von „Aptitude-Treatment-Interaktionen" (ATI), also von statistischen Interaktionen zwischen Lerner-Fähigkeit und Erzieher-Maßnahme. So fand man z. B. in einer Reihe von Untersuchungen, daß ängstliche Schüler stärker von strukturiert-direktivem Unterricht profitieren, nicht-ängstliche Schüler hingegen eher von weniger strukturiertem und nichtdirektivem Unterricht (vgl. Treiber, 1981).

Die Pädagogische Psychologie nimmt sich auch der Frage der *Zielverträglichkeit* an. Bestehen zwischen verschiedenen, als Ziele ausgezeichneten, Lernermerkmalen positive Beziehungen, so bringt die Maximierung des einen Zielzustandes die Maximierung des anderen mit sich. Z. B. wirkt der Aufbau positiver Fähigkeits-Selbsteinschätzungen positiv auf die Entwicklung des allgemeinen Selbstwertgefühls von Lernern. Bei negativen Beziehungen hat die Maximierung des einen Zielzustandes einen negativen Effekt auf den zweiten Zielzustand (so kann z. B. eine Maximierung konkurrenzorientierten Leistungsdenkens zu einer Reduktion leistungsbezogener Kooperationsbereitschaft führen). Verschiedene Ziele sind bei positiver Beziehung miteinander verträglich, bei negativer Beziehung hingegen unverträglich. Nun sind viele erzieherisch relevante Zielbeziehungen auch durch kurvilineare Zusammenhänge gekennzeichnet. Eine Steigerung des Erregungsniveaus von Lernern führt z. B. bis zu einem bestimmten Punkt zu einer Förderung der Leistungsfähigkeit, ab dann aber zu deren Minderung. Aus der Vernetztheit verschiedener Lernermerkmale resultiert also, daß pädagogische Bemühungen nicht nur den angezielten Effekt, sondern auch eine Reihe von sog. Nebenwirkungen zur Folge haben können (positive oder negative).

Die genannten Punkte (Zielkonkretisierung, Zielbeschreibung, Merkmale als Bedingungen für die Zielerreichung und Zielverträglichkeit) erfordern also eine Beschäftigung der Pädagogischen Psychologie mit Lernermerkmalen aus der Perspektive, pädagogische Effekte zu fördern.

Beeinträchtigungen in der Lernerentwicklung

Schließlich ist der Lerner für die Pädagogische Psychologie deshalb interessant, weil die erzieherische Realität für die Erreichung von Erziehungszielen häufig ungünstige Rahmenbedingungen enthält. Das

Ausbleiben förderlicher Bedingungen führt zu Beeinträchtigungen, zu problematischen Entwicklungen. Auch diese gilt es zu beschreiben und zu erklären. Beeinträchtigungen beim Lerner sind Abweichungen von einer Norm oder Erwartung. Andere gebräuchliche Begriffe sind: Erziehungsschwierigkeiten, Verhaltensstörungen, abweichendes oder auffälliges Verhalten (vgl. Havers, 1978). Die Abweichung wird vom Erzieher oder vom Pädagogischen Psychologen bemerkt und als problematisch bzw. unangemessen empfunden. Dabei können unterschiedliche Normen angelegt werden:

– Unter der *sozialen Bezugsnorm* sind Lernermerkmale dann problematisch, wenn sie vom Durchschnitt einer Vergleichsgruppe (z.B. altersgleichen Lernern) abweichen.
– Unter der *individuellen Bezugsnorm* werden Lernermerkmale nicht mit Merkmalen anderer Lerner verglichen, sondern mit den eigenen. Als bedenklich gilt dann z.B., wenn ein Lerner immer mehr nachläßt.
– Bei der *sachlichen Bezugsnorm* steht der Vergleich mit einem internen Gütemaßstab des Erziehers im Vordergrund. Eine Lernleistung ist dann bedenklich, wenn sie weit vom Lernziel entfernt bleibt.

Normen sind auch kultur- und zeitgebunden. Je nach Kulturkreis können dieselben Lernermerkmale als erwünscht oder als abweichend deklariert werden; innerhalb einer Kultur unterliegen Wertvorstellungen einem kontinuierlichen Wandel.

Bei der Analyse von beeinträchtigenden Bedingungen für Erziehungsprozesse neigt man dazu, einem „psychologischen" Erklärungsmodell gegenüber einem „medizinischen" den Vorzug zu geben. Das sog. medizinische Modell sieht als Ursache für abweichendes Verhalten Faktoren an, die im Lerner selbst gelegen sind. Bei Auffälligkeiten im Leistungsverhalten sucht man z.B. nach einer organischen Störung (z.B. minimale Hirndysfunktion). Das psychologische Modell faßt Abweichungen wie Schulversagen dagegen vor allem als Ergebnis einer Reihe von behindernden Lernerfahrungen auf.

8.2 Motive des Lerners

Der Begriff „Lerner" mag nahelegen, daß jene Person, auf die Erziehungsbemühungen gerichtet sind, sich vor allem durch die Absicht auszeichnet, zu lernen. Davon kann aber nicht immer ausgegangen werden. Und ein „Lernbedürfnis" kann nicht mehr als ein Teil jener Bezüge sein, die vom Lerner in einer Situation als Verhaltensantriebe aktualisiert werden. Adler wie Freud gehen davon aus, daß man alle menschlichen Strebungen durch ein Grundmotiv erklären kann (Geltungsstreben bzw. Sexualtrieb). Andere Autoren haben lange Listen von angeblich grundlegenden Motiven aufgestellt (z.B. Murray, 1938).

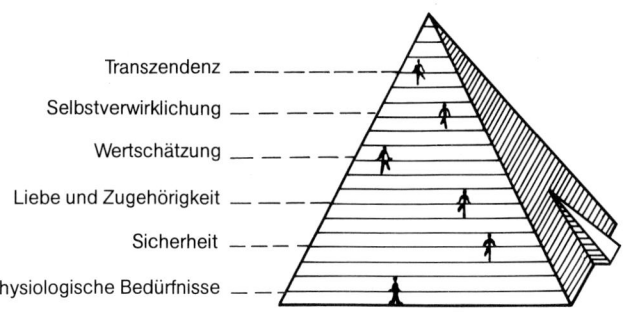

Abb. 8.1: Hierarchie der Bedürfnisse nach Maslow (aus Zimbardo, 1983, S. 415)

Maslow (1954) sieht Motive hierarchisch angeordnet. Übergeordnete Motive (z.B. Selbstverwirklichung) werden erst dann aktuell, wenn ontogenetisch frühere Bedürfnisse (physiologische Grundbedürfnisse, Bedürfnisse nach Sicherheit und sozialen Bindungen) befriedigt sind (vgl. Abbildung 8.1). Wie Motive zu motiviertem Verhalten (Motivation) führen, demonstrieren Heckhausen & Rheinberg (1980) anhand der Abbildung 8.2. Motivation wird erklärt aus einem Zusammenspiel von handlungsbezogenen Erwartungen und Wertigkeiten. Die Theorie postuliert (vereinfacht dargestellt), daß Motivation dann entsteht, wenn die folgenden Erwartungs- und Valenzkognitionen vorhanden sind: (a) eine geringe Erwartung, daß situative Umstände auch ohne eigenes Zutun positive Resultate produzieren („Situations-Ergebnis-Erwartung"); (b) eine hohe Erwartung, daß eigenes Handeln zu Erfolg führt („Handlungs-Ergebnis-Erwartung"); (c) hohe Erwartungen, daß Erfolg weitere positive Konsequenzen nach sich zieht („Ergebnis-Folge-Erwartungen"); und (d) hohe subjektive Bedeutsamkeit von Erfolg bzw. seinen Konsequenzen (Valenz). Darüber hinaus dürfte noch ein weiterer Typus

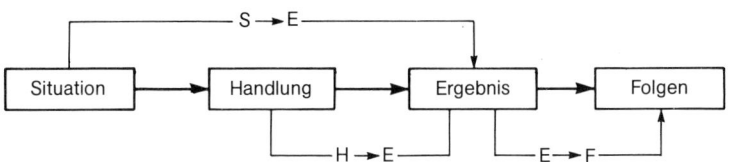

(1) S → E   Situations → Ergebnis − Erwartung
(2) H → E   Handlungs → Ergebnis − Erwartung
(3) E → F   Ergebnis → Folge − Erwartung

Abb. 8.2: Drei Arten von Erwartungen im erweiterten kognitiven Motivationsmodell. (Heckhausen und Rheinberg, 1980, S. 16)

handlungsbezogener Erwartungen wichtig für die Motivationsbildung sein, nämlich Erwartungen, daß eigenes zielbezogenes Handeln tatsächlich auch realisiert werden kann, wenn man dies beabsichtigt („Selbstwirksamkeits-Erwartungen", Bandura 1977; „Absichts-Anstrengungs-Erwartungen", Pekrun 1983).

Empirische Untersuchungen bestätigen, daß solche Erwartungs- und Wert-Kognitionen in positiv-korrelativen Beziehungen zu Motivation und Verhalten von Lernern stehen. Vor allem scheint der Einfluß von Erfolgs- und Mißerfolgserwartungen auf das Anstrengungsverhalten von Schülern gesichert (vgl. Eccles, 1983). Das Modell ist nicht auf ein bestimmtes Motiv beschränkt. Ausdrücklich angewandt wird es auf das Motiv nach Leistung, nach Anschluß, nach Macht, nach Hilfe, nach Aggression (Heckhausen, 1977, S. 301).

8.2.1 Motive in der pädagogischen Situation

Durch welche Motive ist der Lerner innerhalb pädagogischer Situationen zu beschreiben? Welche Bedürfnisse zeichnen das Kind in der Familie, welche Motive den Jugendlichen in der Schule und welche Ziele den Erwachsenen in der Weiterbildung aus?

Zweifelsohne ist ein Großteil des Verhaltens von Kleinkindern durch *physiologische Bedürfnisse* bestimmt. Das Bedürfnis nach Nahrung, nach Schlaf, nach körperlichem Wohlbefinden prägt kindseitiges Verhalten und beeinflußt auch elterliche Reaktionen ganz erheblich.

Vor allem Kleinkinder, aber auch ältere Lerner suchen physischen Kontakt zu anderen Menschen oder zumindest die Nähe bestimmter Personen. Manche Autoren gehen von einem Motiv nach Bindung und *Zugehörigkeit* aus (Maccoby und Masters, 1970). Darunter versteht man auch das Suchen nach Aufmerksamkeit, Lob und Anerkennung sowie Widerstand gegen Trennung. Zunächst kann sich dieses Streben auf die Mutter oder andere nahestehende Pflegepersonen beziehen, später auf die Familie, noch später auf Freunde, dann auf Vorgesetzte und Kollegen.

Weiter scheint *Neugier* eine wesentliche Triebfeder aktiver Auseinandersetzung mit der erzieherischen Umwelt zu sein. Aus empirischen Untersuchungen der Neugierforschung weiß man, daß Lerner bevorzugt Situationen aufsuchen, die sich durch Unbekanntheit, Überraschung, Inkongruenz und Komplexität auszeichnen. Die Wirksamkeit des Neugiermotivs kann man auf allen Lebensaltersstufen beobachten. In der frühen Kindheit wenden sich Kinder jenen Spielzeugen zu, die sie nicht kennen und die nicht zu simpel sind. Die Schule ist dagegen häufig eine Institution zur Verhinderung von Neugier. Den wissenschaftlich interessierten Studenten treibt die Neugier nach Erkenntnis. Lernbereitschaften vieler erwachsener Personen entstehen aus Lust, Neues zu entdecken.

In unserer Gesellschaft scheinen Lerner vor allem durch ein Motiv nach *Leistung* gekennzeichnet zu sein. Nach Heckhausen (1974b) entwickelt sich dieses Motiv in dem Maße, in dem man Ergebnisse seiner Tätigkeiten als Erfolg oder Mißerfolg klassifiziert, dieses auf eigenes Tun zurückführt und zwischen Fähigkeit und Anstrengung als Ursachen unterscheidet. Viele leistungsbezogene Aktivitäten des Lerners (z. B. der Erwerb schulischer und beruflicher Qualifikationen) sind außerdem durch pragmatische Mittel-Zweck-Überlegungen bestimmt. So wird ein großer Teil schulischer Lernarbeit akzeptiert, weil man sie als notwendige Voraussetzung für das Erreichen weiter entfernt liegender Ziele der Lebensbewältigung sieht. Daß viele Schüler das schulische Lernen im wesentlichen unter diesem Gesichtspunkt sehen, wird durch Untersuchungsergebnisse gestützt. Raven (1973, S. 21) hat z. B. 13- bis 16jährige Schüler nach der Wichtigkeit verschiedener Ziele der Schule befragt. Es zeigte sich, daß die Schüler als „sehr wichtig" einstuften:

– über brauchbare Informationen zu verschiedenen Berufen verfügen
– einen bestmöglichen Schulabschluß machen,
– sich schriftlich klar ausdrücken können,
– Dinge lernen, die im Haushalt nützlich sind (z. B. Kinder erziehen, reparieren).

Als wichtiges, das Verhalten des Lerners in erzieherischen Situationen bestimmendes Motiv wird schließlich das *Streben nach Identität und Selbstverwirklichung* angenommen. Lerner trachten danach, sich über die Zeit als eigenständige, kompetente und insgesamt positiv bewertete Person wahrzunehmen (Haußer, 1983; Meyer, 1984). Dies kann Triebfeder für Lernbereitschaft, aber auch Ursache für Widerstand gegen Erziehung sein. Bereits das Kleinkind zeigt den Willen zur Selbständigkeit. Interessen und Hobbies können z. T. als Ausdruck des Bestrebens aufgefaßt werden, die eigene Identität in einem unverwechselbaren Tätigkeitsprofil zu finden. Dies wird besonders in erzieherischen Situationen deutlich, die Lerner freiwillig aufsuchen, z. B. in Sportvereinen, Musikschulen, Jugendgruppen und in der Weiterbildung. Umgekehrt werden Anforderungen in Familie und Schule vom Lerner unter Umständen als Bedrohung oder Einschränkung des Strebens nach Identität erlebt, gegen die er sich zur Wehr setzt.

In der erzieherischen Interaktion treffen Ziele des Lerners auf Ziele des Erziehers. Zu Störungen kann es kommen, wenn diese Ziele divergieren. Das Kind hat zum Beispiel gerade keine Lust, mit der Mutter ein Lesespiel zu machen; es möchte lieber seinen Gedanken nachhängen. Karl hat sich fürs Wochenende sein Modellflugzeug vorgenommen und nicht Englisch wie seine Eltern.

Erzieher haben oft unzutreffende Vorstellungen von den Zielen und Motiven des Lernenden. Morton-Williams u. a. (1968, zit. nach Raven, 1973) haben fünfzehnjährige Schulabgänger gefragt, wie wichtig eine

Reihe von Dingen für sie sind. Die Lehrer sollten ebenfalls sagen, wie
wichtig diese Dinge für Fünfzehnjährige sind. Auch die Eltern wurden
befragt, wie wichtig die Dinge für ihre Kinder sind. Die Tabelle 8.1 zeigt
die Ergebnisse.

Tab. 8.1: Prozentsätze, mit denen die angegebenen Gruppen das betreffende Ziel
als sehr wichtig für 16 Jahre alte Schulabgänger bezeichnet haben (Raven, 1973,
S. 306).

Werte	Schüler	Eltern	Lehrer
den gewünschten Beruf ausüben	96	97	50
deine Familie	92	86	20
als Erwachsener behandelt zu werden	78	78	70
Kleidung, Haare, Erscheinung (Mädchen)	84	89	83
Popmusik	35	64	71
einen Freund haben (Mädchen)	27	18	64

Die Lehrer unterschätzten z. B. die Wichtigkeit beruflicher und familiärer Werte und überschätzten erheblich die Bedeutung von Popmusik und
Freundschaften. Der Eindruck liegt nahe, daß Erzieher nicht immer
zutreffende Vorstellungen haben von dem, was Lerner beschäftigt.

8.2.2 Motive als Ziele und Bedingungen von Erziehung

Motive als Ziele und/oder Bedingungen des Erziehens setzen eine Festlegung der „Erwünschtheit" von Motiven voraus. Es geht nicht wie im
letzten Abschnitt um die Beschreibung von Motiven in der erzieherischen
Wirklichkeit, sondern um die Präzisierung von pädagogischen Wünschen
im Hinblick auf Lernermotive.

Kein Zweifel kann wohl daran bestehen, daß das Erfüllen grundlegender *physiologischer Bedürfnisse* eine Erziehungsaufgabe ist. Zumindest
in unserer Kultur ist es so selbstverständlich, daß Kinder der Pflege und
Sorge für ihre körperliche Gesundheit und Unversehrtheit bedürfen, daß
es als Erziehungsziel lediglich in Gesetzen für Ausnahmefälle explizit
thematisiert wird.

Das *Anschlußmotiv,* das Streben nach dauerhafter Zuneigung, Bindung und Zusammengehörigkeit scheint phylogenetisch begründet
(Bowlby, 1969); Bindungsverhalten ist für das Überleben und die Reproduktion der Art notwendig. Die Förderung des Motivs nach Bindung und
Anschluß ist Voraussetzung für eine positive soziale Entwicklung.

Der Aufbau einer habituellen *Leistungsmotivation* ist ein wesentliches
Ziel institutionalisierten Erziehens. Ein Beitrag der Pädagogischen Psychologie dazu bestand darin, daß sie Möglichkeiten zur Messung auf-

zeigte. Erfaßt werden Leistungsmotive in der Regel mit Fragebögen oder projektiven Verfahren. Ein Beispiel für projektive Erfassung von Leistungsmotiven ist der Thematische Apperzeptions-Test (TAT; Schmalt, 1976). Bei diesem Verfahren und seinen Varianten erhält der Proband bildliche Darstellungen leistungsthematischer Situationen und soll jeweils eine Geschichte zur möglichen Entstehung und Weiterentwicklung der dargestellten Situation erfinden. Diese Bildinterpretationen werden dann inhaltsanalytisch nach vorgegebenen Kategorien ausgewertet. So gibt es z. B. Kennwerte für Erfolgs- und Mißerfolgsmotiv („Hoffnung auf Erfolg" versus „Furcht vor Mißerfolg"). Die Aussagekraft solcher Motivmeßverfahren wird zum Teil angezweifelt. Die Methode basiert auf der problematischen Annahme, daß die Untersuchungspersonen ihre überdauernden Motive auf indirekte Weise in ihre Bildinterpretationen einfließen lassen (also ihre Persönlichkeit in ihre Wahrnehmungen und Interpretationen hinein „projizieren"). Fragebögen haben demgegenüber den Vorteil, daß der Proband sein motivationales Erleben direkt berichten kann. Dafür haben sie den Nachteil, daß unter Umständen Verfälschungstendenzen eine stärkere Rolle spielen (z. B. Tendenzen zur Selbstdarstellung im Sinne sozialer Erwünschtheit).

Die Leistungsmotivation wurde in der Pädagogischen Psychologie intensiv untersucht; die Analyse erfolgte nach dem eben beschriebenen Erwartungs-Mal-Wert-Modell.

Als Weg, die Lernmotivation zu fördern, wird vor allem das „Prinzip der Passung" diskutiert (Heckhausen, 1968). Man soll dem Lerner Aufgaben anbieten, die für ihn von mittlerer Schwierigkeit sind. Auch die Anwendung einer individuumorientierten Rückmeldung (anstelle oder zusätzlich zu einer sozialorientierten) kann die Motivation fördern (Rheinberg, 1980). Daneben wurden auch spezielle Programme zur Förderung der Leistungsmotivation entwickelt.

Bemerkenswert ist, daß im Laufe der Entwicklung sachbereichsbezogene Wertschätzungen (Heckhausen, 1969b) oder *Interessen* entstehen, die das Handeln des Lernenden auf bestimmte Inhaltsbereiche zentrieren (vgl. Kasten 8.1).

Stimmen die Interessen eines Schülers mit den Unterrichtsinhalten überein, so zeigen sich positive Zusammenhänge mit den Leistungen in diesen Fächern (Todt, 1978). Demnach können zielkonforme Interessen den Lernprozeß fördern, diskrepante oder fehlende Interessen ihn behindern.

8.2.3 Beeinträchtigungen von Motiven

Gestörte gefühlsmäßige Beziehungen zwischen Mutter und Kind führen nach psychoanalytischer Auffassung zu gestörten Objektbeziehungen (Spitz, 1952). Der Aufforderungsgehalt von Personen und Objekten in

Kasten 8.1: Interesse

Die inhaltliche Ausrichtung von Handlungen wird von einem neueren Theorieansatz in den Vordergrund gerückt. Ausgangspunkt dieser Theorie ist die Beobachtung, daß sich immer wieder Menschen – relativ unabhängig von äußeren Anreizen – langfristig und engagiert mit einem Gegenstandsbereich auseinandersetzen, dabei sehr differenzierte Erfahrungen und ein umfangreiches Wissen über dieses Gebiet erwerben. Dieses Phänomen erfährt in der Alltagssprache mit dem Begriff „Interesse" eine Bezeichnung und zugleich eine Erklärung. Die Interessentheorie von Schiefele und Mitarbeitern (Schiefele, Haußer & Schneider, 1979; Schiefele & Prenzel, 1983) versucht, auf wissenschaftlicher Ebene dieser von der Sache her motivierten, Wissen aufbauenden Auseinandersetzung auf den Grund zu gehen. Es hat sich dabei als sehr wichtig erwiesen, Interesse nicht als unspezifische persönliche Haltung oder Einstellung (etwa als Offenheit gegenüber allem) zu betrachten, sondern als eine Beziehung zwischen der Person und einem ganz bestimmten Gegenstand.

Für Interesse charakteristisch ist differenziertes *Wissen* über den Gegenstand, das sich in einem verästelten und strukturierten Begriffssystem zu diesem Bereich äußert. Als weitere grundlegende Bedingung gilt die *emotional positive* Tönung des Verhältnisses zum Gegenstand wie auch der Handlungen mit diesem Gegenstand. Trotz aller Anstrengung, die auch das interessenbezogene Handeln notwendig macht, wird in der Summe das Interessenhandeln als angenehm, als Freude bereitend, erlebt. Als wichtig festzuhalten ist, daß sich eine *Person zu einem großen Teil über ihre Interessen definiert.*

(Aus Prenzel, 1984, S. 4)

der Umwelt nimmt ab; das Kind verliert das Interesse an seiner Umgebung und entwickelt im Extremfall Symptome einer intentionalen Gehemmtheit (Schultz-Hencke, 1947).

Die Mutter scheint – zumindest in der Kindheit – auch einen stärkeren Einfluß auf die Interessenbildung ihrer Kinder auszuüben als der Vater, wie Untersuchungen von Todt (1978) zeigen. Fehlende mütterliche Aufmerksamkeit bzw. ausbleibende Reaktionen der Mutter, wenn das Kind seine Umwelt erkundet, hemmen die Entfaltung des Neugierverhaltens und damit eine spätere Interessenentwicklung (Rubenstein, 1967;

Riksen-Walraven, 1978). In ähnlicher Weise dürften sich Strafen auswirken. Im schulischen Bereich führen fehlende Wertschätzungen von Schule und Lernergebnissen durch die Eltern ebenso zu Beeinträchtigungen der schulischen Interessen eines Schülers wie Langeweile und Monotonie im Unterricht (Robinson, 1975). Mit am stärksten werden schulische Interessen durch eine leistungsmäßige Überforderung des Schülers gehemmt: „Das Nicht-zu-Bewältigende gewinnt einen negativen Anreizwert" (Heckhausen, 1969b, S. 206).

Nach dem oben beschriebenen Modell der Motivation von Heckhausen & Rheinberg (1980) bestimmen die Erfolgswahrscheinlichkeit der eigenen Handlung, die an das Handlungsergebnis anknüpfenden Folgen sowie der subjektive Anreizwert dieser Konsequenzen das Ausmaß der Anstrengungsbereitschaft. Erscheint einem Lerner die Erfolgswahrscheinlichkeit des eigenen Handelns z.B. aufgrund objektiv gegebener oder subjektiv vermuteter Aufgabenschwierigkeit gering, sinkt seine Bereitschaft, sich um eine Aufgabenlösung zu bemühen. Aber selbst wenn dem Lerner das Handlungsergebnis mit zumutbarem Aufwand erreichbar erscheint, kann seine Leistungsbereitschaft abnehmen, falls er keine positiven Konsequenzen der Zielerreichung wie z.B. Stolz auf die eigene Leistung, Zufriedenheit der Eltern, bessere Benotung oder praktische Verwendbarkeit erwartet. Das Gewicht derartiger Handlungskonsequenzen verringert sich natürlich mit der Abnahme der Wahrscheinlichkeit dieser Folgen und mit der Abnahme an Bedeutung der Folgen für den Lerner. Ungünstige Bedingungen für die Anstrengungsbereitschaft z.B. eines Schülers sind also dann gegeben, wenn er positive Konsequenzen für unwahrscheinlich hält oder die möglichen Folgen ihm persönlich nur wenig bedeuten. In einer Untersuchung an Realschülern gaben solche Schüler an, sich am wenigsten auf eine Klassenarbeit vorbereitet zu haben, die nur wenig positive Konsequenzen erwarteten und diesen obendrein nur geringe Bedeutung beimaßen (Heckhausen & Rheinberg, 1980). In einer Studie an Gymnasiasten konnte gezeigt werden, daß Schüler ohne Hoffnung auf Verbesserungsmöglichkeiten bei der nächsten Klassenarbeit nur geringe Anstrengungsbereitschaft bekundeten und sich tatsächlich auch nicht verbesserten (Grobe & Hofer, 1983). Dieses Verhalten ist angesichts der gegebenen Situation durchaus als realitätsangemessen zu bezeichnen. Wie die interne Anstrengungskalkulation dabei ablaufen kann, zeigt das Schema in Abbildung 8.3.

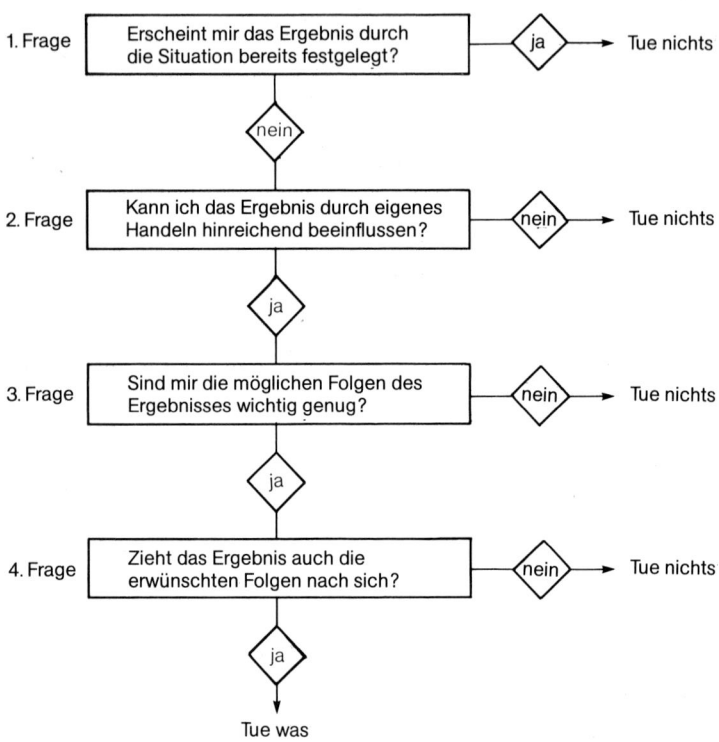

Abb. 8.3: Denkbare Überlegungen eines Schülers bei der Frage, ob eine aufgabenbezogene Anstrengung sich lohnt oder nicht (Aus Heckhausen & Rheinberg, 1980, S. 19).

8.3 Kognitionen des Lerners

Die Basis für das gedankliche Umgehen des Lerners mit seiner (auch erzieherischen) Umwelt bilden Kognitionen, d. h. Wissen, Überlegungen, Einfälle, Erwartungen usw. Dörner (1976) hat in einem Informationsverarbeitungsmodell den kognitiven Apparat, mit dessen Hilfe Lösungen für Probleme gefunden werden, in zwei Ebenen unterteilt: In die epistemische und die heuristische Struktur. Die *epistemische Struktur* stellt die Wissensbasis dar und enthält im Gedächtnis gespeichertes Wissen über Merkmale von Objekten der Realität. Dieses Wissen wird eingeteilt in Wissen über Sachverhalte (z. B.: „eine Hauptstadt ist die

Stadt eines Landes, in der dessen Regierung sitzt") und in Wissen über
Operatoren, die zur Änderung von Zuständen führen (z. B.: „um von
einer Stadt zur anderen zu gelangen, kann man einen Zug benutzen").

Die *heuristische Struktur* wird aktiviert, wenn eine Problemlösung nicht
gelingt. Genügt das gespeicherte Wissen nicht unmittelbar, so werden
konstruktiv Mittel und Wege der Zielerreichung gesucht. Die heuristische Struktur verfügt über Programme, mit denen die Daten in der
epistemischen Struktur schöpferisch gehandhabt werden. Beispiele für
„Heurismen" sind: Zwischenzielbildung, systematisches Durchprobie-
ren, Hypothesen bilden, den Zielzustand vereinfachen.

Der Begriff der Kognition dient im folgenden hier als Oberbegriff für
die vielfältigen Arten von Wissen, Denken und intellektuellem Können,
mit denen sich eine große Zahl von pädagogischen Prozessen beschreiben
lassen.

8.3.1 Kognitionen in der pädagogischen Situation

Lerner haben Kognitionen, die sich auf viele Aspekte der erzieherischen
Situation beziehen. Interessant ist die Frage, was Lerner über ihre
Erzieher (Eltern, Lehrer etc.) und Mitlerner denken. Die Vorstellungen,
die Lerner über andere Menschen besitzen, können als „subjektive" oder
„implizite" Theorien bezeichnet werden. Diese beziehen sich auf die
Eigenschaften, die anderen zugeschrieben werden und auf für diese
Eigenschaften angenommene Zusammenhänge. Sie sind Teil der epistemischen Struktur des Lerners. Taylor (1962, zit. nach Nash, 1978, S. 96)
ermittelte die Ansichten von 900 Schülern aus verschiedenen Schulen
über den „guten" Lehrer. Die meisten Schüler schrieben ihm folgende
Eigenschaften zu: Festigkeit und Gerechtigkeit; gute Fachkenntnisse;
Fähigkeit, schwierige Dinge zu erklären; Hilfsbereitschaft und Aufmun-
terungsbereitschaft. Eine andere Untersuchung referiert Kasten 8.2.

Zum gleichen Thema hat Gerstenmaier (1975) eine große Zahl auch
deutscher Untersuchungen zusammengestellt. Das Ergebnis: Schüler
haben Wünsche nach affektiver Nähe, nach Leistungsfähigkeit und nach
interessantem Unterricht. Dies deckt sich mit Ergebnissen aus faktoren-
analytischen Untersuchungen zu Beurteilungsdimensionen des Lehrers
aus der Sicht der Schüler. Sie lassen deutlich eine Differenzierung in zwei
Themenbereiche erkennen: „Tüchtigkeit" und „Liebe" (Wright und
Sherman, 1965). Die Tüchtigkeitsdimension enthält folgende Unterfak-
toren:
– fachliche Beschlagenheit des Lehrers,
– Qualität des Unterrichts (z. B. Spannung, Abwechslung, Motivation,
  Verständlichkeit),
– Disziplin und Durchsetzungsfähigkeit.

Kasten 8.2: Wie Schüler ihre Lehrer einschätzen

Die Untersuchung von Nash (1978) erstreckte sich auf eine einzige
Schulklasse von 12- bis 13jährigen Schülern; dabei wurden Einzel-
interviews mit den Kindern durchgeführt, so daß die Befragung
sehr viel intensiver ausfiel als mit einer Fragebogenmethode. Jeder
Schüler erhielt drei Karten mit dem Namen je eines Lehrers. Man
ließ ihn dann die Karten nach dem Kriterium ordnen, ob er mit
dem Lehrer „gut zurechtkam" oder nicht. Beim Interview konnte
das Kind z. B. antworten: „Frau X, mit der ich nicht gut zurecht-
komme, und Frl. Y sind verschieden, weil Frl. Y einem mehr hilft.
Frau X geht nur auf und ab." Hieraus läßt sich ableiten, daß das
Kind bei der Wahrnehmung seiner Lehrer das Kriterium „hilfsbereit – nicht hilfsbereit" verwendet. Die Kinder sollten ganz nach
Belieben über die Lehrer sprechen und sie miteinander vergleichen.

Die Auswertung der Interviews ergab sechs in dieser Klasse
anscheinend verbreitete Kriterien:

1. Hält auf Ordnung   – hält nicht auf Ordnung
2. Bringt uns etwas bei   – bringt uns nichts bei
3. Erklärt viel   – erklärt wenig
4. Interessant   – langweilig
5. Gerecht   – ungerecht
6. Freundlich   – unfreundlich.

Alle Kinder sind der Meinung, daß der Lehrer für Ordnung sorgen
soll. Die Schüler erwarten ferner von ihren Lehrern, daß sie sich an
die Grenzen ihres Faches halten. Sie bevorzugen einen Unterricht,
der ihnen das Gefühl vermittelt, etwas gelernt zu haben. Diskussionen z. B. sehen sie häufig nicht als „richtigen" Unterricht an. Sie
erwarten bei Verständnisschwierigkeiten von den Lehrern Hilfe
und Erklärung. Unbeliebt sind vor allem Lehrer, die die Schüler
auffordern, „darüber nachzudenken" oder etwas „selbst herauszufinden". Geschätzt sind Lehrer, die zügig unterrichten und die
Hauptpunkte des Lehrstoffes klar und verständlich herausarbeiten. Nur wenige Schüler schätzen es, wenn der Lehrer den
Fortgang des Unterrichts ständig durch „störende" Fragen unter-
bricht.

Die Dimension „Liebe" gliedert sich ebenfalls in drei Unteraspekte:
- Wärme: Ist der Lehrer menschlich, verständnisvoll und dem Schüler zugeneigt?
- soziale Kompetenz: Weiß der Lehrer, was in der Klasse und den Schülern vorgeht? Kennt er ihre Wünsche, Ängste und Befürchtungen?
- Wunscherfüllung: Nimmt der Lehrer auf Wünsche Rücksicht, geht er auf Probleme ein, ist er flexibel?

Kasten 8.3: Was Kinder von ihren Vätern erwarten

Die häufigsten Kinderwünsche lassen sich zu sieben Gruppen zusammenfassen. Der Vater soll:
1. 99 Aussagen: nicht oder nicht zu viel trinken, nicht betrunken heimkommen, nicht im Wirtshaus herumsitzen, nicht zu spät heimkommen, kein Geld vertrinken, nicht im Rausch schlagen...
2. 80 Aussagen: Zeit für Frau, Kinder und Familie haben, sich sorgen, sich um sie kümmern, sich mit ihnen abgeben, häuslich und kinderlieb sein...
3. 75 Aussagen: nicht faul und arbeitsscheu sein; keine Schichtarbeit, sondern einen sauberen, ordentlichen, anständigen, sicheren Arbeitsplatz mit nicht zuviel Arbeit haben; sparsam sein, mit Geld umgehen können...
4. 65 Aussagen: diskutieren können, Probleme lösen helfen, verständnisvoll sein...
5. 58 Aussagen: nett, gut, liebevoll, geduldig, höflich, rücksichtsvoll, hilfsbereit sein...
6. 50 Aussagen: einen festen Willen, einen guten Charakter haben; anständig, ordnungsliebend, verantwortungsbewußt, konsequent sein; Schutz, Sicherheit, Geborgenheit geben; ehrlich, treu, gläubig, gerecht sein...
7. 50 Aussagen: humorvoll, lustig, tierlieb, Naturfreund, sportlich, unternehmungslustig, modern, temperamentvoll sein...

(Nach Oesterreich, 1981, S. 160ff.)

Was Kinder über ihre Väter denken, zeigt Kasten 8.3.

Im täglichen Umgang mit Erziehern erwerben Lerner neben Wissen über Sachverhalte auch Wissen über die Erzieher. Whitfield (1976) hat z. B. Sechstklässler danach befragt, wie sie Verhaltensweisen ihrer Lehrer deuten. Es zeigte sich, daß Schüler klare Vorstellungen darüber haben, wie man aus beobachtetem Verhalten „verborgene" Intentionen der Erzieher ermitteln kann (vgl. Kasten 8.4).

In vielen Erziehungssituationen teilen Lerner ihre Situation mit Geschwistern, Freunden, Mitschülern, Studenten. Mit-Lerner kann man als Rivalen, als Partner oder Verbündete wahrnehmen. Sie können eine Quelle der Aktivierung oder eine der Angst darstellen. Einiges ist darüber bekannt, nach welchen Kategorien Schüler ihre Mit-Lerner beurteilen. In einer Untersuchung von Höhn (1980) wurden Schüler gebeten, auf einem Polaritätenprofil – bestehend aus 21 Eigenschaftspaaren mit einer jeweils siebenstufigen Einschätzungsskala – einen „schlechten Schüler" und den „besten Schüler" zu beurteilen. Außerdem sollten sie unter Verwendung einer TAT-Karte, auf der ein angeblich schlechter

Kasten 8.4: Schüler erschließen Absichten ihrer Lehrer

Wie merkst Du, daß Dir Deine Lehrerin zuhört?
„Sie schaut mich an." „Sie schaut mir genau in die Augen." „Sie spricht nicht, während ich rede." „Sie wartet, bis ich fertiggesprochen habe." „Sie kommt zu mir her." „Sie lehnt sich zu mir." „Sie geht um uns herum."

Schüler scheinen also auf Hinweise zu achten, die auf aktives Zuhören schließen lassen. Eine besonders subtile Beobachtung ist die folgende: „Der Lehrer stimmt mir nicht immer zu, wenn er mir wirklich zuhört."

Wie merkst Du, daß Dir Deine Lehrerin nicht zuhört?
„Sie schaut mich nicht an." „Sie spricht mit einem anderen." „Sie fährt mit dem fort, was sie tut." „Der Lehrer gibt mir keine Antwort auf eine Frage." Andere interpretieren die Lehrertechnik des Vertröstens („Erzähl es mir nach der Schule") als Ausdruck von Nicht-Verstehen („Ich erklär es dir später"). Eine wieder subtile Interpretation kommt zum Ausdruck, wenn ein Schüler angibt: „Sie spricht laut und ich spreche leise."

Was tut Dein Lehrer, wenn Du eine falsche Antwort gibst?
Aus den Angaben der Schüler ergeben sich zwei Antworttypen:

Schüler dargestellt war, eine Geschichte erfinden, in der vorkommt, was auf dem Bild geschieht, was vorher war und wie es wohl weitergehen wird. Die Schüler neigten dazu, den schlechten Schüler einseitig negativ zu beurteilen. Sie schrieben ihm auch Eigenschaften zu, welche über die schlechte Schulleistung hinausgingen; er erschien z. B. dümmer, fauler, schmutziger, trauriger, grober, langsamer, dicker, böser, häßlicher, unkameradschaftlicher etc. Bei der Wahl des Klassensprechers spielen nach einer Untersuchung von Pfeiffer (1976) vor allem die Merkmale Sozialverhalten, Intelligenz und Leistung eine Rolle. Im Gegensatz zu Mädchen scheint für Jungen bei der Auswahl von Freunden weniger die positive als die negative Einstellung zur Schule wichtig zu sein.

Im Jugendalter hat die Gruppe der Gleichaltrigen (peers) für die Entwicklung eine besondere Bedeutung. Nach Eisenstadt (1966) bieten Gleichaltrige den Jugendlichen Wärme und Anerkennung und gleichzeitig die Möglichkeit, neues Rollenverhalten gefahrlos auszuprobieren, mit sich zu experimentieren, sich von den Familienbeziehungen zu lösen und sich auf Erwachseneninteraktionen einzustellen.

Reaktionen mit negativem Affekt des Lehrers und solche mit mehr positivem Ton. Beispiele für negative Reaktionen: „Der Lehrer sagt Nein in barschem Ton." „Der Lehrer starrt mich an und schüttelt nur den Kopf." „Der Lehrer sagt mir, ich liege immer falsch."

Beispiele für mehr positive Reaktionen sind: „Sie sagt nur ‚falsch' und geht zu einem anderen weiter." „Sie sagt: ‚Das ist nicht ganz richtig' und fährt fort."

Einige Schüler schließen aus recht feinen Hinweisen, daß der Lehrer ihre Antwort für falsch hält; einer sagt: „Wenn ich manchmal eine falsche Antwort gebe, dann verzieht der Lehrer die Lippen in einer ganz bestimmten Weise und guckt nach unten. Dann weiß ich, daß ich falsch bin."

Läßt Dich Dein Lehrer irgendwann mal fühlen, daß Du nicht wichtig bist?
„Er ruft mich nie auf." „Er schaut mich nicht an, wenn ich spreche." „Er guckt mein Heft nicht an." Andere sagen, sie fühlten sich besonders unwichtig, wenn er Dinge sagt wie: „Ah, du kannst es doch besser als so!" „Na los, jetzt!" „Da hast du aber nicht viel dafür getan, nicht wahr?"

(Nach Whitfield, 1976)

8.3.2 Kognitionen als Ziele und Bedingungen von Erziehung

Wohl in jeder Gesellschaft ist die Vermittlung von Wissen das wichtigste Ziel erzieherischer Bemühungen. Eine systematische Beschäftigung mit inhaltsbezogenen Kognitionen von Lernern steht in der Pädagogischen Psychologie bisher erst in den Anfängen. Wegen der großen Vielfalt an möglichen Inhalten ist es schwierig, ihre kognitive Repräsentation nach allgemeinen Kriterien zu untersuchen. Ansätze der Repräsentation von Wissensstrukturen sind in der Kognitionspsychologie in Form sogenannter Netzwerkmodelle entwickelt worden (vgl. dazu Kapitel 7).

Für die Fragestellungen der Pädagogischen Psychologie interessant ist zunächst die Frage nach der Struktur des optimalen Wissens. Wie hat die Wissensstruktur auszusehen, die in einem bestimmten Bereich als Erziehungsziel angestrebt wird? Hierbei kann man so vorgehen, daß man Experten in dem jeweiligen Sachbereich (z.B. Raum, Bewegung, Elektrizität, Navigation, Mechanik) befragt und mit ihnen gemeinsam zu einem Modell des betreffenden Sachgebietes kommt. Ein Netzwerkmodell kann zweitens dazu dienen, die Wissensstruktur eines Lerners darzustellen, um z.B. im Rahmen einer „treatmentvorbereitenden Diagnostik" (vgl. Kap. 14) Aufschluß über seinen Wissensstand zu erhalten. In den meisten Fällen handelt es sich dabei um „naive", laienhafte Vorstellungen von den jeweiligen Sachverhalten. Um solche Modelle zu erfassen, konfrontiert man Lerner mit Aufgaben, die sie lösen sollen. Häufig werden sie aufgefordert, ihre Gedanken bei der Lösung aufzuschreiben oder laut zu äußern. Oft führt man auch längere Interviews

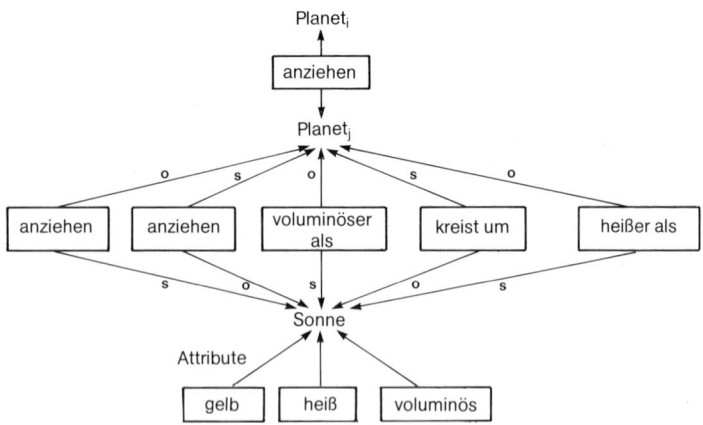

Abb. 8.4: Repräsentation des Wissens über das Sonnensystem (Aus Gentner & Gentner, 1983, S. 103).

durch. Aus solchen subjektiven Angaben kann der Forscher die Wissensstruktur zu rekonstruieren versuchen. Drittens kann man Wissensstrukturen von Lernern vor einer erzieherischen Einwirkung und danach erheben, um zu überprüfen, ob eine Annäherung an die gewünschte Struktur gelungen ist bzw. um herauszufinden, wo eventuelle Defizite bestehen (z. B. Champagne u. a., 1981).

In der Pädagogischen Psychologie hat man traditionell die *Intelligenz* von Lernern untersucht, wenn es um Bedingungen von kognitiven Leistungen ging. Mit „Intelligenz" bezeichnet man die Gesamtfähigkeit einer Person, sich mit Anforderungen auseinanderzusetzen: „Intelligenz ist die zusammengesetzte oder globale Fähigkeit des Individuums, zweckvoll zu handeln, vernünftig zu denken und sich mit seiner Umgebung wirkungsvoll auseinanderzusetzen" (Wechsler, 1964, S. 13). Der Begriff umfaßt damit einen so weiten Bereich von Phänomenen, daß die Forschung vor allem damit beschäftigt war, die Vielzahl von möglichen Intelligenzkomponenten zu ordnen und eine Vielfalt von Tests zu entwickeln, um die subsumierten Teilfähigkeiten zu erfassen. Die Ordnungsversuche bedienten sich vor allem der Faktorenanalyse und erbrachten Intelligenzmodelle mit recht unterschiedlichen Faktorenstrukturen. Das Modell der „Primary Mental Abilities" von Thurstone (1938) unterscheidet z. B. sieben unabhängige Intelligenzfaktoren und liegt den meisten Intelligenztests zugrunde. In Deutschland hat Jäger (1967) folgende Faktoren der Intelligenz ermittelt: Anschauungsgebundenes Denken, Einfallsreichtum und Produktivität, formallogisches Denken, zahlengebundenes Denken, sprachgebundenes Denken. Abgerückt ist man weitgehend von der zuerst von Spearman (1927) vertretenen Auffassung, es gäbe einen allgemeinen Intelligenzfaktor, einen sog. Generalfaktor der Intelligenz. Während sich die Forschung zum Intelligenzkonzept mehr um die Produkte von kognitiven Leistungen kümmert, also z. B. Testergebnisse analysiert und Zusammenhänge mit anderen Persönlichkeitsmerkmalen untersucht, interessiert sich die moderne Wissenspsychologie für Strukturen und Abläufe von Kognitionen, also für das Wie von Denken, Verstehen, Problemlösen usw. Für das Erziehungsziel „Wissenserwerb" ist dieser zweite Ansatz daher ohne Frage ergiebiger.

Da Kapitel 7 sich ausführlich mit den Bedingungen und auch der möglichen Förderung des Wissenserwerbs auseinandersetzt, wollen wir hier nicht weiter darauf eingehen. Statt dessen greifen wir im folgenden zwei Gruppen von Kognitionen heraus, die in der Erziehung neben dem Wissenserwerb im engeren Sinn eine bedeutende Rolle spielen: das Selbstkonzept von Lernern und die moralischen Kognitionen. Beide Kognitionstypen sind mit pädagogischen Zielen verknüpft. Erziehung soll zum einen dazu beitragen, daß die Lerner mit sich selbst in einem positiven Verhältnis stehen, sich akzeptieren und ein Identitätsbewußtsein haben. Sie soll zum anderen dazu beitragen, daß Lerner im Umgang mit anderen einen Zustand moralischer Entwicklung erreichen, der sich durch bestimmte Überzeugungen, Einstellungen und Denkweisen auszeichnet.

Kognitionen von Lernern über sich: Das Selbstkonzept

Man kann auch das Selbstkonzept einer Person als hierarchisch aufgebaute Wissensstruktur auffassen. Abb. 8.5 stellt ein solches Modell dar. Demnach gibt es einen Bereich des Selbstkonzepts, der sich auf Wissen über die eigene Person in pädagogischen Situationen gründet. Man könnte es „Selbstkonzept als Lerner" nennen.

Das Selbstkonzept enthält sowohl beschreibende als auch bewertende Anteile: „Ich kann nicht gut frei formulieren" ist beschreibend gegenüber „Ich bin stolz, daß ich gut Kopfrechnen kann" als Bewertung. Ein positives Selbstkonzept gilt als begünstigende Bedingung für das Erreichen von Erziehungszielen, die auf Erwerb von Wissen bezogen sind (vgl. Kasten 8.5).

Aus der Rückmeldung über die Qualität seiner Leistungen, aus den Konsequenzen seines Verhaltens, aus Informationen von anderen Personen erhält der Lerner Aufschluß über seine Stärken und Schwächen. Um sich selbst einschätzen zu können, bedarf es aber eines Maßstabes. In der Schule sind es vor allem die *Noten* und Zeugnisse, aus denen Schüler Schlüsse über die eigenen Fähigkeiten ziehen. Lerner vergleichen sich mit anderen. Sie schätzen sich positiver ein, wenn sie sich in einer leistungsschwächeren Gruppe befinden, und negativer, wenn sie sich mit Leistungsstärkeren vergleichen (Rheinberg & Enstrup, 1977). (Dieser als *Bezugsgruppeneffekt* bekanntgewordene Befund läßt z. B. Sitzenbleiben und die Separierung von Sonderschülern nicht nur im negativen Licht der Etikettierung oder gar Stigmatisierung erscheinen.) Die Forschung läßt noch ungeklärt, welche Mitglieder der jeweiligen Bezugsgruppe ein Lerner in welcher Situation und mit welcher Begründung zum Vergleich heranzieht: Wann werden Vergleiche mit Besseren, wann Vergleiche mit Schlechteren vorgenommen? Besonders bei jüngeren Lernern haben die Urteile anderer Personen eine große Bedeutung für die Entwicklung des Selbstbildes. Allerdings hängt das Ausmaß, in dem ein Lerner etwa Lob und Tadel des Erziehers für sein Selbstbild verwertet, von einer Reihe von Faktoren ab. Besonders bei Jugendlichen kann ein paradoxer Effekt eintreten: sie schließen von häufigem Lob des Erziehers nicht auf eine hohe eigene Begabung, sondern auf das Gegenteil. Dies passiert z. B., wenn der betreffende Erzieher als häufig lobend bekannt ist oder wenn sein Lob mit Ironie oder Spott gewürzt wird, wenn im Lob eine unverhohlene Freude über unerwartet gute Leistungen zum Ausdruck kommt oder wenn die Aufgabe „objektiv" leicht war und andere für die

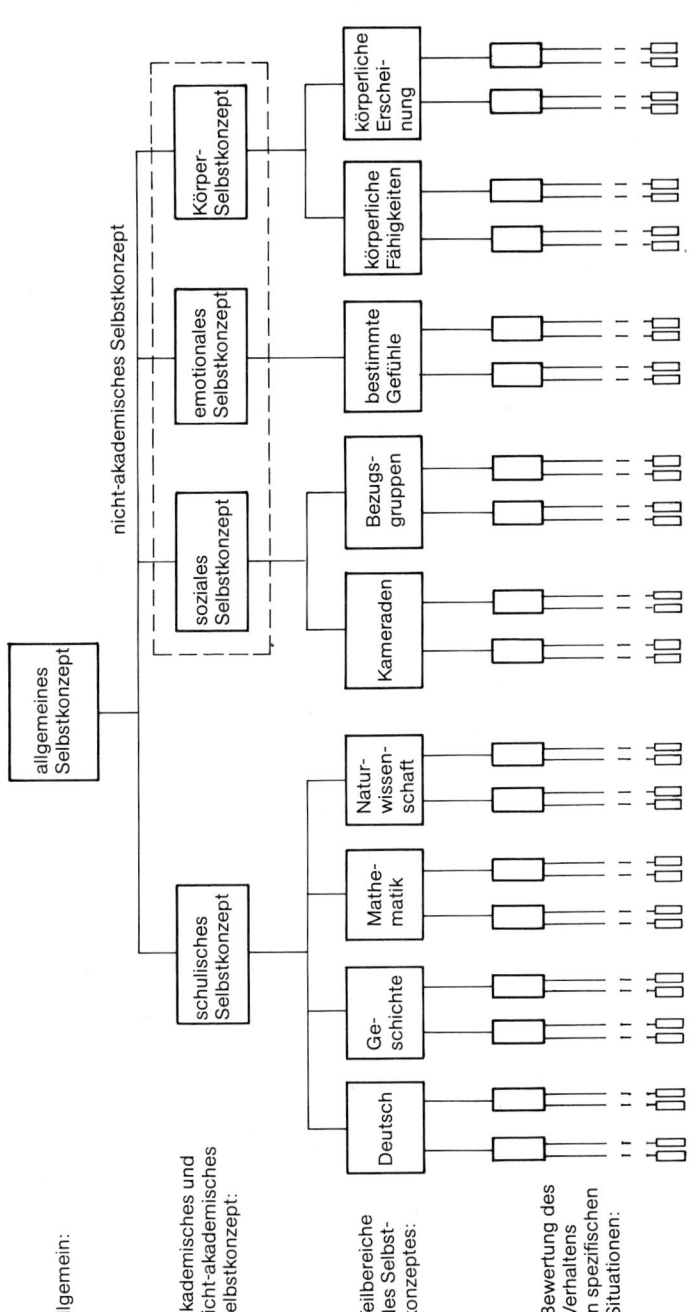

Abb. 8.5: Eine Möglichkeit der Repräsentation der hierarchischen Organisation des Selbstkonzeptes (Aus Shavelson u. a., 1976, S. 413).

Kasten 8.5: Selbstkonzept und Wissenserwerb

Von der empirischen Forschung sind vor allem leistungs- und fähigkeitsbezogene Selbstkonzepte analysiert worden. Dabei zeigte sich, daß mit Fragebögen erfaßte Fähigkeits-Selbstkonzepte positiv mit Leistungserfolgen korrelieren. Eine Zusammenstellung der Ergebnisse aus ca. 100 Untersuchungen ergab, daß die meisten Korrelationen im Bereich zwischen r = .40 und .60 liegen (vgl. Bloom, 1976; Hansford und Hattie, 1982). Einige Untersuchungen erbrachten auch deutliche Beziehungen zwischen schulischen Leistungen und allgemeinem Selbstwertgefühl (z. B. Pekrun, 1985b; vgl. Hansford und Hattie, 1982), die für Einflüsse schulischer Bewertungsprozesse auf das Selbstwertgefühl sprechen. Denkbar ist, daß wiederholte Handlungserfolge als Zeichen eigener guter Fähigkeiten und hoher Wirkmächtigkeit aufgefaßt werden und das Selbstwertgefühl steigern. Aber auch die umgekehrte Wirkrichtung ist möglich: Ausgeprägte Fähigkeits-Selbstkonzepte und handlungsbezogenes Selbstvertrauen bewirken erfolgreiches Handeln. Empirisch ist bisher kaum geklärt, in welchem Verhältnis diese beiden möglichen Kausalrichtungen stehen (Pekrun, 1985b).

gleiche Leistung sogar getadelt wurden (Meyer, 1979; Hofer, 1983). Nach Meyer meinen Schüler, Lehrer würden Lob vor allem in Abhängigkeit von der wahrgenommenen Anstrengung einsetzen. Da sie weiter annehmen, daß sich nur Unbegabte besonders anstrengen müssen, weist das Lob auf eine niedrige Begabungseinschätzung des Lehrers hin.

Vermutlich stellt das Selbstkonzept des Lernenden deshalb eine Bedingung für erfolgreichen Wissenserwerb dar, weil es eine Voraussetzung für motiviertes Verhalten ist (vgl. Meyer, 1984). Ein positives Selbstkonzept erleichtert Lernern motivationsgünstige Ursachenzuschreibungen und positive Leistungserwartungen. Lerner suchen bei Ereignissen, die ihre Person betreffen, besonders bei solchen, die unerwartet auftreten und/ oder Mißerfolg anzeigen, nach deren *Ursachen* (Wong & Weiner, 1981). Wie Ursachen zugeschrieben werden, ist Teil des prozeduralen Wissens in der epistemischen Struktur. Fragt man z. B. Schüler, auf welche Faktoren sie ihre Noten zurückführen, dann findet man u. a. folgende Erklärungen: Anstrengung, Begabung, Lehrer, häusliche Hilfe, leibseelische Zustände, Aufgabenschwierigkeit, Interesse oder Zufall (Krampen & Herrig, 1979). Nach Weiner (1975) werden leistungsbezo-

gene Ereignisse vor allem auf eine oder mehrere der folgenden vier
Ursachen zurückgeführt:

	intern	extern
stabil	Begabung	Schwierigkeit
variabel	Anstrengung	Zufall (Glück/Pech)

Abb. 8.6: Schema der Ursachen für die Zuschreibung eines Leistungsergeb-
nisses (Weiner, 1975).

Als motivierend wird ein Attributionsmuster angesehen, das bei Erfolg
interne, stabile Ursachen heranzieht, bei Mißerfolg externe und intern
variable Faktoren (Meyer, 1973a).

Von den Attributionen hängen die *Erwartungen* über den Ausgang
eigener Leistungsbemühungen ab. Nach Weiner (1975) erwarten Personen auch in Zukunft Erfolge, wenn sie ihre Erfolge auf stabile interne
Faktoren (Begabung) zurückführen, nicht jedoch, wenn sie dafür variable Faktoren verantwortlich machen (Anstrengung oder Glück). Experimentelle Untersuchungen von Meyer (1973a) sprechen dafür, daß Lerner
mit einem hohen Begabungsselbstbild in Situationen mit vorgegebenem
Schwierigkeitsgrad bessere Leistungen von sich erwarten als Lerner mit
niedrigem Begabungsselbstbild.

Das Selbstkonzept spielt also eine zentrale Rolle im pädagogischen
Prozeß. Erziehung wird nicht darauf verzichten können, sich um eine
positive Sicht des Lerners von sich und seinen Fähigkeiten zu bemühen.
Günstig für die Entwicklung eines positiven Selbstkonzeptes ist es, wenn
der Lerner seine Fertigkeiten mit seinem eigenen früher gezeigten
Verhalten vergleichen kann. Er kann einen Zuwachs im Können selbst
dann feststellen, wenn er gegenüber einer Vergleichsgruppe kontinu-
ierlich im Rückstand ist. Gezielte Äußerungen des Erziehers in dieser
Richtung können dabei hilfreich sein (Rheinberg, 1980). Vor allem bei
schwächeren Lernern ist der Vergleich mit den eigenen Leistungen für die
Entwicklung eines positiven Selbstkonzeptes besonders förderlich
(Krampen, 1985).

Das Bild, das ein Lerner von seinen Fähigkeiten besitzt, ist allerdings
nicht unabhängig von der tatsächlichen Leistungsfähigkeit. Das Selbstkonzept beeinflußt die Lernbereitschaft, diese den Lernerfolg. Und der
Lernerfolg vermag im positiven Falle sowohl das Selbstkonzept als auch
die Lernbereitschaft zu stützen, im negativen Falle zu mindern. Aus
dieser Überlegung heraus neigt man häufig dazu, zirkuläre Modelle

anzunehmen: Günstige Bedingungen verstärken sich gegenseitig ebenso wie ungünstige (Teufelskreis). Als Folge wäre ein immer stärkeres Auseinanderklaffen der Ergebnisse guter und schlechter Lerner zu erwarten. Dies mag häufig auch auftreten. Doch scheinen auch Mechanismen vorzuliegen, die dem entgegenwirken. Dazu gehört die Tendenz „positiv" ausgestatteter Lerner, sich „auszuruhen", ebenso wie eine Art Selbstschutz „schwacher" Lerner, die Dinge noch herumzureißen (Graf-Morgenstern, 1984).

Moralisches Denken

Moralisches Denken ist ebenfalls unter den Begriff der Kognitionen zu subsumieren. Moralisches Urteilen beruht ja auf Wissen über menschliches Handeln, dessen Umstände und Auswirkungen. Es enthält außerdem die Bewertung menschlicher Handlungen nach moralisch/ethischen Kriterien. Die Psychologie stellt Gesichtspunkte zur Analyse solcher Denkprozesse bereit; sie können zur Beschreibung eines Erziehungszieles herangezogen werden, das unter dem Sozialisationsaspekt von vielen Erziehern als wichtig betrachtet wird.

Die Entwicklung der Moral ist nach Kohlberg im wesentlichen ein Prozeß, in dessen Verlauf die menschlichen Eigenschaften der Besorgnis um das Wohl anderer und der Gerechtigkeit (Streben nach Gleichheit und Gegenseitigkeit) in unterschiedlicher Weise aktualisiert werden (vgl. Kasten 8.6). Die für die Entwicklung der Moral charakteristischen Denkstrukturen lassen sich in drei Stadien mit sechs Stufen zusammenfassen. Diesen vorgeordnet ist eine „vormoralische" Stufe 0. Nach Kohlberg läuft die Entwicklung der moralischen Grundideen in jeder Kultur nach der gleichen Stufenfolge ab; Kinder durchlaufen die Stufen nacheinander, keine Stufe wird übersprungen.

Ob Lerner eine Handlung als moralisch richtig oder falsch beurteilen, hängt vermutlich davon ab, mit welchen Bezugsgruppen sie interagieren (Garbarino & Bronfenbrenner, 1976). Auf der untersten Stufe (Selbstorientierung) legt das Kind noch seine eigenen Bedürfnisse als Maßstab an; dies entspricht der vormoralischen Stufe bei Kohlberg. Auf der nächsten Stufe wird dann das Urteil von Autoritäten (z.B. Eltern, Lehrer) als Richtschnur für die Beurteilung von Handlungen herangezogen. Später sind es die wechselhaften Meinungen und Interessen der Gruppe der Gleichaltrigen und Freunde, noch später wird als Beurteilungsperspektive die Sicht der Gemeinschaft eingenommen (schlecht ist, was dem Gemeinwohl schadet). Auf der sechsten Stufe urteilt die Person autonom, nach eigenen ethischen Prinzipien und moralischen Richtlinien. Erziehungsziel könnte sein, daß der Lerner die höchstmögliche Stufe erreicht. Äußere Bedingungen, die dafür günstig erscheinen, sind (vgl. Staub, 1981):

**Kasten 8.6: Kohlbergs Klassifikation moralischer Urteile
nach Entwicklungsstufen und -stadien**

I Vormoralische Stufe
Versteht keine Regeln und unterscheidet nicht nach gut und böse
gemäß Regeln und Autoritäten. Was Spaß macht und spannend
ist, ist gut; was mit Schmerz oder Angst verbunden ist, ist böse.

II Vorkonventionelle Phase
In dieser Phase nimmt das Kind kulturelle Regeln ebenso auf wie
Etikettierungen nach gut/böse und richtig/falsch, interpretiert
diese Etiketten aber entweder aufgrund der physischen oder
hedonistischen Konsequenzen seiner Handlungen (Bestrafung,
Belohnung, Zuwendung) oder gemäß der physischen Macht derer,
die die Regeln und Etiketten aufstellen. Diese Phase teilt sich in
zwei Stufen:
Stufe 1: Die Orientierung an Bestrafung und Gehorsam. Ob
eine Handlung gut oder böse ist, hängt ab von ihren physischen
Konsequenzen und nicht von der sozialen Bedeutung bzw. Bewertung dieser Konsequenzen. Vermeidung von Strafe und nichthin-
terfragte Unterordnung unter Macht gelten als Werte an sich.
Stufe 2: Die instrumentell-relativistische Orientierung. Eine
Handlung zeichnet sich dadurch aus, daß sie die eigenen Bedürfnisse – bisweilen auch die Bedürfnisse anderer – instrumentell
befriedigt. Grundzüge von Fairneß, Gegenseitigkeit, Sinn für
gerechte Verteilung sind zwar vorhanden, werden aber stets
physisch oder pragmatisch interpretiert.

III Konventionelle Phase
In dieser Phase gilt es als Wert an sich, ungeachtet unmittelbarer
und offensichtlicher Konsequenzen, den Erwartungen der Familie, der Gruppe oder der Nation zu entsprechen. Diese Einstellung
bedeutet aber nicht nur Konformität, sondern auch Loyalität
gegenüber der sozialen Ordnung und den Erwartungen einzelner
Personen. In dieser Phase lassen sich zwei Stufen unterscheiden:
Stufe 3: Orientierung an personengebundener Zustimmung
oder „guter Junge/nettes Mädchen"-Modell. Richtiges Verhalten
ist, was anderen gefällt oder hilft und ihre Zustimmung findet.
Diese Stufe ist gekennzeichnet durch ein hohes Maß an Konformität gegenüber stereotypen Vorstellungen von mehrheitlich für
richtig befundenem oder „natürlichem" Verhalten.

Stufe 4: Orientierung an Recht und Ordnung. Autorität und die Aufrechterhaltung der sozialen Ordnung bilden den Orientierungsrahmen. Richtiges Verhalten heißt, seine Pflicht tun, Autorität respektieren.

IV Postkonventionelle, autonome oder prinzipiengeleitete Phase
Diese Phase zeichnet sich aus durch ein erkennbares Bemühen, moralische Werte und Prinzipien zu definieren, die unabhängig von der Autorität der diese Prinzipien vertretenden Gruppen oder Personen gültig und anwendbar sind. Diese Phase teilt sich in zwei Stufen:

Stufe 5: Die legalistische oder Sozialvertrags-Orientierung. Im allgemeinen mit utilitaristischen Zügen verbunden. Die Richtigkeit einer Handlung bemißt sich tendenziell nach allgemeinen individuellen Rechten und Standards, die nach kritischer Prüfung von der gesamten Gesellschaft getragen werden. Das Ergebnis ist eine Betonung des legalistischen Standpunktes, wobei jedoch die Möglichkeit von Gesetzesänderungen aufgrund rationaler Reflektion sozialen Nutzens nicht ausgeschlossen wird (im Gegensatz zur rigiden Aufrechterhaltung von Recht und Ordnung, wie sie für Stufe 4 charakteristisch ist). Außerhalb des gesetzlich festgelegten Bereichs basieren Verpflichtungen auf freier Übereinkunft und Verträgen.

Stufe 6: Orientierung an allgemeingültigen ethischen Prinzipien. Das Recht wird definiert durch eine bewußte Entscheidung in Übereinstimmung mit selbstgewählten Prinzipien unter Berufung auf umfassende logische Extension, Universalität und Konsistenz. Im Kern handelt es sich um universelle Prinzipien der Gerechtigkeit, der Gegenseitigkeit und Gleichheit der Menschenrechte und des Respekts vor der Würde des Menschen als individueller Person.

(Nach Kohlberg und Turiel, 1978, S. 18f.)

– Ermöglichen von Gelegenheiten zur Einfühlung in andere,
– Konfrontation mit moralischen Konflikten, die auf der jeweils höheren Stufe angesiedelt sind,
– Ermöglichen häufiger Interaktionen mit anderen,
– Zugehörigkeit zu verschiedenen sozialen Gruppen,
– Ausüben von Führerpositionen in einer Gruppe,
– Wärme und Zuneigung des Erziehers,
– Kontrolle der Einhaltung von Regeln,
– Sachliche Argumentation.

Kohlberg bekam 1974 von der Kennedy-Stiftung Gelegenheit, im Rahmen einer öffentlichen High-School Bedingungen zu schaffen, die der Förderung des moralischen Denkens dienen sollten. Seine Stufenlehre blieb allerdings von Kritik nicht verschont (Staub, 1981).

8.3.3 Beeinträchtigungen von Kognitionen

Beeinträchtigungen im Bereich des Wissens können Ergebnis unzulänglicher Lernerfahrungen sein. Das *mastery-learning*-Konzept (vgl. Block, 1971) vertritt pointiert die Auffassung, daß bei optimaler Instruktion und ausreichender Lernzeit „Lernerfolg für alle" (Bloom) erreichbar sei. Dazu sei es allerdings notwendig, die Sachstruktur des Lernstoffes sorgfältig zu ermitteln und sie mit den individuellen Lernvoraussetzungen abzustimmen. Die in unseren Schulen übliche Form der für alle Schüler einer Klasse gleichen Instruktion leistet dies nicht. Innere und äußere Differenzierung, Eingreifprogramme, Lehrerhilfen, zusätzliche Lernzeit, Zusatzmotivierung etc. wären dagegen Möglichkeiten, individuellen Besonderheiten in Lernvoraussetzungen und Lernstilen Rechnung zu tragen und Beeinträchtigungen im Bereich des Wissens vorzubeugen (Weinert, 1974).

Das Lernen von Wissen kann auch beeinträchtigt werden durch behindernde Faktoren beim Lerner, z. B. durch einen Mangel an Aufgeschlossenheit sowie durch einen Mangel an Förderbarkeit (vgl. Dietrich, 1984, S. 108). Der erste Faktor kennzeichnet eine mangelnde Bereitschaft des Lerners für die erzieherische Einflußnahme, eine Widerständigkeit gegen die Auseinandersetzung mit Inhalten. Der zweite Faktor meint ein Defizit in der Befähigung des Lerners in seiner kognitiven Ausstattung. Im folgenden werden einige ausgewählte Punkte behandelt, die zu Beeinträchtigungen beim Erwerb von Wissen führen können.

Aufmerksamkeitsdefizite. Schüler mit Lernschwierigkeiten sind guten Schülern trotz vergleichbarer Intelligenz in der selektiven Aufmerksamkeit deutlich unterlegen (Hallahan, 1975). Sie werden vor allem durch Störreize aus der Nähe beeinträchtigt, weniger durch Störungen im ferneren Aufmerksamkeitsfeld (Tarver & Hallahan, 1974). Den stärksten Störeffekt üben sprachlich-akustische Reize aus; diffuse Geräusche stören weniger (Lasky & Tobin, 1973). Schüler mit eingeschränkter selektiver Aufmerksamkeit werden also wohl durch Geflüster, wie in der Schulklasse üblich, in erheblichem Maß gestört (vgl. Kap. 16). Für Aufmerksamkeitsdefizite gibt es eine Reihe von Ursachen: 1. Eine gestörte Beziehung zwischen dem Lerner und dem Erzieher bzw. den Mit-Lernern oder der Erziehungsumwelt; 2. Beeinträchtigungen im Selbstkonzept durch wiederholte Erfahrungen von Mißerfolg, Zurückweisung und Ausschluß; 3. motivationale Störungen, wie sie in 8.2.3 beschrieben wurden (wenn man aufmerksames Verhalten durch kontingente Verstärkungen belohnt, nimmt die unterrichtsbezogene Aufmerksamkeit zu; Lahaderne, 1968; Cobb, 1972); 4. kognitive Stile, z. B. Impulsivität (die Veränderbarkeit der Aufmerksamkeitsleistung durch Strategieänderungsprogramme, Wagner, 1976, macht dies deutlich).

Nach Kirby & Shields (1972) bedingen sich Aufmerksamkeit und kognitive Kompetenz gegenseitig; nach einer erfolgreichen Beeinflussung der Schulleistungen stieg die nicht zum Trainingsprogramm gehörende Aufmerksamkeitsleistung. Dieses Ergebnis erscheint aus zwei Gründen plausibel: Zum einen entscheidet das erreichte Kompetenzniveau über Erfolg und Mißerfolg eigener Bemühungen und steuert so die Motivation (s. o.); diese wiederum erhöht das die Aufmerksamkeit moderierende Erregungsniveau. Zum anderen sind aufgabenrelevante Vorkenntnisse Voraussetzungen für eine gezielte Aufmerksamkeit und erhöhen auf diese Weise die Erfolgswahrscheinlichkeit beim Wissenserwerb.

Defizite in kognitiven Fähigkeiten. Generelle kognitive Funktionsstörungen können sich in unterdurchschnittlichen Intelligenzleistungen wie auch in Leistungsdefiziten bei unterschiedlichen Schulfächern äußern. Sie machen im Extremfall den Besuch von Sonderschulen für Lernbehinderte erforderlich. Schwere intellektuelle Retardierungen haben häufig genetische Ursachen oder gehen auf Störungen des zentralen Nervensystems zurück; leichtere Störungen beruhen eher auf milieu- oder schulbedingten Benachteiligungen. Bei Ausschaltung solcher Benachteiligungen sind intellektuelle Retardierungen in vielen Fällen reversibel, sofern die getroffenen Maßnahmen rechtzeitig eingeleitet werden. Skeels (1966) untersuchte z. B. Kinder, die frühzeitig von ihren intellektuell retardierten Müttern getrennt und in personell gut ausgestattete Heime überwiesen wurden; später kamen sie in Pflegefamilien. Im Erwachsenenalter zeigten sie keine Auffälligkeiten. Kinder, die in ungünstigen Heimen verblieben, waren der anderen Gruppe trotz ursprünglich besserer intellektueller Ausgangsleistungen hinsichtlich Schulkarriere und Berufserfolg deutlich unterlegen.

Neben den generellen gibt es eine Vielzahl von sog. partiellen kognitiven Funktionsdefiziten. Sie beziehen sich nur auf Teilbereiche des kognitiven Apparates.

Für eine an der Sprache orientierten Gesellschaft hat der Entwicklungsstand der *sprachlichen Fähigkeiten* eine besondere Bedeutung. Funktionsdefizite im sprachlichen Bereich äußern sich in stark verzögerter Sprachentwicklung allgemein wie auch in unterschiedlichen Teilbereichen der Sprachleistung. Auf der Wortebene können Wortverständnis, Wortfindung oder Wortstruktur betroffen sein. Störungen auf der Satzebene können sich auf die Erfassung der Satzbedeutung, das Nachsprechen eines gesprochenen Satzes wie auf seine grammatikalische Struktur auswirken (Grimm, 1978). Entwicklungsverzögerungen im Bereich der Sprache beeinträchtigen in vielfältiger Weise das schulische Leistungsniveau eines Schülers, da schulische Anforderungen weitgehend an die ausreichende Beherrschung sprachlicher Grundfertigkeiten gebunden sind. Weiterführende Schulen verlangen eine überdurchschnittliche Sprachgewandtheit. So korrelieren sprachliche Intelligenz- und Leistungstests deutlich mit dem Schulerfolg (Zielinski, 1980). Während auch hier schwere Funktionsstörungen auf Beeinträchtigungen des zentralen Nervensystems durch Erkrankungen oder Verletzungen zurückgehen, sind leichtere Entwicklungsverzögerungen in der Regel milieubedingt. So fand z. B. Trudewind (1975) signifikante Beziehungen zwischen dem Ausmaß an häuslicher Anregung durch Bücher und Zeitschriften, der Ausstattung der häuslichen Umwelt, der Bewegungsfreiheit der Kinder sowie der Weite des Erlebnishorizontes einerseits und sprachlichen Intelligenzleistungen andererseits. Wolf (1980) konnte bei Kindergartenkindern ähnliche Zusammenhänge zwischen Sprachtestleistungen und Mängeln der häuslichen Lernumwelt ermitteln. Auch das Ausmaß der emotionalen Zuwendung der Eltern spielt eine Rolle.

Die Schule trägt zur Benachteiligung sprachlich weniger geförderter Kinder bei, wenn sie sich ihrer nicht in besonderem Maße annimmt. Bedeutsame Rückstände von Unterschichtkindern im Lesen und Rechtschreiben gegenüber Kindern der Oberschicht mit vergleichbarer Intelligenz stellte Ferdinand (1969) nach zwei Schuljahren fest. Simons (1973) kam bei Gymnasialschülern zum gleichen Ergebnis. Obgleich die von ihm ausgesuchten Unter- und Oberschichtkinder beim Übergang von der Grundschule auf das Gymnasium vergleichbare intellektuelle Fähigkeiten aufwiesen, erhielten die Unterschichtkinder drei Jahre später sowohl in Deutsch als auch in den Fremdsprachen signifikant schlechtere Zensuren. Offensichtlich vermag das Oberschichtelternhaus auf Unzulänglichkeiten des Schulunterrichts angemessener zu reagieren als Unterschichteltern, die Lernproblemen ihrer Kinder aufgrund mangelnder eigener Erfahrung hilfloser gegenüberstehen.

Als eine Funktionsstörung besonderer Art hat sich die Verzögerung des Erwerbs der *Lesefertigkeit* erwiesen. Infolge der Bedeutung des Lesens in unserem sprachlich dominierten Schulsystem hat ein Versagen eines Schülers auf diesem Gebiet weitreichende Folgen für sein schulisches Fortkommen. Er kann an der textgebundenen Informationsvermittlung im Unterricht nicht ausreichend teilhaben und gerät infolge dessen nicht nur im Deutschunterricht, sondern auch in den Sachfächern zunehmend in Rückstand. Die Störung der Leseentwicklung äußert sich u. a. im verlangsamten Erwerb von Buchstaben-Laut-Verbindungen und Wortbildern sowie in häufigen Lesefehlern, die auf eine unzureichende Analyse und Verarbeitung der graphemischen Reize schließen lassen. Aber selbst wenn leseretardierte Schüler die Buchstaben-Laut-Verbindungen erlernt haben, erfolgt die Umsetzung der Grapheme in Phoneme deutlich verlangsamt. Darüber hinaus sind sie guten Lesern in der Fähigkeit unterlegen, größere Buchstabengruppen gleichzeitig in größere lautliche Einheiten zu übersetzen (Rott & Zielinksi, 1984). Gleichzeitig versagen sie bei der Aufgabe, längere Buchstabensequenzen in für sie leichter handhabbare Untereinheiten zu zerlegen (Scheerer-Neumann, 1981).

Die Ursachen eines schweren Versagens in diesem Funktionsbereich werden, da sich ähnliche Ausfälle bei hirnverletzten Erwachsenen zeigen, in Entwicklungsstörungen des zentralen Nervensystems vermutet (vgl. Ellis, 1984). Leichtere Entwicklungsverzögerungen gehören zur normalen Bandbreite, werden allerdings bedeutsam, wenn sie mit ungünstigen äußeren Bedingungen zusammentreffen. So hat man festgestellt, daß reduzierte häusliche Anregungsbedingungen für das Leseinteresse die Leseentwicklung der Kinder zum Teil erheblich beeinträchtigen (Valtin, 1970). Ungeeignete Nachhilfebemühungen von Eltern, die ihren Kindern z. B. die Buchstabennamen beibringen anstatt deren Lautwerte, behindern den Lesefortschritt mehr als sie ihn fördern.

Aber auch die Schule ist am Elend der Leseversager nicht schuldlos, wenn sie auf die zum Teil beträchtlichen Leistungsdifferenzen zwischen den Schülern nicht rechtzeitig mit besonderen Förderungsmaßnahmen reagiert. Während am Ende der ersten Klasse das beste Sechstel der Klasse im Durchschnitt bereits einfache Kinderbücher selbständig lesen kann, hat das letzte Viertel noch Schwierigkeiten, neue Wörter sukzessiv lautierend aufzubauen. Bei guten Lesern wird durch den Erfolg ein sich selbst verstärkender Prozeß in Gang gesetzt, der nach immer neuer Betätigung sucht. Bei schwachen Lesern dagegen gewinnt angesichts der Erfolge ihrer gut lesenden Klassenkameraden und des eigenen Mißerfolgs ein Vermeidungsverhalten die Oberhand, obgleich vermehrte Übungen angezeigt wären. Daß nachhaltige Verbesserungen möglich sind, belegt eine Studie an leseschwachen Kindern der dritten und vierten Klasse, in der durch sechswöchiges intensives Training die Codierungsgeschwindigkeit für Buchstaben erhöht und die Zahl der gleichzeitig in lautliche Einheiten transformierbaren Schriftzeichen vergrößert werden konnte (Hirth, Mechler, Rott & Zielinski, 1985). Durch ein Training schwacher Leser im Aufteilen längerer Wörter in Sprechsilben konnten die Leistungen ebenfalls bedeutsam verbessert werden (Scheerer-Neumann, 1981).

8.4 Gefühle des Lerners

8.4.1 Gefühle in der pädagogischen Situation

Motivation und Gefühl werden hier getrennt besprochen, obwohl man Motivation und Emotion als eng zusammenhängend betrachtet. So sieht die Leistungsmotivationstheorie die Erwartungsemotionen „Hoffnung" und „Furcht" als Anreizmomente für die Aktivierung und Ausrichtung von Verhalten. Wir folgen in diesem Punkt Ulich (1982, S. 20), der Motive als Sammelname für die hinter dem Verhalten liegenden, nur erschließbaren Handlungsursachen und Zielvorstellungen der Person verwendet, während sich in Emotionen die persönliche Betroffenheit und das Engagement in den Beziehungen zur Welt ausdrücken. Emotionen sind insofern noch elementarer als Motive; sie sind Basis und Voraussetzung für alle Handlungsimpulse. Emotionen werden in handlungstheoretischer Betrachtung meist als Begleiterscheinungen und Folge von Gedanken bei der Verarbeitung von Situationen oder von Rückmeldungen über Handlungs-Ergebnisse betrachtet. Eine wichtige Theorie, die den Zusammenhang zwischen Emotion und Kognition beschreibt, ist die Theorie von Lazarus über die Genese streßbezogener Emotionen. Im Mittelpunkt der Theorie von Lazarus & Launier (1978) stehen drei Einschätzungsprozesse. In einem ersten Einschätzungsprozeß wird eine Situation als bedrohlich oder nicht bedrohlich beurteilt; Bedrohung bezieht sich auf die Erwartung von Schaden, z. B. in Form von physischer Verletzung, Behinderung einer Bedürfnisbefriedigung oder Beeinträchtigung des Selbstwertes. Im zweiten Einschätzungsprozeß werden Bewältigungsmaßnahmen kalkuliert; die Überzeugung, eine potentiell gefährliche Situation bewältigen zu können, kann ihre Bedrohlichkeit vermindern. Rückmeldungen über die eigene Reaktion, neue Überlegungen und neu eingegangene Informationen aus der Umwelt führen drittens zu einer neuerlichen Beurteilung der Situation, von der wiederum die jeweilige Ausprägung von Angst und anderen streßbezogenen Gefühlen abhängt.

Im folgenden gehen wir auf einige Gefühle ein, die in Erziehungs- und Lernsituationen typisch sind: Auf leistungsbezogene Gefühle (z. B. des Stolzes, der Freude, der Scham, des Ärgers), auf Angst als häufige

Begleiterscheinung in Erziehungssituationen und auf das seltenere Gegenstück der Faszination.

Da viele erzieherische Situationen Leistungssituationen sind, stellen *leistungsbezogene Gefühle* einen großen Teil der Lernergefühle dar. Leistungssituationen zeichnen sich dadurch aus, daß der Lerner entweder erfolgreich ist oder nicht. Erfolge rufen im allgemeinen positive, Mißerfolge negative Gefühle hervor. Die Gefühlsqualität hängt im konkreten Fall davon ab, auf welche Ursachen der Lerner das Leistungsergebnis zurückführt. Nach Weiner (1980) tritt z. B. das Gefühl des Stolzes dann auf, wenn ein Erfolg auf Begabung zurückgeführt wird; Erleichterung stellt sich ein, wenn Anstrengung als Ursache kogniziert wird. Macht der Lerner externe Faktoren verantwortlich, so resultiert Dankbarkeit.

Nach Mißerfolg können sich, je nachdem, ob Begabungsmangel oder geringe Anstrengung als Ursachen gesehen werden, Gefühle der Scham oder Schuld einstellen (aber kritisch dazu Sohn, 1977). Werden äußere Ursachen für das Nicht-Erreichen des Zieles gesehen, so kann Ärger auftreten, der sich möglicherweise in Aggressionen gegenüber dem behindernden Objekt äußert (vgl. Abschnitt 8.5.3).

Angst entsteht, wenn bei wiederholtem Mißerfolg ein weiterer Mißerfolg in wichtig erscheinenden Situationen erwartet wird. Angst umfaßt Hilflosigkeit, Bedrohung und Unsicherheit. Im schulischen Lernen können Leistungsangst und Sozialangst auftreten. Leistungsangst ist verbunden mit der Erwartung, zu versagen, Sozialangst mit der Erwartung, sich vor anderen zu blamieren oder von ihnen abgelehnt zu werden.

Bei sozial-integrativem Erzieherverhalten ist Angst geringer ausgeprägt (Jacobs & Strittmatter, 1979), ebenso bei offenem Unterricht (Horwitz, 1979), in Gesamtschulen (Fend, 1982) und allgemein in erzieherischen Umwelten mit Unterstützung (Stapf u. a., 1972) und ohne ausgeprägten Leistungsdruck und Konkurrenzdenken (Fend, 1977; Pekrun, 1985 b). Insgesamt scheinen Ängste in deutschen Bildungseinrichtungen recht weit verbreitet zu sein (siehe Kasten 8.7). Allerdings sind Aussagen wie „in der BRD leiden über 6 Millionen Schüler an Schulangst" wissenschaftlich unqualifiziert, da sie Eindeutigkeit und Eindimensionalität in der Definition von Angst, ihrer Erfassung sowie ihrer Verursachung vortäuschen. Neuere Angsttheorien (z. B. Schwarzer, 1980) betonen die Zusammenhänge zwischen Angst, Ursachenattribution und gelernter Hilflosigkeit. Wenn Lerner sich als unfähig erklären, weil sie wiederholte Erfahrungen von Mißerfolg in als wichtig erachteten Situationen gemacht haben, kann es zu Resignation, depressiver Verstimmtheit und weiterem Leistungsabfall kommen.

Das Gefühl der *Faszination* tritt in Situationen auf, die der Lerner aufsucht, weil mit ihnen „Nervenkitzel" verbunden sein kann. Spannung und Anregung mischen sich mit Furcht und Angst. Doch gerade dadurch gewinnen diese Situationen ihren besonderen Reiz. Situationen, die

Kasten 8.7: Verbreitung schulspezifischer Ängste

Strittmatter hat 1977 eine für das Saarland repräsentative Fragebogen-Erhebung an verschiedenen Schulen durchgeführt. Von den befragten Schülern gaben an:

61% haben Herzklopfen, wenn Klassenarbeitshefte verteilt werden.

67% haben ein komisches Gefühl im Magen, wenn geprüft wird.

46% sind manchmal so aufgeregt in der Schule, daß die Hände zittern.

20% ist es manchmal ganz schlecht vor der Schule.

2% nehmen am Tag vor Klassenarbeiten Schlaftabletten.

12% nehmen Beruhigungsmittel auf Anraten des Arztes. Mindestens so viele suchen Ärzte auf.

63% haben Angst vor schlechten Zensuren.

51% haben Angst, eine falsche Antwort zu geben.

43% haben ein beklemmendes Gefühl, sobald ihr Name im Unterricht fällt.

53% denken: „Hoffentlich nimmt er mich nicht dran".

46% befürchten, unter Umständen nicht versetzt zu werden (effektiv 5%).

Erregung, Abwechslung, neuartige Empfindungen gewähren, bei denen die Reizzufuhr erhöht ist, werden aufgesucht, erkundet oder manipuliert. Solche Aktivitäten dienen vermutlich der Aufrechterhaltung eines Aktivierungstonus. Das Gefühl der Faszination hat Csikszentmihayli (1985) als „Flow-Erlebnis" bezeichnet; es liegt zwischen Angst und Langeweile. Wenn die Erfordernisse einer Situation die Handlungsfähigkeiten des Lerners übersteigen, wird die entstehende Belastung als Angst oder gemindert als Besorgtheit empfunden. Ist das Verhältnis umgekehrt, entsteht Langeweile. Der Flow-Zustand stellt sich dann ein, wenn Anforderung und Fähigkeit ausgewogen sind und man ganz in der Beschäftigung mit einer Sache aufgeht. Dieses Flow-Gefühl tritt bei Tätigkeiten auf, die vom Lerner als befriedigend, lustvoll und nicht zweckgerichtet erlebt werden. Es ist gekennzeichnet durch eine erhöhte Konzentration auf die Tätigkeit, durch eine Einengung des Wahrnehmungsfeldes, durch ein Kontrollgefühl, verbunden mit gehobener Stimmung und durch einen Verlust von Selbstaufmerksamkeit, der manchmal ein Gefühl der Vereinigung mit der Tätigkeit und der Umwelt mit sich bringt. Flow-Gefühle entstehen vor allem in den Bereichen Spiel, Sport und interessengeleitete Tätigkeiten (vgl. Kasten 8.1). Typische Beispiele sind: künstlerische Betätigung (z.B. Klavierspielen), ästhetische Erfahrungen (z.B. Theater-Erlebnis), Körpererfahrungen (z.B. Motorradfahren, Skifahren) und das Kinderspiel.

8.4.2 Gefühle als Ziele und Bedingungen von Erziehung

Die Unterbewertung emotionaler Ziele (gegenüber dem Aufbau von Motivsystemen, von Wissen und Fähigkeiten und von Verhaltensweisen) in unserem Erziehungssystem dürfte einer der Gründe dafür sein, daß sich auch die Pädagogische Psychologie bisher zu wenig um die Emotionen des Lerners gekümmert hat. Betrachtet man Gefühle als Erziehungsziele oder als Bedingungen für das Erreichen von Zielen, so interessiert man sich vor allem für dauerhafte Neigungen, gewohnheitsmäßig bestimmte Emotionen zu erleben. Habituelle Emotionen und der Umgang mit ihnen (Emotionskontrolle und -bewältigung) werden aber selten explizit als Erziehungsziele genannt. So zeigt z.B. Meulemann (1982) in einer repräsentativen Bevölkerungsbefragung, daß es in der Bundesrepublik kaum als Aufgabe der Schule betrachtet wird, am Aufbau von „Lebensfreude" mitzuwirken. Innerhalb von zwanzig Jahren ist die Präferenz dafür sogar um 4% zurückgegangen. Hingegen stieg „sicheres Selbstbewußtsein" um gut 10% auf 25%. Dabei wäre es ein sinnvolles Ziel schulischer und familiärer Erziehung, Kindern und Jugendlichen zu einem angstfreien und zukunftsfreudigen Umgang mit Realitätsanforderungen zu verhelfen und ihnen Formen der Angst- und Depressionsbewältigung zu vermitteln, die eine aktive Auseinandersetzung mit der Umwelt anstelle eines passiven Rückzugs ermöglichen.

Es gehört zu den Selbstverständlichkeiten, daß Erzieher die Pflicht haben, auf die körperliche Unversehrtheit von Lernern zu achten und alles in ihrer Kraft stehende zu tun, um physische Gesundheit auch für ihre Zukunft zu sichern. Es ist naheliegend, analog dazu auch die seelische Gesundheit von Lernern als wesentliches Erziehungsziel in den Blick zu nehmen. Eine Diskussion über seelische Gesundheit wird jedoch erst ansatzweise geführt. Becker (1982, S. 262) hat ein hypothetisches hierarchisches Modell zur Struktur der „seelischen Gesundheit" vorgeschlagen. Seelisch Gesunde zeichnen sich danach insbesondere durch hohes „habituelles Wohlbefinden" und durch hohe „psychische Kompetenz" aus. Jeder dieser beiden Aspekte ist durch eine Reihe von Dimensionen charakterisiert. Eine empirische Untersuchung an Jugendlichen referiert Kasten 8.8.

***Kasten 8.8: Eine Untersuchung zur Messung der seelischen
Gesundheit bei Jugendlichen***

Ziel der Untersuchung war die Konstruktion eines Fragebogens
zur Messung der seelischen Gesundheit bei Jugendlichen. Nach
dem Modell von Becker zeichnen sich seelisch Gesunde insbesondere durch hohe „psychische Kompetenz" und hohes (habituelles)
„psychisches Wohlbefinden" aus. Zur Herstellung und Stabilisierung eines inneren und äußeren Gleichgewichts benötigt ein
Mensch eine Reihe von Kompetenzen, zu denen unter anderem
Streßbewältigung, kognitive, soziale Kompetenzen und Selbstkontrolle sowie die (sehr allgemein gefaßte) Fähigkeit zur Bedürfnisbefriedigung gezählt werden. Infolge dieser Kompetenzen sowie
eines positiven Selbstbildes und Selbstakzeptierung erreicht der
betreffende Mensch – sofern er nicht extrem ungünstigen Umweltbedingungen ausgesetzt ist – im allgemeinen einen relativ hohen
Grad an psychischem Wohlbefinden.

Ein an diesen Vorstellungen entwickelter Fragebogen mit
160 Items wurde 657 Jugendlichen zur Beantwortung vorgelegt.
Als Außenkriterium zur Überprüfung der Validität des Fragebogens diente ein Lehrerfragebogen, in dem die Lehrer folgende, auf
ihre Schüler bezogene Auskünfte erteilen sollten:
– Benennung von je drei Schülern, die sich „am wohlsten" bzw.
  „am unwohlsten" fühlen.
– Benennung von drei Schülern, die die „Anforderungen des
  Lebens" am besten bewältigen bzw. damit am wenigsten zurecht
  kommen.
Ein Extremgruppenvergleich mit den faktorenanalytisch gewonnenen sechs Skalen zeigte, daß alle Skalen sowie der Gesamtscore
zwischen Schülern unterscheiden, von denen ihre Lehrer urteilten,
daß sie sich „am wohlsten" bzw. „am unwohlsten" fühlten.

Eine Faktorenanalyse zweiter Ordnung erbrachte zwei Faktoren
mit den Variablen, wie sie im folgenden Schema in der linken
Spalte aufgelistet sind. Da die beiden Faktoren zweiter Ordnung
.55 interkorrelieren, läßt sich ein übergeordneter Faktor dritter
Ordnung bestimmen, der die Benennung „seelische Gesundheit"
erhält. Die hierarchische Beziehungsstruktur der verschiedenen
Indikatoren seelischer Gesundheit ist im folgenden Schema veranschaulicht.

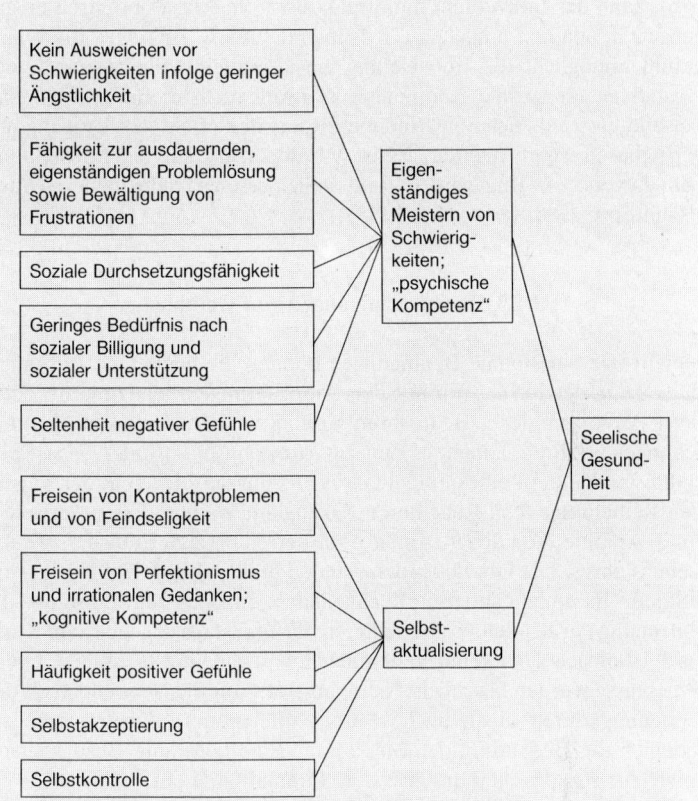

Schematische Darstellung der hierarchischen Beziehungen zwischen verschiedenen Indikatoren seelischer Gesundheit. Basierend auf von Lill et al. (1981) erhobenen Daten.

Im Einklang mit Rogers, Maslow und anderen Selbstaktualisierungstheoretikern zeichnen sich Jugendliche mit hoher „Selbstaktualisierung" durch Selbstakzeptierung, positive Gefühle, Selbstkontrolle bzw. Selbstregulation, positive, nicht feindselige Beziehungen zu anderen Menschen sowie eine Ablehnung von Perfektionismus und irrationalen Gedanken aus.

(Aus Becker, 1982, S. 261–271).

Viele Psychologen und Pädagogen rechnen das emotionale Moment des *Vertrauens* zu den wichtigsten Voraussetzungen für eine gelungene Erziehung. Auch in der Entwicklungstheorie von Erikson (1982) ist das Vertrauen des Säuglings in seine Betreuer die entscheidende Grundlage für die weitere Entwicklung. Wenn keine sichere Bindung ausgebildet

wird, kann das Individuum mit Situationen, die Angst und Streß erzeugen, nicht adäquat umgehen (Grossmann, 1983, S. 173). Das Bindungs-
gefühl ermöglicht die Entwicklung eines Gemeinsamkeitsgefühls, das
Grundlage für soziale Kompetenz ist (Ainsworth & Bell, 1974). Die
Ausbildung einer sicheren Bindung fördert den effektiven Umgang mit
verfügbaren Möglichkeiten. Es ist Voraussetzung für die Entwicklung
von Zuversicht, Engagement und angemessener Selbstbeherrschung
(Baumrind, 1980; Grossmann, 1983).

8.4.3 Beeinträchtigungen von Gefühlen

Ungünstige emotionale Bedingungen können die handelnde Auseinandersetzung des Lernenden mit den Anforderungen der Umwelt behindern. Wenn Kinder z.B. in ihren Kontaktwünschen extreme Enttäuschungen erfahren, kommt es zum sog. *Hospitalismus* (Spitz, 1945). Spitz
stellte bei Kindern eines Findelhauses Störungsanzeichen in der folgenden Reihenfolge fest: Rebellieren, Quängeln, Weinen, Essensverweige-
rung, Apathie. Von den 91 Kindern starben 34 bis zum Ende des zweiten
Lebensjahres. Die Überlebenden standen praktisch auf dem Niveau von
Idioten. In einem anderen Krankenhaus, in dem Mütter selbst die
Betreuung der Kinder mitübernehmen durften, starb dagegen kein Kind.
Es zeigten sich auch keine so deutlichen Entwicklungsstörungen. Diese
Ergebnisse wurden fälschlicherweise als Beleg für die Notwendigkeit der
Erziehung durch die leibliche Mutter interpretiert. Doch zeigen sie
lediglich die Bedeutung der Bindung an eine konstante Bezugsperson
sowie der sensorischen und sozialen Stimulation (Lehr, 1970).

Als hinderlich speziell für das Lernen wird die *Angst* des Lerners
angesehen, in Leistungssituationen zu versagen. Zu den Bedingungen
von Leistungsangst zählen vor allem Erwartungsüberzeugungen, daß
Mißerfolge unvermeidlich sind und Valenzüberzeugungen, daß Erfolge
bzw. Mißerfolge persönlich wichtig sind. Solche Überzeugungen werden
vor Prüfungssituationen aktiviert und lösen Angst aus, z.B. Prüfungsängste (vgl. Becker, 1980; Pekrun, 1984). Ängste zeigen – in Abhängigkeit
von der individuellen Erfolgs- und Mißerfolgsgeschichte – z.T. im Laufe
der ersten Schuljahre ein dramatisches Ansteigen (Sarason, Hill &
Zimbardo, 1964). Bedingungen von Prüfungs- und Mißerfolgsangst
lassen sich im Bereich der Familie wie der Schule ausmachen. Innerhalb
der Familie konnten drei zentrale Risikofaktoren ermittelt werden (vgl.
Helmke, 1983a): elterliche Überforderung, elterliche Strenge und Instabi-
lität des Elternverhaltens. Bei *elterlicher Überforderung* erleben Kinder,
daß sie den Leistungsanforderungen und -erwartungen ihrer Eltern nicht
gewachsen sind, daß ihre Leistungsbemühungen in den Augen der Eltern
häufig mit Mißerfolgen enden. Vielfache Erfahrungen dieser Art führen

zu Mißerfolgserwartungen auch in künftigen Leistungssituationen. Geringe Erfolgswahrscheinlichkeiten eigener Anstrengungen lassen Bemühungen als wenig lohnend erscheinen und bewirken im Extremfall einen Anstrengungsverzicht, der nicht selten als „Faulheit" mißdeutet wird (Jopt, 1978). *Elterliche Strenge,* die sich in Tadel, Bestrafung, Verboten und Einschränkungen angesichts schulischer Mißerfolge äußert, steht ebenfalls mit gesteigerter Prüfungsangst in Verbindung. Derartige negative Konsequenzen von Leistungsversagen führen dazu, daß Kinder in Leistungssituationen mit Prüfungscharakter sich die Folgen ihres eventuellen Versagens vor Augen halten und daher erhöhte Mißerfolgsfurcht erleben. Eine Kombination von elterlicher Strenge mit elterlicher Überforderung läßt die Prüfungsangst weiter ansteigen (Helmke & Väth-Szusdziara, 1980). *Instabiles Elternverhalten,* das sich z. B. einmal in Gleichgültigkeit gegenüber einer schlechten Note, ein andermal bei gleichem Anlaß in einer unerwartet harten Bestrafung ausdrückt, verunsichert in starkem Maße und ruft deshalb ebenfalls Ängste hervor. Sie werden verstärkt, wenn derart unberechenbares Elternverhalten mit autoritären Umgangsformen gepaart ist (Helmke & Väth-Szusdziara, 1980).

Auch die *Schule* trägt ihren Teil zur Entstehung und Aufrechterhaltung von Prüfungsangst bei. Zu schwierige Aufgaben und überhöhte Anforderungen sowie nachlässiger Unterricht erhöhen die Mißerfolgswahrscheinlichkeit besonders der schwächeren Schüler und sorgen dafür, daß die Mißerfolgsfurcht eine reale Basis erhält. Negative Reaktionen auf Mißerfolge erhöhen die Versagensangst. Der Grad der Angst variiert in Abhängigkeit vom Schwierigkeitsgrad der Anforderungen, dem Leistungsklima in der Klasse und dem klasseninternen Bewertungsmaßstab. Ein Klassenklima, das durch hohen Leistungsdruck in Form von überzogenen Anforderungen an die Schüler und unerwarteten Leistungskontrollen sowie durch ein hohes Maß an Reglementierung und Unterdrückung von Selbständigkeit gekennzeichnet ist, zählt zu den stärksten Risikofaktoren für Schulangst. In Klassen, die durch ausgeprägtes Konkurrenzdenken geprägt sind, in denen jeder nur auf seinen Vorteil aus ist, wenn es um die Benotung geht, fand man die meiste Schulangst (Helmke, 1983 a). Wo Lehrer Schülerleistungen anhand der Leistungsverteilung in der Klasse bewerten und damit Leistungsvergleiche zwischen Schülern in den Mittelpunkt des Beurteilungsprozesses stellen, wird das Konkurrenzdenken bei den Schülern zwangsläufig verstärkt. In Klassen, in denen ein derartiger „sozialer" Bezugsmaßstab vorherrschte, fanden Rheinberg, Schmalt & Wasser (1978) deutlich höhere Werte von Prüfungsangst und Mißerfolgsfurcht als in solchen Klassen, in denen Lehrer sich auch an den vorangegangenen Leistungen eines Schülers, also an der individuellen Bezugsnorm, orientierten.

Die Auswirkungen habitueller Prüfungsangst bei Lernern dürften

zunächst in einer Beeinträchtigung des gesamten Lebensgefühls liegen.
Untersucht worden sind aber vor allem die Auswirkungen auf schulische
und universitäre Leistungen. Dabei ergaben sich negative korrelative
Beziehungen zwischen habitueller Prüfungsangst und Schulleistung, die
meist im Bereich von r = −.10 bis −.30 lagen. Nicht hinreichend geklärt ist
auch hier wieder, inwieweit solche Korrelationen tatsächlich primär
Einflüsse habitueller Angst auf Lernen und Prüfungsleistungen widerspiegeln, oder ob nicht umgekehrt die Einflüsse schulischer Leistungs-
rückmeldungen auf mißerfolgsbezogene Erwartungsüberzeugungen und
damit auf Prüfungsangst dominieren. Untersuchungen mit pfadanalyti-
scher Methodik oder anhand der Analyse kreuzverzögerter Korrelationen (zu diesen Methoden vgl. Hodapp, 1984) erbrachten Belege für beide
Kausalrichtungen (Hodapp, 1979; Heinrich, 1979; King u. a., 1976;
Pekrun, 1983).

Einflüsse von habitueller Prüfungsangst auf Lern- und Prüfungsleistungen können motivationaler und kognitiver Art sein.

Motivationale Effekte von Angst. Angst kann unter günstigen Bedingungen durchaus positive Wirkungen haben, nämlich dann, wenn sie zu
erhöhter Lern- und Prüfungsanstrengung führt, die auf die Verhinderung
von Mißerfolg gerichtet ist. So bereiten sich z. B. Schüler mit hoher
Prüfungsangst angesichts einer angesagten Klassenarbeit besonders
gewissenhaft vor (Krohne, 1980). Gute Vorbereitung ist allerdings nur
möglich, wenn die Anforderungen und Kriterien der zu erwartenden
Aufgabe klar abgeschätzt werden können. Bei Klassenaufsätzen, fremdsprachlichen Nacherzählungen oder ungewohnten Tests beispielsweise ist
dies nur schwer möglich; in derartigen Leistungssituationen treten besonders hohe Prüfungs- und Versagensängste auf (vgl. Krohne, 1980). Starke
Angst führt aber nicht nur zu vermehrter Anstrengung, sondern u. U.
auch zu Vermeidungsverhalten, das die Auseinandersetzung mit dem
Lernstoff beeinträchtigt und im Extremfall die Vermeidung der Prüfungssituation bewirkt (Nicht-Erscheinen zu Klassenarbeiten und Examens-
prüfungen). Meist spielen beide Effekte eine Rolle; dies bringt dann
Konflikte zwischen Annäherungs- und Meidenstendenzen mit sich. Welcher Effekt jeweils dominiert, hängt u. a. von der Angstintensität und den
individuellen Mustern der Angstbewältigung ab.

Kognitive Effekte von Angst. In Lern- und Leistungssituationen
bewirkt Angst, daß die Aufmerksamkeit vom Stoff abgezogen wird und
sich auf Kognitionen zentriert, die auf den drohenden Mißerfolg, seine
Konsequenzen und Zweifel an der eigenen Person gerichtet sind („Auf-
merksamkeitshypothese" der Leistungseffekte von Prüfungsangst; Wine,
1971). In empirischen Untersuchungen konnte dies teilweise bestätigt
werden. Lerner, die sich als habituell prüfungsängstlich beschreiben,
neigen tatsächlich stärker als weniger prüfungsängstliche Lerner dazu,
sich in Prüfungssituationen mit aufgabenirrelevanten Kognitionen zu

beschäftigen (Deffenbacher, 1980). Prüfungsängstliche Lerner zeigen unter Prüfungs-Bedingungen bei komplexen bzw. schwierigen Aufgaben reduzierte Leistungen, nicht hingegen unter neutralen Bedingungen oder bei einfach strukturierten bzw. leichten Aufgaben.

Bei der Übertragung solcher Befunde auf die Alltagssituation muß man berücksichtigen, daß Art, Richtung und Ausmaß der motivationalen und kognitiven Angsteffekte von der jeweiligen Ausgangslage mitbestimmt werden und sich deshalb unterschiedlich im Leistungsprozeß niederschlagen. Vor allem für die langfristigen Effekte habitueller Angst stellt sich darüber hinaus die Frage, inwieweit motivationale und kognitive Effekte kumulieren (wenn z. B. Meidenstendenz und Aufmerksamkeitsumlenkung zusammentreffen) oder gegenläufig wirken (wenn angstbedingte Aufmerksamkeitsumlenkung durch erhöhte willentliche Anstrengung, also z. B. größere Lerndauer, kompensiert wird). Empirisch ist diese Frage bisher nicht geklärt. Die genannten Befunde über den Zusammenhang von Prüfungsangst und Schulleistung lassen aber vermuten, daß – zumindest bei starker habitueller Prüfungsangst – die negativen Effekte dominieren.

Permanente Mißerfolge in der Schule beeinträchtigen fast zwangsläufig das Selbstkonzept. Butkowsky & Willows (1980) untersuchten gute und schlechte Leser der fünften Klasse mit vergleichbarer Intelligenz; schlechte Leser besaßen weniger Erfolgszuversicht und zeigten geringere Ausdauer im Arbeitsverhalten als gute Leser. Schlechte Leser führten ihre Fehler auf mangelnde Fähigkeiten, Erfolge dagegen auf zu geringe Aufgabenschwierigkeit zurück. Nach Mißerfolgen reduzierten sie ihre Erfolgszuversicht stärker als gute Leser. Erfahren schlechte Leser Mißerfolge in Fächern, in denen Lesefertigkeit ebenfalls eine Rolle spielt, so wird sich die Mißerfolgsmotivierung ausbreiten. Aus dem Erleben partieller Ohnmächtigkeit erwächst ein Gefühl genereller Unzulänglichkeit, das nach der Theorie von Seligman (1979) zur „erlernten Hilflosigkeit" in enger Beziehung zu depressiven Symptomen steht. Gefühle der Hilf- und Hoffnungslosigkeit trifft man bei einem großen Teil der Kinder mit allgemeinen Lernschwierigkeiten.

Leistungsschwache Kinder versuchen oft auch durch Unfugmachen, Prahlen oder Kasperlspielen auf sich aufmerksam zu machen oder fallen durch aggressives, streitsüchtiges oder trotziges Verhalten auf. Derartige Erlebnis- und Verhaltensweisen in Verbindung mit Lernschwierigkeiten werden in der Literatur unter dem Begriff *Sekundärsymptomatik* zusammengefaßt. Damit soll ausgedrückt werden, daß das Leistungsversagen dem gestörten Erleben und Verhalten vorangeht. Daß diese Ansicht nicht unbegründet ist, belegen Untersuchungsergebnisse von Ayllon, Layman & Burke (1972) sowie von Winett & Roach (1973). Die Autoren konnten feststellen, daß störendes Sozial- und Unterrichtsverhalten von Schülern mit Lernschwierigkeiten deutlich zurückging, wenn es im Laufe von Trainingsprogrammen gelang, den Leistungsstand dieser Schüler merklich zu verbessern.

Eine Reihe emotionaler Störungen läßt sich auch mit Bedingungen außerhalb der Schule in Verbindung bringen. So ermittelten z. B. Tiedemann u. a. (1981) signifikante Zusammenhänge zwischen Unterrichtsstörungen, Aggressionen und sozialer Ablehnung von Schülern der fünften Klasse einerseits und elterlicher Strenge andererseits, wenn diese Strenge mit fehlender Unterstützung durch die Eltern einherging. Daß es sich dabei nicht um einen Ausnahmebefund handelt, zeigen die Ergebnisse einer Untersuchung von Kury (1980) an jugendlichen Straftätern und einer Vergleichsgruppe mit nicht straffälligen Jugendlichen. Die delinquenten Jugendlichen, die sich selbst als aggressiver und erregbarer schilderten als die Vergleichsgruppe, erlebten ihre Eltern in Übereinstimmung mit dem Befund von Tiedemann u. a. (1981) als strenger und weniger unterstützend. In ähnlicher Weise fand Seitz (1980) bei der Untersuchung delinquenter Jugendlicher auf seiten der Eltern ein hohes Ausmaß an Kontrolle und Forderung nach Disziplin bei gleichzeitiger fehlender elterlicher Unterstützung. Diese Eltern schufen ein Klima von Zukunftspessimismus. Häufiger als erwartet wurde auch von delinquenten Jugendlichen ein erhöhtes Maß an Unterforderung bzw. Verwöhnung durch die Mutter berichtet. Ein extremes Beispiel für den Zusammenhang zwischen Familienklima und emotionalen Haltungen gegenüber Gewalt zeigt die Untersuchung in Kasten 8.9.

***Kasten 8.9: Die Entstehung von emotionalen Grundhaltungen
gegenüber Gewalt***

Mantell (1978) untersuchte die Lebensläufe zweier Gruppen von amerikanischen Männern in intensiven Einzelfallstudien (zur Zeit des Vietnamkrieges). Die eine Gruppe bestand aus 25 Kriegsdienstverweigerern, die andere Gruppe aus 25 Kriegsfreiwilligen (Angehörigen der Spezialeinheit „Green Berets"). Die erste Gruppe hatte für ihr Verhalten mit langen Gefängnisstrafen zu rechnen, die zweite Gruppe setzte freiwillig in Vietnam ihr Leben aufs Spiel. Beide Gruppen unterschieden sich also in emotionalen Grundhaltungen gegenüber Gewalt und den davon betroffenen Menschen. Diese Grundhaltungen gehen nach der zentralen Hypothese des Autors vor allem auf Erziehungs- und Lernprozesse, auf Erfahrungen, erworbene Lebensweisen und -stile, auf Bewältigungsstrategien, ethische Überzeugungen, Einstellungen usw. zurück, die in der Familie und anderen Sozialisationsinstanzen erworben werden. Diese Entwicklung versuchte der Autor nachzuvollziehen, indem er neben zahlreichen anderen Verfahren vor allem sehr ausführliche Interviews durchführte.

Die Familienatmosphäre, in der die Green Berets aufwuchsen, wurde aufgrund einer nachträglichen Einschätzung durch mehrere Beurteiler folgendermaßen gekennzeichnet: Nach außen hin gefestigt, selbstgenügsam und intakt; nach innen stark konformistisch, hart, autoritär, intolerant, feindselig, gereizt. Den Kindern werden strenge Regeln auferlegt. Die Eltern sind zueinander und zu den Kindern kalt, streng und unduldsam. Es gibt wenig Raum für eigene Gefühle und Meinungen. Meistens gilt nur die Meinung des dominierenden Elternteils.

Mantell geht getrennt auf die Bedeutung der Väter und Mütter in der Erziehung ein. Die Väter wirkten als Modell durch ihre Wertmaßstäbe wie auch durch ihr Verhalten gegenüber den anderen Familienmitgliedern. Dominierende Werte waren Arbeit, Fleiß, Erfolg, gutes Benehmen, Ansehen, Gehorsam, körperliche Stärke und gefühlsmäßige Robustheit. Nur wenige Väter legten Wert auf Güte, Respekt vor dem menschlichen Leben, Verantwortlichkeit in der Gemeinschaft (ganz im Gegensatz zu den Vätern in der anderen Gruppe). Die Mehrzahl der Väter verbot ihren Söhnen, Zärtlichkeit und Gefühle zu zeigen. Ferner waren verboten Ungehorsam, Widerspruch, Beeinträchtigung der eigenen Bequemlichkeit, Kritik, ja schon die Bitte um Erklärungen.

Auch in der mütterlichen Erziehung war der fundamentale Widerspruch zwischen einerseits harten Forderungen und andererseits eigenem Verhalten spürbar, das diese Forderungen selbst ganz offen verletzte. Keine der Mütter zeigte nach den Berichten der Kriegsfreiwilligen Mitgefühl; keiner der Soldaten konnte sich an Gespräche mit der Mutter erinnern.

Zusammenfassend kann gesagt werden, daß 80% der Kriegsfreiwilligen keinem Elternteil gefühlsmäßig nahe war; keiner gab an, beiden Eltern nahegestanden zu haben. In der Mehrzahl der Fälle waren beide Eltern streng, beschützten ihre Kinder nicht, erlaubten ihnen kaum etwas, räumten ihnen keine persönlichen Rechte ein, hatten kein enges emotionales Verhältnis zu ihnen und waren weder zärtlich noch verständnisvoll. Das Kind wird nicht umsorgt, sondern überwacht, wird während schwieriger Augenblicke nicht getröstet, sondern man erwartet von ihm, daß es stark ist.

Man meint nicht, daß das Kind emotionale Bedürfnisse hat, sondern daß seine Abhängigkeit unterdrückt werden muß, statt daß man es ihr entwachsen läßt.

(Nach Ulich, 1982, S. 139ff.)

8.5 Manifestes Verhalten des Lerners

Die Frage nach den Ursachen menschlichen Verhaltens hat zur Konzeptualisierung einer großen Zahl psychologischer Verhaltenstheorien geführt. Im Behaviorismus wurde Verhalten als Reaktion auf äußere Reize aufgefaßt. Weder wurden innerpsychische Vorgänge angenommen, noch wurde die wechselseitige Einflußnahme zwischen Individuum und Umwelt betrachtet. Dagegen wird heute eine Sichtweise bevorzugt, die sich in wesentlichen Punkten vom behavioristischen Ansatz unterscheidet. Verhalten wird als aktiv gesteuerter, zielorientierter Prozeß aufgefaßt. Ihm liegen Bewertungen von Zielzuständen sowie komplexe Denkprozesse zugrunde. Verhalten wird als Produkt des abwägenden Entscheidens zwischen Handlungsalternativen aufgefaßt. Auf welche Handlungsalternativen die Person zurückgreift, hängt in hohem Maß von Verhaltungsweisen ab, die sie bei anderen Personen („Modellen") beobachtet hat; sie gehen in das Verhaltensrepertoire über und werden wiederholt, besonders nachdem sie erfolgreich im Hinblick auf die Folgen erprobt wurden. Der Begriff „erfolgreich" enthält zwei Bedeutungsvarianten. Im ersten Fall wird Verhalten durch Bekräftigung, also durch Belohnung und Bestrafung reguliert; Verhaltensweisen, die unerwünschte Folgen nach sich ziehen, werden meistens fallengelassen. Im zweiten Fall schätzt die Person ein Verhalten als „erfolgreich" ein, wenn Aussicht besteht, damit ein intendiertes Ziel zu erreichen. Verhaltensweisen, die sich für das Erreichen eines erstrebten Zustandes als nützlich erweisen, werden im Gedächtnis als prozedurales Wissen abgespeichert. Diese instrumentalistische Sicht liegt auch handlungs-entscheidungstheoretischen Konzepten und motivationspsychologischen Erwartungs-mal-Wert-Modellen zugrunde. Lerner verfügen über verschiedene Handlungsmöglichkeiten, wenn sie sich in erzieherischen Situationen befinden. Auch wenn sie nicht immer bewußte und abgewogene Entscheidungen nach rationalem Kalkül treffen, kann doch angenommen werden, daß sie mit ihrem Verhalten etwas Bestimmtes erreichen möchten. Manifestes Verhalten wird in diesem Kapitel immer auch als von Motivationen und Zielen begründetes und von Emotionen begleitetes Tun begriffen.

8.5.1 Verhalten in der pädagogischen Situation

Das beobachtbare Verhalten des Lerners in erzieherischen Situationen – vom Erzieher vielfach als Wirkung seiner erzieherischen Einflußnahme interpretiert – ist eine Folge von Verarbeitungsprozessen des Lerners in der erzieherischen Situation unter der Leitlinie seiner Bedürfnisse. Es

gibt aber nur wenige Studien dazu, wie Lerner ihre Umgebung direkt
beeinflussen. Pauls & Johann (1984) haben z. B. untersucht, wie 8- bis
11jährige Kinder gegenüber ihren Eltern ihre Wünsche zu erreichen
suchen. Sie entwickelten einen Fragebogen und baten 327 Kinder, für 22
fiktive Konfliktsituationen mit Eltern anzugeben, welche von drei vorgegebenen Reaktionsalternativen sie in der Regel wählen. Eine Faktorenanalyse der Ergebnisse veranlaßte die Autoren, vier Durchsetzungsstra-
tegien anzunehmen:

1. Konstruktiv-aktive Steuerung (z. B. logisches Argumentieren, Unter-
   breitung von Vorschlägen, Eingehen von Kompromissen)
2. Steuerung durch Bestrafen und Ignorieren (z. B. Schreien, Schimpfen,
   Drohen, Nicht-Beachten)
3. Steuerung durch Vorwürfe (z. B. „Ihr seid gemein", „Die anderen
   Kinder dürfen mehr als ich")
4. Passiv-anpassendes Verhalten (z. B. demonstrative Hilflosigkeit, Ver-
   sprechungen, Zärtlichkeiten).

In fremdgesteuerten Situationen, wie z. B. dem Unterricht, haben Lerner
wenig Möglichkeiten, Bedürfnisse zu artikulieren (vgl. auch Kap. 10).
Die gezielte Einflußnahme fassen Lerner als Kontrolle und als Gefährdung ihrer Ich-Identität auf (vgl. Krappmann, 1969). Besonders die
Schule scheint für die Entfaltung der personalen Identität oft hinderlich
zu sein. Nach Heinze (1980) ist Unterricht gekennzeichnet durch Standar-
disierung (betreffend Raum, Zeit, Inhalte, Recht und Öffentlichkeit),
durch Dominanz formaler Leistungsbewertung sowie durch den Herr-
schaftscharakter der unterrichtlichen Interaktion. In solchen Fällen sucht
der Lerner nach dem Ausgleich zwischen äußeren normierenden Anforderungen (sozialer Identität) und der Darstellung seiner Individualität
(personaler Identität). Um sich selbst als eigenständige Person zu erleben, muß er gegenüber den normierenden Erwartungen eine gewisse
Distanz aufrechterhalten. Lerner verhalten sich also nicht ständig erwar-
tungskonform, sondern versuchen, in ihrem Verhalten ihre Individualität
auszudrücken und zur Geltung zu bringen. Schüler bedienen sich nach
Heinze (1980) „Taktiken", mit deren Hilfe sie sich der Kontrolle partiell
entziehen und sich das Gefühl der Einzigartigkeit bewahren.

Einige der Lerner-Verhaltensweisen, die man unter diesem Aspekt der
Identitätswahrung in der Erziehungssituation betrachten kann, sind
Neben-Tätigkeiten, Reaktanz, Ausreden.

Neben-Tätigkeiten

Neben-Kommunikation im Unterricht (Rehbock, 1981), gemeinhin als
Schwätzen bekannt, kann gedeutet werden als ein Versuch, in einer
kontrollierten Situation eigene Gedanken mitzuteilen. Cherubim (1981)

untersuchte Inhalte von Schülerbriefchen vor allem in fünften bis neunten Klassen. In 92% der Fälle zielten sie auf Kontakt mit anderen. Lediglich 11% betrafen schulische Inhalte. Womit sich Lerner auseinandersetzen, kann sich auch in Graffiti ausdrücken. (Das sind Schrift- und Bildmuster an Wänden, in Toiletten, auf Tischen, in Umkleidekabinen etc.). Sie dokumentieren Mitteilungsabsicht ohne Absender und ohne Empfänger. Die Themen haben meist mit Gefühlen zu tun (Aggressionen, Humor, Liebe, Tabu-Bruch, Nonsense) und sind häufig auf eine Kurzformel gebracht (Abkürzungen, Reime, Symbole, Bilder). Bei Blume (1981) gaben 73% der befragten Schüler „Langeweile" und Lust am Graffiti-schreiben als Motive an. Nach Bracht (1982) kommt in Graffiti Entfrem-dung der erzieherischen Umwelt von den Bedürfnissen des Lerners zum Ausdruck. Der Lerner kann darin seinen Phantasien und Gedanken freien Lauf lassen, ohne sie in die offiziell inszenierte erzieherische Interaktion einzubringen. Die Herstellung von Graffiti habe einen Entla-stungseffekt, sei ein Versuch, Aggressionen auszudrücken, ein wenig Sinn in die ansonsten sinnentleerte Beschäftigung einzubringen.

Reaktanz

Reaktanz als Widerstand gegen Beeinflussungsversuche, welche die eigene Freiheit einzuschränken drohen, ist in der Pädagogischen Psycho-logie noch nicht systematisch untersucht (Dickenberger, 1983). Jeder Lerner wendet aber Taktiken an, sich erzieherischen Beeinflussungsver-suchen zu widersetzen. Über das Schummeln beim Arbeiten kann sich der Lerner sogar in Büchern informieren (Brockmann, „Schummeln, aber richtig", 1984, neunte Auflage nach elf Monaten!). Das Sich-dumm-stellen bei ungeliebten Anweisungen, das hartnäckige Verfolgen eines Zieles trotz Widerständen, Ironisieren, Veralbern, das Umdefinieren von Situationen, das Ausspielen eines Erziehers gegen den anderen sind bekannte, aber nicht systematisch untersuchte Lernerhandlungen in Erziehungssituationen (Reinert Zinnecker, 1978).

Ausreden

Viele Lerner sind Meister im Erfinden von Ausreden (vgl. Kasten 8.10). Snyder u. a. (1983) definieren Ausreden wie folgt: Ausreden sind Erklä-rungen, mit denen sich die negativen Implikationen eines Verhaltens vermindern oder herunterspielen lassen, um das positive Selbstbild zu schützen. Sie unterscheiden drei Typen von Ausreden. Typ 1: Ich war's nicht. Leugnen. Typ 2: Ich war's, aber es ist ja nicht so schlimm. Der Bewertungsrahmen wird verschoben. Typ 3: Ich war's, aber ich kann nichts dafür („mildernde Umstände" werden geltend gemacht). Nach Snyder u. a. sind Ausreden notwendig, um das Selbstbild zu bewahren. Sie sind Fluchtwege vor der Verantwortung, ohne die der Handelnde von

Schuld erdrückt würde. Vor allem in argumentativ angelegten erzieherischen Kontexten, in denen die Erzieher die Lerner nach Begründungen für ihr Handeln fragen, ergeben sich Gelegenheiten, die Wirksamkeit von Ausreden zu erlernen.

Kasten 8.10: Ausreden

Wenn Eltern ihre Kinder fragen „Wer hat das getan?" oder „Hast du das getan?", geben sie ihnen Gelegenheit, sich zu rechtfertigen oder ihre Schuld zu leugnen. Wir haben beobachtet, daß Eltern, ältere Geschwister und andere Autoritätspersonen kleinere Kinder im Gebrauch von Ausreden regelrecht anleiten. Sie geben ihnen ziemlich genau zu verstehen, wann und wo Ausreden angebracht sind. So formen sie den späteren Umgang mit Ausreden, Entschuldigungen und Alibis. In vielen Fällen bieten die Älteren den Kleineren Erklärungen an, die den Doppelcharakter von Trost und Ausrede haben: „Mami weiß ja, daß Du den Dreck nicht absichtlich in die Küche geschleppt hast, aber..."

Wenn die Kinder älter werden und ihre „Grundausbildung" im Sichherausreden abgeschlossen haben, übernehmen Lehrer und Altersgenossen den Fortgeschrittenen-Unterricht. Die Ausreden werden kunstvoller. Je besser Kinder und Jugendliche die Konsequenzen ihres eigenen Verhaltens übersehen können und je mehr sie über Verantwortung lernen, desto perfekter entwickelt sich auch ihre Fähigkeit, Entschuldigungen und Ausreden für Fehler zu finden. Im „Buch der Listen" hat William R. Jackson die originellsten Ausreden für die Situation „Schulheft fehlt" zusammengetragen:
- Meine kleine Schwester hat das Schulheft zerkaut.
- Der Hund/die Katze hat sein Geschäft darauf gemacht.
- Wir hatten kein Toilettenpapier mehr.

So einfallsreich diese Ausreden auch sein mögen – sie erfüllen alle das Ausredekriterium: Sie schützen das Image des Betroffenen. Der kleine Fehler in der Fassade wird „repariert". Was würde geschehen, wenn ein Schüler ganz ehrlich antwortet: „Ich habe keine Lust gehabt, meine Aufgaben zu machen?"

Auf jeden Fall würde er keine „Pro-Forma"-Antwort auf diese Ausrede erhalten. Denn er signalisiert, daß er die Norm nicht anerkennt, sondern es auf eine Konfrontation angelegt hat. Die Wiederherstellung einer intakten Fassade scheint ihm gleichgültig zu sein, aber darüber hinaus gefährdet er auch das Image des

Lehrers. Denn wenn der sich nicht gegen diese „Frechheit" wehrt, gibt er der ganzen Klasse zu verstehen, daß die Hausaufgaben eigentlich nicht so wichtig sind. In diesem Negativ-Beispiel wird deutlich, welche wichtige, harmonisierende Rolle Ausreden spielen – sie schützen nicht nur denjenigen, der sie gebraucht, sondern auch den Adressaten.

Das Erlernen von Ausreden und Entschuldigungen ist Bestandteil der moralischen Erziehung und ein unverzichtbares Element in der Sozialisation. Höflichkeit, Rücksichtnahme, soziale Anpassung sind Lernziele, die ohne das Element „Ausrede" nie erreicht werden können.

(Aus Snyder, 1985, S. 26)

8.5.2 Verhalten als Ziel und Bedingung von Erziehung

Wie kann man Verhaltensweisen des Lerners als Erziehungsziele und als Bedingungen für das Erreichen von Zielen beschreiben? Es gibt in der Psychologie kein anerkanntes System menschlicher Verhaltensweisen, erst recht kein solches für „erwünschtes" Verhalten. Allgemein kann man sagen, daß erwünschtes Verhalten jenes ist, das dem Lerner ein erfülltes Leben in Einklang mit sich und seiner Umwelt ermöglicht, mit dem er einen Platz in der Gesellschaft findet, das dieser und ihm zum Vorteil gereicht.

Eine wesentliche Bedingung für das Erreichen schulischer Ziele ist Anstrengungsverhalten. Als Indikatoren für leistungsmotiviertes Verhalten können betrachtet werden:
1. Die Intensität der Beschäftigung mit einer Aufgabe/Tätigkeit,
2. die Ausdauer der Beschäftigung,
3. die Wahl des Schwierigkeitsgrades.

In der Forschung konnten einige Zusammenhänge ermittelt werden (s. auch o.):
– Die Vorbereitung auf Klassenarbeiten ist besonders intensiv, wenn die Schüler eine Gefährdung wichtiger Oberziele (z.B. Abitur) oder soziale Konsequenzen befürchten (Rheinberg, 1982 b).
– Lerner mit einem hohen Selbstkonzept in dem jeweiligen Bereich strengen sich mehr an (bei schweren Aufgaben); sie bleiben länger bei der Aufgabe, bevor sie zu einer nicht-leistungsbezogenen Tätigkeit übergehen; sie wählen schwierigere Aufgaben als Lerner mit einem niedrigen Selbstkonzept (Meyer, 1984).

– Im Gegensatz dazu zeigten in einer anderen Studie Gymnasiasten motiviertes Verhalten besonders dann, wenn schlechte Noten vorliegen und die eigene Begabung vergleichsweise niedrig eingeschätzt wird (Grobe & Hofer, 1983).

– Auf welche Ursachen man die Resultate des eigenen Handelns zurückführt, hat Auswirkungen auf die Tendenz, nach Mißerfolg bei einer Aufgabe zu verweilen oder aufzugeben (Andrews und Debus, 1978).

– Lerner, die von sich erwarten, in einer Situation gute Leistungen zu erbringen, sind intensiver und ausdauernder bei der Sache, als wenn sie weniger erfolgreiches Wirken erwarten (Parsons, 1964).

Trotz Vorliegen solcher begünstigender Faktoren braucht dennoch motiviertes Verhalten nicht aufzutreten. So kann ein Lerner eine sehr hohe „Motivation" haben, sich z. B. nachmittags auf eine anstehende Klassenarbeit vorzubereiten und auf das Fußballspiel mit Freunden zu verzichten; er kann aber dennoch nicht die Kraft besitzen, das gewählte Verhalten intensiv und persistent bis zur Zielerreichung zu betreiben. Kuhl (1983) schlägt deshalb vor, Zielrichtungskräfte („Selektionsmotivation", die der Verhaltenswahl zugrundeliegt) und Intensitäts- und Persistenzkräfte („Realisationsmotivation", also Motivation, die der Realisierung gewählten Verhaltens zugrundeliegt) begrifflich zu unterscheiden. Zum Anstrengungs*verhalten* sind neben entsprechender Motivation auch Fähigkeiten zum Aufbau und zur Aufrechterhaltung von Konzentration und Ausdauer nötig („Handlungskontrolle"; Kuhl, 1983). Die empirische Forschung hierzu steht noch in den Anfängen.

Übermäßig motiviertes Verhalten kann auch Formen annehmen, die nicht wünschenswert erscheinen. Zugangsverengungen zum Hochschul-, Ausbildungs- und Beschäftigungssystem können Anlaß für Wettbewerb und Konkurrenz sein. Individuelle Interessen können durch strategische Überlegungen im Kampf um Notendurchschnitte deformiert werden. Nicht-Abschreiben-lassen, Unterwürfigkeit und Taktiken wie Schmeicheln sind übermotivierte Verhaltensweisen, die bei Gymnasiasten und Studenten durchaus üblich zu sein scheinen (Amelang & Zaworka, 1976; Gärtner-Harnach, 1972).

Viele Erzieher möchten, daß die Lerner gerne lernen, daß sie die Lernverhaltensweisen aus Freude an der Tätigkeit selbst ausüben (intrinsisch) und nicht wegen Gratifikationen von außen (extrinsisch). Der bereits im Abschnitt 8.4.1 zitierte Autor Csikszentmihalyi hat aus seinen Untersuchungen zum „Flow-Erlebnis" (s. o.) einige Bedingungen abgeleitet, unter denen Lernverhalten positiv erlebt und entsprechend häufig und dauerhaft ausgeübt wird. Typisch für „autotelische" Verhaltensmuster (sie vermitteln ein lohnendes Erlebnis allein durch ihre Ausübung) ist seinen Untersuchungen zufolge das Entdecken von etwas Neuem, das Bewältigen von Anforderungen, das Lösen von Problemen. Nach Meinung des Autors müßte man Lernaufgaben so gestalten: „Man finde heraus, welche Fähigkeiten der Schüler hat – nicht nur in bezug auf das Auswendiglernen oder ähnliche schulische Anforderungen, sondern auch in den anderen Modalitäten des menschlichen Handelns. Dann entwerfe man beschränkte, aber graduell wachsende Gelegenheiten zur Anwendung dieser Fähigkeiten" (Csikszentmyhalyi, 1985, S. 235). Allerdings fürchtet der Autor, die Schule sei für die Anwendung dieses Rezeptes zu unpersönlich und zu starr.

8.5.3 Beeinträchtigungen im Lernerverhalten

Als Ursachen und Korrelate erziehungsschwierigen Verhaltens sind empirisch untersucht (vgl. Havers, 1978):
– anlagebedingte Risikofaktoren,
– Hirnschäden,
– Umwelteinflüsse in der frühen Kindheit,
– unvollständige Familien,
– Verhaltensstörungen, Erziehungsstil und Sozialschicht der Eltern,
– Umwelteinflüsse in der Schule.
Für den folgenden Abschnitt greifen wir auf den Ansatz des symbolischen Interaktionismus zurück. Demnach gelingt manchen Lernern der Ausgleich zwischen sozialen Anforderungen und personaler Identität trotz Problemlösungsversuchen wie Distanzierung, Anpassung, Einsatz von Techniken der Normalisierung (vgl. Abs. 8.5.1) nicht, z.B. weil die äußeren Erwartungen zu massiv oder der eigene Gestaltungswille zu schwach ist. Dann werden Handlungen wahrscheinlich, welche als Abweichung vom erwarteten Verhalten aufgefaßt werden. Der Begriff *deviantes Verhalten* bezeichnet ein Tun, das soweit vom Erwarteten und Zugestandenen abweicht, daß es formelle Sanktionen nach sich zieht (Asmus & Peuckert, 1979). Abweichendes Verhalten kann gegen die eigene Person, gegen Sachen oder gegen andere Menschen gerichtet sein (Hargreaves u. a., 1981).

Gegen die eigene Person gerichtete Verhaltensstörungen

Verhalten kann unterschiedlich intensiv gegen die eigene Person gerichtet sein. Die einfachste Form ist *Verweigerungsverhalten*. Vor allem Lerner mit niedrigem Selbstkonzept, wiederholten Erfahrungen von Mißerfolg und internal-stabiler Attribuierung von Mißerfolg (vgl. Abb. 8.5) nehmen an, keine Kontrolle über sich und die Umwelt zu besitzen. Erfahrungen der Hilflosigkeit führen zu einem Abblocken aller Versuche, von außen eine Verhaltensänderung zu bewirken. Solche Störungen können vorübergehend sein; sie können sich aber auch verfestigen und zu sozialer Isolation führen. Erziehungsumwelten sind für manche Lerner offensichtlich so feindlich, daß sie zu Körpergiften (Alkohol, andere Drogen) greifen, um angenehme Gefühle und aufregende Erlebnisse zu genießen.

Die für den Pädagogischen Psychologen herausforderndste Form von gegen die eigene Person gerichtetem Verhalten ist der *Selbstmordversuch*. Es handelt sich dabei um ein viel zu kompliziertes Problem, als daß es nach dem Motto „jährlich 700 Schülerselbstmorde und rund 280000 Sitzenbleiber" behandelt werden könnte. In den Zeugnismonaten März bis Juni ist die Suizidhäufigkeit besonders hoch (allerdings trifft dies auch für Erwachsene zu). Es liegt eine Reihe von Untersuchungen zu Motiven von Suizidversuchen vor. Bei Lungershausen (1966) gelten Schulprobleme als das häufigste Motiv. Doch stellte Seiden (1966) bei zwölf vollendeten Suiziden in Berkeley fest, daß die Opfer bessere Noten hatten als ihre Mitschüler. Die am häufigsten genannten Ursachen in einer Untersuchung von Faust & Wolf (1983) waren Probleme mit der Familie oder dem Freundeskreis sowie Schwierigkeiten mit der Schule oder dem Beruf. Ficker (1976) untersuchte Abschiedsbriefe von 17 Suizidenten. Schulische Mißerfolge waren der unmittelbare Anlaß, ursächlich stand überhöhter Ehrgeiz und Leistungsdruck von seiten der Eltern dahinter. In einer bayerischen Untersuchung (Huth u. a., 1979) waren Kontaktprobleme und Verlust einer Bindung am häufigsten mit dem Suizid von Kindern und Jugendlichen verknüpft.

Diese Befunde zeigen deutlich die Komplexität der Problematik. Unidirektionale Betrachtungsweisen sind nicht angemessen; persönliche, familiäre, Partner- und berufliche Probleme können zusammenwirken, sich neutralisieren oder aufschaukeln. Dabei scheinen Konflikte mit Eltern, zerrüttete Familienverhältnisse, Wohnortwechsel (Jakobs, 1974), autoritäre Erziehungsmethoden und übermäßige Bestrafungen (Nerlich, 1979) eine erhebliche Rolle zu spielen. Untersuchungsbefunde dieser Art bieten Ansatzpunkte für präventive Maßnahmen. Die unmittelbare präsuizidale Symptomatik ist bei Kindern und Jugendlichen anders als bei Erwachsenen. Nach Löchel (1983) sind folgende Hinweise bedeutsam: Äußern konkreter Vorstellungen über die Durchführung von Suiziden, Verstimmungen und/oder psychosomatische Störsymptome.

Gegen Sachen gerichtete Aggressionen

Gegenstände der Umwelt (Spielsachen, Schulbänke, Fensterscheiben) können Objekte von Verhaltensstörungen werden. Im Jahre 1981 wurde an 37 niedersächsischen Schulen ein Gesamtschaden von rund 2,6 Mio. Mark gemeldet. In einer Untersuchung von Klockhaus & Habermann-Mosky (1984) wurden bei 50 Nürnberger Schulen Zusammenhänge zwischen solchem Vandalismus und äußeren Faktoren ermittelt. Dabei ergaben sich negative Korrelationen der Schadensschwere mit der Viel-

fältigkeit der architektonischen Gestaltung und der Anzahl der Lehrkräfte sowie der Schadenshäufigkeit mit dem Alter des Schulgebäudes
und dessen Wohnlichkeit. Vandalismus ist häufiger bei Schulen mit vielen
Wanderklassen und kleinen Räumen. Der Schulpsychologe Zurek (1985)
glaubt, daß Schüler ihre Wut auf die Schule zunehmend an Sachen
auslassen, weil sie über die „Verdinglichung" der Schule frustriert seien.
Sie wehren sich also gegen die „strukturelle Gewalt", die von Tests,
Lehrmitteln und Medien ausgeht und dagegen, daß persönliche Beziehungen zwischen Lehrern und Schülern kaum noch eine Rolle spielen.

Gegen andere Personen gerichtete Verhaltensstörungen

Aggressionen gegen andere werden häufig als Disziplinprobleme
bezeichnet. Adressaten können Mit-Lerner (Mitschüler, Geschwister),
Erzieher (Eltern, Lehrer) oder unbeteiligte Personen sein. Im Extremfall
kann es bis zum Mord kommen (vgl. Kasten 8.11). Allerdings ist hierbei
schwer zu entscheiden, welchen Anteil das schulische Geschehen hatte
(vgl. Fend und Schneider, 1984).

Kasten 8.11: *Wegen Schulschwänzens: 14jähriger tötet seine Mutter*

Ein 14jähriger Junge hat in Dortmund seine Mutter durch einen
Kopfschuß getötet. Wie die Staatsanwaltschaft am Dienstag
berichtete, hatte der geständige Hauptschüler wegen Schulschwänzens eine Auseinandersetzung mit seiner Mutter. Dabei
faßte der Junge nach eigenen Angaben den Entschluß, sie zu töten.
Als die 47jährige die Toilette aufsuchte, brach er den Waffen-
schrank seines Vaters auf, holte einen Revolver heraus und lud
ihn. Bei der Rückkehr schoß er ihr aus kurzer Entfernung in den
Kopf.

Später stellte er sich der Polizei. Bei seiner Vernehmung gab der
14jährige an, er wisse nicht, warum er seine Mutter getötet habe.
Der Vater ist nach Angaben der Staatsanwaltschaft völlig fassungslos über die grausige Tat seines einzigen Kindes. Die Staatsanwaltschaft hat beantragt, den Jungen in die geschlossene Abteilung
eines Erziehungsheimes einzuweisen.

(Braunschweiger Zeitung, 18. 3. 1981)

Für die Erzieher stellt sich die Frage, wie man prosoziales Verhalten als Gegensatz zu aggressivem Verhalten fördern kann (vgl. Staub, 1981). Als wichtig erweist sich dafür das Übertragen von Verantwortung; Kinder sollen Verhalten ausführen lernen, das dem Wohle anderer dient. Die Pädagogische Psychologie möchte Wissen über solche und andere präventive Bedingungen für die Entwicklung erwünschter Verhaltensweisen beitragen. Allerdings wird der Pädagogische Psychologe in der Praxis meist aufgesucht, wenn schon Verhaltensbeeinträchtigungen vorliegen. Auf die Vielzahl pädagogisch-psychologischer Präventions- und Interventionsmaßnahmen geht Kapitel 16 ein.

Kapitel 9

Falko Rheinberg
Beate Minsel

Psychologie des Erziehers

9.1 Erzieherforschung am Beispiel des Lehrers

9.2 Psychologie der Eltern

9.3 Psychologie der Lehrer

9.1 Erzieherforschung am Beispiel des Lehrers*

9.1.1 Auf der Suche nach dem „guten Lehrer"

In unserem Kulturkreis gibt es kaum einen Berufsstand, der von ähnlich vielen Gesellschaftsmitgliedern ähnlich lange in seiner unmittelbaren Berufsausübung beobachtet wird wie der Beruf des Lehrers. Jedenfalls dürfte das Produkt aus Beobachterzahl (= Personen, die je eine Schule besuchten) und Beobachtungsdauer (= Zahl erlebter Unterrichtsstunden) nur von wenigen Berufsständen übertroffen werden. Nun hat man in seiner Schulzeit meist mehrere Lehrer (ca. $5-30$) gehabt, kann also vergleichen. Zudem hat man einige Effekte ihres Wirkens an sich selbst erlebt. Somit wundert nicht, wenn mutmaßlich jeder, der diesen Text gerade liest, mehr oder weniger differenzierte Vorstellungen dazu hat, was einen besseren oder schlechteren Lehrer ausmacht. Um so mehr verwundert auf den ersten Blick, daß sich die Forschung so schwer tut mit dem Versuch, den „guten Lehrer" zu identifizieren.

Was ist gut am „guten Lehrer"? Die erste Schwierigkeit resultiert schon aus der Vorgabe. Was heißt „guter Lehrer" genau? Woran soll man „gut" gegenüber „schlecht" bestimmen? Ist es jemand, der den Lehrstoff besonders verständlich, interessant und leicht wie freudvoll lernbar macht? Ist es jemand, der es versteht, ein angenehmes, angstfreies Sozialklima im Unterricht zu erzeugen? Ist es jemand, der (fast) allen Menschen sympathisch ist? Ist es jemand, der das Geschick hat, Schüler in ihrer Entwicklung positiv und nachhaltig zu prägen und ihnen positive Lebensorientierung zu geben? Zählt auch, ob er Talent und Lust hat, seine außerunterrichtlichen Dienst- und Organisationsgeschäfte gewissenhaft zu erledigen? Diese Aufzählung ließe sich fortsetzen. Unsere augenblickliche Schwierigkeit hat ihre Ursache in der Aufgabenheterogenität des Lehrerberufs. Wählt man ein feines Analyseraster, so lassen sich über 1000 verschiedene Aufgaben benennen, die ein Lehrer beherrschen muß (Charters & Waples, 1929; s. hierzu 9.3). Je nachdem, welche Aufgabengruppen einem besonders wichtig erscheinen, wird man zu ganz verschiedenen Auswahlen von „guter Lehrer" kommen und deshalb entsprechend verschiedene Charakteristika benennen.

So überrascht es nicht, wenn etwa Eltern und Schüler das Bild des „Wunschlehrers" verschieden zeichnen (Aibauer, 1954), wobei innerhalb der Schüler dieses Bild je nach Entwicklungsstand noch verschieden akzentuiert ist (Wunschbilderhebung über Inhaltsanalysen von Aufsätzen). Lehrer selbst heben wiederum andere Merkmale des „idealen" oder „Wunschlehrers" hervor (Gahlings & Moering, 1961).

Aber vielleicht ist alles nur eine Frage der Bezeichnung, wenn etwa Lehrerinnen ein „ausgeglichenes, um Kontakt bemühtes Verhalten",

---

* Autor von 9.1 und 9.3: Falko Rheinberg

hingegen dreizehnjährige Schüler „Gerechtigkeit" und 17–20jährige „Freundschaft und Kameradschaft" für ausschlaggebend halten. Der in Wirklichkeit „gute" Lehrer könnte sich sonstwie definieren. Aber je nach Perspektive könnte jeweils das als gut erkannt und hervorgehoben werden, was dem Wahrnehmenden bei seinem Entwicklungsstand und/ oder aus seiner Rolle wichtig und wünschbar erscheint. In einem unbekannten Kern wäre dann der „gute Lehrer" gut und zeigte nur deshalb verschieden gute Seiten, weil ihn verschiedene Personen von verschiedenen Seiten betrachten. Das müßte sich prüfen lassen, wenn man dieselben Lehrer von unterschiedlichen Personengruppen beurteilen ließe. Dann sollten sich trotz verschieden genannter Charakteristika die „im Kern guten" Lehrer herauskristallisieren. Anderson (1954) hat untersucht, inwieweit die Urteile verschiedener Personengruppen über die Qualität von Lehrern übereinstimmen (vgl. Kasten 9.1).

Kasten 9.1: Wie gut ist ein Lehrer?

Anderson (1954) hat die Urteile verschiedener Personengruppen über Lehrer korreliert. Dreißig Lehrer, die ein Jahr zuvor ihr Examen abgelegt hatten, wurden auf fünfstufigen Ratingskalen hinsichtlich ihres Erfolgs als Lehrer global eingestuft, und zwar von folgenden Personengruppen: (1) von Vertretern der Schulaufsicht; (2) vom Schulleiter; (3) von je zwei seiner Kollegen; (4) vom Lehrer selbst; (5) von je fünf zufällig ausgewählten Schülern der Klassen. Die folgende Tabelle zeigt die Interkorrelationen dieser Ratings.

Tabelle: Fünf Personengruppen beurteilen den Lehrerfolg von dreißig Junglehrern: Korrelationen der Urteile (nach Anderson, 1954)

Beurteilung durch:	Schul- aufsicht	Direktor	Kollegen	sich selbst	Schüler
Schulaufsicht					
Direktor	.57				
Kollegen	.40	.29			
sich selbst	.33	.43	.38		
Schüler	.22	.13	.23	.30	

Ein „im Kern guter Lehrer" läßt sich da schwerlich herauslesen. Am ehesten stimmen noch Schulleiter und Schulaufsicht überein (r = .57). Vermutlich legen sie ähnliche (administrative) Kriterien an, wenn sie den Erfolg eines Lehrers bestimmen. Die Beurteilung durch die Schüler korreliert aber gerade mit diesen beiden Urteilergruppen am niedrigsten (r = .13 bzw. r = .22). Es ist, als würden hier verschiedene Personen beurteilt. Das ist nicht verwunderlich. Schließlich haben die Schüler aus ihrer täglichen Unterrichtsteilnahme eine andere Informationsgrundlage und haben in ihrer Rolle wohl auch andere Kriterien. Etwas überraschend stimmt die Selbstbewertung des Lehrers am ehesten mit den Urteilen des Schulleiters überein (r = .43). Dies wird eher verständlich, wenn man sieht, daß der Lehrer kaum eine Vergleichsmöglichkeit zur Selbstdiagnose seiner Lehrertüchtigkeiten hat und deshalb stärker von Fremdbewertungen abhängt (s. auch die Korrelation mit dem Kollegenurteil: r = .38).

Sieht man im meßbaren Lernzuwachs der Klasse ein wichtiges (Außen-)Kriterium bei der Beurteilung von Lehrerfolg, tritt eine weitere Irritation hinzu. Anderson (1954) hat als Lernzuwachsmaß den mittleren Punktgewinn genommen, den eine Klasse im Jahresverlauf bei standardisierten Schulleistungstests erzielte (adjustierte Vor- und Nachtestdifferenzen). Die Beziehungen zwischen diesen Lernzuwächsen und den oben angeführten Einschätzungen sind allesamt äußerst schwach. Die höchste Korrelation ergab sich mit lediglich r = .23 noch zum Urteil der Kollegen. Die Selbstbewertung des Lehrers korrelierte mit r = −.15 sogar negativ mit dem meßbaren Lernzuwachs in seiner Klasse!

Allerdings ist bei solchen Korrelationen zu beachten, daß sie mitabhängen von der Unterschiedlichkeit der dreißig beurteilten Lehrer. Hätte etwa ein Teil von ihnen aus extrem Inkompetenten bestanden (fachliche Dilettanten, methodische Chaotisierer und sozial Ungeschickte), ein anderer Teil hingegen aus dem dazu positiven Kontrast, so dürften zumindest zwischen den Beurteilern die Korrelationskoeffizienten höher ausgefallen sein. Bei den niedrigen Beurteiler-Lernzuwachskorrelationen ist zusätzlich zu berücksichtigen, daß standardisierte Schulleistungstests recht unsensibel für Veränderungen sind. Überdies ist die faktische Curriculum-Validität solcher Tests meist unklar. Sie hängt mit davon ab, wie straff der Lehrer seinen Unterricht am administrativ vorgegebenen Lehrplan ausrichtet, und das muß nicht notwendig ein Indikator für Unterrichtsgüte sein.

Trotz dieser Relativierungen tut man gut daran, Befunde wie die von Anderson vor Augen zu haben, wenn es im folgenden um die Suche nach dem „guten Lehrer" geht. Der Kriterienproblematik wird dort nämlich meist weniger Beachtung geschenkt als es im Interesse von klarer Befundlage und begründeten Praxisempfehlungen der Fall sein sollte.

9.1.2 Der geisteswissenschaftliche Zugang

Die leidige Kriterienproblematik („Was ist ein guter Lehrer?") läßt sich forschungsmäßig verschieden behandeln. Das einfachste ist, man macht solche empirischen Untersuchen wie Anderson (1954) erst gar nicht. Dann kann man unbehelligt von Zweifeln ein Bild des „guten" oder „idealen Lehrers" gestalten, der all das sicherstellt, was Erziehung und Unterricht nach der jeweiligen Vorstellung des Autors bewirken sollte. In der Tradition geisteswissenschaftlich orientierter Pädagogik gibt es dabei verschiedene Vorgehensweisen. Döring (1925) wählte ein fast schon empirisches Vorgehen, indem er sich auf Mitglieder einer Arbeitsgemeinschaft bezog, „die er z. T. als ausgezeichnete Pädagogen kennt" (Döring, 1931, S. 396), und von denen er dann sog. Individualitätsbilder erarbeitete. Aus der Verdichtung dieses Materials ließ sich schließlich das „Wesensbild des berufenen Lehrers" zeichnen (vgl. Kasten 9.2).

Kerschensteiner (1921) dagegen wählte ein eher kriteriumsorientiertes Vorgehen. Er selbst bezeichnete es als eine „Methode, aus dem Wesen des Bildungsaktes die notwendigen Forderungen für das Seelenrelief des Bildners zu entwickeln" (S. 14). Dieses Vorgehen wurde übrigens schon damals von Fischer (1921) als „doktrinäre Konstruktion" mit vorausgesetztem Bildungsbegriff kritisiert, die sich empirisch kaum hinsichtlich ihrer Realisationsbedingungen prüfen ließe.

Solche „Seelenreliefs" oder „Wesensbilder" wurden vorzugsweise in der Terminologie Sprangerscher Lebensformen entworfen. Hier konnte man der bis heute gern geforderten Ganzheitlichkeit der Personenbetrachtung nachkommen und zugleich nachvollziehbare Unterscheidbarkeiten („Wesensformen") bei Lehrern darstellen, ohne allzu konkret im Sinne empirischer Prüfbarkeit werden zu müssen. Da in der heutigen pädagogisch-psychologischen Literatur zur Lehrerforschung diese besonders in Deutschland einflußreiche Arbeitsrichtung in der Regel ausgespart bleibt (s. z. B. Pause, 1970), wird mit der Arbeit von Döring (1925, 1931) hierzu ein Beispiel gegeben.

Döring (1931) stellt zunächst die sechs Sprangerschen Lebensformen in lehrer- und unterrichtsspezifischer Erscheinungsform durchaus lebensnah dar und zeigt weiter auf, welche Vor- und Nachteile sie in jeweils absoluter Ausprägung haben. So ist etwa der Lehrer mit der einseitig religiös eingestellten Lebensform stets darauf aus, „jedes Tun und Erleben in Beziehung zum Sinn des Lebens, zur Gottheit zu setzen" (S. 393) und diese Einstellung auch in den Kindern zu erwecken. Ihn bedrängt der als Verantwortung erlebte Auftrag, Möglichstes für Moralentwicklung und Seelenheil seiner Schüler zu tun, wobei er fanatische Züge zeigen kann. Leider wird sein meist ernster und würdiger Unterricht von den Kindern leicht als langweilig empfunden. Er selbst wird von seinen Schülern zwar geachtet, wird aber je nach Spielart von den

Kasten 9.2: Wie schwer ist es, ein „berufener Lehrer" zu sein?

Nach Döring (1931, S. 396–399) kommt es darauf an, daß sich die nachfolgenden Merkmale am richtigen Platz der Wesensstruktur wiederfinden.

Als Wesensgrundzug zeigt sich beim „berufenen Lehrer" *„der sittliche Charakter."*

Das äußert sich im einzelnen wie folgt:

Vorbildlicher Lebenswandel – Fester, auf ein wertvolles Ziel gerichteter Wille – Unermüdlicher Fleiß – Stets überzeugungsgeleitetes Handeln – Innere Wahrhaftigkeit – Gerechtigkeit – Selbstbeherrschung – Geduld – Sieht stets Zusammenhänge zu hohen Gesamtwerten – Glaubt an Sinnhaftigkeit des Weltgeschehens („religiöse Lebensform").

Im Wesensvordergrund zeigen sich bei ihm: (1) die „ästhetische" und (2) die „soziale Lebensform".

Zu (1): Die *ästhetische Lebensform* äußert sich wie folgt:

Lebhafte Phantasie – Starke Gefühlserregbarkeit – Innige Einfühlung in Kinder – Drang zum Bilden, Formen, zur Verwirklichung der im Kind liegenden Wertmöglichkeiten – Wecker produktiver Kräfte der selbsttätigen Aneignung und Gestaltung – Didaktische Abstinenz gegenüber Fertigem, Abgeschlossenem – Bevorzugung von Kunst als Bildungsmittel – Freude an sauberen, hübschen, taktvollen Kindern – Bemühen, selbst einen wohltuenden, frischen, freundlichen Eindruck zu erwecken.

Zu (2): Die *soziale Lebensform* äußert sich wie folgt:

Freude am kindlichen Eigenleben – Liebe zum Kind – Förderung auch ihm wesensfremder Kinder – Gleiche Förderung aller – Innige Annahme der Schwachen und Hilfsbedürftigen – Glaube an das Gute im Menschen – Allgemeine Menschenliebe – Selbstlosigkeit – Unermüdliche Opferbereitschaft – Gemeinschaftsunterordnung – Wunsch nach Gemeinschaftserlebnissen.

Im Wesenshintergrund (also weniger deutlich) zeigen sich schließlich noch: die „theoretische", die „ökonomische" und die „politische Lebensform", auf deren inhaltliche Ausschmückung hier verzichtet werden kann (s. Döring, 1931, S. 398f.).

Postulierte Effekte: Bei richtiger Vereinigung und Plazierung all dieser Wesenszüge ist nach Döring *lehrerseitig* zu erwarten:

„Hohe beschwingende Liebe zu seinem Beruf" – „Knospende Menschen ihrer Reife und Vollendung entgegenzuführen" gilt ihm

als weltschönste Aufgabe – Die Liebe zum Beruf ist „der Sonnen-
glanz, der das ganze Bild des berufenen Lehrers übergoldet".
Als *schülerseitige* Reaktion ist, zusammengefaßt, das folgende zu
erwarten:
„Die Kinder aber verehren ihn. Er ist für sie der Inbegriff
menschlicher Vollkommenheit. Und in ihrer Verehrung klingen
Achtung, Schwärmerei, Bewunderung, Wertschätzung, Liebe,
Furcht (Ehrfurcht) in einem einzigen Gefühl zusammen."

Kindern etwas bespöttelt (der „gefühlsmäßig pietistische Typ") oder
gefürchtet (der „intellektuelle, orthodoxe Typ").
    Auch die Skizzen zu den anderen Extremvertretern Sprangerscher
Lebensformen zeigen, daß Döring die Lehrerschaft seiner Zeit und
typische Schülerreaktionen wohl vertraut waren. Wenn man etwa bei
dem eben skizzierten religiös-moralisch eingestellten Lehrer die Erscheinungsformen zeitgemäß übersetzte, sähe man sich durchaus in der Lage,
vereinzelte Exemplare dieses Typs auch in der heutigen Lehrerschaft
auszumachen; etwa den Lehrer, dem die Erzeugung verantwortungsspü-
renden Problem- oder Umweltbewußtseins stets dringlicher erscheint als
Details des gerade anstehenden Unterrichtsstoffs. Döring (1931) ordnet
in einer Zusammenfassung den nach Lebensformen unterschiedenen
Extremtypen von Lehrern die jeweils vorherrschenden Schülerreaktionen zu (vgl. Tabelle 9.1).

Tabelle 9.1: Hypothetische Zuordnung von dominanten Wesensformen bei Lehrern zu Effekten bei ihren Schülern (nach Döring, 1932, S. 395)

Dominante Wesensform des Lehrers (Sprangersche Typen)	Charakteristische Effekte auf Schülerseite
religiöser Typ	wird geachtet
ästhetischer Typ	wird angeschwärmt
theoretischer Typ	wird bewundert und bestaunt
sozialer Typ	wird geliebt
ökonomischer Typ	wird geschätzt
politischer Typ	wird gefürchtet

Abgesehen vielleicht von der Furchterzeugung (bei Döring später als
„Ehrfurcht" durchaus gewünscht), wäre es ja das beste, man würde als
Lehrer alle schülerseitigen Effekte zugleich herbeiführen können. Nach
Döring geht das durchaus. Dies ist allerdings den „berufenen" Lehrern

vorbehalten. Aus der lesenswerten Schilderung dieses „berufenen Lehrers" führt der Kasten 9.2 nur die charakteristischen Merkmale stichwortartig auf, wobei die von Döring gewählten Wesensstrukturmerkmale von „Wesensgrundzug", „Wesensvordergrund" und „Wesenshintergrund" übernommen wurden.

Bis auf wenige Ausnahmen wird man kaum behaupten können, es wäre ungünstig, wenn ein Lehrer jede dieser Tugenden oder Vorlieben besäße. Wollte man sich im Beschäftigungssystem indes auf „berufene" Lehrer beschränken, so müßte man trotz sinkender Schülerzahlen akuten Lehrermangel befürchten. So stellt sich schon praktisch die Frage, ob die angeführten Merkmale allesamt als notwendige Bedingungen erfolgreichen Lehrerschaffens gelten müssen oder ob vielleicht einige verzichtbar sind (etwa das ständige überzeugungskonforme Handeln, sofern der Lehrer auswärts wohnt; oder die Vorliebe für frische, saubere, taktvolle Kinder, sofern der Lehrer in bestimmten alternativen Schulformen tätig ist).

Die Frage nach möglichen Verzichtbarkeiten ist um so drängender, als trotz seines Umfangs bei diesem Tugendkatalog fraglich bleibt, ob mit seiner Erfüllung bereits die hinreichende Bedingung erfolgreichen Lehrerwirkens gegeben ist. Kerschensteiner (1921) weist nach ähnlichen Tugendanforderungen, die er für den (Einzel-)*Erzieher* formuliert, darauf hin, daß vom *Lehrer* in der Klasse noch mehr zu fordern sei. Er habe es ja mit vielen Zöglingen zugleich zu tun, und manch begnadeter Einzelerzieher würde als Klassenlehrer versagen. Schließlich gäbe es im Klassenunterricht die Notwendigkeit, schnell wahrzunehmen, sicher zu beurteilen, um im Unterrichtsverlauf „überall sofort Kontakt zu den leicht auseinanderflatternden Schülerseelen herzustellen". Diese Lehrervariable wurde übrigens erst 1970 von Kounin als with-itness (etwa „Dabeisein", „Mittendrinsein") empirisch-induktiv wiederentdeckt und erwies sich als sehr bedeutsam für erfolgreiche Unterrichtsführung.

Was also ist von den Lehrertugenden im Hinblick auf welche schülerseitigen Effekte unverzichtbar und was nur erfreuliches Beiwerk, und was schließlich müßte noch angefügt werden? Die Frage könnte man in geisteswissenschaftlicher Tradition durch erneutes, tiefes Nachdenken und kritische Reflexion heute erwünschter Bildungsziele weiterverfolgen. Der andere Weg wäre der Versuch, lehrerseitige Merkmale daraufhin zu untersuchen, ob ihre Ausprägung nachweislich etwas mit solchen schülerseitigen Effekten zu tun hat, die man sich als Folge von Schule und Unterricht wünscht oder die man verhindern möchte. Dieser zunächst schlicht erscheinende Weg erwies sich als außerordentlich mühsam.

9.1.3 Der empirisch-differentielle Zugang

Schwierigkeiten, die man beim geisteswissenschaftlichen Zugang mit
geschickter Wahl von Worten oder treffenden Beispielen eventuell
überdecken oder umgehen kann, werden in aller Schärfe deutlich, wenn
man sich darauf einläßt, mit empirischen Methoden zu prüfen, was denn
den besseren vom schlechteren Lehrer unterscheidet. Jeder, der hier
einmal gearbeitet hat, weiß, wie unsystematisch Datensätze auch dann
noch sein können, wenn man im vorhinein sich beim besten Willen nichts
anderes als klare Effekte hat vorstellen können.

Natürlich stößt man zuerst wieder auf das Kriteriumsproblem. Wir
haben es bereits im Kasten 9.1 mit der Anderson-Untersuchung kennengelernt. Den universell „guten Lehrer" scheint es als empirisch identifi-
zierbare Kategorie danach kaum zu geben. Diesem Problem wäre am
ehesten zu begegnen, wenn man verschiedene schülerseitige Effektberei-
che abgrenzt und unabhängig für jeden Bereich untersucht, welche
Lehrermerkmale hier jeweils erwünschte Effekte begünstigen. So muß
nicht jeder Lehrer, der seinem Schüler zu besonderen Leistungssteige-
rungen in bestimmten kognitiven Bereichen verhilft, notwendig auch
ebenso erfolgreich sein in der Förderung des sozialen Verhaltens, der
Interessenstiftung oder der Vermittlung von Selbstvertrauen – wenngleich sich das alles nicht ausschließen muß. Man müßte sich also auf die
Suche nach verschiedenen „guten" Lehrern begeben – das übrigens auch
aus anderen Gründen (s. u.).

Aber wie sollte man nun die Bereiche eingrenzen, für die man getrennt
nach förderlichen Bedingungen suchen will? Hier sollte man sich von
psychologischen Konzepten leiten lassen, die – wenn auch vielleicht über
Zwischenglieder – Beziehungen erwarten lassen zwischen bestimmten
Lehrer-/Unterrichtsbesonderheiten und klar bestimmbaren Auswirkungen bei den Schülern. Nur eine derart konzeptgeleitete Bestimmung von
Auswirkungsbereichen ermöglicht die gezielte Suche nach Beziehungen,
die, sofern aufgespürt, dann auch interpretierbar sind. Dabei kann es
durchaus sein, daß die psychologisch bestimmten Auswirkungskatego-
rien andere Grenzen haben als die Kategorien, die die normative
Pädagogik für gewünschte Unterrichts- oder Erziehungseffekte bereit-
hält.

Die „praktische Lösung" des Kriterienproblems. Die frühe empirische
Forschungspraxis war bei der Suche nach dem „guten Lehrer" von
solchen Überlegungen weitgehend unbehelligt. Der Befundextrakt von
den mehr als tausend pragmatisch orientierten Studien ist vorzüglich
zusammengefaßt in einem Übersichtsartikel von Getzels & Jackson, der
in einer deutschen Bearbeitung von Pause (1970) vorliegt. Wir werden
deshalb hier auf die Darstellung der ohnehin wenig erhellenden Einzelbe-

funde weitgehend verzichten und uns auf einige Forschungsprobleme konzentrieren können.

Das Kriterienproblem wurde besonders häufig dadurch „gelöst", daß man sich der gegebenen Beurteilungstradition der Lehrerauswahl oder lehrleistungsabhängigen Bezahlung anschloß. Man zog globale Qualitätsschätzungen durch Mentoren, Schulleiter oder Schulaufsicht heran und wußte damit, wer zur Gruppe der besseren/erfolgreichen vs. weniger guten Lehrer gehörte. Weiterhin gab es Einschätzungen durch Kollegen, Schüler und durch Experten, die sich einige Unterrichtsstunden des Lehrers angesehen hatten. Neben solchen Schätzdaten wurden auch standardisierte Schulleistungstests herangezogen, die in den USA klassenstufenspezifisch zur Verfügung stehen. Mit ihnen läßt sich feststellen, auf welchen Prozentrang der landesweiten Leistungsverteilung eine Schulklasse mit ihrem Lehrer inzwischen gestiegen oder abgerutscht ist. Die Untersuchung von Anderson, 1954 (s. Kasten 9.1), zeigt, daß diese Kriterien höchst heterogen sind. Schließlich wurden noch Fragebögen eingesetzt, in denen die Lehrer bestimmte Einstellungen kundtun sollten, die man von einem Lehrer erwartet. Hier fand das Minnesota Teacher Attitude Inventory (MTAI, Leeds, 1950) breite Verwendung. Der MTAI soll Lehrereinstellungen erfragen, die in Beziehung zur Fähigkeit stehen, „harmonische soziale Beziehungen" in der Klasse schaffen zu können (Leeds, 1950, S. 7).

Wenn all diese und andere heterogene Kriterien ungeschieden zur Bestimmung des guten vs. weniger guten Lehrers herangezogen werden, darf nicht verwundern, daß sich die beiden Gruppen nach höchst wechselnden Merkmalen unterscheiden, selbst wenn es für bestimmte Beschulungseffekte tatsächlich klare Personunterschiede zwischen mehr oder weniger förderlichen Lehrern geben sollte.

Die Frage nach dem Niveau der Prädiktoren. Unabhängig vom Kriterienproblem rührt die Befundheterogenität auch aus dem unterschiedlichen Niveau, auf dem die Merkmale des „guten Lehrers" gesucht werden. Wenn man feststellt, daß der eine Lehrer eher als ein anderer bei seinen Schülern wünschbare Veränderungen bewirkt – auf welcher Ebene sollte man nach Unterschieden zwischen solchen Lehrern suchen? Sollte man auf anlaßspezifisches Verhalten gegenüber bestimmten Schülern achten (z. B. Hofer, 1981 a) oder auf anlaßgeneralisierende Verhaltenstendenzen gegenüber bestimmten Schülergruppen (z. B. Silberman, 1971)? Vielleicht sind es aber auch eher bestimmte Fertigkeiten im Umgang mit der ganzen Klasse (z. B. Kounin, 1970)? Oder ist das noch zu spezifisch und es sind allgemeinere Erziehungs- oder „Führungsstile" (Lewin, Lippitt & White, 1939; Tausch & Tausch, 1973), die hier das rechte Niveau zur Suche liefern? All das könnte noch zu sehr in den Niederungen von Verhaltensdaten steckenbleiben, und es käme vielmehr auf die rechte Einstellung zum Schüler oder Kind an, wie sie etwa der MTAI (s. o.)

erfassen will? Aber kann man solche Einstellungen isoliert betrachten, und muß man nicht ihre Einbettung in allgemeinere Wertungs- und Motivdispositionen ins Auge fassen, weil die gleiche Einstellung zum Kind Verschiedenes zur Folge haben könnte – je nachdem, ob etwa der Lehrer eher leistungs- oder machtthematische Ziele anzustreben pflegt (McClelland, 1975)? Vielleicht fährt man bei diesen Zweifeln besser, wenn man noch allgemeiner wird und sich ganz auf noch generalisierte Persönlichkeitsmerkmale wie Temperaments- oder Intelligenzvariablen (z. B. Jones, 1956; Hilbig, 1963) konzentriert? Zu all diesen eher „psychologischen Variablen" müßten jetzt noch verschiedene didaktisch-methodische Orientierungen, Instruktionsroutinen, Sachkenntnisse und dgl. kommen – Aspekte, die von der psychologischen Lehrerforschung traditionell übersehen werden. Auch wenn man sich also hinsichtlich des Effektbereiches einig ist, an dem man „gute" und weniger gute Lehrer bestimmen will, so sind je nach gewählter Analyseebene ganz verschiedene Kontraste zu erwarten, sowohl inhaltlich als auch in der Deutlichkeit.

Drei Komplikationen treten hinzu. Sieht man die eben im Allgemeinheitsgrad ansteigende Merkmalsschiene, so ist keineswegs ausgemacht, ja sogar unwahrscheinlich, daß nur ein Pfad den effektspezifisch günstigen Lehrer charakterisiert. So könnten etwa je nach Temperaments- oder Intelligenzbesonderheiten des Lehrers ganz unterschiedliche Strategien der Unterrichtsführung oder didaktische Orientierungen die günstigeren Effekte bringen. Auf diese Möglichkeit verschiedener hinreichender Bedingungen für gewünschte Unterrichtseffekte weisen Weinert & Treiber (1982) hin. Demnach müßte es auch im Hinblick auf eine eindeutig umschriebene Effektkategorie verschiedene Kombinationstypen des „guten Lehrers" geben.

Das zweite Problem ist die gegenläufige Wirkung, die die gleiche Instruktion bei verschiedenen Schülern haben kann. Dieses, als Aptitude-Treatment-Interaktion (ATI) bekannte Phänomen (Cronbach & Snow, 1975) ist keineswegs auf Unterrichtsmethoden („Treatment") beschränkt, sondern gilt ebenso für Lehrervariablen wie Motive, Einstellungen, Führungsstile und Klassenführung. So fand McKeachie (1968) in einer Großuntersuchung, daß etwa ein sehr schülerzentrierter, nondirektiver und diskussionsintensiver Unterrichtsstil des Lehrers Leistung und Wohlbefinden machtmotivierter Studenten besonders fördert, für die anderen aber eher weniger günstige Effekte hat. Auch Washburne & Heil (1960) stießen bei der Verwendung anderer Lehrstilvariablen („ungestüme", „selbstdisziplinierte" und „ängstliche" Lehrer) auf solche Interaktionseffekte mit Schülermerkmalen. Wie soll es da den „guten Lehrer" für alle geben, selbst wenn man ihn an einem engen Effektkriterium wie Lernleistungen bestimmen will?

Die dritte Komplikation ergibt sich aus der einseitigen Perspektive

„Lehrer beeinflußt Schüler". So fanden etwa Köttl & Sauer (1980), daß selbst Extremgruppen von hoch vs. niedrig direktiv eingestellten Lehrern sich in „schwierigen" Schulklassen nicht unterscheiden. Beide Lehrergruppen agieren hier gleichermaßen direktiv und lehrerzentriert, wobei die direktiv eingestellten etwas erfolgreicher erscheinen. Deshalb ist der verwendete Fragebogen (Bastine, 1971) keineswegs invalide. In Klassen, die als angenehm galten, zeigten sich nämlich einige erwartete Verhaltensunterschiede zwischen den Lehrergruppen. Allerdings ist auch hier der schulklassenabhängige Unterschied im Interaktionsstil des Lehrers so groß, daß sogar die extrem dominanten Lehrer in „angenehmen" Klassen ein eher indirektes, schülerzentriertes Verhalten zeigten (vgl. Kap. 10.3). Wenn also selbst bei stabil konzipierten Lehrerunterschieden sich zeigt, daß sie in ihrem Auftreten durch Unterschiede zwischen Schulklassen nahezu gänzlich überdeckt werden können, wie soll man da charakteristische Merkmale der „guten Lehrer" finden und in ihren Auswirkungen plausibel machen?

Was tun mit replizierbaren Befunden? Bei all diesen Komplikationen auf dem Weg zum „guten Lehrer" muß es außerordentlich verwundern, daß einige Unterschiede dennoch gefunden wurden, die sich replizieren ließen. Als Beispiel lassen sich etwa Unterschiede in einigen Temperamentsdimensionen des Guilford-Zimmermann-Temperament-Survey (GZTS) von Guilford & Zimmerman (1948) anführen. Hier zeigen als gut beurteilte Lehrer höhere Werte in „emotionaler Stabilität", „Objektivität", „Freundlichkeit/Verträglichkeit", „persönliche Beziehungen/Kooperation" und – atypisch für Lehrer – besonders hohe Werte in „Tätigkeitsdrang/Tatkraft" (im einzelnen vgl. Pause, 1970). Diese und andere Persönlichkeitsunterschiede zwischen besser oder schlechter beurteilten Lehrergruppen haben aber so weite Überlappungsbereiche, daß sie etwa zur Lehrerselektion nicht taugen. Aber wozu taugen sie dann? Erfahren wir etwas über Unterricht, insbesondere über guten? Auch das hier wohl umfangreichste Forschungsprojekt von Ryans (1960), in das über 6000 Lehrer einbezogen waren, lieferte kaum aufregende Neuigkeiten zu Personunterschieden zwischen Lehrern, die als günstig vs. weniger günstig eingeschätzt worden waren.

Das liegt wohl am Variablenniveau, das üblicherweise gewählt wurde. Solange man implizit davon ausging, daß allgemeinere Persönlichkeitszüge das Verhalten in konkreten, also auch Unterrichtssituationen festlegen, zielte man ökonomischerweise auf ein möglichst hohes Abstraktionsniveau von Lehrervariablen. Gleichgültig, ob man dann replizierbare Unterschiede findet oder nicht, ist man damit soweit von der konkreten Lehrer-Schüler-Interaktion entfernt, daß man spezifische Ursache-Wirkung-Beziehungen, insbesondere Optimierungsempfehlungen, schwerlich finden kann.

Am ehesten ließen sich bei einigen Persönlichkeitsvariablen Mindestausprägungen als notwendige Bedingungen eines wie auch immer erfolgreichen Lehrerwirkens formulieren. Somit fällt es leichter, statt des „guten" den *sicher schlechten Lehrer* über Personmerkmale zu definieren, etwa als jemanden, „der Kinder haßt, von seinem Fach nichts versteht, fast schwachsinnig oder im Unterricht schwer verhaltensgestört ist" (Heckhausen & Rheinberg, 1980, S. 9). Die Umkehrung dieser Attribute macht aber mit Sicherheit noch nicht den „guten Lehrer" aus. Das immerhin hat die differentiell orientierte Forschung zur Person des „guten Lehrers" gezeigt.

9.1.4 Neuere Forschungstendenzen

Die Lehrerforschung ist inzwischen andere und verschiedene Wege gegangen. Es lassen sich grob drei Linien ausmachen, die hier nur skizziert (in Abschnitt 9.3 dann genauer) behandelt werden.

Effektspezifische Lehrervariablen. Bei der einen Forschungsrichtung hat man noch schülerseitige Effekte im Auge und untersucht, wie weit bestimmte Sicht- und Handlungsweisen des Lehrers über die Unterrichtssituation Einfluß nehmen können. Im Vergleich zur früheren empirisch-induktiven Suche nach dem „guten Lehrer" zeichnet sich hier (a) eine stärkere theoretische Orientierung und (b) eine effektspezifische Eingrenzung ab. So werden etwa motivationspsychologische Modelle herangezogen, die Hinweise darauf geben, auf welche Merkmale der Lernsituation man achten müßte, sofern man unterschiedliche Motivationseffekte bei Schülern aufklären will. Der Lehrer interessiert nur insoweit, als er systematischer Mitgestalter der Lernsituation ist. Man versucht dann, das beim Lehrer ausfindig zu machen, was die theoretisch bedeutsamen Motivationsaspekte der Lernsituation mitbeeinflußt.

Ein Beispiel hierfür ist die Forschung zur Bezugsnorm-Orientierung von Lehrern (Rheinberg, 1980, 1982). Sie beschränkt sich ausschließlich auf Lehrervariablen, die theoretisch Einfluß auf motivational wichtige Merkmale der Unterrichtssituation haben müßten. Dabei wurde versucht, die verschiedenen Lehrervariablen ihrerseits theoretisch aufeinander zu beziehen, so daß ein integriertes System motivational bedeutsamer Einzelunterschiede zwischen Lehrern beschreibbar und prüfbar wurde (s. 9.3). Solche Ansätze sind ignorant gegenüber vielen anderen wichtigen Aspekten des Lehrerhandelns. Deshalb bleibt unbestimmt, welches Gewicht den spezifizierten Teilvariablen im „Gesamtsystem Lehrer" unter Schulalltagsbedingungen zukommt.

Rekonstruktion des Unterrichtshandelns von Lehrern. Bei der zweiten Forschungsrichtung wird versucht, Lehrerverhalten handlungstheoretisch so zu rekonstruieren, daß über ein System vermittelnder Kognitionen die Unterrichtsaktionen des Lehrers aufgeklärt und vorhergesagt werden können. Hier gibt es auf der einen Seite recht komplexe Analogmodelle, die offenlassen, ob und wie der Lehrer solche Kognitionen tatsächlich prozediert (Hofer, et al., 1979, 1982; Hofer, 1985). Auf der anderen Seite gibt es den Versuch, Rekonstruktionen explizit aus solchem „Kognitionsmaterial" zu fertigen, das dem Lehrer als (gewahr gewordene) „Gedanken durch den Kopf ging", bevor er handelte (Wahl et al., 1983). Im Unterschied zur ersten Forschungsrichtung sind beide nicht auf theoretisch ausgegrenzte Verhaltenssegmente ungeklärten Gewichts eingeengt. Zugleich treten damit spezifische, theoretisch zu erwartende Schülereffekte in den Hintergrund. Genau genommen interessiert hier die möglichst zwingende Rekonstruktion des Handelns einer Person unter komplexen Anforderungen.

Wenngleich also nicht mehr direkt auf bestimmte Schülereffekte gezielt wird, sind diese Ansätze mittelbar höchst bedeutsam für verbesserten Unterricht. Erst wenn man weiß, wie Lehrerverhalten unter dem Druck schnellaufender Unterrichtsinteraktionen tatsächlich gesteuert wird, kann man effiziente Maßnahmen entwerfen, die dem Lehrer helfen, sein Verhalten in gewünschter Weise abzuändern. In welche Richtung diese Abänderung dann erfolgen soll, um gewünscht zu sein, ist innerhalb dieser Ansätze unbestimmt. Hier muß dann wie bei der ersten Forschungsrichtung auf abgesicherte theoretische Modelle zurückgegriffen werden. Deshalb ist trotz und gerade wegen ihrer Unterschiedlichkeit zu erwarten, daß sich die erste und zweite Forschungsrichtung in der Verbesserung einer Praxis ergänzen können.

Auswirkungen des Lehrerberufs. Die dritte Forschungsrichtung befaßt sich schließlich damit, wie Lehrer ihre Tätigkeit erleben und welche Auswirkungen Unterricht bei ihnen kurz- und langfristig hat. Noch recht unterrichtsnah sind hier die Untersuchungen zu Lehreremotionen (Weidenmann, 1981). Bei welchen Anlässen treten bei welchem Lehrer bevorzugt Freude, Ärger, Angst etc. auf? Welche Bedürfnisse kann der Lehrer in seinem Beruf befriedigen und welche sind problematisch mit Blick auf die Anforderungsstruktur des Lehrerberufs? Welche Belastungen ergeben sich daraus für den Lehrer, und wie verändert sich das alles im Verlauf seiner beruflichen Sozialisation (Weidenmann, 1984). Es geht hier also eindeutig um die Person des Lehrers. Auswirkungen auf Schüler sind aus dem Blickfeld. Schüler sind als Teil des Berufsfeldes sogar eher unabhängige Variablen, also potentielle Einflußgrößen. Im Zusammenwirken mit den beiden ersten Forschungsrichtungen läßt sich dieser Ansatz allerdings wieder rückkoppeln zum Lehrerverhalten und damit zur Lernsituation, wie sie sich dem Schüler präsentiert.

Wie der Schüler diese Lernsituation dann im einzelnen interpretiert und bewertet, wovon das abhängt und welche Effekte das bei ihm wiederum hat, ist nicht mehr Teil des jetzigen Kapitels, sondern gehört zur „Psychologie des Lerners" (Kap. 8). Die eben allgemein angespro-

chene Rückkoppelung wird genauer analysiert in der „Psychologie der
pädagogischen Interaktion" (Kap. 10). Im vorliegenden Kapitel zur
„Psychologie des Erziehers" beschränken wir uns auf das, was mit Blick
auf den Lehrenden/Erziehenden dazu beiträgt, die Erziehungswirklichkeit besser zu verstehen, vielleicht sogar besser zu machen. Dies wird
zunächst am Beispiel von Eltern (9.2) geschehen und dann wieder am
Beispiel von Lehrenden.

9.2 Psychologie der Eltern*

9.2.1 Zur Psychologie des Kinderwunschs

Keine Entscheidung verändert das Leben eines Erwachsenen mehr als
die, Vater oder Mutter zu werden. Die meisten Entschlüsse im Leben
sind revidierbar oder zumindestens korrigierbar: Eine Berufsausbildung
kann abgebrochen oder eine zweite kann begonnen werden, der Wohnort
kann mehr oder weniger frei gewählt werden, von einem Lebenspartner
kann man sich trennen, aber die Elternschaft ist irreversibel. Wenn man
zusätzlich noch bedenkt, welche vielfältigen Belastungen mit der Elternschaft verbunden sind, so verwundert es nicht, wenn immer mehr
Menschen sich für Kinderlosigkeit entscheiden. Häufig genannte
Gründe, warum Menschen keine Kinder haben wollen, sind im nachfolgenden Kasten aufgeführt.

Kasten 9.3: Gründe für Kinderlosigkeit

- Gewachsenes Interesse der Frauen an einem eigenen Beruf
- Leichte Zugänglichkeit von Empfängnisverhütungsmitteln
- Kinderfeindlichkeit in der Gesellschaft, verfehlte Familienpoli-
  tik der amtierenden Regierungen
- Egoismus bzw. Hedonismus junger Ehepaare

(Aus Rosenstiel et al., 1984)

Allerdings entscheidet sich immer noch die Mehrheit der Ehepaare dazu,
ein Kind oder sogar mehrere zu bekommen. Wenigen zur Adoption
freigegebenen Säuglingen steht eine große Zahl adoptionswilliger Paare
gegenüber. Für die Adoption von Kindern aus der Dritten Welt werden

---

* Autorin dieses Abschnittes: Beate Minsel

riesige Geldsummen bezahlt. Nicht wenige Paare nehmen kosten- und zeitintensive medizinische Behandlungen auf sich, um zum erwünschten Kind zu kommen.

Demnach gibt es offenbar weitverbreitete und stark ausgeprägte Motive, die Menschen veranlassen, Eltern zu werden. Welche sind es? Lassen wir zunächst die Betroffenen selbst zu Wort kommen (vgl. Kasten 9.4) und wenden uns anschließend einigen theoretischen Ansätzen zu.

Aus den Argumenten der Frauen geht hervor, daß ein Kind für die Eltern bestimmte Funktionen zu erfüllen verspricht, sei es als Sinnspender oder als Liebesobjekt oder indem es dazu beiträgt, daß die Eltern selber wieder jung werden. Andererseits deutet sich in den Argumenten aber auch an, was in bestimmten Entwicklungstheorien als phasentypische Aufgabe des mittleren Erwachsenenalters angesehen wird, nämlich das Streben nach *Generativität*. Wir werden bei der Besprechung der Theorie von Erikson auf diesen Punkt zurückkommen.

Kasten 9.4: *Motive für den Kinderwunsch bei Frauen*

71 Frauen im gebärfähigen Alter, die z.Zt. nicht schwanger waren und auch z.Zt. kein Kind haben wollten, wurden gebeten, in freier Form mindestens fünf persönliche Gründe für ein Kind anzugeben. Die genannten Motive wurden folgenden Motivklassen zugeordnet:

- Durch ein Kind habe ich eine Aufgabe und mein Leben bekommt einen Sinn (N = 65).
- Durch ein Kind kann ich neue Dinge lernen und mich selbst verwirklichen (N = 55).
- Ich möchte die Entwicklung eines Kindes miterleben (N = 40).
- Ich möchte ein Kind als Liebesobjekt oder Partnerersatz (N = 38).
- Ein Kind gibt mir Identität als Frau und Mutter (N = 36).
- Durch ein Kind kann ich meine Partnerschaft vervollständigen und eine Familie gründen (N = 35).
- Ich möchte Schwangerschaft und Geburt erleben (N = 34).
- Ein Kind erlaubt mir, selbst wieder Kind sein zu dürfen (N = 14).
- Ich liebe Kinder eben (N = 14).
- Ich möchte ein Kind, um die Welt menschlicher zu gestalten (N = 12).

(Aus Jagenow & Mittag, 1984)

Der Kinderwunsch aus soziobiologischer Sicht

Die Soziobiologie betrachtet das reproduktive Verhalten des Menschen in Analogie zu dem der (anderen) Säugetiere. Für den Menschen wird – ebenso wie für die Tiere – ein Fortpflanzungstrieb angenommen, der dafür sorgt, daß die eigenen Gene weitergegeben werden. Teilweise wird von dem „egoistischen Gen" gesprochen, das bestrebt ist, sich auf Kosten der Gene anderer Individuen durchzusetzen. Menschen sind demnach bestrebt, leibliche Kinder (mit denen sie 50% der Gene teilen) und Enkel (mit denen sie 25% der Gene teilen) zu haben. Von dieser Grundannahme werden zahlreiche Folgerungen für die Partnerwahl, die Verhaltensunterschiede von Männern und Frauen und das reproduktive Verhalten abgeleitet. In unserem Zusammenhang sind folgende Ableitungen besonders interessant:

Für eine Frau sind die Kosten (d.h. die physischen Belastungen und Gefahren durch Schwangerschaft und Geburt), um zu einem Kind zu kommen, ungleich höher als für einen Mann. Deshalb ist es für eine Frau biologisch sinnvoll, einige wenige Kinder zu bekommen und zu ihnen enge Verbindung zu halten, wogegen es für einen Mann eine biologisch sinnvolle Strategie darstellt, möglichst viele Frauen zu schwängern. Wie weit dieses Prinzip sogar mit den kulturellen Normen übereinstimmt, zeigt sich in der sogenannten doppelten Moral, nach der „Seitensprünge" von Männern weniger verwerflich seien als die von Frauen.

Eine Frau kann sicher sein, daß das Kind, welches sie geboren hat, von ihr abstammt, während ein Mann sich seiner Vaterschaft nie ganz sicher sein kann. Von daher allein ist schon erklärlich, daß Frauen mehr daran interessiert sind, für den Nachwuchs zu sorgen. Diese Investition geschieht auf jeden Fall zugunsten der eigenen Gene. Dagegen besteht für den Mann die Gefahr, daß er fremden Genen Vorteile verschafft. Sinnvoller könnte es für einen Mann z.B. sein, die Vaterstelle für die Kinder seiner Schwester einzunehmen, wie es in manchen primitiven Gesellschaften auch der Fall ist. Mit den Schwesterkindern ist er nämlich auf jeden Fall verwandt. Eine andere männliche Strategie, den eigenen Genen zum Durchbruch zu verhelfen, besteht darin, eine jungfräuliche Braut zu nehmen und eifersüchtig darüber zu wachen, daß sie sich nicht mit anderen Männern einläßt.

Weitere Aussagen macht die Soziobiologie zur optimalen Kinderzahl, zur Geschwisterrivalität, zu Eltern-Kind-Konflikten und Ehescheidungen; es wird spekuliert, warum man über den Tod eines älteren Kindes möglicherweise mehr Trauer empfindet als über den Tod eines jüngeren (vgl. Barash, 1977). Alle diese Phänomene können von anderen Theorien her natürlich auch ganz anders erklärt werden. Die Bedeutung der soziobiologischen Theorie liegt vor allem darin, daß sie darauf hinweist, daß der Mensch nicht nur ein Kulturwesen, sondern eben auch – gerade was die Fortpflanzung betrifft – ein biologisches Wesen ist. Was die

Soziobiologie allerdings bisher nicht geleistet hat, ist die Beschreibung, auf welche Weise die angeborenen Verhaltenstendenzen psychisch repräsentiert sind. Die angeborenen Verhaltenstendenzen steuern das menschliche Verhalten nicht direkt, beeinflussen aber möglicherweise die Kognitionen und Affekte; diese wiederum tragen zu Handlungsplanung, -steuerung und -bewertung bei.

Der Kinderwunsch aus entwicklungspsychologischer Sicht

Der Entwicklungspsychologe Erik Erikson beschreibt die menschliche Entwicklung über die Lebensspanne und definiert für jede Entwicklungsphase das typische Thema bzw. die typische Krise und deren optimalen Ausgang. Die Bewältigung einer Krise ist notwendige Voraussetzung für die Meisterung der nachfolgenden Krisen.

Im jungen Erwachsenenalter, also dem Alter junger Eltern, sollte die Krise *Intimität vs. Isolation* gelöst und Liebesfähigkeit erworben werden. Dabei versteht Erikson unter Liebe neben ihren erotischen und sexuellen Qualitäten die Fähigkeit, sich anderen gegenüber verpflichtet zu fühlen, Fürsorge, Verantwortlichkeit und Respekt anderen gegenüber zu zeigen, auch wenn das ein zeitweises Zurückstellen eigener Wünsche und Bedürfnisse bedeutet. Damit ist nicht nur die Voraussetzung für eine befriedigende Partnerschaft gegeben, sondern auch für Elternschaft. Dagegen

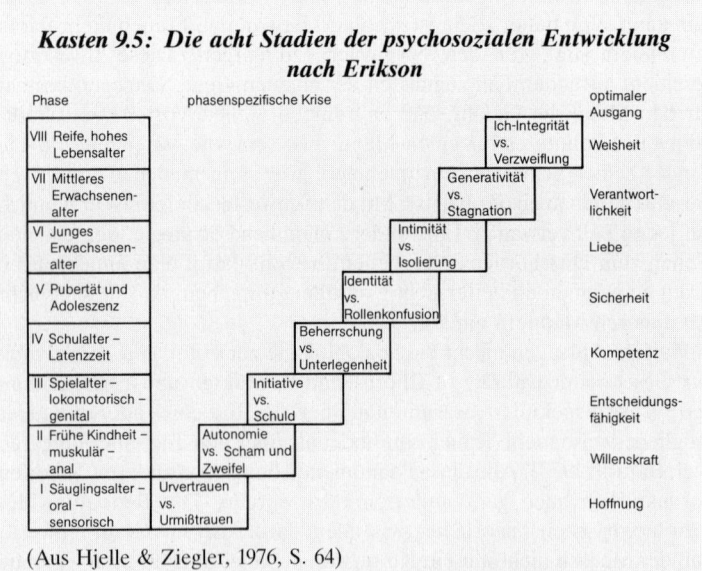

Kasten 9.5: Die acht Stadien der psychosozialen Entwicklung nach Erikson

Phase	phasenspezifische Krise	optimaler Ausgang
VIII Reife, hohes Lebensalter	Ich-Integrität vs. Verzweiflung	Weisheit
VII Mittleres Erwachsenenalter	Generativität vs. Stagnation	Verantwortlichkeit
VI Junges Erwachsenenalter	Intimität vs. Isolierung	Liebe
V Pubertät und Adoleszenz	Identität vs. Rollenkonfusion	Sicherheit
IV Schulalter – Latenzzeit	Beherrschung vs. Unterlegenheit	Kompetenz
III Spielalter – lokomotorisch – genital	Initiative vs. Schuld	Entscheidungsfähigkeit
II Frühe Kindheit – muskulär – anal	Autonomie vs. Scham und Zweifel	Willenskraft
I Säuglingsalter – oral – sensorisch	Urvertrauen vs. Urmißtrauen	Hoffnung

(Aus Hjelle & Ziegler, 1976, S. 64)

besteht für eine Person, die diese phasenspezifische Krise nicht befriedigend löst, die Gefahr der Selbst-Absorption. Befriedigende enge Beziehungen sind einer solchen Person nicht möglich. Man kann darüber spekulieren, was für Auswirkungen es hat, wenn Menschen sehr jung Eltern werden. Unter Umständen ist bei ihnen noch nicht einmal die Krise der Stufe V – *Identität vs. Rollenkonfusion* – abgeschlossen. Unter solchen Umständen sind erhebliche persönliche Probleme bei jungen Eltern zu erwarten, die sich im Extremfall in Kindesvernachlässigung oder -mißhandlung ausdrücken. Sehr jung (meistens wegen einer bestehenden Schwangerschaft) geschlossene Ehen werden außerdem überdurchschnittlich häufig geschieden. Diese Tatsache wird unter anderem damit erklärt, daß die Partner zum Zeitpunkt der Eheschließung in ihrer individuellen Entwicklung noch nicht weit genug fortgeschritten waren.

Auf das junge Erwachsenenalter folgt das mittlere Erwachsenenalter mit der Auseinandersetzung zwischen *Generativität und Stagnation.* Generativität heißt, daß eine Person sich nicht nur um das Wohlergehen der nächsten Generation kümmert, sondern auch um die gesellschaftlichen Bedingungen, unter denen die Nachkommen leben und arbeiten werden. Eine Möglichkeit, Generativität bzw. Verantwortung zu verwirklichen, besteht darin, Kinder zu zeugen, aufzuziehen und dafür zu sorgen, daß sie ein befriedigendes Leben führen können. Andere Möglichkeiten bestehen darin, wissenschaftliche, technische, künstlerische oder politische Leistungen zu vollbringen, die für die kommende Generation von Nutzen sind. Vielleicht liegt hier eine Erklärung, warum Menschen, die in ihrem Beruf Erfüllung finden, sich im allgemeinen nicht so stark Kinder wünschen bzw. mit der (ungewollten) Kinderlosigkeit besser zurechtkommen.

Im Gegensatz zur Soziobiologie (s. o.) sehen die entwicklungspsychologischen Theorien Familienplanung und Kinderaufzucht als *Entwicklungsaufgaben,* denen der Mensch sich stellen muß. Dabei können diese Aufgaben grundsätzlich auch durch andere, als gleichwertig erkannte, ersetzt werden. Die soziobiologisch interessante Frage, ob eigene oder z. B. adoptierte Kinder aufgezogen werden, ist für Entwicklungspsychologen ziemlich belanglos. Für sie wäre vielmehr wichtig, in welcher Entwicklungsphase die Eltern sich befinden. Eine gute Prognose für das Familienleben würde man stellen, wenn beide Eltern die Phase VI (mit dem optimalen Ausgang „Liebe") oder VII (mit dem optimalen Ausgang „Verantwortlichkeit") erreicht haben.

Kinderwunsch, Rollenerwartungen und Werte

Was macht eine erwachsene Frau aus, was macht einen erwachsenen Mann aus? Muß oder sollte man – abgesehen davon, daß man sich aus seinem Elternhaus gelöst hat, selber für seinen Lebensunterhalt aufkom-

men kann und einen Lebenspartner gefunden hat – auch noch Mutter
oder Vater sein? Diese Frage wird offenbar von den meisten Menschen
mit ja beantwortet. Fast jeder, der ans Heiraten denkt, wünscht sich auch
Kinder. Ob und vor allem wann dieser Wunsch realisiert wird, ist eine
andere Frage.

Die statistische Norm für die Familiengröße hat sich im letzten
Jahrhundert drastisch gesenkt. Bis 1899 hatte jedes Ehepaar im Durchschnitt 4,9 Kinder, 1913 bis 1918 waren es nur noch 2,52 und 1972 bis 1977
noch 1,53.

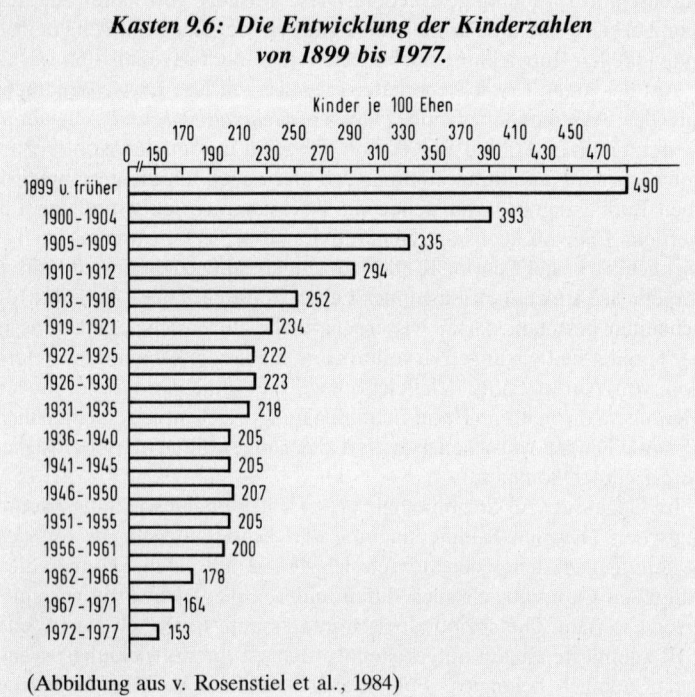

***Kasten 9.6: Die Entwicklung der Kinderzahlen
von 1899 bis 1977.***

(Abbildung aus v. Rosenstiel et al., 1984)

Die mittlere Verkleinerung der Familien geht auf zwei Tatsachen
zurück, nämlich darauf, daß es immer mehr kinderlose Ehen gibt
und darauf, daß die mittlere Kinderzahl in den Familien mit
Kindern abnimmt. Nach den Untersuchungen von v. Rosenstiel
und Mitarbeitern gibt es den sog. „Babyschock" jedoch nicht (daß
man „nach dem ersten Kind die Nase voll" hat, wie es der
Anthropologe Jürgens einmal ausgedrückt hat); die meisten
Paare, die ein Kind haben, wünschen sich auch noch ein zweites.

Die Idealnorm (d. h. wie viele Kinder man für wünschenswert hält) liegt bei kinderlosen Frauen bei 1 bis 2 Kindern. Die vermutete Norm familiärer Bezugspersonen liegt bei 2 Kindern (wenn man die Versuchspersonen fragt, wie stark der Partner, die Mutter, der Vater usw. unterschiedlichen Kinderzahlen zustimmen würden). Die meisten Männer und Frauen im generativen Alter berichten, daß die familiären Bezugspersonen einer möglichen Kinderlosigkeit ablehnend gegenüberstehen würden. Das bedeutet, daß verheiratete Erwachsene von seiten ihrer sozialen Umwelt dem Druck ausgesetzt sind, sich mit der Entscheidung für oder gegen Kinder auseinanderzusetzen.

Stengel et al. (1983) unterscheiden drei Einflußgrößen, die auf die Intention wirken, Kinder zu bekommen:
– der normative Druck von außen
– der extrinsische Wert von Kindern
– der intrinsische Wert von Kindern.
Den *normativen Druck* haben wir bereits erwähnt; er besteht in den wahrgenommenen sozialen Normen in bezug auf die erwünschte Kinderzahl. Wie stark der normative Druck erlebt wird, hängt natürlich damit zusammen, wie wichtig dem Einzelnen die „druckmachenden" Bezugspersonen oder Instanzen sind.

Für Frauen ergibt sich häufig der Konflikt zwischen Berufstätigkeit und Mutterschaft. Dieser bahnt sich schon während der Berufsausbildungszeit bzw. des Studiums an. In einer groß angelegten Längsschnittstudie an Lehrlingen in der Schweiz konnte gezeigt werden, daß auf junge Mädchen ein geringerer Druck ausgeübt wird (als auf junge Männer), wenn es um eine qualifizierte Berufsausbildung geht und sie sich auch selber mit weniger qualifizierten Berufen zufriedengeben (Häfeli et al., 1983). Die möglicherweise auftretende kognitive Dissonanz zwischen eigenem Leistungsanspruch und realisierter Ausbildung wird meistens dadurch reduziert, daß man die Berufsausbildung für weniger wichtig hält, weil man als Frau erwartet, daß der Beruf nur ausgeübt wird, bis Kinder aufzuziehen sind.

Der *extrinsische Wert* von Kindern besteht in der Instrumentalität von Kindern für das Erreichen von Lebenswerten. Dabei geht es um die Frage, inwieweit das Erreichen von Lebenswerten mit einer bestimmten Kinderzahl vereinbar ist. Als wesentliche Wertbereiche, die hier und heute gelten, werden von Stengel et al. (1983) genannt:
– Wohlstand (z. B. hohes Einkommen, Lebensstandard),
– Freizeit (z. B. reisen, ausgehen, Leben genießen),
– Partnerschaft (z. B. glückliche Ehe, öfter mit dem Partner allein sein),
– Religiosität (z. B. einer Religionsgemeinschaft angehören, den göttlichen Schöpfungsauftrag erfüllen),
– Beruf (z. B. berufstätig sein, im Beruf vorankommen, Anerkennung am Arbeitsplatz),

– Emotionale Altersversorgung (z. B. im Alter nicht allein sein, nicht vergessen werden)
– Finanzielle Altersversorgung (z. B. einen gesicherten Lebensabend haben; wissen, daß man im Alter finanziell unabhängig ist).

Man hat festgestellt, daß Personen, denen Wohlstand und Freizeit wichtig ist, sich eher keine oder wenige Kinder wünschen. Bei Frauen spielt außerdem noch der Wertfaktor Beruf eine Rolle, d. h. Frauen, die der eigenen Berufstätigkeit eine hohe Bedeutung zumessen, wünschen sich eher keine Kinder. Alle anderen Wertfaktoren sind mit dem Kinderwunsch gut vereinbar bzw. davon unabhängig.

Der *intrinsische Wert* von Kindern schließlich besteht in der Vorliebe für Tätigkeiten oder Situationen mit Kindern. Der intrinsische Wert unterscheidet sich vor allem bei Paaren mit Kindern und kinderlosen Paaren: Erstere erleben wesentlich mehr Freude an der Beschäftigung mit Kindern. Das zeigt, daß Kinder auch einen Bekräftigungswert für ihre Eltern haben. Der intrinsische Wert klärt nur 10% der Varianz zum Kinderwunsch auf, gegenüber je 40% Varianzaufklärung durch normativen Druck und extrinsischen Wert.

9.2.2 Die Mutter als Erzieherin

Der Mensch ist eine physiologische Frühgeburt und bedarf langjähriger Pflege und Versorgung, bis er selbständig leben kann. Daß neben der physischen Versorgung (Ernährung, Wärmeregulation und Hygiene) auch die emotionale Versorgung wesentlich ist, haben die bekannten Untersuchungen von René Spitz und John Bowlby deutlich gemacht. Unter Entwicklungspsychologen ist allerdings umstritten, ob für die gesunde Entwicklung des Kindes die eine feste Bezugsperson notwendig ist oder vielleicht doch eher eine verläßliche Bezugsumgebung mit mehreren, auch wechselnden Personen bzw. genügend sensorische Stimulation. Insbesondere die Beobachtungen an Kindern in den israelischen Kibbuzim haben gezeigt, daß die Betreuung durch eine feste Bezugsperson für eine gesunde Entwicklung nicht notwendig ist. Andererseits zeigen aber Kibbuz-Beobachtungen aus der zweiten Generation, daß die Eltern von sich aus (und hier besonders die Mütter) wieder mehr intensiven Kontakt mit ihren Kindern haben, mehr mit ihnen spielen und sie in der Familienwohnung übernachten lassen möchten.

Strittig ist die Frage, ob man die frühe Mutter-Kind-Bindung als Prägung bezeichnen soll (vgl. Kap. 6).

Es ist vielfach behauptet worden, daß es einen sogenannten „Mutterinstinkt" gibt. Dieser wurde daraus abgeleitet, daß durch das psychische Engagement und durch die Fähigkeit, das Kind nach der Geburt stillen zu können, eine Bindung entsteht, die kulturunabhängig ein „Mutterinstinkt"-Verhalten auslöst. Bindungsverhalten ist allerdings kulturell sehr stark überformt. Im 17. und 18. Jahrhundert war es in weiten Teilen Europas z. B. üblich, den Säugling nicht selber zu stillen, sondern einer Amme zu überlassen. Andererseits kann man bei Adoptivmüttern, die einen fremden Säugling aufnehmen, nach kurzer Zeit ein gleich starkes Bindungsverhalten beobachten wie bei leiblichen Müttern.

Welche Bedeutung die Geburt eines Kindes für die Mutter hat, ist bisher relativ wenig erforscht. Dieses Ereignis kann als „kritisches Lebensereignis" aufgefaßt werden (vgl. Kasten 9.7).

Kasten 9.7: Kritische Lebensereignisse

Ein kritisches Lebensereignis ist ein Eingriff in das zu einem bestimmten Zeitpunkt gegebene Passungsgefüge zwischen Person und Umwelt. Es läßt die Person emotional nicht gleichgültig, und sein Effekt besteht darin, daß die Person ein neues Gleichgewicht herstellt, indem sie ihre (soziale) Umwelt neu arrangiert und/oder ihr Verhaltenssystem reorganisiert.

Für die Analyse von kritischen Lebensereignissen sollten betrachtet werden:
– die vorauslaufenden *Bedingungen* (z. B. die antizipatorische Sozialisation),
– *Personmerkmale,* die für die Konfrontation, Auseinandersetzung und Bewältigung bedeutsam sein können (z. B. Alter, emotionale Stabilität, Kontrollüberzeugungen, Verhaltensrepertoire),
– *Kontextmerkmale,* d. h. Bedingungen in der sozialen und dinglichen Umwelt, die den Lebenskontext der Person ausmachen,
– Merkmale des *Ereignisses* selbst,
– *Prozeßmerkmale,* d. h. wie die Person sich mit dem Ereignis auseinandersetzt und es bewältigt,
– *Konsequenzmerkmale,* d. h. welche Effekte die Auseinandersetzung mit dem Ereignis für die Person und ihre Lebenssituation haben.

Lebensereignisse können danach klassifiziert werden, ob sie altersnormiert sind (z. B. Geburt von Kindern) oder ob sie non-normativ sind (d. h. unabhängig vom kalendarischen Alter, z. B. Verwicklung in einen Verkehrsunfall), außerdem danach, ob sie erwünscht oder unerwünscht sind.

Die Bewältigung hängt vermutlich eng zusammen mit dem Grad der erlebten *Kontrollierbarkeit, Vorhersagbarkeit* und *Herausforderung.*

(Nach Filipp, 1981)

Wir wollen dieses Konzept nun auf das Ereignis „Geburt des ersten Kindes" anwenden. Die Geburt des ersten Kindes stellt ein kritisches Lebensereignis dar, denn es erfordert erhebliche Anpassungsleistungen. Vorhersagbarkeit und erlebte Herausforderung durch die Geburt dürften hoch sein.

Bei der Kontrollierbarkeit müssen wir verschiedene Ereignisse unterscheiden, nämlich die Kontrollierbarkeit des Eintritts einer Schwangerschaft und die des regelrechten Ablaufs von Schwangerschaft und Geburt. Die erste Frage muß trotz Verfügbarkeit von Kontrazeptiva eher mit nein beantwortet werden, denn man weiß heute, daß mindestens die Hälfte aller Schwangerschaften entweder nicht erwünscht oder nicht geplant waren (Klein, 1983). Die Tatsache, ob ein Kind erwünscht war oder nicht, wird von Klinikern und Beratern für ein wichtiges Prognosekriterium gehalten; in allen Anamnesebögen für kindliche Verhaltensstörungen findet sich eine entsprechende Frage. Dabei wird unseres Erachtens zu wenig bedacht, daß sich die Bewertung (erwünscht oder nicht) verändern kann und daß es wesentlich mehr darauf ankommt, wie die Mutter später mit dem Kind umgeht.

Der regelrechte Ablauf von Schwangerschaft und Geburt ist ebenfalls nur bedingt kontrollierbar. Viele Frauen erleben erhebliche Unsicherheiten und Ängste, die durch angemessene Lebensführung sowie Geburtsvorbereitungskurse nur teilweise abgemildert werden können. Vermutlich wird die Kontrollierbarkeit während der ersten Lebenswochen am niedrigsten sein.

Von den genannten Analysebedingungen kommt neben den Kontextmerkmalen der Altersnormierung besondere Bedeutung zu. Die Fertilitätsphase der Frau erstreckt sich etwa vom 13. bis zum 46. Lebensjahr; die Normspanne für die Geburt des ersten Kindes ist aber erheblich kürzer, sie liegt im dritten Lebensjahrzehnt. Je nachdem, ob man „zu früh" oder „zu spät" schwanger wird, sind erhebliche Probleme zu erwarten. Diese Frauen müssen nicht nur Anpassungsleistungen an das Kind selbst erbringen, sondern sich außerdem z.B. auch mit den Bewertungen seitens der Umgebung auseinandersetzen. Beratungs- und Unterstützungsangebote von pädagogisch-psychologischer Seite sind also vor allem für folgende Gruppen zu fordern:
– sehr junge und sehr alte Mütter,
– alleinerziehende Mütter,
– Mütter aus sozioökonomisch unterprivilegierten Gruppen,
– Mütter von behinderten Kindern.
Diese Angebote sollten Erziehungskompetenz vermitteln und die emotionale Stabilität der Betroffenen fördern. Dadurch würde man gleichzeitig die erlebte Kontrollierbarkeit erhöhen.

Die meisten Mütter sind (jedenfalls für einige Jahre) gleichzeitig Hausfrau. Mit diesem Status sind spezifische Belastungen verbunden, die teilweise auch als *Hausfrauensyndrom* bezeichnet werden (vgl. Kasten 9.8). Die Belastungen werden als um so schwerwiegender erlebt, je mehr Kinder die Mutter zu betreuen hat (Hodapp & Weyer, 1980). Dagegen scheint die Zufriedenheit nicht mit der Kinderzahl, sondern mit dem Kindesalter zusammenzuhängen. Die Frauen mit Kindern unter sechs Jahren sind eher unzufrieden; mit höherem Alter der Kinder nimmt die Zufriedenheit wieder zu (Glenn & Weaver, 1978).

Kasten 9.8: *Subjektive Belastung und Unzufriedenheit bei Hausfrauen*

Hodapp & Weyer (1978) haben einen Fragebogen für Hausfrauen entwickelt, der chronische Belastungszustände messen soll. Er besteht aus zwei faktorreinen Skalen:
1. *körperliche und seelische Belastung durch den Haushalt*
2. *Unzufriedenheit mit der Hausfrauentätigkeit.*

Beispielitems:
Skala 1:
„Es ist mir kaum möglich, einmal richtig abzuschalten."
„Ich arbeite unter starkem Zeitdruck."
„Ich habe öfter Kopfschmerzen bei der Arbeit."

Skala 2:
„Ich wünsche mir mehr Abwechslung bei meiner Arbeit."
„Manchmal habe ich das Gefühl, daß mir die Decke auf den Kopf fällt."
„Meine Arbeit wird von anderen Menschen nicht anerkannt."

Die Ausprägungen in Skala 1 korrelieren positiv mit Neurotizismus, Kinderzahl sowie Belastungen und Konflikten in der Ehe. Skala 2 korreliert positiv mit Neurotizismus und Eheschwierigkeiten. Mütter, die eine Erziehungsberatungsstelle aufsuchen, haben höhere Werte in Skala 1, aber nicht in Skala 2 als andere Mütter. Dieser Befund stimmt mit älteren Ergebnissen überein, wonach Hausfrauen im allgemeinen recht zufrieden sind, obwohl sie das Leben berufstätiger Frauen für anregender, interessanter und weniger anstrengend halten.

In der Arbeitspsychologie spricht man entsprechend von „resignativer Arbeitszufriedenheit", wenn trotz erheblicher Soll-Ist-Wert-Diskrepanz durch Senkung des Anspruchsniveaus an die tatsächlichen Möglichkeiten ein Zustand relativer Zufriedenheit herbeigeführt wird.

Die Untersuchung von Hodapp & Weyer beschränkt sich bedauerlicherweise auf Belastungen, die im Zusammenhang mit der reinen Hausfrauentätigkeit erlebt werden. Aktivitäten mit den Kindern sind ausgespart. Es wäre interessant zu wissen, wie z. B. das Spielen, Hausaufgaben-Betreuen, Sport-Treiben, Musizieren mit den Kindern von den Müttern erlebt wird. Diese Tätigkeiten könnten zusätzliche Belastungsfaktoren darstellen (vor allem das Helfen bei den Hausaufgaben) oder auch kompensatorisch wirken. Das Gefühl, keinen geregelten Tagesablauf zu haben und ständig wechselnden Anforderungen ausgesetzt zu sein, könnte auch damit zusammenhängen, daß viele Mütter den Anspruch an sich haben, den Wünschen der Kinder möglichst gut und schnell nachzukommen.

Ungefähr mit dem Schuleintritt des jüngsten Kindes stellt sich für viele Frauen die Frage, ob sie wieder in den Beruf zurückkehren sollen oder nicht. Je nachdem, wie hoch die berufliche Kompetenz bereits gewesen ist und wie sich die beruflichen Anforderungen in der Zwischenzeit verändert haben, sind mehr oder weniger hohe Anpassungsleistungen erforderlich. Hinzu kommt die Notwendigkeit, die häuslichen Aufgaben umzuverteilen. Freiwillig berufstätige Mütter sind zufriedener als Nur-Hausfrauen oder Frauen, die aufgrund wirtschaftlicher Notwendigkeit gezwungen sind, außer Haus zu arbeiten. Andererseits vermissen viele berufstätige Mütter (besonders von jungen Kindern) die Nähe zu ihrem Kind oder leiden unter Schuldgefühlen, weil sie den Eindruck haben, ihr Kind alleine zu lassen (selbst dann, wenn dieses vom Vater betreut wird).

Mit zunehmender Selbständigkeit der Kinder nimmt die Belastung durch Betreuungsaufgaben ab. Auf viele Frauen kommt im mittleren Lebensalter die Aufgabe zu, die eigenen Eltern oder Schwiegereltern zu betreuen oder zu pflegen. Damit sind nochmal erhebliche psychische Belastungen verbunden.

9.2.3 Der Vater als Erzieher

Das wissenschaftliche Interesse an der Vaterrolle und an der Bedeutung des Vaters für die kindliche Entwicklung ist wesentlich jünger als das Interesse an den Müttern. Nach Fthenakis (1984) begann die Vaterforschung erst um 1970. Sie hängt eng zusammen u. a. mit dem veränderten Rollenverständnis der Frauen und ihrer vermehrten Berufstätigkeit, mit der Verkleinerung der Familien, der Zunahme von Ein-Eltern-Familien und mit einer wachsenden kindzentrierten Einstellung.

Fthenakis (1985) gibt in einem umfangreichen Werk einen Überblick über die Vaterforschung. Wir wollen hier einige interessante Forschungsergebnisse wiedergeben, die man als relativ gesichert ansehen kann.

Fthenakis (1985) kommt – nach gründlicher Durchsicht der Literatur – zu dem Ergebnis, daß

- sich Väter zur Pflege ihres Neugeborenen genauso eignen wie Mütter und sich auch genauso stark engagieren, wenn man ihnen die Gelegenheit dazu gibt;
- es weit mehr Ähnlichkeiten im Verhalten von Vätern und Müttern gibt als Unterschiede;
- die Auswirkungen des väterlichen Einflusses durch die Familienkonstellation sowie die Einstellungen und Verhaltensweisen der Familienmitglieder moderiert werden;
- Väter in Familien mit nicht-traditioneller Rollenaufteilung neben den (traditionell männlichen) instrumentellen auch (üblicherweise als „weiblich" bezeichnete) expressive Fertigkeiten entwickeln.

Zur Alleinerziehung von Kindern sind entsprechend motivierte Väter also vermutlich genausogut (oder schlecht) geeignet wie alleinerziehende Mütter. Sie haben mit denselben Schwierigkeiten zu kämpfen, wenn sie Kindererziehung und Berufstätigkeit integrieren müssen oder wenn ihnen z.B. ein erwachsener Partner fehlt, mit dem sie ihre eigenen Probleme besprechen können und bei dem sie emotionale Unterstützung finden. Größere Schwierigkeiten als bei alleinerziehenden Müttern sind zu erwarten, wenn die Kontakte zu Verwandten oder Freunden, die bei der Kinderbetreuung einspringen könnten, nicht sehr eng sind. Das ist bei Männern häufiger der Fall als bei Frauen. Weitere Probleme ergeben sich z.B. bei der Sexual- und Hygieneerziehung der Töchter.

9.2.4 Eltern als Erzieher

Den Eltern kommt in der Sozialisation des Kindes eine herausragende Rolle zu. Ihr Einfluß setzt direkt nach der Geburt ein und wirkt normalerweise zeitintensiver und länger als der jeder anderen Sozialisationsinstanz. Entscheidend ist nicht nur, wie die Eltern mit dem Kind umgehen, sondern auch mit welchen Zielen und Motiven und auf welchem gesellschaftlichen Hintergrund sie das tun. So hat z.B. eine sogenannte autoritäre Erziehung in einer Gesellschaft mit demokratischen Vorstellungen eine andere Bedeutung als in einer autoritären Gesellschaft.

Erziehungsstile

Die Erforschung von Erziehungsstilen hat die pädagogisch-psychologische Forschung in dem Jahrzehnt von etwa 1966 bis 1976 stark beschäftigt (als einführende und grundlegende Werke siehe Herrmann, 1966; Lukesch, 1975, 1976; Schneewind & Lukesch, 1977; Lukesch et al., 1980). Unter Erziehungsstil versteht man nach Eyferth (1966):

„Als Erziehungsstil wird eine Gruppe von Merkmalen des Erziehungsverhaltens bezeichnet, in welcher größere gemeinsame Merkmalsvarianz herrscht, als nach der Variabilität aller Merkmale zufällig zustandekommen könnte, und welche Gruppe die Eigenarten in diesem Stile Erzogener genauer vorauszusagen erlaubt als Einzelmerkmale" (S. 23).

Schon Lewin und Mitarbeiter (1939) experimentierten mit Führungsstilen, nämlich dem demokratischen, dem autokratischen und dem laissez-faire-Stil und untersuchten nicht nur die Auswirkung jedes einzelnen Stils auf Jugendliche, sondern auch die Effekte, die bei einem Wechsel von einem Stil zum anderen auftraten. Den Führungsstilen in diesen Untersuchungen entspricht die der Eyerthsche Definition. Der demokratische Stil ist u. a. gekennzeichnet durch die Bereitschaft, Ideen aufzugreifen, Freundlichkeit und Kooperationsbereitschaft; der autokratische Stil bedeutet ein hohes Maß an Lenkung und Kontrolle sowie emotionale Kälte; der laissez-faire-Stil ist charakterisiert durch Abwesenheit von Lenkung und Kontrolle und emotionale Gleichgültigkeit. Ein weiteres Stilkonzept stammt von Spranger (vgl. Weber, 1970): Er unterscheidet den weltnahen vom isolierenden Erziehungsstil, den freien vom gebundenen, den vorgreifenden vom entwicklungstreuen, den uniformen vom individualisierenden Erziehungsstil (vgl. auch Abs. 9.1.2).

Diese Stilkonzepte entsprechen den aus anderen Bereichen der Psychologie bekannten Typenkonzepten und weisen auch alle darüber bekannten Nachteile auf, vor allem den, daß die meisten Erzieher den reinen Typen nicht zuzuordnen sind, sondern Mischtypen darstellen. Die Forschung hat sich daher auch von den Stilkonzepten ab- und einer dimensionalen Betrachtung zugewandt. Hier sind vor allem die Hamburger Gruppe um Reinhard und Anne-Marie Tausch zu nennen sowie die Marburger Gruppe um Theo Herrmann und Karl-Heinz Stapf. Als übereinstimmendes Ergebnis beider Forschergruppen wurden zwei orthogonale Erziehungseinstellungsdimensionen festgestellt, nämlich *Wertschätzung vs. Geringschätzung* (bzw. Unterstützung) und *Lenkung/ Kontrolle* (bzw. Strenge). Bei Tausch & Tausch wurde später noch eine dritte Dimension „Stimulierende Aktivität" beschrieben. Der Begriff „Erziehungsstil" wurde auch im Zusammenhang mit der dimensionalen Betrachtungsweise beibehalten.

Inhaltlich beziehen sich die Erziehungsstilmerkmale auf die Verhaltensebene und auf die kognitive Ebene. Der kognitiven Ebene sind z. B. Erziehungsziele und instrumentelle Überzeugungen zuzuordnen; die Verhaltensebene umfaßt die Erziehungspraktiken, z. B. Loben oder Drohen mit Liebesentzug. Die Merkmale können durch Beobachtung, durch Selbstauskünfte oder fremdperzipiert (durch die Kinder) erhoben werden. Beim Vergleich der Daten derselben Personen aus verschiedenen Quellen (z. B. Väter schätzen sich selber ein hinsichtlich ihrer Wertschätzung und sie werden nach demselben Merkmal von ihren

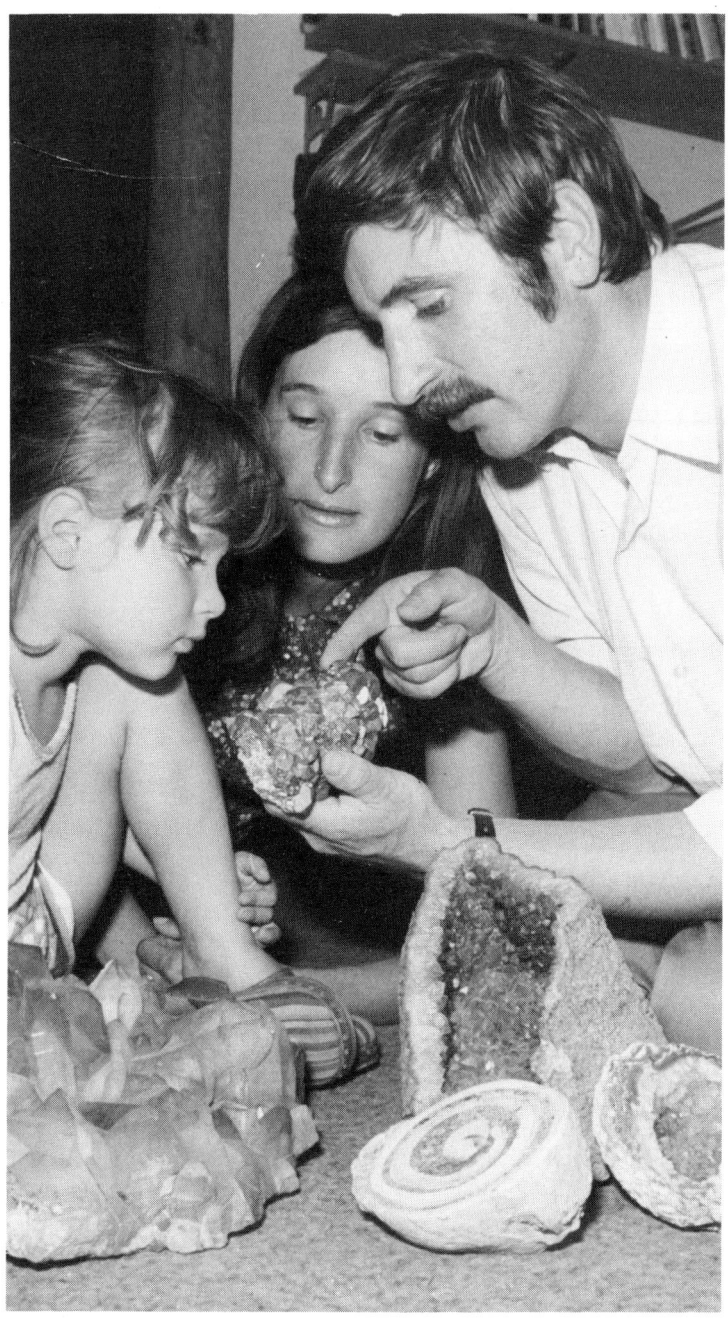

Kindern eingeschätzt) findet man meistens nur geringe oder Nullkorrelationen. Auch die beobachtbaren Erziehungspraktiken, die nach den Erziehungsstilmerkmalen eingeschätzt werden, korrelieren kaum oder nicht mit der Selbstperzeption und auch nicht mit der Kindperzeption. Von daher ist es nicht verwunderlich, daß die Fülle der Ergebnisse, die die Erziehungsstilforschung hervorgebracht hat, zum großen Teil uneinheitlich und auch teilweise widersprüchlich sind. Diese Aussage bezieht sich vor allem auf Untersuchungen zu Zusammenhängen zwischen Erziehungsstilen und Kindmerkmalen (vgl. Kap. 10.2).

Die Pädagogische Psychologie hält heute übereinstimmend einen Erziehungsstil für günstig, der hoch wertschätzend und niedrig bis mittelstark lenkend ist, weil eine positive emotionale Beziehung zwischen Eltern und Kind gefördert wird. Ferner wurde empirisch nachgewiesen, daß Kinder sich in einem solchen Erziehungsklima zu empathiefähigen, kooperativen und selbständigen Individuen entwickeln. In bezug auf andere wünschenswerte Merkmale bei Kindern, z. B. Intelligenz oder Kreativität, sind die Zusammenhänge mit dem Erziehungsstil nicht eindeutig.

Erziehungsziele

Im kognitiven Bereich können wir unterscheiden zwischen Zielen, die Eltern für ihre Kinder haben und instrumentellen Überzeugungen bzw. erzieherischem Wissen. Im Gegensatz zu Lehrern, bei denen diese Merkmale jedenfalls teilweise durch die Ausbildung und Weiterbildung beeinflußbar und kontrollierbar sind, ist bei Eltern schwer auszumachen, woher ihre Ziele und instrumentellen Überzeugungen eigentlich kommen. Bei den Zielen stellt sich außerdem das Problem, wie man sie erheben soll. Möglich ist z. B. a) die Ziele frei produzieren zu lassen, b) eine vorgegebene Liste nach Wichtigkeit rangieren zu lassen (bzw. jedes Ziel einzeln nach Wichtigkeit einschätzen zu lassen), c) mit der critical-incident-technique Zielvorstellungen für bestimmte Situationen zu erfassen. Je nach Methode sind unterschiedliche Ergebnisse zu erwarten.

Bei der Tabelle sind Erziehungsziele nach den Methoden b) und c) erhoben worden. Wie man sieht, unterscheiden sich die Rangplätze einzelner Ziele ganz erheblich, je nachdem mit welcher Methode sie erhoben worden sind. In konkreten schwierigen Situationen tendieren Eltern dazu, von den Kindern strikte Anpassung an eigene Verhaltenserwartungen zu verlangen. Die allgemein für die wichtigsten gehaltenen Ziele rücken im Konfliktfall nach unten, nämlich Ehrlichkeit von Platz 1 nach Platz 14, Glücklichsein von Platz 2 nach Platz 29 und Selbständigkeit von Platz 3 nach Platz 10. Die Rangkorrelation zwischen beiden Listen beträgt r = .20 und ist damit nicht einmal mehr auf dem 10%-Niveau signifikant!

Tabelle 9.2: Erziehungswertorientierungen von Eltern (nach Hoff & Grüneisen, 1978)

a) Rangreihe nach der Einschätzung der allgemeinen Wichtigkeit (Mittelwerte und Streuungen)

N = 139 Eltern[1]

b) Rangreihe nach der Verhaltensrelevanz in Konfliktsituationen (proz. Häufigkeit, mit der ein Wert als bedeutsam genannt wird)

N = 255 Eltern

Rangplatz	Wert	M	s	Rangplatz	Wert[2]	%
1	ehrlich sein	4.57	.63	1	ordentlich sein	55
2	glücklich sein	4.55	.68	2	gehorchen	44
3	selbständig sein	4.49	.64	3	sich selbst beherrschen	36
4	selbstbewußt sein	4.46	.64	4	sich vertragen können	32
5	aufgeschlossen sein	4.45	.58	5	sich durchsetzen können	31
6	zuverlässig sein	4.36	.71	6	rücksichtsvoll sein	29
7	kritisch sein	4.31	.82	7	still sein	27
8	sich durchsetzen können	4.31	.72	8	selbstbewußt sein	25
9	aufgeweckt, helle sein	4.30	.65	9	sauber sein	22
10	zufrieden sein	4.27	.73	10	selbständig sein	20
11	einfallsreich sein	4.21	.66	11	zuverlässig sein	17
12	tüchtig, strebsam sein	4.19	.89	12	höflich sein	15
13	Verantwortungsbew. haben	4.15	.91	13	tüchtig sein, gut lernen	15
14	hilfsbereit sein	4.09	.87	14	ehrlich sein	15
15	Familiensinn haben	4.03	.90	15	ehrgeizig sein	15
16	rücksichtsvoll sein	4.03	.76	16	zufrieden sein	13
17	sauber sein	3.97	.95	17	hilfsbereit sein	12
18	sich beherrschen können	3.97	.87	18	allein spielen können	11
19	ordentlich sein	3.96	.93	19	aufgeschlossen sein	9
20	sexuell unbefangen sein	3.93	1.03	20	beliebt sein bei Kindern	9
21	sich vertragen können	3.87	.83	21	Respekt haben	8
22	gehorchen	3.84	1.04	22	aufgeweckt, helle sein	6
23	höflich sein	3.81	.93	23	Verantwortungsbew. haben	6
24	liebevoll sein	3.61	1.11	24	kritisch sein	5
25	ehrgeizig sein	3.60	1.03	25	Familiensinn haben	5
26	beliebt sein bei Kindern	3.51	1.05	26	zärtlich sein	5
27	Respekt haben	3.49	1.26	27	einfallsreich sein	4
28	allein spielen können	3.45	1.08	28	sexuell unbefangen sein	3
29	zärtlich sein	3.31	1.03	29	glücklich sein	3
30	Schamgefühl haben	2.96	1.09	30	beliebt bei Erwachsenen sein	2
31	beliebt bei Erwachsenen sein	2.39	1.19	31	Schamgefühl haben	2
32	still sein	2.78	1.28	32	liebevoll sein	2
33	religiös sein	2.39	1.19	33	religiös sein	1

[1] Unsere Teilstichprobe (N = 139 Eltern) unterscheidet sich nicht (bezüglich sämtlicher erhobener Merkmale) von den übrigen Eltern unserer Gesamtstichprobe (N = 255 Eltern).

[2] Zusätzlich von den Eltern genannt wurden: Einsicht zeigen (24%); zurückhaltend sein (9%); bescheiden sein (6%); sich konzentrieren; zeitlich vorausplanen (6%); durchhalten können (4%); vorsichtig sein (3%).

(Aus Lukesch, 1978, S. 78)

Erziehungsziele sind außerdem einem historischen Wandel unterworfen. Mit zunehmender Demokratisierung der Gesellschaft wurden Ziele wie Gehorsam, Höflichkeit, Anpassung unwichtiger und Selbständigkeit, Kritikfähigkeit und Kooperationsfähigkeit wichtiger. In bezug auf das Ziel „Selbständigkeit" konnte gezeigt werden, daß diese in einem jüngeren Alter von Kindern erwartet wird als früher (vgl. Kasten 9.9).

Explizite geschlechtsspezifische Ziele scheint es nicht zu geben; für Söhne und Töchter halten Eltern weitgehend dieselben Ziele für wichtig, jedenfalls wenn man sie direkt nach den Zielen fragt. Die Unterschiede in der Durchsetzung von Zielen scheinen etwas größer zu sein. Der Druck, der auf Jungen ausgeübt wird, wenn es um eine qualifizierte Berufsausbildung geht, ist z. B. höher. Auch werden bei Jungen Abweichungen vom geschlechtsrollentypischen Verhalten weniger toleriert als bei Mädchen.

Instrumentelle Überzeugungen

Instrumentelle Überzeugungen von Eltern sind alltagstheoretische Sätze über die kurz- und langfristigen Effekte von Erziehungsmaßnahmen. Typische Beispiele sind „Eine Tracht Prügel hat noch niemandem geschadet" oder „Vertrauen ist gut, Kontrolle ist besser". Solche Sätze

---

Kasten 9.9: Veränderung der Mütteransichten über Selbständigkeit

Kemmler & Heckhausen (1959) befragten Mütter von sechsjährigen Jungen, welches niedrigste Alter sie für das Meistern bestimmter Aufgaben bzw. für die Selbstbestimmung in bestimmten Bereichen für angemessen hielten. Ein Teil dieser Fragen wurde 1973 von Weiss und 1968 von Wesley & Karr ebenfalls verwendet. Ehlers und Mitarbeiter wiederholten die Untersuchung 1977 und bezogen auch Mütter von Mädchen mit ein. In Tabelle 9.3 sind nur die Fragen aufgeführt, die in allen vier Untersuchungen enthalten waren.

Beim Vergleich der drei deutschen Stichproben zeigt sich ein deutlicher Trend: Selbständiges Handeln und Entscheiden hat sich in ein immer früheres Alter verlagert. Lukesch (1976) verglich die deutschen Daten von 1957 mit den amerikanischen von 1968 und kam zu dem Schluß, daß erhebliche kulturelle Unterschiede bestehen. Da aber die meisten amerikanischen Altersangaben zwischen den deutschen von 1973 und 1977 liegen, muß man die Daten wohl eher so interpretieren, daß die Vorstellungen deutscher Mütter mit einer gewissen zeitlichen Verzögerung den Vorstellungen amerikanischer Mütter folgen.

Tabelle 9.3:

Frage	Stichprobe und Untersuchungsjahr				
	BRD[1] Jungen 1957	BRD[2] Jungen 1973	BRD[3] Jungen 1977	BRD[4] Mädchen 1977	USA[5] Jungen 1968
Von welchem Alter ab finden Sie es in Ordnung, daß ein Junge/Mädchen in der Schule auch dem Lehrer gegenüber sein Recht vertritt? (Vertritt sein Recht in angemessener Form.)	9.3	11.3	7.9	7.7	8.5
Von welchem Alter ab würden Sie einen Jungen/Mädchen nach seiner Meinung fragen bei Entscheidungen, die ihn/es selbst betreffen? (Kleinere Entscheidungen)	9.8	6.9	7.2	7.0	7.4
Von welchem Alter ab sollte ein Junge/Mädchen selbst entscheiden, zu welcher Zeit er/es zu Hause seine Schularbeiten macht?	10.4	9.8	8.6	8.9	10.8
Von welchem Alter ab finden Sie es in Ordnung, daß ein Junge/Mädchen selbst entscheidet, was er/es anzieht? (Nicht was gekauft, sondern was angezogen wird; auch unter Berücksichtigung des Wetters.)	11.3	9.8	7.1	6.8	7.9
Ab wann sollte ein Junge/Mädchen alt genug sein, sich passende Freunde selbst auszusuchen? (Nicht nur gelegentliche Spielkameraden, sondern richtige Freunde.)	11.6	10.4	6.2	6.8	8.5
Ab welchem Alter ab sollte ein Junge/Mädchen in der Lage sein, allein mit der Eisenbahn zu fahren und dabei selbständig umzusteigen? (Unbekannte Strecke, etwa 100 km, einmal umsteigen.)	12.0	11.2	10.6	11.3	11.6
Ab wann sollte ein Junge/Mädchen in der Lage sein, allein mit Gleichaltrigen auf eine mehrtägige Fahrt zu gehen? (Ohne ältere Aufsicht, mehrtägige Radtour, Zelt.)	14.4	14.7	12.0	13.0	15.9

1 N = 110 Mütter von sechsjährigen Jungen, Kemmler & Heckhausen 1959, in Lukesch 1976
2 N = 300 Mütter von sechsjährigen Jungen, Weiss 1975, in Lukesch 1976
3 N = 61 Mütter von sechsjährigen Jungen, Ehlers et al. 1978
4 N = 51 Mütter von sechsjährigen Mädchen, Ehlers et al. 1978
5 N = 96 Mütter von sechsjährigen Jungen, Wesley & Karr 1968, in Lukesch 1976

sind natürlich nicht generell handlungsleitend, sondern kind- und situationsspezifisch. Nach Genser (1978) bezieht sich inhaltliches Erziehungswissen im wesentlichen auf drei Bereiche:

- *Anlage/Umwelt:* Eltern machen entweder Anlage- oder Umweltfaktoren für Persönlichkeitsmerkmale ihrer Kinder verantwortlich, Wechselwirkungen werden nicht gesehen.
- *Altersabhängigkeit der Entwicklung:* Für verschiedene Altersstufen werden unterschiedliche Vorstellungen geäußert, auch die Menge der Erziehungsvorstellungen variiert mit dem Alter der Kinder. Viele Eltern glauben an Phasen, in denen Kinder bestimmte Verhaltensweisen zeigen, die nicht oder schwer beeinflußbar sind und im Verlauf der Entwicklung von selber wieder verschwinden, z.B. eine Trotzphase, eine Warum-Frage-Phase oder eine Phase gesteigerter sexueller Neugier.
- Funktionen von *Belohnung* und *Bestrafung* sind Eltern bekannt, das Löschungskonzept ist unbekannt.

Diese Aussagen sind einer amerikanischen Studie von 1967 entnommen; es ist anzunehmen, daß das Erziehungswissen inzwischen differenzierter geworden ist.

Erziehungswissen und Erziehungsverhalten wird durch verschiedene Lernprozesse erworben, nämlich durch Lernen am Erfolg, durch Lernen an Modellen (andere Eltern, Kindergärtnerinnen, Lehrer), durch Lernen durch Instruktion (Babypflegekurse, Bücher, Zeitschriften, Fernsehen) und durch eigene Erfahrungen in der Kindrolle. Manche Eltern orientieren sich in ihren instrumentellen Überzeugungen und Verhaltensweisen an den eigenen Eltern, andere wiederum verhalten sich ganz bewußt anders.

Eitler & Rollett (1982) untersuchten 43 Großvater-Vater-Sohn-Triaden und stellten fest, daß 15 Väter sich stark an der eigenen Erziehung orientierten, während 26 die erfahrene Erziehung ablehnten. Bei den Ablehnern zeigten mehr Großväter (also die eigenen Väter) stark autokratische Erziehungseinstellungen, d.h. sie beschrieben sich selbst als autoritär rigide und wenig engagiert in der Erzieherrolle. Eitler & Rollett interpretieren die Daten so, daß autokratisches Verhalten eher dazu führt, daß der Sohn später, wenn er selber Vater ist, die erfahrene Erziehungseinstellung nicht übernimmt. Diese Interpretation berücksichtigt allerdings nicht, daß ein Teil der die eigene Erziehung akzeptierenden Väter (N = 8) ebenfalls mit autokratischen Erziehungseinstellungen konfrontiert worden waren.

Hoff & Grüneisen (1978) konnten zeigen, daß die *Arbeitsplatzerfahrungen* von Vätern sich auf ihre Erziehungswerte auswirken: Väter, die am Arbeitsplatz hohe Restriktivität erfahren, verfolgen (in Konfliktsituationen) eher die Ziele Gehorsam, Stillsein, Sauberkeit, Tüchtigkeit, Ehrgeiz und seltener das Ziel Selbstbewußtsein als Väter, die wenig

Restriktivität am Arbeitsplatz erleben. Dagegen schlagen sich die Arbeitsplatzerfahrungen von Müttern wesentlich schwächer oder gar nicht in Erziehungseinstellungen, -verhalten oder Kontrollüberzeugungen nieder. Der locus of control berufstätiger Mütter in Arbeitssituationen korreliert nicht mit dem locus of control in der Familie (Holloway & Fuller, 1983).

Verhaltenstendenzen von Eltern hängen möglicherweise mit der Zugehörigkeit zu *politischen Ideologien* zusammen. Izard (1981) diskutiert im Zusammenhang mit der Entwicklung und Sozialisation von Furcht zwei (idealtypische) Sozialisationsmuster, nämlich eine „links"-gerichtete, humanistische und eine „rechts"-gerichtete, normative Furchtsozialisation. Die wesentlichen Merkmale sind in Kasten 9.10 zusammengestellt.

Kasten 9.10: Einstellungen und Verhaltenstendenzen von Eltern bei der Furchtsozialisation ihrer Kinder

Der Sozialisationsprozeß wird im folgenden in seinem linken und rechten Extrem wiedergegeben. Keines von beiden ist „ideal" oder „richtig".

Linksgerichtete Sozialisation von Furcht. Techniken der Furchtsozialisation, die affektiv-kognitive Orientierungen hervorbringen, die linksgerichteter Ideologie entsprechen, enthalten eine oder mehrere der folgenden Komponenten:

(a) Das Furchterleben wird auf einem Minimum gehalten. Das Kind hat Eltern, die vermeiden, das Kind einzuschüchtern. Auch wenn die Eltern selbst vielleicht um die Sicherheit des Kindes fürchten, versuchen sie, das Kind zu beschützen, ohne ihre eigene Furcht zum Ausdruck zu bringen. Die Eltern glauben und machen dies auch dem Kind gegenüber deutlich, daß Furcht schädlich ist und nicht wachgerufen werden sollte außer in Notfällen.

(b) Es besteht eine verbalisierte Ideologie, die die Schädlichkeit von Furcht übertreibt. Dies läuft in gewissem Maße den eigenen Bemühungen zuwider, da es das Kind ängstlicher macht vor Furcht als notwendig. Jedoch schränkt das allgemeine Wohlwollen, das hinter der Absicht steht, diesen sekundären Effekt etwas ein.

(c) Die Eltern „leisten Wiedergutmachung". Wenn sie dem Kind unabsichtlich oder ohne es zu wissen Furcht eingejagt haben, gleichen sie dies aus durch Entschuldigung, oder sie erklären, daß dies nicht ihre Absicht war. Auch versichern sie das Kind erneut ihrer Intimität und stellen sie wieder her.

(d) Es wird Toleranz gegenüber Furcht an sich gelehrt. Wenn Rebecca Furcht vor etwas bekommt, versuchen ihre Eltern, ihr beizubringen, sich von dem Erlebnis nicht überwältigen zu lassen, es als Teil der menschlichen Natur zu akzeptieren und es zu bewältigen. Dies setzt Eltern voraus, die irgendwie mit ihrer eigenen Furcht vertraut sind, die sie bei sich selbst und anderen hinreichend tolerieren können, um ihren Kindern Toleranz ihr gegenüber vermitteln zu können. Insbesondere darf die Männlichkeit des Vaters nicht zu stark von der Scham in bezug auf Furcht abhängen.

(e) Man bringt dem Kind bei, wie es der Quelle der Furcht begegnen kann. Zum Beispiel wird Peter nicht nur gelehrt, das Erleben von Furcht zu tolerieren, sondern auch, ihre Ursache zu bekämpfen, während er sie erlebt. Eine solche Technik wurde im Zweiten Weltkrieg benutzt, um Kampftruppen darauf vorzubereiten, feindliches Feuer durchzustehen: Es wurde von ihnen verlangt, vorwärtszukriechen, während direkt über ihren Kopf hinweg Schüsse abgefeuert wurden. Peter mag in ähnlicher Weise gelehrt werden, verschiedenen Ursachen von Furcht entgegenzutreten, zuerst mit Hilfe der Eltern als Verbündeten, dann nach und nach selbständig. Besuche beim Arzt und beim Zahnarzt, Begegnungen mit Raufbolden, Begegnungen mit Autoritätspersonen, dies alles sind Gelegenheiten zu lernen, der Furcht entgegenzutreten, gegen sie vorzugehen statt sich zurückzuziehen; und bei dem hier beschriebenen Typ der Sozialisation würden diese Schritte idealerweise nach Peters Fähigkeit abgestuft, sie zu bewältigen.

(f) Man ist besorgt, daß das Kind chronisch furchtsam werden könnte. Wenn die Eltern irgendwelche Zeichen von Furcht bei dem Kind entdecken, bemühen sie sich um irgendeine Art von Abhilfemaßnahme, oder sie konsultieren einen Therapeuten. Furchtsamkeit wird als ein unerwünschtes Symptom betrachtet und wird behandelt wie andere Probleme auch. Die Eltern sind allgemein darum besorgt, daß dem Kind nicht das „Rückgrat" gebrochen wird.

Rechtsgerichtete Sozialisation von Furcht. Sozialisation von Furcht, die rechtsgerichteter Ideologie entsprechende affektiv-kognitive Orientierungen hervorbringt, enthält eine oder mehrere der folgenden Komponenten:

(a) Das Erleben von Furcht wird nicht auf einem Minimum gehalten. Das Kind hat Eltern, die sich auf Einschüchterung als eine Technik der Sozialisation stützen. Wenn die Eltern selbst sich fürchten, machen sie dies dem Kind deutlich. Die Eltern können chronisch von Furcht erfüllt sein, so daß das Kind durch Identifikation furchtsam wird. Wenn die Sozialisation normativ ist, kann Einschüchterung benutzt werden, um Normerfüllung zu gewährleisten. Das Kind kann so lange eingeschüchtert werden, bis es der Norm der „Bravheit" entspricht.

(b) Es besteht eine verbalisierte Ideologie, die die Schädlichkeit von Furcht bagatellisiert. Dies hat zwei Konsequenzen: Einerseits wird das Kind durch Identifikation mit solchen Eltern weniger ängstlich in bezug auf Furcht, aber das Kind wird andererseits furchtsamer gemacht, da diese Eltern nicht zögern, Furcht häufig als Sozialisationstechnik einzusetzen.

(c) Es gibt keine Wiedergutmachung für das Einflößen von Furcht. Wenn die Eltern dem Kind unwillentlich Furcht eingejagt haben, machen sie dies nicht wieder gut. Es gibt keine Entschuldigung oder Erklärung, daß das furchterregende Erlebnis nicht beabsichtigt war. Auch versuchen die Eltern nicht, die Intimität mit dem Kind wiederherzustellen. Wenn die Furcht das Kind gelehrt hat, der Norm zu entsprechen, betrachten die Eltern sie als völlig gerechtfertigt.

(d) Toleranz Furcht gegenüber wird nicht gelehrt. Wenn Peter Angst bekommt, läßt man ihn allein „damit fertigwerden", oder seine Belastung wird noch verstärkt dadurch, daß man ihn wegen seiner Furcht beschämt. Einige normative Sozialisationsformen, insbesondere jene, die auf Härte oder Unabhängigkeit abzielen, lehren das Kind zwar, seine Furcht zu überwinden, aber dies geschieht häufig unter Zuhilfenahme von Scham oder anderen negativen Sanktionen für Feigheit. Andere Typen normativer Sozialisation betonen den Wert von Furcht als Abschreckungsmittel, so daß es kein Motiv gibt, das Furchterleben abzumildern.

(e) Gegenmaßnahmen gegen die Ursache von Furcht werden nicht gelehrt. Sie werden entweder ausgeklammert oder abgewertet. Wenn sie abgewertet werden, können die Eltern Peter auch zwingen, seine Furcht um einen solchen Preis zu bezwingen, daß er lieber größere Furcht riskieren würde als weitere Demütigung zu erfahren. Unter jenen Umständen, unter denen Gegenmaßnahmen sich als unmöglich erweisen, erleidet das durch Geringschätzung sozialisierte Individuum tiefe Demütigung, während dies bei denjenigen, die durch Eltern als Verbündete sozialisiert worden sind, nicht der Fall ist.

(f) Es besteht keine Besorgnis in bezug auf Furchtsamkeit beim Kind. Die Eltern sind charakteristischerweise unsensibel für Zei-

chen von Furcht beim Kind und ignorieren oder bagatellisieren sie.
Die Eltern weisen jeden als Bangemacher zurück, der andeutet,
daß das Kind vielleicht Hilfe brauche. Solange das Kind der Norm
entspricht, kümmern sich die Eltern nicht um die verborgenen
Kosten seiner Konformität (Tomkins, 1963).

(Aus Izard, 1981, S. 413–415)

Gefühle

Über Emotionen von Eltern ist wenig geforscht worden. Wichtige
Konzepte sind Bindung und Aggression. Auf die Bindung sind wir oben
im Zusammenhang mit der Mutterrolle bereits eingegangen. In der
Literatur wird das Bindungskonzept meistens aus der Warte des Kindes
diskutiert, also nach welchen Gesetzmäßigkeiten und bei welchem Mut-
terverhalten sich eine optimale Bindung beim Kind entwickelt. Man
nimmt an, daß Müttern oder beiden Elternteilen die Bindung erleichtert
wird durch Maßnahmen wie „natürliche Geburt" oder „rooming in".
Bewiesen sind die Effekte dieser Maßnahmen jedoch nicht. Verhaltensweisen, die Bindung demonstrieren, wie z. B. Zärtlichkeit, sind kulturell
stark überformt. Zärtlichkeit zwischen Müttern und Töchtern scheint in
unserer Kultur am stärksten gebilligt, zwischen Vätern und Söhnen am
stärksten mißbilligt zu werden (jedenfalls etwa ab dem Schulalter der
Kinder).

Elterliche Aggression, die sich in harten Strafen bis hin zu Kindesmiß-
handlungen äußert, ist in erster Linie abhängig vom Temperament des
Kindes, weiterhin von Ohnmacht, Ärgerneigung und rigider Machtbe-
hauptung der Eltern, von innerfamiliären Problemen und Konflikten
(Schneewind et al., 1983). In der Folge von aggressiven Akten dürften
Schuldgefühle und Scham auftreten, wodurch das Aufsuchen einer
Beratung erschwert wird.

Weitere wichtige Emotionen von Eltern sind Freude und Glück. Diese
Emotionen überwiegen in den ersten sechs Lebenswochen des Kindes,
dem sogenannten Baby-Honeymoon. Später treten bei Vätern öfter
Gefühle des Zurückgesetztseins, Eifersucht und Unzufriedenheit auf, vor
allem wenn die Ehepartner nur noch wenig Zeit füreinander haben und je
mehr Schlafmangel sie erleben. Beide Eltern können starke Ängste
erleben, vor allem bei Krankheiten oder Entwicklungsauffälligkeiten der
Kinder. Auch in späteren Phasen treten immer wieder Ängste und
Unsicherheiten auf, z. B. wenn die Kinder in Kindergarten und Schule
Schwierigkeiten machen oder wenn „richtige" Erziehungsmaßnahmen
gesucht werden. Die Unsicherheiten resultieren vielleicht auch aus

Informationen, die von pädagogisch-psychologischer oder medizinischer Seite geäußert werden. Sie setzen zu hohe Normen, die bei Eltern eher ein permanent schlechtes Gewissen erzeugen, als daß sie ihnen wirklich helfen.

Eltern werden zusätzlich dadurch verunsichert, daß ihnen von verschiedenen pädagogisch-psychologischen Ratgebern unterschiedliche Handlungsweisen als gut und richtig empfohlen werden. So propagieren etwa Ratgeber in der Tradition der Verhaltensmodifikation (z.B. Patterson & Gullion, 1974) den konsequenten Einsatz von Verstärkern bzw. Verstärkerentzug, wogegen die eher humanistisch orientierten Ratgeber (z.B. Gordon, 1972) Lob und Strafe rigoros ablehnen und statt dessen empfehlen, an die Einsicht des Kindes zu appellieren, viel Verständnis zu zeigen und „natürliche Konsequenzen" eintreten zu lassen. Von einer streng wissenschaftlichen Warte aus muß man leider sagen, daß die Wirksamkeit der meisten Maßnahmen experimentell nicht oder nicht befriedigend erwiesen ist.

Manches spricht dafür, daß diejenigen Eltern die „besten" sind, die selber eine gewisse Reife erreicht haben, über ihr Handeln nachdenken und den Kindern Raum für deren Entwicklung lassen.

9.3 Psychologie der Lehrer

Pflege und Erziehung von Kindern gilt als „natürliches" vorstaatliches Recht von Eltern. So sieht es jedenfalls das Grundgesetz der BR Deutschland vor. Diese Elternaktivitäten sind deshalb auch nur in Extrembereichen (z.B. Verbot von Kindesmißhandlungen) staatlich reglementiert. Anders ist das bei der Erziehungstätigkeit der Lehrer. In deren Zielen, Bedingungen und Ausführung gibt es erkennbar weniger Spielraum als bei der Erziehung durch Eltern. Das liegt zum einen an der standardisierten Form der Rahmenbedingungen (zeitlich und inhaltlich vorgegebener Unterricht in Schulklassen). Zum anderen liegt es an dem Interesse, das der Staat an dieser Tätigkeit, insbesondere an deren Ergebnissen hat. Eine realitätsnahe „Psychologie der Lehrer" muß dies als Berufsrahmen einbeziehen, sonst ergeben sich falsche Zuschreibungen. Nicht alles, was ein Lehrer gerne möchte, darf er tun, und nicht alles, was er tut, möchte er gerne. Wie weit oder eng sein Spielraum ist, läßt sich vielleicht an den Anforderungen abschätzen, die an den Lehrer in seiner Berufsausübung wie auch privat gestellt werden.

9.3.1 Anforderungen der Institution Schule an Lehrer

Induktiver Zugang. Was muß ein Lehrer alles tun, herbeiführen oder
verhindern, damit er seine Berufsrolle korrekt ausfüllt? Man könnte
hierzu Lehrer über längere Zeit beobachten, die nach Expertenurteil als
„korrekt" gelten. Man würde dann registrieren, was sie so alles im
Schulgebäude treiben, worum sie sich kümmern und mit wem und
worüber sie reden.

Wie in Abschnitt 9.1 schon angesprochen, kann man so auf über 1000
verschiedene Aufgaben kommen, die es als Lehrer zu erledigen gilt:
Klingelpünktliche Anwesenheit im Schulgebäude, Einsammeln von
Milchgeld, Hausaufgabenkontrolle, Klasse zum Zuhören bewegen,
Lernzuwächse anregen, überprüfen und kommentieren, Medien bedienen, Materialien erstellen und verteilen, Kollegen befragen oder beraten,
Pausenaufsicht führen, Mogelzettel entdecken und wegnehmen, Schüler
trösten oder ihnen „ins Gewissen reden", Klassenbücher und Listen
führen sowie pünktlich abliefern, Eltern einladen usw. Solche Kataloge
lassen sich je nach Konkretheitsgrad verschieden umfangreich machen.

Was weiß man mit solcher Aufzählung? Man könnte Berufsinteres-
sierte informieren, was alles auf sie zukommt und nach Erledigung
verlangt, sofern man als künftiger Lehrer nicht auffällig oder gar disziplinarisch belangt werden möchte. Das könnte einen angehenden Berufsno-
vizen den „Praxisschock" vielleicht vorhersehen lassen. Gegebenenfalls
könnte er auch seine Berufsentscheidung überdenken, sofern nicht die
schon investierten Studienjahre oder Mangel an Alternativen solche
Gedankengänge versperren.

Drei Anforderungsdimensionen. Trotzdem bleiben solche Aufzählun-
gen elementaristisch unübersichtlich und deshalb unbefriedigend.
Zudem enthalten sie nur das, was schon realisiert wird. Dinge, die nach
einer wie immer begründeten Schultheorie wichtig wären, könnten
gänzlich fehlen, während anderes aufgeführt wäre, was Lehrer evtl.
überflüssigerweise tun. Eine Schultheorie als Anforderungsgenerator
zum Lehrerberuf wäre also sehr hilfreich. Unglücklicherweise ist über
„die richtige" Schultheorie in Konkretisierung schwer Einigung zu erzielen. Das mag weniger daran liegen, daß der eine sich hier eher Hegel
(1809), der andere eher Herbart (1841) verpflichtet fühlt, sondern daran,
daß schon immer unterschiedliche, teils widersprüchliche Forderungen
an Schule und Lehrer gestellt wurden (s. zusammenfassend Hofer, 1985).
Das fällt nicht auf, solange man allgemein bleibt. So kann man sicher
ohne allzu großen Widerspruch Schule im „Regelkreis der Gesellschaft"
sehen und dann sagen: „Schule erfüllt innerhalb des sozialen Organismus
einerseits dessen Anforderungen und korrigiert sie zugleich" (v. Hentig,
1965, S. 13). Soll dann konkretisiert werden, was „Anforderungen" sein
sollen oder dürfen und was mit „korrigieren" gemeint ist, wird man im

Detail recht unterschiedliche Schultheorien erhalten, je nachdem welche Teile von „Gesellschaft" man zu Wort kommen läßt: Verwaltungen, politische Parteien (welche?), Kirchen, Wirtschaftsverbände, Elternverbände, Schüler, Lehrer.

Es scheint aber, als könne man bei aller Inhalts- und Gewichtungsunterschiedlichkeit solche Anforderungen an Schule und Lehrer entlang dreier Dimensionen ordnen.

Anforderungsdimensionen zum Lehrerberuf
(orientiert an Derbolav, 1981)
1. Didaktisch-methodische Dimension
2. Edukative (erziehliche) Dimension
3. Institutionell-rechtliche Dimension

Die eben angesprochenen Gesellschaftsgruppen können sich darin unterscheiden, wie wichtig ihnen die einzelnen Dimensionen sind und was innerhalb jeder Dimension im Vordergrund stehen soll.

Unter der *didaktisch-methodischen Dimension* läßt sich Schule als „Organisationsfeld von Lernprozessen" (Roth, 1969) untersuchen. Gefordert ist hier das lehr-handwerkliche Geschick des Lehrers bei der Planung, Durchführung und Bewertung von Instruktion. Im einzelnen sind es Dinge, die Lehrer in der praktischen Ausbildung lernen sollen: Sachanalyse des Unterrichtsgegenstandes – Lehrzielformulierung – Ermittlung der zielrelevanten Vorkenntnisstände – Sequenzierung und Schwierigkeitsdosierung von Fragen/Impulsen/Aufgaben – lernförderlicher Medieneinsatz – Wahl angemessener Sozialformen – abwechslungsichernde Akzentuierung von Stundenverläufen u. ä. Hinzu treten Routinen der Unterrichtsführung, die parallel zur Stoffvermittlung die Bedingungen für Lernen sichern. Hier geht es um sozial-interaktive Techniken, welche die Kinder immer wieder auf das Lehr-/Lerngeschehen versammeln, Störungen oder Irritationen vorbeugen, kollektive Dämmerzustände unterbrechen u. ä. Schließlich sind, bezogen auf einzelne Schüler, noch die schnelle Wahrnehmung und Behebung gerade entstandener Lerndefizite anzuführen (es ihm „an der Nasenspitze anzusehen", daß er es noch nicht verstanden hat). All das und Verwandtes sind Anforderungen, vor die sich ein Lehrer im Kern seiner beruflichen Tätigkeiten gestellt sieht und wo er Verantwortung trägt.

Wenngleich der Erwerb von Wissen und die Förderung intellektueller Tüchtigkeit sicherlich der Hauptgrund dafür sind, daß man Schüler für viele Lebensjahre schulpflichtgemäß in Klassenzimmer schickt, ist kaum strittig, daß die dort agierenden Lehrer mehr erreichen sollen. Sie sollen in irgendeiner Weise erziehlich wirken, also auch das tun, was ansonsten vorzugsweise als Elternsache gesehen wird. Diese *erziehliche Dimension* ist außerordentlich schillernd. Sie ist durchsetzt mit je gewünschten Menschen- oder Gesellschaftsbildern, die auf dem Boden verschiedener Annahmen zur Machbarkeit von Erziehung stehen.

Die edukative Dimension ist in ihrer Heterogenität wieder mehrfach dimensionierbar. Eine Unterscheidung soll hier als Beispiel genügen. Sind die vom Lehrer geforderten Erziehungseffekte z. B. eher peripher-spezifisch oder zentral-global? Am peripher-spezifischen Pol finden sich einzelne Verhaltensweisen, die der Lehrer bei seinen Schülern verändern soll: nicht gleich in die Klasse schreien, sondern erst melden; andere Menschen ausreden lassen; nicht gleich prügeln, sondern erst „interessenausgleichend" reden etc. Hier verlangt man vom Lehrer Techniken, wie sie etwa in der pädagogischen Verhaltensmodifikation (Rost et al., 1975) systematisiert wurden.

Am global-zentralen Pol geht es um Einflußnahme auf die Schülerpersönlichkeit. So soll der Lehrer auf moralischem Feld tätig werden und Standards etablieren, die z. B. dafür sorgen, daß sich Kinder unwohl fühlen, wenn sie lügen oder stehlen. Auch mancherlei Sozialtugenden, wie Solidaritätsempfinden, Hilfsbereitschaft gegenüber Schwachen und Kranken, Einfühlung in Randgruppen, Kooperationsbereitschaft, soll der Lehrer sicherstellen. Dann soll er für kulturell Erhaltenswürdiges wertempfindendes Interesse wecken, das im Idealfall zur tiefen Liebe wird, etwa zur Kunst, Musik, Literatur, Mathematik etc. Auch die Forderung nach „Charakterschulung" bleibt dem Lehrer nicht erspart; er soll für Willensstärke, Entbehrungstoleranz, Selbstdisziplin, Ausdauer u.a. sorgen.

Die Überforderung des Lehrers in der edukativen Dimension ist hier unübersehbar, zumal die erziehungstechnologischen Hilfen eher dürftig und in der Wirkung unsicher erscheinen. Zunächst wird meist global auf seine Vorbildfunktion verwiesen. Dies macht aber nur Sinn unter der Annahme, Schüler wollten so werden wie dieser Lehrer.

Wie dringlich edukative Anforderungen an den Lehrer gerichtet werden und wie sehr er sie sich zu eigen macht, hängt ab von Überzeugungen zur Notwendigkeit wie zur Erfolgswahrscheinlichkeit erzieherischen Einwirkens auf die Persönlichkeitsentwicklung von Schülern. Je mehr man glaubt, die Entwicklung auch zentraler Personmerkmale müsse vornehmlich durch erzieherische Einwirkungen vorangetrieben werden, und je mehr man im Lehrer einen ausschlaggebenden sowie noch rechtzeitigen Sozialisationsagenten sieht, um so mehr wird man ihn mit solchen Anforderungen bedrängen oder ihn verantwortlich für unerwünschte Entwicklungsverläufe machen. Glaubt man dagegen, daß der Großteil von Personmerkmalen in der Entwicklung kaum noch beeinflußbar ist, wenn der Schüler dem Lehrer begegnet (erst recht auf höheren Klassenstufen), glaubt man weiterhin, daß der Lehrer als Person stets nur für einige Schüler zum erstrebenswerten Vorbild wird, ansonsten aber nur einer von vielen Sozialisationsagenten bleibt, so wird man die edukativen Anforderungen an den Lehrer gelassener formulieren.

Welche der beiden skizzierten „naiven" Positionen realitätsangemessen ist, ist eine Frage der Entwicklungspsychologie. Sie hat offenzulegen, welche Merkmale in ihrer Entwicklungsrichtung zu welchem Zeitpunkt noch entscheidend beeinflußbar sind (vgl. Kap. 6). So könnten sich die Erziehungsbemühungen des Lehrers auf eher erfolgversprechende Felder konzentrieren.

Solche Empfehlungen können mitunter recht differenziert ausfallen. So zeigt sich bei Motivförderungsprogrammen im Primarschulbereich, daß zwar die überwiegende Richtung des Leistungsmotivs (Erfolgszuversicht vs. Mißerfolgsfurcht) beeinflußbar scheint; die Stärke, die dieses Motiv im Vergleich zu anderen (Macht, Anschluß) hat, scheint dagegen schwerer beeinflußbar (Krug, 1983). Danach ist Lehrern zu empfehlen, die gegebene Motivstruktur eines Schülers hinzunehmen und sich statt dessen auf die Beeinflussung ungünstiger Ausprägungen innerhalb eines Motivs zu konzentrieren, also etwa eine beeinträchtigende Mißerfolgskomponente zu dämpfen (Krug & Heckhausen, 1982). Im Vergleich zur Fülle gesellschaftlicher Forderungen an das edukative Wirken von Lehrern sind solche die Erfolgschancen klärenden Befunde aber selten.

Hatten beide bislang angesprochenen Anforderungen so etwas wie einen „pädagogischen Charakter", so ist das bei der *institutionell-rechtlichen Dimension* nicht immer zu erkennen. Hier geht es durchweg um staatliche Reglementierungen des Unterrichts- und Erziehungsgeschehens, deren Durchsetzung und Kontrolle eine Verwaltungsbürokratie betreibt. In diesem streng hierarchisch geordneten System erscheint der Lehrer auf der untersten Stufe als ein überwachter und rechenschaftspflichtiger Exekutivbeamter. Es überrascht nicht, wenn pädagogisch orientierte Autoren der Anforderungspraxis dieser institutionellen Dimension eher distanziert gegenüberstehen (z. B. Derbolav, 1981; Doering, 1970; Schäfer, 1981).

Da Lehrer im Regelfall Beamte sein sollen, trifft auf sie das Beamtenrecht zu. So darf ein Lehrer etwa keinen Grund liefern, daß an seiner Verfassungstreue gezweifelt werden muß. Für den täglichen Unterricht weit spürbarer sind die vielfältigen verbindlichen Regelungen, die vom Regierungsapparat geschaffen werden. Teils läßt sich die Sorge um die Schüler erkennen, etwa im Verbot, mehr als eine Klassenarbeit pro Tag zu schreiben, oder im Verbot, Schüler zu schlagen, selbst wenn man noch so wütend ist. Detailliert geregelt ist die Leistungsbeurteilung. Die Beurteilungsskala (Zensurendefinitionen), Höchstzahl schlechter Noten (nicht mehr als ein Drittel mangelhafter und ungenügender Klassenarbeiten), Zahl der Klassenarbeiten, Inspektion der Klassenarbeitstexte durch den Direktor, Umfang und Stellenwert von informellen Tests – all das und vieles andere der Leistungsbeurteilung ist durch ein fein gesponnenes

Netz von Vorschriften abgedeckt. Der pädagogische Freiraum des Lehrers ist hier dadurch garantiert, daß seine Zensurengebung nur dann mit Erfolg rechtlich anzufechten ist, wenn er formale Fehler begangen hat. Vorschriftscharakter haben auch die Lehrpläne, in denen pro Fach und Schulform festgeschrieben ist, was auf welcher Klassenstufe zu vermitteln ist, wobei die Stundentafeln festlegen, in wieviel Unterrichtsstunden pro Woche das zu geschehen hat. Hier ergibt sich für den Lehrer leicht der Konflikt, entweder den Lehrplan nicht zu erfüllen oder im Unterrichtstempo die Mehrzahl seiner Schüler zu überfordern. Letzteres würde wiederum dazu führen, daß etwa bei Klassenarbeiten ständig unzulässigerweise mehr als ein Drittel der Schüler die Note „mangelhaft" oder „ungenügend" erhielte.

Auch ansonsten scheint nur wenig des Schulalltags einer administrativen Regelung entgehen zu können. Feinregelungen von Klassenfahrten und Wandertagen, von Elternversammlungen, der Aufsichtsführung, der Schülerbestrafung, der Vertretungen im Krankenfall sind hier nur Beispiele, die zeigen, wie schwer es sein muß, einen Schulalltag hinter sich zu bringen, ohne gegen irgendeine Vorschrift verstoßen zu haben. Wäre es erstes Ziel eines Lehrers, keine der existierenden Vorschriften je zu mißachten, bliebe ihm nur wenig Aufmerksamkeit zur Erfüllung der Aufgabe, seine Schüler so gut er kann zu unterrichten und zu beraten sowie in angezeigten Fällen erzieherisch einzugreifen.

Die Anforderungen nach diesen drei Dimensionen machen den Lehrerberuf also außerordentlich komplex. Natürlich darf man nicht erwarten, der Lehrer würde allen Anforderungen gleichermaßen genügen. Insbesondere die institutionell-rechtliche Dimension scheint nach Befragungsergebnissen den Lehrer faktisch weit weniger einzuschnüren, als man es vom Umfang des Reglementierungskanon, aber auch aufgrund der potentiellen Sanktionsmöglichkeiten der Aufsichtsbehörde vermuten könnte (s. zusammenfassend Hofer, 1986). Die Schulwirklichkeit ist wohl nur dort ausschließlich nach dem Modell einer bürokratischen Organisation zu beschreiben, wo Lehrer ängstlich vorgesetztenorientiert ihren Freiraum unnötig aufgeben. Das scheint die Ausnahme zu sein, so daß Schulwirklichkeit in weiten Bereichen eher als „front-line"-Organisation (Bulla, 1982) zu beschreiben ist, in der der Lehrer als relativ autonom-operative Einheit, unabhängig von anderen und nur teilweise kontrollierbar, seine Aufgaben erledigt.

Sieht man einmal von einem faktischen Mindestkanon ab, wonach der Lehrer (1) im Klassenzimmer überwiegend Unterricht macht, der (2) in etwa den Pfaden des Lehrplans folgt, (3) er seine Schüler erziehlich nicht gefährdet, möglichst sogar positiv beeinflußt und berät und (4) nicht allzu offensichtlich gegen wichtige rechtliche Normen und Verwaltungsvorschriften verstößt, so bleibt ihm doch ein Spielraum, welchen Anforderungsdimensionen er in welchem Ausmaß gerecht werden will. Was ihm dann wichtig erscheint, hängt, neben der Schwerpunktsetzung des unmittelbaren Dienstvorgesetzten (Schulleiters) und vielleicht der Kollegen („Lehrerzimmerklima"), nicht zuletzt von seiner eigenen Bedürfnis- und Wertstruktur ab.

9.3.2 Bedürfnisse, Motive und Ziele von Lehrern*

Wie soll man es erklären, wenn Lehrer ihren pädagogischen Freiraum in unterschiedlicher Weise nutzen oder akzentuieren? Unterstellt, alle sähen ihren Freiraum gleich groß (was nicht immer sicher ist), wäre zu vermuten, daß personspezifische Besonderheiten das eine wichtiger, wertvoller, dringlicher, erstrebenswerter, angenehmer, genußvoller etc. erscheinen lassen als ein anderes. Wir sind hier also im Feld der Motivationspsychologie. Verglichen mit der Lernmotivation von Schülern weiß man recht wenig zur Lehrmotivation von Lehrern. Im folgenden werden drei Konzepte, nämlich *Bedürfnisse, Motive* und *Ziele,* herangezogen, um ein wenig Licht in die motivationale Seite des Lehrerhandelns zu bringen.

Bedürfnisse. Universell konzipierte Bedürfnisse taugen nur dann, individuelle Unterschiede zu erklären, wenn sie bei der einen Person gesättigt, bei der anderen unbefriedigt sind. Projiziert man den Regelfall des beamteten Lehrers etwa auf die bekannte „Bedürfnis-Pyramide" von Maslow (1954, vgl. auch Kap. 8), kann man die tieferstehenden „Mangelbedürfnisse" (physiologische und Sicherheitsbedürfnisse) beruflicherseits als befriedigt, mithin als kaum verhaltenswirksam sehen. Ein Kontrast zu befristet angestellten Lehrern oder Referendaren könnte vielleicht aufdecken, ob und wie sich unbefriedigte Sicherheitsbedürfnisse von Lehrern auf ihre Berufsausübung auswirken: stärkeres Instruktionsengagement, ängstliche Formal- oder Vorgesetztenorientierung, zukunftsleere Job-Mentalität? Vorhersagen dazu ließen sich erst machen, wenn man die Instrumentalitätskalkulationen der Person kennt, also weiß, womit sie berufliche Sicherheit (Verbeamtung) glaubt erlangen zu können.

Lehrer an Schulen in den USA spüren von solchem „Bewährungsdruck" erheblich mehr als ihre deutschen Kollegen. Dort gibt es nicht den Regelfall des beamteten Lehrers. Von einem lokalen ‚school board' werden je nach (wie auch immer festgestellter) Bewährung die Lehrer eingestellt oder entlassen.

Motive. Die „höheren Bedürfnisse" aus Maslows Pyramide sind besser in Motivkonzepten abzubilden. Ein Motiv läßt sich auffassen als relativ überdauerndes Anliegen, eine bestimmte Inhaltsklasse von Person-

* Ich danke Siegbert Krug für Anregungen und Verbesserungsvorschläge.

Umwelt-Bezügen herzustellen oder aufzusuchen. Diese angestrebten Klassen oder Zielzustände sind thematisch unterschieden, etwa nach Leistung, Einfluß/Macht, sozialem Anschluß. Personen unterscheiden sich darin, welche Motive bei ihnen schwächer oder stärker ausgeprägt sind. Solche Unterschiede kommen allerdings nur dann im Verhalten zum Ausdruck, wenn die Situation thematisch passende Befriedigungsmöglichkeiten (Anreize) in Aussicht stellt (s. Heckhausen, 1980).

Im Schulkontext werden recht häufig Worte wie „Leistung" und „Ergebnis" gebraucht. Auf den ersten Blick könnte man deshalb meinen, Schule sei ein ideales Anregungsklima für das *Leistungsmotiv* von Lehrern. Das ist aber keineswegs so. Personen mit starkem Leistungsmotiv sind von Situationen angezogen, in denen sie möglichst klare Rückmeldungen zum Stand oder Wachstum der eigenen Tüchtigkeit erhalten (z. B. Schwierigkeit und Güte einer eigenen Konstruktion, eines selbst gespielten Musikstücks, einer Zeit auf der Joggingstrecke etc.). Aber an welchen Standards sollte ein Lehrer sein Expertentum in Sachen Unterricht messen? Am ehesten bietet sich an, wie weit er die Klasse in der gesicherten Stoffbeherrschung vorangebracht hat. Gemessen an den meist überzogenen Lehrplananforderungen hat er hier zunächst chronischen Mißerfolg. Dem kann er begegnen, indem er sich, abweichend vom Lehrplanstoff, realistische Ziele setzt.

Problematischer ist für die Leistungsmotivation von Lehrern, daß Lernerfolg ohne jeden Zweifel „ein Gemeinschaftsprodukt von Lehrer und Schüler ist, bei dem die Einzelanteile prinzipiell nicht auseinandergehalten werden können" (Weidenmann, 1981, S. 272). Anders als bei Computern kann er Schülern „Wissensmodule" nicht einfach in den Kopf stecken. Er muß die Schüler also dazu bewegen, möglichst intensiv das zu tun, was Lernen fördert. Beeinflussung anderer Personen fällt aber in eine machtthematische Handlungsklasse. Machthandeln im Dienst herausfordernder Leistungsziele scheint nun außerordentlich problematisch für ausschließlich leistungsmotivierte Personen, sofern sie es nicht mit hoch qualifizierten sowie hoch interessierten Mitarbeitern zu tun haben. Das zeigen jedenfalls Fallstudien an Führungskräften der Wirtschaft (Krug, 1984). Die Mehrzahl der „gewöhnlichen" Mitarbeiter wird eher als Hindernis erlebt. Sie stehen der Erreichung herausfordernder Firmen- oder Abteilungsziele im Wege. Im Führungsverhalten zeigen sich dann Merkmale des „Zwangausübers" (Krug, 1984): ständige Kontrolle, Bedrohungen, Unzufriedenheitsäußerungen – ein Handeln, das der Alltagspsychologe fälschlicherweise als „machtbesessen" interpretiert. Es ist aber lediglich ein extrinsisch motiviertes Machthandeln ohne Freude an der Machtausübung selbst. Wie weit solche, bei Führungskräften der Wirtschaft gefundenen Zusammenhänge zwischen Motiven und Verhalten auf Lehrer (erst recht auf Direktoren) übertragbar sind, soll noch untersucht werden. Wir halten es für plausibel.

Ganz fatal wird es motivationspsychologisch, wenn hoch leistungsmotivierte Lehrer auf der edukativen Dimension ihre herausfordernden Ziele verfolgen wollen. Hier fehlen klare Erfolgs-/Mißerfolgskriterien, zudem sind Geduld und Beeinflussungsgeschick gefordert – beides nicht sonderlich attraktiv für Personen, die bevorzugt mit sachlichen Gütestandards wetteifern. So kann es nicht überraschen, wenn zumindest ein Teil von Lehrern mit zunehmendem Praxiskontakt seinen ursprünglichen „Pädagogenanspruch" zurücknimmt und sich eher als Fachwissenschaftler definieren will (Müller-Fohrbrodt et al., 1978). Zu prüfen wäre noch, ob der in derselben Untersuchung festgestellte Verlust an beruflicher Selbstachtung besonders auf die hoch leistungsmotivierten Lehrer zurückgeht, wenn sie feststellen, daß (a) ihre Handlungsergebnisse meist weniger greifbar sind und (b) nur zum Teil von der eigenen Tüchtigkeit abhängen. So gesehen, haben es Management-Trainer besser; sie erhalten fortlaufend, allerdings höchst konsequenzenreiche, Rückmeldungen darüber, wie gut und wirkungsvoll sie heute in den Augen der Teilnehmer wieder gewesen sind.

Weit günstiger steht es um die Anregungsbedingungen zum *Anschluß-motiv* von Lehrern. Bei diesem Motiv geht es um das Anliegen, freundschaftlich vertrauensvolle Beziehungen zu haben, andere zu schätzen, zu verstehen und von anderen gemocht/verstanden zu werden (Heckhausen, 1980). Hierfür bietet im Prinzip die Schule gute Voraussetzungen. Die Sozialpartner (Schüler) können nicht ohne weiteres weglaufen und werden – abgesehen von einigen älteren, selbst wenig anschlußmotivierten Schülern (McKeachie, 1968) – kaum etwas dagegen haben, wenn der Lehrer vornehmlich keinem wehtun und ein warmes, harmonisches Sozialklima herstellen will, in dem er sich selbst wohlfühlen kann. Wie wichtig das für einen Lehrer werden kann, sieht man an denjenigen, die es zu Ferienende kaum noch abwarten können und sich aufrichtig darauf freuen, endlich „ihre Kinder" wiederzusehen.

Ganz unproblematisch ist ein dominantes Anschlußmotiv unter den gegebenen Schulbedingungen allerdings nicht. So muß der Lehrer in seinen Zuneigungsbekundungen gewisse Grenzen einhalten. Körperlichkeit beispielsweise kann hier leicht mißverstanden und disziplinarisch geahndet werden. Zum anderen kann er abhängig werden von der Gratifikationsmacht der Schüler, die ja ihrerseits Zuneigung geben, aber auch entziehen können (Weidenmann, 1981). „Ich will nicht, daß ihr mich liebt – ich will mit euch arbeiten" (Herzberg, zit. nach McClelland & Burnham, 1975), ist eine Devise, die bei starkem Anschlußmotiv schwerfällt.

Im Fall des Anschlußmotivs halten wir allerdings die direkte Übertragbarkeit von ungünstigen Befunden aus dem Management (McClelland & Burnham, 1975) für fraglich. Dort wurde bei hoch anschlußmotivierten Managern festgestellt, daß ihre Abteilungen besonders ineffizient arbeiteten. Sie galten in den Augen ihrer Untergebenen zwar als „netter", aber „zu weicher Kerl", der einem auch nicht Stolz auf die eigenen Ergebnisse oder die eigene Abteilung vermitteln könne und der zu viele Ausnahmen durchgehen ließe. Im Unterschied zu Managementbedingungen läuft der erwachsene Lehrer zumindest bei jüngeren Schülern weniger leicht Gefahr, als „zu weich" und als „nicht ernst zu nehmend" erlebt zu werden. Bestimmte psychologische Empfehlungen zum Lehrerverhalten („Wie kann ich als Lehrer echter, einfühlsamer und wärmer-sorgender werden?"; Tausch, 1982) scheinen eine Maximierung anschlußthematischer Anregungsbedingungen im Auge zu haben.

Günstig für Lehrer sind ebenfalls Anregungsbedingungen für das *Machtmotiv.* Ziel dieses Motivs ist der Zustand, sich im Einfluß auf andere Personen wichtig, wertvoll und stark zu fühlen. „Macht" ist allerdings ein sehr schillerndes Konzept. Klärung brachte die Unterscheidung von McClelland (1970), wonach zum einen jemand sich „groß fühlen" kann, indem er andere klein und gefügig macht, sie gegen ihren Willen zu etwas zwingt, um am Erfolg genußvoll zu sehen, wie mächtig er sein muß (personalisiertes Machtmotiv). „Groß fühlen" ist aber ebenso möglich, wenn man sieht, wie durch den eigenen Einfluß andere (z. B. Schüler) besser, größer, stärker, kompetenter werden (sozialisiertes Machtmotiv). Die (schul-)situativen Anregungsbedingungen für ein tyrannisches Ausleben personalisierter Machtmotivation haben sich im Vergleich zu früheren Jahrhunderten für Lehrer deutlich „verschlechtert". Allein der Züchtigungskanon, auf den frühere Lehrergenerationen zurückgreifen konnten, ist in Deutschland enorm beschnitten worden. In vielen anderen europäischen Staaten ist das übrigens weit weniger der Fall (z. B. Großbritannien, Frankreich). Unabhängig von der Realisationsmöglichkeit ist zu fragen, wie stark diese personalisierte Macht-Komponente bei heutigen Lehrern überhaupt ist.

McClelland (1975) berichtet bei Lehrern und anderen Sozialberufen von einer starken Ausprägung der *sozialisierten* (vs. personalisierten) Form des Machtmotivs. Das ist nicht verwunderlich. Entwicklungsförderliche Wirkung im anderen zu erzielen und dies als befriedigend zu erleben, paßt vorzüglich zur edukativen Dimension der Anforderungen an Lehrer. Das gleiche gilt für die Veranlassung lernförderlicher Schüleraktivitäten. Wenn dies in sich, also intrinsisch, Anreiz für Lehrer besitzt, erscheint die Unterrichtssituation weit freudvoller, als wenn die „Motivierung" von Schülern als lästige Zwischenaufgabe auf dem Weg zu eigenen herausfordernden Lehrleistungszielen gesehen wird. Aus Lehrertrainings wissen wir, daß sich Lehrer (auch Psychologen) gern an dem Wort „Macht" stoßen. Benennt man für ihren Beruf das sozialisierte Machtmotiv um in ein „Förderungsmotiv", werden die gleichen Sachverhalte plötzlich viel positiver bewertet.

Werte und Ziele. Motive schreiben keineswegs zwingend ein bestimmtes Verhalten vor. Dazu sind sie viel zu global konzipiert. Die Charakterisierung der angestrebten Person-Umwelt-Bezüge, also die Motivziele, sind ja recht allgemein. In welche Richtung und auf welche Weise etwa ein hoch machtmotivierter Lehrer die Entwicklung seiner Schüler beeinflussen will (z. B. Selbständigkeit vs. Gehorsam), ist gänzlich unbestimmt – außer, daß er sich in Beeinflussungssituationen generell wohlfühlen und sie deshalb häufiger herstellen sollte. Nur insoweit sind die motivationstheoretisch abzuleitenden Aussagen konkret. Nun wäre es sicher nicht unerheblich zu wissen, was der Lehrer im Einzelfall erreichen will und wie das Gewollte sein Verhalten beeinflußt. Je konkreter und unmittelbarer

---

Kasten 9.11: Ziel- und Wertakzente, die Lehrer verschieden setzen können

1. *Allgemeinbildung vs. Spezialisierung*
Hält der Lehrer Wissen und Bildung für Werte an sich, oder dienen sie praktischen Zielsetzungen? Im ersten Fall sollte er auf Vollständigkeit und breiten Überblick aus sein. Im zweiten käme es ihm auf vertiefte Kenntnisse in Spezialgebieten an, die z.B. im späteren Beruf nützlich sein könnten.

2. *Pädagoge vs. Fachwissenschaftler*
Hält der Lehrer in erster Linie die Erziehung für seine Sache, oder glaubt er, vornehmlich Fachkenntnisse vermitteln zu sollen? Im ersten Fall dominieren also Ziele auf der edukativen, im zweiten auf der didaktisch-methodischen Dimension.

3. *Veränderungsbereitschaft vs. negative Reformeinstellung*
Diese Unterschiede betreffen Schule globaler, und zwar als gesellschaftliche Institution. Hält es der Lehrer für erforderlich, Überkommenes ständiger und radikaler Kritik auszusetzen, um dann neue Ideen auszuprobieren, oder ist ihm Bewährtes so wertvoll, daß er es vornehmlich pflegen und erhalten will?

4. *Berufung vs. Job*
Hier geht es um persönliche Ziele des Lehrers, also um die Motivationsbasis seiner Berufsausübung. Bietet ihm die Berufsausübung in sich selbst hinreichend befriedigende Anreize, oder gilt ihm der Beruf als Erwerbstätigkeit, die vornehmlich Einkommen und Sicherheit gewährleistet?

Zwei weitere Einstellungsdimensionen betreffen Annahmen zur Machbarkeit (Anlage vs. Umwelt) und Art der Einflußnahme (Zug vs. Druck).

(Nach Koch, 1972)

angestrebte Handlungsfolgen (Ziele) sind, um so größer ist die Chance, daß sie das aktuelle Verhalten leiten. Je allgemeiner dagegen Ziele sind, um so größer ist die Wahrscheinlichkeit, daß aktuelles Verhalten von ganz anderen Situationsanregungen oder -erfordernissen bestimmt wird. Die „letzten Ziele" können im Eifer des Tagesgeschäfts funktional so bedeutungslos werden, daß Personen gelegentlich nicht merken, daß sie keine mehr haben. Es bedarf dann ganz besonderer, aktivitätsarmer Situationen (etwa Selbstreflexionsübungen in Seminaren), damit sich die Person dessen irritiert gewahr wird.

Was sagen nun Lehrer, wenn man sie fragt, was bei ihrem Tun herauskommen soll? Das hängt sehr davon ab, wie man fragt. Fragt man allgemein (z. B.: „Ziele der Primarschulerziehung"), erhält man allgemeine Antworten, die auf Oberziele verweisen sollen: z. B. „Glück", „Förderung natürlicher Anlagen", „Ehrlichkeit", „Rücksichtnahme", „Lesen können" bei einer Stichprobe englischer Lehrer (Ashton et al. (1975), dagegen „Selbständigkeit im Denken und Handeln", „Selbstvertrauen", „Eigeninitiative" etc. bei einer Stichprobe Schweizer Lehrer (Brunner, 1980). Eine andere Stichprobe (deutsche Lehrer) betonte sozial-moralische Ziele („soziale Kompetenz", „Hilfsbereitschaft"; Hofer et al., 1979; Will, 1983), eine französische Stichprobe dagegen eher leistungsthematische kognitive Ziele (Will, 1984).

Solche Ergebnisunterschiede zwischen den Untersuchungen dürfen natürlich nicht als nationaltypisch gesehen werden. Dazu wären repräsentative Erhebungen erforderlich. Weiterhin gibt es innerhalb jeder Lehrerpopulation erhebliche Varianzen in den Zielen und Werten, die Lehrer in Zusammenhang mit ihrem Beruf für erstrebenswert halten. Im Rahmen einer Einstellungsuntersuchung (Koch, 1972) wurden u. a. vier ziel- oder wertbezogene Überzeugungsdimensionen ausgemacht, auf denen sich deutsche Gymnasiallehrer unterscheiden (s. Kasten 9.11).

Es scheint plausibel, daß solche Akzentsetzungen auf irgendeine Weise den Schüler erreichen, ihm zumindest sagen, worauf es in der Schule (evtl. im Leben) offenbar ankommt. Andererseits ist keineswegs klar, wie solche Akzentsetzungen über eine Zielorganisation des Lehrerhandelns vermittelt werden. Etwas realitätsfremd könnte man ja meinen, Personen hätten zunächst allgemeine Ziele, würden sich dann wie ein Planungsstab der Großindustrie hinsetzen und diese in viele konkrete Teil- oder Zwischenziele zerlegen, die schließlich in der Sequenz oder je nach Gelegenheit „abgearbeitet" würden. Wäre dem so, so sollte es ein leichtes sein, von Lehrern konsistente Zielhierarchien zu erfahren.

Das ist aber nicht der Fall. So benötigen Ashtons Lehrer (s. o.) viele Sitzungen, um zu präzisieren, an welchen Mindestausprägungen des Durchschnittsschülers man die allgemeinen Primarschulziele festmachen kann. Allgemeine Ziele zu haben, bedeutet also keineswegs, zu wissen, welche konkreten Zwischenziele den rechten Weg dorthin markieren.

Hofer et al. (1979) blieben auf allgemeinem Zielniveau und hatten es leichter. Hinsichtlich wünschbarer Schülereigenschaften entwarfen ihre Lehrer eine duale Zielhierarchie mit den Zielkomplexen „Leistung" (fachliche Kompetenz) und „Persönlichkeit". Letzterer enthält die Zieldimensionen „Selbständigkeit", „soziale Kompetenz", „Leistungsmotiviertheit", wobei jede Dimension sich wieder in Elementarziele aufteilen läßt: z. B. soziale Kompetenz, Selbstbewußtsein, Kritikfähigkeit, Angstfreiheit. Man sieht, daß auch diese untere Ebene der „Elementarziele" durchweg recht allgemeine Formulierungen enthält.

Was haben nun solche und andere Ziele damit zu tun, ob der Lehrer den gerade störenden Schüler streng zurechtweist oder einfühlendes Verständnis äußert? Es ist natürlich ein leichtes zu zeigen, daß (nicht nur) Lehrer ständig Dinge tun, die mit übergeordneten Zielen oder Wertvorstellungen nicht in Einklang stehen, ja ihnen kraß widersprechen können (vgl. Kasten 9.12).

Kasten 9.12: Ziel, Weg und Unterrichtsrealität:
Beispiel Binnendifferenzierung

Wenn (nicht nur) Lehrer häufig dysfunktional zu ihren Erziehungszielen handeln, so liegt das vielleicht daran, daß die Ziel-Mittel-Beziehungen oft unklar sind, daß also technologisches Wissen zur Zielerreichung fehlt. Wenn der Lehrer nicht recht weiß, mit welchen Methoden er ein Erziehungsziel erreichen kann, wird das Ziel vielleicht seine Rede über Unterricht, kaum jedoch sein konkretes Unterrichtsverhalten leiten können. Wie ist es aber, wenn der methodische Pfad zum Ziel bekannt ist?

Sportlehrer der Grundschule verfolgen u. a. die Ziele, den einzelnen Schüler gemäß seiner individuellen Fähigkeiten zu fördern, ihm zu Selbstvertrauen und realistischer Selbsteinschätzung zu verhelfen. Im Hinblick darauf halten sie es gerade im Sportunterricht für methodisch dringend erforderlich, das Unterrichtsangebot so zu differenzieren, daß Schüler mit ihren unterschiedlichen Sportvoraussetzungen auf individuell angepaßte Anforderungen treffen (Binnendifferenzierung). Entsprechend hielten in einer Untersuchung von Kleine & Weßling-Lünnemann (1982) 38 der 40 befragten Grundschullehrer die Binnendifferenzierung ihres Sportunterrichts für eine methodische Notwendigkeit. Obwohl angekündigt, zeigten Unterrichtsbesuche aber, daß diese Lehrer zu 95% *un*differenzierten Unterricht machten und das auch selbst so sahen. Eine Replikationsstudie an verschiedenen Schultypen (Kleine, 1983) führte zu ähnlichen Ergebnissen.

Das Ziel ist klar, der Weg dorthin bekannt, und trotzdem wird das Gegenteil von dem getan, was subjektiv als Notwendigkeit gilt! Furcht vor Sportverletzungen, Disziplinlosigkeit/Unselbständigkeit der Schüler sowie aufwendige Unterrichtsplanung/-durchführung wurden von den Lehrern als Gründe für diese irritierende Unstimmigkeit genannt. Förderung individueller Fähigkeiten und Selbstvertrauen sind relativ generalisierte und zeitlich schwer fixierbare Ziele. Ohrenbetäubendes Chaos in der Turnhalle, halsbrecherische Kletteraktionen gerade unbeaufsichtigter Schüler sowie vermehrte Instruktionsaufwendungen sind dagegen sehr konkret und zeitlich recht unmittelbar.

Letzteres muß übrigens keine zwangsläufige Begleiterscheinung gekonnter Binnendifferenzierung sein. Wissen um das rechte Ziel und den angemessenen Weg sind offenbar wirkungslos, wenn die (unterrichts-)praktischen Ausführungsfertigkeiten fehlen. Eine Interventionsstudie von Weßling-Lünnemann (1985) zeigte dann später auch, daß Lehrer ihren Unterricht tatsächlich stärker differenzieren und individualisieren, wenn im Training nicht nur Theoriekonzepte, sondern auch die unterrichtspraktische Realisation vermittelt wurden.

Vor allem drei lehrerspezifische Besonderheiten machen es verständlich, wenn das Unterrichtshandeln nicht mit Oberzielen übereinstimmt.
1. Es können sich *Konflikte* in der Realisation zweier gleichrangiger Ziele ergeben. Wenn z.B. das Ziel „Selbstbehauptung" erreicht werden soll, kann im konkreten Fall das Ziel „Rücksichtnahme" gefährdet sein, und man ignoriert eines oder gleich beide Ziele. Bei dem Differenzierungsbeispiel (Kasten 9.12) stehen die Ziele Selbstvertrauen und individuell gestimmter Lernzuwachs im Konflikt mit dem Ziel, körperliche Unversehrtheit zu sichern.
2. Der Lehrer sieht die *Wirkungslosigkeit* eigenen Handelns für die Zielerreichung. Dies scheint besonders die edukative Dimension zu betreffen: Während der Lehrer z.B. seiner Klasse die Abscheulichkeit und menschheitsgefährdende Rolle menschlicher Aggressivität vorträgt, schreit Uwe laut, weil sein Hintermann ihn mit dem Zirkel ins Gesäß sticht. Bei wiederholter Beobachtung solcher Ereignisse degenerieren Ziele dann zu Wünschen.
3. Besonders wichtig scheint, daß Lehrer keine Einzelerzieher sind, sondern Klassen unterrichten. Um überhaupt irgend etwas von dem zu erreichen, wofür sie bezahlt werden, und um professionelle Selbstachtung zu wahren, müssen Lehrer als obligatorisches Zwischenziel

Bedingungen schaffen, die *lernförderliche Kommunikation* ermöglichen. Dazu gehört in der Regel schlicht, daß der Lärmpegel unter, die
Aufmerksamkeit für das Unterrichtsgeschehen hingegen über einem
bestimmten Standard bleiben. Diese Voraussetzungen dauerhaft aufrechtzuerhalten, erfordert je nach Schulklasse und Fertigkeit des
Lehrers ständige Aufmerksamkeit und Eingriffe (Kounin, 1970). Er
kann sich in diesen Aktionen dauerhaft so verstricken, daß übergeordnete Erziehungsziele am Horizont verschwinden und er unter der Anforderung der Situation ständig Dinge tut, die er in entspannter Situation als (erziehungs-) zielinkompatibles Mittel erkennen kann (Dann
et al., 1983). Disziplin und Mitarbeitsprobleme stehen in allen Lehrer-
befragungen (s. zusammenfassend Hofer, 1986) ganz oben in der Liste
der beruflichen Schwierigkeiten, über die Lehrer berichten (s. 9.3.4).
Zwischenziele behalten solange Zielcharakter, wie sie noch unreali-
siert sind und zugleich obligatorisch erscheinen. Von daher ist zu
erwarten, daß Lehrer sich von ihren „höheren" pädagogischen Zielvorstellungen eher dann leiten lassen, wenn das Zwischenziel „lernbereite Klasse" funktional nicht obligatorisch ist. Das ist etwa bei
Einzelgesprächen, Klassenfahrten, außerschulischen Projekten etc.
der Fall. Für die Leistungsbeurteilung hat sich solche „Pädagogisie-
rung" im Einzelgespräch (vs. im Klassenverband) zeigen lassen
(Rheinberg, 1980). Berichte von Lehrern und Schülern zu Klassenfahrten oder Projektaktivitäten lassen ähnliches vermuten.
Aber auch im Unterricht müßten pädagogische Oberziele des Lehrers
dann handlungssteuernde Chancen gewinnen, wenn das obligatori-
sche Zwischenziel „lernbereite Klasse" gesichert scheint. Köttl &
Sauer (1980) fanden, daß Lehrer mit extrem nondirektiven Einstellungen und demokratischen Zielen in „schwierigen Klassen" ganz so
handeln wie extrem direktive Lehrer und klar gegen ihre Leitvorstellungen verstoßen. In „einfachen Klassen", wo das Zwischenziel
„lernbereite Klasse" schnell erreicht ist, handeln sie dagegen in
Übereinstimmung mit ihren pädagogischen Zielen. Aber wie soll man
sich eine solche Handlungsregulation über Oberziele vorstellen?
Befragt sich der Lehrer da ständig, bevor er etwas tut? Welche Rolle
spielen Lehrerkognitionen überhaupt bei der Verhaltenssteuerung?

9.3.3 Handlungsleitende Kognitionen und Unterrichtsverhalten

Was soll interessant daran sein, welche Gedanken einem unterrichtenden
Lehrer durch den Kopf gehen? Gibt es nicht Wichtigeres zu untersuchen
als ausgerechnet solche schwer erfaßbaren, weil flüchtigen Daten, die
zudem kaum dem Wissenschaftskriterium genügen, offen und intersubjektiv beobachtbar zu sein? Die empirische Forschung hat denn auch

lange Zeit (ca. 1920–1960) solche kognitiven Binnenprozesse weitgehend ignoriert. Das änderte sich radikal, als im Zuge der „kognitiven Wende" (Heckhausen & Weiner, 1972) bestimmte kognitive Prozesse theoretisch vielversprechend mit motiviertem Verhalten verknüpft werden konnten, und als zudem wissenschaftstheoretische Überlegungen die „Sicht nach innen" als alternativen Forschungsweg akzeptabel machten (Groeben & Scheele, 1977; Groeben, 1981). Bei dieser Konzeptualisierungswende hatte die Pädagogische Psychologie sogar eine gewisse Vorreiterposition. Zumindest steuerte sie ein (später methodisch umstrittenes) Phänomen bei, dessen Erklärung ohne die Annahme bestimmter kognitiver Zwischenprozesse kaum möglich schien. Kasten 9.13 informiert über dieses Phänomen (vgl. auch Kap. 10). Es geht dort um Kognitionen, die man „Erwartungen" nennt.

Im Schwung der „kognitiven Wende" begann eine eifrige empirische Suche nach den Vermittlungsgliedern, die bewerkstelligen, daß etwas „im Kopf des Lehrers" solche Effekte in der intelligenztestbearbeitenden Hand des Schülers haben könnte.

Wie und bei welchen Anlässen machen solche Lehrererwartungen etwas aus? Wenn der Lehrer Besonderes von Schülern erwartet: Werden sie mehr gelobt, oder ist das Gegenteil der Fall? Geht er mit ihnen freundlicher um, oder nimmt er sie häufiger dran? Beobachtet er sie genauer und kann ihnen deshalb exakte Lernanregungen oder -hilfen bieten? Teilt er ihnen vielleicht seine Erwartungen direkt mit? Wie würde sich so etwas bei verschiedenen Schülern auswirken, wenn sie erführen, gerade von ihnen wolle der Lehrer demnächst etwas Besonderes sehen? Welche Möglichkeiten der indirekten Erwartungskommunikation gibt es? Solche und andere Fragen wurden insbesondere von einer Forschergruppe um Brophy & Good (1974) mit großem Einsatz und wechselndem Erfolg untersucht.

Vor lauter Untersuchungseifer waren theoretische Überlegungen zu kurz gekommen. Heckhausen (1974) gab drei notwendige Bedingungen für das Zustandekommen des Pygmalion-Effekts an: 1. Der Schüler leistete derzeit weniger, als es nach seinen Fähigkeiten möglich wäre (underachievement). 2. Der Lehrer unterschätzte bislang die Fähigkeit des Schülers und machte ihm diese Einschätzung auf verschiedene Weise deutlich. 3. Der Schüler hat diese Einschätzung des Lehrers übernommen. Inzwischen hat sich die Anzahl der für den Pygmalion-Effekt erforderlichen Voraussetzungen zu einer langen Kette notwendiger Bedingungen entwickelt, die verständlich macht, warum dieser aufsehenerregende Effekt so schwer zu replizieren ist (Krug, 1985).

Das geweckte Interesse an Lehrererwartungen regte zugleich Untersuchungen an, die nicht den Auswirkungen, sondern der Genese solcher Erwartungen nachgingen (Weinert et al., 1981). Wenn man von Lehrererwartungen annehmen kann, sie hätten vielfältige Auswirkungen auf das

Kasten 9.13: Pygmalion als Trojanisches Pferd

Trifft eine Vorhersage vielleicht nur deshalb zu, weil man sie gemacht hat? Steuern die eigenen Erwartungen „irgendwie" eigenes und fremdes Verhalten (unbemerkt) so, daß am Ende das geschieht, was man erwartet hat? Solche Fälle werden als „selffulfilling prophecies" bezeichnet (Rosenthal & Jacobson, 1968). Studenten, die als Versuchsleiter irrtümlich glaubten, ihre Versuchstiere kämen aus einem besonders lernfähigen Rattenstamm, brachten ihre Tiere auch unter hoch kontrollierten Experimentalbedingungen zu signifikant besseren Lernleistungen als Studenten, die glaubten, ihre (tatsächlich vergleichbaren) Ratten seien weniger lernfähig.

Das mag zunächst lediglich als methodisches Problem der Experimentellen Psychologie erscheinen (unerwünschte Versuchsleitereffekte). Aufregend werden solche Befunde, wenn man das ganze statt mit der Laborratte einmal für Schüler durchspielt und statt der Studenten dann Lehrer täuscht. Genau das haben Rosenthal & Jacobsen (1968) gemacht und damit die Fachwelt, aber auch die Öffentlichkeit erheblich beunruhigt. In einer Grundschule (1.–6. Klassenstufe) wurden Intelligenztests durchgeführt. Den 19 Lehrern wurde aber erklärt, diese Meßverfahren seien keine gewöhnlichen Intelligenztests, sondern könnten die künftige Entwicklung der geistigen Fähigkeit der Kinder vorhersagen. Per Zufall wurden nun etwa 20% der Schüler (pro Klasse einer bis neun) ausgewählt und auf einem Zettel dem Lehrer als Schüler genannt, von denen im kommenden Jahr ganz außergewöhnliche geistige Zuwächse zu erwarten seien. Bei einer Nachtestung zeigt sich ein Jahr später, daß auf den unteren beiden Klassenstufen diese willkürlich ausgewählten „besonderen" Schüler (N = 19) tatsächlich signifikant größere Zuwächse in den Intelligenztestwerten hatten als ihre Mitschüler.

Dieses untersuchungsmethodisch umstrittene Feldexperiment (Elashoff & Snow, 1971) wäre vielleicht längst vergessen, wenn nicht das Echo in der Öffentlichkeit verständlicherweise so groß gewesen wäre: „Wird mein Kind (nur) so intelligent, wie es der Lehrer von ihm erwartet?" Zudem war dieses als „Pygmalion-Effekt" popularisierte Phänomen für sich genommen interessant genug, um Theoretiker und Untersucher zu locken. Rückblickend erscheint der Pygmalion-Effekt wie ein Trojanisches Pferd, mit dem (Lehrer-)Kognitionen in die vormals behaviorale Erforschung der Lehrer-Schüler-Interaktion eindrangen und dort bis heute bemerkenswert Raum gewannen.

Unterrichtsverhalten, wäre es gut zu wissen, wie ein Lehrer zu solchen
Erwartungen kommt, wenn nicht gerade ein täuschender Versuchsleiter
am Werke ist. Zunächst sollte man wissen, an welchen Schülermerkmalen sich dabei der Lehrer bewußt oder nicht bewußt orientiert. Sind es
Hautfarbe, Geschlecht, Kleidung, Sprachverhalten, Gesichtsausdruck,
vielleicht der Vorname des Kindes? Die Aufzählung solcher und vieler
anderer Schülermerkmale wurde bald langweilig und die Befundlage in
ihrer Widersprüchlichkeit kaum überzeugend (Krug, 1985). Zudem blieb
dunkel, wie solche Merkmale Erwartungen beeinflussen. Funktioniert
hier der Lehrer im Kurzschluß wie eine klassisch konditionierte Laborratte? Erkennt er also das Merkmal und hat umgehend eine Erwartung im
Kopf? Immerhin sieht er ja auch konkrete Erfolge und Mißerfolg des
Schülers im Unterricht. Es gilt also eine Brücke zu schlagen vom Schüler,
so wie ihn der Lehrer gerade sieht, zu Annahmen, die der Lehrer über das
künftige Abschneiden des Schülers hat.

Kausalattributionen von Lehrern. Hier bot sich als Kopplungsstück die
Attributionstheorie an (Heider, 1958; Weiner et al., 1971). Im Bereich
der Leistungsmotivationsforschung war nämlich schon gezeigt worden,
daß die Ursachen, mit denen sich jemand einen Erfolg oder Mißerfolg
erklärt, die Erwartungen zum künftigen Abschneiden beeinflussen
(Meyer, 1973 b). Ein gerade erzieltes Resultat beeinflußt vornehmlich
dann solche Erwartungen, wenn man glaubt, es hätte an *zeitstabilen*
Ursachen wie der eigenen (Un-)Fähigkeit gelegen und nicht an schnell
veränderlichen Dingen wie der Tagesform oder der investierten Anstrengung. Diese Beziehung zeigt sich auch, wenn Resultate anderer Personen
erklärt werden (Weiner, 1975). Und die Erklärung von Leistungen
anderer ist typisch für den Beruf des Lehrers.

Damit wurden „naive" Ursachenzuschreibungen von Lehrern zu einem
wichtigen Untersuchungsgegenstand, zumal theoretisch nicht nur Erwartungen, sondern auch die Sanktionierung eines Ergebnisses von den
zugeschriebenen Ursachen abhängen müßte. Ein Schüler sollte für einen
Erfolg oder Mißerfolg vom Lehrer nur dann deutlich sanktioniert werden
(z.B. Lob oder Tadel), wenn der Lehrer dafür Dinge verantwortlich
macht, die der Schüler selbst steuern konnte. Aber womit erklären
Lehrer überhaupt Schülerleistungen (vgl. Kasten 9.14)?

Motivationsfolgen von Lehrerattributionen. Lehrerattributionen wurden
um so interessanter, als sich zeigte, daß die Ursachenerklärungen des
Lehrers die seiner Schüler beeinflussen können. Scherer (1972) hatte das
als erster für Lehrer nachgewiesen, die verabredungsgemäß gute und
schlechte Leistungen im Unterricht explizit und nachdrücklich mit hoher
oder unzureichender Anstrengung eines Schülers erklärten. Mit der Zeit
wurden die Schüler dieser Klassen zu „Anstrengungstheoretikern".

Nun machen Ursachenerklärungen einen Unterschied: Wenn Sie z.B.
den Kasten 9.14 nicht im ersten Anlauf voll verstanden haben, könnten

Sie verschiedene Ursachen sehen: „So etwas verstehe ich meistens nicht richtig." „Ich habe mich nicht richtig bemüht, mich nicht voll konzentriert." „Das war zu kompliziert und schlecht geschrieben." Je nachdem, welche dieser Erklärungen Sie sehen, wird Ihre Erwartung, künftig wissenschaftliche Lehrbücher zu verstehen, verschieden ausfallen. Wenn jemand eigenen Fähigkeitsmangel heranzieht („So etwas verstehe ich nie so richtig") – was er übrigens nicht tun sollte, denn der Kasten war etwas zu dicht geschrieben –, wird er kaum mit großer Zuversicht an solche Texte herangehen und sie meiden, bis es etwa wegen anstehender Prüfungen unumgänglich wird. „Bis ins letzte verstehe ich schwierige Dinge ja doch nicht", hat zudem belastende Folgen für die Selbsteinschätzung der eigenen geistigen Fähigkeiten. Macht man hingegen die „mangelnde Konzentration"/„Tagesform"/„Mühegeben" etc. verantwortlich, wird man sich die Textstelle demnächst noch einmal vornehmen, sofern man sie für wichtig hält. Man wird sich erst recht nicht seine Zuversicht trüben lassen, was das Verstehen künftiger Texte betrifft.

Lehrerunterschiede. Wegen solcher und anderer Motivationsfolgen erschien es von Belang, als sich zeigte, daß sich Lehrer darin unterscheiden, welche Ursachenerklärungen sie als „natürlich" und naheliegend ansehen. Schon in den ersten Untersuchungen hierzu (Mayer & Butzkamm, 1975; Rheinberg, 1975) war aufgefallen, daß einige Lehrer eher als andere stabile Schülermerkmale wie „Begabung", „Intelligenz", „Arbeitscharakter" usw. für schulisches Abschneiden verantwortlich machen. Für die leistungsschwächeren Schüler müßte das ungünstige Folgen haben, sofern sie sich von den Erklärungen des Lehrers beeinflussen lassen. Ihr desolater Leistungsstand liegt nach dieser Erklärung an ihnen selbst, und zwar an Dingen, die sie nicht ändern können. Es wird also so bleiben, und es hat kaum Zweck, sich anzustrengen.

Aber woher kommen solche Attributionsunterschiede zwischen Lehrern? Eine von mehreren Voraussetzungen (Hofer, 1986) ist die Art des Leistungsvergleichs, die der Lehrer bevorzugt (Rheinberg, 1980). Lehrer sind häufiger gezwungen, die Leistungen der Schüler untereinander zu vergleichen, am Klassendurchschnitt zu messen. Das legt die Schulklassensituation ohnehin nahe. Lehrern, die nun besonders darauf aus sind, über Leistungsunterschiede zwischen ihren Schülern informiert zu sein *(soziale Bezugsnorm-Orientierung),* fällt besonders ins Auge, wenn einige Schüler dauerhaft besser und andere dauerhaft schlechter als andere sind. Solche stabilen Unterschiede drängen zu zeitstabilen Ursachenerklärungen. In der Tat ließ sich zeigen, daß Lehrer mit starker sozialer Bezugsnorm-Orientierung eher zu stabilen Attributionen neigen und sich dabei auch sicherer glauben.

Lehrer hingegen, die den einzelnen Schüler auch im zeitlichen Längsschnitt seiner (intra-)individuellen Leistungsentwicklung sehen *(individuelle Bezugsnorm-Orientierung),* werden bei solchen Vergleichsopera-

Kasten 9.14: Lehrer erklären Schulleistungen

Meyer & Butzkamm (1975) haben als erste aus freien Äußerungen, die Lehrer zu Ursachen von Mathematikleistungen ihrer Schüler machten, ein Kategoriensystem von Kausalfaktoren entwickelt, mit denen Lehrer operieren. Da die Vorhersage zu Auswirkungen von Ursachenzuschreibungen theoretisch nicht über den konkreten Kausalfaktor selbst gemacht werden kann, wurden in einer weiteren Untersuchung (Rheinberg, 1975) die wichtigsten dieser Faktoren von Lehrern danach eingeschätzt, für wie zeitstabil und wieweit vom Schüler steuerbar sie diese Dinge jeweils halten. Als sehr zeitstabil gelten in Lehreraugen „Fähigkeit", „Begabung" und „häusliches Milieu". Als vom Schüler steuerbar gelten „Interesse" oder „Arbeitshaltung". Letzteres gilt übrigens zugleich als mäßig zeitstabil.

Eine zweite Lehrerstichprobe schätzte nun ihre Schüler nach diesen Kausalfaktoren ein und machte zugleich Angaben dazu, welches Leistungsniveau sie in den nächsten drei Monaten vom Schüler erwarteten und wie sie ihn sanktionierten, wenn er ein jetzt für ihn typisches Ergebnis erzielte.

Zusammenhänge dürfte es übrigens nur bei den Kausalfaktoren geben, die Lehrer hinreichend oft zur Ursachenerklärung heranziehen. Aus Voranalysen konnte man sehen, daß etwa „leibseelische Verfassung" oder „häusliches Milieu" Erklärungen für Spezialfälle sind. Gleichgültig, wie stabil oder steuerbar sie gesehen werden, sie dürften über alle Schüler hinweg kaum Zusammenhänge zu Erwartungen und Sanktionierungen zeigen. Anders ist das bei den Kausalfaktoren 1–4 in der folgenden Tabelle. Sie werden insgesamt häufig als Ursachen gesehen und sollten je nach Zeitstabilität oder Steuerbarkeit mit Erwartungen oder mit Sanktionierungen zusammenhängen.

Als sehr zeitstabil, aber vom Schüler nicht zu steuern, gelten Faktor 1 und 2. Entsprechend finden sich hier ausschließlich Beziehungen zur Erwartung und nicht zur Sanktion. Faktor 3 gilt als mäßig stabil und vom Schüler steuerbar. Entsprechend ergeben

Tabelle: Produkt-Moment-Korrelationen zwischen Ursachenerklärungen des Lehrers einerseits und dem augenblicklichen Leistungsstand der Schüler, dem vom Lehrer erwarteten künftigen Leistungsniveau und seinem momentanen Sanktionsverhalten (nach Rheinberg, 1975, S. 191f.).

Handlungsresultat wird zurückgeführt auf die Faktoren	momentaner Leistungsstand	erwartetes Leistungsniveau	Sanktionierung jetziger Leistung
1. Allgemeine geistige Fähigkeiten	.69	.64	.07
2. Spezielle fachliche Begabung	.72	.69	.18
3. Allgemeine Arbeitshaltung	.61	.39	.46
4. Interesse am jetzigen Unterrichtsstoff	.57	.26	.41
5. Häusliches Milieu	.33	.29	.14
6. Leib-seelische Verfassung	.36	.17	.09

sich (schwächere) Beziehungen zur Erwartung, aber zudem zur Sanktionierung. Faktor 4 schließlich gilt als zeitvariabel und steuerbar. Beziehungen ergeben sich hier, wie zu erwarten, nur zu der Sanktionierung.

Die insgesamt niedrigeren Korrelationen bei der Sanktionierung gehen darauf zurück, daß hier einige Lehrer attributionsunabhängige Strategien verfolgen („Nie tadeln, nur loben!").

Nachfolgende Untersuchungen zeigten übrigens, daß der Kausalfaktorenraum von Lehrern erheblich differenzierter ist (bis zu 30 Faktoren bei Hofer, 1986; Rheinberg, 1980), und daß viel mehr als nur Erwartungen und Sanktionen von solchen Ursachenzuschreibungen abhängen (Hofer & Dobrick, 1981).

tionen eher auf Veränderlichkeiten aufmerksam. Sie halten deshalb „endgültige" Ursachenzuschreibungen eher in der Schwebe und operieren mehr mit veränderlichen Faktoren („jeweiliges Sachinteresse", „Unterrichtsangebot" etc.).

In einer Reihe von Untersuchungen ließ sich zeigen, daß Lehrer mit kraß sozialer Bezugsnorm-Orientierung ungünstige Motivationseffekte, insbesondere bei den lernschwächeren Schülern ihrer Klasse, erzeugen (zusammenfassend Rheinberg, 1980). Jüngste Befunde von Jerusalem (1984) und Schwarzer (1984) zeigen übrigens, daß solche bezugsnormabhängigen Motivationseffekte bei Schülern sich besonders klar akzentuieren, wenn man die Bezugsnorm-Orientierung des Lehrers aus der Sicht seiner Schüler erfaßt (vom Schüler wahrgenommene Bezugsnorm-Orientierung). Versuche, Lehrer mit stark sozialer Bezugsnorm-Orientierung „umzupolen" und sie auf die Sicht- und Bewertungsweise einer mehr individuellen Bezugsnorm zu bringen, waren nur teilweise erfolgreich. Krug & Heckhausen (1982) vermuten deshalb, daß diese Bezugsnorm-Orientierungen ihrerseits wieder Voraussetzungen haben und eingebettet sind in übergeordnete pädagogische Überzeugungen. Also doch wieder ein Gesamtbild des „guten Lehrers" (vgl. 9.1)? Das ist nicht sicher. Möglicherweise waren unsere eigenen „Umpolungsversuche" zu verhaltensfern und damit nicht hinreichend praxisgerecht. Lehrertrainings zur individuellen Bezugsnorm haben sich inzwischen als erfolgreicher erwiesen, wenn die praktische Umsetzung für den (Sport-)Unterricht gleich mitgeübt wurde (Weßling-Lünnemann, 1985; vgl. Kasten 9.12).

Rekonstruktionsmodelle zum Lehrerhandeln. Die eben skizzierte Forschung lief auf einer recht engen theoretischen Schiene, auf der wie bei einem Schaltplan verschiedene kognitive Orientierungen des Lehrers in eine Voraussetzungsfolge gebracht und dann mit Blick auf bestimmte Motivationseffekte untersucht wurden.

Dabei wurde übersehen, daß Lehrer ihre Schüler ja keineswegs nur nach Leistungsaspekten differenzieren und nach dieser Einteilung ihre Handlungen ausrichten. Hofer (1981a) machte auf induktivem Wege (Clusteranalyse von Lehrerurteilen über Schüler) inhaltlich recht verschiedene „Schülertypen" aus, nach denen Lehrer ihre Schüler klassifizieren. Da gibt es den „Klassenprimus", den „extravertierten Quirl", den „Introvertiert-Sensiblen" u. ä. Solche Klassifikationskonzepte aus Lehrersicht sind insofern bedeutsam, als sich zeigte, daß Lehrer für die verschiedenen Typen unterschiedliche Ursachenerklärungen bevorzugen und in Abhängigkeit davon unterschiedliche Handlungsstrategien wählen (Hofer & Dobrick, 1981). Es ergeben sich dann Muster der folgenden Art. Gibt ein Schüler vom Typ des „extravertierten Quirls" eine richtige Antwort, bietet sich das Attributionsmuster „wegen Interesses, trotz mangelnder Konzentration" an; es legt dem Lehrer als typische Reaktionsweise nahe: „Positive Rückmeldung geben und dranbehalten." Die gleiche richtige Antwort führt beim „schlechten Schüler" oder „Klassen-primus" zu ganz anderen Erklärungs- und Strategiemustern. Die auf diese Weise induktiv gefundenen Beziehungen sind hochkomplex (Hofer et al., 1979) und dürften dann noch je nach Fach und Klassenstufe verschieden sein.

Bei diesem recht breiten Fächer kognitiver und Verhaltensvariablen ist überraschend, daß sich keine systematischen Unterschiede zwischen den von Hofer & Dobrick (1981) untersuchten Lehrern zeigten. Wie ein Lehrer interpretierte und agierte, hing viel stärker von der Unterschied-lichkeit der Schüler und der situativen Anlässe ab. Die Chance, systema-tische Lehrerunterschiede auszumachen, bietet sich wohl eher auf „engen Forschungsschienen" (s. o. Bezugsnorm-Orientierung), in denen aus-schließlich Variablen beachtet und erfaßt werden, die theoretisch eng verknüpft sind. Damit werden aber notwendig viele wichtige Prozesse ausgeblendet, die das Unterrichtsgeschehen oder das Lehrerhandeln als Ganzes ausmachen. Wie breit oder eng man bei der Forschung hier greifen soll, hängt vornehmlich davon ab, was man wissen will.

Im Extrem kann man sogar versuchen, das gesamte Unterrichtshan-deln eines Lehrers zu rekonstruieren – gleichgültig, welche Effekte einzelne Handlungen auf der Schülerseite haben. Der Lehrer, seine Kognitionen und sein Handeln sind dann in eigener Sache interessant genug. Ein sehr anspruchsvoller Rekonstruktionsversuch in dieser Rich-tung ist in dem schon angesprochenen Forschungsprojekt von Hofer et al. (1979) empirisch überprüft worden, und zwar für zwei Typen von Handlungsanlässen, nämlich leistungs- und disziplinthematische Unter-richtsepisoden (vgl. Kasten 9.15).

Kasten 9.15: Was man alles wissen muß, um Lehrerverhalten vorherzusagen

Willi ruft eine Antwort in die Klasse, eine falsche. Was wird der Lehrer tun? Um dies vorherzusagen, benötigen wir eine Reihe von Informationen. Zu welcher Schülergruppe („Typ") gehört Willi in den Augen des Lehrers? Hierzu müssen wir die „naive" (Klassifi-kations-)Theorie des Lehrers kennen (s. Abb.). Faßt der Lehrer Willis Verhalten eher als Disziplinverstoß auf oder als schlechte Leistung (Bedeutungsbeimessung, Abb.), und wie wird er es dann attribuieren? Aus dieser Kenntnis müßten wir schätzen können, wie der Lehrer die Entwicklung dieses Sachverhalts einschätzt („Wird-Lage").

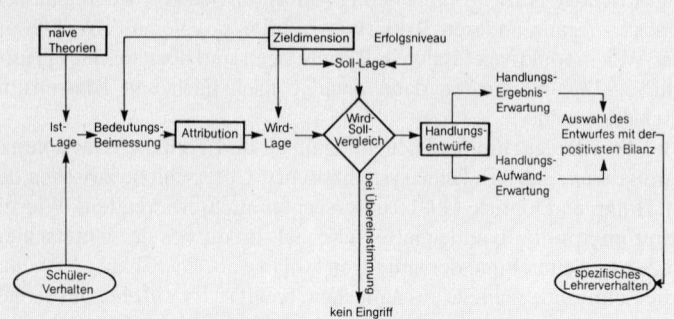

Abb.: Ein Modell zur Rekonstruktion des (Lehrer-)Handelns in komplexen (Unterrichts-)Situationen (nach Hofer & Dobrick, 1981)

Ob der Lehrer überhaupt eingreift, hängt jetzt davon ab, ob diese Situationsentwicklung („Wird-Lage") von einem gewünschten Standard („Soll-Lage") abweicht. Diese Soll-Lage ist ihrerseits bestimmt von Zielvorstellungen des Lehrers (Zieldimensionen). Hier handelt es sich um allgemeine Ziele. In Kap. 9.3.2 schien die unmittelbare Verhaltenswirksamkeit solcher abstrakter Ziel- und Wertvorstellungen keineswegs gesichert. Von daher ist es bemerkenswert, daß das Modell mit dem „Erfolgsniveau" (s. Abb.) eine Konkretisierung auf der Zielebene vorsieht. Dieses Erfolgsniveau legt fest, welches von den allgemeineren Zielen der Lehrer speziell für Willi in welchem Ausmaß für erforderlich hält. Falls Wird- und Soll-Lage hinreichend abweichen, wird der Lehrer etwas tun. Die Handlungsmöglichkeiten, die ihm einfallen, kann er nach Erfolgswahrscheinlichkeiten (Handlungs-Ergebnis-Erwartungen), aber auch nach Kosten (Handlungs-Aufwand-Erwartungen) beurteilen. Vorherzusagen ist, der Lehrer täte jetzt das, was bei möglichst geringem Aufwand eine möglichst sichere Annäherung der Ist- an die Soll-Lage bewirkt.

Der Aufwand solcher Vorhersagen ist beachtlich. Zudem mag der Praktiker daran zweifeln, daß ihm im zügigen Unterricht ständig derart komplizierte Gedankenketten durch den Kopf gehen. Diesem Zweifel läge dann allerdings ein Mißverständnis zugrunde. Das Modell von Hofer & Dobrick (1981) ist lediglich ein Rekonstruktionsmodell, das nicht behauptet, der Lehrer müsse sich all dieser Prozesse gewahr werden. Im

Unterricht geschieht vieles auf dem Niveau von *Routinen* (Creemers & Westerhof, 1984). Ein Großteil dieser schnell ablaufenden Routinen wird wohl vor ihrer Routinisierung von zweckrationalen Kalkulationen geleitet gewesen sein, wie sie im Modell von Hofer et al. (1979) postuliert werden.

Interessant ist hier die Frage, ob sich auch Verhaltensroutinen im Unterricht ausmachen lassen, die dem Lehrer selbst gänzlich unbekannt sind und ihm erst bei einer Videokonfrontation fast wie bei einem Fremden auffallen. Für diese müßte man dann wohl eine andere Entstehungsgeschichte annehmen als es nach dem Modell eines reflexiven, willkürlich und zweckrational handelnden Subjekts vorgezeichnet ist. Diese Frage steht noch zur Bearbeitung frei.

Ein Problem von Rekonstruktionsmodellen. Die bisherigen Ansätze zur Aufklärung von Lehrerkognitionen hatten bei aller Verschiedenheit eines gemein: Die aktuellen Kognitionen selbst wurden gar nicht untersucht! Untersucht wurden statt dessen Strukturen, von denen man annimmt, sie führten in bestimmten Situationen zu aktuellen Kognitionen, die dann das konkrete Handeln lenken. So sind „Attributionstendenzen" genau genommen nur Prädiktoren dafür, daß in einer bestimmten Situation der Lehrer glaubt: „Meine Frage war wohl zu schwer", oder: „Der ist zu dumm dazu."

Die eingangs angesprochenen Probleme der erfassungsfeindlichen Flüchtigkeit und mangelnden Wahrnehmung von Kognitionen hat man in dieser Weise geschickt umgangen. Dafür wurde allerdings der Preis gezahlt, daß man nie genau weiß, was dem Lehrer im Moment tatsächlich durch den Kopf geht, wenn man ihn im Unterricht beobachtet. Da das allerdings dem Lehrer bis auf einige auffällige Situationen selbst auch nicht so gewahr wird – er hat viel zuviel „nach außen" zu tun –, könnte man es dabei bewenden lassen. Die Schlüssigkeit der Rekonstruktion kognitiver Prozesse wäre dann danach zu beurteilen, ob dieser Lehrer anlaßspezifisch das tut, was er gemäß seiner individuellen Ausprägung in den Parametern des Handlungsmodells tun sollte.

Diese Vorgehensweise kann bei Alternativentscheidungen in klar strukturierten Situationen zu recht ansehnlichen Trefferquoten führen. Eine Beispiel wäre etwa die auf Wissen um Schülerkognitionen begründete Vorhersage, ob sich ein Schüler zu Hause auf eine kommende Klassenarbeit vorbereitet oder nicht (Heckhausen & Rheinberg, 1980). Hier lassen sich für die Schüler bis zu 90% Trefferquoten erzielen (Rheinberg, 1982b). Viel schwieriger wird das, wenn man in der variantenreichen Unterrichtssituation und bei einem breiten Spektrum möglicher Aktionen vorhersagen will, was der Lehrer jetzt denken und gleich tun wird. So muß fast überraschen, daß mit dem Modell im Kasten 9.15 (s. o.) Varianzaufklärungen bis zu 15% gelungen sind (Hofer et al., 1982). Die andere Seite ist, daß immerhin 85% der beobachteten Verhaltensvarianz unaufgeklärt blieben. Kaum wahrscheinlich ist, daß man durch Einbeziehung weiterer „Kognitionsstationen" in das Rekonstruktionsmodell entscheidende Prognosegewinne macht. Die Distanz zwischen den statisch konzipierten Kognitionsstrukturen und den je aktuellen Kognitionen würde sich nicht verringern.

Subjektive Theorien*. Seit einiger Zeit gibt es einen neuen Zugriff auf Lehrerkognitionen. Unzufrieden mit dem praktischen Nutzen, den solche Rekonstruktionsmodelle etwa für die Lehrerfortbildung haben, versuchte Wahl (1979), mit solchen Kognitionen zu operieren, die Lehrer im Unterricht „tatsächlich haben". Das müßte in den eher seltenen Fällen möglich sein, in denen der Lehrer gewahr wird, daß er sich etwas überlegt hat. Aus Sammlungen solcher gewahr gewordenen Kognitionen müßten sich dann stabile Strukturen rekonstruieren lassen, die so etwas wie eine subjektive Theorie dieses Lehrers sind. Solche Theorieformulierung hätte den Vorteil, daß sie zweifelsfrei vom Lehrer verstanden wird (es ist ja seine Theorie und wurde zusammen mit ihm entwickelt) und daß sie handlungssteuernd ist (sie wurde ja aus handlungsleitenden Kognitionen „destilliert"). Hier wird also nicht von einem wissenschaftlichen Rekonstruktionsmodell auf mutmaßlich handlungsleitende Kognitionen geschlossen, sondern umgekehrt von sicher handlungsleitenden auf individuelle statische Kognitionsstrukturen (vgl. Kasten 9.16).

Ehe man sich dazu entschließt, subjektive Theorien von Lehrern zu beeinflussen, sollte sicher sein, daß die „handlungsleitenden Kognitionen" tatsächlich handlungsleitend sind. Ansonsten erweitert man doch wieder nur das allgemein-pädagogische Wissen des Lehrers, das er in entspannten Situationen von sich gibt. Aber wie soll man den handlungsleitenden Status solcher Kognitionen prüfen? Wahl et al. (1983) arbeiten u. a. mit einer originellen „Doppelgänger-Strategie". Einer zweiten Person, eben dem Doppelgänger, werden aus aufgezeichneten Unterrichtsepisoden Abschnitte mit Schülerverhalten vorgespielt, und der Doppelgänger sagt vorher, ob und wie der Lehrer jetzt eingreifen wird.

Der Doppelgänger ist jetzt verschieden informiert; einmal weiß er nichts vom Lehrer und sieht nur die Schüler. Dann kann er das Lehrerverhalten nur in 10% der Fälle mit zufriedenstellender Genauigkeit vorhersagen. Seine Prognosen erreichen etwa 38% Treffer, wenn der Doppelgänger die *Situationsklassen* des Lehrers kennt, die *Handlungsklassen* und die Verknüpfungen zwischen wahrgenommener Situation und gewählter Handlung. Führt man versuchshalber dieser allgemeinen, überdauernden Struktur, die man auch subjektive Theorie nennen kann, die aktuellen handlungssteuernden Gedanken zur Wahrnehmung einer gewählten Prognosesituation hinzu, so steigen die Treffer erwartungsge

---

* Ich danke Diethelm Wahl für kritische Durchsicht und Verbesserungsvorschläge.

Kasten 9.16: Kognitionserfassung „on line"?

Leider haben Versuchspersonen immer noch kein kleines Sichtfenster auf der Stirn, durch das man lesen könnte, was sie gerade denken. So stellt sich wieder das leidige Problem angemessener Kognitionserfassung. Wahl (1979) versucht es damit zu umgehen, daß Lehrer und Untersucher sich unmittelbar nach dem Unterricht die videoaufgezeichnete Stunde ansehen (stimulated recall). Pro Unterrichtsstunde wird je eine auffällige Stelle ausgewählt, wo der Lehrer sich sicher glaubt, sich an das zu erinnern, was ihm während des Unterrichts durch den Kopf ging. Nach bestimmten Erarbeitungsregeln versuchen dann Untersucher und Lehrer, die entsprechenden Gedächtnisinhalte zu rekonstruieren. Durch eine ganze Reihe von Unterrichtsbesuchen (in der Regel zwischen 10 und 20) kann ermittelt werden, welche Klassen von eingriffsfordernden Situationen der einzelne Lehrer bildet und welche Klassen von Handlungen ihm jeweils dazu einfallen.

Bei solchen aktionsnahen Erfassungen handlungsleitender Kognitionen ergeben sich übrigens viel simplere Strukturen, als wenn man dieselben Lehrer in entspannter Situation dazu befragt, welche Gedanken man sich als Lehrer in solchen Situationen macht. Im Mittel fassen die von Wahl untersuchten Lehrer pro Klasse von Situationen nur eine bis zwei Handlungsmöglichkeiten ins Auge. Das kann bei dem unterrichtlichen Handlungsdruck nicht verwundern, steht aber in bemerkenswertem Gegensatz zu den feinsinnigen Überlegungen, zu denen der Lehrer in pädagogischen Gesprächen fähig ist.

Auf der Basis der aktuellen Kognitionen wird versucht, mit der Weingartener-Appraisal-Legetechnik (Wal), einer speziellen Form der Struktur-Lege-Technik (vgl. z. B. Groeben & Scheele, 1984), die subjektive Theorie als Kognitionsfigur abzubilden.

Diese ideographischen Netzwerke sind recht komplex. Was soll man nun damit? Man könnte sie sammeln und eine (wissenschaftliche) Metatheorie dazu entwickeln. Das Hauptziel von Wahl et al. (1983) liegt aber darin, Anhaltspunkte zu finden, wie man über die Beeinflussung solcher subjektiver Theorien das Unterrichtsverhalten des Lehrers verbessern kann, wenn dessen subjektive Theorie mit der beobachtbaren Realität nicht in Einklang steht.

mäß von 38% auf über 45% in Leistungskontexten und über 42% in Störungssituationen. Fügt man jetzt noch die aktuellen Gedanken des Lehrers zur Handlungsauswahl hinzu, so müßte man erwarten, daß die Trefferquote sich 100% nähert. Demgegenüber ergibt sich nur ein Zuwachs von knapp 2% für leistungsthematische Kontexte. Für Störungssituationen sinkt die Prognosegüte gar von 42% auf 34% ab! Daraus kann man schließen, daß beim raschen Reagieren in auffälligen Situationen insbesondere die Kognitionen zur Handlungsauswahl introspektiv schwer zugänglich sind. Besonders schlecht werden die Prognosen des Doppelgängers, wenn er zusätzlich erfährt, was der Lehrer in entspannter Gesprächssituation alles an „pädagogischen Gedanken" zu solchen Situationen geäußert hat! Diese Information scheint den Doppelgänger in die Irre zu führen (Wahl et al., 1983).

Daß diese Irreführung gerade in Störsituationen auftritt, die ja schnelles Eingreifen erfordern, verweist darauf, daß hier ein reflexives und abwägendes Subjektmodell das tatsächliche Geschehen nicht gut abbildet. Das sehen auch Wahl et al. (1983) so. Wenn man erst weiß, wie der Lehrer die Situation „sieht", sind Rekonstruktionen des Handelns einzubeziehen, die den Lehrer auch mit einer Reihe von (hoffentlich erfolgreichen) Verhaltensgewohnheiten, Routinen und „automatischen" Reaktionen ausstatten. Es scheint, als würde dies mit der wachsenden Forschungspopularität subjektiver Theorien derzeit etwas aus dem Blick geraten (Rheinberg, 1984a).

Lehrerverhaltensweisen, die einen Unterschied machen. Etwas wollen und etwas tun sind zwei verschiedene Dinge. Das gilt besonders, wenn die Ausführung schwierig ist. Das weiß jeder, der einmal versucht hat, ein Musikinstrument zu spielen, zu handwerken, zu malen, eine Sportart auszuüben oder eben auf Gruppen von Schülern einzuwirken. Im letzteren Fall gilt es zunächst, viele didaktisch-methodische Routinen verfügbar zu haben. Das fängt an beim gekonnten Planen einer Unterrichtsstunde (Bromme, 1981). Mehr noch sind angemessene Routinen gefordert, wenn im Unterricht wenig Zeit zum Überlegen bleibt. Hier kann der Lehrer das Geschehen nicht ständig mit Grübelpausen unterbrechen.

Erforderlich sind viele kleine Geschicklichkeiten, die keineswegs nur Lehramtskandidaten Schwierigkeiten bereiten. Wie kann ein Schülerbeitrag zu einem Impuls umformuliert werden, der möglichst viele andere Schüler aktiviert? Wie muß Gruppenarbeit organisiert und eingebettet sein, damit sie lerneffektiv ist? Wie ist eine Frage zu stellen – erst die Frage, dann den Schüler aufrufen oder umgekehrt (ersteres scheint übrigens meist günstiger; Kounin, 1970)? Wie muß ein Tafelbild aussehen, um Strukturierungshilfe sein zu können? Mit welchen Aktionen gelingt es am ehesten, eine Klasse aus einem montäglichen Dämmerzustand zu reißen, ohne sie zu verärgern? Womit lassen sich überaktive Klassen „bremsen", ohne ihnen den Spaß zu nehmen?

Solche Fragenlisten lassen sich leicht über viele Druckseiten hinweg fortsetzen. Sie zeigen, daß die Verhaltensseite von Unterrichten viele Fertigkeiten verlangt, die wie in jedem Handlungswerk beherrscht und trainiert sein wollen (Grell & Grell, 1979).

Mitunter ist der Nachweis schwierig, daß bestimmtes Lehrerverhalten bestimmte Effekte auf Schülerseite hat. Brophy et al. (1983) haben über längere Zeit hinweg erfaßt, auf welche Weise sechs Lehrer einen neuen Unterrichtsgegenstand einführen. Hierzu gibt es viele Strategien: Der Lehrer kann begeistert tun und Vorfreude zeigen, kann auf die Nützlichkeit des Kommenden verweisen, sich für die Zumutung entschuldigen, auf Zeitknappheit und die Notwendigkeit höchster Konzentration abheben, den Selbstverwirklichungswert des Kommenden klarmachen u. v. m. Welche Einführungsstrategien sind die günstigsten? Dazu wurde jeweils registriert, wie die Klassen nachfolgend mitarbeiteten. Völlig unerwartet zeigte sich, daß meist die beste Mitarbeit dann auftrat, wenn der Lehrer ohne Einführung einfach anfing zu unterrichten! Daraus dürfen allerdings keine voreiligen Unterrichtsempfehlungen abgeleitet werden. Es war nämlich so, daß die Lehrer anscheinend dann ohne Einführung unterrichteten, wenn der Stoff oder die Stimmung der Klasse Mitarbeit auch ohne Einführungskunstgriffe zu garantieren schien. Sah der Lehrer hingegen Schwierigkeiten voraus, so bemühte er sich um spannende Einführungen. Wenn diese Motivierungsakrobatik dann keine übermächtigen Auswirkungen hatte, ist klar, daß „keine Einführung" häufiger einer hohen Mitarbeit zeitlich (aber nicht kausal) vorangeht als Einführungen beliebiger Weise.

Dieses Beispiel vorausschauender Kompensationsversuche von Lehrern macht deutlich, daß Lehrerverhalten nur dann verständlich wird, wenn kognitive Prozesse, insbesondere die *Situationsauffassung,* in die Analyse einbezogen werden. Daß umgekehrt Kognitionen allein Lehrerverhalten und seine Auswirkungen nicht hinreichend verstehbar und vorhersagbar machen, wurde schon oben gesagt. Aber genügen das Wissen um die kognitiven Prozesse eines Lehrers und die Kenntnis seiner Ausführungsfertigkeiten, um hinreichend zu verstehen, was er im Laufe eines Vormittags im Klassenzimmer alles tut und wie er das macht? Was ist mit Wutausbrüchen, Glücksgefühlen, Angst, die Lehrer im Unterricht haben können? Auch sie steuern auf mehrfache Weise das Handeln im Unterricht. Im folgenden Abschnitt geht es um solche Emotionen.

9.3.4 Emotion und Streß bei Lehrern

Kognition und Emotion. Der Lehrer, den beim Verlassen der Klasse eine Apfelsine am Hinterkopf trifft, wird darauf mit einer Ablaufänderung seiner zielorganisierten Aktivität reagieren. Sofern dieses Ereignis nicht

Kasten 9.17: Klassenzimmerfertigkeiten von Lehrern

Gibt es über den Augenschein hinausgehende Nachweise, daß
bestimmte Fertigkeiten des Lehrers das Unterrichtsgeschehen
positiv beeinflussen? Natürlich stellt sich hier gleich wieder das
Kriterienproblem, das schon beim „guten" vs. „schlechten Lehrer"
sich als so widerspenstig erwies (s. o.). Man kann sich jetzt
allerdings bescheiden. Es wäre ja schon hilfreich zu wissen, was der
Erreichung des meist obligatorischen Zwischenziels „halbwegs
störungsfreie, lernbereite Klasse" förderlich ist.

Kounin (1970) hat einige Fertigkeitsunterschiede zwischen amerikanischen Lehrern ausgemacht, die Einfluß auf die Mitarbeits-
und Störrate im Klassenzimmer haben. So ist es wichtig, daß der
Lehrer überhaupt mitbekommt, was in seiner Klasse gerade vor
sich geht. Da scheinen einige Lehrer nahezu „blind" zu sein. Dann
muß der Lehrer wie ein Jongleur parallel mehrere Klassenzimmer-
aktionen gleichzeitig steuern können. Weiter muß seine Instruktion im Aufbau deutlich einen „roten Faden" erkennen lassen und
in der Durchführung nicht ständig von unnötigen Verzögerungen
gebremst sein, sonst wird er selbst zum hauptsächlichen Störer des
Unterrichtsflusses. Schließlich gibt es noch eine Reihe ganz spezifischer Dinge, etwa bei der Leistungsüberprüfung, der Abwechs-
lungssicherung, der Akzentuierung von Aktivitätswechseln etc.,
die allesamt mehr Varianz der Stör- und Mitarbeitsrate aufklären
als etwa die Klassengröße (Schülerzahl) oder der Anteil von
Jungen (gegenüber Mädchen).

Deutsche Untersuchungen zeigen, daß diese Lehrerfertigkeiten
auch in hiesigen Klassenzimmern etwas ausmachen, daß Schüler
solche Lehrerunterschiede wahrnehmen und daß solche Fertigkeiten für Lehrer trainierbar sind (Isselmann, 1983; Rheinberg &
Hoss, 1979). Unüberprüft ist noch, ob solche Klassenzimmerfertigkeiten den Unterricht des Lehrers so direktiv machen, daß
übergeordnete Erziehungsziele gefährdet sind. In den Trainings
(Isselmann, 1983) war das augenscheinlich nicht der Fall. Nach den
Befunden von Köttl & Sauer (1980), wonach in „leichten" Klassen
am ehesten erziehungszielkonformes Lehrerverhalten auftritt,
könnte man sogar erwarten, daß Lehrer um so eher „pädagogisch"
werden können, je problemloser sie das Zwischenziel „halbwegs
störungsfreie, lernbereite Klasse" erreichen können. Aber auch
das steht noch zur empirischen Überprüfung frei.

der erwartete Regelfall ist, wird man zunächst Anzeichen von Überraschung, gekoppelt mit einer Orientierungsreaktion (Pawlow, 1953) beobachten können (schnelles Umdrehen mit reflextypischem Gesichtsausdruck, Schadenskontrolle durch Griff an den Hinterkopf). Wie es dann weitergeht, hängt entscheidend davon ab, wie der Lehrer die Situation auffaßt. Sieht er beim Umdrehen in hämisch lachende Schülergesichter, wird er Absicht unterstellen und mit Ärger, Wut, evtl. mit Angst reagieren. Sieht er dagegen einen höchst erschrockenen Schüler, der so schnell gar nicht weiß, wie er das wiedergutmachen kann, wird er Versehen unterstellen. Angst wird dann kaum auftreten. Ob Ärger, Mitleid oder etwas anderes aufkommt, hängt von detaillierteren Interpretationen der Situation durch den Lehrer ab und kann im zeitlichen Verlauf auch wechseln.

Emotionen hängen in diesem Beispiel davon ab, wie eine Situation aufgefaßt wird. Sie sind also den kognitiven Prozessen der Situationsauffassung nachgeordnet. Andererseits gibt es genügend Belege dafür, daß ein einmal hervorgerufener emotionaler Zustand nachfolgende Kognitionen beeinflußt (Zajonc, 1980b). Der sprichwörtliche Ärger über die Fliege an der Wand zeigt, wie eine schon gegebene „Bodenaffektivität" nachfolgende Situationsbewertungen beeinflußt (Dembo, 1931).

Bei dieser wechselseitigen Beeinflussung von Emotionen und Kognitionen scheint es unpraktisch, das eine zur bloßen Folge des anderen verkürzen zu wollen. Statt dessen liegt es näher, Kognition und Emotion interaktiven, aber unterscheidbaren Steuerungssystemen zuzuordnen (Lantermann, 1983) oder sie als zwei Aspekte menschlichen Handelns aufzufassen (Mandl, 1983). Wenn man dem plausiblerweise folgt, genügt es nicht, sich allein mit Lehrerkognitionen und Instruktionsfertigkeiten zu befassen. Man müßte auch genaueres über emotionale Prozesse bei Lehrern im Unterricht wissen. Welche Rolle spielen sie in der Interaktion mit dem Schüler, und welche besonderen Verhaltensauswirkungen lassen sich ausmachen?

Zur Bedeutung von Lehreremotionen. Zunächst haben Emotionen in der Lehrer-Schüler-Interaktion unmittelbar *kommunikativen Wert.* Da sie einerseits zwischenmenschlich „lesbar", vom „Sender" aber schwerer zu kontrollieren sind als die Rede, sind sie sogar besonders valide Indikatoren für den momentanen Zustand des anderen, hier des Lehrers. Schüler wissen nach einiger Zeit sehr genau, wann es bei welchem Lehrer „ernst wird" und ein Wutausbruch bevorsteht. Dies kann für sie als Stopsignal gelten oder als Indikator dafür, auf dem richtigen Weg zu sein – je nachdem, in welchem Zustand sie sich den Lehrer wünschen. Tiefe Enttäuschung oder offene Freude des Lehrers sind für Schüler ebenfalls lesbar und haben je nach Wertschätzung für diesen Lehrer bekräftigende Wirkung. Zur kommunikativen Funktion von Lehreremotionen liegen m. W. noch keine Arbeiten vor.

Der zweite Punkt, der Lehreremotionen wichtig macht, sind ihre Auswirkungen auf die aktuelle Funktionstüchtigkeit des Lehrers. Bei sehr *starken Emotionen* (affektiven Zuständen) ist diese Wirkung offenkundig. Je nachdem, ob sich der Lehrer gerade besonders glücklich fühlt, niederdrückende Enttäuschung, rasende Wut oder lähmende Angst erlebt, sind die Flexibilität, Intensität und Organisation seines Unterrichtsverhaltens sehr verschieden. Seine momentane Tauglichkeit, zu lehren und als Sozialpartner souverän reagieren, gar erziehen zu können, ist davon erheblich betroffen.

Neben solchen massiven Verhaltenseffekten haben Emotionen eine *Motivationskomponente,* die seit der „kognitiven Wende" zu Unrecht weniger Beachtung fand. Bei aller Unterschiedlichkeit lassen sich Emotionen auf einer Lust-Unlust-Dimension ordnen. Lust – Unlust wiederum kann man als die „großen Lehrmeister des Menschen" (Schneider & Schmalt, 1981, S. 13) auffassen. Auch ohne radikaler Hedonist zu sein, wird man zugeben müssen, daß kaum jemand ohne Zwang oder hohen erwarteten Nutzen längerfristig Dinge tut, die im Vollzug deutliche Unlustzustände hervorrufen. Dies gilt insbesondere dann, wenn Handlungsalternativen sichtbar sind, deren Vollzug lustvolle Zustände verspricht. In frühen Motivationskonzepten wurde in der erwartungsvermittelten Wiederbelebung eines positiven Affektwandels das zentrale Prinzip der Motivierung gesehen (McClelland et al., 1953). Ein Lehrer, der Glücksgefühle hat, wenn ihn Kinderaugen vertrauensselig anschauen, wird solche Zustände bevorzugt herzustellen versuchen, wenn er dazu eine Chance sieht. Ein Lehrer, der aufgeregte Bedrohtheitszustände erlebt, wenn ein Schüler energisch eine abweichende Meinung vertritt, wird Situationsentwicklungen abwenden wollen, die so etwas ankündigen.

Motivationspsychologisch sind also die *vorweggenommenen* Emotionszustände Steuergrößen jetzt ablaufenden Verhaltens. Sie machen das aus, was man mit Anreiz bezeichnet. Jetziges Verhalten wird hier instrumentell konzipiert. Es hat den „Zweck", künftige angenehme Person-Umwelt-Bezüge herbeizuführen, unlustvolle hingegen abzuwehren.

Auch ohne das Menschenbild eines auf Zukunft angelegten Wesens in Frage zu stellen, ist schlicht überlegenswert, ob es denn immer nur künftige und vorausgespürte Emotionen sind, die motivationale Auswirkungen haben. Immerhin kann man sich ja im Vollzug der Tätigkeit selbst und unabhängig von ihren Zielen oder Zwecken verschieden wohlfühlen (sog. „tätigkeits- vs. zweckzentrierte Anreize"; Rheinberg, 1982 b). Diese Art von *verhaltensbegleitenden Emotionen* hat weniger zielgebende Funktion, sondern betrifft die basaleren Tendenzen, einen jetzigen Person-Umwelt-Bezug möglichst schnell abzuändern oder im Gegenteil möglichst zu belassen und weiterzuführen.

Ist man nicht nur an der zielorientierten Richtung, sondern auch an der zeitlichen Erstreckung von Lehreraktionen interessiert, tut man gut daran, auch die je aktuell handlungsbegleitenden Emotionszustände mit zu berücksichtigen. Der Lehrer mit der Vorliebe für die vertrauensseligen Blicke „seiner Kinder" wird diese nicht nur häufig herbeiführen wollen. Wenn ein entsprechender Zustand erreicht ist, wird er zudem dafür sorgen, daß er nicht so schnell unterbrochen wird. Er wird so vielleicht mehr Unterrichtszeit für die Rezitation bewegender Märchengeschichten verbrauchen als es mit Blick auf kognitive Unterrichtsziele angezeigt wäre. Der andere Lehrer mit den aufgeregten Bedrohtheitsempfindungen wird dagegen versuchen, die Situation des energisch meinungsabweichenden Schülers möglichst schnell abzuändern, etwa den Schüler ruhigstellen oder aus der Klasse weisen.

Emotionale Qualitäten antizipierter und erst recht momentaner Zustände steuern den Verhaltensstrom auch dann, wenn sich die Person darüber nicht hinreichend klar ist. So mag der erste der beiden Lehrer sich oder anderen sein häufiges Märchenvorlesen damit erklären, daß es sehr wichtig sei, auch emotionale Lehrziele zu erreichen. Diese Begründung wird er sogar eher geben, als schlicht zu sagen: „Ich fühle mich so wohl dabei, und deshalb tue ich es oft und lange." Entsprechend wird auch der zweite Lehrer ein Erziehungsziel finden, das sein Handeln rational erscheinen läßt.

Natürlich ist nicht jede pädagogische Zielüberlegung die Rationalisierung emotional-gesteuerten Unterrichtshandeln. Andererseits ist bei „pädagogischen Gesprächen" mit Lehrern in entspannter Befragungssituation davon auszugehen, daß sie vieles zu ihrem Unterrichtsverhalten jetzt (durchaus aufrichtig) ganz anders sehen, als wenn sie in der unmittelbaren Klassenzimmerinteraktion den orientierenden Leitstrahl ihrer emotionalen Befindlichkeit haben. Die Befunde von Wahl et al. (1983), wonach entspannt elaborierte „pädagogische Sichten" des Lehrers den Verhalten vorhersagenden „Doppelgänger" bei seinen Prognosen geradezu in die Irre führten (s. Abs. 9.3.3), könnten so verständlich werden.

Häufige Lehreremotionen und ihre Auftretensbedingungen. Es gibt schon wegen ihrer Auswirkungen also genügend Grund, sich mit Lehreremotionen zu befassen. Dem Stand der Forschung folgend, werden wir das hier nur oberflächlich in dem Sinne tun können, daß wir uns auf die wahrnehmbaren und verbal mitzuteilenden Komponenten von Emotionen (= Gefühlen) beschränken. Wir haben in der Regel nämlich mit Befragungen von Lehrern zu tun. Untersuchungen zu psychophysiologisch-vegetativen Komponenten der Lehreremotionen sind wohl wegen des meßmethodischen Aufwandes die Ausnahme geblieben (z.B. Sutcliffe & Whitfield, 1979). Wir können also in erster Linie darauf eingehen, über welche Emotionen Lehrer im Zusammenhang mit Unterricht berichten und welche Bedingungen oder Ereignisse diese Emotionen auslösen. Die Emotionen selbst werden im folgenden in ihrer alltagssprachlichen Bedeutung gebraucht, weil sie so ja auch von den Lehrern erfragt wurden (zu genaueren Definitionen verschiedener Emotionen s. Euler & Mandl, 1983).

Befriedigung, Freude, Glück. In welchen Unterrichtszusammenhängen und bei welchen Ereignissen geben Lehrer an, ein Gefühl der Zufriedenheit oder gar Glücksgefühle zu haben? Diese Frage ist besonders deshalb interessant, weil hier die Dinge erfaßt werden, die positiven Anreizwert für den Lehrer haben. Sie herzustellen dürfte sein Handeln im Unterricht stark ausrichten. Möglicherweise sind wir hierbei den wirklich einflußmächtigen „Steuergrößen" von Lehrerverhalten direkter auf der Spur, als wenn wir Lehrer nach „letzten" Erziehungszielen oder pädagogischen Wertvorstellungen fragen.

Übrigens lassen die Überlegungen zu Motiven von Lehrern (s. Abs. 9.3.2) hier individuelle Unterschiede vermuten, so daß eine gewisse Inhaltsvariation bei nur mäßiger Übereinstimmung zwischen verschiedenen Lehrern zu erwarten ist. Was also vermittelt Lehrern Gefühle der Zufriedenheit oder des Glücks?

Randoll (1981) hat Lehrer gebeten, sich an Unterrichtsereignisse zu erinnern, wo sie Befriedigung, Freude oder gar Glück erlebten. *Befriedigung* wird berichtet, wenn etwa ein Schüler den Lehrer mag, trotz dessen Autoritätsfunktion (22%), ein Schüler bessere Mitarbeit (22%) oder bessere Leistungen (20%) zeigt oder wenn ein Schüler sich kooperativer (19%) verhält. Den genannten Ereignissen ist gemein, daß hier der Lehrer trotz Schwierigkeiten etwas beim Schüler bewirkt, was ihm wichtig erscheint.

Das als stärker beschriebene Gefühl von *Freude* trat bei offenbar größeren Schwierigkeiten auf, die länger dauernde Einflußnahme erforderten und die dann endlich (oft plötzlich) doch wirksam wurde: Ein früher ausfälliger Schüler ist jetzt anhänglich (26%); ein Schüler verteidigt einen anderen gegen ungerechtfertigte Anschuldigungen (20%); ein bislang schwacher Schüler arbeitet jetzt konzentriert mit (18%). Erfragt man nicht, sondern gibt Ereignisse als Fälle vor (Prawat et al., 1983), so treten Stolz und Glücksgefühle am stärksten dann auf, wenn ein „schwach Begabter" sich plötzlich stark anstrengt.

Die genannten Auslöser positiver Lehreremotionen gehören entweder direkt in eine anschlußthematische Kategorie (Schüler mag den Lehrer) oder zeigen die komplizierte Struktur, im Schüler etwas bewirken zu wollen (Machtthematik), das seinerseits dann verschiedenen Inhalten wie Leistung oder sozial-moralischem Handeln zuzurechnen ist. Daß auch unmittelbar Leistungsthematik im Spiel sein dürfte, zeigt sich daran, daß Befriedigung und Freude dann besonders ausgeprägt waren, wenn die Effekte vom Lehrer als selbstbewirkt erlebt wurden (Randoll, 1981).

Offen ist, wie groß für den Lehrer die Chance ist, im Unterricht solche thematisch verschachtelten Ereignisse herbeizuführen. Hierzu könnte man Lehrer nach Schulschluß über längere Zeiträume hinweg täglich zu Vorkommen und Art befriedigender, gar glücksstiftender Unterrichtsereignisse befragen. Solche Arbeiten stehen m. W. noch aus.

Ärger. Vielleicht wird man bei solchem Vorgehen ebenso häufig Schilderungen von ärgerauslösenden Ereignissen erhalten können. Diese Vermutung liegt jedenfalls nahe, wenn man sich in Großstadtschulen zur Pausenzeit ins Lehrerzimmer setzt. Die subtilen experimentellen Analysen von Dembo (1931) zeigen, daß offene Ärgeraffekte dann auftreten, wenn bei länger dauernder „Bodenspannung" ein plötzlicher Zusatzdruck hinzutritt. Letzterer kann, muß aber inhaltlich nichts mit der Bodenspannung zu tun haben. Bodenspannung ist beim Lehrer schon dann hinreichend gegeben, wenn er instruktionsparallel ständig darum kämpfen muß, das Zwischenziel „halbwegs störungsfreie, lernbereite Klasse" herzustellen. Plötzliche Zusatzdrücke beliebiger Art vermögen dann Ärgeraffekte zu mobilisieren.

Bei der Erfragung ärgerauslösender Bedingungen wurde meist nicht unterschieden zwischen Faktoren, die zur längerfristigen Bodenspannung beitragen und den plötzlichen Zusatzdrücken. Eine Faktorisierung von Ärgerquellen (Kyriacou & Sutcliffe, 1978) deutet aber im nachhinein eine solche Unterscheidung wieder an. Drei Faktoren einer vierfaktoriellen Lösung beschreiben eher überdauernden Druck: (F2) schlechte Arbeitsbedingungen/Bezahlung, (F3) Zeitdruck/Überlastung mit Verwaltungsarbeit und (F4) schlechtes Schulklima. Der erste Faktor (F1) betrifft dagegen abweichendes Schülerverhalten wie Lärmen und Verhaltensprobleme. Im Hinblick auf offene Ärgeraffekte müßten die meist akuten Ereignisse von Faktor 1 besonders wirkungsvoll sein, wenn die anderen Faktoren (F2–F4) für hinreichende Bodenspannung sorgen.

Auch in der bereits angesprochenen Befragung von Randoll (1981) zeigen sich chronische Ärgervoraussetzungen wie fortlaufende Aufmerksamkeitsstörungen der ganzen Klasse, übermäßige Belastung der Lehrerkonzentration oder notorisches Nichtvorhandensein notwendiger Unterrichtsvoraussetzungen. Offener Ärger tritt dann bevorzugt auf, wenn der geplante Unterrichtsablauf unterbrochen wird, und zwar *unerwartet,* anscheinend *vermeidbar* und *vom Schüler gewollt* (offene Provokationen, direkter Angriff, Verweigerung von Mitarbeit).

Ärger ist eine sehr änderungsaktive Emotion. Auf der einen Seite zeigt Ärger in sozialen Situationen allein durch sein Vorführen unmittelbare Wirkungen. Schüler sagen nach dem Wutausdruck eines ernst genommenen Lehrers zunächst einmal gar nichts mehr („Einfrieren"; Kounin, 1970). Auf der anderen Seite sorgt die Unlustkomponente dieser Emotion dafür, daß sich der Lehrer auf die Suche nach prophylaktischen Maßnahmen begibt, sofern ihm eine Wiederholung des ärgerauslösenden

Ereignisses wahrscheinlich erscheint (Motivationskomponente der Emotion).

Ein Lehrer, der sich heftig ärgern kann, wenn die Schüler immer wieder ungefragt in die Klasse rufen, glaubt nicht nur, es sei gut bzw. erforderlich, daß im Unterricht nicht gerufen würde. Er muß zudem glauben, daß der gewünschte Zustand annäherungsweise erreichbar ist. Erst wenn dieser Glaube nach vielen wirkungslosen Änderungsversuchen gänzlich aufgegeben wurde, wäre zu erwarten, daß sich der Lehrer nicht mehr ärgert, sondern resigniert. Solche Befreiung von Ärger ist zuvor erkauft durch das Erlebnis von Ohnmacht und Ratlosigkeit. Verschiedene Bewältigungsstrategien (Lazarus & Launier, 1978; Schwarzer, 1981) können diesen Mißerfolg subjektiv erträglicher machen (z. B.: „Es ist schön, eine lebhafte Klasse zu haben." „Schule sollte Spontaneität von Kindern fördern und nicht unterdrücken"). Gelingt diese Umbewertung nicht und handelt es sich zudem um sehr konsequenzenreiche Ärgeranlässe, ist anstelle emotionsneutraler Resignation zu erwarten, daß der Lehrer statt des ursprünglichen Ärgers dann Angst erlebt (s. u.).

Vor dem Hintergrund der Befunde zum Ärger von Lehrern (Hofer, 1985) läßt sich das folgende zusammenfassen: Wie häufig sich ein Lehrer im Unterricht oder auch zu Hause bei der Korrektur von Klassenarbeiten ärgert, hängt ab (1) von objektiven Gegebenheiten (Schüler und Schulbesonderheiten); (2) der Interpretation potentiell beeinträchtigender Ereignisse (z. B. beabsichtigt, vermeidbar); (3) den Standards oder Erwartungswerten, die der Lehrer noch für verbindlich und erreichbar hält, und offenbar (4) noch von einer Art dispositioneller „Ärgerbereitschaft" (Schwarzer & Schwarzer, 1982). Lehrer, die sich höchst selten ärgern, können also (a) Glück haben mit den objektiven Gegebenheiten oder (b) beeinträchtigende Ereignisse freundlich interpretieren oder (c) ihre Standards aufgegeben haben oder (d) auch ansonsten kaum aus der Fassung zu bringen sein. Sieht man, daß der Lehrer auf objektive Gegebenheiten (s. 1) nicht nur „innerlich" mit Ärger reagiert, sondern in gewissen Grenzen diese Gegebenheiten verändern kann, so fällt noch eine fünfte Einflußgröße auf: (e) Es kommt zu allem anderen darauf an, wie geschickt der Lehrer darin ist, prophylaktisch die objektiven Gegebenheiten so zu beeinflussen, daß er nicht auf's Glück angewiesen ist, um selten Anlaß zum Ärger zu haben.

Angst. Daß Schüler gelegentlich Angst in der Schule haben, ist seit den Fragebogenerhebungen der 60er und 70er Jahre hinlänglich bekannt. Je nach individueller Angstdisposition, generellen Unterrichtsmerkmalen und spezifischen Unterrichtsepisoden ist das Auftreten von emotionalen Zuständen, die man mit Angst bezeichnet, verschieden häufig und intensiv (Schwarzer, 1981). Auch wenn auf dem Weg vom Kreuz im Angstfragebogen-Item zur Aussage über Angst in deutschen Schulen mancherlei Dramatisierungen in der öffentlichen Darstellung vorgekommen sind, bleibt das Phänomen, daß manche Schüler insbesondere in und vor Prüfungssituationen aufgeregt und besorgt sind.

Wie kommt das? Angst ist eine Emotion, die von Erwartungen (Befürchtungen) lebt. Befürchtet werden Ereignisse, die wichtige/angenehme Komponenten des jetzigen Lebensvollzugs (z. B. Selbstachtung, soziales Erscheinungsbild, körperliche Unversehrtheit, Schmerzfreiheit, Besitz etc.) wegnehmen oder mindern. Eine Person, die Angst erlebt, muß also (1) etwas zu verlieren haben (und sei es nur eine bisherige Angstfreiheit). Zugleich muß sie (2) Annahmen zu künftigen Ereignismöglichkeiten (Verlusten) hinreichend Beachtung schenken (statt stets hoch aktiv in der je aktuell gegebenen Situation aufzugehen). Schließlich muß sie (3) noch daran zweifeln, daß sie selbst, wohlmeinende andere oder gar ein „Schutzengel"* die kommende Situation unter Kontrolle bekommen und das Bedrohliche abwenden können.

Faßt man diese drei Bestimmungsstücke als notwendige Bedingungen „normaler" (nicht pathologischer) Angst auf, dann gibt es verschiedene Möglichkeiten, unter objektiver Bedrohung überwiegend angstfrei zu sein. Der Schüler, der weiß, daß er den Stoff der morgigen Klassenarbeit nicht beherrscht, wird jetzt keinen Angstaffekt erleben, wenn ihm die Folgen dieser Arbeit gänzlich gleichgültig sind. Er hat dann mit einem schlechten Resultat nichts zu verlieren. Er kann aber auch im Moment so sehr von anderen Dingen gefesselt sein, daß er an die morgige Arbeit gar nicht denkt. Schließlich kann er ein vages Vertrauen haben, „irgendwie" würde es doch schon gutgehen.

Aber wie ist das beim Lehrer? Was hat er in der Schule zu verlieren und nicht hinreichend unter Kontrolle? Sofern beamtet, plagen ihn keine beruflich vermittelten Existenzängste. Das ist beim Management-Trainer anders. Bei den vielfältigen Möglichkeiten, gegen einen Erlaß, eine Verordnung oder ein Gesetz zu verstoßen, könnte man als erstes meinen, Lehrer müßten in ständiger Angst vor disziplinarischen Maßnahmen ihrer Dienstvorgesetzten leben. Das scheint eher die Ausnahme.

Peez (1983) unterschied verschiedene Angstformen und fand, daß zu Angst befragte Lehrer am häufigsten „Versagensangst" und „Konfliktangst" angeben. Welches Versagen sollten Lehrer fürchten? Die Leistungen ihrer Klasse beurteilen sie ja selbst, und die Orientierung am klasseninternen Bezugssystem (Ingenkamp, 1969) verhindert allzu erschreckende Leistungsbilder. Das könnte anders sein, wenn kriteriumsorientierte Leistungsmessungen vorgenommen wurden oder klassenübergreifende Leistungsstanderhebung das klasseninterne Bezugssystem außer kraft setzten oder wenn schließlich bei Visitationen

---

* Den haben wir bei besonders riskant fahrenden Motorradfahrern gefunden (Rheinberg, 1984b).

der Dienstvorgesetzte einen externen Leistungsstandard heranträge. All das ist eher selten. Zudem kann im einmaligen Fall hier der Lehrer ein ungünstiges Abschneiden seiner Klasse immer noch den Schülern zuschreiben. Das wird erst in mehrmaligen Wiederholungsfällen in verschiedenen Klassen schwieriger.

„Versagensängste" sind dort wahrscheinlicher, wo pädagogische Mißerfolge offenkundig sind und zugleich die unmittelbare Verantwortlichkeit des Lehrers klar scheint. Das betrifft vornehmlich bestimmtes Verhalten von Schülern, das der schlichten Bewertung unterliegt „muß ein Schüler tun bzw. darf er nicht tun und der Lehrer hat dafür zu sorgen, daß es so ist". In Weidenmanns (1978) Einzelfallstudien zeigt sich hier etwa die Angst, daß Schüler ostentativ nicht mitarbeiten oder die Bitten, Anordnungen, schärfste Bedrohungen des Lehrers einfach ignorieren könnten. Auch die offene wie lautstarke Revolte im Klassenzimmer oder massive Beleidigungen des Lehrers werden in diesem Zusammenhang häufiger als angstmachende Erwartungen genannt.

Aber warum soll das Angst machen? Nach den drei obengenannten Angstvoraussetzungen muß der Lehrer hier einen wichtigen Bereich seines jetzigen Lebensvollzugs gefährdet sehen. Bei den gerade skizzierten Fällen sind zwei verschränkte Bereiche auszumachen. Zum einen ist die berufliche Selbstdefinition bedroht: „Wer solche Situationen nicht meistert, hat seinen Beruf verfehlt!" Zum anderen und weiter gefaßt sind solche Situationen zweifellos Machtkämpfe, und die Selbsteinschätzung, eine ernstzunehmende Person zu sein, ist gefährdet. So überrascht nicht, daß die eigentliche, inhaltsenge „Konfliktangst" von Lehrern gleich nach der „Versagensangst" genannt wird (Peez, 1983). Wohl in realistischer Einschätzung fürchten Lehrer den exemplarischen Wert solch verfahrener Machtkämpfe mit Schülern. Die Klasse weiß aus dem einmaligen Ereignis, daß dieser Lehrer letztlich „nichts machen kann". Seine berechtigte Sorge ist, daß sich auch noch in anderen Klassen der Schule herumspricht, mit diesem Lehrer könne man alles machen. Daß solche Folgen dem Lehrer Grund zur Angst liefern können, scheint nachvollziehbar. Um akute Angst auszulösen, müssen aber noch zwei weitere der oben genannten Bedingungen erfüllt sein: der Lehrer muß an solche Situationen denken und zugleich daran zweifeln, mit ihnen fertig zu werden.

Je stärker sich Lehrer in ihrem Status bedroht sehen, um so eher befürworten sie *Kontrollideologien* (Willower & Lawrence, 1979). Die signifikante, aber nur mäßige Korrelation ($r = .30$) zwischen erlebter Bedrohung und Kontrollideologie macht allerdings wahrscheinlich, daß letztere noch von anderen Faktoren als von Bedrohung abhängt und daß die befragten 373 Lehrer noch andere Reaktionsmöglichkeiten auf Statusbedrohung kennen. Das ist insofern begrüßenswert, als Kontrollideologien ihrerseits wieder häufiger eine Statusbedrohung durch Schüler provozieren können (Weidenmann, 1978), so daß der Lehrer in unnötige Machtkämpfe gerät, die er zu allem Überfluß auch noch verlieren kann.

Streß und Zufriedenheit. Natürlich haben Lehrer mancherlei weitere Befürchtungen, Unsicherheiten und Sorgen. Ein Großteil geht darauf zurück, daß Lehrer verschiedene Anforderungen an ihre Tätigkeit nicht zugleich erfüllen können, wenn diese Anforderungen in sich widersprüchlich sind (z. B. „Selektionsagent" vs. „Entwicklungsförderer für alle" zu sein; Weidenmann, 1981). Weiterhin sind „pädagogische" Ziele gewöhnlich unrealistisch hoch gesteckt. Das gilt für unerfüllbare Lehrpläne, die Fülle der beim Schüler zu fördernden Personmerkmale und Werthaltungen wie auch den kaum überschaubaren Kanon von Erlassen und Vorschriften, denen Unterricht gerecht werden müßte (vgl. Abs. 9.3.1). Dies und anderes schlägt sich über akute Emotionen hinausgehend nieder in dauerhaften Belastungen und in der allgemeinen Berufszufriedenheit. Wie steht es damit bei Lehrern?

Unrealistische Ziele und Belastungen. Auch ohne akute Angstaffekte auszulösen, könnten unrealistische Standards zu unproduktiven Belastungen führen. Dies gilt für den Fall, daß sich der Lehrer solchen Zielen streng verpflichtet fühlt. Das eigene Handeln, gar den eigenen Wert ständig von Unerreichbarkeiten abhängig zu machen, ist weder freudvoll noch auf Dauer einsatzförderlich. Das haben schon die frühen Anspruchsniveau-Experimente gezeigt (Hoppe, 1930; Heckhausen, 1955). Sofern nicht hoch mißerfolgsmotiviert oder gänzlich desinteressiert, korrigieren Personen aber unrealistische Zielsetzungen, wenn sie dazu den Freiraum haben. Sie schaffen sich so wieder die Möglichkeit zu sehen, wie Erreichen oder Verfehlen des eigenen Anspruchs (auch) von dem eigenen Einsatz und/oder der gewählten Strategie abhängen.

Lehrer scheinen das gleiche zu versuchen. Ihr pädagogischer Freiraum läßt das in den Grenzen der institutionell-rechtlichen Dimension (s. o.) ja auch zu. Es klingt hier allerdings fast wie ein Vorwurf, wenn für die berufliche Sozialisation von Lehrern festgestellt wird, daß die ursprünglichen „eigentlichen" Ziele von Schule aufgegeben würden zugunsten von „Teilaufgaben" oder „Ersatzzielen" (Hänsel, 1975; Weidenmann, 1981; Hofer, 1985). Das liegt wohl daran, daß im Lehrberuf anders als im Anspruchsniveau-Experiment mit der Setzung realistischer und kurzfristig überprüfbarer Ziele eine Verschiebung vom Zweck auf die Mittel, zumindest auf konkrete Zwischenziele, einhergeht. Wenn etwa einem Lehrer anfangs ein gut vorbereiteter Unterricht und lernaktive Schüler lediglich als Mittel erschienen, gesellschaftliche Chancenungleichheiten zumindest in seinem Wirkungsbereich gründlich aufzuheben und er dann mit zunehmender Praxis froh ist, wenn er das „Mittel" wenigstens gelegentlich wunschgemäß herstellen kann und am Ende nur noch das „Mittel" im Auge hat, dann mag man das verschieden bewerten. Entscheidend ist im jetzigen Zusammenhang, daß die allgemeine Tendenz zur realistischen Zielsetzung im Zusammenwirken mit dem pädagogischen Freiraum die meisten Lehrer davor schützt, daß unerreichbare Ziele eine dauerhafte Streßquelle werden. Im Leistungsbereich kann allerdings eine auf strikte Lehrplaneinhaltung pochende Schulaufsichtsbehörde die realistische Zielsetzung der Lehrer zu begrenzen versuchen.

Inkompatible Ziele. Wie steht es um die Unvereinbarkeit vielleicht erreichbarer Ziele, die an den Lehrer herangetragen und evtl. übernommen werden? Muß sie nicht durch Konflikthaftigkeit zur dauernden Überbelastung führen? Das ist keineswegs sicher (vgl. Kasten 9.18).

Entsteht die vielbeschriebene Inkompatibilität der Aufgaben und Ziele von Schule und Lehrern vielleicht in erster Linie durch die Abstraktionsleistung von „tiefen Denkern", die am Schreibtisch über Schule und Unterricht sinnieren? Gibt es sie auf der konkreten und anlaßspezifischen Ebene des Lehrerhandelns vielleicht gar nicht? Dann würde Anforderungsinkompatibilität kaum eine besondere Streßquelle sein können. Je nach Anlaß tritt vielleicht das eine Ziel hervor, womit die anderen im Hintergrund verblassen. Bei einem anderen Anlaß ändert sich das wieder, so daß streßerzeugende Konflikthaftigkeit im Unterrichtsprozeß unwahrscheinlich wird. So weitreichende Behauptungen sind von Papier-und-Bleistift-Untersuchungen an Lehrerstudenten noch nicht gedeckt.

Kasten 9.18: Wie unvereinbar sind Unvereinbarkeiten?

Sorensen et al. (1963) gaben 94 Lehrerstudenten 30 schulalltägliche Problemsituationen vor. Pro Situation gab es fünf speziell zugeschnittene Lösungen, die von den Studenten jeweils auf ihre Angemessenheit zu beurteilen waren.

Das Interessante daran war, daß diese Lösungen aus den folgenden fünf rollenspezifischen Zielperspektiven des Lehrerberufs entworfen waren: Der Lehrer als „Informationsgeber", „Disziplinierer", „Berater", „Motivator", „Delegierer".

Wenngleich man etwa zwischen „Berater" und „Disziplinierer" Unvereinbarkeiten erwarten sollte, war das nicht so. Die Faktorisierung der Angemessenheitsurteile ergab nämlich unabhängige Faktoren, die weitgehend die obengenannten Zielperspektiven widerspiegelten. Bei strikter Unvereinbarkeit von Zielperspektiven hätte man dagegen Faktoren erwartet, bei denen die eine Perspektive positive, die andere negative Ladungen hat. „Beraten" und „Disziplinieren" waren auch auf dem Niveau der Einzelkorrelationen keineswegs unvereinbar. Die entsprechenden Angemessenheitsbeurteilungen korrelierten nur schwach, und zwar mit $r = .16$ sogar positiv!

Konflikt entsteht, wenn die gleiche Situation gleichermaßen einschlägig ist für zwei widersprüchliche Zielbereiche. Der Lehrer, dem bei einer freudvoll-besinnlich geplanten Adventsfeier die lebhafte Klasse zunehmend außer Kontrolle gerät und der sich nicht anders zu helfen weiß, als nach „hartem Durchgreifen" diese Feier mit einem Diktat zu beenden, erlebt durchaus einen unangenehmen Zielkonflikt zwischen „Disziplinierer" und „Vermittler kulturell wertvoller Besinnlichkeitserlebnisse". Akute Konflikte ergeben sich auch leicht bei der Leistungsbeurteilung. Soll der Lehrer dem Schüler, der schon eine Lehrstelle in seinem „Traumberuf" hat, im Abschlußzeugnis das „Ungenügend" geben, das nach dessen Jahresleistungen zwingend geboten wäre? Der Schüler müßte dann das Jahr wiederholen, und sein Lehrvertrag wäre vermutlich unwiderruflich hinfällig.

Tatsächliche Belastungsquellen. Fraglich ist allerdings, ob man im Zusammenhang mit solchen Überlegungen und Abwägungen von Lehrern schon das Wort „Streß" bemühen sollte. Das könnte leicht zu mißverständlichen Dramatisierungen führen. Schließlich meint der alltagssprachliche Streß-Begriff, ähnlich dem von Cofer & Appley (1964), ernstzunehmende Überbeanspruchungen. Die aber scheint es in diesem Beruf ganz woanders zu geben. Wir haben sie bereits als Auslöser für aktue Ärger- und Angstemotionen kennengelernt. Besonders häufiges Ertragen solcher Affektauslöser kann zu dem führen, was man (alltagssprachlich) mit Streß im Sinne von ernster Überbeanspruchung meint. Umfragen bei Lehrern (zusammenfassend Weidenmann, 1984) wie auch arbeitsphysiologische Untersuchungen (Müller-Limmroth, 1980) machen wahrscheinlich, daß starke Belastungen von praktischen Schwierigkeiten der Steuerung des Unterrichtsablaufes herrühren. Nach den Lehrerangaben handelt es sich hier vornehmlich um Disziplinprobleme mit einzelnen Schülern oder der ganzen Klasse und um Motivierungsprobleme. Es sind also bevorzugt machtthematische Problemsituationen: Die Schüler wollen nicht das, was der Lehrer gerne hätte („Motivierungsprobleme"), sondern tun statt dessen teils gezielt und provokant Dinge, von denen sie wissen, daß sie es nicht sollen („Disziplinprobleme"). Daß im Unterricht Blutdruck und Herzfrequenz des Lehrers steigen (Müller-Limmroth, 1980), kann dann nicht sonderlich überraschen. In machtthematischen Unterrichtssituationen geht es Lehrern offenbar ähnlich wie hoch machtmotivierten Managern, die deutlich stärker als niedrig machtmotivierte infarktgefährdet sind (McClelland, 1975).

Je nach praktischem Geschick, aber auch je nach Standards für „Disziplin" und „Mitarbeit", können verschiedene Lehrer in den gleichen Klassen häufiger oder seltener in solche streß-hervorrufenden „Macht-Situationen" geraten. So wundert nicht, wenn als Trend verschiedener Untersuchungen sich abzeichnet, daß erfahrenere Lehrer im Vergleich zu relativ unerfahrenen ihren Beruf als weniger belastend empfinden

(Hofer, 1986; Weidenmann, 1984). Bei den amerikanischen Studien ist allerdings zu beachten, daß diese „Erfahrenen" eine „Survival-Population" sind. In den ersten zehn Dienstjahren geben immerhin 50% der amerikanischen Lehrer den Beruf auf (Phillips & Lee, 1980). Dies trifft auf hiesige Verhältnisse, vielleicht wegen des verlockenden Beamtenstatus oder anderer Schulverhältnisse, weit weniger zu.

Ausgebrannt. Damit müßten auch die Chancen günstiger stehen, hiesige Lehrer im Zustand des „Ausgebranntseins" (burn out; Aronson et al., 1983b) anzutreffen. Dieses Konzept beschreibt ein Erschöpfungssyndrom mit körperlicher, emotionaler und kognitiver Komponente. Es soll vorwiegend bei Personen auftreten, die mit oder an anderen Menschen arbeiten (Sozialarbeiter, Therapeuten, Ärzte, Lehrer, Erzieher etc.). Bevorzugt soll es dann diejenigen treffen, die ihre Arbeit anfangs mit großem Idealismus aufnahmen. Das scheint plausibel. Die nur partielle Machbarkeit dauerhafter Beeinflussung anderer Menschen und/oder die fehlende Anerkennung müßten gerade sie nachhaltig treffen, weil sie im Anfangsschwung besonders viel investiert haben und weil im Kontrast zu den idealistischen Anfangszielen das tatsächlich Erreichbare um so enttäuschender ist. Als Konsequenz können sich über Zeit negative Einstellungen zur eigenen Person entwickeln, aber auch gegenüber den Personen, denen man professionell Förderung und Hilfe bieten müßte. Im Extremfall bleiben Zynismus und „Dehumanisierung", gepaart mit körperlichen Schlappheitsgefühlen und Anfälligkeit für Banalerkrankungen, wobei alles eingebettet ist in Gefühle von Niedergeschlagenheit und Hoffnungslosigkeit.

Auf Lehrer können einige dieser Bedingungen vorzüglich zutreffen. Ihre Arbeitsprodukte sollten unterschiedlichst geförderte, moralisch verbesserte, klügere, wissensvollere und lebenstüchtigere Schüler sein. Da all dies aber notwendig ein Gemeinschaftsprodukt von Lehrer und Schüler ist, erlebt der Lehrer nur „partielle Kontrolle" bei seinem beruflichen Tun (Weidenmann, 1981). Ein Lehrer, der sieht, daß manchmal ein gut vorbereiteter Unterricht zu einer Stunde führt, die „läuft", manchmal aber auch nicht, erlebt so etwas wie partielle Kontrolle. Sieht er überdies, daß seine Schüler die anscheinend erforderlichen Lehrziele gleichbleibend nicht erreichen – gleichgültig, ob er seinen Unterricht gründlich, originell oder gar nicht vorbereitet –, so wird er hoffnungslos und verbittert, solange es ihm hinreichend wichtig ist, daß gerade diese und nicht etwa anspruchslosere Lehrziele erreicht werden, und er zugleich noch glaubt, diese Ziele müßten prinzipiell erreichbar sein. Eine Schulaufsichtsbehörde, die schülerseitige Lernvoraussetzungen ignorierend auf strikte Einhaltung von Lehrplänen pocht, steigert in solchen Fällen die Belastungen.

Lehrerzimmergespräche lassen vermuten, daß schließlich einigen (keineswegs der Mehrzahl) gänzlich gleichgültig wird, ob und was diese

„Hohlköpfe" lernen, und man lediglich auf den „Zahltag", nämlich die (Nicht-)Versetzungszeugnisse wartet. Solche Extremreaktionen sind unwahrscheinlich, wenn Lehrer frühzeitig ihre Ziele realistisch anpassen und dabei ertragen können, daß sie gemäß eigener, besonders aber offiziell-bürokratischer Standards „eigentlich" viel mehr und noch allerlei anderes erreichen müßten. Die Tatsache, daß burn-out-Symptome korrelieren mit einer Intoleranz für Ambiguität und mit externaler Kontrollüberzeugung (Fielding, 1982; McIntyre, 1982), ist damit in Einklang.

Lehrer, die sich ernsthaft in den Kopf gesetzt haben, Schüler in erster Linie „für's künftige Leben" zu lehren, stehen zu allem anderen noch vor einer besonderen Schwierigkeit. Sofern dieses außerschulische Kriterium nicht als vorzügliche Entlastung für jetzige innerschulische Fehlschläge herangezogen, sondern ernstgenommen wird, muß der Lehrer Belohnungsaufschub ertragen können. Er hat dann ja sein entscheidendes Wirksamkeitskriterium weit in die Zukunft verlagert. Solche Lehrer sind dann etwa auf Besuche lebenserfolgreicher „Ehemaliger" angewiesen. Im ungünstigen Fall haben solche Lehrer vielleicht nur die gleiche Dankbarkeitschance wie Zahnärzte – nach Aronson et al. (1983b) eine besonders geeignete Berufsgruppe, um burn out zu demonstrieren. Das für akademische Berufe relativ niedrige Prestige von Lehrern bietet nicht einmal im Spiegel sozialer Bewertungen die Chance, zumindest allgemeine Anerkennung zu haben, wenn schon die persönliche Anerkennung von seiten der Schüler eher selten ist.

Nimmt man zu dieser ungesicherten sozialen (nicht materiellen!) Gratifikation hinzu, daß bei Umfragen Lehrer sich „überbeansprucht" fühlen (88% bei Knight-Wegenstein, 1973) oder meinen, „an der Grenze ihrer Leistungsfähigkeit angelangt" zu sein (65% bei Köppel, 1983), könnte man erwarten, daß die Lehrerschaft höchste Grade von Berufsunzufriedenheit erlebt und tief bedauert, je Lehrer geworden zu sein. Überraschenderweise ist eher das Gegenteil der Fall!

Berufszufriedenheit. Die überwiegende Zahl von Lehrern ist mit ihrem Beruf insgesamt zufrieden: 83% bei Roth (1972) oder 77% bei Knight-Wegenstein (1973). Zunächst kann man den gerade angeführten negativen Seiten des Berufes einige positive gegenüberstellen. Berufsaspekte, die bei Befragungen zum Lehrerberuf als besonders erstrebenswert genannt wurden (Redmann, 1975), sind etwa die freie Gestaltung und Zeiteinteilung der Arbeit, wobei die Arbeit selbst als abwechslungsreich und vielseitig gilt. Der Lehrer muß auch nicht in eine Fabrik oder in ein Büro gehen und hat zudem noch Zeit für andere Interessen. Last not least ist die Bezahlung gesichert. Es mag sein, daß diese Faktoren die eher seltene Anerkennung und das mäßige Prestige des Berufes kompensieren können.

Trotzdem bleibt der Befund, daß sich Lehrer stark beansprucht fühlen und zugleich berufszufrieden sind. Wie paßt das zusammen? Verschiedene psychologische Prozesse können für diesen Widerspruch zwischen Belastung und Zufriedenheit verantwortlich sein (Hofer, 1985). Mir scheint es das einfachste, daß hier gar kein Widerspruch vorliegt. Zumindest aus der Sicht empirisch gut belegter Leistungsmotivationstheorien (Atkinson, 1957; Heckhausen, 1963) wäre es geradezu überraschend, wenn man dauerhaft mit Aufgaben zufrieden wäre, die die eigene Tüchtigkeit nicht herausfordern, also unbelastend sind. Sogar Angst- und Streßforscher wie Lazarus & Launier (1978) sind dazu übergegangen, die einseitig negative Bewertung von Streß aufzugeben, und ihm im Fall von Herausforderung die positiven Erlebnisqualitäten zuzubilligen, die schwerlich zu übersehen sind. Daß bei Lehrern dann gegen Schuljahresende und nach längeren ferienlosen Zeiten solche Herausforderungen zuviel werden, ja als ernste Belastung erlebt werden können, ist als meist vorübergehender Zustand offensichtlich nicht so dramatisch, daß deshalb die Lehrerschaft in Mehrzahl den Tag bedauerte, an dem sie Lehrer wurde.

Zusammentreffen von Streß und Berufszufriedenheit ist also nicht sonderlich erklärungsfordernd (es sei denn, man wäre der irrigen Meinung, ein Beruf stelle um so zufriedener, je ausgeruhter er die Person in ihre Freizeitinteressen entläßt). Reizvoller erscheint dagegen die Bedingungsanalyse zur eher a-typischen *Berufsunzufriedenheit* einiger Lehrer. Bei Roth (1972) waren etwa 17% der befragten Lehrer unzufrieden mit ihrem Beruf. Theoretisch läßt sich hier eine Reihe situativer Faktoren spezifizieren. So könnten diese Lehrer objektiv besonders schlechte Chancen haben, Rückmeldungen zur eigenen Wirksamkeit zu erhalten, oder sie könnten aufgrund ihrer besonders hohen oder besonders niedrigen Fähigkeit durch „normalen" Unterricht dauerhaft unter- oder überfordert sein.

Neben solchen und anderen situativen Bedingungen lassen sich auch Personfaktoren spezifizieren. Nicht eingehen wollen wir hier auf die Möglichkeit, daß es vielleicht einige Personen geben könnte, die beliebige Beanspruchungen schnell als „unerträglich", „unmenschlich" oder „krankmachend" bezeichnen und deshalb mit Bedingungen unzufrieden sind, die auch belasten können. Beim Lehrerberuf scheinen andere Personbesonderheiten theoretisch interessanter. So können bei schwach ausgeprägtem Anschlußmotiv die situativ ständig gegebenen Sozialkontakte nicht als Befriedigungsquelle dienen. Die Befriedigungsbilanz des Berufes verliert so einen wichtigen Posten auf der „Haben-Seite". Das gleiche gilt bei einem schwach ausgeprägten „sozialisierten Machtmotiv". Dann verliert nämlich die Förderung Heranwachsender ihren Eigenanreiz und bekommt lästigen Pflichtcharakter. Eine gezielte Suche nach Bedingungen der Unzufriedenheit mit dem Lehrerberuf scheint auf der Grundlage motivationspsychologischer Konzepte gut möglich. Aber auch diese Aufgabe steht – soweit wir sehen – noch zur Bearbeitung frei.

Kapitel 10

Meinrad Perrez
Günther L. Huber
Karlheinz A. Geißler

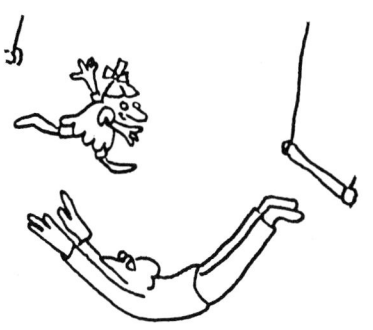

Psychologie der
pädagogischen Interaktion

10.1 Unterschiedliche Interaktionsbegriffe*

„Interaktion" ist ein Begriff, der sich in den Sozialwissenschaften, aber auch anderen Disziplinen häufiger Verwendung erfreut. Da er sehr unterschiedliche Phänomene bezeichnet, seien zunächst die wichtigsten Bedeutungen geklärt: Die *statische soziale* Interaktion und die *dynamische soziale* Interaktion (Wechselwirkung).

> *Beispiel:* Eine Mutter und ihr vierjähriger Sohn sitzen am Tisch, und die Mutter, ein Journal lesend, verfolgt wie ihr Bub ein Puzzle zusammensetzt. Er hat offensichtlich Probleme, schaut oft zur Mutter, und diese gibt ihm immer wieder mal einen Hinweis, wie er weiterkommt. Der Bub ist jeweils sichtlich froh um diese Hilfe. Er wird von den Eltern insgesamt als eher unselbständig wahrgenommen.

In diesem Beispiel geht eine Mutter beiläufig auf das Spiel des Kindes ein. Das Kind löst durch sein Verhalten mehr oder weniger offen ein helfendes Eingreifen der Mutter aus. Diese wiederum bemerkt, daß ihre Hilfestellung von ihrem Buben durchaus geschätzt wird. Das Kind beeinflußt also die Mutter, und die Mutter beeinflußt das Kind, greift jedenfalls in sein Handeln ein. Damit sind einige Merkmale sozialer Interaktion verdeutlicht.

Soziale Interaktion bezeichnet die mehr oder weniger wechselseitige Beeinflussung von Individuen oder Gruppen. Brezinka (1985) macht auf die unübersehbaren Probleme aufmerksam, wenn soziale Interaktion als Wechselwirkung definiert wird, da der Begriff dann eigentlich erst nach der Kausalitätsdiagnose im Einzelfall („wer beeinflußt wen"?) angemessen angewendet werden kann. Dieses Problem sieht er weniger stark, wenn unter sozialer Interaktion lediglich „soziale Beziehung" gemeint ist. „Für den Beziehungs-Begriff der sozialen Interaktion genügt als Merkmal, daß zwei oder mehr Personen gegenseitig aufeinander eingestellt sind und sich in ihrem Verhalten aneinander orientieren" (Brezinka, 1985, S. 71). Das Wirkungskriterium wird also durch das schwächere der Orientierung ersetzt. *Von sozialer Interaktion wollen wir allgemein sprechen, wenn sich zwei oder mehr Menschen in ihrem Handeln aufeinander beziehen, gleichgültig ob sie dabei eine Wirkung erzielen oder nicht.*

Die meisten Interaktionsdefinitionen unterstellen jedoch das Wirkungskriterium. Je nach theoretischem Hintergrund fließen in die Interaktionsdefinitionen spezielle Aspekte ein. So definieren z. B. Drever & Fröhlich (1968, S. 213) soziale Interaktion als „wechselseitige

---

* Autor von 10.1–10.4: Meinrad Perrez

Beeinflussung von Individuen und Gruppen hinsichtlich ihrer Einstellungen und Handlungen durch Kommunikation". Thibaut & Kelley (1959) sprechen als Austauschtheoretiker von sozialer Interaktion als Austausch von materiellen und nicht-materiellen Gütern. Der Verhaltenstheoretiker Skinner (1973) kennzeichnet Interaktion als „reziproke Verhaltenskontrolle".

Die wechselseitige Beeinflussung kann *symmetrisch* oder *asymmetrisch* geartet sein (vgl. Abs. 10.2.1). Sie kann als *statische* Beeinflussungsstruktur oder als *dynamische* Wechselwirkung gedacht werden.

Statische Konzepte bzw. Interpretationen der sozialen Interaktion gehen davon aus, daß die Resultate der sozialen Interaktion, also Einstellungen, Handlungen, Gefühle usw., erklärbar seien durch *zeitstabile Eigenschaften* der Interaktionsstruktur und der Situationen, in denen interagiert wird. So würde man z. B. im Rahmen eines statischen sozialen Interaktionskonzeptes versuchen, die Ängstlichkeit eines Kindes durch die zeitstabile Tendenz der Eltern zu erklären, das Kind häufig für unerwünschtes Verhalten zu bestrafen, vielleicht operationalisiert als hohe Strengetendenz im Sinne der Marburger-Skala (vgl. Stapf u. a., 1972). In unserem Beispiel könnte man z. B. geneigt sein, spätere Tendenzen zur Unselbständigkeit dieses Knaben durch die mütterliche Unterstützung des unselbständigen Verhaltens zu erklären. Große Teile der erziehungspsychologischen Interaktionsforschung beruhen auf dieser Interpretation sozialer Interaktion (vgl. Lukesch, 1975).

In neuerer Zeit wird – nachdem schon Kurt Lewin (1936) seiner Person-Umwelt-Analyse eine dynamische Betrachtungsweise zugrundegelegt hat – ein dynamisches Verständnis der sozialen Interaktion favorisiert. Die Interpretation der sozialen Interaktion als *dynamischer Prozeß* geht statt von der Idee statischer Beeinflussungskomponenten von der Voraussetzung aus, daß im Interaktionsprozeß die Handlungen der Interaktionspartner wechselseitig bedingende Folgen und Ursachen in der Handlungskette darstellen. Der Interaktionsverlauf wird wesentlich durch die Zeitstruktur charakterisiert; die *Verlaufsgestalt* ist das Produkt von Wirkungen und Rückwirkungen (vgl. Abbildung 10.1).

Die soziale Interaktion soll nicht verwechselt werden mit der *statistischen* Interaktion. Diese bezeichnet das Ausmaß, mit dem die Wirkung einer oder mehrerer unabhängiger Variablen abhängig ist von der Ausprägung einer oder mehrerer anderer unabhängiger Variablen.

10.2 Die pädagogische Interaktion

„Pädagogische Interaktion" ist eine Teilmenge der sozialen Interaktion, nämlich eine soziale Interaktion, die sich in einer erzieherischen Situation abspielt (vgl. Kap. 1). Brezinka (1985) hat in einer differenzierten

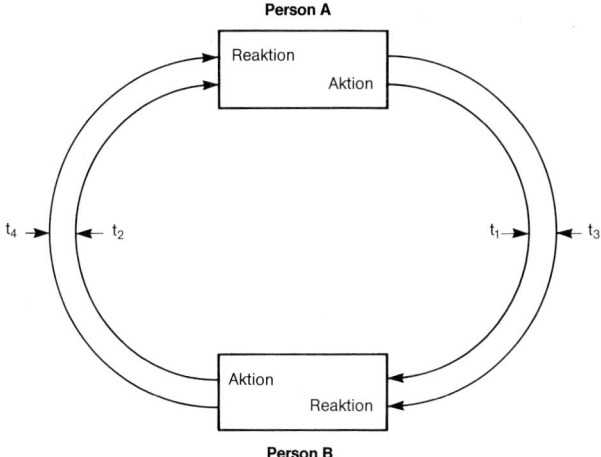

Abb. 10.1: Verlauf von Aktionen und Reaktionen in einer zeitlich (t_1, t_2, t_3, t_4) strukturierten Interaktionssequenz zwischen Person A und B.

A zeigt zu Beginn der Sequenz (t_1) ein Verhalten, das von B wahrgenommen wird. B reagiert darauf (t_2) mit einer eigenen Handlung, die sich auf das Verhalten von A_1 bezieht. Diese Reaktion wird wiederum von A wahrgenommen und veranlaßt A zu einer weiteren Äußerung (t_3). Das von A zum Zeitpunkt t_3 gezeigte Verhalten ist somit eine Folge des Verhaltens von B zum Zeitpunkt t_2; gleichzeitig wird es zum Auslöser des Verhaltens von B zum Zeitpunkt t_4.

Analyse auf die Probleme einer sinnvollen Abgrenzung von „sozialer Interaktion" und „Erziehung" aufmerksam gemacht.

Was sind nun besondere *psychologische Charakteristika* pädagogischer Interaktionen?

Beispiel: Eine Mutter hat zunehmend Sorgen mit ihrer zehnjährigen Judith, die trotz durchschnittlicher Intelligenz ($IQ = 110$) in der Schule schlappmacht; daheim jammert sie, daß sie in mehreren Fächern nicht mitkomme. Eine medizinische Untersuchung hat keinen Befund erbracht. Der Vater ist der Meinung, sie verschulde das Versagen selber. Ihr jüngerer Bruder ist ein Musterschüler.

Ein typischer Interaktionsablauf, wie er in dieser Familie häufig zu beobachten ist:

Judith hat im Fach Geographie, das sie weniger verschmäht als andere Fächer, eine ordentliche Prüfung abgelegt. Sie erzählt dies den Eltern am Abend, während sie für ihre Puppenstube Vorhänge näht. Der *Vater* nimmt wenig Notiz davon, da er gerade die Sportnachrichten verfolgt. Die *Mutter* freut sich und sagt: „Da hast du aber Glück gehabt, daß ihr so leichte Fragen bekommen habt.

Peter (der Nachbar und Klassenbeste) hat mir davon erzählt. Wie
schaut es denn mit dem Rechnen aus?" *Judith*: „Immer das
gleiche." *Mutter*: „Du lernst nicht genug." *Judith:* „Ich schaffe es
nicht." *Mutter:* „Du wirst jetzt noch eine Viertelstunde rechnen!"
Widerwillig und aufbegehrend setzt sich Judith vor das Übungs-
buch. Der *Vater:* „Im Rechnen schwach, aber motzen! Du wirst
schon sehen, wo das hinführt." Der jüngere Bruder verhält sich
ruhig.

Dieser kleine, alltägliche „pädagogische Konflikt" wirft viele Fragen auf
und läßt verschiedene psychologische Dimensionen in Erscheinung
treten:
– Ist diese Interaktion wirklich wechselseitig? Oder ist sie asymmetrisch?
  Welche Bedeutung hat soziale Macht in dieser Sequenz? Es handelt
  sich hier um die Dimension *Fremdsteuerung vs. Selbststeuerung*
  (Abs. 10.2.1).
– Welche Ziele verfolgen die beteiligten Personen in dieser Situation?
  Entspricht der Einfluß dem, was die Eltern erzieherisch anstreben? Mit
  dieser Frage wird die *Dimension der Absichten und tatsächlichen
  Folgen* berührt. Darauf wird in Abschnitt 10.2.2 eingegangen.
– Anschließend werden unter besonderer Berücksichtigung der *Situation
  psychologisch relevante Variablen* in der pädagogischen Interaktion
  diskutiert (Abs. 10.2.3).

10.2.1 Fremdsteuerung und Selbststeuerung

Das Beispiel soll zuerst daraufhin untersucht werden, wie die Beeinflus-
sung strukturiert ist. Dazu eignet sich ein Analyse-Raster von Jones und
Gerard (1967). Diese Autoren unterscheiden vier dyadische Interak-
tionsverhältnisse als Kontingenzverhältnisse (vgl. Abb. 10.2). Unter
„Kontingenz" verstehen sie die Anordnung von Aktionen und Reaktio-
nen einer Person A und von Konsequenzen der Person B.
    Bei der *Pseudokontingenz* sind die Verhaltensweisen der beiden
Personen nicht aufeinander bezogen. Jede Person realisiert ihren eigenen
Handlungsplan. Es findet weder eine wechselseitige noch eine einseitige
Einflußnahme statt. In der Interaktionssequenz mit Judith steht mit
Ausnahme des Schlusses der Sequenz der Vater in einer Pseudokontin-
genz mit seiner Tochter.
    Bei der *asymmetrischen Kontingenz* beeinflußt Person A erfolgreich
Person B, läßt sich jedoch selber durch B nicht beeinflussen. B ist durch A
fremdgesteuert. Judith steht zu ihrer Mutter (und am Schluß auch zu
ihrem Vater) in einem Verhältnis *asymmetrischer* Kontingenz.

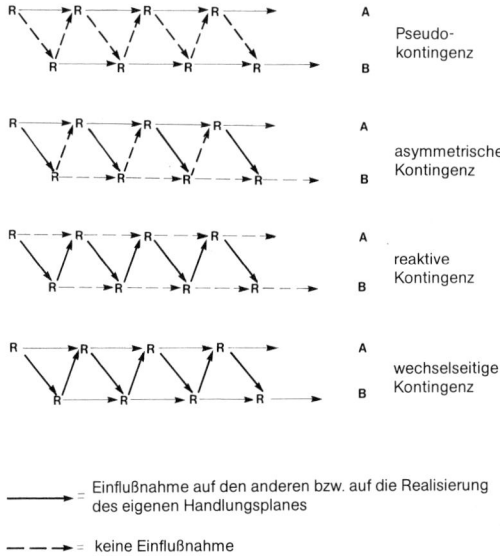

Einflußnahme auf den anderen bzw. auf die Realisierung des eigenen Handlungsplanes

keine Einflußnahme

Abb. 10.2: Interaktionstypen (Nach Jones und Gerard, 1967)

Wenn Person B in Funktion der Reize von A handelt und umgekehrt auch A in Funktion der Reize von B, sprechen Jones & Gerard von der *reaktiven Kontingenz*. Die eigenen Handlungspläne spielen nun keine Rolle mehr. Es wird rein reaktiv aufeinander mehr oder weniger „kopflos" reagiert. Typische Beispiele dafür sind Panikreaktionen oder das Verhalten bei der Eskalation von Streitereien.

Bei der wechselseitigen oder *symmetrischen Kontingenz* ist das Verhalten der beiden Personen eine Funktion sowohl des eigenen Handlungsplanes als auch der Reize des Interaktionspartners. Es findet eine echte Wechselwirkung statt. Wenn die Mutter z. B. auf die Interessen ihrer Tochter eingegangen wäre, diese aber auch jene ihrer Mutter berücksichtigt hätte, so wäre vielleicht ein Kompromiß zustandegekommen: Judith hätte eine gewisse Zeit an ihrer Puppenstube weitergearbeitet und nachher Aufgaben gemacht (oder auch in umgekehrter Reihenfolge). Ihr wäre dann ein gewisses Maß an *Eigensteuerung* zuerkannt worden. Die Interaktion wäre symmetrischer gewesen.

Diese Typologie ist natürlich eine grobe Schematisierung. Dynamische Beziehungsverhältnisse lassen sich nicht ohne weiteres dergestalt einordnen. Dennoch gibt es häufig Beziehungsverhältnisse – besonders auch in der Erziehung –, die sich in gewissen Verhaltensbereichen durch solche überzufälligen Kontingenzverhältnisse beschreiben lassen. Wir werden später sehen (vgl. Abschnitt 10.4.4), daß einseitige Beeinflussungsstrukturen für die abhängigen Interaktionspartner auf die Dauer nicht zum Wohl ihrer psychischen Entwicklung und Entfaltung sind. Wenn Erziehung als Bemühung charakterisiert wird, bei anderen Personen mit sozialen Mitteln auf die Verbesserung oder Stabilisierung von pädagogisch erwünschten Dispositionen einzuwirken, so mag die der Erziehung inhärente Beeinflussungsstruktur von vornherein als asymmetrisch definiert erscheinen. Dies ist ein Stück weit sicher auch der Fall. Es ist aber gleichzeitig festzustellen, daß bereits die Säuglinge über soziale Kontrollmittel verfügen, auf die die meisten Mütter oder Erzieher ansprechen (vgl. Abs. 10.4). Darüber hinaus sind Kinder auch in asymmetrischen sozialen Verhältnissen nicht einfach reaktive Rezipienten. Sie gestalten vielmehr ihre Lernprozesse als aktive Subjekte mit, durch selektive Aufmerksamkeit, durch situations- und personspezifische Motivationen, durch zielspezifische Verarbeitung aufgenommener Information usw. (vgl. Kap. 1, 7, 8). Es gehört zu den Paradoxien der Erziehung, daß sie als zunächst eher asymmetrische soziale Veranstaltung darauf abzielt, die *Selbststeuerung* zu fördern und die Lerner zu befähigen, unter Berücksichtigung der Werte der Gemeinschaft selbstverantwortlich zu handeln. Die Interaktionssequenz, die Judith in unserem Beispiel erlebt hat, wäre allerdings diesem Ziel nicht förderlich. Es wäre sogar zu fragen, ob für das Ziel „besser Rechnen zu können" unter Mißachtung der Bedürfnislage des Kindes ein destruktiver Beitrag geleistet wurde.

Die Dimension „Selbststeuerung – Fremdsteuerung" sagt etwas aus über die *Machtverhältnisse* einer Beziehung. Über die sozialpsychologischen Prozesse, die diese Machtverhältnisse bedingen, ist damit noch nichts ausgesagt. Nach der Definition von Max Weber bezeichnet Macht die „Chance, innerhalb einer sozialen Beziehung den eigenen Willen auch gegen Widerstreben durchzusetzen, gleichviel worauf diese Chance beruht" (1956, S. 28). Worauf beruht nun diese Chance?

Nach Secord & Backman (1964) sind drei Variablenklassen für das Ausmaß von Asymmetrie bzw. Symmetrie in den Machtverhältnissen bedeutsam: (1) Die Machtquellen, (2) die Abhängigkeit von den Machtquellen und (3) die Verfügbarkeit von Alternativen zu diesen Machtquellen. Die beiden letzten Variablenklassen sind offensichtlich eng verwoben. French & Raven (1959) unterscheiden fünf verschiedene *Machtquellen*, die alle auch für die pädagogische Interaktion relevant sind:

Die *Belohnungsmacht* („reward power"): Diese Quelle wird uns in der verhaltenstheoretischen Interaktionstheorie (s. u.) wieder begegnen als Verfügbarkeit über positive Verstärker. Eltern, Lehrer wie Kinder verfügen über diese Machtquelle.

Die *Bestrafungsmacht* („coercive power"): Damit wird die Verfügbarkeit über Strafmittel bezeichnet. Erzieher wie Erzogene haben diese

Machtquelle verfügbar. In der traditionellen Erziehung wurde von ihr reichlich Gebrauch gemacht und klare asymmetrische Verhältnisse wurden auf ihr fundiert.

Die *Identifikationsmacht* („referent power"): In dem Maße, wie Erzieher oder auch Erzogene Identifikationsangebote machen können, auf die der Interaktionspartner anspricht, verfügt die entsprechende Person über soziale Macht. Dieser Faktor tritt deutlich in Erscheinung im Kontext des Nachahmungslernens. Der „Nachfolgetrieb" ist auch beim Menschen beeindruckend ausgeprägt; damit sei hier die Neigung gemeint, Vorbilder, ältere Kumpanen, Eltern nachzuahmen.

Die *Expertenmacht* („expert power"): Diese Machtquelle beruht auf der Möglichkeit, Einfluß auf Grund von speziellen Kenntnissen auszuüben. Das kann unter Kindern spezielle Fertigkeiten betreffen, die geeignet sind, Bedürfnisse anderer zu befriedigen. Oder Eltern und Lehrer können Kompetenzen zur Lösung von Problemen besitzen, von denen Kinder abhängig sind.

Die *Legitimationsmacht* („legitimate power"): Sie umfaßt die Befugnisse und Handlungsmöglichkeiten, die Kinder oder Erzieher durch Gesetze, Normen, Institutionen usw. besitzen. Z. B. gehören Schülerrechte dazu oder gesetzlich verankerte Disziplinarmöglichkeiten von Lehrern (vgl. das Recht zur Anwendung von Körperstrafe in England).

Diese Klassifikation von sozialen Machtquellen vermag einige Aspekte der pädagogischen Machtverhältnisse zu erhellen. Die Machtquellen sind jedoch keineswegs voneinander unabhängig (für eine weiterführende Diskussion siehe Schneider, 1978a).

Bezogen auf das Beispiel mag sich der Leser zur Übung fragen, aus welchen Machtquellen die Eltern von Judith in der beschriebenen Situation schöpfen bzw. nicht zu schöpfen vermögen.

10.2.2 Absicht und tatsächliche Folgen (Handlungs- und Geschehensaspekt)

Intentionales, absichtsvolles Erziehen zeichnet sich durch seine *Zielorientierung* aus. Unter diesem Aspekt kann es psychologisch als Handeln charakterisiert werden. Die Mutter von Judith hat das Ziel, daß ihre Tochter besser Rechnen lerne. Um Judith diesem Ziel näherzuführen, befiehlt sie ihr, sofort Rechenübungen zu machen. Mit diesem Mittel versucht sie zielorientiert auf Judith einzuwirken. Sie wählt dieses Mittel, weil sie glaubt, daß es geeignet sei, mathematische Fähigkeiten zu fördern. Diesen Glauben nennen wir *instrumentelle Überzeugung*. In dem Ausmaß, wie diese subjektiven instrumentellen Überzeugungen mit wissenschaftlich fundierten Annahmen übereinstimmen, sprechen wir von erziehungstechnologischem Regelwissen. Die Mutter handelt also in

Funktion einerseits ihres Zieles und andererseits ihrer subjektiven Überzeugung, wie man dieses Ziel am besten erreichen könne. Es könnte natürlich auch sein, daß die Mutter von Judith genau weiß, daß ihr Mittel in dieser Situation nicht hilft, etwa weil sie einen psychologischen Elternkurs besucht hat; aber sie reagiert trotzdem so, wie sie vor dem Kurs schon immer reagiert hat. Ihr Verhalten stimmt dann nicht überein mit ihrem erziehungstechnologischen Regelwissen. Es fehlt ihr an der *Handlungs-* oder *Ausführungskompetenz.* Ihr Verhalten wird dann von Gewohnheiten und alten instrumentellen Überzeugungen reguliert.

Die handlungspsychologische Beschreibung des Verhaltens der Mutter beschränkt sich auf ihre bewußten Zielsetzungen und ihre instrumentellen Überzeugungen. Es ist aber naheliegend, daß sich in der beschriebenen Interaktionssequenz psychologisch erheblich mehr ereignet; vielleicht gehen vom Verhalten der Mutter und des Vaters Wirkungen aus, die sie gar nicht beabsichtigen. Dies ist der *Geschehensaspekt* erzieherischer Interaktion. Er umfaßt alle psychologisch relevanten Ereignisse, die für die wechselseitige oder einseitige Einflußnahme bedeutsam sind. Die Mutter sagt z. B.: „Da hast du aber Glück gehabt, daß ihr so leichte Fragen bekommen habt!" Damit wird Judith ungewollt suggeriert, daß sie für diesen Erfolg nicht selber verantwortlich sei, sondern der Lehrer, der zufällig leichte Fragen gestellt hat. Damit würde, wenn dieses Attributionsmuster konsistent und stabil vermittelt würde, bei Judith eine externe Kausalattribution bei Erfolgserlebnissen gefördert. Der Vater würde in diesem Beispiel gleichzeitig einen internalen Kausalattributionsstil bei Mißerfolg unterstützen.

Da im Beispiel die Mutter von Judith erzieherische Handlungsziele nicht berücksichtigt, sondern zum Lernen zwingt, wäre weiter zu erwarten, daß für Judith der Lerngegenstand „Rechnen" noch aversiver und damit ihre Lernmotivation für dieses Fach geschwächt würde. Was sich tatsächlich ereignet, kann also in grobem Widerspruch zu dem stehen, was die erzieherisch Handelnden beabsichtigen. Sie sind dann nur scheinbar „Subjekt der Situation". Man kann sagen, je angemessener eine erziehende Person die Geschehensaspekte kennt und die Kompetenz hat, ihnen in ihrem Handeln Rechnung zu tragen, um so mehr ist sie tatsächlich Subjekt der erzieherischen Situation. Die geschehenspsychologische Analyse erzieherischer Prozesse vermag den Wirkungsgrad und die Wirkungssicherheit des erzieherischen Handelns zu vergrößern. Diese ist allerdings wiederum nur so weit möglich, als valide wissenschaftliche Erkenntnisse über die Prozeß- und Wirkungsbedingungen der pädagogischen Interaktion vorliegen.

Welches sind nun die Dimensionen, die für eine psychologische Rekonstruktion bzw. Analyse pädagogischer Interaktion bedeutsam sind?

10.2.3 Psychologisch relevante Variablen in der pädagogischen Interaktion

Wir betrachten Interaktionsvariablen dann als psychologisch relevant, wenn sie geeignet sind, die Wirkungen pädagogischer Interaktion zu beschreiben oder zu erklären.

In Anlehnung an das Interaktionsschema von Herschbach, Kinger & Odefey (1980, S. 79) sei die pädagogische Interaktion folgendermaßen schematisch reduziert (vgl. Abb. 10.3).

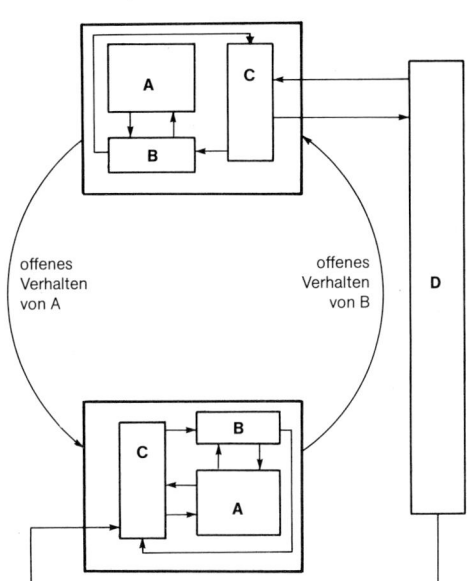

Abb. 10.3: Psychologische Variablen der Interaktion

A: Handlungsziele/Normen ①
 Instrumentelle Überzeugungen/Aktionsprogramme ②
 Begriffs-/Kategoriensystem ⑤
B: Ist-Soll-Vergleich ⑥
C: Wahrnehmung/subjektive Repräsentation ④
D: Objektive Situation (S) ③

Abbildung 10.3 schematisiert die folgenden Variablen aus der Fülle psychologisch relevanter Beschreibungsdimensionen:

Variable Handlungsziele

Beim Erzieher sind unter dieser Kategorie alle Erziehungsziele zu subsumieren, die er als Nah-, mittelfristige oder Fernziele verfolgt. In der Interaktionssequenz unseres Beispiels strebt die Mutter als Nahziel an, daß Judith Rechenübungen durchführt, vielleicht um des mittelfristigen Zieles willen, daß Judith ordentliche Noten in diesem Fach erhalte. Als Fernziel möchte die Mutter ihrer Tochter möglicherweise ein Universitätsstudium ermöglichen. Beim Lerner können diese Ziele deckungsgleich oder unterschiedlich sein.

Neben den expliziten Erziehungszielen spielen in der pädagogischen Interaktion auch aktuelle Ziele eine Rolle, die man nicht direkt als Erziehungsziele bezeichnen kann, die aber doch als Soll-Werte das Verhalten beeinflussen. Eltern oder Lehrer greifen z. B. oft in den Verhaltensablauf von Kindern ein, wenn sie den Eindruck haben, das gezeigte Verhalten überschreite oder unterschreite eine von ihnen tolerierte Normgrenze (vgl. 6 in Abb. 10.3). Je nachdem setzt dann nach Bell (1968) die *Maximumsteuerung* zur Eindämmung des Kindverhaltens oder die *Minimumsteuerung* zur Stimulierung des Kindverhaltens ein (vgl. Abschnitt 10.4.4).

Die erzieherischen Handlungsziele sind natürlich von zahlreichen Faktoren abhängig, wie z. B. dem Alter, Geschlecht und Eigenarten des Kindes, vom Bildungsgrad der Eltern, ihrer kulturellen Zugehörigkeit (vgl. Lukesch, 1976). Einzelheiten hierzu finden sich in Kap. 9.2; wir gehen daher hier nicht weiter auf Erziehungsziele ein.

Variable instrumentelle Überzeugungen bzw. Aktionsprogramme

Die Interaktionspartner haben subjektive Überzeugungen erworben, welche Mittel in gegebenen Situationen für bestimmte Ziele hilfreich seien; sie haben sich auch Vorstellungen darüber angeeignet, wie bestimmte Interaktionsabläufe zweckmäßig zu gestalten sind. Die pädagogische Maßnahme von Judiths Mutter wurde oben unter diesem Gesichtspunkt bereits besprochen.

Engfer, Schneewind & Filipp (1973, S. 17) charakterisieren instrumentelle Überzeugungen als die „elterlichen Urteile über den funktionalen Zusammenhang von Erziehungszielen und Erziehungspraktiken"; Genser (1978) integriert dieses naive Erziehungswissen von Eltern oder Erziehern allgemein in die naiven Verhaltenstheorien als Teil „jenes Alltagswissens, welches man – in ,natürlicher Einstellung' – beim tagtäglichen Umgang mit seinen Mitmenschen für gewöhnlich benutzt, um deren Verhalten zu beschreiben, zu erklären und zu antizipieren" (Laucken, 1974, S. 18), und, wir fügen hinzu, um deren Verhalten zu beeinflussen. Beispiele sind Überzeugungen wie: „Besser Rechnen lernt man am besten durch Übung" (Übung macht den Meister) oder „Ehrlichkeit wird am besten erreicht durch hartes Strafen von Lügen." (Weitere Beispiele siehe Lukesch, 1975a, S. 106ff. und Genser, 1978.)

Die instrumentellen Überzeugungen sind zu unterscheiden von der persönlichen Überzeugung, die Kompetenz zur Anwendung der Mittel zu besitzen. Letztere wird von Bandura (1979) als *Selbstwirksamkeitserwartung* bezeichnet. Eine Mutter kann z. B. die instrumentelle Überzeugung besitzen, es wäre für ihr Kind hilfreich, wenn die Eltern Geduld beim Hausaufgabenmachen hätten; sie kann gleichzeitig die Selbstwirksamkeitserwartung haben, daß sie diese Geduld nicht aufbringt. Diesen Selbstwirksamkeitserwartungen wird eine bedeutende Funktion bei der Verhaltensregulation zugeschrieben.

Auch Judith verfügt über eine instrumentelle Vorstellung, in welcher Weise sich der Handlungsablauf in der gegebenen Situation als zweckmäßig erweist. Sie „weiß", daß offener Widerstand für sie noch aversivere Konsequenzen hat; in dieser Hinsicht hat sie also eine negative Handlungsergebnis-Erwartung. Sie weiß, daß für das Ziel „Konfliktvermeidung", „seine Ruhe haben", es am besten ist, sich an den Tisch zu setzen und sich mit dem Rechenbuch zu beschäftigen. Ein solches Aktionsprogramm enthält die wesentlichen Handlungsmerkmale in seiner zeitlichen Abfolge. Der Handelnde ordnet die Elemente der Handlungssequenz im Sinne des kognitiv repräsentierten Programmes und vergleicht kontinuierlich die eigene Verhaltensperformanz mit dem Aktionsprogramm. Dies kann mehr oder weniger bewußt geschehen.

Variable Situation

Grundsätzlich ist zwischen objektiven Merkmalen einer Situation (vgl. 3) und ihrer subjektiven Repräsentation (vgl. 4) durch die Interaktionspartner zu unterscheiden. Als *objektive Merkmale* bezeichnen wir jene, die intersubjektiv durch fremde Beobachter übereinstimmend beobachtbar sind. Dabei interessieren nur jene Merkmale, die einen verhaltenskontrollierenden Einfluß ausüben. Das können physikalische Merkmale wie der räumliche Verhaltensrahmen (z. B. die Helligkeit und Wärme eines Zimmers, der Schwierigkeitsgrad einer Aufgabe im testtheoretischen Sinn usw.) oder auch symbolische Merkmale sein, die auf Grund von Lernprozessen ihren spezifischen Bedeutungsgehalt erhalten haben. Auch der physikalische Verhaltensrahmen „Schule", „Eßzimmer" oder „Spielzimmer" weist neben der physikalischen Dimension die symbolische auf (vgl. Kap. 11). Die Situationsdefinition umschreibt, was in der gegebenen Situation von den Interaktionspartnern erwartet wird. Diese Definitionen können kulturell, gruppenspezifisch oder gar nur individuell Geltung haben. Im ersten Fall wissen die meisten Mitglieder einer Kultur, was in einer bestimmten Situation zu leisten ist; im zweiten Fall begrenzt sich dieses Wissen und die Anerkennung der Definition auf eine Gruppe;

im dritten Fall sind die Situationsnormen individualisiert. Der normative Gehalt der Situation ist in dem Ausmaß objektiviert, als er kompetenten Beobachtern bekannt und zugänglich ist.

Unter dem zeitlichen Aspekt kann die Situation über längere Zeiträume definiert sein, wie z. B. „Stillarbeit in der Klasse", was besagen mag, daß alle Schüler 45 Minuten lang eine Arbeit still zu verrichten haben. Sie kann sich aber auch auf sehr kurze Zeiteinheiten beschränken. Zu diesen kurzen Situationen gehören z. B. verbale Aufforderungen, die dem Verhalten des anderen Interaktionspartners vorausgehen. Auch dieses Verhalten ist unterscheidbar hinsichtlich seiner objektiven Dimension und der subjektiven kognitiven Repräsentation, die es beim Interaktionspartner erfährt.

Unter der *subjektiven Repräsentation der objektiven Situation* (vgl. 4) verstehen wir die Abbildung, die eine Situation in der Kognition der Interaktionspartner erfährt. Diese Abbildung wird u. a. mitreguliert durch das *subjektive Kategoriensystem* (= Begriffssystem, vgl. 5), das der jeweilige Interaktionspartner zur Verfügung hat, oder das er motivationsspezifisch aktualisiert.

Judiths Mutter fragt nach dem Rechnen. Für sie ist die Verhaltenskategorie „Rechnen" bedeutsam. Andere Kategorien hat sie in der gegebenen Situation nicht verfügbar, z. B. die Kategorie „Motivation", „Kontrollüberzeugungen" usw. Sie kommt aus mit der Feststellung der Ist-Soll-Diskrepanz (vgl. 6) und ihrer instrumentellen Überzeugung, daß Übung den Meister mache.

Das verfügbare subjektive Kategoriensystem ist charakterisierbar durch das Konzept der kognitiven Strukturiertheit (Schroder, Driver & Streufert, 1967, 1975). Die Differenziertheit bezeichnet die Anzahl der Dimensionen, auf denen eine Person kodieren kann. Ein Psychologe sollte beispielsweise über mehr psychologisch relevante Dimensionen verfügen, auf denen er pädagogische Situationen abbilden kann, als ein Nichtpsychologe. Unter der Diskriminiertheit verstehen wir das Abstufungsvermögen innerhalb einer Dimension, was im meßmethodischen Kontext den Skalenniveaus entspricht. Schwarz-Weiß-Maler kodieren mit Vorzug auf wenig Dimensionen und das ohne großes Diskriminationsvermögen.

Die Mutter von Judith hat möglicherweise Mühe, kleine Fortschritte in den Rechenfähigkeiten ihrer Tochter zu erkennen. Sie hat vermutlich auch weniger Kategorien innerhalb des Bereiches „rechnerische Fähigkeiten" zur Verfügung, um Judiths Leistungsstand beurteilen zu können. Das schließt nicht aus, daß sie bereichsspezifisch für andere Lebens- oder Wirklichkeitskontexte hoch differenziert strukturiert ist.

Die *soziale Wahrnehmung* interpretieren wir als die Wechselwirkung zwischen objektiven Merkmalen der Situation und der subjektiven Konstruktion der Situation durch die Interaktionspartner. Die subjektive Selektion aus der Totalität wahrnehmbarer Aspekte wird durch die Handlungsmotive und das verfügbare Kategoriensystem mitreguliert. Das Ergebnis dieses Prozesses ist die subjektive Repräsentation der Situation.

Variable offenes Verhalten

Verhalten kann verbaler oder nonverbaler Art sein. Je nach Fragestellung und theoretischem Kontext wird mehr der informatorische Aspekt (Was und wie wird es mitgeteilt? Was ist die „geheime Botschaft"?), der motivationale Aspekt (Übt die Mitteilung auf den Empfänger einen fördernden, verstärkenden oder hemmenden, bestrafenden Einfluß aus?) oder der formale Aspekt (Wie verteilt sich die Redezeit auf die Interaktionsteilnehmer?) betrachtet. Auch hier ist die subjektive Repräsentation des durch die Interaktionspartner beobachteten Partnerverhaltens zu unterscheiden von der objektiv beobachtbaren sozialen Interaktion. Die objektive Interaktion ist die für Fremdbeobachter beobachtbare Sequenz von aufeinander zeitlich, räumlich beziehbaren Reaktionen von Personen. Reaktionen sind Elemente von *Reaktionsklassen*. Reaktionsklassen werden durch Beobachtungskategorien eines wissenschaftlichen Kategoriensystems beschrieben. Und die *Beobachtungskategorien* ihrerseits werden durch Anwendungsregeln operationalisiert, die die Korrespondenz von Verhaltensereignissen und Kategorien bestimmen.

10.3 Erklärungsansätze für pädagogische Interaktionen

Nach der Besprechung ausgewählter deskriptiver Variablen und verschiedener Analyse-Ebenen der pädagogischen Interaktion sollen nun theoretische Ansätze diskutiert werden, die einen Beitrag zur Erklärung dieser Prozesse zu leisten vermögen (zum Erklärungsbegriff vgl. Kap. 3).

Im Falle von Judith könnte man erklären wollen, warum ihre Lernmotivation im Laufe ihrer Schulkarriere abgenommen hat. Gegenstand der Erklärung kann aber auch das Erzieherverhalten sein. Warum haben gewisse Eltern eine hohe Bestrafungstendenz? Warum favorisieren gewisse Elterngruppen einen bestimmten Typ von Erziehungszielen? Das Erzieherverhalten wird dabei als abhängige Variable interpretiert. Bezogen auf unser Beispiel: „Warum tendiert der Vater von Judith dazu, in kritischen Situationen zu drohen?"

In den beiden eingangs beschriebenen Beispielen des spielenden Kindes und der Schülerin Judith wird ein Konzept der statischen sozialen Interaktion unterstellt. Komplexere, anspruchsvollere Interpretationen erfährt die pädagogische Interaktion aber, wenn das Prozeßgeschehen in seiner wechselseitigen Dynamik untersucht wird. Dafür existieren bisher allerdings nur wenig fruchtbare Rekonstruktionsmodelle. Die Analyse wurde bisher meist auf das beobachtbare offene Verhalten beschränkt (z. B. Straus, 1969; Boyer, Simon & Karafin, 1973; Eyberg & Robinson, 1981 oder Patterson, 1982). Huber & Mandl (1979) diskutieren verschiedene Untersuchungsansätze und kritisieren die starke Komplexitätsreduktion, die die pädagogische Interaktion dabei erfährt.

Im folgenden werden einige ausgewählte Theorien diskutiert, die eine gewisse empirische Bestätigung erfahren haben und die geeignet sind, spezielle Aspekte der pädagogischen Interaktion zu erklären.

10.3.1 Verhaltenstheoretische Interpretation der pädagogischen Interaktion

Bei den Machtquellen wurde die Belohnungs- und Bestrafungsmacht als Verfügbarkeit über positive bzw. negative Verstärker beschrieben. Das Verstärkerkonzept ist zentral für die Verhaltenstheorie von Skinner (1973). Skinner postuliert, daß wenn Person A über wirksame Verstärker für Person B verfügt, sie durch den reaktionskontingenten Einsatz dieser Verstärker gezielt auf das Verhalten von B Einfluß nehmen kann. Die *Verhaltensanalyse* versucht, solche Abhängigkeiten diagnostisch zu eruieren, indem sie konkrete Interaktionsstichproben auf funktionale Zusammenhänge auch unter Einbezug des verdeckten Verhaltens untersucht. Schematisch kann der Interaktionsablauf folgendermaßen veranschaulicht werden (vgl. Abb. 10.4).

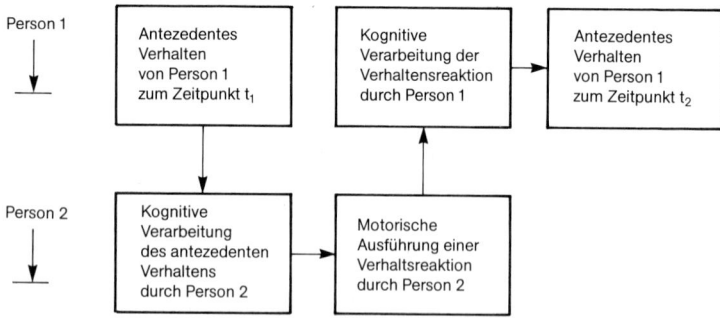

Abb. 10.4: Auswirkungen antezedenten Verhaltens auf die Interaktionspartner (Nach Peterander, 1985)

Ein Erzieherverhalten kann z.B. das Kindverhalten direkt oder via Kindkognitionen auslösen und/oder verstärken. Umgekehrt dient das Verhalten des Kindes den Eltern als Hinweis- oder verstärkender Reiz. Als einfaches Beispiel für die wechselseitige Bezugnahme gelte die folgende Interaktionssequenz zwischen Mutter und Kind im Supermarkt (vgl. Abb. 10.5): Das Kind schreit um Süßigkeiten, die es sieht. Aufgeteilt in Verhaltensweisen sowie diskriminative und verstärkende Reize ergibt sich folgende schematische Wechselbeziehung:

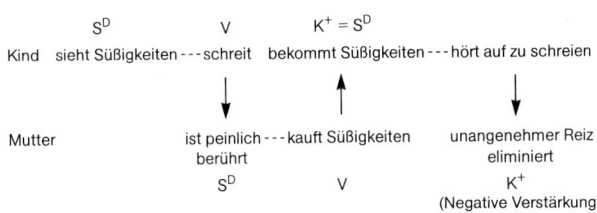

Situation: Supermarkt; vor der Kasse sind, auf Augenhöhe des Kindes, Süßigkeiten aufgestellt.

S^D V $K^+ = S^D$

Kind   sieht Süßigkeiten - - - schreit   bekommt Süßigkeiten - - - hört auf zu schreien

Mutter   ist peinlich - - - kauft Süßigkeiten   unangenehmer Reiz
           berührt   eliminiert
          S^D V K^+
                               (Negative Verstärkung)

Konsequenzen: Kind wird in ähnlichen Situationen wieder weinen, Mutter wird wieder nachgeben.

Abb. 10.5: Beispiel einer gegenseitigen Beeinflussung durch positive und negative Konsequenzen (Aus Perrez et al., 1985)

Man sieht, daß hier das Verhalten des einen Partners als diskriminativer Stimulus und/oder als Verstärker des Verhaltens des anderen Partners dient und umgekehrt. Verstärker können gleichzeitig diskriminative Stimuli für weitere Verhaltensweisen sein, und auf diese Weise können ausgedehnte Verhaltensketten mit gegenseitiger Verstärkung entstehen.

Das Schema in Abbildung 10.6 veranschaulicht das Bedingungsgefüge von Erzieherverhalten und Kindverhalten unter Einbezug der Kognitionen. Dabei handelt es sich um eine vereinfachte Betrachtung. $S^{D/\Delta}$ symbolisiert dem Verhalten vorausgehende diskriminative fördernde (D) oder hemmende (Δ) *Reize,* die offener oder verdeckter Natur sein können. Zu den letzten gehören auch Regeln oder Schemata, die Verhalten beeinflussen. $K^{+/-}$ repräsentiert positive bzw. negative *Konsequenzen* auf das Verhalten. Beide, S und K, können durch die erziehende Umwelt, durch andere Kinder oder durch das Kind selber produziert werden. Das Schema stellt eine Heuristik, ein Suchverfahren für potentiell relevante Einflüsse dar.

Das Kindverhalten wird demnach als Funktion von diskriminierenden Reizen und positiven und negativen Konsequenzen interpretiert, die sich das Kind kognitiv selber präsentiert oder die durch das soziale Verhalten der Erzieher oder anderer Kinder zustandekommen. Diese potentiellen

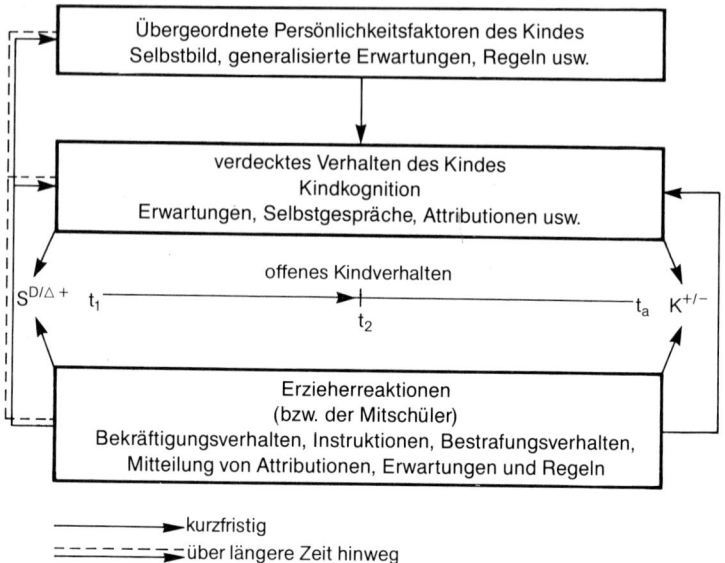

Abb. 10.6: Schematisches Bedingungsmodell für Kindverhalten (Aus Perrez et al., 1985)

Ein offenes Kindverhalten, das zum Zeitpunkt t_2 gezeigt wird, kann durch vorausgegangene Stimuli (t_1) ausgelöst worden sein. Diese Stimuli können offene Erzieherreaktionen oder verdeckte Gedanken, Selbstgespräche usw. des Kindes sein, die vielleicht durch zentrale Faktoren seiner Persönlichkeit, wie z.B. ein negatives soziales Selbstbild, erzeugt sind. Sie regen das Kind zu Gedanken an, wie „Ich kann nichts und bin nichts", die dann das offene Verhalten (z.B. leises und unsicheres Sprechen) bedingen. Der Lehrer mag als Konsequenz (t_3) darauf sagen: „Kannst Du nicht wie ein normaler Mensch sprechen?!" Diese negative Äußerung (K^-) mag mit dem Gedanken einhergehen: „Ich habe mich schon wieder blamiert", was als verdeckte negative Konsequenz wirksam werden mag.

Bedingungen ergeben zusammen die Heuristik für die Verhaltensanalyse.

Ein unerwünschtes Kindverhalten kann verhaltensanalytisch eine Funktion folgender psychologischer Faktoren sein:

– Diskriminativer verdeckter Reize, die sich das Kind selbst durch Gedanken, Vorstellungen usw. erzeugt und die das unerwünschte Verhalten auslösen (S^D) oder das erwünschte Verhalten hemmen (S^Δ);

– diskriminativer Reize, die in verbalem oder nonverbalem Verhalten der Erzieher bestehen ($S^{D\ oder\ \Delta}$);

- diskriminativer Reize, die durch die Peers präsentiert werden ($S^{D \text{ oder } \Delta}$);
- positiver bzw. negativer verdeckter Konsequenzen, die das Problemkind durch Gedanken, Vorstellungen usw. selbst erzeugt, und die das Verhalten verstärken oder als Strafreize hemmen ($K^{+ \text{ oder } -}$);
- positiver bzw. negativer Konsequenzen, die verbal oder nonverbal durch die Erzieher für das unerwünschte bzw. erwünschte Kindverhalten gegeben werden ($K^{+ \text{ oder } -}$);
- positiver bzw. negativer Konsequenzen, die verbal oder nonverbal durch die Peers für das Kindverhalten verabreicht werden ($K^{+ \text{ oder } -}$).

Mittels der Verhaltensdiagnose können im Falle von Interaktionsproblemen zwischen Erziehern und Kindern also Hinweise darüber gewonnen werden, welche der genannten Faktorentypen das auffällige Verhalten unterstützen bzw. das erwünschte Verhalten hindern. Sowohl kindinterne Faktoren als auch jene, die durch Erzieher bzw. Mitschüler oder Geschwister realisiert werden, sind für die therapeutische Arbeit von Bedeutung. Im ersten Fall wird der Erzieher zu befähigen sein, dem Kind bei der Veränderung seines „internen Milieus", seiner Alltagstheorien zu helfen. Im zweiten Fall wird es nötig sein, dem Erzieher bzw. Mitschüler zu helfen, die eigenen Kognitionen und Verhaltensweisen zu ändern. Insofern die Diagnose Bedingungen für das auffällige Schülerverhalten bei Lehrer und/oder Eltern zu identifizieren vermag, ist eine *zweite Bedingungsanalyse* angebracht, nämlich jene, die als Problemverhalten das entsprechende *Erzieherverhalten* (gegebenenfalls auch das der Geschwister oder Mitschüler) definiert. Es ist zu untersuchen, welche Bedingungen für das problematische Erzieherverhalten bzw. die inadäquaten Kognitionen relevant sind, wobei das Grundprinzip der Analyse identisch wie beim Kind ist. Das Erzieherverhalten kann durch das gleiche Bedingungsmodell repräsentiert werden.

10.3.2 Symbole als Verhaltensregulative in der pädagogischen Interaktion

Die Vertreter des symbolischen Interaktionismus (z.B. Mead, 1934; Goffman, 1963) charakterisieren soziale Interaktion als Austausch von Symbolen. Symbole entstehen in der sozialen Interaktion, werden durch sie vermittelt und regulieren sie schließlich auch. Was wir oben als „Situationsdefinition" umschrieben haben, ist dem Interaktionsteilnehmer nicht von vornherein klar. Kinder lernen durch Sozialisation (Beobachtung, Rollenspiel usw.), welche Bedeutung z.B. die Situation „Unterricht" hat. In hochdifferenzierter Weise werden die situationsadäquaten Handlungsprogramme in den *Rollenmustern* gespeichert. Das gilt auch für die Rollenmuster des Lehrers.

„Rolle" definieren wir als das System der Erwartungen, die eine

Gruppe oder die Gesellschaft (Rollensender) einem Positionsinhaber gegenüber geltend macht. Rollen können als komplexe gesellschaftliche oder sozial definierte Bedeutungskondensate interpretiert werden. Erfolgreiche Interaktion ist nur möglich, wenn die Interaktionspartner bei der „Inszenierung des Verhaltens" (Dreitzel, 1972) auf den gleichen kulturellen Bedeutungsvorrat zurückgreifen können.

Nach den verschiedenen Ansätzen des symbolischen Interaktionismus bildet die Internalisierung der Rollen das *soziale Selbst*. Es ermöglicht das interaktive Spiel, das je nach Situation und Kontext über eigene Spielregeln verfügt. Daß z. B. in einer Vorlesung die Studenten an ihren Plätzen sitzen statt selber pausenlos zu reden, daß sie dem Vortragenden zuhören, Notizen machen, nach 45 Minuten wieder zu sprechen beginnen, daß der Professor sich ans Pult stellt, seinen Lehrstoff vorträgt, nach 45 Minuten das Rederecht an die Hörerschaft abgibt, setzt auf beiden Seiten die Kenntnis der Rollen voraus und erfordert die Anerkennung der Situationsdefinition.

Die asymmetrische Interaktion im Unterricht ist weitgehend rollenbestimmt. Wir erfahren über die beteiligten Personen persönlich nichts, außer wie gut sie ihre Rollen spielen. Während die schulische Interaktion sich in weiten Bahnen auf dieser Ebene abspielt (vgl. Ulich, 1976), verhält es sich in der familiären Interaktion anders. Hier charakterisiert sich die Beziehung eher durch ein gemeinsames Wissen über Persönliches, über Gefühle, Absichten, die Geschichte des anderen. Der Austausch gehorcht mitunter familienspezifischen Normen, aber nicht extern diktierten. Die Voraussagbarkeit des Verhaltens des anderen beruht nicht nur auf der Kenntnis der Rollen, sondern auf persönlicher Vertrautheit (vgl. Levinger & Snoek, 1977).

Die molare Analyse der sozialen Interaktion ermöglicht ihre Betrachtung im größeren Zusammenhang übergeordneter sozialer Systeme. Der symbolische Interaktionismus „erkauft diese größere Komplexität und Reichweite jedoch durch den Verlust an Präzision" (Piontkowski, 1976, S. 29). Für weitere Auseinandersetzungen mit dieser Analyse der Interaktion siehe Dreitzel, 1972 und Piontkowski, 1976.

10.3.3 Interaktion reguliert durch kognitive Schemata

Die verhaltenstheoretisch inspirierten Interaktionstheorien analysieren die pädagogische Interaktion gewissermaßen „von außen" her, indem sie versuchen, Interaktionsvarianz durch Situations-, Reiz- bzw. Verstärker-Hypothesen zu erklären (vgl. Perrez, Patry & Ischi, 1980).

Eine kognitive Theorie dagegen untersucht nicht nur die Relation beobachtbarer Reiz- und Reaktionsklassen, sondern stellt das von den Verhaltenstheorien vernachlässigte *verdeckte* Verhalten ins Zentrum der psychologischen Analyse. Interaktionsprozesse werden zu erklären versucht (1) durch die subjektiven Kategoriensysteme, mit denen die Interaktionspartner die objektiven Situationen kognitiv repräsentieren, und (2) durch die subjektiven Handlungsschemata (vgl. instrumentelle Überzeugungen), die das Verhalten der Interaktionspartner sub specie der Situationsinterpretation und der Handlungsziele regulieren. Huber & Mandl (1979) fordern deshalb, „daß zum Verständnis und zur Erklärung des Interaktionsgeschehens die kognitiven Prozesse der Beteiligten zu erfassen" sind, da sie „ihr interaktives Handeln wie umgekehrt die Interaktionserfahrung das kognitive System der Personen beeinflussen" (1979, S. 10).

Für die Erklärung der Handlungsperformanz eines Interaktionspartners spielen u. a. die folgenden Parameter eine zentrale Rolle (vgl. Abbildung 10.3):
- Die Handlungsziele: Was will A in der Interaktion mit B erreichen?
- Die subjektive Situationsrepräsentation von A: Wie repräsentiert, interpretiert A das Verhalten von B, wie die objektiven Situationsparameter? Welches Kategoriensystem aktualisiert A, um die Situation zu kodieren?
- Die Aktionsprogramme: Über welche gespeicherten Abbilder von Handlungsverläufen verfügt A?
- Welche Selbstwirksamkeitserwartungen hat A bezüglich bestimmter Aktionsprogramme?

Ergiebige Modelle der sequentiellen und hierarchischen Handlungsorganisation haben u. a. Hacker (1978) – exemplifiziert am Beispiel von Arbeitstätigkeiten – und Volpert (1983) vorgelegt. Huber & Mandl (1979) haben Verfahren zur Untersuchung von handlungsleitenden Kognitionen in schulischen Interaktionsprozessen diskutiert.

10.4 Pädagogische Interaktion in der Familie

10.4.1 Familie und Elternrollen als Interaktionsrahmen

Die pädagogische Interaktion in der Familie hebt sich aus der Gesamtheit pädagogischer Interaktion durch den besonderen sozialen Verhaltensrahmen heraus. Es gilt als unbestritten, daß eine der wesentlichen Funktionen der Familie in der Erziehung der Kinder besteht. König (1974, S. 70) sieht als „Zentralfunktion der modernen Familie" den „Aufbau der sozialkulturellen Person des Menschen", was er als „zweite Geburt" des Menschen bezeichnet. Die Institution Familie ist auch bei vielen höheren Tierarten festzustellen (vgl. dazu Kummer, 1979); mit vielen Ethnologen und Soziologen schreibt König ihr Universalität zu. Er unterscheidet *verschiedene Elementarformen:* z. B. die Elternfamilie, die Vaterfamilie bzw. die Mutterfamilie, in der der Vater bzw. die Mutter mit den Nachkommen zusammenlebt (vgl. Huber, 1979). Unter *Kernfamilie* verstehen wir die Gemeinschaft von Mann und Frau mit ihren unverheirateten Kindern.

Unterschiedliche Familientypen sind nicht nur zwischen verschiedenen Kulturen festzustellen, sondern auch innerhalb der industrialisierten Länder (vgl. Aris, 1979). Je nach vorliegender Familienstruktur gestaltet sich das soziale Netz, das den Rahmen der pädagogischen Interaktion bildet.

Ein wesentliches Merkmal des pädagogischen Interaktionsrahmens in der Familie stellt das Ausmaß dar, wie weit die Eltern von ihrer *Vater-* bzw. *Mutterrolle* her am Interaktionsgefüge beteiligt sind. Die biologische Definition des Vaters sagt noch nichts aus über seine Beziehung (vgl. Lewis & Weinraub, 1976, S. 163), seine Einstellung, sein Zuwendungsverhalten, seine physische Anwesenheit oder räumliche Nähe zum Kind. Seine Rolle ist wesentlich *kulturdefiniert* und stark mitbedingt durch ökonomische Faktoren wie z.B. die Art der Arbeit oder der Arbeitsteilung (vgl. Barry & Paxson, 1971 und West & Konner, 1976).

Auch die wesentlich stärker biologisch bestimmte Mutterrolle ist kulturell überformt. Kapitel 9.2 setzt sich ausführlicher mit diesem Aspekt auseinander und beschreibt u.a., wie kulturelle Normen bereits den Kinderwunsch mitbestimmen. Das Thema „Vater- und Mutterrolle" behandeln wir daher nicht weiter.

10.4.2 Die Familie als dynamisches System: Synchrone Aspekte

Die Familie stellt ein dynamisches soziales System dar. Seine Komplexität wird durch die Anzahl der Familienmitglieder bestimmt.

Die potentiellen Interaktionen in einer Kernfamilie mit zwei Kindern, wie im Beispiel von Judiths Familie, beschränkt sich beispielsweise auf sechs Interaktionsstränge (vgl. Abb. 10.7). In einer Großfamilie mit fünf Kindern, in der die Großeltern und eine Tante leben, sind es bereits 28. Der größere Umfang der potentiellen Beziehungen, die der familiäre Rahmen bereitstellt (vgl. Gaspari, 1979), besagt natürlich noch nichts über die Qualität dieser Beziehungen.

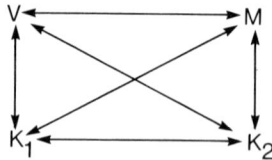

Abb. 10.7: Mögliche Interaktionen in einer Kernfamilie mit zwei Kindern

Das familiäre System ist normalerweise durch Untersysteme organisiert, die sich in Funktion der Generationen, des Geschlechts, der Interessen usw. bilden können. Jedes Individuum kann Teil mehrerer Untersysteme sein. Der Mann z. B. ist Ehepartner, Vater, Schachpartner der älteren Tochter. In der Familie von Judith bilden von der Generation her beispielsweise die Eltern ein Subsystem, ein zweites Judith und ihr Bruder. Judith könnte aber auch in einer engen Koalition mit dem Vater gegen die Mutter und ihren Bruder stehen. Dann würden Vater und Tochter sowie Mutter und Sohn je ein Subsystem bilden. Solche innerfamiliären Koalitionsbeziehungen haben in der Psychologie bisher nur geringe Aufmerksamkeit erfahren (vgl. Schneider, 1978b).

Es seien nun drei relativ verbreitete *Analysemodelle* zum System Familie (im Anschluß an Klein, Jorgensen & Miller, 1978) dargestellt. Binnenfamiliäre Wechselwirkungsprozesse können erstens auf der Grundlage ihrer *zeitlichen Sequenz* untersucht werden: Person A beeinflußt Person B, Person B beeinflußt hernach Person A usw. Die Interaktionstypologie von Jones & Gerard (1967) (vgl. Abb. 10.2) kann im Sinne dieser Modellvorstellung interpretiert werden. Durch Sequenzanalysen können Verlaufsmuster identifiziert werden (vgl. z. B. Lewis & Lee-Painter, 1974).

Ein zweites Wechselwirkungsmodell entstammt der allgemeinen Systemtheorie, die von einer *zyklischen Kausation* ausgeht. Person A beeinflußt Person B; B's anschließendes Verhalten stellt eine Rückmeldung für A dar, die A's weiteres Verhalten mitreguliert (vgl. Abb. 10.1). In diesem Modell untersucht man die Rückmeldeschleifen. Klein et al. (1978) stellen fest, daß hierfür geeignete Forschungstechniken erst entwickelt werden.

Das dritte Wechselwirkungsmodell rekonstruiert die Interaktion auf der Grundlage *relativ stabiler Interaktionsmuster* oder Beziehungen. Es wird untersucht, in welcher Weise bestimmte Verhaltensraten einer Person A zu bestimmten Verhaltensraten einer Person B in Beziehung stehen. Austauschtheoretische Studien haben dieses Modell zugrundegelegt. Klein et al. (1978) unterscheiden zwölf Fragetypen, von denen die sieben wichtigsten im folgenden wiedergegeben werden:

– Wie beeinflussen sich Ehemann/Vater (EV) und Gattin/Mutter (GM) wechselseitig?

$$EV \rightleftarrows GM$$

– Wie beeinflussen die Eltern ihre Kinder (Kn) und umgekehrt?

$$EV \rightleftarrows Kn \qquad GM \rightleftarrows Kn$$

– Wie beeinflussen sich die Kinder i und j wechselseitig?

$$Ki \rightleftarrows Kj$$

– Wie beeinflußt die Beziehung der Ehegatten ihre Kinder und umgekehrt?

$$(EV \rightleftarrows GM) \rightleftarrows Kn$$

– Wie beeinflußt die Beziehung des Vaters zu den Kindern die Ehefrau und umgekehrt?

$$(EV \rightleftarrows Kn) \rightleftarrows GM, (GM \rightleftarrows Kn) \rightleftarrows EV$$

– Wie beeinflußt die Beziehung zwischen dem Vater oder der Mutter und einem Kind die Beziehung zu den anderen Kindern und umgekehrt?

$$(EV \rightleftarrows Ki) \rightleftarrows Kj, (GM \rightleftarrows Ki) \rightleftarrows Kj$$

– Wie beeinflußt die Beziehung zwischen den Ehegatten die Beziehung zwischen den Kindern und umgekehrt?

$$(EV \rightleftarrows GM) \rightleftarrows (Ki \rightleftarrows Kj)$$

Während die ersten drei Fragen die Wechselwirkung zwischen *Individuen* innerhalb der Familie zum Gegenstand haben, beziehen sich die folgenden drei Fragen auf die Wechselwirkung zwischen *Individuen und Beziehungen*. Die letzte Frage thematisiert die Wechselwirkung zwischen *Beziehungssets*. Bisher liegen vor allem zu den ersten drei Fragetypen Analyseverfahren vor (vgl. Ischi, 1978, 1982; Fassnacht, 1979). Zur empirischen Analyse des zweiten Fragetyps haben Eller & Winkelmann (1983) auf *verhaltenstheoretischer* Grundlage eine Methode entwickelt, die es erlaubt, unter Feldbedingungen bei Kindern und Eltern Verhaltenskategorien zu identifizieren, die im gegebenen familiären System kontrollierende Funktionen besitzen (vgl. dazu Westmeyer, Winkelmann & Hannemann, 1984). Auf *handlungstheoretischer* Grundlage haben Innerhofer & Peterander (1981) ein Verfahren erprobt, das die Wechselwirkungsbeziehungen zwischen Mutter und Kind im Sinne des Fragetyps 2 in einer strukturierten Feld-Situation zu erfassen versucht. Im angelsächsischen Raum hat das interaktionsanalytische Verfahren von Lytton & Zwirner (1975) eine gewisse Verbreitung gefunden.

Kasten 10.1: Ein Beobachtungssystem für Familien: Fics

AP	Approval	HR*	High Rate	PN*	Physical Negative
AT	Attention	HU*	Humiliate	PP	Physical Positive
CM	Command	IG*	Ignore	RC	Receive
CN*	Command Negative	IN	Indulgence	SS	Self-stimulation
		LA	Laugh	TA	Talk
CO	Compliance	NC*	Noncompliance	TE*	Tease
CR*	Cry	NE*	Negativism	TH	Touch
DI*	Disapproval	NO	Normative	WH*	Whine
DP*	Dependency	NR	No Response	WK	Work
DS*	Destructiveness	PL	Play	YE*	Yell

* Diese Kategorien zählen zum Score des ablehnenden Verhaltens.
(Patterson, 1982, S. 46)

Als wissenschaftlich fruchtbares Verfahren zur familialen Interaktionsanalyse hat sich das von Patterson u. a. in den 60er Jahren entwickelte „Family Interaction Coding System (FICS)" erwiesen. Verhalten von Familienmitgliedern wird in seinem Ablauf unter natürlichen Bedingungen erfaßt. Dies erlaubt die Aufdeckung von reziproken Abhängigkeiten spezieller Verhaltenskategorien zwischen den Interaktionspartnern (Patterson et al., 1969). Die Kategorien sind im Kasten 10.1 im Original wiedergegeben.

10.4.3 Familie als zeitliches Prozeßgeschehen: Diachrone Aspekte

Die pädagogische Interaktion in der Familie ist nicht nur synchron durch die strukturellen und dynamischen sozialpsychologischen Merkmale zu beschreiben; die zweite wesentliche Dimension ist die *diachrone*. Die Familie charakterisiert sich in dieser Hinsicht als ein komplexes Prozeßgeschehen, das einen klar definierten Anfang und hinsichtlich einiger Merkmale eine typische Verlaufsgestalt besitzt. Man spricht vom *Familienzyklus*. Der typisch europäische und nordamerikanische Familienzyklus hat etwa folgende Gestalt:
- Phase 1: Heirat und kinderloses Zusammenleben
- Phase 2: Elternschaft, Zusammenleben mit den Kindern (ca. 20–25 Jahre)
- Phase 3: Eltern wieder allein („empty nest") (ca. 20–30 Jahre)
- Phase 4: Tod eines Ehepartners, Alleinleben des anderen Partners (ca. 10 Jahre).

Die pädagogische Interaktion der Kernfamilie grenzt sich also normalerweise auf die Dauer von 20 bis 25 Jahren ein.

Wichtige, *interaktionsmitgestaltende Ereignisse* im europäischen und nordamerikanischen Familienzyklus sind die Geburt der Kinder, die Einschulung, die Pubertäts- und Adoleszenzphase, die Ausbildung der Kinder und schließlich deren Verehelichung bzw. Paarbildung. Diese Etappen sind biologisch (wie Geburt und Pubertät) oder kulturell geregelt und einigermaßen vorhersehbar. Von seiten der Eltern kann der Familienzyklus phasenweise durch Ereignisse wie z. B. Arbeitslosigkeit oder Scheidung mitgeprägt werden.

Die Familie von Judith befindet sich mitten im Familienzyklus. Auf seiten von Judith beeinflussen Schulfragen und die erwachende Pubertät die Interaktion, auf seiten der Eltern vielleicht die berufliche Konsolidierung des Vaters. Zehn Jahre später steht für die Eltern vielleicht die berufliche Wiedereingliederung der Mutter im Zentrum, für die Tochter die Ausbildung.

10.4.4 Beeinflussung innerhalb der Familie: Forschungsergebnisse

In den vorausgegangenen Abschnitten wurden verschiedene Theorien zur Erklärung und Modelle zur Analyse der wechselseitigen Beeinflussung besprochen. Obwohl es auch der Alltagserfahrung entspricht, daß Interaktionsabläufe normalerweise nicht unidirektional nur durch einen Interaktionspartner gesteuert werden und auch stabile Beziehungsmuster nicht das Resultat einseitiger, sondern wechselseitiger Beeinflussung darstellen, hat die Forschung in den letzten Jahrzehnten unidirektionale Fragestellungen aus methodischen Gründen favorisiert und zwar im Sinne der *statischen Interaktion.*

Eltern beeinflussen Kinder

Um herauszufinden, wie und in welchem Ausmaß Eltern ihre Kinder beeinflussen, hat sich die Forschung vor allem mit dem sog. „Erziehungsstil" befaßt. Man hat dabei nicht nur Verhaltensmerkmale der Eltern erfaßt, sondern auch Einstellungen, instrumentelle Überzeugungen usw. Erziehungsstile können als abhängige Variable betrachtet werden (z. B.: Wie kommt es bei Eltern zur Ausprägung eines strengen oder nachgiebigen Verhaltens?) oder als unabhängige Variable (z. B.: Wie wirkt sich strenges Verhalten auf die Selbstsicherheit des Kindes aus?) Im Kap. 9.2, das sich mit der Psychologie von Eltern befaßt, steht die erste Frage im Vordergrund. Für unseren Zusammenhang ist die zweite Frage nach den Auswirkungen auf Kindmerkmale relevant.

Die Untersuchungen über den Einfluß von elterlichen Erziehungsstilmerkmalen auf Merkmale der Kinder erfassen auf der Elternseite entweder eher *kognitive Elemente* wie Einstellungen, instrumentelle Überzeugungen, Normen usw. oder eher *Elemente des offenen Erziehungsverhaltens,* die sogenannten Erziehungspraktiken (vgl. Filipp, 1971; Schneewind, 1975; Lukesch, 1976). Die Datenquellen lassen sich aufgliedern in Eltern (selbstperzipierter Erziehungsstil), Kinder (kindperzipierter Erziehungsstil) und Drittpersonen (qualifizierte Beobachter). Im ersten Fall werden die Eltern über ihre erzieherischen Einstellungen oder Praktiken über Tests, Fragebogen oder Interviews befragt; beim kindperzipierten Erziehungsstil beurteilen die Kinder das Erziehungsverhalten oder Einstellungen ihrer Eltern über Fragebogen oder Interviews; im dritten Fall wird das Erziehungsverhalten der Eltern durch qualifizierte Beobachter in künstlichen oder natürlichen Settings untersucht. Kasten 10.2 stellt diese Forschungsmöglichkeiten im Überblick dar: Die Ergebnisse zum Einfluß von Erziehungsstilen auf Kindmerkmale sind teilweise enttäuschend; meistens ist die Varianzaufklärung der Kindmerkmale durch Erziehungsstilmerkmale bescheiden, oft sind

Kasten 10.2: Die Erforschung von Elterneinfluß

Designat	Datenquelle	Methode	Beispiele
Erziehungs- relevante Kognitionen	Eltern (selbstperzipiert)	Fragebogen Interview	Engfer & Schneewind 1976
bzw. Ein- stellungen der Eltern	Kind (kindperzipiert)	Fragebogen Interview	Bottenberg et al., 1973
	Dritt- personen	Beobachtung des Verbal- verhaltens	Tausch et al., 1977
offenes Erziehungs- verhalten der Eltern	Eltern	Fragebogen Interview	Baumgärtel, 1979
	Kind	Fragebogen Interview	Herrmann et al., 1972; Krohne et al., 1984
	Dritt- personen	Beobachtung des er- zieherischen Verhaltens	Eller & Winkelmann, 1984

Vgl. dazu Perrez, 1980; Preisig, 1982; Baumgärtel, 1984

Ergebnisse mehrerer Studien widersprüchlich. Besonders bei den Untersuchungen zu den *Erziehungseinstellungen* zeigt sich, daß noch theoretische Defizite bestehen. Um Kindmerkmale mit Hilfe von Elterneinstellungen zu erklären, braucht man z. B. eine Theorie dazu, wie Einstellungen und konkretes Erzieherverhalten zusammenhängen; zweitens bedarf es Hypothesen dazu, wie sich Einstellungen über das Erzieherverhalten auf das Kind auswirken. Lediglich Einstellungen mit Kindmerkmalen zu korrelieren, ist aufwendiges Probierverhalten, dem bisher überzeugende Erfolge versagt blieben.

Präzisere Hypothesen über den Zusammenhang des *kindperzipierten Erziehungsstils* mit Kindmerkmalen haben Herrmann, Stapf u. a. (Herrmann u. a., 1968; Stapf u. a., 1972) entwickelt. Das sog. Marburger Zweikomponentenkonzept unterscheidet bei Kindern Verhaltensrepertoires, bei denen eher ein Vermeidungsverhalten oder ein Zuwendungsverhalten (Appetenz) dominieren. Die Autoren vermuten im Sinne der

Verhaltenstheorie, daß ersteres durch häufige Bestrafung aufgebaut wird, das zweite durch häufige Belohnung. Stapf u. a. (1972) konnten z. B. nachweisen, daß streng erzogene Jungen (kindperzipierter Erziehungsstil) höhere Ängstlichkeitswerte aufweisen und unterstützend erzogene Jungen auf einer Appetenzskala höhere Werte erzielten.

Dieser Forschungsansatz hat die deutschsprachige Erziehungsstilforschung in hohem Maße angeregt. Man muß allerdings fragen, ob weniger Wirkungen von Erzieherverhalten untersucht wurde als Zusammenhänge von Merkmalen der Elternperzeption durch Kinder mit Verhaltensmerkmalen dieser Kinder (vgl. dazu Lukesch, 1977; Herrmann und Stapf, 1977).

Untersuchungen auf der Basis von *Verhaltensbeobachtung* durch geschulte Beobachter legte u. a. die Forschergruppe um Tausch & Tausch vor. Tausch & Tausch (1977) haben in zahlreichen Arbeiten die Auswirkungen des Erziehungsmerkmals „Wertschätzung/Geringschätzung" und „Lenkung/Dirigismus" auf Kindmerkmale untersucht. Zur Erfassung wurden meistens Rating-Skalen verwendet, mit denen erzieherisches Verhalten eingestuft wurde. In der Arbeit von Langer et al. (1973) wurden z. B. 90 Mütter mit jeweils einem Kind in außerhäuslichen Situationen (öffentlichen Verkehrsmitteln, Wartezimmern usw.) unwissentlich beobachtet. Das protokollierte verbale und nonverbale Interaktionsverhalten zwischen Mutter und Kind schätzten verschiedene Beurteilungsgruppen nach den relevanten Verhaltensdimensionen ein. Ein zweites Verfahren der Tausch-Gruppe besteht in der verbalen schriftlichen und bildlichen Vorgabe von erzieherischen Konfliktsituationen, worauf die Eltern zu äußern haben, wie sie in dieser Situation reagieren würden. Nach den Ergebnissen der Arbeiten von Tausch & Tausch (1977) scheint erzieherische Wertschätzung im Elternverhalten eng mit der Selbstakzeptierung der Kinder zusammenzuhängen. Hohe Lenkung korreliert mit größerer Konformitätstendenz bei den Kindern.

Eine interessante Arbeit, in der ein künstliches Setting verwendet wurde, haben Schulte & Nobach (1980) vorgelegt. Mütter, die eine Erziehungsberatungsstelle aufgesucht hatten, wurden aufgefordert, im Psychologischen Institut während einer Stunde mit ihrem Problemkind Hausaufgaben zu machen. Die Interaktionen wurden mit Video aufgezeichnet und anschließend nach sequentiellen Gesichtspunkten ausgewertet. Bei braven wie bei ungehorsamen Kindern beeinflußte der *Inhalt* von Aufforderungen nicht die Bereitwilligkeit zu gehorchen. Bei braven Kindern erwies sich jedoch der *Ton*, in dem die Aufforderung ausgesprochen wurde, als bedeutsam.

Bei Untersuchungen, in denen durch erzieherische Einstellungs- bzw. Verhaltensvariablen Merkmale bei Kindern erklärt werden sollten, sind folgende Konstellationen in Abwandlung eines Schemas von Preisig et al. (1979) möglich (vgl. Abb. 10.8).

Erzogenenvariable (Abh. Variable)

		Fremdperzeption durch Erzieher	Selbstperzeption durch Kind	Beurteilung durch Drittperson
Erzieher-variable	Selbstperzeption	a	b	c
(Unabh. Variable)	Fremdperzeption durch Kind	d	e	f
	Beurteilung durch Drittperson	g	h	i

Abb. 10.8: Konstellationen der Untersuchung von elterlichem Einfluß auf die Kinder

Für *einstellungstheoretisch* orientierte Ansätze wäre die Variablenkonstellation b oder c angemessen, für *verhaltenstheoretische* Ansätze die Konstellation i.

Der vielen Untersuchungen (z. B. Stapf et al., 1972) zugrundeliegende Konstellationstyp e würde von den Variablen her eine Persönlichkeitstheorie des Kindes erfordern (vgl. Lukesch, 1977), in der die Perzeption der Eltern durch die Kinder und Elemente der Selbstperzeption des Kindes eine zentrale Rolle spielen. Analog dazu wäre für den Typ a eine Persönlichkeitstheorie der Eltern notwendig.

Kinder beeinflussen Eltern

Säuglinge regulieren normalerweise von Anfang an in einem gewissen Umfang das Verhalten ihrer Mütter. Nach einer Studie von Bell & Ainsworth (1972) entwickelt sich das kindliche *Kontrollsystem,* bei dem in den ersten vier Monaten das Schreien einen zentralen Platz einnimmt, besser, wenn die Mutter auf die kindlichen Signale verläßlich reagiert. Das Schreien hat zu Beginn vermutlich primär eine Ausdrucksfunktion. Es wird ausgelöst durch Hunger, Alleinsein, physische Zustände des Unwohlseins usw. Kinder, deren Mütter in den ersten drei Monaten unverläßlich auf das Schreien reagiert haben, schreien im Alter von drei bis sechs Monaten überzufällig mehr als Kinder, deren Mütter das Schreien ignoriert haben. Die weniger schreienden Kinder entwickeln ab dem dritten, vierten Monat in bedeutsam stärkerem Maße alternative Kontrollsignale. Sie setzen zur Beeinflussung des Mutterverhaltens häufiger den Gesichtsausdruck, die Körpergestik und Vokalisierung ein. Man könnte von einer Hierarchie der Kontrollmittel sprechen, die bei ganz elementaren Signalen wie Schreien oder Lächeln anfängt und sich über die Körpergestik, Vokalisierung und später bis zur hochorganisierten

Sprache hin differenziert. Großmann & Großmann (1985) fanden bei Säuglingen, deren Mütter einen „sanft-liebevollen" Konversationsstil pflegten und die im Sinne von Bell & Ainsworth (1972) über eine hohe Feinfühligkeit verfügten, mehr freudige Lautäußerungen und Erzähllaute.

Als ein anderes Beispiel für kindliches Einflußvermögen erweist sich das *Imitationsverhalten*. In den ersten Monaten imitieren die Eltern weit mehr kindliches Verhalten als umgekehrt. Kindliche Lautungen und Gesten werden zu Auslösern für ihre Imitation durch die Erwachsenen (vgl. Pawlby, 1977). Papousek & Papousek (1977) haben festgestellt, daß die Mütter für ihr Imitationsverhalten durch die Kinder systematisch bekräftigt werden. Die Kinder beantworten die mütterliche Nachahmung durch Lächeln, was sie weit weniger häufig im Anschluß an mütterliche Instruktionen tun.

Bell (1979, S. 824) faßt das kindliche Einflußvermögen folgendermaßen zusammen: „Es gibt viele Hinweise, daß das Pflegeverhalten der Mütter in den ersten zwei Monaten weitgehend durch Signale des Kindes gesteuert wird." Dabei dürfen wir annehmen, daß es bei Säuglingen bereits von Geburt an in verschiedenen Merkmalen individuelle Unterschiede gibt, z. B. im allgemeinen Aktivitätsniveau oder in der Irritierbarkeit.

Die präverbalen Mittel zur Beeinflussung des Elternverhaltens werden später durch *verbale* ergänzt und teilweise ersetzt. Pauls & Johann (1984) haben bei acht- bis elfjährigen Kindern die folgenden Steuerungsstrategien eruiert: Konstruktiv-aktive Steuerung, Vorwürfe und oppositionelle Steuerung, Steuerung durch Bestrafung und Ignorieren und passiv resignative Steuerung und Anpassung. Es ist naheliegend, daß Kinder nicht nur altersspezifisch, sondern auch elternspezifisch (situationsspezifisch) von Beeinflussungstaktiken Gebrauch machen. Sicherlich kann man zusätzlich annehmen, daß die Lerngeschichte (siehe oben Bell & Ainsworth, 1972) die individuellen Unterschiede in den Kontrolltechniken mitbedingt und daß auch genetische Faktoren (z. B. Temperament) eine Rolle spielen.

Es existiert eine umfangreiche Literatur über das elterliche Unterstützungsverhalten und dessen Auswirkungen auf das Kindverhalten (s. o.). In nur wenigen Studien wurde aber systematisch untersucht, von welchen Faktoren das elterliche Unterstützen seinerseits wiederum abhängig sein könnte. Niggli, Perrez & Kramis (1982) haben das Bekräftigungsverhalten von 32 Müttern gegenüber ihren 10- bzw. 11jährigen Söhnen in experimentellen Situationen untersucht. Dabei mußten sich die Jungen in Aufgabensituationen – ohne Wissen der Mütter – im einen Fall selbständig, im anderen Falle unselbständig verhalten. Es zeigt sich, daß die Mütter signifikant mehr bekräftigen, wenn die Kinder sich unselbständig verhalten; bei Jungen anderer Mütter geben sie signifikant mehr Hilfestellung. Man muß sich fragen, wieweit die vielen Untersuchungen, die eine Korrelation zwischen elterlicher Strenge bzw. elterlicher Überbehütung und kindlichen Verhaltensmerkmalen wie Ängstlichkeit, Unselbständigkeit usw. feststellen konnten, nicht in *umgekehrter Kausalitätsrichtung* zu interpretieren sind, also wieweit das Elternverhalten eine Antwort auf Kindmerkmale darstellt.

Eine angemessene Interpretation der sozialen Interaktionsprozesse können nur Modelle bereitstellen, die von einer sozialen *Wechselwirkung* (vgl. 10.1) ausgehen. Weder beeinflussen im Normalfall Eltern einseitig ihre Kinder noch umgekehrt die Kinder einseitig ihre Eltern. Bell & Harper (1977) haben z. B. das Konzept der *Maximum- und Minimumsteuerung* der elterlichen Kontrolle entwickelt. Die Maximumsteuerung („upper-limit control") bewirkt eine Verminderung und Eingrenzung des Kindverhaltens, wenn dieses die elterlichen Normen überschreitet, während die Minimumsteuerung („lower-limit control") dann einsetzt, wenn das Kindverhalten eine elterliche Norm unterschreitet. Wenn das Kind bestimmte Handlungskompetenzen noch nicht aufweist, über die es nach Meinung der Eltern schon verfügen sollte, oder in bestimmten Situationen Handlungen unterläßt, die nach den Erwartungen der Eltern angebracht wären, werden die Eltern das Kind zum Handeln stimulieren. Von welcher Art der Steuerung die Eltern vermehrt Gebrauch machen, hängt von den Normen der Eltern und vom Verhalten des Kindes ab. Hyperaktive Kinder werden eher die Maximumsteuerung der Eltern aktivieren, inaktive eher die Minimumsteuerung stimulieren.

> Sowohl im Beispiel der Mutter mit ihrem puzzle-spielenden Sohn als auch in jenem von Judith wird bei den Eltern die Minimumsteuerung aktiviert: Die Mutter des Knaben hat den Eindruck, er sollte das Puzzle zusammensetzen können, und sie greift ein, wenn er nicht weiterkommt. Die Eltern von Judith sehen eine schulische Leistungsnorm bei Judith unterschritten, und sie stimulieren die Tochter zum Lernen.

Welche Bedeutung die Kontrollerfahrung für die harmonische Entwicklung des Kindes hat, wurde erst in jüngster Zeit untersucht. Seligmans (1975) Theorie der *gelernten Hilflosigkeit* hat darauf aufmerksam gemacht, daß für eine gesunde Entwicklung die Erfahrung der Kontrolle über die Umwelt unerläßlich ist. Bereits in den ersten Lebensmonaten können Säuglinge lernen, daß bestimmte Verhaltensweisen mit bestimmten sozialen Konsequenzen verbunden sind, d. h. daß bestimmte Handlungen geeignet sind, bestimmte Konsequenzen herbeizuführen. Wir nennen dies die Verhaltensabhängigkeit der Konsequenzen. Die gegenteilige Erfahrung, die Verhaltensunabhängigkeit der Konsequenzen, ist gegeben, wenn der Organismus zwischen seinem Verhalten und den

Ereignissen der Umwelt keine oder nur schwache Zusammenhänge erfahren kann. In zahlreichen Experimenten wurde gezeigt, daß die Bedingung der Nichtkontrolle, das heißt der Einflußlosigkeit, zur generellen Erwartung führt, die Ereignisse der Umwelt nicht beeinflussen zu können. Die Motivation, die Konsequenzen zu kontrollieren, wird vermindert, die Lernfähigkeit beeinträchtigt, und schließlich führt die Einflußlosigkeit zu massiven emotionalen Störungen wie Angst, Depression und Hilflosigkeit.

Man kann zahlreiche Befunde der Entwicklungspsychologie im Lichte dieser Theorie neu interpretieren (Perrez, 1985). Seligman deutet z. B. die Befunde von Spitz über die hospitalisierten Kinder in diesem Sinne. Diese Kinder haben nach Seligman durch den Mutterverlust die Erfahrung extremer Ohnmacht, auf die soziale Umgebung Einfluß ausüben zu können, gemacht und dadurch das Hilflosigkeitssyndrom aufgebaut. Es scheint, daß der Mensch geradezu ein Urbedürfnis nach Kontrolle, nach Kompetenzerfahrung besitzt.

Geschwister beeinflussen Geschwister

Kinder können ein eigenes binnenfamiliäres Subsystem darstellen, das sich je nach Beziehungsstruktur und Anzahl der Kinder wieder in mehrere Subsysteme aufgliedert.

Die Dynamik der Geschwisterbeziehung hat Adler (1966) in den zwanziger Jahren als einer der ersten beschrieben. Ihr Hauptmotiv sah er im Streben der Kinder nach der Gunst der Eltern. Die Beziehung der Kinder untereinander gestaltet sich nach Adler in Abhängigkeit von der Stellung des Kindes in der Geschwisterreihe, von der geschlechtlichen Identität der Kinder und vom Altersabstand. Auf empirischer Grundlage hat Toman (1965) die Geschwisterkonstellationen näher untersucht. „Bei insgesamt zwei Kindern kann ein Junge der ältere oder der jüngere Bruder sein, und zwar von einem Bruder oder einer Schwester. Das Analoge gilt für ein Mädchen. Daraus ergeben sich acht Typen von Geschwisterpositionen bzw. von Geschwisterbeziehungen. Diesen liegen alle komplizierten Geschwisterpositionen zugrunde" (Toman, 1976, S. 769). Toman hat empirische Hinweise dafür gefunden, daß gewisse in einer Geschwisterkonstellation gelernte Rollen – z. B. die Führungs- und Verantwortungsrolle bei ältesten Geschwistern oder Abhängigkeits- und Oppositionsrollen bei jüngsten Geschwistern – auf soziale Situationen außerhalb der Familie generalisiert werden (Toman, 1965). Die „Duplikationshypothese" besagt, daß spätere soziale Beziehungen (Ehe, Freundschaft) befriedigender und stabiler verlaufen, wenn sie eine Duplizierung der Geschwisterkonstellation der Ursprungsfamilie darstellen. Ein Ehepaar, bei dem der Mann der ältere Bruder einer jüngeren Schwester und die Frau die jüngere Schwester eines älteren Bruders war, hat demnach bessere Ausgangsbedingungen, als wenn beide Partner die Ältestenposition in der Geschwisterreihe innehatten. Neuere empirische Forschungsbefunde vermögen die Hypothese von Toman allerdings nicht zu stützen (vgl. Ernst & Angst, 1983).

10.4.5 Störungen der Interaktion in der Familie

Die Störungsanfälligkeit der binnenfamiliären Interaktion ist ein Stück weit durch im *Familienzyklus* enthaltene *kritische Lebensereignisse* bedingt (vgl. Abs. 10.4.3). Solche Ereignisse lassen sich im Anschluß an Filipp (1981a) als einschneidende Veränderungen der familiären Situation charakterisieren, die eine Anpassungsleistung dieses sozialen Systems erfordern (z. B. Geburt eines Kindes, Arbeitsplatzverlust usw.). Die Störung der binnenfamiliären Homöostase wird als Belastung erlebt, besonders wenn das Ereignis negativer Natur ist. Wie gut solche Anpassungsleistungen erbracht werden, hängt von der Bedeutung des Ereignisses, dem Ausmaß der Störung der bisherigen Interaktionsgewohnheiten, den psychischen Ressourcen der Familienangehörigen und den verfügbaren externen sozialen Ressourcen ab (Freunde, Verwandte).

Die Störungen der familiären Interaktion gruppieren sich demgemäß von der Häufigkeit her um die oben bereits erwähnten besonderen kritischen Ereignissen der Familiengeschichte: Geburt von Kindern, Einschulung, Ausbildung der Kinder, berufliche Ereignisse der Eltern, Scheidung usw.

So wie die normale Interaktion in der Familie verschiedenen theoretischen Interpretationen und empirischen Rekonstruktionen zugänglich ist, kann die gestörte Interaktion systemisch, verhaltenstheoretisch, kognitionspsychologisch oder aus anderen Perspektiven betrachtet werden.

Unter *systemischen* Gesichtspunkten spielt nach Minuchin (1978) die Qualität der Grenzen zwischen den Subsystemen eine bedeutende Rolle für das Funktionieren der Familie. Die Grenzen zwischen den Subsystemen sollten klar sein, weder zu diffus noch zu starr. Mit der Aufhebung oder Verwischung der Grenzen schwindet die Differenzierung des Systems; Minuchin nennt diesen Störungsaspekt *Verstrickung*. Sie bedeutet überstarke Bindung und engt die Autonomie der beteiligten Mitglieder ein. Die verstrickte Familie reagiert zu sensibel, zu schnell auf Normverletzungen. Das Mutter-Kind-Subsystem ist naturgemäß, besonders so lange die Kinder klein sind, für Verstrickung anfällig.

Der zweite Störungsaspekt ist durch übermäßig *starre Grenzen* charakterisiert. Diese disponieren zur *Loslösung* der Subsysteme. Die losgelöste Familie reagiert auf Normverletzungen zu spät oder zu schwach. Angesichts einer verstrickten Mutter-Kind-Beziehung kann z. B. der Vater isoliert werden und sich von diesem Subsystem lösen.

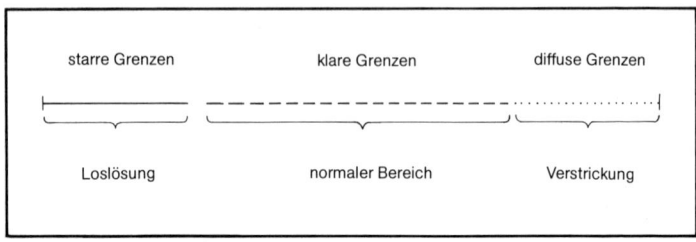

Abb. 10.9: Das Kontinuum der Grenzen zwischen familialen Subsystemen (nach Minuchin, 1978)

Minuchin geht davon aus, daß alle Familien an irgendeinem Punkt des Kontinuums von starren bis zu diffusen Grenzen angesiedelt werden können (vgl. Abbildung 10.9).

Familien mit einer mangelhaften Bindung zwischen Kindern und Eltern sind auf der linken Seite des Kontinuums anzusiedeln, während „symbiotische" Familien, die die Entwicklung der Individualität gefährden, der rechten Seite zuzuordnen wären. Die *Belastungsquellen* des Familiensystems werden von Minuchin (1978) aufgeteilt in (1) Belastungen eines Mitgliedes der Familie durch außerfamiliäre Einflüsse (vgl. Kasten 10.3), (2) Belastungen der ganzen Familie durch außerfamiliäre Einflüsse (ökonomische Probleme, Umzug usw.), (3) Übergangsstadien im Familienzyklus und neue Differenzierungen, die die Ausbildung neuer Subsysteme erfordern, (4) idiosynkratische Belastungen, die nur für eine bestimmte Familie eigentümlich sind (z. B. wenn die Familie ein behindertes Kind hat).

Kasten 10.3: Ein Familienmitglied wird belastet

„Nehmen wir als Beispiel an, daß ein Ehemann, der an seinem Arbeitsplatz einer Streßsituation ausgesetzt ist, auf dem gemeinsamen Heimweg von der Arbeit Kritik an seiner Frau übt. Diese Transaktion kann auf das eheliche System beschränkt bleiben. Die Frau zieht sich vielleicht im Augenblick von ihrem Mann zurück, unterstützt ihn aber einige Minuten später schon wieder. Oder sie geht zum Gegenangriff über. Es kommt zu einer Auseinandersetzung, aber der Kampf endet mit erneuter Annäherung und wechselseitiger Unterstützung. Das sind funktionale Transaktionsmuster. Die Belastung, die auf dem Ehemann liegt, ist durch die Transaktionen mit seiner Frau verringert worden.

Es kann aber auch sein, daß der Kampf eskaliert, daß keine Annäherung erfolgt und einer der beiden Ehegatten das Schlachtfeld verläßt. Nun schlägt sich jeder der beiden Partner mit dem Gefühl herum, daß das Problem nicht gelöst worden ist. In dieser Situation hat der belastende Kontakt eines Familienmitgliedes mit externen Kräften eine ungelöste Belastung im intrafamilialen Subsystem entstehen lassen.

Die gleiche Quelle der Belastung eines einzelnen Mitgliedes kann sich auch über die Grenzen des Subsystems hinweg bemerkbar machen. So kommen beispielsweise Vater (V) und Mutter (M), die an ihrem Arbeitsplatz unter Streß stehen, nach Hause und nörgeln aneinander herum, leiten aber dann ihren Konflikt in einen Angriff auf eines der Kinder um. Das reduziert die Gefahr für das eheliche Subsystem, belastet aber das Kind (K). Oder der Ehemann kritisiert seine Frau, die daraufhin eine Koalition mit dem Sohn gegen den Vater eingeht.

Die Grenze rund um das eheliche Subsystem wird dadurch schwimmend. Es bildet sich ein unangemessen starres intergeneratives Subsystem „Mutter und Kind" aus, das sich gegen den Vater richtet, und die Grenze rund um diese Koalition aus Mutter und Sohn schließt den Vater aus. Ein intergeneratives dysfunktionales Transaktionsmuster ist entstanden.

Es ist auch möglich, daß die ganze Familie durch den extrafamilialen Kontakt eines ihrer Mitglieder unter Streß gerät. Wenn beispielsweise der Ehemann seine Arbeitsstelle verliert, muß die Familie sich einschränken. Die Frau muß mehr Verantwortung für die finanzielle Versorgung der Familie übernehmen, und damit ändert sich die Natur des exekutiven Subsystems. Diese Veränderung kann auch Veränderungen im elterlichen Subsystem erzwingen. Der Vater übernimmt jetzt vielleicht pflegende und schützende Funktionen, die vorher der Mutter zufielen. Oder eine Großmutter betritt den Schauplatz, um elterliche Funktionen zu übernehmen, während die beiden Eltern auf Arbeitssuche sind.

Wenn die Familie auf den Verlust der Arbeitsstelle des Vaters mit Starre reagiert, können dysfunktionale Transaktionsmuster entstehen. So wird etwa die Großmutter mit hineingenommen, um sich um die Kinder zu kümmern, aber die Eltern weigern sich, die Autorität an sie abzutreten, die sie in die Lage versetzen würde, ihren Verantwortlichkeiten nachzukommen."

(Minuchin, 1978)

Verhaltenstheoretisch werden Störungen der binnenfamiliären Interaktion als Folge komplementärer Verstärkungsprozesse interpretiert, die die Entfaltungsbedingungen eines oder mehrerer Mitglieder behindern (Patterson, 1982). Unerwünschtes Kindverhalten wird nicht nur häufig bestraft, sondern erfährt insgesamt größere Aufmerksamkeit der Eltern. Dadurch wird es auch oft ungewollt verstärkt, während erwünschtes Verhalten oft als selbstverständlich hingenommen wird, was verhaltenstheoretisch betrachtet keinen positiven Einfluß auf seine Wiederauftretenswahrscheinlichkeit bewirkt.

Unter wechselseitiger Verstärkerkontrolle steht vermutlich häufig das *Bestrafungsverhalten,* das, wenn es häufig und intensiv praktiziert wird, für das Kind schädliche Folgen hat. Es wird bei den Eltern durch ein störendes Kindverhalten ausgelöst. Kurzfristig vermag es die Störung zu unterbinden, was das Bestrafungsverhalten im Sinne der negativen Verstärkung bekräftigt. Die paradoxe Tatsache, daß sich Strafe als primäres Erziehungsprinzip von zweifelhaftem längerfristigem Erfolg erweist und trotzdem so häufig angewendet wird, findet im kurzfristigen Effekt der Unterbrechung störender Reize eine partielle Erklärung.

> Das verständnislose Verhalten der Mutter von Judith wird insofern verstärkt, als Judith gehorcht, und der Vater es explizit billigt. Das Nichtgehorchen der Tochter steht unter einer Bestrafungskontingenz, wodurch es mindestens in Anwesenheit der bestrafenden Instanzen unwahrscheinlich wird. Die gegebene Interaktionsregelung ist jedoch für Judith entfaltungshemmend und könnte ein wesentliches Element einer sich anbahnenden Störung sein.

Eine differenzierte Interpretation erfahren gestörte familiäre Interaktionen, wenn die Analyse des offenen Verhaltens ergänzt wird durch die *kognitive Dimension* (vgl. Abs. 10.3.3). Gestörte Interaktionen lassen sich analysieren auf dem Hintergrund der hierarchischen und sequentiellen Handlungsorganisation.

Störungen können auf der *hierarchischen Organisationsebene* z. B. eine Folge von *Zielen* der Interaktionspartner sein (vgl. Peterander, 1985). Wollen Eltern um jeden Preis einen Musterschüler heranziehen, wozu das Kind vielleicht gar nicht die intellektuellen Voraussetzungen besitzt? Werden sie häufig durch ihr Kind oder ihre Kinder an der Realisierung beruflicher oder anderer Handlungsziele behindert? Erkennen Eltern die Handlungsziele ihrer Kinder? Als Zielprobleme können wir unangemessene Ziele und Verhaltensstandards sowie Zielkonflikte zwischen den Interaktionspartnern unterscheiden. Störungsinduzierend können auch *unangemessene instrumentelle Überzeugungen* sein, die wir bereits am Beispiel von Judiths Eltern erläutert haben. Diese Überzeugungen können in allgemeinere Einstellungen und kognitive Schemata eingebettet sein, wie z. B. einer Einstellung von Eltern zur Autorität, die Strafe und Strenge als angemessenes Mittel erzieherischen Durchsetzungsverhaltens versteht (Thommen, 1985). Auch die bereichsspezifische *Differenziertheit* und *Diskriminiertheit der den Interaktionspartnern zur Verfügung stehenden Kategoriensysteme* kann die Interaktion ungünstig beeinflussen. Sie stellen den Raster der wechselseitigen Verhaltenskodierung dar. Eine mangelnde Differenzierung kann sich beispielsweise in der Tendenz zeigen, bevorzugt negatives Verhalten wahrzunehmen (vgl. Perrez u. a., 1985, Kap. III). Man sieht am Interaktionspartner das, wofür Kategorien vorhanden sind; und Interaktionsprobleme können mitunter als Folge einer mangelnden Akkomodation, d. h. Anpassung der kognitiven Kategorien an Veränderungen interpretiert werden. Die verfügbaren Handlungsschemata vermögen dann der Interaktionsrealität nicht mehr gerecht zu werden, was nicht nur ein kognitives Desequilibrium, sondern auch eine Störung der eingespielten sozialen Homöostase zur Folge hat.

Die *sequentielle Handlungsorganisation* der Interaktionspartner ist insofern störungsanfällig als die Vergleichsprozesse des sozial Wahrgenommenen mit den Aktionsprogrammen oder instrumentellen Überzeugungen fehlgeleitet werden können, sowohl durch wahrnehmungspsychologische Verarbeitungsverzerrungen (Primacy- oder Recency-Effekt) als auch durch persönliche Erwartungstendenzen (Pygmalioneffekt). So können z. B. Eltern, obwohl sie vielleicht eine angemessene instrumentelle Überzeugung hinsichtlich der Unterstützungswürdigkeit erwünschten Verhaltens besitzen, oft positive Ansätze ihres „Problemkindes" nicht erkennen. Sie übersehen erwünschtes Verhalten und reagieren nicht darauf. Ihre Aufmerksamkeit ist auf das unerwünschte Verhalten akzentuierter ausgerichtet. Derart erwartungsgeleitet entgeht ihnen keine Missetat, während etwa ein Geschwister mit vergleichbarem Verhalten bei den Eltern eine bessere Einschätzung erzielt. Oder eine unerfreuliche Szene zu Beginn des Tages erhält im Sinne des Primacy-Effektes eine größere Gewichtung als andere, vielleicht positive Episoden, was die Wahrnehmung dieses Kindes als „Problemkind" verstärkt. (Auf den pädagogisch-psychologischen Umgang mit familialen Störungen geht Kap. 16 ein.)

10.5 Pädagogische Interaktion in der Schule*

10.5.1 Der Lehrer beeinflußt die Schüler – oder nicht?

Interaktionen in der Schule sind überwiegend als Lehrer-Schüler-Interaktionen untersucht worden. Die Studien beschäftigen sich bevorzugt mit sozialen Prozessen, die über den Lehrer laufen, die er anregt, in Gang

---

* Autor dieses Abschnitts: Günther L. Huber

hält, kontrolliert. Die wechselseitige Beeinflussung der Schüler untereinander sowie ihre Einflüsse auf den Lehrer fanden dagegen sehr viel weniger Aufmerksamkeit. Interaktion im Klassenzimmer wurde also bevorzugt als statische Interaktion (vgl. Abs. 10.1) konzipiert und untersucht: Verhalten, Einstellungen, Leistungen von Schülern wurden als abhängige Variable der interaktiven Verhaltensweisen von Lehrern erfaßt. Das weitverbreitete System zur Interaktionsanalyse von Flanders (1960; s. auch Kap. 4) ist ein methodischer Beleg für diese statische Interaktionskonzeption: Sieben Kategorien zur Erfassung des Lehrerverhaltens stehen (neben einer Restkategorie für nicht einzuordnende Aktionen) nur zwei zur Registrierung des Schülerverhaltens gegenüber (Schülerantworten und Sprechen aus eigener Initiative).

Faßt man die pädagogische Interaktion in der Schule dagegen als dynamischen Prozeß auf, dann muß stets berücksichtigt werden, daß Lehrer und Schüler sich durch Einwirkungen und Rückwirkungen *wechselseitig* beeinflussen. Allerdings darf Wechselseitigkeit als Merkmal sozialer Interaktion nicht so eng definiert werden, daß nur Prozesse eingeschlossen sind, in denen sich die Beteiligten in gleichem Ausmaß beeinflussen. Es kommt darauf an, den Wechsel von Verursachung und Wirkung in den Handlungen der Interaktionsteilnehmer über einen längeren Zeitabschnitt hinweg zu beobachten und zu analysieren. Wenn jedoch die schulische Interaktionsforschung soziale Beziehungen und Prozesse im Klassenzimmer überwiegend als asymmetrische Interaktion (vgl. Abschnitt 10.2.1) konzipiert, beachtet man nur, wie Lehrer ihre Absichten verfolgen und wie Schüler darauf reagieren.

Natürlich sind den Beteiligten an schulischen, d. h. institutionalisierten Erziehungs- und Unterrichtsprozessen bestimmte Positionen und damit auch Handlungsspielräume zugewiesen. Andererseits stellt Blumer (1973) fest, man dürfe nicht erwarten, in sozialen Institutionen nur reibungslose und den Institutionszielen förderliche soziale Interaktion vorzufinden. Auch sozial klar strukturierte Organisationen wie Schulen funktionieren nur im gewünschten Sinn, weil Personen in ihnen handeln; soziales Handeln aber ist das Ergebnis von Interpretationsprozessen, in denen alle Beteiligten ihre subjektiven Erwartungen und Bewertungen einbringen. Ablauf und Ergebnisse pädagogischer Interaktionen in der Schule werden daher erst dann in vollem Umfang verständlich, wenn man die *subjektive Perspektive* der Interaktionspartner berücksichtigt.

Die äußeren Handlungsbedingungen der Schule legen soziale Interaktionsprozesse inhaltlich durch Lehrplanvorgaben, auf der Beziehungsebene durch Positions- und Rollenzuweisungen, weitgehend fest. Subjektive Deutungen von Interaktionspartnern erscheinen unter diesen Bedingungen häufig als störend. Tatsächlich verlassen Schülerhandlungen auf der Grundlage subjektiver Situationsdeutungen oft den Bereich institutioneller Verhaltensnormen, beispielsweise wenn Schüler die Schulsituation als langweilig oder bedrohlich oder für ihre Interessen irrelevant erleben und sich dementsprechend verhalten. Besonders an der Schule wird der Widerspruch einer Institution deutlich, die Ziele nur in sozialer Interaktion verwirklichen kann, sich dabei aber überwiegend auf normierte soziale Beeinflussung verlassen möchte. Dadurch werden sowohl die subjektiven Ziele der Interagierenden wie ihre Interaktion eingeengt. Die Forschung hat diese Asymmetrie der Lehrer-Schüler-Interaktion meist unreflektiert übernommen. Selten wurde die Blickrichtung umgekehrt und der Einfluß von Schülern auf ihre Lehrer zu erfassen versucht.

Piontkowski (1982) machte auf ein weiteres Defizit der traditionellen Forschung zur Lehrer-Schüler-Interaktion aufmerksam. Die Ansätze zur Interaktionsanalyse haben nicht nur die schulische Interaktion überwiegend als Beeinflussung der Schüler durch ihre Lehrer gesehen, sondern den Aspekt der Vermittlung von Sachverhalten ausgeblendet. Analysen der Lehrer-Schüler-Interaktion müssen aber die Ebene der *Inhalte* einschließen. Forschung zur schulischen Interaktion müßte sich insbesondere mit Wechselwirkungen von Interaktionsmerkmalen und Wissensaneignung bzw. Wissensveränderung beschäftigen. Die Richtung künftiger schulrelevanter Interaktionsforschung ist damit umrissen, ausdifferenzierte Forschungsprogramme sind allerdings erst in Entwicklung.

Im folgenden werden zur Lehrer-Schüler-Interaktion statische Konzepte, dann dynamische dargestellt. Abschließend geht es um die bislang vernachlässigte Interaktion zwischen Schülern.

10.5.2 Lehrer-Schüler-Interaktion als statische Interaktion

Die Analysen der sozialen Interaktion in der Schule folgen überwiegend dem Modell der „Prozeß-Produkt-Analyse", man untersucht Zusammenhänge zwischen Interaktionsmustern und Unterrichtsergebnissen. Berliner (1978) hat Publikationen der empirischen Unterrichtsforschung im Jahr 1975 analysiert und festgestellt, daß sie fast ausschließlich nach diesem Modell angelegt waren. Es wurden vorwiegend spezifische Merkmale des Lehrerverhaltens beobachtet und zu Leistungs- und Einstellungsdaten der Schüler in Beziehung gesetzt, meist nur auf korrelationsstatistisch-deskriptivem Niveau (vgl. auch Kap. 9.3).

Befunde zur Lehrer-Schüler-Interaktion

Aufgrund ihrer sozialen Position in der Schulklasse und der damit vorgegebenen Machtrelationen beeinflussen Lehrer das Verhalten ihrer Schüler in erheblichem Maß. Trotz aller Einseitigkeit des Ansatzes liefern die statisch konzipierten Untersuchungen zur Lehrer-Schüler-Interaktion deshalb wichtige Erkenntnisse über soziale Prozesse in Schulklassen und Ansätze zu ihrer Optimierung.

Eine große Zahl von Untersuchungen befaßt sich mit dem Einfluß spezifischer Merkmale des Lehrers in der sozialen Interaktion mit Schülern. Eine Lehrervariable, die in den letzten Jahren zunehmend Beachtung gefunden hat, ist der sog. *Enthusiasmus*. Unter Bezeichnungen wie „enthusiastisches Lehren" oder „pädagogische Verführung" wird die emotionale Dimension des Lehrerverhaltens in empirischen Studien als unabhängige Variable untersucht. Typische Ergebnisse: Schüler beurteilen ihre Lehrer positiver, wenn diese die Lehrinhalte begeistert, unterhaltsam, mit Charisma vermitteln. Allerdings ist fraglich, ob bei enthusiastischen Lehrern mehr oder besser gelernt wird als bei emotional weniger mitreißenden Lehrern. Nach den vorliegenden Befunden scheint die Lernleistung wesentlich stärker von den Inhalten als von der emotionalen Qualität ihrer Präsentation abzuhängen (vgl. Kasten 10.4).

Kasten 10.4: *Enthusiasmus des Lehrers im Urteil der Schüler*

Abrami, Leventhal & Perry (1982) werteten 12 Untersuchungen in einer Meta-Analyse aus:

Wirkungen enthusiastischen Lehrens (Anteile der erklärten Varianz der Kriteriumsvariable)

Kriterium	Emotionalität	Inhalt
Beurteilung des Lehrers	29%	15%
Lernleistung	4%	16%

29% der Varianz in den Urteilen der Schüler über ihre Lehrer (Ratings) gehen auf Emotionalitätsunterschiede der Lehrer zurück, dagegen nur 15% der Urteilsvarianz auf inhaltliche Qualitätsunterschiede des Unterrichts. Dagegen lassen sich nur 4% der Leistungsunterschiede mit Unterschieden der verbalen und non-verbalen (z. B. mimischen und gestischen) Expressivität von Lehrern erklären; die inhaltlichen Unterschiede im Unterrichtsverhalten erklären immerhin einen Varianzanteil von 16%.

Stärker ausgeprägte positive Wirkungen im Leistungsbereich findet Klinzing (1984) in einer Zusammenfassung von 35 Untersuchungen, die sich mit dem Einfluß enthusiastisch-expressiven Lehrerverhaltens auf die Behaltensleistungen der Lerner befassen. Danach führte Enthusiasmus der Lehrer in 25 Fällen zu überlegenen Leistungen der Lerner. Allerdings wurde hier nicht nach unterschiedlicher inhaltlicher Qualität des Unterrichts differenziert.

Das Beispiel „Enthusiasmus" steht stellvertretend für andere univariate Fragestellungen in der schulischen Interaktionsforschung, z. B. Häufigkeit von Lehrerfragen oder von kritisch-tadelnden Äußerungen, Qualität von Denkstößen, z. B. enge vs. weite Fragestellung (s. Flanders, 1960; Tausch, 1960; Wieczerkowski, 1965) oder nonverbale Maßnahmen der Unterrichtssteuerung wie bevorzugte räumliche Plazierung des Lehrers im Klassenzimmer, Dauer des Wartens auf Schülermeldungen oder -antworten, Organisation des Tätigkeitswechsels im Unterricht (Brophy & Good, 1974a; Kounin, 1976). Im übrigen liefern Untersuchungen zum „guten" oder „idealen" Lehrer (vgl. Kap. 9.3) und zum „effektiven" Lehrer (vgl. Ryans, 1965) ebenfalls Ergebnisse zum univariaten Ansatz der pädagogischen Interaktionsforschung.

Umfangreiche empirische Forschung über Lehrer-Schüler-Interaktion wurde auch mit multivariaten Ansätzen betrieben. In der Tradition von Lewin, Lippitt & White (1939) wurde z. B. nach unterschiedlichen „Stilen" der Einwirkung von Lehrern und deren Auswirkungen auf Schüler gesucht. Die klassische Unterscheidung in den autoritären, den demokratischen und den laissez-faire-Stil haben Tausch & Tausch (1977) auf zwei Grunddimensionen reduziert: die Dimension der „Lenkung" und der „Emotionalität" von Lehrern in der Beziehung zu ihren Schülern. In differenzierten Analysen zeigten sich allerdings unverträgliche Wirkungen der Merkmale, die in einzelnen Typen- oder Zielkonzepten zusammengefaßt wurden (vgl. Nickel, Heller & Neubauer, 1976). Im folgenden wird ein Beispiel für die Konzeption des *Unterrichtsstils* ausführlich dargestellt.

Unter Bezeichnungen wie „lehrerzentrierter vs. schülerzentrierter Unterricht" oder „direktiver vs. offener Unterricht" wurden seit etwa Mitte der 60er Jahre die Wirkungen des generellen Unterrichtsstils von Lehrern untersucht. Nach der fundierten begrifflichen Analyse von Bussis & Chittenden (1973) unterscheiden sich *offen* unterrichtende Lehrer von *direktiven* u. a. darin,
– daß sie mehr altersgemäße Lernsituationen bereitstellen, welche die Lerner zur Reflexion anregen und ihnen Entscheidungen zwischen Handlungsalternativen ermöglichen;
– daß sie versuchen, Lernprozesse zu diagnostizieren, anstatt nur Lernergebnisse nach externen Maßstäben zu beurteilen;
– daß sie die außerschulische Lernumwelt der Schüler mitzuberücksichtigen versuchen.
Aus einer Zusammenfassung empirischer Befunde von 102 Studien wird deutlich, welche Wirkungen auf Schüler man dem allgemeinen Unterrichtsstil des Lehrers zuschreibt (vgl. Tabelle 10.1).

In 14% der Fälle führte der offene Unterrichtsstil zu höheren Leistungen, in 12% der Fälle war direktiver Unterricht überlegen, gemischte Befunde (z. B. mehr Faktenwissen bei direktivem, besseres Verständnis von

Tab. 10.1: Einfluß der Dimension offener vs. direktiver Unterricht auf das Schülerverhalten (Horwitz 1979)

Kriteriumsvariable (Zahl der Unter- suchungen)		Richtung der Ergebnisse (Prozentwerte)			
		offener Unterr. überlegen	direktiver Unterr. überlegen	gemischte Befunde	keine signifikante Differenz
Schulleistung	(102)	14	12	28	46
Selbstkonzept	(61)	25	3	25	47
Einst. z. Schule	(57)	40	4	25	32
Kreativität	(33)	36	0	30	33
Unabhängigkeit	(23)	78	4	9	9
Neugier	(14)	43	0	36	21
Angst/Anpassung	(39)	26	13	31	31
int. Kontrollüberz.	(24)	25	4	17	54
Kooperation	(9)	67	0	11	22
Gesamt		39	4	24	33

Prinzipien bei offenem Unterricht) zeigten sich in 28% der Untersuchungen, während in 46% der Fälle keine signifikanten Leistungsunterschiede festzustellen waren. Die Wirkungen auf andere Kriterien lassen sich aus der Tabelle ablesen.

Besonders bekannt und in der Erziehungswissenschaft ausführlich diskutiert wurde eine breit angelegte Untersuchung von Bennet (1979). Aus ihren Befunden wurden weitreichende Folgerungen gezogen. Gegenüber ähnlichen Ansätzen zeichnet diese Untersuchung aus, daß man Merkmale der Lehrer mit dem Unterrichtsstil und dessen Wirkun-

---

Kasten 10.5: Was ist beim offenen Unterricht alles offen?

Bennet (1979) führte eine Vergleichsuntersuchung zu traditionellem und offenem Unterricht durch. Die beteiligten Lehrer gaben Auskunft über sich selbst, die äußere Schulsituation, die Sitzordnung in ihren Klassen, die Organisation des Unterrichtsablaufs, die Verteilung der Unterrichtszeit auf einzelne Fächer, die Formen der Leistungsprüfung und Ergebnisrückmeldung, die pädagogischen Maßnahmen bei Unterrichtsstörungen sowie ihre Meinung zu bestimmten Erziehungsfragen und allgemeinen pädagogischen Problemen. Nach der Auswertung der Ergebnisse wurden die befragten Lehrer eingeteilt: Lehrer der ersten Gruppe gestalten ihren Unterricht relativ offen und informell; Lehrer der zweiten Gruppe praktizieren einen stark strukturierenden, formellen Unterrichtsstil. Drittens gibt es Mischtypen.

Bennet beschreibt die Lehrer mit *offenem Unterrichtsstil* wie folgt: „Lehrer dieses Typs ziehen einen fächerübergreifenden Unterricht vor. Sie erlauben Schülern, Aufgaben selbst zu wählen, die entweder individuell oder in Gruppen zu bearbeiten sind. Die meisten Lehrer überlassen den Schülern die Wahl der Sitzordnung. Weniger als die Hälfte schränken Schülerbewegung und -unterhaltung ein. Alle Formen von Leistungsüberprüfung wie Tests, Zensierung und Hausaufgaben finden kaum Zustimmung. Intrinsische Motivation wird hoch bewertet."

Die folgende Abbildung gibt für zwei Leistungsbereiche (Rechnen und Lesen) die Leistungsgewinne (Abweichung des Nachtest-Wertes vom Erwartungswert aufgrund des Vortestergebnisses) im offen, gemischt und formell geführten Unterricht wieder. Im Durchschnitt erzielen Schüler im offenen Unterricht geringere Leistungsfortschritte. Lediglich für die leistungsschwächsten Schüler erwies sich offener Mathematikunterricht als überlegen.

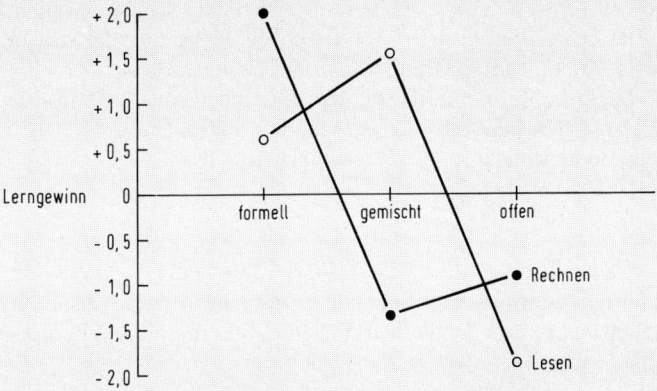

Unterschiedliche Lerngewinne in Rechnen und Lesen
(nach Bennet, S. 98 u. S. 104)

Ein Einzelergebnis der Untersuchung von Bennet aber ist auffallend und aufschlußreich; es zeigt, daß es auf das richtige Maß an Strukturierung des Unterrichts und der Lernprozesse durch den Lehrer ankommt. Eine Klasse mit relativ großen Lernfortschritten (in einem Leistungsbereich sogar mit den besten Lernergebnissen) war „offen" unterrichtet worden. Bennet (1979, S. 111) beschreibt die Lehrerin und ihren offensichtlich erfolgreichen Unterricht wie folgt: „Ein großer Unterschied zu anderen informellen Lehrern bestand darin, daß sie den Fächern Englisch und Rechnen ebensoviel, wenn nicht mehr Zeit widmete wie viele formelle Lehrer. Beim Festigen der Lernziele und -inhalte bevorzugte sie den kognitiven gegenüber dem affektiv-ästhetischen Bereich. Verbindliche Normen wurden vom Schulleiter festgelegt. Über das vergangene Schuljahr befragt, äußerte sie: „Obwohl die sozialen Aspekte des Lernens in der Schule sehr betont wurden, wurden die Schüler von klein auf dazu angehalten, Leistungsbereitschaft zu zeigen. Meine Vorstellung war es, den Kindern das Lernen nicht zu verleiden, sondern ihnen zu helfen, Freude an ihrer Arbeit zu haben." Ihren Stoffplan konnte sie selbst zusammenstellen. Die Lehrerin benutzte ein eigenes Aufzeichnungssystem. Ihre Aufzeichnungen umfaßten überwiegend Schülerleistungen, Ergebnisse von Gruppenarbeit und individueller Arbeit, sowie Beobachtungen des sozialen Verhaltens. Im Laufe der Zeit hatte sie sich eine umfangreiche Sammlung von Unterrichtsmaterialien zusammengestellt. Auf die Motivation der Schüler angesprochen, sagte sie, sie selbst sei der wichtigste Ansporn für die Schüler gewesen: „Die Lehrerpersönlichkeit hat damit sehr viel zu tun; die Schüler wissen, daß ich mich freue, wenn sie sich anstrengen."

Diese Lehrerin hat es offenbar verstanden, die angemessene Balance zwischen notwendiger Steuerung und möglicher Offenheit der Unterrichtsführung zu verwirklichen.

gen für den Lernfortschritt der Schüler zusammenbrachte, als auch den Zusammenhang von Schülermerkmalen und Lernerfolg mitberücksichtigte.

Befunde zur Schüler-Lehrer-Interaktion

Seltener als die Beeinflussung von Schülern durch Lehrer wurde untersucht, in welchem Ausmaß das Verhalten der Lehrer von Verhaltensmerkmalen ihrer Schüler abhängt. Hier ist nicht das Lehrer- sondern das Schülerverhalten die unabhängige Variable.

Kasten 10.6 enthält zwei Beispiele für solche Untersuchungen zum Schülereinfluß auf Lehrer. Sie zeigen beide, daß Lehrer sich in den Techniken der Lernsteuerung den Gepflogenheiten der jeweiligen Klasse anpassen. Oder anders: Unterschiedliche Klassen können das Verhalten von Lehrern stärker beeinflussen als personspezifische Merkmale, Unterrichtsgewohnheiten usw. der jeweiligen Lehrer.

Kasten 10.6: Wie Schüler ihre Lehrer beeinflussen

Beispiel 1:

In zwei Klassen des vierten Schülerjahrgangs ergab sich für Copeland (1979) die Gelegenheit, Junglehrer, die jeweils einige Unterrichtsstunden wöchentlich in einer der Klassen unterrichteten, nach den Weihnachtsferien auszutauschen: Der frühere Lehrer der Klasse A unterrichtete nach Weihnachten Klasse B, die frühere Lehrerin der Klasse B nun Klasse A. Die beiden Klassen unterschieden sich im ersten Halbjahr deutlich in wichtigen Verhaltensmerkmalen: In Klasse A beteiligte sich nur etwa die Hälfte der Schüler aktiv am Unterricht, vor allem jene, die in der Nähe des Lehrers saßen. Acht Schüler in dieser Klasse waren meistens mit nicht-unterrichtsbezogenem Verhalten beschäftigt. Die Schüler meldeten sich nur selten und riefen ihre Antworten dann laut in die Klasse. In Klasse B dagegen arbeitete die überwiegende Mehrheit der Schüler im Unterricht eifrig mit. Nichtunterrichtsbezogene Tätigkeiten kamen kaum vor oder die Schüler unterließen sie sofort, wenn die Lehrerin zu erkennen gab, daß sie diese Tätigkeiten bemerkt hatte.

Änderte sich das Verhalten der Lehrer nach dem Wechsel? Die Lehrerin hatte vor dem Wechsel in Klasse B großen Wert darauf gelegt, ihre Fragen an einzelne Schüler zu richten; nach dem Wechsel zu Klasse A gab sie dieses Verhalten auf und richtete wie ihr Vorgänger ihre Fragen an die Klasse insgesamt. Der Lehrer dagegen behielt auch nach dem Wechsel in Klasse B seine Gewohnheit bei, Fragen jeweils an alle Schüler zu richten und auf „Zurufe" zu warten – mit dem Effekt, daß sich die Schüler in Klasse B bei ihm bald nicht mehr wie vorher bei der Lehrerin durch Melden am Unterricht beteiligten. Beide Lehrer versuchten in Klasse A, über klare Anweisungen, Warnungen, Strafen usw. direkt Einfluß zu nehmen; in Klasse B dagegen setzten sie häufiger Schweigen, Lob und Spiele ein.

Beispiel 2:

Auch in einer Unterhaltung von Metz (vgl. Doyle, 1978) wurde das Verhalten von Lehrern in unterschiedlichen Klassen beobachtet. In diesem Fall wurden Leistungskurse in den Klassenstufen 7 bis 9 durchgeführt. Die Schüler unterschieden sich in ihrem Verhalten beträchtlich. In Kursen mit niedrigem Leistungsniveau gab es große Unruhe und nur geringe Bereitschaft zur Zusammenarbeit;

der Lehrer wurde geneckt und geärgert. Da der Unterricht häufig unterbrochen wurde, mußte der Lehrer ständig wieder für Ordnung sorgen. Die Schüler in den Kursen mit hohem Leistungsniveau zeigten sich dagegen an sachbezogenen Diskussionen interessiert und erwarteten, daß der Lehrer ihre Beiträge ernst nahm und im Unterricht aufgriff. Wenn diese Schüler den Lehrer herausforderten, dann meist intellektuell im Zusammenhang mit den Lerninhalten. In diesen Kursen teilten die Lehrer wesentlich weniger Anweisungen und Tadel aus.

Metz stellte fest, daß die Unterschiede im Unterrichtsverhalten verschiedener Lehrer, die in gleichen Kursen unterrichteten, geringer waren als die Verhaltensunterschiede der Lehrer, wenn sie auf verschiedenem Kursniveau Unterricht erteilten. Die Lehrer stellten ihr Verhalten also in Abhängigkeit von den Klassen ein.

10.5.3 Lehrer-Schüler-Interaktion als dynamische Interaktion

Das Konzept der statischen Interaktion liefert mit seinen „Momentaufnahmen" von Abläufen im Interaktionsprozeß für manche Fragestellungen wichtige Antworten, die auch für die pädagogisch-psychologische Praxis bedeutsame Hinweise geben können. So liefern generalisierbare Zusammenhänge zwischen der Häufigkeit von Lehrer-Schüler-Kontakten und dem Aufmerksamkeitsverhalten der Schüler z. B. die Grundlage für ein spezifisches Lehrer-Verhaltenstraining zur Förderung der Aufmerksamkeit im Unterricht (vgl. Kern, 1979). Die pädagogische Interaktion in der Schule ist aber ein dynamischer Prozeß, und in der wechselseitigen Beeinflussung von Lehrern und Schülern sind die Determinanten keine statischen Größen, sondern selbst wieder Veränderungsprozessen unterworfen. Daher interessieren zwar Momentaufnahmen von Einzelwirkungen, im Mittelpunkt des Interesses muß aber die Dynamik des Austauschs und der wechselseitigen Veränderung stehen (vgl. auch Kap. 1). Solche Studien haben gegenwärtig in der pädagogisch-psychologischen Forschungspraxis immer noch Seltenheitswert. Das allgemeine Modell der pädagogischen Interaktion (vgl. Abb. 10.3) verweist auf die Komponenten, die in solchen Forschungsansätzen berücksichtigt werden müssen.

Marshall & Weinstein (1984) betonen in ihrem dynamischen Interaktionsmodell von Variablen im Klassenzimmer besonders, daß jedes Ereignis oder jede Maßnahme vor dem Hintergrund der gesamten sozialen Situation interpretiert werden muß. Es genügt also nicht, soziale Verhaltensweisen von Lehrern einerseits, Effekte bei Schülern andererseits zu registrieren. Man muß beides in Wechselwirkung erfassen, denn was in der einen Situation oder für den einen Schüler positiv oder neutral sein kann, könnte für andere Schüler oder unter anderen Bedingungen ein sehr unangenehmes Ereignis sei. (Lob z. B. muß nicht immer und für alle positiv wirken; vgl. Brophy & Good, 1974 a). Weiter sind insbesondere die kognitiven Vermittlungsprozesse bei den Beteiligten zu berücksichtigen. Genauer ausgeführt: Pädagogische Interaktion in der Schule ist eine soziale Situation, deren Ereignisse von allen Beteiligten unter den Aspekten des „Was" und des „Wie" interpretiert werden. Je nachdem, welche Bedeutung die Beteiligten den Ereignissen und der Art ihres Auftretens zuschreiben, werden sie selbst sich wieder verhalten und damit wieder spezifische Änderungen beim Partner auslösen.

Ein Forschungsbereich, für den diese dynamische Sichtweise in der neueren pädagogisch-psychologischen Forschung zunehmend Bedeutung gewonnen hat, sind Schulprobleme. Als dynamisch-interaktionistisches Erklärungsmodell ist hier die sog. *Labeling-Theorie* zu nennen (vgl. Becker, 1973). Danach werden Verhaltensweisen als störend oder abweichend bezeichnet, wenn sie nicht mit den sozialen Konventionen übereinstimmen. Dementsprechend folgen auf Abweichungen soziale Sanktionen, die das Verhalten in den tolerierbaren Rahmen zurückführen sollen. Der Lehrer will etwa durch Forderungen, Aufrufen, Kritik, Tadel usw. störende Schüler zur „Normalisierung" ihres Verhaltens veranlassen. Gleichzeitig teilt er ihnen dadurch mit, daß sie außerhalb der gültigen Normen stehen. Wiederholte Erfahrungen dieser Art können nun dazu führen, daß die betroffenen Schüler die Einschätzung durch den Lehrer („Störer") als Selbsteinschätzung übernehmen und dementsprechend auch ihr Verhalten organisieren. Dadurch wiederum fühlt der Lehrer sich in seiner Zuschreibung bestätigt; dies schlägt sich in der spezifischen Aufmerksamkeit für diese Schüler und der Art und Häufigkeit von Sanktionen nieder. Damit verstärkt sich die negative Selbsteinschätzung der Schüler noch. Solche Teufelskreise oder „sich selbst erfüllende" Vorhersagen der Interaktionspartner sind häufig untersucht worden (Übersicht bei Brophy, 1983).

Auch für den Bereich der Schulleistungen gibt es solche Beeinflussungszirkel. Cooper (1979) faßte die Befunde in einem Modell zusammen, das wir beispielhaft für die Interaktion zwischen Lehrer und leistungsschwachen Schülern in einem Mathematik-Förderkurs spezifizieren:

– Aufgrund der bisherigen Mathematiknoten, möglicherweise auch beeinflußt durch sein Wissen um den sozialen Hintergrund einzelner Schüler (Weiss, 1965), erwartet der Lehrer in diesem Kurs keine guten Leistungen.
– Diese Erwartungen bestimmen zu einem erheblichen Teil, wie der Lehrer seine Kontrolle über die Mathematikleistungen erlebt. Aus Untersuchungen ist bekannt, daß Lehrern das Leistungsverhalten schwacher Schüler am wenigsten kontrollierbar erscheint.

– Die Kontrollwahrnehmungen des Lehrers beeinflussen das soziale Klima der Klasse und die Auswahl von Sanktionsmöglichkeiten. Der Lehrer könnte sich etwa vornehmen, im Förderkurs „straff" zu führen, nichts durchgehen zu lassen, was er als Unaufmerksamkeit erlebt, die Mitarbeit genau zu verfolgen und so häufig wie möglich zu loben – oder eben zu kritisieren. Die ohnehin wenig aktiven Schüler seines Kurses können sich dadurch weiter eingeschränkt fühlen.

– Wenn die Lernaktivitäten seiner Schüler abnehmen, fühlt sich der Lehrer zu vermehrter Kontrolle über Interaktionsinhalte, -zeiten und -anlässe herausgefordert.

– Diese Maßnahmen des Lehrers beeinflussen indirekt auch die Einschätzungen der Schüler, wie ihre Anstrengungen und Ergebnisse zusammenhängen. Kontrollorientierte Interaktion mit schwächeren Schülern verstärkt bei ihnen die Überzeugung, daß ihr Lernerfolg oder -mißerfolg vor allem von Bedingungen abhängt, die nicht in ihrer Person liegen.

– Die Erwartung solcher Zusammenhänge beeinflußt wiederum die Mathematikleistungen; dies wiederum bestärkt den Lehrer in seiner Situationsauffassung, usw.

10.5.4 Subjektive Theorien und Erwartungen in der Lehrer-Schüler-Interaktion

Lehrer wie Schüler interpretieren auf der Basis ihrer subjektiven Theorien die Situation und den/die Interaktionspartner und richten ihr Handeln an den Ergebnissen solcher Bedeutungszuschreibungen aus. Die institutionsbedingte Macht-Asymmetrie zwischen Lehrern und Schülern führt dazu, daß Schüler ihr Verhalten in hohem Maß auf *Erwartungen des Lehrers* abstimmen. Für den Lehrer entfallen weitgehend Notwendigkeit und Möglichkeit, eigene Erwartungen zu korrigieren. Dies wurde im Zusammenhang mit der Labeling-Theorie oben skizziert (vgl. 10.5.3). Die Schüler „formen" sich nach dem „Bild", das sich der Lehrer von ihnen macht; dies ist der sog. „Pygmalion-Effekt" (vgl. Kasten 10.7).

Die Kritik der statistischen Datenanalyse und erfolglose Replikationsversuche ließen allerdings Zweifel an der Generalisierbarkeit der Pygmalion-Studie aufkommen (vgl. Elashoff & Snow, 1972). Brophy & Good (1974a) haben anstatt positiver Lehrererwartungen vor allem die Mechanismen der Erwartungsmitteilung sowie Verlauf und pädagogische Konsequenzen der Anpassung von Schülern an negative Erwartungen von Lehrern beschrieben. Dieser Erwartungseffekt kann bei „überreaktiven Lehrern" (mit relativ stabilen und bevorzugt negativen Erwartungsstereotypen) verhängnisvoll für schwächere oder negativ auffällige Schüler werden. Nach dem Mechanismus der sich selbst erfüllenden Vorhersage können die Schüler die Befürchtungen des Lehrers bestätigen – worauf diesem weitere pädagogische Bemühungen als weniger sinnvoll erscheinen, was wiederum seine negative Erwartungskommunikation fördert (vgl. Abs. 10.5.3).

Erwartungen bestimmen auch die sozialen Beziehungen der Schüler untereinander. Die in der sozialen Struktur von Schulklassen verankerten Erwartungen (siehe Höhn & Seidel, 1969; Dollase, 1973, 1974) haben Konsequenzen nicht nur für Schulleistungen (vgl. Abb. 10.10). Wer z. B. bei den Mitschülern beliebt ist, schätzt sich selbst positiver ein, hat mehr Sicherheit, erhält von den anderen mehr positive Zuwendung, traut sich mehr zu und kann höhere Ansprüche an sich selbst stellen – und auch erfüllen. Die Wechselwirkung vom Erfolgsfaktor aus interpretiert: Erfolgreiche Schüler sind bei den Klassenkameraden meist auch die beliebteren.

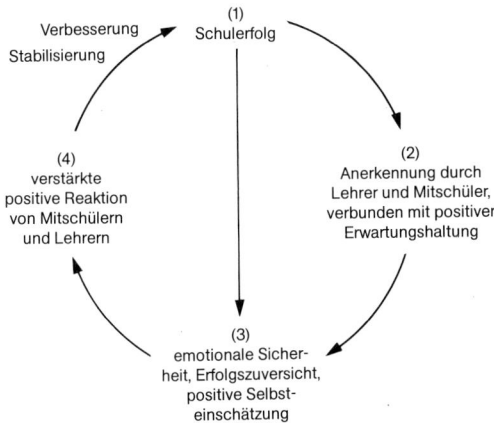

Abb. 10.10: Zirkuläre Verstärkungsprozesse zwischen Schulleistung und sozialer Anerkennung (aus Petillon, 1980, S. 58)

Neben solchen unmittelbar leistungsrelevanten Erwartungen bilden sich im sozialen Umgang der Schüler miteinander auch allgemeine soziale *Normen* heraus, welche Verhaltensweisen in bestimmten Schulsituationen „angemessen" sind und welche nicht. Wie oft soll man sich beispielsweise im Deutschunterricht bei Lehrer Müller melden und aktiv zum Unterricht beitragen, ohne (bei zu geringer Mitarbeit) als „unbegabt" oder (bei zu häufigem Melden) als „Streber" eingestuft zu werden? Je enger die Grenzen für angemessenes Verhalten von den Mitschülern gezogen werden, desto „bedrohlicher" wird das Miteinander in der Klassengruppe (vgl. Jackson, 1960).

Kasten 10.7: Pygmalion im Klassenzimmer

Die ursprüngliche RJ-Studie umfaßt Kurse für schnelle, mittlere und langsame Leser innerhalb der Klassenstufen 1 bis 6 in einer einzigen Grundschule – der „Oak School" in South San Francisco. Im Mai 1964, als die Schüler in den Klassen K (Kindergarten) bis 5 waren, wurde der „Harvard Test of Inflected Acquisition" als Teil einer „Harvard-NSF Validitäts-Studie" durchgeführt. Den Lehrern wurde erklärt, daß der neue Test die Möglichkeit beinhalte, „Aufblüher" zu entdecken, die wahrscheinlich im folgenden Jahr ungewöhnliche Fortschritte in der Schule wie auch im intellektuellen Verhalten machen würden. In Wirklichkeit handelte es sich um Flanagans „Tests allgemeiner Fähigkeiten" (Tests of General Ability: TOGA), der als nichtverbaler Gruppenintelligenztest ausgewählt worden war, um sowohl Werte für verbale Fähigkeiten und schlußfolgerndes Denken (Reasoning) als auch Werte für den Gesamt-IQ zu erhalten. Den TOGA hielt man für die Studie für geeignet, da er den Lehrern wahrscheinlich unbekannt war und da er drei Formen, alle sehr ähnlichen Inhalts und Stils, für die Schuljahre K bis 2, 2 bis 4, 4 bis 6 anbot. Zu Beginn des Schuljahres im Herbst 1964 wurden 20% der Schüler, die zufällig ausgewählt worden waren, als „Aufblüher" bezeichnet. Jeder der 18 Lehrer erhielt eine Liste, von einem bis zu neun Namen, auf der die Aufblüher standen, die sich in seiner Klasse befanden. Der TOGA wurde dann im Januar 1965, Mai 1965 und im Mai 1966 wiederholt. Es folgt ein Auszug aus der Darstellung bei RJ.:

„In der unteren Reihe der Tabelle (s. u.) werden die Gesamtergebnisse der Oak School angegeben. In dem Jahr, in dem das Experiment durchgeführt wurde, zeigten die nicht gekennzeichneten Kontrollgruppenkinder eine Leistungssteigerung von über 8 IQ-Punkten, während die Experimentalgruppenkinder – die besonderen Kinder – eine Leistungssteigerung von über 12 Punkten aufwiesen. Der Unterschied in der Leistungssteigerung konnte in 2 von 100 Fällen auf den Zufall zurückgeführt werden (F = 6,35).

Wenn weitere Untersuchungen zeigen würden, daß es möglich ist, Lehrer zu finden, deren untrainierter Interaktionsstil bei den meisten Schülern das erreicht, was unsere Lehrer bei den besonderen Kindern erreichten, dann wäre es vielleicht auch möglich, Auswahl und Einsatz erfahrener Lehrer mit der Lehrerbildung zu kombinieren, um den Unterricht für alle Schüler zu optimieren.

In dem Maße, wie die Lehrerbildungsanstalten damit anfingen, auf die Möglichkeit hinzuweisen, daß sich Lehrererwartungen in

Durchschnittliche Steigerung im Gesamt-IQ nach einem Jahr bei Experimental- und Kontrollgruppenkindern in jeder der sechs Klassenstufen

Klassenstufe	Kontrollgruppe		Experimentalgruppe		Erwartungsvorteil IQ-Punkte	einseitig $p < 0,05*$
	N	Steigerung	N	Steigerung		
1	48	+ 12,0	7	+ 27,4	+ 15,4	0,002
2	47	+ 7,0	12	+ 16,5	+ 9,5	0,02
3	40	+ 5,0	14	+ 5,0	− 0,0	
4	49	+ 2,2	12	+ 5,6	+ 3,4	
5	26	+ 17,5(−)	9	+ 17,4(+)	− 0,0	
6	45	+ 10,7	11	+ 10,0	− 0,7	
Summe	255	+ 8,42	65	+ 12,22	+ 3,80	0,02

* Mittleres Quadrat innerhalb der experimentellen Variablen auf Klassenbasis = 164,24

bezug auf die Leistungen ihrer Schüler als ‚self-fulfilling prophecies' erweisen können, könnte eine neue Hoffnung entstehen. Diese Hoffnung wäre etwa, daß Kinder mehr lernen können, als man je für möglich gehalten hat – eine Erwartung, die von vielen Erziehungswissenschaftlern, wenn auch aus unterschiedlichen Gründen, vertreten wird (z. B. Bruner, 1960). Diese neue Hoffnung machte es wenigstens den Lehrern schwerer, von den benachteiligten Schülern zu denken: ‚Naja, was kann man da schon erwarten?' Dem Mann auf der Straße mögen Meinungen und Voraussagen über die in einem öden Schulhof herumlungernden ungepflegten Kinder gestattet sein; der Lehrer in der Klasse muß sich jedoch darüber klar sein, daß sich dieselben Voraussagen durch ihn erfüllen können – er ist kein zufälliger Passant. Seine Rolle sollte vielleicht eher die eines Pygmalion im Unterricht sein."

(Nach Rosenthal & Jacobson, 1968; zit. nach Elashoff & Snow 1972, S. 18–22)

Neuere Ansätze der pädagogischen Interaktionsforschung konzentrieren sich auf die Frage, welche *Bedeutungen* die Interaktionspartner den Verhaltensweisen der jeweils anderen zuschreiben. Man versucht, nicht nur objektives Interaktionsverhalten zu registrieren, sondern die subjektive Perspektive der Beteiligten an Interaktionsprozessen zu erschließen. Das Ziel ist die Analyse der kognitiven und affektiven Erfahrungsbestände in der sozialen Interaktion. Erfahrungen dieser Art braucht eine Person, um bei der Planung des eigenen interaktiven Handelns die zu erwartenden Reaktionen der anderen einschätzen zu können.

Bisher wurden überwiegend subjektive Theorien von Lehrern unter-
sucht. Einige Untersuchungen (Wahl, 1979, 1981; Hofer, 1981b; Wagner
u. a., 1981; Dann u. a., 1982) versuchen z. B., die Einschätzungen und
Interpretationen von Lehrern in problematischen sozialen Situationen im
Unterricht zu rekonstruieren (vgl. Kap. 9.3). Man will herausfinden, was
Lehrern (in einigen Studien auch Schülern) beim Handeln in diesen
Situationen durch den Kopf geht (vgl. Kasten 10.8). Theorien und
Befunde dieser Forschungsrichtung geben auch Hinweise, wie über eine
Modifikation subjektiver Theorien das konkrete Handeln von Lehrern
und Schülern in bestimmten sozialen Situationen verändert werden kann
(Wahl, Weinert & Huber, 1984; vgl. auch Kap. 16).

Kasten 10.8: Lehrer und Schüler deuten eine Situation

Die Situation:
Lehrerin: Jetzt hab' ich für euch eine Aufgabe: Und zwar ihr
bekommt jeder den Text und ihr sollt einmal mit dem Bleistift
unterstreichen, die Situation von dem Wal am Anfang, in der Mitte
und am Ende, nur das, was euch da wichtig erscheint, zur
Lebenssituation.
Manche Schüler rufen: Ohhh
Lehrerin: Mit Bleistift unterstreichen. Ihr könnt das zu zweit
machen.
Starkes Gemurmel; Schülerin: Santa Monica
Lehrerin: Also Santa Monica liegt in Kalifornien
Schülerin: Was soll man da unterstreichen?
Lehrerin: Also ihr sollt das unterstreichen, was euch ganz bedeut-
sam erscheint an der Lebenssituation von dem Wal.
Es folgen noch einige Zwischenbemerkungen von Schülern.
Anschließend ist es für längere Zeit ruhig. Dann wieder stärker
werdendes Gemurmel.

Nachträgliches lautes Denken der Lehrerin dazu:
Interviewer: Was ist dir da durch den Kopf gegangen?
Lehrerin: Da hab' ich also ziemlich schnell, nachdem das proble-
matisiert worden ist von den Schülern, also ziemlich schnell
Gruppenarbeit gemacht, zur Partnerarbeit übergegangen. Allerdings ist mir in dem Moment bewußt geworden, daß die Arbeitsan-
weisung einfach nicht klar genug gewesen ist. Ich hätte also viel
stärker, also einfach sagen müssen, also vom Ende her eben, was
mir da vom Ende her wichtig erscheint. Das hab' ich gemerkt, als
ich das mit der Lebenssituation gesagt habe, aber da war also schon

die Unruhe da und ich mach das auch nicht, daß ich also einen Anfang neu formuliere, weil das zu sehr Verwirrung stiftet. Das war in dem Moment und dann, ich weiß nicht, ob das jetzt gekommen ist, da hab' ich deutlich die Mißstimmung gemerkt, weil sie wieder was tun müssen, daß sie mit Bleistiften unterstreichen sollen, und das haben sie irgendwo nicht gern getan, also sie hätten jetzt lieber gern weitergeredet und im Prinzip hätte ich sie auch weiterreden lassen sollen, obwohl eigentlich in dem Moment keine Meldung mehr kam.

Nachträgliches lautes Denken der Schüler dazu:
Interviewer: Da ist dir gerad' was eingefallen, gelt?
Sabine: Und zwar hab' ich gedacht, ich bin zwar nicht beleidigt gewesen, aber schon ein bißle hab' ich gedacht, jetzt kriegt sie schon wieder die, ich krieg nie die Blätter. Immer darf die austeilen und so.
Elena: Und die Frau Gauss hat ja gerade gesagt, da nehmt ihr einen Bleistift und unterstreicht das, da hab' ich gedacht, au, jetzt haben wir schon die halbe Stunde lang da so schön diskutiert, und jetzt müssen wir wieder anfangen zu schreiben. Also das kann ich überhaupt nicht leiden. Entweder von ganz vorne anfangen zu schreiben oder so, die ganze Stunde schreiben, nicht halt dann, aber ab und zu. Aber dann, wenn man so schön mitten in der Diskussion ist, dann hört sie auf einmal auf und sagt, man soll schreiben, da hab' ich gar keine Lust.

(Nach Weidle u. Wagner, 1982, S. 92 ff.)

10.5.5 Selbststeuerung und Fremdsteuerung als Problem der Lehrer-Schüler-Interaktion

Ein anerkanntes Ziel der Schule besteht darin, den Schülern die Fähigkeit zu selbständigem und selbstverantwortlichem Handeln zu vermitteln. Gleichzeitig aber sind schulische Lernziele in wichtigen Leistungsbereichen vor allem dann erfolgreich zu verwirklichen, wenn Lehrer Rahmenbedingungen vorgeben und nicht zuviel Offenheit lassen (vgl. Abschnitt 10.5.2). So stellt sich das Problem, wie die angestrebte Selbststeuerung der Lerner und die notwendige Fremdsteuerung durch den Erzieher zu vereinbaren sind. Für die Pädagogische Psychologie stellt sich die Frage, wo und wieviel Fremdsteuerung erforderlich ist und wie sie zurückgenommen werden kann, damit die Selbststeuerung der Schüler möglich wird. Damit verbunden ist die Frage, ob und in welchem Ausmaß Schüler ihr Lernverhalten steuern können (vgl. dazu Kap. 8).

In der schulischen Interaktion hat der Lehrer im wesentlichen drei Steuerungsfunktionen:
- er beobachtet die Aktivitäten der Schüler;
- er bewertet diese Aktivitäten im Hinblick auf die erwünschten Ziele;
- er gibt den Schülern Rückmeldung über seine Bewertung.

Die gleichen Funktionen müssen Schüler ausführen können, wenn sie weitgehend selbständig und selbstverantwortlich lernen. Vor allem jüngere Schüler verfügen aber im allgemeinen noch nicht über die notwendigen Teilfunktionen der Lernsteuerung. Schüler müssen diese Fertigkeiten erst lernen. Der Unterricht muß darauf abzielen. Man kann nicht erwarten, daß sich Fähigkeit zur *Selbststeuerung* entwickelt, wenn die pädagogische Interaktion überwiegend durch den Lehrer strukturiert wird, d. h. die Schüler immer von außen gesteuert werden. Der Erzieher muß vielmehr die Lerner schrittweise in die Verantwortlichkeit für das eigene Lernen einführen. Sie sollen „Selbststeuerung" lernen (vgl. Kap. 7).

Kanfer (1977) hat ein Modell der Selbstkontrolle vorgestellt, das nach vorliegenden empirischen Befunden aus dem pädagogischen Bereich geeignet erscheint, Schülern wichtige Fertigkeiten für selbständiges Lernen zu vermitteln. Dem Lehrer kommt dabei eine unterstützende Rolle zu:
- Der Lehrer hilft den Schülern, indem er geeignete Lernsituationen schafft und vor allem zu Beginn die Motivation der Schüler zur Verhaltensänderung unterstützt.
- Der Lehrer diskutiert mit den Schülern über notwendige Verhaltenskomponenten der Selbststeuerung und leitet zur Übung dieser Fertigkeiten an.
- Der Lehrer achtet verstärkt darauf, wie die Schüler sich mit den Möglichkeiten zur Selbststeuerung auseinandersetzen, d. h. welche Bemühungen, Schwierigkeiten und Erfolge zu beobachten sind. Er unterstützt und lobt Schritte in Richtung auf zunehmende Selbststeuerung.

Um Selbstkontrolle auszuüben braucht der Schüler nach Kanfer vor allem drei Fertigkeiten, (1) zur Selbstüberwachung des eigenen Verhaltens, (2) zur Selbstbewertung unter Bezug auf verbindliche Kriterien und (3) zur Selbstbekräftigung des erwünschten Verhaltens.

Zur Frage der optimalen Kombination von Fremdsteuerung und Selbststeuerung liegen für die Bereiche „Schulleistung" (vgl. Kasten 10.5) und „Umgang mit problematischen Verhaltensweisen" einige interessante Ergebnisse vor. Im Ansatz der *kooperativen Verhaltensmodifikation* haben Redlich & Schley (1978) Erfahrungen aus der Schulpraxis zusammengefaßt, wie Lehrer und Schüler in Konfliktsituationen gemeinsam versuchen, die Selbststeuerungsfertigkeiten der Schüler (Selbstüberwachung, Selbstbewertung und Selbstbekräftigung) zu fördern (vgl. Kasten 10.9).

Kasten 10.9: Selbständiges Lösen von Interaktionsproblemen

In einer siebten Hauptschulklasse bereitet die verbale Interaktion Lehrer und Schülern große Schwierigkeiten. Der Lehrer klagt, die Schüler würden sich zu selten beteiligen und meist nicht zuhören; die Schüler bemängeln, daß sie nicht drankommen, wenn sie sich melden, oder daß sie von Mitschülern ausgelacht werden. Das folgende Schaubild zeigt die problematische Sequenz der Lehrer-Schüler-Interaktionen. Anschließend sind die Ergebnisse der von Lehrer und Klasse gemeinsam durchgeführten Zielbestimmung für Veränderungen, der Interventionsplan und einige Ergebnisse dargestellt.

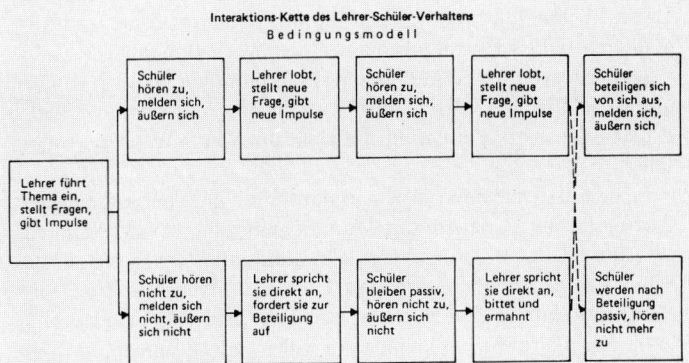

Die Abbildung des Interaktionsablaufs für das Gesprächsverhalten im Unterricht wurde den Schülern in einer Stunde vorgestellt. Nach Rückfragen und Diskussion akzeptierten sie es. Lehrer und Schüler machten anschließend daran die Ziele der Intervention fest.

Gesamtziel:

Aktivere Beteiligung aller Schüler am Unterrichtsgespräch.

Teilziele:

1. Der Lehrer stellt vor Beginn einer Arbeitseinheit die vorgesehenen Themen vor und ermöglicht den Schülern, eine Auswahl zu treffen.

   Der Lehrer spricht keinen Schüler mehr direkt an und fordert ihn zur Beteiligung auf. Er ermahnt keine Schüler mehr.

2. Jeder Schüler beteiligt sich von sich aus mindestens einmal pro Stunde am Gespräch.

Zielwerte für die ganze Klasse wurden nicht abgemacht. Eine Belohnung für Zielerreichung war nicht vorgesehen. Die Teilziele sollten mit Hilfe eines mündlichen Abkommens erreicht werden. Als Diskriminationshilfe wurde den Schülern ein Selbstbeobachtungsbogen gegeben, auf dem sie in den Interventionsstunden notierten, wie häufig sie sich meldeten und wie oft sie Beiträge äußern konnten. Am Ende der Stunde wurden diese Ergebnisse in eine Klassenliste eingetragen.

Der Lehrer erhielt so eine Rückmeldung darüber,

- wie häufig sich die einzelnen Schüler in der Klasse am Gespräch durch Meldungen beteiligten,
- welche Schüler er im Verhältnis zur Zahl ihrer Meldungen bevorzugt drannahm,
- welche Schüler zu wenig Gelegenheit erhielten, sich zu äußern.

Diese Rückmeldung sollte dazu führen, daß er in den darauffolgenden Stunden Korrekturen an seinem Verhalten vornahm.

Die Intervention sollte in jeweils 4 Stunden in der Woche abwechselnd in Deutsch und Geschichte angesetzt werden. Zunächst war ein Durchführungszeitraum von 2 Wochen vorgesehen.

In den ersten beiden Wochen wurden 6 Interventionsstunden durchgeführt, in denen die Durchschnittszahl der Meldungen zwischen 11 und 17 pro Schüler schwankte und zwischen 0 und 2 Schüler keine Beteiligung zeigten. Eine so weitgehende Zielerreichung in so kurzer Zeit hatte der Lehrer vorher nicht erwartet. Es hatte offenbar nur eines kleinen Anstoßes bedurft, um ein Verhalten hervorzurufen, das die Schüler ohnehin beherrschten.

In den darauffolgenden drei Wochen ohne Intervention ging die Zahl der Meldungen allmählich zurück und die Zahl der passiven Schüler nahm allmählich, aber spürbar, wieder zu. Die Klasse beschloß, eine weitere Intervention durchzuführen.

Die erste Stunde der zweiten Intervention zeigte im Ergebnis deutlich die Notwendigkeit einer Weiterführung. Obwohl sie weder vom Thema noch von der Arbeitsform her sich von den vorangegangenen Stunden der ersten Intervention unterschied, meldeten sich die Schüler durchschnittlich nur viermal, und sechs Schüler äußerten sich überhaupt nicht. In den darauffolgenden Tagen stieg die Beteiligung erheblich an. Die durchschnittliche Zahl der Meldungen pro Schüler erreichte nicht ganz das Ausmaß der ersten Intervention. Die Zahl der passiven Schüler ging auf durchschnittlich einen pro Stunde zurück.

(Nach Redlich und Schley, 1978, S. 190 ff.)

10.5.6 Schüler-Schüler-Interaktion

Die soziale Situation von Schülern

Soziale Wechselbeziehungen zwischen Schülern werden häufig nur thematisiert, wenn Reibungen auftreten. Die Bedingungen, unter denen Schüler gut miteinander auskommen, gemeinsam arbeiten, sich gegenseitig anregen und unterstützen, werden viel seltener untersucht als die Ursachen für aggressives, unruhiges, störendes Sozialverhalten im Unterricht. Mit negativen Erscheinungen des Zusammenlebens in Schulklassen muß man sich befassen, weil sie die sozialen Prozesse des Unterrichts so erheblich beeinflussen können, daß die Einhaltung des Lehrplans gefährdet wird (Huber & Brunner, 1982; Wahl, Huber & Weinert, 1984). Im Hinblick auf die lange Zeit, die Schüler üblicherweise in der gleichen Klassenzusammensetzung miteinander verbringen, wäre es aber wünschenswert, mehr über positive Schülerbeziehungen und die Möglichkeiten ihrer Förderung zu erfahren.

In allen Schulklassen entwickeln sich spezifische Beziehungsstrukturen, die in unteren Jahrgängen wenig dauerhaft, in höheren Jahrgängen dagegen immer mehr verfestigt sind. Wenn man davon absieht, daß die Mitglieder sich nicht freiwillig zu einer Schulklasse zusammengeschlossen haben, um ein gemeinsames Ziel zu verwirklichen, kann man die Schulklasse durchaus als eine *Gruppe* im sozialpsychologischen Sinn interpretieren. Bei der Erledigung von Lernaufgaben stehen die Schüler in Kontakt, sie entwickeln ein „Wir-Gefühl" und grenzen die eigene gegen andere Klassen ab. In der Klasse bilden sich Bewertungsmaßstäbe für bedeutsame Verhaltensweisen heraus – die informellen Normen des Handelns in dieser Klasse. Wie andere Gruppen auch müssen Schulklassen zwei Anforderungen bewältigen: Die Erledigung der sachlich-inhaltlichen Aufgaben (hier also die Annäherung an schulische Lernziele) und die Strukturierung der sozialen Beziehungen (McGrath & Kravitz, 1982). Dabei bilden sich wechselseitige Verhaltenserwartungen oder Rollen für die Schüler heraus, die mit bestimmten Positionen und Statuszuschreibungen in der Gruppe verknüpft sind. Berliner u. a. (1972) haben für Schulklassen aufgabenbezogene Rollen (z. B. Koordinieren, Informieren) und gruppenbezogene Rollen (z. B. Aktivieren), aber auch störende Rollen (z. B. Blockieren oder Dominieren) unterschieden.

In den „Summercamp"-Experimenten von Sherif (1969) wurde gut erkennbar, wie Prozesse der Gruppenbildung im Schulalter verlaufen, wie die sachlichen und sozio-emotionalen Aufgaben verknüpft sind und welche Möglichkeiten sich abzeichnen, Gruppen pädagogisch zu beeinflussen. Sherif ließ 12jährige Jungen in mehreren Ferienlagern zunächst von außen unbeeinflußt Sympathiegruppen bilden. Nach einigen Tagen organisierte er dann die Gruppenzusammensetzung neu. Es wurden zwei Gruppen zu je ca. 12 Mitgliedern so gebildet, daß Jungen, die sich ursprünglich enger zusammengeschlossen hatten, nicht in die gleiche Teilgruppe kamen. Trotzdem gewöhnten sich die neuen Gruppenmitglieder in wenigen Tagen aneinander und begannen sich als zusammengehörig zu fühlen. Die Gruppen begannen, sich gegeneinander abzugrenzen (Gruppennamen, Wimpel, reden über „die anderen" im Unterschied zu „uns" usw.). Sie maßen sich in sportlichen Wettkämpfen, die oft zu Streit und Raufereien führten. Durch einige arrangierte Situationen, die nur gemeinsam zu bewältigen waren, gelang es, die rivalisierenden Teilgruppen wieder zu einigen. Als gruppenintegrierende Faktoren benutzte Sherif (1) gemeinsame Not: Die Wasserversorgung versagte; alle mußten zusammenhelfen und die Leitung bis zum kilometerweit entfernten Hochbehälter in den Bergen kontrollieren; (2) gemeinsame Gegner: Wettkämpfe gegen eine Schülermannschaft aus der benachbarten Gemeinde; (3) gemeinsamen Vorteil: Taschengeld für das Ausleihen eines Spielfilms zusammenlegen; (4) gemeinsame Freude: Kooperation zur Organisation einer großen Exkursion in einen Nationalpark.

Die spezifischen Bedingungen der Interaktion in der Schule erschweren jedoch häufig die Realisierung gleichzeitig der sachlich-inhaltlichen und der sozio-emotionalen Gruppenaufgaben. Diese Bedingungen gilt es immer zu beachten, wenn man Lehrer bei der Veränderung von Gruppenstrukturen/-prozessen zu beraten hat. Folgende Bedingungen prägen die soziale Situation der Schüler im Unterricht: Handeln in Gegenwart anderer, Handeln mit anderen zusammen, Handeln wie andere, direkte Beeinflussung.

1. *Handeln in Gegenwart anderer.* Wenn man selbst eine Aufgabe ausführen muß, während andere Personen gegenwärtig sind, kann man zwar noch nicht von einer intensiven sozialen Beziehung zwischen den Anwesenden sprechen, doch verhält man sich anders, als wenn man die Aufgabe für sich allein ausführen würde. Ausschlaggebend für den sozialen Einfluß ist die Erwartung, daß die anderen das eigene Handeln beurteilen und die Ergebnisse bewerten. Wenn man mit Aufgaben beschäftigt ist, die man bereits gut beherrscht, steigert Publikum die Leistung. Muß man dagegen ein bestimmtes Verhalten erst lernen, hat man noch Probleme damit, so scheint die Anwesenheit anderer die Leistungsfähigkeit eher zu behindern. Zajonc (1965) hat dafür den Begriff der *„social facilitation"* geprägt. In einer neueren Zusammenfassung verwendet er die Bezeichnung „compresence", um den Einfluß „bloßer" Anwesenheit anderer Personen auf das eigene Handeln zu unterstreichen (Zajonc, 1980a).

Die bloße Gegenwart anderer Personen ist demnach mit einem Zustand größerer Wachsamkeit, mit „Erwartung des Unerwarteten" verbunden – unabhängig davon, ob die Anwesenden das eigene Handeln bewerten und ob dies zu positiven oder negativen Konsequenzen führen kann. Auch wenn in der Schulklasse ein Schüler für sich allein arbeitet (oder einzeln arbeiten sollte), kann er sich z. B. fragen, ob sein Nebensitzer bemerkt, daß er vielleicht einen Fehler gemacht hat, eine ungewöhnliche Lösung aufgeschrieben hat, sich ungeschickt anstellt usw.

2. *Handeln mit anderen.* Durch die Unterrichtsorganisation kann der Lehrer verschiedenartige soziale Situationen mit sehr unterschiedlichen Effekten gestalten. Die Lernsituation kann z. B. fordern, daß jeder Schüler für sich dem Lehrer und den anderen zuhört, mitdenkt, seine Antworten formuliert usw.; die Schüler handeln dann zwar zusammen mit anderen, doch *nebeneinander.* Wenn der Lehrer noch individuelle Schülerleistungen miteinander vergleicht, wird aus dem „Zusammen" ein *Gegeneinander.* Im Gruppenunterricht versuchen Lehrer dagegen, eine Situation des *Miteinander* zu schaffen. Diese drei Varianten des Zusammenseins in der Schulklasse werden im folgenden beschrieben.

Die häufigste soziale Situation in der Schule ist die des *Nebeneinander-Arbeitens.* Im traditionellen Unterricht sind alle Schüler mit derselben Aufgabe beschäftigt, ohne daß sie mit ihren Mitschülern Kontakt aufnehmen dürfen. Kommt es trotzdem zu sozialer Interaktion, ist der vom Lehrer geplante Ablauf gestört. Die Wirkungen des Nebeneinander ähneln wohl denen der bloßen Publikumssituation.

Dazu kommt in der Schule allerdings, daß Arbeitsergebnisse immer miteinander verglichen und bewertet werden, spätestens bei der Benotung durch den Lehrer. Das fördert ein Gegeneinander. Viele Lehrer sehen bewußt Situationen vor, in denen durch eine Form von Wettkampf die Lernaktivität und Lernleistung der Schüler optimiert werden soll. Die Überzeugung, Lernfortschritte würden am besten durch Wettkampf- und Konkurrenzmotive gefördert, hat sich in dieser Absolutheit aber als irrig erwiesen. In einer Metaanalyse von 122 Untersuchungen, in denen individualistisches, kooperatives und konkurrenzorientiertes Lernen verglichen wurde, haben sich kooperative Lernorganisationen – neben anderen Zielbereichen – auch für den Bereich der Schulleistungen als günstiger erwiesen (Johnson u. a., 1981). Die Tendenz zu wettkampforientiertem Lernen ist allerdings durch die Notengebung unumgänglich. Die Leistung eines Schülers wird dabei durchweg in der Weise definiert, daß man die Position des individuellen Arbeitsergebnisses im Verhältnis zu den Leistungen der übrigen Schüler einer Klasse bestimmt („soziale Bezugsnorm" nach Rheinberg, 1980). Je schlechter die anderen abschneiden, desto größer ist die Chance, daß man als Schüler einen hohen Rangplatz erreicht. Dadurch werden Konkurrenz- und Isolationstendenzen unter den Schülern gefördert.

Aufgrund von Untersuchungen über Zusammenhänge zwischen Schulleistung und Einschätzung von Mitschülern (vgl. Höhn, 1972; Hurrelmann, 1971; Petillon, 1980) kann man annehmen, daß in einem derartigen konkurrenzorientierten Sozialklima auch die soziale Stellung des einzelnen im Klassenverband über seinen Leistungsrangplatz definiert wird. In der Untersuchung von Höhn (1972) schrieben rund 1000 Schüler der Klassen 5 bis 10 aller Schularten Aufsätze zu einem Bild des Thematischen Apperzeptionstests. Sie erhielten den Hinweis, daß dieses Bild einen schlechten Schüler zeige. Nur in 26 Aufsätzen war von Mitleid oder Hilfe die Rede, in 145 Fällen dagegen von ablehnenden Reaktionen der Mitschüler, beispielsweise (S. 163): „Er sitzt alleine, keiner will mit ihm spielen, lernen und Schulaufgaben machen. Einst hatte er sich die Schule ganz anders vorgestellt, aber nun ist er enttäuscht worden. Er steht unter dem Druck seiner Lehrer, seiner Eltern und seiner einstigen Kameraden und kann sich selbst in seiner Freizeit nicht freuen und muß immer wieder daran denken, was ihn wohl morgen wieder erwarten würde." Der Kasten 10.10 faßt empirische Befunde über unerwünschte Auswirkungen der Konkurrenz zwischen Schülern zusammen.

Ein Befund von Pepitone, Loeb & Murdoch (1980) veranschaulicht die unerwünschten Wirkungen einer Konkurrenzorientierung in pädagogischen Interaktionen. In einer Untersuchung, an der über 900 Kinder vom Vorschulalter bis zur fünften Klasse beteiligt waren, sollten je drei Kinder nebeneinander mit vorgegebenen Materialien (Holzplättchen in verschiedenen Formen und Farben) eine menschliche Figur legen. Die schönste Figur sollte fotografiert werden. Die Kinder aller Altersstufen achteten aufmerksam darauf, was und wie die anderen arbeiteten; sie schauten zu den anderen hin, versuchten den Stand der Arbeit zu erfassen und festzustellen, wieviel Plättchen die anderen noch hatten. Man hatte den Kindern vorher ausdrücklich gesagt, daß sie während der Aufgabe miteinander reden dürften. Sie sprachen aber so gut wie nie miteinander und äußerten höchstens kurze, einsilbige Bemerkungen wie „hm", „Quatsch".

Zieht man aus diesem Befund mit der gebotenen Vorsicht Folgerungen für schulische Lernsituationen, so erscheint es angezeigt, Konkurrenz zwischen Schülern eher einzuschränken als besonders anzuregen. Da in der Schulklasse nicht alle Schüler alle Fragen selbst beantworten, alle Versuche selbst durchführen, alle Aufgaben selbst rechnen können, ist es wichtig, daß wenigstens alle an den Erfahrungen aller anderen so weit wie möglich kommunikativ beteiligt werden. Konkurrenzorientierte Lernsituationen aber scheinen die Schüler eher von dieser notwendigen Kommunikation abzuhalten.

Die dritte Möglichkeit, das „Zusammen" der Schüler in der Klasse zu strukturieren, ist die Situation des *Miteinander-Arbeitens*. Wenn soziale Situationen geschaffen werden, in denen Schüler sich beim Lernen wechselseitig unterstützen könnten (Gruppenunterricht), erleben Lehrer aber häufig Mißerfolge: Manche Schüler arbeiten weiterhin für sich allein; andere schließen sich mit einem Partner zusammen und kümmern

Kasten 10.10: Folgen übertriebener Konkurrenz in der Schule

Johnson & Johnson (1978) haben empirische Befunde über problematische Effekte übertriebener Konkurrenz auf die Schüler-Schüler-Beziehungen zusammengestellt. Die Autoren kommen zu folgenden Ergebnissen:

– Die Schüler achten stärker auf Unterschiede und Gegensätze zwischen sich und anderen. Dabei scheinen sie wenig bereit zu sein, ein Problem aus verschiedenen Perspektiven, vor allem auch vom Standpunkt der anderen aus zu betrachten. In diesem Klima wird Intoleranz gegenüber anderen Meinungen gefördert, die schließlich allgemein zur Ablehnung sozial und/oder ethnisch unterschiedlicher Mitschüler führen kann.

– Die Erwartungen der Schüler nehmen zu, daß es allein in der Verantwortung des Lehrers liegt, klare Regeln für das Schulleben aufzustellen und auch durchzusetzen.

– Leistungsängste bei den Schülern treten vermehrt auf, wodurch auch negative Selbstbewertungen und Selbsteinschätzungen gefördert werden können.

– Es gibt weniger Gelegenheiten, soziale Fertigkeiten sowie wechselseitige Hilfe und arbeitsteilige Formen der Problembewältigung zu erwerben und einzuüben.

– Schüler entwickeln negative Einstellungen gegenüber den Mitschülern.

– Schüler kommunizieren mehrdeutig, um die anderen irrezuführen und damit als Konkurrenten auszuschalten.

– Das Verhalten der Mitschüler wird häufig falsch interpretiert, da die meisten Schüler Widersprüche und Konflikte als „Gewinn-Verlust"-Situation auffassen.

– Meinungen sowie Kenntnisse oder Verhaltensweisen, die von den eigenen abweichen, werden als bedrohlich erlebt, weil sie einen Konkurrenznachteil darstellen könnten. (In Normalsituationen dagegen ergeben sich aus Meinungsunterschieden in der Regel anregende und weiterführende Auseinandersetzungen.)

sich nicht um den Lernfortschritt der restlichen Gruppenmitglieder; wieder andere finden es angenehm, wenn die Arbeit von anderen erledigt wird und sie nur die Ergebnisse abschreiben müssen („Trittbrettfahren"; vgl. Latané, Williams & Harkins, 1979). Im konkurrenzorientierten Klima der Schule erleben viele Schüler die Aufforderung zur Kooperation als Widerspruch; sie empfinden wechselseitige Hilfe im Lernprozeß als Hilfe für Konkurrenten um gute Noten. In der Sprache der sozialpsy-

chologischen Austauschtheorie (Thibaut & Kelley, 1959; Rippe, 1981)
scheinen gerade leistungsstärkeren Schülern bei kooperativem Lernen
die Kosten (mehr Konkurrenten um guten Leistungsrangplatz) oft höher
zu sein als der Nettogewinn (von anderen fehlende Information, Erklärungen oder Hinweise auf Fehler zu erhalten und so die eigene Leistung
verbessern zu können). Zumindest stehen ihnen Alternativen zur Kooperation mit der ganzen Gruppe zur Verfügung (allein oder nur mit guten
Schülern arbeiten), die ihnen größeren Nutzen versprechen. Lehrer
beklagen daher häufig geringe Effizienz von kooperativem Lernen.

Empirische Befunde bestätigen diese Erfahrungen teilweise. Sie belegen aber auch, daß kooperative Situationen sehr wohl die erwünschten
positiven Effekte haben, wenn eine Reihe notwendiger Interaktionsbe-
dingungen (s. u.) gewährleistet ist.

Zunächst zu den Befunden. Slavin hat 41 Studien zum kooperativen
Lernen ausgewertet (vgl. Tab. 10.2).

Tab. 10.2: Schulleistung nach kooperativem Lernen. Eine Meta-Analyse von 41
Untersuchungen (Slavin 1983, S. 15)

		Rückmeldung für die Gruppe auf der Basis individueller Lernergebnisse		Keine Gruppen-rückmeldung bzw. keine Transparenz des individuellen Anteils		Gesamt	
Gruppenarbeit							
ohne	+:	22	88%	0	0%	22	65%
Aufgaben-	0:	3	12%	8	89%	11	32%
spezialisierung	−:			1	11%	1	3%
der Mitglieder	n:	25		9		34	
Aufgaben-							
spezialisierung	+:	1	100%	3	50%	4	57%
(Arbeits-	0:			3	50%	3	43%
teilung)	−:						
	n:	1		6		7	
Gesamt:							
	+:	23	88%	3	20%	26	63%
	0:	3	12%	11	73%	14	34%
	−:			1	7%	1	2%
	n:	26		15		41	

Besonders interessant ist der Vergleich der Randsummen in dieser
Tabelle. Unter der Bedingung, daß in der Rückmeldung der Lernleistung
für die Gruppe auch die individuellen Leistungsanteile sichtbar werden,
führten 88% (23 von 26) der Experimente in Schulklassen zu Leistungs-
vorteilen kooperativ lernender gegenüber konventionell lernenden Schü-

lern (Kontrollgruppen). Ohne diese Rückmeldungsstruktur erzielten die kooperierenden Schüler nur in 20% der Experimente höhere Leistungen, in 73% der Fälle immerhin gleiche Leistungen wie im üblichen Unterricht.

Zur Verwirklichung effektiver Interaktion zwischen Schülern müssen also Bedingungen geschaffen werden, unter denen theoretisch begründete Regeln für die Zusammenarbeit auch ihre praktische Gültigkeit behalten. Dazu wurden in den letzten Jahren strukturierte Formen der sozialen Lernorganisation entwickelt und erprobt (Sharan, 1980; Slavin, 1980b; Huber, Bogatzki & Winter, 1982; Huber, 1985b). Hier eine Auswahl:

Kooperative Aufgabenstrukturen: Lernaufgaben eignen sich besonders für kooperative Bearbeitung, wenn die Schüler dabei auch ein gemeinsames (im Unterschied zum individuellen) Ergebnis erzielen können (z. B. einen gemeinsamen Bericht, eine gemeinsame Darstellung usw.); wenn der wechselseitige Austausch von Einfällen und/oder Materialien die Bearbeitung fördert (häufig genügt es, wenn Schüler für sich Aufgabenteile bearbeiten und zum Schluß ihre Ergebnisse einfach zusammenlegen – bei so strukturierten Aufgaben fehlen Bedingungen, die Kooperation fördern); wenn die Schüler sich die Verantwortung für Einzelaspekte der Aufgabenstellung selbständig aufteilen können (im Unterschied zum vorstehenden Einwand gegen arbeitsteilige Verfahren innerhalb von Lerngruppen bieten komplexe Aufgaben günstige Bedingungen für kooperatives Lernen, wenn die Aufteilung der Arbeit eingehende Analysen der Aufgabenstellung, Lösungswege, Schwierigkeiten usw. notwendig macht).

Chancengleiche Bewertungsverfahren: Wenn die Leistungen der Schüler nicht untereinander verglichen, sondern in bezug auf die frühere individuelle Leistung eingeschätzt werden (d. h. nach dem Ausmaß der individuellen Leistungsveränderung) erhält jeder Schüler die gleiche Chance, hervorragende Ergebnisse zu erzielen. Auch schwache Schüler können ja ihre Leistungen gegenüber früheren Ergebnissen verbessern und auch leistungsstarke Schüler stehen vor der Herausforderung, z. B. wieder ein fehlerfreies Ergebnis (und damit eine maximale Bewertung zu erzielen). Niemand wird ständig über- oder unterbewertet.

Kooperative Rückmeldungsstrukturen: Das Verfahren der Rückmeldung von Lernergebnissen soll die Motivation der Schüler fördern, sich wechselseitig zu unterstützen und bei der Arbeit zu helfen. Dazu sind Lernbedingungen geeignet, bei denen Erfolge eines Mitglieds zum Erfolg aller anderen Mitglieder einer Lerngruppe beitragen. Jedoch muß das Rückmeldeverfahren auch den individuellen Anteil am Gruppenerfolg sichtbar machen (s. o. Tab. 10.2). Jedes Gruppenmitglied muß durch die Art der Rückmeldung individuelle Verantwortlichkeit für den gemeinsamen Erfolg erleben können. Diese Bedingungen werden am einfachsten durch die Rückmeldung des Durchschnitts der individuellen Verbesserungswerte erfüllt.

Beachtung und Rückmeldung des Gruppenprozesses: Die Mehrzahl der sozialen Organisationsformen für das schulische Lernen stellen allein Leistungsrückmeldung in den Mittelpunkt. Zwar gelingt es auch in diesem Verfahren, die sozialen Beziehungen in der Klasse und die personale Entwicklung von Schülern zu fördern, doch erscheint ausschließliche Leistungsrückmeldung im konkurrenzorientierten Umfeld der Schule problematisch. Die Lerngruppen sollten daher nach jeder Gruppensitzung auch Rückmeldung über ihren Kooperationsprozeß erhalten. Man kann z. B. mit Hilfe von Einschätzbögen den Gruppenprozeß aus der subjektiven Sicht der Schüler erfassen und mit den Gruppen die wichtigsten Befunde besprechen (vgl. Eppler, Huber & Winter, 1984).

Fazit: Die Variationsbreite von Kooperation und Konkurrenz im Unterricht ist groß. Viele Gruppenaktivitäten in der Schule fordern gleichzeitig Kooperation innerhalb der Gruppe und Wettkampf gegen andere Gruppen. Durch den sozialen Vergleich der Leistungen in der Notengebung wird auch in kooperativen Lernaufgaben häufig Konkurrenz aktiviert. Das Angebot zur sozialen Interaktion im Unterricht allein hat daher nicht notwendig positive Effekte. Es fördert im allgemeinen die sozialen Beziehungen in der Klasse erst, wenn Konkurrenzeffekte und Konkurrenzorientierungen einzelner Schüler kontrolliert werden können. Dazu müssen mit den Schülern kooperative Verhaltensformen schrittweise aufgebaut werden; soziale Interaktion muß gelehrt und gelernt werden.

3. *Handeln wie andere.* Bandura (1979) hat in seiner sozial-kognitiven Lerntheorie darauf hingewiesen, daß man nicht alle Handlungen selbst ausführen und dabei erfahren muß, ob sie in einer bestimmten Situation zweckmäßig sind. Häufig genügt es, wenn man andere beobachten kann, um sich in späteren Situationen dann nach deren Erfahrungen richten und das eigene Handeln entsprechend gestalten zu können. Einige Interventionsformen der pädagogischen Verhaltensmodifikation sind darauf gegründet, daß Schüler andere Schüler beachten und nachahmen; Kasten 10.11 skizziert eine Intervention dieser Art.

Allerdings führen auch negative Konsequenzen von Handlungen dazu, daß Schüler besonders aufmerksam auf ihre Mitschüler achten und deren Verhalten möglicherweise später übernehmen. Oder anders: Schüler imitieren auch negative Leitbilder, wenn ihnen in einer bestimmten Situation die Handlungsfolgen als instrumentell für ihre Ziele erscheinen. Beispielsweise können sonst fleißige Schüler dazu übergehen, die nachlässige Haltung eines Meinungsführers der Klasse gegenüber Hausaufgaben zu imitieren; zwar tadelt sie dann der Lehrer, doch sie werden

Kasten 10.11: Stellvertretende Verstärkung im Klassenzimmer

Aaron & Bostow (1978) versuchten in einer Sonderschulklasse, aufgabenbezogene Verhaltensweisen der Schüler durch stellvertretende Verstärkung zu fördern. Sie wählten drei Schüler einer Klasse als Modellpersonen aus. Diese Schüler wurden regelmäßig verstärkt, wenn sie die Aufgaben im Unterricht vollständig bearbeitet hatten. Die Belohnung bestand darin, daß sie sich gegen Ende der Stunde frei beschäftigen durften. Die Maßnahme bewirkte höhere Leistungen und besserte die Mitarbeit auch bei den anderen Schülern! Sie haben also durch Beobachtung der Modellpersonen und deren „Schicksal" gelernt.

wenigstens von der Klasse nicht wegen Verletzung informeller Normen („Streber") abgelehnt. Die Wirkung falscher, unter dem Gesichtspunkt der Erziehungsziele, Leitbilder von außen, z. B. aus der Popszene oder aus einer Freizeitclique älterer Jugendlicher auf die schulische Interaktion ist in höheren Klassen augenfällig.

4. *Direkte Beeinflussung.* Handeln kann auch direkt durch andere Schüler gesteuert werden. Mitschüler verstärken durch ihre Reaktionen oft (ohne bewußte Absicht) bestimmte Verhaltensweisen von Schülern. Ein Beispiel, das man häufig in der Grundschule beobachtet, ist das Phänomen des „Klassenkaspers". Soziale Zuwendung und Aufmerksamkeit der Mitschüler verstärken seine albernen Verhaltensweisen.
Kennzeichnend dafür, wie die Schüler-Schüler-Interaktion bevorzugt unter dem Aspekt der Unterrichtsstörung gesehen wird, ist die folgende Zusammenstellung problematischer Schülereinflüsse in der Interaktion (vgl. Kasten 10.12). Natürlich gibt es auch Verstärkungsprozesse mit pädagogisch erwünschten Folgen. Sie kommen besonders in kooperativen Lernformen (s. o.) zum Tragen.

Problematische Schüler-Schüler-Beziehungen

Zu Beginn diese Abschnitts wurde darauf hingewiesen, daß an der Interaktion zwischen Schülern bevorzugt negative Aspekte beachtet werden, also Schwierigkeiten der Schüler im Umgang miteinander. Allerdings bemerken Lehrer Störungen in den Schüler-Schüler-Beziehungen häufig erst, wenn offenkundige Symptome wie wechselseitige Beschuldigungen, Beschimpfungen oder gar Tätlichkeiten in der Klasse auftreten. Subtilere Hinweise auf problematische Erwartungen, auf informelle Normorientierung, auf wechselseitige Einflüsse der Schüler

Kasten 10.12: Problematische soziale Beeinflussung durch Schüler

Johnson und Bany (1975) zählen folgende unerwünschte Beeinflussungen von Schülern durch Schüler auf:
- Einzelne Schüler stören den Unterricht so, daß der geplante Ablauf gefährdet wird. Diese Schüler finden häufig offene oder verdeckte Zustimmung durch große Teile der Klasse, wenn die Schüler sich unzufrieden und unter Druck fühlen, ohne aber Möglichkeiten zu sehen, wie sie die Situation konstruktiv verändern könnten.
- In Klassen, in denen Schüler-Schüler-Beziehungen erschwert und eingeschränkt sind, beobachtet man oft Zwischenbemerkungen, unsinnige oder alberne Beiträge, wiederholte Rückfragen auf Anweisungen und Informationen, die durchaus klar verständlich waren. Dieses Verhalten einzelner Schüler wird von der Klasse oder wenigstens einem Teil der Mitschüler meist noch verstärkt, führt zu einer Intensivierung der Beziehung zwischen den Schülern – wenn auch nicht in der erwünschten Richtung.
- Vor allem in höheren Klassen ist es nicht selten, daß einige Schüler immer wieder engagiert über Nebensächlichkeiten des Unterrichtsablaufs oder über witzige Lösungsvorschläge für Problemstellungen diskutieren und die übrige Klasse an diesen „Diskussionen" zwar nicht aktiv beteiligt ist, sie aber doch als willkommene Ablenkung von der eigentlichen Arbeit unterstützt und aufrechterhält, indem sie eine interessierte und durch Beifallskundgebungen deutlich vernehmbare Zuschauerschaft bildet. Gelegentlich werden auch Mitschüler, von denen die Klasse ablenkende Beiträge erwartet, direkt aufgefordert, doch etwas „zur Sache" beizutragen. Damit verschaffen sich Schüler Abwechslung in wenig interessanten Unterrichtsabläufen und bei nichtmotivierenden Aufgabenstellungen.

In solchen störenden Formen direkter sozialer Beeinflussung der Schüler untereinander erweitern sie die eingeschränkten Möglichkeiten, ihre subjektiven Bewertungen und Bedeutungszuschreibungen auszudrücken.

untereinander bleiben meist unerkannt. Fertigkeiten zur pädagogisch-psychologischen Diagnose sozialer Beziehungen sind daher für Lehrer besonders wichtig.

Petillon (1980, S. 105) hat auf der Grundlage soziometrischer Wahlen in Schulklassen die Schüler in sieben „soziometrische Typen" (vgl. Tab. 10.3) eingeteilt. Beim Wahlvorgang geben die Schüler Stimmzettel ab, auf denen sie beispielsweise angeben sollen, welche Mitschüler sie als Sitznachbarn bevorzugen (Wahlstatus) und welche sie ablehnen (Ablehnungsstatus).

Tab. 10.3: Soziometrische Typen in der Schulklasse

	hoch	Typ 7 „Star"	Typ 6 „Beachteter"	
Wahl- status	mittel	Typ 5 „Anerkannter"	Typ 4 „Unauffälliger"	Typ 2 „Abgelehnter"
	niedrig	Typ 3 „Unbeachteter"		Typ 1 „Ausgestoßener"
Ablehnungsstatus:		niedrig	mittel	hoch

Häufig werden Lehrer mit dem Problem konfrontiert, daß einzelne Schüler oder Schülerinnen nicht in die Klassengemeinschaft integriert werden. Als „Ausgestoßene" (Typ 1) oder *Außenseiter* nehmen sie Randpositionen in der sozialen Struktur der Klasse ein. Sie geraten in diese Position, weil sie von vielen Mitschülern/innen aktiv abgelehnt und nur von wenigen oder niemandem (z.B. als Nebensitzer) gewählt werden. Eher passiv isolierte Schüler sind die „Unbeachteten" (Typ 3). Besonders für die Außenseiter, häufig aber auch für unbeachtete Schüler begründet die soziale Randstellung einen Teufelskreis von emotionalen Störungen wie Ängstlichkeit und Gehemmtheit, vermindertem Selbstvertrauen, unangenehmen Erfahrungen mit Mitschülern, Leistungsversagen und weiterer sozialer Isolierung (Petillon, 1978; 1980). Eine Lösung wird dann immer schwieriger. Außenseiter suchen schließlich die Schuld an dem verfahrenen Zustand überwiegend bei den anderen, werten ihre Klasse und schließlich die Schule pauschal ab, suchen oder erzwingen sich manchmal Zuwendung in anderer, auch aggressiver Weise.

Eine andere häufige Störung der schulischen Interaktion ist die soziale Abgrenzung kleiner Schülergruppen gegenüber dem Rest der Klasse in sogenannten *Cliquen* (vgl. Wahl, Weinert & Huber, 1984; Petillon, 1980). Grundlage ihres engeren Zusammenschlusses sind Gemeinsamkeiten, die sie von anderen Mitschülern unterscheiden, z.B. ähnliche Einstellung zur Schule, gleiche Wohngegend, Mitgliedschaft in einem

Verein, ähnliches Leistungsniveau usw. Innerhalb der Clique nehmen mit der Häufigkeit von Interaktionen auch die positiven emotionalen Beziehungen der Schüler untereinander zu, während die Beziehungen nach außen eher seltener werden und abkühlen. Auch hier kommt es darauf an, die Ausgrenzung kleiner Schülergruppen oder eine Fraktionsbildung in der Klasse möglichst frühzeitig zu diagnostizieren, damit eine zusätzlich mögliche oder schon vorliegende Ablehnung einer Clique durch die Klasse oder die wechselseitige Ablehnung von Cliquen die Aufspaltung der Gesamtklasse nicht noch verschärft. Nicht allzu häufig, dann aber um so problematischer, ist der Zusammenschluß von Außenseitern in einer Clique. Im Kasten 10.13 ist ein solcher Fall beschrieben.

Kasten 10.13: Cliquen in einer Grundschulklasse

Die Lehrerin einer zweiten Grundschulklasse wendet sich wegen eines Jungen aus ihrer Klasse, der ihr im Unterricht große Schwierigkeiten bereitet, an den Beratungslehrer ihres Kollegiums.

Perspektive der Lehrerin

Die Lehrerin berichtet zunächst allgemein, daß Markus ihr ein ständiges Problem sei, da er sehr unkonzentriert arbeite und immer störe. Als Beleg für die Konzentrationsschwierigkeiten zeigt sie Schulhefte und schriftliche Arbeiten von Markus vor: Meist sind die Einträge anfangs sorgfältig angefertigt, doch nach wenigen Zeilen häufen sich die Fehler, und die Schrift wird nachlässig. Besonders auffällig ist dies bei den Mathematikleistungen. Auf Nachfragen, wodurch Markus den Unterricht störe, und wie die anderen Schüler darauf reagieren, meint die Lehrerin, daß Markus für die ganze Klasse recht „anstrengend" sei.

Danach zählt sie folgende störende Verhaltensweisen auf:
- Markus ruft seine Beiträge und Kommentare laut in die Klasse, ohne sich darum zu kümmern, ob schon jemand redet oder sich ein Mitschüler zu Wort gemeldet hat.
- Wenn er länger nicht die gewünschte Aufmerksamkeit erhält oder wenn eine Aufgabe ihm zu langweilig oder zu schwierig wird, beginnt er, seine Nachbarn zu behelligen, indem er sie ärgert, zwickt und stößt oder auf andere Weise für Unruhe sorgt.
- Seine Wünsche und Absichten versucht er mit Drohungen gegenüber den Mitschülern durchzusetzen, und oft genug führt er diese auch aus, d.h. er zerstört etwas oder schlägt die anderen.

– Wenn er wütend wird, weil etwas ganz gegen seinen Kopf geht,
  wirft er Bücher oder Schulmappen zu Boden und trampelt
  darauf herum, so daß die geplante Durchführung des Unter-
  richts kaum noch möglich ist
Mit solchen Verhaltensweisen habe sich Markus schon im ersten
Schuljahr ziemlich unbeliebt gemacht. Insgesamt hält die Lehrerin
Markus für gut begabt, nur könne er sich nicht auf die schulischen
Anforderungen konzentrieren. Seine Leistungen, besonders in
Mathematik, seien deshalb schwächer, als sie seiner Begabung
nach sein könnten.

Mit der Lehrerin wird vereinbart, daß sie gezielte Beobachtungen durchführt, um genauer zu ermitteln, wie häufig und bei
welchen Gelegenheiten es zu Auseinandersetzungen zwischen
Markus und den Mitschülern kommt, welche Mitschüler daran
beteiligt sind, wer den Streit beginnt usw. Eine Woche lang führt
die Lehrerin in den Pausen, an zwei Tagen auch nach Unterrichts-
schluß (vom Anziehen bis zum Verlassen des Schulhauses) minu-
tenweise freie Beobachtungen durch. Dabei registriert sie, mit
wem Markus Kontakt hat und notiert in Stichworten, was sich
ereignet. Als „Kontakt" wird folgendes Verhalten definiert:
– Markus unterhält sich mit anderen Schülern, spricht sie an oder
  wird angesprochen;
– er nimmt körperlichen Kontakt zu anderen auf, indem er sie
  stößt, festhält usw., bzw. andere Schüler verhalten sich ebenso
  ihm gegenüber;
– er führt mit anderen zusammen bestimmte Handlungen aus
  (spielt z. B. Ball) oder richtet bestimmte Handlungen gegen
  andere (wirft z. B. die Tür vor einem anderen Kind zu), bzw.
  andere Schüler verhalten sich entsprechend ihm gegenüber.
Die Beobachtungsprotokolle zeigen Markus in verbaler Interaktion mit sehr wenigen, fast immer den gleichen Mitschülern.
Personenbezogene Handlungen und körperliche Kontakte sind
zwischen Markus und einer etwas größeren Anzahl verschiedener
Mitschüler zu beobachten, wobei diese Interaktionen überwiegend
aggressiv gefärbt sind und kooperative bzw. konstruktive Beiträge
weitgehend fehlen.

Um das soziale Gefüge der Klasse besser kennenzulernen und
ein klares Bild von der Beliebtheit bzw. Unbeliebtheit von Markus
zu gewinnen, wird eine soziometrische Befragung durchgeführt.
Da die Klasse aufgrund von Differenzierungsmaßnahmen an
wechselnde Arbeitsgruppen gewöhnt ist, werden an jeden Schüler
die beiden folgenden Fragen gestellt:

– „Mit wem möchtest du gerne in einer Gruppe zusammensitzen?"
– „Mit wem möchtest du nicht in einer Gruppe zusammensitzen?"
Diese Fragen sind schriftlich und „geheim" zu beantworten. Dabei
ist freigestellt, wie viele Namen die Schüler jeweils nennen
möchten.

Die folgende Matrix gibt die Befragungsergebnisse wieder. Die
Schüler sind hier „durchnumeriert", wobei Mädchen und Jungen
jeweils einen „Block" bilden. Ein Pluszeichen steht für eine
positive Wahl, ein Minuszeichen für eine negative.

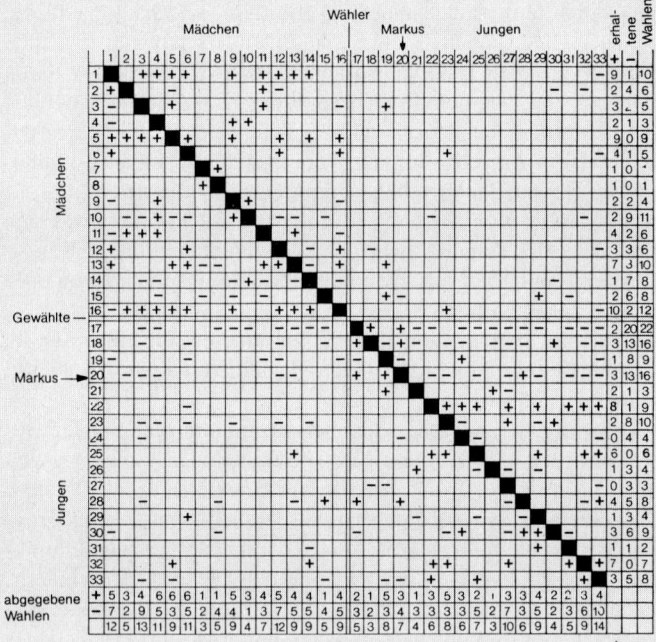

Die Matrix läßt deutlich erkennen, daß sich bei Jungen und
Mädchen die gleichgeschlechtlichen positiven Wahlen häufen.
Während sich die Mädchen in ihren negativen Wahlen hauptsäch-
lich auf Jungen beziehen, ist dies umgekehrt viel seltener der Fall.

Dieser Befund entspricht einer allgemeinen Tendenz zur gegen-
geschlechtlichen Ablehnung in Schulklassen dieser Altersstufe.

Die Jungen rufen bei den Mädchen vor allem durch ihr uninteres-
siert-geringschätziges und neckend-aggressives Verhalten eine
starke Ablehnung hervor.

Im Hinblick auf Markus zeigt sich, wie unbeliebt er in der Klasse
ist. Nur zwei andere Jungen sind ebenso unbeliebt bzw. noch
unbeliebter: Markus (Nr. 20) und Georg (Nr. 18) erhalten je 13
Ablehnungen, Peter (Nr. 17) sogar 20. Diese drei Schüler sind mit
Abstand die unbeliebtesten: Die nächsthöchste Zahl von Ablehnungen beträgt nur 9 und bezieht sich auf ein Mädchen (Nr. 10).

Wenn man die gegenseitigen positiven Wahlen der Jungen
genauer analysiert, läßt sich feststellen, daß es zwei Cliquen in der
Klasse gibt, die sich gegenseitig weitgehend ablehnen. Zur einen
Clique gehören u. a. die bereits genannten unbeliebten Schüler,
die auch von vielen Mädchen abgelehnt werden. Die andere Clique
setzt sich aus den Schülern Andi (Nr. 33), Klaus (Nr. 32), Alexan-
der (Nr. 25) und Thomas (Nr. 22) zusammen.

Ein Soziogramm soll diese Beziehungen veranschaulichen.
Dabei wird nur ein Ausschnitt des gesamten Beziehungsgeflechts
der Klasse wiedergegeben.

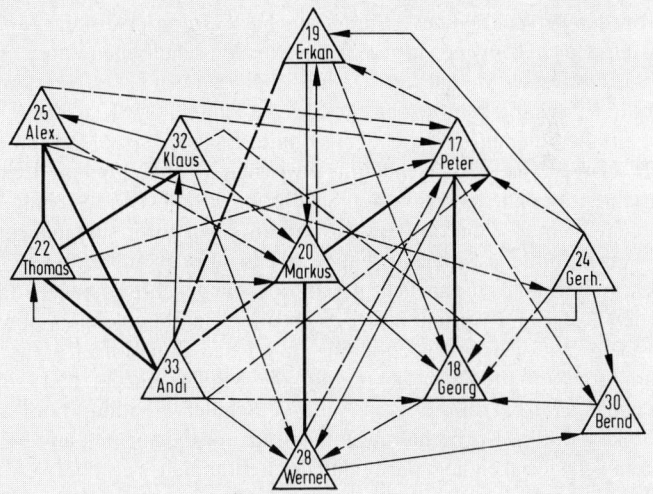

Die durchgezogenen Linien bedeuten positive, die gestrichelten
Linien negative Wahlen. Der Pfeil weist darauf hin, wer wen wählt.
Wenn die Linien fett gedruckt sind, handelt es sich um gegenseitige
Wahlen.

Peter (Nr. 17), Markus (Nr. 20) und Georg (Nr. 18), die unbeliebtesten Schüler, haben sich mit Bernd (Nr. 30) und Werner
(Nr. 28) zu einer Clique zusammengetan und wählen sich vorzugsweise gegenseitig. Genauso verfahren die Mitglieder der anderen
Clique, die eine ganze Reihe positiver Wahlen nicht erwidern.

(Nach Huber & Brunner, 1982)

Soziale Konflikte und Spannungen zwischen Schülern können bei Jungen
und Mädchen unterschiedliche Ursachen haben (Coleman, 1980): Bei
Jungen geht es in der Regel um den Besitz von Gegenständen, Beschädi-
gung dieser Dinge, Freizeitaktivitäten; in höheren Klassen auch um
Beziehungen zu Mädchen. Die Mädchen dagegen nennen als Ursache für
Schwierigkeiten mit Freundinnen häufiger persönliche Zurückweisung
oder Ausschluß aus engen Freundschaftsbeziehungen. Jungen geben
nicht so viele verschiedenartige Streitpunkte bzw. negative Themen in
ihren Sozialbeziehungen an wie Mädchen. Diese Unterschiede spiegeln
sicher auch gesellschaftliche Erwartungen wieder, wonach Jungen eher
an Erfolg und Leistungen, Mädchen eher an sozialen Wertkriterien
gemessen werden.

Von der Perspektive des Lehrers aus hat Gordon (1974) ein Modell
zum *effektiven Umgang mit Störungen* in der schulischen Interaktion
entwickelt. Dieses Modell wurde zahlreichen Lehrern in Trainingskursen
vermittelt; es kann beim sozial-interaktiven Handeln im Klassenzimmer
als Leitfaden dienen. Als wichtige Grundfertigkeiten sozialen Handelns
stellt Gordon die Unterscheidung zwischen erwünschten und unerwünschten Verhaltensweisen der Schüler sowie die Lokalisierung des
Problems heraus. Gordon verweist darauf, daß Lehrer sich manchmal
gezwungen fühlen, Schülerverhalten als erwünscht anzunehmen, das
ihnen in Wirklichkeit gar nicht gefällt oder umgekehrt vorzugeben, sie
würden bestimmte Verhaltensweisen als unerwünscht ablehnen, obwohl
sie sie in Wirklichkeit akzeptieren. In solchen Situationen wirkt das
Interaktionsverhalten der Lehrer auf die Schüler unecht und widersprüchlich. Verbal akzeptieren sie ein Schülerverhalten, nonverbal
(Mimik, Gestik, Körperhaltung) teilen sie das Gegenteil mit. Eine
weitere Schwierigkeit liegt darin, daß der Lehrer nicht sieht, bei wem das
Problem eigentlich zu lokalisieren ist. Gordon bezeichnet es als absolut
zwingend, daß Lehrer zwischen Problemen unterscheiden lernen, die den
Schüler betreffen und solchen Problemen, die mit den eigenen Bedürfnissen als Lehrer konfligieren. Die kritische Frage zur Klärung dieses
Sachverhalts lautet: „Hat dieses (störende) Verhalten irgendetwas mit
mir zu tun? Werde ich selbst beeinträchtigt oder möchte ich nur daß der

Schüler anders handelt, so wie ich meine, daß er handeln sollte?" Im ersten Fall liegt das Problem eher beim Lehrer, im zweiten beim Schüler. Daraus müssen dann Konsequenzen für den weiteren Umgang mit dem Interaktionsproblem gezogen werden.

Schüler-Schüler-Beziehungen sollten nicht erst beachtet werden, wenn sie den „Schulbetrieb" stören. Die Förderung positiver sozialer Beziehungen zwischen Schülern stellt einen wichtigen Aufgabenbereich für Lehrer dar. Die Interaktion der Schüler untereinander bildet die Grundlage ihrer schulischen Lernarbeit und ist eine wichtige Bedingung für ihre persönliche Entwicklung. Vertrauensvolle und verläßliche Beziehungen zu Gleichaltrigen bieten notwendige Gelegenheiten, sich selbst im Vergleich mit anderen zu erfahren, die eigene Wirkung auf andere kennenzulernen, Erwartungen der anderen herauszufinden und Rückhalt und Unterstützung zu erleben. Dabei können Schüler allmählich die Selbständigkeit aufbauen, die sie später benötigen, um die sozial-emotionale Abhängigkeit vom Elternhaus aufzulösen und ein Leben in eigener Verantwortung führen zu können.

10.6 Pädagogische Interaktion in der Erwachsenenbildung*

10.6.1 Erwachsene als Lerner

Bei Prozessen des Lehrens und Lernens zwischen Erwachsenen stellen sich Fragen zu Form und Funktion pädagogischer Interaktionsbeziehungen in neuer Schärfe. In Familie und Schule wird die Struktur des sozialen Beeinflussungssystems aufgrund des Alters- und Erfahrungsabstands der Interaktionspartner von vorneherein als asymmetrisch angesehen. Wenn die differenzierte Untersuchung dieser Interaktionsprozesse auch deutlich zeigt, daß Eltern und Kinder, Lehrer und Schüler sich immer wechselseitig beeinflussen, so ist diese Wechselseitigkeit doch von den vorgegebenen Erfahrungs- und Rollendifferenzen geprägt. Gelten diese Erfahrungs- und Selbständigkeitsunterschiede zwischen Erziehern und Lernern auch bei pädagogischen Interaktionsprozessen zwischen Erwachsenen? Kann man sich bei der Gestaltung beispielsweise eines Volkshochschulkurses oder eines betrieblichen Weiterbildungsseminars auch auf diese Grundannahmen stützen?

Erwachsene als Lerner in pädagogischen Interaktionssituationen unterscheiden sich von jüngeren Lernern wenigstens in drei Aspekten (vgl. Mader & Weymann, 1975):
– Der erwachsene Lerner bringt eine lange und komplexe *Lerngeschichte* mit in die neue Interaktionssituation. Er hat nicht nur vielfältige Lernerfahrungen, sondern auch spezifische Einstellungen und Verhal-

---

* Autor dieses Abschnitts: Karlheinz A. Geißler

tensmuster für Lernprozesse aufgebaut (über die er sich selbst häufig nicht klar ist).

Ein Beispiel: Lernen ist für viele Erwachsene gleichbedeutend mit Memorieren. Sie haben während ihrer Schulzeit nicht nur Lerninhalte, sondern auch Lernstrategien erworben, um Fakten, Begriffe, Darstellungen von Zusammenhängen aufzunehmen, sie für Leistungsmessungen einzuprägen und dann bald wieder zu vergessen. Wenn man nun aber – so z. B. in Weiterbildungsseminaren für betriebliche Ausbilder – die Lehr- und Lerninhalte kritisch reflektieren lassen möchte, erscheinen den Teilnehmern diese Anforderung zumindest ungewohnt. Mit Widerstand ist zu rechnen.

– Der erwachsene Lerner hat für seinen Alltag praktikable Anwendungs- modelle für Wissen entwickelt. Mit dieser Erfahrung beurteilt er die Praktikabilität von Theorie für seine *Praxis*.

Dies gilt auch für die pädagogische Interaktion. Bleiben wir beim Beispiel eines Seminars für betriebliche Ausbilder: Die Kursleiter haben sich entschieden, zu Beginn alle Beteiligten sich wechselseitig vorstellen zu lassen. Dieses Verfahren nimmt Zeit in Anspruch. Zeit aber ist im Betrieb eine ökonomische Kategorie. Die Lehrgangsleiter können gegen- seitiges Bekanntmachen der Teilnehmer als sinnvollen und notwendigen Anfangsschritt gut begründen, erregen aber den Unmut der Teilnehmer, weil dieser pädagogische Umgang mit der Zeit ihnen alles andere als nützlich für die Praxis erscheint.

– Der erwachsene Lerner hat häufig eine Position und den damit verbundenen *Status* und die daran geknüpften Verhaltenserwartungen im gesellschaftlichen System erreicht. Dieser Status ist ein wichtiger Bestandteil seiner persönlichen und sozialen Identität.

Die Teilnehmer des bereits angesprochenen Kurses für betriebliche Ausbilder erhielten bei der Einladung ausführliche Informationen über die Organisation des Kurses (Essenszeiten, Freizeitmöglichkeit usw.), bis hin zu individuell ausgearbeiteten Zugverbindungen für die Anfahrt. Dies paßte zu ihren Erwartungen aufgrund ihrer Position in der Entschei- dungshierarchie des Betriebs. Probleme gab es in dieser Hinsicht, als die Kursleiter von ihnen erwarteten, zu Beginn des Seminars erst einmal gemeinsam über Alternativen zu Lehrinhalt und -methoden zu ent- scheiden.

Die Besonderheiten in der Interaktion mit erwachsenen Lernern wird in der Anfangssituation von Veranstaltungen besonders deutlich (vgl. Kasten 10.14).

Kasten 10.14: Anfangssituationen in der Erwachsenenbildung

Die Teilnehmer betreten den Veranstaltungsraum vereinzelt und setzen sich meist in „angemessener Entfernung" voneinander an die Tische. Sie sagen leise und etwas verlegen beim Hereinkommen zu den bereits Anwesenden „Guten Tag", holen ihre Unterlagen heraus, blättern darin, schauen im Raum umher, und wenn der Dozent einen, besser: seinen Platz eingenommen hat, ist die gesamte Aufmerksamkeit auf ihn gerichtet. Er bestimmt den Anfang, und dies erwarten auch die Teilnehmer. Anders als von den übrigen am Lehr-/Lernprozeß Beteiligten wird vom Dozenten, ohne daß dies verbal ausgedrückt wird, verlangt, daß er Kommunikationsangebote an die Teilnehmer macht, daß er initiativ wird, um die für den Lehr-/Lernprozeß notwendigen sozialen Beziehungen aufzubauen. Die Form, die Intensität solcher Angebote wird abgewartet, zögernd wird darauf reagiert, meist nur durch Mimik und Gestik. Der Dozent äußert sich in dieser Situation vorsichtig, die Teilnehmer verhalten sich ebenso zurückhaltend, distanziert, unauffällig und beobachtend.

(Geißler, 1983, S. 28)

10.6.2 Die Bedeutung pädagogischer Interaktion zwischen Erwachsenen

Anfangssituationen sind immer neu, auch wenn die Beteiligten sie in anderen Kursen bereits oftmals erlebt und durchlebt haben. Zu Beginn von Lehr-/Lernprozessen in der Erwachsenenbildung herrscht ein „interaktiver Notstand" – ein Resultat von Unsicherheit bei allen Beteiligten und der daraus folgenden Vorsicht im Umgang miteinander. Die eingespielten Verhaltensweisen, die Routinen des Alltags am Arbeitsplatz oder in der Familie gelten hier nicht mehr – zumindest ist unsicher, was überhaupt gilt. Die vor langer Zeit erworbene Routine des Lebens als Schüler – kann man auf sie zurückgreifen?

Pagés (1974, S. 81) macht deutlich, daß in Gruppen gemeinsame Gefühle und Stimmungen auftreten – allerdings nicht nur verunsichernde wie in Anfangssituationen: „In jeder Gruppe existiert zu jedem Zeitpunkt ein vorherrschendes Gefühl, das von allen Mitgliedern der Gruppe mit individuellen Nuancen geteilt wird. Dieses zumeist unbewußte Gefühl beherrscht das Leben der Gruppe auf allen Ebenen. Die These gliedert sich in folgende Elemente:

– Zu jedem Zeitpunkt werden von allen Mitgliedern Gefühle geteilt.
– Diese sind zumeist unbewußt.
– Sie äußern sich auf allen Ebenen des Gruppenlebens.
– Die individuellen Gefühle stehen in Beziehung zu den kollektiven Gefühlen."

Gruppenstrukturen und Interaktionssituationen, wie das Beispiel der Anfangssituation zeigt, sind nicht nur formale Randbedingungen von Lehr-/Lernprozessen. Sie beeinflussen durch ihre Qualität den Erwerb spezifischer sozialer Inhalte, aber auch die Aneignung scheinbar rein kognitiver Lerninhalte. Einen weiteren Beleg für diesen Sachverhalt findet man in „Schlußsituationen" von Veranstaltungen der Erwachsenenbildung. Besonders in der beruflichen Erwachsenenbildung (und hier wiederum speziell in der sogenannten Aufstiegsfortbildung) treffen sich Teilnehmer und Dozenten letztmalig in einer Prüfungssituation. Die abschließende Erfahrung des manchmal sehr lange dauernden Lehr-/Lernprozesses wird dabei häufig von Gefühlen der Angst, der Ohnmacht, des Mißtrauens mitbestimmt. Auch mit dem Abschiednehmen am Ende des Kurses sind Emotionen verbunden, die aber durch die angeordnete Prüfung am Schluß ausgegrenzt werden und offiziell nicht ausgedrückt werden können. Trauer und Trennungsängste als beherrschendes Gruppengefühl müssen in solchen Schlußsituationen abgewehrt werden. Die emotionale Dimension dieser Situation „Abschied", die affektiven Reaktionen auf die Auflösung der Gruppe, schlagen sich wohl oft genug in den Prüfungsergebnissen nieder.

Erwachsenenbildung ist immer auch als soziales Handeln zu verstehen; d. h. die Vermittlung und Aneignung von Lerninhalten ist immer auch beeinflußt von den sozialen Beziehungen, die in der Lehr-/Lerngruppe vorherrschen. So behindert z. B. die Unsicherheit über die Struktur der sozialen Beziehung während der Anfangsphase eine fundierte Auseinandersetzung mit Bildungsinhalten. Erst nach einer teilweisen Orientierung der Beteiligten, d. h. wenn die soziale Situation wenigstens etwas durchschaubar ist, kann man erfolgreich damit beginnen, sich das anzueignen, was als Lehr-/Lernstoff angekündigt ist.

10.6.3 Empirische Befunde zur Interaktion in der Erwachsenenbildung

Obwohl die sozial-emotionale Dimension in der Erwachsenenbildung große Bedeutung hat und den Veranstaltungen der Erwachsenenbildung eine Sozialisationswirkung zukommt, werden diese Aspekte in der konkreten Lehr-/Lernarbeit sehr wenig berücksichtigt. Deutliches Zeichen dafür ist, daß sich zwar die hauptberuflich Tätigen (Dozenten, Kursleiter, pädagogische Mitarbeiter) in Institutionen der Erwachsenenbildung Kompetenzen für die Steuerung sozialer Interaktionsprozesse

angeeignet haben, die große Zahl der meist nebenberuflich tätigen Dozenten dagegen meist ausschließlich aufgrund ihrer Fachkompetenz beschäftigt wird. Nur in Ausnahmefällen werden sie wegen ihrer ausgewiesenen Sozialkompetenz gewählt.

Eine an deutschen Volkshochschulen durchgeführte Untersuchung (Siebert, 1977), die sich weitgehend auf kommunikative Merkmale des Interaktionsprozesses zwischen Kursleitern und Teilnehmern in Bildungsveranstaltungen beschränkte, läßt vermuten, daß Erkenntnisse über die soziale Dimension des Lehrens und Lernens kaum praktisch wirksam werden. Eine umfassende empirische Erforschung der Interaktionsvorgänge beim Lernen von Erwachsenen ist zwar erst noch zu leisten, doch vermitteln die Daten von Siebert wichtige Aufschlüsse. Im folgenden sind daher die Befunde kurz zusammengefaßt.

79% aller untersuchten Kurse in der Erwachsenenbildung waren stofforientiert, nur 21% am Gruppenprozeß selbst orientiert; dies entspricht einem Verhältnis von etwa 4:1. In stoff- oder inhaltsorientierten Kursen ist das leiterzentrierte Unterrichtsgespräch typisch. Der Kursleiter trägt vor, die Teilnehmer stellen gelegentlich Fragen oder bringen eigene Ergänzungen. Wechselgespräche zwischen Kursleiter und Teilnehmern verlaufen überwiegend einseitig als „Expertenbefragung" (vgl. Tab. 10.4).

Tab. 10.4: Kommunikatives Verhalten der Kursleiter in inhaltsorientierten Kursen (Siebert, 1977)

Inhaltsbezogene Beiträge		Prozeßbezogene Beiträge	
Information	33%	Anregungen	7%
Interpretation	32%	Bestätigungen	7%
Informationsfragen	11%	Wiederholungen und	
Interpretationsfragen	7%	Zusammenfassungen	3%
	83%		17%

Der Kursleiter sieht sich offenbar überwiegend als Fachmann, der Sachinformationen zu geben oder Fakten zu interpretieren hat. Der Kursleiter spricht mehr (doppelt so viel) und deutlich länger als die Teilnehmer. Diese diskutieren selten untereinander (höchstens zweimal je Veranstaltung), sondern kommunizieren über den Kursleiter. Insgesamt beteiligen sich weniger als 50% der Teilnehmer aktiv am Kursverlauf; vor allem machen sie kaum verlaufsorientierte Anregungen.

In verlaufsorientierten Kursen, in denen Klein-Gruppenarbeit, Fallanalyse, Rollenspiel usw. als Methoden genutzt werden, überwiegen dagegen die Beiträge der Teilnehmer (Verhältnis 1,8:1). Hier beteiligen sich ca. 66% der Teilnehmer aktiv; von ihren Beiträgen entfallen mehr als fünf je Kurseinheit auf Anregungen zum Verlauf des Kurses.

Insgesamt steuern also wie in der Schule überwiegend die Kursleiter den Ablauf der Interaktion. Ein typisches Kommunikationsmuster ist die Sequenz „Teilnehmerfrage – Kursleiterantwort". Entsprechend den Erwartungen der Teilnehmer antworten Kursleiter überwiegend mit Informationen, seltener mit Interpretationen. Allerdings zeigt sich eine deutliche Tendenz der Kursleiter, eher Verständnisfragen zu stellen (vgl. Tab. 10.5).

Tab. 10.5: Durchschnittliche Fragen von Kursleiter und Teilnehmern je 60 Min. Kursdauer (Siebert, 1977, S. 63)

	Kursleiter	Teilnehmer
Informationsfrage	3	6,5
Interpretationsfrage	4,8	2,5

Die Dominanz des Leiters zeigt sich auch an den Folgen seiner Anregungen und Fragen. Nur in 5% der Fälle ergänzen oder verändern Teilnehmer seine Anregungen, während solche Beiträge in 22% der Fälle auf Anregungen anderer Kursteilnehmer folgen. Insgesamt scheinen, wie Siebert ausführt, die Teilnehmer wenig daran interessiert, den Kursverlauf mitzubestimmen, „da sie offenbar längere Verfahrensdebatten oder die Dominanz einer eloquenten Minderheit befürchten. Vor allem Teilnehmer mit negativer Lerngeschichte möchten dem Kursleiter die didaktische Entscheidung überlassen".

Zu einem Gespräch zwischen Erwachsenen, bei dem Erfahrungen erfragt, ausgetauscht und geprüft werden, kommt es bei solcher „Interaktions-Kultur" nicht. Mit ihrer Orientierung an der Expertenrolle vermeiden und versäumen die Kursleiter Situationen, in denen sie selbst etwas lernen könnten. Das Vermeidungsverhalten zeigt sich besonders dadurch, daß Kursleiter jene Beiträge bestätigen, die ihrer eigenen Auffassung entsprechen. Beiträge der Teilnehmer, die nicht „ins Konzept passen", werden meist ignoriert. In solchen sozialen Interaktionsformen bleibt kein Raum mehr für die Teilnehmer, je eigene Akzente und Bestimmungen vorzunehmen. Die Wechselbeziehungen sind ritualisiert und standardisiert (vgl. die Typologie der Interaktionsform bei Jones & Gerard, 1967; vgl. Abs. 10.2.1); sie spiegeln und bewahren nichts oder nur wenig von den Beteiligten und der ihnen gemeinsamen Gruppengeschichte. Solche Erfahrungen behindern Lernen eher, als daß sie es fördern: „Schränkte das Lernen sich auf bloßes Empfangen ein, so wäre die Wirkung nicht viel besser, als wenn wir Sätze auf das Wasser schrieben" – so umriß bereits Hegel die Konsequenzen der beschriebenen Interaktions-Kultur (zitiert nach Bloch, 1977, S. 18).

10.6.4 Psychologische Interaktionskonzepte in der Erwachsenenbildung

In der Regel bestimmen primär die Inhalte eines Kurses das Interesse der Teilnehmer und die Planungen des Leiters. Die Auseinandersetzung mit diesen Inhalten erfolgt aber in Prozessen der sozialen Interaktion. So müssen inhaltliche, soziale und emotionale Aspekte des Lehrens und Lernens in ein angemessenes Verhältnis gebracht werden. Die Ansätze von Brocher (1967) und Cohn (1975) zur Integration dieser Dimensionen haben in der Erwachsenenbildung besondere Beachtung gefunden.

Der Ansatz von Brocher: Individuelle Lerngeschichte und soziale
Interaktion in Lerngruppen Erwachsener

Brocher (1967) verbindet in seiner Analyse sozialer Prozesse Erkenntnisbestände der Gruppendynamik und der Psychoanalyse. Ohne den Anspruch zu erheben, damit ein allgemeingültiges Konzept entwickelt zu haben, hat er für die Erwachsenenbildung wichtige Zusammenhänge herausgearbeitet. Insbesondere wird bei Brocher die Tatsache thematisiert, daß Erwachsene in neue soziale Situationen, wie die Interaktion in einer Bildungsveranstaltung sie darstellt, tiefgreifende Erfahrungen aus ihrer Lebensgeschichte als Orientierungsgrundlage mitbringen. Frühe Erfahrungen in Gruppen bestimmen das Handeln in neuen Gruppen, bestimmen neue Gruppenerfahrungen mit.

Ausgangspunkt der Überlegungen von Brocher bilden psychoanalytische Aussagen zum prägenden Einfluß von Primärerfahrungen im Lebenslauf. Frühe Sozialisationserfahrungen der Familie gehen als „psychosoziale Vorstrukturen" in das Lernverhalten von Erwachsenen ein (vgl. Kasten 10.15). Für das Gelingen von Lernprozessen werden damit Kenntnisse über die Qualität jener frühen Sozialisationsbedingungen und -verläufe der Teilnehmer zur zentralen Voraussetzung.

Beispielsweise können labile Objektbeziehungen und die daran geknüpfte gering ausgeprägte Ich-Stärke beim Verlassen gewohnter Sozialbeziehungen und beim Eintritt in ein wenig differenziertes und strukturiertes soziales Feld, wie dies zu Beginn einer Erwachsenenbildungsveranstaltung gegeben ist, Identitätszweifel auslösen oder vermehren. Diese Situation ist unangenehm; die Teilnehmer möchten sie überwinden. Sie erinnern sich an vergleichbare Erfahrungen aus ihrer persönlichen Sozialisationsgeschichte und richten ihre Anstrengungen darauf, bisher erfolgreiche Bewältigungsstrategien auch in diesem neuen sozialen Umfeld zu reproduzieren. In der Wahrnehmung des Kursleiters und den Verhaltensweisen ihm gegenüber kommt dies besonders deutlich zum Ausdruck: Leiter, aber auch andere, besonders eloquente Mitglieder der Lerngruppe werden als mächtig, überlegen, als Autoritäten erlebt. Die Einschätzung der neuen sozialen Situation mit den alten

Kasten 10.15: Die Bedeutung sozialer Primärerfahrungen

„Jeder Mensch wächst in einer primären Gruppe auf. Dies wird im allgemeinen das Elternhaus sein. (...) Die Lernfähigkeit des einzelnen wird entscheidend innerhalb seiner ersten sechs Lebensjahre geprägt. Es kommt zu Vorgängen, bei denen das Kind nicht nur Verhalten, Gebaren und Sprache des Erwachsenen nachahmt, um mit den Gegenständen der Umwelt umgehen zu lernen, sondern auch in der Reaktion auf die Verhaltensweise des Erwachsenen bestimmte Einstellungen übernimmt oder verwirft. Wir nennen diesen Vorgang psychologische Identifizierung. Dies besagt, daß sich jedes Kind mit den Hauptbeziehungspersonen seiner Umgebung – im allgemeinen die Eltern – auf bestimmte Weise identifiziert. Dabei erweist sich, daß Lernprozesse wesentlich mit Identifizierungsvorgängen verbunden sind, die weitgehend unbewußt bleiben. Dies setzt sich dann später in der Schule noch lange Zeit fort, wie etwa die Lernfähigkeit bei intensiv positiver Beziehung zu einem Lehrer und der Lernwiderstand bei einer negativen Beziehung deutlich erweisen. Wir finden also bei jedem Erwachsenen auf der unbewußten Ebene verschiedene Arten einer Vorstruktur, die durch alle vorausgegangenen Erfahrungen in Elternhaus und Schule gebildet wurden."

(Brocher, 1967, S. 12f.)

Kategorien sozial-interaktiver Erfahrungen aktiviert die frühen, in dieser Situation unangemessenen Handlungsmuster, von ängstlicher Flucht bis zu trotzigem Widerstand. Zweifel an der eigenen Identität werden aber ebenso durch den Umstand ausgelöst, daß man in den neuen Lehr-/Lernsituationen mit neuen Inhalten konfrontiert wird, durch die bisherige Erfahrungen teilweise verändert werden müssen. Diese Veränderungen und damit einhergehende Ich-Erweiterungen bedeuten jedoch zunächst eine Teilauflösung des bisherigen Identitätsbewußtseins, bis durch eine Integration der neuen Erfahrungen eine neue Stabilisierung eintritt.

Die Bedeutung des Ansatzes von Brocher liegt unzweifelhaft darin, daß die spezifischen Bedingungen der Bildungsarbeit mit Erwachsenen mit Hilfe eines Ansatzes theoretisch zu erfassen ist, der das allein auf Sachlogik gestützte Prinzip der Kursgestaltung überwindet. Die Wirksamkeit der Lebensgeschichte und der Einfluß speziell von Kindheitserfahrungen auf die Interaktionen in Lehr-/Lernprozessen mit Erwachsenen sind bei Brocher überzeugend dargestellt. In der starken Betonung eben dieser Perspektive liegen jedoch auch die Grenzen dieses Ansatzes, wenn er der Komplexität des sozialen Handelns in der Erwachsenenbildung gerecht werden soll. Es fehlt der Rückbezug der Interaktionsstrukturen, die sich in den Lehr-/Lernprozessen beobachten lassen, an die sozialen Interaktionsstrukturen des Alltags. Statt dessen werden die Interaktions-Prozesse einer Lerngruppe mit Hilfe psychoanalytischer Kategorien (Flucht, Abwehr, Widerstand) geordnet und Störungen als Defizite den beteiligten Individuen zugeschrieben. Entsprechend gibt es bei Brocher auch Hinweise in individualpsychologisch-therapeutischer Absicht, z. B. das Selbstwertgefühl von erwachsenen Lernern zu festigen.

Der Ansatz von Ruth Cohn: Themenzentrierte Interaktion

Der Ansatz der themenzentrierten Interaktion (Cohn, 1975) geht davon aus, daß ein Sachthema für den Lernablauf vorgegeben ist, daß aber immer wieder Interaktions- oder Beziehungsprobleme zwischen den Mitgliedern der Lerngruppe entstehen und die Aneignung der Inhalte positiv und/oder negativ beeinflussen. Die sozial-interaktiven Methodenvorschläge dieses Ansatzes sind gerichtet auf
– das *Thema*: Die Verarbeitung der Lerninhalte soll erleichtert werden.
– das *Ich* der Teilnehmer: Die individuelle Entfaltung der Teilnehmer soll gefördert werden.
– das *Wir* der Lerngruppe: Offenheit und Vertrauen zwischen den Lernern sollen gefördert werden.
Die dynamische Balance der drei bestimmenden Momente jedes Gruppenprozesses – Ich, Wir, Thema – ist das Ziel der Handlungsvorschläge. Um dieses Gleichgewicht zu erreichen, wurden Regeln entwickelt (Cohn 1975, S. 120ff., vgl. auch Kasten 10.16) und auf die Bedingungen der Erwachsenenbildung übertragen. Die sogenannte *Störungsregel* legt z. B. fest: „Störungen haben Vorrang." „Störungen fragen nicht nach Erlaubnis, sie sind da: als Schmerz, als Freude, als Angst, als Zerstreutheit; die Frage ist nur, wie man sie bewältigt. Antipathien und Verstörtheiten können den einzelnen versteinern und die Gruppe unterminieren; unausgesprochen und unterdrückt bestimmen sie die Vorgänge. (...) Leute sitzen am Pult und am grünen Tisch in körperlicher Gegenwart und innerer Abwesenheit. Entscheidungen entstehen dann nicht auf der Basis von realen Überlegungen, sondern unterliegen der Diktatur der Störungen und Antipathien zwischen den Teilnehmern, unausgesprochenen Interessen und persönlichen depressiven und angstvollen Gemütsverfassungen. Die Resultate sind dementsprechend geist- und sinnlos und oft destruktiv" (Cohn, 1975, S. 122). Beziehungsstörungen in den Lerngruppen müssen also bearbeitet werden, ehe man mit der Bearbeitung von Sachproblemen beginnen oder fortfahren kann.

Kasten 10.16: Seminarregeln

1. Gehen Sie davon aus, daß Sie Lernbedürfnisse haben, die ihre Kollegen im Seminar nicht wissen, die auch die Seminarleiter nur erahnen können.
2. Gehen Sie davon aus, daß Sie Ihren Lernprozeß selbst steuern können, daß sie durch Ihre Initiativen die Kollegen und die Seminarleitung für die Befriedigung Ihrer Lernbedürfnisse einsetzen können. D.h.: Die Verantwortung für das, was jeder im Seminar lernt, liegt zu einem großen Teil bei jedem Teilnehmer selbst, und jeder muß dafür aktiv werden, damit er etwas lernt.
3. Versuchen Sie die Vorstellungen, die Sie von den möglichen Lernergebnissen haben, immer wieder zum Ausdruck zu bringen. D.h. es ist sinnvoll und notwendig für den Leiter, wenn Sie beispielsweise folgende Fragen stellen: „Könnten sie das noch etwas intensiver behandeln?" „Könnten sie ein Beispiel aus der Praxis anführen?"
4. Wenn Sie Ihre Lernbedürfnisse unbefriedigt sehen, fragen sie danach, was sie selbst und die anderen zur möglichen Befriedigung beitragen können, und welche Initiativen diesen Zustand beheben könnten. D.h. ziehen Sie sich nicht zurück, wenn Sie merken, daß auf Ihre Probleme und Bedürfnisse nicht eingegangen wird, sondern äußern Sie sich und überlegen Sie mit den Kollegen und der Kursleitung, wie der Zustand verändert werden kann.
5. Unterbrechen Sie das Gespräch, wenn Sie wirklich nicht teilnehmen können, wenn sie z.B. gelangweilt oder ärgerlich sind oder sich aus einem anderen Grund von dem Geschehen in der Gruppe isoliert fühlen.
6. Sprechen Sie nicht per „man", sondern „ich".
7. Machen Sie nicht nur Aussagen zum Inhalt (Stoff), machen Sie auch öfters persönliche Aussagen.
8. Stellen Sie sich den Lernprozeß als gegenseitigen vor; daß Sie für den Dozenten und die Kursleitung wichtig sind und auch diese für Sie.

(Nach Geissler & Hege, 1978, S. 234 ff.)

Die themenzentrierte Interaktion ist in der Praxis der Erwachsenenbildung weit verbreitet. Dies nicht zuletzt wegen der handlungsanweisenden Regeln, deren Anwendung relativ schematisch geschehen kann. Genau hier liegen aber auch die Grenzen und Gefahren dieses Konzepts. Die Regeln sind Interaktions- bzw. Verhaltensregeln, die bei beliebigen Lehr-Lerninhalten angewandt werden können; sie sollen laut Cohn für einen Englischkurs ebenso gelten wie für Veranstaltungen zur Qualifizierung von Technikern oder für Freizeitangebote. Es wird, dies zeigt auch die Einsatzpraxis dieses Konzepts sehr deutlich, völlig außer acht gelassen, daß Interaktionsprobleme und deren Bearbeitung nicht unabhängig vom zu behandelnden Inhalt gesehen werden können. Wegen der vermeintlichen Allgemeingültigkeit der Regeln aber tendieren die Benutzer dazu, diese Einschränkung zu übersehen. Der wechselwirksame Zusammenhang von Sachbildung, Sozialbildung und Affektbildung wird daher konzeptionell aufgelöst zugunsten einer einseitigen Dominanz der Sozial- und der Affektbildung.

Die Methode enthält keine Aussagen über möglicherweise bereichsspezifisch zu leistende Transformationen. Maßnahmen des Kursleiters und Empfehlungen des Pädagogischen Psychologen für Planung und Durchführung von Veranstaltungen der Erwachsenenbildung dürfen sich aber nicht nur an den Interaktionsprozessen orientieren, sondern müssen durch teilnehmerorientierte und inhaltsorientierte Überlegungen ergänzt werden.

10.6.5 Die Perspektive: Situationsorientierte Konzepte

Den Ansätzen von Brocher und Cohn kommt das Verdienst zu, für die Erwachsenenbildung sehr deutlich gemacht zu haben, daß Lehren und Lernen immer auch ein sozialer und ein affektiver Prozeß ist. Nicht gelungen scheint dagegen, das Kursthema (den Lehrinhalt), die Interaktionsform und die Qualität individueller und gemeinsamer Gefühle in der Gruppe in einen integrativen Zusammenhang zu bringen. Der Grund ist darin zu finden, daß bei der Entwicklung dieser Ansätze nicht von pädagogischen Handlungselementen ausgegangen wurde. Konzepte, die mit dem Situationsbegriff arbeiten, sind dagegen eher an der widersprüchlichen Realität und der Komplexität pädagogischer Handlungssituationen orientiert. Von ihnen kann man sich daher mehr erwarten. Die Situationsperspektive reduziert die Komplexität, da sie bestimmte Abschnitte in der Kontinuität des Lehr-Lernprozesses festhält, benennt und analysiert. Sie erhält aber auch die Komplexität und ist damit umfassender als die Perspektiven von Brocher und Cohn, indem der Geschehensbereich des Lehrens und Lernens in seiner vielfältigen – und häufig widersprüchlichen – Spannung zum Zentrum der Betrachtung wird. Die sozialpsychologischen Grundlagen hierfür sind von Lewin (1963), Winnefeld (1967) und Pagés (1974) entwickelt worden. Inzwischen liegen auch bereits Ansätze vor, die die Erwachsenenbildung unter der situativen Perspektive differenzieren und dabei die interdependenten Zusammenhänge von subjektiven Erfahrungen, Gruppenprozessen und „objektiven" Sachverhalten erhalten und präzisieren (vgl. Arnold, 1981; Geissler 1983a, 1983b; siehe auch Kasten 10.14).

Pädagogische Situationen werden durch objektive Bedingungen (z.B. zeitlicher Rahmen, Interessen des Trägers, Teilnehmerzahl usw.) wie durch die beteiligten *Subjekte*, durch ihr Handeln, ihre Interessen, ihr Fühlen, ihr Wollen usw. bestimmt. Dies in zweifacher Hinsicht: Einmal durch die einzelnen als Individuen und zum anderen durch die sozialen Beziehungen der Beteiligten untereinander, d.h. durch die *Gruppe der Teilnehmer*.

Die Anfangssituation beispielsweise muß daher auch als gemeinsame Beziehungserfahrung verstanden werden, als ein Verhältnis, das den Dozenten und die Teilnehmer gleichermaßen betrifft und umfaßt. Erst wenn Situationen auch vom Ganzen (d.h. von der Gruppe und den Beziehungsqualitäten zu den einzelnen Teilnehmern) aus gesehen werden, kann das, was in Lehr-/Lernsituationen geschieht, sinnvoll interpretiert und beeinflußt werden. Ein umfassendes Verständnis z.B. von Anfangssituationen hat demnach die Logik der Gruppe als überlagerndes und bestimmendes Moment ebenso zu berücksichtigen wie die beteiligten Subjekte und deren spezifisches Verhältnis zu sich selbst.

Es sind jedoch noch intensive Anstrengungen nötig, um für die Erwachsenenbildung realitätsgerechte Konzepte auf dieser Basis der Situationsorientierung zu entwickeln. Die Sozialpsychologie und die Mikrosoziologie vermögen dazu wichtige Beiträge zu leisten; unverzichtbar aber ist die Verarbeitung der Ergebnisse dieser Wissenschaften auf die spezifische Aufgabe der Erwachsenenbildung hin und die sich darauf aufbauende erwachsenenpädagogische Situation.

Kapitel 11

Helmut Dreesmann

Zur Psychologie der Lernumwelt

11.1 Einleitung: Zur Psychologie pädagogischer Umwelten

Während wir uns in den letzten Jahren schon fast daran gewöhnt haben, im alltäglichen Leben ökologisch zu denken und unser Handeln in seinen Folgen auf die Umwelt zunehmend zu kontrollieren, tat sich die Psychologie recht schwer mit der Aufarbeitung der *Mensch-Umwelt-Beziehung*. Historisch gesehen war die Psychologie sogar eine der letzten Humanwissenschaften, die die ökologische Fragestellung aufgriff (vgl. Graumann, 1978). Noch 1973 beklagte Heckhausen, „daß die Psychologie zur Erklärung von Verhaltensunterschieden ihre Forschungsinteressen bislang zu einseitig auf Personen und zu wenig auf Situationen gerichtet hat. Wir differenzieren die vielfältigsten Unterschiede zwischen Personen mit allen möglichen diagnostischen Instrumenten. Aber hinsichtlich des Bedeutungsspektrums von Situationen ist unser Differenzierungsvermögen noch bemerkenswert gering" (S. 32). Doch begann sich in jener Phase gerade auch im Bereich der Pädagogischen Psychologie eine „Ökologie des Lernens" abzuzeichnen, die zunächst darauf gerichtet war, vor allem in den traditionellen pädagogischen Feldern, Familie und Schule, das Zusammenspiel zwischen dem Verhalten von Kindern und Schülern und ihrer jeweiligen Lernumwelt zu untersuchen (vgl. Edelstein & Hopf, 1973).

Dabei war noch keineswegs klar, was als Umwelt zu betrachten sei und welche Grenzen sich eine ökologische Analyse zu stecken habe – das hat sich bis heute allerdings kaum geändert. Daher mag man sich als Rahmen für die folgenden Ausführungen einer vorläufigen Definition Blooms anschließen (1964, S. 187): „*Unter Umwelt verstehen wir die Bedingungen, Einflüsse und äußeren Reize, die auf Menschen einwirken. Dies können physische, soziale aber auch intellektuelle Einflüsse und Bedingungen sein. Nach unserer Auffassung reicht Umwelt von den unmittelbarsten Interaktionen bis zu den entfernteren kulturellen und institutionellen Einflüssen.*" In anderen Definitionen wird Wert darauf gelegt, daß es nicht nur auf die objektiven Bedingungen ankomme, sondern ganz wesentlich auf deren subjektives Erleben, da dieses letztlich das Verhalten steuere (z. B. Stern, 1970). In Bezug auf eine ökologische Analyse klafft ein Zwiespalt zwischen Anspruch und empirischem Vermögen. So entwirft etwa Bronfenbrenner (1981) ein Konzept von der Nahumwelt bis zu den peripheren gesellschaftlichen und kulturellen Systemen, von der Mikroebene bis zur Makroebene, jedoch beschränken sich die meisten wissenschaftlichen empirischen Arbeiten auf enger begrenzte Ausschnitte der Realität, z. B. den Erziehungsstil einer Familie oder das Unterrichtsklima in einer Klasse.

Trotz der begrifflichen, inhaltlichen und methodischen Uneinheitlichkeit lassen sich inzwischen mit einiger Deutlichkeit und Übereinstimmung Kriterien für eine ökologische Sichtweise in der Pädagogischen Psychologie formulieren (vgl. Geppert et al., 1976; Kruse, 1978):

Aus einer ökologischen Perspektive geht es darum, Verhalten und Erleben von Individuen und Gruppen in der *konkreten Umwelt* zu untersuchen, d. h. vor allem in ihrer *Alltagsumwelt*. Es geht um den „naturalistischen" Kontext (Cronbach, 1975): „Wenn Lesen in der ersten Klasse interessiert, dann sollte die Untersuchung in einer ersten Klasse während des Leseunterrichts stattfinden" (Good, Biddle & Brophy, 1975, S. 37).

Die Beziehung zwischen Mensch und Umwelt ist als interdependente dynamische *Wechselbeziehung (Interaktion)* zu verstehen. Im übertragenen Sinn ist nicht nur darauf zu schauen, wie Eltern ihre Kinder beeinflussen, sondern auch, wie weit das Verhalten der Eltern vom Verhalten der Kinder abhängt.

Ökologische Ansätze lassen sich auf die *Komplexität* des „Feldes", d. h. der realen Situation ein und versuchen, diese möglichst umfassend und „ganzheitlich" einzubeziehen. Dabei mag es nötig sein, die Einzigartigkeit einer Situation und des in ihr vorkommenden Verhaltens in den Vordergrund zu stellen (‚lokale Effekte' nach Cronbach) und erst in zweiter Linie, sich an allgemeinen Gesetzmäßigkeiten (nomothetisches Vorgehen) zu orientieren, wie es für die traditionelle Psychologie kennzeichnend ist (vgl. Herrmann, 1979).

Ökologische Ansätze sind *anwendungsorientiert* und auf praxisrelevante Problemgebiete, etwa das Lernen im Klassenzimmer oder auftretende Erziehungsschwierigkeiten, gerichtet (McKeachie, 1974).

Ökologische Ansätze bemühen sich, *Zusammenhänge zwischen mehreren Umwelten* herzustellen. Häusliche Umwelten, Spielplätze, Klassenzimmer usw. sind kontextuell in übergreifende Systeme einzuordnen und aufeinander zu beziehen.

Manche dieser keineswegs vollständig aufgelisteten Kriterien sind bisher noch eher als programmatisch zu verstehen, zumal es keineswegs darum geht, das Prädikat „ökologisch" als Kennzeichnung für eine eigene Disziplin zu begreifen, sondern vielmehr darum, eine qualitative Erweiterung bisheriger Ansätze vorzunehmen.

Im folgenden werden zunächst einige der Grundprobleme einer ökologischen Perspektive erörtert, soweit sie für die Pädagogische Psychologie relevant sind, und einige der inzwischen entwickelten Ansätze vorgestellt. Wie sich diese allgemeinen Problemstellungen in bezug auf einzelne pädagogische Felder darstellen, und wie darin spezifische Merkmale der Umwelt zum Tragen kommen, ist Thema der dann folgenden Abschnitte. Ihre Reihenfolge entspricht dem Verlauf des Sozialisationsprozesses: Familie, Schule, Beruf. Ergänzend dazu geht es schließlich um informelle Lernumwelten.

11.2 Ökopsychologische Ansätze für die Pädagogische Psychologie

Ein systemorientierter Rahmen

Bronfenbrenner (1981) kommt das Verdienst zu, aufbauend auf anderen Systemen ein Modell geschaffen zu haben, das recht umfassend die ökologischen Problemstellungen in einem Rahmen aufnimmt und integriert. Die Entstehung des Konzepts basiert auf einer langen kritischen Auseinandersetzung mit der nach seiner Meinung geringen Relevanz der Sozialwissenschaften für das Alltagsleben und ihrer unangemessenen Reduktion von Komplexität in der Laborforschung oder, anders gesagt, ihrer „hochgradigen Weltlosigkeit". Zwar galt sein besonderes Augenmerk der „Ökologie der menschlichen Entwicklung", doch lassen sich die Probleme der Pädagogischen Psychologie als strukturell verwandt verstehen. Bronfenbrenner versucht, die ökologischen Gegebenheiten in ihrer Gesamtheit zu begreifen und stellt sie als geschachtelte Handlungssysteme dar. Im Mittelpunkt der Betrachtung steht das handelnde Individuum, das mit seinem Handlungspartner *Mikrosysteme* bildet (z.B. die Mutter-Kind-Beziehung, Geschwister, Freunde). Mehrere Mikrosysteme bilden *Mesosysteme* (z.B. Familie, Freundeskreis, Nachbarschaft, Klassengruppe), die wiederum von *Makrosystemen* umfaßt werden. Solche sind kulturelle und gesellschaftliche Einheiten (Schule, Bildungswesen, Kirche, politische Parteien), die in ihrer Gesamtheit den kulturellen und gesellschaftlichen Hintergrund bilden, der als solcher wiederum steuernd auf die Subsysteme rückwirkt.

Innerhalb dieses hierarchisch verschachtelten Netzwerks gehört ein Individuum gleichzeitig mehreren Systemen auf der Mikro-, Meso- und Makro-Ebene an. Sie stellen einerseits Handlungssysteme in der „äußeren" Realität dar und definieren damit objektive Verhaltensspielräume. Andererseits schafft sich der Mensch von diesen Systemen in seinem individuellen Erleben ein kognitives Abbild, das sein Handeln beeinflußt. Das Handeln erfolgt innerhalb äußerlich vorgegebener Systeme nach einer subjektiven Perspektive. Zwischen den objektiven und den subjektiven Systemen ist jedoch von vielfältigen Wechselwirkungen auszugehen.

Bronfenbrenner gibt uns mit seinem Modell Gelegenheit, einige Merkmale ökologischer Ansätze etwas näher zu erläutern.

Zunächst öffnet er mit seinem System den Blick von den Nahumwelten auf die größeren lokalen, regionalen, gesellschaftlichen Zusammenhänge (vgl. Kaminski, 1976; Boesch, 1978) und plädiert für eine Analyse der Verhaltensweisen auf allen drei Ebenen des Modells. Die *Verknüpfung der unmittelbaren Umwelt einer Person mit den weiteren gesellschaftlichen, kulturellen und politischen Verflechtungen* wird zum Thema.

Im Alltag erleben wir diese Verflechtung verschiedener Systeme immer wieder aufs Neue. In dem System „Familie" spielen schon vor der Geburt eines Kindes z. B. die Schwangerschaftsberatung, Pflegekurse, Gesundheitsüberwachung oder konfessionelle Einflüsse eine Rolle. Nach der Geburt sind Tagesmütter, Kinderkrippe oder Kindergarten Einrichtungen der Gesellschaft, die sich mit der Familie verzahnen und das Werden des Kindes beeinflussen.

Die Institution Schule ist als System offen gegenüber Einflüssen aus dem Einzugsgebiet der Schüler, den lokalen politischen und ökonomischen Gegebenheiten. Es steht in direkter Anbindung an die Schulaufsichtsbehörde und schließlich an das jeweilige Kultusministerium, das die Richtlinien der Schulpolitik in Übereinstimmung mit gesellschaftlichen Strömungen und der Verfassung des Staates festlegt. In ihrer praktischen unterrichtlichen Arbeit haben Lehrer, vor allem durch die Vermittlung der von den Rahmenrichtlinien vorgegebenen Unterrichtszielen, diesem System Genüge zu tun.

Voraussetzung bei der Analyse solcher Verflechtungen – und hier liegt ein generelles Problem aller derartiger Ansätze – ist es, herauszufinden, wie sich Unterschiede auf der Meso- oder Makro-Ebene in Unterschieden in den betrachteten psychologischen Variablen der Mikro-Ebene abbilden; sonst wären Erklärungen von Kovariationen zwischen Merkmalen der Makrosysteme und dem individuellen Verhalten reine Spekulation. Eine solche Aufgabe kann letztlich nicht von Psychologen allein gelöst werden, sondern ist praktisch ein Appell an eine interdisziplinäre ökologische Zusammenarbeit mit Soziologen, Politologen, Theologen und anderen.

Ein zweites ökologisches Charakteristikum des Modells von Bronfenbrenner ist der *Systembegriff.* Es gibt keine isolierten Veränderungen einzelner Teilbereiche der Umwelt, und ebensowenig läßt sich von deren isolierten Effekten auf den Menschen und dessen Verhalten ausgehen. Systemtheoretische Modelle nehmen statt Verursachungen oder Bedingtheiten, statt unabhängiger oder abhängiger Variablen, dynamische Zusammenhänge zwischen den einzelnen Komponenten des Systems an. Diese interagieren miteinander und verändern sich dabei. Systemtheorien bieten mit dem Paradigma eines sich selbst steuernden Regelkreises eher als andere Modelle die Möglichkeit, die Komplexität des Zusammenwirkens zwischen Umwelt und menschlichem Verhalten abzubilden (Stapf, 1978).

An den vorgenannten Punkt schließt unmittelbar ein drittes ökologisches Problem an: die *Wechselwirkung zwischen Umweltsystem und Personsystem* (vgl. Lantermann, 1982). Im ökologischen Sinn ist es weniger die Frage, wie etwa die Atmosphäre eines Unterrichts als unabhängige Variable den Schüler beeinflußt, sondern vielmehr, wie das Zusammenspiel zwischen Schülern, Lehrern und Atmosphäre verläuft,

Kasten 11.1: Veränderungen im „System" Schulklasse

De Young (1977) erfaßte in einem Soziologieunterricht, wie die Schüler den Unterricht erlebten (real) und wie sie ihn sich wünschten (ideal). Aus den Diskrepanzen real-ideal ging hervor, daß die Schüler ein Bedürfnis nach mehr Engagiertheit hatten, daß sie sich abwechslungsreichere Lehrmethoden sowie eine klarere Organisation und Steuerung des Unterrichtsablaufs wünschten. Der Lehrer bemühte sich daraufhin, im nachfolgenden Jahr diese Wünsche bei der Planung einzubeziehen und zu realisieren.

Eine erneute Erhebung des realen und idealen Klimas zeigte jetzt, daß die Schüler in der Tat auch ein anderes Klima erlebten; sie nahmen mehr Engagement, bessere persönliche Beziehungen, mehr Unterstützung durch den Lehrer und eine straffere Organisation wahr. Sie zeigten darüber hinaus mehr Interesse und Anteilnahme am Unterricht und fehlten weniger häufig. Das waren genau die Veränderungen, die man beabsichtigt hatte.

Das Klima, das man sich jedoch jetzt als ideal vorstellte, enthielt wiederum andere Aspekte; nun wollten die Schüler gerne Arbeitsgruppen für Projekte bilden, sie wünschten sich mehr Zeit für informelle Unterhaltungen mit dem Lehrer und sie hatten mehr Bedürfnis nach verschiedenartigen und alternativen Aktivitäten. Daraufhin modifizierte der Lehrer erneut den Unterrichtsablauf und bildete, entsprechend den Schülerwünschen, Gruppen für bestimmte Arbeitsgebiete, nahm sich mehr Zeit, um mit den Schülern Gespräche zu führen und diskutierte mehr mit ihnen über fachspezifische Themen, über die Notenverteilung und ähnliches. Außerdem konnte er noch mehr die von den Schülern selbstinitiierten Aktivitäten ermuntern.

wie die wechselseitige Beeinflussung aussieht, und wie sich daraus bestimmte Verhaltensweisen entwickeln.

Wenn man im ökologischen Sinne Personen und Merkmale der Umwelt als Komponenten eines dynamischen Systems begreift, so ist es nötig, differenzierte Modelle und Methoden zu entwickeln, die die Interaktion der Komponenten innerhalb des Systems abbilden.

Häufig wird Bezug genommen auf das ursprünglich auf Murray zurückgehende *need-press-Konzept* (Stern, 1970; Moos, 1974). Hier steht das subjektive Erleben der Umwelt im Mittelpunkt der Interessen – ein Grund dafür, daß das Konzept vor allem im Bereich des Schul- und Klassenklimas Aufmerksamkeit gefunden hat. Während die „needs" die

> ### *Kasten 11.2: Passung Student–Hochschule*
>
> Bei einer Untersuchung von Studenten ließ Pervin (1968) die Begriffe „Hochschule" und „Ich selbst" in einem Polaritätenprofil auf denselben Polaritäten einschätzen. Es zeigte sich, daß die Kongruenz der beiden Profile sehr stark mit der Zufriedenheit und dem Arbeitsengagement der Studenten zusammenhing. Studenten, bei denen die Einschätzung der Hochschule und des eigenen Selbst auseinanderklafften, neigten zur Unzufriedenheit und zum Studienabbruch. Bei einer größeren Ähnlichkeit der beiden Profile verhielt es sich umgekehrt. Bei diesen Studenten war ein größeres Engagement für das Studium festzustellen.
>
> Ähnliches könnte man sich für andere pädagogische Umwelten wie etwa Schulen oder Klassen vorstellen.

personalen verhaltensbedeutsamen Merkmale umfassen, repräsentieren die „presses" die Merkmale der Umwelt. In erster Linie geht es um die subjektive Repräsentation (beta-press) der objektiven Bedingungen (alpha-press). So wird etwa zur Leistungsorientiertheit die Selbsteinschätzung der eigenen Person sowie die Einschätzung der Umwelt (z. B. der Schulklasse) erhoben. Verhaltensrelevant wird dann die *Kongruenz* bzw. *Diskrepanz* zwischen needs und presses (Klima).

In diesem Interaktionsmodell wird das Erleben einer Umwelt durch Personen betont; objektive Merkmale der Umwelt finden nur peripher Berücksichtigung.

Ökologische Dimensionen in der Pädagogischen Psychologie

Die Verschiedenheit der Vorstellungen von der Interaktion zwischen Person und Umwelt bringt es mit sich, daß auch die Umwelt bzw. die Situation unterschiedlich begriffen werden. So haben wissenschaftliche Untersuchungen physikalische und architektonische Merkmale, Charakteristika der sozialen Umwelt, Organisationsstrukturen, das soziale Klima oder Verstärkereigenschaften von Umwelten als ökologische und verhaltensrelevante Bedingungen einbezogen. In Anlehnung an Moos (1973) lassen sich die verschiedenen Konzepte in sechs Gruppen einteilen, die im folgenden skizziert werden.

Physikalische und architektonische Dimensionen. Dieser Kategorie sind objektive Merkmale der ökologischen Umwelt zuzurechnen, die im weitesten Sinne geographische und klimatische Bedingungen umfassen können oder, enger gefaßt, Charakteristika der gebauten Umwelt und deren Ausstattung oder Einzelmerkmale wie Geräuschpegel, Helligkeit oder Temperatur.

So zeigte sich z. B., daß die Wohnungsgröße ein entscheidender Faktor dafür ist, wieviel Bewegungsfreiheit Kinder haben und welche Aktivitäten die Familie zu Hause gemeinsam in der Freizeit ausführt (Schwippert, 1973). In Schulen fand man, daß die Möglichkeit zur flexiblen Raumgestaltung durch verschiebbare Wände zu einem häufigeren Wechsel von Aktivitäten beitrug (König & Schmittmann, 1976). Für betriebliche Trainingsprogramme erwies es sich als günstig, in relativer Abgeschiedenheit vom Alltag zu arbeiten, um sich ungestörter mit Inhalten, neuen Einstellungen und Verhaltensweisen vertraut zu machen (McClelland & Winter, 1969).

In vielen Fällen lassen sich die physikalischen Merkmale der Umwelt aufgrund ihres objektiven Charakters in einem einfachen Ursache-Wirkungsverhältnis zum Verhalten (also als unabhängige Variable) betrachten. Andererseits sind jedoch nicht selten Wechselwirkungen in der Form gegeben, daß Menschen aktiv bestimmte Umwelten aufsuchen, die sie dann beeinflussen. Familien suchen sich z. B. Wohnungen von einer bestimmten Größe, mit einer bestimmten Raumaufteilung und sie richten diese ein; die Art der Gestaltung ermöglicht dann bestimmte Verhaltensweisen und verhindert wiederum andere.

Dimension: Behavior settings. Kernelement der „Ökologischen Psychologie", wie sie von Barker & Wright (1949) konzipiert und später weiterentwickelt wurde (Barker, 1968), ist das Behavior setting. Behavior settings sind Analyseeinheiten der natürlichen Umwelt, etwa Büros, Kneipen, Kirchen oder Klassenräume in Schulen. Sie definieren sich als Einheiten von Verhalten und objektiven Gegebenheiten. Charakteristische Verhaltensweisen müssen eine gewisse Zeitlang in den settings auftreten und mit den physikalischen Eigenschaften und der materiellen Struktur der Räume verknüpft sein.

Ein Beispiel ist ein Klassenzimmer, in dem alle Stühle und Tische in einer bestimmten Anordnung aufgestellt sind und die Schüler in dieser Sitzordnung zu bestimmten Zeiten dem Vortrag der Lehrperson zuhören, diskutieren oder still an ihren Tischen arbeiten. Als setting bestimmt sich eine Klasse somit über physikalische und räumliche Gegebenheiten einerseits und charakteristischen Verhaltensweisen andererseits. Würde eine der beiden Komponenten fehlen, könnte man nicht von einer Schulklasse sprechen. Die Interaktion zwischen dem sich verhaltenden Subjekt und der Umwelt löst sich im setting-Konzept auf. (Es ist allerdings anzumerken, daß konkrete Interaktionen zwischen Individuen in den settings sowie die subjektive Konstruktion von Situationen vernachlässigt werden.)

Dimensionen der Organisationsstruktur. Organisationen wie Schulen, Betriebe, Freizeiteinrichtungen – in weiterem Sinne sind auch Familien dazuzurechnen – lassen sich durch relativ überdauernde Strukturen charakterisieren und voneinander unterscheiden. Hierzu zählen Merk-

male verschiedenster Art, von der Größe und dem Personalbestand bis
hin zu Führungsstrukturen und Hierarchieverhältnissen, von Vorschriften, Normen und Regeln bis zum Maß an Eigenständigkeit der einzelnen
Organisationsmitglieder. In der Familie wären u.a. die Anzahl der
Familienmitgleider, die patriarchalische, matriarchalische oder egalitäre
Struktur, das Zusammenleben von mehreren Generationen Beispiele für
organisatorische Merkmale, die potentiell mit bestimmten Verhaltensweisen der Familienmitglieder in Beziehung stehen und die pädagogische
Umwelt der Kinder ausmachen. Im Betrieb als pädagogischem Feld ist
relevant, wie Fort- und Weiterbildung geregelt sind, ob Weiterbildung zu
größeren Aufstiegschancen führt u. ä.

In verschiedenen Untersuchungen zeigte sich, daß objektive organisatorische Merkmale weniger ausschlaggebend sind für das Verhalten als
die Art und Weise, wie mit ihnen umgegangen wird (vgl. Rutter et al.,
1980).

Dimensionen der Person- und Verhaltenscharakteristika. Der größte Teil
der sozialen, kulturellen und gesellschaftlichen Umwelt wird uns durch
andere Menschen vermittelt. Das schließt auch ein, daß der Charakter
einer Umwelt zum großen Teil abhängig ist von den typischen Merkmalen
der in ihr lebenden Personen. Durchschnittsalter, Fähigkeitsniveau,
sozioökonomischer Hintergrund, Bildungsabschluß, Aufstiegsambitio-
nen sind Merkmale von Personen, die zugleich eine Umwelt formen und
als relevante Charakteristika einer Situation angesehen werden können.

Aus ausgedehnten Untersuchungen personaler und behavioraler Charakteristika von amerikanischen Hochschulen folgerte Astin (1968), daß
die jeweilige personale Umwelt einen starken und spezifischen Einfluß
auf die Erfahrungen und das Verhalten der einzelnen Studenten ausübt.
Im Bereich der häuslichen Umwelt beschäftigt man sich intensiv mit
elterlichen Erziehungsstilen, d.h. den Erziehungsattitüden und -prakti-
ken, und deren Auswirkungen auf Kinder.

Dimensionen des psychosozialen Klimas. Das Klimakonzept ist vor
allem im pädagogischen Bereich als Schul-, Klassen- oder Unterrichtsklima und im betrieblichen Bereich als Betriebsklima untersucht worden.
Dabei geht man im allgemeinen davon aus, daß das Klima das Erleben
einer bestimmten Umwelt durch die sich dort aufhaltenden Personen
repräsentiert. Klima bezeichnet somit die *subjektiv erlebte Umwelt* (vgl.
Dreesmann, 1982a). Diese ist keineswegs gleichzusetzen mit der objektiv
gegebenen Realität, da Urteils- und Bewertungsprozesse in das subjektive Erleben einfließen. Doch haben Untersuchungen bei Schülern
ergeben, daß sie den schulischen Unterricht sehr differenziert wahrnehmen und die meisten Punkte des Unterrichtsgeschehens registrieren, auf
die auch Lehrer bei ihrer Unterrichtsplanung achten. Durchgängig zeigte
sich, daß das erlebte Klima sehr hohe Anteile der Varianz von kognitiven

und affektiven Lernergebnissen, zum Teil bis zu 45%, erklären kann (Walberg, 1976). Weiterhin hat es sich als sinnvoll erwiesen, das Unterrichtserleben der Schüler heranzuziehen, wenn es darum geht, Lernbedingungen zu optimieren (de Charms, 1973).

Dimensionen funktionaler Merkmale. Die Umwelt aus der Perspektive einer funktionalen Analyse zu betrachten und Verstärker für bestimmte Verhaltensweisen als Umweltmerkmale zu analysieren, ist eng verbunden mit dem Ansatz des „sozialen Lernens" (u. a. Bandura, 1969). Soziale Lerntheoretiker gehen davon aus, daß das andersartige Verhalten von Menschen in verschiedenen Umwelten hauptsächlich eine *Folge der unterschiedlichen Verstärkerkonsequenzen* für bestimmte Verhaltensweisen ist. Sozialen Lerntheoretikern geht es somit darum, die kontrollierenden Stimulusbedingungen für bestimmte Verhaltensweisen genau zu identifizieren, z. B. Verhaltensmodelle, signifikante Verstärker oder diskriminierende Reize. Allerdings ist eine derartige Analyse äußerst komplex, da jeder Reiz und jede Reizänderung als Verstärker in Frage kommen kann. Darüber hinaus sind sowohl Verstärkungsmuster und -sequenzen als auch internale Reize wichtig, die sich zur *Selbstverstärkung* heranziehen lassen.

Die Integration verschiedener ökologischer Konzepte

Die Umwelt aus dem Blickwinkel jeweils einzelner ökologischer Dimensionen und Aspekte zu betrachten, ist nur unter wissenschaftlich-analytischen Gesichtspunkte zu rechtfertigen. In der Realität tragen *alle* Dimensionen der Umwelt dazu bei, bestimmte Verhaltensweisen eher zu ermöglichen und andere zu behindern.

Die Verschränkung läßt sich am Beispiel aggressiven Verhaltens gut demonstrieren. Endler & Hunt (1968) fanden, daß sich nur zwischen 15 und 20% der Varianz feindseligen Verhaltens durch individuelle Merkmale der Person erklären lassen. 4 bis 8% gehen auf Merkmale der Situation und nahezu 30% auf die Wechselwirkung zwischen den Personen und den Situationen zurück.

Jeder Situationsdimension kommt eine Bedeutung zu: So ist in den neueren Betonwohnsiedlungen eine vermehrte interpersonelle Aggression und Vandalismus zu beobachten. Innerhalb solcher *physikalischer Umwelten* verändert sich jedoch die Feindseligkeit nochmals sehr *settingspezifisch* (Raush, Dittmann & Taylor, 1959). Bezüglich der *organisationalen Struktur* fand man, daß aggressives Verhalten eng mit der Personenanzahl in einem Setting in Beziehung steht und daß Konflikte zwischen Kindern häufiger sind, wenn die Spielfläche eingeschränkter ist (Swift, 1964). Mehrfach konnte man die Wirkung des *sozialen Klimas* auf aggressives Verhalten nachweisen – besonders in Gruppen und Familien. So stellte sich in der klassischen Untersuchung von Lewin, White und

Tab. 11.1: Ökologische Dimensionen in pädagogisch-psychologischen Feldern

Ökologische Dimensionen	Beispiele für Einzelmerkmale			
	Familie	Schule	Organisationen/Betriebe	informelle Lernumwelten
Physikalische, dingliche und architektonische Dimensionen	– Wohnungs- und Zimmergröße – Wohnungseinrichtung – Spielzeug, Bücher…	– Schulort – Ausstattung der Klassen mit Lernmaterial – Starre vs. flexible Raumgestaltung	– Betriebsinternes bzw. externes Bildungszentrum – Ausstattung mit Lernmaterial – Lärmbelastung der Seminarräume	– Natürliches und gebautes Freizeitangebot – Spielplatzgröße und Ausstattung – Einrichtung eines Jugendzentrums
Behavior settings	– Kinderzimmer – Bastelraum – Leseecke	– Große Schule/Kleine Schule – Klassenzimmer – „Raucherecke" im Hof	– Bildungszentrum – Lehrwerkstatt – Qualitätszirkel	– Jugendzentrum – Sportplatz – Disco
Dimensionen der Organisationsstruktur	– Familiengröße – Familientyp (Groß-/Kleinfamilie) – Dominanzverhältnis	– Schulart – Disziplinarische Vorschriften – Klassenverband/Kurse	– Regelung für Freistellung bei Fortbildung – Schriftliche Empfehlungen und Regeln für Besuch von Fortbildungen	– Selbstverwaltung/Leitung eines Jugendzentrums – Bürgerinitiativen – Kosten für Freizeiteinrichtungen
Psychosoziales Klima	Erlebte – Offenheit von Gefühlen – Konfliktfähigkeit – Zusammengehörigkeit	Erlebte – Kooperation zwischen Lehrern und Schülern – Kameradschaft – Erfolgsaussicht	Erlebte – Förderung der eigenen Entwicklung – Anerkennung – Aufgabenorientiertheit	Erlebte – soziale Aufgeschlossenheit – Gemeinschaft – Möglichkeit zur Selbstverwirklichung

Fortsetzung Tabelle 11.1:

Funktionale Dimensionen			
– Straf- bzw. Sanktionstechniken	– Sanktionsmaßnahmen Lob, Tadel etc.	– Konsequenzen für bestimmte Verhaltensweisen	– Bewertung von Arbeit/Freizeit durch Eltern/Bekannte/Freunde
– Belohnung und Unterstützung	– Prämien für Leistungen	– Beförderungen nach Fort- und Weiterbildung	– Unterstützung von Freizeitaktivitäten
– Modell- und Identifikationsmöglichkeiten	– Notensystem	– Versetzungen	– Identifikationsmöglichkeiten

In Tabelle 11.1 sind die ökologischen Dimensionen mit charakteristischen Merkmalen für verschiedene pädagogische Umwelten aufgeführt.

Lippit (1939) heraus, daß Gruppen sich in ihrem aggressiven Verhalten veränderten, wenn sie einem anderen Führungsstil bei einem neuen Führer ausgesetzt waren. Bezüglich der *funktionalen Analyse* aggressiven Verhaltens sind die Untersuchungen von Bandura und Walters (1960) ebenfalls schon klassisch zu nennen: Eltern, die zu Hause aggressives Verhalten bestraften, zugleich aber damit ein Modell für aggressives Verhalten gegenüber anderen Personen gaben, hatten Kinder, die sich zu Hause nicht aggressiv, dafür aber in der Schule um so aggressiver verhielten.

Demnach deutet vieles darauf hin, daß alle ökologischen Variablen eine wichtige Bedeutung für die Ausbildung eines aggressiven und feindseligen Verhaltens besitzen. Allerdings ist noch wenig dazu bekannt (und dies gilt in der gleichen Weise für die ökologische Analyse anderer Verhaltensweisen), wie die verschiedenen Dimensionen der Umwelt prozessual ineinandergreifen, wie sie sich in ihrer Gewichtung miteinander verzahnen und so zu dem einen letztendlich zu beobachtenden Verhalten einer Person beitragen. Ebenso wie die Modelle zur Interaktion zwischen Person und Umwelt bedürfen die Konzepte für die Situation noch langer Erforschung, bis schließlich die Forderungen einer ökologischen Perspektive und ein Rahmen, wie er u. a. von Bronfenbrenner gesteckt worden ist, inhaltlich und methodisch adäquat erfüllt werden können.

11.3 Häusliche Lernumwelt

Die häusliche Lernumwelt bezieht sich auf die *Nahumgebung,* in der ein Kir.d aufwächst, sofern es nicht seine ersten Lebensjahre in einem Heim zu verbringen hat. Im allgemeinen ist dieser Bereich noch eng mit dem traditionellen familialen Leben verbunden, doch haben sich seit einiger Zeit neue Formen des Zusammenlebens entwickelt, wie Wohngemeinschaften, unverheiratet zusammenlebende Paare oder alleinerziehende Eltern. Die Dominanz der „Kernfamilie" (Parsons) in unserer Kultur, d. h. zwei Generationen bestehend aus Mann und Frau und ihren Kindern, ist in diesem Sinne eher als ein Stadium der derzeitigen gesellschaftlichen Entwicklung zu betrachten. Für das vorangehende Stadium war der Typ der Großfamilie vorherrschend, in der mindestens drei Generationen beisammenlebten und wo in einer relativ komplizierten Sozialstruktur eine häufig sehr viel reichhaltigere Lernumwelt vorhanden war als in der Kernfamilie. Der fortdauernde Bestand von Großfamilien innerhalb unseres Kulturkreises in ländlichen Gebieten und vor allem in Teilen Südeuropas legt nahe, daß die Entwicklung zur Kernfamilie eng verknüpft ist mit der industriellen Entwicklung und der damit einhergehenden Verstädterung. Diese Zusammenhänge machen deutlich, daß bei der Betrachtung von Nahumwelten (Mikro- bzw. Mesoebene) auch deren kulturelle Einbettung (Makroebene) im Auge zu behalten ist. Dies gilt um so mehr, da die häusliche Umwelt die bei weitem wichtigste Instanz ist für die Vermittlung zwischen Individuum und Kultur bzw. Gesellschaft.

Fragen wir nach der pädagogischen Funktion der häuslichen Lernumwelt für ein heranwachsendes Kind, so liegt sie auch zuallererst darin, daß es hier den überwiegenden Anteil der Haltungen und Einstellungen, Meinungen und Wertorientierungen erlernt, die für sein späteres Leben kennzeichnend sein werden. Sofern dieser Lernprozeß in spezifischen zwischenmenschlichen Interaktionen vermittelt wird und darauf gerichtet ist, eine Anpassung und Eingliederung in die Kultur zu erreichen, spricht man von *Sozialisation*. Diese thematisiert also vor allem die sozialen und interaktiven Elemente der Lernumwelt. Ihre Erforschung nahm in der Vergangenheit breiten Raum ein.

Eine neuere Studie dieser Art von Marjoribanks (1973) bemüht sich, intellektuelle Fähigkeiten durch die häusliche Umwelt aufzuklären. Sie konzentrierte sich auf acht Gruppen von sozialen Umweltkräften: 1. Elterliche Anforderungen an Leistung, 2. Anforderungen an Aktivität, 3. Anforderungen an Intellektualität, 4. Anforderungen an Selbständigkeit, 5. Anforderungen an sprachliche Entwicklung (englisch), 6. Anforderungen an Sprache (nicht-englisch), 7. Dominanz des Vaters, 8. Dominanz der Mutter. Wie Tabelle 11.2 ausweist, scheinen sprachliche und rechnerische Fähigkeiten stärker von der Umwelt abhängig zu sein als dies beim „schlußfolgernden Denken" oder bei der „Raumvorstellung" der Fall ist.

Tab. 11.2: Multiple Korrelationen zwischen Umweltkräften und intellektuellen Fähigkeiten bei 11jährigen Jungen (vgl. Marjoribanks, 1973, S. 196)

	multiple Korrelation	Anteil an Gesamtvarianz in %
Sprachliche Fähigkeit	.71	50.4
Rechenfähigkeit	.71	50.4
Raumvorstellung	.26	6.7
Schlußfolgerndes Denken	.40	16.0
Insgesamt	.72	51.8

In neuerer Zeit erweiterte man jedoch den Rahmen der pädagogischen Einflüsse der Nahumwelt, da deutlich wurde, daß auch sächliche Merkmale, wie Spielzeug oder räumliche Bewegungsfreiheit einer Wohnung, für die kindliche Entwicklung wesentlich sind. Die Ausweitung auch auf nichtsoziale Bedingungen der häuslichen Umwelt läßt sich anhand einer Untersuchung von Trudewind (1975) zur Entwicklung des Leistungsmotivs demonstrieren.

Kasten 11.3: *Häusliche Umwelt und Leistungsmotiv*

Trudewind konzipierte drei Hauptdimensionen der häuslichen Umwelt, die mit ihren jeweiligen Untergliederungen als relevant für die Ausbildung des Leistungsmotivs erachtet werden: (1) Intellektueller und leistungsthematischer Anregungsgehalt im außerschulischen Bereich, (2) Leistungsdruck der Eltern, (3) kumulierte Erfolgs- und Mißerfolgserfahrungen.

Zur Veranschaulichung sei die Ausdifferenzierung des ersten Bereiches dargestellt (Trudewind, 1975, S. 103):

Die Anregungsdimension
I. Weite des Erlebnishorizontes
   1. Bewegungsfreiheit im Haus und in der näheren Umgebung
   2. Frühe der konzentrierten Selbständigkeitserziehung
   3. Variabilität des äußeren Lebensrahmens
   4. Häufigkeit von Reisen, Anregungsgrad der Urlaubsbeschäftigung
   5. Häufigkeit und Anregungsgrad von Ausflügen und Besichtigungen

II. Stimulation durch Ausstattungen der häuslichen Umwelt
   1. Anregung durch Spielzeug und Malgeräte
   2. Anregung durch Tierhaltung, Basteln, Hobby-Beschäftigung und Erledigung häuslicher Pflichten
   3. Anregung durch Bücher, Hefte und Zeitschriften
   4. Anregung durch Massenmedien

III. Hilfe und Förderung bei den Schularbeiten
   1. Günstige oder ungünstige äußere Bedingungen für die Schularbeiten; Verfügbarkeit von Hilfsmitteln
   2. Intensität der Hilfe bei den Schularbeiten

IV. Soziale Kontakte
   1. Vielfalt der sozialen Kontakte
   2. Häufigkeit und Qualität der Eltern-Kind-Interaktionen

V. Intensität und Güte der Spracherziehung

Wie markant sich der Anregungsgehalt auf die Kinder auswirkt, zeigt sich z.B. daran, daß sich die Kinder, die wenig und viel Anregung (Spielzeug und Malgeräte) erhalten, deutlich von Kindern mit mittlerer Anregung unterscheiden. Kinder mit wenig, aber auch solche mit sehr viel Anregung in Form von Spielzeug weisen in der Tendenz eine niedrigere Gesamtmotivation, eine niedrigere Hoffnung auf Erfolg und eine insgesamt niedrigere Nettohoffnung (Hoffnung auf Erfolg minus Furcht vor Mißerfolg) gegenüber Kindern mit mittlerer Anregung auf. Bezieht man auch die anderen Ergebnisse Trudewinds ein, so scheinen sich mittlere Ausprägungsgrade sowohl in bezug auf die häusliche Anregung als auch auf die Leistungsmotivation der Kinder am positivsten auszuwirken.

Der Zusammenhang zwischen Spielzeugangebot und Entwicklungsstand ist jedoch nicht einseitig durch die Umwelt bewirkt, sondern muß als Folge einer Wechselwirkung verstanden werden. Das Kind bestimmt durch seine Eigenarten seine Spielmöglichkeiten und damit den entsprechenden Anregungsgehalt seiner Umwelt mit.

Billie (1984) verglich die von den Eltern angegebenen Spielzeugbevorzugungen von 28 vierjährigen Kindern, die als sog. Frühleser definiert werden konnten, mit einer gleichgroßen Kontrollgruppe von Nichtlesern. Es zeigte sich, daß die Frühleser vor dem Erwerb ihrer Fertigkeit intensiver mit lesevorbereitendem Material wie Bücher und Alphabetkarten gespielt hatten, während die Nichtleser stärker Bewegungs-, einfache Konstruktions- und Fantasiespiele bevorzugten. Jedoch ergaben sich keinerlei Anhaltspunkte dafür, daß die Eltern der Frühleser die Spielinteressen ihrer Kinder bewußt bzw. gezielt gefördert hätten.

Solche Untersuchungen markieren gegenüber traditionellen Ansätzen (z.B. in der Erziehungsstilforschung) eine Entwicklung hin zu einem immer differenzierteren Einbezug von ökologischen Merkmalen der häuslichen Umwelt. Allerdings basiert unser derzeitiger Kenntnisstand noch überwiegend auf Studien, die sich auf enger begrenzte Ausschnitte häuslicher Bedingungen konzentrierten, häufig den Zusammenhang von Erziehungsstilen und dem Einfluß der sozialen Schicht untersuchten und zumeist eher von einem Ursache-/Wirkungsverhältnis als von einer Interaktion zwischen Umwelt- und Personfaktoren ausgingen. Da bisher ein verbindlicher theoretischer Rahmen für die Vielfalt der Befunde fehlt, seien im folgenden einige von ihnen nach der Systematik von Moos dargestellt.

Einflüsse unterschiedlicher Merkmale der häuslichen Umwelt: Die Wirkung der *dinglichen Umwelt* auf heranwachsende Kinder ist in der Forschung weitgehend vernachlässigt worden, obgleich theoretische Überlegungen ihre Bedeutung unterstreichen (Heckhausen, 1972). Wie wesentlich ihr Einfluß sein kann, zeigen schon die oben geschilderten Befunde zum verfügbaren Spielmaterial. Als eine der ersten unterstrich Maria Montessori (1961) die Bedeutung guten Spielzeugs für die kognitive, motorische und motivationale Entwicklung. Die von ihr entwickelten Materialien sind auch heute noch richtungsweisend für die kompensatorische Erziehung kulturell benachteiligter Kinder (vgl. Gottfried, 1984). Ebenso wie das Spielzeug wird die Verfügbarkeit von Büchern zur Einschätzung der Qualität der häuslichen Umwelt herangezogen (Wolf, 1964).

Manche physikalischen Bedingungen des häuslichen Lebensraumes sind in Zusammenhang zu sehen mit bestimmten soziokulturellen und sozioökonomischen Faktoren (etwa Sozialstatus), sie sind aber auch innerhalb dieser Grenzen Ausdruck unterschiedlicher Einstellungen und Wertungen der Eltern. So läßt sich die von Wendt (1960) gefundene sehr signifikante Korrelation zwischen der Anzahl der verkauften Laufställchen und dem Anteil der Katholiken in 30 deutschen Städten als Beleg dafür interpretieren, daß sich in der physikalischen Ausstattung der häuslichen Umwelt bestimmte Werthaltungen niederschlagen. McClelland (1961) meint dazu, daß sich die Wertschätzung von Macht und Autorität bei Katholiken ganz konkret im Kauf solcher Dinge widerspiegeln, mit denen die Aktivität von Kleinkindern kontrolliert werden kann (vgl. Trudewind, 1975). Ebenso wie Laufställchen können auch enge Wohnungen und zu viele Personen in einer Wohnung die Bewegungsfreiheit des Kindes und sein Erkundungsstreben behindern. Darüber hinaus scheint ein Zusammenhang zu bestehen zwischen der Wohnungsgröße und den Interessen und Aktivitäten, denen in der Freizeit zu Hause nachgegangen wird. Daß diese einen wichtigen Anregungsfaktor für die kindliche Entwicklung darstellen, braucht nicht betont zu werden.

Organisatorische Merkmale: Zwar mag es befremdend klingen, von organisationsstrukturellen Merkmalen in Zusammenhang mit der häuslichen Umwelt zu sprechen, aber ohne Zweifel sind z.B. Familientyp, Familienkonstellation, Familiengröße, Dominanz von Vater oder Mutter, Geschwisterpositionen u. ä. überdauernde strukturelle Charakteristiken. Zum Zusammenhang zwischen *Familiengröße* und Interaktionsformen innerhalb der Familie lassen sich inzwischen einige gut untermauerte Aussagen machen. So nehmen mit zunehmender Größe der Familie die restriktiven und autoritären Tendenzen in der Erziehung zu und die Wahrscheinlichkeit wird größer, daß körperliche Züchtigung als Mittel der Erziehung angewandt wird. Es wächst die Wahrscheinlichkeit, daß ein Elternteil – meist der Vater – eine dominante Stellung in der Familie einnimmt und es sinkt die Wahrscheinlichkeit, daß die Kinder positive Gefühle gegenüber den Eltern entwickeln (vgl. Thomae, 1968). Bezüglich der *Geschwisterposition* geht Adler (1958) davon aus, daß Geschwister harte Konkurrenten sind. Nach seiner Theorie entwickeln Geschwister im gegenseitigen Konkurrenzkampf Persönlichkeitsmerkmale, die sie ein Leben lang begleiten. Älteste Kinder sind größer und stärker als ihre Geschwister; man verlangt und erwartet von ihnen, daß sie klüger sind als ihre jüngeren Brüder und Schwestern. Entsprechen sie diesen Erwartungen, werden sie zu „Hütern der Ordnung"; sie werden dann im späteren Leben in vielen Dingen konservativ und bewahrend sein. Jüngste Kinder wachsen nach Adlers Ansicht demgegenüber in einer weniger ehrgeizigen Erziehungsatmosphäre auf als ihre älteren Geschwister. Konflikte können für sie dadurch entstehen, daß sie zunächst für das kleinste, schwächste und „dümmste" Kind gehalten werden. Sie können darauf entweder mit starkem Ehrgeiz oder aber mit Wehleidigkeit und Feigheit reagieren. Adler meint, daß sie sich oft dadurch helfen, sich den Bewährungssituationen des Lebens durch Faulheit und mit Entschuldigungen aller Art zu entziehen. Die empirischen Resultate sind zu diesen Punkten allerdings eher widersprüchlich (vgl. Herrmann, 1966).

Personale Merkmale und Verhaltenscharakteristika: Als solche lassen sich die *Bildungsambitionen* von Eltern und die Art und Weise des ausgeübten Leistungsdrucks bezeichnen. Dabei ist davon auszugehen, daß enge Beziehungen bestehen zwischen den Anforderungen der Eltern an ihre eigene Tüchtigkeit, den Anforderungen, die sie an ihre Kinder stellen sowie deren aktive Unterstützung bei ihrem Erreichen. Aus einer klassischen Untersuchung zur Leistungsmotivation (Rosen & D'Andarade, 1959) ist bekannt, daß Eltern hochmotivierter Söhne ein hohes Anspruchsniveau für die Leistungen ihrer Kinder setzen, mehr Wärme, Gelöstheit und lobende Anerkennung zeigen, die Mutter jeweils noch mehr als der Vater. Schließlich kann im Gegensatz zum Vater die Mutter auf Mißerfolge verärgert reagieren und den Sohn zu besseren Leistungen antreiben. Bei den niedrigmotivierten Söhnen verhalten sich die Eltern umgekehrt: geringe Leistungsanforderungen von Mutter und Vater, wenig Wärme und Anteilnahme, die Mutter ist gewährenlassend, der Vater dagegen dominant, bei Mißerfolg verärgert und antreibend (vgl. Heckhausen, 1974 b).

Psychosoziales Klima: Das Erleben der häuslichen Umwelt bzw. das Klima determiniert vermutlich mindestens ebenso stark die Entwicklung der Kinder wie die objektiven Charakteristika. So ist es durchaus unterschiedlich, wie „patriarchalisch" eine Familie von externen Beobachtern, von den Eltern und von den Kindern eingeschätzt wird. Sieht man von der ‚realen' Familienstruktur ab, zeigt sich, daß Kinder den Vater als mächtiger und tüchtiger als die Mutter und als Ursprung der meisten Bestrafungen erleben, oder daß Kinder ihre Mütter freundlicher, weniger streng und weniger zur Strafe geneigt einschätzen als ihre Väter. Allerdings besagen andere Befunde, daß Kinder ihre Mütter auch als strenger, aber zugleich auch als hilfreicher erleben als ihre Väter. Durchgängig zeigen im Urteil der Kinder Mütter eine größere „Erziehungsintensität" als Väter, was aber auch durch das längere Zusammensein von Kindern und Müttern bedingt sein dürfte (vgl. Herrmann, 1972). Moos (1974) versucht das familiäre Klima durch die „Family Environment Scale" zu erfassen. Er berücksichtigt dabei zehn Dimensionen, etwa den (erlebten) Zusammenhalt, Offenheit von Gefühlen, Konflikte oder die intellektuell-kulturelle, oder freizeitbezogene Orientierung. Allerdings ist das Erfassen der phänomenalen Repräsentation der häuslichen Umwelt bei kleineren Kindern mit methodischen Schwierigkeiten verbunden (Trudewind, 1975).

Funktionale Merkmale: Die funktionale Analyse von Verstärkern in der familiären Umwelt befaßte sich vor allem mit den *Sanktionstechniken,* die von Eltern gegenüber ihren Kindern angewandt werden. Diese scheinen u. a. stark von Schichtmerkmalen und auch von konfessionellen und weltanschaulichen Faktoren bedingt zu sein. So verwenden Familien der sozialen Mittelklasse verglichen mit der sozialen Unterschicht weniger körperliche Bestrafung und praktizieren vermehrt den Liebesentzug. Mittelklasse-Eltern strafen eher, indem sie enttäuscht sind, nicht mit dem Kind sprechen und es zurückweisen, während das Strafmittel in der Unterklasse eher Prügeln ist. Man ahndet mehr den Vorsatz und die Absicht als das manifeste Verhalten und dessen Resultat. Bei Mittelklasse-Familien wirkt in hohem Maße die Erziehung daraufhin, daß die Kinder Normen und Gesinnungen in sich aufnehmen. Man beschränkt sich nicht auf die bloße Belohnung und Bestrafung von Verhaltensweisen der Kinder, sondern versucht, mit den Erziehungshandlungen zugleich Normen und Werte zu vermitteln. Zum Einfluß der Konfession auf die Straftechniken finden Herrmann et al. (1968), daß katholische Mütter im Durchschnitt ihre Kinder strenger erziehen, ihnen weniger Unterstützung zukommen lassen und eher zu inquisitorischem Verhalten neigen. Auch kulturelle Einflüsse schlagen sich nieder. Knapen (1958) berichtet, daß bei den Bacongo-Negern Kinder dann intensiv bestraft werden, wenn über ihr Vergehen „allgemein gesprochen" wird. Wird das Vergehen nicht öffentlich bekannt, unterbleibt die Bestrafung fast ganz. In der Folge lernen die Kinder, ihre Werthaltungen auf offen beobachtbares Tun und Lassen zu beziehen. Knapen findet dann folgerichtig, daß erwachsene Bacongo-Neger eher Furcht vor andern Leuten als Schuldgefühle im Sinne der „Gewissens-Schuld" verspüren.

Abschließend scheint der Einfluß der häuslichen Umwelt insgesamt sehr viel stärkere Wirkungen auf die Kinder auszuüben als irgend eine spätere Umwelt. So folgert Coleman (1975) mit Bezug auf schulische Leistungen: „Das vielleicht beeindruckendste Ergebnis der neueren Forschungen über schulische Lernleistungen ist die starke Wirkung der familiären Umwelten auf das Leistungsverhalten der Kinder, verglichen mit dem relativ schwachen Einfluß der Schule" (S. 27). Schulen scheinen demnach nur einen relativ geringen eigenständigen Effekt auf die Leistungen zu haben, soweit die Merkmale der Schule nicht in Zusammenhang stehen mit dem häuslichen Hintergrund des Kindes und dem allgemeinen sozialen Kontext. Zugleich lenkt dieses Argument das Augenmerk auf die Verzahnung verschiedener Umweltbereiche bzw. auf deren Verschachtelung in bezug auf ihre Wirkung auf das Verhalten (Marjoribanks, 1980).

11.4 Schulische Lernumwelt

Im schulischen Bereich haben Merkmale der Lernumwelt seit langem Beachtung gefunden, allerdings mehr in spekulativer Form als in einer empirischen Perspektive. Insbesondere zur Zeit der Reformpädagogik stellte man Überlegungen zur „Schulstimmung" oder zum „Schulleben" (z. B. Gaudig, 1923) an. Die neuere wissenschaftlich ausgerichtete Pädagogische Psychologie tat sich etwas schwerer mit der Lernumwelt, und es dauerte bis in die späten sechziger Jahre, bis man eine Berücksichtigung ökologischer Perspektiven für eine Theorie der Schule forderte (Wilhelm, 1969), Themen wie „classroom environment" (Moos & Trickett, 1974) oder „Schulklima" (Fend, 1977b) aufgriff und von einer „Ökologie schulischen Lernens" (Edelstein & Hopf, 1973) sprach. Jetzt stand nicht mehr der Lernende allein im Zentrum des Interesses, sondern gleichzeitig die Frage nach den Bedingungen der Lernumwelt und der wechselseitigen Beeinflussung zwischen Schüler und Umgebung, in der er lernt.

Neben den allgemeinen Entwicklungen in der Psychologie haben einige sehr spezifische Gründe zu einer ökologischen Orientierung im Bereich der Schule geführt:

In der gesellschaftspolitischen Diskussion der sechziger und siebziger Jahre wurden die sozialen Ungerechtigkeiten der Lern- und Erfolgschancen im Bildungswesen zu einem wichtigen Thema. Die zunehmende Einsicht in die Zirkularität ökonomischer, erzieherischer, schulischer, beruflicher und wiederum ökonomischer Benachteiligungen führte zur Entwicklung einer Vielzahl *kompensatorischer Erziehungsprogramme* (vgl. Weinert, 1973; Heckhausen, 1973). Frustriert von fruchtlosen Anlage-Umwelt-Debatten ging man dazu über, gezielt und systematisch

Einfluß auf die Umweltkomponente zu nehmen und Lernbedingungen zu optimieren. Diese Bemühungen spiegeln sich einerseits in theoretischen Modellen zum schulischen Lernen wider, in denen Lernbedingungen wie z. B. Lernzeit oder Qualität des Unterrichts zentrale Begriffe darstellen (Carroll, 1973; Bloom, 1976; Walberg, 1976). Andererseits bemühte man sich in Förderprogrammen, die Bedingungen der Lernumwelt möglichst optimal zu gestalten (vgl. die Head-Start-Programme; Steele u. a., 1971; de Charms, 1973).

Eine weitere Ursache für den verstärkten Bezug auf ökologische Bedingungen liegt in dem Resumee der *traditionellen Lernforschung.* So stellen Gagné & Rohwer (1969) mit Bedauern fest, „daß Distanz zur Anwendbarkeit für Unterricht viele Forschungsarbeiten zum menschlichen Lernen, Behalten und Transfer charakterisiert" (S. 381). Im Gefolge dieser Bilanz entwickelte sich eine „Psychologie des Unterrichts", die sich zunehmend auf die Komplexität des pädagogischen Feldes einläßt und sich als Wissenschaft der Unterrichtsgestaltung versteht (vgl. Skowronek, 1979).

In jüngerer Zeit sind es *„Mängelerscheinungen" der Institution Schule,* die zunehmend eine Auseinandersetzung mit den Bedingungen der schulischen Umwelt erzwingen. Leistungsstreß, Schulangst, Vandalismus, Angst der Lehrer vor den Schülern, Erfahrungsarmut der Schule sind Stichworte für eine breite Kritik am derzeitigen „Schulleben" (Weber, 1979). Die Verwissenschaftlichung der Lehrpläne, die Ausweitung des Fachlehrersystems, die Vergrößerung der Schulen, Bürokratisierung und Verrechtlichung werden u. a. dafür als Ursachen angesehen (Dietrich, 1979). Man besinnt sich der pädagogischen Gesamtaufgabe der Schule und versucht Einseitigkeiten und Verkrustungen zu korrigieren. Ökologisch gesehen betont man die Schule als Lebenswelt, die so zu gestalten ist, daß sich hier Schüler als „Menschen in Beziehungen" ebenso entwickeln können wie in anderen alltäglichen Lebensbereichen.

Nachdem von verschiedenen Perspektiven die Notwendigkeit einer ökologischen Orientierung deutlich geworden war, entstand eine Vielzahl theoretischer und empirischer Ansätze, die weitaus größer ist als in den anderen pädagogischen Feldern. Sie orientieren sich mehr oder weniger an den Kriterien einer ökologischen Forschung, sind jedoch letztlich inhaltlich und methodisch sehr heterogen. Wir konzentrieren uns daher zunächst auf ein theoretisches Konzept von Kleber (1985) und eine empirische Untersuchung von Rutter et al. (1980), da sich beide bemühen, die Bedingungen der Lernumwelt relativ umfassend einzubeziehen.

Umfassende ökologische Ansätze im Schulbereich

Kleber (1985) entwickelte in Anlehnung an Bronfenbrenner ein Schachtelungsmodell, in dem die duale Lernsituation zwischen Lehrer und Schüler den Kern bildet, der von den jeweils umfassenderen Systemen, wie Schulklasse, Schule und schließlich Schulverwaltung und Bildungssystem eingeschlossen wird. Die größte Beeinflussungsdichte besteht in den inneren Systemen, d. h. in der dualen Lehrsituation bis zur Schulklassensituation, während sie nach außen abnimmt (vgl. Abb. 11.1). In den inneren Systemen lassen sich am ehesten Veränderungen realisieren, da hier direkte Wirkungen auf die individuelle Lernsituation der Schüler bestehen. Dabei ist davon auszugehen, daß vom Lehrerkollegium und der „Schulgemeinde" ein starker Einfluß auf die allgemeine Lehrsituation ausgeht (vgl. Rutter et al., 1980).

In ähnlicher Weise bestehen Einflüsse des Schulbezirks und der Schulverwaltung. Die Einflüsse des Bildungssystems einer Gesellschaft auf die konkrete Lehrsituation sind bisher nur unzureichend untersucht. Organisationssoziologische Ansätze (vgl. Peter, 1973) beinhalten Verzerrungen, da die Befunde häufig auf die gesamte Schachtelung bezogen und die moderierenden Eigenschaften der Systeme Kollegium und Schulgemeinde außer acht gelassen wurden.

Sogenannte Mehrebenenanalysen unterstreichen Klebers Forderung nach Einbezug mehrerer Systeme: Bezog man gleichzeitig in eine Analyse den Schulort, Merkmale der Schule und des Unterrichts ein, so ließen sich durch diese verschiedenen Ebenen 55% der Varianz der Unter-

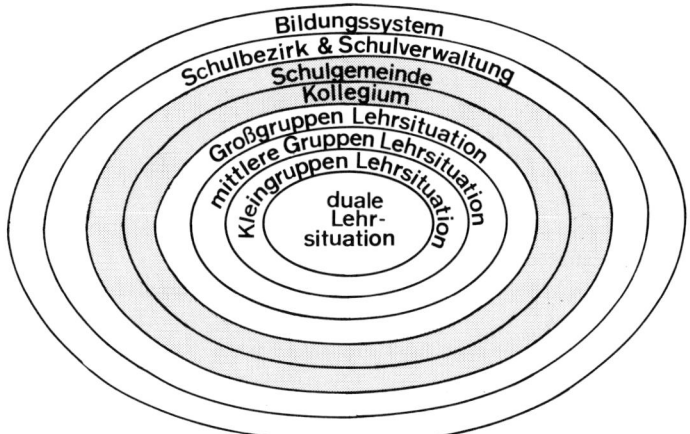

Abb. 11.1: Die Lehr-Lern-Situation als geschachteltes System (nach Kleber, 1985).

schiede im mittleren Leistungsniveau von Schulklassen aufklären. Gleichzeitig war auch festzustellen, daß alle diese Variablen mehr oder weniger konfundiert sind (Treiber & Schneider, 1978).

In einer Studie an Londoner Gesamtschulen bezogen Rutter et al. (1980) neben den Eingangsvoraussetzungen der Schüler eine breite Palette schulischer Merkmale ein, von der Größe und Ausstattung hin bis zu Variablen wie Lehrerverhalten, Lob und Tadel oder Übertragung von Verantwortlichkeiten. Daneben erhoben sie außerschulische Daten, etwa die Demographie des Schuleinzugsgebietes oder die Familiensituation der Schüler. Als Kriterien auf der Schülerseite fungierten Merkmale des Verhaltens, ihre Anwesenheit im Unterricht und Prüfungsleistungen. Ergebnisse der Studie waren u. a.:

– Zwischen den untersuchten Schulen ergaben sich mit Bezug auf die Kriteriumsvariablen deutliche Unterschiede, die auch über einen Zeitraum von vier Jahren stabil blieben.
– Während das Schülerverhalten am stärksten mit situativen Merkmalen der Schule und des Unterrichts zusammenhing, standen die Anwesenheit im Unterricht und die Prüfungsleistungen außerdem noch mit den individuellen kognitiven Eingangsvoraussetzungen und der Zusammensetzung der Schüler in Beziehung.
– Die Unterschiede zwischen den Schulen resultierten weniger aus deren strukturellen Merkmalen (etwa Größe oder Ausstattung) als vielmehr aus *situativen* Momenten (wie Lehrerverhalten, Umgang mit Lob und Tadel, Übertragung von Verantwortlichkeiten u. ä.). Jedoch war die Beziehung der jeweiligen Kriterien zur Gesamtheit der ökologischen Merkmale immer sehr viel enger als zu den Einzelmerkmalen.

Die überwiegende Zahl ökologisch relevanter Untersuchungen konzentriert sich auf engere Ausschnitte der Lernumwelt. Um die Vielzahl der Ansätze und Befunde zu ordnen, bedienen wir uns wieder der Einteilung von Moos (1973, vgl. Abs. 11.2).

Einzeldimensionen der Schulökologie

Architektonische und räumliche Merkmale: Hier sind die Sitzposition im Klassenraum, die räumliche Organisation und die ästhetische Gestaltung der Schule angesprochen.

Sitzposition: Nicht wenige Schüler entwickeln eine gewiefte Taktik, sich im Unterricht „unsichtbar" zu machen – sie sitzen am Rande oder weiter hinten. Damit liegen sie im allgemeinen richtig, denn in den meisten Klassen entwickelt sich in der vorderen Mitte eine „Aktionszone", in der sich die verbale Interaktion in der Klasse konzentriert (Adams, 1969). Allerdings steht die vermehrte Interaktionshäufigkeit auch in Wechselwirkung mit Eigenschaften der Schüler und des Lehrers. So neigen Lehrer dazu, vorne sitzende Schüler vermehrt einzubeziehen

(Detlefs & Jackson, 1972). Andererseits setzen sich ehrgeizige Schüler eher nach vorne (Walberg, 1969). So überrascht es nicht, wenn die vorderen Plätze begünstigend sind für Leistungen, positive Einstellungen zur Schule und Unterrichtsbeteiligung (Weinstein, 1979). Zur Neutralisierung dieses Effektes empfiehlt es sich für den Lehrer, sich weniger an die traditionelle Position vorn im Raum zu binden. Während diese Befunde vor allem für konventionelle Klassenräume gelten, experimentiert man seit einiger Zeit, vor allem in den USA, mit einer *flexiblen Raumorganisation.* Solche „Schulen ohne Wände" werden aber vermutlich auch hierzulande vermehrte Aufmerksamkeit erfahren, wenn es darum geht, zeitgemäßere Formen der Klassenorganisation zu finden. Kennzeichnendes Merkmal ist neben der räumlichen Flexibilität die leichte Verschiebbarkeit des Mobiliars, das Fehlen von speziellen Lehrertischen, gute akustische Dämpfung durch Teppiche und Schallschluckdecke, der Einbezug der Wände als Gestaltungsfläche, die Bildung von Nischen und „Lernkabinen" zum Rückzug und eigenständigen Arbeiten sowie der Einbezug von „Außenräumen". Ermöglicht werden soll damit auch, daß verschiedene Aktivitäten parallel in dem Klassenraum stattfinden können.

Nach den Erfahrungen spiegelt sich die flexible räumliche Organisation in einem zum Teil beträchtlich geänderten Verhalten von Lehrern und Schülern wider. Zunächst zeigt sich ein kontinuierlicher Handlungsfluß, d. h. weniger abgebrochene oder im Ansatz steckengebliebene Handlungen, weniger Warten auf Steuerungsimpulse des Lehrers, also ein breiteres Verhaltensspektrum im Zeitquerschnitt. Der Lehrer hat weniger die Funktion einer zentral steuernden Instanz, auf die sich alle Schüler zu jeder Zeit zu orientieren haben, sondern ist mehr Berater einzelner Schüler und Gruppen, der unterschiedliche Verhaltensformen im Raum koordiniert. Man beobachtete auch bei den Lehrern, daß sie untereinander mehr kooperierten und weniger Routinearbeiten durchführten (Meyer, 1971). Die Schüler ihrerseits entwickeln in den offenen Klassenräumen vermehrte Gefühle der Autonomie und arbeiten beharrlicher und ausdauernder an ihren Aufgaben, nehmen an vielfältigeren Aktivitäten teil und konsultieren den Lehrer häufiger (Gump, 1974).

Auch die *ästhetische Gestaltung* von Klassen und Schulen scheint ihre Wirkung auf die Schüler nicht zu verfehlen. So zeigte sich, daß die Veränderung eines konventionellen Klassenraums durch flexible Tische und Bänke, angenehmere Beleuchtung, Teppichfußboden und verschiedene Dekorationen bei den Schülern bewirkte, daß sie sich vermehrt an Diskussionen beteiligten und sich insgesamt die Aktivität breiter verteilte (Sommer & Olsen, 1980). Wie manche modernen Schulbauten die Schüler im negativen Sinn beeindrucken, zeigt sich bei Interviews und in Kommentaren der Schüler. Sie charakterisieren Schulen als „Bunker", als kalt, supermodern, nicht persönlich ansprechend und steril. Sie bemängeln die Unfreundlichkeit der Pausenhöfe, deren Betonflächen und hätten gerne mehr Rasen und Bäume (Schießl, 1981). Dieses Gespür der Schüler für die Gestaltung der Umgebung zeigt sich auch, wenn man diesbezüglich ihr Erleben analysiert. Von sechs Erlebensdimensionen steht die „Gemütlichkeit" an erster Stelle. Es folgen „baulicher Zustand", „Eignung für schulisches Lernen", „Ruhe", „Sauberkeit" und „Vertrautheit" (Dirlewanger, 1977). Die Vorstellung Bronfenbrenners, den Schülern mit der Schule eine Lebenswelt zu schaffen, in der sie sich wie in allen anderen Lebensbereichen entwickeln und Erfahrungen machen können, scheint damit einem originären Bedürfnis der Schüler zu entsprechen.

Behavior settings: Im schulischen Bereich wurde der Behavior-setting-Ansatz vor allem eingesetzt, um Unterschiede zwischen „großen" und „kleinen" Schulen zu analysieren (Barker & Gump, 1964; Gump, 1965):
– Je größer die Schule, um so vielfältiger ist die Instruktion und um so vielfältiger sind die angebotenen Lerninhalte.
– Schüler in großen Schulen nehmen etwas häufiger an außerschulischen Aktivitäten teil als Schüler in kleinen Schulen. Diese nehmen andererseits aber an mehr Aktivitäten in unterschiedlichen „settings" teil.
– Schüler in kleinen Schulen werden häufiger herausgefordert, an Aktivitäten teilzunehmen, als Schüler an großen Schulen. Letztere verstehen sich eher als Masse und werden weniger individuell gefordert.

Abb. 11.2: „Gemütliche" Schule?

– Schüler an kleinen Schulen zeigen mehr Verantwortungsgefühl in bezug auf schulische Angelegenheiten und Unternehmungen.
– Schüler an kleinen Schulen erfahren unterschiedliche Arten von Zufriedenheit, wenn es um nicht-unterrichtliche Aktivitäten geht: Zufriedenheit, bestimmte Kompetenzen zu entwickeln, mit Anforderungen fertig zu werden, engen Kontakt zu den Kameraden zu haben. Die Zufriedenheit von Schülern großer Schulen ist eher wechselhaft und häufig verbunden mit dem Gefühl, Mitglied einer großen Institution zu sein. Große Schulen scheinen somit mehr Gelegenheiten und mehr Kontakte zu bieten, während kleinere Schulen intensivere Erfahrungen vermitteln.

Leider hat der setting-Ansatz relativ wenig Anwendung gefunden, obwohl er interessante Erkenntnisse liefern kann. So ist zu fragen, ob die beklagte Erfahrungsarmut vieler Schulen nicht auch darauf zurückzuführen ist, daß zuwenig settings vorhanden sind. Sieht man einmal von dem sehr zweifelhaften setting „Raucherecke" ab, sind zum Beispiel die meisten Schulhöfe außerordentlich setting-arm. Sie bieten sich in den meisten Fällen lediglich dazu an, herumzutoben, herumzustehen oder auf eine Manier spazierenzugehen, wie man es eigentlich bei älteren Ehepaaren beobachtet. Aber auch viele Klassenräume könnten mehr settings beinhalten als nur das eine, in frontal ausgerichteten Bänken zu sitzen und zu lernen.

Organisationsmerkmale: Überdauernde Strukturen und organisatorische Merkmale der Schule umfassen z.B. die Schülerzahl an der Schule und in den einzelnen Klassen, die Anzahl der Lehrer pro Schüler, die Klassenstufe, die Kursdifferenzierung, das Zusammenwirken von Schülervertretung und Lehrkörper und die Schulform.

Wir wollen uns auf den letzten Punkt konzentrieren, da die Diskussion um die geeigneteste Schulform immer wieder Aufmerksamkeit auf sich zieht. Im Mittelpunkt stand dabei seit der Stellungnahme des Deutschen Bildungsrates im Jahre 1969 die Kontroverse *Gesamtschule versus traditionelles dreigliedriges Schulsystem* (Hauptschule, Realschule und Gymnasium). Die Organisationsform „Gesamtschule" leitete sich im wesentlichen aus drei Argumenten ab. (1) Statt der nachgewiesenen hohen sozialen Selektivität im dreigliedrigen Schulwesen sollte an den Gesamtschulen die Gleichheit der Bildungschancen verwirklicht werden (Deutscher Bildungsrat, 1969). (2) Es wurde angestrebt, in Gesamtschulen eine positivere soziale Umwelt zu schaffen mit stärkerer Zuwendung auch zum schwachen Schüler, um eine größere Angstfreiheit und größeres Wohlbefinden zu erreichen. (3) Gesamtschulen sollten einige vermutete Defizite im Lernen im gegliederten Bildungswesen aufheben. Das betraf vor allem den größeren Individualisierungsgrad des Lernens sowie die Herstellung einer möglichst breiten gemeinsamen Grundbildung aller Schüler (Fend,

1969). Ähnliche Argumente hatten auch in anderen Ländern, vor allem in England und den USA zur Einrichtung ähnlicher Schulformen, etwa der comprehensive schools, geführt (Kennedy, 1978).

Wesentliche organisatorische Neuerungen bestanden u. a. in der leistungsmäßig *heterogenen Zusammensetzung der Klassen* und in der Einrichtung des *Kurssystems,* das für jeden Schüler in jedem Fach eine optimale „Passung" zu seinen Fähigkeiten schaffen sollte. Zum Teil experimentierte man auch mit einer auf Offenheit und Flexibilität angelegten Form des Schulbaus. Umfangreiche Evaluationsstudien brachten häufig widersprüchliche Resultate, jedoch scheinen einige Ergebnisse eine relativ breite Gültigkeit zu besitzen (vgl. Kasten 11.4). Letztlich sind derartige Befunde jedoch zu relativieren, da das Schulsystem selbst nur einen relativ geringen Anteil der Variation dieser Merkmale zu erklären vermag: Schulsysteme, ob das traditionelle dreigliedrige oder die Gesamtschule, eröffnen Handlungs- und Interpretationsspielräume, die von den handelnden Personen unterschiedlich genutzt werden. Das bedeutet u. a., daß den Einstellungen und Handlungsintentionen der Lehrer eine entscheidende Bedeutung dafür zukommt, in welcher Weise sich die sozialen Beziehungen in einer Schule

---

Kasten 11.4: Gesamtschule – traditionelles System

Gesamtschüler beurteilen, vor allem in höheren Klassen, das Klima ihrer Schule günstiger als Schüler der Schulformen des dreigliedrigen Systems. Ebenso schätzen Gesamtschüler die Lehrer-Schüler-Beziehung positiver ein als die Schüler der übrigen Schulformen. Allerdings sind dabei differenzierende Aspekte zu berücksichtigen. Bei Gesamtschülern zeigte sich, daß die Schulklimabewertung vom Leistungsniveau der Schüler abhängig ist: Die Schüler der oberen Leistungskurse wiesen insgesamt positivere Schulklima-Werte auf als die Schüler der unteren Kurse. In den Schulformen des gegliederten Systems ist der interne Leistungsstatus für die Schulklima-Einschätzung nicht von Bedeutung (vgl. Fend, 1977b; Dreher, 1979). In Gesamtschulen findet man auf allen Klassenstufen eine geringere Leistungsangst und mehr Schulfreude verglichen mit dem traditionellen Schulsystem (Lukesch-Tomann & Helmke, 1979). Interessante Resultate fand man auch zur Selbsteinschätzung der Schüler. Gesamtschüler stellen sich als konzentrationsfähiger, belastbarer und arbeitsschneller dar und sie haben eine günstigere Einschätzung ihrer eigenen Begabung als Schüler des traditionellen Schulsystems (Helmke, 1979).

gestalten. In diesem Sinne könnte für manche der obigen Effekte die Lehrerschaft der Gesamtschulen verantwortlich sein, die sich vor allem in den ersten Jahren der Gesamtschulversuche als sehr engagiert beschreiben läßt (Lukesch-Toman & Helmke, 1979).

Person- und Verhaltensmerkmale: Zum *Geschlecht* der Lehrperson bestätigt sich auch in empirischen Untersuchungen eine landläufige Meinung: Lehrerinnen schaffen eher ein Klima, das durch Wärme, Veränderungsbereitschaft, spielerischen Wetteifer und relativ wenig Vorschriften und Regeln gekennzeichnet ist, während männliche Lehrpersonen eher auf die Einhaltung von Regeln achten, mehr kontrollieren und Wert auf einen organisierten Ablauf des Unterrichts legen (Moos, 1979 a). Aber auch die Motive, Werthaltungen und Interessen der Lehrer scheinen mit ihren Unterrichtsaktivitäten zusammenzuhängen. So erzeugen Lehrer mit einem Hang zur Machtausübung ein formales, hierarchisches Klima mit untertänigem Schülerverhalten. Lehrer mit einem stärkeren Bedürfnis nach sozialer Interaktion haben häufiger eine kontrollierte und zielorientierte Klasse. Die Schüler empfinden hier jedoch eine geringere Nähe untereinander, möglicherweise, weil der Lehrer die affektiven Interaktionen in der Klasse auf sich zieht (Walberg, 1968). Demgegenüber läßt sich bei Lehrpersonen, welche die persönliche Entwicklung der Schüler betonen, beobachten, daß sie eher inhaltliche Fragen der Schüler herausfordern und sich weniger mit Diskussionen über Verhaltensfragen und formalen Lernerfolg aufhalten (Power & Tisher, 1979). Etwas überraschend mag anmuten, daß *junge, relativ unerfahrene Lehrer* bei den Schülern gut ankommen. Doch wird das plausibel, wenn man sich vor Augen hält, daß in solchen Fällen Schüler und Lehrer „zusammen lernen" und der Unterricht zu einer gemeinsamen Aufgabe wird. Relativ starken Einfluß auf das Klassengeschehen hat das *Zahlenverhältnis zwischen Mädchen und Jungen:* je mehr Mädchen in einem Unterricht sind, desto besser ist im allgemeinen das persönliche Verhältnis unter den Schülern insgesamt und desto geringer sind die Streitereien. Auch das Unterrichtsengagement und die Zufriedenheit mit dem Unterricht scheint von einer solchen Konstellation günstig beeinflußt zu werden (Walberg & Ahlgren, 1970).

Psychosoziales Klima: Führen wir uns Situationen aus dem Mathematikunterricht in zwei verschiedenen Klassen vor Augen. Die erste spielt in einer Klasse, deren Schüler vorwiegend aus einem „Arbeiterviertel" stammen:

Werner mosert vor sich hin, schwätzt mit seinem Nebenmann und fängt an, mit dem Bleistift auf dem Tisch zu trommeln. Der Lehrer läßt ihn eine Weile gewähren, sieht dann aber mit einem Seitenblick zu ihm und raunzt ihn beiläufig, aber doch bestimmt an: „Werner, du kriegst gleich eine geschossen." Werner und andere Schüler grinsen. „Ja, ja, ist schon klar, das ist so'n langweiliger Mist." Er wendet sich dem Stoff zu und bemüht sich um Aufmerksamkeit. Die Klasse vermerkt die Episode kaum, und der Unterricht fließt relativ ungestört und locker weiter.

Die zweite Situation spielt in einer Klasse mit Schülern aus einem sozial gemischten Wohngebiet:

Helga hat gerade eine Rechenaufgabe nicht verstanden. Während die anderen schon dem neuen Stoff folgen und den Lehrer ansehen, sitzt sie mit gesenktem Kopf über ihrem Heft und probiert noch einmal, die Lösung zu finden. Der Lehrer hält bei seinem Vortrag einen Moment inne, schaut streng auf Helga und ermahnt sie mit schärferer Stimme: „Helga, schau jetzt bitte nach vorne und konzentriere dich." Helga bekommt einen roten Kopf, lächelt etwas verschämt und folgt der Anweisung. In der Klasse herrscht noch eine größere Stille und eine noch angespanntere Atmosphäre als zuvor, und niemand wagt, Helga anzusehen oder sich zu rühren. Der Lehrer fährt fort, seinen Stoff vorzutragen.

Es ist fraglich, ob die traditionellen, auf klar und eindeutig unterscheidbare sprachliche und nicht-sprachliche Verhaltensweisen bezogenen Methoden der Unterrichtsforschung weiterhelfen können, um das herauszuarbeiten, worin jeder Laie die beiden Unterrichtsstunden unterscheiden würde: *die Atmosphäre in der Klasse oder das Unterrichtsklima.* Das *Unterrichtsklima* entspricht in diesem Sinn der psychologischen Situation der Schüler. Bezieht man sich auf das Erleben von Merkmalen der Klasse oder der Schule durch die Schüler, spricht man von *Klassen- bzw. Schulklima.*

Fragebögen, die das Unterrichtsklima messen (Anderson & Walberg, 1974; Kahl et al., 1977; Dreesmann, 1983) beinhalten Aussagen zum Unterricht, die von den Schülern entsprechend ihres Erlebens zu beurteilen sind. Führt man an solchen Klimafragebögen Faktorenanalysen durch, ergeben sich Dimensionen, die man als Hinweis darauf werten kann, daß Schüler in der Lage sind, die wesentlichen Aspekte des Unterrichts differenziert zu erleben und zu beurteilen.

Der Einfluß des erlebten Klimas auf das Lernverhalten ist kaum zu überschätzen. Walberg (1976) geht sogar davon aus, „daß in einem normalen Unterricht keine Variable mehr einen nennenswerten Anteil der Varianz der Lernergebnisse erklärt, wenn die Fähigkeiten der Schüler, das Lernangebot und die Schülerwahrnehmung der Lernumwelt zur Varianzaufklärung herangezogen worden sind" (S. 160).

So zeigte sich, daß Klimameßwerte bis zu 45% der Varianz von Lernleistungsergebnissen aufklären können, wobei es nicht einmal auf das unterrichtete Fach ankommt. Demgegenüber erklärte der IQ in den entsprechenden Studien nur einen vergleichsweise geringen Anteil von 12% der Kriteriumsvarianz. Wurde der Lernzuwachs innerhalb einer bestimmten Zeitspanne als Kriterium eingesetzt, so errechneten sich multiple Korrelationen von .36 bis .56 zwischen ihm und den Klimamerkmalen. Die in einer bestimmten Zeitspanne gegebenen unterrichtlichen

LEI	LST	FUK
– Begünstigung – Kameradschaft – Streitereien – Demokratisches Verhalten – Konkurrenz – Cliquenbildung – Unterrichtstempo – Aufgabenorientiertheit – Schwierigkeit – Desinteresse/Apathie – Abwechslung – Formalisierung – Desorganisiertheit – Klassenausstattung – Unterrichtszufriedenheit	– Kohäsion – Identifikation mit der Unterrichtsarbeit – Leistungs- anforderungen – Betreiben von Wett- bewerb und Ordnung	– Kooperation zwischen Lehrer und Schüler – Individualisierungs- mangel – Kameradschaft – Konkurrenzdenken – Erfolgsaussicht von Anstrengung – Schwierigkeit – Verständlichkeit – Erfahrungsnähe – Disziplin

LEI = Learning Environment Inventory (Anderson, 1973)
LST = Lern-Situations-Test (Kahl et al., 1977)
FUK = Fragebogen zum Unterrichtsklima (Dreesmann, 1982 a)

Abb. 11.3: Dimensionen des Unterrichtsklimas

Klimabedingungen hingen also relativ eng mit dem Lernfortschritt zusammen, den die Schüler in diesem Zeitraum machten. Anders ausgedrückt: Die Kenntnis der subjektiv erlebten Lernumwelt erklärt zu einem beträchtlichen Teil die Leistungsvariation, die zwischen zwei Zeitpunkten entsteht (Walberg, 1972; Walberg & Anderson, 1972; Dreesmann, 1980). Auch affektive Lernziele wie das Interesse an einem Fach, das Engagement und die Begeisterung, lassen sich bis zu 25 Prozent durch Klimamerkmale erklären (Walberg, 1968).

Zahlreiche Untersuchungen zum Klima beziehen den Bereich des Erlebens über den Unterricht hinaus auf die gesamte Schule (Stern, 1970; Schreiner, 1973; Ulich, D., 1980). Einige Ergebnisse dieser Studien scheinen eine breite Gültigkeit zu besitzen.

Erlebter Leistungsdruck:
– Hoher erlebter Leistungsdruck erhöht die Angst, reduziert die Erfolgszuversicht und das Selbstwertgefühl.

Erlebter Anpassungsdruck:
– Je höher der erlebte Anpassungsdruck, um so höher ist die Schulverdrossenheit der Schüler.
– Bei hohem Anpassungsdruck geht das Partizipationsverhalten der Schüler zurück.
– Hoher Anpassungsdruck steht im Zusammenhang mit einem Klima der „Angst", in dem Konfliktregelungen erschwert sind.

Erleben von Sozialbeziehungen:
– Je mehr Vertrauen und Zuwendung die Schüler seitens des Lehrers
erleben, um so geringer ist die Schulverdrossenheit und um so besser
lassen sich Konflikte zwischen Lehrer und Schüler handhaben (vgl.
Fend, 1977 a).

Es ist allerdings problematisch, die Auswirkungen jeweils nur eines
Klimaaspekts zu betrachten, da Verhalten letztlich aus der erlebten
Gesamtsituation resultiert. Das bedeutet, daß es immer auf eine optimale
Balance zwischen verschiedenen Aspekten des Klimas ankommt.

Funktionale Merkmale und Verstärker: Diese ökologische Dimension
betrifft die Analyse der unterrichtlichen und schulischen Umwelt hinsichtlich ihres verstärkenden Charakters für bestimmte Verhaltensweisen. Das umfaßt nicht nur die „verstärkenden" Handlungen von Lehrern
und Mitschülern, sondern auch die Regeln und Vorschriften, die Konsequenzen für Verhalten bedeuten. Einen besonderen Stellenwert nimmt
im schulischen Rahmen dabei das Notensystem ein. So verstärken z. B.
gute Noten für Fleiß und Betragen, die sogenannten Kopfnoten, ein
fleißiges, ordentliches den Normen und Regeln des Unterrichts angepaß-
tes Schülerverhalten.

Es ist problematisch, Verhalten von Schülern jeweils nur in Beziehung
zu einer ökologischen Dimension zu betrachten, da letztlich die Gesamtsituation bzw. das Zusammenwirken der verschiedenen Dimensionen
entscheidend ist. Moos (1979 b) unternahm daher den Versuch, physikalische, organisatorische, personale und klimatische Merkmale in eine
Analyse einzubeziehen (vgl. Tab. 11.3).

Die Zahlen machen deutlich, daß zwar einerseits jede Variablengruppe
(Zeilen) zur Aufklärung der Kriteriumsvarianz (Spalten) beiträgt, jedoch
die Größe dieses Beitrages sowohl von dem jeweiligen Prädiktor als auch
von dem Kriterium abhängt. So tragen Merkmale der Schule und des
Faches vergleichsweise weniger zur Varianzaufklärung bei als etwa das
Klima. Die Zufriedenheit mit dem Lehrer und mit dem Lernerfolg wird
andererseits durch die Prädiktoren besser erklärt als etwa die Freundschaft unter den Schülern (59% und 54,9% gegenüber 46,1%).

Damit ergibt sich eine Folgerung, die auch insgesamt für die Wirkung
ökologischer Merkmale der Schule gelten kann: Die schulische Umwelt
setzt sich aus einer Vielfalt von Einzelaspekten zusammen, die jeweils für
sich wirksam sein können, jedoch erst in ihrer Gesamtheit die Besonder-
heit einer Schule ausmachen. Dazu gehören Merkmale der Schüler
ebenso wie außerschulische Gegebenheiten. Formale Elemente und
Strukturen scheinen dabei einen Handlungsrahmen zu definieren, der
dann in seiner Wirkungsweise durch situativ-dynamische Elemente, also
konkrete Verhaltensweisen von Schulleitungen, Lehrern und Schülern
geprägt wird.

Tab. 11.3: Umwelt und Schülerverhalten

Wirkungen von…	Kameradschaft	Kriterien: Schülerreaktionen auf den Unterricht			
		„Sich-wohlfühlen"	Zufriedenheit mit Lernerfolg	Zufriedenheit mit dem Lehrer	Kritik an der Klasse
Schule und Unterrichtsfach	0,8	2,3	3,2	0,2	8,8
Organisatorische Merkmale	3,3	7,3	8,9	9,7	3,7
Schülermerkmale	17,8	10,3	8,6	3,8	6,8
Lehrermerkmale	8,1	2,7	3,6	6,4	3,0
Wahrgenommenes Klima	1,4	9,7	12,7	28,0	25,1
Wechselbeziehungen zwischen Klima und anderen Variablen	9,2	7,7	8,3	4,1	0,8
Andere Einflüsse	5,5	8,8	9,6	6,8	3,8
Erklärter Anteil der Gesamtvarianz	46,1	48,8	54,9	59,0	50,4

Dargestellt ist die Varianzaufklärung in Prozent. N = 241 Klassen. (Aus: Moos, 1979b, S. 188)

11.5 Betriebe und Organisationen als pädagogische Umwelt

Organisationen des Gewerbelebens und des Öffentlichen Dienstes werden bisher kaum als Felder der Pädagogischen Psychologie betrachtet: Aus-, Fort- bzw. Weiterbildung in betrieblichen Organisationen rechnet man im allgemeinen der Arbeits-, Betriebs- und Organisationspsychologie zu oder Teilbereichen der Pädagogik, etwa der Betriebspädagogik. Die zunehmende Bedeutung des Lernens im Beruf fordert die Pädagogische Psychologie jedoch auf, hierzu einen Beitrag zu leisten.

Da Organisationen offene Systeme gegenüber der Umwelt darstellen und sich somit ständig den sich verändernden Bedingungen der Außenwelt anzupassen haben, sind auch fortwährend neue und andere Tätigkeiten innerhalb der Betriebe – häufig von denselben Personen – auszuführen. Die gegenwärtige Umstellung vieler Arbeitsbereiche auf elektronische Datenverarbeitung, die Steuerung von Arbeitsvorgängen durch Mikroprozessoren oder der Einsatz von Bildschirmen mögen als augenfälligstes Beispiel dafür dienen, daß an Arbeitsplätzen ständig um- bzw. dazuzulernen ist, um den veränderten Bedingungen gerecht zu werden.

Im engeren Sinne ist das berufliche Lernen jedoch einzugrenzen auf Bereiche und Tätigkeiten, die speziell auf die *Aus-, Fort- und Weiterbildung* gerichtet sind.

Die Einrichtung von Abteilungen für Fort- und Weiterbildung innerhalb von Organisationen oder die Bereitstellung von externen Fortbildungsmöglichkeiten basiert einerseits auf der Vorstellung, daß eine Organisation verpflichtet sei, das „soziale Potential" ihrer Mitarbeiter zu nutzen und zu entwickeln, und daß andererseits die Mitarbeiter eine entsprechende Verpflichtung haben, ihre eigene Entwicklung zu fördern (Heller & Clark, 1976). Diese gegenseitige Verpflichtung hat noch keine lange Tradition (vgl. Kasten 11.5).

Die Fort- und Weiterbildung näherte sich in den letzten Jahren immer mehr den praktischen Problemen in der alltäglichen Arbeitswelt. Ergänzend zur reinen Wissensvermittlung strebt man ein „training near the job" oder ein „training on the job" an. Dabei geht es auch darum, die individuelle Fortbildung des einzelnen Mitarbeiters zu verbinden mit der Fähigkeit zur sozialen Kooperation und Zusammenarbeit.

Für viele betriebliche Trainingsprogramme stand das „Programm zur Förderung der Leistungsmotivation bei Geschäftsleuten" Pate (McClelland, 1965; McClelland & Winter, 1969), das nun vorgestellt werden soll.

McClelland versuchte, u. a. durch die systematische Organisation und Gestaltung der Lernbedingungen und -umwelt, kognitive, affektive, soziale und Handlungskomponenten des Lernens in einer Art ganzheitlichem Ansatz zu integrieren. So wurden *Filme, Abbildungen* und *Tabellen*

**Kasten 11.5: Fortbildung in der Wirtschaft:
Beispiel für den Wandel**

Betrachtet man exemplarisch die Entwicklung in einem deutschen Großunternehmen, so ist festzustellen, daß erst Mitte der 60er Jahre die Weiterbildungsbemühungen zentralisiert und systematisiert wurden. Im Personalressort wurden neue Einheiten eingerichtet, die Seminare für Führungskräfte entwickelten und durchführten. Diese bedarfs- und praxisorientierte Weiterbildungsarbeit richtete sich vor allem auf die Vermittlung von ergänzendem Fachwissen. Lehrmethodisch standen *Vorträge* und *Diskussionen* im Vordergrund. Zu Beginn der 70er Jahre bildeten Themen der Personalführung, Techniken der Problemlösung und der Teamarbeit neue inhaltliche Schwerpunkte. Dabei wurde die Notwendigkeit anderer Lehrmethoden erkannt, so daß man *Rollenspielen, Fallstudien* und *Planspielen* breiten Raum in der Seminargestaltung einräumte. Die Weiterbildung zu dieser Zeit richtete sich noch an die Führungskräfte als Individuen, gemischt aus mehreren Abteilungen, die man in *externen Tagesstätten* versammelte. Die Erkenntnis, auch mit dieser Form teilweise an den Problemen der Praxis vorbeizuarbeiten und die Zusammenarbeit mit den Kollegen außer acht zu lassen, führte Mitte der 70er Jahre zu dem *„Methodentraining für geschlossene Arbeits- und Projektgruppen".* Dabei arbeiteten in der Weiterbildung Kollegen verschiedener Ebenen zusammen, von Führungskräften bis zum Meister und Arbeiter, d. h. Arbeitsgruppen, Projektgruppen oder Teams. Diese *kooperative Form der Fortbildung* erwies sich als hilfreich für die Veränderung vieler Aspekte des gemeinsamen Arbeitsstils, was sich positiv sowohl im Arbeitsklima als auch in der Lösung von Sachproblemen niederschlug. In jüngerer Zeit entwickelte man diese Form der Weiterbildung fort, einerseits durch noch engere Verzahnung mit den praktischen und alltäglichen Arbeitsproblemen, z. B. in *Diagnose-* und *Problemlösungskonferenzen* sowie Anwendungsbetreuung und Realisierungshilfen in der Praxis. Andererseits ergänzte man das Bildungsangebot durch Vermittlung und Schulung von Fähigkeiten und Fertigkeiten der kooperativen Zusammenarbeit, etwa in „Moderationstechniken", d. h. dem kooperativen Vorgehen bei Problemdefinitionen und -klärungen, Lösungsversuchen, Maßnahmenplanung und ähnliches.

(Nach Kirch & Meisiek, 1979)

einbezogen, um am Anfang des Trainings mit leistungsorientiertem Verhalten und Denken vertraut zu machen. Durch das Auswerten von *TAT-Geschichten* und das Bemühen, deren leistungsthematischen Gehalt zu steigern, sollte ein kognitives Netzwerk um das Leistungsmotiv konkretisiert werden. *Spiele* sollten die Handlungsumsetzung erleichtern und das leistungsorientierte Netzwerk stabilisieren. Anhand von *Fallstudien* und Vorkommnissen aus dem Leben der Teilnehmer sollten Beziehungen zwischen dem Leistungskomplex und dem alltäglichen Leben hergestellt werden. Schließlich suchte man durch *individuelle Gespräche, Meditationen, Diskussionen und Gruppengespräche* Übereinstimmungen bzw. Kollisionen zwischen einer leistungsorientierten Einstellung und den Werten der Kultur bzw. der sozialen Bezugsgruppe herauszuarbeiten. Während des 14tägigen Seminars lebten die Teilnehmer in einer *von der Umwelt abgeschiedenen Unterkunft.* Die Kursleiter bemühten sich um eine *entspannte Atmosphäre,* um den Unsicherheiten und Ängsten zu begegnen, die sich mit Selbstmodifikation verbinden. Die Erfolgskontrolle zeigte, daß die Ziele erreicht wurden. Bei den Teilnehmern erhöhten sich durchweg sowohl die Stärke des Leistungsmotivs als auch die unternehmerische Effektivität.

In der Weiterentwicklung ihrer Fortbildungskonzeptionen gehen moderne Organisationen sehr viel weiter als das Trainieren von einzelnen Fähigkeiten oder Persönlichkeitsbereichen. Zunehmend hat man die Förderung der Gesamtpersönlichkeit im Auge. Argyris (1971) betont, daß der Individualität der Mitarbeiter in der Weiterbildung mehr Beachtung geschenkt werden müsse, und daß der Haupteffekt im Anstoß zur *Selbstverwirklichung* zu suchen sei. Entsprechend vermitteln Fortbildungsprogramme großer Unternehmen z. B. Kreativitätstechniken, Problemlöseverhalten, Zusammenarbeit in Gruppen, Kommunikation oder Umgang mit Kritik. Externe Trainingsseminare sind dann eher Ergänzungs- oder Vertiefungsveranstaltungen zu einer *ständigen Personalentwicklung* (Conradi, 1983). Damit nähert man sich der Förderung der „Selbstverwirklichung" bzw. der „Wachstumsmotive", Inhalte also, denen Maslow (1954) und Herzberg (1966) in ihren Motivationstheorien den höchsten Stellenwert einräumen. Bedingungen für Wachstumsmotive sind nach Herzberg z. B. übertragene Verantwortung, interessante Arbeitsinhalte, soziale Anerkennung und Aufstieg. Organisationen, die Wert auf kompetente und motivierte Mitarbeiter legen, tragen diesen Bedürfnissen in ihren Weiterbildungskonzeptionen in zunehmendem Maße Rechnung.

Versucht man Trainingsmethoden systematisch darzustellen, so kann man davon ausgehen, ob sie primär bestimmte Inhalte (Wissen, Kenntnisse) vermitteln oder ob sie mehr auf soziale Prozesse (Interaktionen) ausgerichtet sind; Eine dritte Kategorie bilden die vermischten Methoden, die beide Richtungen zugleich verfolgen (Hinrichs, 1976):

Kasten 11.6: Optimale Trainingsbedingungen

Als Bedingungen für das Lernen eines neuen Verhaltens in Trainingsprogrammen nennen Porter, Lawler & Hackmann (1975):

1. Der Lerner hat die Möglichkeit zu aktiver Teilnahme.
2. Der Lerner erhält verhaltensbezogene Ergebnisrückmeldungen („knowledge of results" als Feedback).
3. Die Lernerfahrungen werden so gestaltet und aufeinander bezogen, daß sie den Transfer des neuen Verhaltens in die Arbeitssituation des Lernenden erleichtern.
4. Der Lerner wird für angemessenes Verhalten bekräftigt.
5. Der Lerner erhält Gelegenheit zur Einübung und Wiederholung des neuen Verhaltens in solchen Situationen, die seiner Arbeitssituation ähnlich sind.

Inhaltsorientierte Techniken:
- Vortrag, Vorlesung, Referat, Frontalunterricht
- Visuelle bzw. Audiovisuelle Techniken (Folien, Graphiken, Dias, Filme, Videos, Fernsehaufzeichnungen)
- Techniken zur Selbstinstruktion (Bücher, sachbezogenes Schriftentum)

Interaktionsorientierte Techniken:
- Rollenspiel
- T-group und sensitivity training (Gruppen ohne inhaltliches Thema zur Förderung des zwischenmenschlichen Verständnisses, der Toleranz und zum Ausprobieren neuer Verhaltensweisen)
- Team-Entwicklung (Gruppen, die miteinander lernen sollen, effektiver miteinander zu arbeiten)

Vermischte Methoden:
- Gruppendiskussionen
- Fallstudien
- Simulation (Unternehmensplanspiele)
- On-the-job-training (Ausbildung am Arbeitsplatz)

Die Bedeutung ökologischer Merkmale

Im folgenden werden anhand der Systematik von Moos (vgl. Abs. 11.2) einige ausgewählte Erkenntnisse dazu dargestellt, wie ökologische Merkmale in der Fort- und Weiterbildung relevant werden können.

Physikalische und architektonische Merkmale: Wie oben am Beispiel des Trainingsprogramms zur Leistungsmotivation von McClelland beschrieben wurde, werden Fortbildungsseminare häufig betriebsextern in abgelegenen Gegenden in Hotels oder in eigens dafür eingerichteten Bildungszentren oder Führungsakademien durchgeführt. Man will damit von den *architektonischen und physikalischen Bedingungen* eine Distanz zur täglichen Arbeitswelt schaffen, um unbelasteter lernen, arbeiten und neue Ideen entwickeln zu können. Zumeist wird die Bildungsarbeit nach den Seminaren jedoch im Betrieb, in der alltäglichen Arbeitswelt weitergeführt, um den Transfer auf die Praxisprobleme zu erleichtern.

Behavior settings: Eine in der Bundesrepublik relativ neue Form der Organisation von Fortbildung sind die *„Qualitätszirkel"*, die in unmittelbarer Nähe zum Arbeitsplatz, u. a. auch in den Werkshallen, stattfinden. In regelmäßigen Abständen besprechen Arbeiter, Meister und Vorgesetzte Probleme am Arbeitsplatz, suchen nach Lösungen, lernen Hintergrundinformationen zur Produktion und zum betrieblichen Ablauf und die Einordnung ihrer Arbeit in größere Zusammenhänge kennen. Diese als „basale" Bildungsarbeit zu verstehenden „Qualitätszirkel", „Lernstattzentren", „Informationswerkstätten" oder „Werkstattforen" haben sich als außerordentlich hilfreich erwiesen u. a. für die Förderung der Eigenverantwortung der Mitarbeiter und auch für die Verbesserung der Qualität der Arbeit (Wildemann, 1982).

Organisatorische Merkmale der Fort- und Weiterbildung: Organisationen unterscheiden sich in Aufbau und Eingliederung ihrer Bildungskonzeptionen. Der überwiegende Teil der Großbetriebe unterhält inzwischen eigene Abteilungen für diesen Zweck und verankert Fortbildungsangebote und -programme in betrieblichen Regelungen. Zum Teil gehört es zu den festgelegten Aufgaben der Vorgesetzten auf allen Ebenen, Mitarbeitern Angebote je nach Bedarf zu empfehlen und sie dafür freizustellen. Die Institutionalisierung der Fortbildung stellt für die Mitarbeiter eine Bedingung dar, die nicht nur motivierend wirkt, sondern auch hilft, persönliche Wünsche zur eigenen Weiterentwicklung zu erfüllen (Oehme, 1979).

Person- und Verhaltenscharakteristika: Vielfach hat man erkannt, daß die traditionellen Praktiken der betrieblichen Einstellungsdiagnostik, z. B. mit psychologischen Testverfahren, nicht den erwünschten Erfolg brachten und der Ansatz, nach den „richtigen" Personen zu suchen, verfehlt war. Stattdessen wandte man sich den Möglichkeiten der Weiterbildung zu, um erwünschte Verhaltensweisen auszubilden und zu trainieren. Betrachtet man z. B. Merkmale erfolgreicher Führungspersönlichkeiten, so handelt es sich dabei durchweg um erlernbare Fähigkeiten: z. B. Initiative in sozialen Situationen, Dinge zu Ende bringen, Originalität beim Problemlösen, Individualität, soziale Interaktionen auf ein Ziel orientieren können, klare eindeutige Aussagen über eigene Absichten, sachbezogene Konflikte beurteilen, Lösungen mit Betroffenen zusammen bearbeiten können (vgl. Blake & Mouton, 1964; Mitchell, T. R., 1979). *Psychosoziales Klima:* Die Zusammenarbeit zwischen Kollegen, Vorgesetzten und Mitarbeitern sowie Angehörigen der Organisation und externen Personen, z. B. Kunden, hängt sehr mit der sozialen Atmosphäre einer Organisation bzw. mit dem „Betriebsklima" zusammen. Darüber hinaus liegen eine Reihe von Befunden zum Zusammenhang zwischen Klima und Mitarbeitermotivation vor (Neuberger, 1977). Da das Klima als subjektiv erlebte Situation ganz wesentlich das Verhalten der Vorgesetzten und Mitarbeiter zur Grundlage hat, ist man in vielen Betrieben dazu übergegangen, Verhaltensrichtlinien, sog. Führungsleitsätze, zu formulieren und den Betriebsangehörigen an die Hand zu geben. Diese sind überwiegend auf einen *kooperativen Stil der Zusammenarbeit* gerichtet. So liest man in den Leitsätzen großer Unternehmen, daß ein Vorgesetzter seinen Mitarbeitern entsprechend deren Aufgabenbereich umfassende Informationen zu geben habe. Darüber hinaus haben die Mitarbeiter Anspruch auf fachübergreifende Informationen, die ihnen als Hintergrundwissen dienen. Erfahrungen belegen nicht nur die positiven Auswirkungen eines kooperativen Betriebsklimas auf die Zufriedenheit der Mitarbeiter, sondern auch letztlich auf eine positive Entwicklung der Organisation (vgl. Schneider & Snyder, 1975).

Für die Durchführung von Fort- und Weiterbildungsmaßnahmen empfiehlt sich ein Klima, wie es auch für die Schule als günstig beschrieben wurde: Kooperative Atmosphäre, Aussicht auf Erfolg und Anerkennung, Anerkennung von Leistungen, gute Verständlichkeit, Disziplin und Organisation, Aufgabenorientiertheit (vgl. Moos & Insel, 1974).

Funktionale Analyse von Verstärkeraspekten: Die gewerbliche Wirtschaft ist traditionell dafür bekannt, mit Konsequenzen das Verhalten von Mitarbeitern zu steuern. Bei positivem, erwünschtem Verhalten stehen Beförderungen, Gehaltserhöhungen, Urlaubsverlängerungen o. ä. an. Bei unerwünschtem Verhalten drohen Versetzungen in andere Abteilungen, Übertragen von unangenehmen Aufgaben oder, im schlimmsten Fall, die Entlassung. Allerdings wird man sich zunehmend der schädlichen Aspekte für Mitarbeiter und Organisation bewußt, die in einer übertriebenen Praxis des „Zuckerbrot und Peitsche"-Prinzips liegen, etwa Anpassung, Autoritätsfixierung, Ideenlosigkeit, Passivität. Persönliche Gespräche (Anerkennungsgespräch – Kritikgespräch) nehmen deshalb immer mehr die Funktion ein, eine Abstimmung zwischen den Interessen des einzelnen und der Organisation herbeizuführen (Neuberger, 1973a).

Insgesamt ist die Berücksichtigung ökologischer Aspekte in der beruflichen Fort- und Weiterbildung als ausgesprochen pragmatisch anzusehen. Mit relativ wenig theoretischem Aufwand, aber praktischer Sensibilität bemüht man sich, die Lernbedingungen und die Lernumwelt für das

Lernen zu optimieren – zum Teil mit sehr viel besserem Erfolg als in den originären pädagogischen Bereichen. Das gilt allerdings bei weitem nicht für die Gesamtheit der Organisationen in Wirtschaft und Verwaltung, doch ist der Trend dahin unverkennbar.

11.6 Informelle Lernumwelten

Während die bisher besprochenen Bereiche (Familie, Schule und Betriebe) quasi als institutionalisierte und organisierte pädagogische Felder angesehen werden können, findet Lernen und Entwicklung in einer Vielzahl von Bereichen statt, die eher als informelle Umwelten zu charakterisieren sind. Ob Spielplätze für Kinder, Vereine, Jugendzentren, Sportplätze oder Discos für Jugendliche und schließlich Kneipen, Kulturveranstaltungen u. ä. für Erwachsene – allen diesen Orten ist gemeinsam, daß hier kein Curriculum mit bestimmten Zielen angestrebt wird, keine Anwesenheitspflicht besteht und keine für alle verbindlichen Vorschriften und Regeln einzuhalten sind. Dennoch wird an allen diesen Orten gelernt und die Entwicklung der Persönlichkeit beeinflußt.

Die Pädagogische Psychologie steht erst am Anfang der Beschäftigung mit diesen Bereichen. Die Erkenntnisse sind daher zum Teil noch recht dürftig, so daß in diesem Abschnitt auch nicht die bisherige Gliederung beibehalten werden kann. Erst allmählich verbreitet sich die Sichtweise, daß hier gesellschaftlich relevantes Lernen stattfindet, dessen wissenschaftliche Analyse eine originäre Aufgabe der Pädagogischen Psychologie ist. Beschleunigt wurde diese Entwicklung in den letzten Jahren u. a. durch Negativerscheinungen wie das Vordringen der Jugendsekten oder den Drogen-, Alkohol- und Nikotinmißbrauch, Erscheinungen, die ihre Verbreitung wohl auch den Einflüssen informeller Lernumwelten mitverdanken.

Rahmenbedingung für die Teilnahme an den „informellen Lernumwelten" ist in erster Linie Freizeit. Deshalb sollen hier einige gegenwärtige und sich für die Zukunft abzeichnende Merkmale und Tendenzen des Freizeitlebens unter ökologischer Perspektive besprochen werden.

Rahmenbedingung: Freizeit

Die Bedeutsamkeit des Themas Freizeit für die Pädagogische Psychologie läßt sich aus der Gegenüberstellung zweier Sachverhalte verdeutlichen: Einerseits verfügen die Bundesbürger heute über 60 Prozent mehr frei verfügbare Zeit als vor dreißig Jahren, und dieser Trend wird sich allen Prognosen zufolge noch weiter fortsetzen (vgl. Abb. 11.4). Die unfreiwillig freie Zeit durch Arbeitslosigkeit ist noch nicht einmal berück-

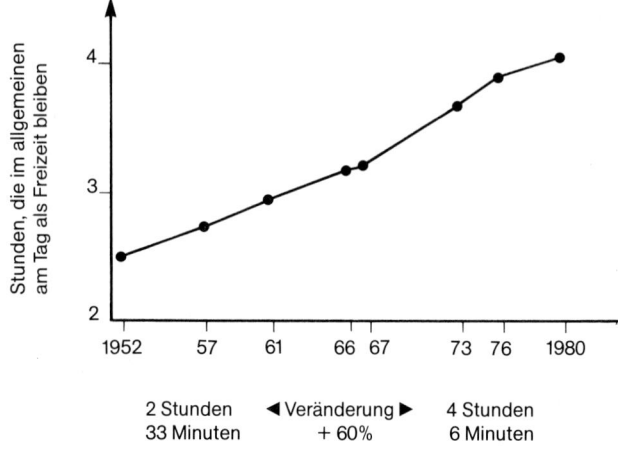

2 Stunden   ◄ Veränderung ►   4 Stunden
33 Minuten   + 60%   6 Minuten

Quelle: Allensbach 1976/Prognos 1980
(Basis: Gesamtbevölkerung)

Abb. 11.4: Frei verfügbare Zeit pro Tag.

sichtigt. Auf der anderen Seite scheinen, wie eine Befragung Jugendlicher ergab, viele nichts mit ihrer Zeit anfangen zu können.

Die weitverbreitete Unfähigkeit, Freizeit in einer sinnvoll erlebten Weise zu verbringen, hängt mit einer Reihe von Bedingungen zusammen (vgl. Kasten 11.7).

Diese allgemeinen Tendenzen verringern die Lern- und Erfahrungsumwelt für Kinder und Erwachsene positiv und beeinträchtigen die Bedingungen für eine Freizeitgestaltung.

Von besonderer Bedeutung ist ein sich seit Jahren vollziehender *Wandel der Werte.* Berufsbezogene Werte wie Fleiß, Pflichterfüllung oder Leistungsstreben rangieren in der Vorstellung der Bundesbürger von der Idealpersönlichkeit inzwischen relativ niedrig, während freizeitbezogene Werte wie Selbstvertrauen, Lebensfreude, Aufgeschlossenheit und Offenheit inzwischen weiter vorne angesiedelt sind (Opaschowski, 1983). Während 1976 von den bundesdeutschen Berufstätigen 48% den Beruf und 38% die Freizeit als besonders wichtig einschätzten (Bargel, 1979), verhielt es sich schon 1981 umgekehrt (Opaschowski, 1983). Das gilt insbesondere für die jüngere Generation, die zum großen Teil auch in kauf nehmen würde, für mehr Freizeit weniger Geld zu verdienen (BAT, 1981).

Wenn also der Begriff Arbeit zunehmend seinen Mythos und seine sinngebende Funktion verliert, so kann andererseits die Freizeit die Lücke in der Sinnerfüllung noch nicht schließen. Wie wichtig jedoch

Kasten 11.7: Unfähig, Freizeit genießen zu können

Der *Rückzug vom Arbeitsleben ins Privatleben,* verbunden mit der Sinnentleerung vieler Arbeitsplätze und der Verkürzung der Arbeit auf den Gelderwerb, bringt es mit sich, daß Freizeit mit einer nicht einlösbaren Glückserwartung belastet wird. Für den auf Freizeit und Feierabend-Orientierten tut sich eine Psychofalle auf, die eher zu Frustrationen führt als zur Erfüllung der überhöhten Bedürfnisse.

Die *Faszination durch die Technik,* die verspricht, alles praktischer, schneller und sauberer erledigen zu können, ob beim Heimwerken, in der Küche oder bei der Befriedigung körperlicher Bedürfnisse, führt häufig dazu, daß man nur Handlungssequenzen beherrscht, jedoch die Struktur der Dinge immer weniger kennt.

Die *höhere Bewertung von Produkten und Ergebnissen gegenüber dem Prozeß,* der dazu geführt hat, verführt dazu, auf Ziele hinzuleben und das Werden geringer zu schätzen. Es mag sich dabei um die Ausbildung handeln, bei der das Zeugnis mehr zählt als der Lernprozeß oder – in der häuslichen Lernumwelt der Kinder – das Backen des Kuchens mit einer Fertigbackmischung. Wesentliche Lernerfahrungen werden damit in ihrer Bedeutsamkeit verringert oder sogar ausgespart.

In vielen Bereichen werden die *Anlässe zu differenzierter Wahrnehmung* nivelliert: In Wohnumwelten findet man eine Nivellierung der Fassaden und Fenster; gleichförmige Asphaltierung von Straßen und Gehwegen, sogar von Wanderwegen minimieren die Anforderungen an den Bewegungsablauf, und schließlich leisten die Fastfood-Einrichtungen ihren Beitrag zur Nivellierung des Geschmacks. Ausgebildete und geschulte Sinne, differenziertes Sehen, Hören, Schmecken, Riechen, Tasten als Grundvoraussetzungen für eine erfahrungsoffene Selbstverwirklichung werden damit beeinträchtigt.

(Nach Probst, 1982)

sinnvoll erlebte Tätigkeit für den Aufbau und Erhalt persönlicher Identität und sozialer Beziehungen ist, hat man mehrfach nachgewiesen und auch besonders für Jugendliche bestätigt (Roberts, 1983). Hier setzen auch die sich entwickelnden Disziplinen *Freizeitpsychologie und -pädagogik* an (Schmitz-Scherzer, 1974; Opaschowski, 1976; Czerwenka-Wenkstetten, 1980).

Das Spektrum der Zielsetzungen dieser Disziplinen reicht vom Hinführen zu sozialer und kommunikativer Handlungskompetenz bis zur Verminderung von Abhängigkeiten und Erhöhung von Einfluß auf eigene Lebensbedingungen. Schlichter und allgemeiner gesagt, strebt man für die Freizeit Bedingungen an, die die Entwicklung der Persönlichkeit fördern und der Befriedigung ihrer schöpferischen und reproduktiven Kräfte dienen. Unter dieser Zielsetzung lassen sich eine Reihe von Bemühungen registrieren. In den USA konturiert sich eine wissenschaftliche „leisure science" („Freizeitwissenschaft"); *leisure counseling* („Freizeitberatung") gehört inzwischen zum Bestandteil der Gemeinwesenarbeit. Die Inhalte der Beratung beziehen sich dabei auf das Freizeitangebot, die Freizeitinteressen (Interessen-Findung) und den Alltagsverlauf (Lebensstil-Beratung). Zwei zukunftsweisende Trends der Freizeitgestaltung beleuchten, wie man sich den formulierten Zielen nähern kann.

Erstes Beispiel ist die *freizeitkulturelle Bildung*. Um den gesellschaftlichen Auswirkungen der Mikroelektronik zu begegnen, schlug 1982 der Club of Rome ein Modell des *„life long learning"* vor, bei dem sich Arbeit, Freizeitbeschäftigung und Fortbildung ein ganzes Leben lang abwechseln sollten. Damit war u. a. gemeint, ohne zwangsläufige Bindung an Beruf und ökonomische Verwertung Weiterbildung auf der Basis von Freiwilligkeit und Freude am Lernen zu betreiben. Kommunikation, Geselligkeit, Kreativität, Persönlichkeitsbildung und Autonomieerweiterung sollten im Mittelpunkt stehen. Ähnliche Gedanken verbinden sich mit dem Konzept „Freizeitkulturelle Bildung", das 1978 von der Deutschen Gesellschaft für Freizeit verabschiedet wurde. Um die hier angestrebte „freizeitorientierte, vorrangig die Kreativität, die Kommunikation und die Partizipation fördernde Bildung" (S. 3) zu realisieren, bedarf es jedoch örtlich breitgestreuter Möglichkeiten zum Lernen. Dem entspricht auch die Vorstellung von der *Pluralität der Lernorte* des Deutschen Bildungsrates (1974). Lernen läßt sich in der Zukunft nicht mehr nur auf die traditionellen Orte wie Schule, Lehrwerkstatt oder Betrieb begrenzen (Andritzky, 1977; Kohl, 1976).

Als zweite zukunftsweisende Freizeiterscheinung sind *Selbsthilfegruppen und Bürgerinitiativen* anzusprechen (Sommer & Ernst, 1977). Im Gesundheitswesen zählen dazu Initiativen, die Kinder oder körperlich Behinderte versorgen, oder Selbsthilfegruppen für Alkoholiker, Magerbzw. Fettsüchtige, Drogen- oder Glücksspielabhängige. Ihre erfolgreiche Arbeit stellt nicht nur die Organisation des offiziellen Versorgungsnetzes in Frage, sondern zeichnet auch ein neues Verhältnis zwischen staatlicher Daseinsfürsorge und Eigeninitiative. Zur Gemeinwesenarbeit sind u. a. die Vielzahl von Bürgerinitiativen zu rechnen, die auf die Gestaltung ihrer näheren und weiteren Umwelt Einfluß zu nehmen suchen. Diese Gruppen und Initiativen entsprechen in besonderer Weise dem starken und weiter anwachsenden Bedürfnis nach Geselligkeit und sozialer Kommunikation (Opaschowski, 1983).

Stellvertretend für eine Reihe weiterer Entwicklungen zeigen die Beispiele, wie dem Kreislauf von Verarmung und Beeinträchtigung vor allem der städtischen Umwelt und den damit häufig verbundenen negativen Erscheinungen im Freizeitverhalten, sei es Konsumhaltung, Passivität, Isolation u. ä., entronnen werden kann. Sie verändern ökologische Bedingungen und schaffen damit eine Voraussetzung für eine als sinnvoll erlebte Freizeitgestaltung.

Kapitel 12

Bernd Weidenmann

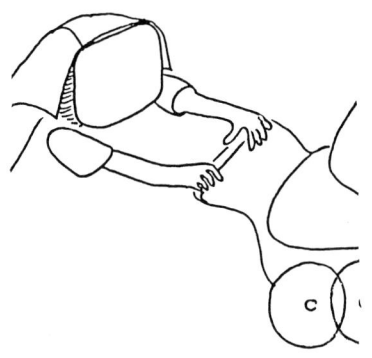

Psychologie des Lernens mit Medien

12.1 Einleitung

Eine „Psychologie des Lernens mit Medien" weckt Hoffnungen, auf folgende Fragen wissenschaftlich begründete Antworten zu erhalten:

- Wie können nicht-personale Informationsträger Lernprozesse begünstigen?
- Wie schneiden sie im Vergleich zu Erziehern dabei ab?
- Welcher Medieneinsatz ist optimal, wenn bestimmte Lernziele, Merkmale der Lerner und Merkmale der Lernsituation bekannt sind?
- Was verlangen die einzelnen Medien vom Lerner? Wie geht er am besten mit ihnen um?
- Gibt es negative Wirkungen eines Lernens mit Medien?
- Sind mit den „neuen Medien" auch neue Lernformen möglich?

Fragen wie diese zeigen nicht nur, welche Erwartungen von Erziehern an eine Pädagogische Psychologie der Medien gestellt werden; sie verdeutlichen auch die Schwierigkeiten, mit denen eine wissenschaftliche Disziplin dieser Art zu kämpfen hat.

Sie beginnen schon bei der Bestimmung von „Medium". Im erzieherischen Alltag meint man damit Lehr-/Lernmittel im Unterschied zum Erzieher. Psychologisch gesehen ist aber auch der Erzieher ein „Mittler"; ist er also auch Gegenstand einer Psychologie der pädagogischen Medien? Mit diesem Problem setzt sich Kapitel 12.2 auseinander.

Ein zweites Problem betrifft die Frage, wie Medien den Lernprozeß zu beeinflussen vermögen bzw. was sie vom Lerner verlangen. Hier befindet man sich in der Domäne der kognitiven Psychologie und der Instruktionspsychologie (vgl. im Kap. 7 die Abschnitte „Förderung"). Eine Psychologie des Lernens mit Medien verliert z. B. ihre Bedeutung, wenn man die Perspektive einnimmt, daß es *unabhängig* von den verschiedenen Medien bestimmte kognitive Prozesse seien, die Lernen ausmachten. Wenn sich etwa Einsicht in ein Problem durch einen Text, einen Film, eine Tonbildschau gleicherweise erreichen läßt, ist dann nicht eine Analyse des Einsichts-Prozesses das einzig wesentliche und eine Analyse der Medienmerkmale überflüssig? Mit solchen Fragen beschäftigen sich die Kapitel 12.3 und 12.4. Zur Instruktionspsychologie kann und soll keine künstliche Abgrenzung versucht werden; der Gegenstand ist teilweise derselbe, lediglich die Perspektive ist verschieden. In diesem Kapitel geht es um Spezifika einzelner Medien im Kontext von Instruktion. Dies machen besonders die Kapitel 12.5 bis 12.8 deutlich.

Ein drittes Problem für eine Psychologie des Lernens mit Medien erwächst aus den Erwartungen von Erziehern, hier etwas über die Tauglichkeit von Unterrichtsmitteln zu erfahren. Medien sind aber nicht als Werkzeuge allein zu analysieren und zu charakterisieren, weil sie immer in Verbindung mit einer „Botschaft", mit Informationen, eingesetzt werden und wirken. Die typisch pädagogische Frage: „Wann setze

ich am besten einen Film ein?" behandelt das Medium Film als ein
Instrument mit eindeutigen Charakteristika. Für eine pädagogisch-psychologische Analyse von Film als Lernmedium dagegen sind zum einen
die Unterschiede in der Filmsprache von erheblicher Bedeutung (Länge
der Einstellungen, Tricks, Perspektivenwechsel usw.), zum anderen die
mit dem jeweiligen Film vermittelten Informationen (wird z.B. eine
Bewegungsfolge gezeigt oder – in Verbindung mit sprachlichen Ausführungen – theoretisches Wissen vermittelt oder ein seltenes Tier vorgeführt?). Die Schwierigkeiten, angesichts solcher Merkmalsvielfalt allgemeine Aussagen zu entwickeln, liegen auf der Hand. Die Kapitel 12.5 bis
12.8, die sich mit einzelnen Medien befassen, müssen deshalb zwangsläufig manche Leser-Erwartungen nach allgemeinen Aussagen zur Medien-
verwendung enttäuschen.

Trotz einer Vielzahl von einzelnen Studien steckt eine Psychologie des
Lernens mit Medien noch in den Anfängen. Im Gegensatz zur Bedeutung
der Medien in der öffentlichen Diskussion scheint das Gebiet nur eine
kleine Zahl von Pädagogischen Psychologen zu Forschung anzuregen.
Aber das mag sich in den nächsten Jahren ändern.

12.2 Was ist ein Medium? Was ist kein Medium?

Ein Blick in eine Unterrichtsstunde:
Die Lehrerin stoppt gerade den Videorecorder: ein TV-Film über die
Regenwälder Südamerikas, von ihr aufgezeichnet, war über den Fernsehschirm gezeigt worden. In Gruppenarbeit füllen die Schüler nun vorberei-
tete Arbeitsblätter aus. Jeweils ein Gruppensprecher überträgt die
Ergebnisse auf eine Overheadfolie und stellt sie der Klasse über den
Projektor vor. Offene Fragen notiert die Lehrerin währenddessen mit der
Kreide auf die Wandtafel. Die meisten Schüler schreiben im Heft mit. Als
die Frage zur Sprache kommt, wann bei der derzeitigen Rodungsge-
schwindigkeit die Wälder Brasiliens verschwunden sein würden, ziehen
mehrere Schüler Taschenrechner heraus und rufen Jahreszahlen ins
Klassenzimmer. Als die Pausenglocke ertönt, gibt die Lehrerin noch
rasch die Hausaufgabe bekannt: Die Schüler sollen die wichtigsten in der
Stunde genannten Zahlen im Zusammenhang mit den Regenwäldern in
Form von Grafiken darstellen.

Die Frage „welche Medien kommen in diesem Beispiel vor?" scheint
einfach. Natürlich ist der Videorecorder ein Medium, der Monitor, der
Arbeitsprojektor, die Tafel usw. Auf den zweiten Blick jedoch wird die
Bestimmung zum Problem: Ist die Kreide auch ein Medium, die Lehrerin, der Taschenrechner?

Nach der allgemein geteilten Auffassung von „Medium" muß die

Antwort positiv ausfallen: Kreide, Lehrerin, Taschenrechner sind „Mittler", d. h. sie vermögen Informationen zu transportieren. Soweit sie dies im Kontext von Lehren/Lernen tun, sind sie als „pädagogische Medien" zu bezeichnen.

In der Medienpsychologie haben sich folgende Aspekte eines Mediums als sinnvoll zu unterscheiden erwiesen:

- Die sog. *Hardware,* d. h. die Stofflichkeit eines Mittlers, z. B. das Fernsehgerät, der Computer.
- Die sog. *Software,* d. h. das übermittelte „Programm", z. B. der Fernsehfilm, der Lerntext, das Lernprogramm im Computer.
- Das *Symbolsystem,* der Code. Beim Text z. B. ist das Übermittelte im Symbolsystem Sprache kodiert. Ein Film hat, soweit er vertont ist, neben dem sprachlichen Symbolsystem ein bildliches Symbolsystem, eine „Bildsprache". Sie unterscheidet sich z. B. von der Bildsprache eines Dias, weil sie Bewegung mitzuteilen vermag.
- Das im Symbolsystem Vermittelte schließlich ist die relevante Information, die *Botschaft.* Im Kontext von Lehren/Lernen erwartet man, daß diese Botschaft in einer Weise verarbeitet wird, die beim Lerner überdauernde Veränderungen bewirkt. Pädagogisch relevante Informationen, die Medien über-mitteln, sind z. B. neue Aussagen über Sachverhalte, neue Begriffe, aber auch Bewegungsfiguren (z. B. beim Erlernen von Verhaltensweisen) oder Informationen über das Aussehen von Objekten.

Wenn man von „Medium" spricht, bezieht man diese Aspekte leider ganz unterschiedlich ein. Manche denken nur an das Gerät, die Hardware; andere beziehen sich vorwiegend auf das Symbolsystem. Das machen die unterschiedlichen Versuche deutlich, Medien zu klassifizieren. Die Klassifikation in personale und nicht-personale Medien berücksichtigt lediglich die Hardware-Seite. Die Unterteilung in visuelle, auditive, audiovisuelle und haptische (Tastsinn) Medien geht dagegen von Merkmalen des Symbolsystems aus (welche Sinne es jeweils anspricht). Dale (1946) sortiert Medien nach ihrem Realitätsgrad. Ein Text ist demnach weniger realistisch als etwa ein Film. Unterschieden werden hier wiederum Symbolsysteme; heikel ist allerdings das Kriterium „Realität".

Die Medienpsychologie leidet an der Vielfalt der Medienbegriffe. Der Spielraum reicht von der engen Beschränkung auf den Aspekt „Hardware" bis zum Konzept von den „internen Medien", mit denen Aebli die Symbolsysteme meint, die unser Denken zur Verarbeitung und Speicherung der Informationen verwendet. „Kann man den gleichen Gedanken in verschiedenen Medien denken?" (Aebli, 1981, S. 281f.). Diese eigenwillige Benutzung des Begriffs „Medium" entfernt sich allerdings zu weit von unserem Gegenstand. Aber auch die Begriffe Hardware und Software, Symbolsystem und Botschaft (s. o.) sind keineswegs unproblematisch. Ist z. B. der Videorecorder oder das Videoband die Hardware oder beide? Was ist das Symbolsystem einer Trickgrafik in einem Lehrfilm? Meint „Botschaft" das, was z. B. ein Filmemacher mitteilen will oder was ein Lerner tatsächlich wahrnimmt und verarbeitet?

In diesem Kapitel wird vor allem das *Symbolsystem* von Lehr-/ Lernmedien im Mittelpunkt des Interesses stehen. Es definiert, was ein Lernender in der Arbeit mit einem Medium zu leisten hat und bestimmt damit den Prozeß der Informationsverarbeitung entscheidend. Medien unterscheiden sich im Hinblick darauf, welche Symbolsysteme sie benutzen können. Mit einem Tonbandgerät lassen sich z. B. keine Bilder übermitteln; ein Videoband ist dagegen für verschiedene Symbolsysteme (Sprache, Bilder, Musik) geeignet. Andere Medien wiederum unterscheiden sich zwar im Hinblick auf die Hardware, benutzen aber dasselbe Symbolsystem; ein Standbild kann z. B. in einem Buch wie in einer Tonbildschau übermittelt werden.

Daß die Bestimmung des Medienbegriffs keine folgenlose Begriffsklauberei ist, zeigt ein Blick auf die Geschichte der Medienforschung. Der folgende Abschnitt wird dies verdeutlichen. Zum einen zeigt sich, wie die traditionelle Medienforschung pädagogisch-psychologisch gesehen eher uninteressante Aspekte von Medien untersuchte. Zum anderen wird augenfällig, wie die neuere Forschung über eine andere Gegenstandsbestimmung die Auseinandersetzung mit Lernmedien in erheblich ergiebigere Bahnen lenkte.

12.3 Medien in der pädagogisch-psychologischen Forschung

12.3.1 Welches Medium ist besser?
Die traditionelle Wirkungsforschung

Ein Großteil der Medienforschung etwa seit den 40er Jahren versuchte, die Lernwirksamkeit verschiedener Medien miteinander zu vergleichen. Diese Wirkungsforschung wird von Kritikern als „horse-race"-Forschung abgetan: Man habe Medien experimentell gegeneinander ins Rennen geschickt und die Punkte ausgezählt. Die Wettkämpfe ergaben enttäuschenderweise keinen Medienchampion. Das zeigen auch Metaanalysen einer großen Zahl solcher Studien (vgl. Cohen, Ebeling & Kulik, 1981).

Die konzeptuellen Schwächen dieses Forschungsansatzes sind so offenkundig, daß aus heutiger Sicht dieses „Vollgasgeben im Leerlauf" (Salomon, 1978) befremdet. Es muß allerdings erwähnt werden, daß gerade an Medienvergleichen schon früh, wenn auch mit wenig Erfolg, Kritik geübt wurde (z. B. Lumsdaine, 1953). Die unabhängige Variable in den Wirkungsforschungs-Studien ist z. B. der Lehrer, das Fernsehen, die programmierte Instruktion. Clark (1983) weist in einer scharfen Kritik darauf hin, daß man dabei gar nicht primär Medien und ihre Wirkungen untersuche, sondern *Treatments*, also Lehrmethoden. Wenn beispielsweise ein Lehrtext einmal in Form einer programmierten Broschüre, ein andermal als Lehrervortrag oder als Film aufbereitet werde, dann seien die Medien Nebensache; die Treatment-Unterschiede seien es, die untersucht würden (als Beispiel für diesen Typ von Studien vgl. Kasten 12.1). Will man jedoch nicht nur den Lernstoff, sondern auch das Treatment kontrollieren, so zerrinnt die ursprüngliche Frage nach Medienunterschieden zwischen den Fingern. Man kann z. B. ein Treatment wie die Programmierte Unterweisung in mehreren Medien präsentieren: als gedruckte Broschüre, als Film mit Standbildern der einzelnen Schritte und als Lehrervortrag mit exakt dem Text der Broschüre. Das Treatment wäre kontrolliert, aber die Kapazitäten von Film bzw. Lehrer hätte man unverantwortlich unter Wert genutzt.

Der Konfundierung von Medium und Treatment ist es auch zuzuschreiben, daß die Ergebnisse der traditionellen Medienforschung schwerlich

---

Kasten 12.1: Was ist lernwirksamer: Gedrucktes Lernprogramm oder Lehrer?

Eine Unterrichtseinheit „Kühlschrank" wurde zwei Hauptschulklassen einmal in Form einer programmierten Broschüre, zum andern in Form von Direktunterricht dargeboten. Die Reihenfolge der Informationsdarbietung war in beiden Fällen identisch; in beiden Darbietungsweisen waren zwei Schülerversuche eingeplant.

Die Bearbeitungszeit lag beim Lernprogramm im Schnitt etwas niedriger als im Direktunterricht. Das Vorwissen war in beiden Klassen gleich.

Der Lernerfolg wurde mit zwei Tests gemessen: Der eine Test wurde einen Tag nach der Instruktion bearbeitet, der zweite zwei Wochen später. Beide Tests zeigten eine Überlegenheit des Direktunterrichts: Im ersten Test gaben die Direktunterricht-Schüler etwa 81% richtige Antworten gegenüber 70% bei den Lernprogramm-Schülern; im zweiten Test war der Unterschied 78% zu 65% (Ipfling, 1965).

Eine Paralleluntersuchung von Weltner (1964) kommt zum entgegengesetzten Resultat; hier schneidet die Lernprogrammgruppe mit 86% zu 67% im ersten Test und mit 72% zu 53% im zweiten Test besser ab als die Direktunterrichtsgruppe.

generalisierbar sind. Wenn in einem Experiment die Filmgruppe mehr lernt als die Lesegruppe: Hätte die Filmgruppe bei einem schlechteren Film vielleicht weniger profitiert, die Lesegruppe bei einem besseren Text mehr? Besser und schlechter bezieht sich aber nicht auf das Medium, sondern auf das Treatment und darauf, wie es die Möglichkeiten des Mediums ausschöpft. Ob der Film besser sei als der Lehrer ist unfruchtbar pauschal gefragt.

Als Ausbeute der traditionellen Medienforschung bleibt eine triviale Erkenntnis: Alle Medien können lehren und alle Lerner können von praktisch jedem Medium lernen (Salomon, 1978, S. 37). Nicht daß, sondern warum das so ist, versucht die neuere Medienforschung aufzuklären.

12.3.2 Welcher Unterschied macht den Unterschied? Die neuere Medienforschung

Die folgende Aussage faßt das Programm der neueren pädagogisch-psychologischen Medienforschung prägnant zusammen:

„Wir werden kaum weiterkommen, so lange wir nicht irgendein Schema besitzen, um genauer zu bestimmen, wie Information durch verschiedene Symbolsysteme strukturiert wird, wie diese Struktur von den verschiedenen Medien in der Instruktionssituation beeinflußt wird und welche psychologischen Konsequenzen diese Strukturierungen haben" (Olson, 1974, S. 10).

Das Augenmerk wird damit auf vier wichtige Tatsachen gerichtet: (1) Informationen werden immer in einem *Symbolsystem* übermittelt (Code). (2) Die Übermittlungsmedien strukturieren dieses Symbolsystem entsprechend ihrer *Eigenschaften* (inhärente Medienattribute). (3) Die so kodierte und medienspezifisch strukturierte *Information* stellt (4) an Lerner bestimmte *Anforderungen,* die die Verarbeitung (Lernen) beeinflussen. Dies sind die Aspekte von Medien, die eingangs als pädagogisch-psychologisch bedeutsam dargestellt wurden.

Am Beispiel eines Filmes zum Biologieunterricht läßt sich dies verdeutlichen. Der Film, schwarzweiß, zeigt im Zeitraffer, wie sich eine Blüte entfaltet. Zu (1): Das Symbolsystem, der Code, ist ikonisch; es handelt sich um repräsentationale, d. h. Wirklichkeit darstellende Bilder (Knowlton, 1966); sie haben kritische Merkmale, z. B. die Kontur, mit dem Abgebildeten gemeinsam. Zu (2): Der ikonische Code wird durch das Medium (genauer: die Hardware) beeinflußt: die Farbe entfällt, die zeitliche Abfolge ist beschleunigt. Zu (3 und 4): Vom Lerner wird verlangt, daß er diese Veränderungen wahrnimmt, sie teils kompensiert (Farbe), teils wie gewünscht interpretiert (Tempo).

Im Vergleich zur früheren Medienforschung wird hier sowohl die

Kasten 12.2: Medien-Symbolsystem und Lerner-Fähigkeiten

Versuchspersonen waren 126 Fünftkläßler. Als Material diente ein 8minütiger Fernsehfilm in vier Fassungen. Sie waren identisch im Hinblick auf die Geschichte, aber verschieden in der Filmsprache. *Version 1* enthielt viele Einstellungen aus verschiedenen Blickwinkeln. *Version 2* enthielt logische Sprünge, weil in mehreren Szenen Elemente herausgeschnitten waren. In *Version 3* wechselten Nah- und Totaleinstellungen abrupt. In *Version 4* wurden diese Wechsel durch Zoomen stufenlos vollzogen.

Am Tag vor der Filmvorführung bearbeiteten die Kinder einige *Vortests* zu Fähigkeiten, die nach Ansicht der Forscher zur Verarbeitung der Filmversionen nötig waren: Version 1 verlangt die Fähigkeit, aus Einzelbildern die Vorstellung des gesamten Raumes zu bilden. Version 2 muß Kindern leichter fallen, die die Fähigkeit haben, trotz fehlender Teile eine durchgehende Logik zu entwikkeln. Version 3 verlangt Fähigkeiten wie z.B. aus einem komplexen Bild ein Detail zu erkennen und ein Detail dem komplexen Bild zuzuordnen. Version 4 stellt daran dagegen kaum Anforderungen.

Unmittelbar nach der Filmbetrachtung bearbeiteten die Kinder zwei *Behaltenstests:* einen verbalen multiple-choice-Test zu Einzelheiten der Filme und einen Bildertest zum Allgemeinverständnis (drei Serien mit Bildern aus dem Film mußten in die richtige Reihenfolge gebracht werden).

Die Ergebnisse: Version 4 erbrachte die höchsten Behaltenswerte, Version 3 die niedrigsten.

Die Werte in einem Vortest „fehlendes Bildelement erkennen" korrelierten hochsignifikant mit den Ergebnissen in den Behaltenstests bei Version 3 ($r = .67$). Dagegen korrelierten sie nicht signifikant mit den Ergebnissen zu Version 4.

(Nach Salomon & Cohen, 1977)

Medienseite wie die Lernerseite ausdifferenziert. Auf der Medienseite gibt man sich nicht mit Hardware-Merkmalen zufrieden, sondern analysiert zusätzlich das Symbolsystem und die übermittelte Botschaft. Der Lerner wird nicht als bloßer Rezipient gesehen, der Medienwirkungen zeigt (z.B. Wissenszuwachs nach dem Lesen eines Lernprogramms); vielmehr versucht man herauszufinden, wie er das Symbolsystem entschlüsselt und die übermittelte Botschaft verarbeitet.

Eine Studie von Salomon & Cohen (1977) illustriert diese Forschungsrichtung (s. Kasten 12.2).

Der Vergleich mit traditionellen Wirkungsstudien zeigt das Neue dieses
Ansatzes. Man setzt nicht mehrere Medien ein, sondern ein Medium in
mehreren Versionen. Die Variation betrifft solche Merkmale, die für das
Symbolsystem des Mediums charakteristisch sind. Auf der Lernerseite
erfaßt man Fähigkeiten, die theoretisch begründbar mit den Anforderungen des Symbolsystems interagieren könnten (vgl. die Vortests). Die
Wirkung – als Behalten und Verständnis – wird auch nonverbal erfaßt und
ist für die Studie sekundär. Was vor allem interessiert: Wie interagieren
Fähigkeiten der Lerner mit bestimmten Attributen des Symbolsystems
des Mediums? In dieser Untersuchung erwartete und erhielt Salomon
eine Bestätigung für seine Supplantationstheorie (s. Kasten 12.3): In der
Version 4 des Experimentes supplantierte die Kamera die Fähigkeit der
Betrachter, Details und Gesamt zu verbinden; deshalb schnitten auch
Kinder hierbei gut ab, die im Vortest diese Fähigkeit nicht aufwiesen.

Kasten 12.3: Die Supplantationstheorie

Ein Lehrfilm kann Lerner in zweierlei Hinsicht überfordern: Der
Inhalt kann zu schwierig sein oder die Filmsprache, das Symbolsystem, wird nicht verstanden. Salomon interessiert sich nur für den
zweiten Aspekt. Der Film zeichnet sich durch ganz bestimmte
Attribute seines Symbolsystems aus: z. B. Wechsel von Nah- und
Ferneinstellungen, Schwenks, Perspektivesprünge. Der Betrachter muß somit Anforderungen erfüllen: er muß z. B. Perspektivesprünge so verknüpfen können, daß die Objektkonstanz erhalten
bleibt. Hat er solche Fähigkeiten nicht in ausreichendem Maße, so
wird er weniger aus einem Film lernen.

Salomon ist der Überzeugung, daß sich diese Fähigkeiten erlernen lassen. Zumindest läßt sich ein Mangel dadurch kompensieren, daß durch Kameraführung oder Montage ersetzt wird, was ein
Zuseher (noch) nicht erlernt hat. Ein fehlender internaler Prozeß
wird external im Medium vollzogen, also wahrnehmbar vorgeführt. Dies nennt Salomon Supplantation.

Wenn z. B. ein Lerner Probleme hat, aus einem komplexen Bild
einen wesentlichen Gegenstand optisch herauszulösen, kann ein
Zoom (mit der „Gummilinse" ein Detail „heranholen") die fehlende Fähigkeit supplantieren. Wie Salomon demonstrieren
konnte, läßt sich damit eine Fähigkeit sogar trainieren; die von der
Kamera vorgeführte Aktivität wird vom Betrachter verinnerlicht.

Natürlich gilt das Supplantationskonzept nicht nur für das
Symbolsystem des Films, sondern für alle Symbolsysteme.

(Vgl. Salomon, 1979)

Die detaillierte Analyse von einerseits Medienmerkmalen (einschließlich der Symbolsysteme) und andererseits Lernermerkmalen soll auch Erkenntnisse liefern, um den Medieneinsatz zu optimieren. Vorrangig geht es um die Prozesse im Lerner, die beeinflußt werden sollen: „Die kritischen Merkmale des notwendigen kognitiven Prozesses sind das Entscheidende, wenn man erfolgreiche Lehrmethoden und eine Instruktionstheorie entwickeln will. Es gilt, diese Merkmale des kognitiven Prozesses in ein Symbolsystem zu übersetzen, das der Lerner versteht und dieses dann mit Hilfe eines geeigneten Mediums zu transportieren" (Clark, 1983, S. 454).

Zusammenfassend lassen sich die bislang diskutierten Schlüsselbegriffe der pädagogisch-psychologischen Medienforschung wie folgt darstellen (vgl. Abb. 12.1).

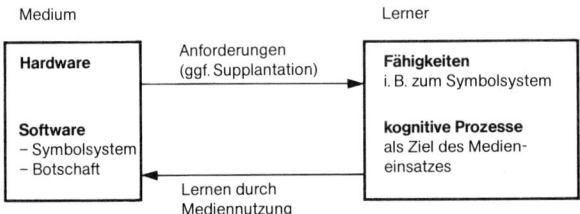

Abb. 12.1: Schlüsselbegriffe der pädagogisch-psychologischen Medienforschung

Nachdem wir uns nun vor allem mit allgemeinen Merkmalen von Medien auseinandergesetzt haben, sollen im nächsten Abschnitt allgemeine Merkmale von Lernern untersucht werden, die im Umgang mit Medien eine Rolle spielen. Sie beeinflussen nämlich, wie Lerner Medien nutzen.

12.4 Psychologische Voraussetzungen des Lernens mit Medien

Wie effektiv ein Lerner mit Hilfe eines Mediums lernt, hängt von vielen Bedingungen und Faktoren ab. Die neuere pädagogisch-psychologische Medienforschung hat vor allem drei davon untersucht:

– Die *Einstellung* zum Medium, die Bewertung des Mediums durch den Lerner.
– Die *Fähigkeiten* des Lerners, die Symbolsysteme zu entschlüsseln, die das jeweilige Medium verwendet (vor allem nicht-sprachliche Symbolsysteme); dies wird unter dem Stichwort „literacy" bzw. – bei Bildern – „visual literacy" erforscht.
– Die *Verarbeitung* der „Botschaft", die der Lerner aus dem Medium extrahiert.

12.4.1 Die Einstellung zum Medium

Wie jeder Erzieher weiß, erfreuen sich besonders audiovisuelle Medien bei Lernern großer Beliebtheit. In der Didaktik wird die „motivierende" Funktion von Medien immer wieder hervorgehoben. AV-Medien stehen im Ruf, wegen der Nähe zur Wirklichkeit, vor allem aber wegen der Fülle von sinnlichen Eindrücken, das Lernerinteresse zu wecken, die Aufmerksamkeit auf den Lerngegenstand zu richten und die Aufnahmebereitschaft während des Unterrichts aufrechtzuerhalten.

Die meisten Lerner haben in der Tat eine positive Einstellung gegenüber audiovisuellen Medien. Vor die Wahl gestellt, zu einem Thema lieber einen Direktunterricht mit Lehrer oder einen Film zu erleben, entscheiden sich konventionell unterrichtete Kinder für den Film. Daß AV-Medien Aufmerksamkeit mobilisieren können, zeigen viele Medienvergleichsstudien als Nebeneffekt; anfänglich ist die Versuchsgruppe, die einen Stoff mit Hilfe von AV-Medien lernt, der Direktunterricht-Gruppe oft überlegen. Nach einigen Wochen verschwindet dieser Vorteil jedoch; der vorübergehende Medienvorteil entpuppt sich als *Neuheits-Effekt,* der seine Wirkung auf die Aufmerksamkeit der Lerner bald verliert. Ebenso gehen in der Regel mit zunehmender Kursdauer die positiveren Einstellungen der Lerner in der AV-Gruppe zurück (vgl. Cohen, Ebeling, Kulik, 1981), so daß am Ende die Vorteile des Mediums gegenüber dem lehrergeleiteten Unterricht wieder verschwinden.

Manche Erzieher sind gegenüber Fernsehen und Film im Unterricht reserviert, weil sie meinen, dies bedeute für die Lerner zuallererst *Unterhaltung;* sie würden das Medium „konsumieren" und die Information nicht so verarbeiten, wie dies für Lernen nötig sei. Ist tatsächlich das Medium die Botschaft (McLuhan, 1965), signalisiert der Fernsehapparat allein schon Unterhaltung? Die wenigen empirischen Untersuchungen zu dieser Frage bestätigen, daß Fernsehen in der Tat in erster Linie unterhaltend und eskapistisch genutzt wird, während man Druck-Medien mit Information und Bildung verbindet (vgl. Katz, Blumler & Gurevitch, 1974). Teilt man z.B. Studenten mit, sie müßten einen Stoff erarbeiten, der anschließend abgeprüft werde und stellt man ihnen dann zur Wahl, ihn per Text oder per Film präsentiert zu bekommen, so entscheiden sie sich in der Mehrzahl für das unattraktivere Symbolsystem Schrift (Kosbiech, 1976). Fernsehlektionen wird von den Lernern selbst mehr Attraktivität, aber weniger Informativität zugeschrieben. Computer scheinen dagegen sowohl im Hinblick auf Attraktivität wie auf Seriosität hoch eingestuft zu werden. Während Fernsehen als oberflächlich und anspruchslos gilt, sehen Lerner Computer als schwierig (vgl. Salomon, 1981), übrigens auch als fairer, verglichen mit dem Lehrer (Hess & Tenezakis, 1973).

Die Einstellung eines Lerners zu einem Lehr-/Lernmedium wird seine

Kasten 12.4: Fernsehen ist leicht, Lesen schwer

124 amerikanische Sechskläßler wurden nach Zufall in zwei Gruppen aufgeteilt: Eine Gruppe sah einen Fernsehfilm ohne Ton; die andere Gruppe las einen Text, der den Filmablauf wiedergab. (Vergleichbarkeit hinsichtlich Inhalt, Explizitheit usw. wurde überprüft.) Die Bearbeitungszeit betrug bei beiden Gruppen knapp 20 Minuten.

Eine Woche zuvor wurden bei den Schülern per Fragebogen folgende beiden Variablen erfaßt:

1. PDC (perceived demand characteristics): Verschiedene Formen von Film und Druckmedien galt es nach ihrer Realitätsnähe einzustufen. Außerdem wurden Attributionen von Erfolg/Mißerfolg beim Lernen mit diesen Medien erfragt. (Beispielfrage: „Ein Schüler wie du hat einen Text gelesen und ihn nicht verstanden? Liegt es am Text oder an ihm?")

2. PSE (perceived self efficacy): Zu zehn Lernstoffen war einzustufen, wie leicht man sich zutraut, sie mit einem Fernsehprogramm oder einem Text zu lernen.

Im Anschluß an die Filmbetrachtung oder das Lesen wurde eine dritte Variable erfaßt:

3. AIME (amount of invested mental effort): Die Schüler gaben Anstrengungsschätzungen zu Verständnis, Konzentration usw. an (Beispiel: „Wie sehr hast du dich konzentriert?").

Die Lernleistung wurde mit einem *Leistungstest* gemessen.

Einige *Ergebnisse:*

1. *Die Medien „Fernsehen" und „Text" werden unterschiedlich eingeschätzt.* Im Hinblick auf PDC: Fernsehen gilt als realistischer. Erfolg beim Lernen mit Fernsehen wird external dem Medium zugeschrieben, Mißerfolg dem Lerner. Beim Lernen mit Texten ist die Attribution umgekehrt: Erfolg wird dem Lerner attribuiert, Mißerfolg dem Text.

   Zur Variable PSE: Die Kinder glauben, mit Fernsehen würden sie erfolgreicher lernen als mit einem Text.

2. *Effektiv gelernt wird mehr mit dem Buch als mit dem Fernsehfilm.* Dies gilt für die Teile des Tests, die eine tiefere Verarbeitung erfaßten, z.B. eigene Schlußfolgerungen.

3. *Lernen mit dem Text verlangt mehr Anstrengung.* Die AIME-Werte der Lesegruppe sind signifikant höher als die der Filmgruppe. AIME korreliert in beiden Gruppen hochsignifikant mit den Ergebnissen im schlußfolgernden Test.

(Nach Salomon, 1984a)

Nutzung dieses Mediums nicht unbeeinflußt lassen. Wer z. B. Fernsehen als anspruchslos auffaßt, wird sich kaum Mühe gehen, Lerninformationen ernsthaft zu verarbeiten, wenn sie per Fernsehen übermittelt werden. Diese Vermutung wird ebenfalls durch einige Studien gestützt (vgl. Kasten 12.4).

Die Ergebnisse der Untersuchung zeigen, wie wichtig die Einstellungen der Lerner zu einem Medium sind. Fernsehen bzw. Film wird hier als leicht eingestuft; die Schüler investieren weniger Anstrengung in die Verarbeitung. Das Buch dagegen wird als anspruchsvolleres Medium bewertet und mit mehr Aufwand verarbeitet. (Allerdings bietet ein Text auch real bessere Lernmöglichkeiten, s. Kapitel 12.5). Es kommt unter Umständen zu einer sich selbst erfüllenden Prophezeiung: Die Überzeugung, Fernsehen sei ein „leichtes" Medium, wird bestätigt, indem man oberflächlich wahrnimmt. Die Kinder nehmen komplexere Informationen und Unterschiede zwischen Programmen nicht auf und bestärken die Auffassung vom leichten Medium.

Die hier untersuchten Einstellungen kommen besonders zum Tragen, wenn in der Lernsituation kein zusätzlicher Einfluß auf die investierte Anstrengung ausgeübt wird. Wenn aber z. B. ein Lehrender oder der Lerner selbst eine klare Aufgabenorientierung setzt („achtet im folgenden Film besonders auf…"), kann ungeachtet der unerwünschten Vor-Einstellung der Lerner eine größere *„Ernsthaftigkeit"* (Cohen & Salomon, 1979) bei der Nutzung des Mediums erwartet werden.

12.4.2 Entschlüsseln des Symbolsystems

Eine „ernsthafte" Einstellung ist nicht die einzige pädagogisch-psychologische Voraussetzung für einen lernwirksamen Mediengebrauch. Der Lerner muß auch über Fertigkeiten verfügen, um das Symbolsystem zu entschlüsseln. Daß man das Lesen von Texten erlernen muß, ist bekannt. Muß auch das Bilder-Lesen erst erlernt werden? Arnheim (1972, S. 290) formuliert das Problem so: „Wieviel wissen wir eigentlich darüber, was Kinder und überhaupt Lernende tatsächlich sehen, wenn ihnen eine Lehrbuchabbildung, ein Film oder ein Fernsehprogramm vor Augen kommt? Auf die Antwort kommt alles an, denn wenn ein Lerner nicht sieht, was er sehen soll, so fehlt ihm die Grundlage für alles Lernen."

Visual literacy bei Bildern

Bilder gelten als unmittelbar verständlich. Die zur Olympiade entwickelten Piktogramme wurden z. B. entworfen, um von Angehörigen aller Sprachgemeinschaften verstanden zu werden. Ein Paßfoto hilft an jeder Grenze bei der Identifikation. Aber ist die Bildersprache tatsächlich

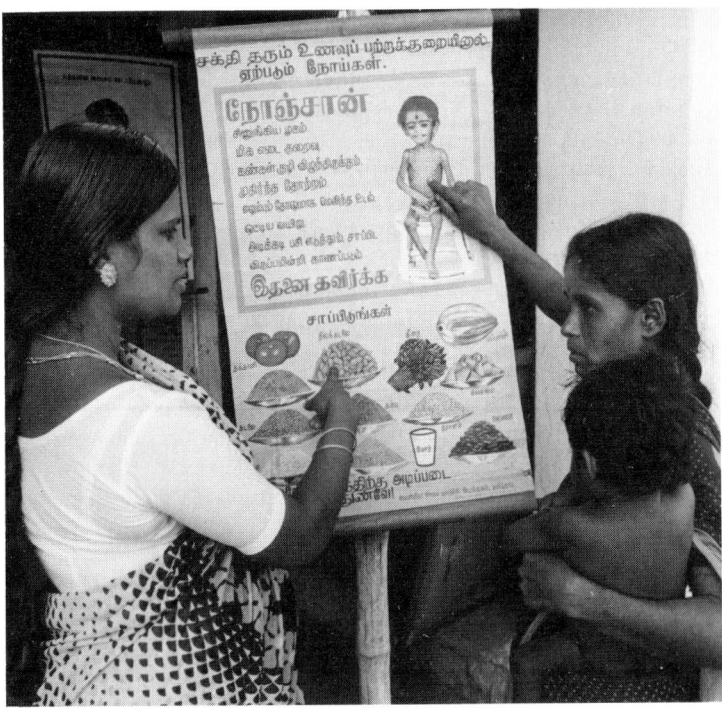

Abb. 12.2: Sind Bilder universell?

universell? Kann sie jedermann ohne vorheriges Lernen „lesen"? Oder gibt es gute und schlechte Bilder-Leser, d. h. solche, die visuelle Informationen sehr effektiv verarbeiten und solche, die dies weniger erfolgreich leisten können? Gibt es auch visuelle „Analphabeten"? Kurz: Gibt es eine Fähigkeit, die man zum Umgang mit Bildern braucht? Die Forschung bejaht diese Frage und spricht von „visual literacy" (VL).

Diese Bezeichnung wird allerdings immer wieder kritisiert. Ikonische, bildliche Zeichen seien von sprachlichen so grundverschieden, daß die Metapher vom „Bilder-Lesen" in die Irre führe. Die Kritiker haben zweifellos recht, wenn sie essentielle Unterschiede zwischen Sprache und Bild herausarbeiten; andererseits schütten sie das Kind mit dem Bade aus, wenn sie die ebenso offensichtlichen Gemeinsamkeiten übersehen. Sprache wie Bilder sind Symbolsysteme, die ein Lerner verarbeiten muß, und es erscheint durchaus sinnvoll, mit „visual literacy" als Metapher all die Fähigkeiten zusammenzufassen, die man zu einer Verarbeitung von bildhaften Informationen braucht.

In der Logik der VL-Forschung liegt es, Personen zu untersuchen, denen es an den behaupteten Bildlese-Fähigkeiten mangelt. So experimentierte man vor allem mit Kleinkindern sowie mit Angehörigen von Kulturen, die nicht oder nur selten mit Bildern in Berührung gekommen waren. Die Studien erbrachten zunächst überraschende Daten, die die Annahme stützten, auch Bild-Wahrnehmung müsse erlernt werden. So wird z. B. von einer Buschneger-Frau in Holländisch-Guyana berichtet, die ein Foto ihres eigenen Sohnes nicht erkannte, oder von einem Bantu-Neger, der sogar sich selbst auf einer Fotografie nicht zu identifizieren vermochte. Nimmt man alle kulturvergleichenden Studien zusammen, so bilden die bilderunkundigen Eingeborenen Ausnahmefälle, die aber wegen ihrer verblüffenden Wirkung auf die Leser um so häufiger zitiert werden. Cassidy & Knowlton (1983) haben solche Studien später als „Der-Primitive-und-das-Polaroidfoto-Forschung" verspottet.

Eine VL zur Identifikation von einfachen Umrißzeichnungen und klaren Fotografien von bekannten Objekten scheint nicht erlernt werden zu müssen; man kann sie allgemein voraussetzen. Zu diesem Ergebnis kamen auch die Forscher Hochberg & Brooks (1962), die ihr Kind nach der Geburt 19 Monate von jeder Begegnung mit Bildern abzuschirmen versuchten. Als sie ihm dann Umrißzeichnungen und Fotos von vertrauten Gegenständen vorlegten, konnte das Kind die meisten mühelos identifizieren.

Andere Fähigkeiten zur Entschlüsselung von Bildern müssen jedoch offenkundig erlernt werden: vor allem die Rück-Übersetzung einer zweidimensionalen Darstellung in *dreidimensionalen Raum.* Hudson (1960) zeigte z. B. Bantu-Fabrikarbeitern schattierte Zeichnungen von Szenen aus ihrem Alltag. Ein Bild zeigte einen Mann, der vor dem Hintergrund von Fabrikschloten mit einer Gruppe von Arbeitern sprach und den Arm ausstreckte. Einige der Eingeborenen meinten, der Mann wärme seine Hände am Rauch der Schlote. Ein geübter Bilder-Betrachter dagegen vernachlässigt die Flächenhaftigkeit der Abbildung und nimmt das Bild als „Fenster zur Welt", wie es Alberti, der Renaissance-Theoretiker der perspektivischen Darstellung nannte.

Daß z. B. ein Schornstein kleiner ist als ein Mensch, nehmen wir als Hinweis für Entfernung, also Tiefe: der Mann steht näher zum Betrachter als der Schornstein. Andere räumliche Hinweisreize sind z. B. Schattierungen, Überlagerung von Konturen (eine Figur verdeckt teilweise eine andere), Perspektive (konvergierende Parallelen im Fluchtpunkt). Angehörige von Kulturen, die z. B. die Zentralperspektive nicht kennen, sehen am Horizont zusammenlaufende Linien nicht als Straße oder Eisenbahnschiene, die in die Tiefe des Raumes verläuft, sondern z. B. als senkrechte Stöcke, die sich oben berühren. Mit dieser nicht ausgebildeten Fähigkeit, Hinweisreize für Tiefe und Entfernung im Bild auszuwerten,

Abb. 12.3: Links eine Zeichnung, wie Hudson (1960) sie Eingeborenen vorlegte. Auf die Frage: „Wer ist näher zum Mann: Elefant oder Antilope?" antworteten zweidimensionale Seher: „Der Elefant". Die Hinweisreize für Raum (Größenverhältnisse und Zentralperspektive) wurden nicht verwertet. Rechts die Ponzo-Illusion: Dreidimensionale Seher meinen, die obere Querlinie sei breiter. Sie werten die konvergierenden Linien als Hinweis für Tiefe aus und sehen den Abstand „in Wirklichkeit" gleichbleibend. Dann aber muß die obere Querlinie „in Wirklichkeit" breiter sein. Zweidimensionale Seher, z.B. manche Eingeborene, sind für diese Illusion nicht anfällig, weil sie die konvergierenden Linien nicht als Parallelen in der Tiefe, sondern als senkrechte und zueinander geneigte Linien in der Bildebene wahrnehmen.

läßt sich auch die Tatsache erklären, daß solche Eingeborenen für manche optischen Täuschungen weniger anfällig sind (vgl. Abb. 12.3).

In dieser Hinsicht sind also auch Abbildungen keineswegs selbst-erklärend. Noch schwieriger als bestimmte, von kulturellen Sehweisen geprägte Darstellungen der Realität sind bildliche Symbole zu entziffern, wenn man nicht über das nötige Bedeutungswissen verfügt. „Lesen" lernen muß man sog. *konventionelle Zeichen* wie Pfeile als Richtungssymbole (obwohl hier die Herkunft vom realen Schießwerkzeug noch nachvollziehbar ist) und andere Symbole, z.B. Zeichen, die man aus Comics kennt: Linien für Geschwindigkeit, Strahlenlinien für Licht, Wellenlinien für Hitze usw. oder die Sprechblase. Diese Art von VL muß wie das Lesen von Buchstaben erlernt werden.

Wenn so vieles zur effektiven Verarbeitung von Bildern erlernt wird, müssen sich auch innerhalb unseres Kulturkreises Unterschiede in visual literacy nachweisen lassen. So ist zu erwarten, daß Kinder bei der Bildverarbeitung weniger geübt sind als Erwachsene. Mackworth & Bruner (1970) haben im Hinblick auf die Augenbewegungen beim Abtasten von Bildern unterschiedlicher Schärfe tatsächlich solche Unterschiede nachgewiesen. Erwachsene fixieren z.B. häufiger informationshaltige Teile eines Bildes. Kinder verfügen weniger über ausgeprägte Strategien der Bildextraktion.

Visual literacy bei Filmen

Gegenüber dem stehenden Bild verlangt der Film teilweise andere visuelle Fähigkeiten. Das räumliche Sehen ist leichter, weil die Kamera den Blickwinkel ändert und die Akteure sich bewegen. Dagegen muß der Seher hier aus Zerhacktem (Schnitte usw.) einen Zusammenhang bilden und die flüchtigen Bilder rasch identifizieren. Das Prinzip der Montage (des Aneinander-Schneidens verschiedener Filmteile) verläßt sich auf diese Fähigkeiten des Zusehers. Zum Teil sind dies Fähigkeiten, die auch schnelles Lesen verlangt. Vielleicht ist mit dieser Ähnlichkeit ein Ergebnis von Stauffer u.a. (1978) zu erklären, wonach Personen mit hoher verbal literacy auch aus Filmen mehr Informationen entnehmen.

Levie (1978) hat versucht, die Anforderungen von verschiedenen Bildmedien an den kognitiven Apparat aufzulisten (vgl. Kasten 12.5). Dazu zwei Lesebeispiele: Eine Umrißzeichnung (erste Zeile) benutzt die Kontur als Darstellungsform; der Betrachter kann sie nur verstehen, wenn er die Figur vom Hintergrund abzuheben vermag. Bei Karten muß aus den Höhenlinien ein dreidimensionales Relief konstruiert werden.

Kasten 12.5: Anforderungen von Bildern an die Kognition

Bildmedien	Darstellungsformen	Korrespondierende kognitive Operationen
reale Abbildungen	Konturenbegrenzung	Figur-Grund-Trennung
Bilder	lineare Perspektive Überlappung, Steigung; Ungleichgewicht	Unterscheidung der dritten Dimension (räumliche Vorstellung); Abwärtsbewegung
Film, Fernsehen	Kamerabewegungen; Bildschnitt; sequentielle Abfolge	Wechsel des Beobachtungsstandpunktes; zeitlicher Zusammenhang zwischen Szenen
logische Bilder	bezeichnete Kästchen und Verbindungslinien	Elemente und deren Relationen
Karten	Konturlinien (Höhenlinien)	Höhe von Landflächen
Cartoons	angedeutete Bewegungselemente	Bewegung von Objekten
Kubistische Malerei	Darstellung aus mehreren Richtungen	simultane Wahrnehmung weiterer Dimensionen

(Levie, 1978, übersetzt von Hannemann, 1983)

Gibt es Visualisierer?

Im Zusammenhang mit der VL wird die Frage wieder aktuell, ob es unterschiedliche *Lernertypen* gibt, Verbalisierer oder Visualisierer. Die einen sollen leichter mit Texten umgehen können, die anderen besser mit Bildern. Die Gedächtnisforschung hat, vor allem in den Arbeiten von Paivio (1971) und seinen Mitarbeitern, dieser in der Psychologie und Pädagogik schon oft diskutierten Typisierung (vgl. z.B. den Überblick bei Kiefer, 1956) neuen Auftrieb gegeben. Paivio unterscheidet zwei funktionell unabhängige Codierungssysteme – ein imaginales und ein verbales (vgl. Kasten 12.6). Er fand in vielen Studien auch Hinweise für diese Theorie. Eine ähnliche Typisierung legt die Theorie von der Spezialisierung der Großhirnhälften in ein linkes „Sprachhirn" und ein rechtes „Bilderhirn" (vgl. Ornstein, 1974) nahe. Gibt es also sog. Visualisierer, die Informationen bevorzugt mit ihrem imaginalen Codierungssystem verarbeiten, oder bei denen ein Rechtshirnmodus überwiegt?

Die Suche nach aussagekräftigen Ergebnissen zu Lernertypen verlief bislang enttäuschend. Aus der ATI-Forschung (vgl. Kap. 12.8) gibt es einige Studien zu personspezifischen überdauernden Unterschieden in visuellen Fähigkeiten, z.B. in der Raumvorstellung; die Ergebnisse sind jedoch weit davon entfernt, Lernertypen zu rechtfertigen (vgl. z.B. die Übersicht von Gustafsson, 1976). Nur wenige Studien sind überhaupt direkt darauf ausgerichtet, Lernertypen zu identifizieren. Zu diesen Ausnahmen zählt z.B. die Untersuchung von Levin u.a. (1974), die drei Lernertypen unterscheiden: (1) solche, die mit Bildern und Wörtern gleich gut lernen; (2) solche, die mit beiden Informationstypen schlecht lernen; (3) solche, die relativ gut mit Bildern und schlechter mit Wörtern lernen. Die letzteren wären also die „Visualisierer".

Sieht man von solchen Einzelstudien ab, ergibt sich ein anderes Bild: Statt überdauernden Lernertypen findet man innerhalb jeder Person eine Vielfalt von Verarbeitungsweisen, deren Einsatz abhängt von der Aufgabe, den wahrgenommenen Informationen, der Erinnerungssituation und anderen Bedingungen. Mit Neisser (1979) ist es sinnvoller, einen aktiv informationssuchenden und flexibel verarbeitenden kognitiven Apparat anzunehmen, der je nach Aufgabe und Situation Reize z.B. einmal mehr visuell, ein andermal mehr verbal codiert oder bei der Betrachtung von Bildern einmal mehr auf die Raumhinweis-Reize, ein andermal mehr auf die dargestellte Geschichte oder auf die Farbe achtet.

Anschaulichkeit

Die VL-Forschung steckt eine Voraussetzung für ein Prinzip ab, das in der Unterrichtslehre bisweilen zum Dogma geworden ist: „unterrichte anschaulich". Es entstand, als im Humanismus die Betonung des sprachli-

Kasten 12.6: Die Theorie der dualen Codierung

1971 stellte der Kanadier Paivio eine Theorie vor, mit der er verschiedene experimentelle Ergebnisse zur Verarbeitung von Sprache und Bildern zu integrieren versuchte. Kernstück dieser Theorie ist die Annahme von zwei funktionell unabhängigen, aber miteinander in Verbindung stehenden kognitiven Systemen: Das ‚verbale‘ System codiert wahrgenommene Informationen in sprachlicher Form; das ‚imaginale‘ System verarbeitet und speichert Informationen dagegen in einer bildhaften Repräsentationsweise.

Welches System von einem Reiz jeweils aktiviert wird, hängt zum einen vom Reiz selbst ab: Wörter aktivieren unmittelbar das verbale, Bilder das imaginale Codierungssystem. Zum zweiten aber wird nach Paivio die Aktivierung der Systeme von der Bedeutungsebene bestimmt, bis zu der eine Information verarbeitet wird. Hört jemand z.B. das Wort „Hund", so kommt es zwar spontan zu einer verbalen Codierung; in einem weiteren Schritt der Bedeutungsanalyse des Wortes wird aber auch das imaginale System einbezogen und die Vorstellung eines Hundes geweckt. Auf einer dritten Ebene kommt es dann zusätzlich zu Assoziationen in den Codierungssystemen (Hund, Bellen, Zähne usw.).

Doppelcodierungen, also Aktivierungen beider Codierungssysteme durch einen Reiz, treten nach Paivio vor allem bei konkreten Bildern und konkreten Begriffen (z.B. „Hund") auf; das konkrete Bild weckt auch das dazugehörige Wort, das konkrete Wort aktiviert eine entsprechende bildliche Vorstellung. Mit dieser Theorie der Doppelcodierung erklärt Paivio das Phänomen, daß konkrete Bilder und Wörter besser behalten werden als abstrakte (z.B. „Treue").

Die Theorie der dualen Codierung wird vor allem von Forschern angegriffen, die eine amodale, abstrakte Form der Codierung von Informationen annehmen. In jüngeren Arbeiten hat Paivio eine solche Codierungsform nicht als Alternative sondern als Ergänzung zu seinen beiden Systemen diskutiert.

chen Lernens von einigen Pädagogen als einseitig kritisiert wurde und erlebte den Durchbruch, als Comenius mit seinem „Orbis sensualium pictus" (1658) das erste Bilderbuch zum Sprachunterricht verfaßte. Seither ist in der Didaktik die These vom Segen der Bilder eingebürgert.

In der Gedächtnispsychologie vor allem der 70er-Jahre gibt es zahlreiche Studien, die einen solchen Bildvorteil zu bestätigen scheinen. Umrißzeichnungen werden z.B. schneller erfaßt und zumindest kurzfristig besser behalten als Worte, die dieselben Gegenstände bezeichnen (Paivio, 1971). Phänomenal ist die Wiedererkennensleistung bei Bildern. Nachdem Versuchspersonen 2560 Farbdias kurz hintereinander sahen, wurden ihnen nach einigen Tagen Itempaare gezeigt, die jeweils ein bekanntes und ein neues Dia enthielten. Die Wiedererkennungsleistung (im Vergleich zu nicht gezeigten Dias) lag bei über 90% (Standing u.a., 1970).

Erklärt wird der Bildvorteil u.a. mit der großen Zahl von Spezifika, die ein Bild im Unterschied zu einem Wort auszeichnen. Nach der Theorie der Doppelcodierung von Paivio (s. Kasten 12.6) wird ein gegenständliches Bild immer auch sprachlich kodiert, was der Behaltensleistung zugutekommen soll. Wörter, besonders abstrakte, werden nach Paivio dagegen vorwiegend sprachlich kodiert: ihrer mangelnden Anschaulichkeit sei die schlechtere Erinnerung zuzuschreiben.

Trotz solcher Studien ist ein Bildvorteil in einer konkreten Lernsituation aber keineswegs selbstverständlich. Das Konzept der visual literacy impliziert vielmehr, daß ein Bildvorteil zuallererst davon abhängt, ob ein Betrachter die notwendigen Fähigkeiten besitzt, das bildliche Symbolsystem zu entschlüsseln und sie optimal und intensiv genug einsetzt. Lerner allein mit Bildern zu konfrontieren heißt nicht, daß sie damit tatsächlich lernen.

12.4.3 Verarbeitungstiefe

Neben der Einstellung zum Medium (vgl. 12.4.1) und den Fähigkeiten des Lerners, das zum jeweiligen Medium gehörende Symbolsystem zu entschlüsseln (vgl. 12.4.2), hängt eine effektive Mediennutzung entscheidend davon ab, wie intensiv der Lerner die medial vermittelten Informationen verarbeitet. Craik & Lockhart (1972) haben das Konzept der *Verarbeitungstiefe* vorgeschlagen, um Unterschiede in der Behaltensleistung zu erklären. Die Erinnerung an eine Information soll demnach um so dauerhafter sein, je mehr z.B. ein Lerner den Lerninhalt „semantisch" verarbeitet, d.h. dessen Bedeutung herausarbeitet, im Unterschied etwa zu einer „oberflächlichen" Verarbeitung, indem der Lerner mechanisch auswendig lernt.

Einige Annahmen dieser Theorie wurden kritisiert; die Autoren haben inzwischen z.B. das Konzept einer hierarchischen Folge von Verarbeitungsstufen relativiert und – wie andere Theoretiker vor ihnen – vor allem das Ausmaß von *Elaborationen* für den Behaltenseffekt verantwortlich gemacht. Vereinfacht gesagt: Eine Information wird um so besser behalten, je mehr der kognitive Apparat des Lerners damit macht, mit je mehr Strukturen die Information in Kontakt kommt, je mehr Operationen mit ihr ausgeführt werden.

Kasten 12.7: Bilder müssen zur Verarbeitung herausfordern

„Das Bild muß nicht zu sehr aufs Erklären aus sein. Es ist eine gute Praxis, wenn man zuerst das Puzzle präsentiert, die Fakten selbst die Fragen stellen läßt, dem Denken eine Chance zur Antwort gibt und die Lösung in angemessener Zeit unterstützt. Alle einschlägigen Tatsachen bloß darzustellen ist kein gutes Unterrichten, weil bloße Information nicht erzieht" (Arnheim, 1974, S. 187).

„Der (...) perfektionistisch durch Anschaulichkeit Belehrte ist der Wirklichkeit nicht begegnet. Es kam zu keiner Herausforderung durch ein sein Rätsel aufgebendes Phänomen. Es kam auch nicht dazu, daß der Herausforderung standgehalten wurde durch Stutzen, Sinnen, Sichvertiefen in den Augenblick, Fragen, Nachdenken. Es kam nicht zum suchenden Anschauen. Es kam dann schließlich vor allem nicht zu einem selbsterworbenen Bild der inneren Zusammenhänge des Phänomens, einem Bild, das die fragmentarische, sinnliche Gegebenheit durch sachgebundene Phantasie ergänzt."

(Flügge, 1963, S. 128)

Ein Bild, ein Film oder ein Text sollten also einerseits zu möglichst vielen Elementen der kognitiven Struktur eines Lerners „passen", andererseits aber nicht zu glatt assimilierbar sein, sondern zur Verarbeitung herausfordern. Diese Forderung ist auch außerhalb der Pädagogischen Psychologie nicht unbekannt (vgl. Kasten 12.7); sie wird aber auch durch einige medienpsychologische Experimente gestützt.

Kunen, Green & Waterman (1979) zeigten ihren Versuchspersonen vertraute Objekte als Umrißzeichnungen. Die Umrisse z.B. eines Pinguins waren teils vollständig, teils punktiert (eng, mittelweit, sehr weit) gezeichnet. Es zeigte sich, daß nicht die Zeichnungen mit durchgezogenen Umrißlinien am besten behalten wurden, sondern die mit eng und mittelweit punktierten Konturen. Die Autoren erklären das Resultat mit der Theorie der Verarbeitungstiefe (s.o.): Die punktierten Umrisse hätten beim Encodieren mehr Verarbeitungsprozesse in Gang gesetzt; die ganz weit punktierten Umrisse lieferten dem kognitiven System wohl zu wenig Informationen.

Ein absichtlich „unscharfes" Bild wird allerdings in alltäglichen Lernprozessen kaum eingesetzt werden, um eine intensivere Verarbeitung durch Lerner anzuregen. Das angestrebte „Stutzen, Sinnen, Sichvertiefen" (vgl. Kasten 12.7) läßt sich sinnvoller durch Informationen erreichen, die sich auf einer semantischen Ebene „auf den ersten Blick" nicht ohne weiteres einordnen lassen. Das ist z. B. der Fall, wenn ein Bild, ein Film, ein Text zwar einen bekannten Zusammenhang herstellt, daneben aber Neuartiges mitteilt oder Fragen offenläßt. Berlyne (1974) hat solche Merkmale im Zusammenhang mit Neugierverhalten untersucht (vgl. auch Kasten 12.16).

Alinda Friedman (1979) geht – wie andere Autoren auch – davon aus, daß ein Bild zuerst automatisch encodiert wird: Bestimmte Merkmale aktivieren einen „Rahmen", d. h. ein kognitives Konzept, über das der Betrachter verfügt, etwa „Landschaft" oder „Portrait" oder „Küche". Dieser Rahmen enthält sog. Leerstellen; das sind Elemente, die normalerweise zum Rahmen gehören und die der Betrachter erwartet, sobald ein Bild den Rahmen aktiviert. Zum Rahmen „Landschaft" gehören als Leerstellen z. B. Bäume, Berge, Horizont usw.

Ist ein Bild völlig rahmenkonform, bleibt der Betrachter auf der ersten „globalen", oberflächlichen Verarbeitungsstufe. Eine genauere Betrachtung des Bildes wird dagegen dann wahrscheinlicher, wenn einige Bildelemente nicht in den Rahmen passen oder wenn die Bildelemente unterschiedlichen Rahmen zuzuordnen wären. Wenn z. B. in einem Bild zum Rahmen „Landschaft" übergroße Uhren auf Bäumen liegen, sind diese Elemente nicht rahmenkonform (es sei denn, man aktiviert den Rahmen „Surrealismus"). Nach Friedman setzt nun eine „lokale" Merkmalsanalyse ein; der Betrachter setzt sich mit dem Bild intensiver auseinander, verarbeitet es tiefer bzw. breiter und elaboriert mehr.

In einer Studie konnte Friedman nachweisen, daß rahmenkonforme Gegenstände auf einem Bild nicht in ihrer Eigenart, sondern rahmenstereotyp gespeichert wurden. Zeigte man Versuchspersonen z. B. ein Bild zum kognitiven Rahmen „Küche" und tauschte beim Wiedererkennens-Test einen Toaster auf dem Küchenschrank gegen ein Küchenradio aus, so wurde diese rahmenübliche Veränderung selten bemerkt. Ein Austausch gegen ein für eine Küche untypisches Objekt wurde dagegen schnell entdeckt. Das Rahmen-Konzept gilt auch für sprachliche Informationen: Der Austausch von Wörtern in einem Text durch Synonyme wird seltener entdeckt als ein Ersatz durch semantisch verschiedene Wörter.

Zusammenfassung

Der Abschnitt „Psychologische Aspekte des Lernens mit Medien" sollte deutlich machen, wie komplex die Voraussetzungen sind, von denen es abhängt, ob ein Lerner ein Medium optimal nutzt.

Bereits die Einstellung zum Medium kann bestimmen, wie ein Lerner

die medial vermittelten Informationen nutzt (vgl. 12.4.1). Wird ein
Medium – wie z. B. Fernsehen bzw. Film – als „leicht" eingestuft, gehen
viele Lerner nicht „ernsthaft" mit ihm um.

Eine zweite wichtige Voraussetzung für erfolgreiches Lernen mit
Medien ist die Fähigkeit des Lerners, das Symbolsystem des jeweiligen
Mediums zu entschlüsseln, um die Botschaft möglichst umfassend zu
extrahieren. Es wurde gezeigt, daß nicht nur für die Entschlüsselung der
Sprache, sondern auch für die Decodierung von bildlichen Informationen
„(visual) literacy" erforderlich ist. Bilder und Filme sind also keineswegs
immer unmittelbar anschaulich. Mancher Mangel an literacy kann durch
die Gestaltung der medialen Information „supplantiert" werden.

Mediennutzung im Kontext von Lehren und Lernen hängt schließlich
auch davon ab, wie intensiv ein Lerner sich mit dem Medium auseinandersetzt, wie genau er die Informationen wahrnimmt, wie sehr er sie
elaboriert. Mit Hilfe der Rahmen-Theorie ließ sich begründen, daß die
einfachsten Bilder und Texte pädagogisch-psychologisch nicht die lernwirksamsten sind, weil sie eine oberflächliche, globale Verarbeitung
nahelegen.

All diese Gesichtspunkte – Einstellungen, literacy, Verarbeitungstiefe
– gelten für das Lernen mit Medien allgemein. Um spezifische pädagogisch-psychologische Gesichtspunkte einzelner Medien geht es in den
folgenden vier Abschnitten dieses Kapitels.

12.5 Text als Lernmedium

12.5.1 Lesen als Konstruktion von Bedeutung

Die Leichtigkeit, mit der man als zivilisierter Erwachsener Texte liest,
läßt vergessen, daß Lesen ein unvergleichlich komplizierterer Prozeß ist
als die Betrachtung von Bildern. Repräsentationale, d. h. gegenständli-
che Bilder sind dem Abgebildeten in wichtigen Aspekten *analog;* selbst
eine Karikatur weist Linienverläufe, Abstandsverhältnisse usw. auf, die
bei aller Verfremdung ähnlich zum porträtierten Gesicht sind. Das
Symbolsystem der Buchstaben jedoch ist *digital;* die Form eines „A" oder
„a" ist per Konvention einem Laut zugeordnet und kann nach bestimmten Regeln der Syntax beliebig mit anderen Buchstaben zu Einheiten
kombiniert werden, die wiederum per Konvention innerhalb einer
Sprachgemeinschaft mit Bedeutung verknüpft sind. Dem geübten Leser
ist der Buchstabencode so vertraut, daß er als Code kaum mehr ins
Bewußtsein dringt. Wie anspruchsvoll die Decodierung jedoch ist, kann
man leicht an der Mühe beobachten, die es Kindern bereitet, flüssig
Lesen zu lernen, erst recht solchen Kindern, denen man eine Lese-

Rechtschreibschwäche attestiert. Die Decodierung von Texten auf der Zeichenebene der Buchstaben ist lediglich von wahrnehmungspsychologischem Interesse. Pädagogisch-psychologisch interessant ist dagegen, wie Lerner den Sinn eines Textes erfassen und verarbeiten.

Wer mit einem Text lernt, geht anders mit ihm um als mit der Morgenzeitung oder einem Prospekt aus dem Briefkasten. Beim *lernorientierten Lesen* kommt es darauf an, den Text möglichst vollständig zu verstehen und zumindest die wichtigsten Aussagen zu behalten, um sie (z.B. bei einer Prüfung oder angesichts eines konkreten Problems) reproduzieren zu können. Lehrer wie Lerner kennen Alltags-Strategien, um das Textverständnis und die Behaltensleistung zu fördern.

Auch Wissenschaftler haben Programme zum optimalen Lernen mit Texten entwickelt. Ob diese Strategien tatsächlich den erwünschten Effekt bewirken, ist durch die Forschung aber nicht so eindeutig gesichert, wie man erwarten mag. Manche Studien erbringen zwar einen Erinnerungsvorteil, wenn Studenten z.B. beim Lesen wichtige Textstellen oder Schlüsselbegriffe unterstreichen, sich Notizen machen oder ein Exzerpt erstellen. Zugleich findet man jedoch andere Untersuchungen, bei denen kein oder kein nennenswerter Vorteil solcher Techniken nachgewiesen werden konnte. Selbst ausgefeilte Strategie-Programme wie etwa die Erweiterung der SQ3R-Methode (Robinson, 1961) durch Thomas & Robinson (1972) oder das Trainingsprogramm von Dansereau u.a. (1979) (vgl. Kasten 12.8) erweisen sich bisweilen als eher wenig effektiv im Verhältnis zum Aufwand (vgl. die Kritik von Fischer & Mandl, 1981, S. 392ff.).

Schaut man sich die Programme zum effektiveren Lesen genauer an, so erkennt man in ihnen Versuche, die *Verarbeitungstiefe* beim Lesen zu intensivieren. Das gezielte Lesen, das Bemühen um Verstehen, das Wiedergeben mit eigenen Worten, das Herausarbeiten von Hauptideen, das Anwenden auf Beispiele usw. sind Anregungen an den Lerner, die bewirken sollen, daß er die Informationen des Textes immer wieder kognitiv durch- und verarbeitet. In dieser Hinsicht gilt dasselbe Prinzip, wie es am Beispiel der Verarbeitung von Bildern im vorigen Abschnitt dargestellt wurde. Auch die Rolle von kognitiven „Rahmen" und Schemata ist für das Verstehen von Texten ebenso wichtig wie für das Verstehen von Bildern. Ja es war die Psychologie der Textverarbeitung, in der die modernen Konzepte und Theorien für die Verarbeitung von medialer Information entstanden sind und erst nach und nach auf den Bereich der Bilder übertragen werden.

Deshalb soll an dieser Stelle in Umrissen ein Prozeß-Modell des Verstehens von Texten vorgestellt werden (vgl. Ballstaedt u.a., 1981), das in vielerlei Hinsicht wohl auch für das Verstehen von Bildern zutrifft. Beim Lesen baut man eine *Wissensstruktur* auf (vgl. Kap. 7). Die Textstruktur wird dabei vom Lerner rezipiert, verarbeitet, elaboriert und

Kasten 12.8: Effektiver Lesen

Als Beispiel für viele Methoden hier das Programm von Dansereau
u. a. (1979):

Verstehensstrategien (Murder 1)
M eine geeignete Lernatmosphäre schaffen (Mood)
U Lesen, um zu verstehen (Understanding)
R den Stoff wiedergeben (Recalling)
D den Stoff verarbeiten (Digesting)
E Wissen durch Selbstbefragung erweitern (Expanding)
R die Wirkung der Lernphase überprüfen (Reviewing)

Abruf- und Anwendungsstrategien (Murder 2)
M eine geeignete Lernatmosphäre schaffen (Mood)
U die Anforderungen der Aufgabe verstehen (Understanding)
R die aufgabenrelevanten Hauptideen wiedergeben (Recalling)
D die Hauptideen anhand spezifischer Informationen differenzie-
   ren (Detailing)
E die Information im Hinblick auf die Aufgabe strukturieren und
   vervollständigen (Expanding)
R die Adäquatheit des Lernergebnisses überprüfen (Reviewing)

(Nach Ballstaedt u. a., 1981)

umgeformt. Was der Lerner schließlich vom Text behält, ist idiosynkra-
tisch; denn im Verstehensprozeß bestimmen seine persönlichen Schemata, welche Informationen und auf welche Weise sie verarbeitet
werden. Andererseits sind natürlich die Wissensstrukturen mehrerer
Leser zum selben Text in mancher Hinsicht auch identisch, weil der
kognitive Apparat jedes Lesers denselben Datensatz antrifft.

Die Psychologie der Textverarbeitung steht vor der Schwierigkeit, die
Wissensstruktur eines Lerners nach der Arbeit mit einem Text zu erfassen
und darzustellen (vgl. auch Kap. 7). Man bildet Wissensstrukturen derzeit bevorzugt als Netzwerke ab, die aus Propositionen (Aussagen) und
Verbindungen zwischen ihnen bestehen (vgl. Rumelhart & Norman,
1978b). Die Netzwerke enthalten Mikropropositionen (z. B. einzelne
Worte) und Makropropositionen (z. B. Hauptideen eines Textes). Letztere entwickelt der Lerner durch Schlußfolgerungen, sogenannte *Inferenzen;* eine tiefe Verarbeitung des Textes zeichnet sich gerade durch solche
Inferenzen aus, die über die „wörtliche" Textoberfläche hinausgehen. Sie
entstehen durch Anreicherung der Informationen (z. B. Assoziationen
zum Text) wie durch Abstraktion von Einzelheiten.

Unterstellen wir beispielsweise, daß Kasten 12.9 von zwei Lesern

---

Kasten 12.9: Die Leistung des Lesers

„Es ist eine Binsenweisheit, daß wir nicht einfach das verstehen und erinnern, was in einem Text erwähnt wird. Ein Text ist vielmehr ein Anstoß für die Konstruktion eines komplexen Gebäudes im Kopf des Lesers. Eine Repräsentation des Textes selbst ist Teil des Gebäudes, aber andere Teile sind aus dem gespeicherten Wissen des Lesers zum jeweiligen Thema hinzugefügt worden. Indem der Text mit der ‚apperzeptiven Masse' des Lesers in Kontakt kommt, kann er sich in eine neue Struktur verwandeln, die teils aus dem Text besteht, teils aus Erschlossenem."

(Kintsch, 1979, S. 219)

---

studiert wird, die unterschiedliche Leseinteressen und Vorkenntnisse aufweisen. Leser A ist Lehrer und will wissen, wie er verständliche Unterrichtstexte herstellen kann. Leser B ist Psychologiestudent und will sich auf die Prüfung vorbereiten. Leser A überfliegt den Text und versteht die Fachausdrücke „Repräsentation" und „apperzeptive Masse" nicht. Er läßt es dabei bewenden und blättert weiter. Wenn man ihn fragt, was er behalten hat, sagt er: „Ja, der Leser baut was im Kopf auf. Er baut den Text auf." Leser A hat von Kasten 12.9 also eine Wissensstruktur aufgebaut, die man durch eine oder zwei Propositionen charakterisieren kann; er hat den Text sehr unvollkommen verarbeitet. Leser B dagegen liest sehr genau, weil er weiß, daß sein Prüfer Kintsch oft erwähnt hat. Er stolpert über den Ausdruck „apperzeptive Masse" und versucht, ihn zu verstehen. Er assoziiert „Apperzeption", d.h. „Wahrnehmung" und kommt zu dem (übrigens richtigen) Schluß, mit „apperzeptiver Masse" sei der wahrnehmende und verarbeitende Apparat eines Lesers gemeint. Dazu fällt ihm Herbart ein. Die Metapher vom Gebäude löst bei ihm eine bildliche Vorstellung aus. Er imaginiert ein Papierhaus, das zum Teil aus gedruckten Wänden (Text), teils aus handgeschriebenen Elementen (Leserbeiträge zum Text) besteht. Er unterstreicht die Begriffe „Anstoß", „Repräsentation" und neue „Struktur". Leser B formuliert schließlich in eigenen Worten: „Ein Text setzt einen Prozeß in Gang. Ich mache mir beim Lesen eine eigene Vorstellung vom Text. Zum Teil ist sie identisch mit Textausschnitten, wenn ich mir etwas wörtlich merke. Zum Teil interpretiere ich und bringe eigene Ideen dazu. So entsteht in mir eine neue Struktur als Ergebnis der Auseinandersetzung mit dem Text." Die Wissensstruktur des Lesers B ist damit wesentlich komplexer als bei Leser A. Sie ist aufgrund einer tieferen Verarbeitung des Textes entstanden; Leser B hat versucht, sich den Text „anzueignen".

Das Beispiel macht auch einsichtig, warum komplexere Wissensstrukturen, die sinnvoll organisiert sind, besser erinnert werden. Sie sind vielfach mit anderen kognitiven Strukturen verknüpft; die Frage z. B. eines Prüfers zu einem Element der Struktur aktiviert damit sehr wahrscheinlich das gesamte Netzwerk: Der Lerner hat „seine" Repräsentation des Textes wieder präsent.

Wie kann man beeinflussen, daß ein Lerner eine adäquate Wissensstruktur beim Lesen eines Textes aufbaut? Drei Maßnahmen liegen nahe:

Erstens kann man effektives Lesen trainieren; dazu geben die erwähnten Leseprogramme (vgl. Kasten 12.8) Anregungen.

Zweitens kann der Erzieher durch eine Instruktion beim Leser/Lerner eine erwünschte Aufgabenorientierung herstellen, die eine tiefere Verarbeitung mit sich bringt. In einem Experiment von Ballstaedt & Mandl (1984) lasen verschiedene Studentengruppen den gleichen Lerntext unter verschiedenen Instruktionen: Die einen sollten z. B. Schreibfehler suchen, die anderen den Text verstehen und Unverständliches markieren. Erwartungsgemäß erfaßte und behielt die zweite Gruppe den Text besser.

Eine dritte Maßnahme besteht darin, den Text selbst so zu gestalten, daß die Chance für eine optimale Verarbeitung durch den Lerner zunimmt. Das ist Gegenstand des nächsten Abschnittes.

12.5.2 Lernfreundliche Gestaltung von Texten

Verständlichkeit

Wie muß ein Text aussehen, der die Umwandlung in eine optimale Wissensstruktur beim Lerner wahrscheinlich macht? Lerner schätzen vor allem, wenn ein Text leicht verständlich und klar erscheint. Mit der Verständlichkeit eines Textes hat sich die Leseforschung auch ausgiebig beschäftigt. Die Lesbarkeitsforschung z. B. hat versucht, aus objektiven Textmerkmalen (Satzlänge, Wortlänge) sogenannte Lesbarkeitsindizes zu berechnen. Das Hamburger Verständlichkeitskonzept (vgl. Kasten 12.10) wurde entwickelt, indem man Texte durch Studenten auf Verständlichkeit einstufen ließ. Ein anderes Verständlichkeitskonzept hat Groeben (1978) vorgelegt; trotz anderer Ausgangsbasis betont er ähnliche Dimensionen wie die Hamburger. Die beiden Konzepte differieren aber hinsichtlich des optimalen Verständlichkeitsniveaus: die Hamburger empfehlen es möglichst hoch, Groeben hält für Lernen ein mittleres Niveau für optimal. Andere Verständlichkeitsmodelle sind wenig praktikabel (vgl. als Überblick Mandl, Tergan & Ballstaedt, 1981).

Kasten 12.10: Wann ist ein Text verständlich?

Das Hamburger Verständlichkeitskonzept

Verständliche Texte haben eine hohe Ausprägung auf den folgenden Faktoren („Verständlichkeitsmachern"):
1. Einfachheit (Wortwahl, Satzbau usw.)
2. Gliederung, Ordnung (Überschriften, Abschnitte usw.)
3. Kürze, Prägnanz (Knappheit, Dichte)
4. Anregung (direkte Rede, Beispiele, Humor, Spannung)

(Nach Langer u. a., 1974)

Organisationshilfen

Neben solch globalen Empfehlungen wurden spezielle Maßnahmen zur Verbesserung der Verständlichkeit untersucht. Vielfach überprüft wurde der Vorschlag von Ausubel (1960), Texte mit Organisationshilfen, sog. „organizers" zu versehen. Damit soll nach Ausubels Konzept des sinnvollen Lernens (im Unterschied etwa zum mechanischen Einprägen) die *Assimilation* des Textes erleichtert werden. Assimilation bedeutet Eingliederung in die kognitive Struktur der Lerner. Organisationshilfen können dem Text vorangestellt („advance organizers") oder in ihn eingebettet werden. Sie sind abstrakter und allgemeiner als der Text; sie erklären das folgende Material oder zeigen Beziehungen auf. Das unterscheidet Organisationshilfen von Übersichten und Zusammenfassungen, die auf demselben Abstraktionsniveau wie der Text stehen und lediglich etwas auslassen oder wiederholen. „Hauptfunktion einer Organisationshilfe ist, die Kluft zu überbrücken zwischen dem, was der Lernende bereits weiß und dem, was er wissen muß, bevor er erfolgreich die jeweilige Aufgabe lernen kann" (Ausubel, 1974, S. 160).

Vor allem für Faktentexte schlägt Ausubel Organisationshilfen vor, weniger für abstrakte Inhalte; bei letzteren seien in Form von Argumenten und Verknüpfungen organizers quasi schon enthalten.

Ein empirischer Nachweis für die Wirksamkeit von Organisationshilfen konnte nicht immer erbracht werden. Organizers können lernförderlich sein, müssen es aber nicht. Es hängt wohl vom Lerner ab, inwieweit er solche Hilfen nutzen will und kann, ob Organisationshilfen somit schließlich Schemata aktivieren, die das Textlernen erleichtern.

Reihenfolge

Verständlich kann ein Text auch durch eine sinnvolle *Sequenzierung* werden. Die Anordnung der Wörter und Sätze bestimmt, in welcher

Kasten 12.11: Welches Schema hilft?

1. Der Heuschober war wichtig, weil der Stoff riß.
2. Der Mann sah sein Gesicht auf dem Dach.
Finden Sie einen Sinn für jeden der beiden Sätze?
(Lösung: 1. Fallschirm, 2. Das neue Auto)

Die beiden Begriffe rufen Schemata auf, die das Verständnis der Sätze ermöglichen. Man könnte sie sehr frei als Ein-Wort-Organizers bezeichnen.

(Nach Bransford & Johnson, 1973)

Reihenfolge der Lerner die Informationen aufnimmt. Jede Textstelle mobilisiert Erwartungen an die Folge; werden sie erfüllt, so erlebt der Lerner den Text als einleuchtend und folgerichtig. Propositionen, die im Text nahe beieinander liegen, integriert ein Lerner leichter. Auseinanderliegende, logisch aber zusammengehörige Propositionen kann ein Text durch Wiederholung oder Bezugnahme für den Lerner wieder zusammenrücken lassen.

Schnotz (1983) hat experimentell untersucht, wie die Textanordnung die Wissensstruktur der Lerner beeinflußt. Ein Text über wesentliche Merkmale von erstens Psychoanalyse, zweitens Verhaltenstherapie wurde in zwei Anordnungen dargeboten: einmal sequenziert nach dem Gegenstand (zuerst Psychoanalyse, dann Verhaltenstherapie), ein andermal nach Aspekten (theoretische Grundlagen von Analyse und Verhaltenstherapie, Therapieverfahren von Analyse und VT, usf.). In einem nachfolgenden Test zeigte sich, daß die Leser der zweiten Sequenzierung mehr Vergleiche zwischen den Therapieschulen nennen konnten. Dies galt besonders für Studenten mit hohem Vorwissen. Die Sequenzierung beeinflußte also bei völlig gleicher Textinformation in beiden Versionen die Wissensstruktur der Lerner (vgl. auch Kap. 7).

Weitere Hilfen, z. B. Überschriften, Unterstreichungen, Randbegriffe, Zusammenfassungen, Aufgaben usw. erwiesen sich empirisch unter bestimmten Bedingungen als hilfreich. Besonders bei längeren Texten mit anspruchsvollen Informationen für die Lerner fördern sie das Textverstehen (vgl. zusammenfassend Ballstaedt u.a., 1981).

Generelle Rezepte für die Gestaltung von Lerntexten läßt die Leseforschung nicht zu. Das im letzten Abschnitt skizzierte Modell der Textverarbeitung kann aber Hinweise geben. So kommt es abgesehen von wahrnehmungspsychologischen Minimalia (wie Lesbarkeit des Druckes) darauf an, durch den Text Konzepte bzw. Schemata der Lerner so zu aktivieren und zu verändern, daß eine erwünschte Wissensstruktur möglichst wahrscheinlich wird. Dazu mögen Organisationshilfen u. ä. hilfreich sein. Allerdings ist es schwierig für einen Lehrtextautor, etwas über die Wissensstrukturen und Lesestrategien herauszufinden, welche die Lerner in die Lesesituation mitbringen. Um so wichtiger ist die sorgfältige Testung und Revision gerade von selbstlehrenden Unterrichtstexten, bevor man sie einsetzt (vgl. Kap. 17).

12.6 Illustrationen als Lernmedien

12.6.1 Bild und Text: Ergänzung oder Konkurrenz?

Ein Bild ohne Text kommt im Ausbildungsalltag selten vor. Die Regel ist das kommentierte Bild: Die vom Lehrer erklärte Overheadfolie, das Dia in der Tonbildschau, die Abbildung im Lehrtext. Wir beschränken uns im folgenden auf den häufigsten Fall: das Bild im gedruckten Text.

Auch beim stehenden Bild, nicht nur bei Film und Fernsehen, scheiden sich die pädagogischen Meinungen: die einen fürchten die Ablenkung, die anderen werten ein Bild höher als tausend Worte. So zogen im letzten Jahrhundert die neu erfundenen Wandbilder in der Schule (aufrollbare Hängebilder) bereits Kritik auf sich, die uns heute im Fernsehzeitalter eher amüsiert. Man warnte damals vor einer „Überreizung" der Kinder durch diese Bilderflut (vgl. Bernhauser, 1979). Die Bildbefürworter vertreten eine Didaktik der *Anschaulichkeit:* Bilder sollen Aufmerksamkeit wecken, auch schlechten Lesern entgegenkommen, oft mehr ausdrücken als ein Text es könnte.

Die Vorliebe der Lerner für Bilder ist empirisch klar belegt; farbige Bilder sind dabei beliebter als schwarzweiße. Dies gilt für Schüler wie für Erwachsene. Als sicher gilt auch, daß unter freien Lesebedingungen, wie z. B. beim Durchblättern von Illustrierten im Wartezimmer, zuerst Bilder beachtet werden. Vom Bild neugierig gemacht, beschäftigen sich dann viele mit dem Text. Demnach hätten Befürworter wie Zweifler recht: Bilder können zum Lesen hinführen und vom Lesen ablenken. Pädagogisch-psychologisch wäre nach den Bedingungen für den erwünschten ersten Fall zu fragen.

Nach dem auch medienpsychologisch fruchtbaren Vorschlag von Rigney (1978) sind losgelöste (detached) oder eingebettete (embedded) Strategien denkbar. Losgelöst, d. h. abgehoben vom Lerntext, wäre z. B. eine Instruktion an den Lerner („Betrachte zuerst das Bild und lies dann den Text") oder eine Abbildung mit einem Untertitel, der auf eine bestimmte Textstelle verweist. Eingebettet wäre dagegen die Strategie, das Bild so zu gestalten, daß der Lerner „automatisch" den Text aufsucht. Entsprechend ließen sich semantische Leerstellen in den Text einbauen, die automatisch auf die Illustration verweisen; das heißt, der Leser müßte, um den Text voll zu verstehen, das Bild betrachten.

Wenn Text und Bild in ihrem jeweiligen Symbolsystem nahezu dasselbe übermitteln, kann man zwar eine Doppelung der Aufnahme vermuten (vgl. auch die Theorie der Doppelcodierung von Paivio, Kasten 12.6); es ist aber zu erwarten, daß der Lerner im weiteren Text *Redundanz* annimmt und weniger bereitwillig vom Text zum Bild und umgekehrt springt. Weil Bilder attraktiver sind, ist zu erwarten, daß der Lerner bei Redundanz den Text weniger verarbeitet. Dies ist wahrscheinlich auch die Erklärung für das Ergebnis eines Sammelreferates von Samuels (1970), das Fibelautoren beunruhigen müßte: Beim Lesenlernen verschlechtern Bilder den Lernerfolg. Weil Kinder aber gern mit Bilderbüchern arbeiten, empfiehlt sich, die Bilder auf anderen Buchseiten als die zu lernenden Wörter unterzubringen und sie zur Übung und als Belohnung nach dem Lesen einzusetzen.

Positive Wirkungen sind zu erwarten, wenn zwischen Bild und Text statt Redundanz eine *Komplementarität* im Hinblick auf die jeweils vermittelten Informationen besteht. Voraussetzung ist allerdings, daß sich die Informationen semantisch ergänzen und der Lerner keine Probleme hat, die Verbindung herzustellen. Dies wäre der Fall, wenn ein Bild sich dem Leser nicht vollständig selbst erschließt, sondern bei ihm das Bedürfnis nach mehr Informationen weckt und ihn damit auf den Text verweist. Analog ist eine Textstelle denkbar, die den Wunsch weckt, etwas Beschriebenes sehen zu können; dann verweist der Text den Lerner implizit auf die Abbildung. In dieser Kombination befriedigen Text und Bild das Informationsbedürfnis des Lerners wohl nachhaltiger als im Falle einer Redundanz.

Bock & Hörmann (1974) haben ähnliche Überlegungen in ihrer *Diskrepanzhypothese* formuliert und experimentell überprüft. Die Hypothese geht allgemein davon aus, daß sich eine semantische Diskrepanz zwischen Text und Bildinformation auf das Verstehen und Behalten auswirkt. Ihre Versuchspersonen sahen einmal Bilder in Verbindung mit Sätzen, die semantische Leerstellen ließen, ein andermal dieselben Bilder in Verbindung mit semantisch vollständigeren Sätzen (vgl. Abb. 12.4): Die Strichzeichnung mit Mann, Auto, Putzeimer in Kombination einmal mit „Er hat es gewaschen" bzw. ein andermal mit „Der Mann hat das Auto gewaschen".

Die Sätze mit der Leerstelle „es" wurden unter dieser Versuchsbedingung besser behalten. Offensichtlich regte die Offenheit des Textes zu einer tieferen Verarbeitung des Bildes und insgesamt zu einer aktiveren Extraktion von Informationen an.

Interessanterweise konnte aber auch das Behalten der präzisen Sätze („das Auto") gesteigert werden, wenn das Bild nicht gleichzeitig, sondern dem Satz vorausgehend präsentiert wurde. Bock (1983) erklärt diesen

Abb. 12.4: Ein Beispiel für die von Bock & Hörmann (1974) verwendeten Bilder.
(Nach Bock, 1983, S. 75)

Sequenzeffekt damit, daß ein vorweg gezeigtes Bild die Rolle eines
Analysekriteriums übernimmt: Der Lerner pegelt sich durch die Bildbe-
trachtung auf ein bestimmtes Niveau der Verarbeitung ein; dieses Niveau
bestimmt dann die Verarbeitung des nachfolgenden Textes. Wird also ein
Bild sehr datailliert verarbeitet, müßte auch ein nachfolgender Text
genauer gelesen werden. Dies gilt auch umgekehrt für den Fall, daß ein
Lerner zuerst einen Satz liest und danach ein Bild betrachtet. Jörg &
Hörmann (1978) präsentierten ihren Versuchspersonen z. B. zuerst Sätze
mit hohem oder geringem Allgemeinheitsgrad („Der Fisch liegt neben
dem Messer" gegenüber „Die Scholle liegt neben dem Brotmesser"). Die
Leser der spezifischen Sätze prägten sich erwartungsgemäß auch die
nachfolgenden Bilder (zu den Beispielsätzen eine Strichzeichnung
Scholle neben Brotmesser) genauer ein.

Dies erinnert an die Organisationshilfe, den „advance organizer" von
Ausubel (vgl. 12.5.2). Eine Studie von Dean & Enemoh (1983) illustriert,
wie ein Bild als vorangestellte Organisationshilfe die Verarbeitung eines
nachfolgenden Lehrtextes verbessern kann. Bemerkenswert ist, wie hier
die Stärken von Bildern ausgenutzt werden: Auf einen Blick erfaßt der
Lerner das Aussehen des Schlüsselkonzeptes, um das es im Lehrtext geht
(vgl. Kasten 12.12).

Im Sinne von Salomon (vgl. Kasten 12.3) könnte man vermuten, daß
die Abbildung bei Lernern mit geringem Vorwissen ein fehlendes kognitives Schema (Mäander) supplantiert.

Kasten 12.12: Ein Bild als Schlüssel zum Text

Ein Text vom Umfang einer Schreibmaschinenseite befaßte sich mit dem geologischen Thema „mäandrischer Flußlauf". Zwei von drei Versuchsgruppen erhielten außerdem ein Foto, das einen gewundenen Fluß in einer Landschaft abbildete.

Abb.: Mäandrischer Flußlauf.

12.6.2 Die Effektivität von Abbildungen

Will man die zahlreichen empirischen Untersuchungen zur Lernwirksamkeit von Illustrationen auswerten, gerät man zwangsläufig in die Punkterichter-Situation, die für die traditionelle Medienforschung so kennzeichnend ist (vgl. 12.3.1). Der pauschale Vergleich „Text mit Bild" versus „Text ohne Bild" macht auch hier den Großteil der einschlägigen Studien aus. Brody (1981) zählt in seiner Kritik der Illustrationsforschung weitere Mängel auf, die allerdings auch für andere Bereiche der Medienforschung gelten. Er beklagt die mangelnde ökologische Validität vieler Untersuchungen; die in den Experimenten benutzten Texte seien z.B. kürzer als übliche Lerntexte, man arbeitete mit außergewöhnlich vielen Bildern im Text, die Darbietungsweisen seien uneinheitlich (Druck, Dia, Bildschirm) und das Bildmaterial sei kaum vergleichbar (die Palette reicht von der schematischen Zeichnung bis zum Farbfoto). Vor allem klassifiziere man Abbildungen nicht nach ihren funktionalen Charakteristika,

Als Versuchspersonen fungierten 90 Studenten der Anfangsse-
mester. Vor dem Versuch wurden ihre geologischen Vorkenntnisse getestet.

Die nach Zufall in drei Gruppen aufgeteilten Studenten lernten
den Text unter verschiedenen Bedingungen:

Gruppe 1 studierte zuerst 5 Minuten lang das Foto und mußte es
abzeichnen. Diesen Studenten wurde gesagt, das Foto würde beim
Lernen des Textes helfen. Dann hatten sie weitere 5 Minuten Zeit
zur Lektüre des Textes.

Gruppe 2 las den Text sofort und erhielt danach das Bild,
ebenfalls für jeweils 5 Minuten.

Gruppe 3 las nur den Text und hatte dafür 10 Minuten Zeit.

Nach den 10 Minuten sollten die Studenten protokollieren, was
sie vom Text behalten hatten. Die Notizen wurden mit zuvor
bestimmten Hauptideen des Textes verglichen und bewertet.
Gruppe 1 zeigte sich den beiden anderen signifikant überlegen.
Besonders Studenten mit geringem Vorwissen profitierten vom
vorangestellten Bild.

(Nach Dean & Enemoh, 1983)

sondern nach den oberflächlichen und psychologisch bedeutungslosen
physikalischen Merkmalen. Es sei z. B. uninteressant, ob ein Bild farbig
oder schwarz-weiß sei; es käme vielmehr darauf an, welche Bedeutung
die Farbe z. B. für das Verstehen des Bildes habe. Bei der Erfassung der
Lernwirkungen enge man sich in den Studien unzulässig auf Wissen ein;
niemand untersuche z. B., wie sich Lernen mit Bildern auf visuelle
Fähigkeiten, Lernstrategien usw. auswirke. Brody schließt seine Kritik
an der Forschung ab mit der schon von Salomon bekannten Aufforderung, nicht zu untersuchen, ob Illustrationen generell das Lernen fördern
könnten, sondern wie und warum sie dies täten.

Nach den Überlegungen des letzten Abschnittes müßte vor allem
lernrelevant sein, wie sich die wichtigen Lerninformationen auf Bild und
Text verteilen:

Enthalten z. B. Bild und Text weitgehend die gleichen Informationen
(Redundanz)? Oder ergänzt das Bild den Text und umgekehrt (Komplementarität)? Und wenn eine Komplementarität besteht: Ist die Zusatzin-

formation durch das Bild zentral oder nebensächlich für die zur Diskussion stehenden Lernziele?

Die Untersuchungen zur Effektivität von Illustrationen lassen den neugierigen Leser über diese pädagogisch-psychologisch entscheidenden Aspekte im unklaren. Bei den meisten Studien wird nicht einmal im abschließenden Kriteriumstest unterschieden, ob die Informationen, nach denen jeweils gefragt wird, im Text, im Bild oder in beiden Symbolsystemen dargeboten wurden. Levie und Lentz (1982) werteten speziell die Ergebnisse solcher Studien aus, bei denen die Anteile von Text und Bild auch getrennt untersucht wurden; sie fanden einen positiven Effekt von Bildern nur dann, wenn deren Informationen auch im Text vermittelt wurden. Ob die Beziehung Bild/Text aber redundant oder bei teilweiser Informationsübereinstimmung auch komplementär war, blieb leider ungeprüft.

Unglücklicherweise wurden – aus Gründen der experimentellen Kontrolle – die Textinformationen in den Studien zur Illustrationsforschung nur selten gedruckt den Versuchspersonen dargeboten. In der Regel wurde der Text vom Tonband auditiv vermittelt. Die im letzten Abschnitt als vorteilhaft geschilderte gegenseitige Anregung von Text und Bild konnte so nicht zum Tragen kommen: Das Bild konnte den Lerner nicht dazu anregen, wieder mit neuer Aufmerksamkeit zum eben gelesenen Text zurückzukehren; der Text konnte den Lerner nicht dazu bewegen, ein bereits kurz gemustertes Bild aufs neue – gerüstet mit den gerade gelesenen Informationen – zu studieren.

Kasten 12.13: Ist die realistischste Abbildung die beste?

Ein programmierter Lerntext zum Thema „Anatomie und Funktion des Herzens" wurde mit einer Abbildung pro Lernschritt (ca. 35) illustriert. Etwa 600 Studenten bearbeiteten den Text und beantworteten anschließend eine Reihe von Tests.

Die Abbildungen wurden nach dem Realitätsgrad variiert. So gab es vier Programmversionen:
– mit einfachen Strichzeichnungen
– mit schattierten Strichzeichnungen (s. Abb.)
– mit Fotografien eines Herzmodells
– mit Fotografien eines menschlichen Herzens (anatomische Schnitte)

Außerdem wurden die Abbildungen in jeder Version einmal schwarzweiß, ein andermal in Farbe abgedruckt. Insgesamt wurden also 8 Bildertypen eingesetzt und verglichen.

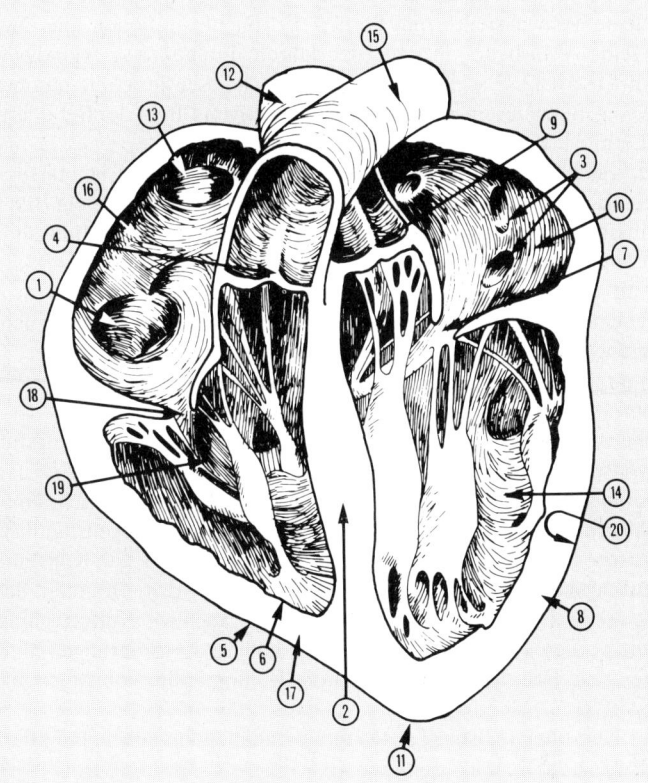

Abb.: Schattierte Strichzeichnung des Herzens.

Nach der Lektüre wurden folgende Tests verwendet:
– Mehrfachwahlaufgaben zur Herzfunktion beantworten.
– Eine schattierte Strichzeichnung beschriften (vgl. Abb.).
– Eine Skizze des Herzens anfertigen und vorgegebene Bezeich-
  nungen durch Nummern richtig plazieren.

Einige Ergebnisse:
1. Von den Illustrationen profitierten besonders Studenten mit
   geringem Vorwissen.
2. Die schattierten Strichzeichnungen erwiesen sich als der wir-
   kungsvollste Abbildungstyp. Dies zeigte sich vor allem im Test
   „Skizze anfertigen".

(Nach Dwyer, 1975)

Eine Ausnahme in dieser Hinsicht bildet eine beeindruckend breit angelegte Versuchsreihe zum Lerneffekt von Illustrationen, die Dwyer und seine Mitarbeiter in den 70er Jahren durchführten (vgl. Dwyer, 1978). Kasten 12.13 schildert eine Studie aus dieser Serie, die besonders bei wenig informierten Studenten einen positiven Effekt der Bebilderung des Lerntextes nachweisen konnte.

Interessant ist diese Studie vor allem wegen des zweiten Ergebnisses. Es widerspricht klar den sog. Realismustheorien, denen zufolge ein Bild um so „anschaulicher" sei je ähnlicher es der „Wirklichkeit" sei. Im Rahmen einer kognitiven Lerntheorie ist das Ergebnis dagegen leicht zu erklären. Die für den Test „Skizzieren" relevanten Informationen sind in der „gereinigten" und gegenüber dem Foto klareren Zeichnung prägnanter wahrzunehmen und für eine Konzeptbildung bereits aufbereitet. Die Zeichnung hilft außerdem, nach erfolgreicher Konzeptbildung beim Lerner, am realen Herzen eher das Wesentliche zu sehen.

Schematische Zeichnungen scheinen eine wichtige Vermittlungsfunktion zwischen Realität und kognitivem Konzept zu leisten. Sie sind in der Terminologie von Bruner (1964) teils ikonisch, teils symbolisch. Nimmt der Abstraktionsgrad aber weiter zu, verlieren sie ihren gegenständlichen Charakter und ähneln schließlich den arbiträren, erst per Konvention bedeutungshaltigen, Buchstaben. *Logische Bilder,* d. h. Grafiken, Schemata, Pfeile, Diagramme usw., müssen daher auch wie Kulturtechniken erlernt werden (vgl. 12.4.2) und stellen höhere Anforderungen an den Lerner (zur Forschung hierzu vgl. die Bibliographie von Macdonald-Ross, 1977).

Der Überblick (Kasten 12.14) faßt abschließend mögliche Funktionen von Bildern in Texten zusammen.

12.7 Film/Video als Lernmedium

12.7.1 Unterhaltung oder Lernen?

In den vorigen Abschnitten wurde immer wieder deutlich, daß ein Medium nur dann lernwirksam ist, wenn der Nutzer das Symbolsystem zu entschlüsseln und die kritischen Informationen (die „Botschaft") zu entnehmen vermag. Hierher gehören die Konzepte der „literacy" (bezogen auf Texte und Bilder) sowie die Konzepte zur Informationsverarbeitung: wahrnehmungsleitende Schemata, Netzwerke zur Repräsentation des Erlernten und insgesamt die Tiefe bzw. Breite der Verarbeitung (vgl. Kap. 7).

Der Film scheint es auf den ersten Blick den Lernern in diesen Punkten leichter zu machen als die bisher besprochenen Medien Text und

---

Kasten 12.14: Funktionen von Bildern in Texten

Aufmerksamkeit
1. Sie ziehen die Aufmerksamkeit auf das Lernmaterial.
2. Sie steuern die Aufmerksamkeit im Material selbst.

Gefühle
3. Sie machen Spaß.
4. Sie sprechen Emotionen und Einstellungen an.

Kognitionen
5. Sie erleichtern die Textverarbeitung, indem sie das Verstehen, indem sie das Behalten verbessern.
6. Sie liefern zusätzliche Informationen.

Hilfe
7. Sie kommen schlechten Lesern entgegen.

(Nach Levie & Lentz, 1982, S. 218)

---

stehendes Bild. Sein Symbolsystem kommt der alltäglichen Wahrnehmung am nächsten: Realistisch sind die Farben, die Konturen, die Bewegungen, das Tempo, eventuell auch die begleitenden Geräusche. Visual literacy scheint viel weniger nötig als beim stehenden Bild. So fällt z. B. im Film die Raumwahrnehmung leicht, weil sich die gezeigten Gegenstände und Personen bewegen, weil die Licht- und Schattenverhältnisse deutlicher ausfallen, weil die Kamera – wie ein sich bewegender Beobachter – die Perspektive wechselt. Auch im Lerner vorhandene Rahmen bzw. Schemata sind durch einen Film leichter zu aktivieren; sie wurden ja weitgehend unter ökologischen Wahrnehmungsbedingungen erworben. Dafür spricht auch die Mühelosigkeit, mit der man in der Regel die vielen Schnitte zu einem glatten Ablauf verbindet.

Im Hinblick auf die Intensität der Verarbeitung durch den Lerner könnte man ebenfalls den Film anderen Medien überlegen sehen: Seine Fülle an Informationen und Eindrücken müßte einen hohen Grad von kognitiver und emotionaler Aktivierung erwarten lassen. Schließlich der gewichtigste Vorzug: Der Film kann alle gängigen Symbolsysteme transportieren: Bewegte Bilder aller Realitätsstufen, Standbilder, Sprache gesprochen und geschrieben, Originalgeräusche, Musik. Film kann Bewegungen verlangsamen, beschleunigen, ein Objekt optisch heranholen und verkleinern, einen Ausschnitt erweitern und verengen, Fahrten und Schwenks vorführen, Überblendungen und elektronische Tricks bis zur Computergrafik verwenden.

Ist der Film also das ideale Lernmedium? Trotz der beeindruckenden
Möglichkeiten sind auch Zweifel angebracht. Das gilt besonders für die
Verarbeitungstiefe. Muß man z. B. den Zusammenhang zwischen den
Einstellungen wirklich fortlaufend auf der semantischen Verstehens-
Ebene aktiv herstellen oder kann man sich mit Bildern „vollaufen
lassen", wie es ein Zuschauer in einem Interview formulierte? Hat Hertha
Sturm nicht recht, wenn sie konstatiert: „Man kann sich nämlich an
diesen bewegten Bildern entlanghangeln, man kann meinen, man hätte
sie verstanden, obwohl man den Zusammenhang gar nicht verstanden
hat" (1971, S. 237)? Läßt der *rasche Bilderablauf* überhaupt eine tiefere
Verarbeitung zu oder hat der Zuschauer nicht schon genug zu leisten, um
nach jedem Schnitt die neue Szene überhaupt zu identifizieren? Bleibt er
meistens auf dem oberflächlichen Niveau des „automatischen Enkodie-
rens" (vgl. Friedman, 1979, vgl. Kap. 12.4.3)? Man erinnert sich auch an
die Studie von Salomon (vgl. 12.4.1), in der Fernsehen von den Lernern
als „leichtes" Medium behandelt wurde.

Wird nicht auch die *emotionale Wirksamkeit* dieses Mediums im
Kontext von Lernen zum Nachteil, wenn nämlich Lerner ihre kognitiven
Aktivitäten ganz in den Dienst von Spannung und Unterhaltung stellen?
Macht die *Realitätsnähe* wegen ihrer Vielfalt eine Konzeptbildung eher
schwerer statt leichter (vgl. die Dwyer-Studie, Kasten 12.13)? Besteht die
Gefahr, daß die Lerner das Medium nicht mehr wahrnehmen, also
Gemachtes und Realität nicht auseinanderhalten? Ähnelt das *Erzähl-
schema* der meisten Filme nicht mehr Comics als erklärenden, analysie-
renden Lehrtexten? Liegt das Dilemma des Films darin, daß er im
Vergleich zu anderen Medien am meisten bietet, dies aber auf der
Lernerseite am wenigsten verarbeitet wird?

Die empirische Pädagogische Psychologie hat sich beim Thema Film
erstaunlich zurückgehalten und das Feld weitgehend der Massenkommunikationsforschung überlassen. Deshalb ist keine der aufgeworfenen
Fragen derzeit schlüssig zu beantworten. Zu zwei angesprochenen
Aspekten – erstens: pädagogisch-psychologische Wirkungen des Symbolsystems Film, zweitens: Realismus des Films und die Implikationen für
Lernen – sollen aber einige Ergebnisse im folgenden mitgeteilt werden.

12.7.2 Das Symbolsystem Film und die Kapazität der Lerner

Filmsprache und kindliche Entwicklung

Der amerikanische Medienforscher Worth fragt ironisch, warum in
Schulen nicht häufiger Filme eingesetzt würden. Die Rezeption sei so
einfach, daß sich Lehrfilme wie Masseninjektionen anwenden ließen;
man müsse die Schüler nur wachhalten. Außerdem täte sich die Bürokra-

tie mit der Kontrolle leichter (Worth, 1974). Worth karikiert damit, wie manche Erzieher über Filme als Lernmedien denken und sie pädagogisch verwenden. Die Medienforschung weiß dagegen zur Genüge, daß Filme nicht wie Injektionen wirken, sondern selbst vom passivsten Lerner individuell wahrgenommen und verarbeitet werden.

Das Konzept der visual literacy (vgl. 12.4.2) gilt auch für Filme. Die Untersuchung von Salomon und Cohen (1977), die oben (Kasten 12.2) als Beispiel für die neuere Medienforschung referiert wurde, zeigt z.B., wie manche 11jährigen Probleme damit haben, hart geschnittene Nah- und Totalaufnahmen kognitiv zu verbinden. Die Studie zeigt auch, wie eine zoomende Kamera diese fehlende Fähigkeit supplantieren kann. Allerdings waren die israelischen Kinder der Stichprobe kaum filmerfahren. In Begleituntersuchungen zur Ausstrahlung der Vorschulserie „Sesamstraße" in Israel konnte Salomon in einer Längsschnittstudie nachweisen, daß häufigeres Fernsehen ohne besonderes Training die „viewing literacy" signifikant verbesserte (Salomon, 1979, S. 160ff.). Dabei profitierten die eigentlichen Adressaten der Sendereihe, die Vorschulkinder, weniger als die Schulkinder. Salomon erklärt den Befund mit Unterschieden im Verarbeitungsanspruch zwischen den Vorschul- und den Schulkindern: Das kleinere Kind entnehme aus einem Fernsehprogramm nur bruchstückhafte Information; das ältere Kind versuche, die Informationen in einer Synthese zu verknüpfen. Eine Studie von Lorch u.a. (1979), ebenfalls zur Serie „Sesamstraße", zeigt, daß schon kleine Kinder nur jene Informationen beachten, die sie verstehen, d.h. in ihre kognitiven Schemata assimilieren können. So verfolgen sie z.B. Dialoge aufmerksam, können sich aber später nicht an die Abfolge von Filmteilen erinnern, die sie nicht verstanden haben.

Damit wird die *Entwicklungspsychologie* angesprochen. In Deutschland hat Hertha Sturm den Versuch unternommen, die Stufen der Intelligenzentwicklung nach Piaget mit dem Symbolsystem des Films – sie spricht von den „medienspezifischen Angebotsweisen" – in Beziehung zu setzen (vgl. besonders Sturm, 1971).

Kinder im Vorschulalter befinden sich im Stadium des *anschaulichen Denkens:* Denken ist noch gebunden an Konkretes, an Anschauliches und folgt eingleisig dem Ablauf der Ereignisse. Überfordert ist ein Kind in diesem Alter von Rückblenden, Szenenwechseln, zum Bild nicht parallelen Texten usw.

Im Schulalter, nach Piaget dem Stadium der *konkreten Operationen,* ist das Denken immer noch auf Anschaulichkeit bezogen (auch in der Vorstellung), aber das Kind kann umgruppieren und Synthesen bilden. Nun können auch z.B. Schnitte, Perspektivenwechsel usw. kognitiv verarbeitet werden.

Ab etwa 11 Jahren setzt Piaget die Stufe der *formalen Operationen* an; das Denken löst sich von der Bindung an Konkretes. Hier verliert der

Film an Möglichkeiten; zur Darstellung formaler Operationen ist die Sprache ein wesentlich geeigneteres Symbolsystem. Es gibt viele Lehrsendungen, die entsprechend sprachdominant sind. Zeigt aber ein Lehrfilm einen dozierenden Moderator oder eingeblendete Formeln, so werden die filmischen Möglichkeiten nicht genutzt; ein Druckmedium wäre hier ökonomischer und vielleicht auch pädagogisch vorteilhafter, weil die Lerner die Bearbeitungsdauer und -abfolge selbst bestimmen können.

Sturm entwickelt aus der Gegenüberstellung von Intelligenzentwicklung und Filmsprache zwei Fragestellungen. Zum einen interessiert sie, was Kinder einer bestimmten Entwicklungsstufe von der Filmsprache überhaupt verstehen können. (Forschungsergebnisse dazu [vgl. Salomon, 1979] wurden eingangs angeführt.) Die zweite Frage ist eine im Kern pädagogisch-psychologische: Inwieweit kann das Filmsehen die kognitive Entwicklung fördern oder behindern? Film ist das anschauliche Medium: *Hält also häufiges Fernsehen möglicherweise von der Ausbildung formaler kognitiver Operationen ab?* Dies gilt auch für Erwachsene, da viele von ihnen Schwierigkeiten mit der Ausführung formaler Operationen haben, nach Piaget also weitgehend auf der Stufe des anschaulichen Denkens ihre kognitive Entwicklung abgeschlossen haben. Können Vielseher weniger gut abstrahieren, logisch denken, lesen und rechnen?

Tatsächlich gibt es in mehreren Untersuchungen negative Korrelationen zwischen Fernsehhäufigkeit (nach eigener Angabe der Befragten) und Intelligenz bzw. Schulerfolg. Dies kann aber nicht als Beweis für eine kognitive Entwicklungsbehinderung durch die Angebotsweisen des Fernsehens gewertet werden. Ein Kind, das viel fernsieht, hat z.B. weniger Zeit für schulbezogenes Lernen. Das Fernsehen könnte auch gerade die weniger intelligenten Kinder anziehen. Und prinzipiell: Nicht die vor dem Fernseher verbrachte (absolute) Zeit ist psychologisch relevant, sondern die aktive Sehzeit (i.S. der aktiven Lernzeit sensu Carroll), bzw. das „bewußte" Zuschauen. Auch die Qualität des gesehenen Programms spielt eine Rolle. Untersuchungen von Schramm u.a. (1961) zeigen ein Altersphänomen, das die Vermutung von Sturm stützt, gerade der Übergang von der anschaulichen zur formalen Phase der kognitiven Entwicklung sei für den Einfluß des Fernsehens ein kritischer Zeitpunkt. Im Alter von 11 bis 13 Jahren vertauschen demnach intelligente und weniger intelligente Kinder ihr Fernsehverhalten. Bis zu diesem Zeitpunkt sind es die intelligenteren und geistig beweglicheren Kinder, die mehr Zeit mit Fernsehen zubringen; danach ist es umgekehrt. So verwenden 16jährige Schüler mit einem IQ über 115 nur halb soviel Zeit für Fernsehen wie weniger intelligente Klassenkameraden. Andere Studien bestätigen diese Verhaltenswende. Sturm gibt allerdings zu bedenken, daß diese Ergebnisse aus Studien mit einer anderen Fragestellung stammen.

Medienpsychologen sind auch dem Verdacht nachgegangen, daß sich bestimmte Eigenheiten der Filmsprache (es geht hier nicht um die Filminhalte!) auf andere Bereiche der kindlichen Psyche negativ auswirken könnten. Sogar an dem erfolgreichen Vorschulbildungsprogramm „Sesamstraße" wurden das Tempo, die Kurzzeitigkeit der Einstellungen, die Hektik bemängelt. Noch drastischer finden sich solche Mittel, die Aufmerksamkeit des Zuschauers zu fesseln, bei Werbesendungen, Actionfilmen, Zeichentrickfilmen, Videoclips. Mehrere Forscher berichten Untersuchungsergebnisse, die man als Auswirkung solcher *Kurzzeitigkeit* und schnellen Reizwechsels interpretieren kann, obwohl es lediglich Korrelationsdaten sind. Singer und Singer (1983) fanden einen positiven Zusammenhang von häufigem Fernsehen im Vorschulalter und Ungeduld sowie motorischer Unruhe im Schulalter. Im Vorschulalter vielsehende Kinder zeigen auch weniger Fantasie und Einfallsreichtum als Kinder, die nur wenig ferngesehen haben. Sturm (1975) befürchtet, vielfernsehende Kinder hätten als Effekt der hektischen Filmsprache eine geringere Aufmerksamkeitsspanne und Probleme mit Aufgaben, die Konzentration erforderten.

Andererseits gibt es Wissenschaftler, die meinen, Kinder seien keineswegs passive Konsumenten, sondern würden gerade formale (also nichtinhaltliche) Merkmale einer Fernsehsendung auswerten, um das jeweilige Programm schnell einzuschätzen und zu entscheiden, wo es sich lohne aufzupassen und wo man wegschauen könne (Wright & Huston, 1983). Möglicherweise überschätzt man gerade bei Kindern die Rolle der Inhalte. Es stellte sich z.B. heraus, daß ihre Aufmerksamkeit vor allem von formalen Merkmalen geleitet wird (wie Bewegung, lustigen Szenen, Kinderstimmen, Rasanz der Handlung) und weniger von bestimmten Themen.

Umstritten ist, ob die Kurzzeitigkeit und Bildhaftigkeit der Filmsprache sich negativ auf die *Lesefertigkeit* der Kinder auswirkt. Einerseits gibt es empirische Daten, die in diese Richtung weisen (z.B. Hornik, 1978), andererseits wurden in dieser Studie wichtige andere Einflüsse nicht kontrolliert, z.B. Schichtzugehörigkeit oder Intelligenz. Plausibel wäre auch die Vermutung, daß Fernsehen nicht direkt – z.B. durch andere Anforderungen an den kognitiven Apparat – die Lesefähigkeit beeinträchtigt, sondern das Lesen verdrängt; die Kinder verbringen soviel Zeit mit Fernsehen, daß sie nicht mehr zum Lesen kommen. (Eine repräsentative Übersicht neuerer Forschung dazu, wie Kinder Fernsehsendungen verstehen, bietet Meyer, 1984.)

Filmsprache und erwachsene Lerner

Kurzzeitigkeit in Filmen überlastet die Kapazität auch erwachsener Lerner. Dies hat Wember in seinem „Indizienbeweis" an Informations-Filmen des Fernsehens eindrucksvoll, wenn auch von der Wirkungsseite her methodisch nicht ganz zufriedenstellend, dargestellt (Wember, 1976).

Wember analysierte eine Reihe von ZDF-Sendungen zur politischen Berichterstattung mit dem Ergebnis, den Filmemachern käme es – entgegen ihrer erklärten Absicht – weniger auf den Informationsgehalt der Bilder an als auf ihren Aufmerksamkeitswert. Wembers Analyse zeigt eine Reihe von Techniken, mit denen auch Informations-Filme „aufgeheizt" werden:

– häufige Kamerabewegungen (Schwenks, Fahrten, Zoom, Veränderungen der Schärfe)
– Auswahl von brisanten, ungewöhnlichen Bildinhalten
– Intensivierung durch besondere Perspektive (z. B. von unten) oder durch Vergrößerung (Detail).

Aufgeheizt wird auch durch Mittel der Montage. So zeigt man längere Sequenzen nicht an einem Stück, sondern zerhackt sie in sekundenlange Teile und mixt sie mit Teilen einer anderen Sequenz durcheinander.

Wember suchte aus den Filmen eine Reihe von Einstellungen heraus, die dieselben Inhalte zeigten (z. B. Schilder, Fahnen, usw.). Er bildete eine Gruppe A von Einstellungen ohne Bewegung, eine Gruppe B von Einstellungen mit Bewegung (z. B. flatternde Fahne). Die Einstellungen der Gruppe A dauerten durchschnittlich nur 1,5 Sekunden, die Einstellungen der Gruppe B dagegen 5,2 Sekunden. Nicht der Informationsgehalt, sondern das Ausmaß von Bewegung bestimmte also bei den Filmemachern, wie lange sie die Einstellung zeigten.

Lernbehindernd erwies sich auch das Verhältnis von Kommentar und Bildern. Meist waren sie nicht synchron und aufeinander bezogen; Wember nennt dies *Text-Bild-Schere.* Auch der Kommentar war oberflächlich: Nur 3% der Sätze in einem Bericht über den Konflikt in Nordirland gingen auf historische Hintergründe ein, nur 1% auf soziale Ursachen und nur 0,2% auf Ziele und Absichten der kämpfenden Parteien.

Wember zeigte 850 Zuschauern aus verschiedenen Berufsgruppen die untersuchten Informationsfilme und testete anschließend, wie viele der entscheidenden Informationen behalten worden waren. Es nimmt nach der Analyse der Filme nicht wunder, daß nur 20% erinnert wurde. In krassem Gegensatz dazu steht die Meinung von 80% der Zuschauer, die Filme seien informativ und verständlich.

Auch informierende Filme versuchen also, den Zuseher durch Reizwechsel aufmerksam zu halten. Heuristischen Wert hat Wembers These, daß die Zuseher bei einem dichten Informationsangebot auf dem visuellen wie auf dem sprachlichen Kanal das visuelle Symbolsystem bevorzugen (vgl. zur visuellen Dominanz auch Posner & Nissen, 1976). Ein Zuschauer, der durch die aufgeheizte Bildsprache kognitiv vollauf beschäftigt ist, wird kaum Verarbeitungskapazität für den Kommentar übrig haben. Pädagogisch ist das besonders dann unerwünscht, wenn der Text Bilder erklärt, korrigiert, relativiert, kritisiert, differenziert.

Wer aus den genannten kognitionspsychologischen Gründen einen langsamen und eingängigen, die Kapazität der Lerner nicht überfordernden Lehrfilm herstellen möchte, gerät in eine andere Gefahr: der Film verliert möglicherweise die *Aufmerksamkeit* der Lerner. Weil ihre Erwartungen an Abwechslung und Tempo nicht erfüllt werden, lassen sie sich auf keine intensive Verarbeitung ein. Da im Fernsehen im Kampf um Einschaltquoten immer neue Mittel verwendet werden, um den Zuschauer im Programm zu halten, erwarten Lerner auch Spannung bei Lehrfilmen. Dieser Tatsache wegen ist die Frage legitim, wie auch ein Lehrfilm Aufmerksamkeit auf sich ziehen und halten kann, ohne allerdings dabei das Lernen, d. h. die gezielte Verarbeitung von relevanten Informationen, zu behindern.

Anregungen, auch empirisch sorgfältig evaluierte, findet man in einem Bereich, in dem Pädagogische Psychologen kaum arbeiten – in der Werbepsychologie. Wegen der mangelhaften Forschungslage in der pädagogischen Medienforschung zu dieser Frage sei ein kurzer Ausflug dorthin gestattet. Eine Arbeit aus dem Saarbrücker Institut für Konsum- und Verhaltensforschung (v. Keitz, 1983) untersuchte die Frage, durch welche filmischen Mittel in Werbespots der Zuseher aktiviert werden kann und wie sich verschiedene filmische Aktivierungsstrategien auswirken auf das Behalten der wichtigen Informationen (hier Produkte, Produktnamen u. a.), sowie auf die Einstellungen, die der Film vermitteln will (Akzeptanz des Produktes). Es zeigte sich, daß alle verwendeten filmischen Strategien tatsächlich das Aktivierungsniveau der Versuchspersonen (operationalisiert durch verschiedene Parameter des Hautwiderstandes) erhöhten und daß erhöhte Aktivierung sich positiv auf das Behalten und die erwünschten Einstellungen auswirkte. Die aus den Ergebnissen entwickelten Hinweise für die Entwicklung von aktivierenden Filmen scheinen auch für Lehrfilme bedenkenswert zu sein (vgl. Kasten 12.15). Anders als bei den von Wember analysierten Filmen wird hier penibel darauf geachtet, gerade für die inhaltlich wichtigen Stellen zu aktivieren.

Werbespots haben mit Lehrfilmen gemein, daß sie Mittel zu einem definierten informierenden Zweck sind: Sie sollen bestimmte Informationen ins Gedächtnis der Zuseher bringen. In einem wesentlichen Punkt allerdings unterscheiden sie sich: Lehrfilme sollen gerade zu dem selbständigen Denken anregen, das Werbespots zu verhindern suchen. Diese

---

Kasten 12.15: Kann man so auch Lerner aktivieren?

Die folgenden Strategien brachten einen signifikanten Erinne-
rungseffekt.

Zu lernende Elemente sollten aktivierend gestaltet sein.
Nach Berlyne (1974) bieten sich dazu an die Faktoren *Intensität*
(stimulierende Farben, Vergrößerung, gesteigerte akustische
Signale), *Emotionalität* („Auslöser" von Kindchenschema bis Ero-
tik), *Kollation* (Überraschung, Neuartigkeit, ungewöhnliche Zusammenstellung).

*Zu Beginn müssen Gestaltungselemente eingesetzt werden, die die
Aufmerksamkeit auf sich ziehen.*
Diese sog. Initialaktivierung soll erreichen, daß sich der Zuseher
dem Film überhaupt zuwendet. (Ein zeitungslesender Zuseher
wird z.B. durch ein neugierweckendes akustisches Signal überhaupt erst zum Sehen gebracht.)

*Die Verarbeitungskapazität des Zuschauers ist größer, wenn das
Erregungsniveau optimal ist.*
Das Erregungsniveau sollte z.B. infolge vorangegangener Ein-
drücke nicht zu hoch sein; ein zu niedriges Niveau kann durch
einen aktivierenden Filmteil vor der eigentlichen informationsver-
mittelnden Passage angehoben werden (Aktivierungsschub).

Eingestreute aktivierende Elemente dürfen nicht ablenken.
Eine punktuelle Aktivierung lenkt nicht ab, wenn die aktivierenden Elemente mit den zu lernenden Elementen integriert sind oder
direkt darauf hinlenken. Ist dies nicht möglich, so sollten wesentliche Informationen nicht direkt vor oder nach einem eingestreuten
Aktivierungselement plaziert werden. Sie würden sonst in der
Verarbeitungskonkurrenz unterliegen.

(Nach v. Keitz, 1983, S. 146ff.)

---

wesentliche Differenz vor Augen, kann die Psychologie der Lernmedien
aber praktisch wie methodisch vom Blick in die Nachbardisziplin Werbepsychologie profitieren.

Faßt man Beiträge der pädagogisch-psychologischen Forschung zum
Film als Lernmedium zusammen, so laufen sie auf die Empfehlung
hinaus, die Lerner vor Ablenkung der Aufmerksamkeit und vor Überla-
stung der Kapazität zu sichern. Die meisten Sammelreferate (vgl. z.B.
Dwyer, 1978, S. 168ff.; Kemp, 1975, S. 13ff.) lassen sich auf folgende

positive Angaben für Lehrfilme komprimieren: nicht zu lange Darbietungszeit, Beschränkung auf das Lernrelevante, unkomplizierte Film- und Kommentarsprache, Orientierungshilfen (Supplantation). Gerade diese Merkmale vermißt man jedoch bei vielen Bildungssendungen des Fernsehens ebenso wie bei den Unterrichtsfilmen, die die Bildstellen verleihen.

12.7.3 Die Wirklichkeitsnähe des Films und die Folgen für das Lernen

Die Macht von Filmen, Änderungen im Denken und Verhalten bei den Zusehern zu bewirken, verdankt sich in hohem Maß ihrer Fähigkeit, die Illusion von Wirklichkeit erzeugen zu können. Die meisten Filmer sind darauf aus, diese Illusion zu vervollkommnen; die technische Entwicklung des Films ist auch eine Geschichte der zunehmenden Annäherung an die Wirklichkeit. Die alten Filme zeigen Bewegungen noch unvollkommen, die Bilder sind in schwarzweiß, sie sind stumm. Im Vergleich dazu ist heute jede Videoaufnahme durch einen Amateur eine geradezu magische Illusion von Realität. Man braucht nicht auf das holographische Fernsehen mit überdimensionaler Mattscheibe zu warten, das die Illusion perfektionieren wird. Schon heute ist der Fernsehapparat ein Fenster in eine zweite Welt.

Für unsere These, es sei gerade diese Realismus-Illusion, die typische Lerneffekte von Filmen möglich macht, findet man unschwer Belege in der Forschung. Eine Reihe dieser Studien sind allerdings für andere Fragestellungen geplant worden. So führten Bandura und seine Mitarbeiter in den 60er Jahren die bekannten Untersuchungen durch, aus denen sich die Theorie des Modellernens oder *Lernens durch Beobachtung* (observational learning) entwickelte (vgl. Kasten 12.16).

Kinder sahen z.B. einen Film, in dem ein Erwachsener eine Puppe malträtierte. Anschließend wurde beobachtet, wie sie selbst mit einer solchen Puppe umgingen. Die Bedeutung dieser Lerntheorie kann man nicht hoch genug einschätzen: Sie brachte nicht nur behavioristische Theorien ins Wanken (man kann Verhalten lernen, ohne selbst Verhalten zu zeigen); sie stellt auch die derzeit wichtigste Theorie für das Lernen mit Filmen dar.

In den Experimenten der Bandura-Gruppe (vgl. Bandura, 1965, 1979) wurde das Modellverhalten teils real, teils in Filmen dargeboten. Daß in beiden Fällen allein durch Beobachtung das Verhalten einer Modellperson übernommen wurde, zeigt eindringlich, daß der Film dem kognitiven Apparat der Lerner die kritischen Informationen ähnlich gut zu übermitteln vermag wie es in der unmittelbaren Beobachtung der realen Situation erfolgt wäre. Da Bandura vor allem mit Kindern experimentierte, machen die Ergebnisse quasi nebenbei deutlich, welch geringe Anforde-

Kasten 12.16: Lernen durch Beobachtung

Die Theorie beansprucht, eine häufige Form sozialen Lernens zu erklären: Eine Person ändert ihr Verhalten, nachdem sie das Verhalten eines sog. Modells beobachtet hat. Bandura führt dieses Lernen auf symbolische Prozesse im Beobachter zurück.

Am Lernen durch Beobachtung sind nach Bandura vier Prozesse beteiligt:

– *Zuwendung und Aufmerksamkeit:* Der Beobachter nimmt die Modellperson und die Situation wahr. Die Zuwendung hängt von verschiedenen Faktoren ab, z. B. von der Einstellung gegenüber dem Modell, früheren Erfahrungen des Beobachters, seinen Interessen.

– *Behalten:* Der Beobachter codiert z. B. Verhaltensmuster, die er an der Modellperson wahrgenommen hat, repräsentiert sie symbolisch (bildhaft oder in einer anderen Form?) und speichert sie im Gedächtnis.

– *Ausführen des Bewegungsablaufes:* Der Beobachter übt die am Modell wahrgenommenen und gespeicherten Verhaltensweisen selbst aus. Dies mag trotz präziser Speicherung schwerfallen, wenn z. B. der Ablauf sehr komplex ist und der Beobachter nicht über die notwendige Geschicklichkeit verfügt.

– *Bereitschaft zum Verhalten:* Ob ein abgespeicherter, verfügbarer Verhaltensablauf auch tatsächlich in einer Situation ausgeführt wird, hängt wesentlich von Folge-Erwartungen ab, die der Beobachter entwickelt. Hier kommt das Verstärkungs-Konzept in die Theorie. Sieht der Beobachter z. B., daß das Modell für sein Verhalten bestraft wird, so wird die eigene Bereitschaft gering sein, das Verhalten unter ähnlichen Bedingungen zu zeigen.

Die praktische Anwendung für ein Training von neuen Verhaltensweisen liegt auf der Hand: Man muß eine Modellperson bereitstellen, die der Lerner positiv bewertet; man muß die Aufmerksamkeit des Lerners auf die relevanten Verhaltensmerkmale richten und die Codierung erleichtern; man muß den Lerner das beobachtete Verhalten selbst ausführen lassen und ihn bei Mängeln unterstützen; man muß für positive Erfahrungen mit dem erlernten Verhalten in Situationen sorgen, in denen der Lerner es später ausüben soll.

rungen an die „visual literacy" (vgl. Kap. 12.4.2) ein realistischer Film stellt.

Die pädagogische Praxis hat – ob mit oder ohne Bezug auf die theoretische Arbeit von Bandura – das Medium Film in vielen Bereichen zunehmend zum *Verhaltenstraining* eingesetzt. Sportler, Lehrer, Verkäufer, Manager sehen in Trainingsveranstaltungen speziell zu diesem Zweck gedrehte Filme, in denen ein „Modell" gewünschtes Verhalten demonstriert. Die Lerner sollen per Beobachtung ihr Verhaltensrepertoire entsprechend erweitern. In der Regel schließt sich ein systematisches Einüben an, bei dem wieder der Film eine Rolle spielt. Man zeichnet per Video die Übungsversuche der Lerner auf und läßt sie sich anschließend selber in der Aufzeichnung beobachten. Die Videotechnik mit ihrem Trend zu immer leichter bedienbaren und anspruchsloseren Kameras (unabhängig vom Stromnetz, bessere Lichtausnutzung) und zu immer komfortableren Abspielbedingungen (bei den neuen Kamerarecordern braucht man kein zusätzliches Abspielgerät) macht diese Methode fortlaufend zugänglicher.

Empirisch bestätigt wurde die Wirksamkeit des Verhaltenstrainings mit dem Medium Film vor allem in Evaluationsstudien zum *Microteaching*, einer Methode, die im Lehrertraining Anfang der 70er Jahre in den USA verbreitet eingesetzt wurde (vgl. Allen & Ryan, 1972, Brunner, 1976). Im Prinzip geht es dabei um ein gezieltes Einüben einzelner Verhaltensfiguren (microskills), die man aus Untersuchungen zum „guten Lehrer" (vgl. Kap. 9) als wünschenswert identifiziert zu haben glaubte. Man entwickelte Filme mit Modellcharakter für die Ausübung spezieller Lehrer-Skills; das Training über Video wurde vor allem in den USA fester Bestandteil der Lehrerausbildung. Hierzulande kritisierte man das Elementaristische, zu stark Zergliedernde dieses Ansatzes und betonte stärker die Bedeutung von verhaltenssteuernden inneren Prozessen. Das Modell des Videotrainings nach dem Muster Vormachen – Nachmachen und Aufzeichnen-Analyse – Wiederholen ist jedoch weiterhin die Methode der Wahl für Verhaltenstraining in Schule, Hochschule und Wirtschaft.

Ein wachsender Anwendungsbereich für Film/Video als Lernmedium ist die Psychotherapie (Heilveil, 1984). Das „stellvertretende Lernen" (Bandura) durch die Beobachtung eines Modells bietet sich z. B. dann an, wenn ein Klient ein therapeutisch erwünschtes Verhalten nicht in seinem Repertoire hat oder – dies ist der häufigste Fall – es nicht ausübt, weil er negative Folgen erwartet (vgl. Kasten 12.17).

Die Analyse von Verhalten kann durch die technischen Möglichkeiten von Video zusätzlich erleichtert werden. So ist ein aufgezeichneter Verhaltensablauf beliebig wiederholbar; die Geschwindigkeit kann per Zeitlupe verlangsamt oder im Standbild angehalten werden; die Kamera kann einen besonders günstigen Blickwinkel wählen oder durch Tele und

Kasten 12.17: Modellernen in der Therapie

Es gibt Personen, die einen Therapeuten aufsuchen, weil sie sich im Alltag nicht durchsetzen können. Video kann beim Erlernen von Selbstbehauptungs-Verhalten mehrfach Hilfestellung geben:

Video zur genaueren Wahrnehmung des Problems:
Die Klienten sehen Beispiele von Alltagsszenen und lernen, selbstbehauptendes, nicht-selbstbehauptendes und aggressives Verhalten zu unterscheiden.

Video zur Demonstration des erwünschten Verhaltens:
Die Klienten sehen Szenen, in denen ein Modell das erwünschte selbstbehauptende, aber nicht aggressive Verhalten vorführt.

Video als Feedback für eigene Versuche:
Die Klienten simulieren im Rollenspiel vorgeführte Szenen und versuchen, das Verhalten der Modellperson nachzuahmen. Diese Übungen werden aufgezeichnet, so daß die Klienten nach dem Spiel ihr Verhalten beobachten und auswerten können. Beim Selbstbehauptungstraining achtet man besonders auf Körpersprache.

Video als Anreiz für die Anwendung des Geübten:
Kurze Videoszenen dienen als Stimuli für die Klienten. Zum Beispiel sagt ein Erzähler: „Sie wollen mit dem Auto wichtige Einkäufe erledigen. Da kommt der Nachbar und möchte sich ihr Auto leihen." Man sieht dann, wie ein „Nachbar" klingelt und in die Kamera spricht, ob er das Auto haben könne. Die Szenen sind mit „subjektiver Kamera" gedreht, also aus der Perspektive des Zuschauers. Der Klient muß dann sofort reagieren, hier also z.B. ruhig und sicher sagen, er brauche sein Auto gerade heute selber.

(Nach Heilveil, 1984, S. 137ff.)

Zoom kritische Verhaltensmerkmale prägnant herausstellen. So kann in hohem Maße manipuliert werden, was der Lerner am Verhalten eines Modells wahrnimmt und wie er es codiert. Damit lassen sich die zwei Prozesse „Zuwendung" und „Behalten" im Modell von Bandura (vgl. Kasten 12.16) steuern. Leider fehlen dazu systematische pädagogisch-psychologische Untersuchungen.

Die Eigenheit des Films, die Illusion von Realität erzeugen zu können, ist auch Voraussetzung für Lernprozesse, die weniger das beobachtbare

Verhalten als interne Prozesse und Strukturen des Lerners beeinflussen. Die Massenkommunikationsforschung hat unter diesem Gesichtspunkt Film und Fernsehen als *Sozialisationsagenten* ausführlich untersucht. Psychologisch formuliert geht es um das Erlernen von Einstellungen, Überzeugungen, Wissen durch das Sehen von Filmen.

Die Vielseherforschung (vgl. Huth, 1981, Gerbner & Gross, 1976) hat Daten zusammengetragen, um die *Kultivierungsthese* durch das Medium Fernsehen zu stützen. Die These besagt, daß Fernsehsendungen eine eigene soziale Realität schaffen, die auf die Sozialisation Einfluß nimmt. Es gibt etwa den Befund, (amerikanische) Vielseher hätten ein anderes Bild von der Welt als Wenigseher: Sie zeigen in Fragebogen mehr Angst vor Verbrechen, sind mißtrauischer, pessimistischer und eher bereit, Gewalt anzuwenden. Vielseher überschätzen z. B. die Zahl der Polizisten in der Gesellschaft, aber unterschätzen die Zahl der Alten. Spiegelt das nicht das Bild wieder, das die Mehrzahl der Fernsehprogramme von der Welt zeichnet?

Nähere Analysen zeigen jedoch, daß ein einfaches unidirektionales Wirkungsmodell von den Programmen auf kognitive Schemata der Zuseher nicht adäquat ist. Fernsehinformationen haben vor allem dort einen Einfluß auf die Bildung von Schemata, wo der Zuseher noch keine Schemata gebildet hat. Wenn z. B. Kinder die Aufgabe, die Wohnung einer reichen Familie zu zeichnen, mit Hilfe von Klischees aus Fernsehserien lösten (Himmelweit, 1977), dann doch wohl deshalb, weil sie keine Schemata in direkter Erfahrung aufbauen konnten.

Da man durch die Programmwahl – dies ist beim Ausleihen von Videos noch einflußreicher – bestimmen kann, welche Art von Wirklichkeit man aufsucht, kommen auch Motive für das Sehen von Filmen ins Spiel. Katz & Foulkes (1962) haben das Bedürfnis nach Wirklichkeitsflucht, nach *Eskapismus*, thematisiert. Man kann es definieren als Ersatzbefriedigung für im Alltag unerfüllte Wünsche. Wirklichkeitsflucht kann aber auch kognitive Schemata vor Korrektur durch die Realität schützen. Beide Aspekte lassen die oben referierten Ergebnisse der Vielseherforschung in einem wesentlich komplexeren Zusammenhang erscheinen.

Schemata, Motive und Gewohnheiten der Rezipienten gilt es auch bei der heiß diskutierten Frage einzubeziehen, ob Fernsehen aggressiv mache. Der imponierende Bestand an Studien (vgl. den NIMH-Bericht, Pearl u. a., 1982) hat aber vor allem deshalb keine eindeutigen Aussagen erbracht, weil die Frage überwiegend in Form einer unidirektionalen Wirkung des Fernsehens auf die Rezipienten formuliert wurde. Zirkuläre Modelle sind jedoch adäquater: aggressive Kinder sehen häufiger fern; die filmische Aggressivität bestätigt sie in der vermeintlichen Normalität ihres Verhaltens; zusätzlich führen die Filme neue Muster vor; die so modellierte Aggressivität verschlechtert die Sozialkontakte der Kinder; sie suchen weniger Beziehungen und sehen häufiger fern (Huesman &

Eron, 1983). Die verschiedenen Hypothesen zur Wirkung aggressiver Filme – Stimulation oder Katharsis (Abreaktion) oder Abstumpfung – sind zwar allesamt plausibel; ihre Gültigkeit hängt aber sicher von einem Netz von Bedingungen ab, so daß Verallgemeinerungen unzulässig sind. Daß in Filmen gezeigte Aggressivität Lernen bewirken kann, steht außer Frage; auch hier gilt wahrscheinlich, daß dies umsomehr zutrifft, je weniger ein Zuseher zum Thema (hier Aggression) bereits Schemata gebildet hat.

Im Zusammenhang mit der Frage nach sozialem Lernen durch Filme wurde auch die *Beziehung des Zusehers zu den Akteuren* untersucht. Bandura (s. o.) hat z. B. experimentell erforscht, welche Merkmale eine Modellperson aufweisen muß, damit Kinder ihr Verhalten eher übernehmen. Dabei stellt sich als ein Faktor die wahrgenommene Macht des Modells heraus (Bandura, Ross & Ross, 1963a); dies deckt sich mit psychoanalytischen Überlegungen zur Identifikation. Männer werden eher als Modell gewählt als Frauen; auch Mädchen übernehmen Verhaltensweisen eher von Männern (Bandura, Ross & Ross, 1963b; Huesmann & Eron, 1983).

Horton & Wohl (1956) behaupten, der Zuseher trete mit den Filmakteuren in eine *parasoziale Interaktion*. Die Realitätstreue des Filmes erwecke die Illusion einer face-to-face-Beziehung mit den Darstellern. Dies gilt besonders für Sendungen, zu deren Dramaturgie es gehört, dem Zuseher zu suggerieren, die Akteure sprächen ihn direkt an und hielten Blickkontakt zu ihm. Das gilt bekanntlich für Nachrichtensendungen, Werbung, Shows, Lehrfilme usw. Auch hier liegt ein eskapistisches Moment nahe: Der Zuseher wiegt sich in der Illusion von realen Kontakten, er kann verschiedene Rollen imaginativ spielen, ohne konkret der Mühe ausgesetzt zu sein, auf andere eingehen und Illusionen womöglich korrigieren zu müssen. Parasoziale Interaktion wird indirekt auch durch die Beliebtheit von Serien (einschließlich Fernseh-Ritualen wie Tagesschau, Quiz usw.) bestätigt, bei denen immer wieder dieselben Akteure auftreten.

Die Beschäftigung mit den kognitiven, emotionalen und sozialen Auswirkungen von Filmen auf die Zuseher hat den Blick auf eine Frage verstellt, die eine spezifisch pädagogisch-psychologische wäre: *Welche Lernprozesse werden verhindert, wenn Menschen ihre Erfahrungen vorwiegend in einer medialen Wirklichkeit sammeln?* Im Zusammenhang mit der Kultivierungsthese (s. o.) haben wir spekuliert, daß Filme besonders dann Einflüsse ausübten, wenn der Zuseher zum Inhalt des Filmes noch keine Schemata entwickelt habe. Besonders bei Kindern besteht demnach die Gefahr, daß sie Schemata aus der Realität der Filme aufbauen. Das Fernsehen gewinnt die Konkurrenz mit der realen Umwelt, wenn das Kind häufiger fernsieht, als sich realen Erfahrungen auszusetzen. Die neuerdings diskutierte Schädlichkeit z. B. von *Videospielen* liegt mög-

licherweise weniger in den aggressiven Szenarien als in der Rigidität, mit
der ein bestimmtes Verhalten – ehrgeiziges Punktesammeln als Belohnung für visuell-manuelle Geschicklichkeit – über lange Zeit hinweg
ausgeübt wird. Die Erfahrungsmöglichkeiten des Videospielers sind im
Vergleich zur Realität derart reduziert, daß wichtige bereichernde Lernerfahrungen verhindert werden. Unter dieser Perspektive lassen sich
verschiedene oben referierte Befunde neu interpretieren. Sind Vielseher
deshalb ängstlicher, weil ihnen Sicherheitserfahrungen fehlen, die man
nur in der Realität machen kann? Sind Konsumenten von Horrorvideos
abgestumpfter gegen reale Gewalt an Menschen, weil ihnen reale Erfahrungen von Schmerz und damit Einfühlung in Opfer fehlen? (Die Comic-
Filme gerade für die Kleinsten „lehren" beinahe sekündlich, daß man
Körper aggressiv verformen kann und die Opfer keinen Schaden davon-
tragen.) Das Leben in der synthetischen Wirklichkeit der Filme und
Videos läßt vor allem Erfahrungen der eigenen Wirkmächtigkeit
(Bandura, 1977) nicht zu; sind Vielseher deshalb pessimistischer?

Die wachsenden technischen Möglichkeiten, in Filmen die Illusion von
Wirklichkeit zu perfektionieren, verhindern zunehmend, daß den Rezipienten das Lerndefizit im Hinblick auf die Realität bewußt wird. Sie
sammeln Erfahrungen mit der Wirklichkeit aus zweiter Hand, aber sie
haben nicht in und aus der Wirklichkeit gelernt. Daß dies über die Kanäle
der Massenmedien zunehmend kollektiv und uniform geschieht, haben
weniger Psychologen als Kulturphilosophen (besonders Anders, 1956,
1983) mit Sorge festgestellt. Die Medien stellen heute für verschiedene
Generationen wie für verschiedene Kulturen eine uniforme Ersatz-
Umwelt bereit. Postman (1982) diagnostiziert ein Verschwinden der
Kindheit: Das Fernsehen versorgt Kinder mit den gleichen, leicht rezi-
pierbaren Informationen wie die Erwachsenen. Die Fernsehwelt kennt
keine Grenzen der Zugänglichkeit wie etwa Bücher, die ein Niveau von
Beherrschung der Kulturtechniken voraussetzen.

Die Pädagogische Psychologie wird sich endlich dieser Fragen annehmen müssen. Es gilt z. B. zu untersuchen:

– Werten Lerner mediale und reale Wirklichkeit gleich oder unterschied-
  lich aus?
– Welche Rolle spielt die vom Lerner perzipierte Realitätsnähe von
  Filmen?
– Welche Lernerfahrungen können nur in einer realen Situation gemacht
  werden?
– Wie wirkt sich überwiegend medial vermitteltes Lernen auf die Lern-
  prozesse in realen Situationen aus?

Im Unterschied zur Massenkommunikationsforschung sollte die Pädagogische Psychologie dabei das Interesse vor allem auf den einzelnen Lerner
richten und nicht einseitige Wirkungsannahmen, sondern Bedingungs-
netze und Verläufe von Wechselwirkungen zwischen Lerner, Medium

und Umwelt analysieren. Vereinzelte Ansätze dazu (vgl. besonders
Salomon, 1981) gibt es bereits.

12.8 Computer als Lernmedium

12.8.1 Der Computer als „neues" Medium

Das Attribut „neu" wird modernen Technologien derzeit allzu bereitwillig verliehen. Eine genauere Betrachtung zeigt, daß viele sog. „neue
Medien" diese Bezeichnung zu unrecht tragen. Wenn man (vgl. 12.2)
Medien nicht nur im Hinblick auf technische Merkmale untersucht,
sondern auch auf das Symbolsystem und die damit verbundenen Anforderungen an die Nutzer achtet, bleibt wenig Neues. Ja, manche sogenannten neuen Medien sind gar keine Medien. So ist etwa das Kabelfern-
sehen lediglich ein Verteilungssystem. Videoband und Bildplatte sind
neue Trägersysteme für altbekannte audiovisuelle Information; ihr Symbolsystem ist also dasselbe wie beim herkömmlichen Film. Technische
Unterschiede – größere Speicherkapazität, bessere Zugriffsmöglichkei-
ten, Einzelbildspeicherung, Bildqualität usw. – dürfen darüber nicht
hinwegtäuschen. Ein Lehrfilm bleibt derselbe, egal ob er per Videorecorder, Bildplatte, direkt vom Abspielgerät oder über Antenne bzw. Kabel
auf den Fernsehschirm kommt. Unbestreitbar ist allerdings, daß technische Entwicklungen von AV-Medien die Einsatzmöglichkeiten und
damit die Verbreitung erweitern, obwohl das Symbolsystem, der Code,
gleich bleibt. Im Unterschied zum Film erlaubt z.B. die Videoaufnahme,
das Gefilmte sofort (ohne einen umständlichen Entwicklungsvorgang)
anzusehen; der Einsatz etwa beim Training von Bewegungsabläufen wäre
ohne diese technische Voraussetzung nicht möglich geworden (vgl.
12.7.3). Die Laser-abgetastete Bildplatte läßt sich derzeit noch nicht als
Aufnahmemedium verwenden, hat aber gegenüber dem Videoband
andere technische Vorteile: man kann z.B. Einzelbilder abspeichern
(derzeit 54000 pro Platte), die Bildqualität ist besser, jede Stelle läßt sich
in kurzer Zeit ansteuern, es gibt keine mechanische Abnutzung beim
Abspielen. Damit ist die Bildplatte als Speicher für stehende und bewegte
Bilder mit Ton z.B. viel besser für computerunterstützten Unterricht
geeignet als das Videoband.

Ähnlich ist die Entwicklung auf dem Computermarkt. Die Nutzungs-
möglichkeiten werden fortlaufend erweitert: durch Programme, hand-
lichere Formate, Koppelung mit anderen Medien usw. Die Schlagzeile
„Alarm in den Schulen: Die Computer kommen" (Spiegel 47, 1984)
wurde möglich, weil es inzwischen kleine, preiswerte, mobile Computer
gibt, die sich mit komfortablen Programmsprachen auch von Laien relativ

leicht nutzen lassen. Denn der Computer als Lernmedium ist schon mindestens eine Generation alt; neu sind seine Anwendungsbereiche (vgl. Mandl & Fischer, 1985).

Eine typische Anwendungserweiterung durch Koppelung verschiedener bestehender Technologien mit dem Computer ist das Medium *Bildschirmtext* (Btx). Das Telefongerät wird über das Telefonkabelnetz und ein Zusatzgerät (Modem) zum Instrument, mit dem sich aktiv an einem Computernetz (Zentralcomputer der Bundespost und Computer verschiedener Anbieter) teilhaben läßt. Das private Fernsehgerät wird zum Monitor, die Fernbedienung (oder eine Tastatur) zum Eingabeinstrument für Befehle. Schon können die Studenten der Fernuniversität Hagen ihre Antworten auf die Fernlehrbriefe über Btx von ihrer Wohnung in den Universitätscomputer eingeben und darüber auch die Auswertung beziehen.

Die Forschung trifft bei den sog. neuen Medien auf die altbekannten Probleme (vgl. 12.2). Und die Fragen, die zumeist von Eltern und Pädagogen an sie herangetragen werden, sind ebenfalls nicht neu. Wartella & Reeves (1983) beobachten z. B., daß bei jeder technologischen Innovation zuerst untersucht wird, wie sie genutzt wird. Dann folgt die Frage nach evtl. nachteiligen Wirkungen für die Gesundheit und schließlich die Forschung zu den psychologischen Auswirkungen.

Im folgenden soll die dritte Fragestellung – nach den psychologischen

Auswirkungen des Computers als Lernmedium – verfolgt werden. Im Unterschied zu den zuvor behandelten Druckmedien (vgl. 12.5 und 12.6) bzw. Film (vgl. 12.7) ist das Lernen mit Computern vor allem in zwei Aspekten „neu": (1) Das Symbolsystem der Programmsprachen und (2) die Lernmethode mancher Formen des computerunterstützten Unterrichts.

Zu (1): Die Forschung sehr beschäftigt hat in den letzten Jahren die Frage, ob das Erlernen einer *Computersprache* schon im Kindesalter die kognitive Entwicklung beschleunigt. Hier geht es also nicht darum, ob sich ein bestimmter Stoff mit Hilfe des Computers besser oder schneller erlernen läßt; vielmehr geht es um die Vermutung, Programmieren und Interagieren mit dem Computer setze über die jeweils vermittelte Information hinaus übergreifende Lernprozesse in Gang. Speziell zur Computersprache LOGO gibt es eine größere Zahl von Untersuchungen; sie sind Thema von Kapitel 12.8.2.

Zu (2): Ein hochentwickeltes computergesteuertes Lernsystem erlaubt ein Ausmaß an Informationsreichtum, Aktivierung, Differenzierung und Rückmeldung an den Lerner wie kein anderes der bisher dargestellten Lernmedien. Damit eröffnet der Computer Lernmöglichkeiten, die in mancherlei Hinsicht die traditionelle Instruktion übertreffen. Man denke etwa an *Simulations-Programme* in der Pilotenschulung, die hochkomplexe Ereignisse wie die Landung eines Jumbos nachahmen und nach Eingreifen des Lerners in Bruchteilen von Sekunden ein verändertes Szenarium präsentieren. Ein anderes Beispiel sind *tutorielle Systeme,* die einem Lerner nicht nur je nach momentanem Wissensstand unterschiedliche Informationen und Hilfen bereitstellen, sondern permanent den Lernfortschritt dokumentieren. Leider gibt es gerade für hochkomplexe, interaktive Treatments nur wenige Beispiele; sie decken jeweils auch nur ein enges Wissensgebiet ab. Der Grund liegt im hohen Aufwand für die Erstellung der Software. Die Forschungsbasis für die wirklich neuartigen Anwendungen des Computers ist also sehr schmal. Einige Ergebnisse werden in Kapitel 12.8.3 dargestellt.

In diesem Kapitel nicht näher behandelt werden Fälle, in denen man den Computer für simple tutorielle Funktionen verwendet, die man von Lernprogrammen und sog. Lehrmaschinen aus den 60er Jahren kennt. Natürlich eignet sich der Computer auch dazu, Übungsaufgaben zum Rechnen, Sprachenlernen oder Lesen anzubieten, Fragen zu stellen und sofort eine Rückmeldung zu geben. Vorteilhaft ist, daß der Computer damit Lehrern eher anspruchslose Informationsvermittlung und -einübung abnehmen kann. Offensichtlich gibt es für diese Computeranwendung derzeit auch die meisten Programme (teilweise alte Lernprogramm-Texte). Evaluationsstudien zeigen die gleichen Ergebnisse, wie man sie aus den früheren Studien zum Programmierten Lernen und zu Drillprogrammen ohne Computer kennt: am meisten profitieren schwache Ler-

ner, man spart Lernzeit, aber bei wiederholtem Einsatz verlieren die
Schüler die Lust (zusammenfassend s. Mandl & Hron, 1985). Die Sorge
ist angebracht, daß der Einsatz von Computern in den Schulen sich
womöglich auf diese eingegrenzte Verwendung – als Drill und Übungsin-
strument – beschränken könnte. Die Programme sind relativ leicht zu
erstellen, die Lehrer werden kaum Konkurrenz zum Computer sehen und
können konventionellen Unterricht unverändert weiterführen. „Technologie verfügt über keine Garantie, daß sie in der Erziehung effektiv
eingesetzt wird. Es ist leicht möglich, wenn nicht sogar wahrscheinlicher,
daß sie auf eine triviale und untaugliche Weise zur Verwendung kommt"
(Bosco, 1984, S. 13).

12.8.2 Denken lernen durch Programmieren?

Im Zusammenhang mit der Einführung eines Schulfaches Computer-
kunde wird in der Öffentlichkeit ein pädagogisch-psychologisches Thema
heftig diskutiert: Wie verändert der Umgang mit Computern, speziell das
Programmieren, die kognitiven Fähigkeiten von Kindern?

Die Pessimisten befürchten, ein neuer Typ werde sich entwickeln: der
rein technische, lineare Denker; intuitives, divergentes Denken werde
beeinträchtigt. Die Optimisten behaupten, gerade das Gegenteil sei der
Fall: der Umgang mit dem Computer fördere flexibles Problemlösen,
wirke Schwarzweiß-Denken entgegen, beschleunige die kognitive Entwicklung. Seymour Papert ist der medienwirksamste Sprecher dieser
Richtung. Mit Mitarbeitern entwickelte er am renommierten Massachu-
setts Institute of Technology (USA) LOGO, eine spezielle Programmsprache für Kinder, und publizierte einen Bestseller (1980, dt. als
Taschenbuch 1985) mit ungewöhnlichen Verheißungen für das Lernen
mit Computern. Der Computer sei ein „Gegenstand, mit dem man
denkt", und das ideale Lernmedium, weil er tausend Formen annehmen
und tausend Funktionen erfüllen könne. Wichtig sei, daß nicht der
Computer das Kind, sondern das Kind den Computer programmiere. Das
Programmieren erweitere die kognitiven Fähigkeiten der Kinder außerordentlich und allgemein, d.h. nicht nur in einem Teilbereich.

Diese Behauptungen sind wohl deshalb so eingängig, weil ihre Logik an
Annahmen früherer Jahre erinnert, wonach z.B. Mathematik oder
Latein allgemein logisches Denken schule. Psychologisch formuliert:
man könne generalisierte Skills, z.B. allgemeine Problemlösefähigkeit,
durch Beschäftigung mit einem begrenzten Aufgabenbereich trainieren.
Seit der historischen Kritik von Thorndike (1924) an dieser Hypothese ist
es der Pädagogischen Psychologie allerdings nicht gelungen, sie überzeugend zu unterstützen. Offensichtlich gilt dasselbe für Paperts Behauptungen im Zusammenhang mit LOGO.

Zwar berichtet die Papert-Gruppe, die Beschäftigung mit dem Programm LOGO fördere nachweislich logisches Denken und allgemeine Problemlösefähigkeit. Zugleich wird diesen Untersuchungen aber von kritischen Kollegen methodische Unzulänglichkeit vorgeworfen. Die Stichproben seien zu klein, die kognitiven Fähigkeiten würden mit zweifelhaften Verfahren oder gar nicht objektiv erfaßt, Kontrollgruppen fehlten. Aber auch methodisch reifere Untersuchungen von anderer Seite ergaben wenig positive Resultate für Paperts These. Zwar stellte sich heraus, daß Kinder tatsächlich programmieren lernen konnten, ältere besser als jüngere, Jungen besser als Mädchen (Pea, 1983). Für einen Transfer fand sich jedoch kein Hinweis: Bei einer Aufgabe, die die Organisation verschiedener Hausarbeiten verlangte, zeigte sich z. B. kein Leistungsunterschied zwischen Kindern, die ein Jahr lang mit LOGO programmierten, und Kindern einer Kontrollgruppe (Pea & Kurland, 1983).

Auch Paperts Behauptung, LOGO würde nicht zum blinden Herumprobieren anregen, jeder Fehler zwinge vielmehr das Kind zur Analyse und fördere so das systematische und genaue Denken, wurde empirisch nicht gestützt. Viele Kinder können Programm-Befehle zwar eingeben, aber auf Befragen nicht genau erklären. Zeigt sich beim Programmieren ein Fehler, analysieren sie ihn meistens nicht, sondern beginnen von vorne und suchen nach dem Prinzip Versuch – Irrtum einen neuen Weg (Pea & Kurland, 1984).

Salomon, der die Rolle der „geistigen Anstrengung" (amount of invested mental effort, vgl. Kasten 12.4) bei der Nutzung von Lehrfilmen untersuchte, sieht Parallelen beim Umgang mit dem Computer (Salomon, 1984 b). Ebenso wie man ohne Ernsthaftigkeit fernsehen könne, lasse sich auch ein Computer spielerisch bedienen. Wieviel Anstrengung ein Kind beim Programmieren investiere, hänge nicht zuletzt – wie die geistige Anstrengung beim Fernsehen – von persönlichen, sozialen, kulturellen Bedeutungssystemen ab. Diese gelte es zu untersuchen.

Warum es nicht gelang, die Förderung von Problemlösefähigkeit auch außerhalb des Anwendungsgebietes Computer nachzuweisen, mag verschiedene Gründe haben. Waren die untersuchten Gruppen noch zu wenig mit Programmieren vertraut? Müßte man zusätzlich beim Programmieren das analytische, systematische Vorgehen den Lernern explizit darstellen und es einüben (vgl. Simon, 1980)? Fest steht, daß die derzeitige Forschungslage hochgespannte Erwartungen im Sinne von Papert nicht rechtfertigt. In den USA haben Tetenbaum & Mulkeen (1984) aus diesem Grund ein Moratorium für die breite Einführung von LOGO in den Schulen gefordert. Wenn LOGO nachweislich keine allgemeine Fähigkeit zum Problemlösen fördere, bleibe nur noch die Rechtfertigung, die Kinder müßten überhaupt eine Programmsprache lernen. Dann müsse aber geprüft werden, ob gerade LOGO die beste sei.

12.8.3 Computer und neue Lernformen

Gemessen am Ideal eines weitgehend vom Lerner selbst gesteuerten Lernprozesses schneidet der Unterricht in Schule und Erwachsenenbildung enttäuschend ab. Die Lerner greifen im Frontalunterricht kaum in den erziehergesteuerten Ablauf ein; die Lernumwelt ist relativ arm und unflexibel gegenüber den Fähigkeiten, Zuständen und Verhaltensweisen der Lerner. Lernerzentriertes, differenziertes, adaptives Lehren ist nicht die Regel. Das gilt auch für den Großteil des Lernens mit den audiovisuellen Medien Tonbildschau, Film, Fernsehen. Der Lerner kann ihren Ablauf nicht beeinflussen; ein Film bietet z. B. keine neue Version an, wenn ein Lerner eine Passage nicht versteht. Anders der Computer. Dank seiner immensen Speicherkapazität und Verarbeitungsgeschwindigkeit bietet er die Technologie, um Lehrangebote in hohem Maße auf den Lernprozeß eines einzelnen Lerners abzustimmen. Um adaptiv zu sein, basieren neue Ansätze des computerunterstützten Unterrichts (CUU) auf zwei Prinzipien:

1. Das System *diagnostiziert* und *bewertet* die Aktionen des Lerners während des Lernprozesses.
2. Im System sind Verfahren einprogrammiert, die aufgrund dieser Bewertungen *Instruktions-Entscheidungen* treffen und entsprechende Lehrangebote bereitstellen.

Wie diese Prinzipien jeweils realisiert werden, macht die Unterschiede zwischen verschiedenen Modellen des CUU aus.

Zur Illustration soll das tutorielle System KAVIS (Knowledge Acquisition Video Instruction System) erläutert werden, das am Deutschen Institut für Fernstudien in Tübingen entwickelt und erprobt wurde (nach Mandl, Fischer, Frey und Jeuck, 1985). Ein Lerner, der mit KAVIS arbeiten möchte, wählt zuerst einen von drei Modi aus, nach dem er vorgehen möchte. Das System bietet einen Lernmodus, einen Dialogmodus und einen Diagnosemodus. Wählt der Lerner den Lernmodus, so erscheint auf dem Monitor (vgl. Abb. 12.5) eine Themenübersicht über die angebotenen Inhalte. Der Lerner kann sich nun dafür entscheiden, die Informationseinheit linear durchzuarbeiten oder eine Untereinheit herauszugreifen. Das System bietet ihm dann sprachliche Informationen (auf Disketten gespeichert) und instruktive Filmteile (über ein angeschlossenes Videogerät eingespielt) zum ausgewählten Inhaltsbereich an. Im Dialogmodus hat der Lerner Mehrfachwahlaufgaben zum Lernstoff zu beantworten. Bei einem Fehler spielt das System sofort eine klärende Informationseinheit zu, gefolgt von einem erneuten Fragedurchgang. Im Diagnosemodus bietet KAVIS einen lernzielorientierten Katalog von Fragen zu allen wichtigen Aspekten der gesamten Lerneinheit an. Die Antworten des Lerners werden ausgewertet und das Ergebnis in Form eines diagnostischen Lernstandsprotokolls ausgedruckt. Abgestimmt auf das Leistungsprofil gibt das System zusätzlich Hinweise auf die Teile der Lerneinheit, die der Lerner sinnvollerweise bearbeiten sollte. Eine Evaluationsstudie zeigte gegenüber einer Kontrollgruppe eine deutliche Überlegenheit in den Leistungsmaßen, auch im Hinblick auf die Lernzeit. Im Vergleich zu traditionellen tutoriellen Systemen läßt KAVIS dem Lerner mehr Raum für eigene Entscheidungen.

Ein Maximum an Steuerungsmöglichkeiten für den Lerner streben die neuen *KI-Systeme* (künstliche Intelligenz) an. Sie bestehen im Idealfall aus drei Hauptkomponenten (vgl. Park & Tennyson, 1983): Einem Expertenmodul, einem Lernermodul und einem Tutormodul. Das *Expertenmodul* stellt den Versuch der Programmierer dar, das vermittelte Stoffgebiet analog zur Wissensstruktur eines Experten zu repräsentieren. Dies kann in Form von Netzwerken oder als Hierarchie von Teilskills oder als System von Produktionsregeln erfolgen. Das Expertenmodul entwickelt Fragen an den Lerner und bewertet das Lernerverhalten. Das *Lernermodul* repräsentiert die jeweilige Wissenslage des Lerners im Verlauf der Arbeit mit dem System. Es sammelt die bisherigen Antworten oder Anfragen des Lerners an das System und schätzt ein, wie schwierig das gerade bearbeitete Material für den Lerner ist. Das *Tutormodul* schließlich spezifiziert, wie das System jeweils dem Lerner das Material anbietet. Je nach System geht es z.B. nach einer sokratischen Methode vor (bringt den Lerner durch Fragen dazu, über seine Annahmen nachzudenken) oder legt Wert auf eine genaue Analyse eines Fehlers, indem es mögliche zugrundeliegende Irrtümer aufdeckt.

Die großen psychologischen wie programmierungstechnischen Probleme bedingen, daß die bisherigen KI-Systeme nur für eng umgrenzte Wissensgebiete ausgearbeitet sind. Das gilt z.B. für das System SOPHIE (Brown, Burton & Bell, 1975) zum Verständnis elektronischer Schaltkreise. Der Lerner trifft hier auf eine anregende, reaktive Lernumwelt. Anstatt eine vorprogrammierte Informationseinheit anzubieten, simuliert das Programm z.B. Störungen in Schaltkreisen und regt den Lerner an, eigene Ideen auszuprobieren. Aus den Handlungen des Lerners rekonstruiert das System dessen Wissensstruktur; entsprechend bietet der tutorielle Teil des Systems dem Lerner Antworten, Kritik oder Vorschläge an. Anstatt den Lerner in ein Modell zu zwingen, stellt hier die Maschine ein Modell dar, das dem Lerner entsprechen will (Lesgold, 1984).

Für die Unterrichtspraxis werden KI-Systeme allerdings wegen des großen Erstellungsaufwandes nur in einigen klar begrenzten Domänen eine Rolle spielen. Um so wichtiger ist die Weiterentwicklung der KI für die psychologische Grundlagenforschung, um kognitive Prozesse zu simulieren.

Die Verwendung von Mikrocomputern in der Schule und in der Erwachsenenbildung (z.B. in der innerbetrieblichen Aus- und Weiterbil-

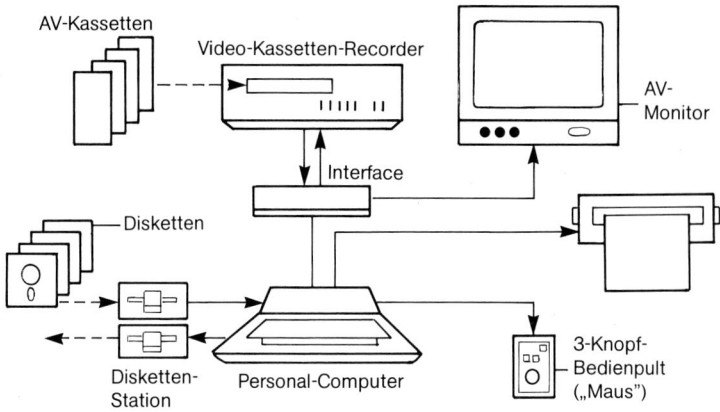

Abb. 12.5: Hardware-Konfiguration von KAVIS

dung) zielt derzeit vor allem auf das Erlernen von Programmiersprachen und auf das Vertrautwerden mit verschiedenen Einsatzmöglichkeiten des Computers. Von pädagogischer Seite wird dabei auf eine Gefahr hingewiesen, die abschließend diskutiert werden soll, weil sie auch bei anderen audiovisuellen Medien oft angeführt wird. Es geht um die Frage, ob die Arbeit mit dem Computer die Lerner voneinander isoliert und wichtige

---

Kasten 12.18: Medien-Nostalgie

„Hätte ich unter allen Unterrichtsmedien ein einziges zu wählen, ich wählte Tafel-und-Kreide.

Die alten Medien haben Vorteile:

– Ihre Unvollkommenheit: sie verlangen vom Lehrer, daß er sie belebt und für seine Zwecke aneignet, und vom Schüler, daß er sich den gemeinten Gegenstand, das Erlebnis, selber schafft;
– ihre Dienstbarkeit: sie funktionieren nicht für sich;
– ihre beliebige Kombinierbarkeit;
– ihre Beziehung zur alltäglichen Erfahrung, ihre Offenheit zu den sie umgebenden Handlungsmöglichkeiten;
– die vollständige Durchschaubarkeit ihrer Machart;
– die Freiheit, die sie gewähren: sie erlauben, ja ermöglichen, daß ich meine Schüler beobachte, um meine Sachen nach ihnen zu richten."

(v. Hentig, 1984, S. 22 u. 26)

Sozialerfahrungen verhindert. Dem Computer gegenüber kritisch eingestellte Erzieher weisen besonders auf Kinder und Jugendliche hin, die derart intensiv und ausschließlich am Computer arbeiten und spielen, daß sich die Analogie zur Sucht aufdrängt. Dieses Extrem der Computer-Fixierung auf Kosten der Sozialkontakte wird oft warnend zitiert, wenn es um die Einführung von Computern in den Unterricht geht.

Bei näherer Betrachtung aber entpuppt sich diese Befürchtung als wenig überzeugend. Zum einen kann jede Beschäftigung für eine gewisse Zeit das Interesse eines Lerners außergewöhnlich stark binden; das gilt für Lesen, Musizieren, Basteln, Sport. Zum anderen ist der einzelgängerische „Computerfreak" ein seltenes Phänomen. Zum dritten aber muß Unterricht mit dem Computer keineswegs isolierende Einzelarbeit bedeuten. Gerade beim Programmieren des Computers im Zusammenhang mit einem konkreten Problem, das es mit Hilfe dieser Technologie zu lösen gilt, ergeben sich alle Formen der Kooperation zwischen Lernern von allein.

Auch ohne daß ein Erzieher bestimmte Gruppenaufgaben stellt, Lerngruppen zusammenstellt und die Ergebnisse kontrolliert (wie bei der üblichen Gruppenarbeit im Unterricht), beobachtet man beim Programmieren einen regen Informationsaustausch zwischen Lernern, gegenseitige Beratung und Ermutigung (vgl. Hawkins, 1983; z.B. zu LOGO). Der Computer kommt verschiedenen Formen der Gruppenarbeit besonders durch seine Kapazität entgegen, Material differenzierend bereitzustellen, eine rasche Rückmeldung zu geben und dabei, animistisch ausgedrückt, „unendlich geduldig" zu reagieren. Huber (1985) vertritt daher die Meinung, gerade beim Einsatz im Zusammenhang mit kooperativen Lernformen könnten Computer die Vorzüge neuer Entwicklungen ausspielen, ohne die Nachteile zu kumulieren. Es wird abzuwarten sein, inwieweit die Erzieher und die Programmersteller diese Chancen nutzen.

Teil III

Kapitel 13

Günther L. Huber
Heinz Mandl

*Das pädagogisch-
psychologische Handeln:
Eine Einführung in Teil III
des Lehrbuches*

13.1 Begründung eines handlungstheoretischen Ansatzes

13.2 Ein pädagogisch-psychologisches Handlungsmodell

13.3 Mögliche Grenzen des rationalen Handlungsmodells

13.4 Wegweiser zu den Kapiteln von Teil III

Der vorausgehende Teil II dieses Lehrbuchs gab einen Überblick über Forschung zu verschiedenen Aspekten der pädagogischen Situation. Die Kapitel des folgenden Abschnitts III beschäftigen sich mit Aufgaben und Handlungsmöglichkeiten des *Pädagogischen Psychologen* in Erziehungssituationen. Es geht hier also nicht primär um Motive oder Verhaltensweisen von Erziehern oder Lernern, nicht in erster Linie um Erziehungsbedingungen in Familie, Schule oder anderen Institutionen, sondern um spezifische Handlungsformen des Pädagogischen Psychologen und ihre Bedingungen. In diesem Kapitel wollen wir vorweg ein Modell des pädagogisch-psychologischen Handelns entwickeln. Ausgangspunkt ist die Handlungstheorie.

13.1 Begründung eines handlungstheoretischen Ansatzes

Die bewußte Entscheidung für bestimmte anthropologische Vorannahmen der Pädagogischen Psychologie muß auch Folgen für das wissenschaftlich geleitete Handeln von Pädagogischen Psychologen haben. Welche Konsequenzen sind aus den Grundannahmen zu ziehen, die in Kap. 1 entwickelt wurden? Drei Grundannahmen wurden dort herausgestellt:

Personen sind aktiv, d. h. sie versuchen eigene Absichten zu verwirklichen; Personen verarbeiten die Einwirkungen aus ihrer Umwelt subjektiv und agieren nach Maßgabe ihrer Interpretationen; Menschen stehen in dynamischer Wechselwirkung mit ihrer Umwelt (Transaktion).

Modellkonzeptionen für professionelles Handeln, die diese Merkmale abbilden wollen, müssen in der Lage sein, kognitive Vermittlungsprozesse zwischen der Einwirkung auf eine Person (z. B. den Pädagogischen Psychologen) und dessen Aktionen zu beschreiben und zu erklären. Dazu ein Beispiel:

Roland, ein Fünfjähriger, sitzt mit seinem gleichaltrigen Freund Thomas, der bei ihm zu Besuch ist, inmitten von Legosteinen auf dem Boden seines Zimmers. Die beiden wollen Ställe für viele Spieltiere bauen. Thomas versucht, für seine Konstruktion möglichst nur die großen roten Steine zu verwenden. Roland braucht sie auch. Thomas will sie aber für sich allein haben. Darauf versucht Roland, das fast fertige Bauwerk von Thomas umzureißen. Thomas beschimpft Roland lautstark. Das ruft Rolands Mutter auf den Plan.

Was wird die Mutter in diesem Beispiel tun? Sie wird wahrscheinlich *spontan handeln*. Aufgrund von Routinen zur Lösung sozialer Konflikte, die sie erworben hat, kann sie etwa versuchen, ihrem Kind beizubringen, wie es sich gegen Übergriffe ohne Aggressivität zur Wehr setzen kann. Sie kann Roland verbal unterstützen. Sie kann den Konflikt umgehen und ihrem Sohn Alternativvorschläge für sein Bauwerk machen.

Stellen Sie sich nun vor, Sie als Pädagogischer Psychologe werden von dieser Mutter *nachträglich* um Rat gefragt, wie sie sich in ähnlichen Situationen am besten verhalten solle. Sie haben also mehr Zeit und müssen nicht unmittelbar reagieren; Sie können nachdenken, zusätzliche Information erbitten, verschiedene Möglichkeiten mit ihren Konsequenzen darstellen usw. Aber was würden Sie sagen? Wie würden Sie dabei vorgehen? Oder: Wie sollte ein Pädagogischer Psychologe als Fachmann vorgehen?

Diese Frage kann man sicher nicht adäquat beantworten, wenn man nur das beobachtbare Verhalten der Beteiligten berücksichtigt. Es reicht aber ebenfalls nicht aus, wenn man sich nur darauf beschränkt, was in den Köpfen der Beteiligten vorgeht. Dies gilt besonders für den beratenden Pädagogischen Psychologen, der Hinweise geben soll, was Erzieher und Lerner in bestimmten Situationen am besten tun können.

Die moderne Pädagogische Psychologie bezieht hier eine klare Position: Als Wegweiser für die erforderlichen Schritte hält sie eine handlungstheoretische Interpretation für geeignet. In der *Handlungstheorie* geht es darum, „wie der Mensch in zielgerichteter, denkender und planender Auseinandersetzung mit seiner Umwelt handelnd seine Umgebungsbedingungen verändert und dabei gleichzeitig seine eigene Persönlichkeit entwickelt" (Greif, 1983, S. 88). Die Handlungstheorie beansprucht nicht, alle Verhaltensweisen von Menschen zu erklären. Sie modelliert vielmehr bewußt geplantes oder rational gesteuertes Handeln. Insofern eignet sie sich eher zur Beschreibung eines professionell und/ oder wissenschaftlich begründeten Handelns (vgl. Kap. 3) als zur Beschreibung alltäglicher Handlungsweisen, die häufiger durch Routineverhalten oder impulsives Handeln unter Zeitdruck oder Entscheidungszwängen bestimmt werden. Im Beispiel reagieren Roland und Thomas einfach aufeinander. Rolands Mutter agiert spontan auf der Grundlage ihrer Handlungsroutinen. Vom Pädagogischen Psychologen als einem professionell Handelnden erwarten wir aber mehr, nämlich, daß er nach sorgfältiger Analyse der Situation und der Alternativen, die ihm möglich erscheinen, rational entscheidet und wohlbegründete Empfehlungen gibt.

Für sein Verhalten liefert die Handlungstheorie also ein geeignetes Modell. Es ist besonders geeignet, einerseits subjektive Ereignisse im Individuum, andererseits interindividuelle, „objektiv" zugängliche Ereignisse und die Bedingungen der Umwelt, in der diese Ereignisse ablaufen, gleichzeitig zu erfassen.

Es gibt verschiedene psychologische Handlungstheorien, die jeweils einzelne Aspekte des Person-Umwelt-Bezugs unterschiedlich gewichten. Die einen versuchen z. B., das Handeln als hierarchisch geordnete Sequenz von Teilhandlungen zu konzipieren. Andere erschließen bevorzugt die historisch-gesellschaftlichen Zusammenhänge allgemeiner Handlungsanforderungen und individueller Tätigkeitsstrukturen (vgl. Volpert, 1980). Manche gehen an Handeln mit makroskopischer, andere mit mikroskopischer Perspektive heran. Einzelne Theorien akzentuieren strukturelle, andere prozessuale Merkmale des Handelns (vgl. Kaminski, 1979 a). Schnotz, Ballstaedt & Mandl (1981) haben Handlungstheorien auf Übereinstimmungen hin analysiert und daraus folgende Merkmale als *Grundstruktur jedes menschlichen Handelns* abgeleitet:
– Handeln ist ein zielgerichteter Prozeß, der sich unter anderem durch die Vorwegnahme möglicher Handlungsfolgen auszeichnet. Neben dem bewußt angestrebten Ziel *antizipiert* der Handelnde auch Ergebnisse, die aus der augenblicklichen Situation ohne eigenes Zutun entstehen würden. Er hat Situations-, Handlungs-, Ereignis- und Ergebnis-Folgen-Erwartungen (Heckhausen, 1980). Es kann angenommen werden, daß diese Antizipationen die Ergebnisse und Folgen simulieren. Mentale Veränderungen gehen also realen Veränderungen voraus.
– Handeln ist ein *konstruktiver* Prozeß, der die Umwandlung der Ausgangssituation in eine erwünschte Zielsituation anstrebt.
– Handeln ist ein *hierarchischer* Prozeß, in dem eine Abfolge von untergeordneten Operationen abläuft.
– Handeln ist ein *kontrollierter* Prozeß, der die Zielgerichtetheit des Handelns bzw. die angemessene Auswahl von Handlungsmöglichkeiten oder Operationen durch den ständigen Vergleich der Zielantizipationen mit Rückmeldungen über tatsächliche Zwischenergebnisse ermöglicht.

13.2 Ein pädagogisch-psychologisches Handlungsmodell

Im Ablauf von Handlungen kann man drei Teilprozesse unterscheiden: *Orientierung, Ausführung* und *Kontrolle.* Diese Teilprozesse liefern auch die Struktur für pädagogisch-psychologisches Handeln.

Dies wird beispielsweise im Kapitel über pädagogische Beratung deutlich (vgl. Kap. 15). Der Prozeß der Beratung wird beschrieben als Abfolge von Problemanalyse (Orientierung), Erarbeitung von Lösungsmöglichkeiten (Ausführung) und Evaluation (Kontrolle). Auch der diagnostische Prozeß kann in die drei genannten Teilprozesse gegliedert werden. Auf die Orientierung über die diagnostische Zielsetzung folgen

Informationsaufnahme und -verarbeitung, die zu einer diagnostischen Entscheidung führen, deren Ergebnisse wieder kontrolliert werden müssen (vgl. Kap. 14).

Allgemein werden die Teilprozesse des Handelns wie folgt definiert:

– Unter *Orientierung* versteht man die Berücksichtigung der objektiven Bedingungen im Handlungsverlauf; dies sind der Handlungsgegenstand, die verfügbaren Handlungsmittel mit ihren spezifischen Anwendungsbedingungen sowie die notwendigen Teilschritte auf dem Weg von der Ausgangs- zur Zielsituation. Die psychische Repräsentation dieser Bedingungen wird als Orientierungsgrundlage des Handelnden bezeichnet (vgl. Lompscher, 1985).

– Die *Ausführung* von Handlungen ist als Wechselbeziehung zu verstehen. Sie beinhaltet einerseits eine Einwirkung des Handelnden auf seine Umwelt und somit eine Veränderung von Objekten (gegenständliches Handeln), zum anderen bewirkt sie eine Aneignung von Erfahrungen in der Auseinandersetzung mit diesen Objekten und somit eine Veränderung von Personen (vgl. Leontjew, 1977).

– *Kontroll*prozesse vergleichen den Ablauf der Handlungen mit dem antizipierten bzw. in der Operationshierarchie festgelegten Verlauf und/oder die tatsächlichen Wirkungen mit den geplanten Ergebnissen (vgl. Tomaszewski, 1978).

Diese drei Teilprozesse sind analytische Kategorien. Im aktuellen Vollzug von Handlungen sind diese Teilprozesse untrennbar miteinander verschränkt und aufeinander bezogen.

Wenn man mit dem bis hier entwickelten begrifflichen Repertoire der Handlungstheorie das Eingangsbeispiel weiter analysiert und auf verschiedene Handlungsträger anwendet, wird der Zusammenhang zwischen unterschiedlichen individuellen Orientierungsgrundlagen und typischen Handlungsmustern in pädagogischen Situationen deutlich.

Das Handeln der beiden Buben ist an konkreten Einzelbedingungen der Situation orientiert (z. B. „Thomas hat alle roten Bausteine!"). Von den notwendigerweise zu berücksichtigenden drei Bedingungen – nämlich dem *Objekt* der Handlung (Bausteine), dem *Ziel* der Handlung (mehrere Ställe für Spieltiere bauen) und den zur Verwirklichung des Ziels nötigen *Mitteln* (Aufteilung der Bausteine) – ist den Buben in dieser aktuellen Situation wohl nur eines bewußt: Die Bausteine – Roland will sie, Thomas hat sie. Insgesamt läuft das Handeln in diesem Fall mit einem niedrigen Grad an Bewußtheit ab.

Der Mutter von Roland können wir dagegen unterstellen, daß sie alle für ihr Handeln relevanten Bedingungen und Merkmale in der Situation berücksichtigt – Objekte, Ziel und Schritte des Vorgehens. Sie bezieht ihre Handlungsorientierung auf ihre bisherigen Erziehungserfahrungen (auch als Lernerin). Sie muß also nicht blind probieren, sondern kann die wichtigen Merkmale der Situation berücksichtigen und auf ihre früheren

Erfahrungen zurückgreifen. Aber ihre Möglichkeiten zur Übertragung früherer Erfahrungen auf neue und andersartige Situationen sind sehr eingeschränkt. Für ungewohnte Situationen sind neue Orientierungsgrundlagen nötig; verfügbare Orientierungen können aber nur als fertig vorgegebene, nicht veränderbare Komponenten in die konkrete Situation übernommen werden.

Vom professionell handelnden Pädagogischen Psychologen verlangen wir dagegen, daß die Orientierungsgrundlage seines Handelns die relevanten Bedingungen jeweils möglichst *vollständig* einschließt. Darüber hinaus muß er über Merkmale und Bedingungen auf *verallgemeinertem* Niveau verfügen. Der professionell Handelnde agiert also nicht auf der Basis eines einmal erlernten Systems von Bedingungen, sondern auf der Grundlage einer jeweils rationalen Analyse der Situation, ihrer Handlungsalternativen und deren Folgen.

Von der Qualität der Orientierungsgrundlage des Handelns hängt nicht nur die Art der Ausführung, sondern auch die Kontrolle der Handlung ab. Denn wer die entscheidenden Handlungsbedingungen nicht übersieht, kann sein eigenes Handeln auch nicht angemessen kontrollieren und gegebenenfalls modifizieren.

Mit der Bestimmung von Orientierungsgrundlagen und den Möglichkeiten der Handlungskontrolle sind Sachverhalte angesprochen, die in Kap. 3 als „Basisproblem" des Theorie-Praxis-Zusammenhangs bezeichnet werden: Es gibt Merkmale bzw. Eigenschaften des Handelns, die vorausgesetzt werden müssen, um wissenschaftliche Erkenntnisse der Pädagogischen Psychologie in der Praxis anwenden zu können.

13.3 Mögliche Grenzen des rationalen Handlungsmodells

Im Unterschied zum spontanen, reaktiven und gewohnheitsmäßigen Routinehandeln folgt das Handeln des Pädagogischen Psychologen einem Modell rationalen Handelns. Eine solche Konzeption muß sich u. a. mit dem Einwand auseinandersetzen, daß im Alltag nicht immer rational gehandelt werden kann. Nicht nur Eltern oder Lehrer stehen häufig vor der Notwendigkeit, aus der Situation heraus rasch pädagogische Entscheidungen treffen und ausführen zu müssen. Auch Pädagogische Psychologen kommen immer wieder unter Handlungsdruck, beispielsweise in der Beratungssituation, die es nicht gestattet, „aus der Szene zu treten", den bisherigen Verlauf sorgfältig zu rekonstruieren, alle Handlungsalternativen zu überdenken und das weitere Vorgehen detailliert zu planen. In solchen Situationen muß auch der pädagogisch-psychologische Experte „routiniert" handeln, muß auf der Basis seiner Berufserfahrungen spontan entscheiden. Gelegentlich kann der Pädagogische Psychologe auch vor Handlungsalternativen stehen, die er nicht rational abwägen kann, die zumindest im Moment persönliche Entscheidungen und subjektive Begründungen verlangen.

Weiter muß man akzeptieren, daß die Wissensgrundlage des Pädagogischen Psychologen den hohen wissenschaftlichen Ansprüchen an die Rationalität seines Handelns nicht immer genügen kann – wie in anderen Berufen auch. Sein unmittelbar praktisch einsetzbares Wissen, sein „technologisches Wissen" (vgl. Kap. 3) ist geringer als das Wissen, über das er aufgrund seiner Fachausbildung insgesamt verfügt. Um überhaupt handlungsfähig zu werden, muß er nämlich wissenschaftliche Erkenntnisse in Alltagsroutinen einbauen, auf die er rasch zurückgreifen kann. Der Grad der Rationalität des Handelns geht damit natürlich zurück. Andererseits hat der Pädagogische Psychologe sein Grundlagenwissen – im Unterschied zu Erziehern, die nur über Alltagserfahrungen verfügen – systematisch erworben und weitgehend geordnet in sein kognitives System eingebaut. Zumindest kann der Pädagogische Psychologe sein Handeln immer wieder selbst zum Gegenstand kritischer Analysen machen, die Voraussetzungen seiner Handlungsschemata und Effekte rückblickend analysieren und gegebenenfalls Veränderungen vornehmen.

Wenn wir Shulman & Carey (1984) folgen, unterstellt das skizzierte handlungstheoretische Modell eine begrenzte Rationalität. Die kognitive Kapazität des Menschen hat Grenzen. Deswegen muß er aktiv und erfinderisch mit seinem Wissen über die Welt und sich selbst umgehen. Außerdem gibt es die Chance einer „kollektiven Rationalität". Die jeweils begrenzten Sichtweisen der Beteiligten an pädagogischen Interaktionen können sich wechselseitig ergänzen und zu einem vollständigeren Bild abrunden. Der Pädagogische Psychologe als isoliert handelndes Individuum ist ein Abstraktum – wie der individuelle Schüler, die individuelle Mutter, die einzelne Familie, die einzelne Schule. Sozialer Austausch der Handlungsbeteiligten erhöht die Rationalität des Handelns. Diesen Austausch anzuregen und für sich selbst nutzbar zu machen, ist eine permanente Berufsaufgabe des Pädagogischen Psychologen. Gerade zu solchem Austausch sollte der Pädagogische Psychologe fähig sein.

13.4 Wegweiser zu den Kapiteln von Teil III

Die drei Teilprozesse eines rationalen Handelns – Orientierung, Ausführung, Kontrolle – lassen sich unschwer auch in den Kapiteln dieses dritten Teiles erkennen:

- Diagnose (Kap. 14) dient schwerpunktmäßig der *Orientierung* des Pädagogischen Psychologen in einer konkreten Problemsituation.
- Beratung (Kap. 15) sowie Prävention und Intervention (Kap. 16) sind verschiedene Formen, in denen der Pädagogische Psychologe geplante Handlungen in seinem Beruf *ausführt*.
- Evaluation (Kap. 17) bedeutet wissenschaftliche *Kontrolle* solcher Handlungsausführungen.

Natürlich hängen diese Prozesse in der Praxis (vgl. Kap. 18) zusammen: Diagnostik z. B. steht nicht nur zur Vorbereitung eines Treatments an, sondern kann es begleiten (vgl. Kap. 14) und die Evaluation wesentlich bestimmen. Oder Beratung kann aufgrund von Ergebnissen der Evaluation einer pädagogisch-psychologischen Maßnahme erfolgen. Kennzeichnend für professionelles Handeln ist aber in jedem Fall die weitgehend rationale, wissenschaftlich begründete Planung, Ausführung und Überprüfung des pädagogisch-psychologischen Tuns (s. o.).

Diagnose und Prognose:
Wie erfaßt man wichtige Merkmale von pädagogischen Situationen, vor allem von Lernern?
Wie kann man begründete Aussagen über künftige Entwicklungen von Lernprozessen treffen?

Beratung:
Wie verhält man sich, wenn man als Pädagogischer Psychologe zu Lehr-/Lernproblemen um Rat gefragt wird?
Wie lassen sich angesichts einer pädagogisch-psychologischen Problemsituation adäquate Handlungspläne entwickeln?

Prävention und Intervention:
Wie kann man aktiv in pädagogische Situationen eingreifen, um sie positiv zu verändern?
Wie kann man Fehlentwicklungen verhindern?

Evaluation:
Wie lassen sich pädagogisch-psychologische Maßnahmen im Hinblick auf ihre Wirksamkeit überprüfen?
Wie kann man wissenschaftliche Ergebnisse dazu anderen so mitteilen, daß Umdeutungen und Fehlinterpretationen vermieden werden?

Berufsfelder:
Wie sieht die Praxis von Pädagogischen Psychologen aus?
In welchen Gebieten arbeiten sie?
Welche Anforderungen werden an sie gestellt?

Kapitel 14

Andreas Krapp

Diagnose und Prognose

14.1 Einführung

14.2 Diagnose und Prognose
im Rahmen
von Selektionsentscheidungen

14.3 Diagnose und Prognose
im Rahmen
von Modifikationsentscheidungen

14.4 Theoretische Grundlagen der
pädagogisch-psychologischen Diagnose

14.5 Spezielle Probleme der
pädagogisch-psychologischen Prognose

14.1 Einführung

14.1.1 Die Diagnostik als Bestandteil pädagogisch-psychologischen Handelns

Wenn ein Psychologe, Lehrer oder professioneller Berater als Fachmann ein praktisches Problem lösen will, dann orientiert er sich – ohne im einzelnen darüber zu reflektieren – an einem *rationalen Handlungsmodell* (vgl. Kap. 13): Er analysiert die Ausgangslage nach bestimmten Modellen und Kategorien, vergleicht Handlungsmöglichkeiten, plant seine vorgesehenen Maßnahmen und kontrolliert schließlich den Handlungserfolg auf der Grundlage allgemeiner und/oder situationsgebundener Effektivitätskriterien. In diesem Zusammenhang spielen Prozesse der Diagnose und Prognose eine zentrale Rolle. Was das konkret bedeutet und welche Probleme damit verbunden sind, soll in diesem Kapitel geklärt werden. Zunächst zwei Beispiele:

Beispiel 1:

Der 12jährige Max, einziges Kind einer Mittelschichtfamilie, hat seit einiger Zeit erhebliche Schulprobleme. Nachdem er die Grundschule und auch die ersten Jahre des Gymnasiums ohne besondere Schwierigkeiten durchlaufen hat, sind im neuen Schuljahr die Leistungen in den Fächern Latein und Mathematik erheblich abgesunken. Darüber hinaus fällt auf, daß sich Max von seinen Klassenkameraden immer mehr zurückzieht, kaum Freunde hat und sich im Unterricht immer weniger beteiligt. Weder die Eltern noch die Fachlehrer können sich das Verhalten von Max erklären. Der hinzugezogene Beratungslehrer der Schule empfiehlt den Eltern, eine Beratungsstelle aufzusuchen, in der neben allgemeiner Schulberatung auch sog. Lerntherapien durchgeführt werden.

Beispiel 2:

Moritz hat die Mittlere Reife geschafft. Er will jetzt eine qualifizierte Berufsausbildung anschließen, ist sich aber noch nicht ganz sicher, ob er sich für die relativ anspruchsvolle, mathematisch-technische Fähigkeiten erfordernde Ausbildung zum Wartungstechniker im EDV-Bereich entscheiden soll. In einer schulpsychologischen Beratungsstelle erhofft er sich Aufklärung.

Was können beratende Psychologen in diesen Situationen tun? Wie können sie dazu beitragen, die Probleme von Max und Moritz zu lösen?

Eines ist klar: Bevor sie irgendeinen Ratschlag erteilen oder selbst
Maßnahmen ergreifen, müssen sie sich ein genaues Bild von der jeweiligen Ausgangslage machen. Im ersten Beispiel wird der Psychologe die
Hintergründe des veränderten Sozial- und Leistungsverhaltens von Max
aufzudecken suchen, er wird nach auslösenden Bedingungen forschen
und dabei sowohl psychische Strukturen und Prozesse bei Max (z. B.
selbstwertbezogene Attributierungen, Minderwertigkeitsgefühle; vgl.
Kap. 8) als auch familiäre und schulische Einflüsse als mögliche Ursachen
in Erwägung ziehen. Im zweiten Beispiel wird sich der beratende
Psychologe vor allem mit den Kenntnissen, Fähigkeiten und Interessen
von Moritz auseinandersetzen, um festzustellen, ob sein „Eignungsprofil" auf die Anforderungen einer EDV-Ausbildung paßt.

In beiden Fällen geht es also darum, die Problemlage zunächst
sorgfältig zu analysieren und jene individuellen, sozialen und ökologischen Ausgangsbedingungen zu ermitteln, die als Grundlage für eine
Entscheidung bzw. Handlungsempfehlung verwendet werden können.
Diese handlungsbezogene Sammlung und Aufbereitung von problembe-
zogenen Informationen bezeichnet man als *Diagnose.* Ist sie geglückt, hat
also der Psychologe die maßgeblichen Bedingungen des Problemverhal-
tens gefunden (Fall 1) oder die Fähigkeiten und Entwicklungsmöglichkeiten eines Klienten im Hinblick auf ein Anforderungsprofil richtig
eingeschätzt (Fall 2), kann er angemessene Maßnahmen suchen und sie
dem eigentlichen Handlungsträger, z. B. den Eltern von Max vorschlagen
(Beratung) oder selbst durchführen (psychologische *Intervention*; vgl.
Kap. 16). Jede rational begründete, professionelle pädagogisch-psychologische Maßnahme ist so betrachtet immer mit Diagnosen verbunden.

Der Begriff *Diagnose* (oder Diagnostik) bezeichnet ursprünglich in
Anlehnung an den medizinischen Sprachgebrauch eine Aussage, die
„nach erfolgter Untersuchung die Ursache oder die Bezeichnung der
Ursache eines abnormen Verhaltens, einer Krankheit oder Störung zum
Inhalt hat" (Drever & Fröhlich, 1967, S. 76). In der Psychologie wird
dieser Begriff weiter gefaßt: Die *psychologische Diagnostik* befaßt sich
nicht nur mit abnormen Verhaltensreaktionen, sondern mit der gesamten
Variationsbreite individuellen Verhaltens.

Die *pädagogisch-psychologische Diagnostik* unterscheidet sich nicht
grundsätzlich von der allgemeinen psychologischen Diagnostik, sondern
lediglich durch die besonderen Anforderungen und Schwerpunkte, die
sich aus ihrem pädagogischen Anwendungsgebiet ergeben. Sie ist weitgehend identisch mit der sog. *Pädagogischen Diagnostik,* die von Klauer
(1982, S. 5) als das „Insgesamt von Erkenntnisbemühungen im Dienst
aktueller pädagogischer Entscheidungen" definiert wird. Mit speziellen
Problemen der Pädagogischen Diagnostik befassen sich ausführlich
Klauer (1978, 1982) und Ingenkamp (1985).

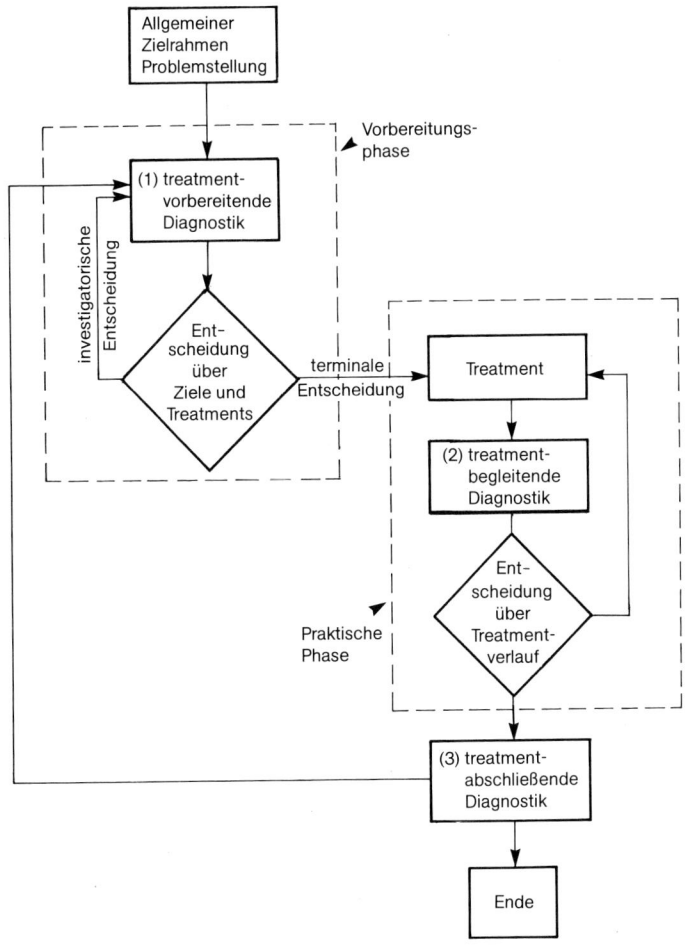

Abb. 14.1: Ein Prozeßmodell pädagogisch-psychologischen Handelns

14.1.2 Aufgaben der Diagnostik im Handlungsverlauf

In Abbildung 14.1 ist ein einfaches Ablaufschema pädagogisch-psychologischen Handelns dargestellt. Das Modell beschreibt Komponenten bzw. Ablaufschritte einer rational gesteuerten Handlung und markiert darin jene Stellen, die direkt oder indirekt mit diagnostischen Prozessen verbunden sind. Unterteilt man den Handlungsablauf in idealtypischer Vereinfachung in eine Vorbereitungs- und eine Realisierungs- oder

praktische Phase, so ergeben sich drei generelle Aufgabenstellungen der
Diagnostik:
1. Vorbereitung einer zielbezogenen pädagogisch-psychologischen Maßnahme oder – allgemein formuliert – eines Treatments (*treatmentvorbereitende* Diagnostik);
2. Registrierung der Auswirkungen des Treatments in der Durchfüh-
   rungsphase (*treatmentbegleitende* Diagnostik);
3. Kontrolle bzw. Evaluation des Handlungsergebnisses am Ende der
   Treatmentrealisierung (*treatmentabschließende* Diagnostik).

Treatmentvorbereitende Diagnostik

In der *Vorbereitungsphase* werden zwei Dinge geklärt, nämlich Art und
Richtung der aktuellen Handlungsziele *(Zielentscheidung)* und die Auswahl bzw. Vorbereitung der in dieser Situation angemessenen Maßnahmen oder Treatments *(Treatmententscheidung)*. Beide Entscheidungen
sind jeweils nur auf der Grundlage spezifischer Informationen möglich.
In unserem ersten Beispiel stellt sich bei der Zielklärung z. B. die Frage,
was Max bzw. seine Eltern primär verändern wollen, und welche Teilziele
der Therapeut als erstes anstreben sollte. Formal besteht der diagnostische Prozeß in dieser Phase des Handlungsablaufs darin, Diskrepanzen
zwischen einer als unbefriedigend erlebten Ist-Lage und einem erwünschten Soll-Zustand festzustellen und aus den Diskrepanzen eine Reihe von
Teilzielen abzuleiten.

Stehen die Handlungsziele fest, so ist als nächstes zu klären, auf welche
Weise die Ziele erreicht werden sollen. Die treatmentvorbereitende
Diagnostik hat hier zwei wichtige Funktionen zu erfüllen. Sie muß erstens
problembezogene Informationen für die Auswahl oder Gestaltung geeigneter Maßnahmen bereitstellen. (Im Fall unseres ersten Beispiels handelt
es sich um die Analyse von Bedingungsfaktoren, die das auffällige
Verhalten erzeugen und/oder aufrechterhalten.) Sie muß zweitens vorhersagbare Wirkungsweisen der vorgesehenen Treatments abschätzen,
d. h. positive und negative Effekte vorhersagen. Hier ist die Stelle im
Handlungsablauf, wo die *Prognose* als zentrales Element der Handlungsplanung in Erscheinung tritt.

Die Entscheidung über die Gestaltung, Auswahl oder Zuordnung
geeigneter Treatments ist in der Regel kein geradliniger, einmaliger
Entscheidungsakt, sondern ein mehrstufiger Kreislaufprozeß, der
solange wiederholt wird, bis eine befriedigende Lösung in Sicht ist.
Dieser wiederholte Such- und Problemlöseprozeß ist in Abbildung 14.1 in
Anlehnung an Cronbach & Gleser (1965) als *investigatorische Entscheidung* bezeichnet. Der Abschluß dieses Prozesses führt zur sog. *terminalen
Treatmententscheidung* (Tack, 1976). Damit wird die Vorbereitungsphase verlassen und es beginnt die Realisierungsphase oder praktische

Phase. In unserem ersten Beispiel würde der Lerntherapeut jetzt mit der Behandlung von Max beginnen.

Treatmentbegleitende Diagnostik

Diagnostische Prozesse der Informationsaufnahme und -verarbeitung haben hier eine wichtige Funktion zu erfüllen, nämlich die Steuerung des Handlungsverlaufs. Die treatmentbegleitende Diagnostik liefert dem Handelnden Informationen über aktuelle psychische Zustände und andere für die Behandlung wichtige Phänomene, z. B. Art und Ausmaß der bereits erreichten Veränderungen. Dies geschieht in der Regel ohne diagnostische Apparatur, d. h. ohne Tests und andere standardisierte Verfahren, sondern durch unmittelbare Beobachtung und subjektive Einschätzung der Situation durch den Handlungsträger. Diese handlungsbegleitende Diagnostik wird auch als *formative Evaluation* bezeichnet.

Treatmentabschließende Diagnostik

Am Ende der Behandlung hat die Diagnostik die Aufgabe, das Ergebnis „summativ" festzustellen. Deshalb spricht man auch von *summativer Evaluation* (vgl. Kap 17). Im Rahmen dieser „treatmentabschließenden Diagnostik" wird systematisch überprüft, welche der intendierten Ziele erreicht wurden, wo Lücken geblieben und bislang unerkannte Probleme aufgetaucht sind. Die dabei gewonnenen Daten können einerseits dem Handlungsträger (z. B. dem Therapeuten) Rückmeldungen über die Angemessenheit seiner Behandlungsmethode geben. Sie können andererseits aber auch dazu dienen, den Behandelten in seinem aktuellen Status zu qualifizieren, indem sein Verhalten bzw. seine neu erworbenen Kenntnisse und Fähigkeiten festgestellt und bewertet werden. Das trifft insbesondere auf den Unterricht in der Schule zu. Dort werden treatmentabschließende Leistungsbeurteilungen (Zensuren und Zeugnisse) fast ausschließlich zur Qualifizierung von Schülern und kaum zur Bewertung des Unterrichts eingesetzt (vgl. Abs. 14.3.4).

14.1.3 Die Abhängigkeit der Diagnostik vom jeweiligen Handlungs- und Entscheidungstyp

Welche Art von treatmentvorbereitender, treatmentbegleitender und treatmentabschließender Diagnostik konkret erforderlich ist, d. h. welche Diagnosemethoden eingesetzt werden müssen, hängt von der jeweiligen Handlungs- und Entscheidungssituation ab. Betrachten wir unsere beiden Ausgangsbeispiele unter diesem Gesichtspunkt etwas näher, dann wird zunächst deutlich, daß das Problem von Moritz insgesamt wesentlich weniger diagnostische Vorarbeit erfordert als das von Max. Hier hat der beratende Psychologe auch nur wenig selbständig zu entscheiden: Die Ziele sind weitgehend geklärt, die zur Auswahl stehenden Ausbildungsgänge stehen fest, und die Durchführung des Treatments sowie die Endkontrolle der möglichen Effekte fallen nicht in die Zuständigkeit des Beraters. Das einzige, was diagnostisch geklärt werden muß, ist die Eignung des Probanden für die zur Auswahl stehenden längerfristig wirkenden Treatments (Ausbildungsgänge).

Im Fall von Max steht der Psychologe vor einer ganz anderen Entscheidungssituation. Zwar sind die allgemeinen Ziele einigermaßen klar, aber schon die Differenzierung der Teilziele und erst recht die Auswahl oder Planung geeigneter therapeutischer Maßnahmen erfordern sehr eingehende diagnostische Überlegungen. Wenn die Behandlung realisiert wird, sind erneut und fortlaufend diagnostische Erhebungen zur Steuerung und Kontrolle des Behandlungsverlaufs erforderlich.

Die in den beiden Beispielen angesprochenen Probleme kennzeichnen zwei typische Handlungs- bzw. Entscheidungssituationen, die jeweils gegensätzliche *Handlungsstrategien* erfordern. Im Anschluß an Pawlik (1976b) bezeichnen wir sie als Modifikations- und Selektionsstrategie.

Die Situation im ersten Beispiel erfordert eine *Modifikationsstrategie:* Es soll etwas verändert oder modifiziert werden, nämlich die Handlungsmuster, Lerngewohnheiten und sozialen Verhaltensweisen von Max, um ihn besser an die Anforderungen seiner schulischen Umwelt anzupassen. Um dieses spezielle Problem von Max zu lösen, wäre übrigens auch eine andere – ebenfalls modifikationsorientierte – Strategie möglich, nämlich die Veränderung der schulischen Umwelt. In diesem Fall müßte man nicht Max, sondern das Verhalten seiner Lehrer oder Mitschüler „modifizieren". Auch wenn dies aus naheliegenden Gründen wenig aussichtsreich scheint, kann man dennoch festhalten: Modifikationsstrategien können sich prinzipiell sowohl auf Personen als auch auf Umwelten beziehen.

Unser zweites Beispiel impliziert keine Modifikations-, sondern eine *Selektions- oder Zuordnungsstrategie.* Der Berater soll Moritz dabei unterstützen, eine seinen Fähigkeiten entsprechende Ausbildungsmöglichkeit auszuwählen. Allgemein kann man sagen: Das Person-Umwelt-Problem von Moritz wird durch eine Auswahl (Selektion) von „passenden" Umweltbedingungen gelöst. Es gibt natürlich auch den umgekehrten Fall, bei dem nicht Umweltbedingungen, sondern Personen ausgewählt werden. Dazu gehören alle selektiven Aufnahme- oder Zulassungsentscheidungen im Bildungssystem, z.B. die Studienplatzvergabe im Fach Medizin nach Maßgabe der Abiturnoten, oder die Auswahl von Lehrlingen für einen Ausbildungsplatz.

Im Umfeld der Selektions- und Zuordnungsstrategien werden häufig drei Handlungstypen unterschieden: *Selektion, Klassifikation* und *Plazierung*. Bei der Selektion im engeren Sinn steht nur ein Treatment bzw. nur eine Umweltsituation zur Verfügung. Die Entscheidung wird in der Weise getroffen, daß die „Bestgeeigneten" ausgewählt und die anderen zurückgewiesen werden. Bei den beiden Zuordnungsstrategien Klassifikation und/oder Plazierung stehen mehrere Treatments zur Auswahl. Die Entscheidung besteht in diesen Fällen darin, entweder die richtigen Maßnahmen für die vorhandenen Personen oder jeweils die richtigen Personen für die zur Verfügung stehenden Maßnahmen auszuwählen. Sie vollzieht sich nach dem Motto „den richtigen Mann an den richtigen Platz"!

Im Gegensatz zur Modifikationsstrategie gehen sowohl die reine Selektionsstrategie als auch die Zuordnungsstrategie davon aus, daß die Personen und/oder Umweltbedingungen „gegeben" sind und eine Veränderung nicht möglich oder nicht intendiert ist.

Modifikations- und Selektions- bzw. Zuordnungsstrategien sind nach Pawlik (1976b) typische Handlungsmuster der Angewandten Psychologie, deren Aufgabe darin besteht, die wechselseitige Anpassung von Person- und Umweltbedingungen zu optimieren, oder – negativ formuliert – Probleme der Person-Umwelt-Anpassung zu reduzieren. Wie wir gesehen haben, können sich beide Strategietypen jeweils primär auf Personen oder primär auf Umweltbedingungen richten. Auf diese Weise ergeben sich vier *Strategiemuster:* Personenmodifikation, Bedingungsmodifikation, Personenselektion und Bedingungsselektion (vgl. Abb. 14.2).

Selbstverständlich ist damit nur eine idealtypische Unterscheidung getroffen; im Alltagshandeln sind die Grenzen oft nicht so eindeutig festzustellen. Darüber hinaus sind Strategietypen häufig miteinander verknüpft.

Nehmen wir als Beispiel die Berufsausbildung. Sie beginnt in der Regel mit einer Selektionsstrategie: Bewerber entscheiden sich für eine der möglichen Berufslaufbahnen (Bedingungsselektion) und/oder werden von einer Institution unter verschiedenen Kandidaten ausgewählt (Perso-

Objekte der Handlung	Handlungsstrategie	
	Modifikationsstrategie	Selektionsstrategie
Personen	Personenmodifikation (z.B. Nachhilfeunterricht, Lehrertraining)	Personenselektion (z.B. Hochschulzulassung, Hochbegabtenauslese)
Umweltbedingungen	Bedingungsmodifikation (z.B. Neugestaltung eines Lehrsystems)	Bedingungsselektion (z.B. Auswahl geeigneter Ausbildungsgänge)

Abb. 14.2: Idealtypische Handlungs- und Entscheidungsstrategien

nenselektion). Im Ausbildungsprogramm werden dann berufsrelevante Fertigkeiten vermittelt (Personenmodifikation). Dabei kann sich herausstellen, daß das Ausbildungsprogramm verändert werden muß, um die Erfolgswahrscheinlichkeit der Kandidaten zu verbessern (Bedingungsmodifikation).

Für unseren Zusammenhang ist die Feststellung wichtig, daß Modifikations- und Selektionsstrategien wegen ihrer unterschiedlichen Zielsetzungen, Vorannahmen und Lösungsmuster jeweils andere Anforderungen an die handlungsbezogene Diagnostik stellen. Es müssen deshalb auch jeweils andere Theorien und Methoden zur Bewältigung dieser diagnostischen Aufgaben herangezogen werden.

14.2 Diagnose und Prognose im Rahmen von Selektionsentscheidungen

Die Vorbereitung und Realisierung von Selektionsentscheidungen ist – soweit sie sich als Personenselektion versteht – eine Domäne der *Differentiellen Psychologie*. Die Personalauslese in militärischen Organisationen und Industriebetrieben war eines der ersten Anwendungsgebiete der differentiellen Testmethoden. Die dort entwickelten Verfahrensweisen wurden später auch im Rahmen pädagogischer Entscheidungen eingesetzt, z.B. bei der Auswahl geeigneter Bewerber für Studienplätze, bei Übertrittsentscheidungen im vertikal gegliederten Schulsystem, oder bei der Feststellung der Sonderschulbedürftigkeit. Dabei fällt auf, daß es vergleichsweise viele Gelegenheiten, Ansätze und Methoden zur personenbezogenen Selektion, aber kaum Ansätze zur systematischen Vorbereitung von Bedingungsselektionen gibt. Das mag damit zusammenhängen, daß sich die Psychologie bislang vor allem um Prozesse und Strukturen des individuellen Erlebens und Verhaltens und weniger um die Umweltbedingungen gekümmert hat (vgl. Kap. 11).

In den folgenden Abschnitten sollen typische implizite Annahmen, theoretische Lösungsmuster und diagnostische Methoden sowie ausgewählte Probleme einer selektionsorientierten Diagnostik näher beschrieben werden.

14.2.1 Voraussetzungen für Selektionsentscheidungen

Eine Selektionsentscheidung ist nur unter ganz bestimmten Voraussetzungen sinnvoll. Sie basiert auf *theoretischen Annahmen*, die den Modus der Entscheidung begründen und gleichzeitig die Art des diagnostischen Vorgehens bestimmen. Betrachten wir z.B. folgenden Fall:

Beispiel 3:

Im Rahmen der Nachwuchsförderung sucht die Industriefirma Superschlau hochqualifizierte Berufsanfänger mit einem Studienabschluß im Bereich technisch-naturwissenschaftlicher Fächer. Bei uneingeschränkter Bezahlung des üblichen Anfangsgehaltes wird eine zweijährige innerbetriebliche Spezialausbildung in Aussicht gestellt, deren erfolgreicher Abschluß in der Firma als Eingangsvoraussetzung für die Übernahme einer Führungsposition gilt.

Die Leitung der Firma hat sich dieses Vorgehen sorgfältig überlegt; sie geht u. a. von folgenden Prämissen aus:
- Nicht jeder Hochschulabgänger ist für die anspruchsvolle Ausbildung geeignet; es gibt interindividuelle Unterschiede der Eignung.
- Die Eignungsunterschiede bestehen bereits am Ende des Studiums und können durch geeignete diagnostische Informationen festgestellt werden.
- Die relevanten Eignungsmerkmale lassen sich nicht ohne weiteres verändern oder durch Schulung erzeugen. Sie bleiben über die Ausbildungszeit hinweg stabil und garantieren auf diese Weise sowohl den Ausbildungs- als auch den späteren Berufserfolg.

Diese Prämissen gelten für alle Selektionsentscheidungen, denn jede selektive Maßnahme geht davon aus, daß (1) eine bedeutsame Varianz bezüglich der Eignungsmerkmale besteht; (2) diese Merkmale erkennbar sind und diagnostisch erfaßt werden können; (3) die relevanten Eignungsmerkmale über die Zeit hinweg stabil bleiben.

Offensichtlich sind Selektionsentscheidungen über Personen mit ganz bestimmten Annahmen über die Natur menschlicher Merkmale verbunden. Nur wenn man von der Existenz stabiler Persönlichkeitsmerkmale, von dauerhaften Fähigkeiten und/oder Entwicklungsvoraussetzungen überzeugt ist, hat die selektive Auswahl besonders geeigneter Personen einen Sinn. Es ist kein Zufall, daß selektive Maßnahmen mit Theorien begründet und mit diagnostischen Methoden realisiert werden, die der Forschungstradition der sog. Differentiellen Psychologie zuzuordnen sind. Ihr Hauptanliegen besteht in der Beschreibung und Erklärung interindividueller Unterschiede des Verhaltens. Ein häufig anzutreffendes Erklärungsmuster beruft sich auf die Dispositions- oder Eigenschaftskonzeption. Die *Eigenschaftstheorie* der Persönlichkeit geht von der Annahme aus, „daß die interindividuellen Unterschiede im Erleben und Verhalten, so divers und mannigfaltig sie sich darstellen, auf eine begrenzte Zahl von Wesenszügen, Dispositionen oder Persönlichkeitseigenschaften zurückgehen (und daher aus diesen erklärbar sind), und für eine Person über verschiedene Situationen und Zeitpunkte hinweg (jedenfalls in Grenzen) invariant sind" (Pawlik, 1976b, S. 18).

Ein klassisches Beispiel für die Eigenschaftskonzeption ist der traditionelle Intelligenzbegriff (vgl. Kap. 8). Mit Intelligenz bezeichnet man üblicherweise die globale Fähigkeit oder Disposition eines Menschen, sich in neuen Situationen rasch und effektiv zu orientieren und Probleme mit Hilfe des Denkens zu lösen. Dem vorwissenschaftlichen Denken erscheint eine solche Konzeption von Intelligenz sehr plausibel, denn auch naive Theorien und alltägliche *Attribuierungsmuster* gehen davon aus, daß es mehr oder weniger begabte Menschen gibt, und daß die kognitive Begabung oder Intelligenz eine allgemeine Fähigkeit darstellt. Mit der Eigenschaftskonzeption sind u. a. folgende Vorstellungen verknüpft:

Konsistenz des Verhaltens: Das Vorhandensein einer Disposition oder Fähigkeit führt dazu, daß man sich in vergleichbaren Situationen gleich verhält. (Ein hochintelligenter Schachspieler z. B. gewinnt nicht nur gelegentlich, sondern regelmäßig.)

Generalität: Eine Person mit bestimmten Eigenschaften verhält sich auch in verschiedenen Situationen mit vergleichbaren Anforderungen gleich. (Der Hochintelligente spielt z. B. nicht nur gut Schach, sondern erhält in der Schule auch gute Noten und ist geschickt bei der Bewältigung kniffliger Alltagsprobleme.)

Stabilität bzw. Konstanz: Charaktereigenschaften bleiben über die Zeit erhalten. (Wer z. B. bereits als Kind eine hohe musikalische Begabung gezeigt hat, wird diese besondere Fähigkeit auch noch im Alter besitzen.)

Universalität: Persönlichkeitsmerkmale wie Intelligenz, Ehrlichkeit oder Aggressivität sind universelle Charaktereigenschaften, d. h. sie können bei allen Menschen beobachtet werden; lediglich der Ausprägungsgrad variiert von Individuum zu Individuum.

Die Interpretation menschlichen Verhaltens nach dem Modell der Eigenschaftstheorie ist nur eine von vielen Möglichkeiten, um individuelles Verhalten zu beschreiben und zu erklären. Sie ist auch umstritten, denn es gibt zahlreiche wissenschaftliche Belege dafür, daß die Eigenschaftskonzeption in vielen Fällen danebengreift oder schlichtweg falsch ist. Untersuchungen haben gezeigt, daß Konsistenz und Generalität vielfach nicht gegeben sind, wenn man das Verhalten von Personen systematisch über die Zeit hinweg und in verschiedenen Situationen beobachtet. Ein ehrlicher Mensch ist nicht immer ehrlich und ein „kluger Kopf" läßt sich oft zu erheblichen Dummheiten hinreißen. Dennoch gibt es bei jedem Menschen *auch* Konsistenz und Stabilität des Verhaltens. Das ist eine Voraussetzung personaler Identität und letztlich die Basis jeder personenbezogenen Prognose.

14.2.2 Spezifizierung der diagnostischen Aufgabenstellung

Welche Aufgaben stellen sich einem Diagnostiker als beratenden Fachmann in einer Selektionsentscheidung? Welche Art von diagnostischen Daten werden von ihm erwartet? Welche kann er liefern?

Gleichgültig ob wir das Problem von Moritz (Beispiel 2) oder die Ausgangslage der Industriefirma „Superschlau" (Beispiel 3) betrachten, in beiden Fällen hat die Diagnose ein fundamentales Problem zu lösen: Sie muß feststellen, ob und ggf. in welchem Ausmaß eine Person für ein oder mehrere Treatments geeignet ist. Mit *Eignung* kann man ein Muster von Persönlichkeitseigenschaften (Dispositionen, Merkmale) bezeichnen, das einer gegebenen Anforderungsstruktur mehr oder weniger entspricht. Die selektionsorientierte Diagnostik muß also relevante Eignungsmerkmale definieren, adäquate Methoden zur Erfassung dieser Merkmale aussuchen und die diagnostischen Daten auf dem Hintergrund einer oder mehrerer Anforderungsstrukturen bewerten. Da sich Selektionsentscheidungen in aller Regel auf längerfristige Person-Umwelt-Zuordnungen beziehen (z. B. Schullaufbahnen, Studienfächer, Berufswege) und die mit den Treatments verbundenen Anforderungen erst nach einiger Zeit wirksam werden, impliziert jede selektive Diagnostik immer auch prognostische Aussagen (vgl. Abs. 14.5).

In der Vorbereitungsphase der Selektionsausscheidung (vgl. Abb. 14.1) wird festgestellt, ob die individuellen Eignungsmerkmale mit den Anforderungsmerkmalen übereinstimmen. Dies ist identisch mit der Beantwortung der Frage, ob sich ein Kandidat in der künftigen Anforderungssituation bewähren wird. Die empirische Überprüfung der tatsächlichen Ergebnisse nach Beendigung einer Maßnahme sowie ihre Bewertung auf dem Hintergrund der Entscheidungsgrundlagen ist Gegenstand der Evaluation (vgl. Kap. 17).

14.2.3 Diagnostische Methoden zur Selektion

Zur diagnostischen Vorbereitung von Selektionsentscheidungen braucht man Methoden zur Beschreibung und ggf. Quantifizierung individueller Eignungsmerkmale und Verfahrensweisen zur Bestimmung des individuellen Eignungsgrades.

Methoden zur Erfassung individueller Eignungsmerkmale

Welche Art der diagnostischen Datengewinnung kann z. B. der Ausbildungsleiter der Firma „Superschlau" heranziehen, um die Eignung der Bewerber für die vorgegebene innerbetriebliche Ausbildungsmaßnahme festzustellen? Gehen wir davon aus, daß die Analyse der Anforderungsstruktur geleistet und somit die inhaltliche Zielrichtung der Diagnose geklärt ist, und unterstellen wir der Einfachheit halber, daß vor allem folgende Merkmalsgruppen gefordert sind: Spezielle fachliche Kompetenz, intellektuell-kognitive Fähigkeiten im technischen Bereich und soziale Fähigkeiten.

In jedem Fall wird man zwei Informationsquellen verwenden: Zeugnisse und bisherige Leistungsnachweise, die üblicherweise den Bewerbungsunterlagen beigefügt sind und den allgemeinen persönlichen Eindruck aus einem Vorstellungsgespräch. Der professionelle Diagnostiker kann sich aber damit nicht zufriedengeben und wird zusätzlich systematische Formen der Datengewinnung einbeziehen. Dazu gehören z.B. allgemeine Persönlichkeitstests, spezielle Fähigkeitstests oder Fragebögen zur Erfassung bestimmter Einstellungen und Interessen. Grundsätzlich kann er auf alle Verfahren zurückgreifen, die die psychologische Diagnostik zur Verfügung stellt (Übersichten findet man bei Brickenkamp, 1975, 1983; Schmidtchen, 1975; Groffmann & Michel, 1983).

Im Handlungsfeld der Pädagogischen Psychologie gibt es eine Reihe von Selektionsentscheidungen, für die entweder spezielle Diagnosemethoden entwickelt wurden, oder die in typischer Weise auf bestimmte Methoden zurückgreifen. Dazu gehören alle Schuleingangs- und Schulübertrittsentscheidungen. Unter der Bezeichnung *Schulreifetests* gibt es z.B. verschiedene Verfahren, die die Schuleignung am Anfang der Schulzeit bestimmen sollen. Für die Übertrittsentscheidungen am Ende der Grundschulzeit, insbesondere für den Übertritt an eine weiterführende Schule im Sekundarbereich (z.B. Gymnasium), wurden spezielle Aufnahmeprüfungen entwickelt, die neben klassischen pädagogischen Leistungsfeststellungen (z.B. Rechenproben und Aufsätze) auch spezielle Testbatterien einbeziehen.

Große Anstrengungen wurden zur Entwicklung aussagekräftiger Diagnosemethoden im tertiären Bildungsbereich unternommen. In den angelsächsischen Ländern wird die Zulassung zur Universität oder zum College über zum Teil hochselektive Aufnahmeprüfungen geregelt. Neben universitätseigenen Testbatterien gibt es landesweit eingesetzte Verfahren. Ein bekanntes Beispiel ist der „Scholastic Aptitude Test" *(SAT)* des College Entrance Examination Board. Dieser Test wird mit großen Bewerbergruppen durchgeführt. Er besteht aus einer Reihe von Subtests, die sowohl verbale als auch mathematische Fähigkeiten erfassen. Durch den Vergleich der individuellen Leistungen mit altersspezifischen Normwerten erhält man nach Art eines Fähigkeitsprofils Hinweise über Stärken und Schwächen des Kandidaten in den gemessenen Fähigkeitsdimensionen sowie eine Einschätzung des gesamten Leistungsniveaus. In unserem Bildungssystem wird die Hochschulzulassung weitgehend über das Abiturzeugnis geregelt, obwohl in zahlreichen Untersuchungen nachgewiesen wurde, daß der prognostische Aussagengehalt der

Abiturnoten viel zu gering ist, um solche weitreichenden Entscheidungen (z. B. Zulassung zu Numerus-clausus-Fächern) wissenschaftlich begründen oder rechtfertigen zu können.

In vielen Zulassungs-, Aufnahme- und Übertrittsentscheidungen des öffentlichen und privaten Bildungssystems werden *Intelligenztests* eingesetzt. Eine besondere Bedeutung haben solche Verfahren bei der Einweisung eines Schülers in eine Sonderschule für Lern- oder Geistigbehinderte. Wie fragwürdig in solchen Fällen psychologische Methoden zur Legitimierung von Selektionsentscheidungen im Schulbereich sind, zeigen die Argumente im Kasten 14.1.

Methoden zur Bestimmung des individuellen Eignungsgrades

Um die Eignung festzustellen, müssen zunächst eignungsrelevante Merkmale möglichst genau beschrieben werden. Im günstigsten Fall gewinnt der Diagnostiker eine Reihe quantitativer Meßwerte für exakt definierte Eignungsmerkmale und kann damit ein eignungsrelevantes Merkmalsprofil erstellen. Ob dieses *Merkmalsprofil* im Einzelfall die Eignung des Kandidaten zu erkennen gibt und inwieweit eine differenzierende, z. B. graduell abgestufte Einschätzung der Eignung möglich ist, hängt vom Differenziertheitsgrad des *Anforderungsprofils* ab. Ist der Katalog der Anforderungskriterien nur mit vagen Begriffen und mehrdeutigen, allgemeinen Charakterisierungen umschrieben, kann auch eine noch so aufwendig durchgeführte Eignungsdiagnostik zu keinem klaren Ergebnis führen. Unter dem Gesichtspunkt methodischer Exaktheit wäre die Ideallösung ein quantifiziertes Anforderungsprofil mit den gleichen Merkmalsdimensionen, die auch der Eignungsbeurteilung zugrundeliegen. Denn auf diese Weise führt der Vergleich des Eignungs- mit dem Anforderungsprofil unmittelbar zu einer Abschätzung des individuellen Eignungsgrades. Das Beispiel in Abbildung 14.3 läßt z. B. erkennen, daß das Eignungsprofil des Bewerbers X besser mit dem Anforderungsprofil übereinstimmt als das Eignungsprofil des Bewerbers Y.

In der Literatur über Personalauslese und Eignungsdiagnostik (z. B. Jäger, 1970; Brambring, 1983) werden verschiedene Verfahren zur Bestimmung von z. T. quantitativ abgestuften Eignungsgraden beschrieben. Welches Verfahren jeweils anzuwenden ist, hängt u. a. von der Art der verfügbaren Daten (z. B. Skalenniveau), von der Bedeutung der einzelnen Merkmale und von der Zahl der Bewerber ab.

Die Bestimmung des Eignungsgrades ist lediglich *eine* wichtige Informationsbasis für die Selektionsentscheidung; sie ist mit ihr nicht identisch. Ob ein Bewerber zugelassen oder abgelehnt wird (Beispiel 3) oder ob ein zur Auswahl stehendes Treatment empfohlen werden kann oder nicht (Beispiel 2), hängt neben der Eignung auch von den jeweiligen Wertmaßstäben und *Bewertungskriterien* des Entscheidungsträgers ab. Möchte Moritz z. B. auf keinen Fall eine zusätzliche Verzögerung seiner

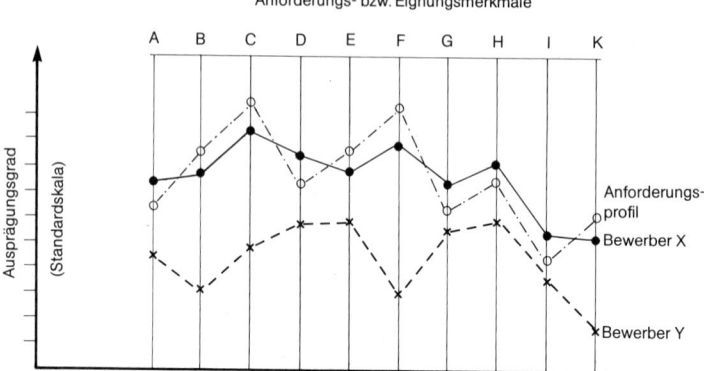

Abb. 14.3: Eignungsbestimmung durch einen Vergleich individueller Eignungs-
profile mit dem Anforderungsprofil des Treatments

**Kasten 14.1: *Argumente gegen die Verwendung von Intelligenz-
tests bei der Sonderschuleinweisung***

„Der bereits neunjährige Junge hat noch nicht den Entwicklungsstand und die geistige Reife, um den Anforderungen einer ersten
Grundschulklasse zu genügen. Die Ursachen des Versagens sind in
geistiger Retardierung (Debilität) zu suchen, speziell in den noch
kaum entwickelten höheren Funktionen, der Konzentrations- und
Merkschwäche, die in Verbindung mit der Seitenunsicherheit und
der Gestaltauffassungsschwäche für die erheblichen Lese- und
Schreibschwierigkeiten verantwortlich gemacht werden können.
Dem Entwicklungs- und Leistungsrückstand des Kindes kann nur
durch verminderte Anforderungen im Rahmen einer Sonderbe-
schulung Rechnung getragen werden. *Deshalb wird das lernbehinderte Kind für eine Umschulung in die Sonderschule für Lernbehinderte vorgeschlagen.* Eine amtsärztliche Untersuchung des Kindes
ist nicht erforderlich, da die durchgeführte Hör- und Sehprüfung
keine Auffälligkeiten aufwies."

So schließt ein Bericht über die pädagogisch-psychologische
Prüfung für das Aufnahmeverfahren zur Sonderschule für Lernbehinderte.

Bei solchen Entscheidungen spielen die Ergebnisse aus Intelli-
genztestuntersuchungen eine wichtige Rolle – und dies, obwohl
viele Argumente und handfeste Daten dagegen sprechen. Hier sei
nur auf das sog. psychodiagnostische Argument hingewiesen, die
verwendeten diagnostischen Methoden seien nicht valide. Fol-

gende Befunde sprechen gegen Intelligenztests für Entscheidungen über Sonderschuleinweisungen:

1. Trotz hoher Korrelation der Tests mit dem Merkmal „Lernbehinderung/keine Lernbehinderung" überlappen sich die Punktwerte beider Gruppen erheblich. Wollte man etwa einen bestimmten Grenzwert für die Entscheidung festlegen, gäbe es eine nicht mehr vertretbare Zahl von Fehldiagnosen.

2. Hinzu kommt, daß die Möglichkeit einer ebenso guten Trennung beider Gruppen mittels sozioökonomischer Daten von Probst (1973) nachgewiesen wurde. Der Autor zieht daraus den Schluß: „Sozio-ökonomische Daten haben sich in puncto Gültigkeit als konkurrenzfähige Prädiktoren für das Merkmal des Volksschulversagens erwiesen. Was ihre Kosten anlangt, sind sie Intelligenztests eindeutig vorzuziehen. Niemand wird behaupten, daß ein viertelstündiges Interview bei einem Hausbesuch oder Elternsprechtermin oder das Ausfüllen eines Fragebogens auch nur annähernd die Kosten der Testanwendung verursacht. Diesen Gedanken fortzusetzen und eine Entscheidungsstrategie darauf bauen hieße, ein Moment des Zynismus in das Problem hineintragen, kaum zynischer jedoch als die realiter wirksamen Bedingungen und Faktoren, die das Bildungsschicksal steuern..." (S. 146).

3. Wenn man Ergebnisse von Schulleistungs- und Intelligenztests als Entscheidungskriterien vorschreibt, dann steht hinter dieser Vorschrift sicher der Gedanke, mangelnde Schulleistungsfähigkeit und mangelnde Intelligenz seien Ursachen des Schulversagens. So weit so gut. Nun sind aber Schulleistungstests gerade an Schulleistungen bzw. Lehrerurteilen validiert worden, d. h. bei der Testkonstruktion wurden gezielt solche Aufgaben ausgewählt, welche zwischen „guten" und „schlechten" Schülern differenzieren. Somit wird mit dem Test meistens das ohnehin schon vorhandene Lehrerurteil – allerdings auf dem Umweg eines komplizierten, wissenschaftlich verbrämten Zirkelschlusses – bestätigt. „Der psychologischen Prüfung bei der Umschulung kommt... eine verstärkende und bestätigende Funktion des Negativurteils zu. Eigentlich ist sie zum Wohle des Kindes eingerichtet, aber da Eltern und Lehrer das Ergebnis erfahren, spielt die Prüfung häufig nur die Rolle des letzten Unwertbeweises – oder die des Faulheits- und Schuldbeweises des Kindes, falls ein guter Intelligenzquotient festgestellt wird" (Fischer 1975, S. 18).

(Nach Kornmann, 1977)

Berufskarriere hinnehmen, muß er sich des Erfolgs der Ausbildung ziemlich sicher sein. Er wäre in diesem Fall nur dann an einer EDV-Ausbildung interessiert, wenn ihm eine hohe Erfolgswahrscheinlichkeit attestiert werden kann. Ein anderer Kandidat ist vielleicht bereit, die gleiche Ausbildung bei nur geringer Erfolgswahrscheinlichkeit zu beginnen, weil er darin für sich eine große berufliche Chance sieht. Die selektive Diagnostik berührt hier sowohl individuelle Wertfragen als auch Fragen der Kosten-Nutzen-Bestimmung, wie sie in entscheidungstheoretischen Modellen beschrieben werden (vgl. Lee, 1977).

14.2.4 Gütekriterien selektiver Diagnosemethoden

Zur Beurteilung der Qualität einzelner diagnostischer Techniken (z.B. Tests oder Interviewmethoden) kann man die für alle Operationalisierungs- oder Meßverfahren geltenden Gütekriterien wie z.B. Objektivität, Reliabilität und Validität heranziehen. Diese Kriterien überprüfen im Prinzip die Fehleranfälligkeit des Instruments und den inhaltlichen Aussagengehalt des damit gewonnenen Meßwertes. Das wichtigste meßtechnische Gütekriterium für selektive Diagnosemethoden ist die *prognostische Validität*. Sie läßt sich als statistischer Kennwert berechnen, wenn sowohl der Eignungsgrad als auch der spätere Bewährungsgrad bei einer größeren Gruppe von Bewerbern bekannt ist. Hätte unsere Firma „Superschlau" beispielsweise für 30 Bewerber den Eignungsgrad bestimmt und nach einer Probezeit zusätzlich den Grad ihrer tatsächlichen Berufseignung ermittelt, dann könnte aus der Korrelation von Eignungs- und Bewährungsgrad ein prognostischer Validitätskoeffizient bestimmt werden. Je höher die Korrelation, d.h. je näher der entsprechende Koeffizient bei 1.0 liegt, desto geringer ist die prognostische Irrtumswahrscheinlichkeit.

Bei der Beurteilung konkreter Selektionsentscheidungen muß man allerdings berücksichtigen, daß Art und Zahl der Fehlentscheidungen nicht nur von der prognostischen Validität des diagnostischen Instruments, sondern auch von anderen Faktoren abhängen, z.B. von der jeweiligen *Aufnahme- bzw. Selektionsrate* (vgl. Abb. 14.4). Am Modell der einfachen Selektion kann das verdeutlicht werden.

Das einfache Modell der Selektion geht davon aus, daß die selektive Entscheidung auf der Grundlage nur *eines* Prädiktors X (z.B. Intelligenzquotient) gefällt wird: Alle Bewerber, die einen kritischen Prädiktorwert X' (z.B. IQ = 110) überschreiten, werden aufgenommen, die übrigen werden abgelehnt. Ebenso wird davon ausgegangen, daß die Bewährung mit Hilfe eines bestimmten Kriteriumswertes Y (z.B. Durchschnittsnote) am Ende des ersten Ausbildungsabschnitts beschrieben und auf der Grundlage eines bestimmten Grenzwertes Y' eine Unterteilung nach den

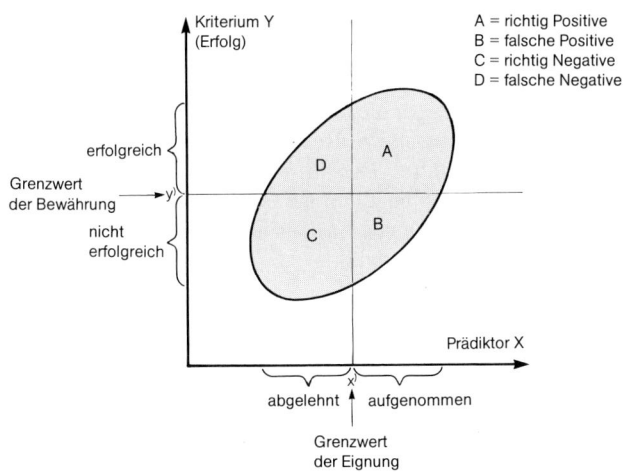

Abb. 14.4: Modell der einfachen Selektion

Bewährungsklassen „erfolgreich" bzw. „nicht erfolgreich" vorgenommen werden kann. Ist die statistische Beziehung, d. h. die prognostische Validität, zwischen X und Y bekannt (in Abb. 14.4 durch die Weite der Ellipse veranschaulicht), so kann man aus diesen Informationen die Zahl der Treffer und Fehler bestimmen. Die Felder A und C enthalten nur „Treffer": A sind die erwartungsgemäß erfolgreichen Bewerber (richtig Positive), C die erwartungsgemäß erfolglosen Bewerber (richtig Negative). Die Felder B und D beschreiben jene Probanden-Gruppen, bei denen das Prognoseinstrument versagt hat: B sind die zu Unrecht aufgenommenen Bewerber (falsche Positive; Fehler 1. Art); D sind die zu Unrecht abgewiesenen Bewerber (falsche Negative; Fehler 2. Art). Die Art der Entscheidungsfehler wird von der Strategie der auswählenden Instanz erheblich beeinflußt. Das kann man anhand der Abb. 14.4 gut nachvollziehen, indem man die Selektionslinie (die senkrechte Linie über X') in Gedanken nach links (Erniedrigung der Aufnahmeschwelle) oder nach rechts (Erhöhung der Aufnahmeschwelle) verschiebt. Im ersten Fall würde die Zahl der falschen Negativen auf Kosten der falschen Positiven sinken; im zweiten Fall ist es genau umgekehrt.

In der realen Anwendung eines Tests hängen also Zahl und Art der Fehler nicht nur von der prognostischen Validität ab, sondern auch von der *Selektionsquote* (Anteil der aufgrund des Prädiktors zugelassenen Bewerber; im Modell die Felder A+B in Relation zur Gesamtzahl der Fälle) und der sog. *Grundquote* (das ist der Anteil der geeigneten unter allen Bewerbern; im Modell durch die Felder A+D, in Relation zur Gesamtzahl repräsentiert). Unter der Voraussetzung, daß bestimmte

Annahmen erfüllt sind, haben Taylor & Russel (1939) Tabellen aufgestellt, aus denen für variable Grund- und Selektionsquoten sowie für
verschiedene Validitätskoeffizienten die Fehleranteile bestimmt werden
können. Dabei kann der paradox erscheinende Effekt auftreten, daß die
Anwendung eines Tests nicht zur Reduktion, sondern zur Erhöhung von
Entscheidungsfehlern führt. Dies trifft vor allem dann zu, wenn die
Grundquote extrem hoch liegt und die Selektionsquote des Tests davon
deutlich abweicht. Der folgende Kasten enthält dazu ein Beispiel aus dem
Bereich der Schulreifediagnostik.

Kasten 14.2: *Validitätskoeffizienten und Fehlerquoten von Schülerreifetests*

Falsche Prognosen kommen u. a. dadurch zustande, daß andere,
mit dem Schulreifetest nicht erfaßte Faktoren, ebenfalls auf das
Schulleistungsverhalten einwirken. Zum Teil kommt die relativ
hohe Zahl der Fehlprognosen jedoch dadurch zustande, daß die
Testanweisung im Kontinuum der Testrohwerte Punktwertgren-
zen für die Abgrenzung der Entscheidungskategorien (schulreif
bzw. nicht-schulreif) festlegt, die zu einer vergleichsweise niedrigen Selektionsquote führen. Beim „Münchner Schulreifetest"
(MST) liegt z. B. der kritische Punktwert zu hoch; deshalb werden
nach den jetzt vorliegenden Normen des MST viel zu viele Kinder,
nämlich 25% als schulunreif deklariert, obwohl tatsächlich nur
12% in der ersten Klasse versagen.

Anhand der Taylor-Russel-Tafeln ist leicht aufzuzeigen, daß die
Gesamtfehlerquote bei gegebenen Validitätskoeffizienten auf ein
Minimum reduziert wird, wenn die Selektionsquote des Tests mit
der Grundquote des Kriteriums übereinstimmt. Doch selbst in
diesem Fall erzielt man – wie die Berechnungen von Tiedemann
(1974) zeigen – gegenüber der nicht-selektiven Entscheidungsstrategie, bei der sämtliche Schüler unabhängig von ihrer Eignung
aufgenommen werden, nur unwesentliche Verbesserungen der
Gesamttrefferquote. Daran wird deutlich, daß die Höhe des
Validitätskoeffizienten keineswegs allein für die Zahl der richtigen
und falschen Prognosen verantwortlich ist. Dies geht auch aus
unseren Untersuchungsergebnissen deutlich hervor:

Obwohl der MST mit .58 den besten prognostischen Validitätskoeffizienten erreicht, fallen bei ihm die Fehlerquoten am höchsten
aus. Umgekehrt hat der Grundleistungstest von Kern (GLT)
relativ geringe Fehlerquoten, obwohl dessen Validitätskoeffizient

mit .47 erheblich unter dem Wert des MST liegt. Dieses paradox erscheinende Ergebnis klärt sich auf, wenn man berücksichtigt, daß die Selektionsquote des Tests mit .75 erheblich von der Grundquote (.88) abweicht, die Selektionsquote des GLT mit .89 dagegen nahezu mit der Grundquote übereinstimmt.

Test- verfahren	Validitäts- koeffizient	Fehlerquoten in Prozent	
		insgesamt	bei der Gruppe „nicht schulreif"
MST	.58	19,6	66,2
KST	.54	13,8	51,6
FST	.51	12,5	59,5
GST	.49	16,3	61,8
GLT	.47	9,3	46,7

(Aus Krapp & Mandl, 1977, S. 79 f.)

Da in realen Selektionsentscheidungen nur die aufgenommenen Bewerber für Bewährungskontrollen zur Verfügung stehen und die tatsächliche Eignung der abgelehnten Kandidaten somit nicht überprüft werden kann, ergeben entsprechende Bewährungsuntersuchungen oft ein völlig falsches Bild. Einerseits wird die prognostische Korrelation unterschätzt, andererseits wird nur die Gruppe der zu Unrecht Aufgenommenen als Fehler erfaßt. Für die Gruppen der zweiten Fehlerkategorie, die irrtümlich Abgelehnten, aber auch für die aufnehmende Institution kann gerade dieser Fehleranteil besonders nachteilig sein. Manchmal werden solche Bewährungskontrollen sogar bewußt irreführend eingesetzt. Schulbehörden, die z. B. das eigene hochselektive Schulsystem verteidigen möchten, belegen die Qualität ihres Auswahlsystems für weiterführende Ausbildungsgänge gerne in der Weise, daß sie die Zahl der erfolglosen Kandidaten mit der Zahl aller aufgenommenen Kandidaten vergleichen und somit einfach die Durchfallquote zur Bewertungsgrundlage des Auswahlsystems machen. Hier ergibt sich bei einer sehr strengen Aufnahmequote natürlich ein relativ günstiges Bild, denn die Durchfallquote ist um so geringer, je strenger die aufnehmende Schule selektiert und nur besonders begabte Schüler aufnimmt. Würde man auch die Zahl der zu Unrecht Abgelehnten in die Berechnung einbeziehen, oder zumindest entsprechende Schätzungen berücksichtigen, ergäbe sich ein völlig anderes Bild.

14.2.5 Bewertung selektiver Diagnosemethoden:
Probleme für den Diagnostiker

Als Fachmann für diagnostische Technologie hat der Psychologe kein
Problem, wenn er selektive Diagnosemethoden bewerten soll: Teststati-
stische Gütekriterien und Befunde über Fehlerquoten lassen präzise
Aussagen zu. Schwieriger ist die Bewertung dieser Methoden, wenn
pädagogische Zielvorstellungen oder andere Wertmaßstäbe angesprochen werden, denn vom Pädagogischen Psychologen erwartet man oft
nicht nur Aussagen zur meßtechnischen Qualität des diagnostischen
Instrumentariums, sondern auch (bewertende)Aussagen über die pädagogische und/oder psychologische Einschätzung des Verfahrens. Oft ist
er auch der einzige Fachmann, der die mit selektiven Entscheidungen
verbundenen ethisch-moralischen und psychologischen Probleme erkennen und belegen kann.

Als Psychologe ist er häufig in das Grunddilemma jeder selektiven
Entscheidung unmittelbar involviert: Tatsächlich oder scheinbar Ungeeignete müssen ausgesondert werden, zum Teil ohne Rücksicht auf die
Konsequenzen für die einzelnen Bewerber. Als Mensch und Fachmann,
der sich ethisch-moralischen Werten verpflichtet fühlt, kann sich der
Psychologe den daraus resultierenden Problemen nicht einfach entziehen. Er muß sich mit der Entscheidung als solcher auseinandersetzen,
auch wenn die Begründung und Legitimation der jeweiligen Entscheidung nicht in seinen offiziellen Verantwortungsbereich fällt. Vermutlich
würde sich kein Psychologe bereit erklären, ein diagnostisches Instrumentarium zur Aussonderung leistungsuntüchtiger Schüler zu entwikkeln, wenn er gleichzeitig erführe, daß diese in Zukunft vom gesamten
Schulbesuch „befreit" werden, um den Finanzetat des staatlichen Schulwesens zu entlasten. Wert-Dilemmata solchen Ausmaßes sind in unserer
Gesellschaft selten, aber weniger krasse Probleme gibt es oft. Man denke
nur an die umstrittene Entwicklung von Studieneingangstests, um die
Selektion von Studenten für besonders begehrte Studienplätze (NC-
Fächer) gerechter zu machen (vgl. Amelang, 1982), die nach wie vor
umstrittene Beteiligung von Psychologen bei der Einweisung von Schülern in die Sonderschule für Lernbehinderte nach Maßgabe ihrer testmä-
ßig erfaßten Intelligenz (s. o. Kasten 14.1), oder die Fragwürdigkeit
selektiver Einschulungstests bei Schulbeginn (vgl. Krapp & Mandl,
1977).

In der öffentlichen und wissenschaftsnahen Diskussion wird häufig
übersehen, daß die Bewertung eines diagnostisch-prognostischen Instruments nicht gleichgesetzt werden darf mit der *selektiven Entscheidung*, für
die das Instrument Informationen zur Verfügung stellen soll. So kann
man immer wieder lesen, daß diese oder jene Diagnosemethoden (z. B.
Tests) nicht länger akzeptiert werden könnten, weil sie zur Selektion und

Aussonderung mißbraucht würden (z. B. Scheckenhofer, 1975). Der Vorwurf des Mißbrauchs mag von Fall zu Fall durchaus zutreffen. Trotzdem ist der Diagnostiker als Fachmann gehalten, die meßtechnische Qualifizierung eines Instruments und die wertmäßige Stellungnahme zu einer Entscheidungssituation, für die das Instrument eingesetzt wird, auseinanderzuhalten.

14.3 Diagnose und Prognose im Rahmen von Modifikationsentscheidungen

Aus einer stärker pädagogisch orientierten Sicht kann man argumentieren, daß für die Pädagogische Psychologie rein selektive Entscheidungen von eher untergeordneter Bedeutung sind bzw. sein sollten. Wichtiger sind Entscheidungen, die eine zielgerichtete Veränderung individuellen Erlebens und Verhaltens beabsichtigen, d. h. Maßnahmen zur Vorbereitung und Realisierung *pädagogischer Modifikationen*. Die damit verbundenen Aufgaben, Erklärungsmodelle und Lösungsmuster teilt die Pädagogische Psychologie in weiten Bereichen mit der *Klinischen Psychologie*, einer weiteren modifikationsorientierten Anwendungsdisziplin der Psychologie. Im ersten Abschnitt dieses Kapitels haben wir bereits darauf hingewiesen, daß Modifikationsentscheidungen andere Handlungsstrategien erfordern und insofern auch mit anderen theoretischen Vorstellungen und diagnostischen Verfahrensweisen verbunden sind als Selektionsentscheidungen.

14.3.1 Voraussetzungen für Modifikationsentscheidungen

Erinnern wir uns an das erste Beispiel, an Max und die Absicht der Eltern, eine sog. Lerntherapie aufzusuchen, um seine Schulprobleme zu reduzieren. Welche Auffassungen stehen hinter einer solchen Handlungsabsicht? Zumindest die folgenden Überlegungen dürften eine Rolle spielen.
– Der plötzliche Leistungsabfall und die Probleme im Sozialverhalten sind vor dem Hintergrund des bisherigen Verhaltens und der vorausgegangenen Entwicklung unerwartete Ereignisse. Sie sind nicht das Resultat eines schon erkennbar gewesenen Entwicklungstrends.
– Das als problematisch eingestufte Verhalten ist nicht angeboren oder anderweitig festgelegt, sondern kann durch geeignete psychologische oder pädagogische Maßnahmen verändert werden.
– Die Ursachen der Verhaltensauffälligkeit sind nicht ohne weiteres ersichtlich; sie sind möglicherweise auch für Max selbst nicht identifizierbar.

– Es gibt psychologische Theorien, die ein solches Verhalten erklären
können; ihre Kenntnis ermöglicht die gezielte Suche von Ursachen und
Einflußfaktoren.
Diese Prämissen eines typischen Modifikationsvorhabens lassen unmittelbar erkennen, daß hier u. U. ein ganz anderes Menschenbild zugrundeliegt und ganz andere Ideen zur Beschreibung und Erklärung individueller Besonderheiten des Verhaltens herangezogen werden als in einer
typischen Selektionsentscheidung. Man operiert nicht mit dem Konzept
stabiler Eigenschaften oder Dispositionen, sondern mit situationsspezifischen Verhaltensweisen sowie personalen und/oder situativen Mechanismen der Verhaltensbeeinflussung. Statisch-strukturelle Persönlichkeitstheorien (Eigenschaftstheorien) sind weniger gefragt als Theorien des
Lehrens und Lernens (z. B. Theorien des Wissenserwerbs; vgl. Kap. 7),
Theorien der „Verhaltensmodifikation" (vgl. Kap. 16) und Modelle über
das Zusammenwirken von individuellen und ökologischen Faktoren zur
Erklärung situationsspezifischen Verhaltens (vgl. Kap. 8 und 11). Die
veränderte theoretische Orientierung ist keineswegs selbstverständlich.
In der wissenschaftlichen Psychologie war man lange Zeit davon über-
zeugt, daß individuelles Verhalten – auch störendes und schwer neuroti-
sches Verhalten – primär Ausfluß einer „gestörten Persönlichkeit" sei,
gewissermaßen die folgerichtige Konsequenz bislang nicht erkannter
Persönlichkeitseigenschaften. Die Kritik am sog. *„medizinischen
Modell"* der traditionellen Psychotherapie und die Alternativvorstellung
eines veränderungsorientierten „verhaltenstheoretischen Modells" sind
Beispiele aus einer größeren Zahl von Kontroversen, die innerhalb der
Psychologie erheblichen Einfluß gehabt und zu einer veränderten Interpretation des Selbstverständnisses des praktisch tätigen Psychologen
geführt haben (vgl. Kap. 18).

14.3.2 Spezifizierung der diagnostischen Aufgabenstellung

Bei der Beschreibung der allgemeinen diagnostischen und prognostischen Aufgabenstellungen im Handlungsverlauf haben wir vor allem auf
das erste Beispiel Bezug genommen. Dies war kein Zufall, sondern ergab
sich daraus, daß nur im Rahmen einer Modifikationsstrategie alle Schritte
und Teilfunktionen der diagnostischen Analyse erforderlich sind. Wir
können uns hier mit einer Zusammenfassung begnügen:

Treatmentvorbereitende Diagnostik:

Dazu gehört die *Klärung der Ziele* und ggf. der Zielstruktur, um die
Sequenz der Behandlungsschritte festzulegen. (Beispiel: Soll Max erst die
Leistungsbasis verbessern, bevor er die sozialen Beziehungen verän-

dert?) Diese Klärung ist meist nur in Verbindung mit der *Bedingungsanalyse* möglich, d. h. einer diagnostischen Erfassung der relevanten Einflußfaktoren (z. B. Leistungsängstlichkeit aufgrund negativer selbstwertbezogener Attribuierungen). Die Auswahl geeigneter Treatments, d. h. die Entwicklung eines Behandlungsplans und die Festlegung konkreter Behandlungstechniken sowie die Einschätzung des zu erwartenden Behandlungserfolgs, sind ebenfalls Bestandteil der treatmentvorbereitenden Diagnostik. (Beispiel: Soll man verhaltenstherapeutische Techniken zur Angstkontrolle einsetzen, oder genügt eine ausführliche Beratung, um Max bei der Suche nach eigenen Lösungsmustern zu unterstützen?)

Treatmentbegleitende Diagnostik:

Während der Therapie müssen laufend Zwischenergebnisse registriert werden (Beispiel: Erhöht sich die Bereitschaft, angstauslösende Situationen durchzustehen?). Darüber hinaus ist an die Registrierung von Nebeneffekten zu denken und an Einflüsse, die den Erfolg der Therapie gefährden (z. B. Ausweitung einer Freundschaft zu einem gleichaltrigen Schüler mit leistungsfeindlicher Einstellung).

Treatmentabschließende Diagnostik:

Dazu gehört die Bestimmung des Therapieerfolges am Ende der Behandlung. Darin ist die Frage eingeschlossen, ob die Therapie störende Nebeneffekte gehabt hat und welche Behandlungsziele mehr oder weniger erreicht worden sind.

14.3.3 Diagnostische Methoden zur Modifikation

Aus den drei Aufgabenstellungen der modifikationsorientierten Diagnostik ergeben sich drei typische Formen von Diagnosemethoden, nämlich (1) Methoden zur Erfassung, zur Entwicklung von Entwicklungs- und Lernvoraussetzungen, (2) Methoden zur Erfassung des Lehr-Lern-Prozesses und (3) Methoden zur Erfassung des Lernergebnisses. Im folgenden beschreiben wir jeweils exemplarisch einige Methoden aus diesen drei Aufgabenbereichen.

Methoden zur Erfassung von Entwicklungs- und Lernvoraussetzungen

Entwicklungstests
In der entwicklungspsychologischen Forschung, mehr noch in der Angewandten Psychologie, sowie der Beratungs- und Klinischen Psychologie werden viele verschiedene *Verfahren zur Entwicklungsdiagnose* einge-

setzt. Filipp & Doenges (1983) haben den aktuellen Stand der Entwicklungsdiagnostik zusammengefaßt. In ihrem Handbuchartikel werden Entwicklungstests und entwicklungsdiagnostische Verfahren dargestellt und auf dem Hintergrund entwicklungstheoretischer und testtheoretischer Überlegungen klassifiziert. Übersichtliche Darstellungen finden sich auch bei Brickenkamp (1975, 1983). Wie in anderen Bereichen der Diagnostik besteht auch hier eine auffällige Diskrepanz zwischen den Empfehlungen und Forderungen der Grundlagenwissenschaft und der diagnostischen Praxis: Viele der verfügbaren und handelsüblichen Tests orientieren sich an überholten theoretischen Modellvorstellungen; Alternativen sind kaum zu finden.

Je nach Umfang der erfaßten Merkmalsbereiche unterscheidet man allgemeine und spezielle Entwicklungstests.

Allgemeine Entwicklungstests werden vorwiegend in der frühen Kindheit eingesetzt, um Entwicklungsstörungen oder andere Verhaltensauffälligkeiten rechtzeitig erkennen zu können. Ein typisches Instrument hierfür ist der „Denver Development Screening Test (DDST)" von Frankenburg & Dodds (1967), der unter der Bezeichnung „Denver Entwicklungsskalen" für den deutschen Sprachraum adaptiert wurde (Flehmig, 1973; Schloon, Schelhorn & Flehmig, 1974). Als Screening-Test, d.h. als Test zur groben Vorauswahl (Siebung), soll der DDST gewissermaßen den ersten Schritt einer präventiv-therapeutischen Diagnose unterstützen und auf einfache, ökonomische Weise die Früherkennung von Entwicklungsverzögerungen ermöglichen. Die Aufgaben sind so ausgewählt, daß der Entwicklungsstand von der Geburt bis zum Schulalter eingeschätzt werden kann. Das Testergebnis wird einerseits durch unmittelbare Verhaltensbeobachtungen in der Testsituation und andererseits durch die systematische Auswertung von Elternbeobachtungen außerhalb der Testsituation ermittelt. Der Protokollbogen (s. Kasten 14.3) ist so aufgebaut, daß für vier Entwicklungsbereiche jeweile einzelne Items durch einen horizontalen Balken entlang der Zeitachse dargestellt sind. Für jedes Item ist auch die Lösungsfrequenz (zwischen 25% und 90%) in Abhängigkeit vom Altersniveau angegeben. Durch einen Vergleich der beobachteten bzw. erfragten Verhaltensweisen eines Kindes mit den Indikatoritems läßt sich eine mehr oder weniger genaue Einschätzung des individuellen Entwicklungsstandes vornehmen. Die bisher durchgeführten Untersuchungen zeigen, daß der Test als grobes Suchverfahren zur Identifikation von Entwicklungsauffälligkeiten geeignet ist. Zur konkreten Vorbereitung präventiver oder anderer Interventionsmaßnahmen sind in der Regel weitergehende Diagnoseschritte erforderlich. Dazu verwendet man u.a. *spezielle Entwicklungstests*, die den Entwicklungsstand in speziellen Funktions- und Verhaltensbereichen erfassen sollen. Im folgenden einige Testbeispiele aus der Zusammenstellung von Filipp & Doenges (1983):

Kasten 14.3: Denver Entwicklungsskalen

Alter 1 2 3 4 5 6 7 8 9 10 11 12 13

SOZIALER KONTAKT

Betrachtet Gesicht

Anfangs scheu 50% bei Fremden

+ M + H

+ Erwidert Lächeln

Klatscht in die Hände oder winkt

+ Ben

+ Lächelt spontan

Spielt mit Untersucher Ball

+ Ißt Kekse allein

+ Macht Wünsche deutlich (ohne Schreien)

Widersteht der Wegnahme des Spielzeugs

Spielt verstecken

+ Trinkt aus der Tasse

Greift nach Objekt außerhalb der Reichweite

FEINMOTORIK - ADAPTATION

Folgt mit Augen zur Mittellinie

Ergreift Klapper

Schaut sitzend fallendem Wollknäuel nach

+ Kritz

Gleichseitige Bewegungen (Kopf in Mitte)

Betrachtet Rosinen

Daumen-Finger Griff

Turm mit

Folgt mit Augen über die Mittellinie

+ Langt nach Spielzeug

+ Schlägt (2) zwei Klötzchen zusammen

Folgt mit Augen 180°

Greift nach Rosine

Pinzettengriff

+ Hände zusammen

+ Nimmt sitzend zwei (2) Klötzchen

Gibt Klötzchen von einer Hand in die andere

Kip wie

SPRACHE

Reagiert auf Glocke

+ "Papa" oder "Mama" ungezielt

+ Gibt Laute von sich (kein Schreien)

Wendet sich nach Stimme

+ Lacht

+ "Papa" oder "Mama" g

+ Quietscht

+ Imitiert Sprachlaute

GROBMOTORIK

Hebt Kopf in (BL) Bauchlage

Beine tragen etwas Körpergewicht

+ Steht kurze Zeit

Hebt Kopf in (BL) Bauchlage (45°)

Hochgezogen zum Sitzen (Kopfkontrolle)

+ Läuft an Möbeln entlang

Hebt Kopf in (BL) Bauchlage bis 90°

Sitzt ohne Hilfe

+ Steht allein

Oberkörper in Bauchlage auf Arme gestützt

+ Steht mit Festhalten

+ Bücker

Hält Kopf im Sitzen

+ Zieht sich hoch zum Stehen

+ Läuft

+ Dreht sich um

+ Setzt sich auf

Alter 1 2 3 4 5 6 7 8 9 10 11 12 13

MONATE

(Ausschnitt aus dem Protokollbogen; Flehmig, 1973)

Motorischer Bereich: „Lincoln-Oseretzky Motor Development Scale" (LOMS) von Sloan (1955) und die daraus abgeleitete deutsche Version von Eggert (1971): „Kurzform zur Messung des motorischen Entwicklungsstandes von normalen und behinderten Kindern im Alter von 5 bis 13 Jahren" (LOS KF 18).

Visuelle Wahrnehmung: „Developmental Test of Visual Perception" (DTVP) von Frostig u. a. (1966) und die entsprechende deutsche Fassung von Lockowandt (1974): „Frostigs Entwicklungstest der visuellen Wahrnehmung" (FEW).

Kognitive Fähigkeiten: Neben zahlreichen Intelligenztests für spezielle Altersgruppen (vgl. Conrad, 1983), die sich an traditionellen Verfahren der Intelligenzmessung im Sinne einer Eigenschaftsmessung (vgl. Abs. 14.2.3) orientieren, gibt es einzelne entwicklungstheoretisch begründete Verfahren, z. B. die „Testbatterie zur Erfassung kognitiver Operationen" (TEKO) von Winkelmann (1975). Zu den Entwicklungstests im kognitiven Bereich kann man auch die sog. Schulreifetests zählen, die vor Schulbeginn die für den erfolgreichen Schulbesuch erforderlichen Eingangsqualifikationen feststellen sollen (vgl. Krapp & Mandl, 1977).

Sozialverhalten: „Vineland Social Maturity Scale" (VSMS) von Doll (1965²).

Sprache: „Heidelberger Sprachentwicklungstest" (HSET) von Grimm & Schöler (1978); „Landauer Sprachentwicklungstest für Vorschulkinder" (LSV) von Götte (1976); Psycholinguistischer Entwicklungstest (PET) von Angermaier (1977). Die im Kasten 14.4 beschriebene Grundkonzeption und Testgliederung für den HSET vermittelt einen Eindruck vom Differenziertheitsgrad dieser Verfahrensweisen.

Diese Beispiele zeigen, daß es für verschiedene diagnostische Fragestellungen zur Beurteilung des individuellen Entwicklungsstandes eine ganze Reihe standardisierter Diagnosemethoden gibt. Der Diagnostiker hat also im Bereich der Entwicklungsdiagnose weniger das Problem, entsprechende Verfahren zu finden, sondern schon fast das Problem, aus dem verfügbaren Angebot passende und für sein Anliegen angemessene Verfahren zu wählen.

Tests zur Erfassung von Lernvoraussetzungen
Bezüglich der Diagnosemethoden zur Erfassung *allgemeiner Lernvoraussetzungen* ist die Situation wesentlich schwieriger. Das hat damit zu tun, daß Lernvoraussetzungen im Sinne von Bedingungen des Lern-, Ausbildungs- oder Schulerfolgs sehr weit gefaßt werden können. Da nahezu alle Merkmale der Schülerpersönlichkeit sowie der familiären und schulischen Umwelt direkt oder indirekt als Lernvoraussetzungen interpretiert

Kasten 14.4: Der Heidelberger Sprachentwicklungstest (HSET)
von Grimm & Schöler (1978)

Grundkonzept

Der HSET ist eine Testbatterie zur Ermittlung des Entwicklungs-standes sprachlicher Fähigkeiten. Dabei gibt er nicht nur Auskunft über das sprachliche Leistungsprodukt, sondern auch über die Konstruktionsmittel, die diesen zugrundeliegen. Das bedeutet, daß er Aussagen über die vorhandene Regelkompetenz auf ver-schiedenen Struktur- und Inhaltsebenen zuläßt. Bezüglich der lin-guistischen und entwicklungspsychologischen Grundlagen, auf denen der Test aufbaut, verweisen die Autoren auf ihre Untersu-chungen und Forschungsberichte.

Testgliederung

Das Verfahren gliedert sich in 6 Bereiche (A bis F), die mit insgesamt 13 Subtests erfaßt werden:

A. Satzstruktur: 1. Verstehen grammatischer Struk-turformen (VS) 17 Aufgaben

2. Imitation grammatischer Struk-turformen (IS) 12 Aufgaben

B. Morphologische   1. Plural-Singular-Bildung (PS)
   Struktur: 18 Aufgaben

2. Bildung von Arbeitsmorphemen (AM) 4 Aufgaben

3. Adjektivableitungen (AD) 5 Aufgaben

C. Satzbedeutung: 1. Korrektur semantisch inkonsi-stenter Sätze (KS) 9 Aufgaben

2. Satzbildung (SB) 10 Aufgaben

D. Wortbedeutung: 1. Wortfindung (WF) 14 Aufgaben

2. Begriffsklassifikation (BK) 6 Aufgaben

E. Interaktive Bedeutung: 1. Benennungsflexibilität (BF) 2 Aufgaben

2. In-Beziehung-Setzen von verba-len und nonverbalen Informatio-nen (VN) 8 Aufgaben

3. Einkodierung und Rekodierung gesetzter Intentionen (ER) 9 Aufgaben

F. Integrationsstufe: 1. Textgedächtnis (TG) 1 Aufgabe

(Aus Brickenkamp, 1983, S. 590)

werden können, sind fast alle verfügbaren Diagnosemethoden potentielle
Verfahrensweisen zur Erfassung von Lernvoraussetzungen, z. B. Kennt-
nis- und Fähigkeitstests, Anstrengungs- und Motivationstests, Angst-
tests, Fragebögen zur Erfassung spezieller Verhaltensmerkmale, Einstel-
lungs- und Interessentests oder Fragebögen zur häuslichen Lernumwelt.

Zählt man zu den *Lernvoraussetzungen im engeren Sinn* nur die für
den Erwerb eines bestimmten Lernstoffs erforderlichen kognitiven Fähigkeiten und Kenntnisse, also die lernstoffrelevante „Wissensstruktur",
dann sind vorgefertigte, d. h. erprobte und möglicherweise standardisierte
Techniken aus naheliegenden Gründen außerordentlich selten. Denn
solche Tests können nur auf einen engen Ausschnitt des im Prinzip
unbegrenzten schulischen und außerschulischen Wissensstoffes angewendet werden. Es gibt allerdings eine Reihe von Lehr-Lern-Situationen, die
regelmäßig gleichartige Lernvoraussetzungs-Diagnosen erfordern. Dafür
werden mit zunehmender Häufigkeit entsprechende diagnostische Analyseverfahren entwickelt. Typische Beispiele sind Situationen, die den
Erwerb der kulturellen Grundtechniken Lesen, Rechtschreiben und
Rechnen vermitteln bzw. Probleme in diesen Bereichen aufklären sollen.

Im Bereich des *Lesens* gibt es mehrere Ansätze. Während sich ältere
Lesetests mit der globalen Erfassung der aktuellen Lesefertigkeit zufrie-
dengeben (z. B. VL 5–6 von Anger, u. a., 1965), versuchen neuere
Diagnoseverfahren die mit dem Lesen verbundenen Teilkomponenten

---

**Kasten 14.5: *Der Anstrengungsvermeidungstest von Rollett &
Bartram (1977)***

Grundkonzept: Nicht allein die intellektuelle Leistungsfähigkeit
eines Schülers, sondern auch seine Leistungsbereitschaft bestimmen seinen Schulerfolg. Zur Beschreibung der Antriebsstruktur
wenig Leistungsmotivierter wurde das Konzept der Leistungsmotivation um das Konstrukt „Anstrengungsvermeidungstendenz"
erweitert. Es handelt sich hierbei um eine Verhaltensdisposition,
die sich in Strategien äußert, sich Leistungsanforderungen generell
zu entziehen oder aber auch Probleme ökonomisch zu lösen. Mit
dem AVT wurde ein Verfahren entwickelt, das die Tendenz, auf
Leistungsanforderungen hauptsächlich in erster Weise zu reagieren, mißt. Entstanden ist es aus einer Sammlung von Ausreden, die
Schüler gebrauchten, um sich vor Anforderungen zu drücken.
Hinweise zur therapeutischen Intervention bei ungünstigem
Anstrengungsvermeidungsverhalten schließen sich an.

(Aus Brickenkamp, 1983, S. 806)

bzw. „Teilleistungsstörungen" differentiell zu erfassen (z. B. Lesen und Verstehen – Diagnose/Training; LUV von Kalb, Rabenstein & Rost, 1979).

Auch für die Analyse augenfälliger Minderleistungen im Bereich des Rechtschreibens gibt es verschiedene Diagnosemethoden. Bekannt sind die sog. „diagnostischen Rechtschreibetests" (z. B. DRT 4–5 von Meis, 1970). Sie sind so aufgebaut, daß die Gesamtzahl der Fehler eines Getesteten auf der Grundlage sog. „Fehlertypologien" weiter aufgeschlüsselt werden können. Diese Typologien bestehen – zumindest bei einigen Tests – aus psychologisch begründeten Erklärungskategorien (z. B. Merkfehler, Wahrnehmungsfehler), die nach Auffassung der Testautoren Ansatzpunkte für didaktische Korrekturmaßnahmen aufzeigen. Momentan wird daran gearbeitet, die Klassifikationsgrundlagen der Fehleranalyse unter Berücksichtigung linguistischer Forschungsergebnisse zu verbessern und weiter zu differenzieren. Wendeler (1981, 1984) unterscheidet z. B. Fehler nach den sog. „Graphem-Phonem-Korrespondenz-Regeln" und erhält auf diese Weise Fehlerkategorien, die gegen das „Lautprinzip", das „Stammprinzip" und das „grammatikalische Prinzip" verstoßen.

Fehleranalysen werden auch zur Diagnose der *Mathematikleistungen* verwendet. Auch in diesem Lehrstoffgebiet gilt das generelle Postulat, daß die diagnostische Analyse unter Modifikationsgesichtspunkten nur dann weiterhilft, wenn sie die aktuelle Leistungsstruktur in sinnvolle Teilkomponenten untergliedert und differenziert. Im Idealfall wird die Lernvoraussetzungsdiagnose zu einer *„hierarchischen Strukturdiagnose"* (vgl. Kap. 7). Für die Analyse der Mathematikleistungen im Grundschulunterricht haben Probst (1980) und Probst & Kutzer (1984) ein solches strukturbezogenes Diagnosesystem entwickelt.

Methoden zur Erfassung des Lehr-Lern-Prozesses

Der Ablauf einer Therapie, eines Trainings oder einfach einer Unterrichtsstunde bedarf der Steuerung und Kontrolle. In der Regel ist der Handelnde, also der Therapeut, Trainer oder Lehrer gleichzeitig derjenige, der diese prozeßbezogene (treatmentbegleitende) Diagnose durchführt. Mit *Prozeßdiagnose* bezeichnet man nach Rüdiger (1981, S. 289) „eine zeitliche Folge inhaltlich zueinander in Beziehung gesetzter diagnostischer Einzeldaten am gleichen Probanden". Unter methodischem Gesichtspunkt sind zwei Ebenen dieser prozeßbegleitenden Diagnostik zu unterscheiden, (a) die Ebene der unmittelbar mit dem Handeln verknüpften, meist automatisch ablaufenden Registrierung wichtiger Phänomene und Ereignisse beim Lerner und dessen Lernumfeld und (b) die Ebene der planvoll eingesetzten, formell als solche erkennbaren diagnostischen Phase der Zustands- und Veränderungsbeschreibung.

Die eigentliche Methode der beiläufigen, in das Handeln integrierten Prozeßdiagnose ist die *subjektive Urteilsbildung* auf der Grundlage systematischer und unsystematischer *Beobachtung*. Die Beobachtung, speziell die Verhaltensbeobachtung, ist nicht nur eine diagnostische, sondern gleichzeitig eine der wichtigsten Forschungsmethoden der Psychologie. Probleme, die sich bei der Vorbereitung, Durchführung und Auswertung dieser Methode ergeben, sind für den Diagnostiker und Forscher weitgehend gleich (in Kap. 4 wird darauf näher eingegangen). Auch die Vorgehensweise und die Art der Instrumente sind für beide weitgehend identisch. Allerdings muß sich der diagnostische Praktiker weitaus häufiger mit vorläufigen, nur für spezielle Fragestellungen verwendbaren und deshalb wissenschaftlich oft nicht ausreichend erprobten Verfahrensweisen zufriedengeben.

Auf der zweiten Ebene der Prozeßdiagnostik, der geplanten und formell durchgeführten Erhebung von Verlaufsdaten, spielen Methoden der sog. *Veränderungsmessung* eine wichtige Rolle. Veränderung als mehr oder weniger zielgerichteter Prozeß ist nicht unmittelbar beobachtbar. Veränderungen lassen sich nach Kormann (1981) nur in der Weise meßtechnisch „festmachen", daß die der Veränderung unterliegenden Phänomene zu (mindestens) zwei verschiedenen Zeitpunkten erfaßt und miteinander verglichen werden. Je nach Phänomenbereich, Zielstellung der Veränderungsdiagnose und Art der Datenregistrierung gibt es ganz unterschiedliche Arten von Veränderungen, z. B. quantitative und qualitative, kontinuierliche und diskontinuierliche, eindimensionale und mehrdimensional-strukturelle oder kurzfristige und langfristige Veränderungen (vgl. Kap. 6).

Unter Berücksichtigung dieser Differenzierungsmöglichkeiten ist es nicht verwunderlich, wenn in der Pädagogischen Psychologie – wie auch in anderen angewandten Disziplinen der Psychologie – kaum Standardtechniken zur Durchführung von Veränderungsdiagnosen zur Verfügung stehen. Worauf die Pädagogische Psychologie nur mit Einschränkung zurückgreifen kann, sind methodisch-statistische Verfahrensweisen, die in der Forschung verwendet werden, z. B. Techniken zur Durchführung von Zeitreihenanalysen, oder sog. varianzanalytische Methoden der „Wachstumskurvenanalyse", oder Differentialgleichungssysteme zur Beschreibung struktureller Veränderungen (vgl. Möbus & Nagel, 1983). Hinweise und Orientierungshilfen findet man zum Teil in der Klinischen Psychologie, vor allem bei den Methoden der Einzelfallanalyse (Huber, 1973; Petermann & Hehl, 1979).

Darüber hinaus gibt es verfahrenstechnische Konzepte zur Erfassung lernabhängiger Veränderungen. Exemplarisch sei hier auf die sog. *Lerntests* verwiesen. Die Idee geht auf Guthke (1972) zurück, der die Intelligenzdiagnostik dadurch verbessern wollte, daß er an Stelle einer einmaligen Messung zwei Messungen zu verschiedenen Zeitpunkten vorsah, wobei im Anschluß an die erste Messung (Vortest) eine „Pädagogisierungsphase" zwischengeschaltet werden sollte. Die getesteten Personen sollten auf diese Weise Gelegenheit erhalten, aus ihren Fehlern zu lernen und ihre „Zone der nächsten Entwicklung" (Wygotski, 1934) kennenzulernen. Der eigentlich interessante Indikator der Intelligenzmessung wäre der Lernzugewinn des Probanden auf Grund der „Pädagogisierungsphase".

Lerntests unterscheiden sich in charakteristischer Weise von traditionellen Statustests (vgl. Kasten 14.6).

Die in Lerntests vorgeschlagene Vortest-Nachtest-Messung ist nur bei oberflächlicher Betrachtung leicht zu realisieren. Schon auf der rein methodischen Ebene gibt es Probleme. Man muß z. B. damit rechnen,

---

Kasten 14.6: Lerntest versus Statustest

Der herkömmliche *Statustest* prüft, was der Proband „auf Anhieb" zu leisten vermag. Im Gegensatz dazu möchte man beim *Lerntestkonzept* durch die Zwischenschaltung einer möglichst standardisierten Pädagogisierungs- bzw. Lernphase Lernaktivitäten stimulieren, um daraus zusätzliche und/oder spezielle Informationen zu individuellen Lernvoraussetzungen, Lernformen und Lösungsprozessen sowie zu den Lerneffekten zu erhalten.

In formaler Hinsicht läßt sich der Unterschied zwischen herkömmlichen „Statustests" und dem Lerntestkonzept folgendermaßen veranschaulichen:

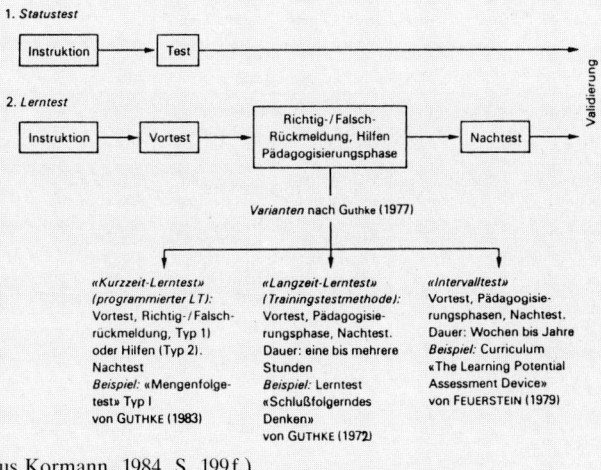

(Aus Kormann, 1984, S. 199 f.)

daß Differenzwerte eine weitaus geringere Reliabilität besitzen als Einzelmessungen (vgl. Kap. 4). Außerdem erwirbt der Lerner durch den Vortest eine spezifische Aufgabenorientierung. Er lernt mit dem Instrument umzugehen und verändert auf diese Weise sein Verhalten im Nachtest, ohne daß sich sein Wissen in der Zwischenzeit verändert haben muß. Ein noch größeres Problem ergibt sich daraus, daß Lernvorgänge nur selten als eindimensionale Veränderungen beschrieben werden können. Häufig ändert sich mit dem Wissen in einem Bereich auch die Struktur der „gedanklichen Verknüpfungen" innerhalb des betreffenden Sachgebietes und zwischen verschiedenen Bereichen des „kognitiven Apparates". Wenn der Leser dieses Kapitels z. B. neue Sachverhalte und Problembereiche der pädagogisch-psychologischen Diagnostik kennengelernt hat, so hat sich gleichzeitig die strukturelle Ordnung seines pädagogisch-diagnostischen Wissens verändert. Mit hoher Wahrscheinlichkeit sind davon auch die Querverbindungen zu anderen Wissensbereichen der Pädagogischen Psychologie betroffen. Solche Veränderungen können aber nur sehr schwer erfaßt und nicht als eindimensionaler Wissenszuwachs beschrieben werden (vgl. Kap. 7).

Kasten 14.7: Standardisierte Schulleistungstests

Klasse	1	2	3	4
1. Lesetests		Lesetest LT 2 (B) Bremer Lesetest BLT 1 – 2(H)	Sinnverstehendes Lesen SVL 3(B) Bremer Lesetest BLT 3 – 4(H) Lesen 3(B)	Lesen 4 (B)
2. Rechtschreibtests	Rechtschreibtest RST 1(B)	Diagnostischer Rechtschreibtest DRT 2(B)	Diagnostischer Rechtschreibtest DRT 3(B) Rechtschreiben 3(B)	Diagnostischer Rechtschreibtest Rechtschreiben 4(B)
3. Rechentests		Mathematiktest für 2. Klassen MT 2(B)	Diagnostischer Rechentest DRE 2(B)	
4. Allgemeine Schulleistungstests	Schulleistungstestbatterie für Lernbehinderte SBL I(B)	Schulleistungstestbatterie für Lernbehinderte SBL II(B) Allgemeiner Schulleistungstest AST 2(B)	Allgemeiner Schulleistungstest AST 3(B) Kombinierter Schultest KS 3(T)	Allgemeiner Schulleistungstest AST 4(B) Kombinierter Schultest KS 4(T) Schulleistungstest für lern-
5. Fremdsprachentests				

Legende: B = Beltz Testgesellschaft   T = Testzentrale
H = Herbig Verlag   V = Verlag für Psychologie
M = Marhold Verlag

Methoden zur Erfassung des Lernergebnisses

Die wichtigsten Methoden der Lernerfolgsfeststellung sind formelle (standardisierte) Tests, informelle Tests, mündliche Prüfungen, Aufsatzprüfungen und Verfahren zur Selbstbeurteilung. Eine Sonderstellung nehmen Zensuren und Zeugnisse ein. Sie erfüllen gleichzeitig sehr verschiedene Funktionen und können deshalb nur mit Einschränkung den Methoden der Lernerfolgsfeststellung zugeordnet werden.

Formelle (standardisierte) Tests
Die gleichen Tests, die oben als diagnostische Methoden zur Erfassung von allgemeinen und speziellen Lernvoraussetzungen für künftige Lernaufgaben beschrieben wurden, können auch zur Beschreibung und Bewertung des (zurückliegenden) Lernerfolgs eingesetzt werden. Tests dieser Art sind in der Regel das Ergebnis zeitaufwendiger Planungs- und Überprüfungsarbeiten. Sie können von einschlägigen Verlagen bezogen werden. Die Durchführung, Auswertung und Interpretation der Testergebnisse ist weitgehend vorgeschrieben. Leider sind die meisten dieser Tests normorientierte Verfahren: Sie erlauben in erster Linie eine

5	6	7	8	9
Verständiges Lesen VL 5 – 6(B)			Verständiges Lesen VL 7 – 9(B)	
Rechtschreibtest DRT 4 – 5(B) RST 4(B) Testdiktate 5(K)	Westermann Rechtschreibtest WRT (T)		Rechtschreibtest RST 8 + (B) Rechtschreibungstest RT(V)	
			Rechentest RT 8 + (B)	
Kombinierter Schultest KS 5(T) behinderte Schüler SLS (M)			Schulabschluß- und Berufseintrittstest SABET 8 + (B)	
	Englisch-Einstufungstest 6 + (B)	Französisch-Einstufungstest 7 + (B)	Französisch-Einstufungstest 8 + (B)	

(Übersicht aus Horn, 1984, S. 160f.)

differenzierende Beschreibung der Gesamtleistung eines Schülers im
Sinne eines konkurrenzorientierten Vergleichs (Übersichten über die
derzeit verfügbaren Verfahren geben Brickenkamp, 1983 sowie Horn,
1984; vgl. Kasten 14.7).

In neuerer Zeit werden zunehmend Tests entwickelt, die eine inhaltlich
differenzierte und insofern stärker modifikationsorientierte Leistungsbeurteilung erlauben. Dazu gehören u. a. die oben erwähnten diagnostischen Mathematik- und Rechtschreibtests. Solche Verfahren erfüllen
zunehmend die Forderung nach sog. *kriteriumsorientierter oder lehrzielorientierter Leistungsmessung*. Im Unterschied zur normorientierten
Messung soll die individuelle Leistung nicht an der Durchschnittsleistung
der anderen Schüler, sondern an einem sachlichen Kriterium, z. B. einem
vorher definierten Lehrziel bemessen werden. Dabei genügt es nicht, die
üblichen Tests einfach anders zu normieren oder lediglich differenzierter
auszuwerten; schon die Planung und Konstruktion dieser Verfahren muß
sich nach anderen test- und meßtheoretischen Modellen richten. Das
gleiche gilt für die Bewertung der formalen und inhaltlichen Gütekriterien (vgl. Abs. 14.4.1).

Informelle Tests

Lehrer, Trainer und andere mit Ausbildungsaufgaben betraute Personen
haben oft das Bedürfnis, für wiederkehrende gleichartige Prüfungen
eigene Lernkontrolltests zu entwickeln. Dahinter steht die vernünftige
Idee, daß mit einem sorgfältig geplanten und zumindest teilweise empirisch überprüften Instrument die Gefahr einer subjektiven Urteilsverzer-
rung gemindert und die Transparenz des Prüfungsvorgangs erhöht werden kann. Selbstverständlich eignen sich nicht alle Lehrstoffgebiete
gleichermaßen gut für die Anwendung solcher Verfahren. Wenn aber der
Lehrstoff in Teilgebiete untergliedert und richtiges von falschem Wissen
eindeutig unterschieden werden kann, ist die Anwendung informeller
(objektiver) Tests möglich. Im Curriculum eines Psychologiestudiums
würde man beispielsweise Grundkenntnisse der Wahrnehmungspsycho-
logie oder Verfahrensweisen der Statistik auf diese Weise prüfen können.

Die Vorgehensweise zur Entwicklung informeller Tests orientiert sich
im wesentlichen an den allgemeinen Konstruktionsprinzipien standardisierter Tests. Für die einzelnen Arbeitsgänge bei der Konstruktion und
Auswertung informeller Tests speziell für solche Schritte, die empirische
und statistische Analysen erfordern, gibt es vereinfachte Modelle und
Berechnungsverfahren, die auch der Praktiker anwenden kann. Gut
lesbare Zusammenstellungen und mit Beispielen veranschaulichte Anleitungen geben Schwarzer & Schwarzer (1977) sowie Rosemann (1984).
Auch für die informellen Tests gilt, was bei den formellen Tests kritisiert
wurde: Die Mehrzahl der verfügbaren Methoden und Konstruktionsan-
leitungen gilt für normorientierte Formen der Leistungsmessung. Spe-

zielle Hinweise zur Entwicklung von kriteriumsorientierten Verfahren finden sich u. a. bei Fricke (1974) und Herbig (1976).

Ein wichtiger Schritt bei der Erstellung eines informellen Tests ist die Differenzierung des Kriteriums, also der Lehrzielstruktur, nach verschiedenen Klassen oder Dimensionen, um einen Anhaltspunkt für Art und Menge der Testaufgaben zu erhalten. Ein häufig verwendetes Klassifikationsschema orientiert sich an der sog. Lehrzielmatrix von Tyler (1950, dt. 1973). Die Matrix verbindet zwei Klassifikationsgesichtspunkte, nämlich einmal eine Untergliederung des Lehrstoffes nach inhaltlichen Bereichen (Inhaltsklassen), zum anderen eine Aufgliederung nach formalen bzw. allgemeinen oder lehrstoffunabhängigen Kategorien (Verhaltensklassen). Die Differenzierung der Verhaltensklassen stützt sich häufig auf sog. *Lehrzieltaxonomien* (z. B. Taxonomie für kognitive Lehrziele nach Bloom, 1956, dt. 1973).

Kasten 14.8 zeigt, wie mit Hilfe einer Lehrstoffmatrix ein einfacher Testplan entwickelt werden kann. Die Angaben innerhalb der Matrix bezeichnen entweder Item-Zahlen für einen Schulleistungstest oder prozentmäßige Gewichtungen der durch diese Kategorie repräsentierten Teillehrziele.

Mündliche Prüfungen

Die Beurteilung der Lernleistung auf der Grundlage eines Gesprächs oder eines (meist) einseitigen Frage-Antwort-„Spiels" gehört zu den ältesten Formen der Lernkontrolle. Birkel (1984) weist darauf hin, daß sich mündliche Prüfungen aus den rhetorischen Abschlußprüfungen an Priesterschulen und Universitäten entwickelt haben. In diesen Prüfungen mußte der Kandidat nachweisen, daß er frei sprechen, zusammenhängend argumentieren und in einem Disput bestehen konnte. Heute haben mündliche Prüfungen sehr verschiedene Funktionen: Neben der Kontrolle des Lernerfolgs dienen sie der Diziplinierung von Schülern während des Unterrichts; sie unterstützen die Zwischendiagnose von Teilergebnissen im Unterrichtsverlauf; in manchen Fällen sind sie nicht mehr als eine rituelle Gestaltung von Aufnahmeprozeduren elitärer Gruppen oder solcher, die sich dafür halten.

Mündliche Prüfungen stellen insofern eine Sondersituation der Diagnostik dar, als sie im Rahmen eines sozialen Interaktionsprozesses ablaufen und somit allen Einflüssen der sozialen Wahrnehmung unterliegen.

Was wir aus der alltäglichen Erfahrung über Ungerechtigkeiten und Fehlerquellen wissen, wird auch in empirischen Untersuchungen bestätigt. Gefühle der Sympathie und das Aussehen des Kandidaten können das Ergebnis beeinflussen. Selbst so nebensächliche Kleinigkeiten wie die, ob jemand eine Brille trägt, oder ob eine Studentin Lippenstift benutzt, können den Gesamteindruck des Prüfers in eine bestimmte

Richtung lenken (vgl. Birkel, 1984, S. 233). Dies gilt erst recht für
Verhaltensmerkmale, die in unreflektierten (impliziten) Theorien des
Prüfers mit Leistungsmerkmalen korreliert sind, wie z. B. sozioökonomischer Status, Verbalisationsgeschick und Sprachflüssigkeit (vgl. Kvale,
1972; Birkel & Fritz, 1980). Auch die individuellen Merkmale des Prüfers
beeinflussen u. U. das Ergebnis. Birkel (1978) hat z. B. festgestellt, daß
jüngere Prüfer im allgemeinen milder urteilen als ältere. Weitere Einflußfaktoren sind der Ausbildungsstand und die Berufserfahrung des Prüfers
sowie seine Rollenauffassung als Prüfer. Damit sind nur einige wenige
Faktoren genannt, die in konkreten Prüfungssituationen das Ergebnis
beeinträchtigen können.

Welche Konsequenzen sind daraus zu ziehen? Soll man auf mündliche
Prüfungen verzichten und sie ganz abschaffen? Abgesehen davon, daß
manche Prüfungsinhalte gar nicht anders erfaßt werden können als in
mündlichen Prüfungen, wird die Qualität des Verfahrens wie bei jeder
anderen diagnostischen Methode von der Kompetenz des Diagnostikers,
vom Ausmaß der vorbereitenden Planung und der bewußten Kontrolle
von Störgrößen bestimmt. Die Qualitätsunterschiede zwischen verschiedenen Prüfungssituationen sind beträchtlich. Nimmt man z. B. die
Urteilsübereinstimmung verschiedener Prüfer (bei den gleichen Kandidaten) als Qualitätskriterium, so kann man feststellen, daß diese „Inter-
rater-Reliabilität" von Untersuchung zu Untersuchung sehr stark variiert. Birkel (1984) und Ingenkamp (1975) berichten von Untersuchungen,
deren Ergebnisse zwischen $r = .40$ und $r = 1.00$ schwanken. Ähnliche
Unterschiede findet man, wenn Prüflinge innerhalb kurzer Zeit von zwei
unabhängigen Prüfungskommissionen im selben Fach geprüft werden.
Diese sog. „Äquivalenzkoeffizienten" schwanken nach Birkel (1984)
zwischen $r = .00$ und $r = .60$ mit einer Häufung bei $r = .45$.

Kasten 14.8: Testplan auf der Grundlage einer Lehrzielmatrix

Inhalt \ Verhalten	Wissen	Verstehen	Anwenden	Summe
Topographie	5	3	2	10
Klima	5	3	2	10
Vegetationszonen	5	3	2	10
Wirtschaft	15	9	6	30
Politik	20	12	8	40
Summe	50	30	20	100

(Aus Schwarzer & Schwarzer, 1977, S. 89)

Schriftliche Prüfungen mögen zwar im Durchschnitt höhere Reliabilitätskennwerte als mündliche Prüfungen aufweisen. Aber im Einzelfall kann eine schriftliche Prüfung zu ebenso großen Fehleinschätzungen führen wie ein Prüfungsgespräch.

Deshalb kann man hier auch keine generelle Empfehlung geben, sondern muß die in einer Prüfungssituation gegebenen Bedingungen auf dem Hintergrund der möglichen Vor- und Nachteile in Betracht ziehen (vgl. Kasten 14.9).

Kasten 14.9: *Mündliche versus schriftliche Prüfung*

Mündliche Prüfung		Schriftliche Prüfung
	Zeitökonomie:	
+ b	Man kann in relativ kurzer Zeit (oft nur 15 bis 20 Minuten pro Person) Leistung messen und beurteilen.	− b
	Objektivität:	
− e	– Das Prüfungsergebnis ist weitgehend unabhängig von der Person des Prüfers und dem Zeitpunkt der Prüfung.	+ e
− e	– Die Bedingungen, unter denen die Leistung zu erbringen ist, sind weitgehend vergleichbar.	+ e
− e	– Der Meß- und der Beurteilungsaspekt der Prüfung sind trennbar, wobei zumindest der Meßaspekt eine Objektivierung erlaubt.	+ e
	Reliabilität:	
− e	Auch bei erneuter Prüfung bekäme der Prüfling in etwa die gleiche Beurteilung.	+ e
	Validität:	
− e	– Die zu überprüfende Leistung des Prüflings beeinflußt die Bewertung wesentlich und sonst nichts.	+ e
+ b	– Fragen und Aufforderungen orientieren sich an curricularen Erfordernissen.	+ e
+ b	– Lernziele können auch auf höchsten taxonomischen Ebenen überprüft werden.	+ e
+ e	– Fehler der sozialen Urteilsbildung gefährden die Leistungsurteile.	− e
+ b	– Kriterien für die Leistungsbeurteilung sind im voraus formulierbar.	+ e

Prüfungsdurchführung:

− e	− Die Leistung des Prüflings ist später erneut beurteilbar (Flüchtigkeit vs. Substantivierbarkeit der Leistung).	+ e
+ b	− Die Prüfungssituation bietet noch Lernmöglichkeiten für den Prüfling.	− b
+ b	− Möglichkeit, den Schwierigkeitsgrad der Aufgabe in der aktuellen Situation durch Hinzufügen von Informationen und Hilfen zu variieren.	− e
+ b	− Direkte Rückmeldungen über die Qualität der Antwort können vom Prüfling bei weiteren Fragen verwertet werden.	− e
+ b	− Besonders bei Lernzielen auf höchsten taxonomischen Ebenen kann durch Nachfragen Gewißheit über das Erreichen der Lernziele geschaffen werden.	− b
+ e	− Sprachliche und sprecherische Leistungen sind einer Beurteilung zugänglich.	− e

Legende: Die genannte Hypothese bzw. das betr. Kriterium trifft zu (+) oder trifft nicht zu (−), ist empirisch belegt (e) oder nur behauptet (b).

(Nach Birkel, 1984, S. 236)

Aufsatzprüfungen

Wenn in einer schriftlichen Prüfung nicht nur die Aufgaben genau vorgeschrieben, sondern auch die Antwortmöglichkeiten und die Bewertung der Antworten festgelegt sind, handelt es sich meist um formelle oder informelle Tests. Davon unterscheidet sich die Aufsatzprüfung in charakteristischer Weise: Hier ist lediglich die Frage bzw. das Thema vorgegeben; der Prüfling muß seine Antwort frei formulieren und selber schriftlich niederlegen. Aufsatzprüfungen sind wie die mündlichen Prüfungen *subjektive Verfahren* und haben deshalb teilweise auch die gleichen Probleme. Da die Antworten sehr stark variieren, sind sie nicht unmittelbar vergleichbar; die individuellen Aussagen eines Prüflings sind offen für mehr oder weniger engherzige Interpretationen des Prüfers; der Beurteilungsmaßstab kann variieren; die Vorinformationen über den Kandidaten können das Ergebnis von Fall zu Fall erheblich verfälschen.

Ein in diesem Zusammenhang eindrucksvolles Experiment wurde von Weiss (1965) in Österreich durchgeführt. Weiss ließ den Aufsatz eines Schülers von zwei zufällig ausgewählten Lehrergruppen beurteilen, die jeweils unterschiedliche Zusatzinformationen über den Schüler erhielten. Der ersten Gruppe wurde erzählt, daß es sich um einen durchschnittlichen Schüler handle, dessen Eltern berufstätig seien und der gerne Schundhefte lese. Der zweiten Gruppe wurde mitgeteilt, daß es sich um einen sprachlich begabten Schüler handle; der Vater sei Redakteur einer großen Tageszeitung. Das Ergebnis lag ganz im Sinne der induzierten Erwartungshaltung: Sowohl die Gesamtbewertung als auch die Beurteilung einzelner Komponenten (z. B. Rechtschreiben) unterschieden sich hochsignifikant in den beiden Beurteilergruppen.

Trotz dieser und vieler anderer Fehlerquellen der Aufsatzbeurteilung kann man ihren generellen diagnostischen Wert nicht in Frage stellen. Bei sorgfältiger Auswahl der Themenformulierungen und bei entsprechender Vorbereitung und Strukturierung der Auswertungsarbeiten lassen sich grobe Fehler vermeiden. Bewährt haben sich Punktesysteme, die nach einem festgelegten Schema einzelne Aussagen und Argumentationsstrukturen mit einem Anforderungsprofil vergleichen und je nach Annäherungsgrad an diese „Ideallösung" punktemäßig gewichten. Auf diese Weise erhält man für jeden Aufsatz getrennt für verschiedene Beurteilungskategorien Punktwerte, die in einem weiterführenden Schritt entweder quantitativ (z. B. Noten) oder qualitativ (verbal-beschreibende Charakterisierungen) bewertet werden können.

Die Strukturierung der Auswertung wird natürlich erleichtert, wenn die Aufgabenstellung von Anfang an untergliedert wird. Das führt zur *Kurzaufsatz-Methode*. Dabei wird der Prüfungsstoff – ähnlich wie bei einem strukturierten Testverfahren – in Teileinheiten aufgegliedert und getrennt abgefragt. Der Kandidat hat also in der vorgegebenen Zeit nicht nur eine Frage oder ein Thema zu bearbeiten, sondern eine ganze Reihe verschiedener Fragen. Die Gewichtung der Frage, d. h. die relative Bedeutsamkeit der einzelnen Frage für den gesamten Prüfungsstoff, schlägt sich in der maximal zu erreichenden Punktzahl nieder. Um die Prüfungssituation möglichst fair zu gestalten, sollte der Prüfer die maximal erreichbare Punktzahl bereits vorher bekanntgeben. In der Erwachsenenbildung und im tertiären Bildungsbereich wird diese Form der schriftlichen Prüfung vom Lerner oft am ehesten akzeptiert, weil sie den Bewertungsvorgang nachvollziehbar und argumentationsfähig macht.

Selbstbeurteilung

Die Selbstbeurteilung als systematische Form der Lernergebniskontrolle ist im traditionellen Schul- und Ausbildungssystem selten anzutreffen. Dies ist erstaunlich, werden doch von ganz verschiedener Seite immer wieder die Mündigkeit des Lerners und die Fähigkeit zu eigenverantwortlichem Handeln als wichtige pädagogische Ziele beschworen. Kritiker behaupten sicher nicht ganz zu Unrecht, daß dieser Mangel mit dem autoritären Selbstverständnis der Erzieher und der selektiven Grundstruktur des öffentlichen Ausbildungssystems zusammenhängt. Es gibt aber auch methodische und sachliche Gründe, die die Selbstbeurteilung im üblichen Ausbildungssystem erschweren oder gar unmöglich machen. Ohne fremde Hilfe eines in der Sache kompetenten Erziehers kann der Lerner oft kaum erkennen, ob sein Wissen richtig und/oder vollständig ist. Zumindest für die vergleichende Erfassung seines Kenntnisstandes braucht er Anregungen und Hinweise von außen. Noch schwieriger ist die Bewertung auf der Basis sachlicher oder lehrzielbezogener Standards, die nur der Fachmann in dem betreffenden Gebiet angemessen beurteilen kann. Eine völlig autonome Selbstbeurteilung ist also in den meisten Fällen nur ein frommer Wunsch. Was der Lerner allerdings ohne Schwierigkeiten kann, ist die Korrektur einzelner Arbeitsergebnisse (z. B. Übungen und Hausaufgaben). Hier kann die stärkere Einbeziehung der Schüler zum Teil erhebliche Effekte erzielen.

Lissmann & Paetzold (1984) haben in Haupt- und Realschulen eine quasi-experimentelle Untersuchung durchgeführt, um die Auswirkungen einer verstärkten Schülerselbstkorrektur auf verschiedene motivationale und lernwirksame soziale Faktoren (z. B. kompetitive versus kooperative Einstellung) genauer zu analysieren. Die Untersuchung erstreckte sich über einen Zeitraum von 6 Monaten. Neben einer Reihe standardisierter Testerhebungen zu Beginn und am Ende des Untersuchungszeitraums wurden auch wiederholt Beobachtungen in den Klassen durchgeführt. Interessant ist der Befund, daß die stärkere Einbeziehung der Schüler bei den Korrekturaufgaben je nach Schülergruppe zu unterschiedlichen Effekten führt. Während bei Hauptschülern keine besondere Wirkung registriert werden konnte, stellte man bei Realschülern u. a. fest, daß Konkurrenzdenken und Schulangst abnehmen, daß das Selbstwertgefühl steigt und Mißerfolge häufiger mit variablen, d. h. vom Schüler selbst beeinflußbaren Ursachen in Verbindung gebracht werden.

Differenziertere und weitergehende Formen der Selbstbeurteilung erfordern in jedem Fall ein eigens entwickeltes Instrumentarium. Im Extremfall kann ein solches Instrumentarium dazu dienen, daß ein Lerner den Lernprozeß vom Anfang bis zum Ende ganz ohne fremde Hilfe durchläuft und dennoch alle Phasen des Lehr-Lern-Prozesses diagnostisch kontrolliert. Prototyp dieser Art der Selbstbeurteilung ist das automatisierte Lehr-Lern-System des computerunterstützten Unterrichts.

Bei speziellen pädagogisch-psychologischen Maßnahmen innerhalb und außerhalb der Schule, z. B. bei der Durchführung und Evaluation von Verhaltenstrainings mit Schülern, Eltern und Lehrern (vgl. Kap. 16) spielen Selbstbeurteilungen eine wichtige Rolle, da nur auf diese Weise der Fortschritt bzw. die Probleme bei der Realisierung der Maßnahmen kontrolliert werden können. Die Fähigkeit zur angemessenen Selbstbeurteilung ist dazu eine notwendige Voraussetzung.

Langer & Schulz von Thun (1974) haben in diesem Zusammenhang einen interessanten Versuch unternommen. Mit Hilfe spezieller Trainingsmethoden wollten sie die Fähigkeiten zur Selbstbeurteilung bei Schülern steigern. Ihre Vorgehensweise ist einfach. Das Training beginnt damit, daß ein zu beurteilendes Merkmal gemeinsam mit dem Untersuchungsleiter definiert und von anderen ähnlichen Merkmalen abgegrenzt wird. Anschließend werden Merkmalsausprägungen differenziert und Ausprägungsgrade möglichst mit Hilfe konkreter Beispiele festgelegt. In der Übungsphase sollen die Schüler Verhaltensbeispiele (z.B. Videoaufzeichnungen) und Personalbeschreibungen nach den betreffenden Merkmalsausprägungen einschätzen. Die Ergebnisse werden gemeinsam diskutiert und revidiert. Empirische Untersuchungen der Autoren bestätigen, daß ein solches Training die Differenzierungsleistung der selbstbezogenen Beurteilung erheblich steigern kann.

14.3.4 Exkurs: Zensuren und Zeugnisse

Geprägt durch die Schulerfahrung denkt man unwillkürlich und manchmal ausschließlich an Zensuren und Zeugnisse, wenn von Lernerfolgsfeststellung die Rede ist. Dabei übersieht man leicht, daß diese Art der Leistungsbeurteilung keineswegs selbstverständlich und für die optimale Gestaltung des Lehr-Lern-Prozesses manchmal unnötig, oft sogar schädlich ist.

Ursprünglich hatten Zeugnisse gar nicht die Funktion der Leistungsbewertung. Aus alten Schulordnungen geht hervor, daß die „Gezeugnisse" für die Bewerbung um Freitische, Freiplätze und Stipendien von Kindern mittelloser Eltern verwendet wurden. „Als Beneficien-Zeugnisse waren sie eher Sitten- als Leistungsspiegel, drückten eine fürsorgliche Empfehlung aus und sagten etwas über den bisher gezeigten Fleiß und die allgemeine Führung aus" (Ziegenspeck, 1982, S. 621). Erst viel später entwickelte sich aus dem formlosen Empfehlungs-Zeugnis ein amtliches Zertifikat mit dem Anspruch, sowohl die bisher erbrachten individuellen Leistungen als auch die Lern- und Leistungsfähigkeit eines Schülers zu dokumentieren. Auf diese Weise erhielt z.B. das Reifezeugnis in der Mitte des letzten Jahrhunderts die Bedeutung, die es noch heute als Nachweis einer erfolgreich abgeschlossenen Bildungskarriere und als Zugangsberechtigung für eine weiterführende Hochschulausbildung hat.

Die heute am weitesten verbreitete Form des Schul- und Ausbildungszeugnisses besteht aus einer Reihe von Ziffernzensuren, die in Form von Rating-Skalen Aussagen zum Wissensstand in verschiedenen Fachgebieten machen. Unser Benotungssystem in der Schule verwendet derzeit die Ziffern von 1 bis 6. Es gibt aber auch andere Systeme: Bei der juristischen Staatsprüfung variieren die Noten von 1 bis 7; in den USA verwendet man statt Ziffern die Buchstaben A (sehr gut) bis F (sehr schlecht). In manchen Bereichen des Schul- und Ausbildungssystems verwendet man zusätzlich oder alternativ verbale Beschreibungen des aktuellen Leistungsstandes (z. B. in der ersten Klasse Grundschule; vgl. Christiani & Bartnitzky, 1984).

Zensuren gibt es nicht nur im Zeugnis, sondern auch bei vielen anderen Gelegenheiten in der Schule, z. B. im Anschluß an mündliche und schriftliche Prüfungen. Nicht immer hat die Zensur dabei die Funktion der Leistungsfeststellung und Leistungsbewertung. Zielinski (1974) nennt z. B. 10 verschiedene Funktionen, und diese Sammlung ist vermutlich noch nicht einmal vollständig (vgl. Kasten 14.10).

Auf dem Hintergrund der eingangs getroffenen Unterscheidung ist die Feststellung wichtig, daß Zensuren sowohl für Modifikationsmaßnahmen (also für die Planung, Unterstützung und Kontrolle des Lehr-Lern-Prozesses) als auch für Klassifikations- und Selektionsentscheidungen herangezogen werden. Diese Heterogenität der Funktionen ist einer der Hauptgründe für die Widersprüchlichkeiten und Ungereimtheiten des schulischen Beurteilungswesens. In zahlreichen empirischen Untersuchungen hat man erhebliche Mängel festgestellt, z. B. daß Schulnoten untereinander nicht vergleichbar sind, und daß leistungsirrelevante Faktoren die Notengebung beeinflussen.

Was jeder Schüler aus eigener Erfahrung weiß, ist auch empirisch erwiesen: Die Strenge der Notengebung variiert von Fach zu Fach. Die Wahrscheinlichkeit, eine gute Note zu bekommen, ist für das Fach Latein erheblich geringer als für das Fach Erdkunde oder gar Religion (vgl. Abb. 14.5).

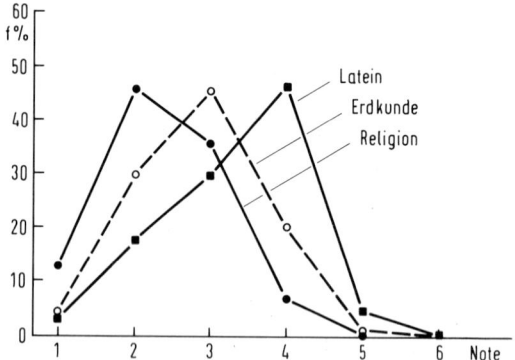

Abb. 14.5: Relative Häufigkeitsverteilung der Noten in den Fächern –●– Religion, –○– Erdkunde und –■– Latein an der Unterstufe des Gymnasiums. (Nach Daten von Hopp & Lienert, 1965, S. 32)

Kasten 14.10: Funktionen der Notengebung

Im wesentlichen lassen sich folgende Funktionen, die der Notengebung zugeschrieben werden, unterscheiden:

1. Die Rückmeldefunktion für den Lehrer: Er soll an der Zensurenverteilung ablesen können, wie erfolgreich sein Unterricht war.

2. Die Rückmeldefunktion für den Schüler: Die Note soll ihn informieren, wo er mit seinen Leistungen im Vergleich zu seinen Mitschülern steht.

3. Die Berichtsfunktion: Durch Noten sollen die Eltern der Schüler Mitteilung über den Leistungsstand ihrer Kinder erhalten.

4. Die Anreizfunktion: Zensuren sollen Schüler motivieren, sich mit den ihnen zugedachten Lernstoffen zu beschäftigen.

5. Die Disziplinierungsfunktion: Mit Hilfe schlechter Noten werden leistungsunwillige Schüler bestraft, in der Hoffnung, sie dadurch zu dem erwünschten Leistungsverhalten zu veranlassen.

6. Die Sozialisierungsfunktion: Durch Zensuren werden die Schulanfänger mit Leistungsnormen in Berührung gebracht, die sich von den bisher in der Familie gültigen individuellen Standards zum Teil erheblich unterscheiden. Vor allem erfahren die Schüler, daß es als fair gilt, wenn unterschiedliche Leistungen auch unterschiedlich belohnt werden.

7. Die Klassifizierungsfunktion: Durch unterschiedliche Noten werden Schüler unterschiedlichen Bewertungsklassen zugeordnet. Diese Zuordnung ist eine Voraussetzung für Förderungs- und Selektionsmaßnahmen.

8. Die Selektionsfunktion: Besonders gute und schlechte Schüler sollen mit Hilfe von Zensuren ausgelesen und entsprechenden Institutionen zugeleitet werden.

9. Die Zuteilungsfunktion: Mit ihrer Benotung verteilt die Schule Berechtigungen für den weiteren sozialen Aufstieg ihrer Schüler oder verweigert sie ihnen.

10. Die Chancenausgleichsfunktion: Sie wird von jenen Lehrern wahrgenommen, die besonders benachteiligten Schülern bessere Zensuren erteilen, als es die objektiven Leistungen rechtfertigen würden.

(Aus Zielinski, 1974, S. 881 f.)

Aber auch die Noten des gleichen Faches variieren von Lehrer zu Lehrer und von Schulbezirk zu Schulbezirk. Ingenkamp (1971) hat dazu folgende Untersuchung durchgeführt: In allen sechsten Klassen eines großen Berliner Schulbezirks wurde ein Rechentest durchgeführt, dessen Inhalt auf den Lehrstoff dieser Klassen abgestimmt war. Gleichzeitig wurden alle Rechenzensuren der Schüler erhoben. Nimmt man die Leistung im Rechentest als objektives Kriterium der individuellen und klassenbezogenen Leistung in diesem Fach, so müßten die Zensuren der Lehrer damit tendenziell übereinstimmen. Innerhalb der einzelnen Schulklassen trifft diese Erwartung tatsächlich zu: Je höher der Testwert, desto besser ist im allgemeinen auch die Schulzensur. Betrachtet man allerdings die Ergebnisse quer über alle Schulklassen, dann ergibt sich ein völlig anderes Bild: Für die gleiche objektive Testleistung erhält man in verschiedenen Klassen ganz unterschiedliche Zensuren. Ingenkamp (1971, S. 161) stellt zusammenfassend fest: Ob Schüler eines bestimmten Leistungsniveaus eine „2" oder „4" oder eine „1" oder „6" erhalten, hängt vor allem vom Zufall der Klassenzugehörigkeit ab. In anderen Untersuchungen zur „Fragwürdigkeit der Zensurengebung" (Ingenkamp, 1971) wurden weitere Fehlerquellen aufgedeckt. So wurde z. B. nachgewiesen, daß die Geschlechtszugehörigkeit der Schüler und Lehrer, die tatsächliche oder vermutete Schichtzugehörigkeit des Schülers (vgl. die Untersuchung von Weiss, 1965 b) oder Gefühle der Sympathie die Notengebung beeinflussen können.

Empirische Befunde dieser Art haben in der Vergangenheit wiederholt dazu geführt, daß das Zensurensystem und das Lehrerurteil insgesamt als völlig unzulänglich und wertlos abqualifiziert wurden: Zensuren und Persönlichkeitsbeschreibungen des Lehrers würden die Schüler eher „verurteilen" als gerecht beurteilen, oder die Urteile eines Lehrers würden mehr über ihn selbst und seine impliziten Beurteilungsmuster als über den Schüler aussagen (Kutscher, 1977). Zu einer derart weitreichenden Kritik besteht jedoch kein Anlaß, denn der Nachweis, daß Fehler auftreten, besagt noch nichts über den relativen Anteil dieser Fehler. In den wenigen Untersuchungen, die solche Anteilsschätzungen untersucht haben (z. B. Tent, Fingerhut & Langfeldt, 1976), wurde deutlich, daß der Anteil subjektiver und sachfremder Faktoren weitaus geringer ist als verschiedene Autoren auf Grund der vorausgegangenen Untersuchungen zur Fehleranfälligkeit des Lehrerurteils befürchtet hatten. Es wäre allerdings falsch, würde man daraus den Schluß ziehen, daß die Notengebung wissenschaftlichen Standards genüge und in Ordnung sei. Ganz im Gegenteil: Das Beurteilungswesen, insbesondere die Notengebung in der Schule, hat entscheidende Mängel, und es gibt auch Möglichkeiten, diese Mängel zu reduzieren.

14.4 Theoretische Grundlagen
der pädagogisch-psychologischen Diagnose

In den vorausgegangenen Abschnitten haben wir gesehen, daß es kaum möglich ist, die Theorien, Methoden und Probleme der pädagogisch-psychologischen Diagnostik unabhängig vom jeweiligen Handlungs- und Entscheidungszusammenhang darzustellen. Denn es hängt jeweils von der Art der zu bewältigenden Probleme ab, ob bestimmte theoretische Modelle oder Verfahrensweisen brauchbar sind oder nicht. Es gibt allerdings auch Fragestellungen und entsprechende Theorien, die in allen diagnostischen Situationen eine wichtige Rolle spielen und insofern allgemeine theoretische Grundlagen darstellen.

Dazu gehört z. B. das Problem der Konstruktion und Bewertung diagnostischer Verfahrensweisen: Wie muß man vorgehen, um Instrumente zu erhalten, die wissenschaftlichen Kriterien genügen? Nach welchen Gütekriterien können solche Instrumente bewertet werden?

Ein weiteres allgemeines Problem betrifft den Vorgang des Messens und Skalierens, auf den sich in der Regel jede wissenschaftlich begründete Diagnose stützt: Unter welchen Bedingungen kann man überhaupt von Messen sprechen? Welche Arten des Messens gibt es? An welchen Maßstäben kann sich die Pädagogische Psychologie orientieren?

Schließlich gibt es noch Probleme von übergeordneter Bedeutung. Sie betreffen z. B. normative Überlegungen zum Vorgang des pädagogisch-psychologischen Diagnostizierens: Wie sollte eine wissenschaftlich begründete Diagnose ablaufen? Gibt es allgemeine Standards bzw. normative Richtwerte, an denen sich die Qualität des wissenschaftlich diagnostischen Handelns bewerten läßt?

Solche Fragen liegen gewissermaßen auf einer Meta-Ebene der wissenschaftlichen Analyse. Wir behandeln im folgenden zunächst test- und meßtheoretische Fragestellungen und gehen dann kurz auf metatheoretische Probleme ein.

14.4.1 Test- und meßtheoretische Grundlagen

Der professionelle Diagnostiker stützt seine Aussagen auf Daten, die er mit wissenschaftlich überprüften Methoden gewonnen hat. Nur auf diese Weise kann er den Informationsgehalt und damit auch die Fehlerrisiken einigermaßen sicher abschätzen. Das Know-how für die Konstruktion eines diagnostischen Verfahrens liefert die *Testtheorie* oder genauer: die aus verschiedenen testtheoretischen Modellen abgeleiteten Überprüfungs- und Berechnungsmethoden. Ein wichtiger Teilbereich dieser Theorien befaßt sich mit der Definition und den Möglichkeiten der empirischen Überprüfung sogenannter *Gütekriterien.* Darüber hinaus sind für die Anwendung und Bewertung quantitativ-diagnostischer Verfahren meßtheoretische Überlegungen und Konzepte wichtig.

Testtheorie

Die Mehrzahl der heute verfügbaren standardisierten Diagnosemethoden wurden nach den Prinzipien der sog. *klassischen Testtheorie* konstruiert. Diese Theorie ist aus verschiedenen pragmatischen Konstruktionsvorschlägen hervorgegangen, die die Psychologie seit Beginn des Jahrhunderts entwickelt hat, um interindividuelle Merkmalsunterschiede möglichst exakt und ökonomisch zu erfassen. Gulliksen (1950) und andere Autoren haben die experimentellen und rechnerischen Verfahren zusammengefaßt und zu einem einheitlichen System weiterentwickelt. Die klassische Testtheorie ist ein formales Gerüst von Aussagen, die nach dem Muster mathematischer Theorien aus einigen wenigen Axiomen abgeleitet und in den wesentlichen Punkten mathematisch-statistisch formuliert sind. Im Mittelpunkt steht die Frage, welche Anteile an einem gegebenen Meßwert der „wahren" Merkmalsausprägung entsprechen und welche Anteile als „Fehlervarianz" einzustufen sind. Es geht vor allem um die Einschätzung der Güte einer schon vorhandenen Messung. Die Theorie sagt nichts über den von der Messung betroffenen Gegenstands- oder Merkmalsbereich und sie gibt auch keine Auskunft darüber, *wie* ein Meßwert entsteht oder entstehen sollte.

Die klassische Testtheorie ist aus der Differentiellen Psychologie hervorgegangen und hat die Zielrichtungen dieses Zweiges der Psychologie optimiert. Im Gegensatz zur Allgemeinen Psychologie, die das allen Individuen Gemeinsame beschreibt und erklärt, will die Differentielle Psychologie interindividuelle Unterschiede (Differenzen) erfassen, und zwar solche Unterschiede, die über die Zeit stabil bleiben. Wie wir gesehen haben, ist das die Grundlage jeder selektiven Entscheidung. Diese einseitige Orientierung der klassischen Testtheorie an den Zielen und Grundannahmen differentialpsychologischer Forschung und Praxis macht ihre Anwendung in der Pädagogischen Psychologie zum Teil fragwürdig, denn pädagogisch-psychologisches Handeln soll sehr oft gerade die zielbezogene Veränderung individueller Merkmale vorbereiten und unterstützen. Das, worauf es der Pädagogischen Psychologie in diesem Zusammenhang ankommt, nämlich die Registrierung von Verhaltensänderungen und Lernprozessen, wird mit Methoden, die nach den Prinzipien der klassischen Testtheorie konstruiert wurden, entweder gar nicht oder nur unzulänglich erfaßt. Dieser entscheidende Mangel der klassischen Testtheorie wurde reichlich spät entdeckt: Die ersten Kritiker (z. B. Glaser, 1963) stellten ihn bei der Suche nach geeigneten Lernergebnistests für die sog. Programmierte Unterweisung fest.

Der Widerspruch zwischen den Vorannahmen der klassischen Testtheorie und pädagogischen Zielsetzungen ist nicht der einzige Kritikpunkt. Ein zweiter betrifft eine Prämisse, die in einem der testtheoretischen Axiome bzw. in daraus abgeleiteten Sätzen definiert ist. Vereinfacht ausgedrückt wird postuliert, daß Art und Richtung der Meßfehler unabhängig vom Ausprägungsgrad des „wahren Wertes" variieren. Sowohl theoretische Überlegungen als auch empirische Befunde zeigen jedoch, daß diese Prämisse nicht zutrifft. Haben z. B. Personen in einem Test Spitzenwerte erreicht, so finden sich in diesen Testbefunden mit hoher Wahrscheinlichkeit vor allem solche Fehleranteile, die zu einer Überschätzung der Leistung geführt haben. Bei Personen mit extrem niedrigen Werten ist es genau umgekehrt. Dieses Phänomen bezeichnet man als *Regressionseffekt.* Eine logische Folge aus derartigen Überlegungen ist die Feststellung, daß die für eine ideale Messung als selbstverständlich erachtete Voraussetzung, nämlich die „Populationsunabhängigkeit" nicht gilt. Oder anders formuliert: die auf der Grundlage der klassischen Testtheorie gewonnenen Aussagen und Schätzwerte (z. B. für das Gütekriterium der Reliabilität) treffen nicht generell zu, sondern hängen jeweils mehr oder weniger stark von der getesteten Population ab.

Die Kritik an der klassischen Testtheorie war Ausgangspunkt für die Aufstellung neuer test- und meßtheoretischer Modelle. Hier ist vor allem auf die *probabilistischen Testmodelle* zu verweisen (Rasch, 1960; Rost & Spada, 1982). In der englischsprachigen Literatur werden sie auch als „latent-trait-theories" bezeichnet; eines ihrer Hauptmerkmale besteht nämlich darin, daß sie das im Test erfaßte Verhalten im Gegensatz zur klassischen Testtheorie nicht als unmittelbaren Beleg für das zu messende Merkmal interpretieren, sondern als Indikator einer latenten, d. h. nicht direkt beobachtbaren Variablen. Diese kann über manifeste Variable lediglich indirekt erschlossen werden. Die neuen testtheoretischen Modelle entsprechen in vielen Punkten viel besser den Erfordernissen einer veränderungsorientierten pädagogisch-psychologischen Diagnostik. Ihre Umsetzung in praktikable Verfahrensweisen der Testkonstruktion steckt allerdings noch in den Anfängen. Gute Fortschritte hat man – wie oben bereits festgestellt – im Bereich der *kriteriumsorientierten Leistungsmessung* gemacht.

Die klassische Testtheorie wird für die pädagogisch-psychologische Diagnostik deshalb nicht wertlos, denn nach wie vor braucht man auch im Handlungsfeld der Erziehung diagnostische Instrumente zur Erfassung relativ stabiler und vorhersagbarer Aspekte des Verhaltens. Das gilt übrigens nicht nur für die oben beschriebenen Selektions- oder Zuordnungsentscheidungen, sondern ebenso für Maßnahmen mit spezieller pädagogischer Förderungsabsicht. Für die Vorbereitung präventiver Maßnahmen (z. B. im Rahmen der Frühförderung geistig behinderter

Kinder) muß man Risikofaktoren bestimmen, also Persönlichkeitsmerkmale, die ohne pädagogisch-therapeutische Intervention zu vorhersagba-
ren Fehlentwicklungen führen würden (vgl. Kap. 16). Dazu sind klassische Testmethoden durchaus verwendbar. Darüber hinaus behalten die
in der klassischen Testtheorie definierten *Gütekriterien* ihre Funktion als
generelle Qualitätskriterien für die Beurteilung diagnostischer Meßinstrumente.

Gütekriterien

Wie brauchbar oder wie „gut" ist ein Test oder ein anderes diagnostisches
Verfahren? Unter dem Kosten-Nutzen-Kalkül kann man z. B. die Öko-
nomie eines Verfahrens beurteilen oder die Nützlichkeit für einen
Anwender. Unter dem Gesichtspunkt wissenschaftlicher Qualität sind
drei Gütekriterien wichtig, nämlich *Objektivität, Reliabilität* (oder Zuverlässigkeit) und *Validität* (oder Gültigkeit). Die beiden ersten Kriterien
besagen etwas über die „meßtechnische Qualität" eines Diagnoseverfah-
rens. So kann man z. B. aus einer Reliabilitätsüberprüfung und dem dabei
ermittelten Reliabilitätskoeffizienten ablesen, mit welchem Fehleranteil
in der Messung gerechnet werden muß. Das wichtigste Gütekriterium ist
die Validität. Sie wird im Anschluß an Lienert (1969, S. 12) üblicherweise
definiert als „Grad der Genauigkeit, mit dem ein Test dasjenige Persön-
lichkeitsmerkmal oder diejenige Verhaltensweise, das (die) er messen
soll oder zu messen vorgibt, tatsächlich mißt".

Ein wesentliches Verdienst der klassischen Testtheorie besteht darin,
daß sie eine Reihe von Standardtechniken zur quantitativen Einschät-
zung der drei wichtigsten Gütekriterien entwickelt hat. In entsprechen-
den Lehrbüchern (z. B. Lienert, 1969) sind sie ausführlich dargestellt.
Was von Laien und selbst von testtheoretisch ausgebildeten Fachleuten
häufig übersehen wird, ist die Tatsache, daß die mit verschiedenen
Prüfmethoden gewonnenen Kennwerte für einzelne Gütekriterien (z. B.
Reliabilitätskoeffizienten) nicht unmittelbar vergleichbar sind. Ein
Retest-Koeffizient erfaßt z. B. andere Meßfehler als etwa ein Konsistenz-
Koeffizient. Im ersten Fall wird die Veränderung eines Merkmals in der
Zeit zwischen den beiden Messungen als „Meßfehler" interpretiert; im
zweiten Fall wird diese Veränderung gar nicht gemessen.

Beim zentralen Gütekriterium, der *Validität*, wird dieses Problem noch
verschärft, weil sich einzelne Aspekte sehr gut und andere relativ schwer
oder gar nicht quantifizieren lassen. Die sog. kriteriumsbezogene Validität kann durch eine Korrelationsberechnung zwischen Testwert und
Außenkriterium leicht festgestellt werden. Die Validität von Intelligenz-
oder sog. Begabungstests wird z. B. oft in der Weise überprüft, daß man
die Testergebnisse mit (später erfaßten) Schulleistungsmeßwerten korreliert (prognostische Validität). Sehr viel schwieriger ist die *Inhaltsvalidität*
zu bestimmen. Ob die Aufgaben eines Wissens- oder Fähigkeitstests

repräsentativ für ein ganzes Lehrstoffgebiet sind, kann nur dann sinnvoll überprüft werden, wenn das Universum aller prinzipiell möglichen Fragen aus diesem Lerngebiet definierbar ist. Für einfache Wissensgebiete (z. B. Rechtschreiben oder einfaches Multiplizieren) ist dies noch gut möglich. Für komplexere Bereiche, z. B. Wissensgebiete, die im Rahmen eines Studiums vermittelt werden, kann man dagegen nur Indikatoren finden, die allenfalls in Annäherung für das gesamte Wissensgebiet repräsentativ sind. Für die pädagogisch-psychologische Diagnostik hat das Kriterium der Inhaltsvalidität eine herausgehobene Bedeutung, denn alle Verfahrensweisen zur Überprüfung lehrstoffbezogener Lernvoraussetzungen und alle Lernkontrolltests sollten – um ihre Aufgabe erfüllen zu können – inhaltlich valide sein (vgl. Klauer, 1984 c).

Konzepte des Messens und Bewertens

Diagnostische Prozesse und Urteile stützen sich in vielen Fällen auf Meßwerte, d. h. auf quantifizierte Beschreibungen eines Sachverhaltes. Im Gegensatz zur Testtheorie, die sich mit der Frage der Konstruktion und (technischen) Bewertung von Meßinstrumenten (z. B. Tests) befaßt, untersucht die *Meßtheorie* eher grundsätzliche Fragen, z. B. „wie und unter welchen Bedingungen eine Messung in einem bestimmten Gegenstandsbereich der Psychologie möglich ist" (Ahrens, 1982, S. 100; vgl. Orth, 1974; Gigerenzer, 1981). In der allgemeinsten Bedeutung bezeichnet der Vorgang des Messens die Beschreibung eines Objekts oder Sachverhalts unter Zuhilfenahme des Zahlensystems. Natürlich kann nicht jede Verwendung einer Zahl in einer beschreibenden Aussage bereits als Meßvorgang bezeichnet werden. Eine wesentliche Voraussetzung ist vielmehr die Anwendung festgelegter Regeln und Voraussetzungen, die den Prozeß des Messens normativ regulieren.

Je nach »Anspruchsniveau" der Meßvorschrift kann der Meßvorgang auf verschiedenen *Meß- oder Skalenniveaus* erfolgen. Üblicherweise unterscheidet man Nominal-, Ordinal-, Intervall- und Verhältnisskalen. Für den Diagnostiker ist die Kenntnis des Skalenniveaus eines Meßwertes u. a. dann bedeutsam, wenn er die diagnostischen Daten mit Hilfe statistischer Techniken weiterverarbeiten will. Die Anwendbarkeit statistischer Verfahrensweisen hängt nämlich von bestimmten Mindestanforderungen der meßtechnischen Datenqualität ab. Für die Anwendung der meisten Korrelationsberechnungen wird z. B. Intervallskalenniveau der Daten gefordert.

Um einen Meßwert auf einer Skala richtig einordnen und interpretieren zu können, muß man wissen, welche Art von Maßstab diese Skala verwendet. Unabhängig vom jeweiligen Inhalts- oder Merkmalsbereich kann man drei verschiedene formale *Gütemaßstäbe oder Bezugsnormen* unterscheiden.

Bei der *interindividuellen oder sozialen Bezugsnorm* wird der Ausprägungsgrad eines individuellen Merkmals (z. B. Lernerfolg) im Vergleich
zu den Merkmalsausprägungen anderer Schüler bestimmt. Erzielt ein
Schüler 24 Punkte (= Zahl der Richtiglösungen) in einem Mathematik-
test, so ist dies dann ein sehr gutes Ergebnis, wenn der Mittelwert der
Leistungen aller Prüflinge bei ca. 15 Punkten liegt und nur ein Schüler
einen höheren Punktwert erzielt. Die gleiche Punktzahl erhält eine ganz
andere Bedeutung, wenn der Durchschnitt der Leistungen mehr als 30
Punkte beträgt.

Bei der Verwendung einer *(intra-)individuellen Bezugsnorm* sind die
Leistungen der Mitschüler irrelevant, denn hier wird die individuelle
Leistungsentwicklung des Schülers zur Grundlage der Meßwertinterpre-
tation gemacht. Hatte der Schüler in vorausgegangenen (vergleichbaren)
Mathematikprüfungen z. B. nur 15 Punkte erzielt, dann wären seine jetzt
erreichten 24 Punkte als gut zu bewerten. Es könnte aber auch sein, daß
er bislang höhere Leistungen (d. h. höhere Punktwerte) erreicht hatte. In
diesem Fall würden die 24 Punkte ein Absinken unter das gewohnte
Leistungsniveau signalisieren und – gemessen an seinem individuellen
Niveau – eine „schlechte" Leistung darstellen.

Eine wiederum andere Bewertungsgrundlage ergibt sich bei der *krite-
riumsbezogenen oder „kriterialen" Bezugsnorm*. Hier wird die Leistung in
Relation zu einem vorher festgelegten Erfolgskriterium gemessen. Wäre
z. B. in unserem Beispiel vorher festgelegt worden, daß von den maximal
50 erreichbaren Punkten mindestens 70% hätten erreicht werden müssen, um die Prüfung zu bestehen, dann wäre unser Kandidat leider
durchgefallen.

Es ist klar, daß es in einem konkreten Diagnosevorgang nicht gleichgültig ist, welche Bezugsnorm verwendet wird. Aus der inneren Logik der
verschiedenen Normierungen ergibt sich insofern eine Zweiteilung, als
die interindividuelle oder soziale Bezugsnorm eine deutliche Nähe zur
selektiven oder „konkurrenzorientierten" Entscheidung hat. Die intraindividuelle und kriteriale Bezugsnorm steht dagegen eher mit veränder-
rungsorientierten Maßnahmen in Verbindung. In früheren Kapiteln (vgl.
Kap. 8 und 9) wurde schon darauf hingewiesen, daß die drei Bezugsnormen mit unterschiedlichem Gewicht in die Leistungsbeurteilungen von
Lehrern eingehen. Empirische Untersuchungen belegen darüber hinaus,
daß sich Lehrer hinsichtlich der sog. *Bezugsnormorientierung* unterscheiden und damit einen nachhaltigen Einfluß auf die Motivationslage der
Schüler ausüben (Rheinberg, 1980).

14.4.2 Metatheoretische Grundlagen des diagnostischen Handelns

Soweit der praktisch tätige Diagnostiker sein Handeln wissenschaftlich
legitimieren möchte, muß er die verfügbaren Methoden und Theorien

anwenden, die ihm die einschlägigen Fachdisziplinen anbieten. Das kann er nicht kritiklos tun, denn die Anwendung wissenschaftlicher Denk- und Verfahrensweisen schützt nicht in jedem Fall vor Irrtümern und Fehlentwicklungen. Sowohl der Praktiker als auch der Wissenschaftler müssen das aktuelle Wissen und die vorherrschenden Handlungsgewohnheiten immer wieder kritisch beurteilen und ggf. nach neuen Lösungsmustern suchen. Kritik kann spezifisch sein; aus dem Nachweis der oben erwähnten Unzulänglichkeiten der klassischen Testtheorie sind z. B. neue testtheoretische Modelle entstanden. Kritik kann auch auf einer allgemeinen Ebene ansetzen und z. B. den wissenschaftlichen Hintergrund und den praktischen Ablauf des Diagnostizierens auf einer *Meta-Ebene* darstellen und beurteilen. Überlegungen und Forschungsansätze auf dieser Ebene befassen sich z. B. mit Kriterien einer wissenschaftlich adäquaten Diagnose oder mit der systematischen Darstellung der Teilprozesse diagnostisch-prognostischen Handelns.

Welche *Kriterien* kennzeichnet die professionell-wissenschaftliche Diagnostik? Diagnostizieren ist sowohl eine alltägliche als auch eine professionelle Tätigkeit. Wir kämen zwar nicht auf den Gedanken, von Diagnose oder Prognose zu sprechen, wenn wir morgens unter der Dusche erst einmal den großen Zeh in den Wasserstrahl halten, um den Wärmegrad einzuschätzen und daraus Schlußfolgerungen für die nächsten Schritte der Handlungssequenz zu ziehen. Trotzdem unterscheidet sich diese alltägliche Situationsanalyse nicht prinzipiell, sondern nur graduell von der professionellen Diagnose: In beiden Fällen werden Sachverhalte registriert, d. h. es werden Daten erhoben und im Hinblick auf noch zu planende oder bereits ablaufende Handlungen interpretiert. Ein wichtiger Unterschied besteht darin, daß sich der professionelle, d. h. der wissenschaftlich argumentierende und handelnde Diagnostiker nicht allein auf seine Alltagserfahrung und seine mehr oder wenig zufällig erworbenen Techniken der Datengewinnung stützt, sondern zusätzlich über systematisch gewonnenes theoretisches und methodisches Wissen verfügt.

Mit Hilfe metatheoretischer Modelle kann man diesen Sachverhalt verdeutlichen. In Kap. 3 haben wir das sog. Hempel-Oppenheim-Schema erwähnt. Es beschreibt die Grundstruktur des wissenschaftlichen Denkens und Argumentierens aus einer bestimmten wissenschaftstheoretischen Sicht. Gelegentlich wird es auch dazu benützt, um auf die strukturelle Ähnlichkeit von wissenschaftlicher Erklärung (bzw. Diagnose) und Prognose hinzuweisen. Westmeyer (1972) hat dieses Modell zum Ausgangspunkt seiner Überlegungen für eine *normative Diagnostik* gemacht. Dahinter steht die Idee, daß aus der idealtypischen Rekonstruktion des diagnostischen Handelns auf der Grundlage wissenschaftstheoretischer Modelle allgemeine Kriterien und Leitvorstellungen für eine wissenschaftliche Diagnose abgeleitet werden können.

Ein solches Idealmodell professioneller Diagnostik deckt sich natürlich nie ganz vollständig mit dem Realmodell tatsächlich praktizierter Diagnostik. Das hat verschiedene Gründe. Zum einen kann der Praktiker sich niemals allein auf wissenschaftliche Theorien und Methoden stützen, sondern ist in gleicher Weise auf eigene (subjektive) Erfahrungen angewiesen. Zum anderen sind die Probleme des Praktikers auf konkrete Individuen bezogen. Er ist also gezwungen, die allgemeinen Gesetzmäßigkeiten so umzuformulieren und teilweise umzudeuten, daß sie dem jeweiligen Einzelfall gerecht werden.

Andere metatheoretische Systematisierungsversuche können zum Teil als Ergänzung dieser wissenschaftstheoretischen Überlegungen angesehen werden. Dazu gehören u. a. Vorschläge zur Differenzierung und Klassifikation diagnostischer Aufgabenstellungen (vgl. Krapp & Prell, 1982; Jäger, 1984) oder Überlegungen zur Klärung des Stellenwertes diagnostischer und prognostischer Daten im alltäglichen und professionellen Handlungsablauf (vgl. Abs. 14.1.2).

Unabhängig von den jeweiligen Ergebnissen solcher metatheoretischer Erklärungsversuche bleibt als Daueraufgabe die *kritische Reflexion* der jeweiligen theoretischen und methodischen Wissensgrundlagen der Diagnostik und die Überprüfung ihrer Angemessenheit für praktisch-diagnostische Aufgabenstellungen. Beispiele einer solchen kritischen Bestandsaufnahme finden sich z. B. in einem Sammelband mit dem Titel „Diagnose der Diagnostik" (Pawlik, 1976 a). Die dort angesprochenen Themen (z. B. Praxisdimensionen psychologischer Diagnostik, Teilkomponenten des diagnostischen Prozesses, oder wechselseitige Abhängigkeit von Diagnose und Entscheidung) werden darin vor allem aus der Sicht der Klinischen Psychologie behandelt; sie sind jedoch für die Pädagogische Psychologie genauso bedeutsam.

14.5 Spezielle Probleme und Methoden der pädagogisch-psychologischen Prognose

Prognosen sind Vorhersagen über zu erwartende Effekte von Handlungsalternativen; dazu gehört stets auch die Alternative, eine mögliche Handlung zu unterlassen. Im Rahmen diagnostischen Handelns ist die Prognose daher ein zentraler Bestandteil der treatmentvorbereitenden Diagnostik (vgl. Abb. 14.1). Im folgenden geht es exemplarisch um spezielle Probleme der pädagogisch-psychologischen Prognose. Dabei orientieren wir uns wieder an der Unterscheidung von Selektions- und Modifikationsentscheidungen. Für die Vorbereitung *selektiver* Entscheidungen ist vor allem die Schulerfolgsprognose wichtig. Innerhalb *modifikationsorientierter* Entscheidungen haben Prognosen häufig die Funktion, alternative Maßnahmen vergleichend zu unterscheiden: Es geht um „komparative" Prognosen. Ein Sonderfall ist die Prognose im Kontext präventiver Maßnahmen.

14.5.1 Probleme und Befunde bei der Vorhersage des Schulerfolgs

Wenn in einer Beratungssituation für einen Jugendlichen ein geeigneter Ausbildungsweg gesucht wird (s. o. Beispiel 2), oder wenn eine Institution aus einer größeren Zahl von Bewerbern geeignete Kandidaten aussuchen muß (s. o. Beispiel 3), spielt die Vorhersage des zu erwartenden Erfolges eine wichtige Rolle. Konkret hat die Prognose hier die Aufgabe, die Wahrscheinlichkeit eines erfolgreichen Abschlusses der Schullaufbahn oder des betrieblichen Ausbildungsganges zu bestimmen.

Mit dem Problem der Schul- und Studienerfolgsprognose hat sich die Pädagogische Psychologie innerhalb verschiedener Forschungslinien befaßt (Übersichten finden sich bei Kühn, 1983; Krapp, 1984b; Trost, 1975). Dabei hat sich herausgestellt, daß es kaum ein Merkmal der Schülerpersönlichkeit, des Elternhauses und der Schule gibt, das nicht in irgendeiner Weise mit Schulerfolg korreliert. Die Art der Ergebnisse dieser Untersuchungen und die Möglichkeit, Schulerfolg vorherzusagen, hängt u. a. davon ab, wie Schulleistung und Schulerfolg näher bestimmt oder operationalisiert werden (Problem „Kriterium"), welche Vorhersagevariablen berücksichtigt werden (Problem „Prädiktoren"), unter welchen Voraussetzungen die Prognose stattfindet (Problem „Rahmenbedingungen") und auf welche Weise die Prognose erstellt wird (Problem „Methoden").

Problem 1: Definition des Schulleistungskriteriums

Mit Schulleistung bezeichnet man im allgemeinen das Ergebnis von Lernprozessen, die durch Unterrichtsmaßnahmen angeregt und/oder planvoll gesteuert wurden. Schulleistungen bzw. Schulleistungsunterschiede können quantitativ und qualitativ beschrieben werden. Schulnoten oder Leistungstestwerte sind quantitative Beschreibungen. Schulerfolg und Schulversagen sind qualitative Kategorien; sie bringen zum Ausdruck, daß die individuell erbrachten Leistungen eine Mindestanforderungsnorm über- oder unterschreiten. In der Regel wird diese Normgrenze von der Schule festgelegt.

Wissenschaftliche Untersuchungen verwenden zumeist quantitative Beschreibungen der Schulleistung. Häufig werden *Schulnoten* als Meßwerte des Schulleistungsverhaltens verwendet. Die besonderen Rahmenbedingungen und Fehlerquellen des Zensurensystems (s. o. S. 607) machen dieses Vorgehen allerdings fragwürdig. Die große Zahl inkonsistenter Ergebnisse geht zu einem erheblichen Teil auf die meßtechnischen Unzulänglichkeiten der Schulnoten als Schulleistungsmeßwerte zurück. Sorgfältig konstruierte Schulleistungstests, möglicherweise in Verbindung mit entsprechend aufbereiteten Lehrerurteilen, liefern in der Regel validere Kriteriumsmeßwerte.

Problem 2: Auswahl und Erfassung der Prädiktoren

Erheblichen Einfluß auf Prognosen haben Auswahl und Zusammensetzung der Bedingungs- oder Prognosevariablen. Da die Prognosevariablen (Prädiktoren) nicht nur mit den Schulleistungskriterien, sondern auch untereinander in Beziehung stehen, hängt der prognostische Aussagengehalt einer einzelnen Variablen davon ab, inwieweit andere Prädiktoren einbezogen und in den jeweiligen Berechnungen berücksichtigt werden. *Sozialschichtvariablen* als grobe Indikatoren für schulleistungsrelevante Bedingungen im Elternhaus korrelieren z. B. in der Höhe von ca. r = .40 mit Schulleistungswerten. Berücksichtigt man jedoch im Rahmen multivariater Untersuchungen auch *individuelle Lernvoraussetzungen* der Schüler (z. B. Intelligenz und Leistungsmotivation) und versucht, nur jenen Anteil der familienbezogenen Einflußfaktoren zu ermitteln, die über die individuellen Lernvoraussetzungen hinaus Schulleistungsunterschiede erklären können, dann sinken die Korrelationen zum Teil sehr stark ab (Krapp, 1973). Die prognostische Bedeutung eines Prädiktors (hier die Sozialschicht der Eltern) kann also nicht absolut betrachtet und unabhängig von anderen Prädiktoren eingeschätzt werden. Je nach theoretischer Einordnung des einzelnen Prädiktors in das Netzwerk aller anderen Einflußgrößen ergeben sich jeweils andere Prognosewerte.

Die Konsequenzen liegen auf der Hand: Sowohl für die theoretisch-empirische Analyse der allgemeinen Bedingungsstruktur von Schulleistungen als auch für die Vorhersage ganz bestimmter Leistungskriterien muß zunächst ein Modell entworfen werden, das die einzubeziehenden Variablen festlegt und die Art der postulierten Beziehungen näher beschreibt. Dabei hängt es vom Ziel der jeweiligen theoretisch-empirischen Untersuchung bzw. von der Art der praktischen Problemstellung ab, wie das Modell inhaltlich konkret ausgestaltet werden soll. Im folgenden Kasten ist ein relativ allgemeines „Klassifikations- und Funktionsmodell möglicher Bedingungsfaktoren der Schulleistung" beschrieben.

Bei der Operationalisierung (Messung) der zu berücksichtigenden Prädiktoren treten oft erhebliche Probleme auf, weil entweder wichtige Prädiktoren nicht oder nur unzulänglich erfaßbar sind (z. B. Erziehungsverhalten der Eltern, in bestimmten Situationen), oder weil die verfügbaren Meßinstrumente keine für den Prognosezweck angemessene Operationalisierung wichtiger Prädiktoren erlauben (Beispiel: Herkömmliche Interessentests liefern keine Information über situationsspezifische Interessen). Häufig fehlt in der Beratungssituation auch die Zeit, um alle wichtigen Einflußgrößen mit geeigneten Instrumenten sorgfältig zu erfassen, so daß der Berater nur auf ungenaue Angaben oder subjektive Schätzungen zurückgreifen kann.

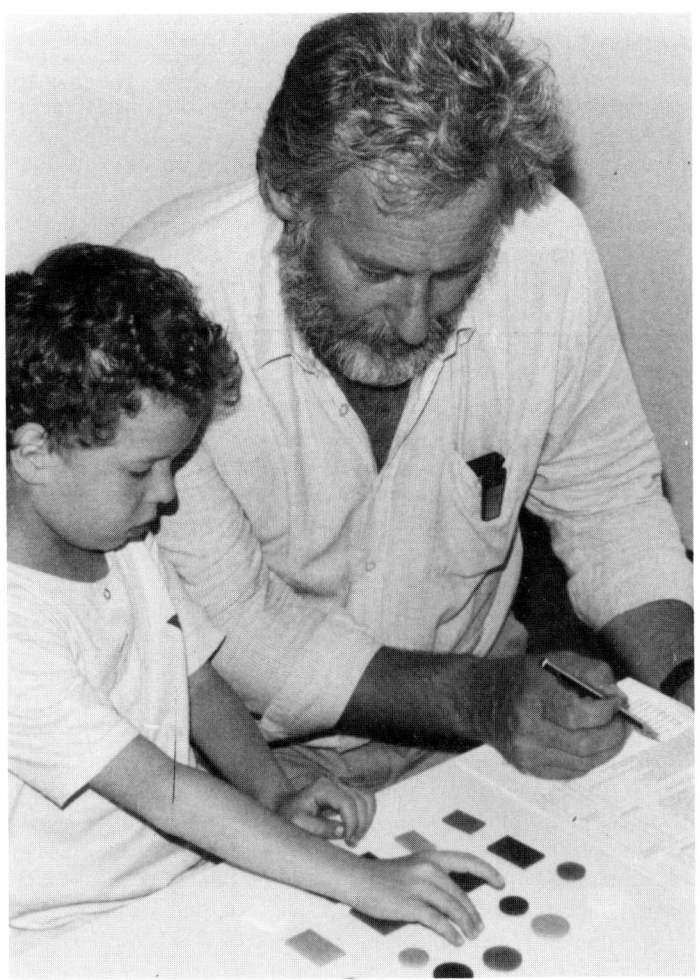

***Kasten 14.11: Bedingungsfaktoren der Schulleistung –
ein Klassifikations- und Funktionsmodell***

Versucht man das Problem der (groben) Klassifikation theorieneutral zu lösen, so bietet sich eine Einteilung der Bedingungsfaktoren nach ihrer „Herkunft" bzw. dem jeweiligen „Beobachtungsbereich" an. Zumindest drei Bereiche kann man unter diesem Gesichtspunkt einigermaßen sicher unterscheiden: Merkmale der *Persönlichkeit des Schülers*. Einflußgrößen der familialen Umgebung *(Familie)* und Bedingungsfaktoren der *Schule*.

Die Einflußgrößen innerhalb der Variablenbereiche Familie, Schule und Schülerpersönlichkeit sind in der Regel keine konstanten Größen, sondern entwickeln und verändern sich im Laufe der Zeit. In den Variablenbereichen Familie und Schule unterscheiden wir deshalb *frühere* Entwicklungsbedingungen und *aktuelle* Bedingungsfaktoren. *Frühere Entwicklungsbedingungen* sind Einflußgrößen, die in Familie und Schule in der Vergangenheit dazu beigetragen haben, daß bestimmte Lernvoraussetzungen bei den Schülern entwickelt oder nicht entwickelt wurden. Der Erziehungsstil der Eltern ist in diesem Sinn eine typische Entwicklungsbedingung. *Aktuelle Bedingungsfaktoren* wirken in der Gegenwart, z. B. das Unterrichts- und Erziehungsverhalten des Lehrers. Das gleiche Merkmal kann in der Vergangenheit als Entwicklungsbedingung und in der Gegenwart zusätzlich als aktuelle Einflußgröße interpretiert werden (z. B. Sprachverhalten der Eltern).

In Anlehnung an die Leistungsmotivationstheorie (vgl. Heckhausen 1974 b, 1980) können im Bereich der Schülerpersönlichkeit habituelle Lern- oder Leistungsvoraussetzungen von aktualisierten Leistungsbedingungen abgehoben werden. *Habituelle* Lernvoraussetzungen sind relativ zeitstabile, generalisierte Persönlichkeitsmerkmale, die im Entwicklungsprozeß allmählich entstanden sind. Intelligenz als Lernfähigkeit oder Art und Richtung des Leistungsmotivs als „Motivdisposition" sind Beispiele dafür. Habituelle Lernvoraussetzungen erklären noch nicht das konkrete Leistungsverhalten. Erst aus der Wechselwirkung zwischen habituellen Lern- bzw. Leistungsvoraussetzungen und den in der Leistungssituation vorhandenen Randbedingungen ergeben sich *aktualisierte* Leistungsbereitschaften, z. B. die Intensität der Motivierung.

Die Pfeile im Modell weisen auf mögliche Beziehungen zwischen den Variablenbereichen hin. Mit der Schulleistung stehen nur die Variablen der Schülerpersönlichkeit in direkter Verbindung, denn

Leistung ist zunächst Ausdruck und Ergebnis der psycho-physischen Konstellation der Schülerpersönlichkeit. Die für uns wichtige Relation ist primär von der Schülerpersönlichkeit auf das Leistungsverhalten gerichtet, d. h. die Merkmale des Schülers sind Erklärungsvariablen für die Schulleistung. Die Beziehung läßt sich auch umkehren: Das Leistungsverhalten hat über das Erlebnis von Erfolg und Mißerfolg Rückwirkungen auf die Persönlichkeit des Schülers.

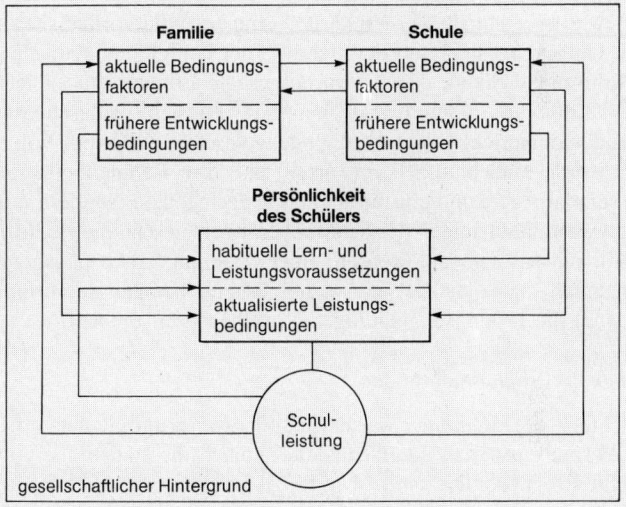

Auch die habituellen Lernvoraussetzungen des Schülers (z. B. Ausprägungsart des Leistungsmotivs) können als abhängige Größen beschrieben werden, die unter dem Einfluß der Entwicklungs- oder Sozialisationsbedingungen in Familie und Schule entstanden sind. Das Ergebnis des Leistungsverhaltens wirkt nicht nur auf die (habituellen) Merkmale der Schülerpersönlichkeit zurück, sondern beeinflußt ebenso einzelne Bedingungsfaktoren des Elternhauses und der Schule, z. B. über Mechanismen der Erwartungshaltung.

(Aus Krapp, 1984 b, S. 47 ff.)

Problem 3: Rahmenbedingungen der Prognose

Zu den Rahmenbedingungen zählen u. a. die Variabilität der Qualifikationsmerkmale bei den Bewerbern, der Prognosezeitraum und die Art der zu erwartenden Einflüsse innerhalb des Prognosezeitraums.

In der Regel kann man aus einer Bewerbergruppe um so leichter geeignete Kandidaten aussuchen, je heterogener die Qualifikationsprofile sind. Hinsichtlich des Prognosezeitraums sind kurzfristige Prognosen leichter zu erstellen als langfristige. Für die Durchführung pädagogisch-psychologischer Prognosen stellen die situativen Bedingungen und die Einflüsse während des Prognosezeitraums ein heikles Problem dar. Denn je variabler diese Bedingungen sind und je stärker damit gerechnet werden kann, daß sie den individuellen Voraussetzungen der zugelassenen Bewerber angepaßt werden, desto geringer ist die Vorhersagegenauigkeit. Umgekehrt steigt mit der Stabilität der Umfeldbedingungen auch die Wahrscheinlichkeit, daß das vorhergesagte Ereignis tatsächlich eintritt. Dieser in methodisch-technischer Hinsicht wünschenswerte Zustand widerspricht jedoch häufig pädagogischen Kriterien. Von einer guten Schule muß man z. B. erwarten, daß ihre Rahmenbedingungen nicht standardisiert und ein für allemal festgelegt sind, sondern je nach Eignungsvoraussetzungen der Schüler verändert und an die Bedürfnisse der Adressaten angepaßt werden. Im Extremfall haben pädagogische Maßnahmen sogar das Ziel, ein vorhergesagtes Ereignis zu verhindern und damit die Prognose „ungültig" zu machen (s. u. Prävention).

Problem 4: Prognosemethoden

Hinsichtlich der *Methoden* werden häufig zwei grundsätzlich verschiedene Verfahrensweisen unterschieden, nämlich die statistische und die klinische Prognose. Die *statistische Prognose* stützt sich auf ein formalisiertes Prognosemodell und bestimmt den Vorhersagewert auf der Basis quantifizierter Prädiktorwerte und entsprechender statistischer Berechnungsprozeduren (z. B. multiple Regressionsgleichung). Die sogenannte *klinische Prognose* beruht dagegen auf subjektiven Einschätzungen eines Experten, der die individuellen Angaben über die Qualifikation eines Bewerbers zusammen mit den Rahmenbedingungen der Prognose intuitiv verarbeitet und auf der Grundlage seiner persönlichen Erfahrung ein prognostisches Urteil bildet. Vergleichbare Untersuchungen über die Zuverlässigkeit dieser Verfahrensweisen haben ergeben, daß die klinische Methode keine besseren Resultate liefert als die statistische Vorgehensweise; in der Mehrzahl der Fälle ist die statistische Methode der klinischen Methode überlegen (Meehl, 1954; Sawyer, 1966). Allerdings gibt es bestimmte Fälle und Problemsituationen, in denen der Experte aus seinen Beobachtungen und individuellen Einschätzungen prognostische Informationen ableitet, die mit objektiven, standardisierten Techniken nicht gewonnen werden können. In solchen Situationen kann die Einbeziehung der mit klinischen Methoden gewonnenen Daten die Prognose verbessern.

Typische Befunde:
Statistische Prognosen des Schulerfolgs auf der Grundlage von Korrelationsberechnungen lassen unter den gegenwärtigen Rahmenbedingungen des Schulsystems folgende Ergebnistrends erkennen:

Kognitive Prädiktoren liefern die höchsten Prognosewerte: Für alle Prognosen, auch für die Schulerfolgsprognose, gilt, daß der prognostische Aussagengehalt eines Prädiktors um so höher ausfällt, je stärker diese Prognosevariable bzw. die Art ihrer Operationalisierung mit den vorherzusagenden Kriterien übereinstimmt. Darüber hinaus kann festgestellt werden, daß globale Meßwerte der allgemeinen kognitiven Leistungsfähigkeit (Intelligenz) im Vergleich zu allen anderen Prädiktoren in der Regel die höchsten prognostischen Werte liefern: IQ-Werte korrelieren üblicherweise zwischen r = .50 und .60 mit verschiedenen Schulleistungskriterien.

Multiple und differentielle Prognosen sind günstiger: Die Prognose kann verbessert werden, wenn mehrere Prädiktoren gleichzeitig berücksichtigt werden (z.B. kognitive und motivationale Lernvoraussetzungen, familiäre Anregungs- und Unterstützungsbedingungen, schulische Faktoren). Multiple Prognosen erreichen in der Mehrzahl der Untersuchungen Korrelationen zwischen .60 und .75. Eine Verbesserung der Prognose kann auch dadurch erreicht werden, daß für spezielle Probandengruppen eigene Prognosen erstellt werden (z.B. für Jungen und Mädchen). Merkmale, die eine verändernde oder moderierende Wirkung auf die Vorhersagegenauigkeit haben (z.B. das Geschlecht), nennt man *Moderatorvariablen.* Prognosen, die Moderatoreffekte in der Weise berücksichtigen, daß sie getrennte Erhebungen und Berechnungen in den entsprechenden Subgruppen durchführen, bezeichnet man als *differentielle Prognosen.* Ein Spezialfall der differentiellen Prognose ist die *typologische Prädiktion* (Rosemann, 1978). Hier werden nicht nur Subgruppen gebildet, die sich nach einem Merkmal unterscheiden, sondern Gruppen bzw. Typen, die durch eine spezielle Konfiguration von Merkmalsausprägungen definiert sind (z.B. der Typ des hochängstlichen, niedrig intelligenten Unterschichtschülers). Die Typenbildung basiert auf statistischen Analysen einer großen Zahl verschiedener Probanden, deren Schulleistungswerte bekannt sind. Eine häufig verwendete statistische Methode ist die Konfigurationsfrequenzanalyse (Krauth & Lienert, 1973).

Bestimmte Grenzwerte der prognostischen Aufklärung werden selten überschritten: Die Vorhersagbarkeit des Schulerfolgs ist auch unter Zugrundelegung sorgfältig entwickelter Prognosemodelle und unter Anwendung anspruchsvoller statistisch-methodischer Techniken begrenzt. Multiple Korrelationskoeffizienten erreichen nur in Ausnahmefällen höhere Werte als R = .75. Das bedeutet, daß der Anteil vorhergesagter bzw. „prognostisch erklärter" Schulleistungsvarianz selten den Schwellenwert von ca. 60% überschreitet. Der Rest von ca. 40% ist mit den zur Verfügung stehenden Theorien und Methoden im Normalfall nicht vorhersagbar. Die Tatsache, daß langfristige Schulleistungsprognosen regelmäßig an kaum überwindbare Grenzen stoßen, ist für den pädagogisch-psychologischen Experten, der seine Prognoseergebnisse maximieren möchte, unter Umständen ärgerlich. Aus pädagogischer Sicht ist dies jedoch ein erfreulicher Befund, denn er kann so interpretiert werden, daß leistungsrelevante Einflußfaktoren nur in Grenzen stabil sind und deshalb mit einem gewissen Spielraum für pädagogisch intendierte Veränderungen gerechnet werden kann.

14.5.2 Komparative Prognose

Der Erzieher kann in der Regel verschiedene Maßnahmen einsetzen, um ein bestimmtes Unterrichts- oder Erziehungsziel zu erreichen. Unter dem Gesichtspunkt der individuellen Förderung wird er versuchen, jene Maßnahme auszuwählen, die den Entwicklungs- bzw. Lernvoraussetzungen des Lerners am meisten entspricht und deshalb den höchsten pädagogischen Nutzen erwarten läßt. Die prognostische Aufgabenstellung, die hier zu bewältigen ist, beinhaltet einen Vergleich zwischen den verfügbaren Handlungsalternativen (vgl. Abb. 14.6).

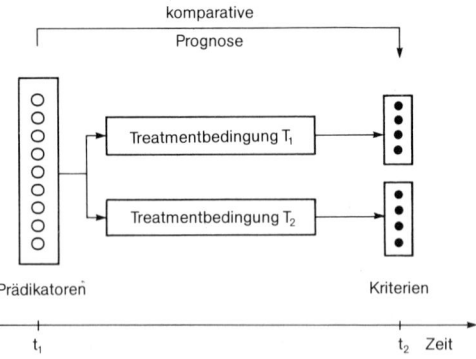

Abb. 14.6: Modell der komparativen Prognose (Aus Krapp 1979, S. 163)

Während es bei der Prognose im Rahmen selektiver Entscheidungen darauf ankommt, ein Erfolgs- bzw. Mißerfolgskriterium möglichst exakt vorherzusagen und *inter*individuelle Unterschiede deutlich hervortreten zu lassen, erfüllt die komparative Prognose ihren Zweck nur dann, wenn sie die Unterschiede der Effektivität verschiedener Methoden und damit *intra*individuelle Differenzen der Erfolgswahrscheinlichkeit sichtbar macht.

Die folgende Abbildung 14.7 veranschaulicht die Aufgabenstellung der komparativen Prognose an einem einfachen Beispiel. T_1 und T_2 beschreiben zwei Treatmentalternativen. Die beiden Linien beschreiben den angenommenen Zusammenhang zwischen Prädiktor (z. B. Lernvoraussetzungen des Schülers) und Kriterium (Lernerfolg) getrennt für T_1 und T_2. Aus den Schnittpunkten der Ordinate über dem individuellen Prädiktorwert x_k mit den beiden Regressionslinien ergeben sich die zu erwartenden Kriteriumsgrößen Y_{k1} und Y_{k2}. Die Bestimmung des Differenzwertes $\triangle_y$ ist das eigentliche Ziel der Prognose.

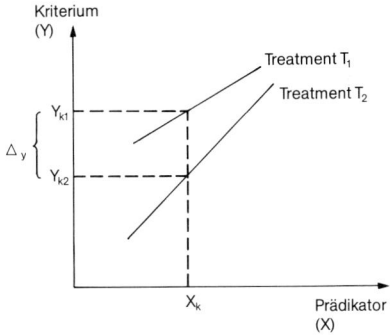

Abb. 14.7: Schätzung der Kriteriumsdifferenz als Ziel der komparativen Prognose bei der didaktischen Zuordnungsentscheidung

Die Tatsache, daß im Fall der komparativen Prognose Differenzwerte vorhergesagt werden müssen, ist nur bei oberflächlicher Betrachtung eine Erweiterung der absoluten Prognose für die einfache Selektion. Denn um die größtmögliche Differenzierungsfähigkeit der prognostischen Schätzwerte zu erreichen, sind neben speziellen Konstruktions- und Verfahrenstechniken (vgl. Janke, 1964; Rosemann und Allhoff, 1982) besondere theoretische Annahmen über die Art der Beziehung zwischen Prädiktor, Kriterium und Treatment erforderlich. Man muß z. B. davon ausgehen, daß (statistische) Wechselwirkungen zwischen den Lernvoraussetzungen des Schülers und den verfügbaren Treatmentalternativen bestehen. Die Suche nach solchen Wechselwirkungen ist Gegenstand der sog. ATI-Forschung (Aptitude-Treatment-Interaction). Hier wird die Frage untersucht, ob Lerner mit bestimmten Lernvoraussetzungen unter verschiedenen Treatmentbedingungen unterschiedliche Lernerfolge erzielen bzw. ob bestimmte Treatments bei Lernern mit unterschiedlichen Lernvoraussetzungen zu unterschiedlichen Effekten führen. In Kap. 8 wurden bereits Untersuchungsbefunde zitiert, wonach hochängstliche Schüler mehr von einem klar strukturierten und in den Anforderungen exakt festgelegten Unterricht profitieren, während niedrigängstliche Schüler bessere Leistungen zeigen, wenn sie mehr Wahlmöglichkeiten haben und der Unterricht weniger strukturiert ist.

Untersuchungen über einfache ATI-Beziehungen mit jeweils zwei Ausprägungen eines Lernermerkmals und zwei gegensätzlichen Treatmentbedingungen haben allerdings selten zu konsistenten, auf viele verschiedene Situationen anwendbaren Befunden geführt. Eine umfassende Übersicht über die aktuelle Forschungslage geben Cronbach und Snow (1977). In der pädagogischen Realität muß mit ATI-Beziehungen höherer Komplexität gerechnet werden: Differenzen treten nur dann in Erscheinung, wenn gleichzeitig mehrere Lernermerkmale und mehrere situative und didaktische Bedingungen berücksichtigt werden.

Der Praktiker, der für eine ganz spezielle pädagogisch-psychologische Situation jeweils angemessene Treatments aussuchen und nach Maßgabe individueller Lernvoraussetzungen optimal zuordnen möchte, kann sich für die dafür erforderlichen komparativen Prognosen nur im Sinne einer heuristischen Orientierung auf das generelle ATI-Modell stützen. Für die inhaltliche Fundierung seiner Prognose sind die vorliegenden wissenschaftlichen Befunde oft unzureichend. Er muß sich hier auf andere Informationen stützen, z. B. auf eigene Beobachtungen und Erhebungen innerhalb seines Praxisfeldes.

14.5.3 Präventive Prognose

Pädagogische Psychologen sind oft gemeinsam mit Klinischen Psychologen an präventiven Maßnahmen und Entscheidungen beteiligt (vgl. Kap. 16). Mit Hilfe der Prävention soll ein zukünftiges schädliches oder unerwünschtes Ereignis verhindert werden (z. B. psychische Krankheit, Verhaltensstörung, Lernbehinderung, Schulversagen). Will man präventive Maßnahmen gezielt einsetzen und die vorhandenen Ressourcen auf jene Fälle konzentrieren, die tatsächlich gefährdet sind, dann braucht man ein Instrumentarium zur *Erfassung der Gefährdung*. Dieses Instrumentarium soll gewissermaßen Risikofälle identifizieren. Formal betrachtet ist die Risiko-Diagnose eine „bedingte Prognose": Es wird festgestellt, daß unter bestimmten Bedingungen mit dem Eintreten eines unerwünschten Zustandes zu rechnen ist. Eine professionelle Risikoprognose wird nicht nur die Gefährdung als solche feststellen, sondern zusätzlich eine Schätzung für die Eintretenswahrscheinlichkeit des unerwünschten Zustandes liefern.

Die Prognose im Kontext präventiver Maßnahmen hat z.T. die gleichen Probleme wie die Schulerfolgsprognose im Kontext selektiver Entscheidungen. Auch hier hängt die Exaktheit der Prognose u.a. von der Art des Kriterums, von der Qualität der Prädiktoren und von den verfügbaren methodischen Verfahrensweisen ab. Auf der Suche nach geeigneten Lösungen verwendet die präventive Prognose die gleichen Modellvorstellungen und die gleichen Methoden der Datenerhebung und Datenauswertung wie die selektive Prognose.

Allerdings gibt es auch spezielle Probleme. Ein Problem ist z.B. die empirische Berechnung der prognostischen Validität angesichts der Tatsache, daß der Zweck der präventiven Prognose gerade darin besteht, das vorhergesagte Ergebnis zu verhindern. Ein anderes Problem ist die Massenanwendung sog. Screening-Verfahren zur Identifikation vergleichsweise weniger Risikofälle aus einer großen Population. Wegen der großen Zahl, die etwa bei einer landesweiten Anwendung eines Verfahrens zur frühen Identifikation verhaltensgestörter Kinder erforderlich wäre, ist schon aus Kostengründen eine differenzierte und zeitaufwendige Untersuchung unmöglich.

Besondere Beachtung verdient das Problem der möglichen *Nebenwirkungen von Risikoprognosen*. Häufig wird nämlich übersehen, daß allein die Feststellung einer Gefährdung, z.B. in Form der Diagnose „Risikokind", beim Betroffenen und seiner sozialen Umgebung Reaktionen auslöst und Prozesse in Gang setzt, die den Risikostatus nicht reduzieren, sondern erhöhen. Auf Grund weitverbreiteter Auffassungen über die biologische Determiniertheit individuellen Verhaltens und anderer Komponenten der pragmatischen Alltagstheorien (vgl. Keupp, 1976) wird der Hinweis auf eine Gefährdung nicht im Sinne einer beeinflußbaren Entwicklungsauffälligkeit, sondern als Indikator eines Persönlichkeitsdefizits oder einer unabwendbaren Krankheit interpretiert. Damit sind Einstellungen, Erwartungen und Verhaltenstendenzen verbunden, die im Sinne der Labeling-Theorie (vgl. Kap. 8 und 16) über sozialpsychologische Mechanismen zu einer Verstärkung der Verhaltensauffälligkeit führen können.

Die präventive Prognose ist so betrachtet auch ein Beispiel für mögliche Gefahren einer unbedachten Anwendung wissenschaftlicher Modelle und Methoden auf die Alltagssituation des praktischen Handelns. Der professionelle Praktiker kann (und darf) seine Entscheidung für oder gegen eine Maßnahme nicht allein auf der Grundlage wissenschaftlicher Konzepte und Befunde treffen. Wie bereits in Kap. 3 festgestellt wurde, ist dies schon deshalb nicht möglich, weil wissenschaftliche Aussagen in der Regel nur unter eingeschränkten Bedingungen gelten und deshalb nicht ohne weiteres auf die Alltagsrealität übertragen werden können. Dieses als „Theorie-Praxis-Problem" schon mehrmals thematisierte Dilemma gilt zwar für alle Bereiche pädagogisch-psychologischen Handelns; aber nirgends ist es so deutlich nachweisbar wie im Handlungsbereich von Diagnose und Prognose.

Kapitel 15

Christine Schwarzer
Norbert Posse

Beratung

15.1 Elemente des Beratungshandelns

15.2 Anlässe und Formen
pädagogisch-psychologischer Beratung

15.3 Allgemeine Funktionen
der Beratung

15.4 Die Bedeutung sozialer Faktoren
in der Beratung

15.5 Theoretische Konzepte
der Beratungspraxis

Die Beratung gehört zu den zentralen Aufgaben eines Pädagogischen Psychologen. Ebenso wie Klinische Psychologen, Mediziner und Vertreter anderer psychosozialer „Helferberufe" stellt er in besonderen Situationen sein Wissen zur Verfügung, um Lösungsvorschläge für erziehungsrelevante Probleme zu erarbeiten. Dafür muß er passende theoretische Konzepte zur Erklärung von Erziehungs- und Schulproblemen parat haben und anwenden können, damit er nicht auf alltägliche, lediglich plausibel erscheinende Erklärungen angewiesen ist. Er muß wissen, welche Aufgaben und Probleme in den einzelnen Phasen eines Beratungsprozesses auf ihn zukommen (Abs. 15.1). Für die Planung und Durchführung einer Beratung ist es sehr wichtig, nicht nur den Anlaß und die Hintergründe einer Beratung zu kennen, sondern auch die besonderen Wünsche und Probleme der Adressaten. Dabei macht es einen Unterschied, ob eine Einzelperson, eine Gruppe oder eine Institution beraten werden (Abs. 15.2). In jedem Beratungsprozeß spielen soziale Faktoren eine Rolle, die den Problemlösungsprozeß beschleunigen oder behindern können. So hat sich gezeigt, daß in der Regel mitmenschliche Unterstützung eine positive Komponente im Beratungsprozeß darstellt (Abs. 15.4).

Beratung hat mehrere Funktionen gleichzeitig zu erfüllen, denen der Berater nur zum Teil genügen kann. Für den praktisch tätigen Psychologen erwachsen daraus oft schwierige, gleichzeitig aber auch interessante Aufgaben, die ihn als Mensch und Fachmann gleichermaßen fordern.

15.1 Elemente des Beratungshandelns

Was ist Beratung?

Im alltäglichen Sprachgebrauch bezeichnet man mit Beratung „die persönliche Hilfe oder Einflußnahme in Fragen der Gesundheit, Lebensgestaltung, Erziehung, Berufsfindung u. v. a. . . ." (vgl. Brockhaus-Enzyklopädie, 1967, S. 527). Etymologisch betrachtet ist der Beratungsbegriff ein Abkömmling des Begriffs „Rat", der im Althochdeutschen „vorhandene Mittel, Vorrat an Lebensmittel" bedeutete. Auch der (Amts-)Titel „Rat" hängt eng mit dieser ursprünglichen Bedeutung von Beratung zusammen: Der sachverständige „Ratgeber" bereitet Entscheidungen vor, indem er aus seinem „Vorrat" an Informationen, Wissen und Erfahrungen Handlungsmöglichkeiten vorschlägt. Der Ratgeber oder „Berater" stellt sein Wissen zur Verfügung, trifft selbst aber keine Entscheidung.

Dieses Verständnis von Beratung unterscheidet sich von Konzepten, die sich in der sozialwissenschaftlichen Literatur finden: So wird Beratung z. B. in der pädagogischen Literatur gelegentlich als eine „spezifische Form erzieherischen Handelns" definiert (Sprey, 1973, S. 27). Beratung und Erziehung liegen hier sehr nahe beieinander. Beratung wird durch eine solche Sichtweise eine „für Erziehung bedeutsame Sonderform von Hilfe" (Küchenhoff, 1970, S. 144). Die klinisch-psychologische Sichtweise rückt Beratung manchmal stärker in die Nähe von „Therapie". Beispielsweise wird Beratung als „professionelle Hilfestellung" mit dem Ziel der Verhaltensänderung (Scheller & Heil, 1977, S. 74) definiert, oder man spricht gar von „psychotherapeutischer Beratung" (Lüders, 1974).

Die Liste unterschiedlicher Beratungsdefinitionen läßt sich fortsetzen. In den meisten Definitionen findet sich jedoch als gemeinsame Basis der Hinweis, daß es sich bei Beratung um eine zielorientierte soziale Interaktion zwischen (mindestens) zwei Personen handelt. Auf den kleinsten gemeinsamen Nenner gebracht, besteht das Ziel der Beratung in einer Hilfe für einen der beiden Interaktionspartner.

In diesem Buch gehen wir von folgender Konzeption aus: *Beratung ist eine freiwillige, kurzfristige, oft nur situative, soziale Interaktion zwischen Ratsuchendem (Klienten) und Berater mit dem Ziel, im Beratungsprozeß eine Entscheidungshilfe zur Bewältigung eines vom Klienten vorgegebenen aktuellen Problems durch Vermittlung von Informationen und/oder Einüben von Fertigkeiten gemeinsam zu erarbeiten.*

Komponenten der Beratungssituation

Jede Beratungssituation enthält zumindest die drei folgenden Komponenten: (1) Ratsuchender, (2) Berater, (3) Beratungsproblem.

Den *Ratsuchenden* stellt man sich idealerweise als einen Menschen vor, der erkennt, wann er mit seinem Problem nicht mehr allein fertig wird, freiwillig einen Berater aufsucht und diesem seine Schwierigkeiten vorträgt. Einen solchen Ratsuchenden bezeichnet man auch als „beratungsfähig". Zur Beratungsfähigkeit gehören (1) Erfahrung und Übung im Umgang mit eigenen Problemen, (2) die Fähigkeit, sich Informationen zu verschaffen und (3) das Fehlen von psychologischen Hemmungen, sich beraten zu lassen.

Diese Beratungsfähigkeit, die man auch als Reflexivität oder distanzierten Umgang mit eigenen Problemen umschreiben könnte, ist in der Realität oft nicht ausreichend vorhanden. Häufig findet man unangemessene Versuche der Problembewältigung. Viele Personen mit gravierenden Problemen flüchten sich in Ablenkungen (z. B. Alkohol- und Drogenkonsum) oder leben ihre Schwierigkeiten in aggressiver Weise aus. In solchen Fällen muß im Anfangsstadium der Beratung zunächst der Problematisierungswille bzw. die Beratungsmotivation hergestellt werden.

Der *Berater* läßt sich auf idealtypische Weise folgendermaßen charakterisieren: Er besitzt eine ausgeprägte Offenheit für die Probleme anderer Menschen; aufgrund seines differenzierten, wissenschaftlich gesicherten Wissens und seiner reichhaltigen Berufs- und Lebenserfahrung kann er komplexe Probleme strukturieren und differenzieren, Hintergründe aufdecken und Ratschläge für ihre Bewältigung erteilen. In der Realität ist auch der ideale Berater eine Fiktion, denn nicht jeder Berater ist für jedes Problem seines Beratungsgebietes gleichermaßen kompetent. Oft fehlt entsprechendes Expertenwissen, oder die verfügbaren Theorien und Methoden reichen nicht aus, um ein Problem effektiv zu bewältigen. In solchen Fällen kann es leicht vorkommen, daß der Berater fehlendes Wissen mit naivem Alltagswissen auffüllt, um die „Erklärungslöcher" zu überdecken. Oft bestimmen die institutionellen Gegebenheiten, z. B. präzise Zeitvorgaben, wie weit der Berater sich auf ein Problem einlassen kann.

Das *Beratungsproblem* steht im Mittelpunkt einer Beratungssituation. In unserem Fall handelt es sich um pädagogisch-psychologische Probleme. Im Beratungsprozeß sollen neue Handlungs- bzw. Entscheidungsmöglichkeiten im Umgang mit pädagogischen Situationen verfügbar oder sichtbar gemacht werden. Dabei soll dem Ratsuchenden nicht vorgeschrieben werden, was er tun soll; auch eine vorschnelle Problemdefinition durch den Berater verbietet sich.

Grundstruktur des Beratungshandelns

Die professionelle Beratung entspricht dem rationalen Handlungsmodell. Sie orientiert sich an vorher definierten Zielen, analysiert die gegebene Problemsituation nach Maßgabe rationaler Kriterien unter Verwendung systematischen Wissens und entwickelt auf dieser Grundlage Handlungsmöglichkeiten zur Bewältigung der Problemsituation. In Anlehnung an ein einfaches Modell rationalen Handelns (vgl. Kap. 13) kann man drei Phasen im Beratungsablauf unterscheiden:

1. Eine Phase, in der das Problem durch den Ratsuchenden angesprochen wird und der Berater versucht, die Situation des Ratsuchenden zu verstehen und die tatsächlichen Schwierigkeiten zu ermitteln (Problemanalyse, Datensammlung, Diagnose);
2. eine Phase, in der gemeinsam nach Bewältigungsmöglichkeiten oder alternativen Handlungsweisen gesucht wird (Erarbeitung von Problemlösungsmöglichkeiten, Prognose);
3. eine Phase, die durch die Mitteilung von Ratschlägen zur Realisierung von Maßnahmen führt. In einer sehr weitreichenden Beratungskonzeption gehört hierher auch die Überprüfung der realisierten Vorschläge (Problemlösung, Behandlung, Evaluation).

Dieses sehr grobe Ablaufschema eines Beratungsprozesses gilt unabhängig davon, ob eine einzelne Person (Einzelberatung), eine Gruppe (Gruppenberatung) oder ein System (System- oder Institutionsberatung) beraten wird (s. u. Abschnitt 15.2.2 „Adressaten der Beratung").

Je nach Art des Beratungsanlasses und je nach Problemlage variiert die Bedeutung dieser Phasen. Das gilt auch für die Zeitdauer, die Intensität der Bearbeitung und die Art der verwendeten Theorien und Methoden.

In Abb. 15.1 sind die Ablaufschritte für drei Beratungsanlässe bzw. Beratungssituationen dargestellt. Die Grundstruktur des Ablaufs ist jeweils gleich; die Ausdifferenzierung der einzelnen Tätigkeiten in den drei Phasen hängt jedoch stark vom jeweiligen Beratungsproblem ab. Gleichzeitig wird deutlich, daß ein Berater sehr viele Kompetenzen haben muß, um die verschiedenen Aufgaben von Diagnose, Prognose und Handlungsempfehlung bzw. Evaluation sachgerecht erfüllen zu können.

Beratung als Problemlösungsprozeß

Faßt man die Beratung als problembezogene Handlung auf, dann läßt sich die Verlaufsstruktur noch stärker differenzieren. Nach Quekelberghe (1979, S. 17f.) kann die Beratung als Problemlösungsprozeß verstanden werden, der folgende Schritte enthält:

1. Allgemeine Orientierung
In dieser Phase werden die subjektiven Erwartungen und Einstellungen in bezug auf die Probleme abgeklärt. Ebenso werden die Annahmen und Kenntnisse, die der Ratsuchende über die Entstehung, Aufrechterhaltung und Veränderbarkeit seines Problems hat, erfaßt.

2. Problemanalyse
In dieser Phase geht es um die Situations- und Zielanalyse. Außerdem gehört hierzu eine Aufarbeitung der bisherigen Lösungsversuche mit ihren Erfolgen und Mißerfolgen.

3. Erzeugung und Bewertung von Alternativen
Zunächst werden möglichst viele Lösungsalternativen gesammelt. Die Lösungsalternativen müssen dann hinsichtlich der Zielsetzungen näher spezifiziert und bewertet werden. Dabei erfährt der Ratsuchende nicht nur die Vielfalt seiner Handlungsmöglichkeiten, sondern er erlebt auch zunehmend eine aktive Kontrolle über die Problemsituation.

4. Entscheidung; Planung und Durchführung
Nach der Sammlung, Begründung und Bewertung der verschiedenen Lösungsalternativen werden diese miteinander verglichen. Grundlage

Planungskonzepte zur Durchführung von Beratung

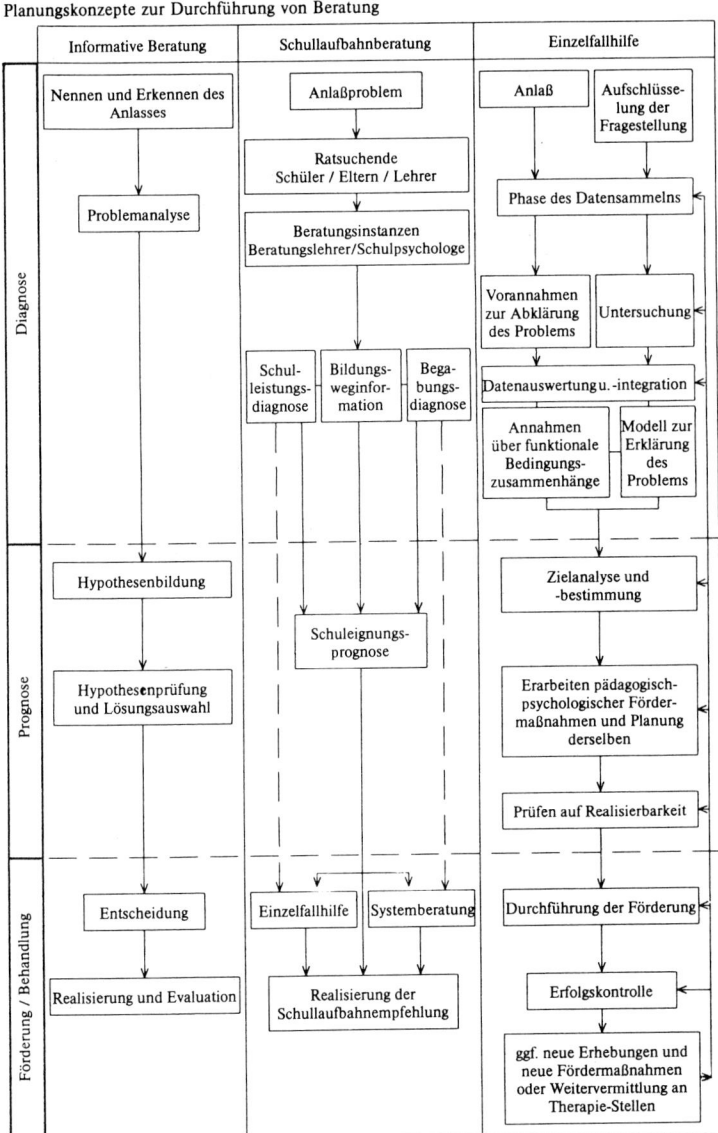

Abb. 15.1: Ablaufschritte in drei typischen Beratungssituationen

(Aus Aurin, 1981, S. 45)

des Vergleichs sind die Konsequenzen, die aufgrund der verschiedenen Alternativen zu erwarten sind. Dabei soll der Ratsuchende selbständig eine abgewogene und begründete Entscheidung für eine Lösungsstrategie treffen. Gemeinsam mit dem Berater werden die Schritte zur Realisierung geplant, besprochen und festgelegt.

5. Durchführung der konkretisierten Lösungsstrategie
In dieser Phase wird unter der Begleitung, aber mit allmählicher Abnahme der beraterischen Hilfe die konkretisierte Lösungsstrategie durchgeführt. Es hat sich dabei als bedeutsam erwiesen, die Lösungssequenz unter verschiedenen Bedingungen einzuüben, die zu erlernende Strategie in möglichst unterschiedlichen Problemsituationen anzuwenden, dabei die Strategie bei der Planung von Zwischenschritten gezielt auf die jeweiligen Anforderungen hin anzupassen und die Erfolge bei der Durchführung so weit wie möglich den Anstrengungen des Ratsuchenden zuzuschreiben.

6. Evaluierung
In der letzten Phase werden die Ergebnisse besprochen und bewertet; wenn nötig werden Änderungen vorgenommen.

15.2 Anlässe und Formen pädagogisch-psychologischer Beratung

Beratung ist ein alltägliches Phänomen. Genaugenommen gibt es so viele Beratungsanlässe, wie es problematische Person-Umwelt-Bezüge gibt. Die pädagogisch-psychologische Beratung bezieht sich nur auf einen Teil der möglichen Beratungsanlässe, nämlich auf solche Situationen, in denen Fragen der Erziehung im weitesten Sinn zum Problem werden. Gerade in diesem Bereich ist aber das Feld möglicher Beratungsinstanzen außerordentlich vielfältig und – wie das Beispiel im folgenden Kasten zeigt – für die Betroffenen oft mehr als verwirrend.

An diesem Beispiel wird deutlich, daß sich bei Schul- und Erziehungsproblemen viele Personen und Instanzen kompetent fühlen und ihren Ratschlag auf dem Hintergrund unterschiedlichster Interessen, Zielvorstellungen und theoretischer Interpretationsmuster erteilen. Weiterhin läßt sich erkennen, daß die Beschäftigung mit einer zunächst einfach klingenden Frage („Ist Laura schulreif?") lawinenartig weitere Fragen von z.T. weitreichender Bedeutung nach sich ziehen kann (z.B. „Ist Laura Legasthenikerin?").

Kasten 15.1: Auf der Suche nach kompetenter Beratung

„‚Laura ist zu dumm, um bis fünf zu zählen‘, verkündete der Direktor einer Grundschule der verblüfften Mutter. Ihr Einwand, zu Hause könne Laura einwandfrei bis 100 zählen, veranlaßt den Direktor zum Nachdenken: ‚Vielleicht ist Laura Legasthenikerin, jedenfalls rate ich Ihnen, mit der Einschulung noch ein Jahr zu warten.‘

Leider ist dieses Beratungsgespräch nicht frei erfunden. Die Quelle der Erkenntnisse des Direktors war der Schulreifetest. Hier hatte Laura, statt an die Hand mit 4 Fingern den ‚richtigen‘ Daumen zu zeichnen, den ‚falschen‘ Arm gemalt.

Die Mutter, der trotz Architekturstudium offenbar so etwas wie ‚gesunder Menschenverstand‘ geblieben war, sagte sich, daß sie zwar schon etliche Hände mit einem fehlenden Finger gesehen hatte, jedoch noch keine Hand ohne Arm. Durch altsprachlichen Unterricht geschult, war sie auch in der Lage, den Begriff ‚Legasthenie‘ mit ‚Leseschwäche‘ zu übersetzen und fragte sich, ob man bei einem Kind, das noch nicht lesen gelernt hat, Legasthenie feststellen kann. Oder meinte der Direktor gerade das: Alle Kinder sind Legastheniker, bis sie lesen und schreiben können? Jedenfalls wollte sie der Sache auf den Grund gehen und besprach die Angelegenheit mit ihrem Mann, Jurist von Beruf. Ein Schulpsychologe könnte vielleicht Auskunft geben. Der Schulpsychologe der hessischen Großstadt wurde angerufen und teilte mit, er sei völlig ausgebucht und könne frühestens in einem halben Jahr..., ferner sei er nicht zuständig, da Laura ja noch nicht in der Schule sei. Er empfahl immerhin, sich an eine Erziehungsberatungsstelle zu wenden. Bedauerlicherweise, teilte diese mit, sei vor Dezember nichts zu machen. Ein befreundeter Lehrer (Sport und Biologie) hatte davon gehört, daß Legasthenie auf frühkindliche Hirnschädigung zurückzuführen sei, und riet, einen Arzt aufzusuchen. Da Laura schließlich Kind war, landete sie beim Kinderarzt...

Der Kinderarzt stellte sich als ausgesprochener Gegner der Mengenlehre heraus. Ohne Zweifel sei die Zahl der Legastheniker nach der Einführung der Mengenlehre sprunghaft gestiegen. Im übrigen habe Laura Plattfüße.

Der Untermieter einer Nachbarin – so erinnerte sich eine andere Mutter – machte gerade Examen in Psychologie, hatte wenig Geld, vielleicht würde der...“

(Aus Frick, 1975, S. 239)

In kaum einem anderen Problemfeld kommt es übrigens so häufig vor, daß jeder von uns im Alltag als Berater auch dort gefordert wird, wo er keine offizielle Funktion als Erzieher, Psychologe und Therapeut hat. Solche oft als „natürliche Formen der Beratung" bezeichneten Beratungsprozesse lassen sich von der professionellen Beratung abgrenzen, die von Experten (meist in eigens dafür geschaffenen Beratungsstellen) durchgeführt wird und deren Hauptkennzeichen darin besteht, daß sie sich an wissenschaftlichen Theorien und Methoden orientiert.

In pädagogischen Handlungsfeldern sind beide Formen von Beratung wirksam. So kann eine Mutter ihrem Sohn, der in der Schule Leistungsschwierigkeiten hat, am Nachmittag besondere Geduld und Hilfe bei der Erledigung der Hausaufgaben zukommen lassen und ihm durch gezielte positive Rückmeldung helfen, ein positives Selbstkonzept der eigenen Begabung aufzubauen. Dies wäre eine „natürliche", informelle Form der Beratung. Die Mutter kann aber auch mit ihrem Sohn eine Erziehungsberatungsstelle aufsuchen und sich von einem professionellen Berater Handlungsempfehlungen geben lassen. Hier hätten wir es mit einer institutionalisierten, formellen Beratung zu tun.

Im günstigsten Fall wirken beide Beratungsformen zusammen und unterstützen sich gegenseitig. Dies wird besonders deutlich, wenn der professionelle Berater die Mutter als „Ko-Beraterin" braucht, damit bestimmte Handlungsweisen auch zu Hause – und nicht nur während der Beratungsstunde – durchgehalten oder unterlassen werden. Im folgenden konzentrieren wir uns auf die professionelle Beratung im Handlungsbereich der Pädagogischen Psychologie. Hier stellt sich als erstes die Frage, mit welchen Beratungsproblemen der Pädagogische Psychologe konfrontiert wird.

15.2.1 Beratungsanlässe

Der professionelle Berater wird in der Regel erst dann aufgesucht, wenn in einer pädagogischen Situation gravierende Probleme auftreten und wenn die Beteiligten in diesen Situationen keine Möglichkeit sehen, das Problem aus eigener Kraft effektiv zu bewältigen. Schwierigkeiten auf diesem Niveau können zwar in allen pädagogischen Situationen auftreten, aber nach aller Erfahrung sind es vor allem Schwierigkeiten in der Familie und Schulprobleme, die einen Erzieher oder Lerner veranlassen, eine Beratungsstelle aufzusuchen.

Typische Beratungsanlässe, die aus Erziehungsproblemen in der Familie resultieren, ergeben sich aus der Aufstellung über Symptome und Vorstellungsgründe in Erziehungsberatungsstellen (vgl. Tabelle 15.1). Die folgende Übersicht benennt typische Schulprobleme, mit denen sich z. B. Beratungslehrer oder Schulpsychologen befassen müssen.

Tabelle 15.1: Beratungsanlässe in einer Erziehungsberatungsstelle

	Vorstellungsgrund	N	%	N	%
1	**Problemstellungen im emotionalen Bereich**				
	Angst vor Personen und Situationen	27	45,76		
	Minderwertigkeitsgefühle	16	27,12	59	11,97
	Leistungsangst	12	20,24		
	andere	4	6,78		
2	**Probleme im sozialen Bereich**				
	Beziehungsstörungen (Kind, Elternhaus, Schule)	97	44,10		
	Übertriebene Aggressivität Einordnungschwierigkeiten	69	31,36		
	Gehemmtheit	27	12,27	220	44,63
	Delinquentes Verhalten (Diebstahl, Schuleschwänzen)	26	11,82		
	andere	1	0,45		
3	**Probleme im Leistungsbereich**				
	Entwicklungsrückstand	5	4,24		
	Konzentrationsschwäche, mangelnde Arbeitseinhaltung	40	33,90		
	Teilleistungsschwächen (Lese- und Rechtschreibungsschwäche, Rechenschwäche)	22	18,64	118	23,93
	Sprachstörungen	18	15,25		
	allgemeine Schulleistungsschwäche	33	27,97		
	andere	– –	– –		
4	**Psychomatische Störungen**				
	Einnässen/Einkoten	26	53,07		
	Störungen im Magen-Darmbereich	4	8,16		
	Tics und Grimassieren	9	18,37	49	9,94
	Asthma und Allergien	2	4,08		
	Schlafstörungen	5	10,20		
	andere	3	6,12		
5	**Körperliche Behinderungen/Funktionsstörungen**				
	Körperbehinderungen	1	11,11		
	Funktionsstörungen (Motorik, Sinnesfunktion)	6	66,67	9	1,82
	Krampfanfälle	1	11,11		
	andere	1	11,11		
6	**Allgemeine Erziehungs- oder Schullaufbahnfragen**				
	Schulreife, Rückstellung	8	21,05		
	Schullaufbahn	15	39,47		
	Berufliche Laufbahn	6	15,79		
	Adoption/Pflegschaft	1	2,63	38	7,71
	Sorge-, Besuchsrecht	3	7,89		
	Heimeinweisung	4	10,54		
	Sonstiges	1	2,63		
				493	100

(Aus Fernstudienlehrgang, 1978, Brief 1, S. 52f.)

- Schulleistung: Erwartungswidrige Lernergebnisse (z. B. underarchievement), Leistungsbeurteilung des Lehrers, Auffälligkeiten der Leistungsentwicklung;
- Schulversagen: Sitzenbleiben, Legasthenie, Einweisung in die Sonderschule;
- Schullaufbahn: Einschulung, Übertrittsprobleme, Fächerkombinationen und Kurswahl;
- auffälliges Verhalten: Schulunlust und Schulangst, aggressives Verhalten, spezielle Verhaltensprobleme (z. B. Bettnässen);
- psychosoziale Situationen in der Schulklasse: Disziplinprobleme, gestörte Lehrer-Schüler-Interaktion, Außenseiterproblematik;
- Schule als Institution: Differenzierungsprobleme, Lehrer-Eltern-Konflikte, Lehrer-Schulrat-Konflikte, Probleme bei der Einführung von Innovationsprogrammen.

15.2.2 Adressaten pädagogisch-psychologischer Beratung

Die professionelle pädagogisch-psychologische Beratung richtet sich an einzelne Personen (Erzieher, Lerner), an soziale Gruppen (z. B. Familien, Schulklassen) oder an Institutionen (z. B. Schulbehörden).

Einzelberatung

Wenn sich eine Mutter an einen Berater wendet, weil sie mit der zunehmenden Aggressivität ihrer 14jährigen Tochter nicht mehr zurechtkommt oder wenn sich ein Schüler über mögliche Ausbildungswege im Sekundarschulbereich informiert, sind die Adressaten der Beratung jeweils einzelne Personen. Das Ziel der Einzelberatung (auch individuelle Beratung oder Einzelfallhilfe genannt) ist in der Regel die Unterstützung bei der Bewältigung einer aktuellen Problemsituation; der Ratsuchende erhält Informationen oder erwirbt spezielle Kompetenzen, die seinen Handlungsspielraum erweitern. In der Schule bezieht sich die Einzelfallberatung meist auf solche Probleme, bei denen es vordringlich um die Behebung individueller Lernschwierigkeiten oder Verhaltensauffälligkeiten geht. Im Vordergrund steht die Wiederherstellung der Lernfähigkeit, die Normalisierung des Verhaltens oder die Verbesserung der Konfliktfähigkeit *eines* Schülers.

Bei der Einzelfallberatung gewinnt man vor allem Daten über den Hintergrund des individuellen Problems. Dabei stellt sich häufig heraus, daß schwerwiegende Ursachen in der negativen Auswirkung spezifischer Umweltbedingungen liegen, die der Ratsuchende selbst gar nicht ändern kann (z. B. Widersprüchlichkeit des Zensurensystems in der schulischen Leistungsbeurteilung). In diesen Fällen wird das Beratungsergebnis zwar

an den Ratsuchenden als Einzelperson weitergegeben; der eigentliche Adressat, bzw. diejenige Stelle, die wirklich in der Lage wäre, das Problem an der Wurzel zu lösen (z. B. die Institution Schule), wird nicht angesprochen.

Einzelfallberatung kann aber der Anlaß sein, Belege für die Notwendigkeit institutioneller Reformen zu sammeln. Verhindert wird eine solche Aufbereitung von Einzelfällen weniger durch das heterogene Datenmaterial, das bei Einzelfällen gewonnen wird (vgl. Stobberg, 1975) sondern vor allem aber durch das Selbstverständnis der Beratungsinstanzen. Erziehungsberatungsstellen und der größte Teil schulischer Beratungseinrichtungen versuchen nämlich, primär individuelle Probleme so gut es geht zu beseitigen und kümmern sich allenfalls am Rand um die „dahinterliegenden" sozialen und/oder institutionellen Ursachen dieser Probleme. Nicht ganz zu Unrecht wird solchen Beratungseinrichtungen deshalb der Vorwurf gemacht, sie würden auf diese Weise die Probleme auf lange Sicht nicht reduzieren, sondern vergrößern, da sie zur Stabilisierung der problemproduzierenden „Systembedingungen" beitragen (vgl. Keupp, 1976).

Gruppenberatung

Bei der Gruppenberatung betreut ein Berater gleichzeitig mehrere Ratsuchende. Im einfachsten Fall besteht die Gruppenberatung darin, daß Informationen gleichzeitig an mehrere Personen weitergegeben werden, die alle das gleiche Problem haben (z. B. Erläuterung der Studienvoraussetzungen und Studienmöglichkeiten in einer Gruppe von Abiturienten). Häufig wird eine solche Beratung in einem weiteren Schritt als Einzelberatung fortgesetzt.

Eine anspruchsvollere Stufe der Gruppenberatung ist gegeben, wenn mehrere Personen mit dem gleichen Beratungsanlaß gemeinsam in der Weise beraten werden, daß ihr Problem in der Gruppe besprochen wird (z. B. Umgang mit aggressiven Schülern als Thema einer Lehrergruppe). Die Gruppe wirkt hier als „Stützsystem": Die Gruppenmitglieder ermutigen sich gegenseitig, geben sich das Gefühl, nicht alleine ein bestimmtes Problem zu haben und halten gemeinsam Gruppenregeln ein. (Auf diesem Prinzip beruht übrigens der Erfolg der „Anonymen Alkoholiker" und der „Weight Watchers").

Gruppenberatung im engeren Sinn hat das Ziel, einer sozialen Gruppe bei der Bewältigung eines Problems zu helfen, das in der Gruppe entstanden ist und nur durch die Bedingungen in der Gruppe verändert werden kann. Kommunikationsprobleme in einer Schulklasse im Umgang mit ausländischen Mitschülern, sozialstrukturelle Auffälligkeiten in Jugendgruppen (z. B. Sündenbock- und Außenseiterposition) oder Verhaltensauffälligkeiten in der Familie sind typische Anlässe für Gruppenberatungen dieser Art.

Abb. 15.2: Gruppenberatung

(Aus päd. extra 9/1982)

Da soziale Gruppen als Systeme von ineinandergreifenden Strukturen und Prozessen beschrieben werden können, spricht man auch von Systemberatung. Eine so verstandene Systemberatung wendet sich an Personen, die in einem sozialen System miteinander leben oder arbeiten. Im Feld „Schule" würden also Schüler, Lehrer, Eltern und ggf. Angehörige der Bildungsverwaltung als Adressaten einer Systemberatung in Frage kommen.

In der Familienberatung ist in der letzten Zeit ein immer stärker werdender Trend zur systembezogenen Sichtweise erkennbar. Die neuen Ansätze gehen davon aus, daß Störungen in Familien nicht nur am Verhalten eines Familienmitglieds festgemacht werden können, sondern daß die gesamte Familie Symptomträger ist. Richter (1970) hat diesen Wandel mit „Patient Familie" treffend gekennzeichnet.

Die systemische Vorgehensweise hat den Vorteil, daß eine große Anzahl verschiedener Verursachungsfelder aufgedeckt werden kann (sowohl im äußeren System als auch innerhalb des Systems selbst). Weiterhin wird der einzelne entlastet, indem er nicht als „gestört" oder „krank" etikettiert wird. Die Mitglieder der Familiengruppe müssen dann allerdings auch eine größere Solidaritätsverpflichtung eingehen. Das ist oft nur schwer zu erreichen, denn für die Eltern ist es u. U. psychisch entlastender, ihr verhaltensauffälliges Kind in eine Erziehungsberatungsstelle zu schicken, wo es als Einzelfall beraten wird, als sich gemeinsam mit dem „Symptomträger" in eine Beratungssituation zu begeben.

Im pädagogisch-psychologischen Bereich ist die systemtheoretische Perspektive relativ neu. Welche Umstellung der Denkgewohnheiten und Ursachenzuschreibung damit verbunden ist, kann das Beispiel in Kasten 15.2 demonstrieren:

Obwohl diese systemorientierte Sichtweise von Beratung viele Vorzüge in sich vereinigt, ist sie doch auch mit Gefahren verbunden. Sie kann z. B. dazu beitragen, daß die Individualität des einzelnen und die Bedeutung personaler Selbstgestaltung in den Hintergrund rückt, weil man Personen nur als Rollenträger sieht und nicht bedenkt, daß Systeme den Intentionen und Bedürfnissen ihrer Mitglieder angepaßt werden sollten.

Institutionenberatung

Im Zusammenhang mit der Planung und Einführung neuer organisatorischer Rahmenbedingungen des Erziehungs- und Bildungssystems (z. B. Schulreform) bzw. im Anschluß an Evaluationsuntersuchungen, die der Überprüfung von neuen Konzepten dienen (vgl. Kap. 17), stellt sich häufig die Frage nach der Weiterführung, Revision oder Beendigung einer pädagogisch relevanten Maßnahme. Häufig handelt es sich um komplexe Entscheidungen von erheblichem politischem Gewicht (z. B. Einführung der Gesamtschule). Die Beratungsfunktion des Pädagogischen Psychologen – soweit er hier überhaupt zu Rate gezogen wird – besteht vor allem in der Aufbereitung wissenschaftlicher Informationen, die die Wirksamkeit der in Frage stehenden Maßnahmen im Hinblick auf bestimmte pädagogische Kriterien klären können.

Die Institutionenberatung wendet sich primär an Entscheidungsträger im Bildungsbereich. Ziel der Beratung ist letztlich die Verbesserung von Lern-, Arbeits- oder Lebensbedingungen in einer pädagogischen Institution. Dabei kann sich die Beratung eher auf sachorientierte Bereiche erstrecken (z. B. Curriculum, Unterrichtsorganisation, Verwaltung) oder auf personenorientierte Bereiche (z. B. Gruppenstrukturen, Kommunikationsprobleme). Institutionenberatung ist zu einem großen Teil Reform- oder Innovationsberatung. Die folgende Zusammenstellung aus Gaude (1975, S. 580f.) benennt Beratungsaufgaben im Zusammenhang mit der Planung von Schulsystemen:

Kasten 15.2: Familienberatung als Systemberatung

Der zehnjährige Tom macht keine Schulaufgaben. Aus der Schule wird mitgeteilt, daß es so nicht weitergehen könne, die Versetzung gefährdet sei und darüber hinaus die Eltern sich in der Eltern-sprechstunde einmal vorstellen sollen, weil Tom Verhaltensauffäl-ligkeiten zeigt. Seine dreizehnjährige Schwester Irene ißt kaum noch, ärztlicherseits wurde bereits vermutet, daß die Entwicklung zu einer Pubertätsmagersucht – einer ernst zu nehmenden psycho-somatischen Erkrankung – nicht auszuschließen ist. Jetzt ist es zu Entwendung von Geld aus der Familienkasse gekommen. Wer denkt bei diesen drei Vorkommnissen überhaupt an eine Familien-Krankheit – dies noch in dem Sinne, als ob es eine einheitliche verursachende Thematik geben könne, die diese sehr verschieden-artigen Schwierigkeiten umfaßt und beeinflußt? Sind dies nicht Ereignisse, deren Ursachen weit außerhalb der Familie liegen, hier in der Schule und vielleicht in einem ärztlich-medizinisch zu erfassenden Krankheitsbereich (der Magersucht) sowie allenfalls einer speziellen Familienproblematik, was die Ehrlichkeit im Umgang mit Geld innerhalb der Familie betrifft? Sicher können nach klassischer Diagnose und Zuordnung die Schwierigkeiten und Symptome klar auf einzelne Familienmitglieder begrenzt werden: Auf Tom, der keine Schulaufgaben macht und droht sitzenzubleiben oder auf Irene, die die Nahrung verweigert und abmagert. Ist aber nicht dennoch die gesamte Familie betroffen, weil deren Einstellungen und Wertmaßstäbe darüber entscheiden, wie der Umgang miteinander ist, wie das emotionale Klima aussieht, wie man mit Belastungen, woher sie auch kommen, fertig werden kann? Wo eigentlich sonst sollte der „störende Faktor" gefunden werden als innerhalb der Familie, wenn Irene innerhalb dieser Familie nicht mehr essen kann und wenn Tom innerhalb dieser Familie nicht mehr in der Lage ist, Schulaufgaben zu machen?

(Aus Junker, 1977, S. 484)

– Modellentwicklungen für die Organisation von Planungsprozessen für einzelne Schulversuche unter Berücksichtigung spezifischer „Randbe-dingungen" (z. B. Größe und Qualifikation der Planungsgruppe, Standortgebundenheiten).
– Überprüfung der generellen pädagogischen und sozialen Zielvorstel-lungen eines Schulversuchs im Kontext übergreifender Reforman-sätze.

– Analyse der Voraussetzungen für die Einführung pädagogischer Innovationen unter personellen und materiellen Aspekten.
– Aufbereitung und Weitergabe von wissenschaftlichen Forschungsergebnissen, die für die Planung von Schulversuchen von Bedeutung
  sind.
– Mithilfe bei der Einleitung und Durchführung von Planungsprozessen
  in enger Kooperation mit den für die Einführung von Schulversuchen
  Verantwortlichen (Lehrer, Schulträger, Schulaufsicht).
– Mithilfe bei der Entwicklung und Einführung spezifischer didaktischer
  und sozialpädagogischer Konzepte (z.B. Unterrichtsdifferenzierung,
  Freizeitangebote in Ganztagsschulen, Organisation eines Tutorensy-
  stems).
– Beratung im Hinblick auf die Organisation eines optimalen Informa-
  tionsflusses innerhalb großer differenzierter Schulsysteme (z.B.
  Gesamtschulen) und in bezug auf angemessene Formen der Mitsprache
  und -entscheidung aller an der Schule Beteiligten.

15.3 Allgemeine Funktionen der Beratung

Beispiel: Fritz besucht die vierte Klasse der Grundschule. Seine
Leistungen liegen im guten Durchschnitt der Klasse. Die Lehrerin
weiß, daß Fritz zu seinen Schulkameraden ein sehr gutes Verhältnis hat und daß er sich wünscht, auch weiterhin mit ihnen zusammen die Schule zu besuchen. Die meisten der Kameraden sind für
die Hauptschule vorgeschlagen worden. Die Eltern von Fritz
dagegen haben das Gymnasium und später ein Studium für ihren
Sohn geplant. Als sie von den Absichten ihres Sohnes hören, in der
Hauptschule bleiben zu wollen, suchen sie entsetzt das Gespräch
mit der Beratungslehrerin.

Die Beraterin könnte sich damit begnügen, die Eltern darüber aufzuklären, welche Möglichkeiten des Wechsels von einer Schulform in die
andere es heute gibt. Sie könnte diese Information anreichern, z.B. mit
Einschätzungen der beruflichen Karrierechancen von Absolventen verschiedener Schultypen. Die eigentliche Entscheidung würde sie den
Eltern selbst überlassen.

Die Lehrerin könnte aber den Eltern auch darlegen, wie wichtig die
sozialen Beziehungen innerhalb des Klassenverbandes für Fritz sind und
welche Folgen eine Trennung von den gewohnten Kameraden nach sich
ziehen kann. Gemeinsam mit Fritz und den Eltern könnte sie nach
anderen Lösungen suchen und z.B. den Besuch einer Gesamtschule
vorschlagen, weil auf diese Weise sowohl der gewohnte Kontakt zu den
Klassenkameraden als auch eine angemessene schulische Förderung
gewährleistet wäre.

Es wäre auch denkbar, daß die Lehrerin unter Berücksichtigung der zunehmenden Arbeitslosigkeit von Akademikern den Eltern abrät, für Fritz das Abitur und ein späteres Studium anzustreben; statt dessen könnte man fragen, ob ein guter Realschulabschluß auf längere Sicht für Fritz nicht erfolgversprechender sei als das Ziel eines erfolgreichen Studienabschlusses.

Ebenso könnte die Lehrerin aufgrund ihrer Bedenken dem Wunsch der Eltern zwar nachkommen, gleichzeitig aber mit ihnen überlegen, wie den möglicherweise dadurch entstehenden Ablösungs- und Neuorientierungsproblemen für Fritz zu begegnen ist.

Das Beispiel zeigt nicht nur, daß identische Beratungsanlässe zu verschiedenen Problemlösungen führen können; es zeigt auch, daß die Beratung ganz unterschiedliche Funktionen haben kann und daß jede dieser Funktionen vom Berater eine jeweils andere Interpretation seiner Rolle erfordert.

Folgende Funktionen der Beratung können unterschieden werden:

Sie kann (1) *informieren,* indem der Berater den Ratsuchenden über Hintergründe eines Problems aufklärt und Handlungsmöglichkeiten aufzeigt. Sie kann (2) *emanzipieren,* indem der Berater die speziellen Interessen, Bedürfnisse und Fähigkeiten des Ratsuchenden in optimaler Weise zu berücksichtigen sucht und ihm Wege zu ihrer Erfüllung aufzeigt. Sie kann (3) *steuern,* indem der Berater die speziellen Interessen und Bedürfnisse einer Institution oder des gesellschaftlichen Systems in verstärkter Weise berücksichtigt und den Ratsuchenden in entsprechender Weise zu beeinflussen sucht. Sie kann der Problementstehung schließlich (4) *vorbeugen,* indem der Berater bereits vor dem Auftreten ernsthafter Probleme von sich aus und im Sinne der erstgenannten drei Funktionen von Beratung aktiv wird.

Beratung soll informieren

Die Informationsfunktion der Beratung steht bei vielen Beratungsprozessen zunächst einmal am Anfang. Sie gehört beispielsweise für einen Beamten, der mit der Betreuung der sozial schwachen Bevölkerungskreise betraut ist, zu seinen Amtspflichten. Dies wurde in einem Grundsatzurteil des BGH (Bundesgerichtshof) vom 26. September 1957 festgestellt und wiederholt bestätigt. Als Konsequenz wurde die Beratungs- und Informationspflicht in einer Reihe von Gesetzen festgeschrieben (z.B. JWG, BSHG, SGB). In § 14 des Sozialgesetzbuches wird z.B. festgestellt: *„Jeder hat Anspruch auf Beratung über seine Rechte und Pflichten nach diesem Gesetzbuch. Zuständig für die Beratung sind die Leistungsträger, denen gegenüber die Rechte geltend zu machen oder die Pflichten zu erfüllen sind."*

Auch im schulischen Bereich gehört die Beratung als Informations-

pflicht zu den wichtigsten Aufgaben. So formulierte die Kultusministerkonferenz in ihrem Beschluß vom 14. 9. 1973: „Die Beratung in der
Schule dient der Information über das Bildungsangebot und berät über
individuelle Bildungsmöglichkeiten und vermittelt Hilfe bei Lern- und
Verhaltensstörungen. Informationen können durch allgemeine Aufklä-
rungsaktionen (z. B. Informationsschriften, Elternversammlungen, Klas-
senbesprechungen) sowie in Einzelberatungen gegeben werden."

Beratung soll emanzipieren

Über die Informationsfunktion geht die Beratung dann hinaus, wenn sie
ihre Funktion in einer „kritischen Aufklärung" sieht. Nach Mollenhauer
soll Beratung „nicht in die Anpassung hineinführen, sondern von Konfor-
mitätszwang befreien" (1965, S. 33). Dies leistet sie dadurch, daß sie
Alternativen aufzeigt. Damit entspricht die Beratung „in besonderer
Weise den Zielsetzungen einer sich demokratisch verstehenden Erziehung" (Hornstein, 1977, S. 34).

Beispiel: Irene hat im Internat häufig Auseinandersetzungen mit
ihren Erzieherinnen, weil sie Regeln, deren Sinn sie nicht einsieht,
mißachtet. Eine Beratung, die emanzipieren will, wird in einem
solchen Fall nicht auf strikte Regeleinhaltung drängen, sondern
eine sachbezogene Auseinandersetzung zwischen Irene und den
Erzieherinnen herbeiführen. Das Ziel des Beratungsprozesses
könnte darin bestehen, daß beide Parteien, Irene und die Erzieherinnen, am Ende eine Anzahl von sinnvollen Regeln als verbindlich akzeptieren. Andere Vorschriften, die den individuellen Ver-
haltens- und Entscheidungsspielraum nur unnötig einengen, könnten sie vielleicht als überflüssig erklären.

In diesem Beispiel hätte die Beratung insofern für beide Parteien eine
emanzipierende Funktion, als sie bislang unerkannte Freiräume des
Handelns aufzeigt und die Betroffenen in die Lage versetzt, die Spielräume auch zu nutzen.

Die emanzipierende Funktion der Beratung ergibt sich vielfach als
notwendige Konsequenz aus der Forderung bzw. dem Wunsch nach
umfassender Aufklärung. Dies wird z. B. in der folgenden Aufgabenbe-
stimmung von Beratung deutlich: Aufgabe der Beratung ist „die erschöp-
fende Orientierung über Mittel und Wege zur Erreichung eines Zieles,
das entweder vom Ratsuchenden angegeben oder für ihn oder zusammen
mit ihm mit Hilfe der Identifizierung von seiten des Beratenden ermittelt
worden ist" (Giese & Melzer, 1978, S. 29).

Beratung soll steuern

Der Berater befindet sich häufig in einem Interessenkonflikt: Auf der einen Seite stehen die Bedürfnisse des Ratsuchenden nach Information und Emanzipation; auf der anderen Seite die der Gesellschaft oder der Institution, für die er berät. Der Berater muß sich also in vielen Fällen entscheiden, ob er eher die Bedürfnisse der Probanden oder die der Institution berücksichtigen will. Er kann sich also mehr auf die Ebene der individuellen oder der institutionellen Entscheidung stellen.

> *Beispiel:* Karin hat gerade das Abitur geschafft. Sie hat einen Notendurchschnitt von 3,7 und bewirbt sich um einen Studienplatz für Psychologie. Prompt erhält sie eine Absage mit der Begründung, ihr Notendurchschnitt erreiche nicht das für dieses Fach geforderte Mindestniveau. Karin ist enttäuscht und wendet sich an Herrn Maus, den Studienberater der Universität. Dieser rät ihr intensiv vom Psychologiestudium ab, da es bereits zu viele Absolventen in diesem Fach gäbe und sie später – auch nach erfolgreichem Studium – keine Chance auf eine feste Anstellung habe. Statt dessen soll sie ein naturwissenschaftliches Fach studieren.
>
> Doch Karin gibt nicht auf. Ein Freund vermittelt sie an die Adresse von Frau Stein, die als Bildungsberaterin außerhalb der Universität arbeitet. Frau Stein bespricht mit Karin mögliche Wege des Quereinstiegs und sucht mit ihr nach Möglichkeiten, wie sie doch noch einen Studienplatz für Psychologie finden könnte.

Offensichtlich vertritt Herr Maus in diesem Beispiel in sehr viel stärkerem Ausmaß institutionelle bzw. gesellschaftliche Interessen. Unter der Voraussetzung, daß Karin prinzipiell in der Lage wäre, das Psychologiestudium zu schaffen, besteht das Ziel seiner Beratung darin, den Studienwunsch von Karin in eine bestimmte Richtung zu lenken. Frau Stein dagegen akzeptiert den Studienwunsch von Karin und versucht, mit ihr gemeinsam Wege zu finden, die sie dem Ziel näherbringen.

Berater in staatlichen und anderen öffentlichen Institutionen (z.B. Schulpsychologen im öffentlichen Dienst) stehen oft vor dem Dilemma, daß sie sich zwar dem Wohl des einzelnen verpflichtet fühlen, aber gleichzeitig die Ziele und Interessen der Institution bzw. der staatlichen Organe berücksichtigen sollen.

Beratung dient der Prävention

Eine Beratungsstelle wird meist erst dann aufgesucht, wenn Fehlentwicklungen bereits eingetreten und ein Problemverhalten oder eine Sekundär-

Kasten 15.3: Abkühlungsfunkton in der Studienberatung

Clark (1973) hat die steuernde Funktion der Beratung in amerikanischen Colleges als „Abkühlungsfunktion" beschrieben. Folgende Merkmale kennzeichnen den Abkühlungsprozeß:

1. *Angebot alternativer Ziele:* Der Student, von dem angenommen wird, daß er sein Studium vermutlich nicht schafft, wird mit Alternativen konfrontiert. Er wird dazu veranlaßt, eine Ausbildung der zweiten Wahl als für ihn angemessen wahrzunehmen.

2. *Schrittweises Disengagement:* Allmählich beginnt der Student, seine Motivation zu ändern; die Wertschätzung seiner zuerst gewählten Studienrichtung sinkt.

3. *Objektivierung der Ablehnung:* Die Dokumentation schlechter Leistungen und ihre Interpretation trägt dazu bei, die Angemessenheit der Umorientierung einzusehen.

4. *Trostspenden:* Berater stehen zur Verfügung, um mit den Studenten über mögliche Enttäuschungen zu reden und sie in ihrem Entschluß zum Umsatteln zu bekräftigen.

5. *Vermeiden eindimensionaler Maßstäbe:* Es wird vermieden, sich auf einen einzigen Beurteilungs- oder Qualitätsmaßstab für eine Ausbildung zu berufen. Der Berater zeigt, daß unterschiedliche Fähigkeiten und Qualifikationen für verschiedene Tätigkeiten und Anwendungsgebiete gefordert sind und daß jede dieser Qualifikationen für sich betrachtet ihre eigene Wertigkeit hat.

symptomatik offenkundig geworden sind. Die Beratung hat „Feuerwehrfunktion": Sie wartet, daß sie zu Hilfe gerufen wird, wenn es brennt. Günstiger wäre natürlich die Beratung zu einem früheren Zeitpunkt, wenn die Fehlentwicklung noch nicht stattgefunden hat oder sich erst in noch leicht zu behebenden Symptomen andeutet.

Im Anschluß an eine Unterscheidung von Caplan (1964) können drei Formen der Prävention unterschieden werden:

Primäre Prävention: Bemühungen, die Auftretenswahrscheinlichkeit von Störungen generell zu senken;

Sekundäre Prävention: Maßnahmen der Früherkennung und Frühbehandlung mit dem Ziel, bei bereits manifestierten Störungen eine Verkürzung der Störungsdauer zu erreichen;

Tertiäre Prävention: Maßnahmen der Rehabilitation und Nachsorge mit dem Ziel, mögliche Folgeschäden und das Risiko von Rückfällen und Sekundärschäden zu minimieren.

Die Einzelfallhilfe im traditionellen Sinn dient vor allem der Sekundär-

und Tertiärprävention, denn sie zielt in der Regel auf eine Modifikation bereits vorhandener Störungen.

Die Beratung im Rahmen einer primären Prävention hat dagegen das Ziel, eine potentielle Risikogruppe so zu unterweisen, daß bestimmte Probleme gar nicht erst auftreten (z. B. Information über Möglichkeiten der Frühförderung von Risikokindern), oder Entscheidungsträger bzw. Institutionen zu veranlassen, Rahmenbedingungen der Erziehung zu verändern, die sonst mit hoher Wahrscheinlichkeit zu bestimmten Problemen führen würden. Im Unterschied zur Einzelfallberatung steht hier nicht das (manifeste) Problemverhalten eines Lerners im Blickfeld, sondern das *Risikoverhalten* bzw. der Bedingungshintergrund einer Risikoumwelt.

Unter dem Gesichtspunkt der primären Prävention verdienen Unterrichts- und Lernumweltbedingungen besondere Beachtung. Viele Schwierigkeiten von Schülern sind eine Sekundärsymptomatik des Lernvorgangs. Die Ursachenkette läßt sich häufig zurückverfolgen bis zu einer Phase tiefer Demotivierung, bedingt durch gehäufte Mißerfolge, welche ihrerseits durch ungeeignete Unterrichtsmaßnahmen hervorgerufen werden (Schwarzer, 1982). In vielen Lernbereichen verläuft der Unterricht kumulativ, d. h. das jeweils neue Lehrstoffsegment baut systematisch auf vorausgegangene Unterrichtseinheiten auf. Ist nun ein Lernprozeß gestört, so entsteht eine Lücke, die fatale Auswirkungen auf die Bewältigung der übergeordneten Lehrstoffsegmente haben kann. Im schlimmsten Fall führt der einmalige Lernmißerfolg zu einem „kumulativen Defizit" und provoziert so dauernde Mißerfolgserlebnisse mit z. T. schwerwiegenden Konsequenzen.

Im Sinne der Primärprävention kann die Beratung sowohl auf den Schüler als auch auf den Lehrer einwirken. Beim Schüler geht es darum, ihn für solche Situationen zu sensibilisieren und ihm Techniken zu vermitteln, wie er bereits die ersten Phasen einer Mißerfolgskette erkennen und bewältigen kann. Beim Lehrer hat die Beratung zunächst die Aufgabe, Unterrichtsbedingungen und Vermittlungsprozesse zu identifizieren, die zu Lernproblemen in der Klasse führen können. Im Anschluß daran kann gemeinsam mit dem Lehrer überlegt werden, wie die Verbesserung seiner Unterrichtskompetenz erreicht wird. Ein „guter Unterricht" im Sinne einer Primärprävention wäre hier ein Unterricht, der durch lehrzielorientiertes, lückenschließendes Lehren gekennzeichnet ist und der sich systematisch auf psychologische Kenntnisse des Wissenserwerbs stützt.

Potentielle Schulversager und Schulängstliche sind nur eine Gruppe aus einer großen Zahl von Risikopopulationen in der Schule. Andere Risikopopulationen sind z. B. Ausländerkinder, Kinder allein erziehender Mütter oder Väter sowie kranke bzw. behinderte und von Behinderung bedrohte Schüler.

15.4 Die Bedeutung sozialer Faktoren in der Beratung

Professionelle pädagogisch-psychologische Beratung wird bei erziehungsrelevanten Problemen in Anspruch genommen. Dafür muß der Berater zunächst das Problem, wie es der Ratsuchende vorträgt, ernst nehmen (vgl. Abschnitt 15.2.1). Er muß auch wissen, daß er jeweils nur eine der genannten Funktionen von Beratung in den Vordergrund seiner Tätigkeit stellen kann (vgl. Abs. 15.3). Zum Gelingen einer Beratung sind aber auch soziale Faktoren von ausschlaggebender Bedeutung.

15.4.1 Die hilfreiche Sozialbeziehung

Die Beratungssituation steckt voller Konfliktquellen. Die wichtigste stellt sich wie folgt dar: Einerseits kommt es darauf an, daß der Berater Vertrauenswürdigkeit, Kompetenz und Wohlbefinden erkennen läßt. Andererseits muß er aber auch Forderungen stellen und vom Klienten die Bearbeitung „schwieriger" Aufgaben verlangen, die dieser von sich aus nicht bewältigen würde.

Zur Lösung dieses Konflikts schlägt Janis (1983) vor, den Beratungsprozeß in einzelne Stadien zu unterteilen und verschiedene Verhaltensmuster zeitlich voneinander zu trennen. Zentral ist für ihn der Begriff „Referenzmacht" *(referent power);* damit ist die Stärke des sozialen Einflusses gemeint, über die der Berater als Bezugsperson des Klienten verfügt. In der ersten Phase kommt es darauf an, diese Referenzmacht aufzubauen, in der zweiten, sie auszuüben, und in der dritten, wenn der Beratungskontakt endet, sie wieder abzubauen.

1. Phase: Aufbau der „Referenzmacht"
Zwei Mechanismen kann der Berater in dieser Phase u.a. einsetzen, um seinen Einfluß auf den Klienten zu sichern: Offenheit („Selbstenthüllung") und positive Bekräftigung.

Schon im ersten Gespräch soll der Klient durch das Vorbild des Beraters zur *Selbstöffnung* (self-disclosure) veranlaßt werden, also Informationen über sich selbst, sein Privatleben und seine Wünsche und Sorgen preisgeben. Zu wenig selbstbezogene Information läßt den Berater als distanziert erscheinen. Sehr viel vertrauliche oder intime Information wirkt sich negativ auf den Beratungseffekt aus, wie feldexperimentelle Studien von Janis (1983, S. 156) gezeigt haben.

Durch *positive Bekräftigung* demonstriert der Berater Wärme, Wohlwollen und Wertschätzung; er zeigt, daß er den Klienten akzeptiert und versteht. Er wird also anfangs keinerlei Kritik oder Verhaltenskorrektur anbringen. Dabei muß er sich allerdings davor hüten, auch jene negativen Äußerungen zu bekräftigen, die er in der zweiten Phase modifizieren will.

2. Phase: Ausübung der „Referenzmacht"

Nachdem der Berater die nötige Referenzmacht erworben hat, kann er sie für den Beratungszweck nutzen, indem er nun Forderungen stellt. Während in der ersten Phase ein Klima des bedingungslosen Akzeptierens herrschte, wird in der zweiten Phase zum bedingten Akzeptieren übergegangen („denn Liebe allein ist nicht genug"). Dabei haben sich nach Janis folgende Vorgehensweisen bewährt:

– *Direkte Empfehlungen* aussprechen, welche Handlungsweisen der Klient ausführen sollte.
– Dem Klienten eine *Verpflichtung* auferlegen (z. B. durch einen schriftlichen Verhaltensvertrag) und eine geeignete *Bezugsgruppe identifizieren,* in der die (neuen) Zielsetzungen bereits zur Verhaltensnorm gehören. Positive *Bekräftigung* nur noch *selektiv* vergeben, also nur dann, wenn die vereinbarte Handlung tatsächlich ausgeführt wurde.
– Durch Gespräche und Trainingselemente dafür sorgen, daß *persönliche Verantwortlichkeit* aufgebaut wird.

3. Phase: Abbau der „Referenzmacht"

Wenn der Beratungskontakt endet, muß für eine Internalisierung der Beratungselemente gesorgt und die Referenzmacht wieder abgebaut werden, denn der Klient soll ja nicht vom Berater abhängig bleiben. In dieser Ablösungsphase muß die selektive Fremdbekräftigung in eine selektive Selbstbekräftigung umgewandelt werden. Janis nennt hier vier Handlungsmöglichkeiten:

– Versichern, daß der Berater auch in *Zukunft* eine *positive Einstellung* gegenüber dem Klienten behalten wird.
– Regelmäßige *Brief- und Telefonkontakte* für die Zeit nach der Beendigung des Face-to-face-Kontakts vereinbaren.
– An solche Beratungselemente erinnern, die das Gefühl *persönlicher Verantwortlichkeit* stärken.
– Aufbau des *Selbstvertrauens,* auch ohne Hilfe des Beraters die Lebensprobleme bewältigen zu können.

Die zeitliche Zerlegung des Beraterrollenkonflikts nach dem Phasenmodell von Janis hat Ähnlichkeiten mit dem Ablauf einer Therapie. Auch hier wird deutlich, daß die Grenzen zwischen Beratung und Intervention fließend sind (vgl. Kap. 16).

15.4.2 Die Bedeutung der mitmenschlichen Unterstützung (social support)

Untersucht man die Wirksamkeit verschiedener Beratungsansätze und Beratungsstrategien, dann kann man feststellen, daß jede Methode wirksam, aber keine für sich genommen unbedingt besser als alle anderen ist. Dieses Phänomen läßt die Frage entstehen, welche Elemente bzw. Wirkmechanismen allen Beratungsformen gemeinsam sind. Verschiedene Autoren vertreten die Auffassung, die *mitmenschliche Unterstützung* sei das Bindeglied aller Beratungsstrategien und die eigentliche Quelle von Veränderungen im Beratungsprozeß (Holland u.a., 1981). Der Begriff der mitmenschlichen Unterstützung ist sehr weit gefaßt. Versucht man, konkrete Verhaltensweisen bzw. Einstellungen zu beschreiben, die zu diesem Konzept gehören, dann findet man u.a. folgende Komponenten:

Gemeinsamkeit herstellen und zum Ausdruck bringen: Damit wird eine eher indirekte Unterstützung umschrieben. Man unterhält sich, trinkt und speist zusammen oder treibt gemeinsam Sport. In der Beratungssituation kann die Gemeinsamkeit im Gespräch über gemeinsam interessierende Themen oder den Hinweis auf gemeinsame Lebensprobleme tendenziell hergestellt werden. Die mitmenschliche Unterstützung verschafft auf diese Weise soziale Anerkennung und stärkt das Selbstwertgefühl.

Rückmeldung geben: Die Wirksamkeit des eigenen Verhaltens und die Effekte, die es bei anderen Personen auslöst, können nur dann richtig eingeschätzt werden, wenn die soziale Umwelt bereit ist, darüber ehrlich Auskunft zu geben. Verhaltensfeedback ist oft eine wichtige Voraussetzung, um die Notwendigkeit von Verhaltensänderungen einzusehen und Ansatzpunkte der Veränderung zu erkennen.

Direkte Hilfeleistung: Die unmittelbare Form der mitmenschlichen Unterstützung ist die Hilfehandlung. Sie kann im Sinne von Trostspenden, Mitleidsausdruck, Aufmuntern, Ratgeben oder auch als materielle Gabe erfolgen. In jedem Fall ist Hilfe instrumentell, d.h. als Mittel zur Herstellung eines bestimmten Zielzustandes gedacht.
    Nicht in allen Fällen hat die soziale Unterstützung positive Wirkungen. In vielen Untersuchungen hat sich sogar gezeigt, daß eine Verschlechterung des Zustands eintreten kann (Wilcox, 1981). Dieser zunächst unerwartete Effekt läßt sich teilweise mit den selbstwertmindernden Nebenwirkungen von Hilfe erklären. Hilfehandeln impliziert die Annahme von Hilfsbedürftigkeit. Kranke, Alte und Schwache empfangen mitmenschliche Hilfe aufgrund ihres Zustands. Wer anderen kommuniziert, daß er sich in einem Notzustand befindet, aktiviert damit instrumentelle Hilfe. Umgekehrt muß sich jemand als hilfsbedürftig oder inkompetent wahrnehmen, wenn ihm unverlangt fremde Hilfe zuteil wird. Empfänger unverlangter Hilfe zu sein, ist u.U. eine selbstwertmindernde Situation (Meyer, 1984). Attributionstheoretisch liegt dem die Annahme zugrunde, man hätte seine Umwelt nicht hinreichend unter

Kontrolle und wäre inkompetent für die Bewältigung der eigenen
Lebenssituation. Die handlungsbestimmende Emotion ist dabei das
Mitleid (Weiner, 1982).

Genau dies ist aber aus der Sicht der Beratung völlig ungeeignet.
Vielmehr kommt es darauf an, dem Betroffenen das Gefühl eigener
Kompetenz zu vermitteln, ihn dazu anzuleiten, die eigenen Stärken zu
sehen, und ihn zu motivieren, Kontrolle über sich und seine Problemlage
auszuüben. Aufgrund dieser Besonderheiten der Ursachenzuschreibung
erscheint das Hilfehandeln als ein zweischneidiger Spezialfall von mitmenschlicher Unterstützung. Ob die mitmenschliche Unterstützung, vor
allem die direkte Hilfestellung, im Sinne der Beratungsziele wirksam ist
oder nicht, hängt von der Art der Zuwendung und anderen Faktoren ab,
z. B. von der Qualität, der Quantität und der Quelle der Hilfeleistung.

Eine hohe *Quantität* von sozialer Zuwendung und positiver Bekräftigung kann wesentlich dazu beitragen, das Auftreten von psychosozialen
Schwierigkeiten zu verhindern (präventive Funktion). Oft kommt es aber
auf die Art bzw. *Qualität* mitmenschlicher Unterstützung an, nämlich
darauf, ob die Beziehungen mehr oberflächlich oder intim sind, ob
konkrete (materielle) Hilfe geleistet wird oder ob ein Modellverhalten
vorgeführt bzw. besprochen wird.

Je nach Beratungsfall muß der einen oder anderen *Quelle* Beachtung
geschenkt werden. So können die professionellen Helfer die bestmögli-
che Quelle mitmenschlicher Unterstützung darstellen, wenn es um
komplizierte und schwer analysierbare Probleme geht. In anderen Fällen
wird dem professionellen Berater u. U. nur eine Nebenrolle zukommen.
Es kann sogar empfehlenswert sein, auf eine formelle Beratungsinstanz
zu verzichten, denn – wie mehrmals festgestellt – droht beim Aufsuchen
einer psychologischen Beratungsstelle immer die Gefahr von sog. Label-
ing-Effekten, die im ungünstigsten Fall die Problemsituation eher verschlechtern als verbessern (vgl. Kap. 14).

15.5 Theoretische Konzepte der Beratungspraxis

Die professionelle Beratung orientiert sich im Gegensatz zur „Alltagsbe-
ratung" an rationalen Kriterien: Sie geschieht planvoll und kontrolliert;
die einzelnen Ablaufschritte und Aktionen des Beraters stützen sich auf
systematisch gewonnenes Wissen; eine wichtige Grundlage seines Handelns sind wissenschaftliche Methoden, Befunde und Theorien.

Umfang und Weite der Beratungsanlässe sowie der zu behandelnden
Probleme bestimmen die Breite des erforderlichen Grundlagenwissens.
Nur selten kann sich der Berater darauf verlassen, daß für ein konkretes
Problem bereits eine fertig anwendbare Theorie zur Verfügung steht. Im

Gegenteil, fast jede Beratungshandlung impliziert einen Problemlösungsprozeß, in dessen Verlauf der Berater gemeinsam mit dem Klienten
einen Lösungsweg sucht und erarbeitet. Wissenschaftliches Hintergrundwissen liefert dazu Anregungen, gedankliche „Bausteine", die der Berater erst kreativ in ein fallspezifisches Interpretationsmuster und ein
daraus abgeleitetes Beratungskonzept einarbeiten muß (vgl. hierzu die
Überlegungen zum Theorie-Praxis-Problem in Kap. 3).

So betrachtet wäre es eine Illusion zu glauben, daß der Berater auf ein
klar umschriebenes Repertoire von theoretischen Konzepten zurückgreifen kann. Denn es ist niemals abzusehen, mit welchen Problemen er
konfrontiert wird. Und noch weniger kann vorher eindeutig festgelegt
werden, welche der verfügbaren Theorien und Befunde nützlich und
anwendbar sind. Insofern gibt es keine feste Zuordnung zwischen speziel-
lem theoretischem Hintergrundwissen und konkreten Beratungsaufgaben. Prinzipiell kann jede praktisch verwertbare Theorie innerhalb und
außerhalb der Psychologie auch als Grundlage der Beratung herangezogen werden. Barclay (1971) hat Beratungsstrategien auf ihre theoretisch-
philosophischen Fundamente hin untersucht und folgendes Ordnungs-
schema entwickelt.

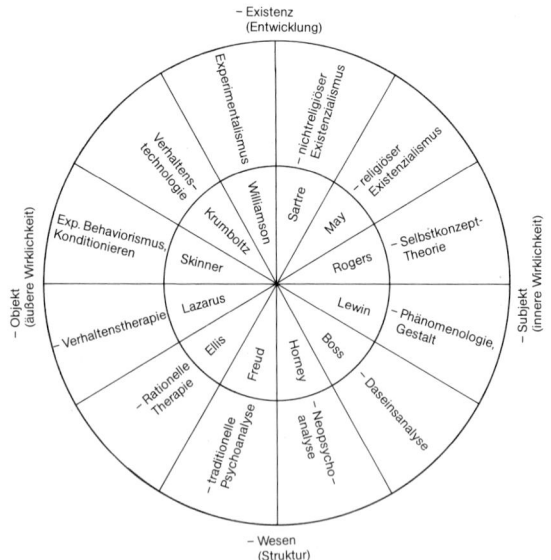

Abb. 15.3: Ordnungssystem von Beratungsansätzen

(Nach Barclay, 1971, S. 16)

Geht man von der Beratungspraxis aus, dann haben die folgenden psychologischen Theorierichtungen einen herausgehobenen Stellenwert: Psychoanalytische Theorien, Klientenzentrierte Theorien, Lehr- und Verhaltenstheorien, Persönlichkeitstheorien.

Diese theoretischen Ansätze stehen in enger Verbindung zu einzelnen Beratungskonzeptionen. In Anlehnung an Scheller & Heil (1977) stellen wir zum Abschluß folgende vier Ansätze vor: Psychoanalytisch orientierte, klientenzentrierte, verhaltenstheoretische und persönlichkeitstheoretische Beratung.

Psychoanalytisch orientierte Beratung

Die große Gruppe der psychodynamischen Beratungskonzepte umfaßt alle Ansätze, die von der Grundannahme ausgehen, daß „sich ein Individuum bevorzugt solchen Inhalten zuwendet, die seiner individuellen Suche nach Belohnung entsprechen und Schutz vor Ängsten gewähren" (Scheller & Heil, 1977, S. 80). Der Mensch als biologisches Mängelwesen erlernt in der Familie die zum Überleben notwendigen Verhaltensmuster. Die Übernahme dieser Verhaltensweisen oder auch ihre Abwehr als Gegenmuster sind unbewußt. Sie hängen davon ab, ob die Eltern Zuneigung oder Abwehr mit dem Erziehungsverhalten verbinden (Melzer, 1978). Diese individuelle Entwicklungsgeschichte und ihre Psychodynamik stehen im Mittelpunkt des Beratungskonzeptes. Den Problemen kommt häufig nur Symptomcharakter zu, sie sind Anpassungsleistungen der Person. Die Beratung muß die verursachenden Faktoren aufdecken, die dem Ratsuchenden selbst oft nicht bewußt sind. Diese Beratung stützt sich häufig auf tiefenpsychologische bzw. psychoanalytische Theorien.

Wie das Beratungsgespräch einer psychodynamischen Beratung verlaufen kann, zeigt der Kasten 15.4

Kasten 15.4: Psychoanalytisch orientierte Beratung

Der erste Eindruck, den wir von ihm gewinnen: Jugendlicher Hochstapler, der aus seiner psychischen Struktur die dem Arzte gestandenen Abenteuer mit Mädchen gar nicht gehabt haben konnte. Unser Verhalten ihm gegenüber wird durch diesen Eindruck sofort eindeutig bestimmt: wir begrüßen ihn mit einem Händedruck, ernst, aber nicht unfreundlich, wortlos, und fordern ihn nur mit einer Handbewegung zum Sitzen auf.

„Warum haben Sie den Arzt so zum Besten gehalten?" damit beginnt unser Gespräch.

„Weil er danach gefragt hat", entgegnet er mit einem Achsel-
zucken.

„Wieviel Geld ist Ihnen noch geblieben?"

„Hundertfünfzig Schillinge."

„Wo haben Sie das Geld?"

„Hier, in meiner Tasche."

„Legen Sie das Geld auf den Tisch!" Er kommt dieser Aufforderung ohne zu zögern nach.

„Würden Sie das Geld der Mutter zurückgeben?"

„Nein!"

„Würden Sie das Geld mir geben?"

„Ja."

Ich nehme ein Kuvert, lege das Geld hinein, sperre es ein,
schreibe eine Bestätigung über empfangene hundertfünfzig Schillinge, und überreiche sie ihm. Als er sie nimmt, frage ich:

„Woran denken Sie jetzt?"

„Daß ich dumm war, Ihnen das Geld zu geben."

„Warum haben Sie es mir denn gegeben?"

„Das weiß ich nicht."

„Denken Sie darüber nach."

„... ich weiß es wirklich nicht."

Wir sprechen nun ohne Übergang über die Schule, er erzählt
auch einiges von zu Hause und ich höre zu. Nach einigen Minuten
unterbreche ich ihn mit der Frage:

„Woran denken Sie jetzt?"

„Ich komme davon nicht los, wirklich dumm gewesen zu sein.
Ich hätte Ihnen das Geld doch nicht geben sollen."

„Warum haben Sie es mir gegeben; vor zehn Minuten kannten
Sie mich noch nicht. Mir geben sie es, der Mutter nicht. Warum?"

„Das weiß ich nicht."

„Denken Sie doch darüber nach."

„... ich habe das Gefühl, Sie hätten es mir aus der Tasche
gezogen. Nun bin ich in größter Verlegenheit. Ich habe zwei
Freunden versprochen, sie abends ins Kino zu führen und habe
kein Geld."

„Sie können doch die Mutter darum bitten."

„Das ist ausgeschlossen. Jetzt, da sie so böse auf mich ist, kann
ich nicht Geld für Kinokarten verlangen."

„Gibt es keine andere Möglichkeit, sich Geld zu verschaffen?"

„Nein."

„Doch, Sie können ja wieder stehlen."

„Meinen Sie das ernstlich?"

„Gewiß."

„Das ist doch nicht möglich."

„Warum nicht, Gibt es noch etwas, was Sie stehlen könnten?"

„Ja. Ein Armband der Schwester."

„Wo ist dieses Armband?"

„In der Lade des Nachttisches."

Und nun besprechen wir diesen Diebstahl mit allen Einzelheiten durch, wobei ich ihn an manchen Stellen sogar noch aufmerksam mache, wie er es geschickter anstellen könnte. Darüber ist er zunächst sehr erstaunt, kommt aber allmählich aus seiner schlechten Stimmung heraus, da er eine neue Möglichkeit sieht, sich wieder Geld zu verschaffen.

Damit ist aber unser Gespräch nicht zu Ende. Es kann doch nicht die Aufgabe eines Erziehungsberaters sein, einen jugendlichen Verwahrlosten wirklich zu einem Diebstahl zu verleiten. Daher setze ich fort:

„So, das werden wir aber nicht machen. Das Armband heben wir uns auf, bis wir einmal mehr Geld brauchen. Was kosten denn die Kinokarten?"

Er nennt mir den Betrag, den ich meiner Geldbörse entnehme, und ihm gebe. Dadurch wird er völlig fassungslos, da er jetzt überhaupt nicht mehr weiß, woran er mit mir ist. Zuerst nehme ich ihm den Rest seiner Beute ab, dann gehe ich mit ihm – in der Phantasie – stehlen, und zum Schluß gebe ich ihm vom eigenen Gelde den notwendigen Betrag.

Ich will ihn eine Zeitlang in diesem Spannungszustand belassen, schicke ihn daher gleich weg und bestelle ihn für den nächsten Tag.

Am nächsten Tag kommt er mit folgender Bemerkung bei der Türe herein:

„Ich muß Ihnen etwas sagen, aber nein, – ich sage es Ihnen doch nicht."

Ich reagiere darauf nicht, sondern fordere ihn nur auf, sich zu setzen. Er setzt sich und beginnt:

„Wie gefällt Ihnen der Thomas Mann?"

„Was haben Sie von Thomas Mann gelesen?" Er zählt einige Werke auf und setzt fort:

„Wir lesen in der Schule jetzt ‚Minna von Barnhelm' (er besucht die achte Klasse der Mittelschule) und da kenne ich mich nicht aus." Er nennt die Stelle und will nun von mir einen Kommentar dazu.

„Wer hat ‚Minna von Barnhelm' geschrieben?"

„Lessing. Warum schauen Sie von mir auf Ihre Bücher?"

Nun sehe ich den Zeitpunkt gekommen, aktiv einzugreifen, und frage:

„Warum wollen Sie sich unbedingt den Beweis meiner Dummheit verschaffen?" Er erschrickt:

„In Ihrer Gegenwart darf man sich ja nicht einmal etwas denken."

„Als Sie bei der Türe hereingekommen sind, wollten Sie mir etwas sagen. Dann haben Sie es vergessen."

„Richtig. Unsere Köchin hat gesagt, du, sei vorsichtig, das ist ein ganz ‚Geriebener'."

„Eine gescheite Person?"

„Nein! Sie ist dumm!"

„Wie fällt ihr ein, so etwas zu behaupten?"

„Sie war schon vor meiner Geburt im Hause, hat mich sehr lieb und hat, als meine Mutter jetzt auf den Diebstahl draufkam, sehr für mich Partei ergriffen."

„Hat die Köchin recht?"

„Aber nein!"

„Dann erzähle mir eine von *deinen* Gaunereien, von denen noch niemand etwas weiß." Der Jugendliche erzählt nun von Diebstählen, die bis auf zehn Jahre zurückgehen. Zuerst kleinere Familiendiebstähle, dann Entwendungen von Schmuckgegenständen und Geld auf Reisen mit der Mutter, aus benachbarten Hotelzimmern; in den Ferien im Schwimmbad aus fremden Kabinen; eine ununterbrochene Folge von immer größer werdenden Diebstählen, die unentdeckt geblieben sind, da niemand den „wohlerzogenen Knaben aus gutem Hause" verdächtigt hatte.

(Aus Aichhorn, 1970, S. 114 ff.)

Klientenzentrierte Beratung

Die Grundlage für diesen Ansatz bildet die Theorie von Rogers (1972) über psychotherapeutische Prozesse und Beziehungen. Sie hat aus zweierlei Gründen besondere Bedeutung für die Beratung gewonnen: Zum einen konzentriert sie sich auf das Gespräch, welches die bevorzugte Methode der Beratung darstellt; zum anderen thematisiert sie Verhaltensweisen des Beraters und Bedingungen der Beratungssituation (vgl. Kasten 15.5).

Kasten 15.5: Grundkonzepte klientenzentrierter Beratung

Das Individuum verfügt potentiell über unerhörte Möglichkeiten, um sich selbst zu begreifen und sein Selbstkonzept, seine Grundeinstellungen und sein selbstgesteuertes Verhalten zu verändern; dieses Potential kann erschlossen werden, wenn es gelingt, ein klar definierbares Klima förderlicher psychologischer Einstellungen herzustellen.

Drei Bedingungen müssen erfüllt sein, damit ein wachstumsförderndes Klima entsteht.

Das erste Element könnte man als *Echtheit,* Unverfälschtheit oder Kongruenz bezeichnen. Je mehr der Therapeut in der Beziehung er selbst ist, das heißt, kein professionelles Gehabe und keine persönliche Fassade zur Schau trägt, desto größer ist die Wahrscheinlichkeit, daß sich der Klient äußern und auf konstruktive Weise ändern wird. Das bedeutet, daß der Therapeut offen die Gefühle und Einstellungen äußert, die ihn im Augenblick bewegen. Der Begriff ‚Transparenz' wird diesem Sachverhalt gerecht: Der Therapeut macht sich gegenüber dem Klienten transparent; der Klient kann ohne weiteres sehen, was der Therapeut in der Beziehung *ist;* der Klient erlebt kein Zurückhalten seitens des Therapeuten. Was den Therapeuten betrifft, so ist das, was er oder sie erlebt, dem Bewußtsein zugänglich, kann in der Beziehung gelebt und, falls angebracht, kommuniziert werden. Es besteht also eine genaue Übereinstimmung oder Kongruenz zwischen dem körperlichen Empfinden, dem Gewahrsein und den Äußerungen gegenüber dem Klienten.

Die zweite Voraussetzung für ein Klima, das Veränderung fördert, ist das Akzeptieren, die Anteilnahme oder *Wertschätzung* – das, was ich als ‚bedingungslose positive Zuwendung' bezeichnet habe. Wenn der Therapeut eine positive, akzeptierende Einstellung gegenüber dem erlebt, was der Klient in diesem Augenblick *ist,* dann wird es mit größerer Wahrscheinlichkeit zu therapeutischer Bewegung oder Veränderung kommen. Der Therapeut ist gewillt, den Patienten sein jeweiliges momentanes Gefühl ausleben zu lassen – Verwirrung, Groll, Furcht, Zorn, Mut, Liebe oder Stolz. Eine solche Zuwendung seitens des Therapeuten ist nicht besitzergreifend. Der Therapeut bringt dem Klienten eine totale, keine an Bedingungen geknüpfte Wertschätzung entgegen.

Der dritte förderliche Aspekt einer solchen Beziehung ist das *einfühlsame Verstehen.* Das bedeutet, daß der Therapeut genau die Gefühle und persönlichen Bedeutungen spürt, die der Klient erlebt, und daß er dieses Verstehen dem Klienten mitteilt. Unter optimalen Umständen ist der Therapeut so sehr in der privaten Welt des anderen drinnen, daß er oder sie nicht nur die Bedeutungen klären kann, derer sich der Patient bewußt ist, sondern auch jene knapp unterhalb der Bewußtseinsschwelle. Diese Art des sensiblen, aktiven Zuhörens ist äußerst selten in unserem Leben. Wir glauben zuzuhören, aber es geschieht sehr selten mit wirklichem Verständnis und echter Einfühlung. Dennoch ist diese ganz besondere Art des Zuhörens eine der mächtigsten Kräfte der Veränderung, die ich kenne.

(Aus Rogers, 1981, S. 66 ff.)

Der Ansatz von Rogers hat in Deutschland große Bekanntheit und Verbreitung erlangt. Rogers selbst hat seine Grundannahmen auf andere, z. B. schulische Lern- und Wachstumserfahrungen übertragen. In seinem Buch „Lernen in Freiheit" (deutsch 1974) plädiert er für ein Lernen, das bedeutungsvoll (signifikant) ist. Der Lehrer, der ein solches Lernen zuläßt, muß ebenso wie ein Berater Echtheit, Wertschätzung und einfühlendes Verständnis realisieren. Entscheidend für die Verbreitung dieser Ideen waren die Arbeiten von Annemarie und Reinhard Tausch (1970, 1971). Auf der Grundlage der Vorstellungen von Rogers entwikkelten sie ein Erziehungsstilkonzept, das wesentlich bestimmt wird durch die Dimensionen maximale vs. minimale Lenkung und Wertschätzung/ Wärme vs. Geringschätzung/Kälte. In der Lehreraus- und -weiterbildung haben solche humanistischen Ansätze seit langem ihren festen Platz (Minsel & Minsel, 1976; Minsel, Kaatz & Minsel, 1976).

Verhaltensbezogene Beratung

Auf der Basis der Lern- und Verhaltenstheorien orientiert sich der Berater an dem Grundsatz, daß alles Verhalten, auch das fehlangepaßte, gelernt ist. Dieses Verhalten kann systematisch wieder verlernt werden. Dazu ist eine differenzierte „Verhaltensanalyse" notwendig, in der das Problemverhalten selbst, vorauslaufende Bedingungen und aufrechterhaltende Konsequenzen genau analysiert werden. Bei der verhaltensbezogenen Beratung kommen alle Techniken zur Anwendung, die sich in „normalen" Lernsituationen sowie in verhaltenstherapeutischen Situationen als effektiv erwiesen haben, von der Verstärkung und systematischen Desensibilisierung bis hin zu Selbstkontrolltechniken.

Das Ergebnis einer verhaltenstheoretischen Beratung könnte z. B. darin bestehen, daß gemeinsam mit den Klienten ein Plan entwickelt wird, wie ein Problem konkret bewältigt werden kann (vgl. Kasten 15.6).

Kasten 15.6: Entwicklung eines Interventionsplans in der verhaltenstheoretischen Beratung

Problemverhalten: In schwierigen Situationen verhalte ich mich unbeherrscht, ich werde schnell laut. Ich bin inkonsequent zu schwierigen Schülern, manchmal beachte ich sie nicht, manchmal ermahne ich sie, manchmal fahre ich aus der Haut.

Zielverhalten: Reduzierung des Anschnauzens auf 30% der Grundrate, verständnisvolles Verhalten in schwierigen Situationen. Ignorieren von störendem Verhalten, positive Verstärkung von kooperativem Verhalten.

Die einzelnen Stufen der Veränderung (Interventionsplan)

Nr.	Ziel	Maßnahmen, Zeitplan	Verstärker
1	*Lehrer:* a) keine ungeduldigen Äußerungen bei falschen/keinen Antworten, b) keine einzelnen Schüler hart anfahren. *Schüler:* Anerkennen von Bemühen des Lehrers durch Lächeln. Lob. Zusätzlich: *Lehrer:* verständnisvoll auf problematische Schüler eingehen.	a und b): Aufbau von Alternativverhalten; systematische Verstärkung, systematische Verstärkung Lesen von „Partnerzentriertes Gesprächsverhalten" zweimal in der Woche ¾ Stunde 1. Schritt: 4 Wochen	Einmal weniger als in Grundrate einzelne Schüler anfahren, ungeduldige Äußerung machen = 1 Punkt Anerkennen einer Schüleräußerung = 1 Punkt je ¾ Stunde 3 Punkte, wenn weniger, 1 Punkt
2	Reduzierung des unkontrollierten aggressiven Verhaltens auf 30% der Grundrate	Verhaltensformung von verständnisvollem Verhalten nach partnerzentriertem Gespräch Unterbrechen der Verhaltenskette	Eine verständnisvolle Bemerkung = 1 Punkt längeres Eingehen auf Schüler = 5 Punkte

3	*Schüler:* Reduzierung einiger seiner Problemverhaltensweisen auf 20% der Grundrate	Verhaltensformung: Nicht Beachten: Herstellen von Signalreizen für erwünschtes Verhalten: systematische Verstärkung für Mitschüler und Lehrer, wenn sie verstärken und ignorieren:	1 Nichtzeigen des Problemverhaltens = 1 Punkt einmal Zielverhalten = 1 Punkt
	Lehrer und Mitschüler: Verstärken von jedem Ansatz zu Zielverhalten Ignorieren von definiertem Problemverhalten	4 Wochen	Jedes Verstärken/Ignorieren = 1 Punkt
4	Reduzierung des Problemverhaltens des Schülers auf 5% der Grundrate	Einengen der Situationen: dazu weiter wie Nr. 3 5 Wochen	Jede Situation = 5 Punkte

(Aus Lorenz u. a., 1976, S. 217)

(Beratungsstelle für Kinder, Jugendliche und Eltern. Tätigkeitsbericht 1980, S. 17.1, Regensburg 1981, zit. n. Hockel & Feldhege, 1981)

„Trait-and-Factor"-Beratung

Dieser Ansatz geht davon aus, daß sich Individuen in bezug auf Persönlichkeitsmerkmale mehr oder weniger unterscheiden. Im Gegensatz zu den bislang genannten theoretischen Grundkonzeptionen, die alle an einer zielorientierten Veränderung von Individuen und/oder Situationen interessiert sind und somit im Dienst sog. Modifikationsstrategien stehen, befaßt sich dieser Ansatz mit der Vorbereitung und Durchführung selektiver Entscheidungen (z. B. Schullaufbahnberatung). Der theoretische Hintergrund und das grundlegende Denk- und Handlungsmodell kommt aus der differentiellen Psychologie (vgl. Kap. 14, S. 574 ff.).

Kapitel 16

Günther L. Huber
Peter F. Schlottke

Prävention und Intervention

unter Mitarbeit von Werner Bogatzki und
Sigrid Rotering-Steinberg

16.1 Einleitung

16.2 Prävention und Intervention
bei Kindern und Jugendlichen

16.3 Prävention und Intervention
bei Erziehern

16.1 Einleitung

Dieses Kapitel kann unter mehreren Aspekten auf die vorangehenden Kapitel „Diagnose und Prognose" sowie „Beratung" zurückgreifen. Konkrete unterstützende Maßnahmen – und hierum geht es bei Prävention und Intervention – hängen kaum trennbar zusammen mit bereits besprochenen Themen wie Erfassen einer Störung bzw. eines Risikos, Abschätzen des Erfolgs einer pädagogisch-psychologischen Maßnahme. Konzepte von Störung und Auffassungen über Störungsgenese, die soziale Beziehung zwischen dem Professionellen und dem Klienten (Schüler, Eltern, Lehrer) usw. Diagnose, Beratung und Intervention gehören in der Praxis zusammen, bauen aufeinander auf, ergänzen sich. Das gilt auch für die Evaluation (vgl. Kap. 17), d. h. die Untersuchung der Auswirkungen von pädagogisch-psychologischen Maßnahmen.

Bei pädagogisch-psychologischen Interventionen bestehen Übergänge zur Klinischen Psychologie. Beide Disziplinen haben es mit der Behandlung von psychologischen Störungen zu tun und greifen dabei zum Teil auf identische Modelle und Interventionskonzepte zurück. Allerdings befaßt sich dieses Kapitel ausschließlich mit Auffälligkeiten und Schwierigkeiten, die in pädagogischen Situationen auftreten; damit sind als Adressaten Kinder, Schüler, Eltern, Lehrer angesprochen. Diese Zielgruppen haben wir auch als Gliederungsschema für dieses Kapitel gewählt, nicht etwa – wie es nahegelegen hätte – verschiedene Interventionskonzepte. Der Grund hierfür liegt darin, daß die Entwicklung einer eigenständigen Theorie pädagogisch-psychologischer Prävention und Intervention noch in den Anfängen steht und man der Situation am ehesten gerecht wird, wenn ein exemplarischer Einblick in derzeit verbreitete bzw. typische Programme gegeben wird. Die aber sind vor allem zielgruppenbezogen ausgerichtet. Vorweg sollen noch zwei prinzipielle Aspekte des Themas geklärt werden: zum einen die Begrifflichkeit (Prävention/Intervention), zum anderen unser Grundverständnis von pädagogisch-psychologischer Prävention und Intervention (im Anschluß an die Kap. 14 und 15).

Prävention ist nach allgemeinem Sprachgebrauch vorbeugendes Eingreifen; *Intervention* bedeutet Eingreifen, wenn eine Störung bereits manifest ist. Das Kernproblem jeder Prävention ist daher, wie möglichst frühzeitig Anzeichen einer späteren Störungsverfestigung erkannt werden können. Präventionsforschung befaßt sich primär damit, solche Risikoprädiktoren zu ermitteln. Anhand dieser Prädiktoren lassen sich dann – eine entsprechende Diagnostik vorausgesetzt – Risikogruppen ermitteln, für die man sich Präventionsstrategien ausdenken muß, um das bestehende Risiko zu reduzieren (vgl. Kap. 14). Man kann hierzu *fokussiert* vorgehen, d. h. speziell für diese eine Risikogruppe ein Programm entwickeln (vgl. Kasten 16.1). *Breitbandstrategien* dagegen setzen dann ein, wenn eine engere Risikogruppe wissenschaftlich nicht begründet zu identifizieren oder aus praktischen Gründen eine entsprechende Diagnostik nicht möglich ist. Beispiele dafür sind etwa eine prophylaktische Vermittlung von Regeln einer psychohygienischen Lebensführung (Hawkins, 1972) oder eine allgemeine Information aller Eltern über Grundlagen der Kindererziehung (Yule, 1980).

Präventive Programme lassen sich besonders durch die Eigenart pädagogisch-psychologischer Prozesse begründen, daß sich frühe Probleme überverhältnismäßig stark auf spätere Entwicklungen auswirken. So zählen Kinder mit frühen Anpassungsproblemen im Leistungsbereich oder im Sozialverhalten zu einer „High-Risk-Population" (Cowen u.a., 1973).

In der medizinischen Literatur unterscheidet man *primäre, sekundäre und tertiäre Prävention;* diese Unterscheidung verwischt allerdings den Unterschied zur Intervention. Primäre Prävention (Prävention im oben genannten engeren Sinne) versucht, das Auftreten einer Störung zu verhindern, z.B. durch Reduktion oder Eliminierung von Risikofaktoren. Sekundäre Prävention zielt darauf ab, eine Störung schon in den Anfängen zu erkennen und zu beseitigen. Tertiäre Prävention schließlich will bei eingetretener Störung eine weitere Verschärfung der Schwierigkeiten verhindern, wie sie z.B. für die Teufelskreise im Zusammenhang mit schlechten Schulleistungen typisch ist (vgl. Kap. 8). Folgt man diesem Sprachgebrauch, dann ist Prävention ein Spezialfall von Intervention; es gäbe vorbeugende, negativ eskalierende Entwicklungen verhindernde und Störungen beseitigende („therapeutische") Interventionen.

Kasten 16.1: Fokussierte Prävention

Butollo u.a. (1981) untersuchten Zufallsstichproben von Vorschulkindern im Hinblick darauf, welches Problemverhalten im Alter von 4 Jahren ein mögliches Risikoverhalten für die spätere schulische Entwicklung darstellt. Gleichzeitig suchten sie auch risikorelevantes Verhalten der Mütter zu identifizieren.

Zwei Verhaltensweisen erwiesen sich in diesem Alter als prognostisch valide für Probleme in der Schule:
– impulsiv-aktives Verhalten
– passiv-zurückgezogenes Verhalten.
Für Vorschulkinder dieser beiden Risikogruppen entwickelte das Forscherteam spezielle Interventionsprogramme, einerseits für die pädagogisch-psychologische Arbeit mit den Kindern, andererseits für eine Betreuung der Mütter (je 8 Doppelstunden). Hier ein Auszug aus dem Programm für „impulsiv-aktive" Kinder:

Lernziele	Maßnahmen
Selbstbeobachtung Diskrimination von Aufmerksamkeit und Nichtaufmerksamkeit	gemeinsames Spiel in der Kindergruppe, Diskussion, Einführung eines „Regelwächters"
Motivation für die Einhaltung von Regeln: Konsequenzen von Aufmerksamkeit und Nichtaufmerksamkeit herausarbeiten	Hausaufgaben zur Selbstbeobachtung
Aufpassen als bewußte Entscheidung Selbstbeobachtung als Kontrolle	Spiele mit Aufpaßschild zum Umhängen
Einsatz von Selbstkontrolle zur Lösung von Problemsituationen Generalisierung auf andere Problembereiche	Diskussion: Wo gibt es zu Hause Krach? Rollenspiele Betonung auf Planung, Durchhalten, Pause machen, Absprache treffen
Hindernisse erkennen: Wodurch werde ich vom Aufpassen abgelenkt?	Störquellen herausarbeiten Rollenspiel und Diskussion
Flexibilität im Lösungsverhalten:	Zu jeder Störquelle Lösungen suchen
Wie kann ich mich konzentrieren, wenn ich mich ablenke?	Störgedanken und Lösungsmöglichkeiten sammeln

Es wird deutlich, daß das Programm nicht nur das Erkennen des Problems und Einsicht in das Problem fördern will, sondern besonders Wert legt auf die aktive, eigenständige Bewältigung des Problems durch die Betroffenen.

Trotz der erheblichen diagnostischen und praktischen Anstrengungen blieb die Effektivität des Programms hinter den Erwartungen zurück. Möglicherweise hätte man stärker auf die spezifischen Bedingungen des Einzelfalls eingehen müssen, z. B. auf die familiale Situation der Kinder und Mütter.

Unser Grundverständnis von Prävention und Intervention schließt an die in Kap. 15 geäußerten Vorannahmen an. Drei Gesichtspunkte sind dafür kennzeichnend. Erstens wird „Störung" *nicht einseitig individuumzentriert* aufgefaßt, sondern als Problem der Interaktion Individuum-Umwelt gesehen. Dazu gehört auch die Problematik der Definition von „Störung", gerade im Erziehungsbereich, aufgrund gesellschaftlicher und individuell-subjektiver Normen und Überzeugungen. Zweitens soll jede Prävention bzw. Intervention darauf zielen, den Klienten selbständiger, unabhängiger zu machen, d. h. seine *Eigenverantwortlichkeit* zu festigen („Hilfe zur Selbsthilfe"). Das gilt nicht nur für Erwachsene, sondern auch für Kinder. Drittens muß jede Maßnahme, auch wenn sie natürlich einem Modell folgt, auf den *speziellen Klienten und seine Situation* abgestimmt werden. Dieser Grundsatz folgt aus den ersten beiden, ist aber in der praktischen Arbeit schwer zu realisieren, nicht zuletzt, weil der verbreitete Zeitdruck routiniertes Handeln fördert (vgl. Kap. 18) – also gerade schematisches Anwenden von Interventionsprogrammen anstelle eines flexiblen Eingehens auf den Einzelfall.

Selbstverständlich gilt auch für professionelles Intervenieren ein *rationales Vorgehen,* wie es für alle Bereiche dieses Lehrbuchteiles in Kapitel 13 dargestellt wurde.

16.2 Prävention und Intervention bei Kindern und Jugendlichen

Für diesen Bereich haben wir zwei Störungsfelder ausgewählt, die Erziehern besonders viel Kopfzerbrechen bereiten und deshalb in pädagogisch-psychologischen Beratungsstellen bzw. in der Schulpsychologie zum Alltag gehören: zum einen Aufmerksamkeitsstörungen bei jüngeren Schülern, zum anderen Drogenprobleme bei Jugendlichen. Beim ersten Programm steht besonders die Intervention, beim zweiten die Prävention im Vordergrund (zur Prävention im Vorschulalter vgl. Kasten 16.1).

16.2.1 Aufmerksamkeitsstörungen

Die Klage, daß sich ein Kind nicht konzentrieren könne, ist bei Eltern und Lehrern häufig zu hören. Eine tatsächliche Aufmerksamkeitsschwäche muß sich besonders fatal auswirken, weil Unterricht weitgehend „darbietend" verläuft und meist voraussetzt, daß die Schüler das zuvor Präsentierte verstanden und behalten haben. Fehlende Aufmerksamkeit ist unter diesem Gesichtspunkt ein Risikoverhalten im Hinblick auf Leistungsschwierigkeiten und die damit verbundenen sozialen Folgeerscheinungen. Deshalb ist für diese Problematik eine Reihe von Präventions- und Interventionsprogrammen entwickelt worden.

Die Programme können sich allerdings nicht mit alltagstheoretischen Ursachenerklärungen für Störungen dieser Art begnügen. Sie müssen zuerst das Störungsverhalten präzisieren, um Änderungsziele mit ausreichender Genauigkeit angeben zu können. Die Ursachenerklärung für Aufmerksamkeitsstörungen bestimmt dann das Interventionsrationale, dem einzelne Interventionsstrategien zuzuordnen sind. Rationale könnte z. B. „Motivationskorrektur" sein, wenn man die Aufmerksamkeitsstörung auf ein gestörtes Verhältnis zwischen Zielen und Bedürfnissen des Lerners und dem Lerngegenstand zurückführt.

Das folgende Interventionsbeispiel (Schlottke, 1984) wurde für Kinder entwickelt, die mit Hilfe einer multimodalen Diagnostik (Beobachtung, Tests usw.) als primär aufmerksamkeitsgestört beurteilt worden waren. Bei der Zuweisung der Kinder zur Interventionsmaßnahme suchte man differentialdiagnostisch z. B. Lernstörungen mit primär anderer Ursache auszugrenzen. Für die Diagnose der Aufmerksamkeitsstörung wurde eine Checkliste entwickelt, die sich an einer Definition der amerikanischen psychiatrischen Gesellschaft (American Psychiatric Association = APA) orientierte (vgl. Kasten 16.2).

Zur Erklärung der Störung und ihrer Folgen stützte sich Schlottke auf umfangreiche Studien der McGill-Arbeitsgruppe (Douglas & Peters, 1979; Douglas, 1980a) in Montreal. Nach diesem Modell (vgl. Abb. 16.1) besteht bei Kindern mit Aufmerksamkeitsstörungen eine „konstitutionelle Prädisposition" zu Beeinträchtigungen in drei Bereichen:
- Die Kinder haben Probleme damit, Aufmerksamkeit über einen längeren Zeitraum aufrechtzuerhalten. (Sie lassen z. B. in Vigilanz- und Reaktionszeit-Aufgaben schnell nach.)
- Die Kinder zeigen zu wenig Kontrolle über Reaktionen und Impulse, die nicht der jeweiligen Aufgabe angemessen sind. (Bei einem Reaktionstest drücken die Kinder z. B. nach einem Ankündigungston den Signalknopf vorschnell oder mehrfach hintereinander.) Sie lassen sich durch auffallende, aber lösungsirrelevante Merkmale bei der Aufgabenbearbeitung ablenken.
- Den Kindern gelingt es nicht, das für eine effiziente Bearbeitung komplizierter Aufgaben günstige Aktivierungsniveau den aktuellen Erfordernissen anzupassen bzw. über längere Zeit aufrechtzuerhalten.
Diese Defizite sind miteinander verschränkt. Dies gilt auch für die resultierenden Folgeprobleme (vgl. Abb. 16.1 unterer Teil). Besonders folgenschwer ist die Tatsache, daß durch die Aufmerksamkeitsstörung kaum eine tiefere Verarbeitung von Informationen erwartet werden kann und deshalb Schemata höherer Ordnung nicht entwickelt werden (vgl. Kap. 7). Dies ist für den Circulus Vitiosus eines zunehmenden Leistungsrückstandes in der Schule zentral.

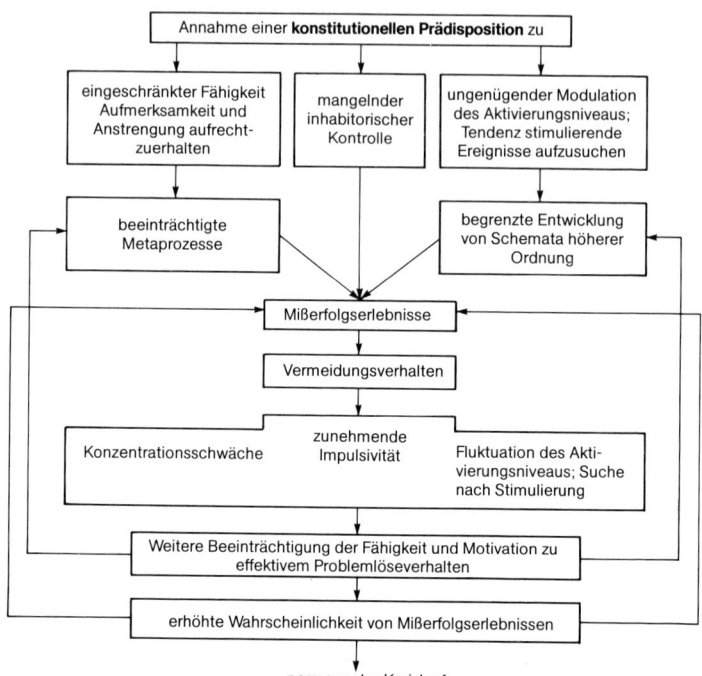

Abb. 16.1: Entstehung und Folgen von Aufmerksamkeitsproblemen bei Kindern (Nach Douglas, 1980a)

Kasten 16.2: Was ist eine Aufmerksamkeitsstörung?

Auszug aus dem „Diagnostic and Statistic Manual" (DSM III, 1980) zu „Attention Deficit Disorder with Hyperactivity (ADD-H)":

Das Kind zeigt für sein Reifungs- und Lebensalter Anzeichen entwicklungsmäßig unangemessener Unaufmerksamkeit, Impulsivität und Hyperaktivität. Diese Anzeichen werden von Erwachsenen in der Umgebung des Kindes, wie Eltern und Lehrer, berichtet. Da die Symptomatik typischerweise variiert, läßt sie sich vom Kliniker nicht direkt beobachten. Wenn Berichte von Lehrern und Eltern voneinander abweichen, sollte zunächst auf die Angaben der Lehrer geachtet werden, da diese mit entsprechendem Verhalten besser vertraut sind. In Situationen, die Selbstkontrolle verlangen, verschlechtert sich die Symptomatik normalerweise, wie z. B. in der Klasse. Störungsanzeichen können fehlen, wenn das Kind in eine neue Situation kommt.

Die geschilderten Auffälligkeiten beziehen sich auf Kinder zwischen 8 und 10 Jahren; in diesem Alter kommen sie am häufigsten vor.

a) *Unaufmerksamkeit*. Mindestens drei der nachfolgenden Auffälligkeiten:
   1. bringt angefangene Aufgaben oft nicht zu Ende.
   2. scheint häufig nicht zuzuhören
   3. ist leicht abzulenken
   4. hat Schwierigkeiten, sich auf die Schularbeiten zu konzentrieren oder auf Aufgaben, die andauernde Aufmerksamkeit erfordern
   5. hat Schwierigkeiten, sich Spielen zuzuwenden

b) *Impulsivität*. Mindestens drei der nachfolgenden Auffälligkeiten:
   1. fragt oft unüberlegt
   2. springt auffallend häufig von einer Tätigkeit zur anderen
   3. hat Probleme, seine Arbeit zu organisieren (nicht aufgrund unzureichender kognitiver Voraussetzungen)
   4. benötigt sehr viel Betreuung
   5. ruft häufig in der Klasse dazwischen
   6. hat Probleme, bei Spielen oder in der Gruppensituation zu warten, bis es an der Reihe ist

c) *Hyperaktivität*. Mindestens zwei der nachfolgenden Auffälligkeiten:
   1. rennt oder turnt übertrieben herum
   2. hat Schwierigkeiten stillzusitzen oder zappelt herum
   3. hat Schwierigkeiten, am Platz zu bleiben
   4. schlägt im Schlaf wild um sich
   5. ist ständig in Bewegung oder verhält sich wie „aufgezogen"

d) Beginn vor 7 Jahren

e) Manifestation mindestens 6 Monate lang

f) Nicht bedingt durch Störungen wie Schizophrenie, affektive Störungen oder schwere geistige Behinderungen

Diese Konzeption unterscheidet sich von einer weitverbreiteten anderen Hypothese, daß nämlich aufmerksamkeitsgestörte (wie auch hyperaktive) Kinder in hohem Maße für irrelevante Außenreize empfänglich, nämlich „stimulusgebunden", „stimulusgetrieben", „überreaktiv" (Cruickshank, 1977) seien. Sie könnten auftretende Störreize nicht ausblenden. Die Belege für diese Vermutung scheinen aber nicht stichhaltig. Die Tatsache (s. o.), daß z. B. aufmerksamkeitsgestörte Kinder Probleme

haben, sich einer Aufgabe noch zuzuwenden, wenn sie ihren Neuheits-
wert verloren hat, kann man als Bedürfnis nach Stimulierung interpretieren anstatt als Unfähigkeit, irrelevante Reize auszublenden. Die Kinder
bleiben z. B. an hervorstechenden, aber irrelevanten Reizen innerhalb
einer Aufgabe hängen, wie Ergebnisse aus Ablenkungsstudien zeigen.
Der Informationsaufnahmeprozeß wird quasi blockiert; die Aufgabe
wird nicht weiterbearbeitet.

Für eine Interventionsrationale scheint also die Vermittlung von
effektiven Such- und Elaborationsstrategien zur Lösung von Aufgaben
gefordert zu sein. Dies wird durch empirische Untersuchungen zum
Unterschied von Suchstrategien bei auffälligen und bei unauffälligen
Kindern gestützt. Wagner (1981) hat dies mit Hilfe des Bonner Aufmerk-
samkeitstests untersucht (BAUT, Wagner, 1982), der von den Probanden verlangt, geringfügige Änderungen bei Bildvorlagen zu entdecken
(zu einem Standardbild gibt es je fünf ähnliche Bilder mit Detailabwei-
chungen). Gefordert ist genaues visuelles Vergleichen und kurzfristiges
genaues Speichern des Gesehenen; allzu penibles Kleben an Kleindetails
ist allerdings nachteilig. Bei diesem Test – wie auch beim ähnlichen MFFT
(Matching-Familiar-Figures-Test) – schneiden aufmerksamkeitsgestörte
Kinder schlechter ab. Sie zeigen kaum eine angemessene perceptive
Suchstrategie und überprüfen selten alle Vergleichsbilder (Hoy u. a.,
1978). Die Untersuchung von Wagner (1981) zeigt, daß es sinnvoll ist, die
Vielfalt der Bearbeitungsstile zu beachten und daraus Hinweise für
gezielte Interventionsstrategien abzuleiten. Mit dem BAUT fand sie z. B.
fünf Lösungsstile: (1) schnell-richtige Entscheidungsfindung, (2) zügig-
reflektierendes Vorgehen, (3) übergenaues Vorgehen, (4) langsam-
irritiertes Vorgehen, (5) „impulsives" (unreflektiert-vorschnelles) Vorgehen. Es liegt auf der Hand, daß jeder Stil ein besonderes Interventions-
ziel verlangt.

Das Interventionsprogramm von Schlottke zielt nun darauf ab, die
Kontrolle des Kindes über sein Verhalten bei der Aufgabenbearbeitung
zu erhöhen. Folgende Teilfertigkeiten werden angestrebt:
- Vorschnelle, ineffiziente Verhaltensweisen zugunsten reflexiver Vor-
  gehensweisen aufgeben.
- Bereits *vor* Bearbeitungsbeginn das Verhalten im voraus planen (z. B.
  Vorgehensweisen organisieren, Arbeitsmaterialien vorbereiten).
- Das Verhalten durch Selbstanweisung regulieren.
- Strategien erwerben, um mit Ablenkungen, Fehlern, Frustration u. ä.
  umgehen zu lernen.
- Fertigkeiten (z. B. optische Diskriminationen, Regeln erkennen und
  umsetzen) erwerben und verfügbar machen, um auch kompliziertere
  Probleme bewältigen zu können.
- Das Selbstkonzept in die eigenen Fähigkeiten und in die eigene
  Begabung positiv entwickeln bzw. unterstützen/fördern.

Das Training geht in drei Interventionsstufen vor. Auf der ersten Stufe wird die *Selbstwahrnehmung* verbessert, auf der zweiten erwirbt das Kind aktiv *Problemlösestrategien,* auf der dritten wird das Erlernte *spezifiziert* und der *Transfer* auf verschiedene Situationen geübt. Auf allen Stufen steht das Ziel im Vordergrund, die Eigenaktivität des Kindes zu fördern bzw. ihr Raum zu geben, sowie die spezifische Ausgangslage des Kindes zu berücksichtigen. Das Programm soll zur Veranschaulichung in den drei Stufen näher beschrieben werden.

Stufe 1: Selbstwahrnehmung verbessern. Viele Kinder haben für Schulleistungsstörungen andere Erklärungen entwickelt als eine Aufmerksamkeitsproblematik. In einführenden Gesprächen regt der Pädagogische Psychologe das Kind an, über seine Schwierigkeiten nachzudenken und Lösungsmöglichkeiten zu erkennen, z.B. „genau hinschauen", „gut zuhören", „erst nachdenken, dann die Aufgabe beginnen". Der Trainer fungiert dann als Modell, indem er – im Zusammenhang mit Spielen und Aufgaben – selbst laut äußert, wie er sein Vorgehen plant und kontrolliert. Er demonstriert also Selbstkontrolle, Selbstbewertung und Selbstverstärkung.

Im einzelnen äußert der Trainer zunächst laut, welche Fragestellung er erkennt, wie er die Aufgabe angehen will, welche Lösungsschritte er beachtet, wie er das Ergebnis überprüft und schließlich bewertet. Nachfolgend verbalisiert das Kind bei ähnlichen Aufgaben ebenfalls sein Vorgehen begleitend. Danach ergibt sich folgender struktureller Trainingsaufbau bei der Vermittlung dieser *Selbstinstruktionsstrategien,* der auch für die weiteren Interventionsstufen gilt:

(1) Das Kind beobachtet das Therapeuten-Modell, wie es eine Aufgabe löst und dabei den Lösungsweg sprachlich begleitet (cognitive modeling). (2) Das Kind führt dieselbe Aufgabe aus, wobei es vom Therapeuten mit sprachlichen Instruktionen angeleitet wird (external guidance). (3) Das Kind wiederholt die Aufgabe und spricht dabei begleitend laut zu sich selbst; es übernimmt dabei annähernd die Verbalisation des Modells (covert self-guidance). (4) Das Kind wiederholt die Aufgabe bei flüsternder Verbalisierung (faded, covert self-guidance). (5) Die Aufgabe wird vom Kind mit internalisierter, begleitender Selbstinstruktion ausgeführt (covert self-guidance).

In diesem ersten Trainingsabschnitt erfährt das Kind auch, daß seine Leistungsfähigkeit von seinem Vorgehen abhängt, daß es z.B. nicht klar denken kann, wenn es zu aufgeregt ist, oder daß es nicht weiterkommen kann, wenn es sich mit etwas anderem beschäftigt. Hier wie später vermittelt der Pädagogische Psychologe dem Kind die Erfahrung, daß es diese Probleme selbst bewältigen kann.

Stufe 2: Problemlösestrategien erlernen. Um das Selbstvertrauen zu unterstützen, beginnt das Erlernen von effektivem Problemlösen mit leichten Aufgaben. Mit wachsender Sicherheit des Kindes führt der Trainer dann Faktoren ein, die es dem Kind schwerer machen, aufmerksam bei der Aufgabe zu bleiben. Entscheidend für das Trainingsziel dieses Abschnittes ist es, daß das Kind vor der eigentlichen Aufgabenlösung zuerst die Anforderungsstruktur der Aufgabe erfaßt, sich dann in eine adäquate Bereitschaft versetzt und sich während der Lösung immer wieder positiv bekräftigt.

Die einzelnen Schritte der zu erlernenden Selbstinstruktion richten sich nach dem einzelnen Kind und seinen besonderen Schwierigkeiten. Das Ablaufschema „Trainer macht laut vor – Kind übernimmt zunächst laut – Kind instruiert sich dann verdeckt" bleibt auch hier bestehen (s. o.). Die bisherige Lösungsstrategie des Kindes wird in die Übungen einbezogen, wobei die Eigenaktivität des Kindes auch die Entwicklung einer verbesserten Vorgehensweise unterstützen soll.

Folgende Elemente bilden das Gerüst des Problemlösetrainings:

Aufgabendefinition: Fragen zur Art der Aufgabe (Definition des Problems: Was soll ich tun?)

Problembestimmung: Planung möglicher Lösungen in Form „kognitiven Probens" (Annäherung an das Problem: Wie könnte ich vorgehen?)

Sicherung gegen Störungen: Selbstanleitung zur Fokussierung der Aufmerksamkeit und Absicherung gegen Störungen (Denke ich auch wirklich nur an meine Arbeit?)

Antizipation positiver Verhaltensresultate

Inhaltsspezifische Lösungsschritte

Zwischenprüfprozesse: Überprüfung und Bewertung des Vorgehens und Bewältigung von Frustrationen und Fehlschlägen (Stimmt die Planung? Tue ich das, was ich vorgehabt habe? – Coping – Statements)

Selbstverstärkung nach Erreichung von Teilzielen zwischen einzelnen Lösungsschritten

Abschließende Prüfung und Selbstverstärkung (Bekräftigung des erfolgreichen Vorgehens: Das habe ich gut gemacht; alles ist richtig.)

Wesentlich für die Intervention sind auch die beteiligten *affektiven Prozesse* und die Strategien, mit ihnen umzugehen. Da es in diesem Trainingsabschnitt besonders wichtig ist, daß das Kind die Erfahrung macht, die Probleme selbst lösen zu können, sollten Mißerfolgserlebnisse und eine zu große Abhängigkeit von den beispielhaft vorgegebenen

Lösungsstrategien des Trainers vermieden werden. So ist darauf zu achten, daß die modellierten Selbstanweisungen nicht wörtlich übernommen, nicht nur nachgeahmt werden, sondern daß das Kind sie den eigenen Sprechgewohnheiten anpaßt und so ein Schematismus ausgeschlossen wird, der eine günstige Internalisierung und eine hohe Anwendungsflexibilität behindert. Zum aktiven Problemlösen gehört auch, daß das Kind die Ergebnisse seiner Arbeit selbst beurteilt. Gezielt wird auch geübt, die eigene innere Befindlichkeit wahrzunehmen, um darauf reagieren zu können. Das Kind erlernt zunehmend, etwa das Nachlassen der Aufmerksamkeit oder eine Aufregung bewußt zu registrieren.

In diesem Trainingsabschnitt ist das Übungsmaterial abwechslungsreich; es wird immer wieder aufgelockert, so daß es leichter fällt, die angestrebte Aufmerksamkeit aufrechtzuerhalten.

Stufe 3: Spezielles Training und Transfer. In diesem Abschnitt werden spezifische Defizite im Hinblick auf das Störungskonzept (vgl. Abb. 16.1) angegangen. So werden beispielsweise Fertigkeiten zum eigenständigen Erkunden und Zuhören eingeübt:

- gezielte Blickbewegungen (von links nach rechts, von oben nach unten), die je nach Aufgabenanforderung modifiziert werden
- fokussieren: systematische Inspektion lösungsrelevanter Merkmale, bzw. Ausschluß von irrelevanten Bestandteilen
- zuhören: Wiederholung wichtiger Inhalte, Zeichnen wesentlicher Sachverhalte; das Kind instruiert auch den Trainer und erlebt, wie sich unvollständige bzw. nicht verständliche Anweisungen auswirken
- Metakognition: Erwerb gedächtnisstützender Fertigkeiten, Anwenden systematischer Techniken und Regeln bei der Erledigung von Aufgaben.

Mit schrittweise wechselnder Anforderungscharakteristik der Aufgaben lassen sich auch eine gezielte Transferplanung sowie generalisationserleichternde Hilfestellungen entwickeln. Beispiel: Das gemeinsame Vorgehen bei Aufgaben herausarbeiten, die unterschiedliche Anforderungen stellen; Integration übergreifender Strategieelemente zu einem „Conceptual labeling". Zur Unterstützung einer möglichst vielfältigen Anwendung der erworbenen Fertigkeiten (besonders auch im Sinne von Stabilisierung des Verhaltens bei gleichzeitiger Anwendungsflexibilität) finden Gespräche mit den Kindern über Alltagssituationen statt, in denen verschiedene Trainingsschritte angewendet werden können. Die Kinder lernen dabei, die Gemeinsamkeiten zwischen Trainingsinhalt und Alltagssituation zu erkennen. Es ist zweifellos gewinnbringend, die Eltern bzw. andere wichtige Bezugspersonen über spezifische Verhaltensweisen des Kindes zu informieren, die besonders unterstützt werden sollten.

Kasten 16.3 illustriert zum Abschluß noch einmal wesentliche Merkmale dieses Interventionsprogramms.

Kasten 16.3: Training mit aufmerksamkeitsgestörten Kindern

Das folgende ist ein Auszug aus einer Trainingssitzung mit dem Teilziel, „genaues Hinsehen" einzuüben.
1. Die Pädagogische Psychologin leitet ein:
   „Wir spielen heute „Schau genau". Wer kennt das schon?
   Ihr sollt dabei herausfinden, welches Bild zu welchem paßt.
   Bisher haben wir geübt, gut zuzuhören und Bilder genau anzuschauen. Das brauchen wir heute auch.
   Ich löse jetzt diese Aufgabe hier."
   (Die Bilder liegen so auf dem Tisch, daß die Kinder sie von der richtigen Seite her sehen können.)
2. Im Sinne eines Modells verbalisiert die Psychologin nun laut ihre Lösungsstrategie:
   „Was soll ich tun?
   Zuerst schaue ich mir die Aufgabe ganz genau an. Jetzt weiß ich, was gefragt ist. Ich muß herausfinden, welches von den 12 Bildern genauso aussieht wie mein Kärtchen.
   Wie kann ich das machen?
   – Ich kann raten;
   – ich kann mein Kärtchen der Reihe nach mit den anderen Bildern vergleichen;
   – oder ich merke mir ein Teil auf meinem Bildchen besonders gut und vergleiche das der Reihe nach mit den anderen Bildern.
     Wenn ich auf mehrere Teile achte, muß ich mir zu viel merken, also vergleiche ich lieber einzeln."
   (Entscheidung für eine Strategie plausibel machen!)
   „Ich mache einen Plan:
   Auf meinem Kärtchen... (Ausgangslage definieren). Ich vergleiche dieses... mit den anderen. Ich schaue, auf welchen Bildern das genau so aussieht.
   Ich arbeite nach meinem Plan."
   Die Trainerin demonstriert folgende Schritte am Beispiel:
   – Nacheinander einzelne Merkmale des Vergleichsbildes abfragen
   – Auswahlmöglichkeiten einengen
   – Finger benutzen
   – Sukzessives Herausfinden des gefragten Merkmals.
   „Geht das so?"
   (Systematischer Vergleich des identifizierten Bildes mit der Vorlage.)
   „Gut gemacht!"

3. Dann faßt die Pädagogische Psychologin zusammen: „Überlegt nochmals mit mir: Was habe ich gemacht? Ich habe mir das Bildervergleichen wie einen langen Weg vorgestellt. Dann bin ich Schritt für Schritt vorangegangen. Ich darf dabei nie den zweiten Schritt vor dem ersten machen wollen oder einfach darauflosrennen. Sonst könnte ich stolpern oder mich plötzlich nicht mehr zurechtfinden, mich verirren. Für das Lösen einer Aufgabe bedeutet das:
   Herumprobieren macht mich unsicher und dauert auch viel länger. Ich lasse mich auch nicht hetzen, denke in Ruhe nach; wenn es nicht gleich klappt, versuche ich es noch mal von einer anderen Seite her."

4. Nun fordert die Psychologin ein Kind auf, die nächste Aufgabe zu lösen: „Probier' du doch mal das nächste Bild. Ich helfe dir dabei. Die Schritte sage ich dir laut vor."
   Sie wiederholt den ersten Schritt „Zuerst überlege ich mir, was ich tun soll"; das Kind formuliert die Aufgabe. Entsprechend geht es weiter.

(Nach Schlottke, 1984)

16.2.2 Drogenprävention in der Schule

Drogenerziehung ist als Bestandteil schulischer Gesundheitserziehung in den Lehrplänen aller Schularten fest verankert. Es ist offensichtlich, daß dabei pädagogisch-präventiven Maßnahmen ein entscheidend stärkeres Gewicht zukommt als kurativ-therapeutischen, denn im akuten Drogenfall sind die schulischen Möglichkeiten schnell erschöpft. Pädagogische Maßnahmen müssen also auf die Förderung einer gesunden Persönlichkeitsentwicklung angelegt sein, um damit einer Suchtentwicklung entgegenzuwirken (Zimmer, 1981). Hallmann (1983) betont allerdings zu Recht die Bedeutung außerschulischer Einflüsse; zugleich macht er aber auch deutlich, daß sich Drogenprävention nicht von der allgemeinen schulischen Erziehung und Bildung trennen läßt (Bartsch 1978, 1980, Gedig 1979).
Bevor wir ein neueres Präventionsprogramm innerhalb einer Schule beispielhaft vorstellen, sollen einige Ergebnisse auch aus nichtschulischen Maßnahmen und der entsprechenden Begleitforschung mitgeteilt werden. Die Vielfalt der Maßnahmen macht eine Übersicht der Deutschen Hauptstelle gegen Suchtgefahren deutlich (1983, S. 17); sie zählt auch drogen-unspezifische Maßnahmen auf, die das Thema „Drogen"

	Primärprävention		Sekundärprävention	
	drogen-spezifisch	drogen-unspezifisch	drogen-spezifisch	drogen-unspezifisch
Kommunikative *Maßnahmen:* Massen-kommunikation	Aufklärungs-plakate	allgem. Gesund-heitstips	Film über drogen-gefährdete Jugendliche	Tips zu Gesundheits-problemen (Zeitschr.)
personale Kommunikation	Rollenspiele im Unterricht	Förderung sozialer Kompetenz	therap. Gruppen	Kommuni-kations-training
Strukturelle *Maßnahmen:* sozialer Nahraum	Drogen-erziehung im Unterricht	Verbesse-rungen für Unter-privilegierte	Drogen-beratungs-lehrer	Selbsthilfe-gruppen
kulturelle und ökologische Rahmenbedin-gungen	Werbeverbot für Sucht-mittel (Tabak, Alkohol)	Reduktion der Jugend-arbeitslo-sigkeit	Erhöhung der Strafen für Dealer	Anlaufstelle für Gefährdete

Abb. 16.2.: Präventive Maßnahmen gegen Drogenmißbrauch

nicht explizit enthalten, aber Einstellungen und Verhaltensweisen zu beeinflussen suchen, die mit Drogenmißbrauch verbunden sind (vgl. Abb. 16.2).

Die Vielfalt von Maßnahmen läßt sich vor allem dadurch erklären, daß es derzeit keine verbindliche Theorie von Sucht und Suchtentstehung gibt (Gedig, 1980). Schaps u. a. (1981) haben 127 Programme zur Drogen-prävention in den USA auf ihre Wirksamkeit hin überprüft. Sie empfeh-len, jeweils ein Maßnahmenbündel einzusetzen und möglichst auch strukturelle Vorschläge zu berücksichtigen (vgl. Abb. 16.2). Als erfolg-reich hat sich besonders der Einsatz von *Mediatoren* erwiesen, d. h. von Eltern der Adressaten oder Gleichaltrigen.

Im einzelnen lassen sich nach Auswertung der Schaps-Studie folgende Programmtypen der Drogenprävention unterscheiden:

1. *Information:* Aufklärungsbroschüren, Filme (die man bei uns z.B. über die Landesbildstellen ausleihen kann), Ausstellungen, Plakate, Unterrichtsmaterialien sollen in erster Linie über die schädlichen Folgen von Drogenmißbrauch aufklären. Informationsmethoden lau-fen aber manchmal Gefahr, weniger Fakten als vielmehr persuasive furchterregende Botschaften zu übermitteln (vgl. BZGA, 1981; Braunschweig u.a., 1979). Deren Wirkung aber hängt weniger ab

vom Inhalt als von Faktoren des Kommunikationsvorgangs selbst, z.B. der Glaubwürdigkeit der Informationsquelle (Hornung, 1975). Ein Nachteil dieser Maßnahmen liegt zudem darin, daß die soziale und kulturelle Einbindung des Drogenproblems vernachlässigt wird. Zudem löst u.U. die Attraktivität mancher Informationsmittel eine unerwünschte Neugier am Thema „Drogen" aus.

2. *Training:* Reine Information, vor allem lediglich abschreckende, wird seltener eingesetzt, während trainingsorientierte Ansätze an Bedeutung gewinnen. Hier spiegelt sich die Erkenntnis, daß Einstellungen und Emotionen für den Umgang mit Drogen eine wichtige Rolle spielen, die man allein durch aufklärende Information nur unzureichend beeinflussen kann. Meist wird Training mit Information kombiniert.

3. *Beratung:* Beratung ist eine typische Maßnahme für die Sekundärprävention (s.o.). Dazu gehört neben der Beratung durch Experten auch die Beratung durch Peers, wie gleichaltrige oder ältere Mitschüler (Bäuerle 1981, Bredenpohl 1982, BMJFG 1984). Knigge-Illner et al. (1982) kombinierten in einer Gesamtschule traditionelle Einzelfallberatung mit Gruppenangeboten für Lehrer und Schüler. In der Anfangsphase wurden „offene Sprechstunden" und ad-hoc zusammengestellte Gruppensitzungen angeboten. Darauf folgten individuelle, problembezogene pädagogisch-psychologische Beratungen und feste Gruppenangebote mit kommunikationsfördernden, gruppendynamisch orientierten Inhalten für ganze Klassen und ihre Lehrer.

4. *Alternative Strategien:* Hierzu zählen z.B. Mediatorenprogramme, die sich – als Präventionsstrategien ausgelegt – nicht direkt an die gefährdeten Schüler richten, sondern an Erzieher oder Klassenkameraden. Bei den Erwachsenen will man die erzieherische Kompetenz verbessern (z.B. Feser, 1979; Breuninger, 1981; Rennert, 1980; Aktion Jugendschutz NRW, 1980); die Beeinflussung von Klassenkameraden soll eine günstige Gruppennorm gegenüber Drogen aufbauen (Reuband, 1976). Ganz vernachlässigt sind derzeit Maßnahmen zur Beeinflussung struktureller Bedingungen, die mit Drogenkonsum in Verbindung stehen.

Mit dem Ziel, bei der Beschäftigung mit dem Thema „Drogen" auch allgemeine pädagogische Erfahrungen zu vermitteln, wird im folgenden Kasten 16.4 ein Überblick über das 8stündige Programm von Bogatzki (1984) gegeben. Diese Form der Drogenprävention wurde thematisch in den laufenden Unterricht der siebten Klassenstufe verschiedener Schularten integriert.

Kasten 16.4: Drogenprävention im Unterricht

Das Programm verbindet mehrere Präventionsmaßnahmen, z. B.
Information, Training, Mediatorenbeeinflussung und strukturelle
Veränderungen (Klassenklima).

Drogenspezifische Phase
1. Stunde: Vertrautwerden der Schüler mit der kooperativen
           Unterrichtsorganisation; Stamm- und Expertengrup-
           penbildung
           Ausgangspunkt: alltägliche und altersspezifische Er-
           fahrung und Kenntnis der Schüler zu den Themen
           Nikotin und Rauchen, Medikamente, Alkohol, illega-
           le Drogen.
           Material: Fragen auf einem Arbeitsblatt als Denkan-
           stöße
2. Stunde: Austausch und Diskussion in der Stammgruppe
3. Stunde: Themenbezogene Informationserarbeitung
           Material: Arbeitsbögen zu den Themenschwer-
           punkten
4. Stunde: Austausch und Diskussion in der Stammgruppe
5. Stunde: Themenbezogene Alternativen zum Drogenkonsum
           sammeln (z. B. Rollenspiel zum Ablehnen einer Ziga-
           rette)
Drogenunspezifische Phase
6. Stunde: Information und Diskussion über psychische Bedürf-
           nisse, Ersatzbefriedigungen und ihren Zusammenhang
           mit Wohlbefinden und Ärger aus der eigenen Erfah-
           rung und an Beispielen
           Material: Arbeitsblätter
7. Stunde: Austausch und Diskussion in der Stammgruppe
8. Stunde: Austausch individuell bedeutsamer Erfahrungen der
           Unterrichtsreihe und der Unterrichtsorganisation.
           Material: Arbeitsblätter

(Vgl. Bogatzki, 1984)

Das Programm spiegelt in seiner Vielfältigkeit die Komplexität der
Faktoren wider, die den Umgang mit Drogen bestimmen. Auffallend ist
die Bedeutung, die dem sozialen Austausch innerhalb der Klasse zugeschrieben wird. Das Thema „Drogen" wird innerhalb einer kooperativen
Unterrichtsorganisation behandelt. Sie folgt hier dem „jigsaw"-Prinzip

(Aronson, 1984; Slavin, 1983): Die Schüler bilden zunächst nach eigener Wahl Stammgruppen, die wiederum einen „Delegierten" in eine sog. Expertengruppe schicken. Nach Information und Diskussion kommt der Delegierte dann in die Stammgruppe zurück und gibt dort sein Wissen weiter. Da es in diesem Programm vier Expertenthemen gibt, befinden sich in jeder Stammgruppe mehrere „Experten". Der Wechsel von Stamm- und Expertengruppen fördert den Kontakt zwischen den Mitschülern.

16.3 Prävention und Intervention bei Erziehern

Eltern und Lehrer werden zunehmend häufiger von Pädagogischen Psychologen dazu angeleitet, wie sie Schwierigkeiten von Kindern und Jugendlichen vorbeugend entgegenwirken oder mit aktuellen Problemen fertig werden können.

Die Arbeit mit Eltern und Lehrern ist vor allem durch zwei Probleme gekennzeichnet. Erstens weiß man tatsächlich zu wenig darüber, welche Fertigkeiten für eine optimale Erziehung nötig sind und mit welchen Instruktionsmethoden am wirkungsvollsten angeleitet werden kann. Zum zweiten lassen sich die vielfältigen Merkmale von Alltagssituationen im Training schwer simulieren; ob das Gelernte in die reale Erziehungssituation übertragen wird, bleibt daher ungewiß.

16.3.1 Elterntraining

Meist trifft der Pädagogische Psychologe erst dann mit Eltern zusammen, wenn das Kind bereits auffällig geworden ist. Dennoch gibt es auch *präventive* Elternprogramme, z.B. das PET (Präventives Elterntraining) von Müller (1980). Typisch für diese Programme ist das Bemühen, die zwischenmenschlichen Beziehungen zwischen den Eltern und dem Kind sowie zwischen dem Elternpaar zu verbessern. Das PET ist weitgehend Kommunikations- und Partnerschaftstraining. Die Eltern verbessern ihre Selbst- und Fremdwahrnehmung und lernen z.B. offener über Gefühle, Wünsche, Erlebnisse miteinander zu reden. Ebenfalls sehr kommunikationsorientiert, wenn auch nicht direkt präventiv, ist das bekannte Trainingsprogramm von Gordon (1972, 1977). Hier geht es um das Einüben von kommunikativen Fähigkeiten wie aktives Zuhören, gegenseitiges Annehmen und konstruktives Lösen von Konflikten. (Gordon hat übrigens auch vergleichbare Programme für Lehrer und Manager entwickelt.)

Eltern mit einem „Problemkind" brauchen heute nicht mehr zu befürchten, mit dem Rat konfrontiert zu werden, es sei das beste, das Kind vor ihnen zu schützen. Sie müssen aber damit rechnen, daß sie in die Interventionsstrategie eingebunden werden.

Die bekannten Trainingsprogramme sind seit den Arbeiten von Patterson und Mitarbeitern (vgl. Patterson u. a., 1970) weitgehend ähnlich konzipiert: In einem ersten Schritt wird die *Wahrnehmung* für das eigene Verhalten und die einschlägigen pädagogischen Situationen geschärft; in einem zweiten Abschnitt erlernen die Eltern dann *alternative Verhaltensweisen,* die zuerst unter „Laborbedingungen", später im Alltag praktiziert werden.

Das Training erfolgt überwiegend in Elterngruppen. Das erhöht die Möglichkeiten zur Eigeninitiative und zum Austausch über Probleme und Lösungsversuche.

Aus Erfahrungen mit einem mehrjährigen Projekt hat Baker (1976) nützliche Ratschläge für die Organisation von Elterntrainings abgeleitet.

Organisation von Elterntraining:
1. Suche nach einer Homogenität zwischen Verhalten des Kindes und Problemarten.
2. Suche nach Unstimmigkeiten in den Beweggründen der Eltern.
3. Setze pro Gruppe möglichst zwei Trainer ein – einen männlichen und eine Frau; sorge dafür, daß der eine große Erfahrung im Bereich Elterntraining und Programmgestaltung für Kinder hat und sich auch mit den Behinderungen, die in der Gruppe besprochen werden, auskennt.
4. Plane einige Gruppentreffen an Abenden, so daß auch die Väter teilnehmen können.
5. Sorge dafür, daß die Örtlichkeit, wo die Gruppen sich treffen, leicht erreichbar ist.
6. Sorge für eine Beaufsichtigung der Kinder während der Gruppensitzungen am Tage; wenn möglich beziehe die Kinder mit in das Training ein.
7. Ermutige ledige Eltern dazu, eine(n) Freund(in) mitzubringen.
8. Mache einen durchstrukturierten Plan für die einzelnen Trainingssitzungen, sei aber auch dazu bereit, dich davon zu trennen, wenn das notwendig scheint.

9. Mache von Anfang an klar, welche Ziele das Training hat: Was du tun wirst, was du von den Eltern erwarten wirst, was du nicht tun wirst.

10. Erkläre möglichst früh die Randbedingungen des Trainings (z. B. wieviele Sitzungen, die Planung der dabei behandelten Inhalte).

11. Laß die Eltern bei der Untersuchung ihres Kindes assistieren und bei der Auswahl von Zielen helfen (sie werden dadurch darauf vorbereitet, exakte Aufzeichnungen zu machen).

12. Beginne mit Fertigkeiten, die die Eltern ihrem Kind beibringen wollen und die das Kind bereit ist zu lernen.

13. Möglichst wenig Vorlesungen; verwende aktionsorientierte Einheiten, z. B. Modeling, Rollenspiel und Gruppenplanungssitzungen.

14. In den Sitzungen muß alles geübt werden, was die Eltern zu Hause tun sollen.

15. Sorge für Informationsmaterial, Bücher und Manuale; nutze die Trainingszeit weniger dazu, Informationen zu geben, sondern mehr dazu, Modell zu sein und Feed-back zu geben.

16. Verlange schriftliche Berichte nur dann, wenn wirklich eine Notwendigkeit dafür besteht.

17. Zeige dein Interesse an den schriftlichen Aufzeichnungen dadurch, daß du die Berichte sorgfältig mit den Eltern besprichst.

18. Sorge dafür, daß die Eltern Gelegenheit haben, sich miteinander zu beraten.

19. Sorge für zusätzliche Anreize, daß die Eltern an den Sitzungen teilnehmen und mit an der Programmgestaltung arbeiten.

20. Gib den Eltern Gelegenheit, ein Feed-back über das Trainingsprogramm zu geben und reagiere darauf.

In Elterntrainings tauchen typische Probleme auf. (Sie gelten überwiegend auch für Lehrertrainings; vgl. Abs. 16.3.2). Einige sollen kurz beschrieben werden:

– Oft geht es mehr um die Vermittlung von Prinzipien als um das konkrete Einüben von Fertigkeiten; es dominieren verbale Instruktionsmethoden. Dahinter steckt die Annahme, über Einsicht das Verhalten verändern zu können. Im Unterschied dazu versucht z. B. Innerhofer (1977) in seinem Elterntraining, „durch Handeln zur Einsicht zu gelangen, durch Verhaltensänderungen Einstellungen zu verändern". Die verbale und an theoretischen Prinzipien orientierte

Elternunterweisung benachteiligt zudem Eltern, die weniger sprachge-
übt und in abstraktem Denken ausgebildet sind.
– Ausgefeilte Trainingsprogramme bringen die Gefahr des Schematismus mit sich. Sie werden „appliziert", ohne den Bedingungen des
Einzelfalls ausreichend gerecht zu werden. Programme, die stärker den
Austausch innerhalb von Elterngruppen einbeziehen, sind dieser
Gefahr weniger ausgesetzt, weil die Teilnehmer hier mehr Gelegenheit
haben, ihre spezielle Situation einzubringen.
– Zu wenig Beachtung wird der Stabilisierung des Interventionserfolges
geschenkt. Eltern und Kinder sollten aber in einer Nachbetreuungs-
phase („follow-up") weiter unterstützt werden, um den Transfer zu
sichern und auftretende Probleme mit den erlernten Verhaltensweisen
konstruktiv bewältigen zu können. So haben in einer Studie von Dubey
und Kaufmann (1982) Eltern auch ungünstige Erfahrungen mit der
erlernten „verbesserten Sensibilität" gegenüber dem „Problemkind"
berichtet: „Die anderen Kinder sind neidisch", „Mein Kind will jetzt
immer beachtet werden" usw. Diese Probleme sind vermutlich dann
besonders folgenreich, wenn die Eltern nicht unter Anleitung eines
Experten und in einer Elterngruppe trainiert werden, sondern sich
ausschließlich aus Ratgebern, Manualen usw. informieren.

16.3.2 Lehrertraining

Beim Training von Lehrern steht die Pädagogische Psychologie vor einer
besonderen Herausforderung: Sie arrangiert pädagogische Situationen
für Personen, die selbst professionell pädagogische Situationen zu arrangieren haben. Zu prüfen ist dabei insbesondere, ob die Trainings so
stattfinden, daß den Pädagogen modellhaft vermittelt wird, wie sie selbst
Lernen ermöglichen sollten.

Traditionelle Formen des Lehrertrainings kann man auf zwei Dimensionen ordnen (s. Abb. 16.3); die Trainingsansätze sind in der Regel
entweder stärker an der Person des Lehrers oder an den Situationen
orientiert, die Lehrer bewältigen müssen.

Auf der Dimension „Personorientierung" sind Trainingsansätze einzuordnen, die Lehrern Kenntnisse oder Fertigkeiten vermitteln wollen, von
denen man annimmt, daß sie für ihren pädagogischen Alltag bedeutsam
sind. Der Dimension „Situationsorientierung" können Fallanalysen oder
die Vermittlung situations- bzw. rollenspezifischer pädagogischer Methoden zugeordnet werden. Im folgenden charakterisieren wir diese verbrei-
teten Ansätze der Lehrerbildung in Anlehnung an Weinert (1978) und
Becker et al. (1981).

Wissensvermittlung ist der traditionell und auch heute vorherrschende

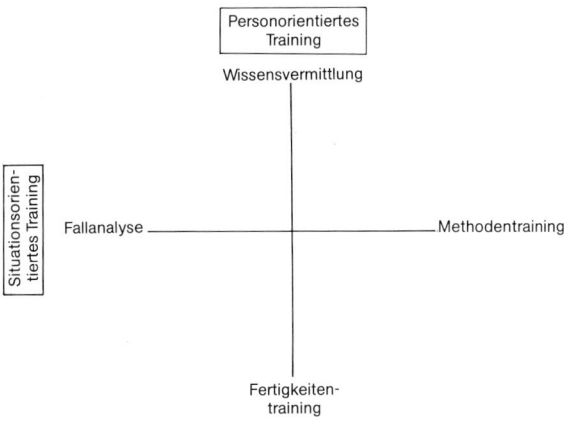

Abb. 16.3: Dimensionen des Lehrertrainings

Ansatz der Lehrerausbildung. Je anspruchsvoller die Kenntnisse und Fertigkeiten sind, die Lehrer an ihre Schüler weitergeben müssen (Gymnasium), um so eher beschränkt sich die Aus- und Weiterbildung darauf, den Lehrern selbst diese Kenntnisse möglichst differenziert und gründlich zu vermitteln. Kenntnisse und Fertigkeiten, die zur Steuerung des Wissenserwerbs beim Schüler benötigt würden (vgl. Kap. 7) werden demgegenüber eher vernachlässigt. Die Anteile von Fachstudien und erziehungswissenschaftlichen Studien in der Lehrerbildung belegen diese Einschätzung deutlich. Aber auch in den erziehungswissenschaftlichen Ausbildungsanteilen – etwa der Gymnasiallehrer – dominiert der Erwerb von Wissen. Ein Trainingsansatz, der sich auf Wissensvermittlung beschränkt, kommt wahrscheinlich den Erwartungen vieler Lehrer entgegen; sie erhalten die wissenschaftliche Information, nach der sie suchen. Da es aber konkurrierende psychologische Theorien und Erklärungen für pädagogisches Handeln gibt, ist es für Lehrer schwierig, den jeweiligen Geltungsbereich abzuschätzen. Nach Weinert (1978) sind zwei gleichermaßen unerwünschte Folgen möglich: Die Lehrer sind von ihren Übertragungsversuchen enttäuscht und entwickeln einen pauschalen Pessimismus gegenüber der Gültigkeit wissenschaftlicher Aussagen für ihr pädagogisches Handeln; oder sie führen Mißerfolge auf persönliche Unzulänglichkeit zurück, wissenschaftlich begründetem „Idealverhalten" nicht entsprechen zu können. Der Ansatz „Wissensvermittlung" allein ist ungeeignet, Lehrern für ihr praktisches Handeln ausreichende pädagogische Qualifikation zu vermitteln (vgl. Becker et al. 1981).

Fertigkeitentraining: In diesen personorientierten Formen des Lehrertrainings wird versucht, das Verhaltensrepertoire von Lehrern zu erwei-

tern oder zu verändern. Trainiert werden beispielsweise Fertigkeiten zur
Gesprächsführung, Lenkung des Unterrichts, Analyse von Konflikten,
zum Motivieren von Schülern, Operationalisieren von Unterrichtszielen,
Vereinbaren von Regeln in der Klasse, Verbalisieren eigener Gefühle
usw., Begründet wird die Auswahl dieser Trainingsinhalte meist damit,
daß sie sich im Alltag von Lehrern eben als funktional erweisen.

Prototyp für ein reines Fertigkeitentraining ist das *Microteaching* (vgl.
Kasten 16.5).

Die Laborsituation soll es dem lernenden Lehrer ermöglichen, frei vom
situativen Entscheidungsdruck der Alltagssituation neue Verhaltensweisen einüben zu können. Die Kleingruppe aus Kollegen, die sich in einer
vergleichbaren Lernsituation befinden, soll Lernbarrieren wie Angst vor
Blamage, Perfektionszwang usw. abbauen und die Entscheidungsbasis
für alternatives Verhalten erweitern.

Gegen das klassische Fertigkeitentraining wurde verschiedenartig Kritik vorgebracht. Sie richtet sich besonders gegen die theorielose Auswahl
der zu trainierenden Einzelfertigkeiten und gegen die isolierte Einübung.
Man bezweifelt, ob sich damit die Fähigkeit verbessern läßt, komplexe

---

Kasten 16.5: Microteaching

Beim Microteaching werden einzelne Teilfertigkeiten („skills")
trainiert. Der lernende Lehrerstudent oder Lehrer sucht sich einen
Skill aus (z.B.: „Positive Rückmeldung auf eine Schülerantwort
geben") und übt ihn dann in einer kleinen Gruppe von Kollegen
mit Hilfe der Videoanlage ein.

Folgende Schritte sind die Regel:

1. Zum einzuübenden Skill werden Vorbereitungsmaterialien
   ausgegeben und studiert.
2. Ein Teilnehmer der Gruppe versucht, diesen Skill in einer
   Rollenspielsituation (die anderen sind z.B. die „Schüler")
   auszuüben. Dieser Versuch wird auf Video aufgezeichnet.
3. Das Videoband wird analysiert.
4. Die Trainingsgruppe diskutiert Modifikationen zum gezeigten
   Verhalten als Vorbereitung für einen zweiten Versuch. Diese
   Varianten werden dem Trainierenden vorgeführt. Er entscheidet sich für die Variante, die er im zweiten Versuch ausüben
   will.
5. Der Trainierende übt diese Variante.
6. Der zweite Versuch wird aufgezeichnet und wieder diskutiert.

(Nach Zifrend, 1971)

Alltagssituationen differenzierter zu analysieren und in ihnen kompetenter zu handeln. Die einseitige Konzentration auf die Lehrerperspektive läßt zudem das Verhalten der Schüler (als Kriterium für pädagogische Bemühungen) aus dem Blick geraten. Der Komplexität des Schulalltags versuchen die „situationsorientierten" Programme gerecht zu werden (vgl. Abb. 16.2).

Die *Fallanalyse* stellt eine Situation aus dem schulischen Alltag in den Mittelpunkt des Trainings. Die Situationen können eher einfach und reduziert, andererseits sehr komplex und vielschichtig sein. Auf Situationen des ersten Typs konzentriert sich das „situative Lehrtraining" von Becker und seinen Mitarbeitern (vgl. Becker u. a., 1980, 1981). Ausgehend von einer Taxonomie typischer Unterrichtssituationen diskutiert die Trainingsgruppe mögliche pädagogische Verhaltensweisen und übt sie dann – wie im Microteaching – ein (vgl. Kasten 16.6). Wesentliche umfassendere „Fälle" sind in Planspielen zu bearbeiten; diese Trainingsform wird allerdings weniger in der Lehrerausbildung als in der industriellen Weiterbildung eingesetzt.

Fallanalysen sind bei den Teilnehmern beliebt, weil sie alltagsnah erscheinen. Aus diesem Grund wecken sie aber auch Erwartungen, die das Training oft nicht erfüllen kann. Die Fälle werden primär unter der Absicht analysiert, Rezepte zur Problemlösung zu finden, die sich zudem ohne Schwierigkeiten verallgemeinern lassen. Die Auswahl von „typischen" Situationen kann ein stereotypes Denkschema nach dem Muster „wenn Situation a, dann Verhalten b" aufbauen.

Das *Methodentraining* geht davon aus, daß Situationen nicht in einzelne Lehrverhaltensweisen aufzuschlüsseln sind, sondern daß es sinnvoller ist, übergreifende Lehr- und Lernformen einem Lehrertraining zugrundezulegen. Ein Beispiel dafür ist der Versuch von Weil und Joyce (1978), die Lehrer mit wenigen „models of teaching" vertraut zu machen, z. B. mit Methoden zum Lernen von Begriffen, mit „entdeckendem Lernen", mit Gruppenverfahren usw. Ähnlich, wenn auch spezifisch auf ein Unterrichtskonzept zugeschnitten, ist das Trainingsmodell von Wagner u.a. (1977) einzuordnen, in dem es um Kompetenzen geht, die ein Lehrer für „schülerzentrierten Unterricht" braucht.

Das methodenorientierte Training läßt sich – im Unterschied zu den beiden vorgenannten Trainingsformen – eher theoretisch begründen, soweit die Methoden pädagogisch-psychologisch überprüft sind (z. B. gilt das für das Konzept des „advance organizer" von Ausubel, vgl. Kap. 12.5.2, oder für die Methode des „mastery learning") und/oder mit pädagogischen Theorien z. B. des Wissenserwerbs (vgl. Kap. 7) harmonieren. Auch beim Methodentraining besteht jedoch die bereits bei der Fallanalyse aufgezeigte Gefahr, daß die Lehrer die Verfahren stereotyp in ihr Repertoire aufnehmen und sie nicht flexibel den spezifischen Unterrichtsbedingungen adaptieren.

Kasten 16.6: Das situative Lehrertraining

Becker (1975) hat aufgrund einer umfassenden Analyse typische
Unterrichtssituationen zusammengestellt, die spezifische Anforderungen an Lehrer stellen. Im Training sollen dafür Handlungskompetenzen erworben werden.

Das Training zur Situation „Fragen stellen" verläuft z.B. wie
folgt:

1. *Information und Diskussion:* Die Teilnehmer am Training
erhalten wissenschaftliche Informationen zur Analyse der Situation „Fragen stellen" (z.B. zur Didaktik der Lehrerfrage, zur
prozentualen Häufigkeit von Lehrerfragen, zu Kategorien von
Lehrerfragen, zur Funktion von Fragen, zu sozialpsychologischen
Aspekten usw.).

2. *Verhaltensindikatoren:* Zur Situation „Fragen" werden mögliche Lehrerverhaltensweisen entwickelt und unter verschiedenen
Aspekten bewertet (Beispiele: „Fragen verständlich formulieren",
„Fragen nicht selbst beantworten", „bedeutsame Fragen hervor-
heben").

3. *Training:* Die Teilnehmer versuchen, wie im Microteaching
(vgl. Kasten 16.5), bestimmte, zuvor ausgewählte Verhaltensweisen zur Situation auszuüben. Die Aufzeichnung wird dann gemeinsam ausgewertet und ein neuer Versuch gestartet.

Die Auswertung der Versuche erfolgt im situativen Lehrtraining
mit Hilfe von Beobachtungsbogen, auf denen die einschlägigen
Verhaltensindikatoren zur jeweiligen Situation aufgelistet sind.

Handlungstheorie und Lehrertraining

Neue Impulse erhält das Lehrertraining von handlungstheoretischen
Modellen und Forschungsergebnissen (vgl. Kap. 9). In diesem Ansatz
versucht man zu erklären, warum ein Lehrer in einer bestimmten
Situation so und nicht anders handelt. Man unterstellt, daß sein Handeln
vor allem davon abhängt, wie er die Situation wahrnimmt und bewertet,
welche Handlungsalternativen er sieht und auswählt, welche Folgeerwartungen dabei eine Rolle spielen und wie neben den Kognitionen auch
Motive und Emotionen in diesen Prozeß eingreifen. Ein Schlüsselkonzept der handlungstheoretischen Analyse von Lehrerverhalten sind die

„subjektiven Theorien" von Lehrern, d. h. im Laufe der Berufspraxis verfestigte Annahmen z. B. über Schüler und ihr Verhalten, über die Wirksamkeit des eigenen Tuns und über pädagogische Situationen. Aus der Perspektive des Lehrers haben sich diese Annahmen bewährt; es ist also mit Widerständen zu rechnen, wenn in einem Training Elemente der gewohnten Handlungsstrukturen verändert oder ausgetauscht werden sollen. So ist es keine Überraschung, wenn Doyle und Ponder (1977) in einer Studie feststellten, daß Lehrer sich bei der Übernahme von Handlungsempfehlungen von folgenden Kriterien leiten lassen:

– Ein Vorschlag muß angemessene Verfahrensweisen für die Unterrichtspraxis enthalten (Instrumentalität).
– Die vorgeschlagenen Handlungsformen müssen zu der dem Lehrer vertrauten Unterrichtsführung passen, unter vergleichbaren Bedingungen erprobt sein und sie dürfen das Selbstkonzept des Lehrers nicht verletzen (Kongruenz).
– Die aufzuwendenden materiellen Zeit- und Anstrengungsinvestitionen des Lehrers müssen in vernünftigem Verhältnis zu den Ergebnissen stehen, die von den neuen Handlungsformen zu erwarten sind (Kosten).

Handlungsorientiertes Lehrertraining versucht, die Subjektivität der Lehrer möglichst weitgehend aufzuklären und bei der Trainingsplanung zu berücksichtigen. Ziel ist, die *Rationalität* des Lehrerhandelns im schulischen Alltag zu erhöhen. Der Entscheidungsdruck im Unterricht engt ja den Raum für rationale Analyse ein und fördert stereotypes Routinehandeln. Lehrern fällt es daher (wie allen Berufspraktikern, die in sozialen Situationen rasch reagieren müssen) schwer, aus Erfahrungen zu lernen. Einige Bedingungen, die für eine Erhöhung der Rationalität unbedingt gegeben sein müssen, sind in Kasten 16.7 genannt.

Daraus lassen sich Umrisse von handlungstheoretisch orientierten Trainingsprogrammen skizzieren:

– Pädagogisch wünschenswertes Handeln ist nicht durch Einüben generell gültiger Verhaltensmuster oder durch wissenschaftliche Belehrung allein zu erreichen. Das pädagogische Handlungsrepertoire von Lehrern kann jedoch durch Vermittlung verschiedener Methoden erweitert werden.
– Voraussetzung für wünschenswertes Handeln von Lehrern sind Strategien zur Analyse der pädagogischen Situationen. Dazu ist es u. a. auch nötig, in begrenztem Umfang wissenschaftliche Informationen zu vermitteln.
– Systematische Übungen zur Beobachtung eigenen Erziehungshandelns sowie des Handelns von Kollegen und Elemente eines Verhaltenstrainings, das unangemessene Handlungsweisen ab- und erwünschte Handlungsweisen aufbauen kann, müssen das Trainingsprogramm ergänzen.

Kasten 16.7: Wie kann man die Rationalität von Lehrerhandeln erhöhen?

Suche nach Alternativhypothesen. Kein Lehrer kann alle Verhaltensweisen seiner Schüler wahrnehmen. Auf einige Verhaltensweisen achtet er bewußt oder unbewußt stärker als auf andere, manche Verhaltensweisen übersieht er völlig. Meistens fallen Schwierigkeiten oder Störungen auf, während man auf Verhaltensbereiche und Situationen nicht achtet, in denen keine Probleme auftreten. Weiter versucht man, Verhalten nicht lediglich zu registrieren, sondern sofort zu deuten. Man sucht einerseits nach Erklärungen, d.h. man führt die wahrgenommenen Verhaltensweisen auf ursächliche Bedingungen zurück, und man will andererseits mögliche Folgen dieses Verhaltens abschätzen. Auf dieser Grundlage konzipiert der Lehrer seine Handlungen, auf die wieder Schüler in der Regel mit Verhaltensweisen reagieren, die die Interpretationen des Lehrers bestätigen. So stabilisieren sich spezifische Wahrnehmungs-, Interpretations- und Handlungsmuster in Form von Kreisprozessen. Der erste Schritt im Prozeß der Veränderung des Lehrerhandelns muß sich daher auf Möglichkeiten richten, die gewohnten Deutungen durch alternative Hypothesen zu ergänzen. Dazu bietet die Beschäftigung mit Schulproblemen im spezifischen Kontext der Klasse die beste Gelegenheit.

Möglichkeiten der Hypothesenprüfung. Andere Deutungen des Unterrichtsgeschehens als die bisher eingeschliffenen bilden die Basis für gezielte Veränderungen des pädagogischen Handelns. Welche der verschiedenen denkbaren Hypothesen aber erfaßt die Ursachen eines Schulproblems mit größter Wahrscheinlichkeit? Für diese Entscheidung benötigt der Lehrer Möglichkeiten zur Hypothesenprüfung. Auch dafür kann kein einfaches Rezept gegeben werden, aber man kann unterschiedliche Überprüfungsformen beschreiben, die der Lehrer in seiner Klasse in ausgewählten Situationen zunächst erproben kann, so daß er die Bedeutung einzelner Ursachen für seine Schwierigkeiten kennenlernt.

Erprobung alternativer Handlungsmöglichkeiten. Schließlich bietet die Einbindung der Versuche zur Kompetenzerweiterung in die tägliche Unterrichtspraxis die Möglichkeit, alternative Handlungsformen auf die eigene Situation abgestimmt zu planen. Dabei empfiehlt es sich, die notwendigen Handlungsschritte ebenso detailliert festzulegen wie bei der didaktischen Vorbereitung einer Unterrichtsstunde. Allerdings darf man nicht erwarten, daß die sorgfältige Planung den Erfolg bei der Anwendung garantiert.

Besonders wenn der Lehrer für ihn und die Klasse völlig neuartige Handlungsmöglichkeiten konzipiert und er keine Gelegenheit zur Übung in anderen Klassen oder wenigstens in der Simulation schulischer Problemsituationen mit Kollegen hat, wird er im Klassenzimmer noch auf Schwierigkeiten stoßen. In dieser Situation ist es wichtig, nicht frustriert den ganzen Ansatz als ungeeignet aufzugeben, sondern in einem längeren Prozeß die Veränderungen des eigenen Handelns in der Klasse Schritt für Schritt einzuüben.

Realistische Rückmeldungen. Will der Lehrer realistische Rückmeldung über den Stand der eigenen Veränderung erhalten, so stellt sich oftmals das Problem, daß er nicht gleichzeitig mit den Belastungen ungewohnten Handelns in der Klasse zurechtkommen und sich und seine Schüler dabei differenziert beobachten kann. Günstige Möglichkeiten zur Sicherung der notwendigen Rückmeldung bieten deswegen technische Hilfsmittel (z. B. Tonbandaufnahmen), beobachtende Kollegen im Klassenzimmer oder das Gespräch mit den Schülern selbst.

Austausch unterschiedlicher Sichtweisen. Im Kontext der eigenen Klasse ist der Lehrer nicht allein auf die Flexibilität seiner Wahrnehmung und seinen Einfallsreichtum bei der Interpretation der Beobachtungen angewiesen, wenn er alternative Hypothesen für Schulprobleme entwickeln will. Er ist schließlich nicht die einzige Person, die tagtäglich mit Problemen in seiner Klasse in Berührung kommt: Andere Kollegen unterrichten ebenfalls in seiner Klasse, die Eltern seiner Schüler interpretieren die Handlungen ihrer Kinder und die Lehrerhandlungen, und vor allen anderen verfügen seine Schüler über Erwartungen und Bewertungen des Unterrichtsgeschehens, die sie oft in überraschend differenzierte Interpretationen einbringen können. Der Lehrer ist also nicht darauf angewiesen, allein aus den Schwierigkeiten der Alltagspraxis zu finden. Ein vielversprechender, in der Praxis der Unterrichtsinnovation erprobter Weg (Elliot, 1976) besteht in der Verknüpfung der subjektiven Sichtweisen verschiedener Beteiligter an Unterrichtssituationen. Lehrer, Schüler und Beobachter können bei einem Änderungsprozeß unter realen Schulbedingungen ihre Erwartungen und Bewertungen aufeinander beziehen. Abgesehen von der langfristigen Auswirkung dieses Vorgehens auf die sozialen Beziehungen der Beteiligten ist die Wahrscheinlichkeit groß, im Überschneidungsfeld der unterschiedlichen Sichtweisen Ansätze für eine angemessene Veränderung der wechselseitigen Handlungen zu finden.

(Nach Wahl u. a., 1984, S. 30ff.)

Im Unterrichtsalltag, besonders in belastenden Unterrichtssituationen, ist der Lehrer nicht „Problemlöser", sondern Benutzer von Verhaltensroutinen. Wenn er sich ändern soll, muß er zuerst ungeeignete Automatismen identifizieren. Diese Muster des spontanen Reagierens muß er in der Trainingssituation aufgeben, und durch geeignetere Handlungsformen ersetzen. Damit er diese neuen Alternativen auch einsetzen kann, muß er sowohl die Alternativen als auch Möglichkeiten zur Unterbrechung der bisherigen Routinen entwickeln und üben. Unter Alltagsbedingungen müssen die neuen Handlungsmöglichkeiten solange weitergeübt werden, bis sie als neu erworbene Routinen effizient eingesetzt werden können.

Ein wichtiger Schritt auf dem Weg zu mehr Rationalität im Alltagshandeln ist das Erlernen von *Handlungsunterbrechungsstrategien* (vgl. Schlottke & Wahl, 1983). Der Lehrer lernt, bislang eingeschliffene und als ineffektiv erkannte Handlungsketten rechtzeitig z.B. mit einem inneren „Stop-Befehl" zu unterbrechen. Er übt z.B., auf bestimmte Signale hin – z.B. „Stimme wird laut" oder „Herz schlägt stark" usw. – durch den Stop-Befehl Abstand zur Situation zu bekommen und Zeit für rationales Handeln zu gewinnen. Im Programm von Schlottke und Wahl lernen Lehrer auch Entspannungstechniken, die an solchen kritischen Stellen eingeschoben werden können. Kasten 16.8 zeigt beispielhaft, wie für acht typische Situationen aus dem Lehreralltag unerwünschte Reaktionen einerseits als verständlich analysiert werden (z.B. auf dem Hintergrund von Folgeerwartungen mit Angst), andererseits alternative Verhaltensweisen sich als adäquater herausstellen. Im Training bringen die Lehrer die Situationen selbst ein, analysieren unter Anleitung des Pädagogischen Psychologen die zugrundeliegenden Kognitionen und Emotionen für das situative Verhalten und lernen, erwünschte Verhaltensalternativen zu entwickeln. Diese werden dann im Rollenspiel geübt und im Schulalltag erprobt. Flankierende und getrennt erlernte Maßnahmen wie die genannten Handlungsunterbrechungsstrategien oder Entspannungstechniken sollen das unmittelbare rationale Handeln erleichtern.

Das Trainingskonzept von Schlottke und Wahl verbindet Elemente aller oben genannten vier Trainingsrichtungen. Wissenschaftliche Information durch einen „Experten", Situationsschilderungen aus der Alltagspraxis, konkretes Verhaltenstraining und gegenseitige Unterstützung der Gruppenmitglieder wirken zusammen.

Besonders der letzte Aspekt – die Gruppe – ist zentral für sog. *Modelle kollegialer Praxisreflexion,* die vor allem in der Lehrerweiterbildung zunehmend an Bedeutung gewinnen. Je nach theoretischer Grundrichtung kann die Gruppenarbeit anderen Regeln folgen. Ein psychoanalytisch orientiertes Verfahren sind die *Balint-Gruppen,* die Michael Balint (1957) zunächst für Ärzte initiierte. Inzwischen gibt es sie auch für andere

Berufsgruppen, u. a. für Lehrer (Knoepfel, 1980; Garlichs, 1984; Körner, 1983; Münch, 1979).

Zum Ablauf einer Sitzung: Die Gruppe tagt wöchentlich einmal für ca. 90 bis 100 Minuten; sie setzt sich aus 8 bis 10 Mitgliedern zusammen. Die Gruppe sollte für ein bis zwei Jahre stabil bleiben. Jede Sitzung beginnt

---

Kasten 16.8: Rationales Handeln in Problemsituationen

Schlottke und Wahl (1983) haben in einer Lehrer-Trainingsgruppe persönlich belastende Situationen und zugeordnete Reaktionsmuster zusammentragen lassen. Ein Hauptschullehrer bringt folgende Kärtchenpaare mit:

Situation	Reaktion
1 Ich sitze mit drei Kollegen zusammen. Wir sprechen über einige problematische Schüler in meiner Klasse. Die Kollegen haben eine völlig andere Auffassung als ich. Ich stehe mit meiner Auffassung ganz allein.	1 Ich verteidige zuerst meine Meinung, aber nur schwach. Ich gebe dann immer mehr nach und stimme zu, wo ich widersprechen sollte. Ich lächle, wo ich mich wehren sollte: *Ich fühle mich unterlegen.*
2 Regeln werden in meiner Klasse nicht mehr so eingehalten, wie ich das möchte. Ich nehme mir vor, darüber mit der ganzen Klasse ein Konfliktgespräch zu führen und gemeinsam neue Regeln zu vereinbaren.	2 Immer wenn ich zu Beginn des Unterrichts meinen Vorsatz verwirklichen und mit einem Konfliktgespräch beginnen will, *traue ich mich nicht* und beginne statt dessen gleich mit dem Unterrichtsstoff.
3 Kurz vor der großen Pause klopft es und eine Mutter ist draußen. Sie ist sehr aufgebracht und erregt. Sie beschwert sich über eine Strafarbeit, die ich ihrer Tochter am Tag zuvor wegen ständigen Schwätzens gegeben habe.	3 Ich bin völlig überrascht. Ich höre mir den Wortschwall an. Ich vertrete meine Position nicht so gut, wie ich das eigentlich möchte. Am Ende entschuldige ich mich halb und bin *sehr unzufrieden mit mir.*

4 Am Donnerstag habe ich regelmäßig die dritte Vormittagsstunde frei. Dieses Mal habe ich einige Einkäufe vor. In der Stunde zuvor kommt der Schulleiter in den Unterricht und möchte, daß ich eine Vertretungsstunde übernehme. Als er mein Zögern bemerkt, wird er sehr aggressiv.

4 Ich bin *zuerst verärgert* über die Vertretungsstunde und versuche zu argumentieren, daß hier auch andere Kollegen einspringen könnten. Als der Schulleiter dann aber aggressiv wird und mir Vorwürfe macht, *gebe ich nach* und übernehme die Vertretung.

5 In der großen Pause sitze ich im Lehrerzimmer und unterhalte mich mit einigen Kollegen, die ich noch nicht so gut kenne. Ich bin sehr offen und spreche über einige Probleme mit meiner Klasse. Ich hoffe darauf, daß diese ebenfalls offen sind. Statt dessen erzählen sie nichts von sich sondern geben mir „gute Ratschläge".

5 Ich bin *sehr verärgert und auch enttäuscht*, getraue mich aber nicht, dies zu sagen.
Statt dessen höre ich mir die „guten Ratschläge", die ich längst kenne, an und sage sonst nicht mehr viel.

6 Corinna ist eine sehr lebhafte Schülerin. Sie sitzt in meinem Blickfeld und paßt selten auf. In der heutigen Rechenstunde habe ich sie schon mehrfach gebeten, aufzupassen und mitzumachen. Trotzdem tut sie es nicht.

6 Ich bin *verärgert* und lasse Corinna die Aufgabe an der Tafel vorrechnen, was sie natürlich nicht kann. Es *tut mir* richtig *gut, sie in Verlegenheit* gebracht zu haben.

7 Eine Mutter, die als Raumpflegerin arbeitet, ist um die schulischen Leistungen ihres Sohnes ganz besorgt. Sie ruft mich immer wieder an und will wissen, was sie mit dem Sohn üben soll. Auch heute möchte sie Zusatzaufgaben in Mathematik.

7 Mir ist die *Anruferei sehr lästig.* Eigentlich möchte ich der Mutter sagen, sie solle nicht mehr anrufen.
Statt dessen sage ich nur, ich hätte jetzt keine Zeit und beende das Gespräch.

8 Ich stehe am Fotokopiergerät und vervielfältige einige wichtige Arbeitsblätter. Der Schulleiter kommt zufällig vorbei und sieht, daß ich kopiere. Obwohl alles in Ordnung ist, hält er mir einen Vortrag über unnützes und überflüssiges Kopieren.	8 Ich bin *sehr ärgerlich*, weil ich nur wichtige Dinge kopiere und es keinen Anlaß zu solchen Klagen gibt. Deshalb gehe ich einfach vom Kopiergerät weg, nachdem ich fertig bin, und unterbreche dadurch den Schulleiter mitten im Satz.

Die Gruppe fragt nun nach, bis sie sich die Situationen und Reaktionen gut vorstellen kann. Sie fragt nach Kognitionen („Was ging dir da durch den Kopf?") und nach Emotionen („Was hast du da gefühlt?"). Anschließend versuchen die Lehrer, zusammen die Situationen und die Reaktionen nach Gemeinsamkeiten zu ordnen. Sie werden auf einen großen Bogen geklebt und mit Strichen verbunden (vgl. Abb.). Als handlungssteuernde Gedanken und Gefühle stellen sich z. B. Angst vor Aggressionen und Unterlegenheitsgefühle heraus; sie erklären das nachgiebige Verhalten. Anschließend diskutiert die Gruppe positive Ziele und formuliert zugehörige Verhaltensweisen, die in den Problemsituationen angebracht wären. Wichtig sind dabei auch Strategien, um den Automatismus des Nachgebens zu durchbrechen.

Hier das Ergebnis der gemeinsamen Analyse:

Ein nachfolgendes gezieltes Training übt die erwünschten Verhaltensweisen ein.

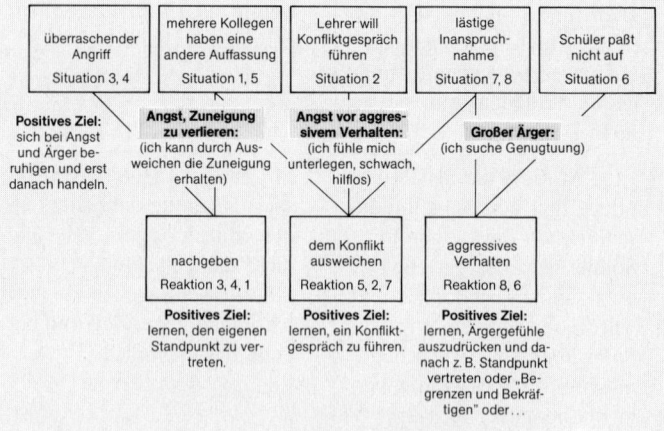

damit, daß ein Mitglied über einen Konflikt aus seinem Berufsleben berichtet (5–15 Min.). Die anderen Gruppenmitglieder sollten keine Zwischenfragen stellen sondern erst nach Abschluß der Schilderung Zusatzinformationen erfragen. Es folgt dann eine relativ lange Phase, in der die Gruppe Phantasien, Vorstellungen, Erinnerungen, Einfälle usw. austauscht, die ihnen während des Vortrags oder anschließend in den Sinn kamen. Der Gruppenleiter verhält sich in dieser Phase zurückhaltend und versucht erst in der letzten Phase die Aufmerksamkeit der Mitglieder auf den Gruppenprozeß zu lenken. Wenn es gelingt, den „Fall im Spiegel der Gruppe" (Gudjons, 1978) zu analysieren, d.h. den dargestellten Konfliktfall und den Gruppenprozeß bzw. die Reaktionen der Gruppenmitglieder aufzuarbeiten, können die Teilnehmer erfahren, wie sich in den Beiträgen verschiedene, meist konflikthafte Aspekte desselben Problems abbilden. Somit kann der Fall am Ende der Sitzung differenzierter, vielschichtiger, aber emotional auch widersprüchlicher erscheinen. Diese Wahrnehmungen sollen allerdings nicht mit einer Lösung des Konflikts gleichgesetzt werden, sie können jedoch eine wichtige Voraussetzung dafür sein. Wie sich der Vortragende in seinem Alltag tatsächlich verhält, bleibt offen.

Neben den methodisch relativ gut kontrollierten Balintgruppen gibt es eine Vielfalt von *Selbsterfahrungsgruppen*. Das Angebot ist groß und schwierig zu bewerten:
– Trainingsgruppen (T-Gruppen) (vgl. z.B. Däumling u.a., 1974)
– Sensitivitätstraining (vgl. Sbandi, 1970)
– Gruppendynamisches Laboratorium (vgl. Däumling u.a., 1974)
– Encountergruppen (Rogers, 1974)
– Themenzentriertes interaktionelles Training (Cohn, 1970, 1974, 1975)
– Gruppendynamik als Lernmethode (vgl. Brocher, 1967; Geißler, 1983).

Nach *Bradford* u.a. (1972) wirken folgende Lernfaktoren beim gruppendynamischen Training zusammen: Die mehrdeutige Situation, der Identitätsstreß, Zusammenarbeit und Lernen von bzw. mit Gleichrangigen, persönliches Beteiligtsein, Lernmotivation, Verhaltenserfahrung und Feedback, Gruppenentwicklung, Trainer-Intervention.

Die Kritik gegen die angewandte Gruppendynamik richtet sich u.a. gegen die Realitätsferne: Berufsbezogene Probleme werden meist ausgespart oder erhalten eine „Feigenblattfunktion", wenn befriedigende Bearbeitungsmöglichkeiten wegen der Heterogenität der Teilnehmer kaum mehr möglich sind (vgl. Fengler, 1975).

Oft bilden interessierte Lehrer auch *informelle Gruppen,* z.B. um die Inhalte von Trainings-Büchern gemeinsam zu diskutieren und angebotene Fertigkeiten einzuüben, wie es z.B. über „Grell-Gruppen" berichtet wird (Hullen, 1979). Küchler (1979) warnt grundsätzlich vor Selbstanwendungsprogrammen, die nicht an bestimmten Berufsgruppen evaluiert worden sind. Auch Bachmann (1981) weist explizit auf die Grenzen des selbstinitiierten sozialen Lernens hin.

Eine interessante Form der Lehrerweiterbildung in Gruppen ist die *gruppenunterstützte Selbstreflexion* im Trainingsmodell von Rotering-Steinberg (1983, 1985). Lehrer mit Berufserfahrung treffen sich in Kleingruppen über 18 Sitzungen und bearbeiten autonom, d. h. ohne einen professionellen Experten, ein Selbsttrainingsprogramm, das schriftlich vorliegt. Pro Sitzung übernimmt jeweils ein Mitglied die Moderatorenrolle. Diskutiert werden Problemsituationen aus der Praxis der Gruppenteilnehmer; die Art der Diskussion wird durch das Programm angeleitet. Es gewährleistet auch, daß die Gruppe denselben Informationsstand besitzt. Die Autorin berichtet von positiven Ergebnissen mit diesem Verfahren.

Autonome Trainingsgruppen sind von anderen Gruppierungen, wie z. B. informellen oder institutionalisierten Lehrerzentren (vgl. z. B. Edelfelt, 1982) oder auch berufsorientierten Selbsthilfegruppen (vgl. Moeller, 1978, 1981) abzugrenzen, da dort zwar auch die Förderung der psychosozialen Kompetenz, berufliches und persönliches Wachstum, angestrebt werden, aber keine ausgewählten und evaluierten Interventionsformen eingesetzt werden. Durch pädagogisch-psychologisch orientierte Selbsttrainingsprogramme können auf längere Sicht auch „Unterstützungssysteme" im Sinne von Aronson u. a. (1983) geschaffen werden, die speziell den in sozialen Berufen Tätigen die Möglichkeit bietet, sich emotional zu entlasten sowie ihre sozialen und kognitiven Kompetenzen zu erweitern.

Kapitel 17

Heinrich Wottawa

Evaluation

17.1 Einleitung

Die Anpassung des Verhaltens an die Umgebung sowie eine sukzessive Verhaltensoptimierung ist bei allen höheren Lebewesen eine Selbstverständlichkeit. Selbst bei einfachen Organismen ist eine starre Verknüpfung zwischen Input (Umweltreizen) und Output (Verhalten im weitesten Sinne) die Ausnahme. Schon bei physiologischen Reaktionen (z. B. Temperaturregelung) wird der Output und/oder die Folgen des Outputs an den Organismus zurückgemeldet und zu entsprechenden Korrekturen herangezogen. Bereits auf niedriger Entwicklungsstufe tritt zusätzlich zu dem Anstreben von „Sollwerten" etwas auf, was man als „Lernfähigkeit" bezeichnet: Die Rückmeldung über den Output wird nicht nur ihrerseits wieder als Input in das System verwendet, sondern führt auch zu einer Änderung der Verhaltenssteuerung selbst (z. B. alle Formen des operanten Konditionierens). Dieser Aspekt, die Änderung des verhaltenssteuernden Systems auf der Basis der Bewertung von Input/Output-Verknüpfungen, ist Kern jeder Evaluation. In diesem Sinne ist „Evaluation" bei allen höheren Lebewesen die Grundlage ihres Überlebens.

Die Auswahl von Alternativen beim zielgerichteten menschlichen Handeln setzt ebenso die Bewertung bzw. „Evaluation" der verschiedenen Handlungsmöglichkeiten voraus. Zwischen verschiedenen Handlungsalternativen kann nur dann eine rationale Auswahl getroffen werden, wenn eine wenigstens grobe sachgestützte Bewertung der zu erwartenden Folgen der einzelnen Möglichkeiten gegeben ist. Eine der Entscheidung vorausgehende Evaluation früherer Verhaltensfolgen („Erfahrung") ist somit die unverzichtbare Grundlage jeder rationalen Entscheidung – oder sollte es zumindest sein. Nur auf diese Weise kann das Risiko unerwünschter Konsequenzen so klein wie möglich gehalten werden. Das stete Bemühen um eine Minimierung des Risikos ist zudem aus ethischen Gründen stets dann zu fordern, wenn nicht nur der Entscheider selbst, sondern auch andere Menschen von den Folgen der Handlung betroffen sind. Die Ausstattung der Rolle des Experten mit Einfluß und oft auch institutioneller Macht ist letztlich nur durch seine besondere Kompetenz zu Entscheidungen mit erwünschten Konsequenzen zu rechtfertigen. In diesem Sinn ist die systematische Erfahrungsaufbereitung mit dem Ziel der Bewertung von Handlungsalternativen (Evaluation) auch eine selbstverständliche Pflicht jedes verantwortungsbewußten beruflich tätigen Psychologen.

Leider beruht die Verhaltenssteuerung des Menschen im pädagogischen Feld auf so komplexen Regelsystemen, daß die meisten Evaluationsansätze auf beträchtliche Schwierigkeiten stoßen. Die konkrete Bewältigung dieser Probleme setzt neben fundierten wissenschaftlichen Kenntnissen vor allem praktische Erfahrungen voraus. In diesem Kapitel

kann also nur ein erster Einblick in prinzipielle und methodologische
Fragen gegeben werden.

Der *erste* Abschnitt gibt einen Überblick über die wichtigsten Anwendungsfelder der Evaluation im Bereich der Pädagogischen Psychologie.
Dabei wird vor allem auf den allgemeinen Verwertungszusammenhang
der Ergebnisse, die Zielsetzungen und die teils fachlichen, teils durch die
unterschiedlichen Nutzenaspekte von Evaluationen verursachten Probleme eingegangen. Es wird empfohlen, begleitend zu den einzelnen
Hauptpunkten dieses Abschnittes die beiden tabellarisch dargestellten
empirischen Evaluationsstudien durchzusehen und daran das Verständnis der jeweiligen Kernfragen zu vertiefen. Das Ziel dieses Abschnitts ist
eine ausführliche Begriffsbestimmung und damit verbunden die Entwicklung eines Rahmens für das Verständnis von Evaluationsstudien.

Im *zweiten* Abschnitt werden die Besonderheiten wissenschaftlich
begleiteter Evaluationen herausgearbeitet. Neben den rein instrumentellen Aspekten wie z.B. die Verfügbarkeit von Auswertungsmethoden
kann die Psychologie auch wesentliche Hilfen bei der Zielsetzung (vor
allem hinsichtlich der Konsensfindung) und den Details der Operationalisierung leisten. Dieser Abschnitt liefert eine erste Grundlage für die
aktive Gestaltung neu geplanter Evaluationsstudien.

Im *letzten* Abschnitt werden schließlich einige Aspekte der sehr
schwierigen Probleme der Berichtlegung von Evaluationsergebnissen
diskutiert. Für diese Fragen gilt im besonderen, daß von Evaluatoren
auch außerfachliche Kompetenzen gefordert werden, deren Erwerb ohne
Training in der Praxis kaum möglich ist.

Die in allen Abschnitten stark betonten Probleme, für die z.T. keine
wirklich idealen Lösungen ersichtlich sind, sollten den am Berufsfeld
„Evaluation" ernsthaft interessierten Leser nicht abschrecken, sondern
statt dessen seine Bereitschaft zur persönlichen Kompetenzsteigerung
anregen. Für gut ausgebildete Psychologen, die auch die unvermeidbare
Spannung zwischen Ideal und praktisch möglicher Evaluation positiv
verarbeiten können, gibt es in diesem Bereich ein vielfältiges und
aussichtsreiches Arbeitsfeld, das sich nach den Erfahrungen in den USA
in Zukunft vermutlich noch erweitern wird.

17.2 Grundfragen pädagogisch-psychologischer Evaluation

17.2.1 Versuch einer Begriffsbestimmung

Wie jedes empirische Geschehen entzieht sich auch der Bereich „Evaluation" einer vollständigen definitorischen Erfassung. Eine formale Definition findet sich (in Anlehnung an Scriven, 1972) bei Prell (1981, S. 116).

Demnach besteht Evaluation im „Sammeln und Kombinieren von Verhaltensdaten mit einem gewichteten Satz von Skalen, mit denen entweder vergleichende oder numerische Beurteilungen erlangt werden sollen; und in der Rechtfertigung (a) der Datensammlungsinstrumente, (b) der Gewichtungen und (c) der Kriterienauswahl". Es gibt aber auch Evaluationen, bei denen keine Skalen verwendet werden, auch die Gewichtungen oder überhaupt die Bewertungskriterien liegen oft nicht vor, zumindest nicht in expliziter Form. Allgemein kann man sagen, daß Evaluation etwas mit dem *Bewerten von Handlungsalternativen* zu tun hat. Alle darüber hinausgehenden Einschränkungen oder Hervorhebungen verschiedener Aspekte erfolgen in Abhängigkeit vom jeweiligen Tätigkeitsfeld. Allerdings dürfte zumindest im wissenschaftlichen Sprachgebrauch ein Konsens darin bestehen, daß die Bewertung der Alternativen nicht nach rein subjektiven Eindrücken, sondern auf der Basis systematisch gewonnener Beobachtung erfolgen muß, um von „Evaluation" zu sprechen.

17.2.2 Evaluationsmodelle

Die Vielzahl der Varianten von Evaluation hat dazu geführt, daß je nach Schwerpunkt der Zielsetzungen und Realisierungsmöglichkeiten unterschiedliche Evaluationskonzepte, sog. „Evaluationsmodelle", entwickelt wurden. Auf sie soll hier nur hingewiesen werden (eine Übersicht gibt Prell, 1981).

Wulf (1975) unterscheidet zwischen *praxisorientierter* Evaluation (sie dient der konkreten Verbesserung der Ist-Situation), *entwicklungsorientierter* Evaluation (ihr Ziel ist die Auswahl bzw. Optimierung von Hilfsmitteln) und *theorieorientierter* Evaluation (sie ist weniger auf handlungsleitende als auf wissenschaftliche Erkenntnisgewinnung ausgerichtet).

An anderer Stelle (Wulf, 1972) wird vor dem Hintergrund der Curriculumentwicklung zwischen folgenden Formen unterschieden:

– *Mikroevaluation* (sie bezieht sich auf einzelne Aspekte des evaluierten Programms) versus *Makroevaluation* (ihr Ziel ist die Feststellung eines Globalergebnisses);
– *innere* Evaluation (die verantwortlichen Gestalter der Maßnahme evaluieren das Programm selbst) versus *äußere* Evaluation (Entwicklung des Programms und seine Evaluation sind getrennt);
– *intrinsische* Evaluation (sie ist auf die Maßnahme selbst, z.B. auf das Curriculum bezogen) versus *extrinsische* Evaluation (sie befaßt sich mit den Auswirkungen der Maßnahme, z.B. auf die Fähigkeiten der Schüler).

Auf Stake (vgl. Stake, 1972) geht die Aufteilung in die „Evaluationsfelder" *Voraussetzungen, Prozesse* und *Ergebnisse* zurück.

Dabei wird betont, daß alle drei Bereiche sehr umfassend zu sehen sind. Für jedes dieser Felder können z. B. „Intentionen" (Ziele), „Beobachtungen" (empirische Fakten), „Normen" (Bewertungsmaßstäbe z. B. der Auftraggeber) und „Urteile" (wertende Aussagen der Evaluatoren) erhoben bzw. festgestellt werden.

Stufflebeam (1967; 1972) unterscheidet im sog. CIPP-Modell der Evaluation zwischen:

- *Context* (Erheben der Rahmenbedingungen, Problemanalyse);
- *Input* (verfügbare Ressourcen, Realisierungsmöglichkeiten, Kosten-Nutzen-Analysen);
- *Prozeß* (fortlaufende Kontrolle neu eingeführter Maßnahmen); und
- *Produkt* (Bewertung der Alternativen nach der Erprobungsphase).

Alle diese (und andere) „Modelle" können als allgemeine Schemata zur Vorbereitung von Evaluationsstudien verwendet werden, wobei man im konkreten Einzelfall überlegen muß, welche Aspekte besonders relevant sind. „Modell" meint in diesen Fällen nichts anderes als „Strukturierungshilfe".

Solche Einteilungsmodelle können nur einen ersten Rahmen bieten, der eine grobe Vororientierung ermöglicht. Praktisches Handeln (und Evaluationsstudien sind, im Gegensatz zur Grundlagenforschung, stets auf Handeln bezogen) entzieht sich aufgrund seiner Vielfalt letztlich einer stringenten, voll zufriedenstellenden Beschreibung mit Hilfe eines einzigen Beschreibungssystems. Dazu sind verschiedene Dimensionen und Bewertungskriterien erforderlich.

17.2.3 Aspekte und Probleme praxisbezogener Evaluation

Statt einer nicht leistbaren „optimalen" Definition oder eines idealtypischen Klassifikationsrasters wird im folgenden Abschnitt versucht, die vielfältigen Aspekte und Probleme konkreter Evaluationsversuche zu skizzieren. Wir orientieren uns dabei an folgenden Leitfragen:

Was wird wo mit welchem Ziel evaluiert? Welche direkten und indirekten Kosten entstehen bei der Evaluation? Womit werden die Ergebnisse verglichen? Wer entscheidet über die Verwertung der Ergebnisse?

Zur Erläuterung und Veranschaulichung dieser Aspekte sind in Tabelle 17.1 zwei in Zielsetzung und Aufbau sehr verschiedene Evaluationsprojekte kurz skizziert.

Was wird evaluiert?

Da Evaluation der Optimierung von Handlungen und Entscheidungen dient, müssen prinzipiell Handlungs- oder Entscheidungsfolgen bewertend miteinander verglichen werden.

Hinsichtlich der zu optimierenden Handlungsalternativen sind im pädagogisch-psychologischen Bereich vor allem folgende Teilgruppen von Bedeutung:

a) Die *Handlungsweisen von einzelnen Personen:* z.B. von Psychologen (die Ergebnisse einer Beratungstätigkeit; die Folgen verschiedener Formen von therapeutischen Interventionen in Schulklassen; die Angemessenheit einer diagnostischen Entscheidung, die zur Einweisung in bestimmte Kinderheime führt) oder von Lehrenden im weitesten Sinn (z.B. eine vergleichende Bewertung des Interaktionsstils einzelner Lehrer; die Beurteilung verschiedener Varianten des didaktischen Vorgehens eines Dozenten in einem Managementseminar).

b) *Techniken:* z.B. Vergleich verschiedener Lehrmethoden des Lesenlernens oder verschiedener Ansätze zur Intervention bei Konflikten in Schulklassen; Vergleich des Ausmaßes der Verhaltensänderung von Werkmeistern nach Seminaren zur Arbeitssicherheit.

c) *Zielvorgaben:* z.B. die faktischen Konsequenzen verschiedener Lehrpläne für das gleiche Fach; die Auswirkungen der Konzentration der Lehrziele auf „soziales Lernen" und/oder „fachliches Lernen"; die Auswirkung der Betonung bzw. Vernachlässigung von Aspekten der Kostendeckung im Bereich der Erziehungsberatung.

d) *Programme:* z.B. die Ergebnisse eines neuen Aufklärungsprogrammes zur Verbesserung der Verkehrssicherheit; die Ergebnisse einer Maßnahme zur Beschäftigung von arbeitslosen Lehrern als Sachbearbeiter in der Wirtschaft; die Auswirkungen einer Maßnahme der Entwicklungshilfe auf die Alphabetisierungsrate.

e) *Systeme:* Vergleich von Gesamtschule gegenüber dem gegliederten Schulwesen; Konsequenzen der unterschiedlichen Universitätsstrukturen in verschiedenen Ländern im Hinblick auf die wissenschaftliche Produktivität; die Auswirkung der unterschiedlichen Förderung von Hochbegabten in privaten und öffentlichen Schulen.

Diese verschiedenen Aspekte sind oft vermischt. So wird eine Evaluation von Techniken häufig in der Form erfolgen, daß verschiedene Einzelpersonen (z.B. Lehrer) diese Techniken aufwenden, was zu Problemen bzgl. einer Trennung der Effekte führt und evtl. die Frage einer Wechselwirkung von Lehrerpersönlichkeit und Unterrichtsmethoden aufwirft. Noch komplizierter wird es, wenn es zu einer systematischen Vermischung der hier genannten Aspekte kommt, etwa dann, wenn sich verschiedene Programme der Erwachsenenbildung auch in ihrer Zielsetzung unterscheiden, oder wenn verschiedene Maßnahmen der Drogenprävention jeweils mit unterschiedlichen Informationstechniken eingeführt werden. In solchen Fällen muß die Interpretation der Ergebnisse auf diese Effektkonfundierung Rücksicht nehmen.

Wo wird evaluiert?

Da man im Prinzip alle pädagogischen bzw. pädagogisch-psychologischen Maßnahmen evaluieren kann, werden Evaluationsuntersuchungen an ganz verschiedenen Orten durchgeführt. Dabei ergeben sich für den Evaluator jeweils spezifische Probleme.

a) *Künstlich geschaffene Einrichtungen (Labor):* Manchmal werden speziell für Evaluationszwecke, z.B. zur Erprobung verschiedener Unterrichtsformen, besondere Situationen hergestellt und eigene pädagogische Institutionen etabliert (Versuchs- oder Laborschulen). Dies erleichtert natürlich die Arbeit des Evaluators, denn mit speziell motivierten Lehrern lassen sich verschiedene Unterrichtsmethoden leichter ausprobieren als in Normalschulen, und die bewußte Entscheidung der Eltern für eine Laborschule macht es einfacher, die Zustimmung der Betroffenen für Innovationen zu erhalten. Zu beachten ist allerdings, daß gerade in diesen Fällen eine besonders hohe Verantwortung bei dem Leiter der Evaluation hinsichtlich der Auswahl der zu erprobenden Alternativen liegt, da auch die Erlebnisse im pädagogischen „Labor" langfristige Konsequenzen für die Beteiligten nach sich ziehen können.

Darüber hinaus ergeben sich ähnliche Probleme wie bei der Übertragung von Ergebnissen der experimentellen Grundlagenforschung: Die besondere Situation eines „Labors" erschwert die Übertragung der Ergebnisse auf die allgemeine berufliche Praxis. Hier konkretisiert sich das allgemeine methodische Problem, daß die interne und externe Validität nicht gleichzeitig maximiert werden können (vgl. Stufflebeam, 1972, S. 122f.). Da die unmittelbare Handlungsrelevanz in Frage gestellt ist, werden Untersuchungen in künstlich geschaffenen Situationen häufig nicht dem Begriffsfeld „Evaluation" zugeordnet, sondern eher der (mehr oder weniger stark anwendungsorientierten) wissenschaftlichen Forschung (zum Problem der Abgrenzung von „Wissenschaft" und „Evaluation" vgl. Kordes, 1984).

b) *Arbeitsplätze (Praxis, Dienststelle etc.) von Psychologen:* Auch hier hat der Psychologe noch eine relativ starke Kontrolle über die Nebenbedingungen des zu evaluierenden Geschehens, was u.U. für einen Abbruch der Evaluationsarbeit bei negativen Effekten von Vorteil ist. Die Innovation neuer Handlungsweisen, für die eine evaluative Kontrolle in besonders hohem Maße angezeigt ist, beinhaltet ja stets die Möglichkeit der Verschlechterung gegenüber den bisherigen Maßnahmen, so daß ggf. ein Abbrechen bzw. eine frühzeitige Modifikation der Maßnahmen erforderlich wird, um mögliche negative Auswirkungen zu verhindern. Mit diesem Problem hat sich Wellenreuther (1976) befaßt.

Evaluationen an der eigenen Arbeitsstelle können häufig ohne fremde

Hilfe durchgeführt werden. Daher sind solche Ansätze mit einem relativ geringen Aufwand an Kosten und Emotionen und kaum mit Problemen der Vorselektion durch freiwillige Teilnahme der Beteiligten verbunden.

c) *Pädagogische Institutionen (z. B. Schulen, Weiterbildungseinrichtungen, Betriebe):* Dies ist der häufigste Ort für größere Evaluationsprojekte. Man untersucht sowohl Vorschläge oder Maßnahmen des Pädagogischen Psychologen (z. B. Kriseninterventionen in einer Schulklasse) als auch Verhaltensweisen der beteiligten Erzieher oder spezielle pädagogische Maßnahmen (z. B. die Einführung eines neuen Programms der Weiterbildung in einem Betrieb). In solchen Fällen ist die Kommunikations- und Kooperationsfähigkeit des Psychologen stark gefordert, da er auf die Unterstützung der anderen Beteiligten extrem angewiesen ist. Dieses kann schwierig sein, wenn die Beteiligten sich persönlich bewertet fühlen (z. B. wenn man bei der Suche nach dem besten Weiterbildungsprogramm auch eine Bewertung der einzelnen Seminarleiter vornimmt; Beispiele für den Schulbereich geben Mitter und Weishaupt, 1979).

d) *Pädagogische Systeme (Schul- und Ausbildungssysteme):* In diesem Arbeitsfeld geht es vor allem um die Evaluation größerer Reformprogramme oder den Vergleich von Organisationssystemen. In noch stärkerem Maße als bei Einzelorganisationen muß man damit rechnen, daß die Zielsetzung der evaluierten Programme auf Widerstände bei einem Teil der Beteiligten stößt. Man denke etwa an die Problematik von traditionellen sozialen Einstellungen und Strukturen in Entwicklungsländern bei Programmen zur Alphabetisierung. Die Ergebnisse der vergleichenden Bewertung werden dann weniger als wissenschaftlich begründete Information über Fakten, sondern eher als wertende Aussage über politische Positionen aufgefaßt.

An welchen Zielen orientiert sich die Evaluation?

Der wissenschaftlich tätige Psychologe ist gewöhnt, daß er im Regelfall die Ziele seiner Forschungsarbeit selbst bestimmt. Da aber im Gegensatz zur Grundlagenforschung Evaluation nicht primär auf allgemeinen Erkenntnisgewinn, sondern auf konkrete Verbesserung des realen Handelns abzielt, ist die Orientierung an wissenschaftsimmanenten Zielsetzungen nicht ausreichend (vgl. Kap. 3). Der Erzieher muß auch die Bedürfnisse der von den Evaluationsfolgen „Betroffenen" (z. B. Lehrer, Eltern, Schüler, Politiker) beachten. Wichtig ist hierbei, daß die Psychologie als eine empirische Wissenschaft prinzipiell nicht in der Lage ist, eine zielsetzende Funktion (und damit die Bewertung von Normsetzungen) zu übernehmen (vgl. Wulf, 1972, S. 31 ff.).

Der sich als Wissenschaftler verstehende Evaluator kann jedoch den

Auftraggebern bzw. Betroffenen bei der *Klärung* der Zielsetzung helfen. Er kann z. B. aufzeigen, welche empirischen Indikatoren vermutlich für welche Konsequenzen sprechen, er kann auf nicht bekannte oder in der öffentlichen Meinung nicht ausreichend gewürdigte Fakten (z. B. das Ausmaß der Arbeitslosigkeit unter den Absolventen bestimmter Studienrichtungen) hinweisen, gegensätzliche Interessen von Teilgruppen deutlich machen oder auch versuchen, durch sachlich begründete Prognosen rechtzeitig auf später nur schwer korrigierbare Entwicklungen hinzuweisen. Er sollte sich aber nicht anmaßen, aufgrund einer subjektiv falsch verstandenen oder von anderen aufgedrängten „Autorität" pseudowissenschaftliche, normative Aussagen gemäß seiner eigenen Werthaltung als „wissenschaftliche" zu vertreten. Tut er dies, schädigt er sein Ansehen als wissenschaftlicher Experte, der sich gegenüber den zu evaluierenden Alternativen ebenso neutral zu verhalten hat wie gegenüber den unterschiedlichen Werthaltungen seiner Kooperationspartner (Groeben, 1981).

Ein wesentliches Problem bei Evaluationsstudien, vor allem bei einer Programm- oder Systemevaluation, ist die Vielfältigkeit der Zielsetzungen. Eine kleine Auswahl von Beispielen findet sich in der folgenden Übersicht.

Man muß damit rechnen, daß bei größeren Evaluationsvorhaben manche, vielleicht entscheidende Ziele, z. B. die unter der Rubrik „Politiker, Kultusbeamte" genannten, dem Evaluator nicht explizit mitgeteilt werden. Es gehört zur erfolgreichen Evaluationsplanung, auch an solche Aspekte zu denken und sie im Interesse aller Beteiligten zu berücksichtigen – oder das Projekt abzulehnen.

Die Problematik der unklaren oder widersprüchlichen Zielsetzungen wird insbesondere dann deutlich, wenn zwischen konkurrierenden Entscheidungs- und Handlungsalternativen (z. B. pädagogischen Programmen) entschieden werden soll, also eine sogenannte *summative* Evaluation vorliegt. In vielen Fällen, vor allem bei tätigkeitsbegleitender Evaluation, ist aber nicht eine Entscheidung zwischen verschiedenen Maßnahmen erforderlich, sondern eine kontinuierliche Verbesserung von Verhaltensweisen, Hilfsmitteln oder Programmen (sogenannte *formative* Evaluation). In solchen Fällen sind negative Einstellungen und Emotionen der Beteiligten gegenüber den zumeist kleinen Programmänderungen weniger massiv als bei einer Entscheidung zwischen vollständig ausgearbeiteten konkurrierenden Programmen. Dies erleichtert die rationale Analyse und Diskussion der anstehenden Veränderungsprobleme und ermöglicht so die Herstellung einer konsensfähigen Basis für die Bestimmung und Fixierung der erforderlichen Ziele.

Kasten 17.1: Was alles von einer evaluierten Schulsystem-Änderung erwartet wird

Schüler
– Wohlbefinden
– Soziales Lernen (mit vielfältigen Bedeutungen)
– Verbesserung der Leistungsfähigkeit (genaue Bedeutung fraglich)

Lehrer
– Arbeitsklima
– Statusfragen (Konsequenzen für Besoldungsgruppen, Beförderungen)
– Macht (z.B. Einfluß auf das Schicksal der Kinder, Mitsprachemöglichkeiten der Eltern)

Politiker, Kultusbeamte
– Zeitgewinn (Evaluationsvorhaben als Mittel zur Verhinderung einer vermutlich ungünstig ausgehenden politischen Entscheidung)
– Durchbruch (ein gewünschtes System oder Programm wird „probeweise" eingesetzt in der Hoffnung, daß damit kaum revidierbare Fakten geschaffen werden)
– Aktivitätsnachweis (wichtig für Bekanntheitsgrad, Image)

Gesamtgesellschaft
– Chancengleichheit (mit vielen verschiedenen Bedeutungen)
– Konsensfähigkeit (Dauerkonflikt um prinzipielle Schulfragen ist nicht akzeptabel)
– sachgerechte Erfüllung der Allokationsfunktion der Schule (viele divergierende Auffassungen möglich)

Evaluatoren
– Arbeitsplatzsicherung (evtl. für Mitarbeiter)
– Datenbeschaffung (für spätere theoriebezogene Auswertungen, die nur am Rande die Evaluationsfragestellung betreffen)
– Erfüllung persönlicher Bedürfnisse (Einflußmöglichkeit, Ansehen, Öffentlichkeitswirkung)
– Durchsetzung persönlicher Einstellungen und Werte (z.B. durch die Anlage der Evaluationsstudie oder die Ergebnisinterpretation)

Warum wird trotz hoher Kosten evaluiert?

Evaluationen sind aufwendig. Vor allem sorgfältig geplante, durchgeführte und ausgewertete Evaluationsstudien erfordern von allen Beteiligten einen hohen Einsatz. „Kosten" im weitesten Sinn, neben den
Finanzierungskosten, sind:

– Zweifel an der Richtigkeit des bisherigen Handelns: Allein die Tatsa-
  che einer Evaluationsmaßnahme wird unter Umständen als Kritik und
  Abwertung des bisherigen pädagogischen Geschehens erlebt, denn die
  Evaluation kann nur dann eine Verbesserung bringen, wenn die
  bisherigen Handlungsmuster als „suboptimal" eingeschätzt werden.
  Dieser Effekt ist bei langandauernden Maßnahmen und bei starker
  Identifikation mit dem bisherigen Vorgehen bzw. Programm besonders „subjektiv" kostenträchtig.
– *Unruhe* bei allen Beteiligten: Das Überprüfen gewohnter, noch mehr
  die versuchsweise Einführung neuer Maßnahmen stört die oft für den
  Erfolg wichtige Selbstverständlichkeit des pädagogischen Geschehens.
– Die *Beeinträchtigung der Lebenssituation* der Beteiligten: Eine Kontrolle der Effektivität von Mitarbeitern einer Erziehungsberatungsstelle beeinträchtigt z. B. Ansehen und Selbstwertgefühl; oder aufgrund von Evaluationsergebnissen werden externe Management-Semi-
  nare an neue, vermutlich bessere Anbieter vergeben.
– zusätzliche *Arbeitsbelastung* bei allen Beteiligten.
– *Zeitverzögerung* durch die Evaluation: Dies trifft vor allem dann zu,
  wenn die gewünschte Verhaltensalternative ohne Evaluation sofort
  und ohne das Risiko einer negativen Bewertung durchsetzbar wäre.
– mögliche *Schädigung der Betroffenen* durch probeweise eingesetzte
  Maßnahmen: Wenn z. B. eine neue Methode des Jugendstrafvollzugs
  trotz aller positiven Erwartung im Vergleich zum alten Verfahren
  höhere Rückfallquoten zur Folge hat.

Die bei jedem Evaluationsvorhaben nicht vermeidbaren Nachteile bzw.
Kosten werden nur dann von der entscheidenden Instanz in Kauf
genommen, wenn man plausibel machen kann, daß der Nutzen mit hoher
Wahrscheinlichkeit diese Kosten überwiegen wird. Evaluatoren müssen
also nicht nur über Sachkompetenz verfügen, sondern die beteiligten
bzw. zuständigen Stellen auch von dieser Fachkompetenz überzeugen
können. Es ist allerdings überheblich, wenn Wissenschaftler erwarten,
daß die Gesellschaft bei jeder wichtigen neuen Maßnahme die Evaluation
zu finanzieren hätte, unabhängig davon, ob die Kosten/Nutzen-Abschät-
zung positiv ausfällt.

Womit wird verglichen?

Die Grundlage von Evaluation ist stets der Vergleich der Folgen verschiedener Alternativen. Dafür gibt es mehrere methodische Möglichkeiten (vgl. dazu auch Stake, 1972, S. 108 ff.).

Liegen *mehrere disjunktive Handlungsformen* vor, so können deren Konsequenzen unmittelbar miteinander verglichen und auf diese Weise bewertet werden (z. B. verschiedene parallel durchgeführte Aufklärungsprogramme über „gesundes" Leben; die Ergebnisse von Ganzheitsmethode gegenüber analytischer Leselernmethode; Resultate verschiedener Interventionsmaßnahmen der Erziehungsberatung bei gleicher Indikationsstellung). In diesem Fall ist eine *summative* Evaluation möglich.

Liegt nur *eine Handlungsweise* zur Evaluation vor, kann sich der Vergleich an unterschiedlichen Kriterien oder Maßstäben orientieren. Folgende Möglichkeiten sind denkbar (vgl. Kap. 14):

– Teilnehmererwartung („die Seminarteilnehmer waren mit der letzten Schulung für Führungskräfte zufrieden")
– vorhergehende Situation („meine Konfliktintervention war gut, da sich das Klassenklima verbessert hat")
– persönliche Zielsetzung („die Aufklärungskampagne hat die von mir angestrebte Reduktion der Unfallziffern von 30% für die folgenden 6 Monate erreicht")
– externe Zielsetzung („die angestrebte Verbesserung im Subtest „Bruchrechnen" um 10 Punkte wurde durch die neue Lehrmethode erreicht")
– gruppenbezogener Standard („mit dieser Lernmethode wurden Ergebnisse erreicht, die über dem Durchschnitt des Schuljahres liegen").

In all diesen Fällen ist durchaus eine zweckmäßige Bewertung, vor allem mit der Zielsetzung einer *formativen* Evaluation, möglich. Es fehlt aber prinzipiell die Aussagemöglichkeit, daß das gewählte Verfahren besser als eine alternative Vorgehensweise (welche?) gewesen ist. Bei den meisten dieser Vergleiche (etwa mit dem gruppenbezogenen Standard oder der Teilnehmererwartung) kann die anscheinend positiv evaluierte Verhaltensweise sogar eine vergleichsweise schlechte Alternative sein. Bei dem bloßen Vergleich mit der vorhergehenden Situation ohne den gleichzeitigen Einsatz alternativer Varianten in der neuen Situation ist es selbst bei nachgewiesenen Verbesserungen ohne weiteres möglich, daß die gewählte Alternative die schlechteste aller Möglichkeiten (Methodenprogramme etc.) war, denn alle anderen Varianten hätten in dieser Situation unter Umständen besser abschneiden können.

Wer entscheidet über die Verwertung der Evaluationsergebnisse?

Da in diesem Kapitel nur von wissenschaftlich fundierter Evaluation gesprochen wird, liegt die Planung einer solchen Studie, insbesondere die Festlegung des allgemeinen theoretischen Rahmens, die Datenerhebung und die Auswertung, bei dem damit betrauten wissenschaftlich vorgebildeten Evaluator. Die Umsetzung der Ergebnisse in praktisches Handeln liegt aber bei „Entscheidungsträgern", die oft, aber nicht immer, die Evaluation in Auftrag gegeben haben. Als „Umsetzer" kommen vor allem folgende Personen oder Instanzen in Frage:

Der „Erzieher": z.B. Rückmeldung der Evaluationsergebnisse von verschiedenen Fernstudien-Materialien an die Verfasser, die daraufhin selbst eine Verbesserung einleiten; verschiedene Formen des Lehrertrainings, die oft eine einfache Form der formativen Evaluation darstellen; Änderung des Weiterbildungskonzeptes eines Betriebes durch die Beratung des Leiters der Weiterbildung. Ein ausführliches Beispiel für die Umsetzung von Evaluationsergebnissen durch den „Handelnden" selbst gibt Seiffge-Krenke (1981) im Rahmen der Evaluation eines Psychologie-Curriculums.

Der „Lerner" als direkt oder indirekt Betroffener: z.B. Evaluationsbefunde als Entscheidungshilfe für Schüler und Eltern bei der Wahl eines geeigneten Schulsystems; Entscheidung der Lehrer für die Bereitstellung verschiedener Arbeitsmittel, aus denen die Schüler auswählen können.

Externe, entscheidungsbefugte Stellen: z.B. Einstellen bzw. Weiterführen eines Modellversuchs zur hochschuldidaktischen Ausbildung von

Tabelle 17.1: Grundfragen der Evaluation am Beispiel zweier Evaluationsprojekte

Leitfragen	Projekt A: „Lehrertraining" (Thiele, 1981)	Projekt B: „Gesamtschule NW" (Kultusminister NW, 1979)
1. Was?	Drei Trainingseinheiten für Lehrer, die zu vier Bedingungen kombiniert wurden (1., 2. und 3.; 1. und 3.; 1. und 2.; nur 1.)	Gesamtschule (integrierte Form) im Vergleich zum gegliederten Schulwesen
2. Wo?	In pädagogischen Institutionen: a) Lehrertraining: EWS-Studenten an der TU Braunschweig b) Probeweise Unterricht der trainierten Studenten in Grundschulen (4. Jahrgang)	Im Feld; Auswahl aus den Gesamtschulen, Hauptschulen, Realschulen und Gymnasien in NW

Tabelle 17.1 (Fortsetzung):

Leitfragen	Projekt A: „Lehrertraining" (Thiele, 1981)	Projekt B: „Gesamtschule NW" (Kultusminister NW, 1979)
3. Welche Ziele?	a) Explizit: Verbesserung der Lehrerausbildung, Prüfung des theoretischen Konzepts, das die Grundlage der Trainingseinheiten war b) Mögliche Spekulation über andere Ziele: z. B. persönliches Sachinteresse	a) Explizit: Entscheidungshilfe für die Alternativen: „Gesamtschule als einzige Schulform"/„Als eine zusätzliche Form"/ „Keine Gesamtschulen" b) Mögliche Spekulation über andere Ziele: z. B. bei Auftraggebern Effekte wie „Verzögerung" oder „Durchbruch"; Nachweis der Überlegenheit der eigenen Bildungspolitik.
4. Warum?	Keine explizite Angabe; möglich: z. B. Erfüllung von Dienstaufgaben des Autors; Streben nach Kompetenznachweis; intrinsisches Interesse wichtiger als „Kosten".	Keine explizite Angabe; naheliegend: Selbst ein beachtlicher Kostenaufwand ist berechtigt, wenn die Evaluation eine viele Menschen berührende politische Entscheidung verbessert.
5. Vergleichskriterien	Lernzuwachse bei den Schülern und mehrere Variablen der Lehrer-Schülerinteraktion.	Eine Vielzahl von Variablen, z. B. Lernerfolg in verschiedenen Fächern, Wohlbefinden im Unterricht etc.
6. Wer entscheidet?	In der Lehrerausbildung: Verantwortliche für die Studienkonzeption (Verfasser evtl. beteiligt).	Öffentlichkeit bzw. Repräsentanten der Öffentlichkeit (Politiker) nach meist indirekter Information (Massenmedien etc.) und unter Berücksichtigung zahlreicher zusätzlicher Aspekte („Elternmeinung" etc.).

Dozenten durch das Kultusministerium; Anweisung zur Verwendung bestimmter Interventionsstrategien durch den fachlich vorgesetzten Psychologen in einer Beratungsstelle; Auftragserteilung an einen neuen, besseren Anbieter für Verkäuferschulungen; Verbesserung der Lehrpläne durch Rückmeldungen an die zuständigen Lehrplan-Kommissionen. Ein Beispiel für diese Umsetzungsform im Zusammenhang mit der Frage nach einer sinnvollen Intervention bei Legasthenikern gibt Scheerer-Neumann (1979, S. 141 ff.; vgl. auch Schneider, 1980).

Allgemeine Öffentlichkeit: z. B. politische Entscheidung für ein bestimmtes Einschulungsalter; Akzeptanz von zielgruppenspezifischen Bildungsangeboten durch das Fernsehen; gesetzliche Beschränkung der Verbreitung jugendgefährdender Video-Kassetten. Ein ausführliches Beispiel – Entwicklung der Leistungsmotivation von Kindern im Zusammenhang mit Fernsehkonsum – gibt Jennessen (1980).

Die Entscheidungsinstanz ist auch für die Berichtlegung des Evaluators wichtig. Der Evaluator muß in der Lage sein, die Ergebnisse so darzustellen, daß sie von der jeweiligen entscheidenden Instanz sachadäquat rezipiert werden können (s. u. Abschnitt 17.4).

17.3 Beiträge der Wissenschaft zur Durchführung von Evaluationsstudien

17.3.1 Gründe für den Einsatz wissenschaftlich ausgebildeter Evaluatoren

Im Prinzip kann (und wird auch häufig) Evaluation ohne Wissenschaftler oder wissenschaftlich begründete Kenntnisse durchgeführt werden; z. B. bei der Beurteilung eines Lehrers durch die Schulleitung, bei der Einschätzung der Zweckmäßigkeit von Erziehungsberatungsstellen durch die Stadtverwaltung oder bei der Einführung bestimmter Resozialisierungsprogramme in Jugendstrafanstalten durch das zuständige Ministerium. Da Evaluations- bzw. Bewertungsvorgänge dieser Art im Berufsalltag sehr häufig sind, waren lange Zeit (und sind zum Teil auch heute noch) viele Berufspraktiker der Meinung, daß die Verwendung von Wissenschaft für Evaluationen nicht erforderlich ist.

Nicht zu unterschätzen ist auch die Auswirkung der im Verwaltungsbereich notwendigen und nahezu selbstverständlichen Auffassung „Eine Vorschrift hat befolgt (und nicht diskutiert/evaluiert) zu werden". Eine fortlaufende Änderungsbereitschaft von rechtmäßig zustandegekommenen Gesetzen, Verfahrensweisen und Einrichtungen widerspricht den herkömmlichen Grundsätzen der Administration.

Im Gegensatz dazu steht der deutlich zunehmende Einsatz von Wissenschaftlern bzw. wissenschaftlich ausgebildeten Personen. Die Ursachen für diese Tendenz dürften vor allem in den folgenden Punkten zu sehen sein:

Faktenwissen: Man erwartet von Experten Wissen über Ergebnisse in einschlägigen Untersuchungen und Kenntnisse aus der Grundlagenforschung. Außerdem vermutet man bei wissenschaftlich vorgebildeten Evaluatoren eine höhere Fähigkeit zum Erfassen der bei den meisten Evaluationsprojekten sehr komplexen Zusammenhänge.

Methodenwissen: Dazu gehören z.B. Kenntnisse über spezielle Erfassungs- und Erhebungsmethoden zur adäquaten Operationalisierung oder allgemeines Wissen über Versuchsplanung (Designerstellung) und methodisch-statistische Aufbereitung empirischer Daten. Methodisches Wissen ist auch für die Hilfestellung bei der sorgfältigen Problemanalyse erforderlich, insbesondere bei der Zielfindung. Im Gegensatz zu den „üblichen" Design- oder Statistikkenntnissen sind Ansätze zum letzten Punkt (Szenario-Technik, „Delphi"-Methode und ähnliche Verfahren) in der Methodenausbildung für Psychologen meistens wenig vertreten. Für eine effiziente Anwendung dieser Verfahren sind praktische Erfahrungen unerläßlich.

Objektivität: Das Unabhängigkeits-Image des Wissenschaftlers spielt insbesondere bei umstrittenen Evaluationsvorhaben eine Rolle, z.B. bei der wissenschaftlichen Begleitung politisch bedeutsamer Reformvorhaben, also in der sog. Programm- und Systemevaluation. Solche Vorhaben sind notwendigerweise aufwendig und sehr teuer. Eine Finanzierung der Projekte ist im allgemeinen nur dann zu erwarten, wenn massiver Dissens zwischen politischen Teilgruppen besteht. In dieser heiklen Situation werden an den Evaluator besondere Anforderungen gestellt, vor allem deswegen, weil politisch kontroverse Reformpläne (z.B. Einführung von Gesamtschulen, Hochbegabtenförderung) häufig auch mit konkurrierenden theoretischen Vorstellungen gekoppelt sind. Viele Wissenschaftler orientieren sich zwar in ihrer Forschungsarbeit in keiner Weise an parteipolitischen Zielen und Programmen. Trotzdem haben sie häufig eine emotionale bzw. eine gesellschaftspolitisch begründete Einstellung zu konkurrierenden wissenschaftlichen Theorien. Daraus können sich Beurteilungsfehler bei der Planung, Durchführung und Berichtlegung ergeben. Da Politiker dazu neigen, gezielt jene Evaluatoren zu beauftragen, von denen sie vermuten, daß sie in der konkreten Sachfrage der eigenen Position nahestehen, kann der Eindruck des nicht objektiven „käuflichen" (Pseudo-)Experten entstehen. Dieser Eindruck wird manchmal dadurch verstärkt, daß zum gleichen Sach- oder Entscheidungsproblem unterschiedliche Evaluationsstudien mit durchaus heterogenen Befunden und Schlußfolgerungen vorliegen (z.B. im Rahmen der Auseinandersetzungen über pädagogische Wirkungen von Gesamtschulen; vgl. Haenisch & Lukesch, 1980). Diese Probleme muß der Evaluator frühzeitig bedenken und in seine Entscheidung zur Übernahme eines entsprechenden Evaluationsauftrages berücksichtigen. Vor allem sollte er skeptisch sein, wenn es Hinweise darauf gibt, daß die Evaluation nur deshalb geplant wird, um mit dem Etikett „wissenschaftlich" das neue Vorhaben aufzuwerten und seine Finanzierung zu erleichtern.

17.3.2 Wissenschaftliche Beiträge für die Zielklärung

Für eine dem Idealfall einer „rationalen" Evaluation entsprechende Studie (vgl. Kasten 17.2) wäre es erforderlich, vor Beginn ein explizites Modell zu erarbeiten, aus dem eindeutig hervorgeht, bei welchen empirisch begründeten Feststellungen man welche Verhaltensweisen auswählt bzw. in welcher Weise Verhaltensmöglichkeiten verändert werden sollen. Dieses Idealziel ist aber, wenn überhaupt, nur bei sehr kleinen, der Grundlagenforschung nahestehenden Evaluationsansätzen möglich. Normalerweise ist die Zielsetzung der Evaluation dafür zu unklar, zu kontrovers oder zu langfristig (z. B. wurde das Ziel „Steigerung der Abiturientenquote" vor bzw. nach Einsetzen der Akademiker-Arbeitslosigkeit völlig unterschiedlich bewertet). Gleiches gilt für die Veränderung der Rahmenbedingungen, z. B. der Finanzierbarkeit von an sich positiv evaluierten Maßnahmen (z. B. betriebliche Weiterbildung bei akuten wirtschaftlichen Problemen) oder der Organisierbarkeit (Formen der gymnasialen Oberstufe bei zahlenmäßig schwachen bzw. starken Schülerjahrgängen).

Ein prinzipielles Problem ist, daß die Menge der *verfügbaren* Handlungsalternativen (z. B. in der Bildungspolitik diskutierte Schulsysteme wie „Freie Schulen", Neuentwicklung psychologisch-pädagogischer Interventionstechniken) nicht konstant bleibt, so daß die Planung bei Beginn der Studie die späteren Entwicklungen noch nicht berücksichtigen kann.

Wenn auch das im idealen Sinne „rationale" Modell nicht vollständig erreichbar ist, so kann die Wissenschaft doch Beiträge zu einer relativen Verbesserung der Zielfindung leisten. Dies gilt insbesondere für die Explikation der Zielstruktur, für die Vorhersage möglicher Entwicklungen, die Einschätzung der Erreichbarkeit verschiedener Ziele und die Operationalisierung der Ziel- und Bewertungskriterien.

Zielexplikation: Betroffene und Auftraggeber von Evaluationsstudien haben häufig kein klares, auf Widersprüche überprüftes Konzept ihrer persönlichen Ziele. Schon die bloße Ausarbeitung des Ist-Standes der Zielsetzung, die bei dem jeweiligen Gesprächspartner zum Überdenken seiner Position führt, kann hier hilfreich sein. Als Techniken dafür stehen unter anderem die Erhebungsmethoden für subjektive Theorien zur Verfügung (vgl. Wahl, 1981), auch Ansätze zur Erfassung von Entschei-

Kasten 17.2: Die ideale Evaluationsstudie

1. Exakte konsensfähige Beschreibung der zu evaluierenden Alternativen (z. B. traditionelles, dreigliedriges Schulsystem und Gesamtschule).
2. Festlegung der Bewertungskriterien, einschließlich der zu verwendenden Maße- bzw. Erhebungsinstrumente.
3. Aufstellung konsensfähiger Entscheidungsregeln, die für alle möglichen Ergebnisse (z. B. Profile der Schulformen in den Bewertungskriterien) eine eindeutige Handlung der Evaluatoren bzw. Auftraggeber ermöglichen (z. B. Reform des Schulwesens oder Beibehaltung der bisherigen Schulformen).
4. Eine der Beschreibung vollständig entsprechende Realisierung der zu evaluierenden Alternativen bzw. Auswahl geeigneter Realisierungsformen.
5. Repräsentative Beteiligung aller Betroffenen (Lehrer, Schüler, etc.) an der Planung und Durchführung der Erhebungen. Das setzt eine weitgehende Kooperationsbereitschaft aller Beteiligten voraus.
6. Ausschaltung aller Stör- und Beeinflussungsversuche von außen während der gesamten Dauer der Datenerhebungen.
7. Zusätzliche Aufnahme aller zunächst übersehenen, aber vernünftigerweise zu beachtenden Aspekte in die Entscheidungsregeln gemäß Punkt 3 (z. B. die überraschende Steigerung der Nachhilfe in einer bestimmten Schulform, an die zunächst niemand dachte).
8. Bei veränderten Rahmenbedingungen (z. B. Akademikerarbeitslosigkeit statt Akademikermangel) und beim Auftreten neuer Alternativen (z. B. neue Schulkonzepte) konsensmäßige Änderung der Entscheidungsregeln.
9. Beibehalten des Konsens auch nach Vorliegen der evaluationsgestützten Entscheidung (eine sehr unrealistische Forderung).
10. Störungsfreie Realisierung der Entscheidung.

dungsstrukturen etwa aus dem diagnostischen Bereich können hilfreich sein (vgl. Wottawa et al., 1982; Jochmann, 1984).

Oft hilft es, wenn die Aussagen der Gesprächspartner bzgl. der Zielsetzung und deren Verbindung zum möglichen Evaluationsergebnis übersichtlich (besonders empfehlenswert sind Flußdiagramme) dargestellt werden. Auf der Basis solcher Darstellungen können Widersprüche oder Einseitigkeiten diskutiert werden.

Ist etwa der Gesprächspartner auf das Ziel „maximale Chancengleichheit in den Schulabschlüssen" beschränkt, wäre dies sehr einfach durch die Vergabe der Abschlüsse nach Los oder durch die Vergabe des gleichen Abschlusses an alle Schüler zu erreichen. Macht man dies deutlich, kann der Zusammenhang von Abschluß und Lernergebnis differenzierter diskutiert und damit eine Verschiebung der Zielsetzung z. B. in Richtung auf „maximale Förderung aller Kinder unabhängig von der Sozialschicht" oder „möglichst identischer Leistungsstand aller Schüler" verschoben werden. (Als Beispiel für eine sogar nach Bänden getrennt dargestellte Untersuchung über mögliche Ziele von Gesamtschulen, nämlich „Abschluß" und „Lernerfolg", vgl. Lukesch et al., 1979 [Abschluß] und Haenisch et al., 1979 [Lernerfolg]).

Die explizite Darstellung der Ziele kann allerdings auch dazu führen, daß die Evaluation bei rationaler Betrachtung unterbleiben sollte, etwa dann, wenn die empirischen Befunde der konkreten Studie offensichtlich irrelevant für die Bewertung der Maßnahmealternativen sind (im Rückblick deutlich ausformuliert z. B. bei den „Schlußempfehlungen" aufgrund der Gesamtschulversuche in Nordrhein-Westfalen; vgl. Kultusminister NW, 1979).

Vorhersage zukünftiger Entwicklungen: Natürlich kann auch die Wissenschaft die Zukunft nicht mit Sicherheit vorhersagen. Oft (zumindest öfter als in Evaluationsstudien tatsächlich erfolgend) können aber Prognosen schon bei der Planung der Evaluationsstudie berücksichtigt werden. Im Bereich der Pädagogischen Psychologie sind hier insbesondere die unterschiedlichen Jahrgangsstärken der Schüler, die Abschätzung geänderter Berufsanforderungen (z. B. durch vermehrten Einsatz von EDV) oder Entwicklungen des Arbeitsmarktes zu nennen. Für kompliziertere Situationen reicht eine Einschätzung durch einen einzelnen Experten nicht aus; empfehlenswert ist daher, Fachleute aus verschiedenen Disziplinen gemeinsam plausibel erscheinende mögliche Zukunftsbilder („Szenarien") entwickeln zu lassen. Um die Kooperation zwischen diesen zu verbessern und eine möglichst sichere Aussage zu erhalten, haben sich Kommunikations- und Informationsaufbereitungstechniken bewährt, die unter dem Stichwort „Szenario-Technik" bekannt sind. (Eine Einführung hierzu sowie ein Anwendungsbeispiel, allerdings nicht aus dem Bereich der Pädagogischen Psychologie, gibt Reibnitz, 1983).

Einschätzung der Erreichbarkeit von Zielen: Informationen aus Grundlagenforschung und anderen Evaluationsstudien sind auch nützlich, um unrealistische Evaluationsziele zu verhindern. So ist es z. B. allgemeiner Konsens unter Praktikern, daß kleinere Klassen die Lernleistung der Kinder verbessern, eine Vermutung, die man zumindest in dieser Allgemeinheit wissenschaftlich nicht vertreten kann (vgl. Glass et al., 1979). Als Konsequenz daraus wird man nur mit großem Vorbehalt und bei Vorliegen besonderer Gründe überhaupt an die Evaluation einer Maß-

Tabelle 17.2: Wissenschaftliche Grundlagen zweier Evaluationsprojekte: Zielsetzung

Aspekte der Zielsetzung	A) „Lehrertraining" (Thiele, 1981)	B) „Gesamtschule NW" (Kultusminister NW, 1979)
Zielexplikation	Vergleich der vier Treatmentgruppen so einfach, daß kein Problem.	in den Veröffentlichungen kaum nachvollziehbar, aber vermutlich sehr intensiv betrieben (z. B. in Gesprächen mit Politikern)
Vorhersage künftiger Entwicklungen	kein Thema, da zu weit von Praxis entfernt	wäre wichtig gewesen, aber in den Veröffentlichungen nicht nachvollziehbar; für die Interpretation im nachhinein vgl. die allgemeine bildungspolitische Debatte zur Gesamtschule ab 1980 (z. B. Ludwig, 1981; Hitpass, 1981)
Erreichbarkeit von Zielen	kein Thema	vermutlich in vorbereitenden Diskussionen behandelt, aber in den Veröffentlichungen kaum belegt
Bewertungskriterien	zehn empirisch bestimmbare Variablen ausgewertet und übersichtlich zusammengefaßt	eine Vielzahl von Kriterien, da möglichst alle Aspekte berücksichtigt wurden; teilweise massive Kritik (im nachhinein) durch interessierte Gruppen an Details, etwa an einzelnen Items in Leistungstests.

nahme denken, die das Ziel „Steigerung des Lernerfolges" mit der Maßnahme „Senkung der Klassenfrequenzen von 27 auf 24 Schüler" verknüpft. (Für andere Ziele, z. B. Senkung der Arbeitsbelastung des Lehrers oder Erhöhung des Wohlbefindens der Schüler kann dies durchaus zweckmäßig sein). Für die Zusammenstellung des besten erreichbaren Wissens ist wieder die Kooperation verschiedener Experten nützlich, wobei dies entweder in traditioneller Weise (Experteninterviews, Gruppendiskussionen, Symposien) oder durch den Einsatz gezielter Kommunikationstechniken (insbesondere Delphi, s. Linstone & Turoff, 1975) erfolgen kann. Eine Delphi-Studie zur Zielklärung im Bereich der physikalischen Bildung wird von Häußler et al. (1980) beschrieben.

Operationalisierung der Ziel- und Bewertungskriterien: Wie in jeder empirischen Untersuchung müssen auch imRahmen von Evaluationsstudien alle wichtigen Merkmale und Variablen mit Hilfe empirisch erfaßbarer Indikatoren operationalisiert werden. Nur so ist eine möglichst quantitative Beschreibung (Messung) der einbezogenen Bedingungsfaktoren und Effekte möglich. In vielen Fällen kann sich der Evaluator auf bereits vorliegende Operationalisierungsverfahren stützen, z. B. Beobachtungsskalen (vgl. Kap. 4) oder Tests und andere diagnostische Instrumente (vgl. Kap. 14).

Ein besonderes, für Evaluationsstudien spezifisches Problem ist die Operationalisierung von Ziel- und Bewertungskriterien. An welchen Ergebnissen oder Sachverhalten soll man den Erfolg oder Mißerfolg einer Maßnahme festmachen? Selbst in der vergleichsweise einfachen Beratungssituation, in der ein Psychologe eine Empfehlung für eine Schullaufbahn gibt, stehen viele verschiedene Zielkriterien oder „Erfolgsmaße" zur Auswahl. Jede Entscheidung für eines dieser Kriterien wirft skeptische Fragen auf, z. B.:

– Kriterium „Erfolgreicher Abschluß der empfohlenen Schullaufbahn": Ist der besonders erfolgreiche Hauptschulabschluß nicht gleichzeitig ein Hinweis, daß der Schüler auch die Realschule geschafft hätte?
– Kriterium „Ausbildungserfolg nach dem ersten Schulabschluß": Hätte der Hauptschulempfohlene, der nach dem Hauptschulabschluß später doch das Abitur erwirbt, dieses auch geschafft, wenn er gleich auf das Gymnasium gegangen wäre? Oder wäre er dort zunächst überfordert gewesen?
– Kriterium „Eingliederung ins Beschäftigungssystem am Ende der Ausbildung": War es wirklich falsch, einem später arbeitslosen Akademiker trotz guter Begabung des Kindes auf Anraten des Lehrers nicht den Besuch des Gymnasiums zu empfehlen?

Wie heterogen die Bewertung und Gewichtung von Erfolgskriterien ausfallen kann, zeigt das Verhalten einer italienischen Mutter in einer deutschen Erziehungsberatungsstelle, die sie aufgrund massiver Lernschwierigkeiten ihres Kindes auf Anraten des Lehrers aufsuchte. Nach einer langen, problemkonzentrierten Anamnese sagte sie mit strahlendem Lächeln sinngemäß: „Aber hübsch ist mein Kleiner und essen tut er auch gut."

Gelegentlich wird versucht, das Problem der Vielschichtigkeit der Ziel- und Bewertungskriterien durch eine umfassende Messung verschiedener (vermutlich) relevanter Konstrukte mit erst nachträglicher Bewertung zu lösen. Dieses Vorgehen scheint naheliegend, da der Evaluator von einer zu frühen Entscheidung und damit unzulässigen Einengung der zu bewertenden Aspekte befreit wird. Dieses Vorgehen verschiebt aber die

Frage nach einer bewertenden Zusammenfassung der Einzelergebnisse nur auf einen späteren Zeitpunkt. Überdies führt der hohe Erhebungsaufwand nicht nur zur Mehrarbeit, sondern beeinträchtigt evtl. die Güte der Ergebnisse: Je mehr Variablen an jeder Person erfaßt werden, um so leichter treten nämlich Störeffekte auf (z.B. Desinteresse, Ermüdung, Ausfälle und damit Reduktion der Stichprobengröße bei in mehreren Raten erfolgenden Messungen). Dies ist übrigens ein allgemeines methodisches und diagnostisches Problem; es wird vielfach als Fidelitäts-Bandbreiten-Dilemma bezeichnet.

Wünschenswert wäre die Herstellung eines *Konsens über die Bewertungskriterien*. Manche Autoren (z.B. Scriven, 1972) sehen darin sogar das Kernstück der Evaluationsarbeit. Eine ideale Lösung für dieses Problem gibt es nicht, aber es gibt methodische Hilfen. Manchmal kann die Konsensfindung über spezielle Techniken wie MAUT erreicht werden. Im wesentlichen geht es dabei darum, den Nutzen einzelner Aspekte der zu evaluierenden Maßnahme durch die Einschätzung der Betroffenen und/oder Experten explizit zu machen um damit eine rationale Begründung und Bewertung zu ermöglichen. (Ein ausführliches Anwendungsbeispiel zur Treatment-Evaluation im medizinischen Bereich geben Kasubek & Aschenbrenner, 1978).

Eine andere Möglichkeit besteht darin, von den subjektiven Zielen der Betroffenen auszugehen. Die Maßnahmen werden dann nicht für alle Personen nach dem gleichen Kriterium, sondern für jede Person individuell nach ihren persönlichen Zielvorstellungen bewertet. Eine in diesem Zusammenhang nützliche Skala ist die „Goal-Attainment-Scale" (GAS; vgl. Petermann & Hehl, 1979). Das prinzipielle Vorgehen sieht folgendermaßen aus: für jede Person wird eine Reihe subjektiver Ziele aufgestellt; nach Durchführung der Maßnahme wird geprüft, ob die Erwartung übertroffen, das Ziel zufriedenstellend, unvollständig oder überhaupt nicht erreicht wurde. Dieses Verfahren ist vor allem dann angemessen, wenn der Psychologe die Ergebnisse der Evaluation vorwiegend zur Einzelfallberatung, etwa bei Laufbahn- bzw. Berufsentscheidungen, verwenden möchte und damit den einzelnen Beratungsfall darauf hinweisen kann, welche Ziele mit welcher Maßnahme am ehesten erreicht werden können. (Eine ausführliche Darstellung wichtiger Aspekte der Operationalisierung von Bewertungskriterien gibt Hron [1982] am Beispiel der Evaluation von Fernstudieneinheiten.)

Zusammenfassend können wir festhalten, daß die Zielklärung und die Festlegung der Bewertungskriterien zentrale Aufgabenstellungen in jeder Evaluationsstudie darstellen. Der wissenschaftlich vorgebildete Evaluator kann und muß sich im Rahmen seiner Möglichkeiten daran beteiligen. Er sollte aber beachten, daß die entscheidende normative Wertung nur durch die im pädagogischen Feld Handelnden (oder Betroffenen) erfolgen kann, auch wenn es oft schwer fällt, vor allem bei

offensichtlichen Unterschieden in der sozialen Kompetenz, diesen
Grundsatz während der gesamten Zielsetzungsdiskussion einzuhalten.
In Tabelle 17.2 sind die hier besprochenen Gesichtspunkte zur wissen-
schaftlichen Unterstützung der Zielfrage am Beispiel der bereits oben in
Tabelle 17.1 genannten beiden Evaluationsprojekte aufgeführt.

17.3.3 Wissenschaftliche Beiträge zur Planung von Evaluationsstudien

Ein wesentlicher Kompetenzvorteil von Wissenschaftlern ist die Vertrautheit mit Untersuchungsdesigns, die einen sachgerechten Vergleich
der relevanten Gruppen zulassen. Für die Planung und Durchführung
wissenschaftlicher Evaluationsstudien ist ferner wichtig, daß schon *vor*
der Datenerhebung der Rahmen der Auswertungsarbeiten festliegt.
Leider erlebt man häufig, daß dies unterbleibt und dann versucht wird,
Schwächen in der Anlage der Untersuchung mit statistischen Behelfslö-
sungen zu korrigieren, was meist nur unzureichend möglich ist.

Designfragen

Die Versuchsplanung oder „Designkonstruktion" muß dafür sorgen, daß
so viele Störfaktoren wie möglich ausgeschaltet werden. Faktisch kommen für die meisten im Feld durchgeführten Evaluationsstudien keine
experimentellen, sondern nur quasi-experimentelle Pläne (vgl. Campbell
& Stanley, 1963) in Frage. Die Vielzahl der jeweils zu berücksichtigenden
Bedingungen läßt es nicht zu, ein „Standarddesign" für Evaluationsstudien zu empfehlen. Es können auch nicht alle Prinzipien der wissenschaftlichen Versuchsdurchführung eingehalten werden. So ist z.B. das für
wissenschaftliche Studien an sich selbstverständliche Festhalten an den in
der Planung erstellten Untersuchungsplänen und Untersuchungsbedin-
gungen oft kontraproduktiv – nicht nur bei formativer, sondern auch bei
summativer Evaluation. Denn wenn ein zu evaluierendes Programm in
der praktischen Anwendung gravierende Mängel zeigt, muß man diese im
Interesse aller Betroffenen auch dann korrigieren, wenn dies den Prinzipien experimenteller Designs widerspricht (Stufflebeam, 1972).
Ebenso kann ein Widerspruch zwischen der wissenschaftlichen Red-
lichkeit und der notwendigen Generalisierbarkeit der Ergebnisse auftreten. So braucht man möglichst repräsentative Stichproben bei allen
Beteiligten; gleichzeitig besteht aber auch eine selbstverständliche Pflicht
zur sachgerechten Aufklärung (vgl. dazu auch die berufsethischen
Grundsätze des Berufsverbandes Deutscher Psychologen, BDP, 1984).
Die Wahrheit über die Studie kann abschreckend wirken, zumindest für
Teilgruppen („Die neue Methode wird wahrscheinlich nur für die ganz

schwachen Kinder günstiger sein, die stärkeren werden gebremst, wir brauchen aber auch leistungsstarke Kinder in der Untersuchungsgruppe"). Die praktische Lösung dieser Fragen verlangt ein hohes Maß an Dissonanztoleranz bei allen Verantwortlichen – und viel Fingerspitzengefühl.

Ein eher technisches Problem ist die Behandlung von Klumpenstichproben bei der Auswertung. Selbst bei echten Zufallsstichproben ist es aus organisatorischen Gründen oft zweckmäßig, nicht die Einzelpersonen (z. B. alle Teilnehmer an Weiterbildungsseminaren) als Grundgesamtheit für die Stichprobenziehung zu nehmen, sondern „Klumpen" davon (z. B. ganze Seminare, Schulklassen, Kinderheime etc.). In diesem Fall sind aber die üblichen Auswertungsmethoden auf der Basis der Neyman-Pearson-Statistik nicht zulässig, da diese für den Inferenzschluß auf unabhängigen Zufallsstichproben der Individuen aufbauen. Lösungsmöglichkeiten für dieses Problem, zumindest für einfache Auswertungsansätze, sind bei Bortz (1984) diskutiert (vgl. auch Kap. 4). (Eine sehr lesenswerte Übersicht über Methodenprobleme bei Evaluationsstudien gibt Krauth, 1983).

Auswertungsfragen

Zunächst ist zu klären, welche „Modellvorstellung" man aufgrund der Fragestellung für die Evaluationsstudie zugrundelegen möchte. Von der Strategie her sind drei Varianten möglich: das allgemeinpsychologische, das differentialpsychologische und das individualpsychologische Modell.

Das *allgemeinpsychologische Modell* geht davon aus, daß alle Personen nach dem gleichen Funktionsmodell beschreibbar sind und sich die Ergebnisse der Einzelpersonen außer durch die Auswirkung der jeweils evaluierten Maßnahmen nur durch Zufallsschwankungen unterscheiden. Bei dieser Modellvorstellung sind die üblichen (auf Mittelwerten oder anderen Maßen der Zentraltendenz aufbauenden) Verfahren zur Feststellung von Gruppenunterschieden angemessen. Diese Modellvorstellung wird aber problematisch, wenn die Auswirkungen der zu evaluierenden Maßnahme in Subgruppen systematisch variiert, d. h. wenn mit statistischen Wechselwirkungen zu rechnen ist. Abgesehen von der Sachangemessenheit, die oft fraglich ist, ist eine solche Modellvorstellung aber aus pragmatischen Gründen stets naheliegend, wenn an die allgemeine Einführung von Methoden, Programmen oder Systemen gedacht wird und damit vor allem der *mittlere* (nicht zu verwechseln mit „allgemeine") Effekt der einzelnen Alternativen interessiert.

Beim *differentialpsychologischen Modell* geht man davon aus, daß zwar für alle Personen im Prinzip das gleiche Funktionsmodell vorliegt, die Personen sich aber systematisch hinsichtlich der Modellparameter unterscheiden können. Wichtig ist diese Betrachtungsweise für die sachgerechte Bewertung von Veränderungswirkungen der zu evaluierenden Maßnahmen. In methodischer Hinsicht sind hier vor allem folgende Punkte zu beachten:

– Berücksichtigung von Ausgangswerten: Die gleiche numerische Differenz auf der Skala eines Meßwertes hat je nach Ausgangsniveau eine unterschiedliche Bedeutung; so hängt etwa der Lerngewinn in einem Sprachtest vom bereits erreichten Lernstand zum Beginn des Treatments ab.

– Verfahren zur Eliminierung von Individuums- oder Gruppenunterschieden, die als Störeffekte interpretiert werden, z.B. auf der Grundlage kovarianzanalytischer Methoden. Mit Hilfe solcher methodisch-statistischer Verfahren werden z.B. Effekte einer Fernsehsendung wie „Sesamstraße" um die Einflüsse der Sozialschicht der beteiligten Kinder nachträglich „bereinigt". Oder es wird der Effekt unterschiedlicher Hausaufgabenzeit als nicht systemspezifische Störvariable beim Vergleich konkurrierender Schulsysteme statistisch eliminiert.

– Statistische Maße für die Zusammenfassung der Auswirkungen der evaluierten Maßnahmen. Hierbei ist insbesondere an die Verwertbarkeit statistischer Maße zur Erfassung von Variationsunterschieden zu denken. Manche Maßnahmen können zu einer Nivellierung der Effekte bei den Betroffenen führen, andere – bei identischem mittlerem Leistungsniveau – die Unterschiede erhöhen. Weiterhin gibt es Methoden zur Beschreibung struktureller Unterschiede (z.B. multivariate Profilvergleiche, Methoden zur Testung verschiedener Interkorrelationsmatrizen) sowie rein deskriptive Ansätze zur Erfassung „typischer" Effekte (z.B. auf der Basis von Clusteranalysen).

Individualpsychologische Modelle lassen im Extremfall zu, daß für jede Person unterschiedliche Variablen relevant und in unterschiedlicher Weise miteinander verknüpft sind. Evaluationen können entweder auf individuumspezifische Messungen (wie der bereits besprochene GAS) aufbauen oder sich auf die strukturellen Veränderungen im Variablengefüge ausgewählter Individuen beziehen. Da die Erhebung individueller Strukturen (z.B. Alltagstheorien, vgl. Wahl, 1981) nur mit hohem Aufwand realisiert werden kann, ist der Einsatz solcher Methoden trotz ihres großen heuristischen Wertes nur selten möglich. Der folgende Kasten 17.3 gibt ein Beispiel für einen solchen Untersuchungsansatz.

Erfreulich ist, daß die heute verfügbaren Auswertungstechniken, vor allem die Verfahren auf der Grundlage des Allgemeinen Linearen Modells (vgl. Rochel, 1983), im großen und ganzen auch den Erfordernissen umfangreicher Evaluationsstudien genügen. Die Gründe für die unbefriedigenden Resultate vieler Evaluationsuntersuchungen liegen nicht im Bereich der Statistik, sondern in oft unvermeidlichen, die Interpretation nahezu willkürlich erscheinen lassenden Störeffekten.

Kasten 17.3: Hat sich individuell etwas verändert?

Hof (1982) hat die Auswirkung eines Weiterbildungsseminars auf die individuelle Denkstruktur von Betriebsräten zum Themenbereich „Rationalisierung" untersucht. Auf der Basis von Aussagen über ihr vermutliches Verhalten im Zusammenhang mit Rationalisierungsvorhaben der Betriebsleitung wurde für jeden Teilnehmer vor dem Seminar ein Flußdiagramm zur Darstellung der individuell relevanten Entscheidungsmechanismen erarbeitet. Dieser Vorgang wurde ca. ein Jahr nach dem Seminarbesuch wiederholt, um eventuell aufgetretene Veränderungen in der subjektiven Entscheidungsstruktur aufzuzeigen.

Es konnten nur geringfügige Änderungen nachgewiesen werden. Dies ist möglicherweise ein Hinweis auf die zu geringe Abstimmung der Seminarinhalte und der Durchführung auf die zu Beginn vorliegenden Denkstrukturen der Teilnehmer.

Dieses prinzipielle Problem kann mit elaborierten Auswertungsverfahren nur abgeschwächt, aber nicht prinzipiell vermieden werden.

Zur Verdeutlichung der hier diskutierten Planungsaspekte ist in Tabelle 17.3 wieder in knappster Form die Behandlung dieser Punkte in den oben skizzierten Evaluationsprojekten dargestellt.

17.4 Berichtlegung über die Ergebnisse von Evaluationsstudien

Die unmittelbare Umsetzung der Ergebnisse ist nur dann einfach, wenn bei der Zielsetzung die Idealforderung (vgl. Kasten 17.2) nach einer eindeutigen Verkettung zwischen empirischen Ergebnissen und darauf einzuleitender Entscheidung erreicht wurde. Außer in diesem (unrealistischen) Fall stellen Evaluationsergebnisse nur eine Diskussionsgrundlage für die letztlich entscheidenden Personen oder Institutionen dar, die bei wissenschaftlichen Projekten im Regelfall nicht mit dem Evaluator identisch sind. Von besonderer Bedeutung ist daher, in welcher Weise die maßgeblichen Gruppen von den Evaluationsergebnissen unterrichtet werden. Man kann schriftliche und mündliche Formen der Ergebnisdarstellung unterscheiden. Häufig werden die Befunde auch in Form wissenschaftlicher Publikationen bekanntgegeben.

Tabelle 17.3: Wissenschaftliche Grundlagen zweier Evaluationsprojekte: Planung

Aspekte der Planung	A) „Lehrertraining"	B) „Gesamtschule NW"
Untersuchungs-plan (Design)	4-Gruppen-Plan mit Vorher/Nachher-Vergleich	Komplexer Plan durch Berücksichtigung einiger Schülerfaktoren; wichtige Aspekte (z. B. Halbtags-/Ganztagsunterricht) nicht berücksichtigbar (alle Gesamtschulen ganztags, alle anderen halbtags).
Stabilität der Bedingungen	Keine Veränderung der Bedingungen während der Untersuchung.	Massive Veränderungen (z. B. durch Verfahrens-vorschriften) der Schulen im Untersuchungs- bzw. Berichtlegungszeitraum; vom Evaluator nicht ver-meidbar.
Art der Stichprobe	Angefallene Stichproben bei Studenten, offensicht-lich Klumpenstichproben bei den Schülern (Klas-sen); keine Berücksichti-gung bei der statistischen Auswertung.	Stark vorselegierte Grup-pen (Lehrermeldungen), Klumpenstichproben (Schulen bzw. Klassen); keine Berücksichtigung dieses Effektes in der Auswertung.
Auswertungs-modell	„Allgemeinpsycholo-gisch"	„Allgemeinpsycholo-gisch"; auch Analyse zahl-reicher Wechselwirkun-gen (z. B. Geschlecht und Sozialschicht der Kinder); „differentialpsychologi-sche" Aspekte wurden durch Auspartialisierun-gen z. T. berücksichtigt.

Schriftlicher Ergebnisbericht

Für die Unterrichtung von „Laien" (Politiker, Journalisten, Lehrer und andere Betroffene) ist der Wissenschaftler im Regelfall nicht vorbereitet. Umfangreiche Darstellungen sind zwecklos, da höchstens Kurzzusammenfassungen wirklich rezipiert werden können. Auch der in der Wissenschaft übliche und notwendige Stil, vor allem die Hinzufügung von Konjunktiven ("unter den und den Bedingungen könnte man vielleicht sagen, daß…") wird nicht akzeptiert.

Der Ergebnisbericht für Laien sollte so geschrieben sein, daß die

Ergebnisse und Empfehlungen der Evaluatoren auf der Grundlage der gefundenen empirischen Fakten nachvollziehbar sind. Dies scheint manchmal größte Schwierigkeiten zu bereiten, wie das folgende Beispiel zeigt (Kasten 17.4).

Wie kontrovers die für Entscheider aufbereitete Information beurteilt werden kann, zeigt auch die Diskussion über die „manipulative Berichtlegung" in Nordrhein-Westfalen (vgl. Fend, 1981, Raschert, 1981, Wottawa, 1981).

Mündliche Darstellung

Noch problematischer ist die mündliche Berichtlegung – vor allem dann, wenn sie kontrovers diskutierte Sachverhalte betrifft und in der Öffentlichkeit erfolgt. Häufig finden dazu Anhörungen vor politischen Gremien (im schulischen Bereich vor allem Landtagsausschüsse), öffentliche Podiumsdiskussionen oder auch Einzelvorträge vor besonders interessierten Gruppen statt. Die oben genannten Schwierigkeiten bei der Planung und Durchführung der Evaluation ermöglichen es fast in jedem Fall, konträre Standpunkte rational zu begründen. Der Wissenschaftler wird leicht von der Rolle des Experten in die Rolle eines Anwalts einer bestimmten Position gedrängt (vgl. hierzu Rosenblatt, 1977). Es sollte selbstverständlich sein, daß man ebenso wie die Technik der schriftlichen Berichtlegung auch die Technik des mündlichen Vortrags und der Diskussion einübt. (Das manchesmal erschreckende Niveau der rhetori-

---

Kasten 17.4: Diese Empfehlung geht zu weit

Auf faktorenanalytischer Basis wurde ein Fragebogen zur Erfassung der Elterneinstellung zum Bereich „Hausaufgaben" erstellt. Der Faktor „Belastung" zeigt eine signifikante Korrelation mit der Schulleistung: Eltern leistungsschwacher Kinder fühlen sich durch die Hausaufgaben stärker belastet als Eltern leistungsstarker Kinder.

Auf der Grundlage dieses Befundes wurde folgende Empfehlung gegeben: „Damit die Hausaufgaben nicht länger ein Familienproblem bleiben und zu unfruchtbaren Konflikten führen, sollte der Umfang der Hausaufgaben eingeschränkt werden."

Das mag durchaus eine pädagogisch sinnvolle Empfehlung sein, aber sie ist hier nicht begründet. Zumindest die Daten dieser Untersuchung liefern dafür keinen Beleg bzw. keine nachvollziehbare Begründung.

(Nach Schenke, 1978)

schen Fertigkeiten bei Seminar- aber auch Kongreßvorträgen ist hier
nicht als Vorbild zu nehmen!).

Zur Berufsethik von Evaluatoren sollte es auch gehören, daß sie zwar
gegebenenfalls die Sachposition eines Kollegen angreifen, seine persönliche Integrität, Kompetenz und die Lauterkeit seiner Motive aber unange-
tastet lassen – eine an sich in jedem Arbeitsbereich gültige Forderung,
deren Erfüllung aber bei umstrittenen Evaluationsvorhaben und den
damit häufig verbundenen Rollenzuweisungen auf besondere Schwierigkeiten stößt. Dies gilt übrigens unabhängig davon, ob die Diskussion in
einer Kommission des Bundestages oder im Rahmen eines Kleinstprojek-
tes in einem Kindergarten geführt wird.

Wissenschaftliche Publikation

Am einfachsten ist die Berichtlegung gegenüber der Wissenschaftsge-
meinschaft; der hier übliche schriftliche und mündliche Kommunika-
tionsstil ist noch am besten eingeübt. Als Sonderproblem tritt die
Einmaligkeit der konkreten Evaluationsstudie auf. Während nach den
Idealen der Naturwissenschaft Experimente prinzipiell wiederholbar sein
müssen, ist zumindest bei praxisnahen Evaluationen eine Wiederholung
der Untersuchung (wenn überhaupt realisierbar) nicht aussagekräftig für
die Bewertung der vorhergehenden Studie, da sich durch Änderung der
Rahmenbedingungen gleichzeitig massive Änderungen der Effekte ergeben können. Aus diesem Grund ist eine besonders ausführliche Berichtlegung erforderlich, die auch das verwendete (schriftliche und mündliche)
Informationsmaterial, Reaktionen der Betroffenen und zumindest typische Mißverständnisse sowie Hinweise auf spezielle Schwierigkeiten bei
einzelnen Erhebungen (z. B. ein besonders undiszipliniertes Verhalten
der Schüler in einer der beteiligten Klassen etc.) enthält. Das Zugeben
solcher Probleme mag zunächst unangenehm sein, man kann aber davon
ausgehen, daß zumindest bei größeren Projekten eine wirklich reibungslose Vorbereitung und Durchführung ausgeschlossen ist, so daß ein
Verschweigen solcher Schwierigkeiten weniger auf besondere Durchfüh-
rungskompetenz als auf eine geschönte Darstellung hinweist.

Gerade wegen der Einmaligkeit von Evaluationsprojekten sollte es
selbstverständlich sein, daß zumindest das EDV-mäßig erfaßte Datenmaterial generell für Sekundäranalysen zur Verfügung gestellt wird. Wenn
schon die Erhebung selbst nicht wiederholbar ist, können so wenigstens
alternative Hypothesen hinsichtlich ihrer Tragfähigkeit überprüft und die
Information des Materials weiter ausgeschöpft werden. Es ist schade, daß
der heute technisch einfach realisierbare Austausch des Datenmaterials
nur selten erfolgt. Neben eventuellen Bedenken der Auftraggeber und
Erfordernissen des Datenschutzes hat das auch mit internen Verstär-
kungsmechanismen des Wissenschaftsbetriebes zu tun. (Warum sollen

andere auf der Basis von Sekundäranalysen Publikationen erstellen
können, während man selbst die aufwendige Arbeit der Datenerhebung
hatte?)

17.5 Ausblick

Es fällt schwer, die wirkliche Bedeutung von Evaluationsstudien für die
Praxis im Bereich der Pädagogischen Psychologie zutreffend einzuschätzen. Dies hängt mit den generellen Problemen der Anwendung von
Wissenschaft zusammen (Irle & Windisch, 1983; vgl. Kap. 3), aber auch
mit den spezifischen Kraftfeldern und Rollenkonflikten in einer wissenschaftlich begleiteten Evaluation. (Sehr lesenswert hierzu sind die Materialien in Mitter & Weishaupt, 1981).

Die Entwicklung seit ca. 1965 hat nach einer anfänglichen „Evalua-
tionseuphorie" dazu geführt, daß die praktische Bedeutung von Evaluationen im Bereich der Pädagogischen Psychologie derzeit eher zu skeptisch gesehen wird. Dies ist allerdings vor dem Hintergrund einer
generellen Enttäuschung über die Planbarkeit des Bildungsgeschehens zu
sehen (vgl. Recum, 1984). Man dürfte zunächst die Möglichkeiten einer
wissenschaftlich gestützten Innovation in diesem Bereich viel zu optimi-
stisch beurteilt haben. Schade wäre es, wenn aus dieser Enttäuschung
heraus der Grundgedanke der Verbesserung der gesellschaftlich bedeutsamen pädagogischen Institutionen und Maßnahmen aufgrund rationaler
Planung und Evaluation generell abgewertet würde. Weder übertriebene
Euphorie noch unsachlicher Skeptizismus sind dem auch in Zukunft
notwendigen Fortschritt zuträglich.

Bei realistischer Betrachtung muß man davon ausgehen, daß die
Aussagen einer Evaluationsstudie nicht den Sicherheitsgrad der psychologischen Grundlagenforschung aufweisen können. Die Evaluation hat
aber immer dann ihren Zweck erfüllt, wenn sie die Diskussion um die
„beste" Maßnahme versachlicht und damit auf eine rationalere Grundlage gestellt hat. Für diese Zielsetzung gibt es bei allen Problemen der
empirisch-wissenschaftlichen Evaluation ganz einfach keine leistungsfä-
higere Alternative. Allerdings sollten sich die in diesem Berufsfeld
tätigen Psychologen ihrer Verantwortung für die weitere Entwicklung der
Wissenschaft und der Berufsmöglichkeiten voll bewußt sein und sich
entsprechend intensiv um die Steigerung ihrer Kompetenzen bemühen.

Kapitel 18

Gerd Wenninger

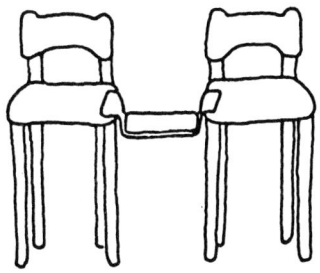

Berufsfelder der Pädagogischen Psychologie

18.1 Einführung und Überblick

Gibt es *den* Pädagogischen Psychologen oder *die* Pädagogische Psychologin? Eine Antwort auf diese Frage ist nicht leicht zu finden. Wir können uns unter Betriebs-, Werbe- oder Militärpsychologen sofort etwas vorstellen: Sie arbeiten im Betrieb, in der Werbeindustrie oder bei der Bundeswehr. Was aber ist ein Pädagogischer Psychologe, und wo sind seine hauptsächlichen Einsatzbereiche?

In den einschlägigen Lehrbüchern und Standardwerken der Pädagogischen Psychologie wird – so scheint mir jedenfalls – die Formulierung „der Pädagogische Psychologe" oder „die Pädagogische Psychologin" eher vermieden. Statt dessen liest man, womit sich die „Pädagogische Psychologie" beschäftigt und welche Aufgaben sie hat. Älteren Auffassungen zufolge (vgl. z. B. Bredenkamp, 1971, S. 208) hat die Pädagogische Psychologie die Bedingungen und Ergebnisse *schulischer* Lern- und Lehrprozesse zu untersuchen. Neuere Definitionen hingegen fassen den Gegenstand der Pädagogischen Psychologie viel weiter, und zwar als „Einrichtung zur systematischen und kontrollierten Gewinnung, Vermittlung und Anwendung von Kenntnissen über Sozialisations-, Erziehungs- und Unterrichtsprozesse unter besonderer Berücksichtigung psychologischer Aspekte" (Ulich, D., 1980, S. 313).

Gehen wir von der neueren und weiter gefaßten Gegenstandsbestimmung aus, so erwarten wir uns von der Pädagogischen Psychologie bzw. von einem(r) Pädagogischen Psychologen(in) nicht nur Hilfestellungen bei Lernschwierigkeiten in der Schule, sondern auch bei Erziehungsproblemen in der Familie, im Bereich der Erwachsenenbildung, des Berufslebens, der Rehabilitation und Resozialisierung – also auch in Bereichen der Erziehung und Sozialisation *außerhalb* von Unterricht und Schule. Informationen über Gesetzmäßigkeiten des Lernens und Lehrens beziehen sich demnach auf „lebenslanges Lernen" in allen Sozialisations-, Erziehungs- und Unterrichtsbereichen. *Beratung* und *pädagogisch-psychologische Beeinflussung* umfassen die Gruppen *Kinder, Jugendliche* und *Erwachsene* in den unterschiedlichsten Arbeits- und Lebenszusammenhängen.

Was ein Pädagogischer Psychologe ist, haben wir damit noch immer nicht geklärt. Wir werden auf diese Frage auch keine eindeutige Antwort geben können, außer wir gehen von der alten und überholten Definition aus und gelangen so wieder zum „Schulpsychologen". Wir sollten deshalb sinnvollerweise nach den *Praxisfeldern* von Psychologen fragen, in denen Kenntnisse aus der Pädagogischen Psychologie – Psychologie des *Erziehers*, des *Lerners*, der *pädagogischen Interaktion*, der *Instruktion*, der *pädagogischen Medien* und der *Lernumwelt* – mehr oder weniger vorrangige Anwendung finden könnten (vgl. Teil II).

Der folgende Überblick über Praxisfelder der Pädagogischen Psychologie kann nicht erschöpfend sein. Nicht alle Praxisfelder, in denen für Psychologen vor allem (auch) Grundlagen der Pädagogischen Psychologie von Bedeutung sind, lassen sich umfassend darstellen. Wir konzentrieren uns deshalb auf zwei Praxisfelder, die schon von der Bezeichnung her einen relativ großen Wissensbestand in Pädagogischer Psychologie erforderlich erscheinen lassen: *Erziehungsberatung* und *Schulpsychologie*.

Es wird sich zeigen, daß diese beiden Formen psychologischer Beratung zwar in unterschiedlichen Institutionen bzw. Organisationen stattfinden, eine inhaltlich-thematisch getrennte Behandlung aber kaum noch gerechtfertigt erscheint. Mehr als die Hälfte aller in Erziehungsberatungsstellen vorgestellten Kinder und Jugendlichen werden wegen schulischer Schwierigkeiten vorgestellt (vgl. Heller & Nickel, 1982, S. 10; Hennig & Knödler, 1984, S. 331); eine Abgrenzung schulisch verursachter Erziehungsprobleme von familiär bzw. außerschulisch bedingten Störungen ist theoretisch längst nicht mehr tragfähig. Zudem ist strittig, ob Erziehungsberatung und Schulpsychologie wirklich noch als eine Domäne der Pädagogischen Psychologie gelten können. Beratung ist meist nicht von *Therapie* zu trennen. Wer berät, ist fast immer auch therapeutisch im sog. klinischen Bereich tätig.

Außer Erziehungsberatung und Schulpsychologie skizzieren wir auch noch andere Formen von Beratungs- und Bildungsarbeit (Aus-, Fort- oder Weiterbildung): Hochschulberatung, Arbeits- und Berufsberatung, Personal- und Bildungsberatung in Wirtschaft und Verwaltung, Beratungs- und Bildungsarbeit in Heimen, Kurkliniken und Allgemein-Krankenhäusern. Es handelt sich hierbei eher um Einsatzbereiche von Arbeits- und Organisationspsychologen oder Klinischen Psychologen. Doch neben einschlägigem Wissen aus diesen sowie anderen Teildisziplinen der Psychologie sind sicherlich auch gründliche Kenntnisse von Theorien und Methoden der Pädagogischen Psychologie eine wichtige Hilfe bei der praktischen Beratungs- und Bildungsarbeit.

Nicht weiter verfolgt wird die Beratungs- und Bildungsarbeit in sonstigen Praxisfeldern und Anwendungsbereichen der Psychologie, wie zum Beispiel in der Psychiatrie, in der Resozialisierung (Sozialtherapie und Strafvollzug), bei der Polizei oder Bundeswehr. Auch in diesen und anderen Anwendungsbezügen ist Wissen in Pädagogischer Psychologie unabdingbar für Entwicklung und Durchführung von Aus-, Fort- und Weiterbildung von Nicht-Psychologen (Pflegepersonal, Bedienstete des Strafvollzugs, Lehrer, Ärzte, Polizeibeamte, Wehrdienstberater u.a.m.) und deren Beratung bei berufsfeldbezogenen Schwierigkeiten (vgl. im einzelnen Berichte über diese und andere Berufsfelder in Jäger & Schweizer, 1975; Kraak, 1979; Gasch, 1981; Benesch & Dorsch, 1984; Berg, 1985).

Ausgeklammert wird auch, welcher Stellenwert der Pädagogischen Psychologie im Lehrbereich an Fachhochschulen oder Universitäten zukommt, wo der Leser sicherlich seine eigenen Erfahrungen schon gemacht haben oder noch machen wird. Und schließlich kann auch nicht weiter eingegangen werden auf den Bereich der psychologisch-pädagogischen Forschung an einschlägigen Lehrstühlen der Hochschulen bzw. privaten, kommunalen oder staatlichen Forschungsinstitute. Beispiele hierfür sind das Deutsche Institut für Internationale Pädagogische Forschung in Frankfurt, das Deutsche Institut für Fernstudien in Tübingen, das Bundesinstitut für Berufsbildung in Berlin sowie – in München – das Institut für Empirische Pädagogik und Pädagogische Psychologie, das Deutsche Jugendinstitut, das Staatsinstitut für Schulpädagogik und Bildungsforschung und das Staatsinstitut für Frühpädagogik. In solchen Einrichtungen arbeiten viele Psychologen an Fragestellungen, die dem Bereich der Pädagogischen Psychologie zuzuordnen sind.

Welchen Zweck verfolgt dieses Kapitel über Berufsfelder der Pädagogischen Psychologie? Aus empirischen Untersuchungen ist bekannt, daß nur jeder dritte praktisch tätige Psychologe seine Ausbildung in Psychologie für ausreichend hält und dieses Fach sehr wahrscheinlich oder ganz gewiß wieder studieren würde (vgl. z. B. Amelang & Tiedemann, 1971). Das Psychologiestudium liefert häufig keine ausreichende Vorbereitung auf die spätere Berufspraxis. Dieser Tatbestand gilt sicherlich auch für die Psychologen, in deren Berufsfeldern mehr oder weniger vorrangig Kenntnisse der Pädagogischen Psychologie erforderlich sind – also für die „Pädagogischen Psychologen".

Der Grund für die Unzufriedenheit liegt zum einen darin, daß die Studieninhalte zu theorie- und methodenzentriert und zu wenig auf die Praxis abgestimmt sind, zum anderen aber auch darin, daß die Psychologiestudenten die jeweiligen beruflichen Anforderungen nicht ausreichend kennen. Der Überblick über traditionelle und mögliche Berufsfelder und Einsatzbereiche der Pädagogischen Psychologie soll deshalb Studienanfängern bzw. Studierenden eine *Orientierungshilfe* sein. Er soll helfen, die je nach Universität unterschiedlichen und oft isoliert angebotenen Studieninhalte besser einordnen und für die zukünftige Berufspraxis gezielter auswählen zu können.

18.2 Erziehungsberatung

Die Bezeichnung „Erziehungsberatung" umschreibt die Arbeit, die von Psychologen – zusammen mit Ärzten, Sozialarbeitern und -pädagogen, Heilpädagogen, Logopäden, Psychagogen – in den Beratungsstellen geleistet wird, nur unzureichend und lenkt die Erwartungen in eine falsche Richtung. Die praktische Arbeit ist sehr vielschichtig und umfaßt

Kasten 18.1: Aufgaben der Erziehungsberatung

Grundsätze für die einheitliche Gestaltung der Richtlinien der Länder für die Förderung von Erziehungsberatungsstellen (aufgestellt im Jahre 1973 von den für Jugendhilfe zuständigen Senatoren und Ministern der Länder):

„Feststellung von Verhaltensauffälligkeiten, Erziehungsschwierigkeiten und Entwicklungsstörungen einschließlich der ihnen zugrundeliegenden Bedingungen unter Berücksichtigung ihrer psychischen, physischen und sozialen Faktoren,

Veranlassung oder Durchführung der zur Behebung der festgestellten Auffälligkeiten erforderlichen Maßnahmen; sie schließen damit die Durchführung der notwendigen Beratung gegenüber Kindern, Jugendlichen und Eltern oder anderen an der Erziehung beteiligten Personen oder Stellen – ggf. auch durch schriftliche Stellungnahme – ein und umfassen erforderlichenfalls auch die Durchführung der notwendigen therapeutisch-pädagogischen Behandlung, soweit nicht die Inanspruchnahme anderer Einrichtungen angezeigt ist,

Mitwirkung bei vorbeugenden Maßnahmen gegen Erziehungsfehler; die Erziehungsberatungsstelle soll im Rahmen ihrer Möglichkeiten ihre Kenntnisse und Erfahrungen auch anderen Institutionen zur Verfügung stellen und vor allem den Eltern zugänglich machen."

(Zit. in Bommert, 1984, S. 52f.)

nicht nur *beraterische*, sondern grundsätzlich auch *diagnostische, therapeutische* und *präventive Aufgaben* (siehe Kasten 18.1).

Beraten, d.h. Informationen geben und Empfehlungen aussprechen, nimmt sogar nur einen vergleichsweise geringen Stellenwert ein. Auch geht es weniger um „Erziehungs"-Beratung in Form einer einseitigen Einflußnahme auf das Kind oder den Jugendlichen, sondern um die „Beratung für Kinder, Jugendliche und Eltern" bzw. „Erziehungs- und Familienberatung". Der Begriff „Erziehungsberatung" wird nur der Einfachheit wegen und aus historischen Gründen verwendet. Die verwirrende Vielfalt von Bezeichnungen, die von den jeweiligen Trägern der Beratungsstellen – kommunale Träger (Städte, Kreise, Gemeinden), Träger der Freien Wohlfahrtspflege (Caritas, Diakonisches Werk, Arbeiterwohlfahrt, Deutsches Rotes Kreuz, Deutscher Paritätischer Wohlfahrtsverband) und private Trägerschaften – eingeführt wurden (siehe Kasten 18.2), macht kritische Anmerkungen zu diesem Bereich der psy-

Kasten 18.2: *Unterschiedliche Bezeichnungen für Einrichtungen der Erziehungsberatung*

- Beratungsstelle für Kinder, Jugendliche und Eltern
- Beratungsstelle für Jugend, Ehe und Lebensfragen
- Jugend- und Familienberatung
- Familien- und Eheberatung
- Psychologische Beratungsstelle für Ehe-, Familien- und Lebensfragen
- Zentrum für Beratung und Kommunikation
- Zentrum für Einzel- und Familienberatung
- Soziales Beratungszentrum
- Soziale Beratungsstelle
- Erziehungs- und Lebensberatungsstelle
- Jugendpsychologischer Dienst
- Heilpädagogische Beratungsstelle

chosozialen Versorgung wie „Flickenteppich ohne Leitlinien, Planungswerte, Zielvorstellungen und Koordination", „Labyrinth", „Dschungel" oder „Gestrüpp" (Cramer, 1981, S. 38 ff.) verständlich. „Erziehungsberatung" ist heute mit „Lebens- und Alltagshilfe" gleichzusetzen.

Um der Aufgabenbreite einer Beratungsstelle gerecht zu werden, ist nach den „Grundsätzen für die einheitliche Gestaltung der Richtlinien der Länder für die Förderung von Erziehungsberatungsstellen" ein *interdisziplinäres Team* aus psychosozialen Disziplinen vorgesehen. Psychologen sind die zahlenmäßig stärkste Mitarbeitergruppe und haben in ca. zwei von drei Beratungsstellen auch die Leitung inne (vgl. Buj, Specht & Zuschlag, 1981, S. 156). Sie arbeiten aber genauso wie Ärzte, Sozialarbeiter, Sozialpädagogen, Heilpädagogen, Diplompädagogen, Psychotherapeuten von Kindern und Jugendlichen, auch als Teilzeit- und Nebenbeschäftigte (siehe Kasten 18.3).

Als Koordinatoren der Teamaktivitäten haben sie eine Reihe von Verwaltungsaufgaben zu bewältigen; hierzu sollten sie gute organisationspsychologische Kenntnisse mitbringen, um das Betriebsklima und die Effektivität des Teams zu fördern.

Das *Spektrum der Klientenpopulation* und die *Probleme der Klienten* sind breit gestreut. Hierzu drei Beispiele:

Beispiel 1: „Der 13jährige Hauptschüler Axel L. wird von seiner Mutter vorgestellt, weil sie mit ihm nicht mehr fertig wird. Sie berichtet,

> **Kasten 18.3: Stellenangebot für Teilzeitbeschäftigung
> in einer Beratungsstelle**
>
> Die ökumenische Beratungsstelle für Eltern, Kinder und Jugend-
> liche in Gröbenzell (im S-Bahnbereich München) sucht zum 1. 4.
> 1985 einen
> **evangelischen Diplom-Psychologen**
> für 20 Stunden pro Woche.
> Die Vergütung erfolgt nach AVR (BAT angeglichen).
> Psychoanalytisch orientierte Beratung u. Familientherapie sind die
> Schwerpunkte unserer Arbeit, und wir suchen einen Kollegen mit
> Interesse an diesem psychologisch-therapeutischen Ansatz.
> Bewerbungen mit den üblichen Unterlagen erbitten wir an:
> Die Beratungsstelle für Eltern, Kinder und Jugendliche
> John-F.-Kennedy-Str. 9, 8038 Gröbenzell
> Süddeutsche Zeitung, 16./17. 2. 1985

daß sie am Ende ihrer Kraft sei und eine Heimeinweisung ihres Sohnes
erwäge, sich aber vor dieser Entscheidung erst noch einmal Klarheit
verschaffen wolle. Zuvor hatte sie Axel bereits einem Neurologen
vorgestellt.

Frau L. (43) ist seit neun Jahren Witwe; ihr Mann starb im Alter von 33
Jahren an einem Unfall. Sie lebt mit Axel und drei weiteren Kindern:
Elke (17), Drogistenhelferin, Gregor (16), Gymnasiast und Martin (6),
der nachehelich geboren wurde, in einer Vier-Zimmer-Wohnung von
einer Rente, die sie als Putzfrau aufbessert. Über die Schwierigkeiten mit
Axel berichtet sie folgende *Symptome,* die ihr auffielen: Axel fehle bis zu
dreimal wöchentlich in der Schule und habe oft keine Hausaufgaben.
Morgens bleibe er zu lange im Bett liegen und erzwinge dann von ihr eine
schriftliche Entschuldigung. Sie fürchte seine Wutanfälle. Bei geringen
Anlässen werde er rot, schreie und zerstöre etwas, wenn er nicht
bekomme, was er wünsche. So seien z. B. alle Türblätter der Zimmertü-
ren eingetreten; mehrmals hätte Axel Teller zerschlagen und einmal das
Tischtuch vom gedeckten Tisch gezogen. Als besonders schlimm erlebt
Frau L. die Auseinandersetzungen zwischen Axel und Martin. Im Streit
um Spielsachen schreie Axel, stoße seinen kleinen Bruder oder schlage
ihn, so daß dieser zur Mutter komme und weine. Sie glaubt, daß Axel den
nachehelichen Bruder ablehne.

Beim Erstgespräch fällt auf, daß sich Frau L. ihrer nachehelichen
Beziehung sehr schämt. Sie sieht diese als Hauptursache für ihre Schwie-
rigkeiten an, als Strafe Gottes für ihr Tun. Andererseits klagt sie über ihre
Kinder, die sich bedienen ließen und auf ihre Situation als alleinstehende
Mutter praktisch keine Rücksicht nähmen. Sie wirkt abgehärmt, bricht

oft den Blickkontakt ab und klagt über depressives Grübeln, das sie am Einschlafen hindere.

Axel kommt zum zweiten Gespräch eher unwillig mit: Er will nicht in ein Heim eingewiesen werden. Seine Mutter müsse das verhindern, denn er wisse, daß sie das letzte Wort in dieser Sache habe. Zu den Symptomen nimmt er folgendermaßen Stellung.

Die Schule schwänze er, weil die neue Lehrerin ‚blöd' sei. Sie habe ihn mehrfach gemein beschuldigt. Außerdem habe er halt manchmal keine Schularbeiten. Die Wutanfälle schiebt er auf Martin, der von der Mutter immer in Schutz genommen werde. Außerdem bekomme er zuwenig Taschengeld. Er müsse um alles fragen, und die Mutter stelle sich dann meistens komisch an. Ob er das Taschengeld durch sein Verhalten verdient, ist ihm egal. Er sei nicht bereit, dafür aufzuräumen, er hätte es immer auch so bekommen." (Sieland, 1982, S. 201 f.)

Beispiel 2: „Der folgende Problemfall zeigt, wie eine Störung, die zunächst Anlaß zum Aufsuchen des fachlichen Helfers ist, nur als Leidensfokus zu sehen ist.

Christa ist 7 Jahre alt. Sie wird von der Mutter wegen Bettnässens vorgestellt. Die Mutter beschreibt, ‚als Christa 3 Jahre alt war, hat sie sich unheimlich angestrengt, nicht mehr ins Bett zu machen, seither hat sie verschiedene Anläufe genommen'. Die weitere Anamnese ergibt von der Mutter offen berichtete große Spannungen beim Elternpaar, das sich vor einem halben Jahr für längere Zeit getrennt hatte. Der Kindesvater war zwei Jahre in einer Psychotherapie, die jedoch nicht den vollen gewünschten Erfolg brachte.

Da ich das Symptom des Kindes nur als ein Faktum, die angedeuteten übrigen Konflikte als wesentliche Informationshinweise betrachte, bestelle ich für den nächsten Termin die ganze Familie. Nach einer diagnostischen Phase von drei Sitzungen wird verabredet, mehrere Sitzungen familientherapeutisch durchzuführen. Nach der 6. Sitzung kommt das Elternpaar und meint, ‚die Kinder wollten nicht mehr mitkommen, sie meinen, daß wir erstmal mit unserem Problem klarkommen sollen'.

Der Behandlungsprozeß, in dem diese ‚Kindesentscheidung' angemessen ist, wandelt sich in eine Partnertherapie. Daß das ursprüngliche Symptom Bettnässen des einen Kindes inzwischen verschwunden ist, sei angemerkt. Im Vordergrund steht nun die neurotische Partnerbindung, die beide Partner leiden läßt. Die Aufarbeitung des Konfliktes führt zu dem Fokus sexueller Probleme der Frau (Anorgasmie). Eine empfohlene sexualtherapeutische Einzelbehandlung für die Frau wird nicht aufgegriffen, die bestehende Vertrauensbeziehung zu mir soll helfen, das Problem anzugehen. Es folgt eine Phase von 22 Einzelsitzungen mit der Kindesmutter. Anschließend wird in weiteren 18 Sitzungen Partnertherapie die gemeinsame Problematik nochmals angesprochen.

Nach einem Behandlungsprozeß von insgesamt 1½ Jahren ist sowohl
die Einzelsymptomatik beseitigt als auch das Kommunikationsgefüge der
Familie soweit stabilisiert, daß die Eltern sich für die Hilfe zur Selbsthilfe
bedanken und den Behandlungsprozeß abschließen." (Hockel, 1981,
S. 709)

Beispiel 3: „Eine Klientenfamilie, Vater, Mutter und 2 Kinder, stellen
den Jungen als Klienten vor, weil sie unter dessen Schwierigkeiten in der
Schule und Aggressivität zu Hause leidet. In zwei Familiengesprächen
stellt sich als Grund für diese Verhaltensweisen des Jungen eine eindeutige Position der Mutter im Sinne von Inkonsequenz heraus. Mal greift sie
willkürlich durch, um ihn mehr oder weniger zu besseren Schulleistungen
zu zwingen, mal gibt sie dem Jungen mehr oder weniger nach. Gemeinsam kann in Familiengesprächen erarbeitet werden, daß das eigentlich
den Jungen sehr reizt und ärgert, weil er nicht weiß, woran er ist.
Außerdem stört ihn sehr, daß seine Schulleistungen nicht ihm überlassen
werden, daß er zu sehr gegängelt wird.

In einem Elterngespräch zeigt sich dann, daß es sich hier um unterschiedliche Erziehungsstile von Vater und Mutter handelt, wobei die
Mutter in der schwierigen Position ist, weil der Vater den ganzen Tag
außer Haus ist. In drei Beratungsgesprächen wird versucht, den Erziehungsstil der Eltern zu vereinheitlichen und die Mutter zu einem konse-
quenteren Verhalten anzuregen, allerdings auch großzügiger dem Jungen
gegenüber, so daß er mehr Eigenverantwortung hat. Nach etwa sechs
Gesprächen schließen die Eltern die Beratung ab, da sie besser zurechtkommen.

Durch Zufall erfahre ich von den Eltern, daß sie früher in einer anderen
Beratungsstelle waren, und ich tausche mit dem Kollegen Erfahrungen
aus und die Akten. In den Erstgesprächen des Kollegen stellten sich mehr
Störungen im Kind heraus, die er durch projektive Testverfahren gewonnen hatte, was nach der therapeutischen Ausrichtung des Kollegen auch
zu erwarten war. Das mit den Eltern und dem Kind vereinbarte therapeutische Vorgehen war Einzeltherapie des Kindes und begleitende Elternberatung. Die Elternberatung war für die Eltern unbefriedigend, weshalb
sie dort nicht mehr hingegangen sind. Es war ihnen alles zu unkonkret
und von daher zu wenig kompetent (wie ich von den Eltern erfahren
habe). Ungeachtet dessen, ob nicht vielleicht eine Kindertherapie notwendig gewesen wäre und zunächst einmal nicht bewertend, welche Form
für den Klienten günstiger gewesen wäre, zeigt dies, daß in den ersten
Gesprächen verschiedene Berater und eine Klientenfamilie einen unterschiedlichen Behandlungsgegenstand herausarbeiten, obwohl es sich um
die gleiche Familie handelt.

Die Frage, ob die Behandlung letztlich bei mir ausreichend für die
Familie und für die Probleme des Jungen war, ließe sich nur durch eine
katamnestische Nachuntersuchung klären. Dazu sahen die Eltern in

einem katamnestischen Telefongespräch aber keine Veranlassung, da sie gut zurechtkamen." (Esser, 1985, S. 76f.)

Zusammenfassend lassen sich Population und Probleme der Klienten folgendermaßen charakterisieren (vgl. Höpel, 1975; Buj, Specht & Zuschlag, 1981, S. 158ff.; Bommert, 1984):

– Häufig sind nicht Kinder bzw. Jugendliche die eigentlichen Problemträger, sondern die Bezugspersonen aus dem familiären oder schulischen Bereich: Eltern, Geschwister, Lehrer, Kindergärtnerin. Die Hintergründe von Störungen sind meist vielschichtig und eng miteinander verbunden.

– Erwachsene suchen auch häufig selbst Hilfe, z.B. bei Sexualstörungen, Partnerproblemen oder Sozialängsten, Alkohol- oder Drogenproblemen.

– Nicht nur Eltern und Erziehungsberechtigte ergreifen die Initiative und melden sich mit ihren Kindern an. Auch Institutionen und Behörden – Schulen, Jugendamt, Gericht, Gesundheitsamt, Kindergarten, Hort, Heim – suchen Entscheidungshilfen und geben Anstöße zum Gang in die Beratungsstelle.

– Mehr als zwei Drittel der Kinder und Jugendlichen, deren Verhalten zum Aufsuchen einer Beratungsstelle veranlaßt, ist zwischen 6 und 15 Jahre alt. Jungen werden weitaus häufiger als Mädchen zur Beratung vorgestellt.

– Sehr viele Beratungsanlässe bei den Kindern und Jugendlichen sind mit dem Stichwort „Schulprobleme" verbunden. Sonstige Ursachen für den Gang zur Beratung sind Erziehungsschwierigkeiten und Verhaltensstörungen wie z.B. Aggressivität, Trotz, Sprechfehler, Einnässen, Lügen (siehe Kasten 18.4).

Erziehungs- und Familienberatung ist nicht an irgendeine Methode oder an bestimmte therapeutische Modelle gebunden. Natürlich sind zuerst einmal fundierte Kenntnisse der *Individual-* und *Systemdiagnostik* zur Analyse des Ist-Zustands und zur weiteren Festlegung von Beratungszielen erforderlich. Die Diagnostik (vgl. Kapitel 14) erfordert Informationen aus dem Erstgespräch mit unmittelbaren Bezugspersonen, erweiterten Gesprächen mit mittelbaren Bezugspersonen (Lehrer, Großeltern, Verwandte), Tests (Intelligenz, Persönlichkeit, Leistung) und Interaktions- und Verhaltensbeobachtungen (Spiel, soziomotorisches Verhalten). Die nach Anamnese-, Explorations- und Testphase folgenden *Interventionstechniken* (= Beratung und Therapie) (vgl. Kap. 15, 16) sind je nach Ausrichtung der Beratungsstelle und des einzelnen Psychologen recht unterschiedlich. Zu den wichtigsten Therapien zählen: System- und Kommunikationstherapie, Psychoanalyse, Verhaltenstherapie, klientenzentrierte Gesprächspsychotherapie, Gestalttherapie, Familientherapie, Transaktionsanalyse u.a.m. (vgl. z.B. Wittchen & Fichter, 1980). Eine wichtige Rolle spielen natürlich Kurz- und Intensivberatungen, unterstüt-

Kasten 18.4: Anmeldegründe (z. T. Doppelnennungen)

Rang	Auffälligkeit	männl.	weibl.	Summe
1.	Schulschwierigkeiten	64	17	81
	Legasthenie	7	2	9
2.	Allgem. Erziehungsfragen	48	28	76
	Erziehungsschwierigkeiten			
3.	Konzentrationsstörungen	25	5	30
4.	psychosomatische Störungen	16	14	30
5.	Trotz, Aggressivität	16	9	25
6.	soziale Auffälligkeiten	19	6	25
	Einzelgängertum, Kontaktschwäche			
7.	Ängstlichkeit, Gehemmtheit	8	9	17
8.	Wegnehmen, Lügen etc.	12	4	16
9.	Enuresis, Encopresis	12	2	14
10.	Ein- und Umschulungen	9	4	13
11.	motor. Unruhe, Nervosität	10	2	12
12.	Sprechfehler, Sprachstörungen	6	3	9
13.	Langsamkeit, Arbeitsunlust	7	1	8'
14.	depressive Verstimmung	2	4	6
15.	Wehleidigkeit, Weinerlichkeit	3	1	4
15.	Heimunterbringung, Internatsfrage	4	–	4
15.	sex. Auffälligkeiten, Pubertätsfragen	1	3	4
15.	Schuleschwänzen, Streunen	2	2	4
16.	Inaktivität, Interessenmangel	2	1	3
16.	motor. Stereotypien (Tics)	1	1	2
16.	Berufsfragen (i. Zusammenarb.	3	–	3
	mit der Berufsberatung)			
	Ehe- und Lebensprobleme	32	82	114

(Nach Gerlicher, 1977)

zende Beratungsgespräche mit indirekt Betroffenen (Lehrer, Erzieher, Sozialpädagogen) sowie Kontaktgespräche vor Ort (Elternhaus, Kindergarten, Schule, Heim).

Ob Diagnose, Beratung, Therapie oder Prävention und weitere Aufgaben im Mittelpunkt der „Beratungsarbeit" stehen, wird von verschiedenen *Rahmenbedingungen* bestimmt. Entscheidend sind hierfür allerdings nicht nur die Träger, die damit verbundene finanzielle und personelle Ausstattung sowie inhaltliche Ausrichtung und das Selbstverständnis der beschäftigten Fachkräfte, sondern vor allem auch der regionale Standort bzw. die Größe des Einzugsbereichs. Nur in einzelnen Großstädten und Ballungszentren wird das von der Weltgesundheitsbehörde (WHO) schon 1956 geforderte Verhältnis von einer Beratungsstelle auf 45000 Einwohner erreicht oder gar unterschritten. Im Durchschnitt hat eine Beratungsstelle mehr als 100000 Einwohner zu versorgen, wobei in vielen

Fällen zudem nicht eine Mindestausstattung von drei hauptamtlichen Fachkräften gewährleistet ist. Manche Landkreise sind ohne jegliche Versorgung. In kleineren Städten und auf dem Lande ist eine Beratungsstelle häufig die einzige öffentliche Einrichtung, die bei psychischen Problemen Hilfestellung gewährt. Andere Spezialdienste, wie Schulpsychologischer Dienst, Rehabilitationszentrum oder Heimpsychologischer Dienst, gibt es dort nicht. Um den alten Richtzahlen der WHO zu entsprechen, wäre in der Bundesrepublik eine Verdopplung der zur Zeit etwa 800 vorhandenen Beratungsstellen erforderlich. Gemessen an den Erfahrungen im In- und Ausland dürfte aber auch dies zu keiner ausreichenden Versorgung führen. Beratende, therapeutische und präventive Aktivitäten in ausreichender Form sind etwa erst bei einer Richtzahl von 1 zu 35000 und je einer multidisziplinären Arbeitsgruppe mit sechs Fachkräften möglich.

Die Folgen von Unterversorgung und Unterbesetzung sind meist *lange Wartezeiten* von mehreren Monaten oder unzureichende Wahrnehmung des gesamten Aufgabenbereichs. In der Regel kommt unter solchen Bedingungen präventivem Handeln eine nachrangige Bedeutung zu. *Reaktives Handeln* – Diagnostizieren, kurzzeitige Beratung und Intervention – ist fast immer vorrangige Aufgabe. Die Erwartungen der Ratsuchenden werden häufig enttäuscht. Es kommt nach dem Erstinterview zu Überweisungen an andere Institutionen (Klinik, Sprachtherapeut, Jugendamt, Arbeitsamt), um dem ständigen Zeitdruck zumindest manchmal auszuweichen. *Präventive Arbeit* ist das Stiefkind von Erziehungs- und Familienberatungsstellen. Der Klient sollte aber erst gar nicht zum Hilfesuchenden werden, sondern durch geeignete Informationen, Schulungen und Hilfestellungen rechtzeitig zur Problembewältigung aus eigener Kraft – *zu Hilfe zur Selbsthilfe* – befähigt werden. Neben dem erwähnten Mangel an personeller Ausstattung und fehlenden Beratungsstellen liegt ein weiterer wichtiger Grund für die ungenügende Gewichtung und Verfolgung dieser Beratungsaufgabe in der *„Komm-Struktur"* der Beratungsstellen. Die Beratung ist in der Lebenswelt der (potentiell) Ratsuchenden, die Rat und Hilfe besonders nötig haben, nicht verankert. Sie ist auch zudem von vornherein nicht präventiv ausgerichtet. Gefordert werden deshalb schon lange eine *Dezentralisierung* einzelner Beratungsstellen, eine gemeindenahe Arbeit, die Verlagerung kleinerer Einheiten in einzelne Stadtteile und die Einbettung von Beratungsarbeit in Stadtteilarbeit (vgl. Bommert, 1984, S. 61f.). Im einzelnen würde das eine forcierte Zusammenarbeit mit Eltern, Lehrern und Erziehern, eine Intensivierung von Öffentlichkeitsarbeit und die Unterstützung von Initiativen und Einrichtungen zur Verbesserung der Situation von Kindern und Jugendlichen bedeuten (siehe Kasten 18.5).

Den vielfältigen Aufgaben in einer Beratungsstelle, die an Persönlichkeit und Qualifikation hohe Anforderungen stellen, ist ein Berufsanfänger zu

Kasten 18.5: Formen präventiver Arbeit in einer Beratungsstelle

„Arbeit mit den Eltern
– Information auf Elternabenden und Diskussionsrunden zu bestimmten aktuellen oder grundsätzlichen Problemen
– Aufbau und Betreuung von Elternkreisen, Eltern-Kind-Gruppen und Arbeitsgemeinschaften
– intensive, gezielte Trainingskurse
Arbeit mit Lehrern und Erziehern
– Lehrer- bzw. Erziehersprechstunde, wo gerade auftauchende Probleme ohne lange Voranmeldung gemeinsam angegangen werden
– Seminare zur Bearbeitung wichtiger Problembereiche des pädagogischen Alltags und zum organisierten Erfahrungsaustausch
– Trainingskurse, in denen bestimmte zentrale Verhaltens- und Reaktionsweisen eingeübt werden
Öffentlichkeitsarbeit
– Veröffentlichung von Stellungnahmen und grundsätzlichen Klärungen bei allgemein interessierenden Fragestellungen
– Veröffentlichung von Diskussions- und Vortragsprotokollen in der öffentlichen Presse
– Teilnahme an Podiumsdiskussionen und Informationsabenden
– Zuleitung von fachlichem Informationsmaterial an Mediatoren
– Veröffentlichung über die eigene Arbeit
Unterstützung von Initiativen und Einrichtungen zur Verbesserung der Situation von Kindern und Jugendlichen
– Die Gründung von Arbeitsgemeinschaften zur Erleichterung des Übergangs von Kindergarten und Elternhaus in die Schule
– Förderung von örtlichen Initiativen für sinnvolle Freizeitangebote an Jugendliche und
– örtliche Unterstützung von überregionalen Aktionen zugunsten der Anerkennung von Erziehung als Leistung für die Gemeinschaft etc."

(Aus Leinhofer, 1981, S. 884 f.)

Beginn kaum gewachsen. Der *„Praxisschock"* bleibt nicht aus (vgl. Kasten 18.6). Psychologe in einer Beratungsstelle zu sein, hat zunächst nur wenig zu tun mit der Anwendung von psychologischen Theorien, die vom Studium her noch in Erinnerung sind.

Diese Tätigkeit bedeutet zunächst vielmehr, sich an die berufliche Arbeitssituation – institutioneller Rahmen, Ansprüche der Klienten,

Kasten 18.6: Die Bewältigung des Praxisschocks

„Als ich hier (in der Beratungsstelle, die Verf.) anfing, da war es selbstverständlich: Der Psychologe macht Diagnostik, der Sozialarbeiter macht Anamnese; und da der nun die Eltern kannte, arbeitete der auch mit den Eltern weiter... Die Psychologen waren mit der Diagnostik ... unheimlich eingedeckt. (...) Ein Psychologe hatte also eine Untersuchung gemacht, die einen halben Tag dauerte; die Auswertung ist dann nochmal ein halber Tag... und dann die Anamnese... und das wurde dann im Team unheimlich hin- und herüberlegt, alle möglichen Hypothesen wurden entwickkelt... Dann gab es vielleicht noch ein Gespräch, das verlief dann nicht so toll: Die Eltern waren ... nicht zufrieden ... oft völlig überfordert, und dann lief da nichts mehr. – Jetzt ist es so, daß wir die Diagnostik in dem Sinne etwas abzubauen versuchen. Wir setzen lieber mit Gesprächen ein und machen eine Diagnostik dann, wenn wir tatsächlich mit den Eltern nicht weiterkommen. (...)
   Diese praktische Umsetzung auch von Diagnostik, die habe ich nicht gelernt. Ich habe Diagnostik gemacht während meines Studiums... Wir mußten solche Gutachten schreiben... Das habe ich dann aber geschrieben, um ein möglichst gutes Gutachten zu machen und möglichst, daß mich keiner angreifen kann. Nicht so sehr, um Arbeitshypothesen zu entwickeln, mit denen man im Gespräch arbeiten kann, sondern um sich abzusichern, aber nicht zu viel auszudrücken. Das ist ein ganz anderer Ausgangspunkt... Ich hatte unheimliche Schwierigkeiten, erstmal zu begreifen, daß, wenn ich eine Zusammenfassung von dem Untersuchungsergebnis mache, daß das den Sinn und Zweck hat, mit der Familie zu arbeiten. Ich habe das immer als ein Kunstprodukt für sich gesehen, wenn ich das gemacht habe, das konnte ich dann zur Akte ablegen und weitergeben, da konnte sich dann jemand anders mit amüsieren. Ich bin erst auf Sinn und Zweck gekommen, als ich selber Beratung machte, daß sich manche Dinge davon ganz gut verwenden lassen im Gespräch."

(Protokolliert bei Breuer, 1979, S. 155f.)

Zusammenarbeit mit Kollegen und Behörden – anzupassen, die spezifischen Anforderungen auszubalancieren, im Laufe der Zeit komplizierte Aushandlungsprozesse beherrschen zu lernen und schließlich erst allmählich seinen eigenen, individuellen „Beratungsstil" zu entwickeln. In Gesprächen mit Berufspraktikern der psychosozialen Versorgung lassen sich – so Cramer (1981, S. 42f.) – *unterschiedliche Reaktionsmuster* im Prozeß dieser „sekundären Sozialisation" feststellen:

- *Aufarbeiten:* freiwillige Mehrarbeit und Überstunden, um die Arbeit zu bewältigen
- *Verwalten:* teilweise Aufgabe professioneller Werte und vorrangige „Aktenzieherei"; oberflächliche, quantitativ ausgerichtete Arbeit
- *Resignieren:* Ursache oder Folge von „Aufarbeiten" und „Verwalten"; Zweifel am Sinn der Arbeit
- *Subversive Strategien:* Ignorieren von Dienstanweisungen und gegenseitiges Ausspielen von Institutionen als Reaktion auf unsinnig erscheinende Kontrollaufgaben
- *Konstruktive Lösungsversuche:* Neugestaltung der Arbeitsbedingungen zur Verbesserung der Versorgungsangebote
- *Mißerfolgsattribuierung:* Zuschreibung von Unlust und Frustration auf Merkmale und Probleme der Klienten wie z. B. Unterschichtzugehörigkeit.

Möglichkeiten, um Resignation und Frustration und dem *„burn-out"* zu begegnen, bieten sich durch Erfahrungsaustausch und Hilfestellungen im Rahmen von Gruppengesprächen oder *Supervisionssitzungen* in der Beratungsstelle selbst. Wie hilfreich Rückmeldungen und Tips erfahrenerer Kollegen und Kolleginnen wirken, hängt entscheidend von der Zusammensetzung des Teams und vom Gruppenklima ab. So sinnvoll und notwendig Supervision auch ist – selbst für berufserfahrene Berater –, manchmal wird sie auch zum Selbstzweck. Die eigenen Probleme der Berater rücken zu sehr in den Vordergrund, und die Klienten werden nicht selten vergessen.

Eine weitere Möglichkeit bietet der Besuch von *Fortbildungsveranstaltungen* und Seminaren zur Verbesserung und Erweiterung der eigenen Behandlungsmethoden (z. B. Themenzentrierte Interaktion, Balint-Gruppen) oder auch von „Anti-burn-out-Trainingsgruppen". Die Fortbildung in Psychotherapie verschafft zudem eine gute Ausgangsposition für eine spätere *freiberufliche Tätigkeit als Klinischer Psychologe* oder Berater. Neben den Beratungsstellen der öffentlichen Körperschaften und Kirchen wird Erziehungs- und Familienberatung in großem Unfang auch von freiberuflich tätigen Therapeuten im Rahmen ihrer eigenen Praxis mitausgeübt oder von Psychologen angeboten, die nur Erziehungs- und Familienberatung betreiben.

18.3 Schulpsychologie

Unter den verschiedenen Formen von Bildungsberatung kommt der Schulpsychologie eine gewichtige Bedeutung zu. Seit Ende der 60er Jahre ist in der Bundesrepublik – wie auch in vielen Nachbarländern und in den

Kasten 18.7: Unterschiede in der Struktur der Psychologischen Dienste und Schulberatung der einzelnen Bundesländer

„*Baden-Württemberg:* Seit 1966 wurden flächendeckend 23 sogenannte Bildungsberatungsstellen eingerichtet, die fast alle mit zwei Schulpsychologen besetzt und für die Schulen in einem größeren Einzugsbereich zuständig sind. Auf der Ebene der einzelnen Schule nehmen Beratungslehrer mit einer zusätzlichen Ausbildung Beratungsaufgaben wahr. Weitere Psychologen arbeiten an Gesamtschulen und an Heimsonderschulen.

Bayern: Die Schulberatung wird überwiegend von Staatlichen Schulberatern (auf Regierungsbezirksebene), Schuljugendberatern und Beratungslehrern (an jeder Schule, zum größten Teil allerdings ohne entsprechende Ausbildung) getragen. Es gibt nur wenige Schulpsychologen. Sie arbeiten meist schulintegriert oder auch zentral beim Staatlichen Schulberater.

Berlin: Für jeden der zwölf Berliner Schulbezirke besteht ein organisatorisch selbständiger Schulpsychologischer Dienst. Zum Team einer Beratungsstelle gehören neben mehreren Schulpsychologen die ‚Mitarbeiter im Schulpsychologischen Dienst‘ (entspricht den Beratungslehrern), die (je nach Art der anfallenden Aufgabe) in der Schule oder an der Beratungsstelle tätig sind.

Bremen: Es besteht ein zentraler Schulpsychologischer Dienst. Die Schulpsychologen sind für einzelne Schulbezirke zuständig bzw. in Außenstellen tätig. Die Stadt Bremerhaven hat einen eigenen kommunalen Schulpsychologischen Dienst.

Hamburg: Die ‚Schülerhilfe‘ arbeitet als zentraler Schulpsychologischer Dienst. Die Schulpsychologen sind regional in den 16 Schulaufsichtsbezirken eingesetzt. Zusätzlich sind sie für Spezialreferate zuständig wie z.B. Legasthenie, Diagnostik, Beratungslehrerausbildung etc. Besonders zu vermerken ist, daß der Schülerhilfe eine größere Zahl von Sozialpädagogen/Sozialarbeitern angehört, die sich um Schulversäumnisse, sozialpädagogische Arbeit in den Familien, Kontakte zu Ausbildern in den Betrieben, schwangere Schülerinnen etc. kümmern.

Hessen: Es wurde bereits früh ein flächendeckendes Angebot an schulpsychologischer Beratung angestrebt. In der Regel arbeiten die hessischen Schulpsychologen als ‚Ein-Mann-Betrieb‘ und sind für die Schulen in einem größeren Einzugsbereich zuständig. In einigen Städten sind mehrere Schulpsychologen eingesetzt.

Niedersachsen hat sich in den letzten Jahren darum bemüht, eine flächendeckende schulpsychologische Beratung zu erreichen. Zum großen Teil sind die Schulpsychologen einzeln als Fachdezernenten der Schulämter tätig. Die Dienst- und Fachaufsicht liegt bei den Regierungspräsidenten. Weitere Schulpsychologen sind an den Gesamtschulen eingesetzt.

Nordrhein-Westfalen: Die Initiative zur Einrichtung Schulpsychologischer Dienste ging von den Städten aus. Zur Zeit gibt es 51 kommunale Dienste mit etwa 160 Schulpsychologen. Das Land hat sich auf dem Gebiet der Schulpsychologie zunächst durch die Einrichtung von Planstellen für Schulpsychologen an Gesamt- und Kollegschulen engagiert. Erst in den letzten Jahren wird eine flächendeckende Versorgung angestrebt. Mittlerweile bestehen über 20 Regionale Schulberatungsstellen, für die ein oder zwei Schulpsychologen-Planstellen eingerichtet wurden und die für größere Einzugsbereiche zuständig sind (Kreise, kreisfreie Städte). Den Beratungsstellen wurden Arbeitsschwerpunkte zugewiesen.

Rheinland-Pfalz: Es besteht ein flächendeckendes Netz von 32 Schulpsychologischen Beratungsstellen, die in der Regel für einen Kreis oder eine kreisfreie Stadt zuständig sind. Die Stellen sind vorwiegend mit einem Schulpsychologen besetzt. Hinzu kommen Psychologen mit Werkverträgen. Eine große Zahl von Lehrern wurde zu Beratungslehrern fortgebildet.

Saarland: Es wird angestrebt, eine flächendeckende schulpsychologische Betreuung zu erreichen. In Saarbrücken und Dillingen bestehen kommunale Dienste.

Schleswig-Holstein: In den Kreisen und kreisfreien Städten stehen gegenwärtig 15 Bildungsberatungsstellen zur Verfügung, die z. T. mit mehreren Schulpsychologen besetzt sind."

(Aus Wegner, 1984, S. 129 f.)

USA – eine kontinuierliche Ausweitung der institutionalisierten Beratung in der Schule bzw. der schulpsychologischen Dienste zu verzeichnen. Allerdings ist es aufgrund der Bildungshoheit der Bundesländer in der Bundesrepublik zu sehr unterschiedlichen Strukturen der schulpsychologischen Beratungs- und Dienststellen gekommen (siehe Kasten 18.7).

Schulpsychologie ist als systematischer Versuch anzusehen, mit Hilfe psychologischer Theorien und Methoden schulische Probleme zu analysieren und durch Beratung bzw. Intervention lösen zu helfen. Schulpsychologen sollen – neben Beratungslehrern – durch Anwendung psychologischer Erkenntnisse der Pädagogischen Psychologie, aber natürlich auch der Sozial-, Entwicklungs-, Differentiellen und Allgemeinen Psychologie

Kasten 18.8: Hauptaufgaben der Schulpsychologie

Einzelfallhilfe
bei Problemschülern

– Lernschwierigkeiten, Leistungs-
defizite, Verhaltensauffälligkei-
ten, Konzentrationsschwächen,
Ängste
– Individualdiagnostik mit psycho-
logischem Methodeninventar
– Erörterung therapeutischer
Maßnahmen mit Schülern,
Eltern und Lehrern
– Vermittlung von Kontakten zu
Institutionen (Erziehungs-, Dro-
gen-, Berufsberatung) und Zu-
sammenarbeit mit Pädagogen,
Ärzten, Heilpädagogen, Berufs-
beratern

Unterrichtshilfe und Beratung
für Lehrkräfte

– Diagnostik von Teilleistungs-
und Motivationsschwächen der
Schüler
– Objektivierung der Beurtei-
lungsverfahren der Lehrer
– Analyse von Disziplinproblemen
und Konfliktfällen in der Klasse
– Gemeinsame Beratung von
Lösungswegen und Realisierung
motivationsfördernder und ver-
haltensmodifizierender Maßnah-
men und Programme
– Erweiterung der beruflichen
Kompetenz der Lehrer durch
Fortbildung in Seminaren,
Arbeitsgemeinschaften

Schullaufbahn- und
Bildungsberatung

– Zeitpunkt der Schulreife und
Einschulung
– Wiederholung von Klassen und
Zuweisung zu Sonderschulen
– Wahl von Wahlpflichtfächern
oder Leistungskursen
– Ermittlung der Eignung für
bestimmte Studiengänge
– Studienwahlvorbereitung in
Sekundarstufe II
– Kontaktvermittlung zu Berufs-
und Studienberatung

Beratung der Schule als System
(Consulting)

– Planung, Realisierung und Überprüfung von pädagogischen und
curricularen Innovationen:
Schulversuche zur Änderung von
Unterrichtsstrukturen
– Beratung bei Schulversuchen:
Projektplanung, Mithilfe bei der
Herstellung von Bedingungen
für die Durchführung didaktischer Maßnahmen, Training als
Aufbau von Handlungskompetenz für die beteiligten Lehrer,
Bereitstellung von Evaluations-
instrumenten für die Bewertung
der Schulversuche

(Vgl. z. B. Gasch, 1981; Heller & Nickel, 1982; Hoffmann & Liebel, 1983;
Trollendier & Meissner, 1983; Prell, 1984; Wegner, 1984)

sowie der Psychodiagnostik und Klinischen Psychologie, *schulisches Lernen und Lehren fördern.* Was heißt das nun für die konkrete Arbeit im einzelnen? Je nach Rahmenbedingungen (auch „gutsituierte" Internate haben einen Schulpsychologen!) führt ein Schulpsychologe in unterschiedlichem Maße *„schülerzentrierte"* und *„schulzentrierte"* Beratungen durch und übernimmt teilweise auch Aufgaben der *Erziehungs- und Berufsberatung.* Schülerzentrierte Beratung konzentriert sich auf Einzelfallhilfe und Schullaufbahnberatung, schulzentrierte Beratung umfaßt die Beratung von Lehrern sowie die Beratung der Schule als System (siehe Kasten 18.8).

In den meisten Beratungsstellen stehen schülerzentrierte Beratungen, vor allem *Einzelfallhilfe,* im Vordergrund und beanspruchen zwischen 40 und 70% der gesamten Arbeitszeit.

Der Schulpsychologe wird zum Beispiel von den Eltern eingeschaltet, weil Lehrer oder Schulleitung mit den Schulleistungen und/oder Verhaltensweisen eines Schülers nicht mehr zu Rande kommen. Schüler sind folglich gegenüber Psychologen in der Schule teilweise recht skeptisch eingestellt (siehe Kasten 18.9) und sehen in ihm eher eine Bedrohung als eine Hilfe.

Aber auch die meisten Lehrer wenden sich relativ selten an einen Schulpsychologen, um einen Ratschlag zu erbitten. Ihre Einstellung ist betont kritisch und zurückhaltend. Sie halten nicht allzuviel von der Kompetenz eines Schulpsychologen und sehen in ihm eher einen Konkurrenten, vor dem sie Fehler und Unzulänglichkeiten eingestehen sollen. So zeigte sich beispielsweise in einer empirischen Untersuchung, daß Gutachten von Schulpsychologen über die Gymnasialeignung von Schülern

---

***Kasten 18.9: Meinung eines Schülers – Gymnasium, 6. Klasse,
13 Jahre – über den Beruf des Schulpsychologen***

„Der Psychologe sollte offen und ehrlich den Patienten gegenüber sein. Ich stelle ihn mir als älteren Herrn vor mit dem man gut über alles reden kann und von dem man akzeptiert wird. Ich meinerseits würde auf keinen Fall gern zu ihm gehen, auf jedenfall lieber Privat weil ich dann vielleicht in der Gesellschaft als Klapsmühlenreif abgestempelt würde.

Wäre die Gesellschaft nicht so würde ich gerne zu ihm gehen. Wie er mir hilft ist nicht meine Sache. Er hat sich mir gegenüber freundlich und offen zu verhalten. Er wird natürlich bei Konflikten zu dem Helfen der seiner Meinung nach im Recht ist."

(Aus Hoffmann & Liebel, 1983, S. 11)

bei den Lehrern sogar „Bumerang-Effekte" hervorriefen: Sie revidierten ihre bereits abgegebenen Urteile entgegen den Empfehlungen, die von den Schulpsychologen gegeben worden waren (vgl. Hanke, Lohmöller & Mandl, 1975).

Auch für die Aufgaben der *Systemberatung* (Consulting) wird der Schulpsychologe in der Regel nicht herangezogen. Hier fehlt es an der notwendigen Unterstützung durch die Kultusverwaltung. Im Gegenteil: Seitdem sich restaurative Tendenzen immer mehr breitmachen und eine Abkehr von Schulreformen zu verzeichnen ist, gehen Schule und Administration zunehmend auf Distanz zur institutionalisierten Systemberatung durch Schulpsychologen und erklären diese eher als verzichtbar.

Der Alltag eines Schulpsychologen ist somit weitgehend durch Verhaltens- und Leistungsprobleme einzelner Schüler geprägt, zu deren Lösung ihn verzweifelte Eltern – und manchmal auch Lehrer – heranziehen. Ein Beispiel soll einen Einblick geben:

Ivo ist 16 Jahre alt und wird seit 4 Jahren vom Schulpsychologen betreut. Der Psychologe versucht, Ivo vor der Ausgrenzung aus der Hauptschule zu bewahren. Nachdem Ivo wieder sitzengeblieben ist, kommt er in eine 7. Klasse mit einem Klassenlehrer, der mit der Methode arbeitet: Druck machen und die Schüler dann belohnen, wenn sie parieren. Ivo behindert den Unterricht; es gibt Disziplinarstrafen und wenige Monate vor Schulabgang den Schulverweis. Auf Rat des Schulpsychologen legt die Mutter Rechtsmittel ein. Der Schulverweis wird aufgehoben. In einer Lehrerkonferenz wird der Schulpsychologe von einem Lehrer beschuldigt, er habe zu Ivo gesagt, dieser Lehrer sei schlimmer als Hitler. Ivo wird als Zeuge verhört (nach Zurek, 1985).

Dieses Beispiel zeigt die schwierige Rolle von Schulpsychologen, an die verschiedenartige und schwer zu vereinbarende Erwartungen gestellt werden: Interessenvertreter des Kindes oder Jugendlichen, Anwalt der Eltern, Vertrauter des Lehrers, Funktionär der Schulverwaltung oder alles zugleich. Er ist in seinem Tätigkeitsspektrum Spezialist für Diagnose und Behandlung von Störungen; er ist auch Lehrer und Ausbilder, Forscher, Experte für interdisziplinäre Zusammenarbeit und Öffentlichkeitsarbeit, Fachmann für „environmental engineering", Philosoph und Politiker sowie Mitglied des Verwaltungsapparates (vgl. Minsel & Hinz, 1978, S. 2877 ff.). Er stößt bei allen Problemen, die an ihn herangetragen werden, auf den Grundkonflikt zwischen der mächtigen Institution Schule mit ihren administrativen Regelungen, Leistungs- und Verhaltensanforderungen und dem Schüler mit Leistungen und Verhaltensweisen, die diesen Anforderungen nicht genügen. Die Funktion des Schulpsychologen ist im Prinzip, eine „weiche" Lösung anzustreben, sobald „Anti-Schüler" das System Schule stören, und eine „harte" und institutionelle Lösung – Strafenkatalog laut Schulordnung – vermeiden zu helfen. Kritiker sehen darin ein unbefriedigendes Kurieren an Symptomen, das strukturelle Mängel im Bildungswesen durch „Beratung" auf der Individualebene lösen soll, und ein Instrument der Manipulation von Schülern und Lehrern.

Welche grundlegenden *Lösungsstrategien* hat ein Schulpsychologe bei schulischen Konflikten? Er kann als Anwalt der Schüler handeln – und läuft dabei Gefahr, selber in Konflikt mit der Schule zu geraten (vgl. das Beispiel). Er kann sich auf die Seite der Schule schlagen und deren Leistungs- und Verhaltensanforderungen „psychologisch geschickt" dem Schüler und dessen Eltern zu vermitteln versuchen – und läuft dabei Gefahr, das Vertrauen der Eltern und Schüler zu verlieren. Schulpsychologen können außerdem versuchen, im Konflikt eine Vermittlerrolle zu spielen und zu lavieren. Sie bemühen sich, für die Schüler noch etwas herauszuholen und das schlimmste abzuwenden; sie verlangen aber gleichzeitig vom Schüler das Wohlverhalten und Leistungsstreben, das von der Schule gefordert wird. Bei dieser „Kompromißlösung", die die meisten Schulpsychologen anstreben, setzen sie sich der Gefahr aus, sich zwischen alle Stühle zu setzen und von allen Parteien für diese „Schaukelpolitik" bestraft zu werden. Als letzte Strategie bleibt schließlich noch, den Schulkonflikt primär als Familienkonflikt zu definieren und fast ausschließlich Erziehungs- und Familienberatung zu betreiben.

Der Schulpsychologe hat, wie auch immer er sich verhält und wie engagiert er die Konfliktlösung auch angeht, einen recht *engen Handlungsspielraum.* Er selbst erlebt bei vielen Interventionen Bezugsgruppenkonflikte, weil Schulverwalter, Lehrer, Eltern und Schüler divergierende Wert- und Zielvorstellungen haben und unterschiedliche Bewährungskriterien an seine Arbeit anlegen. Was auch immer der Schulpsychologe tut – er läuft Gefahr, daß jemand nach seiner Intervention unzufrieden und unglücklich ist.

An *Qualifikation* und *Fachwissen* eines Schulpsychologen werden hohe und vielschichtige Anforderungen gestellt. Er braucht ein wissenschaftlich fundiertes Methodeninventar für Diagnostik, Beratung und Intervention, das er bei seiner praktischen Tätigkeit sinnvoll einsetzen kann. Von seiner Kooperationsfähigkeit im Umgang mit Schuladministration und Beratungsinstitutionen (Erziehungs-, Berufs-, Studien- und Drogenberatung, ärztlicher Gesundheitsdienst), von seinem Geschick als Gesprächspartner von Schulaufsicht, Eltern, Lehrern und Beratungslehrern hängt es entscheidend ab, wie er seinem Auftrag der Analyse und Lösung schulischer Probleme gerecht wird. Solche Qualifikationen werden – leider – in der Hochschulausbildung und auch Weiterbildung zu wenig vermittelt und müssen während der Tätigkeit im schulpsychologischen Dienst in der Regel unsystematisch angeeignet werden.

Die komplexen Anforderungen sind das Hauptproblem jedes Schulpsychologen, und zwar nicht nur von denen, die neu in der Praxis sind und deren Überforderung und Nichtzurechtkommen leicht als „Praxisschock" abzutun ist. Auch der erfahrene Psychologe leidet nicht nur unter den unterschiedlichen Wert- und Zielkonflikten bei schulischen Problemen und den meist nicht zu vereinbarenden Erwartungen der einzelnen Parteien, sondern auch unter der geringen wissenschaftlichen Begründbarkeit seiner praktischen Arbeit. Schulpsychologen in der Praxis berichten davon, daß sie den Bedürfnissen der Praxis zum Teil hilflos ausgeliefert seien und keine Veränderungsperspektiven entwickeln könnten. Sie begäben sich in die Abhängigkeit des „Möglichen" und würden die Analyse des „Nötigen" schon bald vergessen. Sie erfahren nur zu oft, in welch beschränkter Weise psychologische Erkenntnisse umzusetzen sind, und werden immer wieder mit deren geringem prognostischem Wert und begrenztem Nutzen konfrontiert, z.B. wenn es um die Vorhersage des Schulerfolgs aufgrund von Intelligenztestwerten geht (vgl. Kapitel 14), aber auch bei der Analyse von Lernschwierigkeiten, der Behandlung von Verhaltensauffälligkeiten und der Analyse von Konflikten.

Die Gründe für die *eingeschränkte Umsetzbarkeit psychologischer Erkenntnisse* liegen zum einen – wie Kritiker aus der Praxis es formulieren – an der „Theorielosigkeit" von Schulpsychologie und Pädagogischer Psychologie. Zum anderen lassen sich schulpsychologische Probleme einfach nicht so klassifizieren, daß man sie bewährten Theorien und daraus abgeleiteten Methoden eindeutig zuordnen könnte und konkrete Eingriffsmöglichkeiten sich anböten. Die Schulrealität ist gekennzeichnet durch eine Vielschichtigkeit und Vernetztheit psychologischer Bedingungs- und Wirkungszusammenhänge. Erziehungs- und Unterrichtssituationen sind variabel und instabil, pädagogische Effekte sind kontextabhängig. Ein Denken in einfachen „Wenn-dann-Sätzen" stößt schnell an die Grenzen der Realität.

Was ist zu tun, um Überforderungsreaktionen zu verhindern, wie z.B. einseitige Orientierung an Extrempositionen und Ausbildung professioneller Techniken (um zumindest subjektiv den Problemdruck zu vermindern) oder beispielsweise Konzentration auf Systemberatung (weil Einzelfallhilfe sinnlos erscheint)? Eine Reihe von *Forderungen* aus Praxis, Hochschulbereich und der Sektion „Schulpsychologie" des Berufsverbandes Deutscher Psychologen (BDP), die an die Aus-, Fort- und Weiterbildung von Schulpsychologen gerichtet sind, spiegeln die gegenwärtigen Schwierigkeiten und *Defizitbereiche schulpsychologischer Praxis* wieder (vgl. z.B. Minsel & Hinz, 1978; Weinert, 1980; Welpe, 1980; Report Psychologie, 1982; Wegner, 1984):

– *Entwicklung einer Beratungstheorie:* Wer ist beratungsbedürftig? Psychodiagnostik versus Systemdiagnostik? Welches Selbstverständnis hat ein Schulpsychologe?

– *Verbesserung der Beratungsgespräche:* Welche Kommunikationsprinzipien und Techniken der Gesprächsführung sind in Einzel- und Gruppengesprächen effektiv?

- *Vermittlung diagnostischer und didaktischer Kenntnisse:* Wie lassen sich fördernde oder hemmende Einflüsse bei Lernprozessen ohne Grundkenntnisse in Unterrichtsdidaktik analysieren und in eine sinnvolle Unterrichtsberatung einbringen?
- *Kenntnisse in Systemberatung:* Wie soll Systemberatung ohne grundlegendes Wissen über Konzepte der Bildungsplanung und Bildungspolitik, über Bildungswege und Modellversuche im Bildungsbereich erfolgreich sein?
- *Verfügbarkeit von Therapie-, Evaluations- und Forschungsmethoden:* Welche Interventionstechniken sind für Gruppenprobleme oder Einstellungs- und Beurteilungsveränderungen und deren Erfolgskontrolle geeignet?
- *Förderung präventiver Arbeit:* Wie lassen sich Leistungs- und Verhaltensstörungen von Schülern verhindern? Wie bildet man Selbsthilfegruppen im Bereich der Schule?
- *Förderung der institutionalisierten Kooperation und Koordination:* Welche Kooperationsmodelle mit anderen Beratungsdiensten für schulische Probleme muß der Schulpsychologe kennen und intensiv nutzen?
- *Unabhängigkeit:* Wie läßt sich eine größtmögliche Unabhängigkeit schulpsychologischer Aktivitäten erreichen? Wo muß der schulpsychologische Dienst personell und institutionell eingerichtet sein?
- *Ausbau des Schulpsychologischen Dienstes:* Wie sollen sich lange Wartezeiten, geringe Behandlungskapazitäten und Überforderung der meisten Schulpsychologen vermeiden lassen, wenn die Richtzahl „ein Schulpsychologe auf 5000 Schüler" nach wie vor bei weitem nicht erreicht ist?

18.4 Beratungs- und Bildungsarbeit außerhalb von Familie und Schule

Die folgenden Berufsfelder und Bereiche der Angewandten Psychologie sind keine Domäne der Pädagogischen Psychologie. Wie schon im Falle der „Erziehungsberatung" und „Schulpsychologie" überschneiden sich die Aufgabenbereiche vor allem sehr stark mit denen der Klinischen Psychologie sowie der Arbeits- und Organisationspsychologie. Wir gehen aber davon aus, daß fundierte Kenntnisse aus der Pädagogischen Psychologie bei der praktischen Beratungs- und Bildungsarbeit (Aus-, Fort- und/ oder Weiterbildung) sehr hilfreich sind. Wir haben uns auf die Skizze von fünf Berufsfeldern beschränkt, in denen Inhalte der Pädagogischen Psychologie – z.B. Psychologie der pädagogischen Interaktion und des Lehrens und Lernens – bedeutsam sind.

18.4.1 Hochschulberatung

Die Modell-Beratungsstellen für Studenten aus der Reformbewegung der 70er Jahre sind heute an den meisten Hochschulen obligatorisch. Sie haben zwei Zielrichtungen: allgemeine Studienberatung und Studentenberatung (vgl. Wittmann, 1984).

Studienberatung:
Im Jahre 1982 gab es etwa 220 hauptamtliche Berater im Bereich Studienberatung, von denen etwa 65 Psychologen waren. Die übrigen Stellen waren mit Soziologen, Pädagogen, Lehrern und Absolventen sonstiger Studiengänge besetzt. Der Schwerpunkt der Studienberatung liegt in der *Informationsbeschaffung und -vermittlung.* Sie geschieht in individueller Beratung zu Fragen über Studienwahl, -verlauf, -abschluß, -wechsel oder -abbruch und durch Bereitstellung und Entwicklung von Informationsmaterial für Studieninteressenten und Studenten. Außerdem zählen die Planung und Durchführung von Orientierungsveranstaltungen (z. B. zu Studienbeginn), Veranstaltungen über Prüfungsängste oder zur Vorbereitung auf den Beruf nach dem Studienabschluß, sowie die Zusammenarbeit mit Arbeitsämtern oder anderen Beratungsinstitutionen zum Aufgabenbereich der Studienberatung. Ein Beispiel soll die Arbeit eines Studienberaters verdeutlichen:

„Eine Studentin erkundigt sich nach Möglichkeiten, in ein anderes Studienfach zu wechseln. Sie möchte ihr bisheriges Studium abbrechen, weil sie glaubt, dafür nicht geeignet zu sein, obwohl es sie sehr interessiert. Im Gespräch zeigt sich, daß sie große Probleme hat, ihr Studium sinnvoll zu organisieren und es nicht schafft, längere Zeit konzentriert an einem Thema zu arbeiten. Deshalb hat sie eine Zwischenprüfung bereits zweimal verschoben. Der Berater gibt zu bedenken, daß sich dieses Problem auch in einem anderen Studiengang wiederholen könnte und daß sie diese Schwierigkeiten mit anderen Studenten gemeinsam hat! Sie gibt nun ihren Plan auf, das Studium zu wechseln und nimmt das Angebot an, in der Beratungsstelle an einer Gruppe teilzunehmen, die sich mit Arbeitstechniken und -problemen beschäftigt." (Wittmann, 1984, S. 140f.)

Studentenberatung:
1980 gab es 67 hauptamtliche Studentenberater, von denen 47 Psychologen waren. Die Studentenberatungsstellen sind nicht immer getrennt von den Studienberatungsstellen. An manchen Hochschulen gibt es Kooperations- bzw. Integrationsmodelle. Der Schwerpunkt in der Studentenberatung liegt im *therapeutischen Bereich,* d. h. in der Behandlung psychischer Störungen der Studenten: Ängste, Depressionen, sexuelle Schwierigkeiten, Kontaktarmut oder psychosomatische Beschwerden, Leistungs- und Lernstörungen.

Die berufliche Situation in Beratungsstellen im Hochschulbereich

ähnelt der in der Erziehungs- und Familienberatung. Nach mehr oder
weniger ausführlicher Diagnostik, z. T. mit Hilfe von psychologischen
Testverfahren, erfolgen je nach Problematik und Dringlichkeit Kriseninterventionen, Verhaltenstherapie, Gesprächspsychotherapie u. a. m.
Auch hier ist der Nachfragedruck hoch und läßt Evaluation, Prävention
oder Institutionenberatung in den Hintergrund treten, um möglichst
kurze Wartezeiten für die Studenten zu erreichen.

18.4.2 Arbeits- und Berufsberatung

Psychologischer Dienst der Arbeitsverwaltung:
   Das Arbeitsförderungsgesetz des Jahres 1969 brachte dem Psychologi-
schen Dienst der Arbeitsverwaltung neue Arbeitsschwerpunkte der
Begutachtung bzw. Beratung bei Fragen der beruflichen Fortbildung,
Umschulung und Rehabilitation sowie der Eingliederung schwer vermit-
telbarer Personengruppen. Etwa 340 Psychologen arbeiten derzeit in 146
Arbeitsämtern, 9 Landesarbeitsämtern und der Hauptstelle der Bundes-
anstalt für Arbeit in Nürnberg. Ihre pädagogisch-psychologischen Aufgaben lassen sich in psychologische Begutachtung und Beratung sowie
Personaleinstellung und Aus- und Fortbildung von Personal einteilen
(vgl. im einzelnen Jendritzka, 1975; Eckhardt, 1977; Wanke, 1984).
   Psychologische Begutachtung und Beratung: Die Berufs- und Vermitt-
lungsfachkräfte des Arbeitsamtes erbitten von Fall zu Fall beim Psychologen eine Begutachtung in Fragen der beruflichen Fortbildung, Umschulung oder Rehabilitation. Zur Zeit bestehen etwa 70–90% der Aktivitäten des Psychologischen Dienstes aus Gutachtertätigkeiten. Zugleich
kann der Psychologe dem einzelnen Ratsuchenden bzw. Zubegutachten-
den (jugendlichen Schulabgängern, älteren Arbeitssuchenden, ins
Erwerbsleben zurückkehrenden Frauen, Rehabilitanden, Hochschulab-
gängern, Lernbehinderten) im Verlauf der Begutachtung und in Zusammenarbeit mit der Berufsfachkraft des Arbeitsamtes Hilfen zur Klärung
von Zielvorstellungen, Motivation und zur besseren Selbsteinschätzung
sowie Entscheidungsfindung geben.
   Personaleinstellung und Aus- und Fortbildung: Der Psychologe in der
Arbeitsverwaltung wird auch zur Begutachtung bei Personaleinstellun-
gen für Positionen im Arbeitsamt selbst herangezogen sowie um Stellungnahmen zu Fortbildungs- oder Umschulungsmaßnahmen der Mitarbeiter
gebeten. Außerdem kann er bei deren Schulung und Qualifizierung selbst
mitwirken.
   Neben umfassenden Grundlagen der Pädagogischen Psychologie
(Lernpsychologie, Beratungspsychologie) sollte ein Psychologe, der in
den Psychologischen Dienst der Arbeitsverwaltung eintreten möchte,
gute Kenntnisse aufweisen in Diagnostik, Gesprächsführung, Arbeits-

und Betriebspsychologie, Klinischer Psychologie sowie in Behinderten- und Rehabilitationspsychologie. Es handelt sich hier um einen psychologisch-pädagogischen Aufgabenbereich, der möglicherweise auf die meisten Psychologen sehr desillusionierend wirken wird. Aufgrund der seit langem und auch in absehbarer Zukunft anhaltenden Diskrepanz zwischen Angebot und Nachfrage auf dem Arbeitsmarkt ist es in vielen Fällen trotz vorhandener beruflicher Eignung nicht möglich, den jeweiligen Berufswünschen gerade der sogenannten „Problemgruppen" (ältere und unqualifizierte Arbeitssuchende, Lernbehinderte, Rehabilitanden) zu entsprechen.

Rehabilitationskliniken und Berufsförderungswerke:
Bei schwerwiegenden (Berufs-)Krankheiten und nach Unfällen mit Dauerschädigungen müssen häufig grundlegende Veränderungen im beruflichen Bereich ins Auge gefaßt werden. Zusammen mit Ärzten und Rehabilitationsberatern stellen Klinikpsychologen z. B. möglichst schon am Krankenbett einen Rehabilitationsplan auf. In Berufsförderungswerken werden über einen längeren Zeitraum hinweg – 1 bis 6 Wochen – ärztliche und psychologische Untersuchungen durchgeführt, um den Beruf zu finden, der nach Interessenlage und Anforderungsstruktur dem Rehabilitanden entspricht. Zur Berufsfindung helfen Einzel- und Gruppeneignungsuntersuchungen sowie Beratung und Aufzeigen von Begabungs- und Eignungsstrukturen. Die Ergebnisse von Berufsfindungsuntersuchungen werden in Gutachten zusammengefaßt und der einweisenden Stelle – Sozialleistungsträger und Arbeitsamt – übermittelt.

18.4.3 Personal- und Bildungsarbeit in Wirtschaft und Verwaltung

Die Aufgaben und Tätigkeitsbereiche eines Arbeits- und Organisationspsychologen sind äußerst vielfältig. Je nach Art des Beschäftigungsverhältnisses – freiberuflicher Berater, Angestellter eines Industrieunternehmens oder einer Behörde – und je nach Einsatzbereich – Personal- und Sozialabteilung, Sicherheitswesen, Ausbildungsabteilung – stehen unterschiedliche Aufgaben im Vordergrund. Sie erfordern neben fundierten Kenntnissen in Arbeits- und Organisationspsychologie sowie Sozialpsychologie in manchen Fällen vor allem auch den Rückgriff auf Erkenntnisse und Methoden der Pädagogischen Psychologie. Zu diesen Bereichen zählen alle Beratungsaufgaben im Personalbereich und das betriebliche Bildungswesen (vgl. Burkardt, 1980; Schumann, 1980; Schuler & Stehle, 1982; Gläs, 1984).

Beratungsaufgaben im Personalbereich:
Hierzu zählen Diagnostik, Begutachtung und Beratung bei Fragen der Personalplanung, -beschaffung, -entwicklung und -förderung. Diagnostische Verfahren dienen der Beratung betrieblicher Stellen bei der Bewerberauslese. Psychologische Gutachten praxisrelevant formulieren und

gestalten sowie Beratungsgespräche geschickt führen zu können ist
ausschlaggebend dafür, welcher Stellenwert psychologischem Fachwissen bei betrieblichen Entscheidungen zukommt.

Betriebliches Bildungswesen:
Hierzu zählen z. B. Planung und Durchführung von
- Unterweisungen (z. B. in Fragen der Sicherheit, bei der Einarbeitung
  und Einführung neuer Mitarbeiter)
- Erwachsenenfortbildung (Beratung und Unterweisung von Fachaus-
  bildern und Vorgesetzten zur besseren Gestaltung von Ausbildung und
  Ausbildungshilfen; Training von Führungsverhalten)
- Bildungsevaluierungen
- Bildungsbedarfsermittlungen als Grundlage für die Planung betriebli-
  cher Fort- und Weiterbildung sowie die
- Mitarbeit bei der Lösung interner organisatorischer Probleme.

18.4.4 Beratungs- und Bildungsarbeit in Heimen

Ein breites Berufsfeld für Psychologen stellt die Arbeit in „komplementä-
ren Diensten" dar, das heißt in Einrichtungen für die Wiedereingliederung oder Dauerunterbringung von Personen, die im Wohn- und Arbeitsbereich nicht oder noch nicht selbständig leben können (vgl. im Überblick
Gasch, 1981; Wippich, 1981). Dazu zählen zum Beispiel:
- *Jugend- und Erziehungsheime* (soziale auffällige Jugendliche)
- *Behindertenheime* (z. B. Tagesbildungsstätten und Werkstätten für
  körperlich und geistig Behinderte; Zunahme von Planstellen in den
  letzten Jahren)
- *Alten- und Pflegeheime* (Orientierungs-, Selbsthilfe- oder Aktivie-
  rungstraining in lerntheoretisch fundierten Gruppenprogrammen;
  „Altenbildung", „Interventionsgerontologie")
- *Freizeitheime* (wachsendes Berufsfeld für Psychologen; zur Zeit noch
  relativ selten Betreuung durch Psychologen, sondern größtenteils
  durch Erzieher, Pädagogen oder Sozialarbeiter)
- *Einrichtungen für Drogenabhängige.*
Je nach Heimsystem finden wir recht unterschiedliche Organisationssy-
steme mit mehr oder weniger hohem Maß an Lenkung und Kontrolle
sowie Selbständigkeit und Eigenverantwortung der Klienten vor.
Gemeinsames Ziel psychologischer Heimarbeit ist, durch Einsatz diagnostischer und therapeutisch-beratender Einzel- und Gruppenmaßnahmen
eine Wiedereingliederung oder Stabilisierung des einzelnen zu erreichen.
Dem Psychologen im Heim fallen dabei vor allem folgende Aufgaben zu:
- *Individualdiagnostik* (kombiniert mit individueller Beratung, Begutachtung, Therapie und Trainingsmaßnahmen)
- *Fortbildung* der Mitarbeiter

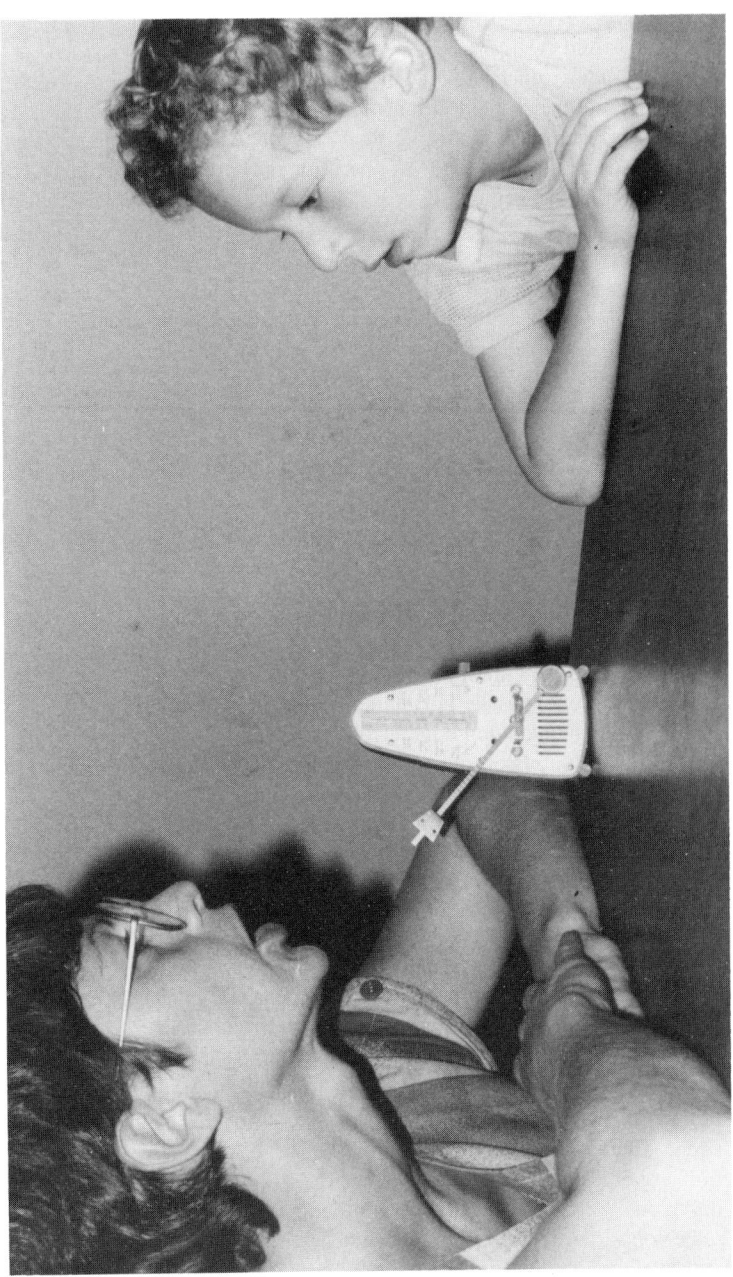

– *Consulting* (Beratung von Bezugspersonen – z. B. Pfleger, Lehrer, Eltern – und Bezugsbehörden – z. B. Jugendgericht, Sozialamt)
– *Organisationsentwicklung* (Verbesserung der Organisationsstruktur, vor allem möglich bei Leitungsfunktion).

An Psychologen im Heimbetrieb werden hohe Anforderungen an Organisation, Koordination und Kooperation gestellt. Die Gefahr einer „Abstumpfung" gegenüber dem alltäglichen Leid der Heimbewohner ist relativ groß.

18.4.5 Beratungsarbeit in Kuranstalten und Kliniken

Kuranstalten:

Seit etwa 1970 werden immer mehr Psychologen zu den Präventions- und Rehabilitationsaufgaben in den Kurkliniken der Rentenversicherungsanstalten herangezogen. Gegenwärtig sind schon über 100 „Kurortpsychologen" oder „Kurpsychologen" im Einsatz. Der Bedarf in diesem Berufsfeld ist steigend. Es fallen vor allem folgende Aufgaben an (vgl. Brechtel, 1981; Prochazka & Schmalzriedt, 1981):

– psychologisch-diagnostische Aufgaben
– individuelle Beratung bzw. Therapie
– Gesundheitserziehung bzw. Gesundheitstraining
– Fortbildung des Klinikpersonals
– klinisch-psychologische Forschung.

Wie der Aufgabenkatalog zeigt, erfordert Kurpsychologie sicherlich eine Reihe von Kenntnissen aus der Pädagogischen Psychologie. Dennoch sind Prävention und Rehabilitation an Kurkliniken in besonderem Maße eine Domäne der Klinischen Psychologen.

Ein Beispiel soll verdeutlichen, welche Aufgaben an einen „Kurpsychologen" herangetragen werden:

„Der 48jährige Herr B. kommt wegen ‚psychovegetativen Syndromen mit funktionellen Magen-Darm-Störungen (Appetitlosigkeit, Erbrechen), Hyperurikämie und Fettstoffwechselstörungen' zur Kur. In der Einweisungsdiagnose werden hier psychische Beschwerden oder ein psychischer Hintergrund der Beschwerden immerhin angedeutet, wenn auch nähere Angaben fehlen. Herr B. führt selbst seine Beschwerden auf den ‚Streß im Beruf' – er ist leitender Mitarbeiter in einem Produktionsbetrieb – zurück. Es liegt nahe, daß eine ‚Badekur' Abhilfe schaffen kann. Aber erst die ausführliche psychologische Anamnese und Exploration ergibt, daß die berufliche Überforderungssituation entscheidend durch das Verhalten des Patienten mitbedingt ist. Innerlich unsicher und mißerfolgsorientiert – aufgrund einer harten, enttäuschungs- und entsagungsvollen Kindheit und Jugend – lebt er ständig in der Befürchtung, den an ihn gestellten Anforderungen nicht genügen zu können. Übermäßiger Arbeitseinsatz, verbunden mit fortwährenden Kontrollzwängen, ist seine Reaktion auf die inneren Ängste.

Auch hier ist deutlich, daß die üblichen Kurmaßnahmen (Ruhe und Entspannung, Bäder, Kneippsche Anwendungen, Bewegungstherapie usw.) keinen dauerhaften Kurerfolg gewährleisten, sofern nicht Herrn B.s psychische Fehlhaltung während der Behandlung mitangegangen wird und durch psychotherapeutische Beratung oder Behandlung sein Selbstvertrauen und die Fähigkeit zu realistischer Selbsteinschätzung und adäquater Arbeitsplanung gefördert werden.

Schwieriger ist die psychotherapeutische Einflußnahme, wenn in erster Linie pathogene Umwelteinflüsse für das Krankheitsbild verantwortlich sind, z.B. unzumutbare Arbeitsbedingungen. Hier ist letztlich auf Veränderungen in der Umwelt hinzuwirken, z.B. Arbeitsplatzverbesserungen oder ein Stellenwechsel." (Doubrawa, 1981, S. 1085f.)

Allgemein-Krankenhaus:
Vereinzelt hat der Psychologe auch schon im Allgemein-Krankenhaus Fuß gefaßt. Er ist dort aber noch Pionier, und seine Aufgabenbereiche sind noch nicht eindeutig geklärt. Ein Beispiel aus dem Alltag eines „Krankenhaus-Psychologen" in einer Klinik mit 600 Betten zeigt einige Aufgaben auf:

„Seine Route hat er am Vortag zusammengestellt nach den Kriterien der Dringlichkeit und des Weges. Früh um 8 Uhr macht er sich auf den Weg, denn der Vormittag ist die günstigste Zeit, um die Patienten aufzusuchen. Meistens wird er per Telefon oder auch schriftlich von dem zuständigen Arzt angefordert – konsultiert –, wobei ihm das Problem skizziert wird. Er beginnt auf der Chirurgie.

Patientin A. wurde vor vier Wochen am Blinddarm operiert, aber sie hat Schmerzen, weil ihre Wunde vereitert ist. Sie ist sehr verzweifelt darüber und hat schon eine fast phobische Angst vor dem Verbandswechsel. Seit 14 Tagen wird sie täglich vom Psychologen besucht. Er macht mit ihr gezielte Entspannungstherapie. Seit zehn Tagen wird das Entspannungstraining mit dem Verbandswechsel kombiniert. Die Patientin hat dadurch ihre Angst bereits gut im Griff.

Patientin B. ist zum drittenmal in diesem Jahr eingeliefert und operiert worden wegen einer Infektion im Unterleib. Nun ist sie frisch operiert und sieht den Psychologen heute zum erstenmal, worüber sie sich sehr freut und gleich bemerkt, daß sie sich seinen Beistand schon vor der Operation gewünscht hätte. Ihr Problem ist, daß sie sich ungeheuer in die Angst vor dem Krankenhaus und den Ärzten gesteigert hat. Der Psychologe versucht im Gespräch mit ihr, diesen Kreislauf zu durchbrechen, indem er ihr den Zusammenhang zwischen körperlichem Zustand einerseits und Gedanken und Vorstellungen andererseits klarmacht.

Patient C. hatte einen Unfall und ist geschient worden. Er ist sehr beunruhigt, weil er so unvermutet aus seinem Alltag herausgerissen worden ist und nun nur noch daran denkt, wie viele Termine ihm verlorengehen und daß seine Existenzgrundlage wankt. Auch hier muß der Psychologe ein intensives Gespräch führen, um den Patienten zu beruhigen und diagnostisch abzuklären, ob psychisch erschwerende Faktoren hinzukommen.

Auf dem Weg von der Chirurgie zur Inneren besucht er kurz auf der Intensivstation einen Suizid-Patienten. Er ist noch sehr angeschlagen und verschlossen. Dem Psychologen geht es daher vorerst nur darum, Kontakt aufzunehmen; ein tieferes Gespräch wird er erst dann versuchen, wenn der Patient auf eine Normalstation verlegt worden ist.

Auf der Inneren wird er dann von einem Patienten mit Asthma und einem Alkoholiker erwartet. Mit beiden arbeitet er an ihren familiären Problemen. Der Chef der Inneren legt bei diesen Patienten Wert darauf, daß sie erst dann entlassen werden, wenn auch der Psychologe es befürwortet..." (Prochazka & Schmalzriedt, 1981, S. 973)

Im Rahmen der Patientenbetreuung geht es vor allem um diagnostische Abklärung und Mitwirkung beim Erstellen der Behandlungspläne, Mitwirkung an der Behandlung, Mitwirkung bei der Gesundheitserziehung und Beratung der mitbetroffenen Angehörigen, Vermittlung an beratende und therapeutische Einrichtungen außerhalb des Krankenhauses (z.B. Selbsthilfegruppen, Drogenberatung). Darüber hinaus zählt zu seinem Aufgabenbereich die Beratung und Unterstützung von Mitarbeitern des Krankenhauses, die Problempatienten haben oder sich sehr belastet fühlen durch den Umgang mit Patienten, sowie die psychologische Aus- und Fortbildung von Ärzten und Pflegepersonen.

18.5 Zusammenfassung

Eine Antwort auf die Frage, was ein „Pädagogischer Psychologe" eigentlich ist, können wir nicht geben. Früher verstand man darunter den Schulpsychologen. Wenn wir von neueren Gegenstandsbestimmungen der Pädagogischen Psychologie ausgehen, gelangen wir zu „lebenslangem Lernen" in allen Sozialisations-, Erziehungs- und Unterrichtsbereichen als Berufsfelder der „Pädagogischen Psychologen".

Die berufliche Praxis der Pädagogischen Psychologen läßt sich vor allem mit dem Begriff „Beratung" charakterisieren. „Beratung" aber ist kaum von „Therapie" zu trennen. Wer im Beratungsbereich (Erziehungs-, Drogen-, Bildungs-, Berufsberatung etc.) beschäftigt ist, setzt mehr oder weniger häufig die Therapieformen aus dem klinischen Bereich ein. Selbst die „klassischen" Berufsfelder der Pädagogischen Psychologie (Erziehungsberatung und Schulpsychologie) zeichnen sich durch einen hohen Anteil von Aktivitäten aus, die auf Einzelfallhilfe für Kinder, Jugendliche, Eltern und Lehrer ausgerichtet sind und auf typisch psychotherapeutischem Methodeneinsatz – Gesprächspsychotherapie, Gestalttherapie, Psychoanalyse u. a. m. – aufbauen.

Nicht die Frage, was ein „Pädagogischer Psychologe" und wo er im Einsatz ist, scheint also sinnvoll, sondern die Suche nach Berufsfeldern, in denen die Anwendung von Kenntnissen aus der Pädagogischen Psychologie unumgänglich erscheint. Und in kaum einem Berufsfeld kommt ein Psychologe ohne gründliche Kenntnisse von Theorien und Methoden der Pädagogischen Psychologie aus.

Teil IV

Kapitel 19

Wie sehen Experten die Zukunft der Pädagogischen Psychologie?

19.1 Einleitung

Die vorausgegangenen Kapitel in diesem Lehrbuch haben gezeigt, daß die Pädagogische Psychologie in vielen Bereichen auf ein umfangreiches theoretisches und methodisches Wissen zurückgreifen kann. Es wurde aber auch deutlich, daß vieles in Bewegung ist. Theoretische Positionen, die noch vor wenigen Jahren das Denken und Handeln innerhalb der Pädagogischen Psychologie beherrschten (z. B. klassische Lerntheorien), sind in den Hintergrund getreten. Sie werden ersetzt durch neue theoretische Konzepte, von denen man annimmt, daß sie dem praktischen Anliegen pädagogischen Handelns besser gerecht werden. Zu Recht muß man sich in diesem Zusammenhang die kritische Frage stellen, ob diese Neuorientierungen wirklich notwendig sind, ob sie wirklich den erhofften Fortschritt bringen, oder ob sie – wie so oft – nur einer Modeströmung folgen, einer Strömung, die in anderen einflußreichen Gebieten der Psychologie entstanden ist und der sich die Pädagogische Psychologie nicht entziehen kann.

Daß solche Fragen durchaus berechtigt sind, zeigt die bisherige Geschichte der Pädagogischen Psychologie (vgl. Kap. 2). Nur allzuoft hat sie ihr Kleid gewechselt, hat Themen und Theorien aus den verschiedensten Gebieten der Psychologie eilfertig aufgegriffen, um sie eine Zeitlang im Hinblick auf ihr Anwendungsfeld zu bearbeiten und dann wieder fallen zu lassen, noch ehe die Arbeit richtig beendet war. Natürlich sind solche Entwicklungen kein Zufallsergebnis. Viele Faktoren spielen eine Rolle. Dazu gehören bildungspolitische Strömungen und allgemeine gesellschaftliche Entwicklungen, aber auch Gewohnheiten und Zwänge des Wissenschaftsbetriebs, die sich u. a. darin äußern, daß *neue* Ideen, *neue* Sichtweisen, Erklärungsmuster und Befunde stärkere Beachtung finden als die kontinuierliche Weiterentwicklung und Ausdifferenzierung bereits verfügbarer und bekannter Theorien. Bis zu einem gewissen Grad ist diese Haltung berechtigt, denn sie ist der Nährboden für die in jeder Wissenschaft erforderliche Konkurrenz der Gedanken und Interpretationen. Nur die ständige Auseinandersetzung zwischen verschiedenen Positionen schafft die Voraussetzung für eine wirkliche Verbesserung der theoretischen Grundlagen praktischen Handelns.

Die Entwicklung neuer Konzepte und Theorien ist somit ein wesentlicher Bestandteil jeder Wissenschaft. Allerdings kann es einer Disziplin wie der Pädagogischen Psychologie nicht gleichgültig sein, in welche Richtung diese Entwicklungen verlaufen, welche Fragestellungen aufgegriffen und welche metatheoretischen Orientierungen die Zukunft bestimmen. Die Wissenschaftsgeschichte ist kein Zufallsprodukt – sie sollte es zumindest nicht sein. Denn wenn man die übergeordneten Ziele einer Disziplin akzeptiert, und wenn man unterstellt, daß der jeweils aktuelle Wissensstand auf dem Hintergrund disziplinspezifischer Leitideen nach Lücken oder Unzulänglichkeiten durchforstet werden kann, dann ergeben sich für die Zukunft jeweils Anhaltspunkte für notwendige oder zumindest vordringliche Neuerungen. Will man den Wildwuchs der Wissenschaftsentwicklung verhindern und die Richtung zukünftiger Auseinandersetzungen gezielt beeinflussen, dann sind von Zeit zu Zeit Defizitanalysen erforderlich. Experten des Faches sollten die aktuelle Lage kritisch unter die Lupe nehmen, Fehlentwicklungen und Leerstellen aus der Sicht ihrer speziellen Fachkompetenz diagnostizieren und – soweit dies möglich ist – Lösungsvorschläge, zumindest aber Orientierungshilfen für künftige Entwicklungen anbieten. Selbstverständlich wird das Ergebnis solcher Expertisen u. a. von übergeordneten metatheoretischen Positionen der Experten, ihren Auffassungen von Wissenschaft und ihren eigenen Forschungsschwerpunkten abhängen. Auch für diese Art wissenschaftlicher Analysen gilt das Prinzip der Pluralität.

Wir haben für dieses Schlußkapitel des Lehrbuchs einige namhafte Vertreter der Psychologie, die entweder selbst Pädagogische Psychologen sind oder sich als Außenstehende mit Problemen dieses Fachs befaßt haben, um eine Aussage zur wünschenswerten Weiterentwicklung des Faches Pädagogische Psychologie gebeten. Konkret lautete die Frage: *„Auf welche Fragestellungen und Methoden sollte sich die Pädagogische Psychologie als Wissenschaft in den 90er Jahren konzentrieren?"* Die Autoren konnten selbst entscheiden, welche Aspekte sie aufgreifen und erläutern wollten. Das Ergebnis entspricht ganz den Erwartungen dieser

Umfrage: In Abhängigkeit von den jeweiligen Forschungsschwerpunkten und wissenschaftlichen Überzeugungen variieren die angesprochenen Themen. In der Summe ergeben die Stellungnahmen und Vorschläge ein facettenreiches, aber durchaus strukturiertes Bild. Es sind vier Problemfelder, die in den einzelnen Stellungnahmen eine kritische Einschätzung erfahren und zum Ausgangspunkt „weiterführender" Überlegungen gemacht werden:

1. Die metatheoretische Basis bzw. das Selbstverständnis der Pädagogischen Psychologie als Wissenschaft.
2. Künftige Forschungsschwerpunkte und inhaltliche Ziele der Forschung.
3. Forschungsansätze und die Relevanz bestimmter empirisch-wissenschaftlicher Methoden.
4. Die Praxisrelevanz, d. h. die Verwertbarkeit pädagogisch-psychologischen Wissens für die Lösung praktischer Probleme.

19.2 Pädagogische Psychologie: Programmatische Perspektiven

Jochen Brandtstädter
Professor für Entwicklungspsychologie und
Pädagogische Psychologie
Universität Trier

Die Pädagogische Psychologie gehört zweifellos zu den „präparadigmatischen" Disziplinen, die noch zu keinem stabilen Selbstverständnis gefunden haben. Kennzeichnend für diesen Entwicklungsstand ist die Häufigkeit metatheoretischer und programmatischer Diskussionen. Obwohl solche Diskussionen den Entwicklungsgang einer Disziplin mutmaßlich weniger bestimmen als überzeugende Forschungsprogramme und Anwendungserfolge, möchte ich im folgenden kurz auf zwei aktuelle programmatische Postulate eingehen. Da ist zum einen die wiederholt erhobene Forderung, Pädagogische Psychologie als *psychologische Technologie* anzulegen (vgl. etwa Ausubel, 1968; Herrmann, 1979). Daneben steht neuerdings die Forderung, Pädagogische Psychologie als *handlungsorientierte Wissenschaft* zu konzipieren (z. B. Huber, Krapp & Mandl, 1984).

Der Vorschlag, Pädagogische Psychologie als eine auf die Lösung von Erziehungs- und Unterrichtsproblemen gerichtete Technologie nach ingenieurwissenschaftlichem Muster anzulegen, stützt sich auf ernstzunehmende Argumente. Grundlagenforschung darf und soll kühne, riskante Theorien entwerfen; Technologien dagegen sollen in erster Linie effizient und praktikabel sein, wobei auch eine geringere theoretische Tiefe in Kauf zu nehmen ist. Das Erziehungs- und Bildungswesen eignet sich nun aber kaum als Testfeld für riskante theoretische Vermutungen (wenngleich es anscheinend oft in diesem Sinne benutzt wird); daher scheint für Wissenschaften, die in diesem Bereich „angewandt" werden sollen, eine solide technologische Orientierung angemessen. Dieses Argument wird auch mit dem Hinweis verbunden, daß erziehungsrelevante psychologische Technologien nicht ohne weiteres aus psychologischen Theoriebeständen ableitbar sind, sondern eigene, anwendungsnahe Forschungs- und Entwicklungsarbeit erfordern.

Derlei Argumente sind nun an sich durchaus zutreffend. Pädagogische Psychologie umfaßt zweifellos technologische Aufgaben; sie jedoch auf Technologie zu beschränken, scheint mir dennoch problematisch, wenn nicht gar gefährlich. Die Einengung technologischer Forschung auf lowlevel-Hypothesen birgt immer die Gefahr, daß die Anwendungs- und Generalisierbarkeitsgrenzen einer Technologie nicht genau bestimmt werden; die flexible Adaptierung von Technologien auf neuartige situative Bedingungen setzt (wie jeder Transfer) ein tieferes theoretisches Verständnis zugrundeliegender Wirkungsmechanismen voraus. Nicht zuletzt ist es ziemlich gleichgültig, wie gut man bestimmte Erziehungs- und Unterrichtsziele erreicht, wenn diese es (z. B. aufgrund ihrer Aus- und Nebenwirkungen) gar nicht wert sind, verwirklicht zu werden. Die mit Problemen der Zielplanung im erzieherisch-pädagogischen Bereich verbundenen Fragen „optimaler Entwicklung" sollten wegen ihrer empirischen Implikationen nicht aus dem Forschungsbereich der Pädagogischen Psychologie ausgelagert werden (vgl. auch Brandtstädter & Montada, 1980).

Technologieforschung ist mithin eine durchaus wichtige, aber eben wohl nur eine von mehreren Facetten pädagogisch-psychologischer Forschungsaktivität. In einem etwas differenzierteren Modell lassen sich zumindest vier Forschungsebenen unterscheiden, die aufeinander bezogen, aber partiell durchaus eigenständig sind (vgl. Brandtstädter, 1980):

1. Pädagogisch-psychologische *Grundlagenforschung:* Auf dieser Ebene geht es um die Konstruktion und Prüfung von psychologischen Theorien, die zur Optimierung von Erziehungs- und Unterrichtsprozessen beitragen können (Beispiele sind: Gedächtnisforschung, Theorien des Wissenserwerbs, Leistungsmotivationsforschung, Erziehungsstilforschung). Die Abgrenzungen zu den Bereichen der Allgemeinen Psychologie oder der Entwicklungspsychologie sind hier fließend.

2. Pädagogisch-psychologische *Technologieforschung:* Im Vordergrund steht hier die Entwicklung von technologischen Regeln und standardisierten Techniken zur Lösung von Lehr- und Lernproblemen (Beispiele sind: Techniken zur pädagogischen Verhaltensmodifikation, remediale Unterrichtsprogramme, Strategien zur Planung von Lehr- und Lernsequenzen).

3. Pädagogisch-psychologische *Implementationsforschung:* Anwendung und Indikationsstellung von technologischen Regeln und Programmen setzen die Kenntnis relevanter Randbedingungen des Anwendungskontextes voraus. Hieraus ergibt sich die Notwendigkeit implementationsbezogener Forschungsaktivitäten, die sich gegenüber den vorgeordneten Forschungsebenen durch einen eher idiographisch-diagnostischen Ansatz auszeichnen (beispielsweise setzen vorkenntnisbezogene Differenzierungsstrategien eine entsprechend differenzierte Vorkenntnisdiagnostik voraus; die Anwendung verhaltensmodifikatorischer Techniken setzt die Prüfung „idiographischer Verstärkerhypothesen" voraus; und so weiter).

4. Pädagogisch-psychologische *Evaluationsforschung:* Hier geht es um die genauere Analyse der Anwendungsergebnisse, der Aus- und Nebenwirkungen von erziehungs- und unterrichtsbezogenen Technologien und Interventionsprogrammen im Sinne formativer und summativer Evaluationen (angesichts der bekannten experimental-methodischen Beschränkungen müssen in diesem Forschungsbereich freilich besondere Vorkehrungen getroffen werden, damit Evaluationsforschung nicht zu einer Legitimationsstrategie für theoretische und ideologische Voreingenommenheiten entartet).

Schon diese grobe Systematik verdeutlicht, daß der Weg von der Theorie zur Anwendung nicht deduktiven Charakter hat, sondern kreative Zwischenschritte einschließt. Umgekehrt kann auch von praktischen Anwendungsergebnissen, da diese auch von technologischen und implementativen Rahmenbedingungen abhängen, nicht ohne weiteres auf die Qualität der „zur Anwendung gebrachten" theoretischen Voraussetzungen rückgeschlossen werden. In geläufigen Diskussionen des Theorie-Praxis-Bezuges wird dieser Umstand oft vernachlässigt.

Inwieweit ist Pädagogische Psychologie nun als eine „handlungsorientierte" Wissenschaft zu verstehen? Sicher kann diese Forderung nicht als Empfehlung verstanden werden, Pädagogische Psychologie in Forschung und Theorienbildung auf eine „Handlungsperspektive" zu verpflichten. Der Wert theoretischer Perspektiven kann erst in Ansehung ihres Erklärungs- und Problemlösungswertes beurteilt werden; einseitige programmatische Festlegungen, wie sie in psychologischen „Paradigmendebatten" leider üblich sind, können mehr schaden als nützen. Pädagogische Psychologie sollte vielmehr insofern „handlungsorientiert" sein, als man von ihr Beiträge zur Erleichterung und Unterstützung, zur Begründung und Kritik, kurz zur „Optimierung" von erzieherisch-pädagogischem Handeln erwarten darf – wobei hier nicht nur an Handlungen in erzieherisch-pädagogischen Situationen, sondern an sämtliche Planungs- und Entscheidungsebenen gedacht werden sollte, welche den Handlungszusammenhang institutioneller und sozialer Entwicklungskontrolle konstituieren.

Aus dieser Situation ergeben sich für die Pädagogische Psychologie spezifische Ansatzweisen und Problemstellungen: Begreift man Strukturen und Prozesse des Erziehungs- und Bildungswesens als Handlungs- und Entscheidungsergebnisse, so stellt sich die Frage nach der Qualität ihrer argumentativen Grundlagen. Mit dieser Frage rücken Aufgaben der wissenschaftlichen Beratung und der Evaluation von erzieherischen und bildungspolitischen Interventionen, Programmen und Reformen verstärkt in den Blick (Fragen der Zielplanung sind dabei keineswegs ausgenommen, da diese spezifischen realwissenschaftlichen Restriktionen unterliegt). Ferner wird einsichtig, daß die Genese von Lern- und Entwicklungsproblemen keineswegs im Sinne kausaler Zwangsläufigkeiten zu verstehen ist, sondern auf die Eigenarten institutioneller und sozialer Handlungskontexte (Wissensbestände, technische Potentiale, normative und materielle Beschränkungen) zu beziehen oder zu relativieren ist. Ein einseitiger „person blame bias" wird damit zugunsten einer differenzierten Sicht der Wechselbeziehungen zwischen Entwicklungsmöglichkeiten, Entwicklungsangeboten und Entwicklungsforderungen aufgehoben; präventive Aufgaben rücken in den Vordergrund (vgl. Brandtstädter, 1982b, 1984). Nicht zuletzt wird unter einer Handlungsperspektive deutlich, daß Pädagogische Psychologie – soweit sie in erziehungs- und entwicklungsrelevante Handlungs- und Entscheidungszusammenhänge eingebracht wird – selbst wesentlich zur Formierung der von ihr untersuchten Strukturen, Prozesse und Probleme beiträgt. Hieraus ergeben sich nicht nur praktische Chancen, sondern auch Verpflichtungen zur Selbstkritik.

19.3 Pädagogische Psychologie – der schmale Pfad zwischen opportunistischem Aktivismus und Elfenbeinturm

Theo Herrmann
Professor für Allgemeine Psychologie und
Persönlichkeitspsychologie
Universität Mannheim

Einigermaßen zutreffende Prognosen zu Entwicklungen von Wissenschaftsgebieten sind vielleicht möglich, wenn feststeht, daß im betreffenden Bereich keine beachtlichen wissenschaftlichen Innovationen stattfinden werden. Kreative Leistungen inhibieren nämlich die Vorhersagbarkeit. Wir wollen hoffen, daß die Weiterentwicklung der Pädagogischen Psychologie in diesem Sinne schlecht prognostizierbar bleibt. Doch hängt die Schwierigkeit, der Pädagogischen Psychologie ihren Weg zu prophezeien, auch damit zusammen, daß sie – als eine psychologisch-technologische Disziplin – in ihrer Entwicklung in besonderem Maß von Bedingungen abhängt, deren Eintreten sie selbst kaum beeinflussen kann.

In meiner Sicht empfängt ein Wissenschaftszweig wie die Pädagogische Psychologie ihre Zielsetzungen, Erfolgschancen und Legitimationen in erster Linie von Problemlagen, die nicht wissenschaftsimmanent entstehen, sondern die auch vorhanden wären, wenn es die Psychologie nicht gäbe. Sie muß sich primär an ihrer Nützlichkeit (Wirksamkeit, Effektivität) für die Lösung von faktischen pädagogischen Problemen messen lassen, so wie diese in der jeweiligen historischen Situation von Gesellschaften auftreten. Eine vertretbare Pädagogische Psychologie sucht nicht nach pädagogischen Anwendungen für die jeweils aktuellsten und prestigeträchtigsten innerpsychologischen Errungenschaften, sondern sie sucht die jeweils brauchbarsten wissenschaftlich-technologischen Hilfen bei der Problembearbeitung in bestehenden pädagogischen Praxisfeldern.

Freilich gibt es perennierende Erziehungs- und Unterrichtsprobleme, für deren Behandlung die Pädagogische Psychologie auch in Zukunft verbesserte, d.h. effektivere, rationalere, ökonomischere, nebenwirkungsärmere u. dgl. Mittel bereitstellen und deren tatsächliche Nutzung sie propagieren und partiell erreichen wird. Man denke zum Beispiel an Leistungsbewertungen verschiedener Art. Auch lassen sich einige neue pädagogische Problemgebiete vorhersehen, für deren psychologisch-technologische Erforschung wachsendes Interesse bestehen wird. Dies dürfte zum Beispiel für pädagogische Folgen der strukturellen Arbeitslosigkeit und der Ausbreitung des Umgangs mit Computern und Software-Systemen auf immer neue Praxisbereiche und immer neue Menschengruppen gelten. Doch erweist sich auch von Jahr zu Jahr mehr, daß aus der Verfügbarkeit psychologisch-pädagogischer Optimierungshilfen deren faktische Verwendung keineswegs notwendig folgt.

Auch hochqualifizierte Verbesserungsangebote der Pädagogischen Psychologie bleiben nutzlos, solange ihre praktische Verwendung vor Ort nicht erreichbar ist. Wenn sich Wissenschaftler aber nun als Experten in öffentliche Diskussionen einschalten, wenn sie entsprechende Nützlichkeitsaufweise vorlegen, wenn sie auf gesicherte Befunde verweisen u. dgl., bleibt dies allzuoft und zunehmend bis zur Lächerlichkeit wirkungslos. Es bleibt wirkungslos, sobald diesem Bemühen wählerwirksame politische Prioritätensetzungen (etwa bei der Stellenverteilung im Öffentlichen Dienst) oder die notorische Schwerfälligkeit der Bürokratien entgegenstehen oder aber die Überverrechtlichung, durch die innovative Aktivitäten in wachsendem Maße erstickt werden, oder kaum durchschaubare Strategien der Massenmedien, denen zufolge bestimmte „Themen" eine steile Karriere machen und andere bis zur öffentlichen Inexistenz ignoriert oder unterdrückt werden.

Auch pädagogische Probleme „bestehen" in weitem Maße nur insofern, als sie gesellschaftlich konstituiert, vereinbart, ausgehandelt, von Interessengruppen und Multiplikatoren thematisiert und veröffentlicht werden. Ob und welche Themen aus dem Bereich der Bildung, der Erziehung und des Unterrichts in nächster Zeit „in" sein werden, ist schwer voraussagbar und zudem wohl kaum von innerwissenschaftlichen Entwicklungen abhängig. Was in dieser Hinsicht im Konzert von Politik, Bürokratie und Medien in Zukunft geschehen wird, determiniert aber ganz entscheidend, wie es mit der faktischen Verwertung pädagogisch-psychologischer Angebote stehen wird. Und diese Sachlage wird Rückwirkungen auf die Themenwahl und Arbeitsstrategie auch der Pädagogischen Psychologie haben. Der Löwenanteil an pädagogischen Problemen, für deren Bewältigung sie mit hinreichender Verwertungsaussicht (und mit entsprechender öffentlicher Unterstützung) Beiträge leisten wird, sind diejenigen, die im skizzierten Sinne gerade „in" sein werden. Und erfolgreiche kognitive Verarbeitungsprozesse seitens der Pädagogischen Psychologie werden zugleich – wie bisher – dazu führen, diese jeweils „gemachten" pädagogischen Probleme für die „wahren Bedürfnisse" der Bevölkerung zu halten, an deren Lösung mitzuarbeiten Befriedigung schafft. (Wie schnell sind noch vor kurzem brisante pädagogische Probleme inzwischen „vergessen" worden.)

Soweit die Pädagogische Psychologie aber, abseits vom gerade Gängigen, Ergebnisse und Vorschläge zu pädagogischen Problemen erarbeitet, die nicht „in" sind, dürfte ihre Lage nicht gerade erfreulich sein: Bezieht sie – als eine psychologische Technologie – ihre Arbeitsmotivation und ihre Legitimation zur Hauptsache aus ihrer tatsächlichen Wirksamkeit beim Lösen pädagogischer Probleme, so muß sie ihre faktische Unwirksamkeit – ungeachtet des wissenschaftlichen Niveaus ihrer Resultate – als Mißerfolg verbuchen. Es liegt dann nahe, daß sich Teile der Pädagogischen Psychologie zur „reinen", „akademischen" Forschung mit nicht ganz ernstgenommenen Anwendungsansprüchen zurückverwandeln. Und dies berührt die Geschäftsgrundlagen einer technologischen Disziplin.

Die Zukunft (auch) der Pädagogischen Psychologie hängt wesentlich davon ab, wie sie zwischen einem opportunistischen Aktivismus und dem Rückzug in den Elfenbeinturm hindurchzusteuern vermag.

19.4 Aspekte möglichen Fortschritts in der Pädagogischen Psychologie

Richard E. Snow
Professor für Erziehungswissenschaft und Psychologie
Stanford University, Palo Alto, USA

Die Pädagogische Psychologie ist ein Konglomerat aus Instruktionspsychologie, Unterrichtsforschung sowie verschiedenen Aspekten der Differentiellen, Entwicklungs-, Persönlichkeits- und Sozialpsychologie. Sie überschneidet sich mit klinisch-psychologischer Beratung, Schulpsychologie und Programmevaluation. Die Pädagogische Psychologie beinhaltet aber auch experimentelle Laborforschung über Wahrnehmung, Lernen, Gedächtnis und Problemlösen, bis hin zu den biologischen Schnittstellen dieser Phänomene, sowie theoretische Arbeiten zu grundlegenden Meßmethoden. Kurz gesagt: Jeder Aspekt von Psychologie, der Ausbildung betrifft, ob in der Schule oder außerhalb davon, kann als Teil der Pädagogischen Psychologie angesehen werden. Aus diesem Grund sind die Grenzen der Pädagogischen Psychologie unscharf – und das wird auch so bleiben. In diesem Feld können sich ganz unterschiedliche Arten von Forschung entwickeln, wobei es in den meisten Fällen müßig ist, darüber zu streiten, ob die Forschung „grundlagenbezogen" oder „angewandt" ist.

Drei Forschungsbereiche der Pädagogischen Psychologie sollen hier kurz diskutiert werden, die meiner Meinung nach in den nächsten zehn Jahren wichtige Fortschritte für Theorie und Praxis dieser Disziplin erwarten lassen. Dies sind (a) die kognitionspsychologisch orientierte Instruktionsforschung zum Lernen und Problemlösen im naturwissenschaftlichen und mathematischen Bereich, (b) die Forschung zur Interaktion von Kognition und Motivation im Rahmen des Lernens und (c) die Erforschung intra- und interpersoneller Unterschiede in der Lernfähigkeit. Sehr wichtig für den Fortschritt in der pädagogischen Praxis ist, daß die nächsten zehn Jahre eine Verschmelzung dieser drei vormals getrennten Bereiche zu einer integrierten Sichtweite erwarten lassen.

a) *Kognitionspsychologisch orientierte Instruktionsforschung*
Die Analyse kognitiver Informationsverarbeitung im Rahmen komplexen Lernens und Problemlösens wandte sich in den vergangenen zehn Jahren direkt dem schulischen Lernen zu. Intensiv untersucht worden sind mathematische Aufgaben auf unterschiedlichem Niveau, von elementarer Arithmetik bis hin zu Geometrie und Algebra, sowie Aufgaben in den Bereichen Physik, Chemie, Biologie, Wirtschaftswissenschaften und Geographie. Eingeschlossen dabei sind Arbeiten zum Lese- und Textverständnis sowie zu tutoriellen Aktivitäten. Aus diesen Forschungsbemühungen sind theoretische Ansätze hervorgegangen, auf deren Grundlage neue Instruktionsmethoden und diagnostische Verfahren, einschließlich intelligenter computerunterstützter Instruktion, möglich erscheinen. Wir beginnen, ein umfassendes Verständnis davon zu gewinnen, wie ein Lerner Wissen in einem bestimmten Bereich erwirbt und wie er in seinen Lernbemühungen zu fördern ist. In den nächsten Jahren werden sich die Forschungsarbeiten auf die weitere Ausgestaltung entsprechender theoretischer Ansätze und deren Umsetzung in die pädagogische Praxis zu richten haben.

b) *Interaktion von Kognition und Motivation*
Die herkömmliche Forschung hat Motivation gesondert von Kognition untersucht, wobei diese Trennung selbst dann zu beobachten war, wenn Motivation ausdrücklich unter der Perspektive eines kognitionstheoretischen Ansatzes untersucht wurde. Vertreter der kognitionspsychologisch orientierten Instruktionsforschung haben motivationale Prozesse in der Regel ignoriert. Für die nächsten zehn Jahre ist jedoch eine integrierte Forschung kognitiver und motivationaler Aspekte des Lernens und der Instruktion zu erwarten. Aufmerksamkeit, Motivation, Wille, Ausdauer und Selbststeuerung sind Begriffe, die sich auf diese Interaktion beziehen, – sie werden nun als grundlegend für ein über Instruktion angeleitetes Lernen angesehen. Es ergeben sich neue Hinweise darauf, daß diese Motivationsphänomene von grundlegender Bedeutung für das Lernen sind und die kognitive Informationsverarbeitung stark beeinflussen. Vielleicht ist es zu früh, um genaue Aussagen über die Art der in den nächsten Jahren zu erwartenden Forschung zu machen. Aber es ist

anzunehmen, daß die angesprochenen pädagogischen Fortschritte nicht allein auf die Kognitionsforschung zurückgehen werden.

c) *Lernfähigkeit*

Die prozeßbezogene Forschung zur Intelligenz hat sich ebenfalls in den letzten Jahren weiterentwickelt. Sie beginnt, die Bedeutung einer flexiblen, planmäßig eingesetzten Lernbereitschaft im Rahmen eines durch Instruktion angeleiteten Lernens herauszustellen. Bei kognitiven Leistungen zeigen sich neben Unterschieden zwischen einzelnen Lernern auch erhebliche intraindividuelle Unterschiede. Die Analyse des Wissenserwerbs vermittels Instruktion zeigt solche Unterschiede auch in bezug auf die für das Lernen grundlegenden Strategien und Lernstile. Wir beginnen gerade damit, detailliertere Theorien über verbale, räumliche und logische Fähigkeiten und ihre Rolle beim Lernen zu erarbeiten. Für das nächste Jahrzehnt sind Theorien zu erwarten, die Fähigkeitsunterschiede und Unterschiede beim Wissenserwerb in gemeinsamen Begriffen beschreiben und kognitive Veränderungen im Rahmen von Lernprozessen erklären werden.

Mit der erneuten Betonung der Motivation muß die Forschung jedoch auch die vom Lerner mitgebrachten Neigungen und affektiven Einstellungen zu einem integrierten Bild zusammenfügen. Leistungsmotivation, Angst vor Mißerfolg und Interesse an einem bestimmten Stoffgebiet sind Aspekte der Lernfähigkeit, die in der herkömmlichen Forschung getrennt untersucht wurden. In den nächsten zehn Jahren müssen solche Persönlichkeitsaspekte integriert behandelt und in Interaktion mit der Instruktionssituation untersucht werden, wenn dem Lernverhalten besser Rechnung getragen werden soll. Für eine Weiterentwicklung der pädagogischen Praxis ist es entscheidend, sich den unterschiedlichen Fähigkeiten der Lerner anpassen und diese in positiver Weise beeinflussen zu können.

Die Integration der genannten drei Forschungsbereiche ist für die zukünftige Entwicklung der Pädagogischen Psychologie von großer Bedeutung. Zum einen sollte die Forschung in den einzelnen Bereichen speziell vertieft und vorangetrieben werden, zum anderen sollten aber gerade die Zusammenhänge zwischen ihnen weiter erarbeitet werden, um einen echten Fortschritt zu erreichen.

19.5 Perspektiven für eine Umorientierung pädagogisch-psychologischer Forschung

Rolf Oerter
Professor für Entwicklungspsychologie und
Pädagogische Psychologie
Universität München

Umorientierung auf die Untersuchung von Prozessen
beim einzelnen Subjekt

Die Pädagogische Psychologie hat sehr differenzierte Versuchungspläne entwickelt, um die Vielzahl von Variablen, mit denen sie in Feldstudien zu tun hat, erfassen und kontrollieren zu können. Die aus komplexen korrelationsstatistischen Analysen gewonnenen Daten erscheinen dennoch wenig fruchtbar für das Verständnis individueller Lernprozesse. Das liegt daran, daß (a) die Auswahl der Variablen theoretisch nicht hinreichend begründet ist und man nicht erkennen kann, warum diese Variablen ausgewählt wurden und andere nicht, (b) der Schluß von Gruppenergebnissen auf individuelle Lernprozesse fragwürdig ist. Daher erscheint es wünschenswert, sich stärker auf Versuchsanordnungen zu konzentrieren, die konkrete Lernprozesse und Informationsverarbeitungsprozesse beim Individuum erfassen können. Beispiele für solche Studien stammen vor allem aus der Entwicklungspsychologie (Piaget, 1964; Bruner et al., 1966; Keil, 1981). Auch aus der Denkpsychologie sind viele solcher Studien bekannt (einen Überblick gibt u. a. Hussy, 1984). Der Vorteil dieser Vorgehensweise besteht auch darin, daß gewöhnlich relativ detaillierte theoretische Vorstellungen über die Informationsverarbeitungsprozesse existieren. So hat Case (1978) Informationsverarbeitungsprozesse und erforderliche Speicherplätze im Arbeitsspeicher für Piaget-Aufgaben abzuleiten versucht. Die Pädagogische Psychologie hält diesem Vorgehen gewöhnlich entgegen, daß man auf diese Weise den Unterrichtsalltag nicht erfassen könne und daß solche Untersuchungen daher nicht ökologisch valide seien. Dieser Einwand trifft allerdings für die meisten Untersuchungen der Pädagogischen Psychologie auch zu, da sie bei ihren Analysen keineswegs die ökologischen Sonderbedingungen als mögliche einflußnehmende Variablen berücksichtigt, sondern ebenfalls auf allgemeine Gesetzmäßigkeiten für Lernen im Unterricht aus ist.

Beispiele für ein brauchbares Vorgehen sind etwa die Untersuchungen von Scribner (1984) und Lave, Murtaugh & de la Roche (1984), die arithmetische Rechenoperationen in der Molkerei und im Supermarkt beobachtet haben. Es zeigte sich, daß dort anders gerechnet wird, als es in der Schule gelehrt wird und vom Schüler produziert werden muß. Untersuchungen am Learning Research and Development Center der Universität Pittsburg schließen zum Teil detaillierte Interviews mit den Problemlösern ein, aus denen man Schlüsse auf aktuelle Lernprozesse ziehen kann (Chi, Glaser & Rees, 1982).

Die Entwicklung hin zum Studium individueller Prozesse bedeutet also nicht einen Verzicht auf ökologische Validität und erst recht nicht einen Verzicht auf die Analyse von Interaktionsprozessen (Lehrer-Schüler-Interaktion). Aber es erscheint sinnvoller, komplexe Versuchsdesigns mit großen Versuchspersonenzahlen den Soziologen und Bildungsforschern zu überlassen, da mit solchen Studien allenfalls Aussagen über Vor- und Nachteile bestimmter Bildungsmaßnahmen im Großen getroffen werden können und für Bildungspolitiker eine bessere Kosten-Nutzen-Rechnung möglich ist. Das psychologische Verständnis pädagogischer Prozesse kann auf diese Weise jedoch kaum verbessert werden.

Einbeziehung anderer Lebensabschnitte in den Untersuchungsbereich der Pädagogischen Psychologie

Die gegenwärtige gesellschaftlich-kulturelle Entwicklung macht deutlich, daß Lernen ein lebenslanger Prozeß geworden ist. Wer sich beruflich wie in der Freizeit nicht auf neue Aufgaben und deren Bewältigung einstellen kann, gerät hoffnungslos ins Hintertreffen. Es erscheint daher notwendig, die bisher fast ausschließlich auf Prozesse des Unterrichts konzentrierte Pädagogische Psychologie auszuweiten auf den Bereich des Erwachsenenlernens sowie der Bildung und Sozialisation als pädagogischen Vorgang, der zeitlebens anhält. Im Bereich der Erwachsenenbildung und -sozialisation tauchen eine Reihe von Fragen auf, die am kompetentesten von der Pädagogischen Psychologie beantwortet werden könnten. Einige seien im folgenden herausgegriffen:
- Untersuchung und Förderung von Lernprozessen im Erwachsenenalter (lernen Erwachsene anders als Kinder und Jugendliche?)
- Untersuchung und Förderung von Lernmotivation und Interessen im Erwachsenenalter (Wie können neue Interessen im Erwachsenenalter geweckt werden? Welche Struktur haben Lern- und Leistungsmotivation im Erwachsenenalter, und wie können diese gefördert werden?)
- Welche Art von Aktivitäten sind in Arbeit und Freizeit denkbar, die über das gegenwärtige kognitive und Handlungsniveau hinausführen oder dieses doch zumindest aufrechterhalten?
- Wie können generell Momente der Prävention und Intervention im Erwachsenenalter stärker als bisher Gegenstand der Pädagogischen Psychologie werden? Im Vordergrund stehen zunächst normale Erwachsene, die nicht in den Zuständigkeitsbereich der Klinischen

Psychologie fallen, und die daher – vor allen Dingen was ihre kognitive Förderung anbelangt – eine vernachlässigte Gruppe darstellen.

Stärkere Orientierung an der Entwicklungspsychologie

Das starke Interesse, das von Lehrern und Erziehern an der Entwicklungspsychologie besteht, rührt von der Überzeugung her, daß das Wissen über die Entwicklungsvorgänge beim Kind und Jugendlichen bessere Möglichkeiten zur erziehlichen und unterrichtlichen Förderung eröffnet. Nun läßt sich aber unschwer zeigen, daß die Pädagogische Psychologie die Entwicklungspsychologie als Grundwissenschaft verhältnismäßig wenig zu Rate zieht, während sie lern- und denkpsychologische Gesetzmäßigkeiten in viel größerem Maße in ihren Überlegungen berücksichtigt. Der Grund hierfür ist ein doppelter: (a) Lernvorgänge sind theoretisch einfacher handhabbar, wenn sie sich nicht permanent mit dem Lebensalter ändern, (b) schulisches Lernen orientiert sich an der Struktur der Fachwissenschaft und deren Logik, die nicht mit psychologischen Gesetzmäßigkeiten der Entwicklung identisch ist. Letzteres gilt auch angesichts der Theorie von Piaget, gemäß der das konkret-logische Denken den Zahl-, Raum- und Zeitbegriff aufbaut und das formallogische Denken prototypisch für das mathematische und naturwissenschaftliche Denken ist. Systematisch aufgebaute Curricula (Gagné, 1962) sind nun einmal fachorientiert, während Entwicklungsniveaus oder -stufen – wenn überhaupt – sich an Entwicklungsaufgaben ausrichten.

Zwei Möglichkeiten existieren wohl hauptsächlich, um eine bessere Verbindung zwischen Entwicklungspsychologie und Pädagogischer Psychologie herzustellen. Der erste Weg führt über eine curriculare Umorientierung des Lernens. Wenn Schule in möglichst breiter und grundlegender Form auf das Leben vorbereiten soll, so ist nicht einzusehen, warum die erziehlichen bzw. Lernziele am Curriculum von Fächern orientiert sein müssen. Die immer wieder versuchte Orientierung am Kompetenzbegriff würde beinhalten, die jeweiligen Entwicklungsaufgaben der betreffenden Altersstufen zum Gegenstand von Lernzielen zu machen. Auf der Seite der Entwicklungspsychologie hätte dies in analoger Weise zu geschehen, so daß die Vielzahl von (neuen) Stufenkonzepten stärker als bisher zu solchen Entwicklungsaufgaben bzw. -zielen in Beziehung zu setzen wäre. Da Schule und späteres Lernen auch fundamental und nicht nur beiläufig menschliche Entwicklung bestimmen, hätte auch die Entwicklungspsychologie sich stärker als bisher an Struktur und Inhalt von Unterricht und außerschulischem Lernen auszurichten (Oerter, 1985).

Der zweite Weg einer Verbindung beider Disziplinen führt über die Wissenspsychologie. Es kann gezeigt werden, daß sich Begriffsbildung, der Erwerb sprachlicher Bedeutungen und das Verständnis sozialer

Normen als Aufbau von Wissen in bestimmten Bereichen (Domains) vollziehen. Untersuchungen von Keil (1981), Johnson (1982) und Turiel (1980) liefern uns erste Erkenntnisse, wie ein solcher Wissensaufbau als Entwicklungsvorgang vor sich gehen mag. Die Übertragung solcher Prozesse auf schulisches Lernen erscheint vorteilhaft, da auch dort Wissen in einzelnen Bereichen (diesmal Fächern) aufgebaut werden soll. Berücksichtigt man dabei mehr als bisher entwicklungspsychologische Gesetzmäßigkeiten des Wissenserwerbs, so ließe sich ein besseres theoretisches Fundament in der Pädagogischen Psychologie schaffen.

Entwicklungspsychologische Befunde regen auch dazu an, Zielsetzungen und Förderungsmaßnahmen in bisher vernachlässigten Bereichen wie sozialer Kompetenz, moralischem Urteil, prosozialem Handeln und dem Verständnis komplexer Zusammenhänge in Politik, Wirtschaft und Gesellschaft neu zu durchdenken (Lickona, 1981; Power & Higgins, 1981; Oser & Schlaefli, 1985).

19.6 Lernforschung als eine zentrale Aufgabe der Pädagogischen Psychologie

Franz E. Weinert
Professor für Psychologie
Direktor am Max-Planck-Institut
für psychologische Forschung
München

Wer mit der Geschichte des Faches vertraut ist, wird sich beim Lesen der Überschrift vielleicht fragen, ob die Zukunft der Pädagogischen Psychologie in ihrer Vergangenheit liegt. Die Antwort auf diese hypothetische Frage ist sowohl „Ja" als auch „Nein"; „Ja" deshalb, weil die wissenschaftliche Analyse der Bedingungen, Prozesse, Effekte und Beeinflussungsmöglichkeiten des menschlichen Lernens für das Selbstverständnis Pädagogischer Psychologen traditionell eine große Rolle gespielt hat; „Nein" deswegen, weil bis in die jüngste Vergangenheit eine völlig dysfunktionale Arbeitsteilung zwischen der Erforschung elementarer psychischer Lernmechanismen unter Laborbedingungen und der pädagogisch orientierten Analyse komplexer Lernsituationen im Klassenzimmer bestanden hat. Die Folgen dieser Separierung von Grundlagenforschung und angewandter Forschung sind sowohl für die Allgemeine wie für die

Pädagogische Psychologie äußerst nachteilig: Die „klassischen", durchwegs mechanistisch formulierten Gesetzmäßigkeiten des Lernens erweisen sich in ihrem Geltungsbereich als äußerst beschränkt (laborvalide), sind gegenüber Veränderungen der Lernsituation, des Materials und der Lernziele instabil und eignen sich zur Erklärung des Erwerbs von Wissen und Fertigkeiten unter alltagsnahen Bedingungen entweder überhaupt nicht oder nur auf einer sehr vagen Plausibilitätsebene. Auf der anderen Seite findet sich in den Lehrbüchern der Pädagogischen Psychologie ein Wust korrelativer Beziehungen zwischen meist unpräzise definierten Lernbedingungen und Lerneffekten, denen es an theoretischer Klarheit fehlt und die deshalb auch nicht als didaktische Orientierungshilfen genutzt werden können.

Erst in den letzten Jahren zeichnen sich im Kontext der kognitiven Psychologie Möglichkeiten ab, den Erwerb und die Nutzung alltäglichen wie wissenschaftlichen Wissens zum Gegenstand grundlegender Untersuchungen der Lern-, Denk- und Gedächtnisforschung zu machen. Pädagogische Fragestellungen sind oder sollten dabei nur auf der präskriptiven Ebene Anwendungsperspektiven darstellen, auf der deskriptiven und explikativen Ebene aber von vornherein Bestandteile theoriegeleiteter Bedingungsanalysen sein. Selbstinstruktion, materialinhärente oder medienvermittelte Instruktion und Fremdinstruktion sind für das kognitive Lernen so konstituierend und in ihren Effekten so vergleichbar, daß es notwendig erscheint, Instruktionsaspekte in der lernpsychologischen Grundlagenforschung zu berücksichtigen. Das gilt um so mehr, je weniger sich die Pädagogische Psychologie wie bisher auf den schulischen Wissenserwerb beschränkt, sondern sich mit dem Lernen von Menschen auf allen Altersstufen (besonders auch im Erwachsenenalter) in verschiedenen Anforderungssituationen und unter unterschiedlichen Zielsetzungen befaßt. So gesehen erschiene es ohne Nutzen, den Gegenstandsbereich der Pädagogischen Psychologie gegenüber der allgemeinen Lernforschung abzugrenzen. Was wir brauchen ist vielmehr eine theoretisch verzahnte Lern- und Instruktionspsychologie! Diese Forderung ist erst in Ansätzen erfüllt, obwohl sich ein entsprechendes Programm in seinen Umrissen bereits skizzieren läßt:

– Wie entwickelt sich die Lern- und Gedächtniskompetenz im Verlauf des menschlichen Lebens? Was entwickelt sich, wenn sich die Lern-, Verstehens- und Erinnerungsleistungen in alterstypischer Weise verändern? Welche Rolle spielt dabei das naive Wissen eines Menschen über sein kognitives System und die damit verbundenen Fertigkeiten, dessen Funktionen gezielt zu beeinflussen?
– Wie entwickelt sich die Lernkompetenz unter Berücksichtigung unterschiedlicher Fähigkeitsniveaus (d. h. bei relativ stabilen oder sich verändernden intra- und interindividuellen Differenzen)?
– Welche Rolle spielen Quantität und Qualität des Vorwissens für den

Erwerb und die Verarbeitung neuer Informationen? Wie unterscheiden sich Laien und Experten auf verschiedenen Inhaltsgebieten und vor allem: Nach welchen Gesetzmäßigkeiten entwickelt sich Expertise? In welcher Hinsicht unterscheiden sich z. B. Lernprozesse, wenn man auf einem bestimmten Gebiet noch sehr wenig, in einem anderen Bereich aber sehr viel weiß?

– Ist es notwendig, künftig Lern- und Leistungsmotivation theoretisch stärker zu unterscheiden als das bisher der Fall ist? Welche Modi lernmotivierten Verhaltens lassen sich z. b. im Hinblick auf Zielsetzungen, Beweggründe und Handlungssteuerungen phänomenal und theoretisch unterscheiden, wenn man an individuelles Lernen und an Lernen in einer Gruppe denkt?

– Nach welchen Gesetzmäßigkeiten funktionieren Lern- und Gedächtnisprozesse, wenn es nicht um das mechanische Einprägen sinnarmen Materials geht, sondern um das Verstehen, Behalten und Nutzen sinnvoller Wissensbestände? Welche Rolle spielen dabei Wiederholungen, Rückkoppelungsmechanismen und Bekräftigungen; welche Bedeutung haben Assimilations- und Akkomodationsvorgänge? Was bedeuten im Rahmen kognitiver Theorien der Transfer des Gelernten, das Vergessen und die variable Nutzung des Wissens?

– Welche Funktionen können (oder müssen) Instruktionen bei unterschiedlichen Lernkompetenzen und bei verschiedenen Lernaufgaben übernehmen? Was kann dabei der Lernende selbst leisten? Wo können Medien eingesetzt werden, und wie sind in diesem Zusammenhang die (künftigen) Aufgaben von Lehrenden zu definieren?

Dieser Fragenkatalog ließe sich beliebig erweitern. Er ist nichts als ein Beispiel für ein mögliches (und notwendiges) Programm von kombinierter Lern- und Instruktionsforschung, das gleichermaßen psychologisch und pädagogisch ergiebig sein könnte. Natürlich sind damit nur Teilgebiete aus dem Gegenstands- und Aufgabenbereich der Pädagogischen Psychologie abgedeckt; innerhalb dieses Bereichs müssen allerdings die Schranken zwischen den Teildisziplinen der Psychologie fallen, weil nur durch die Zusammenarbeit von Experten der Allgemeinen Psychologie, der Differentiellen Psychologie, der Entwicklungspsychologie und der Instruktionspsychologie ein solches Forschungsprogramm realisiert werden kann.

19.7 Die Pädagogische Psychologie vor neuen Herausforderungen

Heinz Heckhausen
Professor für Psychologie
Direktor am Max-Planck-Institut
für psychologische Forschung
München

Mit der bildungsreformerischen Aufbruchstimmung in den siebziger Jahren hatte die Pädagogische Psychologie ihre Stunde. Sie hat sie nicht ungenutzt gelassen, aber sie ist davon auch nicht so weit hinaufgetragen worden, wie es durchaus möglich gewesen wäre. Eine Erklärung für das Zurückbleiben hinter den Erwartungen ist sicher der erstaunlich geringe Ausbaustand, mit dem die Pädagogische Psychologie in die siebziger Jahre ging. Wie die Entwicklungspsychologie hatte sie sich mit einem größeren Teil ihres Personalbestandes in den Pädagogischen Akademien „pädagogisiert". Soweit dort neben der Lehrerausbildung überhaupt Forschung betrieben wurde, war diese eher praxis- und schul- oder schulfachbezogen. An den Universitäten gehörte die Pädagogische Psychologie damals mit 24 Wissenschaftlern (davon nur zehn promoviert) zu den am geringsten besetzten Teilgebieten an den bundesdeutschen Instituten mit Diplomausbildung in Psychologie (Heckhausen, 1983). Am Ende der siebziger Jahre (1979) waren es fast doppelt soviele Wissenschaftler (darunter dreimal soviele Promovierte wie 1972) – eine relative Steigerung, die sonst nur von den Klinischen Psychologen erreicht worden war. Die Produktivität, gemessen an der Zahl der Originalbeiträge pro Wissenschaftler, hatte sich beachtlicherweise auf das zweieinhalbfache gesteigert.

Schaut man zurück, womit die pädagogisch-psychologische Forschung besonders hervorstach und noch jetzt herausragt, so fällt einem nicht viel und kaum etwas ein, was in anderen Teilgebieten der Psychologie aufgefallen wäre oder gar von sich reden gemacht hätte. Zweierlei Gründe drängen sich auf: In den fetten Jahren war das Teilgebiet einerseits zu sehr mit der eigenen Selbstreproduktion befaßt, vor allem durch Promotionen, und andererseits auch zu sehr von mittelbaren Auswirkungen der aufeinanderfolgenden Schul- und Bildungsreformen in den Bann gezogen, um sich stärker besinnen und auf wichtige Impulse, die in den Grundlagengebieten zu beobachten waren, einstellen zu können.

Inzwischen ist die bildungsreformerische Hochphase längst abgeklungen, nur die zunehmende Lehrerarbeitslosigkeit erregt noch öffentliches Interesse. Die aktuellen Relevanzgesichtspunkte, die die Pädagogische Psychologie so sehr auf Dauerprobleme wie Schulorganisation, Unterrichtsführung, oder Notengebung fixiert hatten, haben ihre Attraktivität verloren. Die Notwendigkeit einer „Entschulung", d. h. einer von der Schule als institutionalisiertem Gegenstand der Forschung sich lösenden Forschung, ist immer deutlicher geworden. Zur selben Zeit gewinnt die Pädagogische Psychologie an Bedeutung für die Ausbildung der Diplompsychologen, weil sie ein angewandtes Pflichtfach für alle werden soll. Und dies, obwohl an den meisten bundesdeutschen Ausbildungsstätten bisher keinerlei pädagogisch-psychologische Forschung betrieben worden ist.

Damit stellen die kommenden Jahre die Pädagogische Psychologie vor drei Herausforderungen. Auf regional ungleich verteilten Bestandsgrößen ihres Forschungspotentials muß sie Ausbildungsaufgaben bewältigen, die in ihrem Curriculum zugleich attraktiv und gehaltvoll sind. Sie muß zweitens ihre bisherige Forschung von oberflächlicher Bindung an die Institution der Schule und an die üblichen Schüler-Altersgruppen lösen. Noch wichtiger ist schließlich, daß sie endlich lernen muß, ihre Forschungsschwerpunkte schneller umzuorientieren nach den für sie vielversprechenden Fortschritten in den Grundlagengebieten – gegenwärtig z. B. der Gedächtnispsychologie oder der Wissenspsychologie. Denn Pädagogische Psychologie ist ein integratives und letztlich konstruktives Fach, das neueste Erkenntnisse hinsichtlich ihrer Integrationskraft aufspürt, fortentwickelt und anwendbar macht. In dieser Lage kommt es mit Blick auf Ausbildung und Nachwuchsförderung meines Erachtens auf zwei Zielperspektiven an: Erstens sollte sich die Ausbildung (und längerfristig auch ein größerer Teil der angewandten Forschung) stärker auf Instruktionsprozesse außerhalb der Schule und jenseits der ersten beiden Lebensjahrzehnte richten. Hier ist etwa im betrieblichen Fortbildungswesen ein Bedarf an Fachwissen gewachsen, dem Diplompsychologen besser als Absolventen anderer Fächer gerecht werden könnten. Oder es gilt Informationssysteme psychologisch so zu gestalten, daß sie von den unterschiedlichen Wissensständen ihrer potentiellen Nutzer optimal erschließbar werden. In Gebieten dieser Art liegt vielleicht der größte unerschlossene Arbeitsmarkt für Psychologen.

Zweitens muß die Nachwuchsförderung nicht nur eine größere Zahl von hochqualifizierten Diplompsychologen für pädagogisch-psychologische Dissertationsthemen gewinnen können. Sie muß vor allem die derzeit besonders fruchtbar erscheinenden Probleme, Bereiche und Methoden aufgreifen – ohne dabei die Breite der teilgebietlichen Problemkohärenz zu verengen, sondern eher noch zu vergrößern – um den Innovationsumsatz der Pädagogischen Psychologie zu vervielfachen.

Es sieht so aus, daß zu diesem Zweck in naher Zukunft Möglichkeiten, postgraduale Doktorandenstudien zu institutionalisieren, nutzbar gemacht werden können, sofern an einzelnen Orten gehaltvolle Programme überregionale Attraktivität auf den wissenschaftlichen Nachwuchs auslösen.

Die Pädagogische Psychologie braucht und verdient einen kräftigen Aufschwung. Nicht alles, aber vieles wird davon abhängen, wie die Pädagogischen Psychologen die gegenwärtige Lage ihres Teilgebietes begreifen und, was nicht weniger wichtig ist, sich selbst organisieren, um das Erreichbare auch zu gestalten.

Anhang

Literatur

Aaron, B. & Bostow, D. E. (1978). *Effects of vicarious reinforcement on academically handicapped students.* Paper presented at the Annual Meeting of the AERA, Toronto.

Abrami, P. C., Leventhal, L. & Perry, R. P. (1982). Educational seduction. *Review of Educational Research, 52,* 446–464.

Achtenhagen, F. (1984). Qualitative Unterrichtsforschung. *Unterrichtswissenschaft, 12,* 206–217.

Adameit, H., Heidrich, W., Möller, C. & Sommer, H. (1978). *Grundkurs Verhaltensmodifikation.* Weinheim: Beltz.

Adams, R. S. (1969). Location as a feature of instructional interaction. *Merrill Palmer Quarterly, 15,* 309–322.

Adler, A. (1958/1966). *Menschenkenntnis.* Frankfurt: Fischer.

Aebli, H. (1981). *Denken: Das Ordnen des Tuns, Bd. II: Denkprozesse.* Stuttgart: Klett.

Ahrens, H. J. (1982). Meßskalen und Skalierung. In Klauer, K. J. (Hg.), *Handbuch der Pädagogischen Diagnostik, Studienausgabe* (pp. 99–124). Düsseldorf: Schwann.

Aibauer, R. B. (1954). *Die Lehrerpersönlichkeit in der Vorstellung des Schülers.* Regensburg: Habbel.

Aichhorn, A. (1970). *Psychoanalyse und Erziehungsberatung.* München: Reinhardt.

Ainsworth, M. D. S. & Bell, S. M. (1974). Mother – infant interaction and the development of competence. In Conolly, K. & Bruner, J. S. (Eds.), *The growth of competence* (pp. 97–118). London: Academic Press.

Ainsworth, M. D. S., Blehar, M. C., Waters, E. & Wall, S. (1978). *Patterns of attachment.* Hillsdale: Erlbaum.

Aktion Jugendschutz, Landesarbeitsstelle Nordrhein-Westfalen (Hg.) (1980). *Suchtprävention in der institutionalisierten Elternarbeit.* Köln: Aktion Jugendschutz.

Albert, H. (1963). Wertfreiheit als methodisches Prinzip. Zur Frage der Notwendigkeit einer normativen Sozialwissenschaft. In Beckerath, E. v., Giersch, H. & Lampert, H. (Hg.), *Probleme der normativen Ökonomik und der wirtschaftspolitischen Beratung* (pp. 32–63). Berlin: Duncker & Humblot.

Albert, H. (1970a). Theorie und Prognose in den Sozialwissenschaften. In Topitsch, E. (Hg.), *Logik der Sozialwissenschaften* (pp. 126–143). Köln: Kiepenheuer & Witsch. (Erstveröffentlichung in *Schweizer Zeitschrift für Volkswirtschaft und Statistik, 93,* 1957 pp. 60–76).

Albert, H. (1970b). Wertfreiheit als methodisches Prinzip. (Neuabdruck von Albert, 1963). In Topisch, E. (Hg.), *Logik der Sozialwissenschaften* (pp. 181–210). Köln: Kiepenheuer & Witsch.

Alisch, L. M. & Roessner, L. (1978). *Erziehungswissenschaft als technologische Disziplin.* München: Reinhardt.

Alisch, L. M. & Roessner, L. (1981). *Erziehungswissenschaft und Erziehungspraxis.* München: Fink.

Alisch, L. M. & Roessner, L. (1983). Operative Modelle als Technologische Theorien. In Stachowiak, H. (Hg.), *Modelle – Konstruktion der Wirklichkeit* (pp. 147–170). München: Fink.

Allen, D. W. & Ryan, K. A. (1972). *Microteaching.* Weinheim: Beltz.

Amelang, M. (1982). Der Hochschulzugang. In Klauer, K. J. (Hg.), *Handbuch der Diagnostik, Studienausgabe* (pp. 1013–1022). Düsseldorf: Schwann.

Amelang, M. & Tiedemann, J. (1971). Psychologen im Beruf. I: Studienverlauf und Berufstätigkeit. *Psychologische Rundschau, 23,* 151–186.

Amelang, M. & Zaworka, W. (1976). Lernziel Unsolidarität. *Psychologie heute, 3,* 11–18.

Anastasi, A. (1973). Vererbung, Umwelt und die Frage „Wie?". In Skowronek, H. (Hg.), *Umwelt und Begabung* (pp. 9–26). Stuttgart: Klett.

Anders, G. (1956). *Die Antiquiertheit des Menschen. (2 Bde.)* München: Beck.

Anderson, G. J. (1973). *The assessment of learning environments: A manual for the learning environment inventory. (2. Aufl.)* Halifax, Canada: Atlantic Institute of Education.

Anderson, G. J. & Walberg, H. J. (1974). Learning environments. In Walberg, H. J. (Ed.), *Evaluating educational performance.* Berkeley: McCutchan.

Anderson, H. M. (1954). A study of certain criteria of teaching effectivness. *Journal of Experimental Education, 23,* 47–71.

Anderson, J. R. (1980). *Cognitive psychology and its implications.* San Francisco: Freeman.

Anderson, J. R. (1982). Acquisition of cognitive skill. *Psychological Review, 89,* 369–406.

Anderson, J. R. (1983). *The architecture of cognition.* Cambridge: Harvard University Press.

Anderson, J. R. (1984). Acquisition of proof skills in geometry. In Michalski, R. S., Carbonell, J. G. & Mitchell, T. M. (Eds.), *Machine learning. An artificial intelligence approach* (pp. 191–219). Berlin: Springer.

Anderson, J. R., Greeno, J. G., Kline, P. J. & Neves, D. M. (1981). Acquisition of problem-solving skill. In Anderson, J. R. (Ed.), *Cognitive skills and their acquisition* (pp. 191–230). Hillsdale, N. J.: Erlbaum.

Anderson, J. R. & Reder, L. M. (1979). An elaborative processing explanation of depth processing. In Cermak, L. S. & Craik, F. I. M. (Eds.), *Levels of processing in human memory* (pp. 385–403). Hillsdale, N. J.: Erlbaum.

Anderson, R. C. & Kulhavy, R. W. (1972). Imagery and prose learning. *Journal of Educational Psychology, 63,* 242–243.

Anderson, R. C., Spiro, R. J. & Anderson, M. C. (1978). Schemata as scaffolding for the representation of information in connected discours. *American Educational Research Journal, 15,* 433–439.

Andrews, G. R. & Debus, R. L. (1978). Persistence and the causal perception of failure: Modifying cognitive attributions. *Journal of Educational Psychology, 70,* 154–166.

Andritzky, W. (1977). Freizeit – nutzen oder genießen? *Bild der Wissenschaft, 8.*

Anger, H., Bargmann, R. & Voigt, M. (1965). *Verständiges Lesen (VL 5–6). Schulleistungs- und Begabungstest für 5. und 6. Klassen.* Weinheim: Beltz.

Angermaier, M. (1977). *Psycholinguistischer Entwicklungstest (PET).* Weinheim: Beltz.

Angermeier, W. F. & Peters, M. (1973). *Bedingte Reaktionen.* Berlin: Springer.

Argyris, C. (1971). *Management and organisational development.* New York: McGraw Hill.

Ariès, P. (1979). Phasen in der Geschichte der Familie. In Perrez, M. (Hg.), *Krise in der Kleinfamilie?* (pp. 43–48). Bern: Huber.

Arnheim, R. (1972). *Anschauliches Denken.* Köln: Dumont.

Arnheim, R. (1974). Virtues and vices of visual media. In Olson, D. R. (Ed.), *Media and symbols: The forms of expression, communication and education* (pp. 180–210). Chicago: Chicago University Press.

Arnold, K. H. (1981). *Der Situationsbegriff in den Sozialwissenschaften.* Weinheim: Beltz.

Aronson, E. (1984). Förderung von Schulleistung, Selbstwert und prosozialem Verhalten: Die Jigsaw-Methode. In Huber, G., Rotering-Steinberg, S. & Wahl, D. (Hg.), *Kooperatives Lernen* (pp. 48–60). Weinheim: Beltz.

Aronson, E., Pines, A. M. & Kaffry, D. (1983a). Ausgebrannt. Vom Überdruß zur Selbstentfaltung. *Psychologie heute, 10,* 21–27.

Aronson, E., Pines, A. M. & Kaffry, D. (1983b). *Ausgebrannt. Vom Überdruß zur Selbstentfaltung.* Stuttgart: Klett-Cotta.

Ashton, B., Kneen, P., Davies, F. & Holley, J. B. (1975). *The aims of primary education: A study of teacher opinions.* London: MacMillan.

Asmus, H.-J. & Peuckert, R. (1979). *Abweichendes Schülerverhalten.* Heidelberg: Quelle & Meyer.

Astin, A. W. (1968). *The college environment.* Washington: American Council on Education.

Atkinson, J. W. (1957). Motivational determinants of risk-taking behavior. *Psychological Review, 64,* 359–372.

Aurin, K. (1981). Beratung. In Schiefele, H. & Krapp, A. (Hg.), *Handlexikon zur Pädagogischen Psychologie* (S. 42–47), München: Ehrenwirth.

Ausubel, D. P. (1960). The use of advanced organizers in the learning and retention of meaningful verbal material. *Journal of Educational Psychology, 51,* 267–272.

Ausubel, D. P. (1968). *Educational psychology: A cognitive view.* New York: Holt, Rinehart & Winston.

Ausubel, D. P. (1974). *Psychologie des Unterrichts.* Weinheim: Beltz.

Ayllon, T., Layman, P. & Burke, S. (1972). Disruptive behavior and reinforcement of academic performance. *Psychological Record, 22,* 325–332.

Bachmann, C. H. (Hg.) (1981). *Kritik der Gruppendynamik. Grenzen und Möglichkeiten sozialen Lernens.* Frankfurt: Fischer.

Bachmann, J. G. (1984). Die Bedeutung des Bildungsniveaus für das Selbstwertgefühl, berufsbezogene Einstellungen, Delinquenz und Drogenkonsum von Jugendlichen. In Olbrich, E. & Todt, E. (Hg.), *Probleme des Jugendalters* (pp. 131–186). Berlin: Springer.

Bärsch, W. (1978). *Erziehungskonflikte. Bewältigung abweichenden Verhaltens.* Königstein: Scriptor.

Bäuerle, D. (1981). *Drogenberatung in der Schule.* Stuttgart: Kohlhammer.

Baker, B. C. (1976). Parent involvement in programming for developmentally disabled children. In Cloyd, C. C. (Ed.), *Communication, assessment and intervention strategies* (pp. 691–734). Baltimore: University Park Press.

Bales, R. F. (1972). Die Interaktionsanalyse. In König, R. (Hg.), *Beobachtung und Experiment in der Sozialforschung.* Köln: Kiepenheuer & Witsch.

Balint, M. (1957). *Der Arzt, sein Patient und die Krankheit.* Stuttgart: Klett.

Ballstaedt, S.-P. & Mandl, H. (1984). *Zur Beeinflussung der Verstehenstiefe beim Lesen.* Tübingen: Deutsches Institut für Fernstudien.

Ballstaedt, S.-P., Mandl, H., Schnotz, W. & Tergan, S.-O. (1981). *Texte verstehen, Texte gestalten.* München: Urban & Schwarzenberg.

Baltes, P. B. (1984). Intelligenz im Alter. *Spektrum der Wissenschaft, 5,* 46–60.

Baltes, P. B., Reese, H. W. & Nesselroade, J. R. (1977). *Life-span developmental psychology: Introduction to research methods.* Monterrey: Brooks & Cole.

Bandura, A. (1965). Vicarious processes: A case of no-trial learning. In Berkowitz, L. (Ed.), *Advances in experimental social psychology* (Vol. 2) (pp. 1–55). New York: Academic Press.

Bandura, A. (1969). Social-learning theory of identification processes. In Goslin, D. A. (Ed.), *Handbook of Socialization Theory and Research* (pp. 213–262). Chicago: Rand McNally.

Bandura, A. (1976). *Lernen am Modell. Ansätze zu einer sozial-kognitiven Lerntheorie.* Stuttgart: Klett.

Bandura, A. (1977). Self-efficacy: Toward a unifying theory of behavioral change. *Psychological Review, 84,* 191–215.

Bandura, A. (1978). The self in reciprocal determinism. *American Psychologist, 33,* 344–358.

Bandura, A. (1979). *Sozial-kognitive Lerntheorie.* Stuttgart: Klett.

Bandura, A., Ross, D. & Ross, S. A. (1963a). A comparative test of the status envy, social power and secondary reinforcement theories of identification learning. *Journal of Abnormal and Social Psychology, 67,* 601–607.

Bandura, A., Ross, D. & Ross, S. A. (1963b). Imitation of film-mediated aggressive models. *Journal of Abnormal and Social Psychology, 66,* 3–11.

Bandura, A. & Walters, R. H. (1960). *Adolescent aggression.* New York: Ronald Press.
Bandura, A. & Walters, R. H. (1963). *Social learning and personality development.* New York: Holt, Rinehart & Winston.
Barash, D. P. (1977). *Sociobiology and behavior.* New York: Elsevier.
Barclay, J. R. (1971). *Foundations of counseling strategies.* New York: Krieger.
Bargel, T. (1979). Überlegungen und Materialien zu Wertdisparitäten und Wertwandel in der BRD. In Klages, H. & Kmieciak, P. (Hg.), *Wertwandel und gesellschaftlicher Wandel* (pp. 147–184). Frankfurt: Campus.
Barker, R. G. (1968). *Ecological Psychology.* Stanford, Ca., Stanfort University Press.
Barker, R. G. & Gump, P. V. (1964). *Big school, small school.* Stanford, Ca.: Stanford University Press.
Barker, R. G. & Wright, H. F. (1949). Psychological ecology and the problem of psychosocial development. *Child Development, 20,* 131–143.
Bart, W. & Krus, D. (1973). An ordering-theoretic method to determine hierarchies among items. *Educational and Psychological Measurement, 33,* 291–300.
Bartsch, N. (1980). Drogenerziehung in der Grundschule. In Feser, H. (Hg.), *Drogenerziehung – ein praktisches Handbuch* (pp. 105–163). Ulm: Vaas Verlag.
Bartsch, N. & Winter, K. (1980). Primärpräventive Drogenerziehung in der Grundschule. In Deutsche Hauptstelle gegen die Suchtgefahren (Hg.), *Prävention* (pp. 102–108). Hamm: Hoheneck.
Bastine, R. (1971). *Fragebogen zur direktiven Einstellung (FDE). Handanweisung.* Göttingen: Hogrefe.
BAT-Freizeit-Forschungsinst. (1981). *Repräsentativumfrage „Langeweile".* Hamburg.
Baumgärtel, F. (1979). *Hamburger Erziehungsverhaltensliste für Mütter (Hamel).* Göttingen: Hogrefe.
Baumgärtel, F. (1984). Die Diagnostik elterlicher Erziehungsaspekte: Hierarchie, Genese und Qualität deutschsprachiger Instrumente. *Zeitschrift für personenzentrierte Psychologie und Psychotherapie, 3,* 19–37.
Baumrind, D. (1980). New directions in socialization research. *American Psychologist, 33,* 539–652.
Beck, K. (1981). Leistungsmöglichkeiten sozialwissenschaftlicher Theorien – Ein kritischer Beitrag zur Technologie-Diskussion. In Krapp, A. & Heiland, A. (Hg.), *Theorienanwendung und rationales Handeln. Braunschweiger Studien.* (pp. 86–112). Braunschweig: Technische Universität Braunschweig.
Becker, G. E. (1975). Auf dem Weg zu einer Taxonomie des Lehrerverhaltens. *Unterrichtswissenschaft, 4,* 35–54.
Becker, G. E., Clemens-Lodde, B. & Köhl, K. (1980). *Unterrichtssituationen. Ein Trainingsbuch für Lehrer und Ausbilder.* Weinheim: Beltz.
Becker, G. E., Huber, G. L., Mandl, H., Wahl, D. & Weinert, F. E. (1981). Konzeptionsrahmen für das Fernsehkolleg Schülerprobleme – Lehrerprobleme. In Rotering-Steinberg, S. (Hg.), *Fernsehkolleg Schülerprobleme – Lehrerprobleme* (pp. 5–28). Tübingen: Deutsches Institut für Fernstudien.
Becker, H. S. (1973). *Außenseiter. Zur Soziologie abweichenden Verhaltens.* Frankfurt: Suhrkamp.
Becker, P. (1980). *Studien zur Psychologie der Angst.* Weinheim: Beltz.
Becker, P. (1982). *Psychologie der seelischen Gesundheit. Bd. 1: Theorien, Modelle, Diagnostik.* Göttingen: Hogrefe.
Bell, M. S. (1980). The *relationship between a metaphor and its context: Effects on comprehension of the metaphor and the context.* University of Georgia, unpublished master thesis. Athens, Ga.
Bell, R. Q. (1968). A reinterpretation of the direction of effects in studies of socialization. *Psychological Review, 75,* 81–95.
Bell, R. Q. (1979). Parent, child, and reciprocal influences. *American Psychologist, 34,* 821–826.
Bell, R. Q. & Harper, L. V. (1977). *Child effects on adults.* New York: Wiley & Sons.
Bell, S. M. & Ainsworth, M. D. S. (1972). Infant crying and maternal responsiveness. *Child Development, 43,* 1171–1190.

Benesch, H. & Dorsch, F. (Eds.) (1984). *Berufsaufgaben und Praxis des Psychologen.* München: Reinhardt.

Bennett, N. (1979). *Unterrichtsstil und Schulleistung.* Stuttgart: Klett.

Berg, D. (1985). Pädagogische Psychologie. In Dörner, D. & Selg, H. (Hg.), *Psychologie. Eine Einführung in ihre Grundlagen und Anwendungsfelder* (pp. 313–326). Stuttgart: Kohlhammer.

Bergan, J. R. (1980). The structural analysis of behavior: An alternative to the learning-hierarchy model. *Review of Educational Research, 50,* 625–646.

Berliner, D. et al. (1972). *Protocols on group process.* Far West Laboratory for Educational Research and Development: San Francisco.

Berliner, D. C. (1978). *Clinical studies of classroom teaching and learning.* Paper presented at the Annual Meeting of the AERA, Toronto.

Berlyne, D. E. (1954). A theory of human curiosity. *British Journal of Psychology, 45,* 180–191.

Berlyne, D. E. (1960). *Conflict, arousal and curiosity.* New York: MacGraw Hill.

Berlyne, D. E. (1974). *Konflikt, Erregung, Neugier.* Stuttgart: Klett-Cotta.

Berlyne, D. E. & Frommer, F. D. (1966). Some determinants of the incidence and content of children's questions. *Child Development, 37,* 177–189.

Bernhauser, J. (1979). *Wandbilder im Anschauungsunterricht. Studien zur Theorie und Praxis der Medien in der Volksschule des 19. Jahrhunderts.* Frankfurt: Lang.

Berufsverband Deutscher Psychologen (BDP) (1984). Berufsethische Verpflichtungen für Psychologen, 1967. *Organisationshandbuch des BDP, Kap. 5.2.* Bonn: Deutscher Psychologen Verlag.

Billie, T. (1984). Early toy preference of four-year old readers and non-readers. *Child Development, 55,* 424–430.

Birkel, P. (1978). *Mündliche Prüfungen.* Bochum: Kamp.

Birkel, P. (1984). Beurteilung mündlicher Prüfungsleistung. In Heller, K. A. (Hg.), *Leistungsdiagnostik in der Schule* (pp. 154–161). Stuttgart: Huber.

Birkel, P. & Fritz, V. (1980). Sprechflüssigkeit und Vorinformationen als validitätsmindernde Faktoren bei mündlichen Prüfungen. *Zeitschrift für Entwicklungspsychologie und Pädagogische Psychologie, 12,* 282–289.

Blättner, F. (1973). *Geschichte der Pädagogik (14. Aufl.).* Heidelberg: Quelle & Meyer.

Blake, R. R. & Mouton, J. S. (1964). *Verhaltenspsychologie im Betrieb.* Düsseldorf: Econ.

Bloch, E. (1977). *Gesamtausgabe.* Frankfurt: Suhrkamp.

Block, J. H. (Ed.) (1971). *Mastery learning. Theory into practice.* New York: Holt, Rinehart & Winston.

Bloom, B. S. (1956). *Taxonomy of educational objectives. Handbook 1 – Cognitive Domain (Dt.: 1972, 5. Aufl. 1976. Taxonomie von Lernzielen im kognitiven Bereich. Weinheim: Beltz.)* New York: McKay.

Bloom, B. S. (1964). *Stability and change in human characteristics.* New York: Wiley.

Bloom, B. S. (1971). *Stabilität und Veränderung menschlicher Merkmale.* Weinheim: Beltz.

Bloom, B. S. (1973). Individuelle Unterschiede in der Schulleistung: Ein überholtes Programm? In Edelstein, W. & Hopf, D. (Hg.), *Bedingungen des Bildungsprozesses.* Stuttgart: Klett.

Bloom, B. S. (1976). *Human characteristics and school learning.* New York: McGraw Hill.

Blume, R. (1981). Motive und Funktionen von Schulgraffiti. In Baurmann, J., Cherubim, D. & Rehbock, H. (Hg.), *Neben-Kommunikation* (pp. 169–198). Braunschweig: Westermann.

Blumer, H. (1973). Der methodologische Standort des Symbolischen Interaktionismus. In Arbeitsgruppe Bielefelder Soziologen (Hg.), *Alltagswissen, Interaktion und gesellschaftliche Wirklichkeit, Bd. 1* (pp. 80–146). Reinbek: Rowohlt.

Bock, M. (1983). Zur Repräsentation bildlicher und sprachlicher Informationen im Langzeitgedächtnis – Strukturen und Prozesse. In Issing, L. J., Hannemann, J. (Hg.), *Lernen mit Bildern* (pp. 61–94). Grünwald/München: Institut für Film und Bild.

Bock, M., Hörmann, H. (1974). Der Einfluß von Bildern auf das Behalten von Sätzen. *Psychologische Forschung, 36,* 343–357.

Boesch, E. E. (1978). Kultur und Biotop. In Graumann, C. F. (Ed.), *Ökologische Perspektiven in der Psychologie.* Bern: Huber.

Bogatzki, W.-G. (1984). *Forschungsprojekt Drogenprävention in der Schule. Unveröffentlichtes Manuskript aus dem Arbeitsbereich Pädagogische Psychologie.* Universität Tübingen.

Bommert, H. (1984). Der Psychologe in der Erziehungsberatung. In Benesch, H. & Dorsch, F. (Hg.), *Berufsaufgaben und Praxis des Psychologen* (pp. 52–62). München: Reinhardt.

Boring, E. G. (1957). *A History of Experimental Psychology (2. Aufl.).* New York: Appleton-Century-Crofts.

Bortz, J. (1984). *Lehrbuch der empirischen Forschung für Sozialwissenschaftler.* Berlin: Springer.

Bosco, J. J. (1984). Interactive video: Educational tool or toy? *Educational Technology, 24,* 13–19.

Bottenberg, E., Gareis, B. & Rausche, A. (1973). Perzipierte elterliche Erziehungsstile bei männlichen Jugendlichen: Dimensionierung und Skalenkonstruktion. *Psychologie und Praxis, 17,* 105–125.

Bousfield, W. A. (1953). The occurrence of clustering in recall of randomly arranged associates. *Journal of General Psychology, 49,* 229–240.

Bower, G. H. & Hilgard, R. (1981). *Theories of learning (5th ed.).* Englewood Cliffs: Prentice-Hall.

Bowlby, J. (1969). *Attachment and loss.* London: Tavistock.

Bowlby, J. (1975). *Bindung. Eine Analyse der Mutter-Kind-Beziehung.* München: Kindler.

Bowlby, J. (1982). Attachment and loss: Retrospect and prospect. *American Journal of Orthopsychiatry, 52,* 664–678.

Box, G. E. P. & Jenkins, G. M. (1976). *Time-series analysis: Forecasting and control.* San Francisco, Ca.: Holden-Day.

Bracht, U. (1982). *Gestörte psychosoziale Verhältnisse im Spiegel von Schulbank-Graffiti. Erstellung eines exemplarischen Bildinventars.* Kassel: Dissertation.

Bradford, L. P., Gibb, J. R. & Benne, K. D. (Eds.) (1972). *Gruppentraining.* Stuttgart: Klett.

Brambring, M. (1983). Spezielle Eignungsdiagnostik. In Groffmann, K. J. & Michel, L. (Eds.), *Intelligenz- und Leistungsdiagnostik (Vol. 2)* (pp. 414–481). Göttingen: Hogrefe.

Brandtstädter, J. (1976). Zur Bestimmung eines Tabugegenstandes der Psychologie. Bemerkungen zum Problem der „Verbesserung" menschlichen Erlebens und Verhaltens. In Eberlein, G. & Pieper, K. (Hg.), *Psychologie – Wissenschaft ohne Gegenstand?* (pp. 223–244). Frankfurt: Campus.

Brandtstädter, J. (1979). Zur Bedeutung der Pädagogischen Psychologie für die Planung und Kritik der Erziehungspraxis. In Brandtstädter, G., Reinert, G. & Schneewind, K. A. (Hg.), *Pädagogische Psychologie: Probleme und Perspektiven* (pp. 79–102). Stuttgart: Klett-Cotta.

Brandtstädter, J. (1980). Relationships between life-span developmental theory, research, and intervention: A revision of some stereotypes. In Turner, R. R. & Reese, H. W. (Ed.), *Life-span developmental psychology: Intervention.* (pp. 3–29). New York: Academic Press.

Brandtstädter, J. (1982b). Prävention von Lern- und Entwicklungsproblemen im schulischen Bereich. In Brandtstädter, J. & von Eye, A. (Hg.), *Psychologische Prävention. Grundlagen, Programme, Methoden.* (pp. 275–302). Bern: Huber.

Brandtstädter, J. (1984). Entwicklung in Handlungskontexten: Aussichten für die entwicklungspsychologische Theorienbildung und Anwendung. In Lenk, H. (Hg.), *Handlungstheorien – interdisziplinär* Bd. III, (pp. 848–878). 2. München: Fink.

Brandtstädter, J. & Montada, L. (1980). Normative Implikationen der Erziehungsstilforschung: In Schneewind, K. A. & Herrmann, T. (Hg.), *Erziehungsstilforschung:*

Theorien, Methoden und Anwendung der Psychologie elterlichen Erziehungsverhaltens. Bern: Huber. (pp. 33–56).

Brandtstädter, J., Reinert, G. & Schneewind, K. A. (1979). *Pädagogische Psychologie: Probleme und Perspektiven.* Stuttgart: Klett-Cotta.

Brandtstädter, J. & von Eye, A. (1982a). *Psychologische Prävention. Grundlagen, Programme, Methoden.* Bern: Huber.

Bransford, J. D., Johnson, M. K. (1973). Considerations of some problems of comprehension. In Chase, W. G. (Ed.), *Visual information processing* (pp. 383–437). New York: Academic Press.

Bransford, J. D., Stein, B. S., Shelton, T. S. & Owings, R. A. (1980). Cognition and adaptation. The importance of learning to learn. In Harvey, J. (Ed.), *Cognition, social behavior and the environment.* Hillsdale, N. J.: Erlbaum.

Braunschweig, B., Günther, E., Kammholz, J., Krasemann, E. O. & Lange, K. J. (Hg.) (1979). Prävention des Drogenmißbrauchs bei Jugendlichen. Ergebnisse einer Aktion der Gesundheitsbehörde Hamburg. *Das öffentliche Gesundheitswesen, 2,* 68–76.

Brechtel, C. (1981). Angewandte Psychologie in der Kur. In Berufsverband Deutscher Psychologen (Hg.), *Handbuch der Angewandten Psychologie. Band 2: Behandlung und Gesundheit* (pp. 985–1011). Landsberg/Lech: Verlag Moderne Industrie.

Bredenkamp, J. (1980). *Theorie und Planung psychologischer Experimente.* Darmstadt: Steinkopff.

Bredenkamp, J. & Wippich, W. (1977). *Lern- und Gedächtnispsychologie Band II.* Stuttgart: Kohlhammer.

Bredenkamp, K. (1971). Pädagogische Psychologie. In Rogge, K. B. (Hg.), *Steckbrief der Psychologie* (pp. 207–217). Heidelberg: Quelle & Meyer.

Bredenpohl, M. (1982). Wir brauchen keine Drogenberatungslehrer. *Prävention, 1,* 21–22.

Breuer, F. (1979). *Psychologische Beratung und Therapie in der Praxis.* Heidelberg: Quelle & Meyer.

Breuninger, M. & Hübner, M. (1981). Drogen-Prävention in der Schule. Schulmodell des Staufer-Gymnasiums Waiblingen. *Lehren und Lernen, 12,* 44–50.

Brezinka, W. (1977). *Grundbegriffe der Erziehungswissenschaft (3. Aufl.).* München: Reinhardt.

Brezinka, W. (1985). *Allgemeine Erziehungswissenschaft.* Universität Konstanz (im Druck).

Brickenkamp, R. (1983). *Erster Ergänzungsband zum Handbuch psychologischer und pädagogischer Tests.* Göttingen: Hogrefe.

Brickenkamp, R. (Hg.) (1975). *Handbuch psychologischer und pädagogischer Tests.* Göttingen: Hogrefe.

Broad, W. & Wade, N. (1984). *Betrug und Täuschung in der Wissenschaft.* Basel: Birkhäuser.

Brocher, T. (1967). *Gruppendynamik und Erwachsenenbildung.* Braunschweig: Westermann.

Brockhaus Enzyklopädie (1967). *Beratung (Vol. 2; pp. 527).* Wiesbaden: Brockhaus.

Brockmann, T. (1984). *Schummeln – aber richtig! Lehrbuch für den routinierten Täuschungsversuch.* Frankfurt: Eichborn.

Brody, P. J. (1981). Research on pictures in instructional texts: The need for a broadened perspective. *Educational Technology and Communication Journal, 29,* 93–100.

Bromme, R. (1981). *Das Denken von Lehrern bei der Unterrichtsvorbereitung.* Weinheim: Beltz.

Bronfenbrenner, U. (1978). Ansätze zu einer experimentellen Ökologie menschlicher Entwicklung. In Oerter, R. (Hg.), *Entwicklung als lebenslanger Prozeß.* Hamburg: Hoffmann & Campe.

Bronfenbrenner, U. (1981). *Die Ökologie der menschlichen Entwicklung.* Stuttgart: Klett-Cotta.

Brophy, J. E. (1983). Research on the self-fulfilling prophecy and teacher expectations. *Journal of Educational Psychology, 75,* 631–661.

Brophy, J. E. & Good, T. L. (1974). *Die Lehrer-Schüler-Interaktion.* München: Urban & Schwarzenberg.

Brophy, J. E., Rohrkemper, M., Rashid, H. & Goldberger, M. (1983). Relationship between teachers' presentation of classroom tasks and students' engagement in these tasks. *Journal of Educational Psychology, 75,* 544–552.

Brown, A. L. (1978). Knowing when, where, and how to remember: A problem of metacognition. In Glaser, R. (Ed.), *Advances in instructional psychology.* Hillsdale, N. J.: Erlbaum.

Brown, A. L. (1983). Metakognition, Handlungskontrolle, Selbststeuerung und andere, noch geheimnisvollere Mechanismen. In Weinert, F. E. & Kluwe, R. H. (Hg.), *Metakognition, Motivation und Lernen* (pp. 60–109). Stuttgart: Kohlhammer.

Brown, A. L., Palincsar, A. S. & Armbruster, B. B. (1984). Instructing comprehension-fostering activities in interactive situations. In Mandl, H., Stein, N. L. & Trabasso, T. (Eds.), *Learning and comprehension of text* (pp. 255–286). Hillsdale, N. J.: Erlbaum.

Brown, J. S., Burton, R. R. & Bell, A. G. (1975). Sophie: A step toward creating a reactive learning environment. *International Journal of Man-Machine-Studies, 7,* 675–696.

Brown, J. S. & Burton, R. R. (1978). Diagnostic models for procedural bugs in basic mathematical skills. *Cognitive Science, 2,* 155–192.

Bruner, J. S. (1960). *The process of education.* New York: Vintage.

Bruner, J. S. (1964). The course of cognitive growth. *American Psychologist, 19,* 1–15.

Bruner, J. S. (1966). *Studies in cognitive growth.* New York: Wiley.

Brunner, J. (1980). *Die Erziehungsziele der Primarlehrer und Probleme ihrer empirischen Erhebung.* Basel: Beltz.

Brunner, R. (1976). *Lehrertraining.* München: Reinhardt.

Bryk, A. S. & Weisberg, H. I. (1977). Use of the nonequivalent control group design when subjects are growing. *Psychological Bulletin, 85,* 950–962.

Buddensiek, W., Kaiser, F.-J. & Kaminski, H. (1980). Grundprobleme des Modelldenkens im sozioökonomischen Lernbereich. In Stachowiak, H. (Hg.), *Modelle und Modelldenken im Unterricht* (pp. 91–122). Bad Heilbrunn: Klinkhardt.

Bühler, Ch. & Hetzer, H. (1929). Zur Geschichte der Kinderpsychologie. In Brunswik, E. (Hg.), *Beiträge zur Problemgeschichte der Psychologie. Festschrift zu K. Bühlers 50. Geburtstag* (pp. 204–224). Jena: Fischer.

Buj, V., Specht, F. & Zuschlag, B. (1981). Erziehungs- und Familienberatung in der Bundesrepublik Deutschland. *Zeitschrift für klinische Psychologie, 10,* 147–166.

Bulla, H. G. (1982). *Probleme einer Organisationsentwicklung in der Schule.* Frankfurt: Lang.

Bund-Länder-Kommission für Bildungsplanung (BKL) (1973). *Bildungsgesamtplan Bd. 1.* Stuttgart: Klett.

Bundeszentrale für Gesundheitliche Aufklärung (BZGA, Hg.) (1981). *Ergebnis einer Befragung von Großabnehmern über die Broschüre Alltag – Scenen einer Clique. Zusammenfassung der Ergebnisse und Bericht.* Köln: Bundeszentrale für Gesundheitliche Aufklärung.

Bunge, M. (1967). *Scientific Research Vol. II: The search for truth.* Berlin: Springer.

Burkardt, F. (1980). Weiterbildung für Arbeitspsychologen. In Stephan, E. (Hg.), *Ausbildung und Weiterbildung in Psychologie* (pp. 185–192). Weinheim: Beltz.

Burstein, L. (1980). Analyzing multilevel educational data: The choice of an analytical model rather than a unit of analysis. In Baker, E. L., Quellmalz, E. S. (Eds.), *Educational testing and evaluation.* Beverly Hills: Sage.

Burt, C. (1966). The genetic determination of differences in intelligence: A study of monozygotic twins reared together and apart. *British Journal of Psychology, 57,* 137–153.

Busemeyer, M. (1978). Verhaltensdiagnostischer Fallbericht. *Psychologie in Erziehung und Unterricht, 25,* 51–63.

Bussis, A. M. & Chittenden, E. A. (1973). The teachers' manifold roles. In Silberman, Ch. E. (Ed.), *The open classroom reader.* New York: Random House.

Butkowsky, I. S. & Willows, D. M. (1980). Cognitive-motivational characteristics of children varying in reading ability: Evidence for learned helplessness in poor readers. *Journal of Educational Psychology, 72*, 408–422.

Butollo, W., Ellmann, R., Koch, H.-J., Nagel, U., Sieber, U. & Werner, A. (1981). Entwicklung von Verfahren zur Früherkennung von Risikofällen und zur Vorbeugung von Verhaltensstörungen bei Kindern im „Vorschulalter". *Schlußbericht zum DFG-Projekt*. München.

Byrne, B. M. (1984). The general/academic self-concept nomological network: A review of construct validation research. *Review of Educational Research, 54*, 427–456.

Campbell, D. T. & Erlebacher, A. E. (1970). How regression artifacts quasi-experimental evaluations can mistakenly make compensatory education look harmful. In Hellmuth, J. (Ed.), *Compensatory Education: A national debate, Vol. 3: The Disadvantaged Child*. New York: Brunner/Mazel.

Campbell, D. T. & Stanley, J. C. (1965). Experimental and quasi-experimental designs for research on teaching. In Gage, N. L. (Ed.), *Handbook of research on teaching*. Chicago: Rand McNally.

Campione, J. C. (1983). Ein Wandel in der Instruktionsforschung mit lernschwierigen Kindern. Die Berücksichtigung metakognitiver Komponenten. In Weinert, F. E. & Kluwe, R. H. (Hg.), *Metakognition, Motivation und Lernen* (pp. 109–131). Stuttgart: Kohlhammer.

Caplan, G. (1964). *Principles of preventive psychiatry*. New York: Basic Books.

Carroll, J. B. (1973). Ein Modell schulischen Lernens. In Edelstein, W. & Hopf, D. (Hg.), *Bedingungen des Bildungsprozesses*. Stuttgart: Klett.

Case, R. (1978). *Intellectual development from birth to adolescence: A neo-Piagetian interpretation*. Hillsdale, N. J.: Erlbaum.

Cassidy, M. F., Knowlton, J. Q. (1983). Visual literacy: A failed metaphor? *Educational Communication and Technology Journal, 31*, 67–90.

Cattell, R. B. (1971). *Abilities: Their structure, growth and action*. Boston: Houghton Mifflin.

Champagne, A. B., Klopfer, L. E., Desena, A. T. & Squires, D. A. (1981). Structural representations of students knowledge before and after science instruction. *Journal of Research in Science Teaching, 18*, 97–111.

Charters, W. W. & Waples, D. (1929). *The Commonwealth Teacher Training Study*. Chicago: University of Chicago Press.

Chemnitz, G. (1980). Untersuchungen und Ergebnisse zum sozio-emotionalen Klima in Schulklassen. In Klauer, K. J. & Kornadt, H.-J. (Hg.), *Jahrbuch für empirische Erziehungswissenschaft*. Düsseldorf: Schwann.

Cherubim, D. (1981). Schülerbriefchen. In Baurmann, J., Cherubim, D. & Rehbock, H. (Hg.), *Neben-Kommunikationen* (pp. 107–168). Braunschweig: Westermann.

Chi, M. T. H., Glaser, R. & Rees, E. (1982). Expertise in problem solving. In Sternberg, R. J. (Ed.), *Advances in the psychology of human intelligence Vol. 1* (pp. 73–96). Hillsdale, N. J.: Erlbaum.

Christiani, R. & Bartnitzky, H. (1984). Neue Formen der Zeugnisschreibung in der Grundschule. In Heller, K. A. (Hg.), *Leistungsdiagnostik in der Schule*. Bern: Huber.

Clark, B. R. (1973). Die „Abkühlungsfunktion" in den Institutionen höherer Bildung. In Steinot, H. (Hg.), *Symbolische Interaktion* (pp. 111–125). Stuttgart: Klett.

Clark, R. E. (1983). Reconsidering research on learning form media. *Review of Educational Research, 53*, 445–459.

Coates, G. J. (1974). *Alternative learning environments*. Stroudsburg: Dowden, Hutchinson & Ross.

Cobb, J. A. (1972). The relationship of discrete classroom behavior to fourth grade achievement. *Journal of Educational Psychology, 63*, 74–80.

Cofer, C. N. & Appley, M. H. (1964). *Motivation: theory and research*. New York: Wiley.

Cohen, A. & Salomon, G. (1979). Children's literate viewing: Surprises and a possible explanation. *Journal of Communication, 29*, 156–163.

Cohen, P. A., Ebeling, B. J. & Kulik, J. A. (1981). A meta-analysis of outcome studies of visual-based instruction. *Educational Communication and Technology, 1*, 26–36.

Cohn, R. C. (1970). Das Thema als Mittelpunkt interaktioneller Gruppen. *Gruppenpsychotherapie und Gruppendynamik, 3,* 251–259.

Cohn, R. C. (1974). Zur Grundlage des themenzentrierten interaktionellen Systems. *Gruppendynamik, 5,* 150–159.

Cohn, R. C. (1975). *Von der Psychoanalyse zur themenzentrierten Interaktion.* Stuttgart: Klett.

Coleman, J. C. (1980). *The nature of adolescence.* London: Methuen.

Coleman, J. S. (1975). Methods and results in the IEA studies of the effects of school and learning. *Review of Educational Research, 45,* 335–386.

Collins, A. (1977). Process in acquiring knowledge. In Anderson, R. C., Spiro, R. J. & Montague, W. E. (Eds.), *Schooling and the acquisition of knowledge* (pp. 65–119). Hillsdale, N. J.: Erlbaum.

Collins, A. & Stevens, A. L. (1982). Goals and strategies of inquiry teachers. In Glaser, R. (Ed.), *Advances in instructional psychology, Vol. 2.* Hillsdale, N. J.: Erlbaum.

Comenius, J. A. (1954). *Große Didaktik.* Flitner, A. (Hg.), Düsseldorf: Küpper.

Conrad, W. (1983). Intelligenzdiagnostik. In Groffmann, K. J. & Michel, L. (Hg.), *Intelligenz- und Leistungsdiagnostik. (Enzyklopädie der Psychologie, Themenbereich B, Serie II)* (pp. 104–201). Göttingen: Hogrefe.

Conradi, W. (1983). *Personalentwicklung.* Stuttgart: Enke.

Cooper, H. M. (1979). Pygmalion grows up: A model for teacher expectation communication and performance influence. *Review of Educational Research, 49,* 389–410.

Cope, D. E. & Murphy, A. J. (1981). The value of strategies in problem solving. *Journal of Psychology, 107,* 11–16.

Copeland, W. D. (1979). *Teaching/learning behaviors and the demands of classroom environment: An observational study.* Paper presented at the Annual Meeting of the AERA, Toronto.

Correll, W. (1978). *Einführung in die Pädagogische Psychologie (8. Aufl.).* Donauwörth: Auer.

Covington, M. V. (1985). Strategic thinking and the fear of failure. In Segal, J. W., Chipman, S. F. & Glaser, R. (Eds.), *Thinking and learning skills Vol. 1: Relating instruction to research* (pp. 388–416). Hillsdale, N. J.: Erlbaum.

Covington, M. V., Crutchfield, R. S., Davies, L. B. & Olton, R. M. (1974). *The productive thinking program: A course in learning to think.* Columbus, Ohio: Merrill.

Cowen, E. L., Pederson, A., Babigian, H., Izzo, L. & Trost, M. A. (1973). A long-term follow-up of early detected vulnerable children. *Journal of Consulting and Clinical Psychology, 41,* 438–446.

Craik, F. I. M. & Lockhart, R. S. (1972). Levels of processing: A framework for memory research. *Journal of Verbal Learning and Verbal Behavior, 11,* 671–684.

Cramer, M. (1981). „Hilfe". Die psychosoziale Versorgung in der Bundesrepublik. Teile I, II, III. *Psychologie heute 8, Hefte 2* (37–43), *3* (48–53).

Creemers, B. P. M. & Westerhof, K. J. (1984). Routine im Verhalten der Lehrer. In K. H. Ingenkamp (Hg.), *Sozial-emotionales Verhalten in Lehr- und Lernsituationen* (pp. 154–166). Landau: Erziehungswissenschaftliche Hochschule.

Cronbach, L. J. (1971). *Einführung in die Pädagogische Psychologie. Theorie und Praxis der Schulpsychologie Band IV.* Weinheim: Beltz.

Cronbach, L. J. (1975). Beyond the two disciplines of psychology. *American Psychologist, 12,* 671–684.

Cronbach, L. J. & Furby, L. (1970). How we should measure „change" – or should we? *Psychological Bulletin, 74,* 68–80.

Cronbach, L. J. & Gleser, G. C. (1965). *Psychological tests and personnel decisions.* Urbana: University of Illinois Press.

Cronbach, L. J. & Snow, R. E. (1975). *Aptitudes and instructional methods: A handbook for research on interactions.* New York: Irvington.

Cronbach, L. J. & Snow, R. E. (1977). *Aptitudes and instructional methods.* New York: Irvington.

Crutchfield, R. S. (1970). Individueller Unterricht in kreativem Denken. In Mühle, G. & Schell, Ch. (Hg.), *Kreativität und Schule* (pp. 116–128). München: Piper.

Csikszentmihalyi, M. (1979). The concept of flow. In Sutton-Smith, B. (Ed.), *Play and learning*. New York: Gardner Press.

Csikszentmihalyi, M. (1985). *Das flow-Erlebnis*. Stuttgart: Klett-Cotta.

Czerwenka-Wenkstetten, G. (1980). Freizeitpädagogik. *Psychologie des 20. Jahrhunderts Bd. II: Konsequenzen für die Pädagogik*. Zürich: Kindler.

Däumling, A. M., Fengler, J., Nellessen, L. & Svensson, A. (1974). *Angewandte Gruppendynamik*. Stuttgart: Klett.

Dale, E. (1946). *Audio-visual methods in teaching*. New York: Dryden Press.

Dann, H. D., Humpert, W., Krause, F. & Tennstädt, K. C. (Hg.) (1982). *Analyse und Modifikation subjektiver Theorien von Lehrern. (Forschungsbericht 43)*. Konstanz: Universität Konstanz – SFB 23.

Dansereau, D. F., Collins, K. W., McDonald, B. A., Holley, Ch., Garland, J., Diekhoff, G. & Evans (1979). Development and evaluation of a learning strategy training program. *Journal of Educational Psychology, 71*, 64–73.

Davis, G. A. (1970). Übung der Kreativität im Jugendalter: Eine Diskussion über die Strategie. In Mühle, G. & Schell, Ch. (Hg.), *Kreativität und Schule* (pp. 105–115). München: Piper.

Day, J. D. (1980). *Training summarization skills: A comparison of teaching methods*. Unpublished doctoral thesis, University of Illinois.

Dean, R. S. & Enemoh, P. A. C. (1983). Pictorial organization in prose learning. *Contemporary Educational Psychology, 8*, 20–27.

De Bono, E. (1985). The CORT thinking program. In Segal, J. W., Chipman, S. F. & Glaser, R. (Eds.), *Thinking and learning skills Vol. 1: Relating instruction to research* (pp. 363–388). Hillsdale, N. J.: Erlbaum.

De Charms, R. (1973). Ein schulisches Trainingsprogramm zum Erleben eigener Verursachung. In Edelstein, W. & Hopf, D. (Hg.), *Bedingungen des Bildungsprozesses*. Stuttgart: Klett.

De Young, A. (1977). Classroom climate and class success. *Journal of Educational Research, 70*, 252–257.

Deffenbacher, J. L. (1980). Worry and emotionality in test anxiety. In Sarason, J. G. (Ed.), *Test Anxiety* (pp. 111–128). Hillsdale, N. J.: Erlbaum.

Deitz, S. M. & Repp, A. C. (1977). Besseres Betragen im Unterricht durch den Einsatz von DRL-Verstärkungsprogrammen. In Mees, L. & Selg, H. (Hg.), *Verhaltensbeobachtung und Verhaltensmodifikation* (pp. 158–167). Stuttgart: Klett.

Dembo, T. (1931). Der Ärger als dynamisches Problem. *Psychologische Forschung, 15*, 1–44.

Derbolav, J. (1981). Auf der Suche nach einer mehrdimensionalen Schultheorie. In Twellmann, W. (Hg.), *Handbuch Schule und Unterricht* (Vol. 1) (pp. 27–44). Düsseldorf: Schwann.

Detlefs, P. & Jackson, B. (1972). Teacher-pupil interaction as a function of location in the classroom. *Psychology in the Schools, 9*, 119–123.

Deutsche Gesellschaft für Freizeit. (1978). *Wertwandel der Arbeit*. Düsseldorf: Unveröffentlichtes Manuskript.

Deutsche Hauptstelle gegen die Suchtgefahren (Hg.) (1983). *Drogenprävention – eine Standortbestimmung*. Hamm: Hoheneck.

Deutscher Bildungsrat (1969). *Empfehlungen der Bildungskommission. Einrichtung von Schulversuchen mit Gesamtschulen*. Bonn: Bundesdruckerei.

Deutscher Bildungsrat (1974). *Gutachten und Studien der Bildungskommission. Bd. 28*. Stuttgart: Klett.

Deutsches Institut für Fernstudien (DIFF) (1976). *Funkkolleg „Beratung in der Erziehung"*. Tübingen/Weinheim: Beltz.

Deutsches Institut für Fernstudien (DIFF) (1978). *Fernstudienlehrgang „Ausbildung zum Beratungslehrer"*. Weinheim: Beltz.

DGB-Landesbezirk NW (1978). *Zur Qualifizierung der Ausbildungsberatung*. Düsseldorf: WI-Verlag.

Dickenberger, D. (1983). Reaktanztheorie – Widerstand bei der Kindererziehung. In Haisch, J. (Hg.), *Angewandte Sozialpsychologie* (pp. 57–74). Stuttgart: Huber.

Diekhoff, G. M. (1983). Testing through relationship judgements. *Journal of Educational Psychology, 75,* 223–227.

Diekhoff, G. M., Brown, P. J. & Dansereau, D. F. (1982). A prose learning strategy training program based on network and depth-of-processing models. *Journal of Experimental Education, 4,* 180–184.

Dietrich, G. (1984). *Pädagogische Psychologie.* Bad Heilbrunn: Klinkhardt.

Dietrich, T. (1979). Schulleben im Wandel der Zeit. In Schmaderer, F. (Hg.), *Die pädagogische Gestaltung des Schullebens.* München: Ehrenwirth.

Dirlewanger, et al. (1977). Gemütlichkeit im Schulbau. *Untersuchungen zur gebauten Schulumwelt.* Villingen-Schwenningen: Neckar-Verlag.

Döring, K. W. (1970). *Lehrerverhalten und Lehrerberuf.* Weinheim: Beltz.

Döring, W. O. (1925). *Untersuchungen zur Psychologie des Lehrers.* Leipzig: Quelle & Meyer.

Döring, W. O. (1931). *Pädagogische Psychologie (2. Aufl.).* Osterwieck: Zickfeld.

Dörner, D. (1976). *Problemlösen als Informationsverarbeitung.* Stuttgart: Kohlhammer.

Doll, E. A. (1965). *Vineland Social Maturity Scale: Condensed manual of directions.* Circle Pines, Minn.: American Guidance Service.

Dollase, R. (1973). *Soziometrische Techniken.* Weinheim: Beltz.

Dollase, R. (1974). *Struktur und Status.* Weinheim: Beltz.

Doubrawa, R. (1981). Psychologie im Rahmen der Rehabilitation und Prävention durch die Rentenversicherungsträger. In Berufsverband Deutscher Psychologen (Hg.), *Handbuch der angewandten Psychologie. Bd. 2: Behandlung und Gesundheit* (pp. 1082–1098). Landsberg/Lech: Verlag Moderne Industrie.

Douglas, V. I. (1980a). Treatment and training approaches to hyperactivity: Establishing internal or external control. In Whalen, C. K. & Henker, B. (Eds.), *Hyperactive Children.* New York: Academic Press.

Douglas, V. I. (1980b). Self-Control Techniques. Higher mental processes in hyperactive children. Implications for training. In Knights, R. M. & Bakker, D. J. (Eds.), *Treatment of hyperactive and learning disordered children. Current Research.* Baltimore: University Park Press.

Douglas, V. I. & Peters, K. G. (1979). Toward a clearer definition of the attentional deficit of hyperactive children. In Hale, G. A. & Lewis, M. (Eds.), *Attention and the development of cognitive skills* (pp. 173–247). New York: Plenum.

Doyle, W. (1978). *How do teaching effects occur? Report No. 4101.* North Texas State University.

Doyle, W. & Ponder, G. A. (1977). The practicality ethic in teacher decision making. *Interchange, 8,* 1–12.

Dreesmann, H. (1980). Unterrichtsklima als Bedingung für Lernmotivation. *Unterrichtswissenschaft, 3,* 243–251.

Dreesmann, H. (1982a). Neuere Entwicklungen zur Erforschung des Unterrichtsklimas. In Treiber, B. & Weinert, F. E. (Hg.), *Lehr-Lern-Forschung.* München: Urban & Schwarzenberg.

Dreesmann, H. (1982b). *Unterrichtsklima – Wie Schüler den Unterricht wahrnehmen.* Weinheim: Beltz.

Dreesmann, H. (1983). Bauliche und physikalische Faktoren der Schulökologie und ihre Beziehung zum Verhalten. *Unterrichtswissenschaft, 2,* 149–165.

Dreher, E. (1979). Zum Schulklima in integrierten Gesamtschulen und Schulen des traditionellen Bildungssystems in Nordrhein-Westfalen. In Helmke, A. & Dreher, E. (Hg.), *Gesamtschule und dreigliedriges Schulsystem in Nordrhein-Westfalen.* Paderborn: Schöningh.

Dreitzel, H. P. (1972). *Die gesellschaftlichen Leiden und das Leiden an der Gesellschaft.* Stuttgart: Enke; München: Deutscher Taschenbuchverlag.

Drever, J. & Fröhlich, W. D. (1967, 1968). *Wörterbuch zur Psychologie.* München: Deutscher Taschenbuchverlag.

Dubey, D. R. & Kaufman, K. F. (1982). The „side effects" of parent implemented behavior modification. *Child and Family Behavior Therapy, 4,* 65–71.

Dunkin, M. J. & Biddle, B. J. (1974). *The study of teaching.* New York: Holt, Rinehart & Winston.

Dunkin, M. J., Biddle, C. M., Anderson, C. W., Anderson, L. M. & Brophy, J. E. (1980). Relationships between classroom behaviors and student outcomes in junior high mathematics and English classes. *American Educational Research Journal, 17,* 43–66.

Dwyer, F. M. (1975). Effect of students entering behavior on visualized instruction. *Journal of Experimental Education, 43,* 78–83.

Dwyer, F. M. (1978). *Strategies for improving visual learning.* Pennsylvania: Learning Services.

Ebel, R. L. (1962). Content standard test scores. *Educational and Psychological Measurement,* 282–288.

Eccles, (1983). Expectancies, values and academic behaviors. In Spence, J. T. (Ed.), *Achievement and achievement motives.* San Francisco, CA.: Freeman.

Eckert, J. & Biermann-Ratjen, E.-M. (1977). Theorien I: Theorien und Elemente psychotherapeutischer Beeinflussung. Gesprächspsychotherapie (GPT) und Verhaltensmodifikation (VT). In Hornstein, W. et al. (Hg.), *Beratung in der Erziehung Band 1* (pp. 382–411). Frankfurt: Fischer.

Eckhardt, H.-H. (1977). Psychologische Diagnostik im Dienst beruflicher Beratung. In Seifert, K. H. (Hg.), *Handbuch der Berufspsychologie* (pp. 531–578). Göttingen: Hogrefe.

Edelfelt, R. A. (1982). Critical issues in developing teacher centers. *Phi Delta Kappa, 63,* 390–393.

Edelstein, W. & Hopf, D. (1973). *Bedingungen des Bildungsprozesses.* Stuttgart: Klett.

Eggert, D. (1971). *Kurzform zur Messung des motorischen Entwicklungsstandes.* Weinheim: Beltz.

Ehlers, T., Afflerbach, M.-L. & Moch, M. (1978). Zur Veränderung der Mutteransichten über die Selbständigkeitserziehung in den letzten 20 Jahren. *Berichte aus dem Fachbereich Psychologie der Philipps-Universität Marburg, Nr. 63.* Marburg: Universität.

Eichlseder, W. (1985). *Unkonzentriert? Hilfen für hyperaktive Kinder und ihre Eltern.* München: Bucher.

Eigler, G. (1983). Wissen und Bild. Zur Wiederaufnahme eines alten Themas. In Theuring, W. (Hg.), *Lehren und Lernen mit Medien* (pp. 24–40). Grünwald München: Institut für Film und Bild.

Eisenstadt, S. N. (1966). *Von Generation zu Generation. Altersgruppen und Sozialstruktur.* München: Juventa.

Eitler, G. & Rollett, B. (1982). *Erzieherverhalten in der Generationenfolge.* Vortrag anläßlich des 32. Kongresses der Deutschen Gesellschaft für Psychologie in Mainz.

Elashoff, J. D. & Snow, R. E. (1971). *A case study in statistical inference: Reconsideration of the Rosenthal-Jacobson data on teacher expectancy.* Stanford, Ca: Stanford University Press.

Elashoff, J. D. & Snow, R. E. (1972). *Pygmalion auf dem Prüfstand.* München: Kösel.

Elio, R. & Anderson, J. R. (1981). The effects of category generalizations and instance similarity on schema abstraction. *Journal of Experimental Psychology: Human Learning and Memory, 7,* 397–417.

Elliot, J. (1976). Developing hypotheses about classrooms from teacher's practical constructs: An account of the work of the Ford Teaching Project. *Interchange, 7,* 2–22.

Ellis, A. W. (1984). *Reading, writing and dyslexia.* Hillsdale, N. J.: Erlbaum.

Endler, N. S. & Hunt, Mc. V. (1968). S-R Inventories of hostility and comparison of the proportions of variance of persons, responses and situations. *Journal of Personality and Social Psychology, 9,* 309–315.

Engfer, A. & Schneewind, K. (1976). *Der FSE. Ein Fragebogen zur Erfassung selbstperzipierter elterlicher Erziehungseinstellungen. Arbeitsbericht Nr. 9 des EKB-Projekts.* Trier: Universität Trier.

Engfer, A., Schneewind, K. A. & Filipp, U.-D. (1973). *Die Entwicklung eines*

Fragebogens zur Erhebung selbstperzipierter elterlicher Erziehungseinstellungen. Forschungsbericht Nr. 22 des SFB. Nürnberg: Universität.

Eppler, R., Huber, G. L. & Winter, M. (1984). *Lernen in Kleingruppen: Wie interagieren die Lerner? Bericht Nr. 11 aus dem Arbeitsbereich Pädagogische Psychologie.* Tübingen: Universität Tübingen.

Ericsson, K. A., Chase, W. G. & Faloon, S. (1980). Acquisition of memory skill. *Science, 208,* 1181–1182.

Erikson, E. H. (1982). *Kindheit und Gesellschaft.* Stuttgart: Klett-Cotta.

Erismann, Th. (1929). Die gegenwärtigen Richtungen in der Psychologie und ihre Bedeutung für die Pädagogik. In Nohl, H. & Pallat, L. (Hg.), *Handbuch der Pädagogik* (Vol. 2) (pp. 76–103). Langensalza: Beltz.

Erlenmeyer-Kimling, L. & Jarvik, L. F. (1963). Genetics and intelligence: A review. *Science, 142,* 1477–1478.

Ernst, C. & Angst, J. (1983). *Birth order. Its influence on personality.* Berlin: Springer.

Ernst, E. G. & Newell, A. (1969). *GPS: A case study in generality and problem solving.* New York: Academic Press.

Ernst, H. (1977). Wer Daten fälscht oder nachmacht oder gefälschte oder nachgemachte in Umlauf bringt... *Psychologie heute, 4,* 51–57.

Esser, U. (1985). Das Erstinterview in der Erziehungsberatung. *Zeitschrift für personenzentrierte Psychologie und Psychotherapie, 4,* 73–99.

Euler, H. A. & Mandl, H. (Hg.) (1983). *Emotionspsychologie.* München: Urban & Schwarzenberg.

Evertson, C. M., Anderson, C. W., Anderson, L. M. & Brophy, J. E. (1980). Relationship between classroom behavior and student outcomes in junior high mathematics and English classes. *American Educational Research Journal, 17,* 43–66.

Ewert, O. (1974). Pädagogische Psychologie. In Herderbücherei (Hg.), *Wörterbuch der Pädagogischen Psychologie* (pp. 183–186). Freiburg i. Br.: Herder.

Ewert, O. (1979). Zum Selbstverständnis der Pädagogischen Psychologie im Wandel ihrer Geschichte. In Brandtstädter, J., Reinert, G. & Schneewind, K. A. (Hg.), *Pädagogische Psychologie. Probleme und Perspektiven* (pp. 15–28). Stuttgart: Klett-Cotta.

Eyferth, K. (1966). Methoden zur Erfassung von Erziehungsstilen. In Herrmann, T. (Hg.), *Psychologie der Erziehungsstile* (pp. 17–31). Göttingen: Hogrefe.

Eysenck, H. J. (1980). Prof. Sir Cyril Burt and the inheritance of intelligence. Evaluation of a controversy. *Zeitschrift für Differentielle und Diagnostische Psychologie, 1,* 183–199.

Fassnacht, G. (1979). *Systematische Verhaltensbeobachtung.* München: Reinhardt.

Faust, V. & Wolf, M. (1983). Suizidale Impulse und Suizidversuche bei Schülern. In Jochmus, J. & Förster, E. (Hg.), *Suizid bei Kindern und Jugendlichen* (pp. 45–47). Stuttgart: Enke.

Fend, H. (1969). *Sozialisierung und Erziehung.* Weinheim: Beltz.

Fend, H. (1977a). *Schulklima.* Weinheim: Beltz.

Fend, H. (1977b). *Soziale Einflußprozesse in der Schule.* Weinheim: Beltz.

Fend, H. (1980). *Theorie der Schule.* München: Urban & Schwarzenberg.

Fend, H. (1981). Stellungnahme zu Wottawa „Die Kunst der manipulativen Berichtlegung". *Zeitschrift für Entwicklungspsychologie und Pädagogische Psychologie, 13,* 61–70.

Fend, H. (1982). *Gesamtschule im Vergleich. Bilanz des Gesamtschulvergleichs.* Weinheim: Beltz.

Fend, H. & Schneider, G. (1984). Schwierige Schüler – schwierige Klassen. Abweichendes Verhalten, Sucht- und Delinquenzbelastung im Kontext der Schule. *Zeitschrift für Sozialisationsforschung und Erziehungssoziologie, 4,* 123–142.

Fengler, J. (1975). *Verhaltensänderungen in Gruppenprozessen.* Heidelberg: Quelle & Meyer.

Fenker, R. (1975). The organization of conceptual materials: A methodology for measuring ideal and actual cognitive structures. *Instructional Science, 4,* 33–58.

Ferdinand, W. (1969). Über Schulreife und Schulleistung IQ-äquivalenter Kinder aus unterschiedlichem sozialen Milieu. *Zeitschrift für Entwicklungspsychologie und Pädagogische Psychologie, 1,* 190–199.

Feser, H. (1979). Drogenmißbrauch bei Eltern, Lehrern und Schülern. Vorbeugung durch Familienseminare. *Prävention, 4,* 110–117.

Feuerstein, R. (1979). *The dynamic assessment of retarded performers.* Baltimore: University Park Press.

Ficker, F. (1976). Suizidales Handeln der Schüler im Zusammenhang mit Leistungsforderung und Versagen in der Schule? *Ärztliche Jugendkunde, 67,* 361–365.

Fiedler, M. L. (1975). Bidirectionality of influence in classroom interaction. *Journal of Educational Psychology, 67,* 735–744.

Fielding, M. A. (1982). Personality and situational correlates of teacher stress and burnout. *Dissertation Abstracts International, 43,* 400–A.

Filipp, S.-H. (Hg.) (1981a). *Kritische Lebensereignisse.* München: Urban & Schwarzenberg.

Filipp, S.-H. (1981b). Ein allgemeines Modell für die Analyse kritischer Lebensereignisse (pp. 3–52). In Filipp, S.-H. (Hg.), *Kritische Lebensereignisse.* München: Urban & Schwarzenberg.

Filipp. S. H. & Doenges, D. (1983). Entwicklungstests. In Groffmann, K. J. & Michel, L. (Hg.), *Intelligenz- und Leistungsdiagnostik* (pp. 204–306). Göttingen: Hogrefe.

Filipp, U.-D. (1971). *Psychologische und soziologische Determinanten in Eltern-Kind-Beziehungen. Forschungsbericht Nr. 9 des Sonderforschungsbereiches.* Universität Erlangen: Sozialwissenschaftliches Forschungszentrum.

Fischer, A. (1917). Über Begriff und Aufgabe der pädagogischen Psychologie. *Zeitschrift für Pädagogische Psychologie, 18,* 5–13/109–118.

Fischer, A. (1921). Erziehung als Beruf. *Zeitschrift für Pädagogische Psychologie, 22,* 149–177.

Fischer, G. H. & Formann, A. K. (1981). Zur Schätzung der Erblichkeit quantitativer Merkmale. *Zeitschrift für Differentielle und Diagnostische Psychologie, 2,* 189–197.

Fischer, G. H. & Formann, A. K. (1982). Veränderungsmessung mittels linear-logistischer Modelle. *Zeitschrift für Differentielle und Diagnostische Psychologie, 3,* 75–99.

Fischer, O. (1975). Lernbehinderungen als Gegenstand des Unterrichts. *Sonderpädagogik, 5,* 18–34.

Fischer, P. M. & Mandl, H. (1981). Selbstdiagnostische und selbstregulative Aspekte der Verarbeitung von Studientexten. Eine kritische Übersicht. In Mandl, H. (Hg.), *Zur Psychologie der Textverarbeitung* (pp. 389–477). München: Urban & Schwarzenberg.

Fischer, P. M. & Mandl, H. (1983). Förderung von Lernkompetenz und Lernregulation. Zentrale Komponenten der Steuerung und Regulation von Lernprozessen. In Kötter, L. & Mandl, H. (Hg.), *Kognitive Prozesse und Unterricht. Jahrbuch für Empirische Erziehungswissenschaft* (pp. 263–317). Düsseldorf: Schwann.

Fitts, P. M. (1964). Perceptual motor skill learning. In Melton, A. W. (Ed.), *Categories of human learning.* New York: Academic Press.

Flammer, A. (1975). *Individuelle Unterschiede im Lernen.* Weinheim: Beltz.

Flanders, N. A. (1960). *Interaction analysis in the classroom: A manual for observers.* Minneapolis, Minn.: Minnesota College for Education.

Flanders, N. A. (1967). The problems of observer training and reliability. In Amidon, E. J. & Hough, J. B. (Eds.), *Interaction analysis. Theory, research and application.* Reading, Ma.: Addison-Wesley.

Flavell, J. H. (1972). An analysis of cognitive-developmental sequences. *Genetic Psychology Monographs, 86,* 279–350.

Flavell, J. H. (1978). Metacognitive development. In Scandura, J. M. & Brainerd, C. J. (Eds.), *Structural process theories of complex human behavior.* Alphen, Netherlands: Sijthoff.

Flavell, J. H. (1979). Metacognition and cognitive monitoring: A new area of cognitive-developmental inquiry. *American Psychologist, 34,* 906–911.

Flavell, J. H. (1983). Annahmen zum Begriff Metakognition sowie zur Entwicklung von

Metakognition. In Weinert, F. E. & Kluwe, R. H. (Hg.), *Metakognition, Motivation und Lernen* (pp. 23–31). Stuttgart: Kohlhammer.

Flavell, J. H., Friedrichs, A. G. & Hoyt, J. D. (1970). Developmental changes in memorization processes. *Cognitive Psychology, 1*, 324–340.

Flavell, J. H., Speer, J. R., Green, F. L. & August, D. L. (1981). The development of comprehension monitoring and knowledge about communications. *Monographs of the Society for Research in Child Development, 46, whole No. 192.*

Flehmig, I. (1973). *Denver Entwicklungsskalen.* Hamburg: Harburger Spastiker-Verein.

Flitner, A. (1985). Gerechtigkeit als Problem der Schule und als Thema der Bildungsreform. *Zeitschrift für Pädagogik, 31*, 1–26.

Flügge, J. (1963). *Die Entfaltung der Anschauungskraft.* Heidelberg: Quelle & Meyer.

Flynn, J. R. (1984). The mean IQ of Americans. Massive gains 1932 to 1978. *Psychological Bulletin, 95*, 29–51.

Fortune, J. C. & Hutson, B. A. (1984). Selecting models for measuring change when true experimental conditions do not exist. *Journal of Educational Research, 77*, 197–206.

Frankenburg, W. K. & Dodds, J. B. (1967). The Denver Developmental Screening Test. *Journal of Pediatrics, 71*, 181–191.

Franzen, U. & Merz, F. (1976). Einfluß des Verbalisierens auf die Leistung bei Intelligenzprüfungen. *Zeitschrift für Entwicklungspsychologie und Pädagogische Psychologie, 8*, 117–134.

Fraser, G. J. & Rentoul, A. J. (1980). Person-environment fit in open classrooms. *Journal of Educational Research, 73*, 159–167.

French, J. R. & Raven, B. H. (1959). The basis of social power. In Cartwright, D. (Ed.), *Studies in social power.* Ann Arbor, Mich.: University of Michigan.

Frick, R. (1975). Der Beratungslehrer. *Westermanns Pädagogische Beiträge, 6*, 339–344.

Frick, T. & Semmel, M. I. (1978). Observer agreement and reliabilities of classroom observational measures. *Review of Educational Research, 48*, 157–184.

Fricke, R. (1974). *Kriteriumsorientierte Leistungsmessung.* Stuttgart: Kohlhammer.

Fricke, R. & Treinies, G. (1985). *Einführung in die Metaanalyse.* Bern: Huber.

Friedman, A. (1979). Framing pictures: The role of knowledge in automatized encoding and memory for gist. *Journal of Experimental Psychology: General, 108*, 316–355.

Friedrich, H. F., Fischer, P. M., Mandl, J. & Weis, Th. (1985). *Tübinger Lern- und Lesestrategieprogramm, Erprobungsfassung, 3. Version.* Tübingen: Deutsches Institut für Fernstudien.

Frostig, M., Lefever, D. W. & Whittlesey, J. R. B. (1966). *Developmental Test of Visual Perception (DTVP), Ages 3–8.* Palo Alto: Consulting Psychologists Press.

Fthenakis, W. E. (1984). Die Vaterrolle in der neueren Familienforschung. *Psychologie in Erziehung und Unterricht, 31*, 1–21.

Fthenakis, W. E. (1985). *Väter. Band 1: Zur Psychologie der Vater-Kind-Beziehung. Band 2: Vater-Kind-Beziehung in verschiedenen Familienstrukturen.* München: Urban & Schwarzenberg.

Gaensslen, H. & Schubö, W. (1973). *Einfache und komplexe statistische Analyse.* München: Reinhardt.

Gärtner-Harnach, V. (1972). *Angst und Leistung.* Weinheim: Beltz.

Gage, N. L. (1978). *The scientific bases of the art of teaching.* New York: Teachers' College Press.

Gage, N. L. (1979). *Unterrichten – Kunst oder Wissenschaft?* München: Urban & Schwarzenberg.

Gagné, E. D. (1985). *The cognitive psychology of school learning.* Boston: Little, Brown & Company.

Gagné, R. M. (1962). The acquisition of knowledge. *Psychological Review, 69*, 355–365.

Gagné, R. M. (1973). *Die Bedingungen des menschlichen Lernens (3. Aufl.).* Hannover: Schroedel.

Gagné, R. M. (1976). Lernhierarchien. *Unterrichtswissenschaft, 4,* 290–303.

Gagné, R. M. & Dick, W. (1983). Instructional psychology. *Annual Review of Psychology, 34,* 261–295.

Gagné, R. M. & Rohwer, W. D. (1969). Instructional Psychology. *Annual Review of Psychology, 20,* 381–418.

Gahlings, I. & Moering, E. (1961). Die Volksschullehrerin. Sozialgeschichte und Gegenwartslage. In Lemberg, E. (Hg.), *Beiträge zur Soziologie des Bildungswesens* (Bd. 2). Heidelberg: Quelle & Meyer.

Garbarino, J. & Bronfenbrenner, U. (1976). The socialization of moral judgment and behavior in cross-cultural perspective. In Lickona, T. (Ed.), *Moral development and behavior* (pp. 70–83). New York: Holt, Rinehart & Winston.

Garlichs, A. (1984). *Lehrer und ihre Berufsprobleme. Bericht über eine Balintgruppe mit integrierter Selbsterfahrung.* Kassel: Verlag Gesamthochschule-Bibliothek.

Gasch, B. (1981). Berufsfelder der Psychologen. *FIM-Psychologie Modellversuch.* Tübingen: Deutsches Institut für Fernstudien.

Gaspari, Ch. (1979). Die Situation in der Familie in Europa. Ansätze zu einer Neubewertung ihrer Funktion. In Perrez, M. (Hg.), *Krise der Kleinfamilie?* (pp. 83–112). Bern: Huber.

Gaude, P. (1975). Möglichkeiten und Grenzen interner und externer Systemberatung im Raum der Schule. In Heller, K. (Hg.), *Handbuch der Bildungsberatung, Bd. 2* (pp. 571–587). Stuttgart: Klett.

Gaudig, H. (1923). *Schule und Schulleben.* Leipzig: Quelle & Meyer.

Gedig, U. & Gedig, G. R. (1979). Drogenprävention durch die Schulen? Möglichkeiten und Grenzen. *Prävention, 2,* 35–38.

Geeslin, W. E. & Shavelson, R. J. (1975). An exploratory analysis of the representation of a mathematical structure in students cognitive structures. *American Educational Research Journal, 12,* 21–39.

Geißler, K. H. (1983). *Anfangssituationen. Was man tun und besser lassen sollte.* München: Hueber.

Geißler, K. H. & Hege, M. (1978). *Konzepte sozialpädagogischen Handelns.* München: Urban & Schwarzenberg.

Genser, B. (1978). Erziehungswissen von Eltern. In Schneewind, K. A. & Lukesch, H. (Hg.), *Familiäre Sozialisation: Probleme, Ergebnisse, Perspektiven.* (pp. 27–43). Stuttgart: Klett-Cotta.

Gentner, D. & Gentner, D. R. (1983). Flowing waters or teeming crowds: Mental models of electricity. In Gentner, D. & Stevens, A. L. (Eds.), *Mental Models* (pp. 99–130). Hillsdale, N. J.: Erlbaum.

Gentner, D. & Stevens, A. L. (Eds.) (1983). *Mental Models.* Hillsdale, N. J.: Erlbaum.

Geppert, U., Börner, H., Trudewind, C. & Jennessen, H. (1976). *Schulökologie. Arbeitsbericht 6.* Bochum: Psychologisches Institut der Ruhr-Universität Bochum.

Gerbner, G. & Gross, L. P. (1976). Living with television: The violence profile. *Journal of Communication, 26,* 173–199.

Gerlicher, K. (1977). *Städtische Jugend- und Familienberatung: Tätigkeitsbericht.* Erlangen: Stadt Erlangen.

Gerstenmaier, J. (1975). *Urteile von Schülern über Lehrer.* Weinheim: Beltz.

Getzels, J. (1974). Images of the classroom and visions of the learner. *School Review, 82,* 527–540.

Getzels, J. W. & Jackson, P. W. (1970). Merkmale der Lehrerpersönlichkeit (deutsche Bearbeitung von G. Pause). In Ingenkamp, K. H. (Hg.), *Handbuch der Unterrichtsforschung* (Vol. 2) (pp. 1353–1526). Weinheim: Beltz.

Geulen, D. & Hurrelmann, K. (1980). Zur Programmatik einer umfassenden Sozialisationstheorie. In Hurrelmann, K. & Ulich, D. (Hg.), *Handbuch der Sozialisationsforschung* (pp. 51–67). Weinheim: Beltz.

Gewirtz, J. L. (1979). Soziales Lernen. In Zeier, H. (Ed.), *Psychologie des 20. Jahrhunderts, Bd. IV: Pawlow und die Folgen.* Zürich: Kindler.

Gewirtz, J. L. & Stingle, K. G. (1968). Learning of generalized imitation as the basis for identification. *Psychological Review, 75,* 374–397.

Giese, D. & Melzer, G. (1978). *Die Beratung in der sozialen Arbeit* Frankfurt: Eigenverlag des deutschen Vereins für private und öffentliche Fürsorge.

Giesecke, H. (1985). *Das Ende der Erziehung.* Stuttgart: Klett-Cotta.

Gigerenzer, G. (1981). *Messung und Modellbildung in der Psychologie.* München: Reinhardt.

Gigerenzer, G. (1984). Messung und Modellbildung und die „kognitive Wende". In Amelang, M. & Ahrens, H. J. (Hg.), *Brennpunkte der Persönlichkeitspsychologie. Bd. 1* (pp. 49–65). Göttingen: Hogrefe.

Gilbert, T. F. (1962). Mathetics: The technology of education. *Journal of Mathetics, 1,* 7–73.

Ginder, A. (1978). *Vergleich der wissenschaftlich-psychologischen und naiv-psychologischen Analyse von Verhaltensstörungen in der Schule. Unveröff. Examensarbeit.* Weingarten: Pädagogische Hochschule.

Ginsburg, H. & Opper, S. (1975). *Piagets Theorie der geistigen Entwicklung.* Stuttgart: Klett-Cotta.

Gläs, K. (1984). Der Psychologe in der Industrie. In Benesch, H. & Dorsch, F. (Hg.), *Berufsaufgaben und Praxis des Psychologen* (pp. 160–168). München: Reinhardt.

Glaser, R. (1963). Instructional technology and the measurement of learning outcomes: Some questions. *American Psychologist, 18,* 519–521.

Glaser, R. (1976). Components of a psychology of instruction: Toward a science of design. *Review of Educational Research, 46,* 1–24.

Glaser, R. (1984). Education and thinking – the role of knowledge. *American Psychologist, 39,* 93–104.

Glaser, R. & Nitko, A. J. (1971). Measurement in learning and instruction. In Thorndike, R. L. (Ed.), *Educational measurement* (pp. 625–670). Washington: American Council on Education.

Glass, G. V. (1976). Primary, secondary and meta-analysis of research. *Educational Researcher, 5,* 3–8.

Glass, G. V. & Smith, M. C. (1979). *Meta-Analysis of Research on Class Size and Achievement, Educational Evaluation and Policy Analysis, 1.*

Glenn, N. D. & Weaver, C. N. (1978). A multivariate, multisurvey study of marital happiness. *Journal of Marriage and the Family, 40,* 269–289.

Gliner, G. S. (1981). A note on a statistical paradigm for the evaluation of cognitive structure in physics instruction. *Applied Psychological Measurement, 5,* 493–502.

Götte, R. (1976). *Landauer Sprachentwicklungstest für Vorschüler.* Weinheim: Beltz.

Goffman, E. (1963). *Behavior in public places.* New York: Free Press of Glencoe.

Good, T., Biddle, B. & Brophy, J. E. (1975). *Teachers make a difference.* New York: Holt, Rinehart & Winston.

Gordon, J. J. (1961). *Synectics. The development of creative capacity.* New York: Harper & Row.

Gordon, T. (1972). *Familienkonferenz.* Hamburg: Hoffmann & Campe.

Gordon, T. (1974). *Teacher effectiveness training.* New York: McKay.

Gordon, T. (1977). *Lehrer-Schüler-Konferenz.* Hamburg: Hoffmann & Campe.

Gottfried, A. W. (Ed.) (1984). *Home environment and early cognitive development.* Orlando, Fa.: Academic Press.

Graf-Morgenstern, M. (1984). *Prüfungsängstlichkeit, Attribuierungsvoreingenommenheiten und Reaktionen auf Mißerfolgssituationen.* Vortrag, auf der 26. Tagung experimentell arbeitender Psychologen 15.–16. 4. 1984 in Erlangen-Nürnberg.

Grapko, M. F. (1972). *A comparison of open space and traditional classroom structures. Final report.* Toronto: Ontario Department of Education.

Graumann, C. F. (Hg.) (1978). *Ökologische Perspektiven in der Psychologie.* Bern: Huber.

Greeno, J. G. (1980). Some examples of cognitive task analysis with instructional implications. In Snow, R. E., Frederico, P. A. & Montague, W. E. (Eds.), *Aptitude, learning and instruction Vol. 2* (pp. 1–21). Hillsdale, N. J.: Erlbaum.

Greif, S. (1983). Handlungstheoretische Ansätze. In Frey, D. & Greif, S. (Hg.), *Sozialpsychologie* (pp. 88–99). München: Urban & Schwarzenberg.

Grell, J. & Grell, M. (1979). *Unterrichtsrezepte*. München: Urban & Schwarzenberg.

Grimm, H. (1978). Sprache. In Klauer, K. J. (Hg.), *Handbuch der Pädagogischen Psychologie, Bd. 2* (pp. 355–366). Düsseldorf: Schwann.

Grimm, H. & Schöler, H. (1978). *Heidelberger Sprachentwicklungstest: Handanweisung für die Auswertung und Interpretation*. Braunschweig: Westermann.

Grobe, R. & Hofer, M. (1983). Kognitiv-motivationale Korrelate von Schulnoten: Typen motivierter Schüler. *Zeitschrift für Entwicklungspsychologie und Pädagogische Psychologie, 15*, 292–316.

Groeben, G. (1979). Normkritik und Normbegründung als Aufgabe der Pädagogischen Psychologie. In Brandtstädter, J. Reinert, G. & Schneewind, K. A. (Hg.), *Pädagogische Psychologie: Probleme und Perspektiven* (pp. 51–77). Stuttgart: Klett-Cotta.

Groeben, N. (1980). *Leserpsychologie: Textverständnis – Textverständlichkeit*. Münster: Aschendorff.

Groeben, N. (1981). Die Handlungsperspektive als Theorierahmen für Forschung im pädagogischen Feld. In Hofer, M. (Ed.), *Informationsverarbeitung und Entscheidungsverhalten von Lehrern* (pp. 17–48). München: Urban & Schwarzenberg.

Groeben, N. (1982). *Leserpsychologie: Textverständnis – Textverständlichkeit*. Münster: Aschendorff.

Groeben, N. & Scheele, B. (1977). *Argumente für eine Psychologie des reflexiven Subjekts*. Darmstadt: Steinkopff.

Groeben, N. & Scheele, B. (1984). *Die Heidelberger Strukturlege-Technik (SLT). Dialog-Konsens-Methode zur Erhebung subjektiver Theorien mittlerer Reichweite*. Weinheim: Beltz.

Groen, G. J. & Parkman, J. M. (1972). A chronometric analysis of simple addition. *Psychological Review, 79*, 329–343.

Groen, G. J. & Resnick, L. B. (1977). Can preschool children invent addition algorithms? *Journal of Educational Psychology, 69*, 645–652.

Groffmann, K. J. & Michel, L. (Hg.) (1983). *Intelligenz- und Leistungsdiagnostik. Bd. 2*. Göttingen: Hogrefe.

Grossmann, K. E. (1981). Reifung und sensible Phasen. In Schiefele, H. & Krapp, A. (Hg.), *Handlexikon zur Pädagogischen Psychologie* (pp. 300–304). München: Ehrenwirth.

Grossmann, K. E. (1983). Die Entwicklung von Beziehungsmustern in der frühen Kindheit. In Lüer, G. (Hg.), *Bericht über den 33. Kongreß der Deutschen Gesellschaft für Psychologie in Mainz 1982* (pp. 543–550). Göttingen: Hogrefe.

Grossmann, K. E. & Großman, K. (1985). Die Entwicklung von Konversationsstilen im ersten Lebensjahr und ihr Zusammenhang mit der mütterlichen Feinfühligkeit und der Beziehungsqualität. In Albert, D. (Hg.), *Bericht über den 34. Kongreß der Deutschen Gesellschaft für Psychologie in Wien 1984*. Göttingen: Hogrefe.

Gudjons, H. (1978). *Praxis der Interaktions-Erziehung*. Bad Heilbrunn: Klinkhardt.

Guilford, J. P. (1963). *Psychometric Methods*. New York: McGraw-Hill.

Guilford, J. P. & Zimmerman, W. S. (1948). *The Guilford-Zimmerman Temperament Survey: Manual of instructions and interpretations*. Beverly Hills, Ca.: Sheridan.

Gulliksen, H. (1950). *Theory of mental tests*. New York: Wiley.

Gump, P. V. (1965). *Big schools – small schools*. New York: Moravia.

Gump, P. V. (1974). Operating environments in schools of open and traditional design. *School Review, 4*, 575–593.

Gustafsson, J.-E. (1976). *Verbal and figural aptitudes in relation to instrumental methods*. Göteborg: Acta Universitas Gothoburgensis.

Gutberlet, C. (1910). Experimentelle Pädagogik. Die frühkindliche Psychologie und ihre Pädagogik. In Wundt, W. & Meumann, E. (Hg.), *Philosophisches Jahrbuch Vol. 23* (pp. 3–22/127–142/543–547).

Guthke, J. (1972). *Zur Diagnostik der intellektuellen Lernfähigkeit*. Berlin/DDR: Deutscher Verlag der Wissenschaften.

Guthke, J. (1977). *Zur Diagnostik der intellektuellen Lernfähigkeit*. Stuttgart: Klett.

Guthke, J. (1983). *Mengenfolgen-Test (MFT)*. Psychodiagnostisches Zentrum, Sektion Psychologie der Humboldt-Universität zu Berlin. Stuttgart: Testzentrale.

Guttmann, J. (1984). Cognitive morality and cheating behavior in religious and secular school children. *Journal of Educational Research, 77,* 249–259.

Hacker, W. (1978). *Allgemeine Arbeits- und Ingenieurpsychologie. Psychische Struktur und Regulation von Arbeitstätigkeiten (2. Aufl.).* Bern: Huber.

Haeberlin, U. (1975). Empirische Analyse und pädagogische Handlungsforschung. *Zeitschrift für Pädagogik, 21,* 653–676.

Häfeli, K., Kraft, U. & Schallberger, U. (1983). *Empirische Analysen zu den Ausbildungs- und Persönlichkeitsmerkmalen im Projekt A & P („Berufsausbildung und Persönlichkeitsentwicklung").* Universität Zürich: Projektbericht Nr. 19.

Haenisch, H. & Lukesch, H. (1980). *Ist die Gesamtschule besser? Gesamtschulen und Schulen des gegliederten Schulsystems im Leistungsbereich.* München: Urban & Schwarzenberg.

Hänsel, D. (1975). *Die Anpassung des Lehrers (2. Aufl.).* Weinheim: Beltz.

Härnqvist, K. (1978). Primary mental abilities at collective and individual levels. *Journal of Educational Psychology, 70,* 706–716.

Haertel, G. D., Walberg, H. J. & Weinstein, T. (1983). Psychological models of educational performance: A theoretical synthesis of constructs. *Review of Educational Research, 53,* 75–91.

Hadley, S. T. (1971). A school mark fact or fancy. *Educational Administration and Supervision, 1954, 40,* 305–312 (Deutsch: In Ingenkamp, K. (Hg.), *Die Fragwürdigkeit der Zensurengebung.* Weinheim: Beltz).

Hallahan, D. P. (1975). Distractability in the learning disabled child. In Cruickshank, W. M. & Hallahan, D. P. (Eds.), *Perceptual and learning disabilities in children* (pp. 195–220). Syracuse: Syracuse University Press.

Hallmann, H. J. (1983). *Drogenprävention in der Schule. Vorbeugung als pädagogisches Handlungsprinzip.* München: Bardtenschlager.

Hanke, B., Lohmöller, J. B. & Mandl, H. (1975). Zur Beeinflußbarkeit des Lehrerurteils. *Unterrichtswissenschaft, 2,* (Vol. 2) 32–37.

Hanke, B., Mandl, H. & Prell, S. (1973). *Soziale Interaktion im Unterricht.* München: Oldenbourg.

Hannemann, J. (1983). Über das Lesen von Bildern. Wahrnehmungs- und gedächtnispsychologische Aspekte der Bilderfassung. In Issing, L. J. & Hannemann, J. (Hg.), *Lernen mit Bildern* (pp. 40–60). Grünwald: Institut für Film und Bild.

Hansford, B. C. & Hattie, J. A. (1982). The relationship between self and achievement/performance measures. *Review of Educational Research, 52,* 123–142.

Hargreaves, D. H., Kester, S. K. & Mellov, F. J. (1981). Abweichendes Verhalten im Unterricht. Weinheim: Beltz.

Hassenstein, B. (1982). Erbgut, Umwelt, Intelligenzquotient und deren mathematisch-logische Beziehungen. *Zeitschrift für Psychologie, 190,* 345–360.

Haußer, K. (1983). *Identitätsentwicklung.* New York: Harper & Row.

Havers, N. (1978). *Erziehungsschwierigkeiten in der Schule.* Weinheim: Beltz.

Hawkins, J. (1983). Learning LOGO together: The social context. In Center for children and technology (Eds.), *Technical report no. 13.* New York: Bank Street College of Education.

Hawkins, R. P. (1972). It's time we taught the young how to be good parents. *Psychology Today, 40,* 38–40.

Hayes, J. R. (1981). *The complete problem solver.* Philadelphia, Pa.: The Franklin Institute Press.

Heckhausen, H. (1955). Motivationsanalyse der Anspruchsniveau-Setzung. *Psychologische Forschung, 25,* 118–154.

Heckhausen, H. (1963). *Hoffnung und Furcht in der Leistungsmotivation.* Meisenheim: Hain.

Heckhausen, H. (1968). Förderung der Lernmotivation und der intellektuellen Tüchtigkeiten. In Roth, H. (Hg.), *Begabung und Lernen* (pp. 193–228). Stuttgart: Klett.

Heckhausen, H. (1969a). *Allgemeine Psychologie in Experimenten.* Göttingen: Hogrefe.

Heckhausen, H. (1969b). Förderung der Lernmotivierung und der intellektuellen

Tüchtigkeiten. In Roth, H. (Ed.), *Begabung und Lernen* (pp. 193–228). Stuttgart: Klett.

Heckhausen, H. (1973). Motivation. In Edelstein, W. & Hopf, D. (Hg.), *Bedingungen des Bildungsprozesses*. Stuttgart: Klett.

Heckhausen, H. (1974a). Bessere Lernmotivation und neue Lernziele. In Weinert, F. E., Graumann, C. F., Heckhausen, H. & Hofer, M. (Hg.), *Funkkolleg Pädagogische Psychologie* (Bd. 1) (pp. 575–604). Frankfurt: Fischer.

Heckhausen, H. (1974b). Lehrer-Schüler-Interaktion. In Weinert, F. E. et al. (Hg.), *Funkkolleg Pädagogische Psychologie* (pp. 547–573). Frankfurt: Fischer.

Heckhausen, H. (1977). Motiv und Motivation. In Herrmann, T., Hofstätter, P. R., Huber, H. P. & Weinert, F. E. (Hg.), *Handbuch psychologischer Grundbegriffe* (pp. 296–313). München: Kösel.

Heckhausen, H. (1980). *Motivation und Handeln*. Berlin: Springer.

Heckhausen, H. (1983). Zur Lage der Psychologie, Psychologische Rundschau, 34, 1–20.

Heckhausen, H. & Rheinberg, F. (1980). Lernmotivation im Unterricht erneut betrachtet. *Unterrichtswissenschaft, 8*, 7–47.

Heckhausen, H. & Weiner, B. (1972). The emergency of a cognitive psychology of motivation. In Dodwell, P. C. (Ed.), *New horizons in psychology* (Vol. 2) (pp. 126–147). London: Penguin.

Hegel, G. W. F. (1809–1815). *Gymnasialreden*. In Glockner, H. (1927). Hegel, Sämtliche Werke (Bd. III). Stuttgart: Frommann.

Heider, F. (1958). *The psychology of interpersonal relations*. New York: Wiley. *(Dt. Psychologie der interpersonalen Beziehung*. Stuttgart: Klett, 1977).

Heiland, A. (1984). *Ein Konzept rational-technologischen pädagogischen Handelns und seine Bedeutung für das Technologieproblem in der Empirischen Pädagogik*. Braunschweig: TU Braunschweig.

Heilveil, I. (1984). *Video in der Psychotherapie*. München: Urban & Schwarzenberg.

Heinrich, D. L. (1979). The causal influence of anxiety on academic achievement for students of differing intellectual ability. *Applied Psychological Measurement, 3*, 351–359.

Heinze, T. (1980). *Schülertaktiken*. München: Urban & Schwarzenberg.

Heller, F. A. & Clark, A. W. (1976). Personal and human resources development. *Annual Review of Psychology, 27*, 405–436.

Heller, K. A. (1970). *Aktivierung der Bildungsreserven*. Bern: Huber.

Heller, K. A. & Nickel, H. (1982). *Modelle und Fallstudien zur Erziehungs- und Schulberatung*. Bern: Huber.

Helmke, A. (1979). Schulsystem und Schülerpersönlichkeit. In Helmke, A. & Dreher, E. (Hg.), *Gesamtschule und dreigliedriges Schulsystem in NRW*. Paderborn: Schöningh.

Helmke, A. (1983a). Prüfungsangst. *Psychologische Rundschau, 34*, 7–47.

Helmke, A. (1983b). *Schulische Leistungsangst. Erscheinungsformen und Entstehungsbedingungen*. Frankfurt: Lang.

Helmke, A. & Väth-Szuszdziara, R. (1980). Familienklima, Leistungsangst und Selbstakzeptierung bei Jugendlichen. In Lukesch, H., Perrez, M. & Schneewind, K. A. (Hg.), *Familiäre Sozialisation und Intervention* (pp. 199–219). Bern: Huber.

Henning, C. & Knödler, U. (1984). Systemisches Vorgehen in der schulpsychologischen Einzelfallhilfe. Die Rolle des Problemschülers vor dem Hintergrund seiner Familie. *Zeitschrift für personenzentrierte Psychologie und Psychotherapie, 3*, 327–335.

Hentig, H. v. (1984). *Das allmähliche Verschwinden der Wirklichkeit. Ein Pädagoge ermuntert zum Nachdenken über die Neuen Medien*. München: Hanser.

Herbart, J. F. (1824). *Psychologie als Wissenschaft, neu gegründet auf Erfahrung, Metaphysik und Mathematik (2 Bde.)*. Königsberg: Unzer.

Herbart, J. F. (1841). Über Erziehung unter öffentlicher Mitwirkung. In v. Asmus, W. (Hg.), *Pädagogische Schriften, Bd. I*, Düsseldorf/München: Küpper.

Herbart, J. F. (1896). *Pädagogische Schriften (2 Bde.) (6. Aufl.)*. (Hg.), Langensalza: Hermann Beyer & Söhne.

Herbig, M. (1976). *Praxis lehrzielorientierter Tests.* Düsseldorf: Schwann.

Herrmann, T. (1966). *Psychologie der Erziehungsstile.* Göttingen: Hogrefe.

Herrmann, T. (1972). *Lehrbuch der empirischen Persönlichkeitsforschung.* Göttingen: Hogrefe.

Herrmann, T. (1976). *Die Psychologie und ihre Forschungsprogramme.* Göttingen: Hogrefe.

Herrmann, T. (1978). The philosophy of psychological science in the Federal Republic of Germany. *German Journal of Psychology, 2,* 320–334.

Herrmann, T. (1979). Pädagogische Psychologie als psychologische Technologie. In Brandtstädter, J., Reinert, G. & Schneewind, K. A. (Hg.), *Pädagogische Psychologie: Probleme und Perspektiven* (pp. 209–236). Stuttgart: Klett-Cotta.

Herrmann, T. (1982). Über begriffliche Schwächen kognitivistischer Kognitionstheorien: Begriffsinflation und Akteur-System-Kontamination. *Zeitschrift für Sprache & Kognition, 1,* 3–14.

Herrmann, T., Schwitajewski, E. & Ahrens, H. J. (1968). Untersuchungen zum elterlichen Erziehungsstil: Strenge und Unterstützung. *Archiv für die gesamte Psychologie, 120,* 74–105.

Herrmann, T. & Stapf, K. (1977). Zum Marburger Zweikomponenten-Konzept des elterlichen Erziehungsstils. Bemerkungen zur Kritik von Lukesch. *Zeitschrift für Entwicklungspsychologie und Pädagogische Psychologie, 9,* 198–204.

Herrnstein, R. (1974). *Chancengleichheit – eine Utopie? Die IQ-bestimmte Klassengesellschaft.* Stuttgart: Deutsche Verlagsanstalt.

Herschbach, P., Klinger, A. & Odefey, S. (1980). *Die Therapeut-Klient-Beziehung.* Salzburg: Müller.

Herzberg, F. (1966). *Work and the nature of man.* Cleveland, Ohio.

Herzog, W. (1984). *Modell und Theorie in der Psychologie.* Göttingen: Hogrefe.

Hess, R. & Tenezakis, M. (1973). The computer as a socializing agent: Some socioaffective outcomes of CAI. *Audiovisual Communication Review, 21,* 311–325.

Hesse, F. W. (1982). Training-induced changes in problem-solving. *Zeitschrift für Psychologie, 190,* 405–423.

Hilbig, O. (1963). *Eignungsmerkmale für den Volksschullehrerberuf.* Braunschweig: Waisenhausverlag.

Hilgard, R. & Bower, G. H. (1981). *Theories of learning (5th ed.).* Englewood Cliffs: Prentice Hall.

Hillebrand, M. J. (1959). Begriffsbestimmung und geschichtliche Entwicklung der Pädagogischen Psychologie. In Hetzer, H. (Hg.), *Handbuch der Psychologie (Bd. 10, 2. Aufl.). Pädagogische Psychologie* (pp. 44–59). Göttingen: Hogrefe.

Himmelweit, H. T. (1977). Yesterday's and tomorrow's television research on children. In Lerner, D. & Nelson, L. M. (Eds.), *Communication research – a half-century appraisal.* Hawaii: University Press.

Hinrichs, J. R. (1976). Personal training. In Dunette, M. D. (Ed.), *Handbook of industrial and organizational psychology.* Chicago: Rand McNally.

Hirth, R., Mechler, W., Rott, Ch. & Zielinski, W. (1985). Vergleich zweier Trainingsmethoden zur Erhöhung der Wortlesegeschwindigkeit schwacher Leser in der Grundschule. *Psychologie in Erziehung und Unterricht, 32* (pp. 178–183).

Hjelle, L. A. & Ziegler, D. J. (1976). *Personality theories: Basic assumptions, research and applications.* New York: McGraw-Hill.

Hochberg, J. & Brooks, V. (1962). Pictorial recognition as an unlearned ability: A study of one child's performance. *American Journal of Psychology, 75,* 624–628.

Hockel, M. (1981). Psychologische Behandlung bei Kindern, Jugendlichen, Familien und Bezugspersonen. In Berufsverband Deutscher Psychologen (Hg.), *Handbuch der Angewandten Psychologie, Bd. 2: Behandlung und Gesundheit* (pp. 691–713). Landsberg/Lech: Verlag Moderne Industrie.

Hockel, M. & Feldhege, F.-J. (1981). *Handbuch der angewandten Psychologie, Bd. 2.* Landsberg/Lech: Verlag moderne Industrie.

Höhn, E. (1972/1980). *Der schlechte Schüler. Sozialpsychologische Untersuchungen über das Bild des Schulversagers.* München: Piper.

Höhn, E. & Seidel, G. (1969). Soziometrie. In Graumann, C. F. (Ed.), *Sozialpsychologie, 1. Halbband. (Handbuch der Psychologie, Bd. 7)* (pp. 375–397). Göttingen: Hogrefe.

Hölzel, J. (1981). *Erziehungsberatung*. München: Kösel.

Höpel, G. (1975). Psychologie in der Erziehungsberatung. In Jäger, R. & Schweizer, R. (Hg.), *Praxis der Psychologie* (pp. 53–63). Weinheim: Beltz.

Hodapp, V. (1979). Angst und Schulleistung: Zur Frage der Richtung des Einflusses. In Eckensberger, L. (Hg.), *Bericht über den 31. Kongreß der Deutschen Gesellschaft für Psychologie in Mannheim 1979* (Bd. 2) (pp. 17–21). Göttingen: Hogrefe.

Hodapp, V. (1984). *Analyse linearer Kausalmodelle*. Bern: Huber.

Hodapp, V. & Weyer, G. (1980). Weiterentwicklung von Fragebogenskalen zur Erfassung der subjektiven Belastung und Unzufriedenheit von Hausfrauen (SBUS-H). *Psychologische Beiträge, 22,* 322–334.

Hof, G. (1982). Entwicklung einer flexibel einsetzbaren Lehrgangskonzeption zum Thema computergestützte Sachbearbeitung für die Weiterbildung von Betriebsräten. *Diplomarbeit am Psychologischen Institut der Ruhr-Universität Bochum.*

Hofer, M. (1969). *Die Schülerpersönlichkeit im Urteil des Lehrers*. Weinheim: Beltz.

Hofer, M. (1974). Das Experiment in der Pädagogischen Psychologie. In Weinert, F. E., Graumann, C. F., Heckhausen, H. & Hofer, M. (Hg.), *Pädagogische Psychologie, Bd. 2*. Frankfurt: Fischer.

Hofer, M. (Hg.) (1981a). *Informationsverarbeitung und Entscheidungsverhalten von Lehrern. Beiträge zu einer Handlungstheorie des Unterrichtens*. München: Urban & Schwarzenberg.

Hofer, M. (1981b). Schülergruppierungen im Urteil und Verhalten des Lehrers. In Hofer, M. (Hg.), *Informationsverarbeitung und Entscheidungsverhalten von Lehrern* (pp. 192–222). München: Urban & Schwarzenberg.

Hofer, M. (1985). *Zu den Wirkungen von Lob und Tadel. Bildung und Erziehung, 38,* 415–427.

Hofer, M. (1986). *Sozialpsychologie erzieherischen Handelns. Wie das Denken und Verhalten von Lehrern organisiert ist*. Göttingen: Hogrefe.

Hofer, M. u. a. (1982). *Abschlußbericht zum Projekt „Bedingungen und Konsequenzen individualisierenden Lehrerverhaltens" (Bd. 2)*. Braunschweig: Technische Universität.

Hofer, M. & Dobrick, M. (1981). Naive Ursachenzuschreibung und Lehrerverhalten. In Hofer, M. (Hg.), *Informationsverarbeitung und Entscheidungsverhalten von Lehrern* (pp. 110–158). München: Urban & Schwarzenberg.

Hofer, M., Simons, H., Weinert, F. E. & Zielinski, W. (1979). *Kognitive Bedingungen individualisierenden Verhaltens von Lehrern (DFG-Abschlußbericht)*. Braunschweig: Technische Universität.

Hoff, E. H. & Grüneisen, V. (1978). Arbeitserfahrungen, Erziehungseinstellungen und Erziehungsverhalten von Eltern. In Schneewind, K. A. & Lukesch, H. (Hg.), *Familiäre Sozialisation* (pp. 65–89). Stuttgart: Klett.

Hoffmann, W. & Liebel, H. J. (1983). *Schulpsychologie in Bayern. Eine empirische Berufsfeldanalyse*. Bad Heilbrunn: Klinkhardt.

Holland, J. G. & Skinner, B. F. (1961). *The analysis of behavior*. New York: McGraw-Hill.

Holland, J. L., Magoon, F. M. & Spokane, A. R. (1981). Counseling Psychology: Career interventions, research and theory. *Annual Review of Psychology, 32,* 279–305.

Holland, J. G. & Skinner, B. F. (1971). *Analyse des Verhaltens*. München: Urban & Schwarzenberg.

Holloway, S. D. & Fuller, B. (1983). Situational determinants of causal attributions: The case of working mothers. *Social Psychology Quarterly, 46,* 131–140.

Holzkamp, K. (1970). Wissenschaftstheoretische Voraussetzungen kritisch-emanzipatorischer Psychologie. *Zeitschrift für Sozialpsychologie 1,* 109–141.

Holzkamp, K. (1972). *Kritische Psychologie. Vorbereitende Arbeiten*. Frankfurt: Fischer.

Holzkamp, K. (1983). *Grundlegung der Psychologie*. Frankfurt: Campus.

Hopf, V. (1982). Der Lehrer als Berater – Beratungslehrer? *Gruppendynamik, 13,* 129–142.

Hopp, A. D. & Lienert, G. A. (1965). Eine Verteilungsanalyse von Gymnasialzensuren. *Schule und Psychologie, 12,* 139–150.

Hoppe, F. (1930). Erfolg und Mißerfolg. *Psychologische Forschung, 14,* 1–63.

Horn, J. L. (1979). Systematisierung von Daten zur Entwicklung menschlicher Fähigkeiten über die Lebensspanne hinweg. In Baltes, P. B. (Hg.), *Entwicklungspsychologie der Lebensspanne* (pp. 263–307). Stuttgart: Klett-Cotta.

Horn, R. (1984). Formelle (standardisierte) Schulleistungstests. In Heller, K. A. (Hg.), *Leistungsdiagnostik in der Schule*. Stuttgart: Huber.

Horn, W. (1983). *Leistungsprüfsystem (L-P-S)*. Handanweisung (2. Aufl.). Göttingen: Hogrefe.

Hornstein, W. (1977). Beratung in der Erziehung – Ansatzpunkte, Voraussetzungen, Möglichkeiten – eine Einführung. In Hornstein, W. et al. (Hg.), *Funkkolleg „Beratung in der Erziehung", Bd. 1* (pp. 21–60). Frankfurt: Fischer.

Hornung, R. (1975). *Furcht, Vertrauen und die Einstellung zu Drogen. Ein experimenteller Beitrag zur Drogenprophylaxe*. Dissertation, Universität Zürich.

Horton, O. & Wohl, R. (1956). Mass communication and para-social interaction. *Psychiatry: Journal for the Study of Interpersonal Processes, 19,* 215–229.

Horwitz, R. A. (1979). Psychological effects of the „open classroom". *Review of Educational Research, 49,* 71–86.

Hoy, E., Weiss, G., Minde, K. & Cohen, N. (1978). The hyperactive child at adolescence. Cognitive, emotional and social functioning. *Journal of Abnormal Child Psychology, 6,* 311–324.

Hron, A. (1982). Evaluation von Fernstudieneinheiten. Überlegungen zur Methode und Konzeption, Anleitung für die Evaluationspraxis. *DIFF-Forschungsbericht, 19.* Tübingen: Deutsches Institut für Fernstudien.

Huber, G. L. (1985a). Computer im Unterricht: Möglichkeiten kooperativen Lernens. In Mandl, H. & Fischer, P. M. (Hg.), *Lernen im Dialog mit dem Computer* (pp. 229–238). München: Urban & Schwarzenberg.

Huber, G. L. (1985b). *Pädagogisch-psychologische Grundlagen für das Lernen in Gruppen. Studienbrief 1: Lernen in Schülergruppen*. Tübingen: Deutsches Institut für Fernstudien.

Huber, G. L., Bogatzki, W. & Winter, M. (1982). *Kooperation als Ziel schulischen Lehrens und Lernens. Bericht Nr. 6 aus dem Arbeitsbereich Pädagogische Psychologie*. Tübingen: Universität Tübingen.

Huber, G. L. & Brunner, E. J. (1982). *Problematische Schüler-Schüler-Beziehungen. Studienbrief 2 des Fernsehkollegs „Lehrerprobleme – Schülerprobleme"*. Tübingen: Deutsches Institut für Fernstudien.

Huber, G. L., Krapp, A. & Mandl, H. (Hg.) (1984). *Pädagogische Psychologie als Grundlage pädagogischen Handelns*. München: Urban & Schwarzenberg.

Huber, G. L. & Mandl, H. (1979). *Lehrer-Schüler-Interaktion unter dem Aspekt handlungsleitender Kognitionen. Forschungsbericht*. Universitäten Augsburg und Tübingen.

Huber, H. (1979). Die Familie: Sozialanthropologische Sicht. In Perrez, M. (Hg.), *Krise der Kleinfamilie?* (pp. 27–41). Bern: Huber.

Huber, H. P. (1973). *Psychometrische Einzelfalldiagnostik*. Weinheim: Beltz.

Hudson, W. (1960). Pictorial depth perception in sub-cultural groups in Africa. *Journal of Social Psychology, 52,* 183–208.

Huesmann, L. R. & Eron, L. D. (1983). The effect of television violence on children. In Howe, M. J. A. (Ed.), *Learning from television* (pp. 153–177). London: Academic Press.

Hullen, G. (1979). Sammelrezension über „Lehrerverhaltenstraining". *Gruppendynamik, 6,* 409–415.

Hurrelmann, K. (1971). *Unterrichtsorganisation und schulische Sozialisation*. Weinheim: Beltz.

Hussy, W. (1984). *Denkpsychologie*. Stuttgart: Kohlhammer.

Huth, S. (1981). Zur Wirkung des Vielfernsehens. Ergebnisse aus der empirischen Forschung in den USA. *Fernsehen und Bildung, 15,* 149–234.

Huth, S., Lehner, S., Raeithel, G., Schiemann, T. & Wersich, R. (1979). *Ursachen von Schülersuiziden in Bayern*. München: Sozialwissenschaftliche Fakultät der Universität München.

Ingenkamp, K. (1969). *Zur Problematik der Jahrgangsklasse*. Weinheim: Beltz.

Ingenkamp, K. (Hg.) (1971). *Die Fragwürdigkeit der Zensurengebung. Texte und Untersuchungsberichte*. Weinheim: Beltz.

Ingenkamp, K. (1975). *Pädagogische Diagnostik. Ein Forschungsbericht über Schülerbeurteilung in Europa*. Weinheim: Beltz.

Ingenkamp, K. (1985). *Lehrbuch der pädagogischen Diagnostik*. Weinheim: Beltz.

Innerhofer, P. (1977). *Das Münchner Trainingsmodell*. Berlin: Springer.

Ipfling, H. J. (1965). Programmierter Unterricht und lehrergeleiteter Direktunterricht. *Deutsche Schule, 57,* 572–576.

Irle, G. & Windisch, M. (1983). Der Gebrauch von Evaluationswissen als Handlungsalternative in der Praxis. *Zeitschrift für Pädagogik, 29,* 913–927.

Ischi, N. (1978). Die Erhebung interaktiven Eltern-Kind-Verhaltens durch systematische Beobachtung. In Schneewind, K. A. & Lukesch, H. (Hg.), *Familiäre Sozialisation: Probleme, Ergebnisse, Perspektiven* (pp. 44–62). Stuttgart: Klett-Cotta.

Ischi, N. (1982). Methodologische Probleme systematischer Verhaltensbeobachtung im Feld. In Patry, J.-L. (Hg.), *Feldforschung* (pp. 207–226). Bern: Huber.

Isselmann, A. (1983). *Ein Lehrertrainingsprogramm zur verbesserten Steuerung des Unterrichtsgeschehens*. Unveröffentlichte Diplomarbeit. Ruhr-Universität Bochum: Psychologisches Institut.

Izard, C. E. (1977). *Human emotions*. New York: Plenum Press.

Izard, C. E. (1981). *Die Emotionen des Menschen*. Weinheim: Beltz.

Jackson, J. A. (1960). Structural characteristics of norms. In Henry, N. B. (Ed.), *The 59th yearbook of the NSSE* (pp. 136–163). Chicago: Rand McNally.

Jacobs, B. & Strittmatter, P. (1979). *Der schulängstliche Schüler*. München: Urban & Schwarzenberg.

Jäger, A. O. (1967). *Dimensionen der Intelligenz*. Göttingen: Hogrefe.

Jäger, A. O. (1970). Personalauslese. In Mayer, A. & Herwig, D. (Hg.), *Betriebspsychologie (Handbuch der Psychologie. Bd. 9)*. Göttingen: Hogrefe.

Jäger, R. (1984). *Der diagnostische Prozeß*. Göttingen: Hogrefe.

Jäger, R. & Schweizer, H. (Hg.) (1975). *Praxis der Psychologie. Ein Überblick über Perspektiven und Realität beruflicher Tätigkeit von Psychologen*. Weinheim: Beltz.

Jagacinski, C. M. & Nicholls, J. G. (1984). Conceptions of ability and related affects in task involvement and ego involvement. *Journal of Educational Psychology, 76,* 909–919.

Jagenow, A. & Mittag, O. (1984). Motive zur Schwangerschaft, Geburt und Elternschaft. Ergebnisse einer empirischen Untersuchung an verhütungswilligen Frauen. *Psychotherapie, medizinische Psychologie, 34,* 20–24.

Jakobs, J. (1974). *Der Selbstmord bei Jugendlichen*. München: Kösel.

James, W. (1899). *Psychologie und Erziehung*. Leipzig: Engelmann.

Janis, J. L. (1983). The role of social support in adherence to stressful decisions. *American Psychologist, 38,* 143–160.

Janke, W. (1964). Klassifikation. In Heiss, R. (Hg.), *Psychologische Diagnostik. (Handbuch der Psychologie Bd. 6)* (pp. 901–929). Göttingen: Hogrefe.

Jeffries, R. & Polson, P. G. (1985). Analysis-instruction in general problem solving skills: An analysis of four approaches. In Segal, J. W., Chipman, S. F. & Glaser, R. (Eds.), *Thinking and learning skills. Vol. 1: Relating instruction to research* (pp. 417–455). Hillsdale, N. J.: Erlbaum.

Jencks, Ch. et al. (1973). *Chancengleichheit*. Reinbek: Rowohlt.

Jendritzka, E. (1975). Der Psychologe in Arbeits- und Berufsberatung. In Jaeger, R. & Schweizer, H. (Hg.), *Praxis der Psychologie* (pp. 96–106). Weinheim: Beltz.

Jennessen, H. (1980). *Leistungsmotiventwicklung und Fernsehen. Eine empirische Untersuchung bei Schulanfängern.* Bochum: Studienverlag Brockmeyer.

Jensen, A. R. (1973). Wie sehr können wir Intelligenzquotient und schulische Leistung steigern? In Skowronek, H. (Hg.), *Umwelt und Begabung* (pp. 63–155). Stuttgart: Klett.

Jerusalem, M. (1984). *Selbstbezogene Kognitionen in schulischen Bezugsgruppen. Eine Längsschnittstudie (Forschungsbericht) (Vol. 1).* Berlin: Inst. für Psychologie der FU.

Jochmann, W. (1984). Der implizite diagnostische Prozeß in der Personalberatung und seine aussagenlogische Formalisierung. *Zeitschrift für Arbeits- und Organisationspsychologie, 28,* 119–129.

Jörg, S. & Hörmann, H. (1978). The influence of general and specific verbal labels on the recognition of labeled and unlabeled parts of pictures. *Journal of Verbal Learning and Verbal Behavior, 17,* 445–454.

Johnson, C. N. (1982). Acquisition of mental verbs and the concepts of mind. In Kuczaj, S. (Ed.), *Language development. Vol. I, Syntax and semantics.* Hillsdale, N. J.: Erlbaum.

Johnson, D. W. (1981). Student-student-interaction. The neglected variable in education. *Educational Researcher, 10,* 5–10.

Johnson, D. W. & Johnson, R. T. (1978). Cooperative, competitive, and individualistic learning. *Journal of Research and Development in Education, 12,* 3–15.

Johnson, L. V. & Bany, M. A. (1975). *Steuerung von Lerngruppen.* Weinheim: Beltz.

Jones, E. E. & Gerard, H. B. (1967). *Foundation of Social Psychology.* New York: Wiley.

Jones, M. L. (1956). Analysis of certain aspects of teaching ability. *Journal of Experimental Education, 25,* 152–180.

Jopt, U.-J. (1978). Warum manche Schüler „faul" sind: Die attributionstheoretische Vernünftigkeit des schulischen Anstrengungsverzichts. *Zeitschrift für Entwicklungspsychologie und Pädagogische Psychologie, 10,* 315–327.

Joreskog, K. G. (1977). Structural equation models in the social sciences: Specification, estimation and testing. In Krishnaiah, P. R. (Ed.), *Application of statistics.* Amsterdam: North Holland.

Juel-Nielsen, N. (1965). *Individual and environment. A psychiatric-psychological investigation of monozygotic twins reared apart.* Kopenhagen: Munksgaard.

Jüngst, K. L. (1977). *Konstruktion und erste Evaluierung eines Curriculum zur Förderung problemlösenden Verhaltens. Dissertation.* Saarbrücken: Universität Saarbrücken.

Jüngst, K. L. (1983). Prototypen im Zusammenhang des Lehrens und Lernens von Begriffen. In Kötter, L. & Mandl, H. (Hg.), *Jahrbuch für Empirische Erziehungswissenschaft. Kognitive Prozesse und Unterricht* (pp. 77–107). Düsseldorf: Schwann.

Junker, H. (1977). Familientherapie. In Hornstein, W. et al. (Hg.), *Beratung in der Erziehung. Funkkolleg, Bd. 2* (pp. 481–502). Frankfurt: Fischer.

Junker, H. & Schuch, H. W. (1978). Beratung als Beruf. In Hornstein, W. et al. (Hg.), *Funkkolleg „Beratung in der Erziehung", Bd. 2* (pp. 757–777). Frankfurt: Fischer.

Kahl, Th., Buchmann, M. & Witte, E. (1977). Ein Fragebogen zur Schülerwahrnehmung unterrichtlicher Lernsituationen. *Zeitschrift für Entwicklungspsychologie und Pädagogische Psychologie, 9,* 277–285.

Kalb, G., Rabenstein, R. & Rost, D. (1979). *Lesen und Verstehen – Diagnose/Training.* Braunschweig: Westermann.

Kaminski, G. (1978). Behavior and environment: Ökologische Fragestellungen in der Allgemeinen Psychologie. In Graumann, C. F. (Hg.), *Ökologische Perspektiven in der Psychologie.* Bern: Huber.

Kaminski, G. (1979a). Die Bedeutung von Handlungskonzepten für die Interpretation sportpädagogischer Prozesse. *Sportwissenschaft, 9,* 9–28.

Kaminski, G. (1979b). Ökologische Perspektiven in pädagogisch-psychologischer Theoriebildung und deren Konsequenzen. In Brandtstädter, J., Reinert, G. & Schneewind, K. A. (Hg.), *Pädagogische Psychologie: Probleme und Perspektiven* (pp. 105–129). Stuttgart: Klett-Cotta.

Kaminski, G. (Hg.) (1976). *Umweltpsychologie.* Stuttgart: Klett-Cotta.

Kanfer, F. H. (1977). Selbstmanagement-Methoden. In Kanfer, F. H. & Goldstein, A. P. (Hg.), *Möglichkeiten der Verhaltensänderung* (pp. 350–406). München: Urban & Schwarzenberg.

Kasubek, W. & Aschenbrenner, K. M. (1978). Optimierung subjektiver Urteile: Anwendung der multiattributiven Nutzentheorie bei medizinischen Therapieentscheidungen. *Zeitschrift für experimentelle und angewandte Psychologie,* 594–616.

Katz, E. & Foulkes, D. (1962). On the uses of mass media as „escape": Clarification of a concept. *Public Opinion Quarterly, 26,* 377–388.

Katz, E., Blumler, J. G. & Gurevitch, M. (1974). Utilization of mass communication by the individual. In Blumler, J. G. & Katz, E. (Eds.), *The uses of mass communications: Current perspectives on gratifications research* (pp. 19–32). Beverly Hills Ca.: Sage.

Keil, F. C. (1981). Constraints on knowledge and cognitive development. *Psychological Review, 68,* 197–227.

Keitz von, B. (1983). *Wirksame Fernsehwerbung. Die Anwendung der Aktivierungstheorie auf die Gestaltung von Werbespots.* Würzburg: Physica.

Kemmler, L. & Heckhausen, H. (1959). Mütteransichten über Erziehungsfragen. *Psychologische Rundschau, 10,* 82–93.

Kemp, J. E. (1975). *Planning and producing audiovisual materials.* New York: Crowell.

Kemsies, F. (1899). Fragen und Aufgaben der Pädagogischen Psychologie. *Zeitschrift für Pädagogische Psychologie, 1,* 1–21.

Kendler, H. H. (1964). The concept of the concept. In Melton, A. W. (Ed.), *Categories of human learning* (pp. 212–236). New York: Academic Press.

Kennedy, M. (1978). Comprehensive community school centers or decentralized learning networks. In Harloff, H. J. (Hg.), *Bedingungen des Lebens in der Zukunft und die Folgen für die Erziehung.* Berlin: Technische Universität.

Kenny, D. A. (1975). A quasi-experimental approach to assessing treatment effects in the nonequivalent control group design. *Psychological Bulletin, 82,* 345–362.

Kern, H. J. (1979). *Lehrer-Selbsttraining.* Frankfurt: Selbstverlag.

Kerschensteiner, G. (1921). *Die Seele des Erziehers und das Problem der Lehrerbildung.* München: Oldenbourg.

Keupp, R. (1976). *Abweichung und Alltagsroutine. Die Labeling-Perspektive in Theorie und Praxis.* Hamburg: Hoffmann & Campe.

Kiefer, T. (1956). *Der visuelle Mensch. Neue Untersuchungen über die Vorstellungstypen und deren Anwendung auf das Geistesleben.* München: Reinhardt.

Kimble, G. A. (1961). *Hilgard and Marquis' „Conditioning and learning".* New York: Appleton-Century-Crofts.

King, F. J., Heinrich, D. L., Stephenson, R. S. & Spielberger, C. D. (1976). An investigation of the causal influence of trait and state anxiety on academic achievement. *Journal of Educational Psychologie, 68,* 330–334.

Kintsch, W. (1974). *The representation of meaning in memory.* Hillsdale, N. J.: Erlbaum.

Kintsch, W. (1979). Levels of processing language material: Discussion of papers. In Cermak, L. & Craik, F. (Eds.), *Levels of processing in human memory* (pp. 211–222). Hillsdale, N. J.: Erlbaum.

Kintsch, W. & Greene, E. (1978). The role of culture-specific schemata in the comprehension and recall of stories. *Discourse Processes, 1,* 1–13.

Kintsch, W. & van Dijk, T. A. (1975). Comment on se rapelle et on résume des histoires. *Langages, 40,* 98–116.

Kirby, F. D. & Shields, F. (1972). Modification of arithmetic-response rate and attending behavior in a seventh-grade student. *Journal of Applied Behavior Analysis, 5,* 79–84.

Kirch, H. & Meisiek, H. (1979). Problem- und aktionsorientierte Weiterbildung in der BASF. *Personalführung, 12,* 252–257.

Klafki, W. (1973). Handlungsforschung im Schulfeld. *Zeitschrift für Pädagogik, 19,* 487–516.

Klauer, K. J. (1972). Zur Theorie und Praxis des binomialen Modells lehrzielorientierter Tests. In Klauer, K. J., Fricke, R., Herbig, M., Rupprecht, H. & Schott, F. (Hg.), *Lehrzielorientierte Tests*. Düsseldorf: Schwann.

Klauer, K. J. (1973). *Das Experiment in der pädagogischen Forschung*. Düsseldorf: Schwann.

Klauer, K. J. (1973). *Revision des Erziehungsbegriffes*. Düsseldorf: Schwann.

Klauer, K. J. (1978). *Handbuch der Pädagogischen Diagnostik (4 Bde.). (Studienausgabe 1982)*. Düsseldorf: Schwann.

Klauer, K. J. (1980). Experimentelle Unterrichtsforschung. *Unterrichtswissenschaft, 127*, 61–72.

Klauer, K. J. (1981). Erziehung. In Schiefele, H. & Krapp, A. (Hg.), *Handlexikon zur Pädagogischen Psychologie* (pp. 108–112). München: Ehrenwirth.

Klauer, K. J. (1982a). Ein kriteriumsorientiertes Zensierungsmodell. *Zeitschrift für Entwicklungspsychologie und Pädagogische Psychologie, 14*, 65–79.

Klauer, K. J. (1982b). *Orientierungen zum pädagogischen Handeln. Festschrift für Elfriede Höhn*. Göttingen: Hogrefe.

Klauer, K. J. (1982c). Perspektiven der pädagogischen Diagnostik. In Klauer, K. J. (Hg.), *Handbuch der Pädagogischen Diagnostik (Studienausgabe)* (pp. 3–14). Düsseldorf: Schwann.

Klauer, K. J. (1982d). Über die Notwendigkeit, Möglichkeiten und Grenzen empirisch-pädagogischer Lehrzielforschung. In König, E. & Zedler, P. (Hg.), *Erziehungswissenschaftliche Forschung*. Paderborn: Schöningh.

Klauer, K. J. (1983). Kriteriumsorientierte Tests. In Feger, H. & Bredenkamp, J. (Hg.), *Messen und Testen*. Göttingen: Hogrefe.

Klauer, K. J. (1984a). Intentional and incidental learning with instructional texts: A meta-analysis for 1970–1980. *American Educational Research Journal, 21*, 323–339.

Klauer, K. J. (1984b). Kognitive Prozesse bei der Multiplikation und Division von Brüchen. Eine Lehrzielanalyse. *Zeitschrift für Empirische Pädagogik und Pädagogische Psychologie, 8*, 77–90.

Klauer, K. J. (1984c). Kontentvalidität. *Diagnostica, 30*, 1–23.

Klauer, K. J. (1985a). Ethische Probleme pädagogisch-psychologischer Forschung. In Lenk, H. (Hg.), *Humane Experimente? Genbiologie und Psychologie*. Paderborn: Schöningh.

Klauer, K. J. (1985b). Framework for a theory of teaching. *Teaching and Teacher Education, 1*, 77–90.

Kleber, E. W. (1985). Ökologie – neue Kriterien für wissenschaftliche Diskussion – auch für Erziehungswissenschaft. In Twellmann, W. (Hg.), *Handbuch für Schule und Unterricht (Bd. 7)*, im Druck.

Klein, D. M., Jorgensen, S. R. & Miller, B. C. (1978). Research methods and development reciprocity in families. In Lerner, R. M. & Spanier, G. B. (Eds.), *Child Influences on Marital and Family Interaction* (pp. 107–135). New York: Academic Press.

Klein, U. (1983). Abtreibung. *Psychologie heute, 10 (8)*, 48–51.

Kleine, W. (1983). Theoretische Grundlegung und empirische Befunde zur inneren Differenzierung. In Engler, H. J., Kleine, W. & Otto, I. (Hg.), *Lehrerfortbildung im Sport* (Bd. 2) (pp. 27–35). Köln: Strauß.

Kleine, W. & Weßling-Lünnemann, G. (1982). Problemfeld: Differenzierung im Sportunterricht. *Grundschule, 14*, 501.

Kleiter, E. F. & Petermann, F. (1977). *Abbildung von Lernwegen*. München: Oldenbourg.

Klinzing, H. G. (1984). Expressives nichtverbales Lehrerverhalten im Unterricht. Ein Forschungsbericht. *Unterrichtswissenschaft, 12*, 308–319.

Klockhaus, R. & Habermann-Mosky, B. (1984). *Sachzerstörungen an Schulen und schulische Umwelt*. Zeitschrift für Entwicklungspsychologie und Pädagogische Psychologie, 16, 47–56.

Knapen, M. (1958). Some results of an inquiry into the influence of childtraining practices on the development of personality in a Bacongo society. *Journal of Social Psychology, 47*, 223–229.

Knigge-Illner, H., Rubeau, P., Sommer, G. & Vollmer, K. (Hg.) (1983). *Suchtprävention in der Schule. Psychologische Beratung für Schüler und Lehrer.* Weinheim: Beltz.

Knight-Wegenstein, A. G. (1973). *Die Arbeitszeit der Lehrer in der Bundesrepublik Deutschland (2 Bde.).* Zürich: Antor.

Knoche, W. (1969). *Jungen, Mädchen, Lehrer und Schulen im Zensurenvergleich.* Weinheim: Beltz.

Knoepfel, H.-K. (1980). *Einführung in die Balint-Gruppenarbeit.* Stuttgart: Fischer.

Knowlton, J. Q. (1966). On the definition of picture. *Audiovisual Communication Review, 14,* 157–183.

Koch, H. L. (1923). A neglected phase of a part/whole problem. *Journal of Experimental Psychology, 6,* 366–376.

Koch, J. J. (1972). *Lehrer – Studium und Beruf. Einstellungswandel in den beiden Phasen der Ausbildung.* Ulm: Südwestdeutsche Verlagsgesellschaft.

König, E. (1979). Was leistet die empirische Erziehungswissenschaft für die Praxis? *Unterrichtswissenschaft, 7,* 263–268.

König, H. & Schmittmann, R. (1976). *Zur Ökologie der Schule.* München: Verlag Dokumentation.

König, R. (1974). *Die Familie der Gegenwart.* München: Beck.

Köppel, K. (1983). Zur psychohygienischen Situation der Wiener Pflichtschullehrer. *Wiener Lehrerzeitung, 1,* 3–6.

Körner, J. (1983). *Balint-Gruppenarbeit mit Lehrern.* Universität Hannover.

Köttl, K. & Sauer, J. (1980). Der Einfluß des sozialen Klimas von Schulklassen auf das Lehrerverhalten. *Psychologie in Erziehung und Unterricht, 27,* 267–277.

Kohl, H. (1976). *Freizeitpolitik.* Frankfurt–Köln: Europäische Verlagsanstalt.

Kohlberg, L. & Turiel, E. (1978). Moralische Entwicklung und Moralerziehung. In Portele, G. (Hg.), *Sozialisation und Moral* (pp. 13–80). Weinheim: Beltz.

Kolers, P. A. (1976). Reading a year later. *Journal of Experimental Psychology: Human Learning and Memory, 2,* 554–565.

Kordes, H. (1984). Evaluation. In Haft, H. & Kordes, H. (Hg.), *Enzyklopädie der Erziehungswissenschaft.* Stuttgart: Klett-Cotta.

Kormann, A. (1981). Veränderungsmessung. In Schiefele, H. & Krapp, A. (Hg.), *Handlexikon zur Pädagogischen Psychologie* (pp. 319–394). München: Ehrenwirth.

Kormann, A. (1984). Schulleistungsspezifische Lerntests. In Heller, K. A. (Hg.), *Leistungsdiagnostik in der Schule* (pp. 198–204). Stuttgart: Huber.

Kornmann, R. (1977). Sonderschulüberweisung – prinzipiell nie falsch? *b:e 1,* 53–57.

Kornmann, R., Meister, H. & Schlee, J. (Hg.) (1983). *Förderungsdiagnostik.* Heidelberg: Schindele.

Kosbiech, K.: The importance of perceived task and type of representation in student response to instructional television. *Audiovisual communication review, 24,* 401–411.

Kounin, J. (1970). *Discipline and group managment in classrooms (Dt.: Techniken der Klassenführung.* Stuttgart: Klett, 1976). New York: Holt, Rinehart & Winston.

Kraak, B. (1979). *Ausbildung in Psychologie für Nicht-Psychologen.* Weinheim: Beltz.

Krampen, G. (1985). Differentielle Effekte von Lehrerkommentaren zu Noten bei Schülern. *Zeitschrift für Entwicklungspsychologie und Pädagogische Psychologie, 17,* 99–123.

Krampen, G. & Herrig, D. (1979). Kognitiv-motivationale Effekte von Zeugnisnoten bei Schülern der 6. und 8. Klasse. *Zeitschrift für Entwicklungspsychologie und Pädagogische Psychologie, 11,* 31–42.

Krapp, A. (1973). *Bedingungen des Schulerfolgs.* München: Oldenbourg.

Krapp, A. (1979). *Prognose und Entscheidung.* Weinheim: Beltz.

Krapp, A. (1984a). Diagnose und Prognose. In Huber, G. L., Krapp, A. & Mandl, H. (Hg.), *Pädagogische Psychologie als Grundlage pädagogischen Handelns* (pp. 61–116). München: Urban & Schwarzenberg.

Krapp, A. (1984b). Forschungsergebnisse zur Bedingungsstruktur der Schulleistung. In Heller, K. A. (Hg.), *Leistungsdiagnostik in der Schule* (pp. 46–62). Bern: Huber.

Krapp, A., Hofer, M. & Prell, S. (1982). *Forschungswörterbuch. Grundbegriffe zur Lektüre wissenschaftlicher Texte.* München: Urban & Schwarzenberg.

Krapp, A. & Mandl, H. (1971). *Schulreifetests und Schulerfolg.* München: Oldenbourg.

Krapp, A. & Mandl, H. (1977). *Einschulungsdiagnostik.* Weinheim: Beltz.

Krapp, A. & Prell. S. (1982). Klassifikation pädagogisch-diagnostischer Aufgaben. In Klauer, K. J. (Hg.), *Handbuch der Pädagogischen Diagnostik* (Studienausgabe). Düsseldorf: Schwann.

Krapp, A. & Schiefele, H. (1976). *Lebensalter und Intelligenzentwicklung.* München: Oldenbourg.

Krappmann, L. (1969). *Soziologische Dimensionen der Identität.* Stuttgart: Klett-Cotta.

Krauth, J. (1983). Methodische Probleme in der pädagogischen Evaluationsforschung. *Zeitschrift für Empirische Pädagogik, 7,* 1–21.

Krauth, J. & Lienert, G. A. (1973). *KFA. Die Konfigurationsfrequenzanalyse und ihre Anwendung in Psychologie und Medizin.* Freiburg: Alber.

Kretschmer, I. (1982). *Die Förderung problemlösenden Denkens im Unterricht. Lehrmethoden und Lernerfolge. Dissertation.* Gießen: Universität Gießen.

Kretschmer, I. & Wieberg, H.-J. W. (1983). Allgemeine Problemlösestrategien als Unterrichtsziel. In Kötter, L. & Mandl, H. (Hg.), *Jahrbuch für Empirische Erziehungswissenschaft. Kognitive Prozesse und Unterricht* (pp. 207–232). Düsseldorf: Schwann.

Kreutzer, M. A., Leonard, S. C. & Flavell, J. H. (1975). An interview study of children's knowledge about memory. *Monographs of the Society for Research in Child Development. Vol. 40,* Serial No. 159.

Krohne, H. W. (1980). Prüfungsangst: Defensive Motivation in selbstwertrelevanten Situationen. *Unterrichtswissenschaft, 8,* 226–242.

Krohne, H. W., Kiehl, G. E., Neuser, K. W. & Pulsack, A. (1984). Das „Erziehungsstil-Inventar" (ESI): Konstruktion, psychometrische Kennwerte, Gültigkeitsstudien. *Diagnostica, 30,* 299–318.

Krug, S. (1983). Motivförderungsprogramme: Möglichkeiten und Grenzen. *Zeitschrift für Entwicklungspsychologie und Pädagogische Psychologie, 15,* 317–346.

Krug, S. (1984). *Motivation und Führungsverhalten. Ein Seminar für Führungskräfte. (Unveröffentlichtes Manuskript).* Ruhr-Universität Bochum: Psychologisches Institut.

Krug, S. & Heckhausen, H. (1982). Motivförderung in der Schule. In Rheinberg, F. (Hg.), *Jahrbuch für empirische Erziehungswissenschaft* (pp. 64–114). Düsseldorf: Schwann.

Kruse, L. (1978). Ökologische Fragestellungen in der Sozialpsychologie. In Graumann, C. F. (Hg.), *Ökologische Perspektiven in der Psychologie.* Bern: Huber.

Ksobiech, K. (1976). The importance of perceived task and type of presentation in student response to instructional television. *Audiovisual Communication Review, 24,* 401–411.

Küchenhoff, B. (1970). Beratung, (sozial)pädagogische. In Willmann Institut München (Hg.), *Lexikon der Pädagogik Bd. 1* (pp. 144–145). Freiburg: Herder.

Küchler, J. (1979). *Gruppendynamische Verfahren in der Aus- und Weiterbildung.* München: Kösel.

Kühn, R. (1983). *Bedingungen für Schulerfolg.* Göttingen: Hogrefe.

Kuhl, J. (1983). *Motivation, Konflikt und Handlungskontrolle.* Berlin: Springer.

Kulhavy, R. W. & Swenson, J. S. (1975). Imagery instructions and the comprehension of text. *British Journal of Educational Psychology, 45,* 47–51.

Kultusminister Nordrhein-Westfalen (Hg.) (1979). *Abschlußbericht der wissenschaftlichen Beratergruppe. Gesamtschulversuch Nordrhein-Westfalen.* Düsseldorf: Michelpresse.

Kultusminister Rheinland-Pfalz (1983). Landesverordnung über die Prüfung von Lehrern für das Lehramt des Fachlehrers mit beratenden Aufgaben für den praktischen Unterricht. *Gesetz- und Verordnungsblatt Oktober 1983* (pp. 233–237).

Kultusministerkonferenz (KMK) (1973). *Beratung in Schule und Hochschule. Beschluß der KMK vom 14. 9. 1973.*

Kummer, H. (1979). Probleme der Kleinfamilie aus der Sicht eines Verhaltensbiologen. In Perrez, M. (Hg.), *Krise der Kleinfamilie?* (pp. 19–25). Bern: Huber.

Kunen, S., Green, D. & Waterman, D. (1979). Spread of encoding effects within the nonverbal visual domain. *Journal of Experimental Psychology: Human Learning and Development, 5*, 574–584.

Kury, H. (1980). *Erziehungsstil und Aggression bei straffälligen Jugendlichen.* In H. Lukesch, M. Perrez und K. A. Schneewind (Hg.), Familiäre Sozialisation und Intervention (337–351). Bern: Huber.

Kutscher, J. (Hg.) (1977). *Beurteilen oder verurteilen.* München: Urban & Schwarzenberg.

Kvale, S. (1972). *Prüfung und Herrschaft.* Weinheim: Beltz.

Kyriacou, C. & Sutcliffe, J. (1978). A model of teacher stress. *Educational Studies, 4*, 1–6.

Lahaderne, H. M. (1968). Attitudinal and intellectual correlates of attention: A study of fourth-grade class-room. *Journal of Educational Psychology, 59*, 320–324.

Landtag Nordrhein-Westfalen, Ausschuß für Schule und Kultur (1980). *Protokoll 8/1875 vom 20. 3. 1980.*

Langer, I., Rieckhof, A., Steinbach, I. & Tausch, A. (1973). Mutter-Kind-Interaktionen in außerhäuslichen Situationen. *Psychologie in Erziehung und Unterricht, 20*, 361–376.

Langer, I. & Schulz von Thun, F. (1974). *Messung komplexer Merkmale in Psychologie und Pädagogik.* München: Reinhardt.

Langer, I., Schulz v. Thun, W. & Tausch, R. (1974). *Verständlichkeit in Schule, Verwaltung, Politik, Wissenschaft.* München: Reinhardt.

Langfeldt, H.-P. (1983). Schulbezogene Motivation, Schulleistung und Schullaufbahn. *Zeitschrift für Entwicklungspsychologie und Pädagogische Psychologie, 15*, 157–167.

Lantermann, E. D. (1980). *Interaktionen.* München: Urban & Schwarzenberg.

Lantermann, E. D. (Hg.) (1982). *Wechselwirkungen.* Göttingen: Hogrefe.

Lantermann, E. D. (1983). Kognitive und emotionale Prozesse beim Handeln. In Mandl, H. & Huber, G. L. (Hg.), *Emotion und Kognition* (pp. 248–281). München: Urban & Schwarzenberg.

Lasky, E. Z. & Tobin, G. (1973). Linguistic and nonlinguistic competing message effects. *Journal of Learning Disabilities, 6*, 243–250.

Latané, B. (1981). Psychology of social impact. *American Psychologist, 36*, 343–356.

Latané, B., Williams, K. & Harkins, S. (1979). Many hands make light the work: The causes and consequences of social loafing. *Journal of Personality and Social Psychology, 37*, 822–832.

Laucken, M. (1974). *Naive Verhaltenstheorie.* Stuttgart: Klett.

Lave, J., Murtaugh, M. & de la Roche, O. (1984). The dialectic of arithmetic in grocery shopping. In Rogoff, B. & Lave, J. (Eds.), *Everyday cognition: Its development in social context* (pp. 67–94). Cambridge, Ma.: Harvard University Press.

Lay, W. A. (1908). *Experimentelle Pädagogik.* Leipzig: Teubner.

Lazarus, R. S. & Launier, R. (1978). Stress-related transactions between person and environment. In Pervin, L. A. & Lewis, M. (Eds.), *Perspectives in interactional psychology* (pp. 287–324). New York: Plenum.

Lazarus, R. S., Averill, J. R. & Opton, Jr. E. M. (1974). The psychology of coping: Issues of research and assessment. In Coelho, G. V., Hamburg, D. A. & Adams, J. E. (Eds.), *Coping and adaptation* (pp. 249–315). New York: Basic Books.

Lecompte, M. D. & Preissle Goetz, J. (1982). Problems in reliability and validity in ethnographic research. *Review of Educational Research, 52*, 31–60.

Lee, M. (1971). *Decision theory and human behavior.* New York: Wiley. *(Dt.: Psychologische Entscheidungstheorie.* Weinheim: Beltz 1977).

Leeds, C. H. (1950). A scale for measuring teacher-pupil attitudes and teacher-pupil rapport. *Psychological Monographs, 64*, Whole No. 312.

Lehr, U. (1970). Die Bedeutung der Familie im Sozialisationsprozeß. Ein Gutachten erstattet im Juli 1970. Universität Köln: *Band 5 der Schriftenreihe des Bundesministers für Jugend, Familie und Gesundheit.*

Leinhofer, G. (1981). Beratung für Kinder, Jugendliche und Eltern (Erziehungsberatung). In Berufsverband Deutscher Psychologen (Hg.), *Handbuch der Angewandten*

Psychologie, Bd. 2: Behandlung und Gesundheit (pp. 859–886). Landsberg/Lech: Verlag Moderne Industrie.

Leontjew, A. N. (1977). *Tätigkeit, Bewußtsein, Persönlichkeit.* Stuttgart: Klett.

Lesgold, A. M. (1984). Perspektiven und Möglichkeiten des Lernens mit dem Computer. *Fernstudium aktuell, 6,* 6–8.

Leutner, D. (1985). *Lehrstoffstruktur und Leistung. Dissertation.* Technische Hochschule Aachen: Philosophische Fakultät.

Levie, H. W. (1978). A prospectus for research of visual literacy. *Educational Communication and Technology Journal, 26,* 25–36.

Levie, H. W. & Lentz, R. (1982). Effects of text illustrations: A review of research. *Educational Technology and Communication Journal, 30,* 195–232.

Levin, J. R., Divine, H. P. & Kerst, S. M. (1974). Individual differences in learning from pictures and words. *Journal of Educational Psychology, 66,* 296–303.

Levinger, G. & Snoek, J. D. (1977). Attraktion in Beziehungen: Eine neue Perspektive in der Erforschung zwischenmenschlicher Anziehung. In Mikula, G. & Stroebe, W. (Hg.), *Sympathie, Freundschaft und Ehe* (pp. 108–138). Bern: Huber.

Lewin, K. (1936). *Principles of topological psychology.* New York: McGraw-Hill.

Lewin, K. (1938). *The conceptual representation and the measurement of psychological forces.* Durham, N. C.: Duke University Press.

Lewin, K. (1963). *Feldtheorie in den Sozialwissenschaften.* Bern: Huber.

Lewin, K., Lippitt, R. & White, R. K. (1939). Patterns of aggressive behavior in experimentally created social climates. *Journal of Social Psychology, 10,* 271–299.

Lewis, D. G. (1974). *Experimentelle Planung in den Erziehungswissenschaften.* Weinheim: Beltz.

Lewis, M. & Lee-Painter, S. (1974). An interactional approach to the mother-infant dyad. In Lewis, M. & Rosenblum, L. A. (Eds.), *The effect of the infant on its caregiver.* New York: Wiley.

Lewis, M. & Weinraub, M. (1976). The father's role in the child's social network. In Lamb, M. E. (Ed.), *The role of the father in child development* (pp. 157–184). New York: Wiley.

Lickona, T. (1981). Förderung der moralischen Entwicklung in Schule und Familie. *Unterrichtswissenschaft, 3,* 241–254.

Lienert, G. A. (1969). *Testaufbau und Testanalyse (2. Aufl.).* Weinheim: Beltz.

Lill, R., Dröschel, A. & Gross, H. (1981). *Konstruktion eines Fragebogens zur psychischen Gesundheit bei Jugendlichen.* Saarbrücken: Unveröffentlichte Diplomarbeit.

Lindner, K. (1980). Parameterwahl bei kriteriumsorientierten Zensierungsmodellen. *Lernzielorientierter Unterricht, 133,* 25–37.

Linstone, H. A. & Turoff, M. (Eds.) (1975). *The Delphi Method.* London: Addison Wesley.

Lipman, M., Sharp, A. M. & Oscanyan, F. S. (1980). *Philosophy in the classroom. (2nd ed.).* Philadelphia, Pa.: Temple University Press.

Lissmann, U. & Paetzold, B. (1984). Zur Effektivität von Schülerselbstkorrektur und häufiger Leistungsrückmeldung – eine empirische Untersuchung. *Zeitschrift für Pädagogik, 30,* 817–833.

Lockowandt, O. (1974). *Frostigs Entwicklungstest der visuellen Wahrnehmung (FEW).* Weinheim: Beltz.

Löchel, M. (1983). Die präsuizidale Symptomatik bei Kindern und Jugendlichen. In Jochmus, J. & Förster, E. (Hg.), *Suizid bei Kindern und Jugendlichen* (pp. 61–65). Stuttgart: Enke.

Lompscher, J. (1985). *Persönlichkeitsentwicklung in der Lerntätigkeit.* Berlin: Volk und Wissen.

Lorch, P. P., Anderson, D. R. & Levin, S. R. (1979). The relationship of visual attention to children's comprehension of television. *Child Development 50,* 722–727.

Lorenz, K. (1965). Phylogenetische Anpassung und adaptive Modifikation des Verhaltens. In Lorenz, K. (Hg.), *Über tierisches und menschliches Verhalten. Gesammelte Abhandlungen Bd. II* (pp. 301–358). München: Piper.

Lorenz, R., Molzahn, R. & Teegen, F. (1976). *Verhaltensänderung in der Schule: Systematisches Anleitungsprogramm für Lehrer.* Reinbek: Rowohlt.

Lord, F. M. (1969). Statistical adjustments when comparing pre-existing groups. *Psychological Bulletin, 72,* 336–337.

Ludwig, H. (1981). *Gesamtschule in der Diskussion.* Regensburg.

Lüders, W. (1974). *Psychotherapeutische Beratung.* Göttingen: Verlag für medizinische Psychologie.

Lüer, G. (1973). *Gesetzmäßige Denkabläufe beim Problemlösen.* Weinheim: Beltz.

Lukesch, H. (Hg.) (1975). *Auswirkungen elterlicher Erziehungsstile.* Göttingen: Hogrefe.

Lukesch, H. (1976). *Elterliche Erziehungsstile. Psychologische und soziologische Bedingungen.* Stuttgart: Kohlhammer.

Lukesch, H. (1977). Das Marburger Zweikomponenten-Konzept des elterlichen Erziehungsstils: Vier kritische Anmerkungen. *Zeitschrift für Entwicklungspsychologie und Pädagogische Psychologie, 9,* 192–197.

Lukesch, H., Perrez, M. & Schneewind, K. A. (Hg.) (1980). *Familiäre Sozialisation und Intervention.* Bern: Huber.

Lukesch, H., Schuppe, H., Dreher, E., Haenisch, H. & Klaghofer, R. (1979). *Gesamtschule und dreigliedriges Schulsystem in Nordrhein-Westfalen: Chancengleichheit und Offenheit der Bildungswege.* Paderborn: Schöningh.

Lukesch-Toman, M. & Helmke, A. (1979). *Gesamtschule und dreigliedriges Schulsystem in NRW – Einschätzungen und Sichtweisen der Eltern.* Paderborn: Schöningh.

Lumsdaine, A. A. (1953). Audiovisual research in the U.S. Air Force. *Audiovisual Communication Review, 1,* 76–90.

Lungershausen, E. (1966). Suicide und Suicidversuche bei Schülern. *Zeitschrift für Präventivmedizin, 11,* 416.

Maccoby, E. & Masters, J. C. (1970). Attachment and dependency. In Mussen, P. H. (Ed.), *Carmichael's Manual of child psychology* (3. rd ed.) (pp. 73–157). New York: Wiley.

MacDonald-Ross, M. (1977). How numbers are shown. *Audiovisual Communication Review, 4,* 359–409.

Mackworth, N. H. & Bruner, J. S. (1970). How adults and children search and recognize pictures. *Human Development, 13,* 149–177.

Mader, W. & Weymann, A. (1975). *Erwachsenenbildung.* Bad Heilbrunn: Klinkhardt.

Main, M. (1982). Vermeiden im Dienste von Nähe: ein Arbeitspapier. In Immelmann, K., Harlow, G., Petrinovich, L. & Main, M. (Hg.), *Verhaltensentwicklung bei Mensch und Tier. Das Bielefeld-Projekt* (pp. 751–793). Berlin: Parey.

Mandl, H. (Hg.) (1981). *Zur Psychologie der Textverarbeitung. Ansätze, Befunde, Probleme.* München: Urban & Schwarzenberg.

Mandl, H. (1983). Kognitionstheoretische Ansätze. In Euler, H. A. & Mandl, H. (Hg.), *Emotionspsychologie* (pp. 72–79). München: Urban & Schwarzenberg.

Mandl, H. & Fischer, P. M. (1982). Wissenschaftliche Ansätze zum Aufbau und zur Förderung selbstgesteuerten Lernens. *Unterrichtswissenschaft, 10,* 111–128.

Mandl, H. & Fischer, P. M. (Hg.) (1985). *Lernen im Dialog mit dem Computer.* München: Urban & Schwarzenberg.

Mandl, H. & Hron, Ä. (1985). *Förderung kognitiver Fähigkeiten und des Wissenserwerbs durch computerunterstütztes Lernen.* Tübingen: Deutsches Institut für Fernstudien. Forschungsbericht Nr. 33.

Mandl, H., Fischer, P. M., Frey, H.-D. & Jeuck, J. (1985). Wissensvermittlung durch computergestütztes Rückmeldungssystem. In Mandl, H. & Fischer, P. M. (Hg.), *Lernen im Dialog mit dem Computer* (pp. 179–190). München: Urban & Schwarzenberg.

Mandl, H., Schnotz, W. & Tergan, S.-O. (1983). Zur Funktion von Beispielen in Texten. In Kötter, L. & Mandl, H. (Hg.), *Jahrbuch für Empirische Erziehungswissenschaft. Kognitive Prozesse und Unterricht* (pp. 45–75). Düsseldorf: Schwann.

Mandl, H., Stein, N. L. & Trabasso, T. (Eds.) (1984). *Learning and comprehension of text.* Hillsdale, N. J.: Erlbaum.

Mandl, H., Tergan, S. O. & Ballstaedt, S.-P. (1981). *Textverständlichkeit-Textverstehen*. Forschungsbericht Nr. 12. Tübingen: Deutsches Institut für Fernstudien.

Manning, W. H. & DuBois, P. H. (1962). Correlational methods in research on human subjects. *Perceptual Motor Skills, 15*, 287–321.

Manstetten, R. (1982). *Pädagogische Beratung*. Darmstadt: Winkler.

Marjoribanks, K. (1973). Umwelt, soziale Schicht und Intelligenz. In Graumann, C. F. & Heckhausen, H. (Hg.), *Pädagogische Psychologie, Bd. 1* (pp. 190–200). Frankfurt: Fischer.

Marjoribanks, K. (1979a). *Families and their learning environment*. London: Routledge & Kegan Paul.

Marjoribanks, K. (1979b). Family and school environmental correlates of intelligence. Personality and school-related affective characteristics. *Genetic Psychology Monographs, 90*, 165–183.

Marjoribanks, K. (1980). *Ethnic families and children's achievements*. Sydney: Allen & Unwinn.

Marshall, H. H. & Weinstein, R. S. (1984). Classroom factors affecting students self-evaluation: An interactional model. *Review of Educational Research, 54*, 301–326.

Maslow, A. (1954). *Motivation and personality*. New York: Harper & Row.

May, M. A. & Lumsdaine, A. A. (1958). *Learning from films*. New Haven: Yale University Press.

Mayer, R. E. (1975). Different problem-solving competencies established in learning computer programming with and without meaningful models. *Journal of Educational Psychology, 67*, 725–734.

Mayer, R. E. (1983). *Thinking, problem solving, cognition*. New York: Freeman.

Mayer, R. E. (1985). *Learnable aspects of problem solving: some examples*. Santa Barbara, Ca.: University of California.

McClelland, D. C. (1961). *The achievement motive*. Princeton, N. L.: Van Nostrand.

McClelland, D. C. (1965). In achievement and entrepreneurship. *Journal of Personality and Social Psychology, 1*, 389–392.

McClelland, D. C. (1970). The two faces of power. *Journal of International Affairs, 24*, 29–47.

McClelland, D. C. (1975). *Power: The inner experience (Dt. in: S. Krug (Hg.) (1978): Macht als Motiv*. Stuttgart: Klett-Cotta. New York: Irvington.

McClelland, D. C., Atkinson, J. W., Clark, R. A. & Lowell, E. L. (1953). *The achievement motive*. New York: Appleton-Century Crofts.

McClelland, D. C. & Burnham, D. H. (1975). Power-driven managers: Good guys make bum bosses. *Psychology Today, 9*, 69–70.

McClelland, D. C. & Winter, D. G. (1969). *Motivational economic achievement*. New York: Free Press.

McGrath, J. E. & Kravitz, D. A. (1982). Group research. *Annual Review of Psychology, 33*, 195–230.

McKeachie, W. J. (1968). Motivation, Lehrmethode und Lernen in Hochschulen. In Weinert, F. E. (Hg.), *Pädagogische Psychologie (3. Aufl.)* (pp. 159–188). Köln: Kiepenheuer & Witsch.

McKeachie, W. J. (1974). Instructional psychology. *Annual review of Psychology, 25*, 161–193.

McLuhan, M. (1965). *Understanding media: The extension of man*. New York: McGraw-Hill.

Mead, G. H. (1934). *Mind, self and society: From the standpoint of a social behaviorist*. Chicago: Chicago University Press.

Medley, D. M. (1982). Systematic observation. In Mitzel, H. E. (Ed.), *Encyclopedia of Educational Research Vol. 4* (pp. 1841–1851). New York/London: MacMillan.

Meehl, P. E. (1954). *Clinical versus statistical prediction: A theoretical analysis and a review of the evidence*. Minneapolis: University of Minnesota Press.

Melzer, G. (1978). Methoden und Gespräche. In Giese, D. & Melzer, G. (Hg.), *Die Beratung in der sozialen Arbeit* (pp. 69–146). Frankfurt/M. Eigenverlag des deutschen Vereins für private und öffentliche Fürsorge.

Merkens, H. & Seiler, H. (1978). *Interaktionsanalyse.* Stuttgart: Kohlhammer.

Merz, F., Remer, H. & Ehlers, T. (1985). Der Einfluß des Schulbesuchs auf Intelligenztestleistungen im Grundschulalter. *Zeitschrift für Entwicklungspsychologie und Pädagogische Psychologie, 17,* 223–241.

Merz, F. & Stelzl, J. (1977). *Einführung in die Erbpsychologie.* Stuttgart: Kohlhammer.

Metzger, W. (1975). *Psychologie und Pädagogik zwischen Lerntheorie, Tiefenpsychologie, Gestalttheorie und Verhaltensforschung.* Bern: Huber.

Meulemann, H. (1982). Bildungsexpansion und Wandel der Bildungsvorstellungen zwischen 1958 und 1979. Eine Kohortenanalyse. *Zeitschrift für Soziologie, 11,* 227–253.

Meumann, E. (1913). *Vorlesungen zur Einführung in die experimentelle Pädagogik und ihrer psychologischen Grundlagen (3 Bde.) (2. Aufl.).* Leipzig: Engelmann.

Meyer, B. J. F. (1975). *The organization of prose and its effect on memory.* Amsterdam: North Holland.

Meyer, J. (1971). *The impact of the open space school upon teacher influence and autonomy: The effects of an organizational innovation.* Stanford, Ca.: Stanford University Press.

Meyer, W.-U. (1973a). Anstrengungsintention in Abhängigkeit von Begabungseinschätzung und Aufgabenschwierigkeit. *Archiv für die gesamte Psychologie, 125,* 245–262.

Meyer, W. U. (1973b). *Leistungsmotiv und Ursachenerklärung für Erfolg und Mißerfolg.* Stuttgart: Klett.

Meyer, W.-U. (1979). Academic expectations, attributed responsibility, and teachers' reinforcement behavior: A comment on Cooper and Baron with some additional data. *Journal of Educational Psychology, 71,* 269–273.

Meyer, W.-U. (1983). Prozesse der Selbstbeurteilung: Das Konzept von der eigenen Begabung. *Zeitschrift für Entwicklungspsychologie und Pädagogische Psychologie, 15,* 1–25.

Meyer, W.-U. (1984). *Das Konzept von der eigenen Begabung.* Bern: Huber.

Meyer, W. U. & Butzkamm, A. (1975). Ursachenerklärung von Rechennoten, I. Lehrerattribuierungen. *Zeitschrift für Entwicklungspsychologie und Pädagogische Psychologie, 7,* 53–66.

Miller, N. E. & Dollard, J. (1941). *Social learning and imitation.* New Haven: Yale University Press.

Millman, J. (1972). *Determining test-length: Passing score and test lengths for objective-based tests.* Los Angeles, Ca.: Instructional Objectives Exchange.

Minsel, W.-R. & Hinz, I. (1978). Therapeutische Intervention im Bereich der Schule. In Pongratz, L. (Hg.), *Klinische Psychologie (Handbuch der Psychologie, Bd. 8, Halbband 2)* (pp. 2873–2912). Göttingen: Hogrefe.

Minsel, W.-R., Kaatz, S. & Minsel, B. (1976). *Lehrverhalten I. Unterrichtsziele, Selbstkontrolle, Lenkung.* München: Urban & Schwarzenberg.

Minsel, W.-R. & Minsel, B. (1976). Konzeption eines Trainingscurriculums für Lehrer. In Minsel, W.-R., Royl, W. & Minsel, B. (Hg.), *Verhaltenstraining – Modelle und Erfahrungen. Beiträge zum Symposium über Verhaltenstraining in Kiel 1975* (pp. 82–106). Ralingen: Selbstverlag.

Minuchin, S. (1978). *Familie und Familientherapie. Theorie und Praxis struktureller Familientherapie.* Freiburg i. Br.: Lambertus.

Mitchell, S. K. (1979). Interobserver agreement, reliability, and generalizability of data collected in observational studies. *Psychological Bulletin, 86,* 376–390.

Mitchell, T. R. (1979). *People in organizations.* New York: McGraw Hill.

Mitter, W. & Weishaupt, H. (1977). *Ansätze zur Analyse der wissenschaftlichen Begleitung bildungspolitischer Innovationen.* Köln: Böhlau.

Mitter, W. & Weishaupt, H. (Hg.) (1979). *Strategien und Organisationsformen der Begleitforschung. Vier Fallstudien.* Köln: Böhlau.

Mitter, W. & Weishaupt, H. (Hg.) (1981). *Pädagogische Begleitforschung. Erfahrungen und Perspektiven. GFPF-Materialien Nr. 12.* Weinheim: Gesellschaft zur Förderung Pädagogischer Forschung (Institutsdruck).

Möbus, C. & Nagl, W. (1983). Messung, Analyse und Prognose von Veränderungen. In Bredenkamp, J. & Feger, H. (Hg.), *Hypothesenprüfung* (pp. 239–470). Göttingen: Hogrefe.

Moeller, M. L. (1978). *Selbsthilfegruppen.* Reinbek: Rowohlt.

Moeller, M. L. (1981). *Anders helfen. Selbsthilfegruppen und Fachleute arbeiten zusammen.* Stuttgart: Klett-Cotta.

Mollenhauer, K. (1965). Das pädagogische Phänomen „Beratung". In Mollenhauer, K. & Müller, C. W. (Hg.), *„Führung" und „Beratung" in pädagogischer Sicht* (pp. 25–41). Heidelberg: Quelle & Meyer.

Montada, L. (1982). Themen, Traditionen, Trends. In Oerter, R., Montada, L. u.a. *Entwicklungspsychologie* (pp. 3–88). München: Urban & Schwarzenberg.

Montada, L. (1983). Verantwortlichkeit und das Menschenbild in der Psychologie. In Jüttemann, G. (Hg.), *Psychologie in der Veränderung* (pp. 162–188). Weinheim: Beltz.

Montessori, M. (1961). *Kinder sind anders.* Stuttgart: Klett. (6. Aufl.).

Moos, R. H. (1973). Conceptualization of human environments. *American Psychologist, 28,* 652–665.

Moos, R. H. (1974). *The social climate scales – an overview.* Palo Alto: Consulting Psychologists' Press.

Moos, R. H. (1979a). *Evaluating educational environments.* San Francisco, Ca.: Jossey-Bass.

Moos, R. H. (1979b). Messung und Wirkung sozialer Settings. In Walter, H. & Oerter, R. (Hg.), *Ökologie und Entwicklung* (pp. 172–184). Donauwörth: Auer.

Moos, R. H. & Insel, E. J. (1974). *Work environment scale.* Palo Alto: Consulting Psychologists' Press.

Moos, R. H. & Trickett, E. I. (1974). *Classroom environment scale manual.* Palo Alto: Consulting Psychologists' Press.

Moser, H. (1977). *Aktionsforschung als kritische Theorie der Sozialwissenschaften.* München: Kösel.

Müller, G. F. (1980). Das präventive Elterntraining – Eine Methode zur Stärkung der Erziehungsfähigkeit und zur Weiterentwicklung der Partnerschaft. In Gerlicher, K. (Hg.), *Prävention. Vorbeugende Tätigkeiten in Erziehungs- und Familienberatungsstellen* (pp. 43–55). Göttingen: Vandenhoeck & Rupprecht.

Müller, R. (1965). *Diagnostischer Rechtschreibtest für 2. Klassen (DRT 2).* Weinheim: Beltz.

Müller-Fohrbrodt, G., Cloetta, B. & Dann, H. D. (1978). *Der Praxisschock bei jungen Lehrern. Formen – Ursachen – Folgerungen.* Stuttgart: Klett-Cotta.

Müller-Limmroth, W. (1980). *Arbeitszeit und Arbeitsbelastung im Lehrerberuf.* Frankfurt: Gewerkschaft Erziehung und Wissenschaft.

Münch, W. (1979). Supervision von Lehrergruppen. In Geißler, K. (Hg.), *Gruppendynamik für Lehrer* (pp. 175–181). Reinbek: Rowohlt.

Münsterberg, H. (1900). *Grundzüge der Psychologie. Bd. I: Allgemeiner Teil. Die Prinzipien der Psychologie.* Leipzig: Barth.

Murray, H. A. (1938). *Explorations in personality.* New York: Oxford University Press.

Myers, J. L. (1972). *Fundamentals of experimental design (2nd ed.).* Boston, Ma.: Allyn & Bacon.

Nash, R. (1978). *Lehrererwartung und Schülerleistung.* Ravensburg: O. Maier.

Neisser, U. (1979). *Kognition und Wirklichkeit.* Stuttgart: Klett-Cotta.

Nerlich, J. (1979). *Problemkonstellationen bei jugendlichen Suizidenten.* Dissertation.

Neuberger, O. (1973a). *Das Mitarbeitergespräch.* München: Goldmann.

Neuberger, O. (1973b). Organisationsstruktur und Organisationsklima. *Problem und Entscheidung, 10,* 26–87.

Neuberger, O. (1977). *Organisation und Führung.* Stuttgart: Kohlhammer.

Neumann, H. J. (1985). Der schöne Schein. Bemerkungen zur ästhetischen Regression im internationalen Kino. *Medium, 15,* 21–27.

Newell, A. & Simon, H. A. (1972). *Human problem solving.* Englewood Cliffs, N. J.: Prentice-Hall.

Newman, H. H., Freeman, F. N. & Holzinger, K. F. (1937/1966). *Twins: A Study of heredity and environment.* Chicago: Chicago University Press.

Nickel, H. (1972). *Entwicklungspsychologie des Kindes- und Jugendalters, Bd. 1.* Bern: Huber.

Nickel, H. (1976). Die Lehrer-Schüler-Beziehung aus der Sicht neuerer Forschungsergebnisse. *Psychologie in Erziehung und Unterricht, 23,* 153–172.

Nickel, H., Heller, K. A. & Neubauer, W. (1976). *Psychologie in der Erziehungswissenschaft. Bd. 2: Verhalten im sozialen Kontext.* Stuttgart: Klett.

Niegemann, H. M. & Treiber, B. (1982). Lehrstoffstrukturen, kognitive Strukturen, didaktische Strukturen. In Treiber, B. & Weinert, F. E. (Hg.), *Lehr-Lern-Forschung.* München: Urban & Schwarzenberg.

Niggli, A., Perrez, M. & Kramis, J. (1982). Selbständigkeit und Unselbständigkeit als Einflußgrößen mütterlichen Erziehungsverhaltens. *Psychologie. Schweizerische Zeitschrift für Psychologie und ihre Anwendungen, 41,* 276–286.

Nisbett, R. E. & Wilson, T. D. (1977). Telling more than we know: Verbal reports on mental processes. *Psychological Review, 84,* 231.

Norman, D. A. & Rumelhart, D. E. (1980). *Analogical processes in learning.* Center for Human Information Processing, Report Nr. 97. San Diego, Ca.: University of California.

Nussbaum, A. (1984). Quantitative oder qualitative Unterrichtsforschung? *Unterrichtswissenschaft, 12,* 218–231.

Oehme, W. (1979). *Führen durch Motivation.* Essen: Girardet.

Oerter, R. (1979). Welche Realität erfaßt die Unterrichtsforschung? *Unterrichtswissenschaft, 7,* 24–43.

Oerter, R. (1981). Entwicklung. In Schiefele, H. & Krapp, A. (Hg.), *Handlexikon zur Pädagogischen Psychologie* (pp. 100–108). München: Ehrenwirth.

Oerter, R. (1985). Die Formung von Kognition und Motivation durch Schule: Wie die Schule auf das Leben vorbereitet. *Unterrichtswissenschaft, 13,* (3), 203–219.

Oerter, R., Montada, L. u. a. (1982). *Entwicklungspsychologie.* München: Urban & Schwarzenberg.

Oesterreich, G. (1981). *Elternladen.* Reinbek: Rowohlt.

Olbrich, E. (1982). Erwachsenenalter und Alter. In Oerter, R., Montada, L. u. a. *Entwicklungspsychologie* (pp. 314–372). München: Urban & Schwarzenberg.

Olson, D. R. (1974). Introduction. In Olson, D. R. (Ed.), *Media and symbols: The form of expression, communication und education* (pp. 1–24). Chicago: Chicago University Press.

Opaschowski, H. W. (1976). *Pädagogik der Freizeit.* Bad Heilbrunn: Klinkhardt.

Opaschowski, H. W. (1983). *Arbeit, Freizeit, Lebenssinn. Orientierungen für eine Zukunft, die längst begonnen hat.* Opladen: Leske.

Ornstein, R. E. (1974). *Die Psychologie des Bewußtseins.* Köln: Kiepenheuer & Witsch.

Orth, B. (1974). *Einführung in die Theorie des Messens.* Stuttgart: Klett.

Osborne, A. F. (1963). *Applied imagination (3rd ed.).* New York: Scribner.

Oser, F. & Schlaefli, A. (1985). Das moralische Grenzgänger-Syndrom: Eine Interventionsstudie zur Förderung sozial-moralischer Identität bei Lehrlingen. In: Oerter, R. (Hg.), *Lebensbewältigung im Jugendalter* (pp. 111–130). Weinheim: Edition Psychologie.

Oswald, H. (1983). Neuere Ansätze in der Intelligenzforschung. *Psychologie in Erziehung und Unterricht, 30,* 90–97.

Pages, M. (1974). *Das effektive Leben der Gruppen.* Stuttgart: Klett.

Paivio, A. (1971). *Imagery and verbal processes.* New York: Holt, Rinehart & Winston.

Palincsar, A. S. & Brown, A. (1984). Reciprocal teaching of comprehension-fostering and comprehension monitoring activities. *Cognition and Instruction, 1,* 117–175.

Papert, S. (1985). *Gedankenblitze, Kinder, Computer und Neues Lernen.* Reinbek: Rowohlt.

Papoušek, H. & Papoušek, M. (1977). Mothering and the cognitive head-start: Psychological Considerations. In Schaffer, H. R. (Ed.), *Studies in mother-infant-interaction* (pp. 63–85). London: Academic Press.

Paris, S. G. & Lindauer, B. K. (1977). Constructive aspects of children's comprehension. In Kail, R. V. & Hagen, J. W. (Eds.), *Perspectives on the development of memory and cognition* (pp. 35–60). Hillsdale, N. J.: Erlbaum.

Park, O. & Tennyson, R. D. (1983). Computer-based instructional systems for adaptive education: A review. *Contemporary Education Review, 2,* 121–135.

Parnes, S. J. (1961). Effects of extended effort in creative problem solving. *Journal of Educational Psychology, 52,* 117–122.

Parnes, S. J. & Meadow, A. (1959). Effects of „brainstorming" instructions on creative problem-solving by trained and untrained subjects. *Journal of Educational Psychology, 50,* 171–176.

Parsons, T. (1964). *Beiträge zur soziologischen Theorie.* Darmstadt: Luchterhand.

Pastore, N. (1949). *The nature-nurture-controversy.* New York: Kings Crown Press.

Patterson, G. R. (1982). *Coercive family process.* Eugene, Or.: Castalia Publ. Company.

Patterson, G. R. & Gullion, E. (1974). *Mit Kindern leben. Neue Erziehungsmethoden für Eltern und Lehrer.* Wien: Böhlau.

Patterson, G. R., Ray, R. S., Shaw, D. A. & Cobb, J. A. (1969). *Manual for coding of family interaction.* New York: Microfiche Publications.

Patterson, G. R. & Reid, J. B. (1970). Reciprocity and coercion: Two facts of social system. In Neuringer, C. & Michael, J. L. (Eds.), *Behavior modification in clinical psychology.* New York: Appleton.

Pauls, H. & Johann, A. (1984). Wie steuern Kinder ihre Eltern? *Psychologie in Erziehung und Unterricht, 31,* 22–32.

Pause, G. (1970). Merkmale der Lehrerpersönlichkeit (deutsche Bearbeitung von Getzels, J. W. & Jackson, P. W. (1960). The teacher's personality and characteristics.). In Ingenkamp, K. H. (Hg.), *Handbuch der Unterrichtsforschung* (Bd. 2) (pp. 1353–1526). Weinheim: Beltz.

Pawlby, S. J. (1977). Imitative interaction. In Schaffer, H. R. (Ed.), *Studies in mother-infant-interaction* (pp. 203–224). London: Academic Press.

Pawlik, K. (Hg.) (1976a). *Diagnose der Diagnostik.* Stuttgart: Klett.

Pawlik, K. (1976b). Modell- und Praxisdimensionen psychologischer Diagnostik. In Pawlik, K. (Hg.), *Diagnose der Diagnostik* (pp. 13–43). Stuttgart: Klett.

Pawlow, I. P. (1927). *Conditioned reflexes.* London: Clarendon Press.

Pawlow, I. P. (1953). *Gesammelte Werke. (Vol. 3).* Berlin: Akademie Verlag.

Pea, R. D. (1983). *LOGO programming and problem solving.* College of Education, technical report no. 16. New York.

Pea, R. D. & Kurland, D. M. (1983). *Learning LOGO programming and the development of planning skills.* College of Education, technical report no. 9. New York.

Pea, R. D. & Kurland, D. M. (1984). *On the cognitive effects of learning computer programming* College of Education, technical report no. 9, New York.

Pearl, D., Bouthilet, L. & Lazar, J. (1982). *Television and behavior: Ten years of scientific progress and implications for the eighties.* Washington: U.S. Government Printing Office.

Peez, H. (1983). Angst als Begleiter im Lehrerleben. *Informationen für Erzieher, 4.*

Pekrun, R. (1983). *Schulische Persönlichkeitsentwicklung.* Frankfurt: Lang.

Pekrun, R. (1984). An expectancy-value model of anxiety. In van der Ploeg, H. M., Schwarzer, R. & Spielberger, C. D. (Eds.), *Advances in Test Anxiety Research Vol. 3* (pp. 53–72). Hillsdale, N. J.: Erlbaum.

Pekrun, R. (1985a). Schulklima. In Twellmann, W. (Hg.), *Handbuch Schule und Unterricht, Bd. 7.1.* Düsseldorf: Schwann.

Pekrun, R. (1985b). Schulischer Unterricht, schulische Bewertungsprozesse und Selbstkonzeptentwicklung. *Unterrichtswissenschaft, 13* (220–248).

Pekrun, R. (1985c). *Schülerpersönlichkeit im Längsschnitt.* Universität München: Institut für Psychologie.

Pepitone, E. A., Loeb, H. W. & Murdoch, E. M. (1980). Age and socioeconomic status in children's behavior and performance in competitive and cooperating working conditions. In Pepitone, E. A. (Ed.), *Children in cooperation and competition* (pp. 209–250). Lexington: Lexington Books.

Perrez, M. (1985). Soziale Kontingenzen bei Säuglingen als Antezedentien von Kontrollüberzeugungen. In Albert, D. (Hg.), *Bericht über den 34. Kongreß der Deutschen Gesellschaft für Psychologie in Wien 1984.* Göttingen: Hogrefe.

Perrez, M., Büchel, F., Ischi, N., Patry, J.-L. & Thommen, B. (1985). *Erziehungspsychologische Beratung und Intervention.* Bern: Huber.

Perrez, M., Patry, J.-L. & Ischi, N. (1980). Verhaltenstheoretische Analyse der Erzieher-Kind-Interaktion im Feld unter Berücksichtigung mehrerer Interaktionspartner des Kindes. In Lukesch, H., Perrez, M. & Schneewind, K. A. (Hg.), *Familiäre Sozialisation und Intervention* (pp. 65–79). Bern: Huber.

Perrez, M. & Patry, J.-L. (1981). Lernen und Lerntheorien. In Schiefele, H. & Krapp, A. (Hg.), *Handlexikon zur Pädagogischen Psychologie* (pp. 231–238). München: Ehrenwirth.

Pervin, L. A. (1968). Performance and satisfaction as a function of individual environment fit. *Psychological Bulletin, 69,* 56–58.

Peter, H. U. (1973). *Die Schule als soziale Organisation.* Weinheim: Beltz.

Peterander, F. (1985). *Familienzentrierte Verhaltensanalyse bei kindlichem Rollenverhalten.* Hagen: Fernuniversität.

Petermann, F. (1978). *Veränderungsmessung.* Stuttgart: Kohlhammer.

Petermann, F. & Hehl, F. J. (Hg.) (1979). *Einzelfallanalyse.* Stuttgart: Kohlhammer.

Petillon, H. (1978). *Der unbeliebte Schüler.* Braunschweig: Westermann.

Petillon, H. (1980). *Soziale Beziehungen in Schulklassen.* Weinheim: Beltz.

Pfeiffer, H. (1976). Entwicklungs- und sozialpsychologische Aspekte bei der Wahl von Klassensprechern. *Praxis der Kinderpsychologie und Kinderpsychiatrie, 25,* 24–28.

Pflugradt, N. (1984). Förderung des Verstehens und Behaltens von Textinformation durch „Mapping". *Forschungsbericht Nr. 34.* Tübingen: Deutsches Institut für Fernstudien.

Phillips, B. N. & Lee, M. (1980). The changing role of the american teacher: current and future sources of stress. In Cooper, C. L. & Marshall, J. (Eds.), *White collar and professional stress.* New York: Wiley.

Piaget, J. (1948). *Psychologie der Intelligenz,* Zürich: Rascher.

Piaget, J. (1974). *Der Aufbau der Wirklichkeit beim Kinde.* Stuttgart: Klett.

Piaget, J. (1981). *Jean Piaget über Jean Piaget.* München: Kindler.

Piaget, J. (1983). *Meine Theorie der geistigen Entwicklung.* Frankfurt: Fischer.

Piontkowski, U. (1976). *Psychologie der Interaktion.* München: Juventa.

Piontkowski, U. (1982). Interaktion und Kommunikation im Unterricht. In Treiber, B. & Weinert, F. E. (Hg.), *Lehr-Lern-Forschung* (pp. 149–176). München: Urban & Schwarzenberg.

Platon (1983). Phaidros, Parmenides, Briefe, bearb. v. D. Kurz. In Eigler, G. (Hg.), *Werke in acht Bänden* (Bd. 5). Darmstadt: Wissenschaftliche Buchgesellschaft.

Plessen, U. (1982). Anwendung eines Prozeßmodells in der Erziehungsberatung. In Heller, K. A. & Nickel, H. (Hg.), *Modelle und Fallstudien zur Erziehungs- und Schulberatung* (pp. 165–172). Bern: Huber.

Polson, P. G. & Jeffries, R. (1985). Instruction in general problem-solving skills: An analysis of four approaches. In Segal, J. W., Chipman, S. F. & Glaser, R. (Eds.), *Thinking and learning skills Vol. 1: Relating instruction to research* (pp. 417–455). Hillsdale, N. J.: Erlbaum.

Porter, L. W., Lawler, E. E. & Hackman, J. R. (1975). *Behavior in organizations.* New York: McGraw-Hill.

Posner, M. I. & Nissen, M. J. (1976). Visual dominance: An information-processing account of its origin and significance. *Psychological Review, 83,* 157–171.

Postman, L. (1961). The present status of interference theory. In Cofer, C. N. (Ed.), *Verbal learning and verbal behavior* (pp. 152–179). New York: McGraw-Hill.

Postman, N. (1982). *The disappearance of childhood.* New York: Delacorte (Dt.: Das Verschwinden der Kindheit. Frankfurt: Fischer 1983).

Potthoff, R. F. & Roy, S. N. (1964). A generalized multivariate analysis variance model useful especially for growth curve problems. *Biometrika, 51,* 313–325.

Power, C. & Higgins, A. (1981). Moralische Atmosphäre und Lernen. *Unterrichtswissenschaft, 9,* 225–240.

Power, C. N. & Tisher, R. P. (1979). A self-paced environment. In Walberg, H. J. (Ed.), *Educational environments and effects.* Berkeley: McCutchan.

Prawat, R. S., Byiers, J. L. & Anderson, A. H. (1983). An attributional analysis of teachers' affective reactions to students success and failure. *American Educational Research Journal, 20,* 137–152.

Preisig, E., Patry, J.-L. & Perrez, M. (1979a). Der Zusammenhang zwischen Lehrer und Schülerverhalten anhand eines quasi-experimentellen Untersuchungsdesigns. *Berichte zur Erziehungswissenschaft, Nr. 14.* Fribourg: Pädagogisches Institut der Universität Fribourg.

Preisig, E., Patry, J.-L. & Perrez, M. (1979b). Untersuchungen zum funktionalen Zusammenhang zwischen dem erzieherischen Bekräftigungsverhalten und Erzogenenmerkmalen. *Berichte zur Erziehungswissenschaft Nr. 11.* Fribourg: Pädagogisches Institut der Universität Fribourg.

Prell, S. (1981). Evaluation. In Schiefele, H. & Krapp, A. (Hg.), *Handlexikon zur Pädagogischen Psychologie* (pp. 116–120). München: Ehrenwirth.

Prell, S. (1984). Beratung in der Schulbegleitforschung. In Huber, G. L., Krapp, A. & Mandl, H. (Hg.), *Pädagogische Psychologie als Grundlage pädagogischen Handelns* (pp. 117–162). München: Urban & Schwarzenberg.

Prenzel, M. (1984). Motivationsprobleme im Unterricht. *Lehrerjournal, 52,* 1–4.

Prenzel, M. & Heiland, A. (1985). Reformieren als rationales Handeln. Wissenschaftliche Grundlagen der Bildungsreform. *Zeitschrift für Pädagogik, 31,* 49–63.

Preyer, W. D. (1882). *Die Seele des Kindes.* Leipzig: Grieben.

Probst, H. (1973). Die scheinbare und wirkliche Funktion der Intelligenztests im Sonderschuleinweisungsverfahren. In Abe, J. (Hg.), *Kritik der Sonderpädagogik.* Gießen.

Probst, H. (1980). Theorie der kognitiven Entwicklung in ihrer Bedeutung für eine Neuorientierung der Diagnostik. In Kasztantow, U. (Hg.), *Beiträge zur sonderpädagogischen Theorie und Praxis* (pp. 35–47). Berlin: Marhold.

Probst, H. (1982). Immer mehr Genüsse, immer weniger genießen. *Psychologie heute, 2,* 38–41.

Probst, H. & Kutzer, R. (1984). *Strukturbezogene Aufgaben zur Prüfung mathematischer Einsichten.* Weinheim: Beltz.

Prochazka, R. & Schmalzriedt, L. (1981). Psychologie im Allgemein-Krankenhaus. In Berufsverband Deutscher Psychologen (Hg.), *Handbuch der Angewandten Psychologie. Bd. 2: Behandlung und Gesundheit* (pp. 972–985). Landsberg/Lech: Verlag Moderne Industrie.

Putz-Osterloh, W. (1974). Über die Effektivität von Problemlösetrainings. *Zeitschrift für Psychologie, 82,* 253–275.

Putz-Osterloh, W. (1981). *Problemlösungsprozesse und Intelligenztestleistung.* Bern: Huber.

Putz-Osterloh, W. (1986). Wissen und Problemlösen. In Mandl, H. & Spada, H. (Hg.), *Wissenspsychologie.* München: Urban & Schwarzenberg.

Quekelberghe, R. v. (1979). Grundlegung und Entwicklung von kognitiven Therapien. In Quekelberghe, R. v. (Hg.), *Modelle kognitiver Therapien* (pp. 2–35). München: Urban & Schwarzenberg.

Radebold, H. & Schlesinger-Kipp, G. (1984). Psychotherapie mit Erwachsenen im höheren und hohen Lebensalter. *Zeitschrift für personenzentrierte Psychologie und Psychotherapie, 3,* 465–472.

Randoll, P. (1981). *Affektive Reaktionen von Lehrern auf Unterrichtsereignisse. Unveröffentlichte Diplomarbeit.* Heidelberg: Psychologisches Institut, Universität.

Rasch, G. (1960). *Probabilistic models for some intelligence and attainment tests.* Kopenhagen: Nielson & Lydicke.

Raschert, J. (1981). Bemerkungen zur Bewertung von Schulversuchen – Stellungnahme zum Aufsatz von Heinrich Wottawa. *Zeitschrift für Entwicklungspsychologie und Pädagogische Psychologie, 13,* 71–75.

Raush, H. L. (1965). Interaction sequences. *Journal of Personality and Social Psychology*, *2*, 487–499.

Raush, H. L., Dittmann, A. T. & Taylor, T. J. (1959). Person, setting and change in social interactions. *Human Relations*, *12*, 361–378.

Raven, J. (1973). The attainment of non-academic educational objectives. *International Review of Education*, *19*, 305–344.

Rechtien, W. (1982). Zur Bedeutung der Theorien für die Beratungsarbeit. *Gruppendynamik*, *13*, 105–114.

Recum, H. von (1984). The identity crisis of educational planning. *International Review of Education*, *30*, 141–153.

Reder, L. M. (1979). The role of elaborations in memory for prose. *Cognitive Psychology*, *11*, 221–234.

Reder, L. M. (1980). The role of elaboration in the comprehension and retention of prose. A critical review. *Review of Educational Research*, *50*, 5–53.

Redlich, A. & Schley, W. (1978). *Kooperative Verhaltensmodifikation*. München: Urban & Schwarzenberg.

Redmann, A. (1975). Lehrerfreuden, Lehrerärger. *Schweizer Lehrerzeitung*, *120*, 278–279.

Rehbock, H. (1981). Nebenkommunikationen im Unterricht: Funktionen, Wirkungen, Wertungen. In Baurmann, J., Cherubim, D. & Rehbock, H. (Hg.), *Neben-Kommunikationen* (pp. 35–88). Braunschweig: Westermann.

Reibnitz, U. von (1983). Die Szenario-Technik – Ein Instrument der Zukunftsanalyse und der strategischen Planung. In Haase, H. & Köppler, K. F. (Hg.), *Fortschritte in der Marktpsychologie* (Bd. 3) (pp. 111–133). Frankfurt: Fachbuchhandlung für Psychologie.

Reigeluth, C. M. (1983). *Instructional design theories and models: An overview of their current status*. Hillsdale, N. J.: Erlbaum.

Reinert, G. B. & Zinnecker, J. (1978). *Schüler im Schulbetrieb*. Reinbek: Rowohlt.

Rennert, M. (1980). Elternarbeit – ein Stiefkind der Drogenberatungsstellen. *Suchtgefahren*, *4*, 189–194.

Resnick, L. B. (1981). Instructional psychology. *Annual Review of Psychology*, *32*, 659–704.

Resnick, L. B. (1983). Toward a cognitive theory of instruction. In Paris, S. G., Olson, G. M. & Stevenson, H. W. (Eds.), *Learning and motivation in the classroom* (pp. 6–38). Hillsdale, N. J.: Erlbaum.

Reuband, K.-H. (1976). *Rauschmittelkonsum*. Wiesbaden: Akademische Verlagsgesellschaft.

Rheinberg, F. (1975). Zeitstabilität und Steuerbarkeit von Ursachen schulischer Leistung in der Sicht des Lehrers. *Zeitschrift für Entwicklungspsychologie und Pädagogische Psychologie*, *7*, 180–194.

Rheinberg, F. (1980). *Leistungsbewertung und Lernmotivation*. Göttingen: Hogrefe.

Rheinberg, F. (1982a). Bezugsnormen zur Schulleistungsbewertung: Analyse und Intervention. *Jahrbuch für Empirische Erziehungswissenschaft*. Düsseldorf: Schwann.

Rheinberg, F. (1982b). *Zweck und Tätigkeit. Motivationspsychologische Analysen zur Handlungsveranlassung. Habilitationsschrift*. Bochum: Psychologisches Institut, Ruhr-Universität.

Rheinberg, F. (1984a). Kognitionspsychologische Ansätze zur Analyse des Lehrerverhaltens. In Ingenkamp, K. H. (Hg.), *Sozial-emotionales Verhalten in Lehr- und Lernsituationen* (pp. 121–138). Landau: Erziehungswissenschaftliche Hochschule.

Rheinberg, F. (1984b). *Motivationsanalysen zum Motorradfahren. Antrittsvorlesung*. Bochum: Psychologisches Institut, Ruhr-Universität.

Rheinberg, F. & Enstrup, B. (1977). Selbstkonzept der Begabung bei normalen und Sonderschülern gleicher Intelligenz: Ein Bezugsgruppeneffekt. *Zeitschrift für Entwicklungspsychologie und Pädagogische Psychologie*, *9*, 171–180.

Rheinberg, F. & Hoss, J. (1979). Störungen und Mitarbeit im Unterricht. Eine

Erkundungsstudie zu Kounins Kategorisierung des Lehrerverhaltens. *Zeitschrift für Entwicklungspsychologie und Pädagogische Psychologie, 11,* 244–249.

Rheinberg, F., Schmalt, H. D. & Wasser, J. (1978). Ein Lehrerunterschied, der etwas ausmacht. *Zeitschrift für Entwicklungspsychologie und Pädagogische Psychologie, 10,* 3–7.

Richter, H. E. (1970). *Patient Familie.* Reinbek: Rowohlt.

Rigney, J. W. (1978). Learning strategies: A theoretical perspective. In O'Neil, H. F. (Ed.), *Learning strategies.* New York: Academic Press.

Riksen-Walraven, M. (1978). Effects of caregiver behavior on habituation rate and self-efficacy in infants. *International Journal of Behavioral Development, 1,* 105–130.

Rippe, W. (1981). *Freiwillige Übertragungen als Problem der Transferökonomie: Eine empirische Studie.* Baden-Baden: Nomos.

Ritter, H. & Engel, W. (1968). *Genetik und Begabung.* Stuttgart: Klett.

Roberts, K. (1983). *Youth and leisure.* London: Allan & Unwinn.

Robinson, F. P. (1961). *Effective study.* New York: Harper & Row.

Robinson, W. P. (1975). Boredom at school. *British Journal of Psychology, 45,* 141–152.

Rochel, H. (1983). *Planung und Auswertung von Untersuchungen im Rahmen des allgemeinen linearen Modells.* Berlin: Springer.

Rogers, C. R. (1972). *Die nicht-direktive Beratung.* München: Kindler.

Rogers, C. R. (1974). *Encounter-Gruppen.* München: Kindler.

Rogers, C. R. (1981). *Der neue Mensch.* Stuttgart: Klett-Cotta.

Rollett, B. & Bartram, M. (1977). *Anstrengungsvermeidungstest (AVT).* Braunschweig: Westermann.

Rosemann, B. (1978). *Prognosemodelle in der Schullaufbahnberatung.* München: Reinhardt.

Rosemann, B. (1984). Konstruktion und Auswertung informeller Schulleistungstests. In Heller, K. A. (Hg.), *Leistungsdiagnostik in der Schule* (pp. 162–197). Stuttgart: Huber.

Rosemann, B. & Allhoff, P. (1982). *Differentielle Prognostizierbarkeit von Schulleistung.* Opladen: Westdeutscher Verlag.

Rosen, B. C. & Andrade, R. (1974). The psychosocial origins of achievement motivation. *Sociometry, 22,* 185–218.

Rosenblatt, A. (1977). Interpreting null findings of evaluative studies. *Journal of Social Service Research, 1,* 93–104.

Rosenshine, B. (1971). *Teaching behaviors and student achievement.* London: Rand McNally.

Rosenshine, B. & Furst, N. R. (1973). The use of direct observation to study teaching. In Travers, R. M. W. (Ed.), *Second Handbook of Research on Teaching* (pp. 122–183). Chicago: Rand McNally.

Rosenstiel, v. L., Spiess, E., Stengel, M. & Nerdinger, F. W. (1984). Lust auf Kinder? Höchstens 1. *Psychologie heute, 11, 5,* 20–31.

Rosenthal, R. & Jacobson, L. (1968). *Pygmalion in the classroom.* New York: Holt, Rinehart & Winston. *(Dt.: Pygmalion im Unterricht.* Weinheim: Beltz. 1971).

Rost, D., Grunow, P. & Öchsle, D. (Hg.) (1975). *Pädagogische Verhaltensmodifikation.* Weinheim: Beltz.

Rost, J. & Spada, H. (1978). Probalistische Testtheorie. In Klauer, K. J. (Hg.), *Handbuch der Pädagogischen Diagnostik, Bd. 1* (pp. 59–97). Düsseldorf: Schwann.

Rost, J. & Spada, H. (1982). Probabilistische Testtheorie. In Klauer, K. J. (Hg.), *Handbuch der pädagogischen Diagnostik (Studienausgabe)* (pp. 59–97). Düsseldorf: Schwann.

Rotering-Steinberg, S. (1983). *Anleitungen zum Selbsttraining für Lehrergruppen.* Weinheim: Beltz.

Rotering-Steinberg, S. (1985). Kollegiale Supervision zur Unterstützung und Bewältigung des Berufsalltags. In Rotering-Steinberg, S., Sieland, B. & Wahl, D. (Hg.), *Pädagogisch-Psychologische Grundlagen für das Lernen in Gruppen. Studienbrief 2.* Tübingen: Deutsches Institut für Fernstudien.

Roth, H. (1969). Die Schule als optimale Organisation von Lernprozessen. *Die Deutsche Schule, 61,* 520–556.

Roth, W. (1972). Berufszufriedenheit im Lehrerberuf. *Westermanns Pädagogische Beiträge, 24,* 640–646.

Rott, Ch. & Zielinski, W. (1984). Analyse des Wortleseprozesses bei guten und schwachen Lesern der Grundschule. *Sprache und Kognition, 4,* 255–263.

Rubenstein, J. (1967). Maternal attentiveness and subsequent exploratory behavior in the infant. *Child Development, 38,* 1089–1110.

Rubenstein, M. F. (1975). *Patterns of problem solving.* Englewood Cliffs, N. J.: Prentice Hall.

Rubin, D. B. (1973). The use of matched sampling and regression adjustment to remove bias in observational studies. *Biometrics, 29,* 185–203.

Rüdiger, D. (1981). Prozeßdiagnostik. In Schiefele, H. & Krapp, A. (Hg.), *Handlexikon zur Pädagogischen Psychologie* (pp. 289–293). München: Ehrenwirth.

Rumelhart, D. E. & Norman, D. A. (1978a). Accretion, tuning and restructuring: Three modes of learning. In Cotton, J. W. & Klatzky, R. L. (Eds.), *Semantic factors in cognition* (pp. 37–53). Hillsdale, N. J.: Erlbaum.

Rumelhart, D. E. & Norman, D. A. (1978b). Das aktive strukturelle Netz. In Norman, D. A. & Rumelhart, D. E. (Hg.), *Strukturen des Wissens* (pp. 51–77). Stuttgart: Klett-Cotta.

Rumelhart, D. E. & Ortony, A. (1977). The representation of knowledge in memory. In Anderson, R. C., Spiro, R. J. & Montague, W. E. (Eds.), *Schooling and the acquisition of knowledge* (pp. 99–133). Hillsdale, N. J.: Erlbaum.

Rutter, M., Manham, B., Mortimore, P. & Ouston, J. (1980). *Fünfzehntausend Stunden.* Weinheim: Beltz.

Ryans, D. G. (1960). *Characteristics of teachers.* Washington, D. C.: American Council on Education.

Sacher, W. (1984). *Praxis der Notengebung.* Bad Heilbrunn: Klinkhardt.

Sänger, W. (1985). Der Psychologe in der Rehabilitation Behinderter. In Jäger, R. & Schweizer, H. (Hg.), *Praxis der Psychologie* (pp. 38–52). Weinheim: Beltz.

Salomon, G. (1978). On the future of media research: No more full acceleration in neutral gear. *Educational Communication and Technology, 26,* 37–46.

Salomon, G. (1979). *Interaction of media, cognition and learning.* San Francisco: Jossey-Bass.

Salomon, G. (1981). *Communication and education: Social and psychological interactions.* Beverly Hills, Ca.: Sage.

Salomon, G. (1984a). Computers in education: Setting a research agenda. *Educational Technology, 24,* 7–11.

Salomon, G. (1984b). Television is „easy" and print is „tough": The differential investment of mental effort in learning as a function of perceptions and attribution. *Journal of Educational Psychology, 76,* 647–658.

Salomon, G. & Cohen, A. A. (1977). Television formats, mastery of mental skills, and the acquisition of knowledge. *Journal of Educational Psychology, 69,* 612–619.

Salzmann, C. (1974). Bedeutung des Modellbegriffs in der Unterrichtsforschung und Unterrichtsplanung. In Roth, L. & Petrat, G. (Hg.), *Unterrichtsanalyse in der Diskussion* (pp. 171–201). Hannover: Schroedel.

Samuels, S. J. (1970). Effects of pictures on learning to read, comprehension and attitudes. *Review of Educational Research, 40,* 397–408.

Sarason, S. B., Hill, K. T. & Zimbardo, P. G. (1964). A longitudinal study of the relation of test anxiety to performance on intelligence and achievement tests. Whole No. 98. *Monographs of the Society for Research in Child Development, 29,* Serial No. 7.

Sawyer, J. (1966). Measurement and prediction, clinical and statistical. *Psychological Bulletin, 66,* 178–200.

Sbandi, P. (1970). Feedback im sensitivity training. *Gruppenpsychotherapie und Gruppendynamik, 4,* 17–32.

Scarr, S. (1984). Individuelle Erfahrungsunterschiede: Anlage- und Umwelteinwirkungen auf die Entwicklung des Kindes. In Fthenakis, W. E. (Hg.), *Tendenzen der Frühpädagogik* (pp. 233–255). Düsseldorf: Schwann.

Scarr, S. & Weinberg, R. A. (1983). The Minnesota adoption studies: Genetic differences and malleability. *Child Development, 54,* 260–267.

Schäfer, K. H. (1981). Aspekte der kommunikativen Theorie der Schule. In Twellmann, W. (Hg.), *Handbuch Schule und Unterricht* (Bd. 1) (pp. 45–57). Düsseldorf: Schwann.

Schaie, K. W. (1979). Mit Alter einhergehende Veränderungen in der kognitiven Struktur und Funktionsweise – neu interpretiert. In Baltes, P. B. (Hg.), *Entwicklungspsychologie der Lebensspanne* (pp. 309–331). Stuttgart: Klett-Cotta.

Schaps, E. et al. (1981). Die Beurteilung der Wirksamkeit von 127 Programmen zur Drogenprävention. *Drogalkohol, 3,* 21–37.

Scheckenhofer, H. (1975). Objektivierte Selektion oder Pädagogische Diagnostik? *Zeitschrift für Pädagogik, 21,* 929–950.

Scheele, B. & Groeben, N. (1984). *Die Heidelberger Struktur-Lege-Technik (SLT).* Weinheim: Beltz.

Scheerer-Neumann, G. (1979). *Intervention bei Lese-Rechtschreibschwäche. Überblick über Themen, Methoden und Ergebnisse.* Bochum: Kamp.

Scheerer-Neumann, G. (1981). The utilization of intraword structure in poor readers: Experimental evidence and a training program. *Psychological Research, 43,* 155–178.

Scheller, R. & Heil, F. E. (1977). Beratung. In Herrmann, T. et al. (Hg.), *Handbuch psychologischer Grundbegriffe* (pp. 74–85). München: Kösel.

Schelten, A. (1980). *Grundlagen der Testbeurteilung und Testerstellung.* Heidelberg: Quelle & Meyer.

Schenk-Danzinger, L. (1968). *Handbuch der Legasthenie im Kindesalter.* Weinheim: Beltz.

Schenke, R. (1978). Elterneinstellung zu Hausaufgaben und deren Auswirkungen auf die Schulleistung. *Psychologie in Erziehung und Unterricht, 25,* 302–305.

Scherer, I. (1972). *Änderungen von Lehrerattribuierungen und deren Auswirkungen auf Leistungsverhalten und Persönlichkeitsmerkmale von Schülern. Unveröffentlichte Diplomarbeit.* Bochum: Psychologisches Institut, Ruhr-Universität.

Scheuerl, H. (1979). *Klassiker der Pädagogik.* München: Bach.

Schiefele, H., Haußer, K. & Schneider, G. (1979). „Interesse" als Ziel und Weg der Erziehung. Überlegungen zu einem vernachlässigten pädagogischen Konzept. *Zeitschrift für Pädagogik, 25,* 1–20.

Schiefele, H. & Krapp, A. (Hg.) (1981). *Handlexikon zur Pädagogischen Psychologie.* München: Ehrenwirth.

Schiefele, H. & Prenzel, M. (1983). Interessengeleitetes Handeln: Emotionale Präferenz und kognitive Unterscheidung. In Huber, G. L. & Mandl, H. (Hg.), *Emotion und Kognition* (pp. 217–247). München: Urban & Schwarzenberg.

Schießl, O. (1981). *Auswirkungen der Größe einer Schule auf die Erziehungssituation.* München: Ehrenwirth.

Schloon, M., Schelhorn, B. & Flehmig, I. (1974). Die Zuverlässigkeit des Denver Entwicklungstests. *Zeitschrift für Entwicklungspsychologie und Pädagogische Psychologie, 6,* 39–50.

Schlottke, P. F. (1984). *Psychologische Behandlung von Aufmerksamkeitsstörungen bei Kindern. Eine kontrollierte Studie.* Habilitationsschrift, Universität Tübingen.

Schlottke, P. F. & Wahl, D. (1983). *Stress und Entspannung im Unterricht. Trainingshilfen für Lehrer.* München: Hueber.

Schmalt, H.-D. (1976). *Die Messung des Leistungsmotivs.* Göttingen: Hogrefe.

Schmalt, H.-D. (1983). Motivation und Emotion. In Euler, H. A. & Mandl, H. (Hg.), *Emotionspsychologie. Ein Handbuch in Schlüsselbegriffen* (pp. 249–255). München: Urban & Schwarzenberg.

Schmidt-Atzert, L. & Ströhm, W. (1983). Ein Beitrag zur Taxonomie der Emotionswörter. *Psychologische Beiträge, 25,* 126–141.

Schmidtchen, S. (1975). *Psychologische Tests für Kinder und Jugendliche.* Göttingen: Hogrefe.

Schmitz-Scherzer, R. (1974). *Sozialpsychologie der Freizeit.* Stuttgart: Akademische Verlagsgesellschaft.

Schneewind, K. A. (1975a). Auswirkungen von Erziehungsstilen. Überblick über den Stand der Forschung. In Lukesch, H. (Hg.), *Auswirkungen elterlicher Erziehungsstile* (pp. 14–27). Göttingen: Hogrefe.

Schneewind, K. A. (1975b). Erziehungsstil und kindliches Verhalten. *Medizinische Klinik, 71,* 133–142.

Schneewind, K. A., Beckmann, M. & Engfer, A. (1983). *Eltern und Kinder.* Stuttgart: Kohlhammer.

Schneewind, K. A. & Lukesch, H. (Hg.) (1977). *Familiäre Sozialisation.* Stuttgart: Klett-Cotta.

Schneider, B. & Snyder, R. A. (1975). Some relationships between job satisfaction and organizational climate. *Journal of Applied Psychology, 20,* 318–328.

Schneider, H.-D. (1978a). *Sozialpsychologie der Machtbeziehungen.* Stuttgart: Enke.

Schneider, H.-D. (1978b). Was determiniert Koalitionstendenzen in der Kleingruppe: Ressourcen der Ähnlichkeit? Ergebnisse einer Studie zum Koalitionsverhalten in Triaden und Tetraden. *Zeitschrift für experimentelle und angewandte Psychologie, 1,* 153–168.

Schneider, K. & Schmalt, H.-D. (1981). *Motivation.* Stuttgart: Kohlhammer.

Schneider, W. (1980). *Bedingungsanalysen des Rechtschreibens.* Bern: Huber.

Schneider, W. (1985). Developmental trends in the metamemory-memory behavior relationship: An integrative review. In Forrest-Pressley, D. L., MacKinnon, G. E. & Waller, T. G. (Eds.), *Metacognition, cognition and performance.* New York: Academic Press.

Schnotz, W. (1982). *Über den Einfluß der Textorganisation auf Lernprozesse und Lernergebnisse.* Forschungsbericht Nr. 17. Tübingen: Deutsches Institut für Fernstudien.

Schnotz, W. (1983). Comparative instructional text organization. In Mandl, H., Stein, N. L. & Trabasso (Eds.), *Learning and comprehension of text* (pp. 53–81). Hillsdale, N. J.: Erlbaum.

Schnotz, W. et al. (1970). Effects of pictures on learning to read, comprehension and attitudes. *Review of Educational Research, 40,* 397–408.

Schnotz, W., Ballstaedt, St.-P. & Mandl, H. (1981). Lernen mit Texten aus handlungstheoretischer Sicht. In Mandl, H. (Hg.), *Zur Psychologie der Textverarbeitung. Ansätze, Befunde, Probleme* (pp. 201–225). München: Urban & Schwarzenberg.

Schramm, W., Lyle, J. & Parker, E. B. (1961). *Television in the lives of our children.* Stanford, Ca.: Stanford University Press.

Schreiner, G. (1973). *Schule als sozialer Erfahrungsraum. Überlegungen und Untersuchungen zum Phänomen des Schulklimas.* Frankfurt: Athenäum.

Schroder, H. M., Driver, M. J. & Streufert, S. (1967). *Human information processing.* New York: Holt, Rinehart & Winston. (Dt. (1975): Menschliche Informationsverarbeitung. Weinheim: Beltz).

Schuler, H. & Stehle, W. (Hg.) (1982). *Psychologie in Wirtschaft und Verwaltung.* Stuttgart: Poeschel.

Schultz-Hencke, H. (1947). *Der gehemmte Mensch.* Stuttgart: Thieme.

Schumann, W. (1980). Berufsbegleitende Weiterbildung in Arbeits- und Betriebspsychologie aus der Sicht der Praxis. In Stephan, E. (Hg.), *Ausbildung und Weiterbildung in Psychologie* (pp. 170–184). Weinheim: Beltz.

Schwarzer, C. (1980). *Gestörte Lernprozesse.* München: Urban & Schwarzenberg.

Schwarzer, C. (1982). *Gestörte Lernprozesse. Analyse von Leistungsschwierigkeiten im Schulsystem (2. Aufl.).* München: Urban & Schwarzenberg.

Schwarzer, C. (1985). *Perspektiven der pädagogischen Beratungswissenschaft. Arbeitsberichte aus der Abteilung für Bildungsforschung und Pädagogische Beratung. Heft 2.* Düsseldorf: Universität Düsseldorf.

Schwarzer, C. & Schwarzer, R. (Hg.) (1977). *Diagnostik im Schulwesen.* Braunschweig: Westermann.

Schwarzer, R. (1981). *Streß, Angst und Hilflosigkeit.* Stuttgart: Kohlhammer.

Schwarzer, R. (Hg.) (1984). *Selbstbezogene Kognitionen: Trends in der Selbstkonzept-forschung (Forschungsbericht II)*. Berlin: Institut für Psychologie, FU.

Schwarzer, R. & Schwarzer, C. (1982). Ärger als Zustand und Disposition. *Zeitschrift für Differentielle und Diagnostische Psychologie, 3*, 27–33.

Schwippert, H. (1973). *Freizeit in diesen Wohnungen?* Düsseldorf: Deutsche Gesellschaft für Freizeit.

Scribner, S. (1984). Product assembly: Optimizing strategies and their acquisition. The Quarterly Newsletter of the Laboratory of Comparative Human Cognition. 6, 11–19.

Scriven, M. (1972). *Die Methodologie der Evaluation.* In Wulf, C. (Hg.), *Evaluation.* Hamburg: Hoffmann & Campe.

Secord, P. F. & Backmann, C. W. (1964). *Social Psychology.* New York: McGraw-Hill.

Segal, J. W., Chipman, S. F. & Glaser, R. (1985). *Thinking and learning skills Vol. 1: Relating instruction to research.* Hillsdale, N. J.: Erlbaum.

Seidemann, W. (1912). *Die modernen psychologischen Systeme und ihre Bedeutung für die Pädagogik.* Leipzig: Klinkhardt.

Seidemann, W. (1920). *Die allgemeine Psychologie der Gegenwart und ihre pädagogische Bedeutung (2. Aufl.).* Leipzig: Klinkhardt.

Seiden, R. (1966). Campus tragedy: A study of student suicide. *Journal of Abnormal Psychologie, 71,* 389–399.

Seidler, H. (1981). Zur Kontroverse über Erb- und Umweltfaktoren der Intelligenz: Humanbiologische Aspekte. *Zeitschrift für Differentielle und Diagnostische Psychologie, 2,* 157–187.

Seiffge-Krenke, I. (1981). *Handbuch Psychologieunterricht.* Düsseldorf: Schwann.

Seiler, Th. B. (1980). Entwicklungstheorien in der Sozialisationsforschung. In Hurrelmann, K. & Ulich, D. (Hg.), *Handbuch der Sozialisationsforschung* (pp. 101–121). Weinheim: Beltz.

Seitz, W. (1980). Vergleich des Erziehungshintergrundes zwischen delinquenten und nicht-delinquenten Jugendlichen. In Lukesch, H., Perrez, M. & Schneewind, K. A. (Hg.), *Familiäre Sozialisation und Intervention* (pp. 353–370). Bern: Huber.

Selg, R. (1978). Soziale Interaktionsformen II: Schüler-Schüler-Interaktion. In Minsel, B. & Roth, W. K. (Hg.), *Soziale Interaktion in der Schule* (pp. 110–122). München: Urban & Schwarzenberg.

Seligman, M. (1975). *On depression, development and death.* San Francisco: Freeman.

Seligman, M. (1979). *Erlernte Hilflosigkeit.* München: Urban & Schwarzenberg.

Sharan, S. (1980). Cooperative learning in small groups: Recent methods and effects on achievement, attitudes, and ethnic relations. *Review of Educational Research, 50,* 241–271.

Shavelson, R. & Dempsey-Atwood, N. (1976). Generalizability of measures of teaching behavior. *Review of Educational Research, 46,* 553–661.

Shavelson, R. J., Hubner, J. J. & Stanton, G. C. (1976). Self-concept: Validation of construct interpretations. *Review of Educational Research, 46,* 407–441.

Shell/Psydata (1981). *Jugend 81. Lebensentwürfe – Alltagskulturen – Zukunftsbilder. Studie im Auftrag des Jugendwerkes der Deutschen Shell.* Hamburg: Shell.

Sherif, M. & Sherif, C. (1969). *Social psychology.* New York: Harper & Row.

Shields, J. (1962). *Monozygotic twins brought up apart and brought up together.* London: Oxford University Press.

Shulman, L. S. (1981). *Educational psychology returns to schools.* Michigan: Institute for research on teaching.

Shulman, L. S. (1983). *Diskussionsbeitrag zum Vortrag von Good, T. L. „Teacher effectiveness research – a decade of progress".* Paper presented at the Annual Meeting of the AERA, Toronto.

Shulman, L. S. & Carey, N. B. (1984). Psychology and the limitations of individual rationality: Implications for the study of reasoning and civility. *Review of Educational Research, 54,* 501–524.

Siebert, H. (1977). Untersuchungsergebnisse zum Lehr- und Lernverhalten. In Siebert, H. (Hg.), *Praxis und Forschung in der Erwachsenenbildung* (pp. 59–88). Opladen: Westdeutscher Verlag.

Sieland, B. (1982). Therapie einer Mutter-Kind-Beziehung. In Heller, K. A. & Nickel, H. (Hg.), *Modelle und Fallstudien zur Erziehungs- und Schulberatung* (pp. 201–218). Bern: Huber.

Silberman, M. (1971). Teacher's attitudes and actions towards their students. In Silberman, M. (Ed.), *The experience of schooling*. New York: Holt, Rinehart & Winston.

Simon, H. (1980). Problem Solving and education. In Tuma, D. T. & Reif, F. (Eds.), *Problem solving and education: Issues in teaching and research* (pp. 81–96). Hillsdale: LEA.

Simons, H. (1973). Intelligenz- und Schulleistungen bei Arbeiter- und Akademikerkindern auf der Unterstufe des Gymnasiums. In Nickel, H. & Langhorst, E. (Hg.), *Brennpunkte der Pädagogischen Psychologie* (pp. 260–273). Stuttgart: Huber.

Singer, J. L. & Singer, D. G. (1983). Psychologists look at television. Cognitive, developmental, personality and social policy implications. *American Psychologist, 93,* 826–834.

Singer, W. (1985). Hirnentwicklung und Umwelt. *Spektrum der Wissenschaft, 3,* 48–61.

Skeels, H. M. (1966). Adult status of children with contrasting early life experiences. *Monographs of the Society for Research in Child Development, 31,* Ser. No. 105.

Skinner, B. F. (1938). *The behavior of organisms: An experimental analysis*. New York: Appleton-Century-Crofts.

Skinner, B. F. (1971). *Erziehung als Verhaltensforschung*. München: Kindler.

Skinner, B. F. (1973). *Wissenschaft und menschliches Verhalten*. München: Kindler.

Skodak, M. & Skeels, H. M. (1949). A final follow-up of one hundred adopted children. *Journal of Genetic Psychology, 75,* 85–125.

Skowronek, H. (1979). Entwicklungslinien der Pädagogischen Psychologie. In Brandtstädter, J., Reinert, G. & Schneewind, K. A. (Hg.), *Pädagogische Psychologie: Probleme und Perspektiven*. Stuttgart: Klett-Cotta.

Slavin, R. E. (1980a). Cooperative learning. *Review of Educational Research, 50,* 315–342.

Slavin, R. E. (1980b). *Using student team learning. The Johns Hopkins team learning project*. In Center for Social Organization of Schools (Ed.), Baltimore: The Johns Hopkins University.

Slavin, R. E. (1983). *Cooperative learning*. New York: Longman.

Sloan, W. (1955). The Lincoln-Oseretzky Motor Development Scale. *Genetic Psychology Monographs, 51,* 183–252.

Smid, H. & Armbruster, E. (1980). *Institutionelle Erziehungsberatung: eine Bestandsaufnahme in Hessen*. Weinheim: Beltz.

Smith, J. K. (1983). Quantitative versus qualitative research: An attempt to clarify the issue. *Educational Researcher, 12,* 6–13.

Smith, L. M. (1982). Benefits of naturalistic methods in research in science education. *Journal of Research on Science Teaching, 19,* 627–638.

Snyder, C. R. (1985). Ausreden. Warum wir sie brauchen. *Psychologie heute, 12 (4),* 20–27.

Snyder, C. R., Higgins, R. & Stucky, R. J. (1983). *Excuses. Masquerades in search of grace*. New York: Wiley.

Sohn, D. (1977). Affect-generating powers of effort and ability. Self attributions of academic success and failure. *Journal of Educational Psychology, 69,* 500–505.

Sommer, G. & Ernst, H. (Hg.) (1977). *Gemeindepsychologie*. München: Urban & Schwarzenberg.

Sommer, R. & Olsen, H. (1980). *The soft classroom. Environment and behavior*.

Sorenson, A. G., Husek, T. R. & Yu, C. (1963). Divergent concepts of teacher role: An approach to the measurement of teacher effectivness. *Journal of Educational Psychology, 54,* 287–295.

Spada, H. (1976). *Modelle des Denkens und Lernens*. Bern: Huber.

Spearman, C. (1927). *The abilities of man*. New York: MacMillan.

Spelke, E., Hirst, W. & Neisser, U. (1976). Skills of divided attention. *Cognition, 4,* 215–230.

Spitz, R. (1945). Hospitalism. An inquiry into the genesis of psychiatric conditions in early childhood. *Psychoanalytic Studies of the Child, 1*, 53–74.

Spitz, R. (1952). *Die Entstehung der ersten Objektbeziehungen.* Stuttgart: Klett.

Sprey, T. (1973). Beratung. In Wehle, G. (Hg.), *Pädagogik Aktuell* (pp. 27–28). München: Kösel.

Stake, R. E. (1972). Verschiedene Aspekte pädagogischer Evaluation. In Wulf, C. (Hg.), *Evaluation,* Hamburg: Hoffmann & Campe.

Stallings, J. A. (1977). *Learning to look: A handbook on classroom observation and teaching models.* Belmont, Ca.: Wadsworth.

Standing, L., Conezio, J. & Haber, R. N. (1970). Perception and memory for pictures: Single-trial learning of 2560 visual stimuli. *Psychonomic Science, 19,* 73–74.

Stapf, K. (1978). Ökopsychologie und Systemwissenschaft. In Graumann, C. F. (Hg.), *Ökologische Perspektiven in der Psychologie.* Bern: Huber.

Stapf, K., Herrmann, T., Stapf, A. & Stäcker, K. (1972). *Psychologie des elterlichen Erziehungsstils.* Bern/Stuttgart: Huber/Klett.

Staub, E. (1981). *Entwicklung prosozialen Verhaltens.* München: Urban & Schwarzenberg.

Stauffer, J., Frost, R. & Rybolt, W. (1978). Literacy, illiteracy, and learning from television. *Communication Research, 5,* 221–232.

Steele, J., House, E. R. & Kerrins, T. (1971). An instrument for assessing instructional climate through low-inference student judgements. *American Educational Research, 8,* 447–466.

Stengel, M., v. Rosenstiel, L., Oppitz, G. & Spieß, E. (1983). Motivationale Determinanten des Kinderwunsches – eine empirische Analyse an jungen Ehepaaren. *Zeitschrift für experimentelle und angewandte Psychologie, 30,* 153–173.

Stephan, E. (Hg.) (1980). *Ausbildung und Weiterbildung in Psychologie. Stand der Diskussion und Zukunftsperspektiven.* Weinheim: Beltz.

Stern, G. G. (1970). *People in context.* New York: Wiley.

Sternberg, R. J. (1984). Toward a triarchic theory of human intelligence. *Behavioral and Brain Sciences, 7,* 269–315.

Stobberg, E. (1975). Der Ort der Schulpsychologie in der Bildungsberatung. In Heller, K. A. (Hg.), *Handbuch der Bildungsberatung, Bd. 2* (pp. 593–600). Stuttgart: Klett.

Stössner, A. (1921). *Lehrbuch der Pädagogischen Psychologie auf Grundlage der physiologisch-experimentellen Psychologie (8. Aufl.).* Leipzig: Klinkhardt.

Strittmatter, P. (1977). *Schüler-Enquete: „Streß in der Schule".* Bericht einer Voruntersuchung. Saarbrücken: Ministerium für Kultur, Bildung und Sport des Saarlandes.

Strittmatter, P. (1979). Unterrichtswissenschaft – Wissenschaft für den Unterricht? *Unterrichtswissenschaft, 7,* 13–23.

Stufflebeam, D. L. (1967). The use and abuse of evaluation in Titel III. *Theory into Practice, 6,* 126–133.

Stufflebeam, D. L. (1972). Evaluation als Entscheidungshilfe. In Wulf, C. (Hg.), *Evaluation* (pp. 113–145). Hamburg: Hoffmann & Campe.

Sturm, H. (1971). Fernsehen und Entwicklung der Intelligenz. In Ronneberger, F. (Hg.), *Sozialisation durch Massenkommunikation* (pp. 290–304). Stuttgart: Enke.

Sturm, H. (1975). Die kurzzeitigen Angebotsmuster des Fernsehens. *Fernsehen und Bildung, 9,* 39–49.

Suchman, J. R. (1961). Inquiry training: Building skills for autonomous discovery. *Merrill-Palmer Quarterly of Behavior and Development, 7,* 148–169.

Sutcliffe, J. & Whitfield, R. (1979). Classroom-based teaching decisions. In Eggleston, J. (Ed.), *Teacher-decision making in the classroom. A collection of papers* (pp. 8–37). London: Routledge.

Tack, W. H. (1976). Diagnostik als Entscheidungshilfe. In Pawlik, K. (Hg.), *Diagnose der Diagnostik* (pp. 103–130). Stuttgart: Klett.

Tarver, S. G. & Hallahan, D. P. (1974). Attention deficits in children with learning disabilities. A review. *Journal of Learning Disabilities, 7,* 560–569.

Tausch, R. (1960). Das Ausmaß der Lenkung von Schulkindern im Unterricht: eine empirische Untersuchung der Fragen, Befehle und Aufforderungen von Lehrern. *Psychologische Beiträge, 4,* 127–145.

Tausch, R. (1982). Wie kann ich als Lehrer echter, einfühlsamer und wärmer-sorgender werden? In Rost, D. (Hg.), *Entwicklungspsychologie für die Grundschule* (pp. 106–132). Bad Heilbrunn: Klinkhardt.

Tausch, R. & Tausch, A. (1963). *Erziehungspsychologie.* Göttingen: Hogrefe (4. Aufl. 1970, 6. Aufl. 1971, 7. Aufl. 1973, 8. Aufl. 1981).

Taylor, H. C. & Russel, J. T. (1939). The relationship of validity coefficients to the practical effectivness of tests in selection. *Journal of Applied Psychology, 23,* 565–578.

Teichgräber, H. D. (1983). Freizeitanimation als Aufgabe von Sozialarbeit und Sozialpädagogik. *Theorie und Praxis der sozialen Arbeit, 33,* 19–25.

Tennyson, R. D. & Park, O. C. (1980). The teaching of concepts. A review of instructional design research literature. *Review of Educational Research, 50,* 55–70.

Tent, L., Fingerhut, W. & Langfeldt, H. P. (1976). *Quellen des Lehrerurteils. Untersuchungen zur Aufklärung der Varianz von Schulnoten.* Weinheim: Beltz.

Tergan, S. O. (1981). Ist Textverständlichkeit gleich Textverständlichkeit? In Mandl, H. (Hg.), *Zur Psychologie der Textverarbeitung* (pp. 334–366). München: Urban & Schwarzenberg.

Tergan, S. O. (1983). *Textverständlichkeit und Lernerfolg in angeleitetem Selbststudium.* Weinheim: Beltz.

Tergan, S. O. (1984). *Diagnose von Wissensstrukturen.* Forschungsbericht 30. Tübingen: Deutsches Institut für Fernstudien.

Tetenbaum, T. J. & Mulkeen, T. (1984). LOGO and the teaching: A call for a moratorium. *Educational Technology, 24,* 16–19.

Thibaut, J. W. & Kelley, H. H. (1959). *The social psychology of groups.* New York: Academic Press.

Thiele, H. (1981). Zur Beeinflussung des Entscheidungsverhaltens im Unterricht. In Hofer, M. (Hg.), *Informationsverarbeitung und Entscheidungsverhalten von Lehrern* (pp. 278–311). München: Urban & Schwarzenberg.

Thomae, H. (1968). *Das Individuum und seine Welt. Eine Persönlichkeitstheorie.* Göttingen: Hogrefe.

Thomas, E. L. & Robinson, H. A. (1972). *Improving reading in every class: A sourcebook for teachers.* Boston: Allyn & Bacon.

Thorndike, E. L. (1898). Animal intelligence: An experimental study of the associative processes in animals. *Psychological Review,* Monograph Supplements 2, No. 8.

Thorndike, E. L. (1924). Mental discipline in high schools. *Journal of Educational Psychology, 15,* 83–98.

Thorndike, E. L. (1932). *The fundamentals of learning.* New York: Teachers College.

Thorndike, R. L. (1949). *Personnel selection: Test and measurement techniques.* New York.

Thornton, C. A. (1978). Emphasizing thinking strategies in basic fact instruction. *Journal for Research in Mathematics Education, 9,* 214–227.

Thurstone, L. L. (1938). Primary mental abilities. *Psychometric Monographs, 1.*

Tiedemann, J. (1974). Die Problematik der Schuleignungsdiagnose unter entscheidungstheoretischem Aspekt. *Zeitschrift für Entwicklungspsychologie und Pädagogische Psychologie, 6,* 124–132.

Tiedemann, J., Langer, M., Schmidt, R. & Timm, T. (1981). Sozial-emotionales Schülerverhalten und elterliche Erziehungsmuster. *Zeitschrift für Entwicklungspsychologie und Pädagogische Psychologie, 13,* 331–340.

Todt, E. (1977). Tätigkeitsfelder für Beratung als Ausgangspunkt für die Entwicklung einer Ausbildungskonzeption. In Stark, G. et al. (Hg.), *Beraten in der Schule?* (pp. 209–213). Braunschweig: Westermann.

Todt, E. (1978). *Das Interesse.* Bern: Huber.

Toebe, P., Harnatt, J., Schwemmer, O. & Werbik, H. (1977). Beiträge der konstruktiven Philosophie zur Klärung der begrifflichen und methodischen Grundlagen der

Psychologie. In Schneewind, K. A. (Hg.), *Wissenschaftstheoretische Grundlagen der Psychologie* (pp. 93–115). München: Reinhardt.

Toman, W. (1965). *Familienkonstellation*. München: Beck.

Toman, W. (1976). Geschwisterreihe. In Arnold, W., Eysenck, H. J. & Meili, R. (Hg.), *Lexikon der Psychologie. Bd. 1/2* (pp. 678–770). Freiburg i. Br.: Herder.

Tomaszewski, T. (1978). *Tätigkeit und Bewußtsein*. Weinheim: Beltz.

Torrance, E. P. (1972). Can we teach children to think creatively? *Journal of Creative Behavior, 6,* 114–143.

Traxel, W. (1983). Emotionsdimensionen. In Euler, H. A. & Mandl, H. (Hg.), *Emotionspsychologie. Ein Handbuch in Schlüsselbegriffen* (pp. 19–27). München: Urban & Schwarzenberg.

Treiber, B. (1980). Mehrebenenanalyse in der Bildungsforschung. *Zeitschrift für Entwicklungspsychologie und Pädagogische Psychologie, 12,* 358–386.

Treiber, B. (1981). Attribute-Treatment-Interaction. In Schiefele, H. & Krapp, A. (Hg.), *Handlexikon zur Pädagogischen Psychologie* (pp. 26–30). München: Ehrenwirth.

Treiber, B. (1982). Lehr- und Lernzeiten. In Treiber, B. & Weinert, F. E. (Hg.), *Lehr-Lern-Forschung* (pp. 12–36). München: Urban & Schwarzenberg.

Treiber, B. & Schneider, W. (1978). *Mehrebenenanalyse sozialstruktureller Bedingungen schulischen Lernens*. Heidelberg: Psychologisches Institut der Universität.

Treiber, B. & Schneider, W. (1981). Schulisches Lernen im sozialökologischen Kontext. In Klauer, K. J. & Kornadt, J. (Hg.), *Jahrbuch für empirische Erziehungswissenschaft*. Düsseldorf: Schwann.

Treiber, B. & Weinert, F. (Hg.) (1982). *Lehr-Lernforschung*. München: Urban & Schwarzenberg.

Trollendier, H.-P. & Meissner, B. (Hg.) (1983). *Texte zur Schulpsychologie und Bildungsberatung*. Braunschweig: Agentur Pedersen.

Trommsdorff, G. (Hg.) (1984). *Erziehungsziele*. In dies. (Hg.): *Jahrbuch für Empirische Erziehungswissenschaft*. Düsseldorf: Schwann.

Trost, G. (1975). *Die Vorhersage des Studienerfolgs*. Braunschweig: Westermann.

Trudewind, C. (1975). *Häusliche Umwelt und Motiventwicklung*. Göttingen: Hogrefe.

Tulodziecki, G. (1982). Zur Bedeutung von Erhebung, Experiment und Evaluation für die Unterrichtswissenschaft. *Unterrichtswissenschaft, 10,* 364–377.

Turiel, R. (1980). The development of social-conventional and moral concepts. In: Windmüller et al. (Hg.): Moral development and socialization. Boston: Allyn & Bacon.

Tyler, R. W. (1950). *Basic principles of curriculum and instruction (dt.: Curriculum und Unterricht. Düsseldorf: Schwann. 1973).* Chicago: University of Chicago Press.

Ulich, D. (1976). *Pädagogische Psychologie*. Weinheim: Beltz.

Ulich, D. (1980). Pädagogische Psychologie. In Asanger, R. & Wenninger, G. (Hg.), *Handwörterbuch der Psychologie* (pp. 312–318). Weinheim: Beltz.

Ulich, D. (1982). *Das Gefühl*. München: Urban & Schwarzenberg.

Ulich, K. (1980). Schulische Sozialisation. In Hurrelmann, J. & Ulich, D. (Hg.), *Handbuch der Sozialisationsforschung* (pp. 469–498). Weinheim: Beltz.

Underwood, B. J. (1964). Laboratory studies of verbal learning. In Hilgard, E. R. (Ed.), *Theories of learning and instruction* (pp. 133–152). Chicago: University of Chicago Press.

Valtin, R. (1970). *Legasthenie – Theorien und Untersuchungen*. Weinheim: Beltz.

Van Dijk, T. A. (1977). Semantic macro-structures and knowledge frames in discourse comprehension. In Just, M. A. & Carpenter, P. A. (Eds.), *Cognitive processes in comprehension* (pp. 3–33). Hillsdale, N. J.: Erlbaum.

Van Dijk, T. A. (1980). *Macrostructures*. Hillsdale, N. J.: Erlbaum.

Vaskovics, L. A. (Hg.) (1982). *Umweltbedingungen familialer Sozialisation. Beiträge zur sozialökologischen Sozialisationsforschung*. Stuttgart: Enke.

Veldmann, D. J. & Sanford, J. P. (1984). The influence of class ability level on student achievement and classroom behavior. *American Educational Research Journal, 21,* 629–644.

Vogel, F. & Motulsky, A. G. (1982). *Human genetics. Problems and approaches.* Berlin: Springer.

Volpert, W. (1980). Psychologische Handlungstheorie – Anmerkungen zu Stand und Perspektive. In Volpert, W. (Hg.), *Beiträge zur psychologischen Handlungstheorie* (pp. 13–28). Bern: Huber.

Volpert, W. (1983). Das Modell der hierarchisch-sequentiellen Handlungsorganisation. In Hacker, W., Volpert W. & Cranach, M. (Hg.), *Kognitive und motivationale Aspekte der Handlung.* Bern: Huber.

Voss, J. F. (1985). Problem solving and the educational process. In Glaser, R. & Lesgold, A. (Eds.), *Handbook of psychology and education.* Hillsdale, N. J.: Erlbaum.

Wagner, A. C., Maier, S., Uttendorfer-Marek, I. & Weidle, R. H. (1981). *Unterrichtspsychogramme. Was in den Köpfen von Lehrern und Schülern vorgeht.* Reinbek: Rowohlt.

Wagner, A. C. & Uttendorfer-Marek, I. (1977). *Kursprogramm für schülerzentrierten Unterricht.* München: Urban & Schwarzenberg.

Wagner, I. (1976). *Aufmerksamkeitstraining mit impulsiven Kindern.* Stuttgart: Klett.

Wagner, I. (1981). Therapie-orientierte Diagnostik schulrelevanter Aufmerksamkeit. In Bommert, H. & Hockel, M. (Hg.), *Therapieorientierte Diagnostik.* Stuttgart: Kohlhammer.

Wagner, I. (1982). Konzentrationstraining bei impulsiven und „trödelnden" Kindern. In Steinhausen, H.-Ch. (Hg.), *Das konzentrationsgestörte Kind* (pp. 166–179). Stuttgart: Kohlhammer.

Wahl, D. (1975). *Erwartungswidrige Schulleistungen. Untersuchungen zur Meßstabilität und zu den Geltungsbereichen des Konstruktes von Over- und Underachievement.* Weinheim: Beltz.

Wahl, D. (1976). *Naive Verhaltenstheorie von Lehrern. Projektbericht Nr. 1.* Weingarten: Pädagogische Hochschule.

Wahl, D. (1979). Methodische Probleme bei der Erfassung handlungsleitender und handlungsrechtfertigender subjektiver psychologischer Theorien von Lehrern. *Zeitschrift für Entwicklungspsychologie und Pädagogische Psychologie, 11,* 208–217.

Wahl, D. (1981). Methoden zur Erfassung handlungssteuernder Kognitionen von Lehrern. In Hofer, M. (Hg.), *Informationsverarbeitung und Entscheidungsverhalten von Lehrern* (pp. 49–77). München: Urban & Schwarzenberg.

Wahl, D., Schlee, J., Lutz, M. & Reinhard, W. (1977). *Naive Verhaltenstheorie von Lehrern. Unveröffentlichter Projektantrag.* Weingarten: Pädagogische Hochschule.

Wahl, D., Schlee, J., Krauth, J. & Murek, I. (1983). *Naive Verhaltenstheorie von Lehrern.* Oldenbourg: Littmann.

Wahl, D., Weinert, F. E. & Huber, G. L. (1984). *Psychologie für die Schulpraxis.* München: Kösel.

Walberg, H. J. (1968). Structural and affective effects of classroom climate. *Psychology in the Schools, 5,* 247–253.

Walberg, H. J. (1969). Social environment as a mediator of classroom learning. *Journal of Educational Psychology, 60,* 443–448.

Walberg, H. J. (1972). Social environment and individual learning. *Journal of Educational Psychology, 63,* 69–72.

Walberg, H. J. (1976). Psychology of learning environments: behavioral, structural or perceptual? *Review of Educational Research, 4,* 142–177.

Walberg, H. J. & Ahlgren, A. (1970). Predictors of the social environment of learning. *American Educational Research Journal, 7,* 153–167.

Walberg, H. J. & Anderson, G. J. (1972). Properties of the achieving urban class. *Journal of Educational Psychology, 63,* 381–385.

Wanke, W. (1984). Der Psychologe in der Arbeitsverwaltung. In Benesch, H. & Dorsch, F. (Hg.), *Berufsaufgaben und Praxis des Psychologen* (pp. 146–159). München: Reinhardt.

Wartella, E. & Reeves, B. (1983). Recurring issues in research on children and media. *Educational Technology, 23,* 5–9.

Washburne, C. & Heil, L. M. (1960). What characteristics of teachers affect children's growth? *School Review, 68,* 420–428.

Watzlawick, P., Beavin, J. H. & Jackson, D. D. (1969). *Menschliche Kommunikation.* Bern: Huber.

Weber, E. (1970). *Erziehungsstile.* Donauwörth: Auer.

Weber, E. (1979). *Das Schulleben und seine erzieherische Bedeutung.* Donauwörth: Auer.

Wechsler, D. (1964). *Die Messung der Intelligenz Erwachsener.* Bern: Huber.

Wegner, W. (1984). Der Psychologe im Schulbereich. In Benesch, H. & Dorsch, F. (Hg.), *Berufsaufgaben und Praxis des Psychologen (2. Aufl.)* (pp. 126–137). München: Reinhardt.

Weidenmann, B. (1978). *Lehrerangst. Ein Versuch, Emotionen aus der Tätigkeit zu begreifen.* München: Ehrenwirth (2. Aufl. 1983).

Weidenmann, B. (1981). Emotionen von Lehrern in einem Handlungskonzept. In Hofer, M. (Hg.), *Informationsverarbeitung und Entscheidungsverhalten von Lehrern* (pp. 255–277). München: Urban & Schwarzenberg.

Weidenmann, B. (1984). Psychische Belastung von Lehrern – ein kritischer Überblick über neuere empirische Arbeiten. In Ingenkamp, K. H. (Hg.), *Sozial-emotionales Verhalten ind Lehr- und Lernsituationen* (pp. 139–153). Landau: Erziehungswissenschaftliche Hochschule.

Weidle, R. & Wagner, A. C. (1982). Die Methode des lauten Denkens. In Huber, G. L. & Mandl, H. (Hg.), *Verbale Daten* (pp. 81–103). Weinheim: Beltz.

Weil, M. & Joyce, B. (1978). *Social models of teaching. Expanding your teaching repertoire.* Englewood Cliffs: Prentice-Hall.

Weiner, B. (1975). *Wirkung von Erfolg und Mißerfolg auf die Leistung.* Bern: Huber.

Weiner, B. (1980). *Human Motivation.* New York: Holt, Rinehart & Winston.

Weiner, B. (1982). The emotional consequences of causal ascriptions. In Clark, M. S. & Fiske, S. T. (Eds.), *Affect and cognition. The 17th Annual Carnegie Symposium on Cognition.* Hillsdale, N. J.: Erlbaum.

Weiner, B., Kukla, J., Reed, L., Rest, S. & Rosenbaum, R. M. (1971). *Perceiving the causes of success and failure.* New York: General Learning Press.

Weinert, F. E. (1967). Einführung in das Problemgebiet der Pädagogischen Psychologie. In Weinert, F. E. (Hg.), *Pädagogische Psychologie* (pp. 13–41). Köln: Kiepenheuer & Witsch.

Weinert, F. E. (1973). Der Einfluß didaktisch provozierter Lernprozesse auf die kognitive Entwicklung. In Edelstein, W. & Hopf, D. (Hg.), *Bedingungen des Bildungsprozesses* (pp. 184–199). Stuttgart: Klett.

Weinert, F. E. (1974). Instruktion als Optimierung von Lernprozessen. In Weinert, F. E., Graumann, C. F., Heckhausen, H., Hofer, M. u. a. (Hg.), *Funkkolleg Pädagogische Psychologie* (pp. 795–826). Frankfurt: Fischer.

Weinert, F. E. (1977). Pädagogisch-psychologische Beratung als Vermittlung zwischen subjektiven und wissenschaftlichen Verhaltenstheorien. In Arnhold, W. (Hg.), *Texte zur Schulpsychologie und Bildungsberatung Bd. 2* (pp. 7–34). Braunschweig: Westermann.

Weinert, F. E. (1978). *Exposé zum Fernstudienlehrgang „Lehrertraining: Probleme entwicklungs-, verhaltens- und lerngestörter Schüler". Unveröffentlichtes Papier.* Tübingen: Deutsches Institut für Fernstudien.

Weinert, F. E. (1980). Schulpsychologie zwischen Wissenschaft, Ideologie und Praxeologie. *Bildung und Erziehung, 33,* 206–218.

Weinert, F. E. (1981). Geschichte der Pädagogischen Psychologie. In Schiefele, H. & Krapp, A. (Hg.), *Handlexikon zur Pädagogischen Psychologie* (pp. 148–153). München: Ehrenwirth.

Weinert, F. E. (1983). Ist Lernen lehren endlich lehrbar? Einführung in ein altes Problem und einige neue Lösungsvorschläge. *Unterrichtswissenschaft, 4,* 329–334.

Weinert, F. E. & Hofer, M. (1974). Psychologische Probleme der Vorschulerziehung (unter bes. Berücksichtigung der methodischen Probleme psychologischer Felduntersuchungen). In Weinert, F. E., Graumann, C. F., Heckhausen, H., Hofer, M. u. a. (Hg.), *Pädagogische Psychologie* (pp. 387–418). Frankfurt: Fischer.

Weinert, F. E. & Kluwe, R. (Hg.) (1983). *Metakognition, Motivation und Lernen.* Stuttgart: Kohlhammer.

Weinert, F. E., Knopf, M. & Storch, C. (1981). Erwartungsbildung bei Lehrern. In Hofer, M. (Hg.), *Informationsverarbeitung und Entscheidungsverhalten von Lehrern* (pp. 159–191). München: Urban & Schwarzenberg.

Weinert, F. E. & Treiber, B. (1982). Gibt es theoretische Fortschritte in der Lehr-Lern-Forschung? In Treiber, B. & Weinert, F. E. (Hg.), *Lehr-Lern-Forschung* (pp. 242–290). München: Urban & Schwarzenberg.

Weinstein, C. S. (1979). The physical environment in the school: A review of the research. *Review of Educational Research, 72,* 210–213.

Weiss, R. (1965a). *Zensur und Zeugnis. Beiträge zu einer Kritik der Zuverlässigkeit und Zweckmäßigkeit der Ziffernbenotung.* Linz: Haslinger.

Weiss, R. (1965b). Über die Zuverlässigkeit der Ziffernbenotung bei Aufsätzen. *Schule und Psychologie, 12,* 257–269.

Wellenreuther, M. (1976). Handlungsforschung als naiver Empirismus? Für ein flexibles Modell „theoriegeleiteter" Handlungsforschung. *Zeitschrift für Pädagogik, 22,* 343–356.

Wellmann, H. M., Ritter, K. & Flavell, J. H. (1975). Deliberate memory behavior in the delayed reactions of very young children. *Developmental Psychology, 11,* 780–787.

Welpe, J. (1980). Probleme der Aus- und Weiterbildung in der Schulpsychologie aus der Sicht der Praxis. In Stephan, E. (Hg.), *Ausbildung und Weiterbildung in Psychologie* (pp. 289–297). Weinheim: Beltz.

Weltner, K. (1964). Eine vergleichende Untersuchung von Lernleistung und Erinnerungsfestigkeit bei programmiertem Unterricht und Direktunterricht. In Frank, H. (Hg.), *Lehrmaschinen in kybernetischer und pädagogischer Sicht* (pp. 11–19). Stuttgart/München: Klett/Oldenbourg.

Weltner, K. (1978). *Autonomes Lernen.* Stuttgart: Klett-Cotta.

Wember, B. (1976). *Wie informiert das Fernsehen? Ein Indizienbeweis.* München: List.

Wendeler, J. (1981). Förderungsdiagnostik bei Schulleistungsschwäche in der Grundschule. *Psychologie in Erziehung und Unterricht, 28,* 293–305.

Wendeler, J. (1984). Förderungsdiagnostik im Primarbereich. In Heller, K. A. (Hg.), *Leistungsdiagnostik in der Schule* (pp. 283–291). Bern/Stuttgart: Huber.

Wendt, H. W. (1965). Points of origin for infant ecologies: Religion and purchase of devices affecting preverbal mobility. *Psychological Reports, 16,* 209–210.

Westmeyer, H. (1972). *Logik der Diagnostik.* Stuttgart: Kohlhammer.

Westmeyer, H. (1973). *Kritik der psychologischen Unvernunft. Probleme der Psychologie als Wissenschaft.* Stuttgart: Kohlhammer.

Westmeyer, H. (1975). The diagnostic process as a statistical-causal analysis. *Theory and Decision, 6,* 57–86.

Westmeyer, H. (1979). Die rationale Rekonstruktion einiger Aspekte psychologischer Praxis. In Albert, H. & Stapf, K. H. (Hg.), *Theorie und Erfahrung* (pp. 139–161). Stuttgart: Klett-Cotta.

Weßling-Lünnemann, G. (1985). *Motivationsförderung im Unterricht.* Göttingen: Hogrefe.

Whimbey, A. & Lochhead, J. (1980). *Problem solving and comprehension: A short course in analytical reasoning (2nd edition).* Philadelphia, P.: Franklin Institute Press.

White, R. T. (1974). The validation of a learning hierarchy. *American Educational Research Journal, 11,* 121–136.

Whitfield, T. (1976). How students perceive their teachers. *Theory Into Practice, 15,* 347–351.

Wickelgren, W. A. (1974). *How to solve problems: Elements of a theory of problems and problem solving.* San Francisco, Ca.: Freeman.

Wieczerkowski, W. (1965). Einige Merkmale des sprachlichen Verhaltens von Lehrern und Schülern im Unterricht. *Zeitschrift für experimentelle und angewandte Psychologie, 12,* 505–520.

Wiedl, K. H. (1984). Lerntests: Nur Forschungsmittel oder Forschungsgegenstand? *Zeitschrift für Entwicklungspsychologie und Pädagogische Psychologie, 16,* 245–281.

Wilcox, B. L. (1981). Social support in adjusting to marital disruption. A network analysis. In Gottlieb, B. H. (Ed.), *Social network and social support.* Beverly Hills, Ca.: Sage.

Wildemann, H. (1982). Strategien zur Qualitätssicherung – japanische Ansätze und ihre Übertragbarkeit auf deutsche Unternehmen. *Zeitschrift für Betriebswirtschaft, 11/12.*

Wilhelm, T. (1969). *Theorie der Schule.* Stuttgart: Metzler.

Will, H. (1984). „Pädagogische Beratung" als flexible Variante innerbetrieblicher Weiterbildung. *Psychologie und Praxis. Zeitschrift für Arbeits- und Organisationspsychologie, 28,* 86–96.

Will, J. (1984). *Vergleichende Untersuchung zur Bewertung und Verfolgung von Erziehungszielen von Lehrern in der Bundesrepublik Deutschland und in Frankreich.* Universität Mannheim: Unveröffentlichte Diplomarbeit.

Willems, E. P. (1973). Behavioral ecology and experimental analysis: Courtship is not enough. In Nesselroade, J. R. & Reese, H. W. (Eds.), *Life-span developmental psychology. Methodological issues* (pp. 195–217). New York: Academic Press.

Willower, D. J. & Lawrence, J. D. (1979). Teacher's perceptions of student threat to teacher status and teacher-pupil control ideology. *Psychology in the schools, 16,* 586–590.

Wine, J. D. (1971). Test anxiety and direction of attention. *Psychological Bulletin, 76,* 92–104.

Winett, R. A. & Roach, A. M. (1973). The effects of reinforcing academic performance on social behavior: A brief report. *Psychological Record, 23,* 391–396.

Winkelmann, W. (1975). *Testbatterie zur Entwicklung kognitiver Operationen: Handanweisung für die Durchführung, Auswertung und Interpretation.* Braunschweig: Westermann.

Winnefeld, F. (1957). *Pädagogischer Kontakt und pädagogisches Feld.* München: Reinhardt.

Wippich, J. (1981). Psychologie im Heim. In Berufsverband Deutscher Psychologen (Hg.), *Handbuch der Angewandten Psychologie. Bd. 2: Behandlung und Gesundheit* (pp. 1067–1081). Landsberg/Lech: Verlag Moderne Industrie.

Wittchen, H.-U. & Fichter, M. (1980). *Psychotherapie in der Bundesrepublik. Materialien zur Analyse der psychosozialen und psychotherapeutischen Versorgung.* Weinheim: Beltz.

Wittmann, U. (1984). Der Psychologe in der Beratung an der Hochschule. In Benesch, H. & Dorsch, F. (Hg.), *Berufsaufgaben und Praxis des Psychologen (2. Aufl.)* (pp. 138–145). München: Reinhardt.

Wolf, B. (1980). Lernumwelt und Sprachentwicklung im Kindergartenalter – eine Analyse sozialer Prozesse. In Lukesch, H., Perrez, M. & Schneewind, K. A. (Hg.), *Familiäre Sozialisation und Intervention* (pp. 173–183). Bern: Huber.

Wolf, R. M. (1964). *The identification and measurement of environmental process variables related to intelligence. Unpublished Ph. D. Dissertation.* Chicago: University of Chicago.

Wong, P. T. P. & Weiner, B. (1981). When people ask „why" questions, and the heuristics of attributional search. *Journal of Personality and Social Psychology, 40,* 650–663.

Worth, S. (1974). The uses of film in education and communication. In Olson, D. R. (Ed.), *Media and symbols* (pp. 271–302). Chicago: Chicago University Press.

Wottawa, H. (1981). Die Kunst der manipulativen Berichtlegung in der Evaluationsforschung. *Zeitschrift für Entwicklungspsychologie und Pädagogische Psychologie, 13,* 45–60.

Wottawa, H. (1984). *Strategien und Modelle der Psychologie.* München: Urban & Schwarzenberg.

Wottawa, H., Krumpholz, D., Mooshage, B. (1982). Explizite Erfassung als Grundlage der Verbesserung diagnostischer Urteilsfindung. *Diagnostica, 28,* 185–194.

Wright, B. & Sherman, B. (1965). Love and mastery in child's image of the teacher. *Schools Review, 59.*

Wright, J. C. & Huston, A. C. (1983). A matter of form. Potentials of television for young viewers. *American Psychologist, 38,* 835–843.

Wulf, C. (Hg.) (1972). *Evaluation. Beschreibung und Bewertung von Unterricht, Curricula und Schulversuchen.* München: Piper.

Wulf, C. (1975). Funktionen und Paradigmen der Evaluation. In Frey, K. (Hg.), *Curriculum-Handbuch* (pp. 580–600). München: Piper.

Wygotsky, L. S. (1977). *Denken und Sprechen.* Frankfurt: Fischer.

Yule, W. (1980). Verhaltensmodifikation im Kindesalter: Möglichkeiten der Prävention. In Schlottke, P. F. & Wetzel, H. (Hg.), *Psychologische Behandlung von Kindern und Jugendlichen* (pp. 149–174). München: Urban & Schwarzenberg.

Zajonc, R. B. (1965). Social facilitation. *Science, 149,* 269–274.

Zajonc, R. B. (1980a). Compresence. In Paulus, P. B. (Ed.), *Psychology of group influence* (pp. 35–60). Hillsdale, N. J.: Erlbaum.

Zajonc, R. B. (1980b). Feeling and thinking. *American Psychologist, 35,* 151–175.

Zajonc, R. B., Wolosin, R. J., Wolosin, M. J. & Loh, W. D. (1970). Social facilitation and imitation in group risk-taking. *Journal of Experimental Social Psychology, 6,* 26–46.

Ziegenspeck, J. (1973). *Zensur und Zeugnis in der Schule.* Hannover: Schroedel.

Ziegenspeck, J. (1982). Zensur und Zeugnis. In Klauer, K. J. (Hg.), *Handbuch der Pädagogischen Diagnostik (Studienausgabe)* (pp. 621–632). Düsseldorf: Schwann.

Zielinski, W. (1974). Die Beurteilung von Schülerleistungen. In Weinert, F. E. u.a. (Hg.), *Pädagogische Psychologie (Funkkolleg)* (pp. 877–900). Frankfurt: Fischer.

Zielinski, W. (1980). *Lernschwierigkeiten.* Stuttgart: Kohlhammer.

Zifreund, W. (1971). Training des Lehrerverhaltens mit Fernsehaufzeichnungen (Microteaching). In Heinrichs, H. (Hg.), *Lexikon der audio-visuellen Bildungsmittel* (pp. 316–318). München: Kösel.

Zimbardo, P. G. (1983). *Psychologie.* Heidelberg: Springer.

Zimmer, G. (1981). Momente gesunder Persönlichkeitsentwicklung im Schulalter. In Zimmer, G. (Hg.), *Persönlichkeitsentwicklung und Gesundheit im Schulalter, Gefährdungen und Prävention* (pp. 373–391). Frankfurt: Campus.

Zurek, A. (1985). Wenn Schüler zu „Dingen" werden, gehen „Sachen" kaputt. *Psychologie heute, 12 (1),* 56–62.

Bildnachweis

Abbildung auf der Umschlagrückseite und den Seiten 11, 199, 507 sind von UNICEF

Bilder der Seiten 25, 51, 289, 307, 437, 475 und 643 sind vom Süddeutschen Bilderdienst

Abbildung auf Seite 123 von Herrn Fiebig, 8000 München 40

Bilder der Seiten 621 und 763 von U. B. Brack, 8000 München 80

Bild auf Seite 547 von der Messe-Ag, H. J. Fratzer, Hannover

Bilder an den Seiten 251 und 697 von Betz/Breuninger, 4300 Essen

Sachverzeichnis

Personenverzeichnis

Angaben zu den Autoren

Brugger, Bernhard, geb. 1956, Dipl.-Psych., zweijährige Tätigkeit in der Heimerziehung, wissenschaftlicher Mitarbeiter am Lehrstuhl Psychologie II der Kath. Universität Eichstätt; Arbeitsschwerpunkte: Psychodiagnostik und psychologische Ästhetik; Adresse: Katholische Universität Eichstätt, Ostenstraße 26, 8078 Eichstätt.

Dreesmann, Helmut, geb. 1947, Dipl.-Psych., Dr. phil., Wiss. Ang. an der Erziehungswiss. Hochschule Rheinland-Pfalz, Landau. Arbeitsschwerpunkte: Pädagogische Psychologie in Schule und Betrieben (Fort- u. Weiterbildung)', Ökologische Psychologie (Lernumwelten). Veröffentlichungen: Unterrichtsklima, 1982. Adresse: EWH Rhld.-Pfalz, Seminar für Psychologie, Im Fort 7, 6740 Landau.

Friedrich, Helmut Felix, geb. 1944, Studium der Psychologie, Dipl.-Psychologe, Wissenschaftlicher Angestellter am Hauptbereich Forschung des Deutschen Instituts für Fernstudien an der Universität Tübingen. Arbeitsschwerpunkte: Pädagogische Diagnostik, Lern- und Lesestrategien, Erwachsenenlernen. Adresse: Deutsches Institut für Fernstudien an der Universität Tübingen, Hauptbereich Forschung, Bei der Fruchtschranne 6, 7400 Tübingen 1.

Geißler, Karlheinz A., geb. 1944, Dipl.-Hdl. Dr. rer. pol., Professor für Wirtschafts- und Sozialpädagogik an der Universität der Bundeswehr München. Arbeitsschwerpunkte: Berufliche Erwachsenenbildung, Bildungsarbeit im Betrieb, Didaktik der Erwachsenenbildung und der Berufserziehung. Wichtige Veröffentlichungen: Berufserziehung und kritische Kompetenz (1974); Konzepte sozialpädagogischen Handelns (3. Auflage 1985); Die Bildung Erwachsener (zusammen mit J. Kade 1981); Anfangssituationen (1983). Adresse: Frauenlobstr. 2, 8000 München 2

Heiland, Alfred, geb. 1953, M. A., Dr. phil., Studium der Pädagogik, Philosophie, Logik und Wissenschaftstheorie; Akad. Rat a. Z. am Institut für Empirische Pädagogik und Pädagogische Psychologie der Universität München; Arbeitsschwerpunkte: wissenschaftstheoretische, methodologische und Grundlagenprobleme der Empirischen Pädagogik und Pädagogischen Psychologie. Wichtige Veröffentlichung: Ein Konzept rational-technologischen pädagogischen Handelns und seine Bedeutung für das Technologieproblem in der Empirischen Pädagogik (1984). Adresse: Institut für Empirische Pädagogik und Pädagogische Psychologie der Universität München, Leopoldstr. 13, 8000 München 40.

Hofer, Manfred, geb. 1942, Dipl.-Psych., Dr. rer. nat. habil; Professor für Erziehungswissenschaft und Pädagogische Psychologie der Universität Mannheim; Arbeitsschwerpunkte: Erzieherhandeln, Lehrer-Schüler-Interaktion, Forschungsmethoden. Wichtige Veröffentlichungen: Die Schülerpersönlichkeit im Urteil des Lehrers, Theorie der Angewandten Statistik, Funkkolleg Pädagogische Psychologie, Sozialpsychologie erzieherischen Handelns. Adresse: Lehrstuhl Erziehungswissenschaft II, Schloß, 6800 Mannheim.

Hron, Aemilian, geb. 1945, Studium der Volkswirtschaftslehre und Psychologie; Dipl.-Psych., Dipl.-Volksw. wissenschaftlicher Angestellter am Deutschen Institut für Fernstudien an der Universität Tübingen; Arbeitsschwerpunkte: Kognitionspsychologie, Problemlöseforschung, Entwicklung Intelligenter Tutorieller Systeme. Adresse: Deutsches Institut für Fernstudien an der Universität Tübingen, Hauptbereich Forschung, Bei der Fruchtschranne 6, 7400 Tübingen.

Huber, Günter L., geb. 1940, Lehrerstudium (1. und 2. Examen), Studium der Psychologie (Dipl.-Psych.), Pädagogik (Dr. phil.) und Politikwissenschaft; Professor für Pädagogische Psychologie am Institut für Erziehungswissenschaft I der Universität Tübingen; Arbeitsschwerpunkte: Lern- und Instruktionsprozesse, Gruppenprozesse (insbesondere Lernen in Gruppen), Microcomputer in Erziehungswissenschaft und -praxis. Wichtige Veröffentlichungen: Selbstbestimmung und Fremdbestimmung in Lernprozessen (1976); Aggressiv und unaufmerksam (1978; gem. mit Hanke u. Mandl); Verbale Daten (1982; gem. mit Mandl); Emotion und Kognition (1983; gem. mit Mandl); Interaktion und Erziehung (1985; gem. mit Brunner). Adresse: Institut für Erziehungswissenschaft I der Universität Tübingen, Münzgasse 22–30, 7400 Tübingen 1.

Klauer, Karl Josef, geb. 1929, Volks- und Sonderschullehrer, Studium der Psychologie (Dr. phil.), Habilitation für Pädagogische Psychologie; Professor für Erziehungswissenschaft an der RWTH Aachen. Arbeitsschwerpunkte: Kriteriumsorientierte Tests, Intelligenzforschung und intellektuelle Förderung, Lehrforschung. Wichtige Veröffentlichungen: Das Schulbesuchsverhalten bei Volks- und Hilfsschulkindern (1963), Berufs- und Lebensbewährung ehemaliger Hilfsschulkinder (1963, mit Gamm, Heydrich und van Laak), Programmierter Unterricht in Sonderschulen (1970^2), Lehrzielorientierte Tests (1972, mit Fricke, Herbig, Rupprecht und Schott), Revision des Erziehungsbegriffs (1973), Das Experiment in der pädagogischen Forschung (1973), Methodik der Lehrzieldefinition und Lehrstoffanalyse (1974), Lernbehindertenpädagogik (1977^5), Lehrzielorientierte Leistungsmessung (1977, mit Fricke, Herbig, Rupprecht und Schott). Adresse: Institut für Erziehungswissenschaft, Eilfschornsteinstr. 7, 5100 Aachen.

Krapp, Andreas, geb. 1940, Dipl.-Psych., Dr. phil., Professor für Erziehungswissenschaft und Pädagogische Psychologie an der Universität der Bundeswehr München. Arbeitsschwerpunkte: Pädagogische Diagnostik, Bedingungen des Schulerfolgs, Interesse. Wichtige Veröffentlichungen: Bedingungen des Schulerfolgs (1974^2); Empirische Forschungsmethoden – Einführung (1975 mit Prell); Einschulungsdiagnostik (1977 mit Mandl); Schuleingangsdiagnose (1978 hsg. mit Mandl); Prognose und Entscheidung (1979); Handlexikon zur Pädagogischen Psychologie (1981 hsg. mit Schiefele); Pädagogische Psychologie als Grundlage pädagogischen Handelns (1984 hsg. mit Huber und Mandl). Adresse: Fachbereich Sozialwissenschaften, Universität der Bundeswehr, Werner-Heisenberg-Weg 39, 8014 Neubiberg.

Mandl, Heinz, geb. 1937, Lehrerstudium (1. und 2. Examen), Dipl.-Psych., Dr. phil., Professor für Pädagogische Psychologie und Erziehungswissenschaft an der Universität Tübingen. Wichtige Veröffentlichungen: Kognitive Entwicklungsverläufe von Grundschülern (1975); Aggressiv und unaufmerksam (1976, mit Hanke und Huber); Einschulungsdiagnostik (1977, mit Krapp); Schuleingangsdiagnose

(1978, Hg. mit Krapp); Kognitive Komplexität (1978, Hg. mit Huber); Schülerbeurteilung in der Grundschule (1980, mit Hanke und Lohmöller); Texte verstehen – Texte gestalten (1981, mit Ballstaedt, Tergan und Schnotz); Zur Psychologie der Textverarbeitung (1981); Verbale Daten – Erhebung und Auswertung (1982, Hg. mit Huber); Emotion und Kognition (1983, Hg. mit Huber); Emotionspsychologie (1983, Hg. mit Euler); Kognitive Prozesse und Unterricht (1983, Hg. mit Kötter); Learning and comprehension of text (1984, Hg. mit Stein und Trabasso); Pädagogische Psychologie als Grundlage pädagogischen Handelns (1984, Hg. mit Huber und Krapp); Lernen im Dialog mit dem Computer (1985, Hg. mit Fischer); Wissenspsychologie (1986, Hg. mit Spada); Learning Issues for Intelligent Tutoring Systems (1986, Hg. mit Lesgold). Geschäftsführender Herausgeber der „Zeitschrift für Entwicklungspsychologie und Pädagogischen Psychologie" (seit 1981). Adresse: Deutsches Institut für Fernstudien an der Universität Tübingen, Hauptbereich Forschung, Bei der Fruchtschranne 6, 7400 Tübingen.

Minsel, Beate, geb. 1946, Dipl.-Psych., Dr. phil., wissenschaftliche Angestellte im Fachgebiet Psychologie an der Universität Trier. Arbeitsschwerpunkte: Präventive Intervention (Eltern- und Lehrertraining), seelische Gesundheit, Geschlechtsdifferenzen. Wichtige Veröffentlichungen: Elternverhaltenstraining (1974 mit Perrez & Wimmer), Soziale Interaktion in der Schule (1978 mit Roth), Störungen im Schulalltag (1978 mit Lohmann), Lehrverhalten I und II (1976 mit Minsel & Kaatz), Psychologie der seelischen Gesundheit (1985 mit Becker). Adresse: Fb I – Psychologie, Universität Trier, Tarforst Gebäude D, 5500 Trier.

Pekrun, Reinhard, geb. 1952, Dipl.-Psych., Dr. phil., Studium der Psychologie, Pädagogik und Philosophie; Akademischer Rat im Institut für Psychologie der Universität München. Arbeitsschwerpunkte: Persönlichkeitsentwicklung im Kindes- und Jugendalter, Emotions- und Motivationspsychologie. Buchveröffentlichung: Schulische Persönlichkeitsentwicklung (1983). Adresse: Institut für Psychologie der Universität München, Geschwister-Scholl-Platz 1, 8000 München 22.

Perrez, Meinrad, geb. 1944, Studium der Psychologie, Erziehungswissenschaft und Philosophie in Paris, Innsbruck und Salzburg (Dr. phil.); Professor für Psychologie an der Universität Fribourg/Schweiz; Arbeitsschwerpunkte: Eltern-Kind-Interaktion, Belastungsverarbeitung bei Depressiven, Psychotherapie-Forschung. Wichtige Veröffentlichungen: Ist die Psychoanalyse eine Wissenschaft (1979^2); Familiäre Sozialisation und Intervention (1980 mit Lukesch und Schneewind); Relevanz in der Psychologie (1976 mit Iseler). Adresse: Psychologisches Institut der Universität Fribourg, Abteilung für Klinische Psychologie, rue Pierre Aeby 190, CH-1700 Fribourg/Schweiz..

Posse, Norbert, geb. 1948, Studium der Psychologie (Dipl.-Psych.), Zweitstudium der Erziehungswissenschaften und Soziologie (Dr. phil.); wissenschaftlicher Mitarbeiter am Erziehungswissenschaftlichen Institut der Universität Düsseldorf, Abteilung für Bildungsforschung und Pädagogische Beratung; Arbeitsschwerpunkte: Pädagogische Einzelfall- und Systemberatung, Berater- und Moderatorenausbildung. Wichtige Veröffentlichungen: Selbststeuerung (1982); Lernen im Erziehungsprozeß (1983 mit Falk). Adresse: Erziehungswissenschaftliches Institut der Universität Düsseldorf, Universitätsstraße 1, 4000 Düsseldorf 1.

Prenzel Manfred, geb. 1952, M. A., Dr. phil., Akademischer Rat a. Z. am Institut für Empirische Pädagogik und Pädagogische Psychologie der Universität München. Arbeitsschwerpunkt: Interessenforschung. Wichtige Veröffentlichungen: Entwicklung und Förderung von sozialem Verständnis von Kindern im Vorschulalter (1980 mit Kasten und Tusch-Kleiner), diverse Artikel zu Interesse. Adresse: Institut für Empirische Pädagogik und Pädagogische Psychologie der Universität München, Leopoldstr. 13, 8000 München 40.

Rath, Matthias, geb. 1959, Dipl.-Päd., wiss. Mitarbeiter am Lehrstuhl Philosophie der Kath. Universität Eichstätt. Arbeitsschwerpunkt: Ethik der Wissenschaften. Wichtige Veröffentlichung: Albert Camus: Absurdität und Revolte (1984). Adresse: Katholische Universität Eichstätt, Ostenstraße 26, 8078 Eichstätt.

Rheinberg, Falko, geb. 1945, Dr. phil., Professor für Psychologie an der Universität Heidelberg. Arbeitsbereiche: Pädagogische Psychologie, Motivationspsychologie, Interventionsmethoden. Wichtige Veröffentlichungen: Leistungsbewertung und Lernmotivation (1980). Jahrbuch für Empirische Erziehungswissenschaft (1982). Adresse: Psychologisches Institut der Universität Heidelberg, Hauptstr. 47–51, 6900 Heidelberg.

Schiefele, Hans, geb. 1924, Lehramtsstudium (12 Jahre Volksschullehrer), Zweitstudium Psychologie, Erziehungswissenschaft, Anthropologie, Literaturwissenschaft (Dipl.-Psych. Dr. phil.), Prof. f. Empir. Päd. u. Päd. Psych. a. d. Univ. Mü. Arbeitsschwerpunkte: Lernmotivation, Begabung und Erziehung, Entwicklung einer pädagog. Theorie des Interesses. Wichtige Veröffentlichungen: Motivation im Unterricht (1963); Programmierte Unterweisung (1964), Schule von heute – Schule für morgen (1969); Schule und Begabung (1970); Lernmotivation und Motivlernen (1974, 1978[2]). Adresse: Institut für Empirische Pädagogik und Pädagogische Psychologie, Leopoldstraße 13, 8000 München 40.

Schlottke, Peter F., geb. 1941, Lehramtsstudium für Grund- und Hauptschulen (1. und 2. Staatsexamen), mehrjährige Praxis an einer Sonderschule für lernbehinderte Kinder und Jugendliche; Zweitstudium der Psychologie (Diplom); Dr. rer. soc. habil., Privatdozent an der Universität Tübingen, Honorarprofessor an der Universität Stuttgart und kommissarische Leitung der dortigen Abteilung für Psychologie. Arbeitsschwerpunkte: Entwicklung eines pädagogisch-psychologischen Übungsprogramms für aufmerksamkeitsgestörte Kinder und Jugendliche; Belastungsbewältigung bei Lehrern; psychologische Behandlung von Kopfschmerzen (insbes. Migräne) bei Kindern; Vorbereitung von Kindern auf medizinische Diagnose- und Behandlungsmaßnahmen; kognitives Kompetenztraining bei entwicklungsbehinderten Kindern. Adresse: Abteilung für Klinische und Physiologische Psychologie am Psychologischen Institut der Universität Tübingen, Gartenstraße 29, 7400 Tübingen 1.

Schwarzer, Christine, geb. 1944, Dipl.-Päd. Sonderschullehrerin, Dr. phil.-habil. Prof. an der Universität Düsseldorf. Leiterin der Abteilung für Bildungsforschung und Pädagogische Beratung. Arbeitsschwerpunkte: Beratung und Prävention, Pädagogische Diagnostik. Wichtige Veröffentlichungen: Lehrerurteil und Schülerpersönlichkeit (1976); Einführung in die Pädagogische Diagnostik (1982[2]);

Gestörte Lernprozesse (1983²). Adresse: Universität Düsseldorf – Erziehungswissenschaftliches Institut II, Universitätsstr. 1, 4000 Düsseldorf 1.

Wehner, Ernst G., geb. 1931, Studium der Philosophie, Psychologie und Wirtschaftswissenschaften an den Universitäten Würzburg, Frankfurt am Main und München, Dipl.-Psych., Dr., phil., Inhaber eines Lehrstuhls für Psychologie an der Kath. Universität Eichstätt; Arbeitsschwerpunkte: Geschichte der Psychologie, Unterschwellige Wahrnehmung, Arbeits- und Organisationspsychologie. Wichtige Veröffentlichungen: Einführung in die empirische Psychologie (1980), Persönlichkeits- und Einstellungstests (1980 mit Durchholz), Festschrift für Wilhelm Arnold (1971, Herausgeber), Psychologie in Selbstdarstellungen (1972/Bd. 1, 1979/Bd. 2, Herausgeber mit Pongratz, Traxel), Schriftleiter bzw. geschäftsführender Herausgeber der „Psychologie und Praxis" (seit 1958) bzw. der „Zeitschrift für Arbeits- und Organisationspsychologie" (seit 1983); Adresse: Katholische Universität Eichstätt, Ostenstr. 26, 8078 Eichstätt.

Weidenmann, Bernd, geb. 1945, Dipl.-Psych., Zweitstudium Erziehungswissenschaft (Dr. phil.); Hochschulassistent am Institut für Pädagogische Psychologie und Empirische Pädagogik an der Universität der Bundeswehr Neubiberg; Arbeitsschwerpunkte: Medienpsychologie und Mediendidaktik, Psychologie des Bildverstehens, Erwachsenenbildung; Publikationen: Lehrerangst (1983²). Adresse: Universität der Bundeswehr, FB Sozialwissenschaften, Werner-Heisenberg-Weg 39, 8014 Neubiberg bei München.

Wenninger, Gerd, geb. 1946, Dipl.-Psych., Dr. phil., Akad. Rat a. Z. am Lehrstuhl für Psychologie der Technischen Universität München. Arbeitsschwerpunkte: Möglichkeiten und Grenzen der Weitergabe psychologischen Wissens. Wichtige Veröffentlichungen: Handwörterbuch der Psychologie (1979 hrsg. mit Asanger); Handbuch der Psychotherapie (Hrsg. der deutschen Ausgabe des Handbook of Innovative Psychotherapies von Corsini, 1983). Adresse: Lehrstuhl für Psychologie der TU München, Lothstr. 17, 8 München 2.

Wottawa, Heinrich, geb. 1948, Studium der Psychologie in Verbindung mit Mathematik (Dr. phil.); Professor für Psychologie (Methodenlehre) an der Ruhr-Universität Bochum; Arbeitsschwerpunkte: Angewandte Forschungsmethoden, insbesondere heuristische Verfahren (Hypothesen-Agglutination), Umsetzung psychologischer Problemlösekompetenzen in der Praxis (insbesondere Wirtschaft), methodische Aspekte von Evaluationsvorhaben insbesondere im pädagogischen Bereich. Wichtige Veröffentlichungen: Psychologische Methodenlehre (1977, 3. Aufl. 1985), Grundlagen und Probleme von Dimensionen in der Psychologie (1979), Grundriß der Testtheorie (1980), Gesamtschule: Was sie uns wirklich bringt (1982), Strategien und Modelle in der Psychologie (1984). Adresse: Fakultät für Psychologie der Ruhr-Universität Bochum, Postfach 102148, 4630 Bochum 1.

Zielinksi, Werner, geb. 1926, 1. und 2. Staatsexamen für das Lehramt an Grund- und Hauptschulen, Zweitstudium Psychologie (Dr. phil.); Privatdozent für Pädagogische Psychologie und Psychologische Diagnostik, Universität Heidelberg; Arbeitsschwerpunkt: Leseentwicklung, Leseschwierigkeiten. Wichtige Veröffentlichungen: Leistungsmotivationstest (1978 mit Hermans und Petermann); Lernschwierigkeiten (1980). Adresse: Psychologisches Institut der Universität Heidelberg, Hauptstr. 47–51, 6900 Heidelberg.